Insolvency Law

도산법

전병서

박영사

제5판 머리말

2019년 12월 중국에서 처음으로 발생한 코로나19(COVID – 19)는 이후 전 세계로 퍼지고, 우리나라에서도 그 영향이 장기화되었다. 코로나19가 확산되면서 세계 경제가 일시 정지되고, 사람의 생활 양식도 변할 수밖에 없었다. 서서히 이제 일상으로 돌아왔으나, 원자재 가격의 급등, 물가상승, 과다한 채무 등으로 인하여 우리 경제는 어려운 상황이 계속되고 있고, 코로나 19가 원인이 된 도산이 증가하고 있다고 한다. 도산 위기를 극복함에 있어서 법적 규율인 도산법에의 관심도 한층 커질 것이다.

한편, 실무에서의 중요성 및 필요성에 비추어, 법학전문대학원에서의 체계적 도산법 교육 및 변호사시험에서 도산법의 선택과목 채택 여부 등 도산법 교육의 활성화에 관한 심포지엄도 개최되고 있다. 앞으로 도산법 교육이 바람직한 방향으로 전개되었으면 하는 마음이다.

이러한 상황에서 이번 제5판에서는 제4판 이후의 중요한 판례나 문헌을 충실하게 업데이트하였다.

제5판을 출간할 수 있도록 관심 가져주신 분들에게 고마움을 표한다.

2024. 1.

전 병 서

제4판 머리말

총 660조의 「채무자 회생 및 파산에 관한 법률」에 관한 교과서로서의 본서의 취지를 유지하면서, 이번 [제4판]에서는 최근 새롭게 출간된 실무적 전문서의 내용을 참조하였다. 그리고 중요한 최신 판례와 그에 대한 문헌을 반영하였고, 필요한 한도에서 일본의 최신 판례도 추가로 소개하였다. 한편, 종전 본서 부록에서의 각종 서류양식은 이제 온라인상에서 쉽게 찾아볼 수 있으므로 이번 개정판에서는 뺐다.

법조실무에서 도산사건이 넘쳐나고 있고, 많은 도산 관련 쟁점이 나타나고 있다. 그런데 법조인 양성의 새로운 로스쿨 체제가 10년이 지나면서 어느 정도 안정을 찾고 있지만, 현재 로스쿨에서 도산법(파산법)의 교육과 학습은 거의 이루어지지 않고 있는 듯하다. 새로운 다음(New & Next) 세대의 법조인에게 도산법의 이해는 필수적일 수밖에 없을 것이므로 이에 대하여 관심을 가졌으면 하는 생각이다('도산법' 자체의 '파산'에서 '회생'으로).

민사절차법 체계서 시리즈의 일환으로, 이미 본인이 박영사에서 출간한 『민사집행법』에 이어 본서 『도산법』[제4판]은 출판사를 바꾸어 박영사에서 출간한다. 종전에 어려운 출판 환경에서 본서[제1판], [제2판]의 출간을 맡아 준 법문사, 본서[제3판]의 출간을 맡아 준 문우사에게 감사를 드린다.

항상 관심을 가져주시고, 격려하여 주시는 주위 분들에게 감사한다.

2019. 6.
전 병 서

제3판 머리말

　새로운 「채무자 회생 및 파산에 관한 법률」이 2006년 4월 1일부터 시행됨에 따라 『도산법』 초판이 10년 전에 출간되었다. 물론 그 이전 IMF 구제금융체제의 극복기인 1999년에 처음 출간된 『파산법』이 본서 『도산법』의 시초가 되었다. 파산형 절차 이외에 회생형 절차를 포함한 「채무자 회생 및 파산에 관한 법률」이 제정됨에 따라 종전 『파산법』의 내용에 새로운 내용을 추가하여 『도산법』이 출간된 것이다.

　그러고 보니 연구가 일천함에도 감히 파산 내지 도산 분야의 책을 세상에 내놓겠다는 무모함이 어디서 나왔는지 정확히는 알 수 없다. 다만, 이러한 법률 분야가 중요함에도 당시 변변한 체계서 하나 없는 우리 현실에서 알 수 없는 마음 속 그 무엇인가가 본인을 여기로 내몬 것 같다. 아무리 매진하더라도 따라가기에 벅찬 수준이지만, 외국의 관련 연구 및 문헌에 자극을 받았음은 틀림없다.

　그런데 그 처음의 마음가짐과 연구열의는 서서히 잠복기로 빠져들었다(도산 위기?). 또한 이른바 로스쿨의 도입 및 분야별 전문 법조인의 필요 등 법조환경의 변화가 있었고, 실무상으로 많은 사건과 복잡한 쟁점이 문제가 되면서 판례는 쌓이고 있었지만, 파산 내지 도산 분야의 교육과 연구에서는 그다지 의미 있는 진전이 없게 되면서 안타까움만 짙어지고 있을 뿐이었다(도산 상태?).

　그 와중에 지난 봄, 『민사집행법』을 출간하면서 그 머리말에서 민사소송법, 민사집행법, 도산법을 포함한 일련의 민사절차법에 관한 기본 3법 체계서 시리즈의 완결을 목표로 더욱 열심히 매진할 것임을 밝혔다(새로운 재출발?).

이제 2016년, 「채무자 회생 및 파산에 관한 법률」의 시행 및 본서 『도산법』 초판의 출간으로부터 10년이 지나고 있는 시점에서, 또한 스스로 그 의미를 내세우기에 조심스럽지만 본인이 대학 강단에 선 지 20년이 되고 있는 시점에서 다시 초심으로 돌아가 마음가짐을 가다듬고 지금까지의 법률 개정, 선고된 판례 및 관련 연구를 분석하여 본서 『도산법』 제3판을 출간한다.

항상 격려하여 주시는 주위 분들에게 감사한다.

2016. 8.
전 병 서

사노라면

사노라면 언젠가는 밝은 날도 오겠지
흐린 날도 날이 새면 해가 뜨지 않더냐
새파랗게 젊다는 게 한밑천인데
째째하게 굴지 말고 가슴을 쫙 펴라
내일은 해가 뜬다 내일은 해가 뜬다...

제2판 머리말

우선, 본서 제1판이 2007년 문화관광부 「우수학술도서」로 선정된 것에 대하여 감사를 드린다. 보잘 것 없는 내용의 본서에 대하여 과분한 영광을 주신 것은 앞으로 더 열심히 하라는 말씀으로 받아들이고자 한다.

그리하여 제1판을 출간한 뒤 얼마 지나지 않았지만, 제1판을 수정·보완하여 제2판을 내기에 이르렀다. 체제에 있어서 우선 제1편에서 파산절차를 상세히 설명하고, 제2편에서 회생절차, 개인회생절차, 국제도산을 간략하게 서술하는 제1판의 방식을 그대로 취하였고, 새롭게 부록으로 약간의 서류양식을 첨부하였으니 본문을 읽으면서 참고하면 좋을 것이다.

제2판을 출간하면서 청산형 절차와 회생형 절차를 나누지 않은 채 이른바 「도산실체법」에 관한 내용을 함께 묶어서 설명하고, 실체법을 제외한 절차 부분에 대하여는 각 절차를 개별적으로 설명하는 방식도 고려하였으나, 우리 「채무자 회생 및 파산에 관한 법률」은 도산처리절차의 완전한 통합을 이룬 단일절차형 입법이 아니므로 그러한 방식을 취하지는 않았다. 파산절차에서 사용되는 여러 가지 법개념이나 법기술은 회생절차, 개인회생절차 그 밖의 도산처리제도의 기준으로서의 역할을 수행하고, 파산절차는 회생형 절차를 포함한 각종 도산처리제도의 기본이 된다. 파산절차를 이해하는 것은 도산법 전체의 이해를 위한 출발점이 된다고 할 수 있으므로 파산절차를 중심으로 서술하면서 다른 절차에 대하여 약간씩 비교 언급하였다.

도산법의 입법적 작업이 2006년에 일단 완결되어, 현재 「채무자 회생 및 파산에 관한 법률」이 시행되고 있다. 그러나 입법이 마무리 되었다고 하여 도산법에 관한 이론적 검토가 생략되거나 안이하게 이론적 검토로부터 도피하여서는 안 된다는

생각이다. 앞으로도 꾸준히 연구에 진력하는 것으로 도움을 주신 주위 여러분의 고
마움에 보답하고자 한다.

2007. 10.

전 병 서

머 리 말

　종전의 파산법, 화의법, 회사정리법, 개인채무자회생법이 폐지되고, 이번에「채무자 회생 및 파산에 관한 법률」이라는 단일 법률이 제정되었다(2006년 4월 1일부터 시행). 다만, 여러 도산처리절차의 신청에 있어서 일원화 체제를 취한 것은 아니다 (법률에서는 제1편 '총칙'을 두고 있으나, 각각 제2편 '회생절차', 제3편 '파산절차', 제4편 '개인회생절차'를 두고 있다). 즉「채무자 회생 및 파산에 관한 법률」은 파산절차, 회생절차, 개인회생절차를 도산사건을 처리하는 법이라는 공통성에서 하나의 법전에 복수절차로 규율하고 있을 뿐이다. 신청 단계에서부터 절차를 통합한 단일절차형(내지는 일체형)이 아니고, 복수의 절차를 별도로 병렬적으로 유지하면서,「채무자 회생 및 파산에 관한 법률」이라는 하나의 법률로 함께 규율한 것에 불과하다. 물론 각 절차 서로의 관계를 별도로 나누면서도 절차 서로 사이의 연계 및 이행을 인정하거나, 다른 절차에 관한 규정의 일부를 이용할 수 있도록 하거나, 절차의 어느 쪽에도 타당한 공통규정 내지는 총칙규정을 마련하고 있다. 그러나 각 도산처리절차는 서로 분명히 구별되며, 신청인은 신청 당시 어느 절차를 이용할 것인지를 처음에 선택하지 않으면 안 된다. 그러한 점에서 진정한 통합도산법이라고 부를 수 없다고 생각하고, 본서에서「채무자 회생 및 파산에 관한 법률」에 대하여 별칭으로「통합도산법」대신에 '통합'이라는 용어를 빼고 단순히「도산법」이라고 부르는 것은 이 때문이다.

　일본에서도 1922년에 성립된 종전 파산법을 80년 만에 전면 개정한 신파산법이 제정되어 2005년부터 시행되고 있으며, 앞서서 2000년부터 재건형절차의 일반법이라고 할 수 있는 민사재생법이 시행되고 있고, 종전의 회사갱생법(우리의 종전 회사정리법에 해당)을 전면 개정한 새로운 회사갱생법이 2003년부터 시행되고 있다. 미국은 이미 1978년에 연방파산법을 전면적으로 개정한 바 있는데, 최근 2005년에 파산남용방지와 소비자보호법「Bankruptcy Abuse Prevention and Consumer

Protection Act of 2005」에 의한 개정이 있었다. 독일에서는 10여년 이상의 도산법의 대규모 개정 작업 끝에 1994년에 신도산법(Insolvenzordnung)이 성립되어 1999년부터 시행되고 있다. 우리「채무자 회생 및 파산에 관한 법률」은 위 외국 법제의 개정 과정과 입법을 충분히 비교법적으로 검토하여 제정된 것이지만, 그럼에도 불구하고 앞으로 연구하여 입법에 반영할 과제가 적지 않게 남아 있다. 특히 파산절차에 대하여는 종전의 파산법에 관한 약간의 개정이 있었지만, 본격적 검토가 이루어지지 못한 채 입법이 마무리된 듯하다.

　　이미 본인은 만족할 만한 수준의 것은 아니지만, 종전에 파산절차에 관하여『파산법』이라는 명칭의 이론서를 출간한 바 있었는데, 이번「채무자 회생 및 파산에 관한 법률」의 제정에 맞추어 종전에 출간한『파산법』을 바탕으로 좀 더 내용을 가다듬고, 회생절차·개인회생절차·국제도산을 간략히 추가하여 부족하나마 새롭게『도산법』이라는 명칭의 본서를 출간하기에 이르렀다. 연구년으로 외국에서 연구할 수 있는 기회를 통하여 위와 같은 외국 법제의 입법 성과를 최대한 반영하면서, 특히 파산절차에 있어서는 저자 나름대로 앞으로의 검토사항을 제시하고자 하였다. 능력 부족의 본인에게 연구할 기회와 도움을 준 여러 기관과 주위 선생님들에게 감사의 마음을 가지면서, 추후에 좀 더 완성도가 높은 내용이 되도록 노력하는 것으로 고마움에 보답하고자 한다.

2006. 6.

전 병 서

목　차

제1편 서　설

제4장 파산재단과 파산채권 등/123

제5장　채무자를 둘러싼 법률관계 / 201

제6장　파산재단의 법률적 변동 / 274

제7장　파산절차의 진행 및 종료 / 388

제 3 편   회생절차

제 4 편 개인회생절차

제 5 편   국제도산

참고문헌

[국　내]

김주학, 기업도산법[제2판], 법문사, 2012
노영보, 도산법 강의, 박영사, 2018
오수근·한민·김성용·정영진, 도산법, 한국사법행정학회, 2012
전대규, 채무자회생법[제7판], 법문사, 2023
전병서, 최신 파산법, 법문사, 2003

고영한·강영호 편집대표, 도산관계소송, 한국사법행정학회, 2009
권순일 편집대표, 주석 채무자회생법(Ⅰ)~(Ⅵ), 한국사법행정학회, 2021
김영주, 도산절차와 미이행 쌍무계약 －민법·채무자회생법의 해석론 및 입법론, 2020,
　　　경인문화사
김현석 역, 미국 기업 파산법 [Elizabeth Warren 저], 고시계, 2005
이연주, 국제도산법, 박영사, 2022
임치용, 파산법연구, 박영사, 2004
임치용, 파산법연구 2, 박영사, 2006
최준규, 계약법과 도산법 －민법의 관점에서 도산법 읽기－, 경인문화사, 2021
최준규 역, 독일 도산법 [Reinhard Bork 저], 박영사, 2021

법원도서관, 파산법의 제문제[상], 1999
법원도서관, 파산법의 제문제[하], 1999
서울중앙지방법원 파산부 실무연구회, 개인파산·회생실무[제4판], 박영사, 2014
서울중앙지방법원 파산부 실무연구회, 법인파산실무[제4판], 박영사, 2014
서울중앙지방법원 파산부 실무연구회, 회생사건실무(上)[제4판], 박영사, 2014
서울중앙지방법원 파산부 실무연구회, 회생사건실무(下)[제4판], 박영사, 2014
서울회생법원 재판실무연구회, 도산절차와 소송 및 집행절차[제2판], 박영사, 2022
서울중앙지방법원, 개인채무자회생실무, 2004

서울지방법원, 회사정리실무[개정판], 2001
서울지방법원, 파산사건실무[개정판], 2001

[일 본]

加藤哲夫, 破産法[第6版], 2012
加藤哲夫, 破産法[第5版], 2009
山木戸克己, 破産法[第28刷], 1995
山本克己 외 4인, 破産法・民事再生法概論, 2012
山本和彦 외 4인, 倒産法概説[第2版補訂版], 2015
三上威彦, 倒産法, 2017
霜島甲一, 倒産法体系, 1998
松田二郎, 会社更生法[新版], 1976
伊藤眞, 破産法・民事再生法[第5版], 2022
伊藤眞, 破産法[全訂第3版], 2000
伊藤眞, 会社更生法, 2012
宗田親彦, 破産法概説[新訂第4版], 2008
髙木新二郎, アメリカ聯邦倒産法, 1996

山本克己・小久保孝雄・中井康之 編, 新基本法コンメンタール破産法, 2014
山本克己・小久保孝雄・中井康之 編, 新基本法コンメンタール民事再生法, 2015
中野貞一郎・道下徹 編, 基本法コンメンタール破産法[第二版], 1997
新堂幸司＝霜島甲一＝青山善充 編, 新倒産判例百選, 1990
伊藤眞＝松下淳一 編, 倒産判例百選[第5版], 2013
伊藤眞 外 5人, 条解破産法, 2010
園尾隆司＝小林秀之 編集代表, 条解民事再生法[第3版], 2013
齊藤秀夫＝麻上正信＝林屋礼二 編, 注解破産法[第3版](上巻), 1999
齊藤秀夫＝麻上正信＝林屋礼二 編, 注解破産法[第3版](下巻), 1999
竹下守夫 編集代表, 大コンメンタール破産法, 2007

[독 일]

Bork, Einführung in das Insolvenzrecht[11. Aufl.], 2023

____, Einführung in das Insolvenzrecht[3. Aufl.], 2002

Braun(Hrsg), Insolvenzordnung Kommentar[7. Aufl.], 2017

_____, Insolvenzordnung Kommentar, 2002

Gottwald(Hrsg), Insolvenzrechts−Handbuch[5. Aufl.], 2015

_____, Insolvenzrechts−Handbuch[2. Aufl.], 2001

Jauernig/Berger/Thole, Insolvenzrecht[24Aufl.], 2022

Jauernig, Zwangsvollstreckungs− und Konkursrecht[20. Aufl.], 1996

Karsten Schmidt, Insolvenzordnung[19. Aufl.], 2016

Kreft(Hrsg), Heidelberger Kommentar zur Insolvenzordnung[6. Aufl.], 2011

Uhlenbruck, Insolvenzordnung[15. Aufl]. 2019

Kuhn/Uhlenbruck, Konkursordnung[11. Aufl.], 1994

[미 국]

Charles Jordan Tabb, The Law of Bankruptcy, 1997

_____, Law of Bankruptcy[5th ed.], 2020

_____, Law of Bankruptcy[3th ed.], 2013

David G. Epstein/Steve H. Nickles/James J. White, Bankruptcy, 1998

William D. Warren/Daniel J. Bussel, Bankruptcy[6th ed.], 2002

Daniel J. Bussel/David A. Skeel, Jr., Bankruptcy[10th ed.], 2015

제 1 편

서   설

제 1 편

서　설

현행 도산처리제도는 총 660조의 위 「채무자 회생 및 파산에 관한 법률」이라는 단일 법률 속에서 파산절차, 회생절차, 개인회생절차, 국제도산 등이 함께 규율되고 있다. 동법은 제1조(목적)에서 재정적 어려움으로 인하여 파탄에 직면해 있는 채무자에 대하여 채권자·주주·지분권자 등 이해관계인의 법률관계를 조정하여 채무자 또는 그 사업의 효율적인 회생을 도모하거나, 회생이 어려운 채무자의 재산을 공정하게 환가·배당하는 것을 목적으로 한다고 하고 있다. 즉, 회생을 도모하기 위한 재생형 절차(회생절차)와 공정한 환가·배당을 위한 청산형 절차(파산절차)을 규율하는 것이 「채무자 회생 및 파산에 관한 법률」의 목적이다.

I. 파산 내지 도산이라는 용어

1-1

「파산」 내지 「도산」이라는 용어가1) 사회적·경제적 일상용어로서 자주 사용되고 있는데, 이는 채무자가 변제기에 있는 채무를 일반적으로(특정한 채무에 대한 개별적이 아니라는 의미) 변제할 수 없게 된 상태, 즉 결정적 경제적 파탄상태

---

1) 파산이라는 뜻을 가진 bankruptcy는 "banca rotta"라는 이탈리아 단어가 그 어원(語源)이라고 한다. "banca rotta"는 본래 부서진 작업대(broken bench or table)라는 단어를 의미하는 것으로 영국 보통법상 상인이나 공예업자가 채무를 갚지 못하면 그의 작업대를 부수는 당시의 관습에서 유래하였다고 한다. 채무자의 행위에 대한 징벌 내지는 제재를 의미하는 것이다. 한편 bankruptcy에 대하여 insolvency는 도산이라고 번역하기도 한다. 그런데 경제적 파탄상태로서의 개념에서 파산이라는 용어는 원칙적으로 도산이라는 용어와 마찬가지 의미로 사용한다. 예를 들어 임종헌, "대표적 도산절차인 파산절차의 개관과 그 활용", 저스티스(제29권 제1호, 1996. 6), 209면. 그러나 용어와 관련하여 도산은 일본식 용어이므로 바람직하지 않고, 그 대신에 파산이라는 용어가 더 적절하다고 보기도 한다. 파산이라는 용어를 파산절차의 대상인 협의의 파산과 파산절차, 회생절차의 대상이 될 정도로 재정상태가 악화된 광의의 파산으로 구분하여 사용한다면, 용어의 혼동을 피할 수 있을 것이라는 입장으로는 김용덕, "회사정리절차와 화의절차의 비교를 통하여 본 회사도산법제의 현황과 문제점", 법조(1998. 11), 165면 각주 3) 부분.

를 말한다. 그 징표는 스스로 발행한 약속어음이 부도가 나서 은행으로부터 거
래정지처분을 받거나, 파산 그 밖의 도산절차개시의 신청을 하는 것 등이다. 이
러한 의미에서 파산 내지 도산은 자본주의 시장경제질서하에서2) 자유로운 경쟁
의 결과로 나타날 수밖에 없는 하나의 어쩔 수 없는 사회현상이자, 경제현상이
라고 할 수 있다.

한편, 「파산」 내지 「도산」이라는 용어는 경제적 파탄상태를 법에 의하여
재판상 처리하는 절차 내지는 제도라는 의미로 사용한다. 이러한 의미에서 가령
파산은 채무자의 총재산을 파악·환가하여, 총파산채권자를 위하여 환가금(배당
재단)을 배분(배당)하는 청산절차를 말한다.

1-2   **Ⅱ. 도산처리제도의 필요성**

「파산」 내지 「도산」이라는 현상 자체는 현재의 자본주의 시장경제질서하에
서 필연적으로 생기는 것이므로 이를 처리하기 위한 특별한 제도가 마련될 필요
성은 채권자, 채무자 및 사회 일반의 입장에서 다음과 같이 정리할 수 있다.

1-3   **1. 채권자 사이의 공평의 확보**

채권자는 채권을 회수하기 위하여 도산처리제도라는 다른 특별한 제도가
없어도 집행권원에 의하여 강제집행을 할 수 있는데, 가령 강제집행의 개시 전
에 채무자가 미리 남은 재산을 일부 채권자에게 채무자 마음대로 변제한다면,
채권자는 강제집행으로 나아갈 수 없게 되고, 그렇지 않다고 하더라도 늦게 강
제집행을 하게 된 다른 채권자는 채권의 회수가 곤란하게 될 위험이 있다. 여기
서 현실적 문제로서, 경제적 파탄으로 말미암아 채무자에게 변제능력이 없게 되
어, 이미 모든 채권자가 완전한 만족을 얻을 수 없게 된 이상, 충분하지 않더라
도 채권자 사이의 공평한 만족을 도모할 수밖에 없다. 이를 보장하기 위하여 도
산처리제도가 필요하다.

---

2) 그런데 파산을 생각하지 않았던 사회주의국가에서도 경제체제의 변화와 전환을 반영하여 파
   산제도가 도입되고 있다. 예를 들어 중국에서는 1986년에 「企業破産法(試行)」이 성립하였고,
   새로운 「企業破産法」이 2006. 8. 27.에 성립하여 2007. 6. 1.부터 시행되고 있다. 이에 대하여는
   황정수, "중국의 기업파산법 개요", 재판자료(제122집, 2011), 445면 이하 참조.

2. 채무자의 경제적 재출발의 용이화

1-4

위에서 본 바와 같이 도산처리제도라는 특별한 제도가 없는 상태에서는 일부 채권자를 제외하고, 나머지 채권자는 변제를 받기가 어려운 불공평한 결과를 감수하여야 한다. 이는 채권자들 사이에서 먼저 채권을 회수하려는 사태를 일으키게 되고, 채무자는 채권자로부터의 끊임없는 채권회수의 급습으로 말미암아 재출발하기가 힘들어진다. 또한 이 때문에 채무자의 입장에서는 경제적 파탄상태를 숨기고 무리하게 경제활동을 계속하게 되므로 결국 경제적 회생을 도모하는 것이 점점 곤란하게 된다. 이러한 사태에 이르기 전에 채무자를 법률적으로는 구제하는 제도를 마련할 필요가 있다.

3. 경제사회의 손실의 방지

1-5

채무자의 경제적 파탄에 의하여 변제를 받지 못하게 된 채권자는 채무자의 도산에 의하여 정면으로 악영향을 받게 되고, 이로 말미암아 채권자의 새로운 도산이 유발된다. 연쇄적으로 사회의 혼란이 초래되면서 경제사회에 큰 손실을 가져올 수밖에 없게 된다. 따라서 이를 회피하기 위한 제도가 채권자, 채무자뿐만 아니라 경제사회 일반의 입장에서도 필요하게 된다.

Ⅲ. 도산처리의 여러 제도

1-6

종전의 도산처리제도는 「파산법」(1962. 1. 20., 제정 및 시행), 「회사정리법」(1962. 12. 12., 제정, 1963. 1. 1. 시행), 「화의법」(1962. 1. 20., 제정 및 시행), 「개인채무자회생법」(2004. 3. 22., 제정, 2004. 9. 23. 시행) 등과 같은 각각의 법률에 따른 몇 가지의 재판상 절차로 나뉘어 규율되었지만, 이제 도산처리제도는 총 660조의 「채무자 회생 및 파산에 관한 법률」(2005. 3. 31., 법률 제7428호로 제정, 2006. 4. 1. 시행)이라는 단일 법률 속에서 파산절차, 회생절차, 개인회생절차, 국제도산 등으로 규율되고 있고, 위 「파산법」, 「회사정리법」, 「화의법」, 「개인채무자회생법」은 폐지되었다.3) 다만, 부칙 3조의 경과조치에 의하여 이미 신청을 한 사건

---

3) 「채무자 회생 및 파산에 관한 법률」의 제정이유는 다음과 같다. 채무자의 회생 및 파산에 관한 사항이 회사정리법·화의법 및 파산법에 분산되어 있어서 각 법률마다 적용대상이 다를 뿐만 아니라, 특히 회생절차의 경우 회사정리절차와 화의절차로 이원화되어 있어서 그 효율성이 떨

은 각각 종전의 파산법, 회사정리법, 화의법, 개인채무자회생법에 의하도록 하
였다.

〈도산처리제도의 규율〉

규율 ＼ 구분	종전 규율	현행 규율 －채무자 회생 및 파산에 관한 법률－
청산형 절차	파산법	파산절차(법 제3편)
회생형 절차	회사정리법	회생절차(법 제2편)
	화의법	
	개인채무자회생법	개인회생절차(법 제4편)

〈도산사건 접수 추이(건수)〉[4]

연도 ＼ 구분	1994	1995	1996	1997	1998	1999	2000	2001	2002	2003	2004	2005
파 산	18	12	18	38	467	733	461	842	1,443	4,159	12,479	38,902
회사정리	68	79	52	132	148	37	32	31	28	38	35	22
화 의	0	13	9	322	728	140	78	51	29	48	81	53
개인회생	－	－	－	－	－	－	－	－	미시행	9,070	48,541
합 계	86	104	79	492	1,343	910	571	924	1,500	4,245	21,665	87,518

어지므로 상시적인 기업의 회생·퇴출체계로는 미흡하다는 지적이 있었던바, 회사정리법·화의
법 및 파산법을 하나의 법률로 통합하여 채무자의 회생 및 파산에 관한 법률의 체계를 일원화하
는 한편, 기존의 회생절차 중 화의절차를 폐지함과 아울러 회사정리절차를 개선·보완하고, 정
기적 수입이 있는 개인채무자에 대하여는 파산절차에 의하지 아니하고도 채무를 조정할 수 있
는 개인회생제도를 도입하여 파산선고로 인한 사회적·경제적 불이익을 받게 되는 사례를 줄이
며, 국제화시대에 부응하여 국제도산절차에 관한 규정을 신설하려는 것이다. 「채무자 회생 및
파산에 관한 법률」의 내용에 대한 소개는 오수근, "채무자 회생 및 파산에 관한 법률 제정배경
및 주요 내용", 법조(2005. 5), 19면 이하; 박은재, "채무자 회생 및 파산에 관한 법률 소개", 법
조(2005. 9), 268면 이하; 법무부, 채무자 회생 및 파산에 관한 법률 해설, 법무자료(제272집,
2006. 4) 참조.
4) 1997년, 1998년, 1999년도에 접수 건수가 많은 것은 아마 당시 IMF 경제위기 때문일 것이다.
그리고 파산사건이 유독 2001년도부터 다시 증가추세로 돌아선 것은 개인파산이 늘어난 이유에
서 비롯한다. 예를 들어 2003년도 파산사건수 4,159건 가운데 개인파산사건수는 3,856건, 2004
년도 파산사건수 12,479건 가운데 개인파산사건수는 12,317건, 2005년도 파산사건수 38,902건
가운데 개인파산사건수는 38,773건으로 개인파산사건수가 90%가 넘는다. 그리고 개인회생제도
는 2004. 9. 23.부터 시행되었으므로 2003년까지의 통계는 잡히지 않았다. 한편, 파산(면책)절
차의 남용이 문제되어 2007년부터 파산신청요건과 재산·소득관계의 심사를 강화하고, 동시파
산폐지 대신에 파산관재인을 선임하는 사건을 확대하는 방향에서 법원이 심리를 함에 따라
2007년을 정점으로 파산사건은 점차 감소하는 추세이다.

연도 구분	2006	2007	2008	2009	2010	2011	2012	2013	2014
파　　산	123,823	154,171	118,834	111,143	84,978	70,066	61,942	57,444	56,007
회생(합의)	42	116	366	669	630	712	803	835	872
회생(단독)	41	99	216	523	597	678	727	829	840
개인회생	56,155	51,416	47,874	54,605	46,792	65,171	90,368	105,885	110,707
합　　계	180,061	205,802	167,290	166,940	132,997	136,627	153,840	164,993	168,426

연도 구분	2015	2016	2017	2018	2019	2020	2021	2022
개인파산	53,865	50,288	44,246	43,402	45,642	50,379	49,063	41,463
법인파산	587	740	699	806	931	1,069	955	1,004
회생(합의)	925	936	878	980	1,003	892	717	661
회생(단독)	855	741	573	683	719	660	474	386
개인회생	100,096	90,400	81,592	91,219	92,587	86,553	81,030	89,966
면　　책	53,825	50,208	43,980	42,647	44,853	49,467	47,936	40,182

　　한편, 시간이나 비용 면에서 위와 같은 재판상의 절차가 그 기능을 충분히 발휘할 수 없기 때문에 사적 정리가 재판상의 절차를 보완하고 있는데, 사적 정리는 경제적 파탄에 있어서 채권자·채무자가 임의로 협의하여 채무자의 재산관계를 처리하는 것이다. 법적 처리절차가 아니므로 「사적」이라고 한다. 특히 채무자의 회생을 목적으로 하는 사적 개선작업에 대한 영미법에서의 발상을 워크아웃(work-out)이라고 한다.[5] 이와 관련하여 부실징후기업의 효율적인 구조조정을 위한 한시법으로 2001. 8. 14. 법률 제6504호로 「기업구조조정촉진법」이 제정되었고, 그 뒤 몇 차례에 걸쳐 한시법으로 재차 입법되었다.[6] 또한 2002.

---

5) 김주학, 기업도산법(제2판), 107면 이하 참조. 한편, 회생절차에 있어서 절차의 개시신청 시에 회생법원은 절차개시를 잠정적으로 보류한 뒤, 당사자 사이에 자율적으로 구조조정에 관한 협의를 할 기회를 주고, 구조조정안이 최종 타결되면 회생절차개시신청자가 신청 자체를 취하하는 방식의 자율구조조정지원(ARS. Autonomous Restructuring Support) 프로그램도 실시하고 있다.

6) IMF 경제위기를 거치면서 기업구조조정이 필수적인 과제로 부각되었고 그 과정에서 기업의 경영권을 유지하려고 하는 지배주주와 채권회수를 위해 감독권한의 행사를 요구하는 채권금융기관 양쪽의 이해관계를 반영한 부도유예협약과 「기업구조조정 촉진을 위한 금융기관 협약」을 거쳐 한시법인 「기업구조조정촉진법」에 의한 워크아웃(work-out)이 도입되었다. 그 문제점에 대하여는 김주학, 기업도산법(제2판), 94면 이하 참조. 또한 관련하여 오수근, "기업구조조정촉진법 상시화 방안 연구", 도산법연구(2015. 2), 73면 이하 참조. 「기업구조조정촉진법」은 일단 2015. 12. 31.에 이르러 그 효력이 상실되었으나, 2016. 3. 3. 그 필요성에 비추어 구조조정 촉진의 적용대상 기업을 모든 기업으로 하고, 워크아웃 참여 채권자의 범위도 채권금융기관에서

10. 1.부터 금융기관이 공동으로 설립한 「신용회복위원회」가 회생 가능성이 있는 개인 채무자에 대하여 채무조정을 하고 있다.

1-7

1. 파산절차

채무자가 경제적으로 파탄한 경우에(상태로서의 파산) 총채권자에 대한 공평한 변제를 목적으로 채무자의 총재산을 환가하여 얻어진 환가금으로 총파산채권자에게 공평한 청산을 하는 재판상의 절차(절차로서의 파산)를 파산이라고 한다. 「채무자 회생 및 파산에 관한 법률」 제3편 '파산절차'에서 이를 규율하고 있다. 파산절차는 구체적으로는 법원의 파산선고에 의하여 채무자로부터 그 재산의 관리처분권을 빼앗고, 파산관재인에게 파산재단의 관리·환가를 맡겨서 배당자금을 마련하고, 일반채권자에게 채권의 개별행사를 금지하면서 채권의 신고·조사에 의하여 그 채권을 확정하고, 채권액에 따라 공평하게 배당하는 절차이다.

청산형 절차에 속하는 이러한 파산절차는 종래 파산법(1962년 1월 20일 법률 제998호로 제정. 현재 폐지)이 규율하였는데, 파산법은 일찍부터 도산처리를 위한 법으로서 중요한 위치를 차지하였고, 파산절차는 자연인 및 법인 모두를 대상으로 하는 청산형의 일반적 도산처리제도로, 회생형 절차(청산의 회피를 목적으로 사업의 회생을 도모하는 절차로 재생형 절차라고도 한다)를 포함한 각종 도산처리제도의 기본이 되었다. 세계 각국에 있어서 도산처리제도의 역사는 「청산형으로부터 회생형(재생형)으로」라는 흐름을 가지는데, 파산절차에서 사용되는 여러 가지 법 개념이나 법 기술은 그 밖의 도산처리절차의 기준으로서 역할을 수행하는 것이 많고, 이를 이해하는 것은 도산 관련법 전체의 이해를 위한 출발점이 된다고 할 수 있다.[7]

모든 금융채권자로 확대하는 등 기업구조조정제도의 전반적 개선을 통해 금융시장 안정과 국민경제 발전에 기여하도록 하되, 효력시한을 2018. 6. 30.까지로 하여 새로이 「기업구조조정 촉진법」이 성립하였다. 2018. 6. 30. 그 효력이 상실된 위 「기업구조조정 촉진법」이 다시 2018. 10. 16. 유효기간 5년간으로 제정되어 시행되고 있다(2023. 10. 15. 실효). 관련하여 한민, "기업구조조정 촉진법 상시화 법률안에 대한 비판적 검토", 사법(2015. 9), 89면 이하 참조. 2023. 12. 8. 다시 3년의 한시법으로 「기업구조조정 촉진법」 개정안이 국회를 통과하였다. 기존 법률의 내용을 대부분 유지하면서, 자금지원 확대를 위해 제3자 신규 신용공여 시 우선변제권을 부여하고, 적극적인 업무수행을 지원하기 위해 구조조정 담당자에 대한 면책요건을 확대하였다. 한편, 독일에서는 기업의 안정화 및 구조개선 체계에 관한 법률(Gesetz über den Stabilisierungs- und Restrukturierungsrahmen für Unternehmen, 줄여서 StaRUG)이 2021. 1. 1.부터 시행되고 있다(자세히는 장원규, "독일의 기업구조개선법제 일고찰", 회생법학(2023. 6), 117면 이하 참조).
7) 이와 관련하여 새롭게 제정된 「채무자 회생 및 파산에 관한 법률」은 제2편 회생절차 다음에

파산절차의 특징으로는 다음과 같은 점을 들 수 있다. 첫째, 절차의 적정성이다. 법원의 관여에 의하여 절차의 적정이 확보되어 그에 따라서 총채권자를 위하여 유리하면서도 공평한 변제가 확보된다. 둘째, 청산형 절차이면서도 채무자의 회생을 고려하고 있다. 성실한 채무자는 면책 및 복권제도에 의하여 경제적·사회적으로 재출발 내지는 재기를 도모할 수 있다.

그러나 다음과 같은 문제점도 있다. 첫째, 채무자가 사업자(기업)인 경우에 파산적 청산에 의하여 채무자가 영위하는 사업은 해체된다. 그 사회적·경제적 손실은 상당하고, 또한 종업원인 피용자도 직장을 잃게 되어 바람직하지 않다. 둘째, 총채권자에게 공평한 변제를 행하기 위하여 엄격하면서도 신중한 절차가 법정되어 있으므로 절차의 종료까지 상당한 시간과 비용이 걸린다. 파산채권의 회수에 시간이 걸리는 것은 채권의 가치가 그만큼 감소되는 것이고, 비용이 드는 것은 배당자금의 감소를 가져오는 것이다. 셋째, 채무자의 가치 있는 중요한 재산에는 담보가 설정되어 있는 것이 보통인데, 그렇다면 담보권자는 파산선고 후에도 별제권(別除權)으로서 그 권리를 행사할 수 있기 때문에 일반채권자를 위하여 남는 재산은 적어지게 된다. 결국 일반채권자에게는 파산절차가 그다지 좋을 것이 없다. 이러한 이유에서 파산절차와 같은 청산형 절차 이외의 회생형 도산처리제도를 마련할 필요성이 있게 된다.

◆ **종전 파산법(1962. 1. 20. 법률 제998호로 제정8)) 개정 경과** ◆

【제1차 개정】「선박소유자등의책임제한절차에관한법률」의 제정에 따른 1991년 12월 31일 법률 제4472호에 의한 개정으로 115조의2 「책임제한절차폐지의 결정이 확정될 때까지의 파산절차의 정지」, 145조의2 「책임제한절차의 정지명령」, 146조의2 「책임제한절차폐지의 경우의 조치」의 신설이 있었다.

【제2차 개정】「정부부처명칭등의변경에따른건축법등의정비에관한법률」에 의한 1997년 12월 23일 법률 제5454호에 의한 개정이 있었다. 내용의 실질적 변경은 아니다.

【제3차 개정】이른바 IMF 체제라는 경제적 난국의 상황에서 도산 위기에 있는 기업

제3편 파산절차를 두는 체계를 취하고 있는데, 회생절차를 중시하기 위하여 회생절차를 파산절차보다 앞에 두었다고 이해할 수 있지만, 파산절차가 도산절차의 원칙적 제도라는 점에서 파산절차를 회생절차 앞에 두어야 하고, 이와 같은 구성이 도산법제의 발전과정과도 일치한다는 지적으로 2005. 5. 10. 개최된 통합도산법의 과제와 전망 심포지엄에서의 김재형, 지정토론문, 저스티스(2005. 6), 65면.

8) 위 파산법 제정에 의하여 1912년 제령 제7호 조선민사령 제1조 제11호에 의하여 의용된 「파산법」은 폐지되었다.

이 속출함에 따라 보다 효율적이고 신속하게 도산처리를 하기 위하여 「회사정리법」(1998년 2월 24일 법률 제5517호), 「화의법」(1998년 2월 24일 법률 제5518호)의 개정과 함께 1998년 2월 24일 법률 제5519호에 의한 파산법의 개정이 있었다. 제도운영상 나타난 일부 미비점을 개선·보완함으로써 도산관련 사건처리가 원활하고 합리적으로 진행될 수 있도록 하려는 것이 개정의 취지이다. 그 주요내용은 다음과 같다.

① 부당하게 파산채권의 만족을 얻는 것을 방지하기 위하여 파산채권자가 채무자의 지급정지 또는 파산신청 이후부터 파산선고 이전에 파산자에 대하여 채무를 부담한 경우에는 상계를 금지한다.

② 기업의 도산과 관련된 사건인 파산사건과 회사정리사건의 관할이 달라 관련사건의 경우에도 서로 다른 법원에서 재판하는 경우가 발생하는 등 신속·원활한 운영을 저해하고 있으므로 파산사건도 다른 도산 관련 사건과 마찬가지로 기업파산의 경우에는 원칙적으로 지방법원본원합의부의 관할로 하고, 손해 또는 지연을 피하기 위한 이송을 인정한다.

③ 법원의 업무부담을 덜어주기 위하여 관리위원회제도를 도입하며, 관리위원회가 파산관재인의 선임에 대한 의견의 제시 및 감독, 채권자집회에 관련된 업무 등 행정적인 업무 및 법원의 위임사무를 수행하도록 한다.

【제4차 개정】 1998년 10월 세계은행(IBRD) 제2차 구조조정차관(SAL Ⅱ) 협상에서 권고된 기업퇴출절차 단축방안을 이행하기 위하여 회사정리법, 화의법, 파산법 등 도산관련법 개정이 추진되었다. 그러나 내용상의 큰 개정을 가져오지 못하였고, 다만 2000년 1월 12일 법률 제6111호에 의한 개정으로 제도운영상 나타난 일부 미비점을 개선·보완하는 것에 그쳤다. 그 주요 내용은 다음과 같다.

① 파산절차에 의하지 아니하고 수시로 변제받을 수 있는 재단채권의 범위에 피용자의 급료·퇴직금·손해보상금 등을 추가하여 근로자가 임금 등을 우선적으로 지급받을 수 있도록 한다(38조).

② 파산관재인은 채무자가 그 의무에 속하지 아니하는 변제행위를 한 경우 이를 부인할 수 있는 바, 그 범위를 종전의 지급정지 또는 파산신청 전 30일 이내의 변제행위에서 60일 이내의 변제행위로 확대한다(64조).

③ 파산관재인은 부인권의 행사를 게을리 하는 경우에는 채권자의 신청에 의하여 법원이 파산관재인에게 부인권의 행사를 명할 수 있도록 한다(68조).

④ 간이절차에 따라 진행하는 소파산의 범위를 종전의 파산재단 재산액 500만 원 미만에서 2억 원 미만으로 확대하여 소파산제도가 활발히 이용되도록 한다(332조).

【제5차 개정】 민사집행법의 제정으로 말미암은 2002년 1월 26일 법률 제6627호에 의한 파산법 개정이 있었다. 내용의 실질적 변경은 아니다.

【파산법 폐지】 파산법, 회사정리법, 화의법, 개인채무자회생법을 폐지하고, 각 법률을 하나의 법률로 합친 「채무자 회생 및 파산에 관한 법률」이 2005년 3월 31일 법률 제7428호로 제정되었고, 2006년 4월 1일부터 시행되기에 이르렀다. 시행 당시 종전의 「파산법」에 의하여 파산신청을 한 파산사건은 종전의 「파산법」에 따른다(부칙 3조).

2. 회생절차

1-8

청산형 절차인 파산절차에 대하여, 채무자의 사업의 계속을 도모함을 목적으로 하는 회생형(재생형) 절차로서 종전에는 화의법(1962년 1월 20일 법률 제997호로 제정. 현재 폐지)에 의한 화의절차, 회사정리법(1962년 12월 12일 법률 제1214호로 제정. 현재 폐지)에 의한 회사정리절차가9) 도산처리제도의 중요한 부분을 차지하고 있었다.

새롭게 제정된 2006년 시행「채무자 회생 및 파산에 관한 법률」에서는 화의법상의 화의절차를 전면 폐지하고(아울러 파산법상의 강제화의도 폐지),10) 회사정리법상의 회사정리절차를 개선하는 방향에서 화의절차와 회사정리절차 대신에 2가지 절차를 제2편 '회생절차'로 통일하여 규율하고 있다(☞ 제3부 제1장 회생절차 참조). 그런데 새로운 회생절차는 실질적으로 종전의 회사정리절차를 기본으로 하여 그 골격을 답습한 것이라고 볼 수 있다.11)

---

9) 회사정리법은 일본의 회사갱생법을 본뜬 입법이고, 한편 일본의 회사갱생법은 1952년에 당시 미국 연방파산법 제10장「회사의 갱생」(Corporate Reorganization)의 영향을 받아 제정된 것이라고 할 수 있다(이해우, "도산법제의 개관", 인권과정의(1996. 9), 16면). 한편 법명에「정리」라는 용어를 사용하고 있어 마치 기업을 청산, 정리하여 소멸시키는 것을 목적으로 하는 법으로 오해하여 받아들여질 수 있다는 지적으로는 김재형, "회사정리법, 화의법, 파산법의 개정내용과 과제", 기업의 회생관계법 개정과 제도운영 심포지엄 자료(1998. 4. 28), 46면.

10) 화의에는 일단 파산절차가 개시된 때로부터 화의절차로 이행하는 파산법상의 강제화의와 당초부터 파산을 예방하기 위한 화의법상의 화의가 있었으나, 좁은 의미로는 후자의 화의법상의 화의만을 의미하였다. 그런데 화의의 본질적인 것은 채무자가 제공한 화의조건에 일반채권자가 동의하는 것이고, 일반채권자의 동의라고 하여도 전원의 동의를 얻는 것은 필요하지 않고 법정 다수의 채권자의 동의에 법원의 인가가 있으면 소수반대자를 구속할 수 있었다. 이 점에서 파산법상의 화의를 강제화의라고 부르고 화의법상의 화의를 임의화의라고 부르기도 하였는데, 결코 타당한 표현으로 볼 수 없었다. 양쪽 모두 법정다수의 채권자의 의사에 의하여 화의에 반대하는 소수채권자를 구속하는 점에서는 강제적 요소를 가지기 때문이다. 종전 화의법 제1조에서도 본법에서 화의라 함은 … 강제화의를 말한다고 규정하고 있었다. 파산법상의 화의 또는 파산선고 후의 화의 및 화의법상의 화의 또는 파산선고 전의 화의라는 표현을 사용하는 쪽이 정확하다고 할 수 있었다.

11) 다만, 회생절차의 관리인으로서 원칙적으로 기존 경영진이 임명되는 것과 같은 종전 화의절차의 요소가 현행법상의 회생절차에 남아 있다. 오수근, "채무자 회생 및 파산에 관한 법률 제정 배경 및 주요 내용", 법조(2005. 5), 27면.

〈종전 도산처리제도의 비교〉

구분 ＼ 내용	적용대상	관리처분권	부인권	담보권
파 산	자연인·법인	파산관재인	있음	별제권
화 의	자연인·법인	채무자	있음 (다만, 특수)	별제권
회사정리	주식회사	관리인	있음	정리계획에 따라 행사

◆ **종전 화의법상의 화의** ◆　이제 폐지되었지만, 화의법상의 화의는 자연인 및 법인 모두를 대상으로 하는 회생형(재생형)의 일반적 도산처리제도이었다. 잠깐 살펴보면 다음과 같다. 화의는 채무자에게 파산의 원인인 사실이 있거나 그러한 사실이 생길 염려가 있는 경우에(폐지된 화의법 12조 1항) 법원, 정리위원, 화의관재인의 보조·감독하에 채무자의 파산선고를 예방하고, 채권자도 파산선고시보다 유리한 조건으로 변제를 받을 목적으로 체결되는 채무자와 채권자 사이의 채권의 변제방법에 관한 합의로,12) 그 본질은 화해이다. 화의절차는 채권자와 채무자가 합의한 내용에 의한 채무의 변제와 사업의 계속을 도모하는 것을 목적으로 하는 재판상의 절차이다. 화의의 의의 내지 장점은 파산절차의 결점을 회피하고자 하는 점에 있었다. 특히 화의가 개시되더라도 채무자는 재산의 관리처분권을 잃지 않고, 사업을 계속할 수 있는 것이 특징이었다(폐지된 화의법 32조 1항 본문).13) 그러나 다음과 같은 단점이 있었다. 첫째, 화의절차에서 담보권자는 별제권이 있어서(폐지된 화의법 44조) 담보권의 행사가 제한되지 않았다. 예를 들어 경제적 재기를 위하여 필요한 채무자의 영업용 재산에 대하여 담보권자는 경매를 신청할 수 있으므로 그 결과 사업의 재건이 사실상 곤란하였다. 둘째, 법원의 화의인가에 의하여 화의절차는 종료되므로 그 뒤 채무자의 화의조건의 이행확보수단이 없었다. 채무자가 이행을 게을리한 경우의 조치에 대하여 약간의 규정은 있었으나(각 채권자에 의한 양보의 취소, 법원에 의한 화의의 취소), 화의의 실효성을 보장하는 데에는 충분하지 않았다.

◆ **종전 회사정리법상의 회사정리** ◆　회사정리(일반적으로 법정관리라고 부르기도 한다)는 폐지된 회사정리법에 따른 절차로, 재정적 궁핍으로 파탄에 직면하였으나 경제적으로 갱생의 가치가 있는 주식회사에 관하여 채권자, 주주 그 밖의 이해관계인의

---

12) 법원행정처, 화의사건실무[개정판](1998), 1면.
13) 회사정리절차에 의하면 관리인이 경영권을 가지므로 사주는 경영권을 잃게 되고(화의절차에서 채무자는 재산의 관리처분권과 경영권을 잃지 않는다), 법원의 감독을 받게 되므로 주식회사에 있어서도 화의신청을 선호하였다(앞에서 제시한 도산사건 접수 추이 도표에서 1997년 건수를 보면 화의사건이 회사정리사건보다 훨씬 많다는 것을 알 수 있다). 그리하여 1998년 2월 24일 법률 제5518호에 의한 개정으로 화의법 19조의2는 주식회사의 화의개시신청에 대하여 자산·부채의 규모가 크거나 채권자 등 이해관계인의 수가 많은 등 제반 사정에 비추어 화의절차에 의함이 부적합한 때에는 회의신청을 기각할 수 있다는 규정을 신설한 바 있었다.

이해를 조정하며 그 사업의 정리재건을 도모함을 목적으로 하는 제도(폐지된 회사정리법 1조)로, 새로운 「채무자 회생 및 파산에 관한 법률」에서는 이러한 회사정리절차를 보완하고 화의절차를 폐지하면서 이들 회생형 절차(화의와 회사정리)를 통일적으로 회생절차로 규율하고 있다. 회사정리는 경제적으로 회생시킬 가치가 있음에도 한 번의 기회도 주지 않고 주식회사를 파산적 청산절차를 거쳐 바로 해체하여 버린다면, 사회경제적 손실이 클 뿐만 아니라 채권자 그 밖의 이해관계인에게도 손해가 될 수 있으므로 비록 현 시점에서 재정적 파탄에 직면하고 있다 하더라도 향후의 기업계속가치를 따져(회사를 청산할 때의 청산가치와 회사를 계속 존속시킬 때의 존속가치를 비교) 주식회사의 정리·재건을 도모하고자 하는 것이었다.[14] 파산과 화의는 그 어느 것도 자연인과 법인의 양쪽을 대상으로 하였지만, 회사정리는 주식회사만을 대상으로 하는 것에서 대조를 이루었다. 그런데 주식회사의 회생형 도산처리제도로 회사정리 이외에 화의가 있으므로 화의도 이용할 수 있었다. 그러나 화의는 자연인과 법인에 공통적으로 적용되는 일반적 도산처리제도로, 주식회사의 회생에 반드시 적당하다고는 할 수 없었다. 그래서 주식회사의 회생에 적합한 회생형 도산처리제도인 회사정리법에는 화의법에 없는 특징이 있었다.[15] 이제 폐지된 종전 회사정리법의 약간의 특징을 살펴보면 다음과 같다. 첫째, 담보권자라도 그 절차에서 별제권에 의하여 담보권의 행사를 할 수 없었다. 즉 담보권자라도 채권자와 마찬가지로 개별적 권리행사가 금지되고, 회사정리절차에의 참가가 강제되며, 절차 내에서 정리담보권자로서 권리를 행사하였다. 둘째, 조세채권도 절차의 제약에 따랐다. 셋째, 정리계획안의 결의에 있어서 화의보다도 완화된 다수결제도를 도입하고 있었다. 넷째, 절차의 진행, 정리계획의 작성에 대한 규정이 정비되어 있었으며, 정리계획의 실행단계에서도 법원이 감독하여 실행의 확보가 도모되고 있었다.

3. 개인회생절차

1-9

개인채무자 가운데 정기적이고 확실한(계속적으로 또는 반복하여) 수입이 있고, 변제의 의욕도 있는 채무자에 대하여는 파산적 청산을 피하면서(즉 채무자가 자신의 재산에 대한 관리처분권을 보유하면서), 절차개시 뒤 일정기간 내에 자신의 수입 등을 변제자원으로 제공하여 채무의 일부를 변제하고, 계획된 변제를 무사히 마치면, 그 변제 뒤에 남은 나머지 채무는 면책시켜 용이하게 경제적 새출발(fresh start)을 도모할 수 있도록 하는 내용의 회생형 절차가 마련될 필요가 절실한 시점에서(물론 종전 화의제도가 자연인도 그 적용대상으로 하였지만, 개인채무자가 이를 이용하기에 적절하지 않았다), 2004년 법률 제7198호로 「개인채무자회생법」이 제정되

---

14) 서울지방법원, 회사정리실무[개정판](2001), 1면.
15) 회사정리절차와 화의절차의 차이점에 대한 국내 문헌으로는 김용덕, "회사정리절차와 화의절차의 비교를 통하여 본 회사도산법제의 현황과 문제점", 법조(1998. 11), 164면 이하 참조.

어16) 개인채무자가 경제적 회생을 도모할 수 있도록 개인회생절차가 창설되기에 이르렀다(☞ 제3부 제2장 개인회생절차 참조).17)

이러한 「개인채무자회생법」의 개인회생절차는, 그 사이 시행상의 문제점 등에 대한 보완을 거쳐 2006년 시행 「채무자 회생 및 파산에 관한 법률」에 흡수되어, 제4편 '개인회생절차'에서 별도로 규율되고 있고, 종전 「개인채무자회생법」은 폐지되었다.

〈현행 도산처리제도의 비교〉

구분＼내용	적용대상	신청권자	관리처분권	담보권	채권자 의결	면책 발생
파 산	자연인·법인	채무자·채권자	파산관재인	별제권	불필요	면책결정
회 생	자연인·법인	채무자·채권자·주주 및 지분권자	관리인	회생담보권 (회생절차 참가)	필요	회생계획 인가
개인회생	개인 (채무범위 제한 있음)	채무자	채무자	별제권	불필요	면책결정

1-10

Ⅳ. 도산처리절차의 일원화

종전 우리 도산처리제도는 기본적으로는 위와 같이 각각 별개·독립된 절차가 병립하고, 이를 별개의 법률이 규율하고 있었다. 따라서 채무자는 위와 같은 재판상의 절차(및 사적 정리) 가운데, 신청하려고 하는 해당 사건의 구체적인 사정에 따라서 가장 필요한 절차를 선택할 필요가 있었다. 그러나 도산상태라는 혼란의 와중에 어떠한 절차를 선택할 것인가에 대하여 적절한 판단을 하는 것이

---

16) 이미 제16대 국회에서, 채무자 회생 및 파산에 관한 법률안이 2003. 2. 21. 국회에 제출되었으나, 심의가 제대로 이루어지지 못한 채, 우선 시급한 신용불량자 문제가 더 이상 방치할 수 없는 사회적 문제로 등장하자, 개인채무자의 경제적 재출발을 위한 별도의 회생형 절차의 필요성에서, 결국 위 2003년 채무자 회생 및 파산에 관한 법률안에 규정되어 있던 제4편 '개인회생절차' 부분을 따로 떼어낸 총 92개 조문의 「개인채무자회생법」이 제16대 국회 막바지인 2004. 3. 2. 국회를 통과하여 2004. 9. 23.부터 시행되기에 이르렀다(위 2003년 채무자 회생 및 파산에 관한 법률안은 2004. 5. 29. 제16대 국회가 막을 내림에 따라 당연폐기).

17) 종전부터 개인회생절차의 도입 필요성을 주장한 논문으로는 전병서, "소비자파산법의 방향", 민사소송(Ⅴ)(2002), 439면 참조.

곤란한 경우가 많으므로 입법론으로서 도산처리에 대한 재판상의 절차를 일원화(一元化)하는 시스템, 즉 일원적인 신청절차가 마련될 필요가 있다는 주장이 나타나기 시작하였다.[18]

　외국의 법제를 참고로 살펴보면, 미국 1978년 연방파산법(Bankruptcy Code, 11 U.S.C.)은,[19] 가령 제7장에서는 '청산절차(Liquidation, 우리의 파산절차에 해당)'를, 제11장에서는 '재건절차(Reorganization, 우리의 회생절차에 해당)'를, 제13장에서는 '정기수입 있는 개인 채무의 조정절차(Adjustment of Debts of an Individual With Regular Income, 우리의 개인회생절차에 해당)'를 규정하여 여러 도산절차를 하나의 **통일 법전**인 연방파산법에 규정하고 있는데,[20] 다만 절차의 신청에 있어서는 단일절차형(내지는 일체형)을 취하고 있지는 않다.

　그리고 종전 우리 파산법(내지는 일본 파산법)의 모국법인 독일은 경제현실에 맞는 도산법 체계를 마련하고자[21] 1978년부터 개정 작업을 계속한 끝에 1994. 10. 5.에 종래의 1877년 파산법(Konkursordnung von 1877), 1935년 화의법(Vergleichsordnung von 1935) 등을 폐지하고, 새로운 도산법(Insolvenzordnung)을 제정하여[22] 1999.

---

18) 예를 들어 김재형, 전게 심포지엄 자료, 40-41면은, 도산상태라는 혼란기에 현행 도산처리절차 전체와의 관계에 있어서 어느 절차를 신청할 것인가를 선택시키는 방식은 그 선택의 고민에서 헤매고 있는 동안에 재산이 공중분해되어 재건이 곤란하게 될 우려가 있으므로 입법론으로서는 도산처리신청의 일원화가 검토될 필요가 있다고 하였다. 그 밖에도 윤창술, "도산법의 통합에 관하여", 인권과정의(2001. 11), 63면 이하 참조. 한편 이에 대하여 실무가 점차 안정적으로 운영되는 상황에서 화의법을 전면적으로 검토할 필요성은 있으나, 파산법과 회사정리법의 구조까지 개편하면서 통합할 정도의 중대한 문제는 없다는 반대의견으로는 손지호, "도산법안에 대한 의견", 제16대 국회에 제출된 통합도산법 제정 공청회 자료집(2002. 11. 6), 35-37면.

19) 미국 연방법은 각 분야마다 Title로 나뉘는데, 연방파산법은 Title 11로 규정되어 있고, Bankruptcy Code라고 불린다. 미국 파산법에 대한 국내 문헌으로는 윤영신, 미국의 도산법, 한국법제연구원 연구보고(98-3, 1998); 임치용, "미국 파산법의 주요내용", 인권과 정의(1998. 4), 90면 이하; 강선명, "미국 파산절차 실무", 법조(2004. 5), 214면 이하 참조.

20) 미국 파산법은 제2, 4, 6, 8, 10장이 없다. 이는 제정 당시 장래의 개정을 예상하여 홀수장만을 둔 입법에서 유래하는 것이다. 위 개별적 절차 이외에 파선법에 총칙적 성격의 규정으로, 제1장 일반규정(General Provisions), 제3장 사건관리(Case Administration), 제5장 채권자, 채무자 및 재단(Creditors, The Debtor, And The Estate)이 규정되어 있다.

21) 파산의 파산(Kilger, Der Konkurs des Konkurses, KTS 1975, 142) 또는 도산법의 위기(Uhlenbruck, Zur Krise des Insolvenzrechts, NJW 1975, 897)라는 표어 아래 개정 논의가 진행되었다.

22) Bundesgesetzblatt, 1994, Teil 1, S. 2866. 위 도산법에 대한 개관은 Braun/Kießner, Insolvenzordnung(2002), S. 13ff. 독일 새로운 도산법에 대한 국내 문헌으로는 양형우, "독일 통합파산법에 관한 소고", 법조(1998. 12), 230면 이하; 최성근, 독일의 도산법, 한국법제연구원 연구보고(98-1, 1998) 참조. 이후 2011년에 도산절차를 종전보다 사업회생에 친화적인 제도로 변경하는 것을 목적으로 자기관리의 강화 등을 위한 「기업회생 촉진 법률(Gesetz zur weiteren

1. 1.부터 시행하고 있는데,[23] 도산법은 도산절차에 대한 **통일 법전일 뿐만 아니라, 절차를 통일**하여 신청부터 단일한 절차(내지는 일체형)로 하고 있는 점에 특징이 있다. 가령 채무자는 절차개시의 신청시에 청산절차 또는 회생절차의 선택을 할 필요가 없이 **일원적**으로 법원에 도산절차개시를 신청하면 되고, 법원의 도산절차개시결정 뒤, **채권자집회**에서 도산절차를 청산절차로 진행하여 나아갈 것인가, 회생절차로 진행하여 나아갈 것인가, 아니면 양도에 의한 회생절차로 진행하여 나아갈 것인가를 결정한다.[24]

한편, 일본에서도, 1996년부터 법무성 법제심의회 도산법부회가 설치되어, 파산, 화의, 회사갱생(우리의 회사정리에 해당), 상법상의 특별청산절차, 상법상의 회사정리절차 등 여러 도산처리절차(이른바 도산5법)를 하나의 체계로 통합하는 것을 검토하였다.[25] 그러나 이른바 거품경제가 붕괴한 후의 장기적 불황이 나타나서 도산사건이 증가하자, 법정비의 필요성이 높은 과제부터 순차 검토하기로 방침을 정하고 다음과 같이 입법적 정비를 하였다. 우선 화의법을 폐지하고, 그 대신에 2000년 4월 1일부터 회생형 절차의 일반법이라고 할 수 있는 **민사재생법**이 시행되고 있으며,[26] 경제적 고충에 빠진 대규모 주식회사가 신속하면서 원활한 재건을 할 수 있도록 종전의 회사갱생법(우리의 회사정리법에 해당)을 전면 개정한 새로운 **회사갱생법**이 2003년 4월 1일부터 시행되고 있다. 그리고 그 뒤 마지막 남은 과제로 파산법의 검토 작업이 계속된 끝에 2004년 5월 25일에 **신파산법**이 제정되어 2005년 1월 1일부터 시행되고 있다.[27] 결국 일본은 아직까

Erleichterung der Sanierung von Unternehmen. 줄여서 ESUG)」이 제정되었다(BGBl. I S. 2582). 이에 대한 국내 문헌으로는 김경욱, "독일 도산법상 자기관리제도의 개정과 보호막 절차의 도입", 경영법률(23권, 1호), 395면 이하 참조.

23) 제정과 시행 사이에 5년이라는 기간이 필요한 이유는 그 사이의 정권교체, 세계경제의 대변동 등 이외에 1989년 독일 통일에 즈음하여 동·서독의 경제적 격차가 현저하여 새로운 도산법을 시행함에 그 준비기간이 필요하였기 때문이다.

24) Braun/Kießner, 7. Aufl. 2017, InsO § 1 Rn. 2-3.

25) 일본의 법적 도산처리절차로서는 종전에 파산, 화의, 회사갱생, 회사정리 및 특별청산의 5가지가 존재하였다. 이들 절차를 규율하는 법률 가운데 파산법은 독일법을, 화의법은 오스트리아법을 각 모범으로 1922년에 제정된 것이었다. 또한 회사정리 및 특별청산에 대하여는 1938년의 상법 회사편의 대개정시에 주식회사만을 대상으로 하는 새로운 도산처리절차로 상법 가운데 규정된 것이었고, 회사갱생법은 1952년에 미국법의 영향하에 제정된 것이었다.

26) 일본 민사재생법에 대한 국내 문헌으로는 김상수, "일본의 민사재생법과 시사점", 비교사법(제19호, 2002), 1면 이하; 최성근, "일본의 기업갱생절차에 관한 연구–민사재생절차를 중심으로–", 한국법제연구원 연구보고 2000-17 참조.

27) 일본 신파산법에 관한 소개는 전병서, "2004년 일본 신파산법의 소개, 법조(2004. 12), 267면

지 도산처리제도의 일원화를 이루지 못하고 있다.

도산처리제도의 일원화와 관련하여, 우리는 종전의 「파산법」, 「화의법」, 「회사정리법」, 「개인채무자회생법」을 폐지하고,28) 새로 제정된 「채무자 회생 및 파산에 관한 법률」(2005년 3월 31일 법률 제7428호로 제정, 2006년 4월 1일부터 시행)이라는 단일 법률에서 파산절차, 회생절차, 개인회생절차 등을 함께 규율하고 있지만, 위 여러 도산처리절차의 신청에 있어서 일원화 체제를 취한 것은 아니다 (법률에서는 제1편 '총칙'을 두고 있으나, 각각 제2편 '회생절차', 제3편 '파산절차', 제4편 '개인회생절차', 제5편 '국제도산'을 두고 있다). 즉, 「채무자 회생 및 파산에 관한 법률」은 이러한 절차를 도산사건을 처리하는 법이라는 공통성에서 하나의 법전에 복수 절차로 규율하고 있을 뿐이다. 신청 단계에서부터 절차를 통합한 단일절차형(내지는 일체형)이 아니고, 회생절차, 파산절차, 개인회생절차를 별도로 병렬적으로 유지하면서, 「채무자 회생 및 파산에 관한 법률」이라는 하나의 법률로 함께 규율한 것에 불과하다.29)

물론 각 절차 서로의 관계를 별도로 나누면서도 경우에 따라서는 그 사이의 연계 및 이행(移行)을 인정하거나, 다른 절차에 관한 규정의 일부를 이용할 수 있도록 하면서, 절차의 어느 쪽에도 타당한 공통규정 내지는 총칙규정을 마련하고 있다. 그러나 각 절차는 서로 분명히 구별되며, 신청인은 신청 당시 어느 절차를 이용할 것인지를 처음에 선택하지 않으면 안 된다(이는 미국 연방파산법의 입

이하 참조.

28) 이미 제16대 국회에서, 2003년 2월 21일 채무자회생및파산에관한법률안(이하 2003년 법률안)을 한 차례 국회에 제출하였으나, 그동안 연구축적이 미비한 상황에서 600개가 넘는 방대한 조문에 대한 심의가 제대로 이루어지지 못한 채(2003년 8월 25일 수정안을 채택), 2004년 5월 29일 제16대 국회가 막을 내림에 따라 위 2003년 법률안은 당연폐기된 바 있다. 폐기된 위 2003년 법률안에 대하여는 이진만, "한국에서의 도산법의 개정", 민사소송(제7권 제2호, 2003. 8), 56면 이하; 박용석, "통합도산법(안)의 개요 및 실무상 논점", 인권과 정의(2003. 9), 135면 이하 각 참조. 그 밖에 관련된 논문으로는 오수근, "통합도산법에 관한 소고", 이십일세기 한국민사법학의 과제와 전망(심당송상현선생화갑기념논문집)(2002), 651면 이하; 김재형, "통합 도산법안의 주요쟁점", 비교사법(제20호, 2003. 3), 39면 이하 각 참조.

29) 통합도산법을 제정하려면, 「하나의 입구와 여러 개의 출구」를 가진 도산처리시스템이 필요한데, 통합도산법에는 도산절차를 신청하면 채권자 등 이해관계인의 의사를 반영하여 청산형 절차로 진행할 것인지, 아니면 갱생형 절차로 진행할 것인지에 관한 규정이 없다. 이는 당사자로 하여금 선택의 고민 없이 도산절차를 신청하도록 하고 절차 사이의 이동을 쉽게 하며 조문을 단순화하려는 도산법 통합의 근본취지를 무색하게 하는 것이다. 이러한 절차를 도입하지 않는다면, 굳이 통합법을 제정하지 않고 개별법을 개정하든지, 아니면 회생절차인 회사정리법과 화의법을 통합하는 방식으로 해결하는 것으로도 충분하다는 지적으로 2005년 5월 10일 개최된 통합도산법의 과제와 전망 심포지엄에서의 김재형, 지정토론문, 저스티스(2005. 6), 68면.

법형식과 유사).

　　2006년 시행「채무자 회생 및 파산에 관한 법률」을 이른바「통합도산법」이라고 하나, 여러 도산처리절차를「채무자 회생 및 파산에 관한 법률」이라는 하나의 단일 법전으로 규정하고 있는 것에 그치고,30) 위에서 언급한 바와 같이 각 절차의 신청에 있어서까지 일원화를 이루고 있는 것은 아니므로 '통합'이라는 용어가 적절한지 의문이 들어, 앞으로 여기서는「통합도산법」대신에 '통합'이라는 용어를 생략하고 단순히「도산법」이라고 할 것이다.31)

1-11 　　　## V. 채무자 회생 및 파산에 관한 법률

　　「채무자 회생 및 파산에 관한 법률」은 크게 6편으로 이루어져 있다. 즉, 제1편 총칙, 제2편 회생절차, 제3편 파산절차, 제4편 개인회생절차, 제5편 국제도산, 제6편 벌칙으로 나뉘어 있는데, 그 가운데 제1편 총칙, 제3편 파산절차, 제6편 벌칙이 종전의 파산법을 대체하는 내용으로 이루어져 있다.

　　◆「**채무자 회생 및 파산에 관한 법률**」**의 구성** ◆ 법은 제1편 총칙, 제2편 회생절차, 제3편 파산절차, 제4편 개인회생절차, 제5편 국제도산, 제6편 벌칙으로 이루어져 있다. 제1편 총칙은 제2편부터 제5편까지 공통적으로 적용되는 사항을 총칙으로 묶은 것이고 그 다음 제2편, 제3편, 제4편의 3개 절차는 구체적인 도산절차로서 서로 구별되는 절차이다. 또한 제5편 국제도산은 채권자나 채무자 또는 채무자의 재산에 관하여 국제적 요소가 있는 사건에 관한 규정이다. 그리고 제6편 벌칙은 도산법의 규정을 위반한 행위를 처벌하기 위한 근거 규정이다.

　　제 1 편　총칙(제1조-제33조)
　　제 2 편　회생절차
　　　제 1 장　회생절차의 개시(제34조-제73조)
　　　제 2 장　회생절차의 기관(제74조-제88조)

---

30) 통합도산법은 회사정리법, 화의법, 파산법을 통합하여야 한다는 명분에 밀려 기존의 세 법률을 물리적으로 통합한 수준에 불과하다고 평가할 수 있고, 도산법의 화학적 통합은 추후로 미뤄두었다. 따라서 통합법이라고 하면서도 통합의 이유가 무엇인지 알 수 없다는 비난을 받을 수밖에 없다는 지적으로는 김재형, 전게 심포지엄 지정토론문, 저스티스(2005. 6), 66면.

31) 한편, 법제처 법률명 약칭에서는 '채무자회생법'이라고 하고 있다. 또한 법률의 약칭을 '회생법'이라고 한 헌법재판소 2008. 5. 29. 선고 2006헌마1402 결정이 있었다.

◆　채무자 회생 및 파산에 관한 법률의 최근까지 주요 개정 내용　◆

【2006. 3. 24. 법률 제7892호 일부개정】제32조의2 (차별적 취급의 금지) 신설로, 파산절차·회생절차 또는 개인회생절차 중에 있는 국민들의 생활안정과 경제적 재기를 위하여 파산선고 등을 받은 이유만으로 취업의 제한 또는 해고 등 불이익한 처우를

받지 아니하도록 하려는 것임.

【2009. 10. 21. 법률 제98045호 일부개정】종전에는 회생절차 중에 있는 기업의 신규자금을 공익채권으로 취급하도록 하였으나 공익채권 사이에는 우선순위를 인정하지 않고 있어 기업 회생에 필요한 자금의 원활한 조달에는 한계가 있으므로, 기업 회생에 필요한 운영자금을 원활하게 조달할 수 있도록 회생절차 중에 있는 기업에게 필수적인 신규 자금을 지원하는 경우에는 공익채권 중에서도 우선적으로 회수할 수 있는 지위를 부여하려는 것임.

【2013. 5. 28. 법률 제118285호 일부개정】「신탁법」에 따라 설정된 유한책임신탁에 속하는 재산에 관한 파산제도가 도입됨에 따라 그 파산사건에서의 재판관할, 신탁행위의 부인, 환취권 등에 관한 규정을 신설하려는 것임.

【2014. 5. 20. 법률 제125955호 일부개정】직장인·자영업자의 편의를 위하여 채무자의 근무지나 사무소 등을 관할하는 지방법원 본원에도 개인회생절차의 재판관할을 인정하고, 주식회사가 채무초과인 경우 의무적 주식소각제를 폐지하여 회생절차에서 법원이 구체적 사정을 종합적으로 심사하여 주식소각 여부를 결정하게 하며, 개인채무자의 보통재판적 소재지가 강릉시·동해시·삼척시·속초시·양양군·고성군인 경우 파산사건 또는 개인회생사건의 관할권을 춘천지방법원 강릉지원에 부여하고, 무기체계의 조달을 확보하기 위해 「방위사업법」 제3조에 따른 방위력개선사업을 수행 중인 사업자에 대하여 회생절차 또는 파산절차가 개시되는 경우에 관리인 또는 파산관재인이 해당 계약을 해제·해지하려는 경우 방위사업청장과 협의하게 하는 한편, 「자본시장과 금융투자업에 관한 법률」 제정에 따른 법률 인용규정을 정비하려는 것임.

【2014. 10. 15. 법률 제12783호 일부개정】회생절차개시의 원인에 중대한 책임이 있는 회사의 경영자가 회생절차를 남용하여 정당한 채권자 등의 희생을 바탕으로 채무를 감면받은 후 다시 정상화된 기업을 인수하여 경영권을 회복하는 것을 방지하기 위하여, 채무자의 이사 등의 중대한 책임이 있는 행위로 인하여 회생절차개시의 원인이 발생하고, 채무자의 영업 등을 인수하려고 하는 자가 중대한 책임이 있는 이사 등을 통하여 인수 등에 필요한 자금을 마련하거나, 중대한 책임이 있는 이사 등과 사업 운영에 관하여 경제적 이해관계를 같이 하는 경우 및 배우자·직계혈족 등 대통령령으로 정하는 특수관계에 있는 경우 법원이 회생계획불인가의 결정을 할 수 있게 하는 한편, 채무자의 영업 등을 인수하려고 하는 자 또는 그와 대통령령으로 정하는 특수관계에 있는 자가 채무자에 대하여 사기·횡령·배임 등의 죄를 범하여 금고 이상의 실형을 선고받은 후 그 집행이 끝난 날부터 10년이 지나지 아니한 경우 등에 법원이 회생계획불인가의 결정을 하게 하는 것임.

【2014. 12. 30. 법률 제12892호 일부개정】근로자의 최종 3개월분의 임금·재해보상금 및 최종 3년분의 퇴직금 채권을 두텁게 보장하기 위하여, 파산절차에서도 근로자가 행사하는 근로자의 최종 3개월분의 임금·재해보상금 및 최종 3년분의 퇴직금 채권에 대하여 최우선변제권을 인정하고, 회생절차의 절차지연을 방지하기 위하여 제1회 관계인집회를 법원이 재량으로 개최할 수 있는 것으로 변경하며, 중소기업

등의 회생절차 접근성을 제고하기 위하여 총액 50억 원 이하의 범위에서 대통령령으로 정하는 금액 이하의 채무를 부담하는 영업소득자에 대한 간이회생절차를 신설하는 것임.

【2016. 5. 29. 법률 제14177호 일부개정】 2000년대 후반 세계적인 금융위기 이후 지속적인 경기불황으로 인한 과다부채의 어려움에 처한 채무자에 대한 구조조정 필요성이 상시화된 시대에 보다 공정하고 효율적인 구조조정 절차를 바라는 채권자·채무자의 요구에 부응하여 회생절차를 개선·보완할 필요가 있음. 따라서 회생절차에서 채무자의 원활한 신규자금 확보를 위하여 신규자금을 대여한 채권자의 권한을 강화함으로써 채무자에 대한 신규자금 지원을 유도하고, 회생절차 상거래채권자들에 대한 보호를 강화함으로써 회생절차를 이용하는 채무자가 계속적 상거래를 통하여 자금 확보 및 영업의 계속성을 확보할 수 있도록 하며, 사전계획안 제출에 의한 회생절차의 활용도를 높이기 위하여 채무자에게도 제출권을 인정하고, 서면결의에서 동의간주 등의 특칙을 마련하는 한편, 채권자의 의견제시권을 확대하는 등 회생절차 참여 확대를 통해 채권자의 절차참여권 강화와 채무자의 회생가능성 제고를 도모하고, 일정 규모 이상 법인 채무자의 회생·파산사건에 대한 서울중앙지방법원에의 관할 집중을 허용하고, 관리위원회 위원의 결격사유에 피한정후견인을 포함하는 등의 개선·보완을 하려는 것임.

【2016. 12. 27. 법률 제14472호 일부개정】 「법원조직법」의 개정에 따라 신설되는 회생법원에서 회생사건, 파산사건, 개인회생사건 또는 국제도산사건을 관할하도록 하려는 것임.

【2017. 12. 12. 법률 제15158호 일부개정】 현행법은 개인회생의 경우 변제기간은 5년을 초과하지 못하도록 규정하고 있으나, 개인회생제도의 도입 취지에 맞게 회생 가능한 채무자들을 조속히 적극적인 생산활동에 복귀할 수 있도록 하기 위하여 미국이나 일본과 같이 개인회생의 변제기간은 3년을 초과하지 못하도록 단축할 필요가 있음. 또한, 현행법은 개인회생채권자가 채무자로부터 임치된 금원을 지급받지 않는 경우에 회생위원이 채권자를 위하여 공탁할 수 있도록 하고 있으나, 채무자에게 임치된 금원을 환급하여야 할 사유가 발생하였음에도 채무자가 환급받지 않는 경우에 대해서는 명시적인 규정이 없어 이를 둘 필요가 있음. 이에 개인회생의 경우 변제계획에서 정하는 변제기간을 현행 5년 이내에서 원칙적으로 3년 이내로 단축하며, '채권자를 위한 공탁제도'뿐만 아니라 '채무자를 위한 공탁제도'도 신설하여 개인회생채무자의 조속한 경제활동 복귀에 기여하고 금원의 신속한 환급을 도모하려는 것임.

【2020. 2. 4. 법률 제16920호 일부개정】 기업회생 절차에서의 신규자금 유입을 활성화하기 위하여 채무자의 업무 및 재산에 관하여 관리인이 회생절차개시 후에 한 자금의 차입 그 밖의 행위로 인하여 생긴 청구권과 채무자 또는 보전관리인이 회생절차개시신청 후 그 개시 전에 법원의 허가를 받아 행한 자금의 차입, 자재의 구입 그 밖에 채무자의 사업을 계속하는 데에 불가결한 행위로 인하여 생긴 청구권 중에서 채무자의 사업을 계속하기 위하여 법원의 허가를 받아 차입한 자금이 있는 때에는

신규차입자금에 관한 채권과 근로자의 임금 등의 재단채권은 다른 재단채권에 우선하도록 하려는 것임.

【2020. 3. 24. 법률 제17088호 일부개정】이 법은 2005년 제정된 이후 개인회생절차시 변제계획에서 정하는 변제기간의 상한을 5년으로 유지하다가 2018년에 변제기간의 상한을 3년으로 단축하는 내용으로 개정(법률 제15158호, 2017. 12. 12. 공포, 2018. 6. 13. 시행)하면서 그 적용대상을 법 시행 후 최초로 신청하는 개인회생사건으로 제한하였음. 이와 같이 변제기간의 상한을 단축한 취지는 개인회생제도의 도입 취지에 맞게 회생 가능한 채무자들을 조속히 적극적인 생산활동에 복귀할 수 있도록 하기 위한 것인데, 법률 제15158호 채무자 회생 및 파산에 관한 법률 일부개정법률 시행 후에 개인회생절차를 신청한 채무자와 시행 전에 개인회생절차를 신청하여 변제계획을 인가받은 채무자를 다르게 취급하는 것은 형평성 측면에서 문제가 있다는 의견이 있음. 그러나 개인회생 변제기간 단축의 적용대상을 소급하여 확대할 경우 채권자의 신뢰를 침해할 우려가 있는바, 이를 종합적으로 고려하여 법률 제15158호 채무자 회생 및 파산에 관한 법률 일부개정법률 시행 전에 변제계획인가결정을 받은 채무자가 그 시행일에 이미 변제계획안에 따라 3년 이상 변제계획을 수행한 경우에는 당사자의 신청 또는 직권으로 이해관계인의 의견을 들은 후 면책의 결정을 할 수 있도록 하려는 것임.

【2020. 6. 9. 법률 제17364호 일부개정】현행법상 개인채무자는 파산의 원인인 사실이 있거나 그러한 사실이 생길 염려가 있는 자로서 일정한 금액 이하의 채무를 부담하는 급여소득자 또는 영업소득자로 정의하고 있는데, 채무총액을 산정하는 기준시점을 규정하고 있지 않음. 판례는 개인회생절차의 개시결정일을 채무총액 산정기준 시점으로 판단하고 있는데, 이로 인해 개인회생절차개시 신청 당시에는 이 법에서 정한 채무총액의 범위였으나, 이후 이자나 지연손해금으로 인한 채무총액 변동으로 신청자격을 상실하게 되는 사례가 발생하고 있음. 이에 법원의 개인회생 개시 결정 여부 등에 대한 신청자의 예측가능성 확보 등을 위하여 개인채무자의 채무총액 산정 기준시점을 개인회생절차개시의 신청 당시로 명확히 규정하려는 것임.

【2021. 4. 20., 법률 제18084호 일부개정】현재 법원에 개인회생절차의 개시를 신청할 수 있는 개인채무자는 파산의 원인인 사실이 있거나 그러한 사실이 생길 염려가 있는 자로서 개인회생절차개시의 신청 당시 유치권·질권·저당권·양도담보권·가등기담보권·「동산·채권 등의 담보에 관한 법률」에 따른 담보권·전세권 또는 우선특권으로 담보된 개인회생채권은 10억원 이하, 그 외의 개인회생채권은 5억원 이하인 경우의 급여소득자 또는 영업소득자를 말함.
그런데 우선특권 등으로 담보된 개인회생채권 10억원 이하, 그 외의 개인회생채권 5억원 이하의 개인채무자의 금액기준은 현행법이 제정·시행된 2006년 4월 1일 정해졌고, 이보다 앞서 개인채무자의 회생을 규정했던 「개인채무자회생법」(2006년 4월 1일 폐지)이 제정·시행된 2004년 9월 23일부터 같은 기준이 적용되었음.
이러한 개인채무자의 금액기준이 정해진 이후 15년 이상이 경과됨에 따라 화폐가치

감소분 등을 감안하여 이를 현실화할 필요가 있다는 주장이 제기되고 있는바, 한도액을 상향하면 그동안 채무액이 개인회생 한도액을 초과하여 일반회생을 신청하였으나 채권자들로부터 필요한 만큼의 동의를 얻지 못하여 회생절차를 밟지 못한 채무자 또는 개인회생의 채무 한도액이 낮은 탓에 아예 도산절차를 신청하지 못하고 있는 채무자의 상당수가 개인회생 절차를 밟을 수 있을 것으로 예상됨.

이에 개인채무자의 금액기준을 우선특권 등으로 담보된 개인회생채권의 경우 현행 10억원 이하에서 15억원 이하로, 그 외의 개인회생채권의 경우 현행 5억원 이하에서 10억원 이하로 상향하려는 것임.

【2021. 12. 28. 법률 제18652호 일부개정】 국세청 통계에 따르면 취업 후 학자금 상환 대상자 18만 5천명 중 약 1만 7천명이 2018년 기준으로 취업한 후에도 학자금 대출을 갚지 못하고 있으며, 체납액은 206억원에 이르는 것으로 나타남. 최근 대학을 졸업하는 데 소요되는 기간, 졸업 후 취업기간이 증가하고 있는데, 이 같은 통계는 취업 후에도 학자금 대출을 갚는 것이 용이하지 않음을 의미함.

이에 20대 청년의 파산신청 건수도 증가하고 있는데, 현행법은 파산하더라도 취업 후 상환 학자금대출원리금에 대한 책임을 면제하지 않아, 파산한 청년층에게 새로운 도전을 할 기회를 박탈한다는 지적이 있음.

따라서, 현행법상 취업 후 상환 학자금대출 원리금 청구권을 면책채권에서 제외하는 내용을 삭제하여 면책을 받은 채무자가 학자금대출의 상환책임에서 벗어나게 함으로써 청년들에게 학자금대출에 대한 부담을 덜어주고, 경제적 자립의 기회를 제공하려는 것임.

【2022. 12. 27. 법률 제19102호 일부개정】 울산광역시나 경상남도에 채무자가 거주하거나 주된 사무소 등을 둔 경우 부산회생법원에도 회생사건, 간이회생사건, 파산사건 또는 개인회생사건을 신청할 수 있도록 중복관할을 허용함.

VI. 각 도산처리절차의 연결   1-12

앞에서 설명하였듯이 도산법에서 파산, 회생, 개인회생 등의 도산처리절차가 완전한 통합을 이루지 못하고 각각 별개·독립한 절차로 나뉘어 병립하는 구조를 취하면서 규율되고 있지만, 도산상태에 있는 채무자의 일원적인 도산처리를 지향하는 관점에서 법은[32] 각 절차 서로 사이의 우열관계, 그리고 그 연계나 이행(移行)을 도모하는 몇 가지의 수단을 마련하고 있다.

1. 각 절차 사이의 우선순위 설정   1-13

복수의 도산절차가 경합하는 경우가 있을 수 있지만, 그 절차가 동시에 진

---

32) 이하 단순히 「법」이라고 하면, 그것은 「채무자 회생 및 파산에 관한 법률」을 지칭한다.

행되면, 절차의 중복을 초래하고 모순이나 혼란이 생긴다. 그리하여 법은 이러한 사태를 피하기 위해 도산절차 사이에 우열관계를 정하고 있다.

파산절차와 다른 회생형 절차가 경합하는 경우에는 회생형 절차를 파산절차에 우선시킨다(여기서 양쪽 모두 재생형 절차인 회생절차와 개인회생절차 사이에서는 개인회생절차가 우선한다. 결국 파산절차, 회생절차, 개인회생절차 가운데 개인회생절차가 가장 우선하며, 다음으로 회생절차가 우선한다). 파산신청 후 또는 경우에 따라서는 파산선고 후라도 다른 회생형 절차의 개시신청을 할 수 있다(다만, 35조 2항 참조).33) 예를 들어 어느 A회사에 대해 甲이 채권자로서 파산신청을 하고 있는 경우에 A사 스스로(채권자의 파산신청에 대한 대항 수단으로) 아니면 다른 채권자는 회생절차개시신청을 할 수 있다. 나아가 A회사에 대해 파산선고가 있은 뒤라도 회생절차는 파산절차에 우선하므로 파산선고 전과 마찬가지로 회생절차개시신청이 인정된다. 한편, 그 반대로 회생절차개시결정이 있는 후 또는 개인회생절차개시결정이 있은 후에는 열후적 절차인 파산신청을 할 수 없다(58조 1항, 600조 1항).

절차가 경합하는 경우에는 회생형 절차를 파산절차에 우선시키면서 나아가 파산절차의 중지 또는 실효를 정하고 있다. 예를 들어 법원은 **회생절차개시의 신청**이 있는 경우에 필요하다고 인정하는 때에는 회생절차개시의 신청에 대한 결정이 있을 때까지 파산절차의 **중지를 명할 수 있고**(44조 1항), **회생절차개시결정**이 있는 때에는 파산절차는 **중지되고**(58조 2항 1호), 또한 법원은 **개인회생절차개시의 신청**이 있는 경우에 필요하다고 인정하는 때에는 개인회생절차개시의 신청에 대한 결정이 있을 때까지 채무자에 대한 파산절차(또는 회생절차)의 **중지를 명할 수 있고**(593조 1항), **개인회생절차개시결정**이 있는 때에는 채무자에 대한 파산절차(또는 회생절차)는 **중지된다**(600조 1항 1호). 그리고 예를 들어 **회생계획인가의 결정**이 있은 때에는 중지한 파산절차는 그 **효력을 잃는다**(256조 1항). 또한 **변제계획인가결정**이 있는 때에는 원칙적으로 중지한 파산절차(또는 회생절차)는 그 **효력을 잃는다**(615조 3항 본문).

1-14   ## 2. 견련파산·재시파산

다른 절차가 그다지 효과가 없이 실패한 경우에는 파산으로 이행하는 길이

---

33) 이하 조문 인용에 있어서 별도의 법령명이 없다면, 그것은 「채무자 회생 및 파산에 관한 법률」의 조문을 가리킨다.

마련되어 있다. 다만, 실무적으로 그러한 예가 흔한 것은 아니다.

가령, **파산선고를 받지 아니한 채무자**에 대하여 회생계획인가의 결정이 있은 후 회생절차(여기서는 이하 간이회생절차 포함)폐지의 결정이 확정된 경우에 법원은 그 채무자에게 파산의 원인이 되는 사실이 있다고 인정하는 때에는 **직권**으로 반드시(필수적) 파산을 선고하도록 하였고(6조 1항),[34] 회생절차개시신청의 기각결정, 회생계획인가 전 회생절차폐지결정, 회생계획불인가결정이 확정된 경우에 법원은 그 채무자에게 파산의 원인이 되는 사실이 있다고 인정하는 때에는 채무자 또는 관리인의 **신청**에 의하거나 **직권**으로 파산을 선고할 수 있도록(임의적) 하였다(동조 2항).[35] 회생절차가 중도에 좌절된 경우에 파산의 원인이 되는 사실이 있다고 인정하는 때에 그러한 상태를 방치하는 것에 의한 혼란이나 채권자의 불이익을 피할 필요가 있기 때문이다. 이러한 경우에 사후처리로 파산이 선고되는 것을 **견련파산**(牽連破産)이라고 한다. 한편, 개인회생절차폐지 등에 따른 견련파산을 인정하는 규정은 두고 있지 않다. 위와 같이 회생절차가 실패하여 파산절차로 이행되는 경우에 파산절차를 처음부터 다시 시작하지 않고 이행 전후의 절차를 가급적 하나의 절차로 취급하려고 한다. 가령, 회생절차에서의 공익채권은 파산절차에서의 재단채권으로 취급한다(동조 4항). 또한 위 2항의 경우에 회생절차에서 행하여진 회생채권신고 등 이미 진행된 절차는 파산절차에서도 파산채권의 신고 등으로 보아 그 효력이 유지된다. 다만, 위 1항의 회생계획인가 후의 회생절차폐지의 경우에는 회생계획인가의 효력으로 이미 회생계획안에 따른 권리변경이 발생하였으므로(252조 1항), 새로이 파산채권의 신고·조사 등의 절차를 행하여야 할 것이다(동조 5항은 위 2항의 경우만 규정하고 있다). 그리고 위 규정에 의한 파산선고가 있는 때에는 관리인 또는 보전관리인이 수행하는 소송절차는 중단되는데, 파산관재인 또는 그 상대방이 이를 수계할 수 있다(동조 6항).

---

34) 이 경우의 절차의 이행에 관련된 대법원 2020. 12. 10. 선고 2016다254467, 254474 판결 참조.
35) 필수적 파산선고의 위험부담으로 말미암아 회생절차의 신청 자체를 주저하는 것을 피하기 위해서 현행법에서는 종전 회사정리법 23조 1항의 필수적 파산선고사유보다 축소하여 회생계획인가 전 회생절차폐지결정, 회생계획불인가결정이 확정된 경우를 재량적(임의적) 파산선고사유로 하였다.

그리고 **파산선고를 받은 채무자**에 대하여 회생계획 인가의 결정으로 파산절차가 그 **효력을 잃은 후**(256조 1 항) 회생절차(간이회생절차 포함)폐지의 결정(288조)이 확정된 때에는 법원은 **직권**으로 파산을 선고하여야 하는데(6조 8항), 이 경우에 뒤의 파산선고는 실질적으로 앞의 파산절차의 연속이므로 효력을 잃은 앞의 파산절차에서의 파산신청이 있는 때에 파산신청이 있는 것으로 본다(동조 9항). 위 경우에 관리인 또는 보전관리인이 수행하는 소송절차는 중단되는데, 파산관재인 또는 그 상대방이 이를 수계할 수 있다(동조 10항, 6항).

한편, 다른 절차의 개시로 **중지**되었던 파산절차가 결국 다른 절차가 효과 없이 실패한 경우에 파산절차의 중지는 해소되고 파산절차는 당연히 속행되는데, 이를 **재시파산**(再施破産. 다시 시행되는 파산절차)이라고 한다. 예를 들어 **회생절차개시결정**으로 파산절차는 중지되는데(58조 2항 1호), 중지된 파산절차는 그 후 회생절차(간이회생절차 포함)폐지의 결정이 있으면, 그 중지는 해소되며 파산절차는 (새로이 파산선고를 할 필요 없이) 당연히 속행된다(7조 1항).

위 견련파산 및 재시파산은 모두 중도에서 좌절된 절차를 방치하지 않고 조속히 파산에 의한 합리적인 청산을 하고자 하는 것으로, 채권자를 비롯하여 이해관계인의 이익을 보호하고 도산처리제도의 일원적인 운용을 확보하기 위한 시스템이라고 할 수 있다.

제 2 편

파산절차

제1장

총 론

Ⅰ. 파산법의 법원(法源)

이미 보았듯이 「파산법」이라는 명칭의 법률은 폐지되었고, 현재는 「채무자 회생 및 파산에 관한 법률」이라는 명칭의 법전이 파산법의 형식적 법원(法源)이 된다. 그리고 실질적 의미의 파산법은 파산에 관한 규정의 총체를 지칭하는데, 「채무자 회생 및 파산에 관한 법률」 이외의 법령 가운데도 이에 해당하는 규정이 많이 존재한다(가령 민법 79조, 93조 등).

한편, 파산절차에 관하여 「채무자 회생 및 파산에 관한 법률」에 규정이 없는 때에는 「민사소송법」 및 「민사집행법」을 준용한다(33조).[1]

Ⅱ. 파산법의 연혁

로마의 12表法(lex duodecim tabularum)에 의하면, 채무자가 채무의 이행을 하지 않은 경우에 채권자에게는 채무자를 살해하거나 채무자를 노예로 삼는 대인(對人) 내지는 인적 집행(Personalexekution)이 인정되었다. 그런데 이러한 채무자의 생명·신체에 대한 대인집행은 너무 가혹한 것이어서 인도주의사상의 영향으로 그 대신에 채무자의 재산에 대한 집행, 즉 대물(對物) 내지는 물적 집행

---

1) 참고로 보면, 현행 「채무자 회생 및 파산에 관한 법률」은 법 자체에서 민사소송법 162조와 관련된 사건기록의 열람 등에 관한 규정을 두고 있고(28조), 민사집행법 74조, 75조와 관련된 채무자의 재산 등에 관한 조회에 관한 규정을 두고 있다(29조).

으로 전환되었다.2) 즉, 채권자로부터의 신청에 의하여 법무관은 채무자의 재산
을 채권자의 점유로 이전하고(missio in bona rei servandae) 채권자 가운데 1인을
관리인(bonorum)으로 삼아 재산의 관리를 맡겼고, 관리인이 모든 채권자에게 청
산절차에 참가하도록 통지를 하였다. 한편 법무관은 이를 공시하고, 이 공시 뒤
30일 동안은 채무자를 위한 채무유예기간으로 하였다. 이 기간이 경과하면 채무
자는 파산자로 선고되어 파렴치자(불명예자)로 명예가 박탈되었다.3) 그리고 파산
절차가 시작되면 청산절차에 가입을 신청한 채권자 전부가 소집되고, 대표자가
될 관재인이 선임되어, 이 관재인에 의하여 재산의 매각과 매각대금의 채권자에
게의 배당이 행하여졌다.4)

　　위 로마의 파산제도가 중세 북이탈리아 여러 도시의 파산제도에 유입되어,
북이탈리아 여러 도시에서도 경제적으로 파탄하여 채무를 변제할 수 없게 된
상인에 대하여 위 로마에 있어서와 거의 마찬가지의 파산절차가 행하여졌다. 이
러한 북이탈리아의 상인사회의 파산제도가 프랑스로 흘러가 1807년 제정된 프
랑스 나폴레옹 상법전(Code de commerce)의 파산편에서는5) 채무자로부터 공사
의 자격을 빼앗는 징계주의적 파산법이 되었으며(현재 비사업자 내지 소비자의 도산
처리절차는 상법전에서가 아니라, 소비법전(Code de la consommation) 중에 규정되어 있
다), 한편 독일에서는 그 뒤, 1877년 파산으로부터 징계의 요소를 제거하고 상인
뿐만 아니라 비상인도 파산의 대상으로 하는 일반파산주의로 전환된 파산법
(Konkursordnung)이 성립되었다.6) 이후 독일에서는 1994년 새로운 도산법(Insol-
venzordnung)이 제정되어 1999년부터 시행되고 있다.

　　한편, 영국에서는 본래 common law가 파산을 다루지 않았는데,7) 북이탈
리아의 파산제도가 도입된 관계로 처음부터 파산에 관한 규정은 성문법의 형태
를 취하게 되었다. 그 최초의 법은 헨리(Henry) 8세 시대인 1542년에 만들어진

---

2) 고대로부터 중세까지의 파산법의 역사적 발전에 대한 국내 문헌으로는 이상영, "파산제도의 역
　사적 발전", 민사소송(2004. 11), 242면 이하 참조.
3) 현승종·조규창, 로마법(1996), 298-299면.
4) Kaser/Hackl, Das römische Zivilprozessrecht(2. Aufl., 1996), §§57-61.
5) 파산편에서 정하고 있는 파산절차는 종전 절차의 불완전한 부분을 다소 수정하는 데 그치고
　있으며, 1673년 상사왕령의 내용을 대체로 계승한 것이었다. 상인파산주의 당시 프랑스상법전
　에서는 파산자[failli(e)]란 상인인 자연인을 지칭하였으며, 따라서 당시 파산절차[faillite]는 상
　인에게만 적용되는 절차이었다.
6) Gottwald, Insolvenzrechts-Handbuch(2001), §1.
7) Ian. F. Fletcher, Law of Bankruptcy(1978), pp. 1-12.

「파산한 사람에 대한 법(An act against such persons as do make bankruptcy)」이라는 것이다. 그 법명에서 나타나듯이 파산행위를 저지른 사람, 즉 사기적 양도나 행방을 감춘 사람에 대하여 채권자가 채권을 회수하기 위한 법이었고, 채무자에 의한 자발적 신청의 제도는 아니었다. 그리고 면책제도는 존재하지 않았다. 그 뒤, 처음으로 앤(Anne)여왕 시대인 1705년의 파산법에서 면책제도(discharge)가 나타났다. 성실하게 자기의 재산을 채권자들에게 내맡긴 파산자에게 파산범죄 처벌에 대한 수혜(carrot)로 채무의 면책을 인정하였다(자세히는 ☞14-2).

위 영국의 파산법이 그 발전과정에서 미국에 이어지게 된다. 미국에서는 영국의 파산법을 모델로 1800년에 최초의 「연방파산법」이 제정되었다. 그 뒤 여러 차례의 개정이 있었고(즉, 비상입법으로 한시법인 1841년법, 1867년법을 거쳐 항구적 법으로 1898년 연방파산법), 1978년도에 1898년 연방파산법을 모체로 연방파산법의 전면적 개정이 있었다(Bankruptcy Reform Act of 1978. 1979. 10. 1.부터 시행). 이를 「제5차 연방파산법」이라고 부르는데, 파산제도에의 접근을 쉽게 하도록 용어를 종전의 「파산자(bankrupt)」로부터 「채무자(debtor)」로, 「파산선고(adjudication)」로부터 「구제명령(order for relief)」으로 변경한 점이 특징이었다.[8] 그 뒤에도 연방파산법은 1986년, 1988년, 1990년, 1994년, 2005년에 개정되어 현재에 이르고 있는데,[9] 특히 2005년 「파산남용방지 및 소비자보호법(Bankruptcy Abuse Prevention and Consumer Protection Act of 2005)」은 1978년 개정 이래 최대의 개정으로, 안이한 파산신청을 억제하려는 목적하에 파산남용에 대한 대폭적 개정이 있었다.[10]

한편, 일본에서는 에도(江戶)시대에 채무자가 대다수의 채권자의 동의를 얻어 모든 재산을 채권자에게 평등하게 분배하는 「분산(分散)」의 제도가 있었다. 메이지(明治)시대에 이르러 처음으로 법의 정비가 이루어져, 明治 23年(1890년)에 프랑스법을 본뜬 상법 제3편 파산편이 제정되었다(다만, 상인밖에 적용이 없는 상인파산주의). 그 뒤 다이쇼(大正) 11年(1922년)에 주로 1877년 독일 파산법을 본뜬 파산법이 제정되어 다음 해부터 시행되던 중, 제2차 세계대전 후의 쇼와(昭

---

8) 미국 파산법의 역사에 대하여는 임치용, "미국 파산법의 개정역사 연구", 법조(1998. 4), 101면 이하 참조.
9) 1986년 개정에서 정기적 수입이 있는 가족적 농업자의 채무정리절차에 대해 규정하는 제12장이 추가되었다.
10) 또한 2005년 개정에서 추가된 것은 제15장인데, 이는 국제도산절차에 관한 것으로 특수한 내용을 가지므로 장래 일반적 개정이 있을 경우에 제14장을 이용하려고 미리 제15장으로 한 것이다.

和) 27年(1952년) GHQ(연합군 최고사령부)의 사령하에 미국법의 영향을 강하게 받아 일본 파산법에 면책절차가 도입되었다.

　위와 같은 일본 파산법(내지는 독일 1877년 파산법)을 모델로 한 것이 1962년에 제정된 종전의 우리 파산법이라고 할 수 있다. 다만, 1922년에 성립된 일본 파산법은 2004년에 전면 개정되어, 2005. 1. 1.부터 신파산법이 시행되고 있다.11)

Ⅲ. 파산법의 입법주의

2-3　　**1. 일반파산주의와 상인파산주의**

　파산선고에 의하여 파산자(파산선고를 받은 자)가 될 수 있는 자격 또는 능력을 일반적으로 파산능력이라고 하는데, 이 파산능력을 상인과 비상인(非商人)을 구별하지 않고 넓게 일반적으로 인정할 것인가, 아니면 영업을 행하는 상인에 한정하여 인정할 것인가 하는 입법주의의 대립이 있다.

　전자를 일반파산주의라고 하는데, 우리나라, 일본 및 독일은 원칙적으로 이러한 입장이고, 영미법도 그렇다. 후자를 상인파산주의라고 하는데, 이는 상인에 대하여만 파산능력을 인정하고, 비상인에 대하여는 통상의 민사집행만을 허용하는 입장으로, 프랑스는 종전에 이러한 상인파산주의를 채택하였는데, 1967년 파산법을 상법전에서 분리시켜 상인이 아닌 사법인(私法人)에게도 그 적용대상을 확대하였으므로 이제 프랑스는 상인파산주의라고 할 수 없다. 생각건대 파산제도의 적용을 상인만으로 한정할 필요성은 없다고 본다.

2-4　　**2. 징계주의와 비징계주의**

　파산선고에 의하여 파산선고를 받은 채무자의 공인 또는 사인으로서의 권리 내지는 자격을 제한하는지 여부에 있어서의 구별이다. 제한하는 것을 징계주의, 제한하지 않는 것을 비징계주의(非懲戒主義)라고 한다.

　프랑스법은 징계주의적 색채가 강하고, 우리나라, 일본 및 독일은 비징계주의이다. 다만, 우리가 비징계주의라고 하더라도 파산선고를 받은 채무자에게 아무런 제재를 가하지 않는 것은 아니다. 「채무자 회생 및 파산에 관한 법률」 외

---

11) 일본 신파산법에 관한 소개는 전병서, "2004년 일본 신파산법의 소개", 법조(2004. 12), 267면 이하 참조.

에서, 가령 국가공무원법(33조 1항)이나 변호사법(5조 5호) 등은 개별적으로 공무원이나 변호사 등의 자격이나 직업을 제한하고 있으므로 순수한 비징계주의는 아니고, 실질적으로 징계주의적 색채가 남아 있다.

한편, 파산선고를 받은 채무자가 신분을 회복하는 복권절차에 관한 규정이 「채무자 회생 및 파산에 관한 법률」에 존재한다(574조 이하).

3. 면책주의와 불면책주의　　　　　　　　　　　　　　　　　　2-5

파산절차에 있어서 배당에 의한 변제를 한 뒤라도 채무가 잔존하는 경우가 일반적인데, 이 잔존채무에 대하여 파산선고를 받은 채무자의 책임을 면제하는지 여부에 대한 입법주의의 대립이다.

면책주의는 영미법의 가장 큰 특색이다. 독일은 종전 파산법(Konkursordnung)에서 불면책주의(不免責主義)를 채택하였는데, 1999년에 시행된 새로운 도산법(Insolvenzordnung)에서는 면책주의를 도입하였다. 우리는 1962년 파산법을 제정한 때부터 면책주의를 채택하였다. 면책제도는 파산선고를 받은 채무자의 경제적 새출발을 목적으로 한다. 즉 파산을 반드시 반사회적·범죄적 행위로서 비난할 것은 아니고, 경제활동에 어느 정도 불가피하게 수반되는 병리현상으로 보아, 파산선고를 받은 채무자가 인간으로서 존엄성을 지니고 살아나갈 수 있도록 도와주는 것이 사회적으로도 이익이 되므로 면책주의를 채택한 것은 타당하다고 생각한다.

IV. 파산절차의 법적 성질

1. 일반집행 내지는 포괄집행　　　　　　　　　　　　　　　　2-6

파산절차는 파산선고를 받은 채무자의 총재산으로 채권자에게 가능한 한, 많은 만족을 공평하게 부여하기 위한 것을 목적으로 한다. 채무자의 재산상태가 악화되어 채권자에 대한 채무를 완제할 수 없는 경우에 국가권력에 의하여 강제적으로 채무자의 총재산을 관리·환가하여 채권자에게 공평한 금전적 만족을 주고자 하는 점에서 파산절차는 민사집행에서의 강제집행절차와 비슷하다.[12]

---

12) 강제집행은 일반적으로 절차를 다음의 3단계로 설명한다. 우선 채권자에 의한 압류, 그리고 압류한 재산의 환가, 예를 들어 부동산이라면 강제경매에 의하여 환가한다. 그리고 최후는 환가에 의하여 얻은 금원을 일정한 규칙에 의하여 채권자에게 배당한다. 예를 들어 담보권자라면 우선적으로 배당·변제하고, 일반의 채권자라면 채권자평등원칙에 의하여 안분비례로 배당한다는

그러나 강제집행절차는 채권자 측에서 채무자의 일정한 재산을 특정하여 강제집행을 하여야 한다. 예를 들어 채권자가 채무자에 대하여 5,000만 원의 집행권원을 받았다고 한다면, 부동산집행을 할 것인가, 동산집행을 할 것인가, 또는 채권집행으로 나아갈 것인가 등과 관련하여 우선 재산의 종류에 따라 절차를 선택하여야 한다. 그리고 예를 들어 부동산집행의 경우에도 건물만으로 한정할 것인가, 아니면 토지도 강제집행할 것인가 하는 재산의 특정이 채권자의 책임이다. 이와 같이 채무자 개개의 재산에 대해 강제집행하는 것이기 때문에 이를 **개별집행**이라고 한다.

이에 대하여 파산절차의 경우에는 파산이 선고되면, 채무자의 총재산 전부가 환가의 대상이 된다는 의미에서 개별집행과 구별하여 **일반집행** 내지는 **포괄집행**이라고 할 수 있다.

2-7   **2. 집행절차인가 청산절차인가**

파산절차가 강제집행절차와 마찬가지로 집행절차인가, 아니면 청산을 목적으로 하는 청산절차인가에 대하여 견해의 대립이 있다. 그 대립은 절차가 가지고 있는 한쪽 측면을 각각 강조한 것에 불과하고, 그다지 실익이 있는 대립은 아니라고 할 수 있다. 파산절차는 한쪽 측면에서는 집행절차이고, 다른 쪽 측면에서는 청산절차이다.

2-8   **(1) 집행절차설**

집행절차설은 파산절차에서는 국가권력에 의하여 채무자의 의사에 관계없이 강제적으로 그 재산이 총채권자의 채권을 실현하기 위한 자료로 제공되고, 경합하는 여러 채권의 공평한 실현을 도모하는 절차이므로 본질적으로는 강제집행절차와 다르지 않다고 한다.

2-9   **(2) 청산절차설**

청산절차설은 파산절차가 집행으로 끝나는 것만이 아니고, 결국 채무자의 무자력이라는 특별한 상황하에서 채무자의 총재산으로 총채권자의 공평한 만족을 도모하는 절차라는 점에 그 특색이 있으므로, 이를 청산절차라고 설명한다.

2-10   절차를 취한다. 그런고로 채무자의 재산을 강제적으로 관리·환가하여 채권자에게 금전적 만족을 준다는 점에서 파산절차와 강제집행절차는 유사하다.

V. 파산절차의 개요

파산절차는 크게 「파산선고절차」, 「파산채권의 확정」, 「파산재단의 관리·환가」, 「파산종결절차」라는 4가지 중심축의 절차에 의하여 진행된다.

「파산선고절차」는 파산신청에 대하여 파산선고를 할 것인지 여부를 법원이 심리하는 절차이다. 파산선고를 할 경우에 그 절차는 「파산결정(파산선고결정)」이라는 재판으로 종료된다. 동시에 이 재판은 좁은 의미(본래)의 파산절차를 개시하는 재판이기도 하다. 따라서 엄밀하게 말한다면 「파산선고절차」는 좁은 의미의 파산절차를 개시할 것인지 여부를 판단하는 절차이다.

〈파산절차의 흐름〉

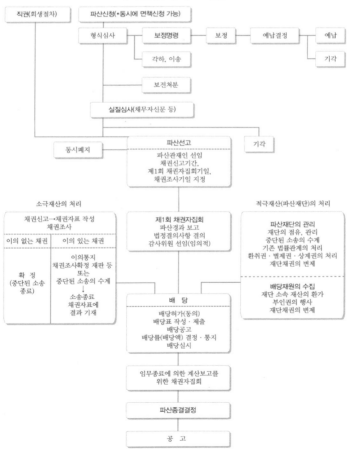

　　「파산선고절차」가 「**파산결정**」이라는 재판에 의하여 종료되면, 본래의 파산
절차가 시작된다. 이는 「파산채권의 확정」과 「파산재단의 관리·환가」라는 2가
지 국면으로 나뉜다. 파산절차는 채무자의 재산 전부를 처분하여 채권자 전체와
의 사이에서 채권·채무를 한꺼번에 청산하려는 절차이기 때문에 우선 파산선고
를 받은 채무자가 지급하여야 할 채무가 어느 정도인가를 확정하는 것이 필요한
데, 그 절차가 「**파산채권의 확정**」이다. 한편, 채권자에게 지급할 금원을 만들기
위하여 채무자의 처분할 수 있는 재산이 어느 정도인가를 확정하고 또한 이를
환가하여야 하는데, 그 절차가 「**파산재단의 관리·환가**」이다. 이 2가지 절차는
시간적으로 전후의 관계에 있는 것이 아니고, 병행하여 이루어진다.

　　파산채권의 확정과 파산재단의 관리·환가에 의하여 어느 정도 비율로 변제
할 수 있는가가 확정된다. 그 결과, 배당을 할 수 있게 되고 배당이 있으면 파산
절차는 종료된다. 그 밖에 파산절차는 파산폐지에 의하여도 종료된다. 이것이
「**파산종결절차**」에 포함된다.

　　경우에 따라서는 「**면책절차**」가 행하여지기도 한다. 「면책절차」는 본래의
파산절차는 아니지만, 개인채무자의 새출발을 고려한 절차이다(일반적으로 법인에
게는 해당하지 않는다고 본다). 면책절차에서는 파산관재인·채권자 등의 의견을 듣
고, 채무자에게 면책불허가사유가 있는지 여부를 심사하여 면책불허가사유가
없다면, 법원은 면책허가결정을 한다.

제 2 장

파산절차의 개시

여기에서는 어떠한 사람이 파산선고를 받을 수 있는가 하는 문제인 파산능력, 파산선고를 하기 위하여 어떠한 사실이 있어야 하는가 하는 문제인 파산원인 등에 대하여 설명하고, 파산신청과 그 심리, 그리고 파산선고 및 그 효과에 대하여 살펴보기로 한다.

Ⅰ. 파산절차개시의 요건

3-1

어떠한 경우에 파산절차가 개시(Eröffnung)되는가(다만, 여기서 말하는 파산절차는 좁은 의미 내지는 본래의 의미의 파산절차로, 파산선고결정으로부터의 파산절차를 말한다)의 문제가 파산절차의 개시요건이다. 그 요건으로서는 「형식적 요건」과 「실체적 요건」을 생각할 수 있다.

형식적 요건으로서 파산신청이 적법요건을 구비하여야 하고, 특히 실무적으로 중요한 것은 파산절차비용을 예납하여야 한다는 점이다(303조). 그리고 **실체적 요건** 가운데 적극적 요건으로서 파산능력 및 파산원인이 존재하여야 하는 것과 소극적 요건으로서 파산장애사유가 존재하지 않아야 하는 것을 들 수 있다.

한편, 그 요건으로서 채권자가 2인 이상 존재하여야 하는가가 문제가 된다(이른바 1인파산의 문제). 파산절차는 채무자의 자력이 충분하지 않은 경우에 다수채권자에게 공평한 만족을 주고자 하는 것이므로 채권자가 1인인 경우에는 처음부터 공평한 만족이라는 문제가 생기지 않는다고 보아 채권자가 2인 이상 존재하여야 한다는 적극적 입장도 있을 수 있으나, 법은 파산원인으로 지급불능과 채무초과만을 들고 있고, 다수채권자의 경합을 파산절차개시의 요건으로 특별히 명기하지 않고 있으므로(종전 파산법도 마찬가지) 채권자가 1인인 경우에도 규정에 따라 파산절차를 진행하는 데 아무런 지장이 없다 할 것이다. 따라서 소극적으로 보아 채권자가 1인이더라도 파산선고를 할 수 있다고 생각한다.[1]

3-2   **1. 파산능력**

파산능력은 어떠한 사람이 파산선고를 받을 수 있는가 또는 어떠한 사람이 파산절차의 적용대상이 되는가, 즉 파산자가 될 수 있는 자격을 말한다(기능적으로는 「민사소송법」에서의 당사자능력에 상당하는 요건이다). 도산법상 파산능력이 인정되고 있는 것은 원칙적으로 자연인, 법인, 상속재산, 유한책임신탁재산 등이다. 회생절차와 마찬가지로 파산절차는 자연인, 법인의 구분 없이 모두를 적용대상으로 하고 있다(☞ 16-5).[2] 한편, 개인회생절차는 개인채무자를 적용대상으로 한다(588조 참조. ☞ 17-27).[3] 파산능력은 어떠한 사람에게 파산적 청산을 인정할 것인가를 분명하게 하기 위한 개념으로 고도의 정책적 고려가 필요하다는 점에서 파산제도의 목적 내지는 기능과 밀접하게 관련되고, 상당히 실질적 내용을 포함하는 요건이라고 할 수 있다. 파산능력이 없는 경우에 그 파산신청은 부적법한 것으로 각하된다.

3-3   **(1) 자 연 인**

자연인(Natürlichen Personen)은 모두 파산능력이 있다. 행위능력의 유무를 불문한다.[4] 또한 우리 도산법은 일반파산주의를 취하고 있으므로 상인이든, 비상인(非商人)이든 상관없다(가령 상인파산주의를 채택하는 경우에는 상인에게만 파산능력을 인정하고, 비상인에게는 파산능력을 인정하지 않는다).

---

1) 박기동, "파산절차개시의 요건과 파산선고의 효과", 파산법의 제문제[上](1999), 80면; 임종헌, "도산절차의 개시요건에 관한 실무적 고찰", 법조(1999. 2), 235면; 伊藤眞, 破産法·民事再生法, 79면 각주 4).

2) 참고로 보면, 종전의 화의절차는 자연인과 법인의 양쪽을 적용대상으로 하였지만, 반면 회사정리절차는 주식회사만을 적용대상으로 하였다. 현행법에서는 종전의 회사정리절차를 보완하고 화의절차를 폐지하면서 이를 통일적으로 회생절차로 규율하고 있다.

3) 다만, 모든 개인채무자가 신청자격이 있는 것은 아니다. 개인채무자 가운데 장래 계속적으로 또는 반복하여 수입을 얻을 가능성이 있는 급여소득자 또는 영업소득자이어야 신청자격이 있다. 개인회생절차는 절차의 개시 후 일정기간 내에 자신의 수입 등을 변제자원으로 하여 채무의 일부를 변제하는 것이 절차의 본질이기 때문이다.

4) Braun/Kind, Insolvenzordnung(2002), § 11 Rn. 4.

자연인의 파산능력은 사망에 의하여 소멸된다. 사망하면, 더 이상 「인(人)」이 아니므로 당연히 파산능력도 잃게 된다. 다만, 파산신청 뒤에 채무자가 사망한 경우 또는 일단 파산선고를 받은 채무자가 파산절차 중에 사망한 경우에는 상속재산에 대하여 파산절차가 속행된다(308조). 위 경우에 그때까지 진행된 파산절차가 아무런 쓸모가 없게 되고, 다시 상속인이나 상속재산에 대하여 절차를 진행하여야 한다면 경제적으로 문제가 있을 뿐만 아니라 파산채권자의 보호에도 지장을 주게 되므로 상속재산에 대하여 속행한다는 규정을 둔 것이다.

◆ **외국인(및 외국법인)의 파산능력 → 내외국인 완전평등주의** ◆ 한편, 문제가 되는 것은 우리나라에 거주하거나 재산을 가지고 있는 외국인(또는 외국법인)의 파산능력이다. 이는 우리나라의 재판권에 복종하는 외국인에 대하여 파산신청을 할 수 있는가 하는 문제로 나타난다. **외국인**은 법령 내지는 조약에서 특별한 정함이 없는 한, 우리나라 사람과 마찬가지로 평등하게 취급되는 것이 원칙이다. 법 2조에서도 외국인(또는 외국법인)은 우리 도산법의 적용에 있어서 우리나라 사람과 동일한 지위를 가진다고 규정하고 있다. 그런데 종전 회사정리법 3조에서는 위와 같이 무조건의 완전평등주의를 채택하고 있었지만, 종전 파산법 2조 단서에서는 다만, 본국법에 의하여 우리나라 사람이 동일한 지위를 가지는 때에 한한다고 하여 상호주의를 조건으로 하는 평등주의를 채택하여 문제가 되었다. 이 규정의 해석을 둘러싸고 파산능력에 있어서는 파산법 2조 단서의 상호주의의 적용을 부정하는 입장에서 파산원인이 인정된다면 내외국인을 평등하게 취급하여 외국인에게도 파산능력을 긍정하여야 한다는 입장이 유력하였다.[5] 결국 종전 파산법 2조 및 회사정리법 3조에 대응하는 현행 법 2조에서는 위 파산법 2조 단서를 삭제하여 상호주의를 버리고, 내외국인 완전평등주의를 채택하였다.[6]

3-4

(2) 법 인

법인(Juristische Personen)에 대하여는 이를 사법인과 공법인으로 나누어, 사법인에게는 상인인지 여부와 관계없이 파산능력을 인정하는 데(일반파산주의) 다

---

5) 박기동, 전게 "파산절차개시의 요건과 파산선고의 효과", 68면.
6) 참고로 보면, 독일 구파산법(Konkursordnung) 5조에서는 조문상으로 평등주의를 원칙으로 하였지만, 그러나 제국재상에게 외국인을 차별적으로 취급하는 명령을 발포할 수 있는 권한을 수권하여 이른바 보복권(Vergeltungsrecht)을 유보한 바 있었다. 다만, 이러한 보복권은 한 번도 행사되지 않았을 뿐만 아니라, 법규명령(Rechtsverordnung)의 수권은 1949년 기본법 129조 3항에 의하여 소멸되었으므로 실제로는 무조건의 평등주의라고 볼 수 있었다. 그런데 독일 새로운 도산법(Insolvenzordnung)에는 위 구파산법 5조와 대응하는 규정은 없다. 따라서 이제는 내외국인평등원칙이 취하여졌다고 할 수 있다. 일본 2005년 시행의 신파산법 3조도 협의의 파산능력 뿐만 아니라 면책능력에 대하여도 내외국인 완전평등주의를 규정하고 있다.

툼이 없지만, 공법인에 대하여는 공공성이 강한 사업을 행하는 점에서 파산능력의 긍정 여부에 대하여 견해가 나뉜다.

3-5　　　1) 사 법 인

사법인은 일반적으로 파산능력이 있다. 공익법인인가 영리법인인가, 또 특별법에 의한 법인인가(가령, 학교법인, 종교법인, 농업협동조합 등), 민법·상법상의 법인인가를 불문한다. 금융기관도 파산능력이 있다.[7] 각각의 법률에서 법인의 해산사유로 파산이 규정되어 있는 것은 파산능력이 있는 것을 그 전제로 하는 것이다(가령 민법 77조, 사립학교법 34조, 농업협동조합법 83조 등).

사법인은 원칙적으로 파산에 의하여 해산하고, 해산한 사법인은 파산의 목적의 범위 안에서는 아직 존속하는 것으로 본다(328조). 그리고 이미 파산 이외의 사유로 해산한 사법인이라도 잔여재산의 인도 또는 분배가 종료하지 않은 동안은 이에 대하여 파산신청을 할 수 있다(298조). 청산 중에 부채의 총액이 자산의 총액을 초과한다는 것이 판명된 때에는 일반의 청산절차보다도 엄격한 파산절차에 의하는 것이 타당하기 때문이다.

3-6　　　2) 공 법 인

공법인은 넓게는 국가 및 지방공공단체를 포함하지만, 보통은 행정목적을 위하여 설립된 법인, 즉 공공조합이나 영조물법인을 말한다.

공법인이라는 것만으로 파산능력을 부정하여서는 안 되지만, 사업의 공익적 기능과 관련하여 파산적 청산을 통하여 그 법인격을 해체·소멸시키는 것이 공공의 이익을 희생하게 되는 공법인에 대하여는 파산능력을 부정하는 입장이 일반적이다.[8]

이에 대하여 사업이 아무리 공익적이라고 하더라도 지급불능 등에 빠져 청산의 필요가 있는 경우에는 공법인에 대하여도 파산능력을 긍정하여야 한다는 입장도 있다. 다만, 이 입장에서도 국가나 지방공공단체 등에 대하여는 근원적

---

7) 금융기관의 파산에 대하여는 서경환, "금융기관의 파산과 관련한 실무상 문제점", 파산법의 제문제[下](1999), 13면 이하; 김용재, "금융기관의 파산법제에 관한 연구", 정보와 법 연구(2004. 2), 255면 이하; 정혁진, "금융기관 파산의 특성: 예금자보호법을 중심으로", BFL(2004. 9), 9면 이하 참조. 이와 관련된 법률로는 「금융산업의 구조개선에 관한 법률」, 「예금자보호법」 등이 있다.

8) 박기동, 전게 "파산절차개시의 요건과 파산선고의 효과", 64면; 임종헌, 전게 "도산절차의 개시요건에 관한 실무적 고찰", 214면.

인 통치단체이고, 파산적 청산에 의하여 그 법인격을 해체·소멸시키는 것은 그 통치기능을 저해하게 되므로 파산능력을 인정하지 않아야 한다고 본다.9)

독일에서도 종래 연방과 주에 대하여 파산능력을 부정하였고,10) 또한 새로운 도산법(Insolvenzordnung) 12조 1항에서는 공법인의 파산능력에 대하여, ① 연방 및 주의 재산에 대하여 도산절차를 허용하지 않고, ② 각 주의 특별한 정함에 의하여 주의 감독하에 있는 공법인의 재산에 대한 도산절차를 부적법으로 하고 있다.11)

생각건대 공법인에 대하여 파산능력을 인정하는 것과 실제로 파산선고를 하여 사업을 해체·청산시키는 것을 별개의 문제로 보아야 한다. 파산능력은 파산선고라는 재판을 받을 수 있는 일반적 자격에 지나지 않고, 파산능력이 인정되더라도 다른 요건, 특히 파산원인이 존재하지 않는 한, 법원은 파산선고를 할 수 없다. 따라서 사업을 소멸시키는 것이 허용되지 않을 정도의 공공성이 강한 공법인이라면, 가령 파산능력을 인정하더라도 예를 들어 특별자금융자와 같은 방법으로 파산원인이 생기지 않도록 조치를 강구하여 파산선고를 피하게 할 수 있다. 국민생활에 필요하다는 공공성 때문에 그 사업을 구제하기 위한 것이라면 국민의 이해를 얻어낼 수 있을 것이다. 만약 그러한 이해를 얻어낼 수 없는 법인이라면, 그 법인은 그 자체로 공공성이 없는 것이므로 파산에 의하여 그 사업을 해체·청산시켜도 아무런 문제는 없다. 이러한 관점에서 국가 및 지방공공단체를 제외한, 공법인 전부에 대하여 일단 파산능력 그 자체는 인정하면서, 다만 파산선고를 할 것인지 여부, 즉 파산원인의 판단기준으로 그 경제적 기초뿐만 아니라 행하는 사업의 공공성이나 사업의 계속에 지장을 초래할 것인가 등과 같은 고려를 기울이는 방향이 타당하다고 생각한다.12)

(3) 법인이 아닌 사단 또는 재단 및 민법상 조합

3-7

법인격 없는 단체에 대하여 파산능력을 인정할 것인가가 문제된다. 민사소송법 52조에서는13) 법인격 없는 단체라도 대표자 또는 관리인이 있는 경우에는

---

9) 伊藤眞, 破産法·民事再生法, 82면; 山本克己·小久保孝雄·中井康之 編, 新基本法コンメンタール破産法[杉山悦子 집필], 44면.

10) Kuhn/Uhlenbruck, Konkursordnung(11. Aufl., 1994), § 213 Rn. 2.

11) 관련 국내 문헌으로는 Thore, Jensen(문병호 역), "독일 지방자치단체의 파산능력", 강원법학 (2011. 2), 29면 이하 참조.

12) 이러한 입장으로는 靑山善充·伊藤眞·井上治典·福永有利, 破産法概說, 39-40면 참조.

그 사단이나 재단의 이름으로 당사자가 될 수 있다고 하여 당사자능력을 인정하고 있는데, 파산절차에서는 어떠한가 하는 문제이다. 법인격 없는 단체가 소유하는 재산은 강제집행절차에서도 독립한 재산으로 처리되어, 그 재산에 강제집행이 허용되는 이상, 일반적 집행의 성격을 가지는 파산절차에서도 파산능력이 인정될 수 있고, 또한 법인격 없는 단체가 경제적으로 파탄한 경우에 청산의 필요가 있으므로 **파산능력을 인정**할 수 있다(신청권자에 대하여는 297조에서 법인의 경우를 준용).14) 다만, 파산능력을 인정하더라도 실체법상의 권리능력은 없으므로 파산재단에 속하는 재산은 구성원에 속하는 재산이고, 파산채권은 구성원 등을 채무자로 하는 채권이 되어 실무상 어려운 문제가 생길 수 있다.15)

　　나아가 **민법상 조합**이 당사자능력을 가지는지 여부가 민사소송법상으로도 문제가 되듯이, 파산절차에서도 마찬가지로 민법상 조합에 파산능력이 있는지 여부가 문제가 된다. 파산능력을 부정하고, 조합원 개인에 대하여 파산선고를 하여야 한다는 입장도 있을 수 있다. 그러나 법인격 없는 사단과 민법상 조합을 구별하는 것은 실제 곤란하고, 또한 민법은 조합의 청산절차를 예정하고 있는데(민법 721조 이하), 이는 조합 고유의 재산 및 채무에 대한 공평한 청산이 필요하다는 것을 나타내고 있다는 점에서 민법상 조합의 파산능력을 긍정하여야 한다.16)

3-8　　　　**(4) 상속재산**

　　상속개시에 의하여 상속인은 피상속인의 일신전속적인 것을 제외하고 일체의 권리의무를 포괄적으로 승계한다(민법 1005조). 따라서 상속인은 자신의 고유재산의 주체인 동시에 상속재산(Nachlass)의 주체가 되는데, 상속재산이 채무초과인 경우에 상속인, 상속인의 고유한 채권자와 상속채권자(피상속인의 채권자)·수유자 사이에서 이해의 충돌이 생길 우려가 있다. 물론 이러한 이해관계의 충돌을 조절하기 위하여 민법은 한정승인과 재산분리라는 제도를 마련하고 있다.

---

13) 파산절차에 관하여 「채무자 회생 및 파산에 관한 법률」에 규정이 없는 때에는 「민사소송법」 및 「민사집행법」을 준용하는데(33조), 민사소송법 51조 및 52조에서 당사자능력에 관하여 규정하고 있다.

14) 전대규, 1072면도 마찬가지 입장이다. 참고로 보면, 독일 도산법(Insolvenzordnung) 11조는 명문으로 도산능력을 인정하고 있다.

15) 山本克己·小久保孝雄·中井康之 編, 新基本法コンメンタール破産法[杉山悦子 집필], 45면.

16) 伊藤眞, 破産法·民事再生法, 106면; 中野貞一郎·道下徹 編, 基本法コンメンタール破産法[河野正憲 집필], 193면. 노영보, 57-58면; 전대규, 1074면도 마찬가지 입장이다.

그러나 위와 같은 민법상 제도는 이해관계인의 공평을 도모하면서 상속재산을 청산하는 절차로서 충분하다고 볼 수 없다. 그리하여 법은 파산절차에 있어서 상속재산을 상속인의 고유재산과 별개로 취급하여(상속인에게 포괄승계되는 것을 동결하여), 상속재산 자체에 대하여 독립적으로 청산을 할 수 있도록 파산능력을 인정하고 있다.17) 즉, 상속인의 고유재산과 상속재산이 아직 혼합되어 있지 않은 경우에 상속재산에 대해서만 파산선고를 하여, 파산선고에 의한 청산을 행하는 상속재산 자체의 파산에 관한 상세한 규정을 두고 있다(299조, 300조, 307조, 346조, 389조, 437조 등).18) 가령, 법 307조는 직접적으로는 채무초과가 상속재산의 파산원인이라는 취지를 규정한 것이지만, 그 전제로 상속재산파산이라는 제도 자체를 승인하는 취지도 아울러 규정한 것이라고 할 수 있다. 주의할 것은 이러한 상속재산파산(Nachlasskonkurs)은 상속인의 파산과는 별개라는 점이다.

그런데 상속재산파산에 관한 약 30개의 규정이 도산법상 이리저리 흩어져 있어서 내용 자체의 파악이 쉽지 않을 뿐만 아니라,19) 이와 구별되는 상속인의 파산에 관한 규정과 함께 하나의 조문에 규정되어 있기도 하다. 앞으로의 과제로 흩어져 있는 상속재산파산에 관한 규정을 한곳에 모아 법조문의 전체적 구성을 알기 쉽게 합리적으로 배치하는 것에 대한 검토가 필요하다.20)

1) 상속재산에 파산능력을 인정하는 취지   3-9

민법상 법인격을 인정하고 있지 않은 상속재산에 대하여 법이 파산능력을 인정하는 이유는 다음과 같다. 상속재산이 채무초과인 경우에 그것이 그대로 상속인에게 승계된다면 불합리하다. 왜냐하면 상속인에게 충분한 재산이 있는 경우에는 피상속인의 채권자(상속채권자)에 의하여 상속인의 재산이 회수의 희생물이 되는 것이고, 이는 반대로 상속인의 채권자의 입장에서는 도저히 받아들일

---

17) 우리, 독일, 일본과 달리 미국 연방파산법은 상속재산파산을 인정하지 않고 있다.

18) 齊藤秀夫·麻上正信·林屋礼二 編, 注解破産法(下卷)[林屋礼人·宮川知法 집필], 138면.

19) 상속재산파산의 절차적 순서에 따라 쟁점을 정리한 것으로는 김주미, "상속재산파산의 실무상 쟁점 연구", 법조(2019. 2), 307면 이하 참조.

20) 독일 구파산법(Konkursordnung)은 214조 이하에서 상속재산파산을 인정하였고, 현행 도산법(Insolvenzordnung)에서도 기본적으로 구파산법을 유지하면서, 11조 2항 2호에서 상속재산에 대하여 도산절차가 개시될 수 있다고 하고, 나아가 제10장 제1절 315조 이하에서 상속재산의 도산절차(Nachlassinsolvenzverfahren)에 대한 17개조를 한 곳에 집중하여 규정하고 있다. 또한 2005년 시행의 일본 신파산법에서도 하나로 묶어 제10장에서 상속재산의 파산 등에 관한 특칙으로 규정하고 있다.

수 없기 때문이다. 또한 상속인에게 충분한 재산이 없는 경우에는 그렇지 않아도 부족한 상속재산에 대하여 상속채권자와 상속인의 채권자 사이에서 쟁탈전이 벌어지기 때문이다. 그리하여 한편으로는 상속인의 고유재산을 상속채권자로부터 지키고, 다른 한편으로는 상속재산을 상속인의 채권자로부터 지키기 위해서 법은 상속재산 자체에 고유한 파산능력을 인정하게 된 것이다(다만, 민법상 제도인 한정승인을 이용하게 되면, 한정승인이 실질적으로 위 의미에서의 상속재산파산의 대체적 기능을 담당한다고 볼 수 있다).

3-10　　　**2) 민법상 한정승인 및 재산분리와의 관계**

위와 같이 상속재산에 파산능력을 인정하는 경우에 민법상 제도인 한정승인이나 재산분리와의 관계가 문제된다.

한정승인은 피상속인의 채무를 상속인이 상속으로 취득할 상속재산의 한도에서만 변제할 것을 조건으로 상속을 승인하는 것이므로(민법 1028조) 상속인의 의사에 따라 상속채권자를 위한 책임재산을 상속재산으로 한정하는 역할을 한다. 그러나 한정승인은 관재인이 존재하지 않고, 채권자집회도 개최되지 않고, 부인제도도 없고, 상계제한과 같은 규정도 없는 등 상속채권자를 위하여 상속재산을 공평하게 분배하는 역할에 있어서 충분하지 못하다.

또한 재산분리에 의하여 상속재산과 상속인의 고유재산을 분리하여 상속재산에 대하여는 상속채권자의 우선변제권을, 상속인의 고유재산에 대하여는 상속인의 채권자의 우선변제권을 인정하고 있는데(민법 1052조), 재산분리도 역시 상속재산을 총채권자와의 관계에서 공평하게 청산하는 기능은 없다.

결국 한정승인·재산분리와 상속재산파산은 각각 별개의 목적을 가지는 제도라고 할 수 있다. 그렇다고 하여 한정승인·재산분리가 상속재산파산과 서로 배척되는 관계는 아니다. 법 346조 본문에서 상속재산에 대한 파산선고는 한정승인 또는 재산분리에 영향을 미치지 아니한다는 것은 이를 전제로 하고 있다(다만, 동조 단서에서 파산취소 또는 파산폐지의 결정이 확정되거나 파산종결의 결정이 있을 때까지 그 절차를 중지하도록 하고 있다).[21]

---

21) 일본 재판례 가운데에도 「… 민법의 상속에 관한 규정에 따라서 상속재산파산의 경우에도 상속인이 단순승인을 한 이상, 피상속인의 일체의 권리의무를 당연히 승계하는 것으로 상속채권자 등은 상속인의 고유재산에 대하여도 책임을 추급할 수 있는 것을 시인하고 있는 것이라고 풀이하여야 한다 … 또한 상속재산의 파산에 한정승인과 마찬가지의 효과를 주고 있는 입법례도 있으나, 일본의 상속재산파산의 제도가 이를 채택하고 있지 않은 것이 명백하고, 위와 같은

그런데 상속재산에 대한 파산선고가 있더라도 상속의 일반적 효과에 영향이 없다면, 피상속인의 채무는 상속인에게 승계되고, 피상속인의 채권자(상속채권자)는 상속인의 고유재산에 대하여 추급을 할 수 있다. 그러나 법률을 잘 알지 못하는 일반인으로서는 상속재산파산이라는 형태로 포괄적인 상속재산의 파산절차가 개시되면, 상속채무도 전부 그 절차에서 처리된다고 생각하여 한정승인이나 재산분리를 아울러 함께 청구하지 않는 경우가 있을 수 있다.22) 그리하여 단순승인을 원칙으로 하는 민법(상속법)과의 관계에 비추어 문제될 여지가 아주 없지 않지만, 파산절차와 민법의 조정문제로 상속재산파산에 대하여 당연히 한정승인의 효과를 부여하는 것이 바람직하다고 주장한 바 있다.23)

현행법에서는 이러한 문제를 입법적으로 해결하였다. 즉, 종전 파산법 12조에 대응하는 법 389조에서, 민법 1026조 3호에 의하여 상속인이 단순승인한 것으로 보는 때를 제외하고 상속재산에 대하여 파산선고가 있는 때에는 「상속인은 한정승인한 것으로 본다」는 3항을 추가하였다. 앞에서 언급하였듯이 상속재산파산에 있어서 다시 한정승인의 청구를 하여야 한다는 것은 적당하지 않기 때문에 타당한 입법이라고 생각한다. 참고로 보면, 독일 민법(BGB) 1975조도 상속재산의 도산절차가 개시되면 한정승인과 마찬가지 효과를 인정한다.

3) 상속재산파산의 파산주체

3-11

상속재산파산의 법적 성질, 특히 누가 파산자(파산주체)인가에 대하여는 견해가 대립할 수 있다. ① **상속재산** 자체를 파산자라고 하는 입장, ② **상속인**이 파산자라는 입장,24) ③ **피상속인**이 파산자라는 입장, ④ 상속개시 전에는 **피상**

명문의 정함이 없는 이상, 상속재산에 대하여 파산선고가 행하여져도 상속인에 있어서 포기 또는 한정승인을 하지 않았다면 상속인은 위 파산절차 가운데에서 변제되지 않았던 채무를 자기의 고유재산에 의하여 변제할 책임을 부담하게 된다고 풀이하여야 한다」고 본 것이 있다(大阪高判 1988年(昭和 63年) 7月 29日, 倒産判例百選([第5版]46사건), [山本研 해설] 참조).

22) 실제 일본에서는 상속재산파산의 경우에 한정승인이나 재산분리를 아울러 함께 청구하는 경우가 많다고 한다. 그 이유는 첫째, 상속재산파산에 한정승인의 효력이 인정되지 않기 때문에 상속인이 상속채권자의 추급을 피하기 위해서는 별도로 한정승인을 할 필요가 있는 것, 둘째, 한정승인이나 재산분리의 청구에는 기간의 제한이 있는데, 상속재산파산의 경우에 나중에 파산폐지의 가능성이 있으므로 기간의 제한과 관련하여 미리 한정승인이나 재산분리의 청구를 할 필요가 있다는 것 등이다.

23) 전병서, "상속과 파산 — 입법적 검토를 겸하여 —", 인권과정의(2003. 10), 107면.

24) 상속인을 채무자로 보는 독일 학설로는 Braun/Bauch, Insolvenzordnung Kommentar(2002), § 315 Rn. 3; Gottwald/Döbereiner, Insolvenzrechts-Handbuch(2. Aufl., 2001), § 110 Rn. 1. 일본 大審院 시대의 大決 1931年(昭和 6年) 12月 12日도 상속인파산자설을 취하였다.

속인을, 상속개시 뒤에는 **상속인**을 파산자로 보는 입장[25) 등이 있다. 상속인의
파산과 상속재산파산이 구별되고 있는 점, 법 437조에 따르면 상속재산파산의
경우에 상속인에게 파산채권자로서 지위가 인정되고 있는 점 등에 비추어 상속
인을 파산주체로 보는 입장은 타당하지 않고, 상속재산 그 자체를 파산주체로
보는 입장이 타당하다고 생각한다.[26)

3-12   **(5) 유한책임신탁재산**

2012년 시행의 전면 개정된 신탁법은 신탁행위로 수탁자가 신탁재산에 속
하는 채무에 대하여 신탁재산만으로 책임지는(신탁자 개인 고유재산으로는 책임 없
음) 신탁을 설정할 수 있는 유한책임신탁을 도입하였는데(신탁법 11조 1항), 이에
따라 채무자 회생 및 파산에 관한 법률은 2013년 새롭게 제3편 제9장에서(578조
의2~578조의17) 위 유한책임신탁에 속하는 재산의 파산능력을 인정하여 그에 관
한 특칙을 마련하였다(한편, 수탁자의 파산에 관하여는 신탁법에 약간의 규정이 있다). 모
든 신탁재산이 아닌 유한책임신탁재산에 관하여 파산능력을 인정한 것으로, 채

---

25) Jaeger/Weber, Konkursordnung(8. Aufl., 1973), §214 Anm. 7; Jauernig, Zwangsvollstreck-
ungs-und Konkursrecht(20. Aufl., 1996), §59 Ⅱ. 독일 구파산법(Konkursordnung)하에서는
이러한 입장이 통설이었다.

26) 국내에서는 임종헌, 전게 "도산절차의 개시요건에 관한 실무적 고찰", 215면이 이러한 입장이
고, 파산선고에 이르기 전에 상속이 개시된 사안에서 상속재산 자체를 파산자로 인정한 실무례
가 있다. 즉, 서울지방법원 2000. 9. 15.자 2000하23 결정에서 주문을 「채무자 피상속인 망
OOO의 상속재산을 파산자로 한다」라고 적었다. 나아가 이에 대한 상속인의 면책신청 사건에
있어서 서울중앙지방법원 2005. 9. 1.자 2005하면4831(2000하23) 결정은 파산법상 면책신청권
자는 파산자인바, 위 2000하23 파산사건의 파산자는 상속재산이고, 따라서 상속인이 파산자임
을 전제로 한 면책신청은 부적법하다고 판단하였다. 일본에서도 山木戸克己, 破産法, 39-40면;
伊藤眞, 破産法·民事再生法, 86면; 齊藤秀夫·麻上正信·林屋礼二 編, 注解破産法(下卷)[林屋
礼人·宮川知法 집필], 151면이 이러한 입장이고, 애초부터 상속재산의 파산이 아닌, 파산선고
뒤에 파산자가 사망하고, 상속재산에 대하여 파산절차가 속행(일본 파산법 130조-우리 파산법
120조에 해당)한 사안(이른바 속행형의 상속재산파산인데, 본래의 상속재산파산과 마찬가지로
볼 것이다)에 있어서 상속재산 자체를 파산자라고 하는 입장을 지지한 다음과 같은 일본 재판례
가 있다. 즉, 파산자의 상속인은 파산자에 대한 채권에 있어서 상속채권자와 동일한 권리를 가
지는 사람으로서 파산채권자가 될 수 있는 점에 비추어(파산법 33조-우리 파산법 28조에 해당)
파산자의 상속인을 위 파산절차의 승계인으로 볼 수는 없고, 상속재산 자체를 위 파산절차의 당
사자(파산자)로 보아 법인격 없는 사단에 파산능력을 인정하는 것이 상당하고, 그렇다면 파산자
의 상속인이 위 파산절차의 당사자인 것을 전제로 면책신청을 할 여지는 없다고 할 것이다. 덧
붙여서 파산자의 상속인은 한정승인이나 상속포기를 하는 것에 의하여 상속채권자가 상속인의
고유재산에 대하여 권리를 행사하는 것을 저지할 것이다(일본 高松高決 1996년(平成 8年) 5月
15日, 判例時報(1586号), 79면). 이에 대한 평석으로는 佐藤鐵男, 判例時報(1597号), 232면
참조.

무자를 유한책임신탁재산으로 하는 파산절차이므로 위 특칙과 달리 규정한 것
은 일반적 파산절차에 따른다. 한편, 회생절차에 있어서는 그 필요성이 높지 않
으므로 이에 관한 특별한 규정을 두지 않았다.

3-13

2. 파산원인

파산절차가 개시되기 위해서는 채무자에게 파산원인(Konkursgrund)이 존재
하여야 하는데, 파산원인은 파산선고가 필요하다고 인정되는 채무자의 일정한
재산상태를 말한다. 파산신청 당시 채무자에 대하여 이미 외국에서 파산선고가
있는 때에는 파산의 원인인 사실이 존재하는 것으로 추정한다(301조).

채무자에게 파산원인이 존재하지 않으면 파산신청을 기각할 수 있다(309조
1항). 다만, 파산원인이 존재하는 경우에도 신청이 파산절차의 남용에 해당한다
고 인정되는 때에는 심문을 거쳐 파산신청을 기각할 수 있다(동조 2항). 그런데
파산원인은 파산신청의 시점이 아니라, 파산신청에 대한 재판을 하는 시점에서
존재할 것이 필요하고 또한 그것으로 충분하다. 파산신청의 시점에서 파산원인
이 존재하더라도 그에 대한 재판을 하는 시점에서 파산원인이 소멸되고 있다면,
파산선고를 할 필요가 없으므로 이는 당연한 것이다. 항고심에 있어서는 항고심
의 재판 시점에서 파산원인의 당부를 판단한다.[27] 따라서 가령 제1심 선고시점
에서는 파산원인이 존재하여 파산선고가 행하여졌더라도 항고심 선고시점에서
파산원인이 소멸되고 있다면 파산선고를 취소한다(그리고 결국 파산신청을 기각하게
된다).

법은 파산절차에 있어서 지급불능을 **자연인**과 **법인**에 대하여 공통한 파산
원인으로 하고 있다(305조 1항). 그리고 지급정지가 있으면 지급불능이 추정된다
(동조 2항). 또한 **존립 중의 합명회사, 합자회사를 제외한 법인** 및 **상속재산**에 대
하여는 채무초과(부채의 총액이 자산의 총액을 초과하는 경우)를 특별히 파산원인으로
하고 있다. 즉, 해산 전의 존립하고 있는 합명회사, 합자회사를 제외한(사원도 회
사의 채무에 대하여 책임을 지는 합명회사, 합자회사에 대하여는 존립 중에는 채무초과를 파산
원인으로 하고 있지 않다) 법인에 있어서는 채무초과가 지급불능과 함께 파산원인

---

27) 회생절차에서의 대법원 2009. 12. 24.자 2009마1137 결정(항고심의 속심적 성격에 비추어 개
   시결정 후에 발생한 사정까지 고려하여 항고심 결정시를 기준으로 판단) 및 개인회생절차에서
   의 대법원 2011. 6. 10.자 2011마201 결정(항고심의 속심적 성격에 비추어 항고심 결정시를 기
   준으로 판단).

이고(306조), 상속재산에 있어서는 채무초과가 유일한 파산원인이나(307조), **유한책임신탁재산**에 있어서는 상속재산과 달리 법인에 준하여(유한책임신탁은 거의 사업을 목적으로 하는 신탁으로서 법인(존립 중 합명회사, 합자회사 제외)과 유사한 기능을 수행할 것으로 예정) 지급불능과 채무초과 모두가 파산원인이다(578조의4).

〈 채무자별 파산원인 〉

구분 파산원인	자연인	주식회사 유한회사	존립 중 합명회사 합자회사	상속재산	유한책임 신탁재산
지급불능	○	○	○		○
채무초과		○		○	○

한편, 회생절차에서는 사업의 계속에 현저한 지장을 초래하지 아니하고는 변제기에 있는 채무를 변제할 수 없는 경우나(다만, 이 경우는 채무자의 신청의 경우에 한함) 채무자에게 파산의 원인인 사실이 생길 염려가 있는 경우가 신청원인(개시원인)이 된다(34조 1항, 2항). 파산보다도 경제적 파탄이 덜 진행된 단계에서 너무 늦지 않게 회생절차가 개시될 수 있도록 의도된 것이라고 할 수 있다(☞ 16-7).[28]

◆ **입법의 방식** ◆ 채무자의 재산상태가 어느 정도까지 악화한 때에 파산선고를 할 것인가를 분명히 하기 위한 개념이 파산원인인데, 그 정함에 대하여는 비교법적으로 「열거주의」와 「개괄주의」가 있다. **열거주의**는 파산원인이 될 재산상태의 악화를 나타낸다고 보이는 개개의 구체적인 행위(acts of bankruptcy), 예를 들어 영업의 정지, 지급의 거절 등의 행위를 열거하는 것이다. 전통적으로 영미법계의 입장이지만, 현재는 영국도 미국도 이러한 입장을 채택하고 있지는 않다. 구체적인 행위의 유

---

28) 파산법과 화의법을 통합한 독일 새로운 도산법(Insolvenzordnung) 17조는 일반적인 도산원인으로 지급불능(Zahlungsunfähigkeit)을 규정하고, 19조는 법인의 경우에 채무초과(Überschuldung)도 도산원인으로 규정하여 우리와 마찬가지이지만, 18조는 새로운 도산원인으로 지급불능의 우려(drohende Zahlungsunfähigkeit)를 규정하고 있다. 다만, 이를 이유로 한 도산신청은 채무자에게만 인정하고 있다. 이에 대하여 자세히는 김경욱, "파산법상 파산원인에 관한 연구", 비교사법(2000. 6), 466면 이하 참조. 나아가 우리도 지급불능의 우려를 파산원인으로 받아들여 채무자에게 파산이 예상되는 시점에서 가능한 한, 빨리 그 상황의 해결을 위한 파산절차를 이용할 수 있는 기회를 제공하는 것이 타당하다고 주장한다(위 논문, 475면). 그리고 김재형, "통합 도산법안의 주요쟁점", 비교사법(2003. 3), 50면은 독일 신도산법을 참고로 원칙적으로 파산원인이 발생할 우려가 있는 경우에도 도산절차를 개시할 수 있다고 하여야 하나, 채무자에 대한 압박수단으로 도산절차를 이용하는 것을 막기 위하여 채권자가 파산신청을 하는 경우에는 채무자에게 파산원인이 발생한 경우에 한정하여야 한다고 한다.

무에 의하여 파산원인의 유무의 판단이 용이하다는 장점은 있으나, 제한열거인 경우에는 열거되지 않은 행위가 있더라도 파산선고를 할 수 없고, 예시열거인 경우에는 열거되지 않은 행위를 파산원인으로 인정할 것인지 여부에 대하여 결국 해석이 필요하게 된다는 문제가 있다. 이에 대하여 **개괄주의**는 파산원인이 될 재산상태의 악화에 대하여 예를 들어 지급불능과 같이 추상적인 개념으로 규정하는 것이다. 전통적으로 대륙법계의 입장이다. 현재 독일, 프랑스는 물론 영국, 미국도 이러한 입장을 채택하고 있고, 우리도 마찬가지이다. 항상 개념에 대한 해석이 필요하다는 문제는 있으나, 파산선고를 할 수 있는 재산상태에 대하여 반드시 파산선고를 할 수 있게 된다.

(1) 지급불능   3-14

법 305조 1항은 「채무자가 지급을 할 수 없는 때에는 법원은 신청에 의하여 결정으로 파산을 선고한다」고 규정하고 있다. 여기서 '채무자가 지급을 할 수 없는 때', 즉 지급불능(Zahlungsunfähigkeit)이라 함은 채무자가 채무변제능력의 결여 때문에 즉시로 변제하여야 할 채무를 일반적이며 계속적으로 변제할 수 없는 객관적 상태를 말한다.29) 이러한 지급불능 개념을 다음과 같은 몇 가지 요소로부터 판단한다.

1) 채무변제능력의 결여   3-15

지급불능으로 인정되기 위해서는 채무변제능력이 결여되어야 한다. 사람의 채무변제능력은 자산, 신용, 가동력(가령 노동력, 기능 등) 내지는 기술의 세 가지 요소로 이루어지므로 변제능력이 있는지 여부는 이 세 가지 요소를 종합하여 판단할 필요가 있다. 왜냐하면 자산이 없더라도 신용이나 노동력이 있으면 그것에 의하여 자금을 조달하여 변제능력을 유지할 수 있는 경우가 있고, 반대로 자산이 있더라도 그 환가가 곤란하기 때문에 변제능력이 결여되어 있는 경우도 있을 수 있기 때문이다.30) 지급불능은 이렇게 자산만을 기준으로 하는 것은 아

---

29) 대법원 2012. 3. 20.자 2010마224 결정[미간행] 등 판례도 마찬가지이다. 지급불능이라 함은 채무자가 변제능력이 부족하여 즉시 변제하여야 할 채무를 일반적·계속적으로 변제할 수 없는 객관적 상태를 말하는데, 원심이 이 사건 유료노인복지시설의 신축공사가 채무자의 자금부족으로 중단하게 된 경위, 채무자의 신청인에 대한 공사대금과 대여금 채무 및 다른 가압류채권자에 대한 채무 등 즉시 변제하여야 할 채무의 규모, 채무자가 보유한 자산 상태 등을 종합적으로 고려하여, 채무자는 지급불능의 상태에 있다고 봄이 상당하고, 채무자가 사회복지법인이라는 특성을 감안하더라도 이를 달리 볼 것이 아니라고 판단하여, 채무자에 대한 파산신청을 인용한 제1심 결정을 유지한 것은 정당한 것으로 수긍이 가고, 거기에 법인의 파산원인에 관한 사실오인 내지 법리오해의 위법이 없다(대법원 1999. 8. 16.자 99마2084 결정).

니라는 점에서 후술할 채무초과(부채의 총액이 자산의 총액을 초과하는 경우)와 다르다. 그리고 지급의사가 없다고 하여 지급불능이 되는 것은 아니다.

3-16
2) 계속적 결여

현재 채무변제능력이 없을 뿐만 아니라, 가까운 장래에 있어서도 이를 회복할 전망이 없는 상태이어야 한다. 일시적 유동성 부족은 변제능력의 계속적 결여가 아니다.

3-17
3) 즉시 변제하여야 할 채무

지급불능은 즉시로 변제하여야 할 채무, 즉 이행기가 도래하여 채권자가 이행을 청구하고 있는 채무를 변제할 수 없는 상태를 말한다. 이행기에 있는 채무가 변제되고 있다면 변제는 순조롭게 되고 있는 것이고, 따라서 가령 장래 이행기가 도래하는 채무를 변제할 수 없는 것이 예상되더라도 즉시 현재 시점에서의 지급불능이 되는 것은 아니다.31) 변제하여야 할 채무는 금전채무에 한정되는 것은 아니고, 물건의 인도채무 등의 비금전채무가 변제능력의 결여로 이행할 수 없는 경우도 포함한다.

3-18
4) 일반적 채무변제불능

변제기가 도래한 채무 일반, 즉 그러한 채무의 전부 또는 대부분을 순조롭게 변제할 수 없는 상태이어야 한다. 특정한 채무에 대하여 불이행이 있는 것만으로 즉시 지급불능이 되는 것은 아니다.

3-19
5) 객관적 경제상태

지급불능은 객관적인 경제상태인 점에서 채무자의 주관적 판단에 기한 행

---

30) 채무자가 개인인 경우 지급불능이 있다고 하려면 채무자의 연령, 직업 및 경력, 자격 또는 기술, 노동능력, 가족관계, 재산·부채의 내역 및 규모 등을 종합적으로 고려하여 채무자의 재산, 신용, 수입에 의하더라도 채무의 일반적·계속적 변제가 불가능하다고 객관적으로 판단되어야 하는데, 연령, 경력 등에 비추어 채무자가 육체적 노동활동 이외의 방법으로 채무를 일반적·계속적으로 변제해 나갈 수 있는 경제적인 수입을 얻을 수 있을 것으로 보인다는 이유 등으로 지급불능 상태에 있다고 보기 어렵다고 판단한 원심을 파기하였다(대법원 2009. 3. 2.자 2008마1651 결정).

31) 지급불능인지 여부는 현실로 변제기가 도래한 채무에 대하여 판단하여야 하고, 변제기 미도래의 채무를 장래 변제할 수 없는 것이 확실히 예상되더라도 변제기가 도래한 채무를 현재 지급하고 있는 한 지급불능이라고 할 수 없다(일본 東京地判 2007年(平成 19年) 3月 29日, 倒産判例百選[第5版](25사건), [栗田口太郞 해설] 참조).

위인 지급정지와 구별된다. 채무자가 주관적으로는 지급불능이라고 믿고 지급을 정지하더라도 객관적으로는 지급불능이 아닌 경우도 있을 수 있다. 예를 들어 채무자가 자신의 변제능력을 과소평가하여 지급불능이라고 오신하여 그 취지를 표시한 경우에 그것은 지급정지가 될 수는 있어도, 지급불능은 아니다.

3-20

6) 지급불능이 금전채무를 변제할 수 없는 경우에 한하여 생기는지 여부

예를 들어 비금전채무인 물품인도채무에 있어서 그 불이행에 의하여 손해배상채무로 전환된 다음에 그 채무에 대하여 변제할 수 없게 되어야 지급불능이 될 수 있는가 하는 문제이다. 이에 대하여 다툼이 있는데, 비금전채무라도 그 불이행이 변제능력의 결여로 말미암은 경우에는 지급불능이 될 수 있다고 보아야 한다. 위 예에서 손해배상청구권으로 전환을 기다릴 것 없이 비금전채무에 있어서도 지급불능을 인정하여야 한다. 비금전채권이라도 파산채권이 될 수 있는 한, 실질적으로 금전채무를 변제할 수 없는 경우와 위 경우를 구별할 이유가 없다.

한편 예를 들어 무대에 출연하기로 한 의무와 같은 부대체적 작위의무의 경우에 그 불이행은 자금의 결여와는 관계가 없으므로 위 경우는 손해배상채무로 전환하지 않는 한, 지급불능의 문제는 생기지 않는다.[32]

(2) 지급정지

3-21

지급정지(Zahlungseinstellung)는 채무변제능력의 결여 때문에 즉시로 변제하여야 할 채무를 일반적이며 계속적으로 변제할 수 없다는 취지를 명시적 또는 묵시적으로 외부에 표시하는 채무자의 행위를 말한다.[33] 폐업, 야반도주 등과 같은 묵시적인 것도 있지만, 가장 전형적인 것은 어음의 부도이다.

지급불능은 지급을 할 수 없는 객관적 상태(Zustand)이고, 지급정지는 채무

---

32) 박기동, 전게 "파산절차개시의 요건과 파산선고의 효과", 71면.
33) 채무자가 채무정리의 방법 등에 대하여 채무자로부터 상담을 받은 변호사와의 사이에 파산신청의 방침을 정한 것만으로는 다른 특별한 사정이 없는 한, 아직 내부적으로 지급정지의 방침을 정한 것에 머무르고 채무의 지급을 할 수 없다는 취지를 외부에 표시하는 행위를 한 것이라고 할 수 없다(일본 最判 1985年(昭和 60年) 2月 14日, 倒産判例百選[第5版](26사건), [松下祐記 해설] 참조). 또한 일단 지급정지의 상황이 발생한 뒤에 몇 명의 채권자에 대하여 일시적, 산발적으로 다소의 지급이 행하여지더라도 채권자수와 금액 및 변제의 규모와 태양을 전체적으로 관찰하여 계속적, 일반적으로 변제능력을 회복하였다고 인정되지 않는 한, 아직 지급정지의 상태가 해소되었다고 하기 어렵다(일본 福岡高決 1977年(昭和 52年) 10月 12日, 倒産判例百選[第5版](6사건), [清水祐介 해설] 참조).

자의 주관적 판단에 기한 외부적 행위(Handlung)인데, 법 305조 2항에서는 지급
정지를 독립한 파산원인은 아니지만, **지급불능을 추정**하는 전제사실로 규정하고
있다.[34] 유한책임신탁재산의 파산원인에서도 마찬가지 규정을 두고 있다(578조
의4 2항). 위 추정은 강학상 법률상의 추정이라고 할 수 있다. 채권자는 객관적
지급불능상태의 증명이 곤란한 경우에 이에 대신하여 보다 증명이 용이한 지급
정지행위의 존재를 증명함으로써 파산원인을 증명한 것으로 추정되고, 반대로
채무자가 파산선고를 피하기 위해서는 지급정지행위의 존부를 다투어 지급정지
행위를 진위불명(眞僞不明)으로 만들거나, 지급정지행위는 있었지만 지급능력이
있다는, 즉 지급불능상태는 아니라는 것을 증명하여 추정을 깨뜨릴 필요가 있다.

그런데 지급정지는 일정한 시점에서의 행위를 기점으로 하므로 지급정지의
지속성이 문제된다. 여기서 파산원인은 파산신청에 대한 재판을 하는 시점에서
존재하여야 하므로 과거의 일정한 시점에 발생한 지급정지가 재판시까지 계속
지속되어야 한다는 입장이 있다.[35] 그리하여 일단 지급정지사실이 발생한 뒤에
예를 들어 채무자가 주요한 채무의 면제나 변제의 유예를 받는다든지 일반적으
로 지급을 재개한 경우에는 지급정지는 소멸되어 이제는 지급정지에 따른 파산
선고를 할 수 없다고 본다.[36] 이에 대하여 지급정지는 일정한 시점에서의 채무
자의 행위이므로 지속성을 요구하는 것은 부당하고, 예를 들어 지급을 재개한
사실에 의하여 지급정지가 소멸되는 것이 아니라, 지급능력이 있다는, 즉 지급
불능의 부존재가 증명된 것으로 지급불능의 추정이 깨져서 파산선고를 할 수
없다는 입장도 있다.[37] 그런데 이는 이론구성의 차이에 불과하고, 위 예에서 양
쪽 입장 어느 쪽이나 모두 파산선고를 할 수 없다는 결론에서는 차이가 없고
마찬가지이다.[38]

3-22   (3) 채무초과

채무초과(Überschuldung)는 소극재산(채무)이 적극재산(자산)보다 많은 객관
적인 재산상태를 말한다. 객관적인 재산상태라는 점에서 지급불능과 마찬가지

---

34) 지급정지는 또한 법 391조에서 부인권 성립의 요건이고, 법 422조에서 상계권 행사의 허부(금
    지 여부)에도 중요한 의미를 가진다.
35) 박기동, 전게 "파산절차개시의 요건과 파산선고의 효과", 73면.
36) 齊藤秀夫·麻上正信·林屋礼二 編, 注解破産法(下卷)[谷合克行 집필], 121면.
37) 伊藤眞, 破産法·民事再生法, 112면.
38) 임종헌, 전게 "도산절차의 개시요건에 관한 실무적 고찰", 227면.

이지만, 적극재산에는 신용과 기술 등이 참작되지 않으므로 지급불능과 차이가
있다. 파산선고를 하기 위해서 채무초과 상태 이외에 지급불능 상태에 이르렀을
것까지 필요한 것은 아니다.39)

해산 전의 합명회사 및 합자회사를 제외한 법인에 대하여는 채무초과(부채의
총액이 자산의 총액을 초과하는 때)가 지급불능과 함께 부가적 파산원인이고(법 306
조),40) 상속재산에 대하여는 채무초과(채무를 완제할 수 없는 때)가 유일한 파산원
인이다(법 307조).

주식회사와 같은 물적 회사는 회사재산만이 채권자에 대한 책임의 기초가
되므로 채무가 초과된 상태에서 영업을 계속하는 것은 채권자의 손실을 증가시
킬 염려가 있어 채무초과를 파산원인으로 한 것이지만, 사원도 회사의 채무에
대하여 책임을 지는 **합명회사, 합자회사**에 대하여는 그 **존립 중**에는 채무초과를
파산원인으로 하지 않았다(306조 2항). 파산은 인적 회사의 무한책임사원에게는
사회적 지위의 상실을 의미하므로 그 경우에는 위기에 빠져도 가능한 한 파산을
회피하려고 할 것이므로 그 노력에 비추어 사원의 신용을 높이 평가할 수 있으
나, 반면 물적 회사의 경우에는 회사의 파산으로 사회적 지위가 상실될 사람이
없으므로 채무초과가 되더라도 파산을 회피하려는 노력을 적시에 할 수 없고,
그리하여 채무초과가 된 이상 신속히 파산절차를 개시하고자 한 것이 그 취지라
고 할 수 있다.

한편, **상속재산**의 경우에는 그 자체 신용, 기술 내지는 노력이라는 면을 고
려할 여지가 없으므로 현재의 재산만을 기준으로 평가된 채무초과라는 상태를

---

39) 법인이 채무초과 상태에 있는지 여부는 법인이 실제 부담하는 채무의 총액과 실제 가치로 평
가한 자산의 총액을 기준으로 판단하는 것이지 대차대조표 등 재무제표에 기재된 부채 및 자산
의 총액을 기준으로 판단할 것은 아닌바, 법인의 회계처리기준 등에 관하여 규율하는 개별 법령
에서 법인이 당해 사업연도에서 순손실이 발생하였더라도 자기자본이 감소된 것으로 처리하지
않고 다음 회계연도에서 자기자본이 감소한 것으로 처리하도록 규정하고 있다는 등의 사정은
그 법인이 실제 부담하는 채무의 총액이나 실제 가치로 평가한 자산의 총액에 아무런 영향을
미칠 수 없는 이상, 법인이 채무초과 상태에 있는지 여부를 판단하는 데 고려하여야 할 사유가
될 수 없다(대법원 2007. 11. 15.자 2007마887 결정).
40) 채무초과 상태에 있는 주식회사에 대하여 회사정리법에 따라 회사재산보전처분결정이 내려졌
다 하더라도 그 후 정리절차개시신청기각, 정리절차폐지 또는 정리계획불인가의 결정이 확정되
면 그 회사에 대하여 파산선고를 할 수 있으므로, 회사재산보전처분결정 사실을 들어 그 회사가
파산의 우려가 있는 상태에서 회복되었다고 할 수는 없으며, 그 회사는 채무초과 상태가 계속되
는 한, 회사정리법에 의한 회사재산보전처분결정에도 불구하고 여전히 파산의 우려가 있는 상
태에 있는 것이라고 아니할 수 없다(대법원 1999. 6. 25. 선고 99다5767 판결).

파산원인으로 하면 충분하다고 본 것이다. 그런데 이에 대하여 상속재산의 경우
에 지급불능을 파산원인으로 추가할 것을 주장하는 입장도 있다. 예를 들어 채
무자가 지급정지를 한 뒤에 사망한 경우에 채무초과만이 파산원인인 경우에는
상속재산파산의 신청에 있어서 신청권자는 증거에 의하여 채무초과 그 자체를
증명하여야 한다. 그런데 채무초과의 증명이 그렇게 용이하지 않다. 대차대조표
등의 재무서류가 있는 법인의 경우에도 바깥에 있는 채권자는 채무초과의 증명
이 용이하지 않은데, 특히 상속재산파산의 경우에는 말할 필요도 없다. 피상속
인이 그러한 서류를 작성하고 있는 것을 일반적으로 기대할 수 없다. 신청자는
자산·부채의 상황을 조사할 필요가 있게 된다. 따라서 피상속인이 사망 전에
지급정지를 한 경우에 그로부터 피상속인의 지급불능이라는 파산원인을 추정하
고(법 제305조 제2항), 지급불능을 채무초과와 마찬가지로 상속재산파산의 파산원
인으로 한다면 파산신청인의 어려움은 피할 수 있으므로 채무초과에 추가하여
지급불능을 파산원인으로 할 것을 입법적으로 검토하여야 한다는 것이다.[41]

3-23　　**3. 파산장애사유의 부존재**

파산원인이 있더라도 파산신청 또는 파산선고를 방해하는 사유를 파산장애
사유라고 한다. 따라서 파산장애사유가 존재하지 않는 것이 파산개시의 요건이
된다.

파산장애사유(신청장애사유 및 절차개시장애사유 이외에 일단 파산절차가 개시된 후
라도 절차를 중지시키는 원인이 되는 사유를 포함)로 법이 규정하고 있는 것은 다음과
같다.

---

41) 齊藤秀夫·麻上正信·林屋礼二 編, 注解破産法(下卷)[林屋礼人·宮川知法 집필], 154면. 참고
　　로 보면, 독일 구파산법 215조(§ 215 KO)는 상속재산파산에 있어서 우리와 마찬가지로 단지 채
　　무초과만을 파산원인으로 하였는데, 파산법과 화의법을 대신한 새로운 도산법(Insolvenz-
　　ordnung)에서는 새로운 도산원인으로 채무자가 신청하는 경우의 지급불능의 우려(drohende
　　Zahlungsunfähigkeit)를 규정하면서, 320조(§ 320 InsO)가 상속재산의 도산에 있어서 채무초과
　　만이 아니라, 지급불능 그리고 상속인, 상속재산관리인, 유언집행자 등 채무자에 준한 자기신청
　　의 경우에는 지급불능의 우려도 개시원인으로 하고 있다. 우리도 이와 같이 도산개시원인을 확
　　대하는 규정의 도입 필요성 및 2008년 독일에서 있은 채무초과와 관련된 도산법 개정의 추이와
　　내용에 대하여는 김경욱, "파산신청의 원인으로서의 채무초과－2008년 독일의 채무초과규정의
　　개정 내용을 중심으로－", 민사집행법연구(2010. 2), 468면 이하 참조.

(1) 파산신청이 허용되지 않는 경우

3-24

① 회생절차개시결정이 있는 경우(58조 1항 1호)[42]

② 개인회생절차개시결정이 있는 경우(600조 1항 1호)

이러한 신청장애사유는 파산절차가 회생형 절차에 후순위적(열후적) 위치에 있는 것을 의미한다. 회생형 절차 가운데 회생절차와 개인회생절차 사이에서는 개인회생절차가 우선한다. 즉 개인회생절차가 가장 우선하고, 다음으로 회생절차가 우선한다. 이는 입법정책적으로 파산절차보다는 회생절차가, 회생절차보다는 개인회생절차가 더 바람직하다는 판단의 결과라고 할 수 있다.

(2) 파산절차가 법률상 당연히 중지되는 경우

3-25

① 회생절차개시결정이 있는 경우(58조 2항 1호)

② 개인회생절차개시결정이 있는 경우(600조 1항 1호)

③ 책임제한절차폐지결정이 있는 때에는 그 확정까지 파산절차는 당연정지(법 제326조)

가령 중지된 파산절차는 회생계획인가결정 전에 폐지 등의 이유에 의하여 회생절차가 종료되면 그 중지는 해소되어 파산절차가 속행하게 되지만(7조 1항. ☞1-14 재시파산 참조), 회생계획인가의 결정이 있으면 그 효력을 잃는다(256조 1항). 이제 더 이상 파산절차를 개시할 의미가 없어지기 때문이다.

(3) 법원이 파산절차의 중지명령을 할 수 있는 경우

3-26

① 회생절차개시의 신청이 있는 경우(44조 1항 1호)

② 개인회생절차개시의 신청이 있는 경우(593조 1항 1호)

가령 파산절차를 개시하는 것이 회생절차개시결정을 하기 위한 장애가 되는 것을 배제할 수 있도록 하는 취지이다. 중지명령의 효력은 회생절차개시의 신청에 대한 재판이 있기까지 계속되고, 신청이 기각되면 중지명령의 효력을 잃게 되고, 개시결정의 있으면 중지명령의 효력은 법 58조 2항으로 이어진다.

---

42) 한편, 채무초과 상태에 있는 주식회사의 계속기업가치가 청산가치보다 높다는 등 주식회사에게 회생가능성이 있다는 사정만으로는 회생절차개시요건 등에 해당함은 별론으로 하고, 그러한 사정이 파산원인이 존재하는 주식회사에 대하여 파산선고를 하는 데 장애사유가 된다고 할 수 없다(대법원 2007. 11. 15.자 2007마887 결정).

Ⅱ. 파산의 신청

3-27   ### 1. 신청권자

파산의 선고는 신청(Antrag)에 의하여 이루어지는 것이 원칙이다(305조 1항). 신청권자는 **채권자, 채무자**(294조 1항), 그리고 **준채무자**(準債務者)라고 불리는 관계자이다(295조, 297조, 299조). 파산은 공평한 배당이라는 채권자의 이익을 위한 절차이기도 하고, 한편 면책이라는 채무자의 이익을 위한 절차이기도 하므로 원칙적으로 이러한 이해관계인의 신청에 의하여 절차가 개시된다(회생절차개시신청권자에 관하여는 ☞ 16-8).43) 상속재산파산, 유한책임신탁재산의 경우의 신청권자는 후술한다(☞3-31, 3-32).

예외적으로 회생절차의 관할법원이 **직권**으로 파산선고를 하는 것에 의하여 파산절차가 개시되는 견련(牽連)파산과 같은 경우도 있다(☞ 1-14).44) 예를 들어 **파산선고를 받지 아니한 채무자**에 대하여 회생계획인가결정이 있은 후 회생절차 폐지의 결정이 확정된 경우 법원은 그 채무자에게 파산의 원인이 되는 사실이 있다고 인정하는 때에는 직권으로 파산을 선고하도록 하였고(6조 1항),45) **파산선고를 받은 채무자**에 대한 회생계획인가결정으로 파산절차가 효력을 잃은 후 회생절차폐지결정이 확정된 때에는 법원은 직권으로 파산을 선고하도록 하였다

---

43) 파산신청 등 도산법상의 대리에서 법무사의 변호사법 위반과 관련하여, **판례**는 법무사가 의뢰인으로부터 건당 일정한 수임료를 받고 개인파산·면책신청사건 또는 개인회생신청사건을 수임하여 사실상 그 사건의 처리를 주도하면서 의뢰인을 위하여 그 사건의 신청 및 수행에 필요한 모든 절차를 실질적으로 대리한 경우에는 법무사의 업무범위를 초과한 것으로서 변호사법 109조 1호에 규정된 법률사무를 취급하는 행위에 해당한다고 보았다(대법원 2007. 6. 28. 선고 2006도4356 판결[미간행]). 최근 수원지방법원 성남지원 2018. 1. 9. 선고 2017고단438 판결은 법무사의 위와 같은 행위에 대하여 변호사법에서 금지하는 대리에 해당하지 않는다고 하여 무죄를 선고하였으나, 항소심인 수원지방법원 2018. 10. 19. 선고 2018노524 판결은 변호사법에서 금지하는 대리에 해당한다고 보았다[상고]. 그런데 2020. 8. 5.부터 법무사의 업무범위에 신청의 대리(다만, 각종 기일에서의 진술의 대리는 제외)가 추가되었다(2020. 2. 4. 개정에 의한 법무사법 2조 1항 6호 신설).

44) 또한 가령 「농업협동조합법」 83조는 지역농협이 그 채무를 완제할 수 없게 된 때에 법원이 직권으로 파산을 선고할 수 있도록 하고 있다.

45) 그리고 회생절차개시신청의 기각결정, 회생계획인가 전 회생절차폐지결정, 회생계획불인가결정이 확정된 경우 법원은 그 채무자에게 파산의 원인이 되는 사실이 있다고 인정하는 때에는 채무자 또는 관리인의 신청에 의하거나 직권으로 파산을 선고할 수(임의적) 있다(6조 2항). 필수적 파산선고의 위험부담으로 말미암아 회생절차의 신청 자체를 주저하는 것을 피하기 위해서 현행법에서는 종전 회사정리법 23조 1항의 필수적 파산선고사유보다 축소하여 회생계획인가 전 회생절차폐지결정, 회생계획불인가결정이 확정된 경우를 재량적(임의적) 파산선고사유로 하였다.

(동조 8항).

한편, 도산법 이외의 특별법에서 채무자의 재산상황을 파악할 수 있는 위치에 있는 감독기관에게 파산신청권을 인정하는 경우가 있다.46) 가령, 금융산업의 구조 개선에 관한 법률 16조 1항에 의하면, 금융위원회는 금융기관에 법 306조에 따른 파산원인이 되는 사실이 있음을 알게 된 경우에는 파산의 신청을 할 수 있다고 규정하고 있다.47)

(1) 채 권 자

3-28

파산절차는 기본적으로 채무자 재산의 환가와 배당을 통하여 채권자의 권리를 공평하게 실현하는 것을 목적으로 하는 절차인데, 채무자에게 파산원인이 있는 경우에 채권자는 파산절차를 통하여 자신의 권리를 실현하는 것이 원칙이다. 만약, 파산신청을 채무자에게만 맡겨 둔다면 파산원인이 있는데도 채무자가 파산을 신청하지 않아 파산절차에 따른 채권자의 잠재적 이익이 상실될 수 있다. 그리하여 채권자 스스로 적당한 시점에서 파산절차를 개시할 수 있도록 법 294조 1항에서 채권자도 파산신청을 할 수 있다는 명시적 규정을 둔 것이다.48)

파산신청을 할 수 있는 채권자는 파산선고가 있게 되면, 파산채권으로 권리행사를 할 수 있는 채권을 가지고 있는 사람으로, 그 채권이 우선권이 있든 후순위이든 상관없고, 또한 장래의 청구권, 기한부 채권, 조건부 채권이라도 채권자가 됨에 지장이 없다. 또한 채권자는 미리 집행권원(가령 확정된 판결이나 공정증서 등)을 가지고 있어야 하는 것은 아니다. 즉, 유권원(有權原)채권을 가지고 있는 채권자에 한하지 않는다(채권의 존재를 소명할 수 있다면 파산신청 자체는 적법한데, 이와 달리 강제집행의 경우에는 집행권원이 필요하다). 가령 채무자에 대하여 불법행위에 기한 손해배상청구권을 주장하는 사람도 그 손해배상청구권의 존재에 대하여 소

---

46) 참고로 보면, 일본에서는 채무자의 감독관청에게 일반적으로 파산신청권을 인정하자는 입법론이 주장되기도 하였으나, 규제완화라는 차원에서 문제가 있다는 지적도 있었다(法務省民事局參事官室이 2002년 10월 4일 공표한 破産法等の見直しに關する中間試案補足說明, 15면 참조).

47) 위 파산신청은 그 성격이 법원에 대한 재판상 청구로서 그 자체가 국민의 권리·의무에 어떤 영향을 미치는 것이 아닐 뿐만 아니라, 위 파산신청으로 인하여 당해 부실금융기관이 파산절차 내에서 여러 가지 법률상 불이익을 입는다 할지라도 파산법원이 관할하는 파산절차 내에서 그 신청의 적법 여부 등을 다투어야 할 것이므로, 위와 같은 금융(감독)위원회의 파산신청은 행정소송법상 취소소송의 대상이 되는 행정처분이라 할 수 없다(대법원 2006. 7. 28. 선고 2004두13219 판결).

48) 대법원 2017. 12. 5.자 2017마5687 결정.

명한다면(294조 2항 참조), 신청권을 가지는 채권자라고 할 수 있다.[49]

담보권에 대한 **별제권**이 인정되는 사람도 별제권의 행사에 의하여 변제를 받을 수 없는 채권액(예정부족액) 또는 별제권을 포기한 채권액에 관하여는 파산 채권자로서 권리를 행사할 수 있으므로(413조) 파산신청권을 가지는데, 다만 파산신청을 위하여 부족액을 소명하여야 하거나 사전에 별제권을 포기하여야 하는지 여부에 관하여는 **적극설**과 **소극설**의 대립이 있을 수 있다. 적극적으로 본다면 담보목적재산의 평가를 신청 단계에서 행하는 것은 절차의 신속성을 해칠 염려가 있고, 부족액이 생길지 여부가 파산절차가 진행하지 않으면 판명하기 어려운 경우도 있을 수 있는 점 등에 비추어 소극적으로 풀이할 것이다.[50]

이에 대하여 **재단채권**은 대부분 파산선고 후에 생기며, 가령 파산선고 전에 생긴 것이라도 파산절차에 의하지 않고 수시로 우선적으로 변제를 받을 수 있는바(475조), 재단채권자는 파산신청의 이익이 없으므로 파산신청권이 없다고 볼 것이나,[51] 법 294조 1항은 채권자에게 신청권을 주고 있을 뿐, 특별히 채권자의 종류에 따른 제한을 하고 있지 않다는 점에서 파산신청권을 긍정하는 입장이 있다.[52]

한편, 채무자에 대한 직접적 채권자가 아니라도 **채권자대위권**(민법 404조)의 행사가 인정되는 채권자,[53] 채권추심명령을 받은 압류채권자도 제3채무자에 대한 파산신청권이 인정된다. 또한 **채권질권자**(민법 353조)에게도 파산신청권이 인정되나, 반면 채권질의 설정자에게는 채권추심권이 없으므로(민법 352조 참조) 특별한 사정이 없는 한, 파산신청권을 부정하여야 한다.[54] 다만, 채권질권자가 추

---

49) 그러나 서울회생법원의 실무는 다툼 있는 채권에 대하여는 원칙적으로 집행권원을 요구하고 있다고 한다. 노영보, 88면 각주 10) 부분.

50) 마찬가지 소극설로는 노영보, 86면; 전대규, 1083면; 임종헌, 전게 "도산절차의 개시요건에 관한 실무적 고찰", 211면.

51) 노영보, 86면도 마찬가지 입장이다. 일본에서도 재단채권자에 대하여 파산신청권을 부정하는 견해로는 中野貞一郎・道下徹 編, 基本法コンメンタール破産法[林泰民 집필], 204면 齊藤秀夫・麻上正信・林屋礼二編, 注解破産法(下卷)[〔谷合克行 집필], 173면.

52) 가령, 전대규, 1084면. 또한 **회생절차개시의 신청**에 있어서 판례도 법 34조 2항 1호 (가)목은 '주식회사인 채무자에 대하여 자본의 10분의 1 이상에 해당하는 채권을 가진 채권자는 회생절차개시의 신청을 할 수 있다'고 규정할 뿐, 여기에 다른 제한을 두고 있지 않고, 한편 임금・퇴직금 등의 채권자에게도 채무자에게 파산의 원인인 사실이 생길 염려가 있는 경우에는 회생절차를 통하여 채무자 또는 사업의 효율적인 회생을 도모할 이익이 있고, 개별적인 강제집행절차 대신 회생절차를 이용하는 것이 비용과 시간 면에서 효과적일 수 있으므로 **임금・퇴직금 등의 채권**이 회생절차에 의하지 아니하고 수시로 변제하여야 하는 **공익채권**이라고 하여 달리 볼 수 없다는 적극적 입장의 대법원 2014. 4. 29.자 2014마244 결정이 있다.

53) 박기동, 전게 "파산절차개시의 요건과 파산선고의 효과", 83면.

심권을 행사하지 않는 등의 상황에서 그대로 방치하면 해당 채권의 보전이 곤란할 우려가 있는 경우에는 채권질의 설정자는 채권자의 입장에서 그 보전에 필요에 한하여 파산신청을 할 수 있는 여지를 남겨야 할 것이다.

신청인의 채권은 파산을 선고할 때에 존재하여야 하고, 선고시에 존재하면 선고 후에 소멸되어도 파산선고의 취소사유가 되지 않는다. 파산절차는 파산선고와 동시에 개시되고(311조), 일단 개시된 이상, 신청한 채권자뿐만 아니라 총채권자의 이익을 위하여 파산절차가 수행되기 때문이다.[55] 한편, 제1심 선고시에 신청인의 채권이 존재하지 않아 파산신청이 기각되었더라도 그 항고심에 있어서 채권이 존재하면 항고심은 파산선고를 하여야 한다.

3-29

(2) 채 무 자

파산의 신청은 채무자(Schuldner) 스스로도 할 수 있는데(294조 1항), 이를 특히 자기파산(自己破産)이라고 한다. 최근 소비자금융의 팽창에 따라 경제적 파탄에 빠진 개인채무자가 스스로 파산신청을 하는 자기파산이 많이 나타나고 있다. 자기파산은 주로 면책을 위한 것이다. 예전에는 파산신청의 남용이라고 한다면 채무자를 위협하기 위한 채권자로부터의 신청사건을 지칭하였는데, 최근에는 자기파산에 있어서 파산신청의 남용이 문제될 수 있다(☞ 3-52).

법인도 여기서 말하는 채무자에 해당되는 것은 당연하다. 법인의 대표자가 그 법인을 대표하여 파산신청을 하는 때가 여기에 해당된다.[56] 일부의 이사가 파산신청을 할 수 있는지 여부의 문제는 다음의 준채무자의 경우에 해당된다고 할 것이다.

---

54) 이러한 입장으로는 일본 最決 1999年(平成 11年) 4月 16日, 倒産判例百選[第5版](12사건), [町村泰貴 해설] 참조.

55) 伊藤眞, 破産法·民事再生法, 123면. 다만, 파산선고와 동시에 정하여진 채권신고기간에 신고채권자가 1인도 없는 경우의 취급에 대하여, 파산선고에 대하여 채무자가 즉시항고를 하여 항고심 계속중에 채권신고기간이 경과하고, 또한 신고채권자가 1인도 없는 경우에는 파산선고결정을 취소하고 파산원인이 존재하지 않는 것으로 신청을 기각하여야 한다고 본다. 물론 파산선고가 확정되면 신고채권이 부존재하더라도 파산선고의 취소는 문제되지 않고, 동의파산폐지규정의 유추적용을 생각할 수 있을 것이다.

56) 주식회사의 대표이사가 회사를 대표하여 파산신청을 할 경우 대표이사의 업무권한인 일상 업무에 속하지 않는 중요한 업무에 해당하여 이사회 결의가 필요하다고 보아야 하고, 이사에게 별도의 파산신청권이 인정된다고 해서 달리 볼 수 없다. 그러나 자본금 총액이 10억 원 미만으로 이사가 1명 또는 2명인 소규모 주식회사에서는 대표이사가 특별한 사정이 없는 한 이사회 결의를 거칠 필요 없이 파산신청을 할 수 있다(대법원 2021. 8. 26.자 2020마552 결정).

3-30　　　　**(3) 준채무자**

민법, 그 밖에 다른 법률에 의하여 설립된 법인에 대하여는 이사에게, 합명
회사 또는 합자회사에 대하여는 무한책임사원에게, 주식회사 또는 유한회사에
대하여는 이사에게, 그리고 위 법인의 청산인, 그 밖에 이에 준하는 법인 아닌
사단 또는 재단의 대표자 또는 관리자에게 법인 등에 대하여 각각 파산신청권이
인정된다(295조, 297조).

채무자 스스로의 파산신청에 있어서는 파산의 원인인 사실을 소명할 필요
가 없으나, 이사·무한책임사원 또는 청산인의 전원이 하는 파산신청이 아닌 때
에는 파산의 원인인 사실을 소명하여야 한다(296조). 이는 신청의 남용을 방지하
기 위한 취지이다.

그리고 법인의 이사나 청산인(민법 79조, 93조 1항), 회사의 청산인(상법 254조
4항, 542조 1항 등)은 단지 신청권이 있는 것뿐만 아니라 민법상 채무를 완제하지
못하게 된 때에는 신청의무가 부과되어 있다.

3-31　　　　**(4) 상속재산파산의 신청권자**

상속재산에 대하여는 상속채권자 및 수유자(受遺者) 이외에 상속인, 상속재
산관리인, 유언집행자도 파산의 신청을 할 수 있다(299조 1항). 앞에서 보았듯이
파산신청권자는 일반적으로 채권자, 채무자인바(294조 1항), 상속채권자 및 수유
자는 파산절차에서 파산채권자가 되는 사람이므로 신청을 할 수 있는 것은 당연
하다.

그리고 상속인, 상속재산관리인, 유언집행자도 신청을 할 수 있는 것은 파
산재단에 속하는 상속재산을 관리할 권한을 가지는 사람에게도 채무자에 준하
여 신청권을 인정하는 것이 적당하기 때문이다. 즉, 위 (3)에서 법인의 이사 등
이 준채무자로 파산신청을 할 수 있는 것(295조 참조)과 마찬가지 취지이다.

주의할 것은 상속인의 고유한 채권자는 신청권자에서 제외된다는 것이
다.57)

상속인이 여럿 있는 경우에는 모두 공동으로 신청을 할 수 있는 것은 말할
필요도 없고, 각 상속인이 단독으로 신청을 할 수도 있다 할 것이다.58) 이는 파

---

57) Braun/Bauch, Insolvenzordnung(2002), § 317 Rn. 9.
58) 모든 상속인에 의하여 신청되지 않은 경우에 독일 도산법(Insolvenzordnung) 317조 2항은
　　그 신청은 개시원인이 소명되어야 적법하고, 도산법원은 나머지 다른 상속인을 심문하여야 한

산절차를 일종의 보존행위로 보는 것이다.

그리고 상속재산관리인, 유언집행자 또는 한정승인이나 재산분리가 있은 경우의 상속인에게는 상속재산으로 상속채권자 및 유증을 받은 사람에 대한 채무를 완제할 수 없는 것을 발견한 때에 지체 없이 파산신청을 하여야 하는 파산신청의무가 부과되어 있다(299조 2항). 상속재산관리인, 유언집행자의 신청의무는 그 직무상 선관주의의무에서 비롯한다. 상속인에 대하여는, 상속의 승인 전에는 상속을 포기할 여지가 있으므로 상속인에게 신청의무를 부과하는 것은 적당하지 않고, 한편 단순승인 후에는 상속인은 상속채권자 및 수유자에게 무한책임을 지므로 상속인에게 신청의무를 부과할 필요는 없으므로 한정승인 또는 재산분리가 있은 경우에 한하여 상속인에게 신청의무를 부과한 것이다.[59]

◆ **상속재산파산의 신청기간** ◆　상속재산파산은 상속인의 고유재산과 혼합되지 않은 경우를 전제로 하여 상속재산의 청산을 도모하고자 하는 것이므로 민법 1045조(상속재산의 분리청구권)의 규정에 의하여 재산의 분리를 청구할 수 있는 기간에 한하여 파산신청을 할 수 있다(300조 전문). 민법 1045조에 의하면, 상속이 개시된 날(피상속인의 사망일)로부터 3월 내에 재산분리를 청구할 수 있고, 상속인이 상속의 승인이나 포기를 하지 않은 동안에는 위 3월이 경과하더라도 재산분리를 청구할 수 있다. 그렇지만 결국 상속재산에 관하여 파산신청을 할 수 있는 기간은 상속인이 상속의 승인이나 포기를 할 수 있는 민법 1019조의 기간으로 한정된다. 이 기간을 경과하면 민법 1026조 2호에 의하여 단순승인한 것으로 보기 때문이다.[60] 그리고 위 신청기간 사이에 한정승인 또는 재산분리가 있은 때에는 상속채권자 및 수유자에 대한 변제가 아직 종료하지 아니한 동안에도 파산신청을 할 수 있다(300조 후문). 한정승인 또는 재산분리가 있은 때라도 그에 따른 배당변제가 종료된 경우에는 상속재산 자체

다고 규정하고 있다.

59) 齊藤秀夫·麻上正信·林屋礼二 編, 注解破産法(下卷)[宮川知法 집필], 200면. 그런데 한정승인의 경우에 한정승인자는 상속재산으로써 알고 있는 채권자 등에 대하여 각 채권액에 따라 변제할 의무가 있으며, 실제상 한정승인 등의 절차에 의하여 상속채권자 등의 관계를 처리할 수 있는 경우도 많으므로 위 규정이 기능할 여지는 거의 없다. 따라서 파산신청권을 인정하면 충분하고, 신청의무를 부과할 필요까지는 없다고 생각한다. 2005년 시행의 일본 신파산법에서는 위 상속재산관리인 등의 파산신청의무를 삭제하였다.

60) 윤진수, "상속채무를 뒤늦게 발견한 상속인의 보호", 법학(1997. 12), 191면. 상속재산의 분리에 관한 우리 민법 1045조의 규정이 일본 민법 941조와 다소 차이가 있어 결과적으로 파산신청의 시기에 있어서도 차이가 생기게 된다. 일본 민법 941조 1항 전문은 재산분리를 청구할 수 있는 기간을 원칙적으로 상속개시의 때로부터 3월 이내로 하면서, 후문에서 상속재산이 상속인의 고유재산에 혼합되지 않은 동안은 위 3월의 만료 뒤에도 재산분리를 청구를 할 수 있다고 규정하고 있으므로 상속재산의 파산신청도 마찬가지로 상속재산이 상속인의 고유재산에 혼합되지 않은 한, 상속개시의 때로부터 3월이 경과하여도 할 수 있다.

가 존재하지 않아서 상속재산파산의 신청을 할 수 없으므로 이는 당연한 것이다. 한편, 신청기간이 경과한 후의 상속재산파산의 신청은 부적법 각하된다.

3-32   **(5) 유한책임신탁재산파산의 신청권자**

유한책임신탁재산에 대한 파산신청은 신탁채권자, 수익자, 수탁자, 신탁재산관리인 또는 청산수탁자가 할 수 있다(578조의3 1항). 유한책임신탁재산을 일단 파산자로 본다면, 자기파산을 관념할 수 없으므로 채권자신청 및 이른바 준채무자의 신청(295조, 297조)에 유사한 규정을 둔 것이다. 또한 유한책임신탁이 청산중에 신탁재산이 그 채무를 모두 변제하기에 부족한 것이 분명하게 된 경우에 청산수탁자는 즉시 신탁재산에 대하여 파산신청을 하여야 한다(신탁법 138조).

신탁채권자 또는 수익자가 파산신청을 하는 경우에는 신탁채권 또는 수익권의 존재와 파산의 원인인 사실을 소명하여야 하고(578조의3 2항), 수탁자 또는 신탁재산관리인이 여럿 있는 때에 그 전원이 파산신청을 하는 경우가 아닐 때에도 파산의 원인인 사실을 소명하여야 한다(동조 3항).

유한책임신탁재산에 대하여는 신탁이 종료된 뒤 잔여재산의 이전이 종료될 때까지는 파산을 신청할 수 있다.

2. 신청의 절차

3-33   **(1) 신 청 서**

파산신청은 신청인, 신청의 취지, 신청의 원인, 채권자가 신청을 하는 때에는 그가 가진 채권의 액과 원인 등 일정한 사항을 기재한 서면(즉, 신청서)으로 관할법원에 한다(302조 1항).[61] 관할법원에 대하여는 따로 후술한다(☞ 4-3).

그리고 위 신청서에 채권자목록,[62] 재산목록, 채무자의 수입 및 지출에 관한 목록, 그 밖에 대법원규칙에서 정하는 서류를 첨부하여야 한다.[63] 다만, 신

---

61) 법 동조 동항 10호에서 주주·지분권자가 파산신청을 하는 때에는 그가 가진 주식 또는 출자지분의 수 또는 액을 신청서의 기재사항으로 하고 있는데, 주주·지분권자는 회생절차개시신청권(34조 2항)이 있는 것과 달리, 파산절차에서는 주주·지분권자라는 그 자체의 지위만으로는 독자적으로 파산신청권을 가지지 아니하므로(294조, 295조 참조), 위 10호에서 주주·지분권자가 파산신청을 할 수 있는 것을 전제하고 있는 것은 입법상의 오류로 보인다(서울중앙지방법원, 법인파산실무[제4판], 30면 각주 25).

62) 신청서에 첨부되어야 하는 채권자목록에 채권자 주소, 나아가 반드시 송달 가능한 채권자 주소가 필수적인 기재사항이라고 단정하기는 어렵다(대구지방법원 2019. 6. 3.자 2018라276 결정).

63) 개인파산의 경우에 그 신청서와 그 첨부서류 표준양식에 대하여 「개인파산 및 면책신청사건

청과 동시에 첨부할 수 없는 때에는 그 사유를 소명(疏明)하고 그 뒤에 지체 없이 제출하여야 한다(302조 2항). 신청서의 기재사항을 누락하였거나 첨부서류를 제출하지 않은 때에 이에 대하여 법원이 보정을 촉구하였음에도 정당한 사유 없이 응하지 않은 경우에 파산신청을 기각할 수 있다.[64]

신청할 때에는 수수료를 납부하여야 한다. 다만, 이 수수료는 다음 항목에서 설명하려는 파산절차비용의 예납과는 별개이다.

2014. 4. 28.부터 전자소송이 실시되어, 전자적인 방법으로 신청서를 제출할 수 있다.

(2) 소 명

3-34

채권자가 파산신청을 하는 경우에는 특별히 채권의 존재(가령 차용증서) 및 파산의 원인인 사실(가령 은행거래정지처분)을 소명할 것이[65] 요구되고 있다(294조 2항). 이는 확실히 채권이 존재하지 않는다면, 채권자는 권리자가 아님에도 파산신청을 하는 것인데, 신청이 다른 채권자나 채무자에게 미치는 영향이 큰 것을 고려하여 파산신청의 남용을 방지하고자 함이다(한편, 신청에 대하여 법원이 파산을 선고하기 위해서는 파산의 원인이 확실히 존재하여야 하므로 파산신청을 하는 때와 달리 법원이 파산선고를 함에 있어서는 파산의 원인에 대하여 소명에 머무르지 않고, 증명이 필요하다).

이에 대하여 **채무자 스스로의 파산신청**에 있어서는 위 소명은 필요하지 않다. 채무자 스스로가 파산신청을 하는 것 자체가 파산절차에 따른 불이익을 받겠다는 의사를 가지고 있는 것이고, 또한 파산신청 자체가 파산원인의 존재를 사실상 추정시킨다고 할 것이기 때문이다.

그리고 파산신청 당시 채무자에 대하여 이미 외국에서 파산선고가 있은 때에는 파산의 원인인 사실이 존재하는 것으로 추정하므로(301조) 파산의 원인인 사실을 소명할 필요가 없다.

의 처리에 관한 예규」에서 명시하고 있다.

64) 대법원 2008. 9. 25.자 2008마1070 결정.

65) 소명이라 함은 증명의 정도에 이르지 아니하였지만 법관이 일응 확실하다는 심증을 얻은 상태 또는 이러한 심증을 형성시키기 위하여 당사자가 행하는 활동을 말한다. 소명은 즉시 조사할 수 있는 증거에 의하여야 하는데(민사소송법 299조 1항), 채권의 소명에는 판결서, 조정조서, 공정증서, 어음, 차용증서, 계약서 등을 제출하고, 지급정지의 소명에는 자금부족을 이유로 하는 부도수표, 은행거래정지처분 등이 있은 취지의 어음교환소의 증명서를, 채무초과의 소명에는 대차대조표, 신용조사회사 등의 보고서, 재산목록 등을 제출하게 된다.

한편, 상속재산에 대하여 상속인, 상속재산관리인 또는 유언집행자가 파산
재단에 속하는 상속재산을 관리할 권한을 가지는 사람으로 채무자에 준하여 파
산신청을 할 수 있다는 것(299조 1항 참조)에 대하여는 이미 설명한 바 있는데,
이러한 채무자에 준하는 사람이 파산신청을 하는 때에는 파산의 원인인 사실을
소명하여야 한다(299조 3항). 서로 의견의 차이나 이해의 대립이 있어서 다른 신
청권자에 대하여 자기에게 유리한 해결을 이끌어 내기 위하여 파산신청을 일부
러 위협 등의 목적으로 이용하는 것을 방지하고자 하는 취지이다.66) 이사, 무한
책임사원 또는 청산인 모두가 파산신청을 하는 경우가 아닌 때에는 파산의 원인
인 사실을 소명하여야 한다는 법 296조와 마찬가지 취지이다. 다만, 법 299조
3항에는 296조의 「전원이 하는 파산신청이 아닌 때」라는 조건에 대응하는 내용
은 없다.

3. 비용의 예납과 국고가지급

3-35

(1) 비용의 예납

파산신청을 하는 때에는 파산절차비용으로 법원이 상당하다고 인정하는 금
액을 미리 납부하여야 한다(303조).67) 채권자·채무자 구분 없이 신청자가 비용
을 미리 납부하도록 하고 있다.68) 파산절차도 일반 민사소송과 마찬가지로 그
절차를 이용하는 당사자가 그 절차비용을 부담하여야 하기 때문이다. 가령 채권
자가 파산을 신청한 경우에는, 미리 납부한 파산절차비용은 본래 파산재단으로
부터 지급되어야 하는 것인데, 절차가 시작하지 않은 단계에서는 지급의 방법

---

66) 齊藤秀夫·麻上正信·林屋礼二 編, 注解破産法(下卷)[宮川知法 집필], 196면.
67) 파산선고 등 각종 결정의 이해관계인에게의 송달비용, 파산관재인의 보수, 파산재단의 관리·환
   가 비용, 부인소송의 소송비용 등의 절차비용이 필요하다. 다만, 파산선고와 동시에 절차가 폐
   지되는 동시파산폐지사건의 경우에는 예납금 납부를 명하지 않는다고 한다(서울중앙지방법원
   파산부 실무연구회, 개인파산·회생실무(2011), 80면). 한편, 실무상 파산절차에 관련된 각종 공
   고는 법 9조 1항, 규칙 6조 1항 2호에 따라 전자통신매체를 이용한 공고로 할 수 있는데, 파산
   절차에서의 공고는 대법원 홈페이지 법원공고란에 게시하는 인터넷 공고를 원칙으로 하므로 공
   고비용은 필요하지 않게 되었다.
68) 종전 파산법 129조 1항 전문에서는, 채권자에 대하여만 파산절차비용의 예납을 요구하였다.
   이는 파산절차가 채권자의 이익을 위하여 행하여진다는 것을 전제한 것이었다고 볼 수 있다. 그
   런데 면책제도에 의하여 채무자는 이익을 얻는 것이기 때문에 비용의 예납에 관한 채권자와 채
   무자의 구별에 합리성이 있는지 문제되었고, 실무상으로 채무자에게도 비용을 예납하도록 하였
   다고 한다. 결국 현행법 303조에서는 채권자·채무자 구분 없이 모든 신청자가 비용을 미리 납
   부하도록 하고 있다.

도, 재단의 규모도 확실하지 않으므로 이 비용의 재원을 채권자에게 요구하는 것이다. 따라서 이 비용은 절차개시 후에 재단채권으로 상환된다(473조 1호). 비용을 미리 납부하지 않은 때에는 법원은 파산신청을 기각할 수 있다(309조 1항 1호). 비용의 예납에 관한 결정에 대하여는 불복신청을 할 수 없다(법 13조 참조). 파산절차의 진행을 저해할 수 있기 때문이다.

(2) 국고가지급

3-36

파산신청인이 채권자가 아닌 때에는 파산절차의 비용을 국고로부터 가지급할 수 있다(304조 전문). 즉, 파산절차비용은 국고에서 대체되고, 파산재단이 형성된 후에 국고에 상환되게 된다. 그 취지는 채무자 스스로 파산신청을 하는 경우에는 신청인인 채무자가 파산절차에 의하여 이익을 받는 것은 아니라는 판단에서 비롯된 것이라고 할 수 있다. 「가지급할 수 있다」고 하여 임의적인데,[69] 경제적으로 비용의 예납이 어려운 채무자의 보호도 고려하여 가지급제도를 보다 적극적으로 운용하여야 하고(가지급을 위한 예산조치를 충실하게 할 것이 요망된다), 나아가 거시적으로 파산신청절차에 있어서 법률구조의 대책을 세워야 할 것이다.[70]

그리고 예납금이 부족하게 된 때, 법원이 직권으로 파산선고를 한 때 또는 파산신청인이 채권자인 경우에 미리 비용을 납부하지 아니하였음에도 불구하고 법원이 파산의 선고를 한 때에도 또한 국고로부터 가지급할 수 있다(304조 후문).

---

69) 종전 파산법 130조의 「가지급한다」에서, 「가지급할 수 있다」로 규정을 완화하였다. 참고로 보면, 종전 파산법하에서 자기파산신청에 대하여 예납금을 납입하도록 요구받은 채무자가 국고가지급을 하지 않은 법원의 조치가 위법하다고 국가배상을 청구한 사안에서 일본 大阪高判 1984年(昭和 59年) 6月 15日은 채무자의 경제상태나 예납금액을 고려하여 법원이 가지급을 인정하는 경우와 그렇지 않은 경우를 구별하여야 한다는 입장을 취하여 예납금 조달의 가능성이 있는 자기파산에 대하여는 임의로 예납금을 납입하도록 법원이 요구하는 것을 금지하는 취지는 아니라고 보아 위법이 아니라고 하였다(新倒産判例百選(14사건), [竜嵜喜助 해설] 참조). 그 후, 廣島高決 2002年(平成 14年) 9月 11日, 倒産判例百選[第5版](A2사건), [栗原伸輔 해설] 참조) 도 골프장경영회사의 자기파산신청에 대하여, 해당 파산절차비용으로 3,000만 엔 정도가 예상되지만 1,000만 엔밖에 예납을 할 수 없는 경우에는 가지급한 비용을 회수할 가망성도 없고, 파산절차를 진행할 공익상의 이익도 인정되지 않는 경우로 국고에 의한 비용가지급제도를 인정할 경우에 해당하지 않아 국고가지급을 하지 않은 법원의 조치에 위법이 없다고 보았다.
70) 현재, 법원에서는 개인파산(회생)사건신청과 관련하여 변호사비용에 한하여(인지 및 송달료 등 절차비용은 본인 부담) 국민기초생활보장법에 의한 수급자 등 일정한 범위의 사람에 대하여 소송구조제도를 시행하고 있다.

3-37   **4. 신청의 효과**

파산채권의 신고, 즉 파산절차참가가 시효중단의 효력이 있다는 점에 대하여는(☞ 13-7) 명문의 규정이 있지만(32조 2호, 민법 171조), 한편 채권자가 파산을 신청한 경우에 그 신청의 효과로 신청인의 채권에 대하여 시효중단의 효력이 있는지 여부가 문제가 된다. 파산신청은 소의 제기 내지는 강제집행의 신청에 버금가는 「재판상 청구」(민법 168조, 170조 참조)의 한 형태이므로 그 신청시에 주장된 신청인의 채권에 대하여 시효중단의 효력이 생긴다고 할 것이다.71) 또한 파산신청서에 기재된 채권뿐만 아니라 지급불능의 상태를 분명히 하기 위하여 제출한 자료나 계산서에 기재된 채권에 대하여도 일종의 재판상 청구로 시효중단의 효력이 인정된다고 할 것이다.72)

그리고 파산신청이 취하된 경우에도 파산절차상 권리행사의 의사가 표시되어 계속되고 있다고 볼 수 있는 최고로서의 효력(민법 170조, 174조)은 소멸되지 않고, 채권자는 취하시부터 6월 이내에 소를 제기하는 것에 의하여 해당 채권의 소멸시효를 확정적으로 중단할 수 있다.73)

한편, 강제집행에서 파산신청을 한 것만으로 집행장애사유가 되는 것은 아니다.74)

3-38   **5. 신청의 취하**

특별한 제한이 없으므로 신청자는 원칙적으로 파산신청을 취하할 수 있다. 다만, 취하할 수 있는 시기가 문제된다. 민사소송법에서는 재판이 확정되기까지 소의 취하가 허용된다는 것을 근거로 파산선고의 확정시까지는 신청을 취하할 수 있다는 입장도 있을 수 있으나, 소의 취하와 마찬가지로 볼 것은 아니고 파산선고 전에 한하여 허용되고, 파산선고 후에는 아직 그 확정 전이라고 하더라도 신청의 취하는 허용되지 않는다고 할 것이다.75) 일단 파산선고가 있으면, 그 확

---

71) 대법원 2023. 11. 9.자 2023마6582 결정. 일본 最判 1960年(昭和 35年) 12月 27日, 民集(14卷 14号), 3253면도 마찬가지 입장이다.

72) 전대규, 1091면도 마찬가지 입장이다.

73) 일본 最判 1970年(昭和 45年) 9月 10日, 民集(24卷 10号), 1389면.

74) 파산절차가 진행 중이므로 특정 채권자에 대하여만 변제하는 결과에 이르는 이 사건 전부명령은 모든 채권자에게 공평한 만족을 도모하여야 하는 파산절차의 제도적 취지에 어긋나 허용되어서는 안 된다는 주장에 대하여, 파산신청이 있다는 사정만으로는 집행에 장애사유가 된다고 할 수 없다고 판단하였다(대법원 1999. 8. 13.자 99마2198, 2199 결정).

정을 기다리지 않고 총채권자를 위하여 집단적 채무처리절차인 파산의 효력이 생기는 이상(311조), 이제는 신청인의 의사(자유)에 맡겨 신청의 취하를 인정하는 것은 합리적이지 못하기 때문이다. 한편, 회생절차, 개인회생절차에 있어서는 원칙적으로 절차개시결정 전에 그 신청을 취하할 수 있으나, 보전처분, 중지명령 등의 결정이 있는 후에는 법원의 허가를 받아야 개시신청을 취하할 수 있다는 제한이 있다(48조 1항, 2항, 594조. ☞ 16-13, 17-45).

Ⅲ. 파산선고 전의 보전처분

3-39

파산선고가 있게 되면, 채무자는 파산재단을 구성하는 재산의 관리처분권을 잃고, 파산채권자도 자유로운 권리행사가 허용되지 않는다(384조, 424조). 이는 파산선고 시를 기준시로 생긴다. 그런데 파산신청이 있는 때로부터 파산선고까지는 상당한 기간이 필요하다. 그 사이에는 아직 채무자도 채권자도 위와 같은 제한을 받지 않는다. 따라서 채무자가 재산을 은닉, 부당하게 염가로 매각, 불공평한 변제, 방만한 경영의 계속을 하거나(채권자 이익 보호 필요성), 한편 일부의 파산채권자가 앞을 다투어 권리를 행사할 우려가 있다(채무자 이익 보호 필요성). 이에 의하여 배당하여야 할 재산이 감소하게 되고, 파산채권자 사이의 공평을 해치게 되어, 나중에 파산선고가 내려지더라도 파산절차의 실효성이 없게 된다(다만, 파산선고 후에 부인권의 행사에 의하여 원상회복할 수도 있지만, 이를 위해서는 비용이 들게 되고, 모든 경우에 이에 대처할 수 있는 것은 아니다). 또한 채무자의 잠적 등에 의하여 파산선고 후에 설명의무를 다하지 못하는 사태가 생길 가능성도 전혀 없다고는 할 수 없다. 그래서 이러한 사태를 미리 방지하기 위하여 파산선고 전에 보전처분(Sicherungsmassnahmen)을 이용할 수 있도록 하고 있다. 이에는 인적 보전처분과 물적 보전처분이 있는데, 이는 실질적 기능에 따른 분류에 지나지 않고, 인적 보전처분은 민사절차상 보전처분과 다르다고 할 것이므로 위 분류가 큰 의의를 가지는 것은 아니라고 생각한다. 인적 보전처분은 거의 이용되지 않

---

75) 노영보, 94면; 전대규, 1093면도 마찬가지 입장이다. 2005년 시행 일본 신파산법 29조에서는 종래의 통설적 견해에 따라 파산절차 개시결정 전에 한하여 신청을 취하할 수 있고, 이 경우에 다른 절차의 중지명령 등 보전처분이 있은 뒤에는 법원의 허가가 있어야 한다는 규정을 두었다. 독일 도산법(Insolvenzordnung) 13조 2항도 도산절차가 개시되기까지 또는 신청의 각하가 확정되기까지 신청을 취소할 수 있다고 규정하고 있다.

고, 실제로 중요한 것은 물적 보전처분이다. 물적 보전처분은 재산보전처분이라
고도 한다.

3-40   **1. 인적 보전처분**

　　법원은 파산선고 전이라도 파산신청이 있는 때에는 채무자 등의 구인을 명
할 수 있다(322조 1항). 구인은 채무자의 신병을 구속하는 것이다. 이해관계인에
게는 신청권이 없고, 파산신청을 전제로 법원이 직권으로 행한다. 마찬가지로
유한책임신탁파산의 경우도 법원은 수탁자 등을 구인하도록 명할 수 있는데, 규
정상으로는 법원의 직권 이외에 이해관계인의 신청에 의하여도 구인을 명할 수
있다고 하고 있다(578조의6 2항).

　　구인 이외에 채무자 등의 거주지를 관할하는 경찰의 감독하에 놓는 **감수**는
인권침해의 문제가 있으므로 현행법에서 파산선고를 받은 채무자 등의 감수에
관한 규정을 삭제하면서, 파산선고 전의 감수도 삭제하였다(322조에 대응하는 종전
파산법 144조 참조).

3-41   **2. 물적 보전처분**

　　파산신청이 있는 때에 법원은 파산선고 전이라도 이해관계인의 신청에 의
하거나 직권으로 채무자의 재산에 관하여 가압류·가처분 그 밖에 필요한 보전
처분을 명할 수 있다(323조 1항 전문. 유한책임신탁재산 파산신청의 경우는 법 578조의8
1항에 마찬가지 규정이 있다). 법원이 직권으로 파산선고를 하는 때에도 마찬가지이
다(323조 1항 후문). 보전처분은 일반적으로는 장래 본집행의 효과를 보전하기 위
하여 잠정적으로 조치를 취하는 것을 말하는데(민사집행법에서의 가압류·가처분),
여기에서의 파산선고 전의 보전처분은 장래의 파산집행이라는 포괄집행을 보전
하기 위하여 파산재단에 속하게 될 채무자의 재산에 관하여 이루어진다. 그런데
민사집행법상 가압류 등 보전처분은 개별 권리자를 위하여 행하여지는 것임에
대하여, 여기에서의 보전처분은 신청인만의 이익을 위한 것이 아니고, 총 채권
자의 이익을 위한 것이라는 점에서 다르다. 따라서 피보전권리나 본안의 민사소
송은 상정되지 않고, 보전처분에 의하여 법적 영향을 받는 개별 권리자·의무자
를 전제로 한 담보의 제공은 원칙적으로 요구되지 않으며, 그리고 직권에 의한
발령도 인정된다. 보전처분은 주로 채무자가 재산을 은닉하거나 처분하는 등의

일정한 행위를 하는 것을 제한함으로써 재산의 이탈을 방지하려는 때에 이용할 수 있는데, 부동산 등의 가압류나 처분금지의 가처분, 금고나 상업장부 등에 대한 봉인 등이 그 예이다.

보전처분은 파산선고시까지 효력이 있다. 법원은 일단 위 보전처분을 하였더라도 그 처분을 변경하거나 취소할 수 있다(323조 2항).

위 보전처분 및 그 변경·취소는 결정으로 하는데(323조 3항), 그 재판에 대하여는 즉시항고를 할 수 있지만(동조 4항), 즉시항고는 집행정지의 효력은 없다(동조 5항).

위 보전처분은 채무자에 대한 것인데, 다음은 제3자에 대한 내지는 제3자를 명의인으로 하는 것으로, 보전처분의 허용성이나 그 효력을 둘러싸고 문제가 되고 있는 경우이다.

(1) 강제집행정지의 보전처분

3-42

파산선고가 있으면, 개개의 파산채권자는 강제집행 등을 개시할 수 없고(424조), 파산채권에 기하여 파산재단에 속하는 재산에 대하여 이미 개시된 강제집행·가압류 또는 가처분은 당연히 그 효력을 잃는다(348조 1항. ☞8-77). 이와 관련하여 파산신고 전에 이미 개시된 강제집행 등을 중지하기 위한 보전처분과 장래 개시될 강제집행 등을 사전에 금지하기 위한 보전처분을 할 수 있는지 여부에 대하여 긍정·부정의 견해 대립이 있다.

한편, 용어와 관련하여 보전처분은 주로 채무자의 재산의 산일(散逸)을 방지하고자 하는 측면에서 사용함에 대하여, 중지명령은 파산채권자의 강제적 권리실현행위를 금지하여 채무자의 재산의 보전을 도모하려는 측면에서 사용한다는 차이가 있다.

1) 개시된 강제집행 등의 중지명령

3-43

이미 개시된 강제집행에 대하여 파산선고가 예상됨에도 불구하고 그 강제집행을 방치하는 것은 파산채권자 사이의 실질적 평등이 침해될 우려가 있으므로 그 강제집행을 중지하는 보전처분을 긍정하여야 한다.[76]

이와 관련하여 회생절차 및 개인회생절차에서는, 법원은 절차개시의 신청

---

76) 마찬가지 입장으로는 이진만, "파산선고 전의 보전처분", 파산법의 제문제[上] (1999), 154면; 전대규, 1104면.

이 있는 경우에 필요하다고 인정하는 때에는 이해관계인의 신청에 의하거나 직권으로 신청에 대한 결정이 있을 때까지 채무자의 재산에 대하여 이미 행하여지고 있는 강제집행 등의 중지를 명할 수 있는데(44조 1항, 593조 1항), 입법적으로 이러한 개별적 중지명령제도를 파산절차에 두는 것을 검토할 수 있다.77)

3-44　　　　**2) 개시가 예상되는 강제집행 등의 금지명령**

이 경우에는 가령, 처분금지가처분이 있게 되면 채무자의 총재산이 압류금지로 바뀌어 일반적으로 집행적격을 잃게 된 결과, 이러한 보전처분을 인정할 실익은 없고 보전처분을 부정하는 입장도 있지만, 강제집행을 금지할 필요성이 있다면, 가령, 전부명령이나 추심명령을 금지하는 보전처분은 허용되어야 할 것이다. 전부명령(민사집행법 229조)과 같이 개시되면서 동시에 종료되는 경우는, 집행이 개시된 때에 그것을 막으려고 하더라도 이미 늦게 되므로 이를 인정할 실익이 있다.78)

이와 관련하여 입법적으로 포괄적 금지명령제도의 도입을 검토할 수 있다. 위 1)에서의 강제집행 등의 중지명령은 이미 개시된 개개의 강제집행 등을 개별 명령으로 중지하는 개별적 중지명령인 것에 대하여, 여기서의 포괄적 금지명령은 채무자 재산 전부를 일률적으로 대상으로 하는 것, 채권자 모두를 대상으로 하는 것, 이미 법원에 계속되어 있는 강제집행 등 절차에 한하지 않고, 장래 신청이 있을 강제집행 등 절차를 일률적으로 금지하는 것에서 차이가 있다. 그런데 회생절차 및 개인회생절차에서는 현행법에서 그 개시의 신청이 있는 경우에 개시신청에 대한 결정이 있을 때까지 포괄적 금지명령제도를 도입하여 일정한 요건하에 법원이 포괄적 금지명령을 할 수 있도록 하였지만(45조, 593조 5항), 한편 파산절차에서는 필요성이 그다지 부각되지 않았는지 포괄적 금지명령제도를

---

77) 한편, 파산절차에서 면제재산에 대한 중지명령은 있을 수 있다. 즉, 법원은 파산선고 전에 면제재산신청이 있는 경우에 파산선고가 있을 때까지 면제재산에 대하여 파산채권에 기한 강제집행, 가압류 또는 가처분의 중지 또는 금지를 명할 수 있다(383조 8항). 또한 면제결정이 확정된 때에는 위 규정에 의하여 중지한 절차는 그 효력을 잃는다(동조 9항).

78) 마찬가지 입장으로는 이진만, 전게 "파산선고 전의 보전처분", 155면. 채권자가 채무자의 재산을 압류하는 것만으로는 파산재단에 아무런 불이익이 없을 뿐만 아니라 오히려 파산재단의 산일 방지를 위해서 도움이 될 수도 있으므로 압류명령을 금지하는 보전처분은 허용되지 않는다고 할 것이나, 채권에 대한 전부명령이나 추심명령을 금지하는 보전처분은 허용된다고 보는 것이 타당하다는 입장으로는 이민걸, "도산절차와 강제집행의 관계", 도산법강의(2005), 229면; 전대규, 1104면.

도입하지 않았다.[79]

〈보전처분의 규율〉

구분＼조치	보전처분	개별적 중지명령	포괄적 금지명령
파산절차	○ - 323조	면제재산에 한하여 ○ - 383조 8항	×
회생절차	○ - 43조	○ - 44조	○ - 45조
개인회생절차	○ - 592조	○ - 593조	○ - 593조

◆ **자동중지(Automatic stay)** ◆　앞에서 언급하였듯이 파산선고가 있으면 파산채권자는 강제집행 등은 개시할 수 없고(424조), 파산채권에 기하여 이미 개시된 강제집행 등도 파산재단과의 관계에서 당연히 그 효력을 잃지만(348조), 한편 파산신청시부터 파산선고시까지의 채권자의 추심금지는 보전처분에 의하여야 한다(323조). 따라서 파산관재인이 있는 사건이라도 파산선고시까지는, 그리고 동시파산폐지사건에서는 파산폐지 뒤에 공백기간이 생겨 채권자로부터 지급의 독촉이나 가압류, 강제집행 등이 있게 된다. 채무자는 채권자의 가혹한 추심을 피할 수 없어 채무자의 경제적 재출발이 저해되게 된다. 따라서 도산법 입법과정에서 법원의 별도의 명령 없이(위 개별적 중지명령이나 포괄적 금지명령은 법원의 명령을 전제로 한다), 절차(파산절차, 회생절차, 개인회생절차)의 개시신청에 의하여 자동적으로 채권자의 개별적 권리행사가 금지되는 미국 연방파산법 362조 (a)와 같은 자동중지(Automatic stay)의 도입 여부가 검토되었다. 그러나 자동중지제도를 도입할 경우에, 가령 자동중지의 혜택을 받기 위한 목적으로 파산신청을 하여 채권추심을 피하고, 그 뒤에 파산신청을 취하하는 형태로 신청이 남용될 우려(부정수표단속법에 의한 형사처벌을 유예받기 위하여 절차의 개시신청이 남용될 우려)가 있고, 또한 우리 법현실에 비추어 너무 급격한 개혁이라고 할 수 있어서 결국 자동중지는 채택되지 않았다.[80] 이후 국회에 자동중지 도입에 관한 법률안이 몇 차례 제출된 바 있으나, 법률로 성립에까지 이르지 못하고 폐기되었다.[81]

---

79) 2005년 시행 일본 신파산법 25조에서는 파산절차에서도 포괄적 금지명령을 도입하였다. 즉, 민사재생법 26조, 회사갱생법 24조와 마찬가지로 법원은 파산절차개시의 신청에 대한 결정이 있을 때까지 사이에 강제집행 등 채무자 재산관계의 소송절차 및 채무자의 재산관계의 사건에서 행정청에 계속 중인 절차 등의 중지를 명할 수 있도록 규정하였다.

80) 미국 연방파산법의 2005년 개정법인 파산남용방지 및 소비자보호법(Bankruptcy Abuse Prevention and Consumer Protection Act of 2005)은 자동중지를 노린 반복적 신청을 막기 위해서 자동중지의 적용 범위를 일부 한정(즉 예외를 확장)하였다. 자세히는 이혜리, "자동정지제도에 관한 연구－자동정지제도 도입의 필요성을 중심으로－", 인권과 정의(2007. 8), 56면 이하 참조. 그 밖에 이제정, "미국 연방도산법이 자동정지제도에 관한 소고", 저스티스(2011. 2), 127면 이하 참조.

81) 파산절차에서는 아니지만, 2011. 11. 4. 회생절차에서의 자동중지제도를 도입하는 것을 핵심

3-45   (2) 변제금지의 보전처분

이는 채무자가 특정 채권자에게 변제하는 것을 방지하고, 채무자의 재산의 고정화를 도모하는 것을 목적으로 하는 보전처분이다. 장래의 파산재단을 감소시키는 것을 사전 방지하는 것은 총 채권자의 이익이 되는 것이고, 채무자로서도 추심을 압박하는 채권자에 대한 방어벽이 될 수 있다. 명확한 규정은 없지만 허용된다는 입장이 일반적이다.[82] 그런데 이 보전처분에 의하여 금지되는 것은 채무자에 의한 임의변제행위이고, 채권자를 명의인으로 한 추심권능을 빼앗는 것은 아니므로 채권자 측으로부터 대상이 되는 채권의 행사(이행소송)는 허용된다.

변제금지의 보전처분에 위반하여 이루어진 변제행위의 효력에 대하여 보전처분의 효력이 채무자 이외의 제3자에게는 미치지 않으므로 그 변제행위가 부인권행사의 대상이 되는 것은 별론으로 하고, 항상 **유효**하다는 입장도 있을 수 있으나(유효설), 변제를 수령한 채권자가 **선의**인 경우에는 **유효**로 할 것이고, **악의**인 경우에 **무효**로 할 것이다(절충설).[83] 다만, 악의의 증명책임은 변제 등의 무효를 주장하는 측이 부담한다.

한편, 채무자는 변제금지의 보전처분에 의하여 변제를 하면 안 된다는 구속을 받으므로 채무불이행에 있어서 이행지체의 요건인 귀책성을 결여한다고 할 것이고, 채권자는 채무자의 이행지체를 이유로 계약을 해제할 수 없다고 보는 것이 타당하다.[84] 다만, 상대방의 채권이 금전채권인 경우의 지연손해금은 발생한다고 풀이한다.[85]

3-46   (3) 장래의 부인권행사를 전제로 하는 제3자의 재산에 대한 보전처분

이 경우에도 견해의 대립이 있을 수 있지만, 가령 채무자가 파산선고 전에

내용으로 하는 의안번호<1813767> 채무자 회생 및 파산에 관한 법률 일부개정안은 제18대 국회가 막을 내림에 따라 당연폐기되었고, 다시 2012. 9. 4. 의안번호<1901554>로 개정안이 국회에 제출되었으나 2014. 4. 29. (대안반영) 폐기되었다. 관련하여 장완규, "개정「채무자 회생 및 파산에 관한 법률」안에 대한 고찰: 자동중지제도(Automatic Stay)의 도입과 관련하여", 민사소송(2013. 5), 349면 이하 참조.

82) 일본 2005년 시행의 신파산법 28조 1항, 6항에서는 종래의 통설적 입장에 따라 이를 인정하였다.

83) 마찬가지 입장으로는 이진만, 전계 "파산선고 전의 보전처분", 159면; 일본 2005년 시행 신파산법 28조 6항에서는 이를 입법화하였다. 伊藤眞, 破産法・民事再生法, 143면.

84) 일본 最判 1982年(昭和 57年) 3月 30日의 입장이다(倒産判例百選[第5版](75사건), [三木浩一 해설] 참조).

85) 노영보, 114면; 전대규, 181면도 회생절차에서 마찬가지 입장이다.

그 재산을 제3자에게 양도한 때와 같이 장래 부인할 수 있는 사해행위가 이루어
진 경우에 부인권의 행사에 따른 해당 재산의 인도청구권을 보전하기 위하여
그 제3자가 해당 재산을 처분하는 것을 금지할 필요가 있으므로 이에 대한 보전
처분도 허용하여야 할 것이다.86)

IV. 파산신청의 심리와 재판

1. 심리의 대상

파산신청이 있는 경우에는 관할법원(3조 참조)은 파산절차의 개시를 위한 형
식적 요건과 실체적 요건에 관한 사항을 심리하여야 한다. **형식적 요건**, 즉 파산
신청의 적법요건은 ① 파산신청의 적식성, ② 신청인의 당사자능력, 소송능력,
법정대리권 및 소송대리권, 신청권, ③ 법원의 관할권, ④ 절차비용의 예납 등이
다. 그리고 **실체적 요건**은 ① 채무자의 파산능력의 존재, ② 파산원인의 존재,
③ 파산장애사유의 부존재 등이다.

3-47

2. 심리의 방법

심리에 대하여는, 도산법에 따로 규정이 없는 때에는 민사소송법이 준용된
다(33조).87) 그런데 성질상 파산절차에는 필수적 변론(민사소송법 134조)과 같은
판결절차에 관한 규정이 준용되지 않는다(파산절차는 실체적 권리관계의 확정을 목적
으로 하는 판결절차와 다르다). 파산절차의 심리는 임의적 변론이다(12조 1항). 변론
을 열어도 무방하지만, 거의 실무에서는 변론을 열지 않고 심리를 행한다. 다만,

3-48

---

86) 부인의 대상이 되는 법률행위로 재산을 취득한 사람이 이를 다른 사람에게 전매하여 버린 경
우에는 파산관재인은 부인권을 행사하기 위하여 양도의 과정을 조사하여 현재의 소유자를 확인
하여야 하는 불편이 있고, 또 전득자에 대한 부인권의 행사는 보다 엄격한 요건하에서 할 수 있
기 때문에(403조 참조) 전전양도를 방치하면 부인권 행사가 실효를 거두기 어려워질 염려가 있
다. 따라서 적극적으로 보되, 보전처분의 발령에 더욱 신중을 기하고 신청인에게 담보를 제공하
게 하는 등에 의하여 제3자의 보호를 고려하여야 한다는 입장으로는 이진만, 전게 "파산선고 전
의 보전처분", 158면.
87) 가령, 소송대리인으로서 소 또는 상소를 제기한 자가 법원의 인증명령에도 불구하고 그 대리
권을 증명하지 못하는 경우에 법원은 그 소 또는 상소가 소송대리권 없는 자에 의하여 제기된
부적법한 것임을 이유로 각하할 수 있고, 이때 그 소송비용은 그 소송대리인이 부담하여야 할
것이며, 이는 그 소송대리인이 법원에 대하여 사임의 의사를 표명한 경우에도 마찬가지인 바,
이러한 소송절차에서의 소송대리권 증명 및 무권대리인의 소송비용 부담에 관한 법리는 파산절
차에도 준용된다(대법원 1997. 9. 22.자 97마1574 결정).

채무자(채무자가 법인인 경우에는 대표자)에게 서면 또는 구술에 의한 진술의 기회를 부여하는 심문을 한다.

또한 민사소송에서는 변론주의가 타당하여 당사자의 주장·증명에 의하여 절차가 진행하지만, 파산사건은 여러 사람의 이해관계에 관련되어 있으므로 법원도 직권으로 파산선고에 필요한 조사를 행할 수 있다(12조 2항).

3-49   **3. 재 판**

신청에 대하여 심리한 결과, 결정의 형식으로 재판한다. 재판에는 판결, 결정, 명령이라는 3가지의 형식이 있는데, 파산절차는 변론을 열 것인지 여부가 임의적이므로 결정의 형식으로 재판하는 것이다.

〈2022년 사건 처리 상황〉

처리 구분	접수	파산선고 전					파산선고 후			
		인용	기각	취하	기타	계	종결	폐지	기타	계
개인파산	41,468	43,337	1,221	937	320	45,815	7,642	38,443	28	46,113
법인파산	1,044	838	51	63	11	963	313	550	3	866

3-50   **(1) 각 하**

파산신청권의 부존재와 같이 파산신청이 부적법하면 원칙적으로 파산신청은 각하된다. 각하 또는 기각의 구분은 엄밀히 따질 필요가 없으나, 형식적으로 판단이 가능한 사항은 각하사유로 풀이할 수 있을 것이다.

3-51   **(2) 기 각**

① 신청인이 절차의 비용을 미리 납부하지 않은 때(종전 파산법 129조 1항에서는 각하사유), ② 법원에 회생절차 또는 개인회생절차가 계속되어 있고 그 절차에 의함이 채권자 일반의 이익에 부합하는 때, ③ 채무자에게 파산원인이 존재하지 않은 때, ④ 신청인이 소재불명인 때, ⑥ 그 밖에 신청이 성실하지 아니한 때에는[88] 신청을 기각할 수 있다(309조 1항).[89]

---

[88] '신청이 성실하지 아니한 때'라 함은 채무자가 위 법 302조 1항에 정한 신청서의 기재사항을 누락하였거나 위 법 302조 2항 및 '채무자 회생 및 파산에 관한 규칙' 72조에 정한 첨부서류를 제출하지 아니하였고, 이에 대하여 법원이 보정을 촉구하였음에도 채무자가 정당한 사유 없이

　그리고 법원이 파산을 선고하여서는 안 되는 사유를 개별적으로 규정하는 위 법 309조 1항과는 별도로 아래와 같이 법 309조 2항에서 그 신청이 '파산절차의 남용에 해당하는 때'에는 일반적으로 파산신청을 기각할 수 있다고 규정하고 있다.

(3) 파산절차의 남용

3-52

　법원은 파산원인이 존재하는 경우에도 신청이 파산절차의 남용에 해당한다고 인정되는 때에는 심문을 거쳐 신청을 기각할 수 있다(309조 2항). 현행법에서 신설된 규정이다.90) 이는 권리남용금지원칙의 한 표현으로서, 그 판단 여부는 다른 일반조항에서와 마찬가지로 그 권리의 행사에 관련되는 제반 사정을 종합적으로 고려하여야 한다. **채무자**가 파산신청을 한 경우에 가령 채무자가 채권자에게 채무를 부담하고 있는 상황에서 배우자의 상속재산에 관한 자신의 상속지분 일체를 포기하여 장남으로 하여금 단독으로 상속받도록 하고, 장남이 그 상속재산을 단독으로 상속한 뒤 일부 상속재산을 처분하기까지 하였음에도 파산

　응하지 아니한 경우를 말한다. 따라서 법원이 보정을 명한 사항이 위와 같이 법령상 요구되지 않는 내용에 관한 것이라면 채무자가 그 사항을 이행하지 못 하였다 하더라도 이를 이유로 파산신청을 기각하는 것은 허용되지 않고, 또한 채무자가 법원의 보정 요구에 일단 응한 경우에는 그 내용이 법원의 요구사항을 충족시키지 못 하였다 하더라도 법원이 추가적인 보정 요구나 심문 등을 통하여 이를 시정할 기회를 제공하지 아니한 채 곧바로 파산신청을 기각하는 것은 허용되지 않는다(대법원 2008. 9. 25.자 2008마1070 결정). 채무자가 파산신청을 하면서 채무자 소유의 아파트를 매도한 사실을 신청서에 기재하지 아니하였는데, 제1심 법원은 채무자가 파산신청 당시 아파트 처분 사실을 누락한 사실을 알고도 보정요구나 심문 등을 통하여 이를 시정할 기회를 제공하지 아니한 채 파산신청을 기각하였고, 원심에 이르러 채무자가 아파트 처분 사실 및 경위를 설명하고 소명자료를 제출하였는데도 원심은 신청 불성실을 이유로 제1심 결정을 유지한 사안에서, 아파트 처분 사실의 신청누락이 위 제5호에서 정한 '신청이 성실하지 아니한 때'에 해당한다고 볼 수 없다고 하였다(대법원 2011. 7. 28.자 2011마958 결정).

89) 종전 파산법에서는 위와 같이 파산신청을 기각할 수 있는 통일적 규정을 두지 않아서 채무자가 성실히 신청을 하지 아니하는 등의 경우에 이를 통제하지 못하는 문제가 발생하였는데, 이를 개선하고자 현행법에서 기각사유를 통일하여 하나의 조문을 신설하였다.

90) 이미 미국의 경우는, 1984년 연방파산법 개정에 의하여 707조 (b)에 제7장 절차(우리 파산절차에 해당)의 신청이 「실질적 남용」(substantial absuse)이라고 인정되는 경우에 법원은 관재인의 신청 또는 직권에 의하여(채권자의 신청권은 인정되지 않는다) 신청을 기각(dismissal)할 수 있도록 하는 규정을 도입한 바 있다. 그리하여 실질적 남용이 제7장 절차와 제13장 절차(우리 개인회생절차에 해당)의 경계선을 정하는 기준이 되는데, 다만 실질적 남용의 판단에 있어서 하급심 재판례를 보면, 재판례에 따라서 미묘한 차이가 있다고 한다. David G. Epstein/Steve H. Nickle/James J. White, BANKRUPTCY(1993), pp. 581~583. 그런데 2005년 「Bankruptcy Abuse Prevention and Consumer Protection Act of 2005」가 성립하여, 위 연방파산법 707조 (b)에 변경이 있었다(☞ 17-15 참조).

신청서에 그 내용을 기재하지 않았을 뿐만 아니라 상속재산이 없다고 기재하여 본인의 재산상태에 관하여 허위의 진술을 하는 등 면책불허가사유에 해당하는 행위를 저지르면서 한 파산신청은 이에 해당한다.[91] 또한 가령 장래 수입이 충분히 있으리라고 보여서 채무자가 개인회생절차를 이용하는 것이 적절함에도 불구하고, 개인회생절차를 신청하지 않고 파산을 신청하는 것과 같이 절차의 이용에 있어서 파산절차의 남용이 문제가 될 수 있다(☞ 17-34).[92] 한편, **채권자**가 파산신청을 한 경우에 가령 채권자가 파산절차를 통하여 배당받을 가능성이 전혀 없거나 배당액이 극히 미미할 것이 예상되는 상황에서 부당한 이익을 얻기 위하여 채무자에 대한 위협의 수단으로 파산신청을 하는 경우에는 채권자가 파산절차를 남용한 것에 해당한다.[93]

---

91) 특히 위 법 규정의 입법 연혁이나 문언 및 규정 체계 등에 비추어 보면, 정직하고 성실한 채무자의 새로운 출발을 도모하면서도 채권자에게 보다 공평한 만족을 보장하려는 파산제도 기타 도산제도의 본래적 기능이 정상적으로 발휘될 수 있도록 하기 위하여, 채무자의 현재 및 장래의 변제능력이 무겁게 고려됨은 물론이고, 그 외에도 파산신청의 동기와 그에 이른 경위, 지급불능의 원인 및 그에 관련한 이해관계인들의 행태, 파산절차와 관련하여 제공되는 각종 정보의 정확성, 채무자가 예정하는 지출 등의 낭비적 요소 유무 등이 문제가 될 수 있다. 또한 파산신청이 종국적으로 채무자의 면책을 얻기 위한 목적으로 행하여지는 경우에 채무자에게 법이 정한 면책불허가사유의 존재가 인정된다면 이러한 사정도 파산절차의 남용을 긍정하는 요소로 평가될 수 있음은 물론이다. 한편 그에 있어서는 면책불허가사유가 존재하더라도 법원이 파산에 이르게 된 경위 등을 참작하여 재량으로 면책을 허가할 수 있는 점 등에 비추어, 채무자가 위와 같은 재량면책을 받을 수 있는 기회를 부당하게 상실하는 것이 아닌지 하는 점에도 유념할 것이다 (대법원 2011. 1. 25.자 2010마1554 결정).

92) 채무자가 개인인 경우 '파산신청이 파산절차의 남용에 해당한다'는 것은, 채무자가 현재는 지급불능 상태이지만 계속적으로 또는 반복하여 일정한 소득을 얻고 있고, 이러한 소득에서 필수적으로 지출하여야 하는 생계비, 조세 등을 공제한 가용소득으로 채무의 상당 부분을 계속적으로 변제할 수 있기 때문에, 회생절차·개인회생절차 등을 통하여 충분히 회생을 도모할 수 있다고 인정되는 경우를 주로 의미한다. 따라서 채무자가 회생절차·개인회생절차를 신청한다면 그 절차를 통하여 충분히 회생을 도모할 수 있는 상태에 있는지 여부를 전혀 심리하여 보지도 아니한 상태에서 채무자에게 장래 소득이 예상된다는 사정만에 터잡아 함부로 채무자의 파산신청이 파산절차의 남용에 해당한다고 단정하여서는 아니 된다(대법원 2009. 5. 28.자 2008마1904, 1905 결정). 관련 평석으로는 서경환, "파산신청이 파산절차의 남용에 해당하는지 여부의 판단기준",, 대법원판례해설(제79호), 641면 이하 참조; 전병서, "파산절차의 남용 규제: 대법원 2009. 5. 28.자 2008마1904, 1905 결정과 미국 연방파산법의 변제자력조사를 소재로", 법학논고(2009. 10), 179면 이하 참조.

93) 이처럼 파산절차에 따른 정당한 이익이 없는데도 파산신청을 하는 것은 파산제도의 목적이나 기능을 벗어난 것으로 파산절차를 남용한 것이다. 이때 채권자에게 파산절차에 따른 정당한 이익이 있는지를 판단하는 데에는 파산신청을 한 채권자가 보유하고 있는 채권의 성질과 액수, 전체 채권자들 중에서 파산신청을 한 채권자가 차지하는 비중, 채무자의 재산상황 등을 고려하되, 채무자에 대하여 파산절차가 개시되면 파산관재인에 의한 부인권 행사, 채무자의 이사 등에 대한 책임추궁 등을 통하여 파산재단이 증가할 수 있다는 사정도 감안하여야 한다. 이와 함께 채

(4) 파산선고   3-53

신청이 적법하고, 파산원인의 존재가 인정되면(다만, 위와 같은 파산절차의 남용의 신청기각은 별도), 결정으로 파산이 선고된다. 이 파산결정은 채무자에 대하여 파산절차를 개시한다는 취지를 선언하는 재판이다(☞ 3-56).

파산결정은 확정을 기다리지 않고 그 선고를 한 때부터 그 효력이 생긴다(311조). 채무자의 재산이 흐트러질 우려가 있으므로 선고의 효력을 즉시 생기게 하여 신속하게 파산관재인에 의한 파산재단의 보전을 도모할 필요가 있기 때문이다. 그리하여 파산선고의 시점을 분명히 하기 위하여 그 결정서에는 파산선고의 연·월·일뿐만 아니라 시(時)까지 기재한다(310조).

4. 재판의 송달 및 공고   3-54

민사소송법에서는 본래 결정은 상당한 방법으로 **고지**하면 충분하나(민사소송법 221조), 여러 이해관계인이 있는 파산절차에서는 이해관계인의 절차보장과 관련하여 재판을 직권으로 **송달**하도록 하고 있다(8조 1항). 신속하면서 대량의 집단적 처리가 필요한 파산절차에서는 본래 엄격한 법정의 방식인 송달은 어울리지 않고, 보다 간편한 방법이 바람직하므로 일본 신파산법은 위 우리와 마찬가지 규정을 개정하여 송달이 필요한 경우를 특히 이해관계인에 대한 절차보장이 필요한 경우 등 법에 규정이 있는 경우로 개별적으로 한정하였다. 그런데 불특정다수의 이해관계인이 있는 파산절차에서 개별적 송달을 실시한다면, 송달이 제대로 되지 않아 절차의 진행이 지연되는 등 많은 시간과 비용이 소요될 뿐만 아니라 송달을 받을 사람에 대한 도달시점이 서로 달라 재판에 대한 불복신청기간의 기산점이 통일되지 아니하는 문제점이 발생할 가능성이 있다. 따라서 송달을 하여야 할 경우에 **공고**로 이를 대신할 수 있게 하면, 공고를 표준으로 모든 이해관계인에 대하여 일률적으로 송달의 효력이 발생하여 위와 같은 문제점이 해소될 수 있으나(종전 파산법 107조에서는 송달을 하여야 할 경우에는 공고로써 송달을 갈음할 수 있도록 하였음), 이해관계인이 정확히 알 수 있도록 하고자 하는 송달의 순기능을 무시할 수 없고, 또한 송달을 모두 공고로 대신할 수 있게 하는

권자가 파산신청을 통해 궁극적으로 달성하고자 하는 목적 역시 중요한 고려 요소가 될 수 있다(대법원 2017. 12. 5.자 2017마5687 결정). 관련하여 이무룡, "법인파산절차 남용에 관한 연구 -판례의 동향, 일본의 연구와 판례, 권리남용금지원칙에 기초하여-", 저스티스(2020. 2), 237면 이하 참조.

것은 너무 편의적 발상이 아닌가 하는 점에서 현행법에서는 '송달하여야 하는
장소를 알기 어렵거나 대법원규칙이 정하는 사유가 있는 때'로[94] **한정**하여 공
고로써 송달을 갈음할 수 있도록 하였고(10조 1항), 법에 특별한 정함이 있는 때
에는 위 규정을 적용하지 않도록 하여 공고로써 송달을 갈음할 수 없도록 하였
다(10조 2항). 가령, 법원은 파산선고를 한 때에 파산결정의 주문 등을 **공고**하여
야 하는 것(313조 1항)과 함께 법원은 알고 있는 채권자·채무자 및 파산재단에
속하는 재산소지자에게는 파산선고결정을 **송달**하여야 하는데(동조 2항), 이렇게
특별한 정함이 있는 때에는 **공고와 송달이 모두 필요**하고, 공고로써 송달을 갈
음할 수 없다.

공고는 관보에의 게재 또는 대법원규칙이 정하는 방법에[95] 의하여 행한다
(9조 1항). 위 공고는 게재된 날의 다음날 또는 대법원규칙이 정하는 방법에 의한
공고가 있는 날의 다음날에 효력이 생긴다(동조 2항). 그리고 재판의 공고가 있는
때에는 특별한 정함이 있는 때를 제외하고 모든 관계인에 대하여 그 재판의 고
지가 있는 것으로 본다(동조 3항).

3-55   ## 5. 재판에의 불복

도산법상으로 모든 재판(결정)에 대하여 불복을 허용하지 않고(재판 가운데에
는 중요한 사항도 있지만, 이해관계인에 대한 영향이 별로 없는 형식적인 재판도 많고, 절차를
원활히 진행하기 위하여 조기에 확정될 것이 요청되므로), 재판에 이해관계를 가진 사람
은(그 범위는 재판의 내용에 의하여 개별적으로 판단할 필요가 있음) 법에 따로 규정이

---

94) 채무자 회생 및 파산에 관한 규칙(이하 대법원규칙이라고 한다) 7조에서, ① 도산절차의 진행
   이 현저하게 지연될 우려가 있는 때, ② 회생절차의 개시 당시(변경회생계획안이 제출된 경우에
   는 그 제출 당시를 말한다) 주식회사인 채무자의 부채총액이 자산총액을 초과하는 때로서 송달
   을 받을 자가 주주인 경우를 공고로써 송달에 갈음할 수 있는 사유로 들고 있다.
95) 종전 파산법(및 종전 회사정리법)에서는, 공고는 관보와 법원이 지정하는 일간신문에 게재하
   도록 하였으나(종전 파산법 105조 1항), 공고비용을 절감할 수 있도록 현행법에서는 신문공고
   를 삭제하였다. 다만, 법 자체에서는 일간신문에 공고하는 방식을 삭제하였지만, 대규모 상장기
   업 등에 대하여는 재판의 내용을 일반적으로 알릴 필요성이 크고 절차비용이 큰 부담이 되지
   않을 것이므로 대법원규칙 6조 1항에서 일간신문에 공고하는 방법을 전자통신매체를 이용한 공
   고방법과 함께 규정하였다. 하여튼 대법원규칙 6조 1항에서 채무자의 절차비용에 대한 부담을
   경감시키기 위하여 전자통신매체를 이용한 공고 방법을 채택하였다. 현재 대법원 홈페이지
   (www.scourt.go.kr)에 법원 공고란을 두고 있다. 독일 새로운 도산법(Insolvenzordnung)의 이
   후 개정 도산법(2001. 12. 1.부터 발효) 9조 1항에서도 비용을 줄이기 위하여 새로운 공고매체
   로 인터넷(Internet)의 이용을 규정하고 있다.

있는 때에 한하여 즉시항고를 할 수 있는데(13조 1항),96) 한편 법 316조 1항에서 파산신청에 관한 재판에 대하여는 즉시항고를 할 수 있다고 규정하고 있다. 따라서 파산신청에 관한 재판에 대하여 이해관계인은 즉시항고를 할 수 있다. 여기서 이해관계는 사실상 이해관계로는 충분하지 않고 법률상 이해관계를 의미하지만, 그 구체적 범위는 '재판'의 내용에 따라 다르다. 파산신청을 **기각**한 결정에 대하여는 **신청인**에게 불복신청권이 인정된다. **채권자 신청**의 경우에 다른 채권자에게도 불복신청권이 인정되는가, **채무자신청**의 경우에 그 밖에 파산채권자가 될 사람에게 불복신청권이 인정되는가는 다툼이 있을 수 있는데, 긍정할 것이다.97) 한편, **파산선고결정**에 대하여는 **채권자신청**의 경우에는 채무자 및 다른 채권자에게, **채무자신청**의 경우에는 채권자에게 불복신청권이 인정된다.98)

◆ **구체적 예** ◆   제조업을 경영하는 A주식회사는 경영실적 악화에 의한 지급능력의 결여 때문에 변제기가 도래한 채무를 일반적이며 계속적으로 변제할 수 없는 상태에 빠졌다. A사의 대표이사 X는 경영실적의 회복이 어렵다고 생각하여 이사회에서 자기파산을 신청하여야 한다고 주장하였는데, 이사 Y 및 Z는 이에 반대하고 있다. A사의 채권자는 B와 C 2명이고, C의 A사에 대한 대여금채권에는 D를 위한 질권이 설정되어 있다. A사의 주주는 X와 그 친구인 E 2명이다. A사에 대하여 파산선고결정이 있은 경우에 채무자 A사는 파산선고에 의하여 재산관리처분권을 잃으므로 법률상 이해관계가 있어 즉시항고를 할 수 있다. 채권자 B는 스스로 파산신청인인 경우를 제외하고 즉시항고를 할 수 있다. 파산선고가 있으면 파산절차에 의하지 않고는 권리를 행사할 수 없게 되므로(424조) 법률상 이해관계를 가진다. 채권자 C는 질권설정자로 즉시항고를 할 수 있다고 볼 것이다. 파산신청의 경우와 달리 위 즉시항고는 파산선고결정을 취소하려는 것으로 파산선고결정의 취소는 질권자의 직접 추심권을 제약하는 것은 아니기 때문이다. 채권질권자인 D는 즉시항고를 할 수 있다고 본다. 채권의 채무자에게 직접 추심권을 가지므로(민법 353조) 법률상 이해관계를 가지기 때문이다. A사의 이사인 Y와 Z는 즉시항고를 할 수 있다고 본다. 파산선고결정에 의하여 당연히 이사의 지위를 잃게 된다. 또 명문으로 파산신청권이 인정되고 있는데, 파산절차의 개시를 저지하는 것에 대하여도 법률상 이해관계를 가지기 때문이다. 한편, 회사의 주주인 E가 즉시항고를 할 수 있는지 여부는 다음과 같이 문제가 된다.

한편, 채무자가 **주식회사**인 경우의 파산선고결정에 대하여 **주주가** 즉시항고를 할 수 있는가가 문제되는데, 긍정설은 파산은 회사의 해산을 가져오므로

---

96) 예를 들어, 파산선고 전의 보전처분(323조), 파산선고를 받은 채무자의 구인(319조), 파산재단의 면제재산에 관한 재판(383조), 파산의 폐지(317조), 면책신청기각결정(559조) 등이 즉시항고를 할 수 있는 재판이다. 한편, 따로 규정이 없는 것에 대하여는 통상항고도 할 수 없다고 할 것이다.

97) 노영보, 97면; 전대규, 1099면도 긍정한다.

98) 노영보, 97면; 전대규, 1171면도 마찬가지 입장이다.

즉시항고를 할 수 있는 이해관계인이라고 풀이하지만,99) 주주의 권리는 파산채권이 아니고, 주주는 파산신청권을 가지지 않는 점 및 주식회사의 해산에 의하여 받게 되는 주주의 지위에 대한 영향은 부차적인 것에 지나지 않은 점 등에서 부정할 것이다.100)

　즉시항고는 서면으로 하여야 한다(14조).101) 즉시항고의 기간은 가령 파산선고와 같이 재판의 공고가 있은 경우에는(☞ 3-59) 그 공고가 있는 날로부터 14일 이내이고(13조 2항),102) 공고가 필요하지 않은 경우에는 재판의 송달일로부터 1주 이내이다(33조, 민사소송법 444조).

　한편, 도산법상으로 즉시항고에는 원칙적으로 집행정지의 효력이 있지만,103) 법에 (신속한 절차 진행 등을 위해서) 특별한 정함이 있는 경우에는 그러하지 않은데(13조 3항), 파산신청에 관한 재판에 대한 즉시항고에 있어서는 법 316조 3항에서 집행정지의 효력이 없다고 규정하고 있으므로 파산신청에 관한 재판에 대한 즉시항고에는 집행정지의 효력이 없다. 파산은 선고를 한 때로부터 효력이 생기므로(311조 참조) 위 경우에 집행정지의 효력이 없다고 한 것은 타당하다고 본다.

　항고법원은 즉시항고의 절차가 법률에 위반되거나 즉시항고가 이유 없다고 인정하는 때에는 결정으로 즉시항고를 각하 또는 기각하여야 하고(법 316조 4항), 한편 즉시항고가 이유 있다고 인정하는 때에는 원래의 결정을 취소하고,104) 사건을 원심법원에 환송하여야 한다(동조 5항. 소송절차와 다르다).105)

---

99) 노영보, 97면.

100) 일본 大阪高決 1994年(平成 6年) 12月 26日은 파산선고에 의하여 즉시 주주권이 소멸하거나 주주권의 내용을 이루는 자익권이나 공익권에 변경이 생기거나 하는 것은 아니고, 그렇다면 주주는 파산선고에 의하여 즉시 권리가 침해되는 이해관계인에 해당하지 않는다고 하여 주주의 즉시항고 신청권을 부정하였다(倒産判例百選[第5版](13사건), [高田賢治 해설] 참조).

101) 종전 파산법 104조에서는 구술로써도 항고를 할 수 있도록 하였으나, 현행법에서는 서면으로 한정하였다.

102) 일반적으로 즉시항고기간은 재판의 고지가 있은 날로부터 1주인데(민사소송법 444조), 공고에 의한 경우에는 1주의 즉시항고기간만으로 일반에게 주지시키는 것이 충분하지 않기 때문에 그 기간은 재판의 공고가 있은 날로부터 기산하여 14일로 한 것이다.

103) 민사소송법 447조에서도 즉시항고에 집행정지의 효력을 주고 있다. 반면 민사집행법 15조 6항은 즉시항고에 집행정지의 효력을 주고 있지 않다.

104) 채권자의 신청에 의하여 채무자에 대하여 파산이 선고되면 그 선고한 때로부터 모든 채권자를 위하여 그 효력이 생기므로(311조), 다른 채권자의 채권신고가 모두 취하되거나 그 채권이 모두 소멸하는 등의 특별한 사정이 없는 한, 파산선고결정에 대한 즉시항고가 제기된 이후 항고심에서 신청채권자가 신청을 취하하거나 신청채권자의 채권이 변제, 면제, 그 밖의 사유로 소멸하였다는 사정만으로는 항고법원이 제1심의 파산선고결정을 취소할 수 없다(대법원 2012. 3. 20.자 2010마224 결정[미간행]).

105) 한편, 민사소송상 항고심은 제1심 재판을 취소하는 때에는 특별한 규정이 없는 한 제1심 법

V. 파산선고

1. 파산결정

3-56

법원이 파산절차개시요건의 구비를 인정하는 때에는 결정으로 파산을 선고하는데, 이를 파산결정(파산선고결정)이라고 한다. 파산선고는 파산결정서라는 서면에 의하여 행한다(310조 참조). 파산결정서에는 다음의 사항이 기재된다.

① 당사자의 표시

② 주문(主文) - 「채무자에 대하여 파산을 선고한다」는 취지의 선언

③ 이유 - 지급불능 등에 이르게 된 경위와 같은 파산원인과 그 밖의 요건의 구비를 인정한 근거 설시

④ 동시처분사항(312조) - 파산관재인의 선임 등 파산선고와 동시에 정하여야 할 사항

⑤ 파산선고의 연·월·일·시(310조) - 파산선고의 연·월·일뿐만 아니라 시(時)까지 기재하는 것은, 파산결정이 확정되는 것을 기다리지 않고 파산을 선고한 때로부터 즉시 그 효력이 생기는 것(311조), 또한 파산선고의 효과가 대단히 중대하고, 그 발생시점이 여러 가지 문제를 처리하는 기준이 되는 것(329조, 382조, 423조 등)에서 파산선고의 효과의 발생시점을 파산결정서 자체의 내용으로서 명시하여 두는 것에 의하여 시(時)의 선후에 관한 분쟁을 예방하고자 하는 것이다. 한편, 「파산선고의 연·월·일·시」(310조) 내지는 「선고를 한 때」(311조)의 의미에 대하여는 파산선고의 효과의 발생시점으로 법원이 정한 시(時)를 의미한다고 풀이할 것이다.

2. 파산선고와 법원의 처분

(1) 동시처분

3-57

법원은 파산선고와 동시에 다음의 사항을 정하여야 한다(312조 1항).106)

원으로 환송하지 않고 자판한다. 소송절차와 달리, 회생절차에서는 제1심 중심주의로 제1심 법원에서 개시결정 후의 절차를 진행하도록 하기 위함이라고 한다.

106) 또한 파산선고 전에 면제재산의 신청이 있는 경우에는 파산선고와 동시에 면제 여부 및 그 범위를 결정하여야 한다(383조 4항). 그리고 법원은 채무자 및 알고 있는 채권자에게 그 결정서를 송달하여야 한다(동조 5항).

　　① 파산관재인의 선임

　　② 채권신고기간 - 그 기간은 파산선고를 한 날로부터 2주 이상 3월 이하의 기간 내에서 정한다.107)

　　③ 제1회 채권자집회의 기일 - 그 기일은 파산선고를 한 날로부터 4월 이내에서 정한다.

　　④ 채권조사기일 - 그 기일은 채권신고기간의 말일과의 사이에는 1주 이상 1월 이하의 기간을 두어야 한다. 그리고 채권조사기일은 제1회 채권자집회의 기일과 병합할 수 있고(312조 2항), 실제로도 병합하는 것이 보통이라고 한다.

　　⑤ 간이파산의 결정 - 파산재단에 속하는 재산액이 5억 원 미만이라고 인정되는 때에는 법원은 파산선고와 동시에 간이파산의 결정을 하여야 한다(549조 1항). 간이파산은 통상의 파산보다 간략한 절차이다. 실무상 거의 이용되지 않았던 종전 파산법상의 소파산을 폐지하고, 이에 대신하여 용어를 간이파산으로 변경하여 현행법에서 도입한 제도이다. 간이파산의 경우에는 제1회 채권자집회기일과 채권조사기일을 부득이한 사유가 있는 때를 제외하고는 원칙적으로 병합하고(552조), 통상의 파산절차에 있어서는 감사위원을 둘 것인지 여부는 자유이나(376조), 간이파산의 경우에는 감사위원을 두지 않으며(553조), 채권자집회의 결의를 법원의 결정으로 갈음할 수 있고(제1회 채권자집회, 채권조사·계산보고를 위한 채권자집회의 결의를 제외. 554조 1항), 최후의 배당에 관한 규정에 따라 배당은 1회로 하는(다만, 추가배당은 허용된다. 555조) 등 절차가 간이화된다.

---

107) 「금융산업의 구조 개선에 관한 법률」 18조에 의하면, 법원이 채권신고기간 및 채권조사기일을 정할 때에는 미리 파산참가기관의 의견을 들어야 한다.

〈파산선고결정 공고례〉

서 울 회 생 법 원
○○주식회사 파산선고결정공고

사   건   2019하합****** 파산선고
채 무 자   ○○주식회사
          화성시 양감면 ○○로 ***-*** (송산리 ***)

위 사건에 관하여 이 법원은 2019. 4. 19. 10:00 파산선고를 하였으므로, 채무자 회생 및 파산에 관한 법률 제313조 제1항에 의하여 다음과 같이 공고합니다.

다   음

1. 파산결정의 주문
   채무자 OO주식회사에 대하여 파산을 선고한다.
2. 파산관재인의 성명 및 사무실 소재지
   변호사 OOO(1963. 1. 19.생, 서울 강남구 테헤란로 119 OO타워 7층)
3. 채권신고기간 및 채권자집회·채권조사기일
   가. 채권신고기간 및 장소: 2019. 5. 20.까지, 서울중앙지방법원 파산과
   나. 채권자집회 및 채권조사의 기일과 장소: 2019. 6. 23. 14:20, 서울법원종합청사 3별
       관 제1호 법정
   다. 채권자집회에서는 영업의 폐지 또는 계속, 고가품의 보관방법에 관하여 결의를 할
       수 있음
4. 유의사항
   파산선고를 받은 자의 채무자와 파산재단에 속하는 재산의 소지자는 파산선고를 받은 자에게 채무를 변제하거나 그 재산을 교부하여서는 아니 되며, 채무를 부담하는 사실, 그 재산을 소지하는 사실(소지자가 별제권을 가지고 있는 경우에는 그 채권을 가지고 있다는 사실)을 2019. 5. 20.까지 파산관재인에게 신고하여야 한다.
   채무자의 주요자산 매각·포기 정보는 '대한민국 법원' 홈페이지 → '대국민서비스' → '공고' → '회생·파산 자산매각 안내'(http://www.scourt.go.kr/portal/notice/nasell/uide/index.html)에서 확인할 수 있습니다.

2019. 4. 19.
서 울 회 생 법 원 제12부
재 판 장   판 사 심 ○ ○
            판 사 이 ○ ○
            판 사 박 ○ ○

3-58   (2) 부수처분

법원이 파산선고를 한 때에는 즉시 또는 지체 없이 다음과 같은 각종의 처분을 하여야 한다.

3-59   1) 파산선고의 공고 및 송달

법원이 파산선고를 한 때에는 ① 파산결정의 주문, ② 파산관재인의 성명 및 주소 또는 사무소, ③ 채권신고기간, 제1회 채권자집회기일 및 채권조사기일, ④ 파산선고를 받은 채무자(파산자)의 채무자 및 파산재단에 속하는 재산의 소유자는 파산선고를 받은 채무자(파산자)에게 변제를 하거나 그 재산을 교부하여서는 아니 된다는 뜻의 명령, ⑤ 파산선고를 받은 채무자(파산자)의 채무자와 파산재단에 속하는 재산의 소유자에 대하여 채무를 부담하고 있다는 것, 재산을 소지하고 있다는 것, 소지자가 별제권을 가지고 있는 때에는 그 채권을 가지고 있다는 것을 일정한 기간 안에 파산관재인에게 신고하여야 한다는 뜻의 명령을 **공고**하여야 한다(313조 1항). 그리고 법원은 알고 있는 채권자·채무자108) 및 파산재단에 속하는 재산의 소유자에게는 위 공고사항을 기재한 서면을 **송달**하여야 한다(동조 2항).109) 파산선고는 그 중요성에 비추어 **공고뿐만 아니라 송달도 필요**하다고 규정한 것이다. 이 경우의 송달은 민사소송법상의 정식의 방법으로 할 필요는 없고 서류를 우편으로 발송하여 할 수 있다(11조 1항). 공고와 송달의 양쪽이 요구되므로 송달에 있어서 간이한 방법을 인정한 것이다. 또한 송달의 효력이 각 관계인에 대한 송달이 달라져 각양각색이 되는 불합리를 피하기 위해서 **공고를 기준**으로 모든 관계인에 대하여 **일률적으로 송달의 효력**이 있다고 규정하였다(동조 2항).

이렇게 파산선고는 공고와 송달 양쪽 모두를 하여야 하므로 파산선고를 송달받은 사람의 즉시항고기간은 공고가 있은 날(공고의 효력이 생긴 날)로부터 기산하여 14일인가(**공고설**), 아니면 송달받은 날로부터 1주인가(**송달설**)가 문제될 수 있다. 파산절차의 집단적 처리에 비추어 일률적으로 공고일로부터 기산하는 것이 타당하다고 생각한다.110)

---

108) 그런데 여기서의 채무자가 파산선고를 받은 채무자(파산자) 자체를 말하는지, 아니면 파산선고를 받은 채무자(파산자)의 채무자, 즉 파산자에 대하여 채무를 부담하는 자인지 여부가 불분명하다.

109) 「금융산업의 구조 개선에 관한 법률」 17조에 의하면, 금융기관에 파산선고를 한 때에는 법원은 파산참가기관에 위 공고사항에 정한 사항을 기재한 서면을 송달하여야 한다.

2) 파산등기·등록의 촉탁

법인인 채무자에 대하여 파산선고를 한 때에는 법원사무관등은111) 직권으로 지체 없이 촉탁서에 파산결정서의 등본을 첨부하여 각 사무소 및 영업소의 소재지의 등기소에 파산등기를 촉탁하여야 한다(23조 1항 1호). 또한 법원사무관등은 **법인이 아닌 채무자**가 파산선고를 받은 경우에 채무자에 관한 등기(가령 지배인등기)가 있는 것을 안 때나 파산재단에 속하는 권리로서 등기된 것이 있음을 안 때에도 마찬가지로 파산등기를 촉탁하여야 한다(24조 3항).112) 그리고 채무자의 재산, 파산재단에 속하는 권리로서 등록된 것도 위 등기의 촉탁과 마찬가지이다(27조). 유한책임신탁재산파산의 경우의 등기의 촉탁 등도 위 규정을 준용한다(578조의5 3항).

3-60

3) 법인의 주무관청에 통지

법인에 대하여 파산선고를 한 경우에 그 법인의 설립 또는 목적인 사업에 관하여 행정청의 허가가 있는 때에는 법인에 대한 감독권을 발동할 기회를 주기 위하여 법원은 파산의 선고가 있음을 주무관청에 통지하여야 한다(314조 1항. 유한책임신탁재산파산의 경우의 통지는 법 578조의5 1항).

3-61

4) 검사에 대한 통지

법원은 파산선고를 한 때에 필요하다고 인정하는 경우에는113) 검사에게 통지할 수 있다(315조). 공익의 대표자인 검사에게 파산범죄 등의 수사에 대한 편의를 제공하기 위한 것이다.114)

3-62

---

110) 일본 最決 2001年(平成 13年) 3月 23日, 金融法務事情(1615号), 64면은 공고가 있은 날로부터 기산하여 2주라고 판시하였다.
111) 종전 파산법 109조에서는 촉탁권자를 법원으로 하였으나, 등기를 촉탁하는 행위는 실질적 판단이 필요한 것은 아니므로 법원사무관등으로 하여도 무방하다고 보아 현행법에서는 촉탁권자를 법원사무관등으로 바꾸었다. 이는 민사집행법에서 강제집행절차 및 보전처분에 관한 각종 등기의 촉탁을 법원사무관등이 담당하고 있는 것과 마찬가지 취지이다(김형두, "통합도산법의 과제와 전망", 저스티스(2005. 6), 25면).
112) 이에 대응하는 종전 파산법 110조에서는 채무자가 법인이든 개인이든 구별하지 않고 파산등기를 촉탁하도록 하였으나, 채무자가 법인의 경우에는 법인등기부에 파산절차개시사실이 등기되고, 그것만으로 공시의 효과를 거둘 수 있으므로 현행법에서는 채무자가 개인인 경우에 한하여(상업등기부가 존재하지 않으므로) 파산등기를 촉탁하도록 하였고, 법인채무자의 경우에는 등기의 촉탁을 폐지하였다.
113) 종전 파산법에서는 통지가 항상 의무적이었는데, 현행법에서는 필요하다고 인정하는 경우로 한정하였다.
114) 그리고 도산법에 기한 것은 아니지만, 개인채무자의 경우에 파산선고가 확정되고, 최종적으

3-63   **3. 파산선고의 효과**

파산선고의 효과에는 가령 회사의 해산사유가 되는(상법 227조 5호 등 참조) 등의 이른바 인적 효과도 있으나, 재산상의 효과가 보다 중요하다.

파산선고와 관련하여 용어상 호칭으로 종전 파산법의 「파산자」에서 현행법에서는 파산선고를 받은 「채무자」로 바꾸었는데, 「파산자」라는 용어에 대한 부정적 이미지와 관련하여 타당하다고 생각한다. 나아가 앞으로 징벌적 처분을 연상시키는 「파산선고」라는 용어 대신에 「파산절차개시의 결정」으로 용어를 변경하는 것을 검토하여야 한다. 현행법상 다른 도산절차에서는 「회생절차개시의 결정」 및 「개인회생절차개시의 결정」이라는 용어를 사용하는데, 파산절차에서 이것과 마찬가지 용어를 사용할 필요가 있기 때문이다.115)

3-64   **(1) 재산상 효과**

파산선고가 있으면, 원칙적으로 채무자가 종전에 소유하고 있던 재산의 전부는 파산재단을 구성하고(382조), 이에 관한 관리처분권은 파산관재인에게 속하게 된다(384조).116) 따라서 파산선고 후에, 파산재단에 속하는 재산에 관하여 아직 파산관재인의 관리하에 들어가기 전에 파산선고를 받은 채무자가 법률행위를 한 경우에 상대방은 그 법률행위로 파산관재인에게 대항할 수 없다(329조 1항. ☞ 8-1). 소송의 당사자적격도 파산관재인에게 있게 된다(359조).117) 한편,

---

로 면책을 받지 못하는 경우에 법원은 본적지 시·구·읍·면장에게 그 사실을 통보하여야 한다 (개인파산 및 면책신청사건의 처리에 관한 예규). 파산선고사실은 신원증명사항의 하나이므로 파산자명부에 기재된다. 그렇지만 주민등록 등에 기재되지는 않는다.

115) 미국 연방파산법에서도 Bankrupt(파산자) 대신에 Debtor(채무자)라는 용어를 사용하고 있다. 또한 일본 2005년 시행의 신파산법은 구파산법의 「파산선고」라는 용어 대신에 「파산절차개시의 결정」이라는 용어로 변경하였다.

116) 신용협동조합의 대출에 관한 대표자의 대표권이 이사회의 결의를 거치도록 제한되는 경우, 그 요건을 갖추지 못한 채 무권대표행위에 의하여 조합원에 대한 대출이 이루어졌다고 하더라도 나중에 그 요건이 갖추어진 뒤 신용협동조합이 대출계약을 추인하면 그 계약은 유효하게 되는 것인데, 신용협동조합이 파산한 경우 파산재단의 존속·귀속·내용에 관하여 변경을 야기하는 일체의 행위를 할 수 있는 관리·처분권은 파산관재인에게 전속하고, 반면 파산한 신용협동조합의 기관은 파산재단의 관리·처분권 자체를 상실하게 되므로, 위와 같은 무권대표행위의 추인권도 역시 특별한 사정이 없는 한 파산관재인만이 행사할 수 있다고 보아야 한다(대법원 2004. 1. 15. 선고 2003다56625 판결).

117) 이 경우에 민사소송에서 파산관재인은 소송담당자이고, 파산관재인이 받은 판결의 기판력은 당사자적격이 없는 채무자(파산자)에게도 미치게 되므로(민사소송법 218조 3항) 채무자의 참가는 공동소송적 보조참가가 된다고 보는 입장이 일반적인데, 생각건대 채무자에게 공동소송적 보조참가를 인정할 필요는 없고, 통상의 보조참가를 인정하면 충분하다고 생각한다. 이에 대하

채권자는 개별적 권리행사가 금지되고(424조), 파산절차에 참가하여서만 파산재
단으로부터 비례적 만족을 받게 된다. 따라서 파산선고를 받은 채무자에 대한
채권을 보전하기 위하여 채권자는 채무자의 제3채무자에 대한 채권을 대위하여
행사하는 것도 허용되지 않는다.[118]

(2) 인적 효과

1) 법인에 대한 효과

3-65

　법인은 파산선고에 의하여 해산한다(민법 77조 1항, 상법 227조 5호 등 참조). 해
산은 법인격을 소멸시키는 사유로 청산절차를 개시시키는 효과를 발생시키는
데, 파산절차는 통상의 경우라면 해산에 따른 청산절차에 해당된다(청산절차는 행
하여지지 않는다). 그런데 법인은 해산하여도 파산의 목적의 범위 안에서는 존속
한다(328조).[119] 이는 청산절차와의 관계에서 파산법인이 법주체로 존속하는 것
을 의미하고, 파산법인은 파산재단 내지는 파산관재인에 대립하는 주체, 즉 파
산자로 기능한다. 파산법인의 재산에 대한 관리처분권은 파산관재인에게 속하
지만, 재산의 소유권자·파산채권의 채무자 등으로서 파산법인의 법인격은 그
필요한 범위 내에서 파산절차가 종료할 때까지 존속시켜 두는 것으로 한 것이
다.[120] 재산의 환가, 재단채권의 변제, 파산채권의 배당은 목적의 범위 안에 포

　　여 자세히는 전병서, "파산관재인에 의한 파산재단에 관한 소송에 파산자의 참가를 공동소송적
　　보조참가로 볼 것인가 — 대법원 2015. 10. 29. 선고 2014다13044 판결을 소재로 —", 법률신문
　　2017. 7. 20.자 연구논단.

118) 파산재단을 관리 및 처분할 권리는 파산관재인에게 속한다고 규정하고 있어 파산자에게는
　　그 재단의 관리처분권이 인정되지 않고, 그 관리처분권을 파산관재인에게 속하게 하였으며, 그
　　리고 파산채권은 파산절차에 의하지 아니하고는 이를 행사할 수 없다고 규정하고 있는바, 이는
　　파산자의 자유로운 재산정리를 금지하고 파산재단의 관리처분권을 파산관재인의 공정·타당한
　　정리에 일임하려는 취지임과 동시에 파산재단에 대한 재산의 정리에 관하여는 파산관재인에게
　　만 이를 부여하여 파산절차에 의해서만 행하여지도록 하기 위해 파산채권자가 파산절차에 의하
　　지 않고 이에 개입하는 것도 금지하려는 취지의 규정이라 할 것이므로, 그 취지에 부응하기 위
　　하여는 파산채권자가 파산자에 대한 채권을 보전하기 위하여 파산재단에 관하여 파산관재인에
　　속하는 권리를 대위하여 행사하는 것은 법률상 허용되지 않는다고 해석하여야 한다(대법원
　　2000. 12. 22. 선고 2000다39780 판결). 따라서 파산채권자라도 하더라도 파산관재인의 권리를
　　대위행사하여 사해행위의 취소와 원상회복을 구할 법률상 지위에 있지 않다(대법원 2002. 8.
　　23. 선고 2002다28050 판결[공보불게재]).
119) 이는 청산법인(민법 81조), 청산 중의 회사(상법 245조, 269조, 542조, 613조)의 존속에 관
　　한 민법 및 상법의 규정에 대응한다.
120) 법인에 대한 파산절차가 잔여재산 없이 종료되면 청산종결의 경우와 마찬가지로 그 인격이
　　소멸한다고 할 것이나, 아직도 적극재산이 잔존하고 있다면 법인은 그 재산에 관한 청산목적의
　　범위 내에서는 존속한다고 볼 것이다(대법원 1989. 11. 24. 선고 89다카2483 판결).

함된다. 이른바 '현존사무의 종결'도 필요한 범위에 있어서는 계속할 수 있다고 본다.

파산절차가 진행하여 배당이 이루어지고, 파산종결결정의 공고가 있으면 (530조) 그 시점에서 파산법인의 법인격이 소멸된다. 그에 따른 조치로 법원사무 관등은 직권으로 파산종결결정의 등기를 등기소에 촉탁하고(23조 1항 제5호), 종결결정의 등기에 의하여 법인등기는 폐쇄된다(25조 1항).

한편, 자연인이 파산한 경우에 있어서 채무자의 구인은 법인이 파산한 경우에 법인의 이사 등에 대하여도 적용이 있다(320조).

3-66
2) 자연인에 대한 효과

채무자가 자연인인 경우에 파산선고에 의하여 채무자의 권리능력이나 행위능력에는 아무 영향이 없다. 다만, 파산절차의 원활한 진행을 도모하기 위하여 파산절차의 종료에 이르기까지 채무자에게 설명의무를 비롯하여 다음과 같은 일정한 자유의 제한이 가하여진다.

3-67
① 설명의무

채무자의 재산상태를 명확히 파악하기 위해서는 그것을 가장 잘 알고 있는 채무자 측으로부터 이에 대한 설명을 듣는 것이 가장 적절하다. 그 때문에 채무자 및 그 대리인, 채무자가 법인인 경우에 그 이사, 채무자의 지배인에게 파산에 관하여 설명을 하여야 할 설명의무가 부과되어 있고,[121] 상속재산에 대한 파산에 있어서 상속인, 그 대리인, 상속재산관리인 및 유언집행자에게도 마찬가지이다(321조 1항. 유한책임신탁재산파산의 경우에 수탁자 등의 설명의무는 법 578조의7 1항). 그리고 종전에 위 자격을 가졌던 자에 관하여 이를 준용한다(동조 2항). 설명의무의 상대방은 파산관재인, 감사위원 또는 채권자집회의 요청이 있는 때이다. 정당한 사유 없이 설명을 하지 아니하거나 허위의 설명을 한 때에는 1년 이하의 징역 또는 1천만 원 이하의 벌금에 처하고(658조), 이는 면책불허가사유가 된다 (564조 1항 1호).

3-68
② 구   인

파산선고를 받은 채무자가 법원에 출석하지 않는 등 파산절차진행에 비협

---

121) 채무자보다 상황을 더 잘 파악하고 있는 채무자의 종업원에게 파산관재인이 설명을 요청할 필요가 있는 경우를 고려하여 2005년 시행 일본 신파산법 40조 1항 5호에서는 법원의 허가가 있는 경우에 채무자의 종업원에게까지 설명의무를 부담하는 범위를 확대하였다.

조적인 경우와 같이 필요하다고 인정하는 때에 법원은 채무자를 구인하도록 명할 수 있다(319조). 법인이 파산한 경우에 법인의 이사 등이나 상속재산에 대한 파산에 있어서 상속인 등(320조), 유한책임신탁재산파산에 있어서 수탁자 등(576조의6) 채무자에 준하는 사람도 마찬가지이다. 구인의 명을 받은 자가 그 사실을 알면서도 파산절차를 지연시키거나 구인의 집행을 회피할 목적으로 도주한 때에는 1년 이하의 징역 또는 1천만 원 이하의 벌금에 처한다(653조). 앞으로 채무자의 인권침해와 관련하여 구인의 필요성이 재검토되어야 할 것이다.[122]

③ 통신의 비밀의 제한   3-69

　채무자의 재산상태를 파악하고, 파산재단에 속하는 재산의 소재 등을 발견, 탐지할 필요가 있는데, 이를 위하여 헌법상 통신의 비밀(헌법 18조)에 대한 예외를 인정하여, 법원은 체신관서·운송인 그 밖의 자에 대하여 채무자에게 보내는 우편물·전보 그 밖의 운송물을 파산관재인에게 배달할 것을 촉탁할 수 있고(484조 1항에 대응하는 종전 파산법 180조 1항은 「촉탁하여야 한다」고 하여 필수적이었으나, 현행법에서는 임의적으로 변경) 또한 파산관재인은 채무자의 입회 없이 그가 수령한 우편물·전보 그 밖의 운송물을 열어 볼 수 있도록 하고 있다(484조 2항). 한편, 채무자는 파산관재인이 수령한 우편물·전보 그 밖의 운송물의 열람을 요구할 수 있으며, 파산재단과 관련이 없는 것의 교부를 요구할 수 있다(동조 3항).

　법원은 채무자 또는 파산관재인의 신청에 의하여 위 촉탁을 취소하거나 변경할 수 있도록 하고 있다(485조 1항).

　그런데 촉탁이 헌법상 보장하는 통신의 비밀에 대한 예외임에 비추어 적극적으로 촉탁에 대하여 채무자에게 불복신청을 인정하는 등 채무자의 절차보장을 도모할 필요가 있다고 생각한다.[123] 그리고 이제는 전화, E-mail 등이 주로

---

122) 종전 파산법에서는 위와 같은 채무자의 구인 이외에 ① 법원의 허가를 얻지 아니하면, 채무자는 주거지를 떠날 수 없도록 거주를 제한하는 규정을 두었으며(종전 파산법 137조) 또한 ② 법원의 명령으로 채무자를 주거지를 관할하는 경찰의 감독하에 두는 감수가 인정되었고(종전 파산법 139조), ③ 감수를 명령받은 채무자는 법원의 허가를 얻지 아니하면 타인과 면접하거나 통신할 수 없도록 하였다(종전 파산법 140조). 이러한 규정은 채무자에게 재산상태에 관한 설명의무 등을 이행시키고, 재산의 은닉 또는 채무자의 도주를 방지하기 위한 것이었다. 그렇지만 이는 채무자의 인권침해의 문제가 있고 그 필요성도 없어 이용되지 않으므로 이미 이를 삭제하여야 한다는 지적을 한 바 있었는데, 현행법에서는 이를 삭제하였다. 아울러 위반에 대한 벌칙규정(종전 파산법 369조 2항, 1항)도 삭제하였다. 삭제는 적절하다고 생각한다.

123) 독일 도산법(Insolvenzordnung) 99조는 파산자의 심문(Anhörung)을 필수적으로 하고 있고 (1항), 파산자에 의한 불복신청(Beschwerde)을 명문화하고 있다(3항).

이용되고, 전보는 거의 이용하지 않으므로 전보의 내용에 의하여 채무자의 재산 상태에 관한 정보를 입수할 필요성은 거의 없게 되었다. 따라서 전보는 촉탁의 대상에서 제외하여도 무방하지 않은가 생각한다.

3-70   (3) 자격의 제한

도산법 이외의 법률에서 파산선고에 의하여 파산선고를 받은 채무자의 여러 가지 공사(公私)의 자격제한사유를 정하고 있다.[124] 앞에서 살핀 설명의무 등의 효과는 파산선고를 받은 채무자에 대한 파산절차의 종료에 이르기까지의 자유의 제한이고, 여기서의 자격의 제한은 파산절차 종료의 유무에 상관없이 파산선고를 받은 채무자에 대한 자격의 제한으로 양쪽의 채무자의 지위는 파산절차 내부에서의 지위와 파산절차를 벗어난 지위로 구분할 수 있다. 자격의 제한은 징계주의적 파산법제의 색채로 볼 수 있는데, 한편 이는 각각의 자격이나 지위에 있어서 직무의 달성이라는 실질적 목적에서 파악할 수도 있다.[125]

나아가 고용상의 취급을 포함하여 여러 장면에서 파산선고를 이유로 하는 차별을 금지하여야 한다(취업규칙에서 파산선고를 당연퇴직사유로 정하고 있는 경우가 많고, 또한 자발적 퇴직이 많은데, 채무자가 직장을 그만두지 않고 계속적으로 근무할 수 있도록 하여야 한다). 도산법 제정 이후의 2006년 도산법 일부개정에서 국민의 생활안정과 경제적 재기를 위하여 32조의2를 신설하여 누구든지 파산절차(또는 회생절차·개인회생절차) 중에 있다는 이유로 정당한 사유 없이 취업의 제한 또는 해고 등 불이익한 처우를 받지 아니한다는 규정을 마련하였다.[126]

자격이 일단 제한된 뒤, 이를 회복하기 위한 제도가 복권이다(574조 이하. ☞ 14-57).

---

124) 다른 법에 의하여 채무자의 공사법상의 자격이 제한되는 경우에 법 311조에서 파산은 선고를 한 때로부터 그 효력이 생긴다고 규정하고 있는 것과 관련하여 해임 또는 해직의 효과가 발생하는 것은 파산선고의 때인가 아니면 파산선고의 확정의 때인가가 문제이다. 원칙적으로 파산선고의 확정의 때에 그 효과가 발생한다고 봄이 타당하고, 위 경우에는 법 311조는 적용되지 않는다고 할 것이다. 齊藤秀夫·麻上正信·林屋礼二 編, 注解破産法(上卷)[齊藤秀夫 집필], 39면.

125) 위임인과의 신뢰관계가 중요하다고 인정할 수 있는 경우(변호사나 법무사 등)가 아닌 사람에 대한 파산선고에 대해서까지 가혹하게 불이익 등을 주고 있는 문제를 해소하고자 2006. 3. 24. 변호사법을 개정하여 변호사는 파산선고를 받은 자로서 복권되지 아니한 자를 사무직원으로 채용할 수 없다는 변호사법 22조 2항 4호를 삭제하였고, 마찬가지 이유에서 법무사법 23조 2항 2호도 삭제하였다.

126) 공기업의 인사규정에서 파산자에 대하여 당연퇴직사유로 정한 것에 따라 당연퇴직처분을 한 것은 무효라는 하급심 판결이 있었다(서울중앙지방법원 2006. 7. 14. 선고 2006가합17594 판결[확정]).

1) 공법상의 자격의 제한   3-71

자격을 취득할 수 없거나, 이미 가지고 있는 자격을 잃게 될 수 있다. 대부분 특수한 자격의 경우이다. 예를 들어 공무원, 변호사, 법무사, 공증인, 공인회계사, 공인노무사, 세무사, 변리사, 부동산중개업자, 사립학교 교원,[127] 증권거래소의 임원이나 주권상장법인의 상근감사 등이 될 수 없다. 그리고 위 자격이나 직업을 가지고 있는 사람이 파산선고를 받으면 당연퇴직(가령 국가공무원법) 또는 당연면직(가령 공증인법), 필수적 등록·허가·면허취소(가령 변호사) 등의 사유가 된다. 한편 2007년 의료법 개정으로 의사 등 의료인은 이제 자격제한을 받지 않는다.[128] 한편, 대통령, 국회의원, 지방의회의원, 지방자치단체장의 선거권 및

---

127) 사립학교법 57조는 사립학교 교원이 국가공무원법 33조 1항에 해당하는 경우 당연퇴직되도록 규정하고 있는데, 국가공무원법 33조 1항은 공무원임용 결격사유로 복권되지 않은 파산자 등을 규정하고 있다. 그런데 대구대학교 교수로 재직 중 파산선고를 받았다는 이유로 당연퇴직된 P씨가 "파산선고를 당연퇴직사유로 규정하고 있는 사립학교법 57조는 위헌"이라며 낸 위헌법률심판제청 신청사건(2005카기2415)에서 대구지방법원은 "관련 법규정은 직업선택의 자유와 과잉금지의 원칙 등을 위배해 위헌소지가 있다"며 헌법재판소에 위헌심판을 제청하였다. 이에 대하여 헌법재판소 2008. 11. 27. 선고 2005헌가21 결정은 이 사건 법률조항은 교원의 사회적 책임 및 교직에 대한 국민의 신뢰를 제고하고, 교원으로서의 성실하고 공정한 직무수행을 담보하기 위한 법적 조치로서 그 입법목적의 정당성이 인정되고, 파산선고를 받은 교원을 교직에서 배제하도록 한 것은 위와 같은 입법목적을 달성하기 위한 효과적이고 적절한 수단이다. 파산선고를 받은 사립학교 교원이 교직을 계속 수행할 경우 공평무사하게 학생들을 교육하는 본업에 전념할 수 있을지에 관하여는 회의적일 뿐만 아니라 피교육자나 그 학부모 등 사회공동체의 구성원들이 당해 교원의 신뢰성에 근본적인 의문을 가지게 될 개연성이 대단히 높고, 위와 같은 입법목적을 효과적으로 달성할 수 있으면서도 제약이 덜한 대체적인 입법수단의 존재가 명백하지 아니하며, 파산선고에 따른 자격제한을 없앨 경우 파산신청의 남용이 우려되는 점, 파산선고를 받은 교원의 지위가 박탈된다고 하여도 그것이 교원의 사회적 책임과 교직에 대한 국민의 신뢰를 제고한다는 공익에 비해 더 비중이 크다고는 볼 수 없는 점 등을 종합하면, 이 사건 법률조항이 침해의 최소성이나 법익의 균형성을 위반하였다고 볼 수 없다고 판단하였다. 이 결정에 대한 해설로는 손인혁, "사립학교법 제57조 위헌제청", 결정해설집(7집), 537면 이하.

128) 2000년 1월 12일 이전 의료법 52조 1항 1호는 파산선고를 받고 복권되지 않은 의사는 그 면허를 취소할 수 있다고 규정하여 임의적 취소사유이었다. 그런데 2000년 1월 12일 의료법을 개정하여 면허를 취소하여야 한다고 필수적 취소사유로 하였다. 이와 관련하여 '파산선고를 받고 복권되지 아니한 자'를 파산선고 후 복권될 때까지 파산자의 상태에 있는 자의 의미로 해석한다면, 원고의 경우 파산자라는 결격사유가 의료법 개정 전에 이미 종료된 것이 아니고, 개정후에도 여전히 존속하고 있는 것으로 보아야 할 것이므로, 행정청으로서는 개정 전의 의료법을 적용하여 면허취소에 대한 재량판단을 할 것이 아니라, 개정된 의료법에 따라 그 면허를 반드시 취소하여야 할 것이라고 판단한 것이 있다(대법원 2001. 10. 12. 선고 2001두274 판결). 하여튼 2007년 4월 11일 의료법, 약사법 등의 개정에서 의료인 등의 면허취득과 파산선고 사이에는 직접적인 관련성이 없으므로 의료인 등의 면허의 결격사유에서 파산선고를 받고 복권되지 아니한 자를 삭제하였다. 이제 의사, 치과의사, 한의사, 간호사, 약사 등은 더 이상 자격의 결격사유가 아니게 되었다.

피선거권은 상실되지 않는다(공직선거 및 선거부정방지법 18조, 19조 참조).129)

3-72   2) 사법상의 자격의 상실

민법상 후견인(민법 937조), 유언집행자(민법 1098조), 신탁법상 수탁자(신탁법 11조) 등의 자격의 상실을 들 수 있다.

3-73   **4. 동시파산폐지**

파산원인의 존재, 그 밖의 파산선고의 요건은 구비하고 있지만, 파산재단을 구성할 재산이 극히 적어 파산절차의 비용을 충당하기에 부족하다고 인정되는 때에는 파산선고와 동시에 파산폐지의 결정을 하여야 한다(317조 1항). 이를 동시폐지(同時廢止)라고 하는데,130) 파산절차의 비용조차도 충당할 수 없으므로 계속하여 파산절차를 실시하는 것은 무의미하기 때문이다. 그런데 파산신청시에 파산절차의 비용을 충당하기에 충분한 금액을 미리 납부하여 파산절차의 실시를 구하는 경우에는 위 규정의 적용이 없어서 파산폐지의 결정을 할 수 없다(318조). 파산폐지의 결정에 의하여 파산선고 후의 절차가 실시되지 않으므로 앞에서 살핀 파산관재인의 선임 등과 같은 동시처분은 필요하지 않고, 법원은 파산결정의 주문과 파산폐지결정의 주문 및 이유의 요지를 공고하면 충분하다(317조 2항).

파산폐지의 결정에 대하여는 즉시항고를 할 수 있는데(317조 3항), 즉시항고에 집행정지의 효력은 없다(동조 4항). 즉시항고에 의하여 항고심의 재판에서 파산폐지의 결정이 취소되어 확정된 때에는 원법원(파산법원)은 통상의 파산선고의 경우와 마찬가지로 절차를 진행시키기 위하여 동시처분 등을 하게 된다(동조 5항).

파산폐지의 결정에 의하여 파산절차는 실시되지 않지만, 일단 파산선고는 있는 것이므로 공사의 자격제한 등의 효과는 생긴다. 그러나 파산폐지의 결정에 의하여 파산재단의 관리를 위한 조치는 필요 없게 되므로 설명의무, 구인 등과 같은 파산절차에서의 신분상의 제한은 소멸된다.

종전에 개인채무자파산의 대부분은 채무자가 무자산(無資産) 또는 거의 자

---

129) 그러나 자격제한의 취지에 비추어 피선거권에 대한 제한을 검토하여야 한다는 입장으로는 양형우, "파산절차개시의 일반적 효과", 법조(2006. 7), 189면.

130) 파산폐지에는 파산채권자의 동의에 의한 폐지(동의폐지라고 한다)와 재단부족으로 인한 폐지가 있고, 후자는 다시 동시(同時)폐지와 이시(異時)폐지가 있다. 그 어느 것도 모두 법원의 폐지결정에 의하여 이루어진다(☞ 13-61).

산이 없는 경우가 많으므로 동시파산폐지사건이 대부분을 차지하였다. 채무자는 파산선고에 의하여 파산자가 되는데, 선고와 동시에 즉시 파산절차가 폐지되어 면책절차로 이행되고, 그 뒤 요건을 충족하면, 면책허가결정을 받을 수 있게된다. 이것이 파산신청의 목적이 되고 있다. 반면 채권자로서는 배당이 없게 되어 동시파산폐지사건은 자기의 채권을 날리는 절차라고 생각할 수밖에 없다. 결국 채무자의 신속한 재기가 도모된다는 점에서 동시파산폐지는 채무자에게 이익이 있는 반면, 한편 채권자의 입장에서는 동시파산폐지의 안일한 운용에 대하여 불만이 생길 수 있다. 현재 법원 실무는 파산선고결정을 하면서 그와 동시에 파산관재인을 선임하는 운영을 하고 있고, 반면 동시폐지방식은 예외적으로 운영하고 있다고 한다.[131]

5. 파산의 취소

3-74

파산취소는 파산결정에 대한 불복신청에 의하여 파산선고가 취소되는 것을 말한다. 파산결정에 대하여 이해관계인은 즉시항고를 할 수 있고(13조, 316조), 그에 따라 항고심의 재판에서 파산결정을 취소하는 경우가 있다.[132] 또한 즉시항고를 계기로 그 항고심의 전 단계에서 원법원(파산법원)이 재도의 고안(再度의 考案)에 의하여(민사소송법 416조 1항) 스스로 파산결정을 취소하는 경우도 있다.

파산취소의 결정이 확정되면, 파산선고의 효과는 원칙적으로 소급하여 소멸된다. 그 결정주문의 공고가 행하여진다(325조 1항). 그리고 채권자 등 관계인에게의 송달(동조 2항), 파산취소의 등기의 촉탁(23조 1항 5호) 등 파산선고에 수반하여 행하여진 부수처분을 부정하기 위한 뒤처리가 행하여진다.

파산취소에 의하여 파산선고를 받은 채무자는 신분상의 각종의 구속에서 해방된다. 공적·사적 자격은 상실하지 않았던 것이 되고, 재산의 관리처분권도 부활된다.

---

131) 전대규, 1178면 각주 1) 부분.

132) 채권자의 신청에 의하여 채무자에 대하여 파산이 선고되면 그 선고한 때로부터 모든 채권자를 위하여 그 효력이 생기므로(311조), 다른 채권자의 채권신고가 모두 취하되거나 그 채권이 모두 소멸하는 등의 특별한 사정이 없는 한, 파산선고 결정에 대한 즉시항고가 제기된 이후 항고심에서 신청채권자가 신청을 취하하거나 신청채권자의 채권이 변제, 면제, 그 밖의 사유로 소멸하였다는 사정만으로는 항고법원이 제1심의 파산선고결정을 취소할 수 없다(대법원 2012. 3. 20.자 2010마224 결정[미간행]).

한편, 파산선고가 취소되기까지 행한 파산관재인의 행위의 효력은 거래의 안전을 도모하고 파산관재업무를 원활히 진행할 수 있도록 파산결정의 취소에 의하여 영향을 받지 않는다고 볼 것이다.

제 3 장

파산절차의 운영주체 및 기관

파산은 절차(Process), 즉 채무자의 총재산을 총채권자에게 공평하게 분배하기 위하여 행하는 여러 가지 행위의 연속이다. 여러 가지 행위는 파산절차에 관계하는 다수의 관계인에 의하여 이루어지는데, 여기서 파산절차를 운영하는 파산절차의 운영주체 및 기관(파산절차의 기구)의 역할이 중요하다. 파산절차는 파산관재인을 중심으로 운영되면서, 한편으로 절차의 개시·종결은 법원이 관여하는 재판상 절차에 의한다. 법을 살펴보면, 제1편 「총칙」에 재판관할, 관리위원회, 채권자협의회가 나온다. 그리고 제3편 「파산절차」, 제2장 「파산절차의 기관」에서는 이른바 파산절차에서 중심적인 역할을 하는 기관이 나온다. 제1절 「파산관재인」, 제2절 「채권자집회」, 제3절 「감사위원」에 관한 규정으로, 이는 파산절차를 전개하는 데에 가장 중요한 기관이다. 이를 감독하는 것으로 제1편 「총칙」에 법원(재판관할)이 있다. 파산관재인의 선임·감독은 법원이 행한다. 그리고 감사위원이나 채권자집회도 파산관재인의 중요한 행위에 관여하는 것에 의하여 간접적으로 파산채권자의 이익을 파산절차에 반영시킨다.

I. 법   원

1. 의   의

4-1

개개의 파산사건에 대한 파산절차를 담당하는 법원을 「파산계속법원」이라고 한다. 법상으로는 현실로 파산사건을 담당하는 재판부를 단순히 「법원」이라고 지칭하고(가령, 305조 1항을 보면 **법원**은 결정으로 파산을 선고한다고 하고 있다), 그 재판부(재판체)가 소속하고 있는 회생법원을 「파산계속법원」이라고 지칭한다(가령, 353조 4항을 보면 **파산계속법원**은 파산사건이 계속되어 있는 회생법원을 말한다고 하고

있다). 파산사건은 **회생법원**의 직분관할에 속한다(3조 참조). 종전에는 파산사건
만을 취급하는 특별전문법원이 따로 설치되어 있지 않았고,1) 통상의 일반법원
이 파산사건을 담당하였다. 그런데 「법원조직법」의 개정으로 2017. 3. 1. 도산
사건(파산사건, 회생사건, 간이회생사건)을 전담할 **회생법원**이 신설되었다(법원조직법
3조 1항 7호). 다만, 우선 서울회생법원, 그리고 2023. 3. 1. 수원회생법원, 부산회
생법원이 설치되었고, 회생법원이 설치되지 아니한 지역에 있어서의 회생법원
의 권한에 속하는 사건은 회생법원이 설치될 때까지 해당 지방법원 본원이 관할
한다(다만, 법 3조 10항에 따라 제기된 개인채무자에 대한 파산선고의 신청사건은 춘천지방법
원 강릉지원이 관할한다. 법원조직법 부칙 2조).

4-2   **2. 직 무**

첫째, 파산선고결정, 종결결정 또는 면책허가결정 등 파산절차에서 여러 가
지의 재판을 행한다. 예를 들어 법원은 결정으로 파산을 선고한다(305조 1항).
둘째, 스스로 채권자집회를 주재하고(369조), 관리위원회를 지휘한다(17조).
그리고 파산관재인을 선임·감독하고(355조 1항, 358조) 파산관재인의 영업의 양
도, 자금의 차입 등에 대하여 허가를 하지만(492조), 한편 파산관재인에 대한 일
반적 지휘권은 가지고 있지 않아 일정한 사항 이외에는 파산관재인 스스로의
판단에 맡겨져 있다.
셋째, 파산절차에서는 부인권에 관한 소송, 채권조사확정재판에 대한 이의
의 소 등과 같이 사건의 처리를 위한 파생적 민사소송사건 등이 개시되기도 하
는데, 이는 통상의 소송으로 반드시 파산계속법원에 소를 제기하여야 하는 것은
아니지만, 파산계속법원의 관할로 집중하여 사무처리의 효율화를 도모할 필요
가 있으므로 파산계속법원에서 그 다툼을 해결한다(396조 3항, 463조 2항 등 참조).
결국 이러한 다툼을 재판에 의해서 해결하는 것에 대하여 법에서는 넓은 의미의
파산계속법원의 직무로 규율하고 있다.

4-3   **3. 관 할**

파산사건은 회생법원의 관할에 전속한다(3조 1항). 전속관할로 합의관할은

---

1) 종전에는 서울중앙지방법원, 인천지방법원, 수원지방법원, 대전지방법원, 대구지방법원 등에
독립된 도산전문재판부를 두고 있었다.

인정되지 않는다.2) 심판권은 원칙적으로 단독판사가 행사하는데(법원조직법 7조
4항), **개인이 아닌 채무자**에 대한 파산사건은 회생법원의 **합의부**의 관할에 전속
한다(3조 5항). 여기의 파산사건의 관할은 회생사건에서도 마찬가지이다(☞
16-6).3)

(1) 원칙적 토지관할

4-4

토지관할은 원칙적으로는 다음과 같다.

① 채무자의 보통재판적 소재지를 관할하는 회생법원, 회생법원이 설치되
지 않은 지역에서는 해당 지방법원 본원의 관할에 전속한다(3조 1항 1호, 법원조직
법 부칙 2조). 여기서 보통재판적은 가령 채무자가 개인인 경우에 원칙적으로 그
주소에 의하여 정하는데(민사소송법 3조), 가령 채무자가 부천시에 살더라도 부천
지원이 아니라, 인천지방법원이 파산사건의 관할법원이 된다. 부천지원은 본원
(本院)이 아니고, 정확하게는 인천지방법원 부천지원이므로 채무자의 보통재판
적 소재지를 관할하는 지방법원 본원인 인천지방법원이 관할법원이 된다(아직
인천회생법원이 설치되지 않음).4)

② 채무자의 주된 사무소나 영업소가 있는 곳 또는 채무자가 계속하여 근
무하는 사무소나 영업소가 있는 곳을 관할하는 회생법원의 관할에 전속한다(3조
1항 2호).

(2) 보충적 토지관할

4-5

위 규정에 해당하는 곳이 없는 경우에는 보충적으로 채무자 재산이 있는
곳을 관할하는 회생법원의 관할에 전속한다(3조 1항 3호). 이 경우에 재산의 종류
는 상관없다. 재산이 채권인 때에는 채권을 재판상 청구할 수 있는 곳을 위 재산
이 있는 곳으로 한다.

---

2) 전속관할은 재판의 적정·신속 등의 요청에 기하여 특정한 법원에만 관할을 인정하고, 그 밖
   의 관할을 배제하는 것을 말한다. 그리하여 당사자의 의사(합의 등)에 따라 관할을 변경할 수
   있는 합의관할이 인정되지 않는다(민사소송법 31조 참조).

3) 한편, 외국도산절차의 승인 및 지원에 관한 사건은 회생법원 합의부의 관할에 전속한다. 다만,
   일정한 경우에 법 3조가 규정하는 관할법원으로 이송할 수 있다(630조).

4) 중복관할로, 법 3조 1항에도 불구하고 법 579조 1호에 따른 개인채무자의 파산사건은 그 개인
   채무자의 보통재판적 소재지가 강릉시·동해시·삼척시·속초시·양양군·고성군인 경우에 그 신
   청을 본원이 아닌, 춘천지방법원 강릉지원에도 할 수 있다(3조 10항). 또한 울산광역시나 경상
   남도에 채무자가 거주하거나 주된 사무소 등을 둔 경우 부산회생법원에도 파산사건을 신청할
   수 있도록 중복관할을 허용하였다(3조 11항).

(3) 관할법원의 확대 – 중복(경합)관할

4-6   **1) 이미 계속된 사건과 관련된 관할**

① 위 법 3조 1항 토지관할에 불구하고 계열회사(독점규제 및 공정거래에 관한 법률 2조 3호의 규정에 의한 계열회사)에 대한 파산사건이 계속되어 있는 때에는 계열회사 가운데 다른 회사에 대한 파산신청은 그 계열회사에 대한 파산사건이 계속되어 있는 회생법원에도 할 수 있고(3조 3항 1호), 법인에 대한 파산사건이 계속되어 있는 때에는 그 법인의 대표자에 대한 또는 파산신청은 그 법인에 대한 파산사건이 계속되어 있는 회생법원에도 할 수 있다(동조 동항 2호). 경제적으로 밀접한 관계에 있는 파산사건을 일체적으로 처리할 수 있도록 하고자 한 것이다.

② 또한 위 법 3조 1항 토지관할에도 불구하고, ㉠ 주채무자 및 그 보증인, ㉡ 채무자 및 그와 함께 동일한 채무를 부담하는 사람, ㉢ 부부의 경우에는 관련사건으로 그 서로 사이에 관할이 인정된다(3조 3항 3호). 가령, 주채무자에 대한 파산사건이 이미 대전지방법원에 계속되어 있는 때에 창원시에 살고 있는 보증인도 경제적 파탄에 빠져 파산신청을 하고자 한다면, 보증인은 설사 대전지방법원에 관할이 없더라도 대전지방법원에도 신청을 할 수 있다. 결국 보증인은 선택에 의하여 창원지방법원에 파산신청을 할 수도 있고, 주채무자와 마찬가지로 대전지방법원에도 신청을 할 수 있다. 관련된 사람 사이에 동일한 관할법원을 이용할 수 있도록 한 것이다.

◆ **부부공동파산제도** ◆ 미국 연방파산법 302조는 부부가 공동하여 1개의 절차개시를 신청할 수 있는 부부공동절차(joint cases)를 규정하고 있다. 1개의 신청(single petition)에 의하여 부부 각자 및 부부 공동의 채권채무를 1개의 절차에서 처리하는 것에 의하여 일체적인 구제를 받는 제도이다. 이러한 부부공동절차의 입법취지는 이른바 소비자파산의 증가에 있어서 개인채무자에게 특유한 상황, 즉 채무자의 소비활동과 신용은 개인이 아닌 부부단위로 이루어지고 또한 재단이 될 재산의 상당 부분도 부부 공유로 되어 있는 점에 착안하여 부부가 공동으로 동일한 절차를 이용하게 하려는 것이라고 한다.5) 가정이 불안정하면 채무자는 재기에 대한 의욕 및 신용회복이 방해받게 된다. 맞벌이 부부에 있어서는 부부가 재산을 공유하는 경우가 많고, 소비자신용에 있어서 부부가 연대채무를 부담하는 경우가 늘어나는 추세에서 경제적 새출발은 가족 단위의 구제에 의하여 실효성을 가질 수 있으므로 부부공동절차를 도

---

5) House Report No. 95-595, 95th Cong., 1st Sess. (1977), p. 321.

입하는 것을 생각할 수 있다(다만, 채권자에 의한 강제적 신청은 허용되어서는 안 된다). 그런데 부부 공동의 파산재단의 구성은 우리 민법상의 부부별산제(夫婦別産制)와 관련하여 문제가 있게 된다. 즉, 남편과 아내의 재산과 채무의 내용이 완전히 같지 않다면, 파산재단의 공동 구성은 어느 한쪽에 대한 채권자에게 손해가 되고, 변제기간 중에 부부관계가 파탄된 경우에 파산재단을 분리하기 어렵다는 문제점이 발생하게 된다. 입법과정에서 부부공동신청의 특례조항의 채택 여부가 검토되었지만, 결국 현행법에서는 채택되지 않았다. 다만, 부부 가운데 어느 한쪽에 대한 파산사건이 계속되어 있는 때에는 다른 한쪽도 먼저 파산절차가 진행되고 있는 법원에도 파산신청을 할 수 있도록 하여(3조 3항 3호) 관할법원에 융통성을 부여하였다.

2) 광역관할　　　　4-7

위 법 3조 1항 토지관할에 불구하고, 사무소 등을 가지고 있는 채무자는 그 주된 사무소 또는 영업소의 소재지를 관할하는 고등법원 소재지의 회생법원에도 파산신청을 할 수 있다(3조 2항). 가령, 채무자의 주된 사무소 또는 영업소의 소재지가 구미, 경북 지역에 있는 경우에 채무자는 위 지역을 관할하는 고등법원 소재지의 지방법원 본원인 대구지방법원에도 파산신청을 할 수 있다. 생각건대 많은 사건을 처리하여 어느 정도 전문적 노하우가 축적된 고등법원 소재지의 지방법원 본원에 관할을 인정하여 파산사건을 전문적·집중적으로 담당하도록 하고자 한 것이다.

3) 대규모사건관할　　　　4-8

채권자의 수가 300인 이상으로서 대통령령으로 정하는 금액 이상의 채무를 부담하는 법인에 대한 파산사건은 서울회생법원에도 신청할 수 있다(3조 4항). 현재 500억 원 이상의 채무를 부담하는 법인 채무자의 파산사건이 이에 해당한다(채무자 회생 및 파산에 관한 법률 시행령 1조의2).

(4) 상속재산파산의 관할　　　　4-9

상속재산에 관한 파산사건은 상속개시지를 관할하는 회생법원의 관할에 전속한다(3조 6항). 상속은 피상속인의 주소지에서 개시하므로(민법 998조) 상속개시지는 피상속인의 주소지이다. 피상속인이 실제로 어디서 사망하였는지, 상속재산이 어디에 있는지 여부는 관계가 없다.[6] 따라서 피상속인의 주소를 알 수 없는 경우 또는 국내에 주소를 가지지 않은 경우에는 거소를 기준으로 관할법원을

---

6) 齊藤秀夫·麻上正信·林屋礼二 編, 注解破産法(下卷)[安藤一郎 집필], 15면.

정한다(민법 19조, 20조).

　　한편, 파산신청 또는 파산선고가 있은 후에 상속이 개시된 때에는 파산절차
는 상속재산에 대하여 이를 속행하므로(308조) 상속개시에 의하여 종전의 관할
이 바뀌는 것은 아니다.7)

4-10 　　　(5) 유한책임신탁재산파산의 관할

　　유한책임신탁에 속하는 재산에 관한 파산사건은 원칙적으로 수탁자의 보통
재판적 소재지를 관할하는 회생법원의 관할에 전속한다(3조 7항). 수탁자가 신탁
재산에 관한 권리의무의 귀속주체이고, 신탁재산에 관한 관리처분권을 가지는
이상, 수탁자의 보통재판적 소재지가 신탁재산에 관한 법률관계의 중심적 지점
이 되기 때문이다. 위에 따른 관할법원이 없는 경우에는 보충적으로 유한책임신
탁재산의 소재지(채권의 경우에는 재판상의 청구를 할 수 있는 곳을 그 소재지로 본다)를
관할하는 회생법원의 관할에 전속한다(동조 8항). 유한책임신탁재산파산에서는
도산법의 채무자를 중심으로 한 규정으로 관할 문제를 해결하기 어려운 측면이
있으므로 위와 같이 분명히 하여 유한책임신탁재산파산의 관할을 규정한 것이다.

4-11 　　　(6) 이　송

　　법원은 현저한 손해 또는 지연을 피하기 위하여 필요하다고 인정하는 때에
는 직권으로 파산사건을 채무자의 다른 영업소 또는 사무소나 채무자재산의 소
재지를 관할하는 회생법원, 채무자의 주소 또는 거소를 관할하는 회생법원, 법
3조 2항 또는 3항에 따른 회생법원의 어느 하나에 해당하는 회생법원으로 이송
할 수 있다(4조 1호 내지 3호). 전속관할에 있어서 그 예외를 인정한 것이다.

　　그리고 법 3조 2항 또는 3항에 따라 해당 회생법원에 파산사건이 계속되어
있는 때에는 법 3조 1항에 따른 회생법원으로 이송할 수 있다(4조 4호).

　　관할법원의 확대에 따라 복수의 관할원인이 새롭게 인정된 결과, 파산신청
이 있은 법원에서 해당 사건을 다루는 것이 반드시 적당하다고 볼 수 없는 경우
가 생길 가능성도 높아졌기 때문에 위와 같은 이송규정을 두고 있다. 그런데 위
이송은 손해나 지연을 피하기 위한 이송에 관한 것이고, 한편 관할위반으로 인
한 이송은 민사소송법 규정에 따른다. 즉, 법원은 직권으로 관할을 조사한 결과,
관할이 없다고 인정되면 관할법원으로 이송하여야 한다(33조에 의한 민사소송법 34

---

7) 中野貞一郎·道下徹 編, 基本法コンメンタール破産法[本間靖規 집필], 106면.

조 1항의 준용).

◆ **회생·파산위원회** ◆   회생·파산절차와 관련한 정책의 수립, 제도의 개선과 절차
관계인에 대한 체계적·통일적인 감독을 위하여 법원행정처에 회생·파산위원회를 설
치하고 있다(회생·파산위원회 설치 및 운영에 관한 규칙 1조). 위원회는 ① 회생·파산절
차 관련 정책의 수립, 제도의 개선 등에 관한 자문, ② 관리위원회의 설치, 구성 및
운영에 관한 기준의 심의 및 자문, ③ 관리위원, 관리인, 조사위원, 파산관재인, 회생
위원(법 601조 1항 2호의 회생위원 제외) 등의 후보자 선발·관리·선임·위촉 기준과 절
차의 심의 및 자문, ④ 관리위원 등 위 ③에 정한 자가 수행한 업무에 대한 전반적
인 평가와 자문, ⑤ 그 밖에 회생·파산절차의 체계적·통일적 운용을 위하여 필요한
업무를 수행한다(동규칙 2조).

◆ **이해관계인의 사건기록의 열람 등** ◆   종전 파산법(및 종전 회사정리법)에는 법원
이 가지고 있는 사건기록의 열람 등에 관한 총칙 규정이 없었는데, 현행법에서는 파
산절차의 투명성을 확보하고 이해관계인의 절차참가를 실질적으로 보장하기 위해서
일정한 예외를 제외하고, 이해관계인이 법원에 사건기록(문서 그 밖의 물건을 포함)의
열람·복사, 재판서·조서의 정본·등본이나 초본의 교부 또는 사건에 관한 증명서의
교부를 청구할 수 있도록 하였다(28조).

Ⅱ. 관리위원회   4-12

도산사건은 일반적인 재판업무와 다른 특성을 지니고 있고, 그 업무처리에
있어서 경영·경제적인 전문성도 필요한 분야이다. 그런데 이를 담당하는 법관이
이러한 전문성을 갖추는 데에는 한계가 있다. 따라서 법관의 업무부담을 덜어주
기 위하여 해당 분야의 전문가로 이를 보완할 필요가 있어서 1998년 2월 24일
법률 제5519호에 의한 파산법 개정에 있어서 101조의2에서 관리위원회에 관한
규정을 신설하였다.8) 이는 미국의 U. S. Trustee 제도로부터9) 시사를 받은 것이

---

8) 다만, 파산법이 일반적인 성격을 가지고 있음에도 불구하고, 파산법의 목적은 공평한 청산에
  있고. 이것은 법관과 파산관재인에게 맡겨두더라도 큰 문제가 없으며, 관리위원회가 그 효용을
  발휘할 수 있는 분야는 회사정리사건이라는 판단에서 관리위원회를 회사정리법 93조의2에서 규
  정하고, 이를 파산법 101조의2에서 끌어 쓰고 있었다. 이병기, "회사정리관련 법률의 개정방향
  및 주요내용", 법조(1998. 6), 186면.
9) 미국에서는 1978년 연방파산법이 개정된 이후 1986년 도산사건을 효율적으로 처리하기 위하
  여 U. S. Trustee제도를 설치하였다. U. S. Trustee는 사법장관(Attorney General)에 의하여 임
  명되는 연방 공무원으로서 임기는 5년이다(28 U.S.C. § 581). 그 권한은 구체적 도산사건을 담
  당할 관재인단(panel of trustees)의 구성, 관재업무를 담당한 전문가의 비용 및 보수 청구에 대
  한 보고 청취, 회생 및 청산계획의 보고 청취, 채권자위원회(creditors' committee)에 대한 보고

다.10) 현행법에서도 제1편 총칙에서 관리위원회에 관한 규정을 두고 있다.

즉, 도산법의 규정에 의한 절차(파산절차를 포함하여 회생절차, 개인회생절차, 국제도산)를 적정·신속하게 진행하기 위하여 대법원규칙이 정하는11) 회생법원에 관리위원회를 두는데(15조), 관리위원회의 구성은 위원장 1인을 포함한 3인 이상 15인 이내의 위원으로 이루어진다(16조 1항). 관리위원은 ① 변호사 또는 공인회계사의 자격이 있는 사람, ② 「은행법」에 의한 은행 그 밖에 대통령령이 정하는 법인에서12) 15년 이상 근무한 경험이 있는 사람, ③ 상장기업의 임원으로 재직한 사람, ④ 법률학·경영학·경제학 또는 이와 유사한 학문의 석사학위 이상을 취득한 사람으로서 이와 관련된 분야에서 7년 이상 종사한 사람, ④ 위에 준하는 사람으로서 학식과 경험을 갖춘 사람 중에서 회생법원장이 위촉한다(16조 3항).13)

관리위원회는 법원의 지휘를 받아 ① 파산관재인의 선임에 대한 의견의 제시, ② 파산관재인의 업무수행의 적정성에 관한 감독 및 평가, ③ 채권자협의회의 구성과 채권자에 대한 정보의 제공, ④ 절차의 진행상황에 대한 평가, ⑤ 채권자집회와 관련된 업무, 그 밖에 법원이 정하는 업무 등을 행한다(17조 1항). 한편, 회생법원장은 관리위원회를 통한 관리·감독 업무에 관한 실적을 매년 법원행정처장에게 보고하여야 하고(19조의2 1항), 법원행정처장은 위 1항에 따른 관리·감독 업무에 관한 실적과 다음 연도 추진계획을 담은 연간 보고서를 발간하여야 하며, 그 보고서는 국회 소관 상임위원회에 보고하여야 한다(동조 2항).

관리위원회는 재적위원 과반수의 출석과 출석위원 과반수의 찬성으로 의결한다(16조 5항).

청취 등이다(28 U.S.C. § 586).

10) 다만, 미국의 U. S. Trustee 제도를 그대로 도입한 것은 아니라고 한다. 김재형, "도산법제의 재검토 —1997년 금융위기 이후의 법개정을 중심으로—", 법조(2001. 2), 146면.

11) 채무자 회생 및 파산에 관한 규칙(대법원규칙) 13조를 보면, 관리위원회를 설치하는 회생법원을 규정하고 있고(동조 1항), 그 밖의 회생법원은 관리위원회가 설치된 다른 회생법원의 관리위원회에 사무수행을 촉탁할 수 있도록 하고 있다(동조 2항).

12) 채무자 회생 및 파산에 관한 법률 시행령 2조에서 정하는 법인으로, 도산과 밀접하게 관련된 업무를 수행하는 법인인 예금보험공사, 한국자산관리공사를 정하고 있다.

13) 다만, 피성년후견인과 피한정후견인 또는 파산선고를 받은 자로서 복권되지 아니한 자 등은 관리위원이 될 수 없다(16조 4항).

Ⅲ. 채권자협의회

　　종전에는 회사정리절차에서만 채권자협의회를 구성하도록 하였으나,[14] 현행법에서는 채권자의 의사를 반영시킬 수 있는 실효적 제도로 파산절차에 있어서도 원칙적으로 채권자협의회의 구성을 의무화하였다. 즉, 관리위원회(설치되지 아니한 때에는 법원)는 파산신청이 있은 후, 채권자가 적극 참여하여 중요한 의사결정을 내릴 수 있도록 채무자의 주요 채권자를 구성원으로 하는 채권자협의회를 구성하여야 한다(20조 1항 본문). 다만, 채무자가 개인 또는 중소기업자(「중소기업법」 2조 1항의 규정에 의한 중소기업자)인 때에는 그 필요성과 비용 등의 문제를 고려하여 채권자협의회를 구성하지 않을 수 있도록 하였다(동조 동항 단서). 채권자협의회의 구성은 회생절차개시신청·간이회생절차개시신청의 경우에도 마찬가지이다.

　　채권자협의회는 10인 이내로 구성하고(20조 2항), 관리위원회는 필요하다고 인정하는 때에는 소액채권자를 채권자협의회의 구성원으로 참여하게 할 수 있다(동조 3항). 채무자의 주요 채권자는 관리위원회에 채권자협의회 구성에 관한 의견을 제시할 수 있다(동조 4항).

　　채권자협의회는 채권자의 의견을 조정하여 파산절차에 관한 의견의 제시, 파산관재인의 선임 또는 해임에 관한 의견의 제시, 법인인 채무자의 감사 선임에 대한 의견의 제시 등을 할 수 있다(21조 1항).

　　법원은 파산절차의 신청에 관한 서류·결정서·감사보고서, 그 밖에 대법원규칙이 정하는 주요자료의 사본을 채권자협의회에 제공하여야 한다(22조 1항). 파산관재인은 법원에 대한 보고서류 중 법원이 지정하는 주요서류를 채권자협의회에 분기별로 제출하여야 한다(동조 2항).

　　채권자협의회의 의사는 출석한 구성원 과반수의 찬성으로 결정한다(21조 2항). 종전에 채권자협의회의 활동에 필요한 비용을 해당 채권자가 부담하여야

---

14) 회사정리절차에 있어서 1998년 2월의 회사정리법 개정시 채권자의 권한·역할 강화의 주된 내용으로 채권자협의회제도를 도입하였다. 그동안 회사정리절차에서 다양한 부류의 채권자들의 의사가 체계적으로 수렴·전달되지 못하는 문제가 지적되어 왔는데, 이를 시정하기 위하여 주요 채권자로 협의회를 구성하고 채권자의 의견전달 및 채권자에 대한 정보전달의 창구로 활용할 수 있도록 한 것이다. 채권자협의회에 대하여 자세히는 최성근, "기업도산절차상 채권자협의회의 기능 및 역할", 비교사법(제11권 제1호), 307면 이하; 임시규, "도산법상의 채권자협의회", 통합도산법(2006), 109면 이하 참조.

하는 점이 채권자협의회가 활성화되는 않은 이유 가운데 하나로 거론되었는데, 현행법에서는, 법원은 그 활동에 필요한 비용을 채무자에게 부담시킬 수 있도록 하여(21조 3항) 채권자협의회가 파산절차에 적극적으로 관여할 수 있도록 하였다. 나아가 회생절차에서는 위 법원이 결정한 비용을 공익채권으로 한다는 규정도 마련하였다(179조 13호).

채권자협의회의 구성 및 운영에 관하여 필요한 사항은 대법원규칙으로 정한다(21조 4항).

Ⅳ. 파산관재인

4-14　　**1. 의　　의**

파산절차의 기관 가운데 가장 중요한 것이 파산관재인(Konkursverwalter)인데, 파산선고가 있게 되면 동시파산폐지의 경우를 제외하고 법원은 반드시 파산관재인을 선임하여야 한다. 파산재단의 관리·환가 등을 행함에 있어서는 상당한 사실적 처분과 임기응변의 조치가 필요한데, 파산법원이 스스로 그러한 활동을 담당하는 것은 현실적으로 무리이므로 파산관재인이라는 제도를 마련하고 있다. 파산관재인에 대응되는 회생절차에서의 관리기구는 관리인이다(☞ 16-31 이하).

4-15　　**2. 선　　임**

파산관재인은 관리위원회의 의견을 들어 파산선고와 동시에 선임되는데(312조, 355조),[15] 관리위원회가 설치되지 않은 경우에는 관리위원회의 의견을 거치지 않아도 된다(17조 4항 2호).[16]

---

15) 한편, 금융산업의 구조개선에 관한 법률 15조에 의하면, 금융기관이 파산한 경우에는 금융위원회는 상법 531조 및 채무자 회생 및 파산에 관한 법률 355조의 규정에 불구하고 파산관재인을 법원에 추천할 수 있으며, 법원은 금융위원회가 추천한 자가 금융관련 업무지식이 풍부하며 파산관재인의 직무를 효율적으로 수행하기에 적합하다고 인정되는 때에는 파산관재인으로 선임하여야 하고(1항), 금융위원회는 1항의 규정에 의한 파산관재인의 추천을 금융감독원장에게 위탁할 수 있다(2항).

16) 독일 도산법(Insolvenzordnung)에서도 관재인(Insolvenzverwalter)은 법원에 의하여 선임되고 그 감독을 받는다(예외적으로 관재인을 선임하지 않는 이른바 DIP(Debtor in Possession) 방식에 의한 자기관리(Eigenverwaltung)의 경우도 있다). 그런데 우리와 다른 점은 관재인을 선임함에 있어서 이해관계가 큰 채권자의 의사를 반영하고자 채권자에게 직접적인 권한을 부여

　　법원은 파산관재인에게 그 선임을 증명하는 서면을 교부하여야 한다(357조).
파산관재인은 법원의 감독을 받는다(358조).[17]

　　그런데 법인도 파산관재인이 될 수 있는지 여부가 종전에 문제가 되었는
데,[18] 현행법 355조 2항에서 법인도 파산관재인이 될 수 있다는 규정을 신설하
여 이를 분명히 하였다. 이 경우에 그 법인은 이사 중에서 파산관재인의 직무를
행할 사람을 지명하고 법원에 신고하여야 한다(355조 2항).[19] 대규모 파산사건이
나 복잡하고 특수한 파산사건에서는 파산관재인이 자연인보다는 법인인 경우가
적절한 경우도 있을 수 있으므로 위 규정은 타당하다고 생각한다.

　　파산관재인은 원칙적으로 1인이지만, 대규모 파산사건과 같이 법원이 필요
하다고 인정하는 때에는 여럿의 파산관재인이 선임될 수도 있다(356조).[20]

　　법원은 선임한 파산관재인의 성명 및 주소 또는 사무소를 공고하고, 또한

하고 있다. 즉, 관재인이 선임된 직후의 채권자집회(Gläubigerversammlung)는 법원에 관재인
에 대한 의견을 개진할 수 있도록 하였고, 나아가 2011년 성립된 「기업회생 촉진 법률(Gesetz
zur weiteren Erleichterung der Sanierung von Unternehmen. 줄여서 ESUG)」에서 이를 보다
강화하여 관재인의 선임에 앞서서 원칙적으로 임시채권자위원회(Vorläufiger Gläubigerausschuss)
에게 관재인의 조건이나 자격에 대하여 의견을 진술할 기회를 부여하고, 법원은 이를 쉽사리 무
시할 수 없다고 하는 등의 규정을 추가하였다(§ 56a InsO). Uhlenbruck/Zipperer, 15. Aufl.
2019, InsO § 56a Rn. 1.

17) 파산관재인이 법원에 제출하는 보고서는 법원이 파산절차의 진행 경과 및 파산관재인의 업무
수행사항을 점검·감독하기 위한 것으로서 법원은 보고서 기재의 정확성을 확인하기 위하여 필
요한 경우 파산관재인에게 장부, 예금통장 기타 필요한 자료의 제시를 요구할 수 있다. 이러한
보고서의 내용 및 성질과 확인절차 등에 비추어 보면, 보고서의 기재 내용에 불합리한 부분이
있다거나 변론종결 당시까지 나타난 사정으로 미루어 보아 추가적인 파산채권신고가 예정되어
있는 등 향후 보고서의 주요 내용이 수정 또는 변경될 것이 확실시되는 사항이 있다는 등의 특
별한 사정이 없는 한, 보고서에 기재된 총배당예상률을 근거로 파산채권자가 향후 파산절차에
서 수령할 수 있는 금액을 산정하는 것도 가능하다. 한편, 불법행위로 인한 손해액은 불법행위
의 성립 시점을 기준으로 하되 변론종결 시점까지의 모든 자료를 참고하여 산정할 수 있으므로,
이 사건의 경우와 같이 파산선고 시점에 불법행위가 성립한 경우 그 이후에 파산관재인이 작성
하여 법원에 제출한 보고서도 파산선고 시점을 기준으로 한 손해액 산정의 자료가 될 수 있다
(대법원 2016. 9. 30. 선고 2015다19117, 19124 판결).

18) 종전 회사정리법 95조가 은행, 신탁회사 및 종합금융회사도 관리인이 될 수 있음을 규정한 데
대하여, 종전 파산법은 파산관재인의 피선임자격에 관하여 아무런 규정을 두지 않았는데, 법인
은 파산관재인이 될 수 없다는 입장이 일반적이었다. 예를 들어 윤남근, "파산관재인 - 그 법률
상 지위와 권한을 중심으로 - ", 파산법의 제문제[上](1999), 198면.

19) 일본 2005년 시행의 신파산법 74조 2항에서도 법인은 파산관재인이 될 수 있다는 조항이 추
가된 바 있다.

20) 공동파산관재인 중 일부가 파산관재인의 자격을 상실한 때에는 남아 있는 파산관재인에게 관
리처분권이 귀속되고 소송절차는 중단되지 아니하므로, 남아 있는 파산관재인은 자격을 상실한
파산관재인을 수계하기 위한 절차를 따로 거칠 필요가 없이 혼자서 소송행위를 할 수 있다(대법
원 2008. 4. 24. 선고 2006다14363 판결).

알고 있는 채권자·채무자 및 재산소지자에게는 이를 서면에 기재하여 송달하여
야 한다(313조 1항 2호, 동조 2항).

　　파산관재인의 자격에 대하여 특별한 제한은 없다. 실제로 파산절차를 진행
하는 데에는 상당한 고도의 법률지식이 필요하고, 또한 종종 소송의 필요성도
있으므로 파산관재인으로 변호사가 선임되는 것이 적절하다고 생각한다. 파산
절차는 청산형 절차이지, 재건형 절차는 아니므로 사업경영수완보다는 법률적
인 사무처리능력이 필요하기 때문이다.[21]

　◆ **공적자금관리특별법 20조 중 파산관재인 관련 부분 등 위헌 여부** ◆　한편, 파
산절차에 관한 특례로 공적자금관리특별법 20조에 의하면, 예금자보호법에 의한 보
험금지급 등 공적자금이 지원되는 부보금융기관이 파산한 경우에 공적자금의 효율적
인 회수가 필요한 때에는 파산관재인 선임에 관한 규정에 불구하고 법원은 예금보험
공사 또는 그 임직원을 파산관재인으로 선임하고, 이에 따라 예금보험공사가 파산관
재인인 경우에는 파산관재인의 해임, 감사위원의 동의, 법원의 허가의 규정을 적용하
지 아니한다고 하고 있다. 이 규정은 예금보험공사 또는 그 임직원을 파산관재인으
로 선임하도록 강제하므로 사법권을 침해하며, 채권자의 1인인 예금보험공사를 파산
관재인으로 선임하도록 하여 예금보험공사와 다른 채권자 사이를 차별취급하고, 파
산관재인에 대한 감독규정을 배제한 것은 평등의 원칙에 어긋난 것이 아닌가 하는
위헌 여부가 문제가 되었다. 이에 대하여 헌법재판소는 합헌결정을 한 바 있다.[22]

---

21) 독일 도산법(Insolvenzordnung) 56조 1항에서는 각각의 구체적 상황에 적절하고, 특히 업무
　　에 정통하며 채권자 및 채무자와 독립한 자연인을 선임하여야 한다고 규정하고 있다.
22) 서울지방법원 2001. 1. 16. 및 대전지방법원 2001. 2. 1. 위헌심판제청에 대하여 헌법재판소
　　2001. 3. 15. 선고 2001헌가1, 2, 3(병합) 결정은 다음과 같은 이유 등에서 합헌결정을 하였다.
　　파산관재인의 선임 및 직무감독에 관한 사항은 전형적인 사법권의 본질에 속하는 사항이 아니
　　다. 이 사건 조항은 금융기관의 도산이 갖는 경제적 파급효과의 심각성 및 금융기관에 투입된,
　　국민의 부담이거나 부담으로 귀결될 수 있는 수많은 공적자금의 신속하고 효율적인 회수의 필
　　요성이 인정되므로 정당한 입법목적을 지닌다. 입법자는 입법과정에서 "공적자금의 효율적 회
　　수가 필요한 때"라는 요건을 추가하여 법원의 재량 여지를 두었을 뿐만 아니라 5년간 한시적으
　　로 적용하게 하였다. 이 사건 조항이 채권자 간 혹은 파산관재인 간에 차별을 가져왔다고 하더
　　라도 이는 헌법이 금지하고 있거나 관련 기본권에 대한 중대한 제한을 초래하는 차별이라고 할
　　수 없으므로, 그 차별을 정당화할 수 있는 합리적 이유가 있다. 그 입법목적과 그 실현수단의
　　적정성, 부보금융기관과 관련한 예보의 법적 지위와 전문성, 공적 지위 등을 고려할 때, 합리성
　　과 정당성을 갖춘 것이라 할 것이므로 적법절차의 원칙에 위배되지 않는다.

3. 직 무

(1) 직무의 주요 내용

4-16

파산재단을 관리 및 처분하는 권한은 파산관재인에게 속한다(384조).23)

파산관재인의 구체적인 직무는 ① 한편으로 파산채권자의 이익을 위한 직무로, 현유재단을 법정재단에 근접하게 배당재단을 만드는 것과 아울러 배당을 받을 파산채권자의 범위와 채권액을 확정하는 것이 있고, ② 다른 한편으로 채무자의 이익을 위한 직무로, 재단소속재산의 포기(492조 12호)나 면책불허가사유의 유무에 대한 보고 등이 있다.24)

파산관재인은 이러한 직무를 행하는 데에 있어서 한편으로 선관주의의무가 요구되고(361조 1항),25) 이 의무에 위반하면 손해배상책임을 지는 것(동조 2항)과 함께 다른 한편으로 필요한 비용을 미리 받거나 보수(Vergütung) 또는 특별상여금의 지급을 받을 수 있다(30조 1호, 473조 4호).

법원은 파산관재인을 선임(355조 1항)·감독(358조)하지만, 파산관재인에 대한 일반적 지휘권은 가지고 있지 않다.26)

(2) 직무의 집행

4-17

파산관재인은 취임하면, 즉시 현유재단의 점유·관리에 착수한다(479조). 파산관재인은 채무자의 재산상태나 파산재단을 구성할 재산의 소재를 파악하기

23) 신용협동조합의 대출에 관한 대표자의 대표권이 이사회의 결의를 거치도록 제한되는 경우 그 요건을 갖추지 못한 채 무권대표행위에 의하여 조합원에 대한 대출이 이루어졌다고 하더라도 나중에 그 요건이 갖추어진 뒤 신용협동조합이 대출계약을 추인하면 그 계약은 유효하게 되는 것인데, 신용협동조합이 파산한 경우 파산재단의 존속·귀속·내용에 관하여 변경을 야기하는 일체의 행위를 할 수 있는 관리·처분권은 파산관재인에게 전속하고, 반면 파산한 신용협동조합의 기관은 파산재단의 관리·처분권 자체를 상실하게 되므로, 위와 같은 무권대표행위의 추인권도 역시 특별한 사정이 없는 한 파산관재인만이 행사할 수 있다고 보아야 한다(대법원 2004. 1. 15. 선고 2003다56625 판결).
24) 유한책임신탁재산파산의 경우에 「신탁법」 43조에 따른 원상회복 등의 청구, 75조 1항에 따른 취소, 77조에 따른 유지청구, 121조에 따른 전보청구(수익자에 대한 청구만 해당한다)의 권한은 파산관재인만이 행사할 수 있다(578조의 11).
25) 일본 最判 2006年(平成 18年) 12月 21日은 파산관재인에게 파산재단을 확충·유지할 의무로 파산재단소속 재산에 대한 별제권자의 이익이 정당한 이유 없이 침해되지 않도록 배려하여야 하는 등 담보가치유지의무가 포함되어 있으나, 다만, 그 판단에 아직 기준이 확립되어 있지 은 것을 이유로 선관주의의무위반의 책임을 부정하는 한편, 별제권자의 손실에 의한 파산재단의 부당이득을 인정하였다(倒産判例百選[第5版](19사건), [中西正 해설] 참조).
26) 법원은 법 358조에 근거하여 파산절차의 진행 경과 및 파산관재인의 업무수행사항을 점검·감독하기 위하여 보고서를 제출하도록 명할 수 있다.

위하여 채무자 등에게 설명을 구할 수가 있다(321조). 이때의 채무자의 태도는
이후 면책허가시에 대단히 중요한 의미를 가진다. 그런데 채무자가 파산재단에
속하는 재산을 임의로 인도하지 않는 경우에 파산관재인이 해당 재산의 인도를
구하는 방법으로 파산결정을 집행권원으로 하여 인도의 강제집행을 하는 방법,
채무자를 상대방으로 한 인도청구소송 등에 의한 집행권원을 얻어 강제집행을
하는 방법을 생각할 수 있다.27)

   또한 파산관재인은 파산재단에 속하는 재산의 보전을 위하여 봉인(封印)을
구할 수가 있다(480조). 파산관재인은 채무자의 재산에 관한 장부를 폐쇄한다
(481조). 파산관재인은 파산재단에 속하는 재산의 가액을 평가하고(482조), 재산
목록 및 대차대조표를 작성하여 그 등본을 법원에 제출하고, 이해관계인의 열람
에 제공한다(483조).

   한편, 채무자의 영업의 폐지 · 계속, 고가품의 보관방법에 대하여 채권자집
회의 결의로 정할 수 있는데(489조), 그 사이에 이 사항에 관하여 구체적인 조치
가 필요하게 된 경우에 파산관재인은 법원의 허가를 받아 이를 실시할 수 있다
(486조, 487조).

   파산관재인이 여럿인 때에는 파산관재인 서로 사이에 감시 · 견제를 위하여
공동으로 그 직무를 행한다. 이 경우에 법원의 허가를 받아 직무를 분장할 수 있
다(360조 1항).28) 직무를 분장하다는 것은 분장된 범위에서는 독립하여 직무집행
을 할 수 있음을 의미한다. 그런데 직무를 분장하는 것에 그치지 않고, 기동성 · 신
속성의 요청에서 법원의 허가를 받은 경우에는 각각 단독으로 직무를 행할 수
있도록 하는 입법적 검토가 필요하다.29) 파산관재인이 여럿인 때에 제3자의 의

---

27) 이와 관련하여 2005년 시행의 일본 신파산법 156조에서는 법원은 파산선고 후, 파산관재인의
   신청에 의하여 개별 재산을 특정한 후, 파산자에 대하여 파산관재인에게 해당 재산을 인도할 것
   을 결정으로 명할 수 있는 인도명령제도를 마련하였다.
28) 파산관재인이 여럿인 경우에는 법원의 허가를 얻어 직무를 분장하였다는 등의 특별한 사정이
   없는 한 그 여럿의 파산관재인 전원이 파산재단의 관리처분권을 갖고 있기 때문에 파산관재인
   전원이 소송당사자가 되어야 하므로 그 소송은 필수적 공동소송에 해당한다. 다만, 민사소송법
   54조가 여러 선정당사자 가운데 죽거나 그 자격을 잃은 사람이 있는 경우에는 다른 당사자가
   모두를 위하여 소송행위를 한다고 규정하고 있음에 비추어 볼 때, 공동파산관재인 중 일부가 파
   산관재인의 자격을 상실한 때에는 남아 있는 파산관재인에게 관리처분권이 귀속되고 소송절차
   는 중단되지 아니하므로, 남아 있는 파산관재인은 자격을 상실한 파산관재인을 수계하기 위한
   절차를 따로 거칠 필요가 없이 혼자서 소송행위를 할 수 있다(대법원 2008. 4. 24. 선고 2006다
   14363 판결).
29) 2005년 시행의 일본 신파산법 76조 1항에서는 법원의 허가를 받은 경우에는 각각 단독으로

사표시는 그 가운데 1인에 대하여 하면 된다(동조 2항). 그리고 선관주의의무에 위반하면 파산관재인은 이해관계인에게 손해배상책임을 지는데, 이 경우에 주의를 게을리 한 파산관재인이 여럿 있는 때에는 연대하여 손해를 배상할 책임이 있다(361조 2항).

(3) 직무의 종료
4-18

파산관재인의 직무는 파산절차의 종결 이외에 파산관재인의 사망·사임·해임에 의하여 종료된다.

정당한 사유가 있는 때에는 파산관재인은 법원의 허가를 받아 **사임**할 수 있다(363조). 정당한 사유로는 질병, 공직에의 취임 등을 들 수 있다.

파산관재인의 **해임**은 채권자집회의 결의나 감사위원의 신청에 의하여 또는 직권으로 법원이 행한다(364조 1항). 이 경우에 법원은 그 파산관재인을 심문하여야 한다. 해임결정에 대하여는 즉시항고를 할 수 있다(동조 2항). 즉시항고는 집행정지의 효력이 없다(동조 3항).

파산관재인의 임무가 종료한 때에는 파산관재인(또는 그 상속인)은 지체 없이 채권자집회에 계산의 보고를 하여야 한다(365조 1항). 채권자집회에서 파산채권자 등으로부터 이의가 없으면 승인한 것으로 본다(동조 2항).

파산관재인의 임무가 종료한 경우에 급박한 사정이 있는 때에는 파산관재인(또는 그 상속인)은 후임의 파산관재인 또는 채무자가 재산을 관리할 수 있을 때까지 필요한 처분을 하여야 한다(366조).

(4) 파산관재인대리
4-19

파산관재인은 필요한 때에는 그 직무를 행하게 하기 위하여 법원의 허가를 받아 자기의 책임으로 대리인을 선임할 수 있다(362조 1항, 2항).[30] 파산관재인대리로 **상치대리인**(常置代理人) 내지는 상시대리인을 선임하는 것이다. 회생절차에서도 관리인대리라는 마찬가지 취지의 규정을 두었다(76조). 위 규정에서 자기

직무를 행할 수 있다는 내용을 새로 추가하였다.

30) 종전 파산법 155조에서는 파산관재인은 법원의 인가를 얻어 임시고장이 있는 경우에 그 직무를 행하게 하기 위하여 자기책임으로 미리 대리인을 선임할 수 있도록 하였는데, 규모가 큰 파산사건에서는 파산관재인의 대리를 상치(常置)대리인 내지는 상시대리인으로 선임하여 운용할 필요성이 많았으므로 현행법에서는 '임시고장이 있는 경우'라는 표현 대신에(마치 파산관재인에게 유고가 생길 우려가 있는 때에 한정되는 듯이 해석될 여지가 있으므로) 법원의 허가를 받아 필요한 때에 파산관재인대리를 선임할 수 있도록 한 것이다.

의 책임이란 대리인이 대리행위를 하는 때에 제3자에게 손해를 입힌 경우에는 파산관재인인 그 선임감독에 과실이 없더라도 대리인에게 과실이 있는 한 파산관재인도 책임을 피할 수 없다는 것을 의미한다. 위 대리인은 파산관재인에 갈음하여 재판상 또는 재판 외의 모든 행위를 할 수 있다(동조 4항). 파산관재인대리도 파산관재인과 마찬가지로 필요한 비용을 미리 받거나 보수 또는 특별상여금을 받을 수 있다(30조 1항). 한편, 위와 별도로 파산관재인은 그 직무를 행함에 있어서 법원의 허가 없이 개개의 행위에 대한 대리인, 즉 **개별대리인**을 선임할 수 있는 것은 물론이다.

4. 파산관재인의 법적 지위와 제3자성

4-20   (1) 법적 지위

파산관재인은 파산절차를 수행하는 중심적 기관으로 실제 다양한 행위를 행하는 데, 그 행위는 채무자와 파산채권자를 비롯한 여러 이해관계인의 이해에 영향을 미친다. 그러한 다양한 행위의 주체로서 파산관재인의 법적 지위를[31] 채무자, 파산채권자 그리고 파산재단 등과의 사이에서 어떻게 모순 없이 설명할 것인가에 대하여 학설이 대립한다. 이러한 논의는 결국 파산재단의 법적 성격(☞ 5-5), 재단채권의 채무자는 누구인가(☞ 7-2) 등을 합리적으로 설명하기 위한 이론적 정합성의 문제와도 연결된다.

법적 지위에 관한 종전의 학설로는 크게 나누어, ① 대리설, ② 직무설, ③ 파산재단대표설이 있었다. 그런데 최근에는 오히려 ④ 관리기구인격설이 유력하다.

① **대리설은**[32] 파산관재인을 누구의 대리인으로 보는가에 대하여 견해가

---

31) 법 359조는 파산재단에 관한 소송에서는 파산관재인이 당사자가 된다고 규정하고 있는데, 파산관재인의 소송수행권(당사자적격)을 민사소송법상으로는 제3자의 소송담당 가운데 법정소송담당으로 보는 것이 일반적이다.

32) 파산관재인에게 파산재단에 관한 소에 있어 원고 또는 피고가 된다고 한 것은 소송법상의 법기술적인 요청에서 당사자적격을 인정한 것뿐이지, 자기의 이름으로 소송행위를 한다고 하여도 파산관재인 스스로 실체법상이나 소송법상의 효과를 받은 것은 아니고 어디까지나 타인의 권리를 기초로 하여 실질적으로는 이것을 대리 내지 대표하는 것에 지나지 않는 것인바, 파산관재인이 건물명도단행 가처분신청을 하였다가 재판상 화해를 함에 있어 법원에 허가신청을 하였으나, 그 신청이 불허가 되었음에도 불구하고 감사위원의 동의나 채권자집회의 결의도 없이 피신청인과의 사이에 재판상 화해를 하였다면, 이는 소송행위를 함에 필요한 수권의 흠결이 있는 것으로서 재심사유에 해당한다는 대법원 1990. 11. 13. 선고 88다카26987 판결은 대리설의 입장에 가깝지만, 파산관재인의 법적 지위에 관한 본격적인 판례라고는 할 수 없지 않은가 생각한다.

나뉘는 데, 채무자를 대리한다는 입장과 채권자를 대리한다는 입장이 있다. 채무자대리설은 파산관재인의 행위의 효과가 채무자의 재산에 미치는 점을 설명하기 쉽다. 채권자대리설은 파산관재인이 채권자의 이익을 대표하는 점에서 착안하여 그 대리인으로 본 것이다.

반면, ② **직무설**(Amtstheorie)은[33] 파산관재인을 다른 사람의 재산을 그 직무로서 자기의 이름으로 관리처분하는 사람으로 보는 입장으로, 이에는 다시 국가기관으로 보는 입장과 민사소송에 있어서 직무상의 당사자와 마찬가지로 보는 입장이 있다. 파산재단에 관한 소송에서는 파산관재인이 당사자가 된다는 법 359조의 입법취지는 직무설과 연결되기 쉽다.

그리고 ③ **파산재단대표설**은[34] 재산의 집합체인 파산재단에 독립한 법인격을 인정하고, 파산관재인은 파산재단의 대표자라고 보는 입장이다. 부인권 등의 효과가 대표기관인 파산관재인의 행위를 통하여 파산재단에 귀속하는 것 등 여러 법률관계를 모순 없이 설명할 수 있는 장점이 있다. 그러나 명문의 규정이 없음에도 불구하고 파산재단에 법주체를 인정한다는 문제가 남는다.

한편, ④ **관리기구인격설**은[35] 파산재단의 관리기구로 파산관재인에게 법인격을 인정하는 입장이다. 그리고 법주체인 관리기구에 귀속하는 것은 채무자에게 속하는 재산 그 자체가 아니라, 그 관리처분권이라고 본다. 관리기구인격설은 파산관재인을 여러 권능을 행사하는 주체로서의 지위(즉, 대리가 아닌)를 인정하는 점에서는 직무설과 마찬가지이지만, 파산재단의 관리기구로 파산관재인에게 법인격을 인정하는 점에 특징이 있다.

(2) 파산관재인의 제3자성

4-21

파산선고가 있으면 파산재단의 관리처분권은 전부 파산관재인에게 귀속하게 되고(384조), 이후 파산재단에 관한 법률상의 문제도 파산관재인이 처리하게 된다. 그런데 이와 관련하여 파산선고 전에 파산재단이 될 재산에 대하여 파산선고를 받은 채무자가 행한 실체법상의 행위가 파산선고 후에 파산관재인과의

---

33) 독일 종전 파산법(Konkursordnung)에서 이 입장이 일반적이었다. Kuhn/Uhlenbruck, Konkurs-ordnung(11 Aufl., 1994), § 6 Rn. 17; BGHZ 24, 393. 현행 도산법에서도 논쟁은 해결되지 못하고 있다. Braun/Kroth, 7. Aufl. 2017, InsO § 80 Rn. 20. 학설의 분류에 대하여는 K. Schmidt/Sternal, 19. Aufl. 2016, InsO § 80 Rn. 17-20.
34) 兼子一, 破産法(1956), 28면.
35) 山木戶克己, 破産法, 80면; 伊藤眞, 破産法·民事再生法, 203면.

관계에 있어서 어떻게 평가될 것인가가 문제될 수 있다. 예를 들어 상대방과 통정한 허위의 의사표시의 무효에서 그 무효는 선의의 제3자에게 대항하지 못하는 것과 같이(민법 108조 참조) 실체법상 제3자 보호의 규정이 있는 경우에 파산관재인이 채무자와는 별도로 제3자적 지위를 가지는 것으로 볼 수 있는지 여부의 문제이다.36)

위 (1)에서 살펴본 파산관재인의 법적 지위에 관한 문제는 채무자에게 속하는 재산의 관리처분권이 파산관재인에게 귀속하는 것에 대한 파산절차상의 위치 부여의 문제이고, 그 결론으로부터 여기 2)에서 문제되는 실체법상의 관계에 있어서 파산관재인이 제3자적인 지위에 있는지 여부를 곧바로 도출할 수는 없다(물론, 파산관재인의 법적 지위에 관한 대리설에서는 파산관재인을 채무자와 별도의 제3자로 보기는 어려울 것이다).

생각건대 파산관재인의 제3자성 문제를 검토함에 있어서는 파산관재인이 가지는 채무자의 일반승계인이라는 측면(파산관재인과 채무자의 동일시)과 파산관재인이 파산채권자의 이익을 지키는 측면(파산관재인은 채무자로부터 독립)의 양쪽을 잘 조화시켜 살펴보아야 할 것인데, 결국 파산관재인의 제3자성은 문제가 되고 있는 개별적 법률관계에 있어서 구체적으로 판단하여야 할 것이다.37)

---

36) 민법 108조 2항과 같은 특별한 제한이 있는 경우를 제외하고는 채무의 소멸 등 파산 전에 파산자와 상대방 사이에 형성된 모든 법률관계에 관하여 파산관재인에게 대항할 수 없는 것은 아니라 할 것이며, 그 경우 파산자와 상대방 사이에 일정한 법률효과가 발생하였는지 여부에 대하여는 파산관재인의 입장에서 형식적으로 판단할 것이 아니라 파산자와 상대방 사이의 실질적 법률관계를 기초로 판단하여야 한다. 파산선고 전 파산자가 대출을 하여 주면서, 대출채무자의 명의만 원고로 하되 그 대출금채무에 대하여 원고에게 책임을 지우지 않기로 합의하는 한편 대출금 채무의 담보를 위하여 실제 대출자소유의 부동산에 원고를 채무자로 한 근저당권을 설정받았다면, 원고는 형식상으로는 대출금 채무에 대한 주채무자이지만 당사자 사이의 실질적인 관계에서는 최종적인 변제책임을 지는 주채무자가 아니라 그 채무를 변제할 경우 파산자가 실채무자에 대하여 가지는 채권 및 이에 관한 담보권을 당연히 대위행사할 수 있는 지위에 있음을 대항할 수 있다. 따라서 파산자가 파산 전에 위 채무에 관한 근저당권을 고의 또는 과실로 소멸시킨 경우, 형식상 주채무자인 원고는 근저당권의 소멸로 인하여 상환을 받을 수 없는 범위에서 파산자에 대한 채무를 면한다(대법원 2005. 5. 12. 선고 2004다68366 판결). 평석으로는 양형우, "파산관재인과 통정허위표시에서의 제3자", 인권과 정의(2008. 7), 68면 이하.
37) 일반적으로 파산관재인은 채무자의 법률적 지위에 대한 일반승계인이라는 측면과 제3자라는 측면을 겸유하고 있는데, 구체적 문제의 해결에 있어서 일응의 기준은 일차적으로 파산관재인을 채무자의 일반승계인으로 보되, 실체법이 법률관계의 처리에 있어서 압류채권자를 특별히 보호하고 있다고 인정되는 경우에 한하여 제3자성을 인정할 수 있을 것이라는 견해로는 윤남근, "파산관재인 - 그 법률상 지위와 권한을 중심으로 - ", 파산법의 제문제[上](1999), 191면.

◈ **제3자성이 문제가 되는 경우** ◈　　① **통정허위표시:** 가장(假裝)의 채권양수인이 파산한 경우에 파산관재인이 선의의 제3자라고 할 수 있는가. 즉 상대방은 그 법률행위의 무효를 파산관재인에게 주장할 수 있는가에 대하여(민법 108조 참조) 견해가 나뉜다. 일반적인 입장은 실체법상 압류채권자가 제3자로서 보호되는 점에 비추어 파산관재인의 관리처분권의 행사가 파산채권자의 법률상의 이익을 실현하는 것이라는 점에서 파산관재인의 지위는 파산선고시에 있어서 파산단소속 재산에 대한 압류채권자로서의 지위를 가진다고 할 수 있기 때문에 파산관재인은 제3자에 해당된다고 본다. 통정한 허위의 의사표시를 통하여 **가장채권을 보유하고 있다가 대주가 파산한 사안**에서 **판례**도 파산한 대주가 파산선고시에 가진 모든 재산은 파산재단을 구성하고, 그 파산재단을 관리 및 처분할 권리는 파산관재인에게 속하므로, 파산관재인은 파산한 대주의 포괄승계인과 같은 지위를 가지게 되지만, 파산이 선고되면 파산채권자는 파산절차에 의하지 아니하고는 파산채권을 행사할 수 없고, 파산관재인이 파산채권자 전체의 공동의 이익을 위하여 선량한 관리자의 주의로써 그 직무를 행하므로, 파산관재인은 파산선고를 받은 채무자와 독립하여 그 재산에 관하여 이해관계를 가지게 된 제3자로서의 지위도 가지게 되며, 따라서 위 가장채권도 일단 파산재단에 속하게 되고, 파산선고에 따라 파산선고를 받은 채무자와는 독립한 지위에서 파산채권자 전체의 공동의 이익을 위하여 직무를 행하게 된 파산관재인은 그 허위표시에 따라 외형상 형성된 법률관계를 토대로 실질적으로 새로운 법률상 이해관계를 가지게 된 민법 108조 2항의 제3자에 해당하여 상대방은 파산관재인에게 가장채권의 무효를 대항할 수 없다고 보았다.38) 그러나 파산관재인의 제3자성을 부정하면서, 이에 대하여 비판을 가하는 입장도 있다.39) 그런데 파산관재인이 제3자에 해당된다고 보더라

---

38) 위와 같은 판단하에 원고가 주식회사 OO상호신용금고와 맺은 이 사건 대출약정이 통정한 허위의 의사표시에 따른 것으로서 무효라고 하더라도, 이 사건 대출약정이 있은 뒤 주식회사 OO상호신용금고에 대하여 파산이 선고되었으므로, 채무부존재확인소송에서 원고는 이 사건 대출약정이 무효라는 사유를 들어 주식회사 OO상호신용금고의 파산관재인인 피고에게 대항할 수 없다고 판단한 것은 옳다고 하였다(대법원 2003. 6. 24. 선고 2002다48214 판결). 이 판결은 가장채권의 채권자가 파산한 경우에 파산관재인은 민법 제108조 제2항의 제3자에 포함된다는 본 최초의 대법원 판결이다. 이후 마찬가지 취지의 판결이 여럿 있다. 한편, **하급심 판결** 중에 서울고등법원 2006. 8. 11. 선고 2005나64530 판결과 같이 원고와 같은 파산관재인은 형식적인 가장채무를 부담하고 있음에 불과한 피고에 대한 관계에서 통정허위표시의 제3자에 해당하지 않는다고 제3자성을 부정한 것이 있었으나, 이에 대한 상고심인 대법원 2006. 12. 7. 선고 2006다59199 판결은 제3자에 해당하지 않고, 그렇지 않다고 하더라도 원고는 파산관재인으로 선임될 당시 이미 이 사건 대출약정이 통정허위표시에 의한 것이라는 사정을 충분히 알고 있었으므로 악의의 제3자에 해당한다고 판단한 것은 잘못이라고 원심(위 2005나64530 판결)을 파기환송하였고, 환송 후 서울고등법원 2007. 10. 11. 선고 2007나6255 판결은 항소를 기각하였다.

39) 파산관재인의 제3자적인 지위에 관하여 이를 압류채권자의 그것과 동일하게 보는 이상, 위 판결의 결론은 정당한 것이라는 평석으로 윤근수, "파산관재인과 통정허위표시의 제3자", 판례연구(2005. 2), 78면도 있으나, 한편 이동형, "통정허위표시를 한 자의 파산관재인이 민법 제108조 제2항의 제3자인지 여부", 법조(2004. 6), 123면 이하; 성재영, "파산관재인의 제3자성에 대한 소고", 부산법조(2004), 27면 이하; 권영준, "통정허위표시로 인한 법률관계에 있어서 파산관재인의 제3자성", 법조(2007. 5), 44면 이하 등은 파산관재인의 제3자성을 부정하면서 위 대법

도, 나아가 선의·악의를 파산관재인을 기준으로 할 수 있는가가 문제된다. 누가 파산관재인이 되는가에 따라 우연에 의하여 결론이 좌우되는 것은 타당하지 않으므로 파산관재인 스스로의 선의·악의를 기준으로 할 것이 아니다. 오히려 파산채권자를 기준으로 파산채권자 가운데 1인이라도 선의자가 있다는 것을 증명한다면 파산관재인은 선의의 제3자라고 주장할 수 있다고 보아야 한다.[40]

② **사기**: 사기를 이유로 한 의사표시의 취소에 있어서 기망행위를 하여 재산을 취득한 사람이 파산한 경우에 파산관재인이 선의의 제3자라고 할 수 있는지 여부가(민법 110조 참조) 통정허위표시에 있어서와 마찬가지로 문제가 되는데, 제3자에 해당된다고 볼 것이다.[41] 이에 대하여 피해자 보호의 관점에서 사기의 경우에 대하여는 제3자에 해당되지 않는다는 입장도 유력하다.[42]

③ **채권양도의 대항요건**: 압류채권자와 마찬가지로 파산관재인도 제3자로 보아야 한다. 따라서 채무자로부터 채권을 양수한 상대방이 이를 파산관재인에게 대항하기 위해서는 파산선고시까지 대항요건을 구비하여야 한다.[43]

④ **이사회결의가 없는 거래행위**: 파산자가 상대방 회사와 그 회사의 이사회의 결의가 없는 거래행위를 하였다가 파산이 선고된 경우에 특별한 사정이 없는 한 파산관재인은 이사회의 결의를 거치지 아니하고 이루어진 상대방 회사와의 거래행위에 따라 형성된 법률관계를 토대로 실질적으로 새로운 법률상 이해관계를 가지게 된 제3자에 해당한다. 또한 그 선의·악의도 파산관재인 개인의 선의·악의를 기준으로 할 수는 없고 총파산채권자를 기준으로 하여 파산채권자 모두가 이사회의 결의가 없었

원 판결에 반대한다. 또한 최종원, "통정허위표시에 있어 파산관재인의 제3자성", 사법논집(2021. 12), 481면 이하 참조.

40) 山木戸克己, 破産法, 145면; 伊藤眞, 破産法·民事再生法, 333면. 파산관재인이 민법 108조 2항의 경우 등에 있어 제3자에 해당된다고 한 것은, 파산관재인은 파산채권자 전체의 공동의 이익을 위하여 선량한 관리자의 주의로써 그 직무를 행하여야 하는 지위에 있기 때문에 인정되는 것이므로, 그 선의·악의도 파산관재인 개인의 선의·악의를 기준으로 할 수는 없고, 총파산채권자를 기준으로 하여 파산채권자 모두가 악의로 되지 않는 한 파산관재인은 선의의 제3자라고 할 수밖에 없다(대법원 2006. 11. 10. 선고 2004다10299 판결).

41) 대출약조이 사기에 의한 경우에서 파산관재인이 제3자로서의 지위도 가지는 점 등에 비추어, 특별한 사정이 없는 한 파산관재인은 사기에 의한 의사표시에 따라 외형상 형성된 법률관계를 토대로 실질적으로 새로운 법률상 이해관계를 가지게 된 민법 110조 3항의 제3자에 해당하고, 파산채권자 모두가 악의로 되지 않는 한 파산관재인은 선의의 제3자라고 할 수밖에 없다(대법원 2010. 4. 29. 선고 2009다96083 판결).

42) 中野貞一郎·道下徹 編, 基本法コンメンタール破産法[池尻郁夫 집필], 134면.

43) 채권자가 파산하면 파산자 소유의 집행 가능한 재산은 파산재단이 되어 파산관재인의 관리처분에 속하고 파산채권자 전체를 위하여 압류한 것과 같다고 할 수 있으므로 파산관재인은 양도채권의 압류채권자와 같은 입장에 서 있다고 할 수 있고, 따라서 파산관재인은 파산자가 채권자로서 한 채권양도에 관하여 채권양수인과 양립할 수 없는 법률적 지위를 취득한 자라고 할 수 있으므로 제3자에 해당하며, 그 결과 지명채권의 양도를 받은 자는 양도인이 파산한 경우 파산선고 전에 그 양도의 대항요건을 구비하지 않는 한 위 채권의 양수로써 파산관재인에게 대항할 수 없다(대구지방법원 2004. 4. 30. 선고 2003가단52460 판결[확정]). 일본 판례도 마찬가지이다. 最判 1983年(昭和 58年) 3月 22日, 新倒産判例百選(25사건), [坂本惠三 해설] 참조.

음을 알았거나 이를 알지 못한 데 중대한 과실이 있지 않은 한 상대방 회사는 위 거래의 무효를 파산관재인에게 주장할 수 없다.[44]

V. 채권자집회

1. 의 의

4-22

채권자집회(Gläubigerversammlung)는 직접적인 이해관계인인 채권자를 위하여 중요한 사항에 대하여 여러 채권자의 의견을 모으고, 공동의 의사를 결정하여 이를 파산절차에 반영시키는 것 및 채권자에게 정보를 제공하는 것을 목적으로서 마련된 제도 내지는 기관이다. 채권자집회는 채권자가 자신의 이익을 실현하기 위한 채권자의 자치에 기한 제도이지, 파산법원이나 파산관재인을 보조하기 위한 기관이 아니다. 채권자집회는 특별한 정함은 없으나, 원칙적으로 법원 내에서 열리는데, 경우에 따라서는 법원 밖의 일정한 장소에서 열리기도 한다. 한편, 회생절차에서는 채권자뿐만 아니라 담보권자와 주주도 권리의 변경 등의 영향을 받으므로 이들을 포함한 관계인집회라고 부른다(☞ 16-34).

2. 법적 성질

4-23

채권자집회는 고정적인 기관이나 단체가 아니고, 법원의 소집에 의하여 기일마다 성립하는 채권자의 사실상의 집합체로 본다.[45] 이에 대하여 최근 채권자집회를 법인격 없는 채권자단체의 기관으로 보는 입장도 나타났다.[46] 위 양설의 기본적인 차이는 파산절차에서 파산채권자 서로의 관계에 대하여 단체성을 인정할 것인지 여부이다. 단체성을 긍정한다면, 채권자집회에 그 의사결정기관으로서의 역할을 인정하게 될 것이다.[47]

3. 권 한

4-24

채권자집회는 파산절차에 있어서 중요한 사항이나 채권자의 이익에 중대한 영향을 주는 사항에 대한 결의를 하고, 파산관재인이나 채무자 등으로부터 보고

---

44) 대법원 2014. 8. 20. 선고 2014다206563 판결.
45) 이러한 입장이 일본에서의 통설이다. 齊藤秀夫・麻上正信・林屋礼二 編, 注解破産法(下卷)[谷合克行 집필], 362면.
46) 伊藤眞, 破産法・民事再生法, 216면.
47) 伊藤眞 外 5人, 条解破産法, 889면.

나 설명을 받는 것이 그 주요한 권한이다.

4-25   **(1) 정보의 수집**

채무자·파산관재인으로부터 설명·보고를 받을 권한(321조, 365조, 488조, 499조) 등이 있다.

4-26   **(2) 감독적 기능**

파산관재인의 해임청구의 결의(364조), 감사위원의 설치·선임·해임(376조, 377조, 380조), 감사위원의 동의에 갈음하는 결의(374조, 500조 1항 단서), 채무자의 영업의 폐지·계속, 고가품의 보관방법 등에 관한 결의(489조), 파산관재인이 가치 없다고 인정하여 환가하지 아니한 재산의 처분에 대한 결의(529조) 등이 있다.

4-27   **4. 소   집**

채권자집회는 파산법원에 의하여 소집되고(367조), 소정의 기일에 개최된다. 파산관재인 등이 독자적으로 소집한 채권자집회는 법률상 의미를 갖는 채권자집회가 아니다.

소집이 도산법상으로 규정되어 있는 집회로는 제1회 채권자집회(312조 1항 2호), 감사위원의 동의에 갈음하는 결의를 위한 집회(374조 1항), 파산관재인의 임무종료에 의한 계산보고집회(365조 1항), 재단부족에 의한 폐지의 의견을 듣기 위한 집회(545조 1항)가 있다.

법원은 제1회 채권자집회의 기일을 파산선고와 동시에 정하는데(312조 1항 2호), 제1회 채권자집회의 기일은 파산선고를 한 날로부터 4월 이내이어야 한다. 제1회 채권자집회의 기일은 채권조사의 기일과 병합할 수 있다(312조 2항). 법원은 제1회 채권자집회의 기일을 공고하여야 하고(313조 1항), 알고 있는 채권자, 채무자 및 재산소지자에게 기일을 기재한 서면을 송달하여야 한다(동조 2항).

제1회 이외의 기일은 법원의 직권에 의하거나 파산관재인·감사위원 또는 신고채권액의 5분의 1 이상에 해당하는 채권자의 신청에 의하여 소집된다(367조). 파산관재인은 파산절차수행에 있어서 전면적인 의무를 부담하고 있고, 직무의 집행에 있어서 채권자집회의 결의를 구하여야 하는 법정사항이 많으므로 파산관재인에 대하여 소집을 신청할 권한을 부여하였다. 감사위원에 대하여는 파산관재인의 직무집행을 감독하고 이를 보조할 지위에 있으므로 파산관재인과 마찬가지로 소집을 신청할 권리를 인정하였다. 그리고 소수채권자를 보호하기 위해 신고채권액의 5분의 1 이상에 해당하는 채권자의 신청의 길을 열어둔 것이다. 위 신청이 없는 경우에도 법원은 직권으로 필요에 따라 채권자집회를 소집할 수 있다.

　소집결정 및 소집신청의 각하결정에 대하여 이해관계인으로부터의 불복신청은 할 수 없다고 풀이할 것이다(13조 참조).48)

　채권자집회가 소집된 경우에 법원은 그 기일과 회의의 목적사항을 공고하여야 한다(368조 1항). 이는 파산채권자 그 밖의 이해관계인 모두에게 미리 주지시켜 집회에 대하여 준비하도록 한 것이다. 한편 제1회의 채권자집회의 기일에 대하여는 별도 규정이 있으므로(313조 1항) 위 규정에 의한 공고는 필요하지 않고, 제2회 이후의 채권자집회의 소집에 위 규정이 적용된다.

　채권자집회는 법원의 지휘로 진행된다(369조). 법원의 지휘권은 형식적 지휘권으로 민사소송법상의 변론의 지휘권(민사소송법 135조)과 마찬가지 성질이라고 볼 수 있다. 실질적 지휘권이 아니므로 법관은 개회의 선언, 발언의 허부와 그 제한, 의사의 정리, 연기 및 속행기일의 선고, 폐회의 선언 등 회의의 진행을 맡게 되나, 의사의 내용에 대하여는 간섭할 수 없다.49) 채권자집회는 판결에서의 변론이 아니므로 공개할 필요는 없다(비송사건절차법 13조 참조).

　한편, 법원은 신청 또는 직권으로 채권자집회의 연기 또는 속행을 할 수 있는데, 법원이 채권자집회에 있어서 결의사항을 변경하지 않고(결의는 공고된 사항에 한정되므로) 기일의 연기 또는 속행을 하고, 그 장소에서 연기 또는 속행에 관하여 선고가 있는 때에는 송달 또는 공고를 하지 아니할 수 있다(368조 2항). 참가의 기회를 가진 기일에서 즉시로 신기일을 지정하여 선고한 때에는 다수당사자관계가 상정되는 파산사건에서는 이해관계인에 대한 참가의 기회보장으로 충분하다고 보아 송달 또는 공고가 필요하지 않은 것으로 한 것이다. 따라서 신기일을 지정하여 선고한 것이 아닌 경우에는 신기일에 대하여 송달이나 공고를 하여야 한다.

---

48) 법인파산실무[제4판], 120면.
49) 의사의 내용에 관하여는 간섭할 수 없지만, 적절한 조언을 하는 것은 필요하다고 한다(법인파산실무[제4판], 121면).

4-28   **5. 결   의**

채권자집회에서의 의결권은 신고를 한 파산채권자에게만 인정된다. 확정된 채권자는 그 채권액에 따라서 의결권을 행사할 수가 있고(373조 1항), 그 밖의 채권자(미확정채권, 정지조건부 채권, 장래의 청구권 또는 별제권자의 부족액)에 대하여는 파산관재인 또는 다른 채권자의 이의가 있는 때에는 법원이 의결권 행사의 가부 및 의결권을 행사할 금액을 결정한다(동조 2항). 이 법원의 결정에 대하여 불복을 신청할 수 없다(13조 1항 참조). 그리고 파산채권자는 후순위 파산채권에 관하여는 의결권이 없다(373조 5항).

결의가 성립하기 위해서는 의결권을 행사할 수 있는 출석 파산채권자의 총채권액의 2분의 1을 초과하는 채권을 가진 사람의 동의가 필요하다(370조 1항).[50] 채권자집회의 결의에 관하여 특별한 이해관계가 있으면 그 의결권을 행사할 수 없다(370조 2항). 공정한 의결권의 행사를 기대할 수 없기 때문에 둔 규정이다. 가령 파산관재인의 법률행위에 관한 결의에 있어서 그 상대방인 파산채권자, 소 제기에 관한 결의에 있어서 그 상대방인 파산채권자가 이에 해당한다.

현행법에서는 파산채권자는 의결권을 통일하지 않고 행사할 수 있다는 규정을 신설하였다(371조 1항). 유사한 규정으로 회생절차의 관계인집회에서도 의결권의 불통일 행사를 규정하고 있고(189조), 주주총회에서도 주주가 2 이상의 의결권을 가지고 있는 때에는 이를 통일하지 않고 행사할 수 있다(상법 368조의2). 위 불통일 행사의 경우에 파산채권자는 채권자집회 7일 전까지 법원에 그 취지를 서면으로 신고하여야 한다(동조 2항). 이는 법원이 사전에 의결권의 불통일 행사의 유무를 파악하는 것에 의해 결의에 있어서 사무의 혼란을 피하고, 절차의 원활한 진행을 확보하기 위함이다. 다만, 법원의 사전 허가를 받아야 하는 것은 아니다.

그리고 파산채권자는 대리인에 의하여 그 의결권을 행사할 수 있다(372조). 의결권은 그 성질상 대리를 배제하여야 할 필연성은 없으므로 그 대리권 행사를 금지하지 않은 것이다. 한편, 위 의결권의 불통일 행사는 복수의 의결권자가 동

---

50) 종전 파산법 163조 1항에서는 다수의 소액채권자(人數의 과반만으로)나 소수의 다액채권자(채권액의 과반만으로)의 의사만으로 결의가 성립되지 않도록 하기 위해서 의결권을 행사할 수 있는 출석 파산채권자의 과반수(人數의 과반수)로서 또한 그 채권액이 출석 파산채권자의 총채권액의 半額을 초과하는 사람의 동의가 필요하다고 이중의 다수결을 요구하였는데, 현행법에서는 출석 파산채권자의 과반수 요건을 삭제하여 위와 같이 변경하였다.

일한 대리인을 선임한 경우에 필요성이 큰데, 대리인이 위임받은 의결권을 통일하지 아니하고 행사하는 경우에는 파산채권자가 의결권을 통일하지 않고 행사하는 경우와 마찬가지로 채권자집회 7일 전까지 법원에 그 취지를 서면으로 신고하여야 한다는 법 372조 2항을 준용한다.

결의가 적법하게 성립하면, 그 결의에 찬성하지 않은 채권자나 결석한 채권자도 포함하여 채권자 모두를 구속한다. 파산관재인도 구속한다. 명문의 규정은 없지만, 이는 당연한 것이다. 결의절차에 흠이 있더라도 그것이 경미한 때에는 결의의 효력에 영향이 없다 할 것이다. 그 절차에 중대한 흠, 예를 들어 결의가 부정한 방법에 의해 성립한 경우 등은 무효의 원인이 된다고 본다. 이러한 경우에는 파산채권자 등의 이해관계인은 파산관재인을 피고로 하여 결의무효확인의 소를 제기할 수 있다고 풀이할 것이다.[51]

6. 결의집행의 금지

4-29

채권자자치에 기초를 둔 채권자집회는 파산채권자의 공동의 이익을 도모하는 것을 목적으로 한 모든 파산채권자의 의사결정기관이므로 법원은 적법하게 성립한 채권자집회의 결의를 존중하고 간섭하지 않는 것이 현행법의 원칙이다. 그러나 다수결에 의한 결의에 있어서 경우에 따라서는 다수의 횡포에 의해 객관적으로는 파산채권자의 공동의 이익을 해하는 결의를 할 수도 있다. 그래서 적법한 결의라고 하더라도 결의의 내용이 파산채권자 일반의 이익에 어긋나는 때에는 법원은 그 결의의 집행을 금지할 수 있다(375조 1항). 집행금지는 결정의 형식으로 한다. 이 결정에 대하여는 이해관계인은 즉시항고를 할 수 있다(동조 4항). 집행금지결정의 효력은 장래에 향한 것만이고, 결의 그 자체를 무효로 하는 것은 아니므로 집행력이 없는 결의가 잔존하게 된다.

VI. 감사위원

1. 의   의

4-30

감사위원은 파산채권자의 일반의 이익을 옹호하기 위하여 주로 파산관재인

---

51) 竹下守夫 編集代表, 大コンメンタール破産法[菅野雅之 집필], 558면; 伊藤眞 外 5人, 条解破産法, 896면.

의 직무집행을 감독 및 보조하는 것을 임무로 하는 기관이다. 파산관재인과 달리, 감사위원은 반드시 설치할 기관은 아니고, 제1회 채권자집회에서 그 설치가 필요하다는 제안이 있는 경우에 결의로 설치 여부[52] 및 감사위원의 수가[53] 결정된다(376조 본문). 다만, 제1회 후의 채권자집회에서 그 결의를 변경할 수 있다(동조 단서). 한편, 간이파산의 경우에는 감사위원을 두지 않는다(553조).

    감사위원은 채권자집회에서 선임되고, 선임결의는 법원의 인가를 받아야 한다(377조). 감사위원이 임무가 파산절차의 감사인 것을 고려하여 그 선임에 있어서 채권자자치에 제한을 가하여 파산절차를 지휘·감독하는 파산법원의 인가가 필요하다고 규정한 것이다.

    현행법에서는 감사위원이 특정한 채권자를 대변하는 역할을 하는 등의 문제점을 피하기 위하여 감사위원은 법률이나 경영에 관한 전문가로서 파산절차에 이해관계가 없어야 한다는 규정을 신설하였다(377조 2항). 한편, 자연인 이외에 법인도 감사위원이 될 수 있는지 여부에 대하여 논의가 있을 수 있다. 반대 입장도 있을 수 있지만,[54] 법인은 그 기관을 통하여 감사위원의 직무를 행함에 지장은 없다 할 것이므로 감사위원이 될 수 있다고 적극적으로 풀이할 것이다.

    채권자집회는 언제라도 감사위원을 해임할 수가 있다(380조 1항). 법원은 상

---

52) 그런데 도산법 입법과정에 있어서 감사위원을 두지 않더라도 법원의 감독으로 충분하고, 반대로 감사위원이 특정한 채권자를 대변하는 역할을 하거나, 모든 감사위원의 동의를 얻으려면 복잡하게 되는 등 단점도 있어서 감사위원을 폐지하자는 입장도 있었으나, 결국 현행법에서는 몇 가지 점을 보완하여 감사위원을 그대로 존치시켰다. 감사위원은 채권자협의회제도를 두지 않고 있던 당시의 입법에서 채택한 것인데, 채권자협의회제도를 두는 이상, 파산채권자의 의사를 파산절차에 반영하기 위한 수단은 별도로 충실히 마련되어 있다는 것도 감사위원을 폐지하고자 한 이유이었다. 서울지방법원의 실무에 의하면, 감사위원수가 3인 이상으로 법정되어 있기 때문에(종전 파산법 170조 1항) 그 보수의 지급으로 배당액이 감소되고, 파산관재인이 감사위원의 동의를 얻기 위해서는 시간이 소요되며, 감사위원 사이에 의견의 대립이 발생한 경우에는 원활한 관재업무가 지연되고, 감사위원이 특정한 채권자의 이익을 대변하는 등으로 파산관재인 직무집행에 지연과 혼란을 초래할 수 있고, 반대로 파산관재인과 유착할 우려가 있다는 이유로 감사위원을 거의 설치하지 않는 것으로 운영되었다고 한다. 서울지방법원은 위와 같은 이유에서 감사위원을 설치 및 선임하기로 한 사건에서 채권자집회의 감사위원의 선임결의의 집행을 금지하는 결정을 한 바도 있다고 한다(서울지방법원, 파산사건실무(개정판), 61면). 현재도 실무상 감사위원을 설치하지 않는 것으로 운영하고 있다고 한다(전대규, 1205면 각주 87). 위와 같은 이유에서 2005년 시행의 일본 신파산법에서는 감사위원제도를 폐지하였다.
53) 종전 파산법 170조 1항에서는 감사위원의 수를 3인 이상으로 하도록 명시하였으나, 현행법에서는 이를 삭제하고, 위와 같은 규정을 두었다.
54) 부정설은 감사위원의 직무의 성질 및 자연인인 감사위원에 대하여는 벌칙을 두고 있는 것(655조, 656조)을 그 이유로 들고 있다.

당한 이유가 있는 때에는 이해관계인의 신청에 의하여 감사위원을 해임할 수 있다(동조 2항).

감사위원은 파산관재인과 같이 직접 법원의 감독을 받지 않지만, 직무의 집행에 있어서 필요한 주의의무의 정도 및 이해관계인에 대한 책임은 파산관재인과 마찬가지 원칙에 따르는 것이 타당하고, 그 직무의 수행상 비용이 필요한 것및 보수를 받아야 하는 것도 파산관재인과 마찬가지이므로 감사위원의 선관주의의무 및 비용·보수 등에 대하여는 파산관재인에 관한 규정이 준용된다(381조, 30조 1항, 361조).

2. 직 무

(1) 직무의 내용

4-31

감사위원의 직무는 파산관재인에 대한 감독적 성격을 갖는 것과 파산관재인에 대한 보조적 성격을 갖는 것으로 나뉜다.

1) 감독적 성격

4-32

파산관재인의 관재업무를 감시하는 것이 감사위원의 주요한 직무이다. 그 직무를 적절하게 행사하기 위해서는 파산관재인의 직무집행의 실정을 살펴야할 필요가 있다. 그리하여 파산관재인의 직무집행을 감사하고(379조 1항), 언제든지 파산관재인에게 파산재단에 관한 보고를 요구하거나 파산재단의 상황을조사할 수 있고(동조 2항), 파산채권자에게 현저하게 손해를 미칠 사실을 발견한때에는 지체 없이 법원 또는 채권자집회에 보고하도록 하고 있다(동조 3항). 가령파산재단에 관련된 소송 상황 등과 같은 파산관재인의 직무의 진행을 감사하고, 중간배당 그 밖의 배당의 가능성 등과 같은 파산재단에 관한 경과와 현상에 대하여 파산관재인에게 보고를 요구하고, 또한 고가품의 존부의 조사 등과 같은파산재단의 상황을 조사하는 것에 의하여 파산관재인에 대한 감독이 이루어진다. 위 예에서 파산재단에 관한 보고를 구하였음에도 불구하고 파산관재인이 이에 응하지 않은 경우에는 법원은 그 감독권(358조)에 기하여 파산관재인에게 보고의무의 이행을 명할 수 있을 것이다.

그리고 파산관재인의 계산보고서에 감사위원의 의견서를 첨부하고(365조 3항), 감사위원은 파산관재인의 해임을 법원에 신청할 수 있다(364조 1항).

4-33   2) 보조적 성격

파산관재인이 파산재단에 속한 재산의 환가 등 중요한 행위를 하는 경우에
감사위원은 동의권을 가진다(491조, 492조, 500조, 506조).

4-34   (2) 직무의 집행

감사위원이 3인 이상 있는 경우에 감사위원의 직무집행은 그 과반수의 찬
성으로 결정한다(378조 1항). 특별한 이해관계가 있으면 표결에 참가할 수 없다
(동조 2항).

한편, 채권자집회는 총 파산채권자의 의사결정기관이고, 감사위원은 법률
상 그 채권자집회의 위임에 의해 그 권한을 행사하고 이에 종속하므로(380조 참
조) 감사위원의 동의 또는 의견보다는 채권자집회의 결의가 우월적 지위를 가져
서, 채권자집회의 결의는 감사위원의 동의에 갈음하는 효력이 인정되고, 감사위
원의 의견과 채권자집회의 결의가 대립하는 때에는 채권자집회의 결의가 우선
한다(374조). 파산채권자의 일반적 이익에 중대한 관계를 가지는 부동산의 처분
등을 하는 경우에는 감사위원의 동의보다도 채권자집회의 결의로 결정하는 쪽
이 공정을 기할 수 있으므로 위 방법이 채택될 수 있다.

4-35   **3. 해   임**

감사위원은 채권자집회에서 선임되는 것이므로 그 해임에 관하여도 채권자
집회의 권한에 맡겨 해임의 필요가 인정되는 경우에는 언제든지 채권자집회의
결의로 해임할 수 있도록 하였고(380조 1항), 나아가 상당한 이유가 있음에도 불
구하고 채권자집회가 해임의 결의를 하지 않는 경우의 조치로 이해관계인의 신
청이 있으면 법원도 감사위원을 해임할 수 있도록 하였다(380조 2항).[55]

감사위원의 해임에 관한 재판에 대하여 즉시항고를 할 수 있고(380조 3항),
이 즉시항고는 집행정지의 효력이 없다(380조 4항).

---

55) 한편, 감사위원에 대하여는 파산관재인과 달리(363조 참조), 사임에 관한 규정이 없으므로 민
법 689조 1항 등 위임의 규정의 준용에 의해 언제든지 이유 여하를 불문하고 사임할 수 있다고
본다. 다만, 일단 수임한 감사위원은 선량한 주의의무를 부담하므로(381조, 361조) 적당하지 않
은 시기에 사임하여 손해를 입힌 때에는 그 책임을 면할 수 없다 할 것이다(민법 689조 2항).

제 4 장

파산재단과 파산채권 등

제 1 절   파산재단

파산이 선고되어 파산관재인의 관리처분권에 따르게 되는 채무자의 재산의 집합체를 파산재단이라고 한다. 파산재단의 범위에 대하여 법 382조 1항은 채무자가 파산선고 당시 가진 모든 재산은 파산재단에 속한다고 규정하고 있고, 그리고 법 383조 1항에서 압류할 수 없는 재산은 파산재단에 속하지 않는다고 규정하고 있다. 위 압류금지재산 이외에 새롭게 법 383조 2항에서는, 대통령령으로 정하는 소액보증금, 6월간의 생계비를 파산재단에서 면제할 수 있도록 규정하여 파산선고를 받은 개인채무자가 기본적 생활을 유지할 수 있도록 하였다.

I. 파산재단의 의의

5-1

파산선고가 있으면 원칙적으로 채무자의 총재산은 파산적 청산을 위한 목적재산이 되어 오로지 파산관재인이라는 독립한 관리기관하에서 관리·환가되어 파산채권자에게 공평하게 배당되어 만족을 주게 된다. 이러한 상태에 놓인 채무자의 재산의 집합체를 파산재단(Konkursmasse)이라고 부른다. 그런데 파산재단은 절차의 개시, 절차의 진행, 절차의 종료라는 세 가지 단계 가운데 어느 단계에서의 파산재단을 문제로 삼는가에 따라 세 가지 개념으로 나눌 수가 있는데, 하나는 법정재단, 다음으로 현유재단(현실재단, 실재재단), 그리고 배당재단이다.

한편, **회생형 절차**에서는 채
무자의 재산이 청산되지 않고, 채
무자가 계속 존속하는 것을 전제
로 하므로 채무자와 재단을 분리
할 필요가 없어서 회생절차에서
는 별도로 회생재단이라는 개념
을 두고 있지 않으나, 다만, **개인**

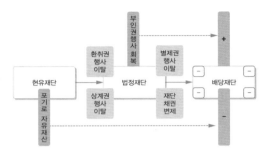

회생절차에서는 법 580조에서 개인회생재단이라는 개념을 두고 있다(☞ 17-58).

	파산재단	회생재단	개인회생재단
개 념	○	×	○

5-2   **1. 법정재단**

  법정재단(Sollmasse)은 파산재단의 구성에 관하여 법이 예정하고 있는 객관
적으로 범위가 정하여진 파산재단을 말한다. 법 382 1항에서 채무자가 파산선
고 당시에 가진 모든 재산은 「**파산재단**」에 속한다고 규정하고 있는데, 여기에서
의 파산재단은 바로 이러한 의미이다. 바꾸어 말하면 법률상 당연히 있어야 할
모습의 당연재단(Sollmasse)이 법정재단이다. 그런데 이는 관념적인 것이어서 실
제로는 파산선고 당시에 파산재단 가운데 제3자의 소유에 속하는 재산이 포함
되어 있든지, 반대로 파산재단으로부터 벗어나 있지만 당연히 파산재단에 회복
시켜야 할 재산도 있어서 법정재단은 현실에서의 재단과 다르게 된다.

  한편, 채무자의 재산 가운데 법정재단에 속하지 않고, 채무자가 자유롭게
처분할 수 있는 재산을 자유재산이라고 한다. 예를 들어 압류가 금지되어 있는
재산은 파산재단에 속하지 아니하므로 자유재산이 된다.

5-3   **2. 현유재단**

  현유재단(Istmasse)은 파산절차개시 후에 파산관재인이 현실적으로 점유·관
리하고 있는 재산에 의하여 구성되는 재단을 말한다(현실재단, 실재재단이라고도 한
다). 위에서 보았듯이 파산절차개시 시점에서는 법률상 당연히 있어야 할 파산

재단인 법정재단과 파산관재인이 현실적으로 점유·관리하고 있는 현유재단은 같지 않은 것이 일반적이다. 예를 들어 법 407조는 파산선고는 채무자에 속하지 아니하는 재산을 「파산재단」으로부터 환취하는 권리에 영향을 미치지 아니한다고 규정하고 있는데, 제3자가 소유권에 기하여 파산재단에 혼입되어 있는 해당 재산의 반환청구를 하면 파산재단은 그만큼 감소하게 된다. 이와 같이 절차의 진행과정에서 변동하는 현실의 재단이 현유재단이다.

결국 법정재단과 현유재단을 일치시키는 것이 파산관재인의 중요한 직무 가운데 하나가 된다. 파산재단의 관리 및 처분을 하는 권리는 파산관재인에게 속하고 있으며, 파산재단의 환가는 파산관재인이 행하고, 파산재단에 관한 소송에 대하여는 파산관재인이 당사자가 된다. 예를 들어 파산관재인은 부인권을 행사하고 또는 신고된 파산채권에 대하여 이의를 진술할 수 있다. 파산관재인은 이러한 직무를 수행하여 법정재단과 현유재단을 일치시킨다.

위와 같이 재단의 개념으로 법정재단, 현유재단 등과 같이 다른 개념을 사용하는 것은 파산절차개시 후에 파산관재인이 파산재단에 속하는 재산의 점유·관리를 완료하기까지에는 시간이 걸리므로 당연히 있어야 할 법정재단과 현실로 점유·관리하고 있는 재산 사이의 간극을 승인하지 않을 수 없기 때문이라고 할 수 있다.[1]

3. 배당재단

5-4

파산관재인은 현유재단을 법정재단과 일치시켜 나가면서 배당의 자원을 만드는데, 배당이라는 단계에서 실제로 파산채권자 등에게의 배당의 자원에 충당할 수 있는 재산을 지칭하여 배당재단이라고 한다. 즉, 배당재단은 파산채권자의 만족에 제공할 수 있는 파산재단을 뜻한다. 법 505조에서 말하는 **「배당하기에 적당한 금전」**이 배당재단이 되는 것이다. 배당표를 작성함에 있어서(507조) 배당에 충당할 재산의 범위가 최종적으로 확정된다.

---

1) 加藤哲夫, 破産法, 128면.

5-5 **Ⅱ. 파산재단의 법적 성격**

재산의 집합체인 파산재단의 법률상의 성격 내지는 지위를 어떻게 볼 것인가가 파산법 이론의 중요한 논점으로 등장하고 있다. 즉, 파산재단에 법인격(법주체성, 권리주체성)까지도 인정할 것인지 여부의 문제이다. 이는 파산절차를 주재하는 파산관재인의 법적 지위를 어떻게 볼 것인가 하는 문제(☞ 4-20)와 함께 표리일체를 이루고 있다. 이를 통일적 또는 체계적으로 설명하려는 것이 파산법학을 관통하는 중요한 이론적 문제가 되어 왔다.

5-6 **1. 긍정설 — 파산재단법주체설**

파산법상의 여러 법률효과를 모순 없이 설명하기 위하여 법률효과의 귀속주체로서 파산재단 그 자체에 법주체성을 긍정하는 것이 합리적이라고 보는 입장이다. 법인격을 긍정하는 직접적 명문의 규정은 없으나, 예를 들어 「파산재단에 관하여(대하여) 생긴 청구권」(473조 4호, 5호), 「파산재단에 생긴 손해」(313조 4항) 등의 문언이 사용되고 있는 것, 재단채권으로 채무자가 부조료를 재단에 대하여 가지는 것(473조 9호) 등으로부터 본다면, 도산법은 파산재단에 법인격이 있는 것을 전제하고 있다고 풀이한다. 이 입장에서는 파산재단을 구성하는 재산은 이 재단법인에 귀속하고, 그 대표자로서 파산관재인이 관리처분권을 가지게 된다(파산관재인의 법적 지위에 관한 **파산재단대표설** 참조). 그런데 법인격은 실정법에 의하여서만 인정되는 것이어서 파산재단에 법인격을 인정하는 명문의 규정이 존재하지 않는 이상 파산재단에 법인격을 인정하는 것은 찬성할 수 없다.

5-7 **2. 부정설 — 관리기구인격설**

파산재단 그 자체의 법주체성을 부정하고, 그 대신에 파산관재인의 의의를 파산재단의 관리기구로서의 파산관재인과 그 담임자로서의 파산관재인으로 나눈 뒤, 관리기구로서의 파산관재인에게 법인격을 인정하는 입장이다(파산관재인의 법적 지위에 관한 **관리기구인격설** 참조). 이 입장에서 파산재단은 관리기구로서 파산관재인에게 귀속하는 관리처분권의 객체가 되는 재산의 집합체라고 본다(위 파산재단에 법인격을 인정하는 법주체설에 대하여 여기서의 입장은 권리객체설이라고 한다).[2] 이 입장에 따르기로 한다.

Ⅲ. 파산재단의 범위

5-8

◆ **구체적 예** ◆ 파산선고를 받은 A의 파산선고시의 재산은 다음과 같은데, 각 재산은 파산재단에 속하는가. ① 현금 100만원, ② 보통예금채권 100만원, ③ 파산선고 전 교통사고로 인한 휴유증에 따라 발생한 일실이익손해배상청구권, ④ 퇴직금채권(채무자가 이미 퇴직한 경우와 아직 퇴직하지 않은 경우), ⑤ 명예훼손을 이유로 한 위자료청구권(이를 행사할 의사를 표시한 것만인 경우와 금액이 확정되어 이행만을 남겨둔 경우), ⑥ 채무자 소유의 미국 내에 있는 토지

여기서 말하는 파산재단은 법정재단이다. 파산재단(법정재단)은 원칙적으로 채무자가 파산선고 시점에서 소유하는 모든 재산으로 구성된다(382조 1항). 다만, 압류할 수 없는 재산은 파산재단에서 제외되고, 개인채무자의 기본적 생활을 유지하기 위하여 일정한 범위의 재산을 파산재단에서 면제할 수 있도록 하였다(383조).

◆ **외국에 있는 재산** ◆ 종전 파산법 3조 1항은 국내에 있어서 파산선고의 효력은 외국에 있는 채무자의 재산에는 미치지 않는다고 규정하여 외국에 있는 채무자의 재산은 파산재단에 속하지 않고, 자유재산으로 채무자가 관리처분권을 가졌다. 이러한 원칙을 속지주의라고 부른다. 그러나 현행 도산법에서는 위 규정을 삭제하여 더 이상 속지주의를 취하지 않았으므로(보편주의로 접근하여 보편주의를 일부 수용)[3] 이제는 채무자의 외국에 있는 재산도 파산재단에 속하게 되었다.[4]

1. 재산일 것

5-9

채무자의 재산이어야 한다. 재산에는 부채 등의 소극적 재산도 있으나, 여기에서는 경제적인 가치가 있는 물건 내지는 권리인 적극적 재산일 것이 요건이

---

2) 전대규, 1208-1209면. 일본에서는 山木戸克己, 破産法, 106면; 伊藤眞, 破産法 · 民事再生法, 235면.

3) 속지주의는 보편주의 내지는 보급주의(普及主義)와 대비된다. 보편주의는 파산의 효력이 절차개시국가 뿐만 아니라 외국에도 미치는 것으로 대외적 효력을 긍정하는 입장이다. 물론 다른 나라가 그 효력을 승인할 것인지 여부는 별도의 문제지만, 보편주의는 파산의 효력을 국제적인 것으로 이해하여 파산절차를 세계 전체에서 통일적으로 처리하려는 의도를 포함하는 것이라고 할 수 있다.

4) 나아가 법 640조는 국내도산절차의 관리인 · 파산관재인 그 밖에 법원의 허가를 받은 사람 등은 외국법이 허용하는 바에 따라 국내도산절차를 위하여 외국에서 활동할 권한이 있다고 규정하고 있다.

다. 부동산이나 동산, 담보물권이나 용익물권, 무체재산권, 상호도 여기에 당연히 속한다. 한편, 채무자의 성명권 등의 인격권이나 부양을 받을 권리 등의 신분권은 여기서의 재산이 아니다. 그런데 파산선고 후에 재산적 가치가 없는 것이 판명된 것이라도(산업폐기물, 오염된 토양의 토지 등) 일반적으로 재산으로 볼 수 있는 것은 파산재단에 속한다.5)

5-10   ## 2. 채무자에 속하는 재산일 것

어느 재산이 채무자에 속하는지 여부는 민법 등과 같은 사법의 일반원칙에 의하여 정한다.6) 채무자 자신이 권리를 주장할 수 없는 재산은 원칙적으로 파산재단을 구성하지 않는다. 예를 들면 불법원인급여의 부당이득반환청구권(민법 746조)이 그 예이다.

> ◆ **이혼으로 인한 재산분할청구권** ◆   이혼으로 인한 재산분할청구권은 이혼을 한 당사자의 일방이 다른 일방에 대하여 재산분할을 청구할 수 있는 권리로서 청구인의 재산에 영향을 미치지만, 순전한 재산법적 행위와 같이 볼 수는 없다. 오히려 이혼을 한 경우 당사자는 배우자, 자녀 등과의 관계 등을 종합적으로 고려하여 재산분할청구권 행사 여부를 결정하게 되고, 법원은 청산적 요소뿐만 아니라 이혼 후의 부양적 요소, 정신적 손해(위자료)를 배상하기 위한 급부로서의 성질 등도 고려하여 재산을 분할하게 된다. 또한 재산분할청구권은 협의 또는 심판에 의하여 구체적 내용이 형성되기까지는 그 범위 및 내용이 불명확·불확정하기 때문에 구체적으로 권리가 발생하였다고 할 수 없어 채무자의 책임재산에 해당한다고 보기 어렵고, 채권자의 입장에서는 채무자의 재산분할청구권 불행사가 그의 기대를 저버리는 측면이 있다고 하더라도 채무자의 재산을 현재의 상태보다 악화시키지 아니한다. 이러한 사정을 종합하면, 이혼으로 인한 재산분할청구권은 그 행사 여부가 청구인의 인격적 이익을 위하여 그의 자유로운 의사결정에 전적으로 맡겨진 권리로서 행사상의 일신전속성을 가지므로, 채권자대위권의 목적이 될 수 없고 파산재단에도 속하지 않는다고 보아야 한다.7)

---

5) 여기서 환경정화비용 등의 부담을 어떻게 처리할 것인가 문제될 수 있다. 파산관재인에 의한 포기 등의 처리(492조 12호)에 맡기는 방법을 생각할 수 있다.
6) 신탁법에 의한 신탁에 있어서 수탁자가 파산선고를 받은 경우에는 신탁관계는 당연히 종료되고(신탁법 12조 1항 3호), 신탁재산은 수탁자의 파산재단에 속하지 않는다(동법 24조). 신탁재산에 속하는 재산은 수탁자에게 속하는 재산이지만, 수탁자의 파산절차로부터 격리된다.
7) 대법원 2022. 7. 28.자 2022스613 결정; 대법원 2023. 7. 14.자 2023마5758 결정.

3. 파산선고 당시의 재산일 것   5-11

파산재단의 시간적 범위에 대하여는 다음과 같은 두 가지의 원칙이 있
다. 「**고정주의**」(固定主義)는 파산선고 시점에 재산이 채무자에 귀속하고 있는지
여부를 기준으로 재단의 범위를 고정하는 원칙이고, 「**팽창주의**」는 파산선고 후
에 채무자가 새롭게 취득한 재산도 순차적으로 파산재단에 혼입하는 원칙이다.

파산절차에 있어서 법은 382조 1항에서 채무자가 파산선고 당시에 가지는
재산으로 파산재단을 구성하는 **고정주의**를 채택하고 있다.[8] 가령, 교통사고에
의한 휴유증에 따라 발생하는 일실이익손해배상청구권은 파산선고 전에 교통사
고가 있은 이상 파산선고시에 가지는 재산에 해당한다(그런데 불법행위사실이 파산
선고 전후인가에 따라 피해자인 채무자 자신의 구제에 큰 차이가 생기는 것은 타당하지 않으므
로 채무자의 생활형편을 고려하여 자유재산의 범위를 확장하는 것에 의하여 채무자의 장래의
생활보장을 도모하여야 할 것이다. ☞ 5-14). 한편, 채무자가 파산선고 후에 자신의 노
동에 의하여 얻은 소득과 같은 파산선고시에 있어서 총재산 이외의 새롭게 취득
한 재산(新得財産)은 파산재단에 포함되지 않는다. 이러한 고정주의 · 팽창주의의
구별은 개인파산의 경우에만 의미가 있다. 법인파산의 경우에 파산은 법인의 해
산사유이므로 파산한 법인 자신의 경제활동에 의한 새로운 재산취득은 생각할
수 없고, 그리하여 재단의 시간적 범위는 거의 중요한 의미가 없기 때문이다.
한편, 같은 도산처리절차라도 파산절차와 달리 **개인회생절차**에 있어서는 절차
개시 후에 채무자가 취득한 재산 및 소득도 변제재원에 포함된다는 점에서 **팽창**
주의에 가깝다고 할 수 있다(580조 1항 2호 참조. ☞ 17-58).[9]

고정주의는 다음과 같은 장점이 있다. 첫째, 파산재단의 범위가 파산선고시
에 확정되므로 팽창주의에 비하여 파산절차의 조속한 종결을 기대할 수 있다.

---

8) 연혁적으로 독일 구파산법(Konkursordnung) 1조가 고정주의를 채택하였고, 이를 받아들여
   일본과 우리는 고정주의를 채택한 것이다. 그런데 독일 새로운 도산법(Insolvenz- ordnung) 35
   조는 도산절차개시시에 채무자에게 속하는 재산뿐만 아니라 도산절차 도중에 채무자가 새롭게
   취득하는 재산도 도산재단에 포함하는 팽창주의를 채택하였다. 이는 286조 이하에서 새롭게 잔
   존채무 면책절차를 도입한 것과도 관련된다. Braun/Bäuerle, 7. Aufl. 2017, InsO § 36 Rn.
   122-127.
9) 그런데 청산형 절차인 파산절차의 경우에는 파산선고시를 기준으로 하여 채무자의 재산의 관
   리처분권을 파산관재인에게 부여하여 환가할 필요가 있으므로 파산재단의 범위를 확정하는 것
   이 필수적이나, 회생형 절차 가운데 회생절차에서는 채무자가 계속 존속하는 것을 전제로 하므
   로 채무자와 재단을 분리할 필요가 없어서 별도로 회생재단이라는 개념을 두고 있지 않다(이는
   개인회생절차와 다르다).

둘째, 채무자가 파산선고 후에 새롭게 취득한 재산을 파산재단에서 제외하므로
채무자의 경제적 재출발을 보다 용이하게 하고, 그 근로의욕을 고취할 수 있다.

그런데 파산선고 전에 이미 채권의 발생원인은 있지만, 파산선고시에는 아
직 채권이 구체화하고 있지 않은 장래의 청구권이라도 파산재단이 되는지 여부
가 고정주의하에서 문제가 되는데, 법 382조 2항에서는 파산선고 전에 생긴 원
인으로 **장래에 행사할 청구권**도 파산재단에 속한다고 규정하고 있으므로 위와
같은 청구권은 파산재단이 된다. 파산선고 전에 원인이 있어서 채권이 발생하고
있는 이상 채무자가 가지는 재산으로 파산재단에 속하는 것으로 취급하는 것이
다. 이러한 종류의 청구권의 예로서는 보증채무나 연대채무관계 등에서 생기는
구상권을 들 수 있다. 그런데 후술하듯이 장래의 청구권의 해석과 관련하여 퇴
직금채권의 취급이 문제가 된다.

◆ **보험금청구권** ◆   보험금청구권은 보험계약의 성립과 함께 보험사고의 발생 등
의 보험금청구권이 구체화하는 사유의 발생을 정지조건으로 하는 채권이라고 할 수
있다. 이 정지조건이 성취하여 청구권이 구체화하기 전의 보험금청구권을 추상적 보
험금청구권이라고 하고, 한편 청구권이 구체화된 뒤의 보험금청구권을 구체적 보험
금청구권이라고 한다. 여기서 구체적 보험금청구권에 대하여는 압류금지재산 등이
되지 않는 한, 구체화의 요건이 파산선고 전에 전부 충족되어 있으므로 보통의 금전
채권이 되어 파산재단에 귀속하는 것에 대하여는 다툼이 없다. 문제가 되는 것은 추
상적 보험금청구권인데, 이 법적 성질을 어떻게 풀이할 것인가에 의하여 결론이 달
라진다. 파산선고 전에 성립한 제3자를 위한 생명보험계약에서 피보험자의 사망 전
에 있어서 채무자인 사망보험금 수취인이 가지는 사망보험금청구권의 사안에서 일본
판례는 382조 2항에 해당하는 청구권으로 파산재단에 속한다고 보았다.[10]

◆ **퇴직금채권** ◆   파산선고시 채무자가 회사에 근무하고 있었고, 가령 그 채무자가
근속 20년이 된다면, 20년에 상당하는 퇴직금이 있게 되고, 이후 계속하여 근무하면
당연하게 퇴직금이 증가할 것인데, 이 퇴직금채권이 파산재단에 속하는지 여부가 장
래의 청구권의 해석과 관련하여 문제가 된다. 이는 특히 근로자의 권리보호에서 있어
서 대단히 중요한 의미를 가진다. 물론 민사집행법 246조 1항 5호에 의하면 퇴직금의

---

10) 일본 最判 2016年(平成 28年) 4月 28日의 입장이다. 이전의 하급심 재판례도 파산선고 전에
성립한 보험계약에 기한 추상적 보험금청구권(보험사고의 발생 등의 구체화 사유가 발생하기
전의 보험금청구권)은 파산선고 전에 생긴 원인으로 장래에 행사할 청구권으로 파산선고에 의
해 파산재단에 속하는 재산이 된다고 보았다(일본 東京高決 2012年(平成 24年) 9月 12日; 東京
地決 2012年(平成 24年) 8月 6日 등). 파산선고 후에 보험사고가 발생한 경우의 보험금청구권
이 자유재산인지 여부가 다툼이 되었지만, 파산재단에 속한다는 것을 분명히 한 재판례이다.

2분의 1에 해당하는 금액은 압류금지채권이고, 압류할 수 없는 재산은 파산재단에 속하지 않는다는 도산법 383조 1항에 의하여 퇴직금의 2분의 1만이 여기서 문제된다.

그리고 장래의 퇴직금채권이 아닌, 파산선고 전에 채무자가 회사를 퇴직하여 현실적으로 퇴직금채권을 가지고 있을 때에 그 청구권이 파산재단에 속하는 것은 분명하다.

퇴직금의 성격에 대하여는 여러 견해가 있으나, 임금의 후불로 보는 것이 일반적이다. 그리고 퇴직금채권은 퇴직이라는 장래의 사실에 의하여 현실화하는 권리이므로 장래의 청구권에 해당된다고 본다. 이를 전제로 한다면 파산선고시까지 근로의 대가에 상당하는 퇴직금의 2분의 1은 파산재단에 속하게 된다.[11] 그런데 나아가 다음과 같은 문제도 있다. 파산관재인으로서는 파산재단소속재산인 채무자의 퇴직금을 스스로 고용주인 제3채무자로부터 추심하여 파산재단에 포함하여야 하는데, 한편으로는 고용계약은 채무자의 일신전속적인 법률관계이므로 파산관재인이 이를 해지할 수 없다. 채무자가 자발적으로 퇴직하면 되지만, 그렇지 않은 경우에 파산관재인이 채무자의 고용계약을 해지하여 퇴직금을 받아낼 수 없는 것이다. 또한 파산관재인이 사실상 채무자의 퇴직을 강제하는 것도 파산절차종료 후의 채무자의 재출발을 생각한다면 문제가 있다. 일본에서는 실무상 파산관재인이 채무자에게 자발적인 퇴직을 구하던가, 퇴직금과 동가치의 자유재산을 파산재단에 투입시키고, 파산관재인이 퇴직금채권을 채무자를 위하여 포기한다는 취급이 행하여진다고 한다.[12]

4. 압류할 수 있는 재산일 것   5-12

파산절차는 채무자의 총재산을 파산관재인의 관리처분에 맡겨서 강제적으로 환가하는 것에 의하여 총채권자에 대하여 비례적 만족을 얻으려는 절차로, 집행절차로서의 성격을 가지므로 민사집행법에서 압류가 금지되고 있는 입법취지는 파산절차의 경우에도 마찬가지로 적용할 수 있다. 그리하여 법 383조 1항은 압류할 수 없는 재산은 파산재단에 속하지 않는다고 규정하고 있다.[13] 즉, 파산재단에 속하는 재산은 압류할 수 있는 재산이어야 하므로 채무자가 파산선고 전에 취득한 재산이라도 압류금지재산은 파산재단을 구성하지 않는다. 결국 채무자는 이에 대하여 자유롭게 관리·처분할 수 있다(자유재산).

민사집행법상 압류가 금지되는 것으로는 법 195조의 압류가 금지되는 물건

---

11) 노영보, 144면.
12) 伊藤眞, 破産法·民事再生法, 239-240면. 이를 지지하는 입장으로는 전대규, 1213면. 종전 근로기준법 34조 3항(현행 근로자퇴직급여보장법 8조 2항)에는 퇴직금중간정산제도가 있는데, 파산관재인에게 채무자에 대하여 퇴직금의 중간조사요구권을 인정하는 방법도 생각할 수 있다는 견해로는 선재성, "파산과 노동관계", 파산법의 제문제[上](1999), 534면.
13) 독일 도산법(Insolvenzordnung) 36조 1항, 일본 파산법 34조 3항도 마찬가지 취지를 규정하고 있다.

및 법 246조의 압류금지채권이 있다.[14] 그런데 종전 파산법 6조 3항(현행 도산법 383조 1항에 대응) 단서에서는, 압류금지재산이더라도 파산법 독자의 관점에서 민사집행법 195조 4호 내지 6호 및 246조 1항의 각 호에 열기한 물건 및 채권은 예외로 파산재단에 속한다고 규정하였는데,[15] 민사집행법 195조 4호 내지 6호의 생업에 사용되는 동산을 자유재산으로 인정하지 않는 것은 문제이고, 나아가 급료, 퇴직금과 같은 민사집행법 246조 1항의 압류금지채권을 파산재단에 속하게 한 것은 채무자의 기본적 생활보장과 관련하여 문제이므로 현행법 383조 1항에서는 위와 같은 단서 규정을 삭제하였다.[16] 따라서 이제는 민사집행법상 압류가 금지되는 재산에 대하여는 도산법상으로도 파산재단에 속하지 않는다.

◆ **위자료청구권** ◆ 일신전속권은 그 성질상 압류가 금지되는데, 문제가 되는 것은 위자료청구권이다. 명예훼손을 당한 피해자가 가해자에 대하여 가지는 위자료청구권이 파산선고의 효과에 의하여 파산재단에 속하는지 여부가 문제가 된 사안에서 일본 **판례**는 위자료청구권은 피해자가 이를 행사할 의사를 표시한 것만으로 일신전속성을 상실하는 것이 아니고, 피해자가 파산선고를 받더라도 그것은 파산재단을 구성하는 것은 아닌데, 파산선고 후에 당사자 사이에서 합의 등에 의하여 구체적인 금액이 확정되어 이행만을 남겨둔 경우에는 위자료청구권은 일신전속성을 상실하여 파산재단에 속한다고 보았다.[17] **생각건대** 위자료청구권은 본래 훼손된 인격가치의 회복을 도

14) 그 밖에도 공무원연금법 32조의 급여를 받을 권리, 근로기준법 89조의 보상청구권과 같이 특별법에 의하여 압류가 금지되는 경우가 있고, 한편 권리의 성질상 압류의 대상이 될 수 없는 경우가 있다. 이러한 재산은 파산재단에 속하지 않는다.
15) 민사집행법 195조 4호 및 5호에서 규정하는 영업용 동산, 즉 농업을 영위하는 사람, 어업을 영위하는 사람이 영업상 필요로 하는 물건이 압류금지에서 제외되어 파산재단에 속하게 된 이유는 다음과 같다. 종래의 영업을 채무자 자신이 계속하는 것을 전제로 하는 개별집행에 있어서는 압류금지재산으로 하는 것이 합리성을 가지지만, 채무자의 영업의 계속을 전제로 하지 않는 파산절차에서는 타당하지 않기 때문이다.
16) 규정을 삭제하는 것이 타당하다는 지적으로는 김경욱, "파산재단의 범위에 관한 연구 — 파산법 제6조를 중심으로 —", 비교사법(제14호, 2001), 498면 이하. 민사집행법 195조 6호를 압류금지재산에서 제외하여, 파산재단에 속한다고 한 것은 잘못이다. 6호는 전문직 종사자·기술자 등 채무자 개인의 지적·기능적 노동을 기초로 하는 일에 관계하는 물건이기 때문이다. 그리고 민사집행법 246조 1항 4호의 급료에 대하여 김경욱, "독일 도산법제의 동향과 시사점", 2002. 9. 14. 한국비교사법학회 학술대회 발표문, 132면에서 민사집행법상 급여의 2분의 1을 압류금지하고 있는 것은 그것이 대부분의 국민에게 자신과 그 가족의 생존·기본적 생활유지를 위하여 필수적이라는 취지에서 입법된 것이라 할 것이고, 이러한 민사집행법상의 입법취지가 파산절차에서 달리 정하여져야 할 합리적인 이유를 찾기 어려울 것 같다. 따라서 민사집행법상의 압류금지규정을 채무자의 최저 생계보장이라는 취지에 알맞도록 정비하고, 이를 파산법에서도 일률적으로 적용할 수 있도록 하여야 할 것이라고 지적하고 있다.
17) 最判 1983年(昭和 58年) 10月 6日, 倒産判例百選[第5版](31사건), [酒井一 해설] 참조. 노영보, 143면도 마찬가지 취지이다.

모하기 위한 개인적인 명예 등의 대체물이므로 파산선고 당시에 이미 금전으로서 채무자의 수중에 존재하여 파산재단에 혼입되어 있는 경우가 아니라면 파산재단을 구성하지 않는다고 풀이할 것이다.[18]

IV. 자유재산

1. 의   의

5-13

채무자의 재산 가운데 파산재단(법정재단)에 속하지 않은 재산, 즉 채무자가 자유롭게 관리·처분할 수 있는 재산을 자유재산이라고 한다. 압류금지재산, 파산선고 후에 채무자가 새롭게 취득한 신득재산(新得財産), 법원이 법 383조 2항에 의하여 면제재산으로 인정한 재산 등이 자유재산이 된다.

그 밖에 파산관재인이 채무자를 위하여 특히 파산재단으로부터 포기한 재산 등도 자유재산이 된다. 법정재단에 속하는 재산이라도 관리나 환가에 드는 비용 때문에 재단의 이익이 되지 않는 경우에는 파산관재인의 선관주의의무(361조)에 따른 판단에 의하여 채무자를 위하여 재산을 재단으로부터 포기할 수 있는데(492조 12호 참조), 예를 들어 별제권이 행사된다면 남는 것이 없다고 여겨지는 부동산 또는 동산 등은 포기에 의하여 자유재산이 된다.

2. 면제재산(자유재산)의 범위의 확대

5-14

개인채무자파산의 경우에 자유재산이 많지 않으면 채무자는 그때부터 생활에도 곤란이 생기고, 또한 질병, 실직 등에 따른 갑작스럽게 발생한 필요한 지출도 할 수 없으므로 그 의미에서 경제적 재출발을 도모할 수 없다(이 점에서 법인파산의 경우는 특별한 문제는 없다).[19] 따라서 위 압류금지재산 이외에 파산재단에서 제외되는 면제재산의 범위를 확대할 것을 주장하여 왔다(반면, 파산채권자의 입장에서는 파산재단에서 제외되는 것은 배당재원이 적게 되는 것을 의미하므로 채무자와 파산채권자 양쪽의 입장에서 면제재산의 범위를 둘러싸고 이해의 대립이 생긴다). 포괄집행인 파산집행은 개별집행과는 상황이 다르므로(다만, 압류금지재산의 근거에 대하여는 양쪽에

---

18) 中野貞一郎·道下徹 編, 基本法コンメンタール破産法[池田辰夫 집필], 39면.

19) 법인에게 자유재산이 인정되는지 여부에 대하여 다툼이 있을 수 있는데, 법인은 개인과 달리, 생활보장을 도모할 필요가 없고, 또한 파산선고가 해산사유가 되고 있으므로 경제적 재기를 도모할 필요도 없다는 점에서 자유재산이 인정되지 않는다고 본다(竹下守夫 編集代表, 大コンメンタール破産法, 140면).

공통부분이 있는 것은 물론이다) 민사집행법과 동일한 규제만으로는 충분하지 않다고 생각하였고, 민사집행법상 압류금지재산과 별도로 면제재산의 범위의 확대를 도산법 독자의 관점에서 검토할 필요가 있기 때문이었다.20) 다행히 현행법에 위와 같은 주장이 입법적으로 반영되었다. 즉, 개인채무자파산의 경우에 압류금지재산 이외에도 채무자의 신청에 의하여 법원은 대통령령으로 정하는 소액보증금, 6월간의 생계비를 파산재단에서 면제할 수 있도록 하여(383조 2항),21) 채무자가 기본적 생활을 유지할 수 있도록 하였다. 그리고 개인회생절차에서도 이를 준용한다(580조 3항). 참고로 보면, 민사집행법 195조 3호는 채무자 등의 생활에 필요한 1월간의 생계비로서 대통령령이 정하는 액수의 금전을 압류금지재산으로 하고 있는데, 위 6월간의 생계비는 이를 증액한 것이라고 할 수 있다.22)

그런데 당연히 면제재산이 되는 것은 아니고, 채무자가 면제를 받기 위해서는 면제재산목록 및 소명에 필요한 자료를 첨부하여 서면으로 신청하여야 한다.23) 신청은 파산선고 전이라도 파산신청일 이후에 할 수 있다. 파산선고 후에는 14일 이내에 신청을 하여야 한다(383조 3항). 법원은 파산선고 전에 면제신청이 있는 경우에는 파산선고와 동시에, 파산선고 후에 면제신청이 있는 경우에는 신청일로부터 14일 이내에 면제 여부 및 그 범위를 결정하여야 한다(동조 4항). 면제결정이 있는 때에는 법원은 채무자 및 알고 있는 채권자에게 그 결정서를 송달하여야 한다(동조 5항). 그리고 위 결정에 대하여는 즉시항고를 할 수 있는데(동조 6항), 즉시항고는 집행정지의 효력이 없다(동조 7항). 파산선고 전에 면제신청이 있는 경우에 법원은 채무자의 신청 또는 직권으로 파산선고가 있을 때까지 위 대통령령으로 정하는 소액보증금, 6월간의 생계비에 대하여 파산채권에 기한 강제집행, 가압류 또는 가처분의 중지 또는 금지를 명할 수 있다(동조 8항). 면제결정이 확정된 때에는 위 중지한 절차는 그 효력을 잃는다(동조 9항). 면제결

---

20) 전병서, "개인채무자의 파산 및 면책에 관한 개정 논점", 법조(2003. 7), 115면 이하.

21) 채무자 회생 및 파산에 관한 법률 시행령(대통령령 제19422호) 16조에서 면제재산에 대하여 규율하고 있는데, 현재 면제할 수 있는 임차보증금반환청구권의 상한액은 주택임대차보호법 시행령 10조 1항에서 정한 금액으로 하되, 그 금액이 주택가격의 2분의 1을 초과하는 경우에는 주택가격 2분의 1이고(동조 1항), 면제재산에 포함되는 6월간의 생계비는 1,110만 원이다(동조 2항).

22) 관련하여 윤덕주, "개인파산제도에 있어 면제재산 제도의 적정성 제고 방안", 인권과 정의(2017. 8), 108면 이하 참조.

23) 그런데 가령 채무자가 채권자와 면제를 주장하지 않는다는 특약(waiver of exemption)을 하였더라도 이를 무효로 보아야 한다는 미국 연방파산법 § 522(e)를 참고할 수 있다.

정에 의한 면제재산에 대하여는 면책신청을 할 수 있는 기한까지는 파산채권에
기한 강제집행, 가압류 또는 가처분을 할 수 없다(동조 10항).

　개인채무자파산의 경우에 채무자의 최저한의 생활을 유지하는 것과 함께
필요한 재산을 채무자의 수중에 남겨서 인간적 존엄성을 보호하고, 경제적 파탄
에서 탈출하여 자립생계를 영위하도록 하고자 하는 점에서 현행법이 면제재산
의 범위를 확대한 것은 타당하다고 생각한다.

　나아가 생각할 것은, 채무자의 상황은 천차만별이므로 채무자의 생활실태
를 감안하여 면제재산을 정할 필요도 있다고 본다. 면제재산을 일률적으로 정하
는 것보다는, 유연하게 구체적 사정에 따라 채무자의 경제적 재출발에 도움이
될 수 있는 필요재산(가령 자동차)을 일정액의 범위에서 채무자에게 선택시키는
제도의 도입도 고려할 만하다. 이러한 제도의 도입이 너무 파격적이라면, 법원
이 당사자의 신청에 의하여 결정으로 채무자의 생활형편 그 밖의 사정을 고려하
여 면제재산의 범위를 변경할 수 있도록 하는 절차도 검토할 수 있다(민사집행법
196조 참조).24)

3. 자유재산과 파산채권   5-15

　파산채권자는 파산절차중에는 개별적인 권리행사를 할 수 없으므로(424조)
파산채권자는 자유재산에 대하여도 강제집행을 할 수 없다고 풀이하여야 한다.
자유재산은 파산선고 후에 채무자나 그 가족의 생계를 지탱하고, 그 경제적 재
생의 기초가 될 뿐만 아니라, 또한 파산선고 후의 새로운 채권자를 위한 책임재
산으로서도 중요한데, 이에 대한 강제집행을 인정하면 파산절차에서 고정주의
및 면책주의를 채택한 취지에 어긋나기 때문이다. 다만, 자유재산에 대하여 개
시되는 제2파산에서는 제1파산에서의 면책이 없는 한, 구(舊)파산채권자도 새로
운 채권자와 함께 권리행사를 할 수 있다.

　한편, 채무자가 자유재산으로 파산절차 밖에서 파산채권자에게 임의변제를
할 수 있는가에 대하여 파산채권자에게의 공평한 변제가 관철되지 못하므로 임

---

24) 2005년 시행 일본 신파산법 34조 4항에서는, 법원은 파산절차개시결정이 있는 때부터 해당
　　결정이 확정된 이후 1월을 경과하기까지 사이에 파산자의 신청에 의하거나 직권으로 파산자의
　　생활상황, 파산절차개시시에 파산자가 가지고 있는 재산의 종류 및 액, 파산자의 수입의 전망
　　그 밖의 사정을 고려하여 결정으로 파산재단에 속하지 않는 재산의 범위를 확장할 수 있다는
　　규정을 신설하였다.

의변제를 부정하여야 한다는 입장과25) 임의변제를 긍정하는 입장으로 나뉘고
있다.26)

　　나아가 이렇게 중요성을 가지는 자유재산을 채무자가 자유롭게 처분할 수
있는 것과 관련하여, 채무자가 자유재산을 파산재단에 위부(파산재단에의 혼입의
승낙을 하는 것)할 수 있는지 여부가 문제될 수 있다. 새로운 채권자는 채권자취소
권(민법 406조)이나 제2파산에 있어서 파산관재인의 부인권이라는 대항수단이 있
으므로 파산재단에의 혼입을 인정하여도 무방하다고 풀이하는 입장과,27) 이러
한 입장에서는 예를 들어 면책불허가사유의 의심이 있는 채무자에 대하여 퇴직
금을 포기하여 파산재단에 혼입하는 것을 조건으로 파산채권자가 면책에 이의
를 제기하지 않기로 할 경우 등이 있을 수 있으므로 위와 같은 경우에 채무자가
파산재단에의 혼입을 승낙하는 것을 부정하여야 한다는 입장이 있다.28)

5-16　　　V. 상속재산의 파산에 있어서 파산재단

　　상속재산에 대하여 파산선고가 있는 때에는 재산에 속하는 모든 재산을 파
산재단으로 한다(389조 1항).29) 상속개시로부터 상속재산에 대한 파산선고시까
지 시간적 차이가 있게 되는데, 위 규정에서 상속재산이라는 것은 파산선고시에
존재하는 상속재산을 의미한다.30) 따라서 상속개시 후, 파산선고 전에 상속재

25) 김경욱, 전게 "파산재단의 범위에 관한 연구-파산법 제6조를 중심으로-", 506면; 山木戸克
　　己, 破産法, 34면.
26) 加藤哲夫, 破産法, 134면. 일본 最判 2006年(平成 18年) 1月 23日, 民集(60卷 1号), 228면도
　　파산채권자가 파산채권에 기하여 채무자의 자유재산에 대하여 강제집행을 할 수 없다고 보아야
　　하지만, 채무자가 그 자유로운 판단에 의하여 자유재산으로 파산채권에 대하여 임의변제를 하
　　는 것을 막지는 않는다고 풀이하는 것이 타당하다고 적극적으로 판단하면서, 다만 자유재산은
　　본래 채무자의 경제적 갱생과 생활보장을 위하여 이용되는 것으로 채무자는 파산절차 중 자유
　　재산으로부터 파산채권에 대한 변제가 강제되는 것은 아니므로 채무자가 한 변제가 임의변제에
　　해당하는가, 아닌가는 엄격하게 풀이하여야 하고, 적어도 강제적 요소가 수반되는 경우에는 임
　　의변제에 해당한다고는 할 수 없다고 보았다. 마찬가지 입장에서 전대규, 1214면은 그것이 흠결
　　된 경우에는 파산채권자의 부당이득이 성립한다고 할 것이라고 한다.
27) 김경욱, 전게 "파산재단의 범위에 관한 연구-파산법 제6조를 중심으로-", 506면; 山木戸克
　　己, 破産法, 113면.
28) 전대규, 1214면; 伊藤眞, 破産法·民事再生法, 246면.
29) 일본 파산법 2조 14호 정의에 의하면, 본 법률에서 「파산재단」이란 파산자의 재산 또는 상속
　　재산이나 신탁재산으로 파산절차에서 파산관재인에게 그 관리 및 처분을 할 권리가 전속된 것
　　을 말한다고 규정하고 있다.
30) Gottwald/Brüchner, Insolvenzrechts-Handbuch, § 112 Rn. 1.

산의 일부가 멸실하거나 처분 등에 의하여 상속재산으로부터 일탈한 경우에는 그 일탈한 재산은 파산재단을 구성하지 않는다(물론 상속인이 상속재산에 관하여 한 행위가 부인의 대상이 될 수는 있다).

그러나 상속인이 파산선고 전에 상속재산을 처분한 경우에는 반대급부가 존재하는 것이 일반적이므로 이를 상속인에게 취득시키는 것은 이해관계인에 대한 공평한 청산을 도모하고자 하는 상속재산의 파산을 인정하는 취지에 어긋나므로 다음과 같은 규정을 두고 있다. 즉, 상속인이 상속재산의 전부 또는 일부를 처분한 후 상속재산에 대하여 파산선고가 있는 때에는 상속인이 취득한 반대급부에 관하여 가지는 권리는 파산재단에 속한다(390조 1항). 상속인이 이미 반대급부를 받은 때에는 상속인은 이를 파산재단에 반환하여야 한다. 다만, 그 당시 상속인이 파산의 원인인 사실 또는 파산의 신청이 있은 것을 알지 못한 때에는 그 이익이 현존하는 한도 안에서 반환하면 된다(동조 2항). 이는 민법상 부당이득반환청구와 마찬가지 취지의 규정이라고 할 수 있다.

한편, 상속재산에 대하여 파산선고가 있는 때에는 혼동의 예외로 피상속인이 상속인에 대하여 가지는 권리 및 상속인이 피상속인에 대하여 가지는 권리는 소멸하지 않는다(389조 2항). 상속개시에 의하여 상속인은 피상속인에게 속하는 권리의무(일신전속적인 것을 제외하고)를 당연히 승계하므로 상속인, 피상속인 사이의 권리의무도 상속에 의하여 상속인에게 귀속하여 혼동에 의하여 소멸된다는 것이 민법의 일반원리이다. 그러나 혼동에 의하여 소멸된다면, 가령 상속인이 피상속인에게 채권을 가지고 있었던 경우는 상속인의 고유재산인 채권이 상속재산과 혼합되어 그것을 가지고 상속채권을 변제한 것과 마찬가지의 결과가 된다. 반대로 피상속인이 상속인에게 채권을 가지고 있었던 경우는 상속인은 자기의 채권을 다른 상속채권자·수유자에 우선하여 상속재산으로부터 전액 변제를 받은 것과 마찬가지의 결과가 된다. 이는 이해관계인의 형평을 도모하면서 상속재산을 청산하려는 목적에서 상속재산에 파산능력을 인정한 취지에 어긋나므로 혼동에 의한 소멸의 예외를 인정한 것이다(한정승인에 있어서 피상속인에 대한 상속인의 재산상 권리의무는 소멸하지 않는다는 민법 1031조와 마찬가지 취지이다). 따라서 피상속인이 상속인에게 가지고 있었던 채권은 파산재단소속의 재산이 되고, 반대로 상속인이 피상속인에게 가지고 있었던 채권은 파산채권이 된다.

5-17   VI. 유한책임신탁재산의 파산에 있어서 파산재단

법은 제3편 제9장에서(578조의2~578조의17) 유한책임신탁에 속하는 재산의
파산능력을 인정하고 있는데(☞ 3-12), 유한책임신탁재산에 대하여 파산선고가
있는 경우에는 이에 속하는 모든 재산은 파산재단에 속한다(578조의12). 위 상속
재산의 파산에 있어서 파산재단에 관한 규정을 별도로 둔 것과 마찬가지 취지
이다.

제 2 절 파산채권

각 채권자는 파산절차에서 개별적인 권리행사가 금지되고, 법원에 대하여 그 채권을 파산채권으로 신고하는 것이 강제되며, 파산절차에서 그 존재나 채권액 등이 조사·확정된다. 이렇게 확정된 채권에 대하여 파산재단에 속하는 재산을 환가하여 얻어진 금액으로 그 채권액의 비율에 따라서 변제가 이루어진다. 여기서는 우선 어떠한 채권이 파산채권으로 취급되는가(파산채권의 의의·요건), 파산채권의 등질화, 파산채권의 순위, 동일한 급부에 대하여 여럿의 채무자가 존재하는 경우에 채권자로서는 어떻게 권리행사를 하는가(다수채무자관계와 파산채권) 등의 문제를 살펴보고, 파산채권의 존재 및 채권액 등이 어떻게 확정되는가(파산채권의 신고·조사·확정)에 대하여는 별도로 나중에 제7장에서 설명한다.

Ⅰ. 파산채권의 의의

6-1

파산채권(Konkursforderung)이란 파산절차에 의하여 파산재단에 속하는 총재산으로부터 그 채권액의 비율에 따라 만족을 받을 수 있는 채권을 말한다. 파산채권은 파산재단에 속하는 총재산으로부터 변제를 받는다는 점에서 재단채권과 마찬가지이지만, **파산절차에 의하여서만** 만족을 얻는다는 점 및 다른 채권자와 **평등하게 변제를 받을 수밖에** 없다는 점에서 재단채권과 다르다(473조, 475조, 476조). 즉, 파산채권에 우선하여 파산재단으로부터 수시·개별적으로 변제를 받을 수 있는 재단채권과 다르다. 그리고 파산채권은 어느 목적물이 파산재단에 속하지 않는 것을 전제로 그 환취를 구하는 환취권과도 다르다(407조).[1] 또한 파산채권은 파산재단에 속하는 총재산을 만족의 대상으로 하고 있는 점에서 특정한 재산으로부터 파산절차에 의하지 않고 우선적으로 변제를 받는 별제권과

---

1) 물품을 수출한 매도인이 외환거래약정을 맺은 거래은행에게 수입자로부터 받은 신용장을 담보로 환어음 등을 매도한 뒤, 신용장 개설은행이 신용장 대금을 지급하지 아니함으로써 거래은행에 대하여 외환거래약정에 따른 환어음 등 환매채무를 부담하게 되었다고 하더라도, 매매계약상 매도인으로서의 지위나 매매대금채권을 거래은행에 양도하였다는 등의 특별한 사정이 없는 한, 수입자에 대한 매매대금채권은 여전히 매도인이 가진다. 파산선고를 받은 매도인(피고)이 수령한 신용장대금이 매도인에 속하지 아니하는 재산으로서 원고(거래은행)에게 환취권이 있다고 볼 수 없다. 파산선고를 받은 매도인이 수령한 수출대금을 그에 대하여 환어음 등 환매채권을 가지고 있는 거래은행에게 지급하여야 할 채무는 파산채권에 해당된다(대법원 2002. 11. 13. 선고 2002다42315 판결).

도 다르다(411조, 412조 참조).

그런데 파산채권이라는 개념에는 실체법적인 측면과 절차법적인 측면이 있다. 즉 실체법적인 측면에서 파산채권은 법 423조에서 규정하는「파산선고 전의 원인으로 생긴 재산상의 청구권」을 의미한다. 이에 대하여 절차법적인 측면에서 파산채권은 파산절차에서 파산채권으로 신고를 하고, 배당을 받을 수 있는 채권을 의미한다. 통상의 경우 양자는 일치하지만, 실체법상 파산채권이라도 그것이 신고되지 않으면 파산절차상은 파산채권으로 취급되지 않고, 반대로 실체법상은 파산채권이 아니라도, 그것이 파산채권으로 신고되면 그것은 파산절차에서 파산채권으로 취급되어 조사·확정의 대상이 되고, 그래서 파산채권으로 확정되면, 그것에 대하여 배당도 이루어지게 된다.

6-2   **Ⅱ. 파산채권의 요건**

파산채권이 되기 위해서는 법 423조에 규정되어 있는 다음의 요건을 충족할 필요가 있다.

6-3   **1. 재산상의 청구권일 것**

파산채권은 재산상의 청구권이어야 한다. 재산상의 청구권이라는 것은 재산에 의하여 만족을 얻을 수 있는 권리를 말한다. 파산절차가 채무자의 재산을 환가하여 얻어진 금전에 의하여 파산채권의 평등한 만족을 도모하는 절차라는 것에 비추어 파산채권은 금전배당에 의하여 만족이 얻어질 성질의 청구권이어야 한다. 다만, 파산채권은 반드시 처음부터 금전채권일 필요는 없고, 금전적으로 평가할 수 있는(평가에 의하여 금전채권으로 전화(轉化)할 수 있는) 것이라면 충분하다(426조 1항 참조).

반면, 순수한 친족법상의 권리가 재산상의 청구권이 아니라는 것에 대하여는 이론이 없는데, 다만 이혼에 따른 **재산분할청구권**은 위자료청구권과 마찬가지로 채무자의 재산에 의한 만족이 예정되어 있으므로 파산채권이 된다. 가령, 파산선고를 받은 재산분할자가 그 분할 재산을 상대방에게 이행하는 경우에 분할의 상대방은 그 이행을 환취권의 행사로 파산관재인에게 청구할 수 없고, 해당 금전의 지급을 구하는 파산채권을 취득하는 데 지나지 않는다(☞ 10-13).

그리고 **부양료청구권**에 대하여도 재산상의 청구권의 성격을 가지므로 파산채권이 될 수 있는데, 다만 그 범위에 있어서 파산선고 전에 이미 구체적으로 발생하고 있는 것은 파산채권이 되지만, 파산선고 후의 부양료청구권에 대하여는 파산채권이 되는지 여부에 대하여 다툼이 있을 수 있다. 부양의무는 권리자의 부양이 필요한 상태와 의무자의 부양이 가능한 상태가 동시적으로 병존하는 것에 의하여 시시각각으로 새롭게 발생하므로 파산선고 전의 원인으로 생겼다고는 할 수 없고, 따라서 파산선고 후의 부양료청구권은 파산채권이 될 수 없다는 입장에 대하여,2) 파산선고 후의 부양료청구권은 기본적으로 파산선고 전의 원인으로 발생하였으나, 단지 그 이행기가 도래하지 않았을 뿐이라고 보아 전체로서 파산채권이 된다는 입장이 있다.3)

한편, 작위(作爲) 또는 부작위(不作爲)를 목적으로 하는 채권이 문제가 된다. 대체적(代替的) 작위채권은 민법 389조 2항 및 민사집행법 260조에 의하여 채무자의 재산을 가지고 금전적인 만족을 도모할 수 있으므로 재산상의 청구권이라고 할 수 있다. 이에 대하여 부대체적(不代替的) 작위(가령 연극에의 출연) 내지는 부작위(가령 경업금지)를 구하는 청구권은 어느 것도 이행의 내용이 부대체적이므로 간접강제에 의한 집행의 여지는 있지만, 권리 자체를 금전적으로 평가할 수는 없으므로 그 자체로는 원칙적으로 재산상의 청구권이라고는 할 수 없다. 다만, 파산선고 전의 불이행에 기하여 이러한 채권이 이미 손해배상청구권으로 전화(轉化=전환)하고 있다면 파산채권이 된다.4) 한편, 파산선고 후에 불이행이 있어서 손해배상청구권으로 전화한 경우에도 파산채권이 되는지 여부에 대하여 파산채권긍정설,5) 파산채권부정설, 후순위 파산채권설6)이 대립하고 있다. 파산채권인지 여부는 파산선고 당시를 기준으로 결정하여야 하고, 본래 파산채권으로서의 성질을 가지지 않았던 것이 파산선고 후의 사정의 변화에 의하여 파산채

---

2) 齊藤秀夫·麻上正信·林屋礼二 編, 注解破産法(上卷)[石川明·三上威彦 집필], 112면.
3) 최승록, "파산채권과 재단채권", 파산법의 제문제[上](1999), 308면.
4) 노영보, 172-173면; 전대규, 1296면.
5) 파산선고 전에 원인이 있으므로 파산채권이 된다. 山木戸克己, 破産法, 90면.
6) 이러한 손해배상청구권은 파산선고 후의 채무자의 불이행에 기한 것이므로 본래 파산채권이라고 할 수 없으나, 이러한 채권도 면책에 의하여 채무자의 부담에서 벗어나도록 하는 것이 타당하고 또한 파산선고 후에는 재단의 관리처분권은 오로지 파산관재인에게 이전하므로 채무자의 불이행이라는 것은 거의 생각할 수 없으므로 결국 도산법 446조 1항 2호는 여기서 문제되고 있는 경우를 상정하고 있는 것으로 후순위 파산채권이 된다. 齊藤秀夫·麻上正信·林屋礼二 編, 注解破産法(上卷)[石川明·三上威彦 집필], 111면.

권이 되는 것은 인정할 수 없으므로 파산채권이 되지 않는다는 부정설이 타당하다고 생각한다.7)

6-4   ## 2. 채무자에 대한 인적 청구권일 것

법 423조는 「채무자에 대하여」라고 규정하고 있으므로 이는 채무자의 총재산으로부터 만족을 얻을 수 있는 청구권이어야 한다. 즉, 채무자의 특정재산에 대한 권리가 아니라는 의미에서 인적 청구권(persönlicher Anspruch)이어야 한다. 가령, 소유권에 기한 반환청구권과 같이 특정 물건에 대한 물권적 청구권은 파산채권이 아니며,8) 환취권(407조)으로서 행사되어야 한다. 또한 저당권 등의 담보물권에는 별제권(411조)이 인정되고 있다. 그런데 융자에 대한 담보로 저당권을 설정하는 경우와 같이 담보권자가 동시에 채무자에 대한 인적 청구권자인 때가 통상적인데, 이 경우에는 담보권에 기한 별제권과 인적 청구권에 기한 파산채권을 동시에 가지게 된다. 그러나 이러한 별제권자 겸 파산채권자인 담보권자는 이러한 권리를 중첩적으로 행사할 수 없고, 별제권을 행사하여도 변제받을 수 없는 잔존채권액 또는 별제권을 포기한 채권액에 한하여 파산채권자로서 권리행사가 허용되는 제한을 받는다(413조). 파산재단에 속하지 않는 자유재산에 질권 또는 저당권을 가진 사람도 마찬가지이다(414조).

6-5   ## 3. 집행할 수 있는 청구권일 것

파산절차는 포괄집행이라고 불리듯이 채권의 강제적 만족을 목적으로 하고 있으므로 파산채권 그 자체에 집행 가능성이 요구된다. 따라서 집행에 의하여 강제적으로 실현할 가능성이 없는 청구권은 파산채권이 되지 않는다. 불법원인 급여의 반환청구권(이른바 자연채무)이나 부집행합의(不執行合意)가 있는 청구권(이른바 책임 없는 채무) 등과 같은 강제적 실현가능성이 없는 청구권이 그 예이다. 한편, 파산절차는 채권의 존부에 대하여 조사·확정의 절차를 두고 있으므로 미리 집행권원을 가지고 있을 필요는 없다.

---

7) 최승록, 전게 "파산채권과 재단채권", 286면; 伊藤眞, 破産法·民事再生法, 258면.
8) 한편, 법률적 성질이 채권적 청구권인 점유취득시효 완성을 원인으로 한 소유권이전등기청구권은 파산채권에 해당한다(대법원 2008. 2. 1. 선고 2006다32187 판결).

4. 파산선고 전의 원인으로 생긴 청구권일 것   6-6

파산채권의 범위를 이렇게 파산선고 당시까지의 청구권으로 한정하는 것은 파산재단의 범위에 대하여 고정주의를 취하고 있는 것에 대응한다. 즉, 법 382조는 파산선고 당시에 채무자가 가진 총재산으로 파산채권에 대한 만족의 대상으로 하고 있으므로 따라서 이러한 재산으로부터 만족을 받을 수 있는 채권은 파산선고 당시의 채무자의 총재산으로부터 변제받는 것을 기대할 수 있는 것에 한정되어야 한다. 결국 법 423조는 파산채권을 파산선고 전의 원인으로 생긴 청구권에 한정하고 있다.

그런데 「파산선고 전의 원인으로 생긴」이라는 요건은 파산선고 당시 이미 청구권의 내용이 구체적으로 확정되거나 변제기가 도래하였을 것까지 요구하는 것이 아니고, 적어도 청구권의 주요한 발생원인이 파선선고 전에 갖추어져 있으면 충분하다는 취지이다. 가령 대여금채권이라면 소비대차가 파산선고 전에 존재하고, 매매대금채권이라면 매매가 파산선고 전에 존재하면 된다.

게다가 청구권의 발생원인 전부가 발생하고 있어야 한다는 것을 요구하는 것(전부구비설)은 아니고, 청구권의 주요한 발생원인이 갖추어져 있으면 충분하다(일부구비설).9) 따라서 이행기 미도래의 채권, 기한부 채권이나 조건부 채권도 파산채권이지만, 그러나 단순한 기대권에 불과하다면 파산채권이 아니다.10)

그리고 종신정기금 또는 회귀적 급부채권은 파산선고시까지 발생하고 있는 것은 물론이고, 파산선고 후의 것이라도 파산선고 전에 기본권이 성립하고 있는 한, 매기(每期)의 채권은 기본권으로부터 생기는 지분권으로서 파산채권이 된다.

불법행위에 기한 손해배상청구권에 대하여도 그 원인인 불법행위가 파선선고 전에 존재하고 있는 한 파산채권이다. 그러나 증상이 고정되어 있지 않은 등 파산선고시에 그 손해액이 확정되어 있지 않은 경우에는 파산절차에서 손해액을 산정하여 확정하는 것은 반드시 용이하지 않아 문제이고, 파산선고 후에 발생하는 후유증의 취급도 문제된다. 현행법하에서는 이를 불확정채권으로 보아 파산절차에서 예측액을 평가하고 그 평가액을 둘러싼 조사를 하여 그 액수를 확정한 다음 배당할 수밖에 없고, 근본적으로는 입법적 해결을 도모하여야 할 것이다.11)

---

9) 최승록, 전게 "파산채권과 재단채권", 284면; 伊藤眞, 破産法·民事再生法, 261면.
10) 대법원 2012. 11. 29. 선고 2011다84335 판결.

6-7   **5. 예외 — 특별한 규정**

　　다만, 위 「파산선고 전의 원인으로 생긴」이라는 요건에는 다음과 같은 예외
가 있다. 파산선고 전의 원인으로 생긴 채권이라도 조세채권은 징수를 확보하고
자 하는 정책적 견지에서 재단채권으로 하고 있다(473조 2호). 이렇게 재단채권
으로 한 것에 대한 타당성을 둘러싸고 비판이 있다(☞ 7-11). 또한 조세채권 이
외에 쌍방 미이행의 쌍무계약에 대하여 파산관재인이 이행을 선택한 경우(355조
1항 참조)의 상대방의 채권도 본래 파산채권이지만, 쌍무계약에 있어서 대가관계
를 확보하기 위하여 특히 재단채권으로 하고 있다(473조 7호). 한편, 반대로 파산
절차참가의 비용(439조), 파산선고 후에 선의로 어음의 인수 또는 지급을 한 것
에 의하여 생긴 구상권(333조), 채무자의 행위가 부인된 경우 그 받은 반대급부
가 파산재단 중에 현존하지 않는 때의 상대방의 가액상환청구권(398조 2항) 등은
「파산선고 후의 원인으로 생긴」 채권임에도 불구하고 파산채권으로 하고 있다.
이는 파산절차의 수행에 관하여 생긴 채권으로 자력이 없는 채무자의 부담으로
하는 것보다 파산재단으로부터 변제하는 쪽이 공평의 견지에서 타당하다고 본
것이다.

　　Ⅲ. 파산채권의 등질화

6-8   **1. 등질화의 필요**

　　파산절차는 채무자의 총재산의 환가에 의하여 얻어진 금전을 내국의 통화
를 가지고 파산채권자에게 배당하는 것에 의하여 공평한 만족을 도모하는 것을
목적으로 한다. 그러나 파산채권은 그 내용이나 이행기 등의 점에서 다종·다양
하여 파산채권에는 이미 변제기가 도래하고 있는 것도 있으며, 아직 도래하고
있지 않은 것도 있다. 또한 금전채권도 있고, 비금전채권도 있다. 나아가 금전채
권이라고 하더라도 조건이나 기한이 붙어 있거나 그 파산채권액이 불확정한 것
도 있다. 따라서 이러한 다종·다양한 채권에 대하여 평등·공평·신속한 만족을
도모하기 위하여는 이것들을 통일적으로 처리할 필요가 있으므로 법은 한편으
로는 파산선고와 동시에 파산채권이 일률적으로 변제기가 도래한 것으로 취급

---

　　11) 이 점에 대하여는 伊藤眞, "不法行爲にもとづく損害賠償債權と破産·會社更生", 判例時報
　　　　(1194号), 174면; 최승록, 전게 "파산채권과 재단채권", 306-307면 참조.

하는 것(425조)에 의하여 이행기를 일원화하고, 다른 한편으로는 비금전채권 등
에 대하여 금전으로 평가하는 것(426조)에 의하여 금전에 의한 배당을 할 수 있도
록 하고 있다. 전자를 「**현재화**」, 후자를 「**금전화**」라고 하고, 양자를 합쳐서 「**등질
화**」라고 한다.

2. 파산채권의 현재화

(1) 기한부 채권의 변제기 도래   6-9

　　변제기 미도래의 기한부 채권은 파산선고시에 변제기에 이른 것으로 본다
(425조).12) 이는 채무자가 파산선고를 받은 경우에 기한의 이익을 상실함에도 불
구하고 채권자는 기한의 이익을 주장할 수 있는데, 그렇다면 파산절차의 수행을
방해할 우려가 있다. 변제기가 도래하지 않은 파산채권을 제외하고 파산절차를
실시하게 되면 그 채권자는 다른 채권자에 비추어 불공평하고, 기한부 채권의
변제기가 도래할 때까지 기다리자면 파산절차가 너무 장기화되는 것을 피할 수
없기 때문에 채권자 사이의 공평을 도모하여 파산채권을 절차상 획일적이면서
신속하게 처리하기 위하여 위와 같이 **현재화**하여 기한부 채권을 변제기가 도래
한 것으로 본다는 규정을 둔 것이다. 기한은 확정기한뿐만 아니라 불확정기한이
라도 무방하다. 다만, 이러한 현재화는 파산절차에서 각종의 파산채권을 동일한
기준에서 일률적으로 취급하기 위한 것이므로 파산절차 외의 제3자, 가령 보증
인, 연대채무자 등의 관계에서는 변제기가 도래한 것으로 보지 않는다.

　　한편, 회생절차에서는 의결권 산정을 위해서 채권의 평가는 하지만, 채권을
실체적으로 변환하여 취급할 필요는 없으므로 회생채권은 현재화되지 않는다
(133조 2항 참조).

(2) 조건부 채권 등   6-10

　　조건부 채권에 대하여는 조건성취의 개연성을 고려하여 채권액을 평가한다
는 방식도 생각할 수 있으나(평가주의), 조건성취의 확실도를 판정하기가 쉽지 않
고, 한편 간명하게 처리하기 위하여 법은 무조건의 채권과 마찬가지로 취급하여
그것이 정지조건이거나 해제조건이거나를 불문하고,13) 또한 조건성취 가능성의

---

12) 독일 도산법(Insolvenzordnung) 41조 1항도 마찬가지 규정을 두고 있다.
13) 독일 도산법(Insolvenzordnung) 42조도 해제조건부 채권은 조건성취 전에는 무조건으로 본
　다고 규정하고 있다.

대소도 고려하지 않고(비평가주의) 일률적으로 그 전액을 파산채권으로 한다(427 조 1항).14)

그리고 보증인이 채무자에 대하여 가지는 **장래의 구상권**이나 연대채무자의 구상권과 같이 법정의 정지조건에 관련된 채권을 도산법에서는 **장래의 청구권**이라고 하는데, 그 성질은 정지조건부 채권과 다르지 않기 때문에(채권액의 점에서는 조건부 채권과 마찬가지) 조건부 채권과 마찬가지로 처리한다(427조 2항).

한편, **회생절차**에서는 회생절차가 개시된 때의 회생채권의 조건성취의 개연성에 기하여 채권액을 결정하는 **평가주의**에 의한다(138조). 다만, 평가에 의하여 결정하는 것은 직접적으로 의결권 금액만이고(133조 2항), 실체적으로 무조건의 권리로 변환하는 것은 아니고, 그 취급은 회생계획의 내용에 따라 결정된다.

6-11   **(3) 배당 등에서의 특별한 취급**

위와 같이 채권액의 문제에 있어서는 기한의 도래 여부나 조건성취의 확실도를 문제 삼지 않고 있지만, 그러나 만족을 주는 단계에 있어서까지도 이를 파산선고시에 이미 기한이 도래하고 있는 채권이나 무조건의 채권과 완전히 마찬가지로 취급하는 것은 부당하다.

그리하여 변제기가 도래하지 않은 **기한부 채권**에 대하여 중간이자에 상당하는 부분은 후순위로 취급된다(446조 1호, 5호 내지 7호. 자세히는 ☞ 6-25, 6-26).

그리고 **정지조건부** 채권에 대하여는 조건이 성취하지 않은 동안은 배당금을 지급하지 않고, 중간배당의 경우에는 임치하여야 하고(519조 4호), 최후의 배당에 관한 배당제외기간 안에 조건이 성취하지 않으면 배당에서 제외된다(523조). 또한 **해제조건부** 채권에 대하여는 중간배당의 경우에는 상당한 담보의 제공과 상환으로 배당하든지(516조), 담보의 제공이 없는 경우에는 임치하여야 하고(519조 5호), 최후의 배당에 관한 배당제외기간 안에 조건이 성취되지 못한 경우에 비로소 배당이 이루어지게 된다(524조). **상계**에 있어서도 이것과 마찬가지의 취급이 행하여지고 있다(418조, 419조. ☞ 12-13, 12-14).

---

14) 이에 대하여 山木戸克己, 破産法, 98면은 파산절차가 계속되는 기간의 길고 짧음에 의하여 채권자의 지위가 영향을 받고, 특히 면책주의하에서는 정지조건이 파산종결 뒤에 성취하더라도 이미 면책의 재판이 내려졌다면 전혀 변제를 받지 못하여 불공평하다는 등의 문제점을 지적하면서, 입법론으로 민법 1035조 2항에서 한정승인 등의 경우에 상속재산의 청산에 있어서 평가주의를 취하고 있는 것처럼 조건성취의 개연성에 따른 평가주의를 주장한다.

3. 파산채권의 금전화

(1) 확정금액채권

6-12

확정금액채권(권면액(券面額)이 있는 채권)에 대하여는 금전화의 필요는 없고, 파산선고시를 기준으로 하여 원본, 이자 및 지연손해금의 합계액을 파산채권액으로 한다.

(2) 금액불확정의 금전채권 등

6-13

비금전채권, 금전채권이라도 그 금액이 불확정한 것(가령 장래의 일정시기에 있어서의 수익분배청구권),15) 외국의 통화로 정하여진 금전채권에16) 대하여는 금전화를 할 필요가 있는데, 파산선고시에 있어서의 평가액을 파산채권액으로 한다(426조 1항. 회생채권의 경우에는 법 137조). 이 평가액은 파산채권자 자신이 산정하여 파산법원에 신고하는데(447조 1항. 파산채권의 현재화가 파산에 의하여 자동적으로 그 효력이 생기는 것과 다르다), 그 평가의 타당성은 채권조사기일에 조사된다(450조).

(3) 정기금채권

6-14

금액 또는 존속기간이 확정되지 아니한 정기금채권(가령 종신정기금)은 금전화가 필요한데, 위 금액불확정의 금전채권 등과 마찬가지로 평가에 의한 신고가 필요하다(426조 2항). 한편, 정기금채권으로 금액 및 존속기간이 확정되어 있는 것은 확정금액채권으로 변제기미도래의 것으로 취급되고, 정기금의 합계액을 파산채권액으로 한다. 다만, 파산선고시를 기준으로 하여 파산선고 후의 중간이자 상당액은 후순위 파산채권으로 한다(446조 1항 7호).

---

15) 반면 齊藤秀夫·麻上正信·林屋礼二 編, 注解破産法(上卷)[石川明·三上威彦 집필], 133면은 불법행위에 기한 손해배상청구권 등은 가령 파산선고시에 있어서 금액이 확정되어 있지 않더라도 객관적으로는 확정액이 존재하는 것이므로 여기에는 포함되지 않는다고 한다. 이에 대하여 伊藤眞, 破産法·民事再生法, 267면은 손해액산정에 관한 기초사실이 확정되어 있는 경우에는 금액확정채권으로 취급하여도 무방하지만, 그 사실이 장래에 있어서 예측적인 경우에는 금액불확정채권이라고 보아야 한다고 지적한다.

16) 파산선고 당일의 환율시세를 기준으로 평가한다. 파산선고가 행하여진 지역의 환율시세가 평가의 기준이 된다고 보아야 한다. 최승록, 전게 "파산채권과 재단채권", 312면.

4. 등질화의 효력이 미치는 범위

6-15   (1) 파산절차 밖의 제3자인 보증인 등에게의 효력

등질화는 파산배당을 할 수 있도록 하기 위한 파산절차상의 처리이므로 위에서 살펴 본 처리의 효력은 원칙적으로 파산절차 내에서 생기는 것에 머무른다. 따라서 파산절차 밖의 제3자인 보증인, 연대채무자, 물상보증인 등에 대하여는 변제기가 도래한 것으로 보는 것은 아니고, 채권자는 본래의 기한, 형태 및 채권액으로 권리행사를 한다.

6-16   (2) 파산폐지의 경우

채권조사기일에 있어서 **채권의 확정에 이르지 않고 파산폐지**에 의하여 파산절차가 종료된 경우에는 등질화의 효력은 생기지 않는다. 나아가 채권조사기일에 있어서 채권은 확정되었지만, **배당에 이르지 않고 파산폐지**에 의하여 파산절차가 종료된 경우의 등질화의 효력에 대하여는 긍정하는 입장과 부정하는 입장의 다툼이 있는데, 채권조사기일에 있어서 채무자의 이의가 없는 때에는 채무자에 대하여 채권표의 기재는 확정판결과 마찬가지의 효력을 가지고, 파산절차종결 후에도 이에 기하여 강제집행을 할 수 있으므로(535조, 548조 제1항) 파산절차 종료 후에도 등질화의 효력은 지속된다고 풀이할 것이다.17)

6-17   **IV. 파산채권의 순위**

파산채권은 파산재단으로부터 공평하게 만족을 받을 수 있는 권리이고, 채권자 사이의 공평은 기본적으로는 그 채권액에 비례한 평등이 원칙이라고도 할 수 있는데, 그러나 도산법은 각각의 채권의 실체법상 성격 등도 고려하여 배당의 순위라는 관점으로부터 우선적 파산채권(우선권 있는 파산채권)과 후순위 파산채권(열후적(劣後的) 파산채권)이라는 두 가지의 특별한 파산채권의 개념을 마련하고 있다.18) 따라서 파산채권에는 ① 우선적 파산채권, ② 일반파산채권, ③ 후

---

17) 齊藤秀夫·麻上正信·林屋礼二 編, 注解破産法(上卷)[石川明·三上威彦 집필], 128-129면. 한 편 파산절차가 배당에 의하여 종결된 경우에는 그 등질화된 채권의 내용을 기초로 배당이 이루 어진 것이므로 파산종결 후에도 그 효력을 인정하고, 그에 따라서 잔여채권을 행사하게 된다.
18) 독일 새로운 도산법(Insolvenzordnung)에서는 일반파산채권자에게의 배당이 거의 없게 되는 것을 막기 위하여 우선적 파산채권을 폐지하여 채권자평등을 철저히 하였다.

순위 파산채권이라는 세 가지 종류가 있는데, 앞선 범위의 채권이 완전히 변제
를 받은 뒤, 비로소 나중 범위의 채권에 대한 변제가 허용된다. 각각의 범위 내
에서는 원칙적으로 채권액의 비율에 따라서 평등하게 변제를 받는다(440조).

1. 우선적 파산채권

6-18

파산재단에 속하는 재산에 대하여 일반우선권이 있는 파산채권은 배당에
있어서 다른 파산채권에 대하여 우선한다(441조). 이를 우선적 파산채권이라고
한다. 우선권이 일정한 기간 안의 채권액에 관하여만 존재하는 경우에는 그 기
간은 파산선고시로부터 소급하여 계산한다(442조).

여기서 일반우선권이란 민법이나 상법, 그 밖의 특별법 등의 규정에 의하여
채무자의 일반재산에 대하여 다른 채권보다 우선변제권이 있는 경우를 말한
다.[19] 가령, 담보물권에 대하여는 채무자가 파산한 경우에 원칙적으로 별제권이
인정되어 우선변제가 보장되고 있는 데 대하여(411조, 412조), 실체법상 우선변제
권이 있는 채권에 대하여는 채무자가 파산한 경우에 우선적 파산채권이 된다.
이러한 우선변제권이 있는 채권은 채무자의 특정재산이 아니라 총재산에 의하
여 담보되고 있다는 점에서 담보권이 없는 채권과 마찬가지 성질을 가지므로
별제권을 인정할 수 없고, 다만 실체법상 우선변제권이 있다는 점에서 담보권이
없는 채권과 다르고, 이를 일반파산채권과 마찬가지 순위로 하는 것은 공평에
어긋나기 때문에 법은 이에 대하여 파산채권으로 하면서도 일반파산채권에 우
선하는 것으로 한 것이다.

한편, 조세채권 및 임금채권은 각각의 법률에서는 우선권 있는 채권이지만,
도산법상으로는 재단채권으로 규정하고 있다(473조 2호, 10호. ☞ 7-10, 7-22). 이
는 정책적 배려에 의한 것이다(나아가 최종 3개월분의 임금채권 등은 별제권을 인정하고
있다. ☞ 11-9).

---

19) 상호신용금고법 37조의2는 예금자 등의 우선변제권을 규정하고 있었는데(현행 상호저축은행
법 37조의2), 이에 대하여 헌법재판소 2006. 11. 30. 선고 2003헌가14, 15(병합) 결정에서 이
사건 예금자우선변제제도는 상호신용금고의 예금채권자를 우대하기 위하여 상호신용금고의 일
반채권자를 불합리하게 희생시킴으로써 일반 채권자의 평등권 및 재산권을 침해한다고 하지 않
을 수 없으므로, 위 규정은 헌법 11조 1항과 23조 1항에 위반된다는 판단을 하였다.

6-19   **2. 일반파산채권**

　　파산채권 가운데 위에서 살펴 본 우선적 파산채권과 다음에 설명하려는 후
순위 파산채권을 제외한 나머지 파산채권 전부가 일반파산채권이다. 일반파산
채권 서로 사이에는 비례평등적인 만족이 도모되는 것이 원칙이다(법 제440조).
다만, 상속인의 파산 또는 상속재산의 파산 및 상속인, 상속재산 양쪽 모두의
파산의 경우에는 상속인의 채권자·상속채권자·수유자(受遺者)의 각 채권에 대
하여 순위가 정하여져 있다(443조 내지 445조, 민법 1052조 등). 이에 대하여는 나중
에 설명한다(☞ 6-47, 6-51 등).

6-20   **3. 후순위 파산채권**

> **제446조(후순위파산채권)** ① 다음 각호의 청구권은 다른 파산채권보다 후순위파산채권으로
> 한다. 1. 파산선고 후의 이자 2. 파산선고 후의 불이행으로 인한 손해배상액 및 위약금 3. 파
> 산절차참가비용 4. 벌금·과료·형사소송비용·추징금 및 과태료 5. 기한이 파산선고 후에 도
> 래하는 이자없는 채권의 경우 파산선고가 있은 때부터 그 기한에 이르기까지의 법정이율에
> 의한 원리의 합계액이 채권액이 될 계산에 의하여 산출되는 이자의 액에 상당하는 부분 6.
> 기한이 불확정한 이자없는 채권의 경우 그 채권액과 파산선고 당시의 평가액과의 차액에 상
> 당하는 부분 7. 채권액 및 존속기간이 확정된 정기금채권인 경우 각 정기금에 관하여 제5호
> 의 규정에 준하여 산출되는 이자의 액의 합계액에 상당하는 부분과 각 정기금에 관하여 같은
> 호의 규정에 준하여 산출되는 원본의 액의 합계액이 법정이율에 의하여 그 정기금에 상당하
> 는 이자가 생길 원본액을 초과하는 때에는 그 초과액에 상당하는 부분 ② 채무자가 채권자와
> 파산절차에서 다른 채권보다 후순위로 하기로 정한 채권은 그 정한 바에 따라 다른 채권보다
> 후순위로 한다.

　　법 446조 1항이 규정하고 있는 아래와 같은 채권은 다른 파산채권이 변제
된 뒤 나머지가 있는 경우에만 변제를 받을 수 있다. 이를 **후순위 파산채권**(열후
적 파산채권)이라고 한다.20) 후순위로 취급되는 이유는 여러 가지로 입법정책상

---

20) 일본 파산법 99조 열후적 파산채권(우리 도산법 446조 후순위 청구권에 해당)은 연혁적으로
　 1952년의 파산법 개정시에 면책제도의 도입에 의한 것이다. 면책제도가 채택되기 전까지는 통
　 일적인 열후적 파산채권의 개념은 없었다. 면책의 효력을 미치게 하기 위하여 새롭게 파산채권
　 으로 하되, 일반파산채권에 대하여 후순위로 취급한 것이다. 이에 대하여 독일 종전 파산법
　 (Konkursordnung)은 면책제도가 존재하지 않았기 때문인지 후순위 파산채권이라는 개념이 존재
　 하지 않았다. 다만, 「자본대체적 사원대부(社員貸付)」(kapitalersetzende Gesellschafterdarlehen)
　 라고 불리는 법리가 대법원(Reichsgericht) 이래의 판례에 의하여 형성되어, 이 법리에 해당되
　 는 경우에는 파산채권이 후순위로 취급받은 것에서 파산채권의 후순위화라는 발상 자체는 있은
　 듯하다. 그런데 1994년 10월 5일에 제정된 새로운 도산법(Insolvenzordnung) 39조(Nachrangige

각 채권의 성질에 맞게 합리적으로 취급하고자 한 것으로 볼 수 있지만,21) 실제의 파산절차에 있어서는 거의 일반파산채권조차 완전한 만족을 얻을 수 없다는 것을 생각한다면 후순위 파산채권은 실질적으로 그 채권을 파산배당으로부터 제외하게 된다는 것을 의미하고, 따라서 후순위 파산채권을 둔 것은 배당을 받게 하려는 것보다는 면책의 대상으로 하는 것이 목적이라고 할 수 있다. 즉, 면책의 효력을 미치게 하기 위하여 파산채권으로 하되, 일반파산채권에 대하여 후순위로 취급한 것이다. 또한 후순위 파산채권자에게는 독자적 이익을 주장시킬 필요성이 없다고 보아 채권자집회에서 의결권도 주어지지 않는다(373조 5호). 한편, 회생절차에 있어서는 현행법에서 위 후순위 파산채권에 대칭되는 후순위 회생채권을 폐지하였다. 회생절차는 파산절차와는 달리 채무자의 정리·청산을 목적으로 하는 것이 아니라 회생계획에 의한 사업의 재건을 목적으로 하기 때문에 후순위 채권으로 된 채권에 대해서도 회생계획에 권리의 변경을 규정하면 충분하다는 점, 후순위 채권 가운데 상당 부분을 차지하는 회생절차개시 후의 이자는 회생계획의 전후에 걸쳐 계속되는 권리이므로 채권의 신고·조사·확정의 경우에 원금과 하나로 취급하여야 한다고 볼 수 있는 점 등을 고려하여 후순위 회생채권제도를 폐지하게 된 것이다.22)

Insolvenzgläubiger)는 후순위 파산채권을 규정하고 있다. 우리와 일본과 마찬가지로 후순위 파산채권을 열거하는 입법방식을 채택하였다. 한편, 파산채권을 일반채권과 후순위채권이라는 분류를 하고, 후순위 파산채권을 망라적으로 열거하는 우리와 같은 입법형식과 달리, 미국 연방파산법은 주로 채권자와 채무자의 합의 또는 형평에 기한 채권의 후순위화(Subordination of Claims)라는 방법에 의하고 있다. 즉, 파산채권의 후순위화에는 ① 채권자와 채무자 사이의「합의에 기한 채권의 후순위화」(Consensual Subordination of Claims)(연방파산법 510조 (a)), ②「형평에 기한 채권의 후순위화」(Equitable Subordination of Claims)(연방파산법 510조 (c)) 등이 있다.

21) 전대규, 1308면.
22) 그리고 종전 회사정리법에서 후순위 정리채권으로 취급되던 각종 채권을 현행 도산법에서는 그 채권의 성질에 맞게 합리적으로 취급하도록 하고 있다. 먼저 "회생절차개시 후의 이자", "회생절차개시 후의 불이행으로 인한 손해배상금 및 위약금", "회생절차참가비용"은 일반 회생채권으로 취급하고 있다(118조 2호 내지 4호). 다만, 위 채권들은 그 금액을 확정하기 곤란하므로 의결권을 부여하지 않고 있다(191조 3호). 다음으로 "회생절차개시 후의 원인에 기하여 생긴 재산상의 청구권으로서 공익채권, 회생채권 또는 회생담보권이 아닌 것"은 개시 후 기타채권이라고 하여 별도로 취급하고 있다(181조). 위 채권들은 회생절차개시 후의 원인에 기하여 생긴 재산상의 청구권이므로 이론적으로 회생채권에 해당하지 않고, 회생계획에 기한 권리변경의 대상도 되지 않는다. 개시 후 기타채권에 기해서는 회생계획으로 정하여진 변제기간이 만료하는 때까지 변제를 받거나 강제집행 등을 할 수가 없다(181조). 마지막으로 "회생절차개시 전의 벌금, 과료, 형사소송비용, 추징금과 과태료"는 후순위 회생채권이라는 명칭만 붙이지 않았을 뿐이지 그 구체적인 취급은 종전 회사정리법의 경우와 같다(140조). 종전 회사정리법에서도 위 채권들

6-21   **(1) 파산선고 후의 이자(1호)**

파산선고 후의 이자도 그 발생원인은 파산선고 전이므로 당연히 파산채권
이지만, 모든 파산채권은 파산선고시를 기준으로 등질화되므로 무이자채권과의
균형상 후순위로 취급한 것이다.23) 예를 들어 이자부 채권에 있어서 원본과 파
산선고시까지의 이자의 합계액이 일반파산채권이고, 파산선고 후의 이자 부분
이 후순위 파산채권이 된다.24) 파산선고 당일의 이자는 선고 시각에 관계없이
후순위 파산채권이다.

6-22   **(2) 파산선고 후의 불이행으로 인한 손해배상액 및 위약금(2호)**

법 446조 1항 2호가 무엇을 의미하는가, 즉 「파산선고 후」라는 문언이 「불
이행」에 걸리는지, 아니면 「손해배상액」에 걸리는지에 대하여 견해가 나뉠 수
있다. 「파산선고 후」라는 문언이 「손해배상액」에 걸리는 것에 중점을 두어 재
산상의 청구권으로 파산선고 전에 그 불이행이 있고, 지연손해금이나 위약금이
파산선고 후에도 계속 발생하고 있는 경우에 대하여 규정한 것이고,25) 따라서

에 대해서는 특별한 취급을 하고 있었기 때문이다. 김형두, 통합도산법의 과제와 전망(Ⅱ), 저스
티스(2005. 6), 38면.

23) 최승록, 전게 "파산채권과 재단채권", 292면; 山木戸克己, 破産法, 101면. 이에 대하여 伊藤
眞, 破産法·民事再生法, 279면; 加藤哲夫, 破産法, 147면은 이자는 원본사용의 대가로서의 성
질을 가지므로 파산선고 후의 이자는 본래 파산채권이 될 수 없지만, 면책제도가 있으므로 채무
자의 부담으로 남기지 않으려는 취지에서 입법정책상 파산채권으로 하면서, 한편 일반파산채권
에 대한 불이익 내지는 압박을 피하기 위하여 후순위 파산채권으로 한 것이라고 본다.

24) 파산 전 회사가 발행한 회사채의 원리금채무를 지급보증한 자가 파산자에 대하여 가지는 채권
중, 파산선고일 이후 변제기가 도래하는 회사채 이자에 대한 사전구상금채권은 파산선고 후 지
급보증인이 사채권자에게 지급할 파산선고 후의 회사채 이자를 파산자에 대하여 사전구상하는
것이므로, 그 발생근거가 파산선고 후의 회사채 이자이고, 회사채 이자는 회사채 원금과 달리
제1호에 규정한 후순위파산채권에 해당하므로 위 사전구상금채권 또한 후순위파산채권이라고
할 것이다(서울고등법원 2001. 3. 23. 선고 2000나43132 판결[상고]). 이에 대한 상고심에서 대
법원은 다음과 같이 상고를 기각하였다. 채권자와 수탁보증인 중 누가 채권신고를 하는가에 따
라 파산채권의 인정 여부 및 그 파산채권의 종류가 달라진다면 이는 다른 파산채권자의 이익을
해하고 그들의 지위를 불안정하게 만들 우려가 있어 불합리하다고 할 것이므로, 수탁보증인의
구상금채권은 채권자가 채권신고를 하여 파산절차에서 인정받을 수 있는 파산채권의 범위를 초
과하여 인정받을 수는 없다고 함이 상당하고, 그 결과 수탁보증인이 파산선고 후의 이자채권에
대한 구상금채권을 사전구상권(이미 이행기가 도래한 것) 또는 장래의 구상권(앞으로 이행기가
도래할 것)으로 채권신고를 한 경우에도 그 이자채권은 파산채권이기는 하나, 제1호에서 정하는
후순위 파산채권에 해당한다고 할 것이다(대법원 2002. 6. 11. 선고 2001다25504 판결).

25) 종전 회사정리법하에서 대법원 2004. 11. 12. 선고 2002다53865 판결도 위 손해배상금과 위
약금은 정리절차개시 전부터 회사에 재산상의 청구권의 불이행이 있기 때문에 상대방에 대하여
손해배상을 지급하거나 또는 위약금을 정기적으로 지급하여야 할 관계에 있을 때 그 계속으로
정리절차개시 후에 발생하고 있는 손해배상 및 위약금 청구권을 의미한다고 보고 있다. 전대규,

그 취지는 위 1호의 파산선고 후의 이자가 후순위 파산채권이 되는 것과 마찬가지라고 보아야 한다.

(3) 파산절차참가비용(3호)

파산채권자의 채권신고서의 작성이나 제출의 비용, 채권자집회 등의 기일에 출석한 비용 등이 파산절차참가비용이다. 이러한 파산절차참가비용은 파산선고 후에 생긴 채권으로 본래는 파산채권은 아니지만, 각 파산채권자에게는 반드시 필요한 비용이므로 법률상으로는 파산채권으로 하고 있다(439조). 그렇지만 이러한 파산절차참가비용을 일반파산채권으로 하면 본래의 파산채권을 압박하므로 후순위 파산채권으로 한 것이다. 한편, 파산신청의 비용은 채권자 전부의 이익이 되므로 재단채권으로 하고 있다(473조 1호).

(4) 벌금, 과료, 형사소송비용, 추징금 및 과태료(4호)

본래 파산채권이지만, 채무자 본인에 대한 인적 제재로서 징벌적 성격을 가지므로 일반파산채권으로 취급하면 채무자의 부담을 다른 채권자의 부담으로 전가하는 결과가 된다. 다른 채권자의 배당의 감소를 초래하게 되므로 이를 피하기 위해서 후순위 파산채권으로 한 것이다. 그리고 본호의 채권은 본인에게 고통을 느끼게 하지 않으면 제재로서의 의미가 없으므로 면책의 대상에서 제외되어 있다(566조 2호).

6-23

6-24

1309면; 최승록, 전게 "파산채권과 재단채권", 292면; 山木戸克己, 破産法, 101면; 齊藤秀夫・麻上正信・林屋礼二 編, 注解破産法(上卷)[齊藤秀夫 집필], 202면. 한편, 이에 대하여 齊藤秀夫・麻上正信 編, 注解破産法(上卷)[石川明・三上威彦 집필], 111면은 「파산선고 후」라는 문언이 「불이행」에 걸리는 것에 중점을 두어, 파산선고에 의하여 파산재단의 관리처분권은 파산관재인에게 전속하므로 파산자 자신의 불이행은 보통은 생각하기 어렵지만, 파산자가 부담하는 부대체적(不代替的) 작위의무에 있어서 파산선고 뒤에 불이행이 있는 경우에 생기는 손해배상채권 등이 이에 해당된다고 풀이하고, 파산선고 후의 파산자의 태도에 의하여 파산채권이 증가하게 되므로 다른 채권자와의 공평에서 후순위 파산채권으로 한 것이라고 본다. 그러나 이행의 내용이 부대체적부대체적(不代替的)인 경우에 그 자체로는 원칙적으로 재산상의 청구권이라고는 할 수 없고, 파산선고 후에 불이행이 되어 손해배상청구권으로 전화한 경우에도 본래 파산채권으로서의 성질을 가지지 않았던 것이 파산선고 후의 사정의 변화에 의하여 파산채권이 되는 것은 인정할 수 없으므로 파산채권이 되지 않고, 또한 파산선고 후의 불이행에 있어서 이러한 채권・채무는 파산 밖의 관계에서 처리되고, 따라서 파산절차와의 관계에서는 파산선고 후의 불이행에 의한 손해배상 등은 있을 수 없으므로 「파산선고 후」라는 문언이 「불이행」에 걸리는 것이 아니라, 「손해배상액」에 걸린다고 보는 것이 타당하다. 이러한 후자의 입장으로는 加藤哲夫, 破産法, 148면.

6-25   (5) 무이자의 확정기한부 채권의 파산선고시로부터 기한까지의 중간이자(5호)

　　기한미도래의 채권이라도 파산선고시에 기한이 도래한 것으로 보아(425조) 그 전액이 파산채권이 되는데, 한편 파산선고 후의 이자를 후순위 파산채권으로 하고 있는 것(446조 1항 1호)과의 균형상, 본호는 무이자채권에 대하여 중간이자에 상당하는 부분을 후순위 파산채권으로 한 것이다. 무이자채권이라도 경제적으로 보아, 본래의 기한까지 이자가 발생한다고 보아 그 원리합계액이 권면액(券面額)이 되는 것으로 보는 것이다. 여기서 그 전액을 일반파산채권으로 취급하면 파산선고시부터 본래의 변제기까지의 법정이자(가령 민법 379조에 의하면 민사 연 5분)에 상당하는 금액(중간이자)을 해당 파산채권자가 이득하는 것이 된다. 그리하여 권면액에서 파산선고 후의 중간이자에 상당하는 부분을 후순위 파산채권으로 하여, 이를 공제한 채권만을 일반파산채권으로 한 것이다.

　　그리고 채권신고를 하는 경우에 파산채권자는 자기 채권 가운데 일반파산채권이 되는 금액과 후순위 파산채권이 되는 금액을 구별하여 신고하여야 하고(447조 1항), 그렇게 하지 않으면 이의의 대상이 된다. 한편 이의를 진술하는 입장에 있는 파산관재인에게도 위 중간이자의 계산은 곤혹스럽고 부담이 된다. 따라서 가령 파산선고시부터 기한에 이르기까지의 기간에 있어서 1년에 미치지 못하는 단수가 생기면 이를 버리는 것으로 하는 것과 같이 계산방법을 간편하게 하는 방안 등을 검토하여야 할 것이다.

> ◆ **구체적 예** ◆　중간이자의 계산방식은 호프만식 계산에 의한다. 예를 들어 채권의 권면액을 N, 법정이율을 Z, 파산선고시로부터 본래의 기한까지의 연수를 A, 일반파산채권이 되는 금액을 X라고 한다면, $N = X + (X \times Z \times A)$가 된다. 여기서 후순위 파산채권이 되는 금액을 X′라고 한다면, $X′ = N - X$이므로 $X′ = N(1 - 1/1 + ZA)$이 된다. 예를 들어 권면액 100만 원, 법정이율 연 5%, 파산선고로부터 변제기까지가 5년이라고 한다면 후순위 파산채권은 20만 원이 된다. 결국 100만 원의 채권 가운데 80만 원이 일반파산채권이 되고, 잔액 20만 원이 후순위 파산채권이 된다.

6-26   (6) 무이자의 불확정기한부 채권의 채권액과 평가액의 차액(6호)

　　기한이 불확정한 채권이라도 법 425조에 의하여 권면액이 파산채권액이 되므로 권면액과 파산선고시에 있어서 평가액의 차액을 중간이자에 상당한 것으로 보아 후순위 파산채권으로 하고 있다. 위 5호와 마찬가지 취지이다.

(7) 금액 및 존속기한이 확정한 정기금채권의 중간이자 상당액(7호)　　6-27

예를 들어 정기적으로 지급되는 부양료나 할부매매채권과 같은 정기금채권은 확정금액채권이지만, 각기의 지분채권에 있어서는 기한미도래의 채권이 되므로 각기에 지분채권에 대하여 이자가 포함되어 있다고 본다. 이에 대하여는 법 425조에 의하여 현재화되므로 각기의 지분채권에 대하여 중간이자 상당액을 산정하여 우선 그 합계액을 후순위 파산채권으로 한 것이다. 그러나 각기의 중간이자를 공제한 원본액의 합계액을 그대로 일반파산채권으로 하면 본래 채권자가 정기금으로서 받을 수 있는 금액을 초과하는 경우가 있다. 그래서 법정이율을 기준으로 본래의 정기금에 상당하는 이자를 발생시킬 수 있는 원본액을 산정하여, 위 파산채권액(각기의 중간이자를 공제한 원본액의 합계액)이 위 원본액(본래의 정기금에 상당하는 이자를 발생시킬 수 있는 원본액)을 초과하는 부분도 또한 후순위 파산채권으로 한 것이다.

◆ **구체적 예** ◆　예를 들어 40년 동안 매년 100만 원의 부양료를 받는 채권에 대하여 살펴보자. 호프만식 계산에 의하여 40년 동안의 원본액의 합계액을 산출하면 21,642,600원이다(호프만식 수치 21.6426). 이에 대하여 연 5푼의 법정이율에 의하여 그 정기금으로 매년 100만 원에 상당한 이자를 발생시킬 수 있는 원본액은 역으로 계산하면 2,000만 원이므로 그 차액(21,642,470원 − 20,000,000원)인 1,642,470원도 또한 (각기의 정기금의 중간이자 상당액의 합계액 이외에) 후순위 파산채권이 된다.

4. 약정 후순위 파산채권　　6-28

현행법에서는 채무자가 채권자와 파산절차에서 다른 채권보다 후순위로 하기로 정한 채권은 그 정한 바에 따라 다른 채권보다 후순위로 한다는 규정을 신설하였다(446조 2항). 약정(합의)에 의하여 채권을 후순위화할 수 있도록 한 것이다.[26] 채권자와 채무자의 위와 같은 합의가 파산절차상 유효하다고 명문으로 인정한 점에 본조항의 의의가 있다.

---

26) 2005년 시행의 일본 파산법 99조 2항에서도 파산채권자와 파산자 사이에 파산절차개시 전에 해당 채무자에게 파산절차가 개시되면 그 배당의 순위가 열후적 파산채권에 뒤지는 취지의 합의가 있는 채권을 약정열후파산채권으로 정의하고, 약정열후파산채권은 열후적 파산채권에 뒤진다는 규정을 신설하였다.

◆ **지배회사 또는 내부자(특수관계인) 채권의 후순위화** ◆ 법 446조 1항 각 호가 열거하고 있는 경우 이외의 파산채권에 대하여 해석론에 의하여 후순위화할 수 있는지 여부가 문제되고 있고, 후순위화에 대한 입법론적 검토가 제안되고 있다(위에서 언급한 미국 연방파산법 510조 (c) 「형평에 기한 채권의 후순위화」가 해석론으로 참고될 수 있다). 가령 채무자와 특수관계에 있는 사람의 채무자에 대한 채권, 회사파산의 경우에 이사의 회사에 대한 채권 등을 다른 파산채권과 동일하게 취급하는 것은 문제가 있다는 것이다. 그런데 참고로 보면, 친(親)회사 X가 자(子)회사에 대하여 가지는 채권의 파산절차에서의 신고에 대하여 다른 일반채권자 Y가 X의 채권을 후순위화하여야 한다는 취지의 이의를 진술하였기 때문에 X가 파산채권확정소송을 제기하였는바, Y는 X의 채권의 후순위화의 근거로 자회사의 과소자본 및 X의 부당경영을 주장한 사안에서 ① X의 파산채권이 법 446조 1항 각 호에 규정하는 후순위 파산채권의 어느 것에도 해당하지 않으며 또한 후순위화에 대하여 명문의 규정이 존재하지 않은 것, ② 법 440조의 취지로부터 현행법상으로는 후순위 취급을 받을 파산채권을 창설·규율하려고 한다고는 풀이할 수 없다는 등의 이유에서 해석론에 의한 파산채권의 후순위화를 부정한 일본 재판례가 있다.[27] 한편, 파산회사를 사실상 지배하고, 파산회사의 파산이 불가피하다는 것을 인식한 후에도 다른 채권자의 희생으로 자신의 이익을 도모한 회사가 파산절차에서 자기의 채권을 파산채권으로 주장하는 것은 신의칙에 어긋나 허용되지 않는다는 재판례가 있다.[28]

6-29   **V. 다수채무자관계와 파산채권**

실체법상 어느 채권자에 대하여 동일한 급부를 목적으로 하여 여럿의 채무자가 존재하는 경우의 채무관계를 「**다수채무자관계**」라고 하는데, 이를 크게 나누어 다음의 두 가지 유형으로 정리할 수 있다. ① 각 채무자가 분할된 급부의무를 지는 「**분할채무관계**」와 ② 각 채무자가 각각 전부의 급부의무를 지는 「**공동채무관계**」이다. 나아가 후자인 공동채무관계는 각 채무자가 병렬적으로 전부의 급부의무를 부담하는 경우(연대채무, 불가분채무, 부진정연대채무, 연대보증채무 등)와 채무자 사이에 주종(主從)의 구별이 있는 경우(보증채무)로 구별할 수 있다.

이 가운데 ① 분할채무관계에서는 각 채무자가 다른 채무자와 관계없이 각각 책임을 지고 있으므로 그 가운데 누군가가 파산을 하더라도 그것이 다른 채무자에게 영향을 주지 않으므로 특별히 문제는 생기지 않는다. 이에 대하여 ② 공동채무관계에서는 급부에 있어서 여럿의 채무자가 중첩적으로 책임을 지므로

---

27) 일본 東京地判 1991年(平成 3年) 12月 26日, 金融·商事判例(903号), 39면.
28) 일본 廣島地(福山支)判 1998年(平成 10年) 3月 6日, 判例時報(1600号), 113면.

채권자는 1인의 채무자만이 책임을 지는 경우보다도 확실한 이행을 기대할 수 있다(이른바 인적 담보). 따라서 공동채무관계에 있는 채무자의 1인(또는 일부·전원)이 파산한 경우에는 채권자의 위와 같은 실체법상의 지위를 해치지 않게 할 필요가 있다. 또한 이와 함께 해결되어야 할 것은 공동채무를 변제한 일부의 채무자의 다른 채무자에게의 구상문제 등이 있다.

1. 공동채무관계의 규율   6-30

법은 ① **분할채무관계**에 대하여는 특별한 취급을 하고 있지 않으면서, 반면 ② 연대채무나 보증채무 등과 같은 **공동채무관계**에 대하여는 특별한 규정을 두고 있다. 한편, 회생절차에서에서는 법상으로는 파산절차와 달리 규정하고 있는 부분도 없지 않으나 대체로 마찬가지이고(126조 이하), 개인회생절차에서는 파산절차의 규정을 그대로 준용하고 있다(581조 2항).

(1) 수인의 전부의무자의 파산   6-31

제428조(전부의 채무를 이행할 의무를 지는 자가 파산한 경우의 파산채권액) 여럿의 채무자가 각각 전부의 채무를 이행하여야 하는 경우 그 채무자의 전원 또는 일부가 파산선고를 받은 때에는 채권자는 파산선고시에 가진 채권의 전액에 관하여 각 파산재단에 대하여 파산채권자로서 권리를 행사할 수 있다.

제126조(채무자가 다른 자와 더불어 전부의 이행을 할 의무를 지는 경우) ① 여럿이 각각 전부의 이행을 하여야 하는 의무를 지는 경우 그 전원 또는 일부에 관하여 회생절차가 개시된 때에는 채권자는 회생절차개시 당시 가진 채권의 전액에 관하여 각 회생절차에서 회생채권자로서 그 권리를 행사할 수 있다. ② 제1항의 경우에 다른 전부의 이행을 할 의무를 지는 자가 회생절차 개시 후에 채권자에 대하여 변제 그 밖에 채무를 소멸시키는 행위(이하 이 조에서 "변제 등"이라고 한다)를 한 때라도 그 채권의 전액이 소멸한 경우를 제외하고는 그 채권자는 회생절차의 개시시에 가지는 채권의 전액에 관하여 그 권리를 행사할 수 있다.

법 428조는 여럿의 채무자가 각각 전부의 채무를 이행할 의무를 부담하고 있는 경우에 그 채무자의 전원 또는 일부(1인도 포함)가 파산선고를 받은 때에는 채권자는 파산선고시에 가진 채권의 전액에 관하여 각 파산재단에 대하여 파산

채권자로서 그 권리를 행사할 수 있다고 규정하고 있다(회생절차에 있어서도 법 126
조 1항에 마찬가지 규정이 있다).29) 이를 파산선고시 현존액주의 또는 단순히 **현존
액주의**라고 부른다(Nennwertprinzip＝채권명목액주의).30) 여기에서 전부의 채무를
이행할 의무를 지는 사람(전부의무자라고 한다)에는 불가분채무, 연대채무, 부진정
연대채무, 연대보증채무, 보증채무(☞ 6-32 참조) 이외에 어음·수표의 소지인에
대한 발행인, 인수인, 배서인 등이 부담하는 합동책임(어음법 47조, 77조 1항 4호,
수표법 43조)의 경우도 포함된다. 가령, 연대채무의 경우에 채권자는 연대채무자
가운데 어느 1인에 대하여 채무의 전부나 일부의 이행을 청구할 수 있고, 또는
모든 채무자에 대하여 동시에 또는 순차로 채무의 전부나 일부의 이행을 청구할
수 있다(민법 414조). 즉, 연대채무자에 대한 채권자의 청구의 독립성이 인정되고
있다(채무자의 수만큼의 다수의 독립한 채무). 여럿의 채무자가 동일한 내용의 채무를
채권자에게 부담하고 있으므로 어느 1인의 연대채무자의 무자력의 위험을 다른
연대채무자에게 전가할 수 있고, 이에 의하여 채권의 담보력은 강화되고 있다.
이렇게 연대채무는 무자력의 위험을 다른 연대채무자에게도 분산하는 장점이
있는데, 파산은 무자력의 아주 전형적인 것이라고 할 수 있음에도 이에 대하여
민법에는 규정이 없고, 법 428조에서 이를 다루고 있다. 위 법 428조는 파산선
고시에 있어서 현존채권액이 파산채권인 것을 분명히 한 것으로 다음과 같은
의미를 가진다.31)

첫째, 파산선고 전에 다른 채무자로부터 일부변제를 받거나 다른 채무자의
파산절차에 있어서 배당을 받은 때에는 그 금액을 공제한 잔액이 파산채권액이
되므로 이를 가지고 파산채권으로 신고하게 된다. 본래의 채권액 전액에 대하여

---

29) 이에 대하여는 김정만, "도산절차상 현존액주의", 사법논집(2011), 109면 이하; 박재완, "현존
액주의에 관하여", 법조(2008. 12), 63면 이하; 양형우, "다수당사자의 채권관계와 파산절차상
현존액주의", 민사법학(2009. 3), 257면 이하 참조.

30) 우리나라 및 일본법은 이와 같은 현존액주의를 채택하고 있지만, 입법례로서는 파산선고 전의
임의변제나 파산배당을 공제하지 않고, 채권성립 당시의 전액을 기준으로 하는 스위스법이나,
파산선고 전에 받은 임의변제만을 공제하는 프랑스법과 같은 예도 있다. 이는 연대채무 등의 인
적 담보의 기능을 보다 잘 발휘시키고자 하는 것과 관련된 입법정책의 문제라고 생각하는데, 스
위스법의 태도가 가장 타당하다는 견해로는 곽윤직, 채권총론(1996), 322면 참조. 우리 및 일본
에 큰 영향을 미친 독일 구파산법(Konkursordnung) 68조 및 이를 거의 그대로 이어받은 새로
운 도산법(Insolvenzordnung) 43조는 채권자는 절차개시시에 청구할 수 있는 **전액을 변제받을
때까지**(bis zu seiner vollen Befriedigung) 각 채무자에 대한 절차에서 권리를 행사할 수 있다
고 규정하여, 우리와 달리 '전액을 변제받을 때까지'라는 문언이 부가되어 있다.

31) 伊藤眞, 破産法·民事再生法, 284-288면.

채권신고를 할 수 없다.

◆ **구체적 예** ◆   예를 들어 채권자 甲이 연대채무자 A, B, C에 대하여 3,000만 원의 채권을 가지고 있고, A, B, C가 전원 파산하였다면, 채권자 甲은 A, B, C의 각 파산재단에 대하여 3,000만 원으로 배당가입을 할 수 있다. 따라서 각 배당률이 A, B, C 어느 쪽도 3할이라고 한다면 채권자 甲은 2,700만 원을 회수할 수 있게 된다. 채무자가 모두 파산하였음에도 불구하고 9할의 채권이 회수되므로 연대채무의 위력은 대단하다. 통상의 분할채무라면 채권자 甲은 A, B, C의 각 파산재단에 대하여 1,000만 원씩 배당가입을 할 수밖에 없고 채권 3,000만 원 전체의 3할인 900만 원밖에 회수할 수 없는 것과 비교하면 큰 차이이다. 문제는 연대채무자 모두가 동시에 파산한 것이 아니라 순차적으로 파산한 경우에 어떻게 되는가이다. 실제로는 이러한 경우가 많을 것이다. 위 예에서 A, B, C가 순차적으로 파산하고(각각 1개의 파산절차가 종료한 후에 다음의 파산절차가 개시), 각 파산절차의 배당률이 3할이라고 한다면, A의 파산절차로부터 채권자 甲은 900만 원의 배당을 받으므로 B의 파산절차에 대하여는 2,100만 원(=3,000만 원−900만 원)밖에 참가하지 못하고 B의 파산절차로부터 630만 원의 배당을 받게 된다. C의 파산절차에 대하여는 A, B의 파산절차의 배당액을 제외하므로 1,470만 원(=2,100만 원−630만 원)밖에 참가할 수 없고 C의 파산절차로부터 441만 원의 배당을 받는 데 머무른다. 전부 합쳐 채권자 甲은 1,971만 원(=900만 원+630만 원+441만 원)을 회수할 수 있다. 따라서 2,700만 원을 회수할 수 있는 A, B, C가 동시에 파산한 경우보다 순차적으로 파산한 경우의 배당이 729만 원(2,700만 원−1,971만 원) 적게 된다.

둘째, 그러나 일단 현존 채권액의 신고를 하였다면, 파산선고 후에 다른 채무자로부터 일부변제를 받거나(물론, 전부변제를 받아 채권 자체가 소멸한 경우는 별개로 ☞ 6-35 참조) 다른 채무자의 파산절차에 있어서 배당을 받았다고 하더라도 파산채권액에 감소를 가져오는 것은 아니다(이러한 설명을 **비감액설**(非減額說)이라고도 부른다).[32] 회생절차에서는 법 126조 2항에서 이를 분명히 하고 있지만, 파산절

---

[32] 비감액의 실질적 근거에 대한 일반적 입장은 연대채무 등의 공동채무관계에 있어서는 채권자에게 전액의 만족이 가급적으로 확보되어야 한다는, 즉 인적 담보기능의 확보라는 관점(책임재산의 집적에 의한 채권의 효력 강화)에서 연대채무 등의 인적 담보의 기능을 파산에 있어서 보다 발휘시키고자 하는 취지라고 이해하고 있다. 그런데 가령 연대채무의 경우에 다른 채무자의 변제가 있으면 비록 그것이 일부변제이더라도 그 범위에서 나머지 채무자의 채무는 소멸하는 것과 관련하여(민법 413조 참조) 다른 일반채권자와의 사이에서의 취급에 불공평을 가져오는 것은 아닌가 하는 의문이 있을 수 있다고 하면서, 위 법 428조는 다른 일반채권자의 희생 하에 인적 담보를 가지는 채권자의 이익을 보호하거나 일반채권자의 이익보다도 인적 담보를 가지는 채권자의 이익을 우선시키려는 것(위 인적 담보기능의 확보를 근거로 하는 입장)이 아니고, 일반채권자의 이익을 해치지 않는 것을 전제로(본래의 파산채권자만이 채권 전액을 행사하는가, 아니면 그 일부를 구상권자가 행사하는가에 대하여 다른 일반채권자는 특별한 이해관계를 가지

차에서는 종전 파산법에서와 같이 여전히 이를 분명히 하고 있지 않은데, **판례**
는 위와 같은 입장에서 채권자가 채권 전액에 대하여 만족을 얻은 것이 아닌
한 파산채권액에 감소를 가져오는 것은 아니므로 채권자는 여전히 파산선고시
의 **채권 전액**으로써 계속하여 파산절차에 참가할 수 있다고 본다.[33]

　　한편, 이는 채권자와 전부의무자와의 관계에 있어서 채권의 효력을 강화하
는 취지의 규정이므로 그것과 무관한 제3자로부터 일부변제가 있은 때에는 위
규정은 적용되지 않고 신고채권액의 감소를 인정하게 된다. 그리고 파산선고 전
에 상계적상에 있었고 파산선고 후에 채권자가 상계권을 행사하면 상계의 소급
효에 의하여(민법 493조 2항) 파산선고 전으로 소급하여 채권이 소멸되므로 이러
한 경우는 파산채권액에 영향이 있게 된다.

　　셋째, 채권자가 파산절차에 참가한 경우에 있어서 구상권자가 파산절차개
시 뒤에 채권자에 대하여 변제 등을 한 때에는 그 채권의 전액이 소멸된 경우에
한하여 구상권자는 그 구상권의 범위 내에서 채권자가 가진 권리를 파산채권자
로서 행사할 수 있다. 회생절차에서는 법 126조 4항에서 이를 분명히 하고 있는

지 않는다) 일부변제를 한 다른 전부의무자의 이익보다도 인적 담보를 가지는 채권자의 이익을
우선 시키려는 것으로 이해하여야 한다고 한다(본래의 파산채권자와 구상권자 사이의 내부의
이익 조정을 근거로 하는 입장). 이는 다른 일반채권자와의 평등이라는 관점까지도 고려하여 현
존액주의에 있어서 비감액의 정당성을 다시 검토하였다는 점에서 그 의의가 있다고 할 수 있다.

33) 대법원 2002. 12. 24. 선고 2002다24379 판결; 대법원 2003. 2. 26. 선고 2001다62114 판결.
따라서 파산채무자와 함께 부진정연대채무를 부담하는 채무자가 파산채무자에 대한 파산선고
후에 책임범위 내의 채무를 전부 이행하였으나 그에 의하여 채권자가 채권 전액에 대하여 만족
을 얻지 못한 경우, 채권자는 여전히 파산선고 시에 가진 채권 전액에 관하여 파산채권자로서
권리를 행사할 수 있고, 이에 관하여 파산채무자에 대한 파산선고 후에 보증채무를 전부 이행한
일부보증인의 경우에 채권자가 채권 전액에 대하여 만족을 얻지 못하였더라도 예외적으로 변제
의 비율에 따라 채권자와 함께 파산채권자로서 권리를 행사할 수 있도록 규정한 법 431조를 유
추적용할 수는 없다(대법원 2021. 4. 15. 선고 2019다280573 판결). 노영보, 199면; 전대규,
1313면도 마찬가지 입장이다. 그런데 일본에서는 종전에 일부변제에 의하여 파산채권액은 소멸
내지는 감액되고 채권자에게 돌아갈 배당도 그에 따라 감액된다는 반대설도 없지 않았는데,
2005년 시행 일본 신파산법 104조 2항에서는 명문으로 다른 전부의 이행을 할 의무를 지는 사
람이 파산개시 후에 채권자에게 변제 그 밖의 채무를 소멸시키는 행위를 한 때라도 그 **채권의
전액이 소멸된 경우를 제외**하고, 그 채권자는 파산절차개시시에 가진 채권의 전액에 대하여 그
권리를 행사할 수 있다고 규정하여 위 비감액설의 입장을 입법화하였다. 나아가 일본 最判
2010年(平成 22年) 3月 16日은 동일한 채권자가 복수의 전부의무자에 대하여 **복수의 채권**을
가지고 있는 경우에 전부의무자의 파산선고 뒤에 다른 전부의무자가 위 복수의 채권 가운에 **일
부의 채권에 대하여 그 전액을 변제** 등을 한 사안에서 변제 등에 관련된 **해당 파산채권**에 대하
여는 그 **전액이 소멸**된 것이므로 복수의 채권 전부가 소멸되지 않아도 위 2항에 의한 그 채권
의 전액이 소멸된 경우에 해당한 것으로 채권자는 해당 파산채권에 대하여는 그 **권리를 행사할
수 없다**고 보았다(倒産判例百選[第5版](45사건), [八田卓也 해설] 참조).

데, 파산절차에서도 채권자가 파산선고시에 가지고 있는 파산채권의 전액에 대하여 권리행사를 보장한다는 의미의 현존액주의를 전제로 한다면 법 430조 2항을 이렇게 풀이할 수 있다(☞ 6-34).

(2) 보증인의 파산

6-32

제429조(보증인이 파산한 경우의 파산채권액) 보증인이 파산선고를 받은 때에는 채권자는 파산선고시에 가진 채권의 전액에 관하여 파산채권자로서 그 권리를 행사할 수 있다.	제127조(채무자가 보증채무를 지는 경우) 보증인인 채무자에 관하여 회생절차가 개시된 때에는 채권자는 회생절차개시 당시 가진 채권의 전액에 관하여 회생채권자로서 권리를 행사할 수 있다.

　법 429조는 보증인이 파산선고를 받은 때에는 채권자는 파산선고시에 가진 채권의 전액에 관하여 파산채권자로서 그 권리를 행사할 수 있다고 규정하고 있다(회생절차에 있어서도 법 127조에 마찬가지 규정이 있다). 여기서 보증채무의 내용은 주채무의 내용과 동일하므로 보증인도 주채무에 대하여 전부의 의무를 지는 사람에 해당되고, 따라서 보증인이 파산한 경우에도 본래 위에서 살핀 법 428조의 적용을 받아 처리하면 되므로 형식적으로 본다면 결과적으로 법 429조와 428조는 중복되고 언뜻 아무런 의미가 없는 규정처럼 보인다.

　그런데 민법상 보증인에게는 최고의 항변과 검색의 항변(민법 437조)이 인정되고 있으므로 보증인이 파산한 경우에 그 파산절차에서 채권자는 즉시 파산선고시의 채권액을 파산채권으로서 행사할 수 있는가, 아니면 항변의 대항을 받아서 우선 주채무자에 대하여 최고·검색을 하지 않고서는 파산채권의 신고에 의한 배당가입을 할 수 없는가 하는 의문이 생긴다. 그리하여 법 429조에서 보증인이 파산한 경우에 대하여 특별히 보증채무의 **보충성을 부정**하는 규정을 두어, 보증인은 최고·검색의 항변을 가지고 채권자에게 대항할 수 없다는 취지를 분명히 한 것이다. 만약 항변으로 대항할 수 있다고 한다면 채권자는 보증인에 대한 파산절차에 참가할 수 없는 상태에서 주채무자의 재산상태도 악화되는 경우에 추심이 곤란하게 될 우려가 있으며, 나아가 보증인의 파산절차가 종료된다면 채권자는 보증인에 대하여도 추심할 수 없게 될 우려가 있기 때문이다.

　결국 법 429조의 의의는 보증인만이 파산한 경우에 한하여 보증인은 최고의 항변권 및 검색의 항변권을 상실한다는 취지를 규정한 것이라고 할 수 있다.

한편, 보증인과 함께 주채무자도 파산한 경우에 보증인은 최고의 항변권을 상실할 뿐만 아니라, 주채무자에게 변제자력이 없어서 집행이 용이하지 않은 것이 분명하므로 검색의 항변권도 상실한다고 풀이할 수 있다.[34] 따라서 보증인과 함께 주채무자도 파산한 경우에 채권자는 법 429조에 의할 것도 없이, 법 428조에 의하여 보증인의 파산재단에 대하여 파산선고시에 가진 채권의 전액을 파산채권으로서 행사할 수 있다.

(3) 구상의무자의 파산

제430조(장래의 구상권자) ① 여럿의 채무자가 각각 전부의 채무를 이행하여야 하는 경우 그 채무자의 전원 또는 일부가 파산선고를 받은 때에는 그 채무자에 대하여 장래의 구상권을 가진 자는 그 전액에 관하여 각 파산재단에 대하여 파산채권자로서 그 권리를 행사할 수 있다. 다만, 채권자가 그 채권의 전액에 관하여 파산채권자로서 그 권리를 행사한 때에는 예외로 한다. ② 제1항 단서의 경우 제1항의 규정에 의한 구상권을 가진 자가 변제를 한 때에는 그 변제의 비율에 따라 채권자의 권리를 취득한다. ③ 제1항 및 제2항의 규정은 담보를 제공한 제3자가 채무자에 대하여 갖는 장래의 구상권에 관하여 준용한다.

제126조(채무자가 다른 자와 더불어 전부의 이행을 할 의무를 지는 경우) ... ③ 제1항의 경우에 채무자에 대하여 장래에 행사할 가능성이 있는 구상권을 가진 자는 그 전액에 관하여 회생절차에 참가할 수 있다. 다만, 채권자가 회생절차개시시에 가지는 채권 전액에 관하여 회생절차에 참가한 때에는 그러하지 아니하다. ④ 제1항의 규정에 의하여 채권자가 회생절차에 참가한 경우 채무자에 대하여 장래에 행사할 가능성이 있는 구상권을 가지는 자가 회생절차 개시 후에 채권자에 대한 변제 등으로 그 채권의 전액이 소멸한 경우에는 그 구상권의 범위 안에서 채권자가 가진 권리를 행사할 수 있다. ⑤ 제2항 내지 제4항의 규정은 채무자의 채무를 위하여 담보를 제공한 제3자가 채권자에게 변제 등을 하거나 채무에 대하여 장래에 행사할 가능성이 있는 구상권을 가지는 경우에 준용한다.

6-33

1) 장래의 구상권의 행사

여럿의 채무자가 각각 전부의 채무를 이행하여야 하는 경우에 그 채무자의 전원 또는 일부가 파산하면, 그 채무자에 대하여 장래의 구상권을 가진 사람은 그 전액에 관하여 파산채권자로서 각 파산재단에 대하여 그 권리를 행사할 수 있다(430조 1항 본문. 회생절차에 있어서도 법 126조 3항 본문에 마찬가지 규정이 있다). 가령 A가 채권자 甲에 대한 채무자 乙의 1억 원의 채무에 대하여 연대보증을 한

---

34) 곽윤직, 채권총론(1996), 373-374면.

경우에 乙에 대하여 파산선고가 있으면 A는 1억 원을 파산채권으로 신고할 수 있다. 한편, 장래의 구상권이 파산채권이 될 수 있는 것 자체는 법 427조 2항에서도 전제되고 있다.35)

공동채무관계에 대하여 민법에서는 채무자 서로 사이의 구상권은 실제로 채무를 변제하거나 그밖에 자기의 출재(出財)로 공동면책이 된 때에 비로소 행사할 수 있다는 사후구상이 원칙이다(민법 425조, 411조, 441조, 448조).36) 그러나 주채무자가 파산선고를 받고, 게다가 그 파산절차에 채권자가 참가하지 않은 때에는 부탁에 의하여 보증인이 된 사람은 주채무자의 파산절차에 있어서는 미리 구상권을 행사할 수 있다(민법 442조 1항 2호). 만약, 이러한 사전구상을 인정하지 않으면 보증인이 채권자의 청구를 받아 채무를 이행한 뒤 나중에 구상하려고 할 때에 파산절차의 진행상황에 따라서는(가령, 최후의 배당에 관한 배당제외기간 후에 채권자의 청구를 받아 변제한 경우, 주채무자에 대한 파산절차가 종료되고 면책이 이루어진 경우) 구상권의 행사가 실제상 곤란하여 보증인이 불이익을 입을 우려가 있기 때문이다. 그런데 이러한 취지는 보증채무에 한정되는 것은 아니고, 연대채무 등 그 밖의 유형의 전부의무자 서로 사이의 구상권에 대하여도 타당하므로 법 430조 1항 본문은 민법 442조 1항 2호의 취지를 수탁보증인 이외에 전부의무자에 대하여도 확장한 것이다.37)

---

35) 수탁보증인이 민법 442조에 의하여 사전청구권으로 파산채권신고를 하는 경우 그 사전구상권의 범위에는 채무의 원본과 이미 발생한 이자 및 지연손해금, 피할 수 없는 비용 기타의 손해액이 이에 포함될 뿐, 채무의 원본에 대한 장래 도래할 이행기까지의 이자는 사전구상권의 범위에 포함될 수 없다고 할 것이나, 이 또한 도산법 430조 1항에 의한 장래의 구상권으로서 파산채권신고의 대상이 될 수 있다. 그런데 채권신고를 한 경우에도 그 이자채권은 파산채권이기는 하나, 도산법 446조 1항 1호에서 정하는 후순위 파산채권에 해당한다(대법원 2002. 6. 11. 선고 2001다25504 판결).

36) 예를 들어 어느 연대채무자가 변제 기타 자기의 출재로 채무자 전원을 공동면책하게 한 때에 다른 연대채무자의 부담부분에 대하여 구상권을 행사할 수 있다(민법 425조 1항). 본래 채권자에 대한 관계에 있어서 연대채무자는 각자 전부를 변제하여야 할 채무를 부담한다. 그러므로 어느 연대채무자가 채권자에 대하여 채무전부를 변제하였다면 그것은 자기의 변제에 지나지 않는다. 그러나 연대채무자 서로 사이에는 부담부분이 있으므로, 연대채무자 1인이 그의 부담부분을 넘는 변제를 한 경우에 그것은 실질적으로 타인채무의 변제가 된다. 따라서 자기의 출재로 공동면책을 시킨 연대채무자는 다른 연대채무자에 대하여 각자의 부담부분에 따른 상환을 청구할 수 있는데, 이를 구상권이라고 한다.

37) 이에 대하여 장래의 구상권은 변제 등에 의한 채권의 만족을 법정 정지조건으로 발생하는 것이므로 장래의 청구권에 해당하지만, 파산선고 후의 변제에 기한 사후구상권이 파산채권이라고 할 수 있는지 여부가 문제될 수 있으므로 법 430조 1항은 장래의 구상권을 파산채권으로 행사할 수 있다는 취지를 주의적으로 규정한 것이라는 입장도 있다. 김정만, 전게 "도산절차상 현존

◈ **구체적 예** ◈　A는 甲으로부터 1억 원을 빌렸고, 乙은 이 채무를 보증하였는데, 그 뒤에 A에게 파산선고가 있었다. A에 대한 채무의 기한이 아직 도래하지 않은 경우는 주채무는 현재화하지만(425조), 이는 보증인에게 미치지 않으므로 甲은 A에게 보증채무의 이행을 구할 수 없다. 한편, 乙은 A에게 구상권을 행사할 수 있고, 이는 파산채권이라고 보는데(☞ 6-10), 만약 A에 대한 면책결정이 확정되면 乙의 구상권에 면책의 효과가 미치므로(566조 본문) 乙은 A에게 구상권을 행사할 수 없다(☞ 14-37). 이를 피하기 위하여 乙은 미리 파산절차에 참가하여 파산절차로부터 배당을 받는 것만이 그나마 방책이 될 것이다.

　다만, 채권자가 이미 그 **파산채권의 전액**을 가지고 파산채권자로서 권리행사를 하고 있는 경우에는 만약 위와 같이 장래의 구상권을 가진 사람의 사전구상을 인정하면 실질적으로는 1개의 채권이 이중행사되는 것과 마찬가지가 되어(원채권과 구상권은 권리로서는 별개이지만, 그 경제적 실질을 같이 하므로) 다른 파산채권자의 만족을 해친다. 따라서 이중권리행사의 금지(Verbot der Doppelanmeldung)에 의하여 이 경우에는 장래의 구상권을 파산채권으로서 행사하는 것은 인정되지 않는다(430조 1항 단서. 회생절차에 있어서도 법 126조 3항 단서에 마찬가지 규정이 있다).38) 장래의 구상권을 파산채권으로 신고한 때에는 그 자체 채권조사기일에 있어서 이의사유가 된다. 한편, 위 취지에 비추어 채권자가 **채권액의 일부**만을 파산채권으로서 행사한 경우에는 장래의 구상권자는 그 잔액의 범위 내에서 파산채권자로서 권리를 행사할 수 있다. 이 경우에는 이중의 권리행사가 되는 것은 아니기 때문이다.

◈ **구체적 예** ◈　예를 들어 A, B, C가 1 : 1 : 1의 부담비율로 채권자 甲에게 3,000만 원의 연대채무를 부담하고 있는데, A에 대하여 파산선고가 있었다고 하자. 채권자 甲이 위 3,000만 원 **전액**을 가지고 A에 대하여 개시된 파산절차에 참가한 경우에 B 및 C는 장래의 구상권을 파산채권으로 행사할 수 없다. 그런데 가령 채권자 甲이 위 3,000만원 중 **일부인 1,500만 원만**을 채권으로 A의 파산절차에 참가한 경우에는 잔액 1,500만 원을 한도로 하여 B 및 C는 각각 A에 대한 장래의 구상

액주의", 164면; 양형우, 전게 "다수당사자의 채권관계와 파산절차상 현존액주의", 269면이 그러한 입장이다.
38) 민법 442조 1항 2호가 주채무자가 파산선고를 받은 경우에 채권자가 파산재단에 가입하지 않은 때에 한하여 사전구상권의 파산채권행사를 인정하고 있는 것은 위와 같은 이유에서 비롯된다. 독일 새로운 도산법 44조는 연대채무자 및 보증인은 채권자에 대한 변제에 의하여 채무자에 대하여 장래 취득할 채권에 있어서는 채권자가 채권을 행사하지 않는 때에 한하여 도산절차에서 권리를 행사할 수 있다고 규정하고 있다. 구파산법에는 이에 대한 규정이 없었으나, 마찬가지로 풀이하였다.

권 1,000만 원(A의 부담 부분은 1,000만 원이므로)에 대하여 파산채권자로서 파산절차에 참가할 수 있다. 이 경우에 A의 부담 부분에서 본다면 채권자 甲에 의하여 이미 1,500만 원의 파산채권이 행사되고 있는 것에 더하여 B 및 C로부터 중복하여 각각 1,000만 원의 구상권이 파산채권으로 행사되는 것이 A의 다른 채권자를 해치는 것인 아닌가의 문제가 있다. A는 B 및 C에 대한 관계에서는 채권자 甲에게, 1,000만 원을 지급하면 그 책임을 면하기 때문이다. 그러나 채권자 甲에게 1,000만 원이 지급되는 것은 100% 배당의 경우인데, 그렇지 않은 경우가 일반적이고 채권자 甲은 B 및 C에게 연대채무의 지급을 구할 수 있으므로 B 및 C에게 잔액에 대하여는 구상권의 파산채권행사를 인정하여야 할 것이다.

2) 장래의 구상권자에 의한 변제
6-34

채권자가 채권 전액을 파산채권으로서 행사하고 있는 경우에 장래의 구상권을 가진 사람이 구상권을 사전행사할 수 없는 것은 법 430조 1항 단서에 의하여 분명하다. 그런데 구상권을 가진 사람이 그 뒤에 채권자에게 변제를 하였다면 어떻게 되는가. 법 430조 2항은 채권자가 채권 전액을 파산채권으로서 행사하고 있는 경우에 구상권을 가진 사람이 채권자에게 변제를 한 때에는 그 변제의 비율에 따라 채권자의 권리를 취득한다고 규정하고 있다.

① 전부변제의 경우
6-35

채권자에게 전부변제를 한 때에는 구상권자가 채권자의 권리를 취득하여 파산채권자로서 권리행사를 할 수 있다고 보는 것은 당연하다.[39] 이 경우에 채권자의 채권은 전액변제를 받았으므로 구상권자가 파산채권을 행사하는 것은 변제에 의한 대위의 일종으로 볼 수 있고(민법 481조 참조),[40] 이미 신고된 파산채권의 주체가 구상권자로 바뀌므로 절차로서는 신고사항의 변경절차에 의한다. 구상권자는 신고명의의 변경을 받을 수 있다(447조, 454조. ☞ 13-6).

② 일부변제의 경우
6-36

구상권자가 채권자에게 일부만 변제한 때의 취급에 대하여는 다툼이 있다.[41] 법 430조 2항의 「변제의 비율에 따라 채권자의 권리를 취득한다」는 것을

---

39) 최승록, 전게 "파산채권과 재단채권", 296면; 伊藤眞, 破産法·民事再生法, 289 - 290면.

40) 채무자 이외의 제3자 또는 채무자와 함께 채무를 부담하는 공동채무자가 채무자를 위하여 변제함으로써 채무자에 대하여 구상권을 취득하는 경우에, 그 구상권의 범위 내에서 종래 채권자가 가지고 있었던 채권 및 그 담보에 관한 권리가 법률상 당연히 변제자에게 이전하여 변제자가 그 권리를 행사할 수 있는 것을 변제에 의한 대위(변제자대위 또는 대위변제)라고 한다. 구상권을 확보하기 위해서 인정되는 제도이다.

41) 한편, 민법 483조 1항은 채권의 일부에 대하여 대위변제가 있는 때에는 대위자는 그 변제한

문언 그대로 해석한다면, 일부변제를 한 것에 지나지 않은 전부의무자라도 그 변제액의 비율에 따라서 채권자의 권리를 취득한다고 볼 수 있다.[42] 그러나 한편 법 428조에서 채권자는 파산선고시에 가진 채권의 전액에 관하여 파산채권자로서 권리를 행사할 수 있다고 규정하고 있으므로 이 규정(파산선고시 현존액주의)이 법 430조 2항의 해석에 영향을 미친다. 따라서 법 430조 2항의 해석에 있어서 법 428조 파산선고시 현존액주의 원칙과의 관계를 중시하여 변제액의 비율에 따라서 채권자의 권리를 취득하는 것을 **부정**하는 입장이 일반적이다.[43] 만약, 반대로 변제액의 비율에 따라서 채권자의 권리를 취득하는 것으로 풀이하면, 채권자는 파산선고 후의 일부만족을 이유로 대위의 비율에 의하여 감축된 금액을 기준으로 하는 배당을 감수하여야 하고(자신의 채권이 전부 회수되지 못하고 있음에도 본래 전액 지급할 의무를 지는 전부의무자가 채권의 일부에 대위하여 오는 것을 납득할 수 없을 것이다), 그렇다면 이는 채권자에게 파산선고 당시의 현존 채권액의 전액에 대하여 파산채권의 행사를 인정한 법 428조의 파산선고시 현존액주의의 원칙에 저촉되게 된다(앞에서 살핀 현존액주의의 의미를 참조).[44]

결국 전부의무자는 전부변제를 하지 않는다면, 채권자의 권리를 대위행사할 수 없고(구상권자는 본래 채권자에게 전액의 만족을 주어야 할 입장에 있으므로 이는 불공평한 것이 아니다), 한편 채권자는 일부변제가 있다고 하더라도 여전히 법 428조

가액에 비례하여 채권자와 함께 그 권리를 행사한다고 규정하고 있지만, 판례는 채권자가 대위변제자에 우선한다는 입장이다(대법원 1988. 9. 27. 선고 88다카1797 판결 등).

42) 이러한 입장은 일본 구파산법 입법 당시의 견해이기도 하다. 司法省 編, 改正破産法理由書 (1911年), 16면.

43) 양형우, "파산절차상의 연대채무와 보증채무", 법조(2003. 11), 119면; 최승록, 전게 "파산채권과 재단채권", 297면; 山木戸克己, 破産法, 93면; 伊藤眞, 破産法[全訂第3版], 174-175면. 일본 最判 1987年(昭和 62年) 7月 2日, 金融法務事情(1178号), 37면. 그리고 우리 대법원 판결 가운데 회사정리절차에 관하여(종전 회사정리법 110조 2항 관련), 채권의 일부에 대하여 대위변제가 있는 때에는 채권자만이 정리절차개시 당시 가진 채권의 전액에 관하여 정리채권자로서 권리를 행사할 수 있을 뿐, 채권의 일부에 대하여 대위변제를 한 구상권자가 자신이 변제한 가액에 비례하여 채권자와 함께 정리채권자로서 권리를 행사하게 되는 것이 아니라고 본 것이 있다(대법원 2001. 6. 29. 선고 2001다24938 판결. 이후 대법원 2006. 4. 13. 선고 2004다6221 판결[미간행]도 마찬가지).

44) 이를 전제로, 즉 현존액주의 원칙상 채권자가 채권 전액을 파산채권으로 신고한 이상, 다른 전부의무자는 장래구상권을 행사할 수 없어서 이로써 상계의 자동채권으로 삼을 수 없다(상계권의 제한과 관련하여 ☞ 12-24 참조). 파산선고 후 일부변제를 하여 그 출재액을 한도로 구상권을 취득하였다 하더라도 채권자의 채권 전액이 **소멸하지 않는 한** 일부 변제한 부분에 대한 구상권을 행사할 수도 없으므로 그 구상권을 자동채권으로 하여 채무자에 대한 채무와 **상계할 수 없다**(대법원 2008. 8. 21. 선고 2007다37752 판결).

에 의하여 파산선고시의 채권의 전액으로 그 권리를 행사할 수 있다고 보아야
한다(**비감액설**. 회생절차에 있어서는 법 126조 2항, 4항에서 이렇게 규정하고 있다).**45)**

　　따라서 법 430조 2항의 의미는 여럿의 구상권자가 일부씩 변제하고, 그 금
액을 합계하면 파산채권의 전액을 변제한 것이 되는 경우에 있어서 비로소 각자
가 변제한 비율에 따라서 파산채권을 행사하는 것을 규정한 것으로 수정하여
이해할 수 있다.**46)** 연대채무 등의 공동채무관계에 대하여는 채권자에게 전액의
만족이 가급적으로 확보되어야 한다는, 즉 인적 담보기능의 확보라는 관점에서
이렇게 법 430조 2항을 해석하는 것이다.

　◆ **구체적 예** ◆　예를 들어 채권자 甲에 대하여 A, B, C가 3,000만 원의 연대채무
를 부담하고 있고, 그 부담비율이 1 : 1 : 1인 경우에 A가 파산하고 채권자 甲이 그
3,000만 원의 채권 전액을 파산채권으로 신고하였다고 하자. 甲이 채권 전액을 파산
채권으로 행사하고 있으므로 일단 B, C는 장래의 구상권을 행사할 수 없다. 이 경우
에 ① 가령, B가 1,200만 원, C가 1,500만 원을 변제한 경우에는 전설(前說)에 의하
면, 각자 자기의 부담부분을 초과하는 금액, 즉 B는 200만 원, C는 500만 원에 대하
여 채권자 甲의 권리에 대위하게 되므로 채권자 甲이 2,300만 원(3,000만 원에서 2,300
만원으로 신고사항변경을 하는데, 파산채권신고의 일부취하로 취급된다), B는 200만 원, C는
500만 원에 대하여 파산채권으로서 권리행사하게 된다. 반면 일반적 입장인 후설(後
說)에 의하면 채권자 甲은 이 경우에는 채권 전액의 만족을 받지 못하였으므로 여전
히 3,000만 원 전액을 파산채권으로서 권리행사할 수 있고, B, C의 대위는 생기지
않는다. ② 가령, B가 1,200만 원, C가 1,800만 원을 변제한 경우에는 전설(前說)과
후설(後說)은 결론이 일치하고, B, C는 각각 자기의 부담 부분을 초과하는 200만 원
과 800만 원에 대하여 채권자 甲에게 대위한다. 이 경우에 채권자 甲은 전액의 변제
를 받았으므로 甲 명의의 신고채권 가운데 B, C가 대위하는 부분을 제외한 2,000만
원에 대하여는 신고를 취하하여야 한다. ③ 가령, B가 1,200만 원, C가 1,500만 원
을 변제하고(위 ①의 경우 참조), 그 후에 채권자 甲이 A의 파산절차에서 2할의 배당

45) 노영보, 199면도 위와 마찬가지로 풀이한다. 논란을 해소하고자 2005년 시행의 일본 신파산
　　법은 104조 4항에서 채권자의 채권 전액이 소멸된 경우에 한하여 구상권을 가지는 사람은 구상
　　권의 범위 내에서 채권자가 가지는 권리를 파산채권자로서 행사할 수 있다고 규정하여 위와 같
　　은 해석을 명문화하였다. 한편 회생절차에 있어서는 우리 도산법 126조 4항도 이렇게 규정하고
　　있는데, 반면 파산절차에서는 여전히 종전 파산법 규정과 마찬가지이고, 이에 대하여 법 430조
　　2항에서 분명히 규정하고 있지 않다. 이에 대하여 서로 달리 규정하고 있어서 문언상으로는 각
　　도산절차에서 이를 달리 취급하고자 한 것으로 볼 수도 있으나, 회생절차와 파산절차에서 전부
　　의무자의 채권관계를 달리 규율할 합리적인 이유는 전혀 없고, 이는 입법적 실수에 지나지 않는
　　다는 지적이 있다(김정만, 전게 "도산절차상 현존액주의", 118면).
46) 마찬가지 입장으로는 법인파산실무[제4판], 263면; 전대규, 1319면; 양형우, 전게 "파산절차상
　　의 연대채무와 보증채무", 119면.

을 받았다고 하자. 전설(前說)에 의하면, A의 파산절차에서 B가 200만 원, C가 500만 원에 대하여 채권자 甲에게 대위하므로 B, C는 각각 40만 원과 100만 원의 배당을 받게 되고, 채권자 甲은 2,300만 원의 2할인 460만 원의 배당을 받게 된다. 그러나 이 경우에 채권자 甲의 만족은 3,160만 원(＝1,200만 원＋1,500만 원＋460만 원)이 되므로 그 채권액을 초과하는 160만 원에 대하여 구체적으로 어떻게 처리할 것인가가 문제된다(채권자와 연대보증인 사이의 부당이득의 문제에 지나지 않는다는 입장, B와 C가 2：5의 비율로 채권자 甲에게 대위하여야 한다는 입장 등을 생각할 수 있다). 이에 대하여 일반적 입장인 후설(後說)에 의하면, 채권자 甲이 채권 전액의 만족을 얻지 못한 이상, A의 파산절차에서는 대위관계는 발생하지 않고, 채권자 甲은 A의 파산절차에서 3,000만 원의 파산채권에 대한 배당금으로서 600만 원을 받을 수 있다. 따라서 이 경우에 B, C로부터의 변제분을 합친다면, 채권자 甲은 3,300만 원의 변제를 받을 수 있게 되므로 그 채권액 3,000만 원을 초과하는 300만 원에 대하여 구체적으로 어떻게 처리할 것인가가 문제된다(위 괄호 부분 참조). ④ 가령, B가 1,400만 원, C가 1,800만 원을 변제한 경우에는 전설(前說)과 후설(後說) 모두 A의 파산절차에서는 B가 400만 원, C가 800만 원에 대하여 채권자 甲에게 대위하고, 채권자 甲은 이미 채권 전액의 만족을 얻고 있으므로 자기 명의의 신고채권 가운데 B, C가 대위하는 부분을 제외한 1,800만 원에 대하여는 신고를 취하하여야 한다. 또한 채권자 甲은 합계 3,200만 원(1,400만 원＋1,800만 원)의 변제를 받았으므로 그 채권액을 초과하는 200만 원에 대하여 구체적으로 어떻게 처리할 것인가가 문제된다(다시 B, C가 1：2의 비율로 채권자 甲에게 대위한다는 입장 등 위 괄호 부분과 아래 현존액주의에 의하여 잔존액을 넘는 배당액이 생기는 경우의 처리 참조).

◆ **현존액주의에 의하여 잔존액을 넘는 배당액이 생기는 경우의 처리** ◆   예를 들어 채권자 甲에 대한 乙의 채무 1,000만 원을 A가 연대보증하였고, 乙에게 파산선고 결정이 있는 경우에 甲이 1,000만 원을 파산채권신고(파산절차참가)하였다고 하자. 연대보증인 A는 장래의 구상권을 파산절차에서 행사할 수 없다(430조 1항 단서). 이후 연대보증인 A가 보증채무의 이행으로 900만 원을 甲에게 변제하였다고(일부변제) 하더라도, 파산선고시 현존액주의에 의하여 甲은 1,000만 원의 파산채권자로 계속 권리행사를 하고(비감액설), 그 반면 A는 900만 원의 사후구상권, 100만 원의 장래의 구상권을 파산절차에서 행사할 수 없다(위 법 430조 2항의 해석 참조). 그런데 채무자 乙의 배당절차에서 배당률이 20%로 정하여졌다고 하자. 채권자 甲은 A로부터 변제받은 900만 원에 더하여 파산채권 1,000만 원에 대한 배당 200만 원을 수령하면 합쳐서 1,100만 원의 변제를 받게 되어 실체상의 채권액을 넘는 변제를 받게 되므로 이 경우의 초과 배당액 100만 원의 처리가 문제된다. ① 초과 100만 원 부분도 채권자 甲에게 배당하고 나중의 처리는 채권자 甲과 연대보증인 A 사이의 부당이득반환청구에 맡긴다는 입장, ② 채권자 甲이 배당의 일부인 200만 원과 A에 의한 연대보증채무의 이행을 합쳐서 채권 전액의 만족을 얻은 경우에는 채무자 乙의 파산관재인은 연대보증인 A에게 그 초과 부분인 100만 원을 배당하여야 한다는 입장, ③ 초

과배당이 되는 100만 원 부분은 다른 파산채권자나 파산재단과의 관계에서 채권자 甲의 부당이득이 되므로 채무자 乙의 파산관재인은 처음부터 채권자 甲에게 이를 배당하지 않고, 또한 배당을 한 뒤라도 파산재단에 반환하도록 하여 다른 파산채권자에 대한 배당자원으로 하여야 한다는 입장 등이 있다.

3) 물상보증인에게의 준용

6-37

제430조(장래의 구상권자) ... ③ 제1항 및 제2항의 규정은 담보를 제공한 제3자가 채무자에 대하여 갖는 장래의 구상권에 관하여 준용한다.	제126조(채무자가 다른 자와 더불어 전부의 이행을 할 의무를 지는 경우) ... ⑤ 제2항 내지 제4항의 규정은 채무자의 채무를 위하여 담보를 제공한 제3자가 채권자에게 변제 등을 하거나 채무에 대하여 장래에 행사할 가능성이 있는 구상권을 가지는 경우에 준용한다.

담보권이 실행되면 물상보증인은 채무자에 대하여 구상권을 취득하는데(민법 341조, 370조), 이에 대하여 법 430조 3항에서 위 법 430조 1항 및 2항을 준용하여 물상보증인의 장래의 구상권에 관하여도 마찬가지의 취급을 하고 있으나 (회생절차에서는 법 126조 5항 후문에[47] 마찬가지 규정이 있다), 한편 파산채권자는 파산선고시의 파산채권 전액을 행사할 수 있다는 법 428조의 준용에 대하여 분명히 하고 있지 않다(한편, 회생절차에서는 파산절차와 달리, 법 126조 5항 전문에서 '채권자에게 변제 등'의 경우도 포함하여 2항 내지 4항을 준용하고 있다).[48] 그리하여 법 428조를 물상보증인의 구상권에 유추적용할 것인지 여부를 둘러싸고 법 430조 2항의 해석에 대하여 견해의 대립이 있게 된다.

법 428조의 **유추적용을 부정**하여(따라서 법 430조 2항의 변제를 한 때에는 변제의 비율에 따라 채권자의 권리를 취득한다는 규정은 문언 그대로 풀이하여도 무방하다고 본다) 파산선고 후에 담보권 실행 등에 의해서 채권자가 그 채권의 일부의 만족을 얻

---

47) 그런데 법 126조 후단의 '.....채무에 대하여는....'에서 '채무'는 '채무자'의 오기인 듯하다.

48) 회생절차에 있어서는 법 126조 5항에서 종전 회사정리법과 달리 2항도 준용하는 것으로 규정하였지만, 반면 파산절차에 있어서는 여전히 종전 파산법과 마찬가지이다. 단순히 회생절차에 대하여만 규정을 정비하고, 파산절차에 대하여는 그대로 둔 것으로 추측할 수 있다. 파산절차에 대하여도 이를 분명히 하여야 할 것이고, 따라서 회생절차와 마찬가지로 2항을 준용한다는 명문의 규정을 두는 것이 적당할 것이다. 참고로 보면, 2005년 시행의 일본 파산법 104조 5항에서는 물상보증인의 경우에도 준용의 규정을 두었다. 자세히는 전병서, "파산선고시 현존액주의와 물상보증인의 일부변제의 취급", 저스티스(2006. 12), 117면 이하 참조. 한편 물상보증인은 채권자에게 물적 책임은 부담하지만, 채무 그 자체를 부담하지 않으므로 물상보증인이 파산한 경우에 채권자에 의한 피담보채권의 파산채권행사의 문제는 생기지 않는다(별제권을 가진다). 마찬가지로 회생절차에서도 법 126조 5항이 1항을 준용하고 있지는 않다.

은 경우에 그 한도에서 채권자가 파산절차에 있어서 행사할 수 있는 채권액은 감액되고 물상보증인은 그 부분의 채권자의 권리를 취득하여 파산절차에 참가할 수 있다는 입장이 있다.[49] 물상보증인 등과 같이 전부의 이행의무를 부담하지 않는 사람과 연대채무자와 같이 전부의무자의 책임은 확실히 차이가 있다는 점이 유추적용을 부정하는(즉, 채권자의 채권액은 감액) 하나의 논거가 될 수 있으나, 책임의 차이는 있지만 담보되는 범위는 물상보증 등이라도 피담보채권 전액에 미치는 것은 차이가 없으므로 전부의무자와 구별할 필요가 없다고 생각한다. 결국 준용하는 규정이 없다는 것이 법 428조의 유추적용을 부정하는 결정적 근거가 될 수 없으므로 그 **유추적용을 긍정**하여 파산선고 후에 물상보증인으로부터 변제가 있더라도, 파산채권자는 채권 전부의 만족을 얻지 못하는 한, 파산선고시의 파산채권 전액에 대하여 파산채권자로서의 권리를 행사할 수 있다고 볼 것이다(**비감액설** 내지는 **유추적용긍정설**).[50]

◆ **구체적 예** ◆   예를 들어 채권자 甲이 채무자 乙에 대하여 4,000만 원을 대여하고, 그때에 A(물상보증인) 소유의 부동산에 대하여 저당권을 설정하고, 결국 乙이 파산선고를 받고, 그 후에 저당권이 실행되어 3,000만 원이 甲에게 배당되고, 乙의 파산재단은 1,000만 원이고, 다른 파산채권자는 없다고 하자. 법 428조 유추적용 **부정설**에서는 甲의 남은 대여금채권은 1,000만 원이고, A가 乙에게 가지는 구상권은 3,000만 원이므로 이 비율에 의하여(법 430조 2항의 변제의 비율에 따라 채권자의 권리를

---

49) 서울지방법원, 파산사건실무(1999), 209면; 파산사건실무[개정판](2001), 225면.

50) 마찬가지 입장으로는 법인파산실무(2014), 264면; 노영보, 208면; 전대규, 1320면. 하급심 판결 중에, 주채권자가 채권의 전액에 관하여 파산채권자로서 권리를 행사한 때에는 그 후 물상보증인 또는 제3취득자가 그 채권의 일부를 대위변제함으로써 구상권을 취득하였다 하더라도, 위 대위변제금과 다른 채무자 및 파산회사가 변제한 금액의 합계가 주채권자의 채권 전액에 달함으로써 주채권자가 완전한 만족을 얻게 되는 경우가 아닌 한, 그 대위변제한 금액만큼 주채권자의 파산채권이 감액되고 대신 물상보증인 또는 제3취득자가 그 부분의 파산채권을 취득하게 되는 것은 아니라고 본 것이 있다(서울남부지방법원 2005. 1. 14. 선고 2004가합9603 판결[미항소확정]). 독일에서도 유추적용을 긍정하는 입장이 일반적이다. Braun/Bäuerle, 7. Aufl. 2017, InsO § 43 Rn. 4; Uhlenbruck/Knof, 15. Aufl. 2019, InsO § 43 Rn. 15. 일본 最判 2002年(平成 14年) 9月 24日, 金融·商事判例(1161号), 3면도 준용 내지 유추적용을 부정한 원심을 파기하고, 채권 전부의 만족을 받지 못하는 한, 채권 전액에 대하여 파산채권자로 권리를 행사할 수 있다고 보았는데, 이후 2005년 시행의 파산법 104조 5항에서 이와 같은 해석을 명확히 규정하였다. 이를 이어받아 일본 最判 2010年(平成 22年) 3月 16日은 동일한 채권자가 **복수의 채권**을 가지고 있는 경우에 **물상보증인**이 위 복수의 채권 가운데 **일부의 채권에 대하여 그 전액을 변제** 등을 한 사안에서 변제 등에 관련된 **해당 파산채권**에 대하여는 그 **전액이 소멸**된 것이므로 복수의 채권 전부가 소멸되지 않았어도 채권자는 해당 파산채권에 대하여는 그 **권리를 행사할 수 없다**고 보았다(倒産判例百選[第5版](45사건), [八田卓也 해설] 참조).

취득한다는 규정은 문언 그대로 풀이) 배당되어 甲은 250만 원의 배당에 의하여 3,250만 원을 회수하고, A의 회수는 750만 원이 된다. 이에 대하여 유추적용 긍정설(비감액설)에서는 채권자 甲이 경매로부터 받은 배당은 무시되므로 甲은 파산재단으로부터 1,000만 원을 취득하여 경매로부터 배당받은 3,000만 원을 합쳐서 4,000만 원의 채권 전액을 회수하게 되고, A는 乙로부터 물상보증과 관련된 구상권 3,000만 원을 전혀 회수하지 못하게 된다.

　　그런데 채무자에 대한 파산선고가 있은 뒤에 파산채권의 물상보증인이 그 담보부동산을 매각한 대금으로 채무의 일부를 변제하였는데, 나중에 파산채권자에게 파산선고시의 채권액으로 확정된 것을 기초로 계산된 배당액이 실체법상의 잔액채권을 초과하는 경우에 그 초과하는 잉여금을 구체적으로 어떻게 처리할 것인가가 문제되는데, 이를 변제를 받은 파산채권자에게 배당하여야 하고, 그에 의하여 해당 채권자가 신고 파산채권을 넘는 액을 취득하더라도 어쩔 수 없고, 그 조정은 파산절차 외에서 부당이득청구에 맡겨져야 한다고 본다.[51]

(4) 수인이 일부보증한 경우의 특칙

> 제431조(여럿이 일부보증을 한 때의 파산채권액) 제428조, 제429조 및 제430조제1항·제2항의 규정은 여럿의 보증인이 각각 채무의 일부를 보증하는 때에 그 보증하는 부분에 관하여 준용한다.

1) 분별의 이익을 가지지 않는 복수의 일부보증인   6-38

　　예를 들어 채권자 甲에 대하여 주채무자 乙이 3,000만 원의 채무를 부담하고 있고, 그 가운데 1,500만 원에 대하여 A, B, C가 보증한 경우와 같이 여럿의 보증인이 각각 주채무의 일부에 대하여 채무를 부담하고 있는 일부보증의 경우에 보증인 A, B, C 사이에 연대의 특약이 있는 보증연대 및 보증인 A, B, C가 주채무자 乙과 연대하여 보증한 연대보증 등, 즉 보증인 사이에 분별의 이익(민법 439조)이 없는 경우에는 1,500만 원의 채무에 대하여는 각자가 전부의무자의 관계에 있다. 그리하여 이러한 경우에 법 431조는 법 428조, 429조, 430조 1항 및 2항을 준용하고 있다.

　　따라서 채무자의 전원 또는 일부가 파산한 경우에는 법 428조와 마찬가지

---

[51] 위 경우의 물상보증인에게 배당하는 것의 적부가 문제된 사안에서 일본 最決 2017年(平成 29年) 9月 12日의 입장이다.

로 처리한다. 가령 乙, A, B가 파산하였다고 한다면, 채권자 甲은 주채무자 乙의 파산절차에 있어서 3,000만 원에 대하여 파산채권자로서 권리를 행사할 수 있는 이외에 A, B의 파산절차에 있어서 각각 1,500만 원에 대하여 파산채권자로서 권리를 행사할 수 있다.

또한 법 429조도 준용되는 결과, 가령 A, B가 파산한 경우에 채권자 甲의 채권신고에 대하여 A나 B의 파산관재인은 주채무자 乙이 파산선고를 받지 않았더라도 최고의 항변이나 검색의 항변을 주장할 수 없다.

그리고 법 430조 1항, 2항이 준용되는 결과, 가령 채권자 甲이 채무자 乙의 파산절차에 참가하지 않은 경우에 A, B, C(이 사람들이 파산선고를 받은 때에는 파산관재인)는 일부보증을 한 1,500만 원에 대하여 파산채권자로서 권리행사를 할 수 있다. 한편, A의 파산에 있어서 채권자 甲이 파산절차에 참가하지 않은 경우에 B, C는 A가 보증하는 부분(부담 부분)에 대하여 장래의 구상권을 행사할 수 있다 (430조 1항). 또한 채권자 甲이 A의 파산에 있어서 채권신고를 하고 있는 경우에도 B(또는 그 파산관재인)나 C가 1,500만 원 전액의 변제를 행하면 보증하는 부분(부담 부분)의 초과액의 비율에 있어서 채권자 甲에게 대위한다(430조 2항). 이는 앞에서 설명한 바 있는 도산법 430조 2항의 의미를 여럿의 구상권자가 일부씩 변제하고, 그 금액을 합계하면 파산채권의 전액을 변제한 것이 되는 경우에 있어서 비로소 각자가 변제한 비율에 따라서 파산채권을 행사하는 것을 규정한 것이라는 일반적 입장에 따른 것이다.

6-39   ### 2) 분별의 이익을 가지는 복수의 일부보증인

위 예에 있어서 보증연대, 연대보증 등의 특약이 없다면, A, B, C는 분별의 이익을 가지고 각각 500만 원에 대하여 보증채무를 부담하게 된다(민법 439조). 따라서 보증인 A, B, C는 1,500만 원 전부의무를 부담하고 있는 것은 아니므로 A, B, C 사이에서는 법 428조의 준용은 없다. 다만, 채무자 乙과 A, 乙과 B, 乙과 C의 관계에서는 각각 500만 원의 한도에서 주채무와 보증채무가 병존하고 있는 것이므로 법 428조의 준용의 여지는 있다. 또한 A나 B의 파산절차에 있어서 채권자 甲의 500만 원의 채권신고에 대하여 A나 B의 파산관재인이 최고의 항변이나 검색의 항변을 하는 것이 부정되어야 하므로 법 429조의 준용은 있다. 그리고 A, B, C 사이에서는 전부의무를 전제로 하는 구상권의 발생은 없으므로

법 430조의 준용은 부정된다. 다만, A 등은 500만 원의 한도에서 채무자 乙에 대하여 구상권을 가지므로 乙과 A 사이에서는 법 430조의 준용의 여지는 있다.

2. 인적 회사 또는 그 사원의 파산   6-40

> 제432조(무한책임사원의 파산) 법인의 채무에 관하여 무한책임을 지는 사원이 파산선고를 받은 때에는 법인의 채권자는 파산선고시에 가진 채권의 전액에 관하여 그 파산재단에 대하여 파산채권자로서 그 권리를 행사할 수 있다.
>
> 제433조(유한책임사원의 파산) 법인의 채무에 관하여 유한책임을 지는 사원 또는 그 법인이 파산선고를 받은 때에는 법인의 채권자는 유한책임을 지는 사원에 대하여 그 권리를 행사할 수 없다. 다만, 법인은 출자청구권을 파산채권으로서 행사할 수 있다.

주식회사와 같은 물적 회사에 있어서는 회사의 재산과 사원의 재산은 명확하게 분리되어 있으므로 어느 쪽이 파산하더라도 어느 한쪽의 채권자가 다른 쪽에 대하여 권리를 행사할 수는 없다.52) 그러나 인적 회사(합명회사, 합자회사)의 경우에는 문제가 된다.

(1) 무한책임사원의 파산   6-41

무한책임사원이 파산한 때에는 그 법인의 채권자는 파산선고시에 가진 채권의 전액에 관하여 그 파산재단에 대하여 파산채권자로서 권리를 행사할 수 있다(제432조). 무한책임사원은 법인의 채무에 대하여 무한의 책임을 지는 점에서 마치 보증인에 유사한 지위에 있으므로 보증인이 파산한 경우(428조, 429조)와 마찬가지로 취급한 것이다. 따라서 상법 212조의 보충성의 원칙은 작동하지 않는다.

(2) 유한책임사원 또는 그 법인의 파산   6-42

유한책임사원은 미지급의 출자액의 한도에서만 회사의 채권자에 대하여 직접 책임을 지므로(상법 279조) 유한책임사원 또는 그 법인이 파산한 경우에 법인의 채권자는 유한책임사원에 대하여 권리를 행사할 수 없다(433조 본문). 다만, 유한책임사원은 미지급의 출자액에 대하여는 법인에게 지급할 의무를 부담하고 있으므로 유한책임사원의 파산에 있어서 법인은 그 미지급의 출자액에 있어서

---

52) 다만, 법인격부인의 법리가 적용되는 경우는 별개이다. 이 경우에는 법인의 채권자가 사원의 파산에 대하여 파산채권자가 되고, 또 사원의 채권자가 법인의 파산에 대하여 파산채권자가 될 수 있다.

파산채권의 행사를 할 수 있다(동조 단서). 이는 당연한 것이다.

6-43   ### 3. 상속인 또는 상속재산의 파산과 파산채권

상속인 또는 상속재산이 파산하면(양쪽 파산의 경우도), 각각에 대하여 채권을 가지고 있는 채권자는 무엇을 대상으로 어떻게 권리행사를 할 것인가 하는 문제가 생긴다. 법은 경우를 나누어 특별한 규정을 마련하고 있다.

6-44   #### (1) 상속인의 파산

상속이 개시된 후에 파산원인이 있어서 상속인에게 파산이 선고된 경우에[53] 상속인의 채권자가 파산채권자가 되는 것은 당연하다.

6-45   #### 1) 단순승인의 경우

상속인이 파산선고 전에 단순승인을 한 경우에는 상속인의 채권자 이외에 상속채권자 및 수유자(受遺者)도 상속인의 파산재단에 대하여 그 채권의 전액을 파산채권으로 권리행사를 할 수 있다. 따라서 이 경우에는 상속채권자 또는 수유자는 상속재산만이 아니라 상속인의 고유재산에 대하여도 권리행사를 할 수 있다.

재산분리가 행하여진 경우에도 마찬가지이지만, 다만 이 경우에는 상속재산으로부터는 상속채권자·수유자가 상속인의 채권자에 우선하여 변제를 받고, 상속인의 고유재산으로부터는 상속인의 채권자가 우선적으로 변제를 받는다. 따라서 상속채권자 및 수유자가 상속인의 고유재산으로부터 변제를 받는 때에는 상속인의 채권자보다 후순위이다(민법 1052조). 그런데 재산분리가 있는 때라도 가능한 한, 본래의 채권액에 근접한 만족을 받게 하기 위하여 상속채권자 및 수유자는 그 채권의 전액에 대하여 파산채권자로서 그 권리를 행사할 수 있다(434조). 여기서의 전액은 파산선고 당시에 있어서의 전액을 말한다.

한편, 상속재산에 대하여 파산을 신청할 수 있는 기간 안의 상속인에 대한 파산신청에 의하여 상속인에 대한 파산선고가 있는 때에는 배당의 순위가 위 재산의 분리가 있는 것과 마찬가지이다(444조). 공평의 관점에서 마찬가지의 결

---

53) 한편, 파산선고 후에 채무자가 상속받게 된 경우에는 고정주의를 취하는 우리나라 파산제도하에서 채무자가 상속받은 재산은 자유재산이 되어 파산재단을 구성하지 않는다. 파산절차는 파산선고 당시의 상속인의 재산에 대하여 진행된다. 따라서 상속인의 파산이 문제되는 것은 상속이 개시된 후에 상속인에게 파산원인이 있는 경우이다.

과를 재산분리의 청구 없이 인정하려는 것이다.

2) 한정승인 등의 경우

6-46

상속인이 한정승인을 한 경우 또는 파산선고 후에 단순승인 또는 상속포기를 하였지만, 한정승인의 효력을 가지는 경우(385, 386조 1항)에는 상속채권자와 수유자는 상속인의 고유재산에 대하여 파산채권자로서 그 권리를 행사할 수 없다(436조). 한정승인이 있으면 상속인은 상속재산의 한도에서 상속채권자와 수유자에게 변제하면 충분하고, 그 책임재산이 상속재산에 한정되므로 이는 당연한 취급이다. 따라서 상속인의 고유재산에 대하여는 오로지 상속인의 채권자가 파산채권자로서 권리를 행사한다.

(2) 상속재산의 파산의 경우

6-47

상속재산의 파산은 상속인의 고유재산과 상속재산이 아직 혼합되어 있지 않은 경우에 상속재산에 대하여만 파산선고를 하고, 파산선고에 의한 청산을 행하는 것이다.

1) 상속채권자 및 수유자

6-48

상속재산에 대하여 파산선고가 있는 때에는 오로지 상속채권자 및 수유자가 파산채권자로서 권리를 행사하는데, 상속채권자와 수유자 사이에서는 상속채권자가 우선한다(443조). 상속채권자는 대가를 제공하였지만, 수유자는 무상으로 권리를 취득한 사람이기 때문이다.

한편, 상속재산에 대하여 파산선고가 있는 때에는 최후의 배당으로부터 제외된 상속채권자와 수유자는 잔여재산에 관하여 그 권리를 행사할 수 있다(537조). 한정승인에 관한 민법 1039조와 마찬가지 취지이다.

2) 상 속 인

6-49

상속인이 피상속인에 대하여 가지는 권리는 혼동(混同)의 예외로 소멸하지 않는다(389조 2항. ☞5-16). 그리고 상속인은 피상속인에 대한 채권 및 피상속인의 채무소멸을 위하여 한 출연(出捐)에 관하여 상속채권자와 동일한 권리를 가진다(437조). 상속인의 피상속인에 대한 권리에 상속채권자의 권리와 마찬가지의 지위가 주어지고, 상속인이 상속채무를 상속인의 고유재산으로 변제 등을 한 때에는 구상 내지는 변제에 의한 대위에 유사한 권리행사가 상속인에게 인정된다.

6-50   3) 상속인의 채권자

상속재산에 대한 파산재단에 대하여 상속인의 채권자는 파산채권자로서 그
권리를 행사할 수 없다(438조). 상속인의 채권자는 본래 상속인에게 귀속하는 상
속재산에 권리를 행사할 수 없는 것은 아니나, 상속재산의 파산에 있어서 상속
인의 채권자마저 상속재산으로부터 변제를 받을 수 있다면, 상속채권자 및 수유
자와의 관계에서 공평하지 못하게 된다. 상속재산의 파산에 있어서 상속인의 채
권자로서는 상속인의 재산만으로 그 채권이 보장되는 것이고, 상속에 의하여 상
속인이 상속재산을 취득하는 것은 우연한 사정에 지나지 않기 때문에 상속인의
채권자는 상속재산에 대한 파산재단에 대하여 권리를 행사할 수 없다고 규정한
것이다.[54)]

6-51   (3) 상속인 및 상속재산 양쪽 파산의 경우

상속인 및 상속재산 양쪽에 대하여 파산선고가 내려져 2개의 파산재단에
대하여 각각 파산절차가 병행되는 때에는 상속인의 채권자, 상속채권자 및 수유
자는 어떠한 지위에 있는가가 문제된다.

6-52   1) 단순승인의 경우

상속인이 단순승인을 한 경우에는 상속채권자 및 수유자는 그 채권 전액에
대하여 각 파산재단에 대하여 파산채권자로서 그 권리를 행사할 수 있다(435조).
따라서 상속채권자 및 수유자는 상속재산 이외에 상속인의 고유재산에 대하여
도 권리를 행사할 수 있다. 다만, 이 경우에 상속인의 채권자와 상속채권자·수
유자를 같은 순위로 취급하는 것은 상속인의 고유재산을 염두에 둔 상속인의
채권자에게 불이익을 주는 것이 되므로 상속인의 파산재단에 대하여는 상속인
의 채권자의 채권 쪽이 상속채권자나 수유자의 채권보다도 우선한다(445조). 재
산분리가 있는 경우(민법 1052조)와 마찬가지이다.

6-53   2) 한정승인 등의 경우

상속인이 한정승인을 한 경우 또는 한정승인의 효력을 가지는 경우(385조,
386조 1항)에는 이미 설명하였듯이 상속채권자나 수유자는 상속인의 고유재산에

---

54) 독일의 학설도 마찬가지이다. Baur/Stürner, Zwangsvollstreckungs-, Konkurs- und Ver-
gleichrecht, Bd. Ⅱ, Insolvenzrecht(12. Aufl., 1990), §32. 9; Jauernig, Zwangsvollstreck-
ungs-und Insolvenzrecht(21. Aufl., 1999), §68 Ⅲ.

대하여 파산채권자로서 그 권리를 행사할 수 없으므로(436조) 상속인의 고유재산에 대하여는 오로지 상속인의 채권자가 파산채권자로서 권리를 행사한다. 반대로 상속재산에 대한 파산재단에 대하여는 오로지 상속채권자 및 수유자가 파산채권자로서 권리를 행사한다(438조). 그리고 상속채권자와 수유자 사이에서는 상속채권자가 우선한다(443조). 상속채권자는 대가를 제공하였지만, 수유자는 무상으로 권리를 취득한 사람이기 때문이라는 점도 이미 설명한 바 있다.

제 3 절   재단채권

예를 들어 채권자가 파산신청을 하기 위하여 파산절차의 비용으로 법원이 상당하다고 인정하는 금액을 예납하여야 하는데(303조), 이 비용은 파산절차에 관한 비용이므로(파산신청을 한 채권자가 다른 채권자 전체를 위하여) 원래 파산재단으로부터 지출되어야 할 성질의 것이다. 그렇지만 파산신청의 시점에서는 파산재단이 될 재산이 있는지, 있다고 하여도 어느 정도 있는지를 확정할 수가 없으므로 파산신청을 한 채권자에게 위 비용을 대신 지급시키는(이른바 대체지급) 것이라고 할 수 있다. 그렇다면 파산절차가 개시된 후에 그 비용을 파산신청을 한 채권자에게 파산재단에서 우선적으로 상환하는 것이 공평하다. 또한 파산관재인의 보수 등 파산재단을 관리하기 위하여 필요한 비용과 파산재단과 제3자와의 거래에서 생긴 채무도 마찬가지라고 할 수 있다. 이러한 비용을 위하여 파산재단에 행사하는 권리가 재단채권이다.

파산채권은 파산절차에 의하지 아니하고는 행사할 수 없고 다른 채권자와 평등하게 배당받을 수 있는 데 반하여, 재단채권은 파산절차에 의하지 않고 수시로 변제받을 수 있고 파산채권보다 우선하여 변제받을 수 있다. 이처럼 재단채권과 파산채권은 파산절차에서 인정되는 지위가 다르다. 그리하여 법은 재단채권의 범위를 명확하게 규정하고 있다.

7-1

Ⅰ. 재단채권의 의의

> 제475조(재단채권의 변제) 재단채권은 파산절차에 의하지 아니하고 수시로 변제한다.
>
> 제476조(재단채권의 우선변제) 재단채권은 파산채권보다 먼저 변제한다.

재단채권(Massesforderung)은 파산절차에 의하지 않고 파산재단으로부터 파산채권보다 앞서 수시로 변제받을 수 있는 채권을 말한다(475조[변제의 방법], 476조[우선성]). 현행 도산법상 재단채권은 그 성질이나 종류의 면에서 통일적인 파악을 할 수 없기 때문에 보통 효력의 면에서 이렇게 재단채권을 정의한다.[1]

재단채권은 파산재단 전체로부터 변제를 받을 수 있는 청구권이란 점에서는 파산채권과 공통하지만, 파산채권과 같이 파산절차를 통하여 「배당」이라는 형태로 평등한 변제를 받는 것이 아니라, 파산절차에 의하지 않고(즉 신고, 조사,

---

1) 독일 도산법(Insolvenzordnung) 53조는 도산절차비용과 그 밖의 재단채무는 도산재단으로부터 재단채권자에게 미리 지급된다고 규정하고, 이어서 54조가 도산절차비용(Kosten des Insolvenzverfahrens), 55조가 그 밖의 재단채무(Sonstige Masseverbindlichkeiten)에 대하여 규정하고 있다.

확정이라는 절차를 거치지 않고) **수시로** 직접 파산관재인으로부터 개별적으로 파산채권보다 **먼저** 변제를 받을 수 있다는 점이 다르다. 그리고 파산채권이 파산선고 전의 원인에 기하여 생기는 청구권임에 대하여, 재단채권은 예외도 있지만, 그 대부분이 파산선고 후에 파산재단에 대하여 생긴 채권이다.

한편, 재단채권은 파산절차에 의하지 아니하고 수시로 변제받는다는 점에서 회생절차에 의하지 아니하고 수시로 변제받는 회생절차상의 **공익채권**(179조)과 비슷한 개념이라고 할 수 있다(☞ 16-52). 그러나 파산절차는 채무자의 청산을 목적으로 하고, 한편 회생절차는 채무자의 재건을 목적으로 하므로 그 범위에 있어서 차이가 있다. 즉, 파산선고 전에 성립한 조세채권은 파산절차에서는 재단채권이지만, 회생절차개시 전에 성립한 조세채권은 회생절차에서는 공익채권으로 취급되지 아니한다.

그리고 재단채권은 파산재단으로부터 파산채권에 우선하여 변제를 받는다는 점에서는 별제권과 공통하지만, 별제권이 실체법상 특정한 재산으로부터 우선변제를 받을 수 있는 권리에 기하여 파산재단에 속하는「특정한」재산으로부터 변제를 받는 것임에 대하여, 재단채권은 파산재단「전체」로부터 변제를 받는 권리인 점에서 다르다.2)

Ⅱ. 재단채권의 채무자 7-2

재단채권은 파산재단으로부터 변제되지만, 그 채무자를 누구로 볼 것인가가 문제가 된다. 이는 파산재단의 법률적 성격(☞ 5-5), 파산관재인의 법적 지위(☞ 4-20) 등과 관련된 이론적 문제라고 할 수 있다.

1. 채무자설(파산자설) 7-3

채무자는 파산선고에 의하여 파산재단의 관리처분권을 빼앗기지만, 파산관재인에 의하여 환가되기까지는 그 소유자이다. 따라서 재단채권이 채무자의 재

---

2) 도산절차가 개시되면 그때까지 채무자와 일정한 법률관계에 있던 사람은 그 법률관계로부터 발생하는 권리를 파산절차(파산재단)에서 행사하기 위하여 각각의 권리의 성질·내용에 따라서「파산채권」,「환취권」,「별제권」,「상계권」등의 지위가 주어지고 있다. 그런데 파산재단(파산절차)과의 관계에서 생각할 수 있는 또 하나의 권리가 있는데, 여기서 살펴볼 재단채권이 그것이다.

산인 파산재단으로부터 변제될 것인 이상 그 채무자는 파산선고를 받은 채무자라는 입장이다. 이에 대하여는 첫째, 채무자의 부조료가 재단채권인 것(473조 9호)과 조화되지 않고, 둘째, 파산절차종료 후에 채무자가 재단채권에 대하여 책임을 부담하여야 하는데, 이는 스스로 관리처분권이 없는 파산재단에 대하여 생긴 비용에 대하여도 무한책임을 부담하게 되어 부적절하고, 면책이 인정되는 파산채권의 취급과 균형이 맞지 않는다는 비판이 있다.

7-4
2. 파산채권자설(또는 파산채권자단체설)

재단채권이 되는 것의 대부분이 파산채권자 공동의 이익을 위한 비용이라는 것으로부터 그 채무자는 파산채권자(또는 그 단체)라는 입장이다. 이에 대하여는 첫째, 재단채권이 되는 것 전부가 파산채권자의 공동의 이익을 위한 비용이라 할 것은 아니고(재단채권인 조세채권과 채무자의 부조료 등의 변제와 같이 파산채권자가 불이익을 받는 것도 있다), 둘째, 서로 사이에 반드시 이해가 일치하지 않는 각각의 파산채권자에 대하여 그 「단체」라는 것을 생각할 수 있는가, 파산관재인을 이 단체의 기관으로 볼 수 있는가 하는 비판이 있다.

7-5
3. 파산재단설

파산재단에 채무자와는 독립된 법적 지위(법인격)를 인정하는 것을 전제로 재단채권의 채무자는 파산재단 자체라는 입장이다. 재산이 파산재단법인에 속하므로 그 관리·환가나 공익적 절차비용을 본체로 하는 재단채권의 채무자도 파산재단 그 자체라고 본다. 이에 대하여는 첫째, 법률의 규정이 없음에도 불구하고 파산재단에 법인격을 인정할 수 있는가, 둘째, 일부의 재단채권(본래 파산채권이 될 것을 정책적 이유에서 재단채권으로 한 것)에 대하여 파산절차종료 후에도 채무자의 책임을 인정하는 것은 이론적으로 일관성이 없다는 비판이 있다.

7-6
4. 파산관재인설

파산재단에 법적 지위(법인격)를 인정하는 입장에 대한 비판을 이어 받아, 법인격을 가지는 것은 파산재단의 관리기구로서의 파산관재인이라고 하여, 재단채권의 채무자는 이 관리기구로서의 파산관재인이라는 입장이다.[3] 이에 대하

---

3) 山木戸克己, 破産法, 142면; 伊藤眞, 破産法·民事再生法, 310-311면.

여는 첫째, 파산재단의 관리기구로서 파산관재인에게 법주체성을 인정할 수 있
는가, 둘째, 파산관재인의 보수가 재단채권인 것과 조화되지 않는다는 비판이
있다.

Ⅲ. 재단채권의 종류·범위   7-7

> 제473조(재단채권의 범위) 다음 각호의 어느 하나에 해당하는 청구권은 재단채권으로 한다.
> 1. 파산채권자의 공동의 이익을 위한 재판상 비용에 대한 청구권 2. 「국세징수법」 또는 「지
> 방세징수법」에 의하여 징수할 수 있는 청구권(국세징수의 예에 의하여 징수할 수 있는 청구
> 권으로서 그 징수우선순위가 일반 파산채권보다 우선하는 것을 포함하며, 제446조의 규정에
> 의한 후순위파산채권을 제외한다). 다만, 파산선고 후의 원인으로 인한 청구권은 파산재단에
> 관하여 생긴 것에 한한다. 3. 파산재단의 관리·환가 및 배당에 관한 비용 4. 파산재단에 관하
> 여 파산관재인이 한 행위로 인하여 생긴 청구권 5. 사무관리 또는 부당이득으로 인하여 파산
> 선고 후 파산재단에 대하여 생긴 청구권 6. 위임의 종료 또는 대리권의 소멸 후에 긴급한 필
> 요에 의하여 한 행위로 인하여 파산재단에 대하여 생긴 청구권 7. 제335조제1항의 규정에 의
> 하여 파산관재인이 채무를 이행하는 경우에 상대방이 가지는 청구권 8. 파산선고로 인하여
> 쌍무계약이 해지된 경우 그 때까지 생긴 청구권 9. 채무자 및 그 부양을 받는 자의 부양료
> 10. 채무자의 근로자의 임금·퇴직금 및 재해보상금 11. 파산선고 전의 원인으로 생긴 채무자
> 의 근로자의 임치금 및 신원보증금의 반환청구권

재단채권의 종류는 전부 법정되어 있다. 여기에는 법 473조에 열거된 「**일
반재단채권**」과 그 밖에 개별적으로 규정되어 있는 「**특별재단채권**」이 있다. 다
만, 특별재단채권은 물론, 일반재단채권에 대하여도 그것이 재단채권이 되기 위
한 일반적인 요건은 규정되어 있지 않다(이 점은 파산채권과 차이점이다). 오히려 개
개의 채권마다 공평의 이념이나 정책적 이유에서 그 밖의 권리와 특별히 다른
취급을 하고 있는 것인데, 이는 시대에 따라 반드시 보편적인 것은 아니고 끊임
없이 변화하는 경제·사회상황에 좌우되는 면이 있다. 그리하여 재단채권 가운
데 몇 개의 권리에 대하여 최근 입법론적으로 의문이 제시되고 있다(가령 조세채
권에 대한 ☞ 7-11 참조).

1. 일반재단채권   7-8

일반재단채권은 법 473조에 열거되어 있다. 파산절차의 비용이나 파산재단

의 관리·환가의 비용 등 파산절차를 수행하여 나가는 데 필요하게 되는 비용은 파산채권자의 공동의 이익을 위하여 지출된 비용이고, 이것을 완전하게 변제하는 것은 파산절차의 원활한 수행을 위하여 필수 불가결하므로 우선적으로 변제되어야 한다(동조 1호·3호). 또한 어떤 사람의 손실 내지는 부담에 있어서 파산재단이 이익을 얻는 것이 공평에 어긋나는 경우에 인정되는 재단채권이 있다(동조 4호-8호, 4호의 일부를 제외). 그 밖에 공익적 고려나 정책적 고려에 의하여 재단채권으로 하는 것이 있다(동조 2호, 9호-11호).

7-9   **(1) 파산채권자의 공동의 이익을 위한 재판상 비용에 대한 청구권(1호)**

파산신청에 관한 비용, 파산선고 전의 보전처분에 관한 비용, 공고비용, 채권자집회의 소집비용, 배당에 관한 비용 등이 이에 해당된다. 이러한 비용을 재단채권으로 하는 이유는 그 비용은 본래 파산채권자 모두가 부담하여야 할 것이므로 공평의 이념에서 그 비용을 우선적으로 상환하는 것에 의하여 그 비용을 지출한 채권자를 보호하려는 점에 있다. 따라서 각각의 채권자의 개인적인 이익이 되는 것에 지나지 않는 비용, 예를 들어 채권자의 파산절차참가의 비용(446조 1항 3호), 채권조사의 특별기일의 비용(453조 2항) 등은 재단채권이 되지 않는다.

7-10   **(2) 「국세징수법」 또는 「지방세징수법」에 의하여 징수할 수 있는 청구권 등(2호)**

「국세징수법」 또는 「지방세징수법」에 의하여 징수할 수 있는 청구권(국세징수의 예에 의하여 징수할 수 있는 청구권으로서 그 징수우선순위가 일반 파산채권보다 우선하는 것을 포함하며, 법 446조의 규정에 의한 후순위파산채권을 제외한다)은 재단채권으로 한다. 다만, 파산선고 후의 원인으로 인한 청구권은 파산재단에 관하여 생긴 것에 한한다.

7-11   **1) 범위의 제한 필요성**

국세, 지방세와 같은 조세채권은 본래 파산채권이 될 뿐인데, **파산선고 전의 원인에 기하여 생긴 것을 포함하여** 모두 재단채권으로 하는 것은 국가나 공공단체의 예산에 직결된 세입·수입을 확보한다는 특별한 정책적 고려에 따른 것이라고 본다. 그런데 조세채권은 대단히 그 범위가 넓으므로 파산절차에서는 통상 다액의 조세채권이 재단채권이 되고, 그 때문에 파산재단의 대부분이 조세채권의 분배로 돌아간다. 파산채권에 대한 평균적인 배당률이 10-20%에도 미치지 못하는 일반적 현상은 조세채권에 대한 파산재단의 부담이 큰 것이 그 원인의 하나라고 할 수 있다. 파산관재인의 노력에 의하여 수집된 파산재단의 대부분이 조세채권의 변제에 제공되는 되는 것은 문제이다.4) 파산선고 전의 원인에 기하여 생긴 조세채권을 일률적으로 재단채권으로 취급할 근거 내지는 이유가 없다고 생각하므로 재단채권으로 하는 조세채권의 범위에 있어서 가령 시기적 제한을 두는 것을 입법론적으로 검토하여야 할 것이다.5)

2) 국세징수의 예에 의하여 징수할 수 있는 청구권으로서 그 징수우선순위가 일반   7-12
   파산채권보다 우선하는 것

법 473조 2호 괄호에서 국세징수의 예에 의하여 징수할 수 있는 청구권으로서 그 징수우선순위가 일반 파산채권보다 우선하는 것을 포함한다고 하고 있지만, 국세징수의 예에 의하여 징수할 수 있는 청구권을 정의한 규정이나 이를 설명하는 규정을 두고 있지 않다. 따라서 어떠한 청구권이 이에 해당하여 재단채권으로 취급될 것인지 여부는 개별법에서 규정하고 있는 청구권이 국세징수의 예에 의하여 징수할 수 있는 것이라고 규정되어 있는지 여부에 따라 정하여진다. 현재 개별법상 '국세징수의 예에 의하여 징수할 수 있는 청구권'을 지칭하는 용어는 일정하지 아니하여 '국세징수의 예', '국세체납처분의 예', '국세징수법에 의한 체납처분의 예', '국세 또는 지방세체납처분의 예'라고 하거나, 또는 국세징수법상 특정 조문을 적시하는 등 개별법마다 그 용례에 차이를 보이고 있다.6) 하여튼 국세징수의 예에 의하여 징수할 수 있는 청구권의 예로 각종의 사회보험료, 부담금, 과징금 등의 채권을 들 수 있다.7)

---

4) 독일 새로운 도산법(Insolvenzordnung)에서는 조세채권의 우월한 지위를 모두 폐지하였다.
5) 2005년 시행 일본 신파산법 148조 1항 3호에서는 파산절차 개시 전의 원인에 기한 조세채권 가운데 그 일부(파산절차 개시보다 1년 이상 전에 납기한(納期限)이 도래한 것)를 재단채권으로 하지 않고, 우선적 파산채권에 머무르는 것으로 그 우선순위를 낮추었다. 다만, 이렇게 시기적으로 제한한다면, 징세기관이 가능한 한 빨리 체납처분을 하려고 할 것이므로 채무자가 현재보다 더 빨리 재정적 파탄에 빠져들 수 있다는 염려는 든다. 한편, 임의적으로 특정 시기를 기준으로 하여 재단채권 여부를 결정짓는 것은 아무런 이론적 근거가 없고, 문제의 핵심을 파악하였으면 정면으로 이를 해결하여야 한다는 입장으로는 이의영, "도산절차에서의 조세채권의 지위(하)", 법조(2009. 7), 198면.
6) 가령, 단위신용협동조합이 회비를 납부하지 아니할 때는 신용·협동조합중앙회 정관 16조에 의하여 과태금을 징수할 수 있다고 하더라도, 그러한 사정만으로는 위 회비청구권을 위 2호 소정의 재단채권 또는 재단채권과 유사한 것이라 할 수 없다(대법원 2002. 1. 25. 선고 2001다67812 판결).
7) 가령, 산업재해보상법상의 보험료, 징수금(산업재해보상법 74조 1항), 개발부담금(개발이익환

한편, 현행법에서 종전 파산법 38조 2호 본문의 '국세징수의 예에 의하여 징수할 수 있는 청구권'을 '국세징수의 예에 의하여 징수할 수 있는 청구권으로서 **그 징수우선순위가 일반 파산채권보다 우선**하는 것'으로 그 범위를 제한하여 그 징수우선순위가 일반 파산채권보다 우선하는 것만을[8] 재단채권으로 하였다.[9] 따라서 가령 국유재산법상의 사용료, 산림법상의 변상금 등은 재단채권에서 제외된다.[10]

7-13   **3) 법 446조의 규정에 의한 후순위채권의 제외**
위 법 473조 2호에 대응되는 종전 파산법 38조 2호에서는 파산선고 전의

수에 관한 법률 19조 1항), 원자력법상의 부담금(원자력법 9조의4 2항), 택지초과부담금(구 택지소유상한에 관한 법률 30조) 등을 들 수 있다.

8) 그런데 보조금 관리에 관한 법률상의 반환금과 관련하여, 보조금 관리에 관한 법률이 2016. 1. 28. 개정되어 동법 33조의3 2항에서 반환금의 징수는 '국세와 지방세를 제외하고는 다른 공과금이나 **그 밖의 채권에 우선한다**'는 규정을 **신설**하였다. 그런데 위 개정 전 구 보조금 관리에 관한 법률 33조에 따라 징수할 수 있는 반환금채권의 사안에서 이는 위 법 473조 2호의 '그 징수우선순위가 일반 파산채권보다 우선하는 것'에 해당하지 않으므로 재단채권으로 볼 수 없다. 징수절차상 자력집행권이 인정될 뿐이므로, '다른 공과금'은 물론 '그 밖의 다른 채권'에 대한 우선권이 인정되기 위해서는 별도의 명시적인 규정이 있어야 한다. 위 2016. 1. 28. 개정은 종전 규정의 미비점을 보완하기 위한 것이지, 종전 규정 하에서도 일반채권에 우선하는 것으로 해석되던 것을 확인하기 위한 것이라고 볼 수는 없어 위 2호 소정의 재단채권에 해당하지 않는다고 보았다(대법원 2018. 3. 29. 선고 2017다242706 판결). 사안의 위 각 반환금채권은 개정규정의 적용이 없다고 보면서 위 2호 소정의 재단채권에 해당하지 않는다고 보았다. 다수의 이해관계인에게 미치는 영향이 크므로 재단채권의 범위와 관련된 위 2호에 대하여 객관적으로 엄격하게 해석하였다는 점에서 의미가 있다.

9) 한편, 실체법상 우선권이 인정되지 않고 있는 구 독점규제법 55조의5 2항에 의하여 국세체납처분의 예에 따라 징수할 수 있는 청구권으로서 24조의2의 규정에 의한 불공정거래행위에 대한 과징금 및 55조의5 1항의 규정에 의한 위 과징금에 대한 가산금채권을 일반우선파산채권으로 취급하는 것에서 더 나아가 재단채권으로까지 인정하는 것에 대하여 헌법재판소는 이를 인정할 강한 공익성과 정책적 필요성을 인정하기는 어렵고, 파산절차상의 특성을 고려하여 볼 때에도 과징금 및 가산금 채권이 일반적으로 파산절차의 진행을 위하여 필수불가결한 것, 채권자 전체의 이익을 도모하기 위한 것이라고 보거나 또는 파산절차상 형평의 이념상 우선적 지위를 인정하는 것이 필요한 경우라고 보기도 어렵다. 따라서 위 법률조항은 최소침해성의 원칙을 충족하지 못한다. 또한 위 법률조항으로 실현되는 이 사건 과징금 및 가산금채권의 징수확보라는 공익이 일반 파산채권자들의 불이익보다 크다고 할 수 없으므로 이 사건 법률조항은 법익균형성원칙을 충족하지 못한다. 그러므로 구 파산법 38조 2호 본문의 '국세징수의 예에 의하여 징수할 수 있는 청구권' 중에서, '구 독점규제법 55조의5 2항에 의하여 국세체납처분의 예에 따라 징수할 수 있는 청구권으로서 24조의2의 규정에 의한 불공정거래행위에 대한 과징금 및 55조의5 1항의 규정에 의한 위 과징금에 대한 가산금에 해당하는 부분' 법률조항은 헌법상 과잉금지원칙에 위반되어 재산권을 침해한다고 보았다(헌법재판소 2009. 11. 26. 선고 2008헌가9 결정).

10) 또한 과태료도 재단채권에서 제외된다(후순위 파산채권으로 취급된다. 446조 4호). 임치용, 파산법연구2(2006), 42면[서울중앙지방법원 파산사건 처리실무].

원인에 의하여 생긴 조세 등의 청구권에 기하여 **파산선고 후**에 발생한 연체료 등을 재단채권으로 취급하였다. 그런데 이러한 연체료 등은 파산채권의 파산선고 후의 이자나 채무불이행에 의한 손해배상액과 실질적으로 마찬가지의 성격을 가진다. 따라서 이러한 이자나 손해배상액을 후순위 파산채권으로 하고 있는 것(446조 1항 1호 및 2호. ☞ 6-21, 6-22)에 비추어 조세 등의 청구권에 기하여 **파산선고 후**에 발생한 연체료 등을 재단채권으로 하는 것이 문제가 되었다.11) 아래와 같이 헌법재판소가 위 규정 중 산업재해보상보험료 청구권 등에 기한 파산선고 후의 가산금·중가산금에 해당하는 부분을 재단채권으로 규정한 것은 위헌으로 보았다.12) 결국 현행법 473조 2호에서는 법 446조의 규정에 의한 후순위채권을 재단채권에서 제외한다는 규정을 동조 2호 본문 괄호 속 후단에 넣었다. 그 취지는, '국세징수의 예에 의하여 징수할 수 있는 청구권'은 그 징수우선순위가 일반 파산채권보다 우선하는 것에 한하여 재단채권으로 하되, '국세징수법 또는 지방세기본법에 의하여 징수할 수 있는 청구권'이든 '국세징수의 예에 의하여 징수할 수 있는 청구권으로서 그 징수우선순위가 일반 파산채권보다 우선하는 것'이든, 그중 '446조의 규정에 의한 후순위파산채권'에 해당하는 것은 재단채권에서 제외하려는 데 있다.13)

---

11) 자세한 내용은 심인숙, "파산절차상 공적채권의 우선변제권", 중앙법학(2007. 4), 315면 이하 참조. 참고로 보면, 2005년 시행 일본 신파산법 97조 5항, 99조 1항 1호는 가산세와 가산금을 후순위 파산채권으로 규정하고, 148조 1항 3호에서 이를 재단채권에서 제외하고 있다.

12) 한편, 조세채권에 기한 파산선고 후의 가산금·중가산금을 재단채권으로 규정한 것도 위헌이라는 주장에 대하여 헌법재판소는 조세채권에 기한 파산선고 후의 가산금·중가산금을 재단채권으로 한 것은 헌법에 위반되지 않는다는 결정을 하였다. 창원지방법원은 2006. 2. 16. 「구 지방세법 82조에 의하여 국세징수법에 따라 징수할 수 있는 청구권으로서 파산선고 전의 원인에 의하여 생긴 채권에 기하여 파산선고 후에 발생한 중가산금청구권에 해당하는 부분」에 대하여 위헌제청결정(2004카기1081)을 하였고, 또한 2006. 7. 5. 서울고등법원은 후순위파산채권확인소송의 항소심에서(2005나102227) 직권으로 「국세기본법 35조 1항에 따라 국세징수법에 의하여 징수할 수 있는 청구권으로서 파산선고 전의 원인에 의하여 생긴 채권에 기하여 파산선고 후에 발생한 가산금과 중가산금 청구권에 해당하는 부분」에 대하여도 위헌제청결정을 한 바 있는데, 이에 대한 헌법재판소 2008. 5. 29. 선고 2006헌가6, 11, 17(병합) 결정은 합헌으로 보았다(재판관 5인이 위헌의견으로 다수이기는 하지만 위헌정족수에 미달되어 합헌결정을 한 사례). 위 2건의 헌법재판소 결정과 관련하여 파산선고 후에 발생하는 가산금·중가산금을 법 446조의 후순위채권으로 보아 재단채권에서 제외할 수 있는지 여부에 관하여는 주진암, "도산절차에서 가산금·중가산금의 지위", 법조(2008. 10), 117면 이하; 이주헌, "도산절차상 가산금의 지위", 사법(2018. 12), 67면 이하 참조.

13) 파산관재인이 재단채권인 국세나 지방세를 체납하여 그로 인하여 가산금·중가산금이 발생한 경우 그 가산금·중가산금에 대하여는 법 473조 4호가 아닌 2호가 우선적으로 적용된다고 봄이 타당하다. 2호 본문의 입법 취지, 국세징수법상 가산금·중가산금의 법적 성질, 법 473조 2호,

◆ **종전 파산법 38조 2호 중 파산선고 후의 연체료 부분 위헌 결정**[14] ◆   ① 일반
적으로 파산채권자에 대한 배당률이 형편없이 낮고 경우에 따라서는 재단채권을 변
제하기에도 부족한 파산절차의 현실에 비추어 볼 때, '국세징수의 예에 의하여 청구
할 수 있는 청구권'을 일률적으로 재단채권으로 규정하여 파산선고 후 연체료 청구
권자에게 위와 같은 우월한 지위를 인정함으로써 다른 채권자들의 배당률을 낮추거
나 배당가능성을 아예 없애는 등 그 재산권에 실질적 제약을 가하고 있다. 이 사건
법률조항은 채무초과로 인하여 채무 전체의 변제가 불가능하여진 상황에서 채무자에
의한 임의적인 재산정리를 금지하고 파산재단의 관리처분권을 파산관재인의 공정·타
당한 정리에 일임하여 불충분하더라도 채권자들 간의 적정하고 공평한 만족을 도모
한다는 공익적 목적을 추구하고 있고 파산제도가 갖는 공익적 기능에 비추어 볼 때
이 사건 법률조항에 의한 재산권의 제한은 헌법 37조 2항에서 규정하고 있는 공공복
리를 위하여 필요한 경우에 해당한다 할 것이므로 그 목적정당성은 인정된다. 그러
나 개별법 입법시에 '국세징수의 예에 의하여 징수'할 수 있도록 할 것인가 아닌가의
판단을 함에 있어서는 파산절차상 변제우선권을 인정할 필요가 있는 정도의 공익성
이 있는가 여부를 고려하기보다는 당해 청구권의 공공성·대량성·집단성 등의 특수
사정과 간이신속한 징수라고 하는 기술적·합목적성을 고려하여 자력집행권을 인정할
지 여부가 결정될 것으로 예상하는 것이 합리적일 것이다. 따라서 '국세징수의 예에
의하여 징수할 수 있는 청구권'에 해당하는 개별 청구권마다 각각의 실체법상 당해
청구권의 법률적 성격과 공익적·정책적 요청에 따른 파산절차상 합리적 조정의 필
요성 등을 종합적으로 고려하여 각기 재단채권으로서 우선적 지위를 갖도록 하는 것
이 헌법적으로 용인되는지 여부를 판단함이 상당하다. 채무자의 파산으로 인하여 채
무자의 전 재산으로 전체 채무를 만족시킬 수 없는 상황에서 안 그래도 낮은 배당률
에 고통받는 채권자들의 희생하에 파산선고 후 연체료청구권에 대하여서까지 우선권
을 인정하여 다른 채권자에 대한 배당을 감소시키는 것을 정당화할 정도의 공익성과
정책적 필요성을 인정할 만한 특별한 사유를 발견하기 어렵고, 파산절차상의 특성을
고려하여 볼 때에도 파산선고 후 연체료청구권을 재단채권으로 규정하여 우선적 지
위를 인정하는 것이 상당하다고 보기 어렵다(파산선고 후 연체료청구권이 일반적으로 파
산절차의 진행을 위하여 필수불가결한 것이라거나 채권자 전체의 이익을 도모하기 위한 것이라
고 보거나 또는 파산절차상 형평의 이념상 우선적 지위를 인정하는 것이 필요한 경우라고 보기
도 어렵고, 나아가 파산선고 후 연체료청구권은 파산선고 후의 이자 또는 채무불이행에 의한

4호의 관계 등을 종합하면, 파산선고 전의 원인으로 인한 국세나 지방세에 기하여 파산선고 후
에 발생한 가산금·중가산금은 후순위파산채권인 법 446조 1항 2호의 '파산선고 후의 불이행으
로 인한 손해배상액'에 해당하는 것으로 봄이 타당하므로, 위 괄호 안에 있는 규정에 따라 재단
채권에서 제외된다(대법원 2017. 11. 29. 선고 2015다216444 판결). 이는 그동안 논란이 되었던
'파산선고 전의 원인으로 인한 국세나 지방세에 기하여 파산선고 후에 발생한 가산금·중가산금'
채권의 법적 성질에 관하여 명시적으로 "후순위파산채권설"을 채택하였다는 점에서 의미가 있다
(심영진, "파산선고 전의 원인으로 인한 국세나 지방세에 기하여 파산선고 후에 발생한 가산금·
중가산금이 재단채권에 해당하는지 여부", 대법원판례해설 113호(2018), 303면 이하 참조).
14) 헌법재판소 2005. 12. 22. 선고 2003헌가8 결정.

손해배상과 실질적으로 동일한 성격을 가지고 있고 파산법 37조의 후순위파산채권 조항의 입법취지에 비추어 보아 파산절차상의 특성을 고려한다면 오히려 일반우선파산채권보다도 더 후순위의 채권으로 취급하는 것이 타당하다고 볼 수도 있을 것이다). 따라서 재단채권으로서 우선적 지위를 갖도록 한 것을 정당화할 만한 특별한 공익적·정책적 필요나 파산절차상 특성을 고려한 조정의 필요를 인정하기 어려우므로 채권자 간의 공평한 분배라는 파산절차의 목적을 달성하는 데 있어 적합한 수단을 채택한 것이라고 보기 어렵다. 또한 일률적 취급에 따라 다른 채권자들이 입게 될 재산권 침해를 최소화하는 합리적인 조치가 가능함에도 불구하고, 이 사건 법률조항은 아무런 제한 없이 '국세징수의 예에 의하여 징수할 수 있는 청구권'을 일률적으로 재단채권으로 규정함으로써 파산선고 후 연체료청구권을 재단채권으로 인정하고 있으므로 다른 채권자들의 재산권 침해를 최소화하기 위한 수단을 채택하였다고 보기도 어렵다. 나아가 이 사건 법률조항으로 인하여 실현될 수 있는 공익이 채권자들이 입게 될 불이익보다 크다고 할 수 없으므로 이 사건 법률조항은 법익균형성을 갖추었다고도 할 수 없을 것이다. 결론적으로 이 사건 법률조항은 그 입법목적의 정당성은 인정되지만 입법목적을 달성하는 데 적합한 수단을 채택한 것이라고 보기 어려우며 피해의 최소성 및 법익의 균형성 요청에도 저촉되므로 과잉금지의 원칙에 위배된다고 할 것이다. ② 본질적으로 동일한 것을 다르게 취급하고(파산선고 후의 이자 또는 채무불이행에 의한 손해배상과 실질적으로 동일한 성격을 갖는 청구권을 어떤 경우는 후순위파산채권으로, 어떤 경우는 재단채권으로 규정) 또 다른 한편으로는 본질적으로 다른 것을 동일하게 취급하여(우선권이 있는 채권과 없는 채권 또는 다른 순위의 우선권이 있는 채권을 동일한 우선순위를 갖게 함) 차별취급이 존재하고 있으며, 파산법의 기본목적과 공익적·정책적 필요성의 측면 등에 비추어 볼 때 그러한 차별적인 취급을 정당화할 합리적인 이유를 찾기 어려우므로, 이 사건 법률조항은 자의적으로 차별취급을 한 것으로서 평등원칙에도 위반된다.

4) 파산선고 후의 원인으로 인한 청구권은 파산재단에 관하여 생긴 것　　　7-14

　　법 473조 2호 단서에서, 파산선고 후의[15] 원인으로 인한 조세 등의 청구권은 「파산재단에 관하여 생긴 것」에 한하여 재단채권으로 하고 있는데,[16] 여기

---

15) 파산법 38조(현행 도산법 473조에 해당) 2호 소정의 '파산선고 전의 원인으로 인한 조세채권'으로 재단채권에 해당하는지 여부는 파산선고 전에 법률에 정한 과세요건이 충족되어 그 조세채권이 성립되었는가 여부를 기준으로 하여 결정되는 것인데(대법원 2002. 9. 4. 선고 2001두7268 판결 참조), 과세관청이 탈루된 법인소득에 대하여 대표자 인정상여로 소득처분을 하고 소득금액변동통지를 하는 경우 그 원천징수분 법인세(근로소득세)의 납세의무는 소득금액변동통지서가 당해 법인에게 송달된 때에 성립함과 동시에 확정되고, 이러한 원천징수분 법인세액을 과세표준으로 하는 법인세할 주민세의 납세의무 역시 이때에 성립한다고 할 것이므로, 소득금액변동통지서가 파산선고 후에 도달하였다면 그에 따른 원천징수분 법인세(근로소득세)채권과 법인세할 주민세채권은 파산선고 후에 성립한 조세채권으로 될 뿐이어서 그것이 파산재단에 관하여 생긴 것이 아니라면 파산법 제38조 제2호 소정의 재단채권에 해당하지 않는다고 할 것이다(대법원 2005. 6. 9. 선고 2004다71904 판결[공보불게재]).

16) 재단채권이나 파산채권에 해당하는 조세채권의 납세의무자는 파산관재인이다. 반면, 파산재단

서 「파산재단에 관하여 생긴 것」의 의미는 공동의 이익을 위한 비용으로 볼 수
있는 것, 즉 파산재단의 관리, 환가 및 배당에 관한 비용의 청구권에 해당된다고
볼 수 있는 조세 등의 청구권을 말한다.17) 이는 청구권 자체의 속성으로 말미암
아 재단채권으로 인정되는 것이 아니라, 위 청구권이 공익비용이라는 관점에서
인정되는 것이다(이 점에서 다음 3호와 마찬가지이다).

7-15   (3) 파산재단의 관리·환가 및 배당에 관한 비용(3호)

여기에 해당되는 것으로 대표적인 것은 파산관재인의 보수(30조 1항)와 감사
위원의 보수(381조)이다. 그 밖에 재산목록 등의 작성비용(483조), 배당에 관한
공고·통지의 비용(509조, 515조) 등 여러 가지가 있다. 파산채권자의 공동의 이익

에 속하지 않는 재산에 대한 관리처분권은 채무자가 그대로 보유하고 있고, 이는 파산선고 후에
발생한 채권 중 재단채권에 해당하지 않는 채권의 변제재원이 된다. 따라서 파산선고 후에 발생
한 조세채권 중 재단채권에 해당하지 않는 조세채권, 즉 '파산채권도 아니고 재단채권도 아닌
조세채권'에 대한 납세의무자는 파산관재인이 아니라 파산채무자이다(대법원 2017. 11. 29. 선
고 2015다216444 판결). 위 경우의 납세의무자가 파산채무자라고 분명히 한 점이 의미가 있다(심
영진, "파산선고 전의 원인으로 인한 국세나 지방세에 기하여 파산선고 후에 발생한 가산금·중가
산금이 재단채권에 해당하는지 여부", 대법원판례해설 113호(2018), 303면 이하 참조).
17) 일본에서는 「파산재단에 관하여 생긴 것」을 재단채권으로 하는 것은 파산재단의 관리·환가에
필요한 경비로서 파산채권자가 공동으로 부담하여야 할 공익적 지출에 한정하는 취지라고 풀이
하여 여기서 말하는 「파산재단에 관하여 생긴 것」의 의미는 파산재단을 구성하는 개개의 재산
및 이로부터의 수익에 부과된 조세(고정자산세, 자동차세, 인지세 등)나 파산자의 영업을 파산
관재인이 계속하는 경우의 사업세 등을 지칭한다고 보는 것이 일반적이다(山木戸克己, 破産法,
137면). 일본 최고재판소 판결도 이러한 취지에서 "파산재단을 구성하는 각개의 재산의 소유사
실에 기하여 부과되거나 혹은 그 각개의 재산의 각각의 수익 그 자체에 대하여 부과된 조세, 그
밖에 파산재단의 관리상 당연히 그 비용으로 인정되는 공조공과(公租公課)와 같은 것"이라고
하여 자연인의 양도소득세는 재단채권이 되지 않는다고 하였고, 한편 법인의 경우에는 청산기
간이 복수의 사업연도에 걸친 경우에 각각의 사업연도의 청산소득을 표준으로 과세한 「예납법
인세」에 대하여 그 재단채권성을 부정하였다(앞의 판결, 最判 1968년(昭和 43조) 10月 8日, 民
集(22卷 10号), 2093면. 뒤의 판결 最判 1987년(昭和 62조) 4月 21日, 新倒産判例百選(111사
건), [山本弘 해설] 참조). 한편 이에 대하여 우리는 법인의 경우이든 개인의 경우이든 파산선고
에 의한 처분으로 인하여 발생한 소득에 대하여는 특별부가세나 양도소득세가 부과되지 아니하
므로 일본에서와 같은 문제점은 발생할 여지가 없고 또 일본과는 달리 우리는 청산소득에 대한
법인세의 성립시기가 파산선고일로 되어 파산선고 이전의 원인으로 생긴 것으로서 파산재단에
관하여 생긴 것인지의 여부를 따질 것도 없이 재단채권에 해당되므로 위 2호 단서에서 말하는
「파산재단에 관하여 생긴 것」에 해당하는지의 여부를 판단하는 기준으로서 굳이 부자연스럽거
나 비논리적이라고 볼 수 있는 "파산채권자에게 공익적인 지출로서 공동 부담하는 것이 상당한
것"이어야 한다는 점을 내세울 필요는 없으므로 「파산재단에 관하여 생긴 것」의 의미를 파산재
단에 속한 자산의 소유사실 또는 그 자산의 양도·처분사실에 터 잡아 과세되거나 그 자산으로
부터의 수익 그 자체에 대하여 과세되는 조세"라고 새기면 된다는 입장으로는 최완주, "파산절
차와 조세관계", 파산법의 제문제[上](1999), 409면.

을 위한 비용이다.

(4) 파산재단에 관하여 파산관재인이 한 행위로 인하여 생긴 청구권(4호)

7-16

파산관재인이 그 권한(자격)에 기하여 행한 고용, 차입, 임차, 화해 등의 계약의 상대방에게 생긴 청구권이 여기에 해당한다. 파산선고 후에 파산회사의 종업원으로 고용된 사람의 임금 등이 그 예이다. 이는 파산채권자의 공동의 이익을 위하여 파산관재인이 법률행위를 행한 결과이고, 이것에 의하여 파산재단이 이익을 받으므로 공평의 입장에서 재단채권으로 한 것이다. 그 취지는 파산관재인이 파산재단의 관리처분권에 기초하여 직무를 행하면서 생긴 상대방의 청구권을 수시로 변제하도록 하여 이해관계인을 보호함으로써 공정하고 원활하게 파산절차를 진행하기 위한 것이다.[18]

파산관재인이 한 행위에는 파산관재인이 직무를 행하는 과정에서 한 법률행위뿐만 아니라 직무와 관련하여 행한 불법행위가 포함되고, 나아가 파산관재인이 직무와 관련하여 부담하는 채무의 불이행도 포함된다.[19] 그 법률행위가 결과적으로 파산재단에 불이익한 경우나 파산관재인이 직무수행과 관련하여 행한 불법행위에 의하여 생긴 상대방의 청구권이라도 파산관재인이 파산채권자의

---

18) 이러한 점에서 위 4호는 파산관재인이 파산재단의 관리처분권에 기초하여 직무를 행하면서 생긴 상대방의 청구권에 관한 일반규정으로 볼 수 있다. 반면 앞의 2호는 '국세징수법 또는 지방세기본법에 의하여 징수할 수 있는 청구권' 및 '국세징수의 예에 의하여 징수할 수 있는 청구권으로서 그 징수우선순위가 일반 파산채권보다 우선하는 것'만을 적용대상으로 하는 특별규정이다. 따라서 파산관재인이 재단채권인 국세나 지방세를 체납하여 그로 인하여 가산금·중가산금이 발생한 경우 그 가산금·중가산금에 대하여는 위 4호가 아닌 앞의 2호가 우선적으로 적용된다고 봄이 타당하다(대법원 2017. 11. 29. 선고 2015다216444 판결).

19) 그렇다면 파산관재인은 직무상 재단채권인 근로자의 임금·퇴직금 및 재해보상금을 수시로 변제할 의무가 있다고 할 것이므로, 파산관재인이 파산선고 후에 위와 같은 의무의 이행을 지체하여 생긴 근로자의 손해배상청구권은 위 파산재단에 관하여 파산관재인이 한 행위로 인하여 생긴 청구권에 해당하여 재단채권이다(대법원 2014. 11. 20. 선고 2013다64908 전원합의체 판결). 이에 대한 아래와 같은 대법관 신영철, 대법관 민일영, 대법관 김창석, 대법관 조희대의 반대의견이 있다. 법 446조 1항 2호는 '파산선고 후의 불이행으로 인한 손해배상액 및 위약금'을 후순위 파산채권으로 규정하고 있는데, 여기서 규정한 손해배상금과 위약금은 파산선고 전부터 채무자에게 재산상 청구권의 불이행이 있기 때문에 상대방에 대하여 손해배상을 지급하거나 위약금을 정기적으로 지급하여야 할 관계에 있을 때 그 계속으로 파산선고 후에 발생하고 있는 손해배상 및 위약금 청구권을 의미하므로 법에 특별히 달리 취급하는 규정이 없는 한, 채무자에 대하여 파산선고 전의 원인으로 생긴 근로자의 임금 등에 대하여 채무불이행 상태의 계속으로 파산선고 후에 발생하고 있는 지연손해금 채권은 후순위 파산채권이라고 보아야 한다. 이에 대한 평석으로는 정현수, "파산관재인이 재단채권의 지급을 거절한 경우 이행지체 책임이 성립하는지 여부 및 이행지체 책임이 성립하는 경우 지연손해금 채권의 법적 성질", 법조(2015. 7), 188면 이하.

이익을 대표하는 입장인 이상, 파산재단의 부담으로 하는 것이 공평한 것이기 때문이다. 그리고 파산관재인이 한 행위에는 작위뿐만 아니라 부작위도 포함한다.[20]

7-17   **(5) 사무관리 또는 부당이득으로 인하여 파산선고 후 파산재단에 대하여 생긴 청구권(5호)**

파산선고 후에 파산재단을 위하여 사무관리가 있은 경우에는 그것에 의하여 파산재단은 이익을 얻으므로 그 비용상환청구권(민법 739조)을 재단채권으로 한 것이고, 또한 파산선고 후에 파산재단이 부당이득을 얻은 때에는 그 반환청구권(민법 741조)을 역시 재단채권으로 취급한 것이다. 그 근거는 위 4호와 마찬가지이다.「파산재단에 대하여 생긴」청구권이므로 파산선고 후의 사무관리나 부당이득에 한한다. 파산선고 전에 생긴 것은 재단채권이 아니라 파산채권이다. 사무관리(민법 734조)의 예로는 제3자가 의무 없이 재단재산을 재단을 위하여 보관한 경우가 있다. 부당이득(민법 741조)의 예로는 환취권의 대상인 재산이 처분되어 그 대가(금전)가 파산재단에 혼입되어 특정성을 잃은 경우를 들 수 있다.[21] 별제권의 목적재산에 대하여도 별제권의 한도에서 가치적으로 파악되는 부분에 상당하는 대가에 대하여 마찬가지로 생각할 수 있다.

---

20) 파산재단에 속하는 건물이 다른 토지의 불법점거가 되는 것을 파산관재인이 방치한 부작위에 의하여 토지소유자에게 생긴 손해배상청구권은 재단채권이다. 일본 最判 1968年(昭和 43年) 6月 13日, 民集(22卷 6号), 1149면.

21) 본래의 납세의무자가 파산선고를 받는 경우 그의 조세채무는 파산법상의 재단채권이 되어 파산재단에서 변제하여야 하는데, 제2차 납세의무자가 납세의무를 이행하게 되면 본래의 납세의무가 소멸함으로써 파산재단은 채무소멸이라는 이익을 얻게 되고, 이 경우 그 이익을 원래 그 조세를 납부하여야 할 파산재단으로 하여금 그대로 보유하게 하는 것은 공평의 관념에 어긋나는 것이어서 파산재단으로서는 이를 부당이득으로 그 출연자에게 반환할 의무를 부담한다 할 것이니, 제2차 납세의무자가 납세의무를 이행한 후 가지게 되는 위 구상권은 여기에 그 법적 근거가 있다 하겠다. 위와 같은 법리에 비추어 살펴보면, 제2차 납세의무를 이행함으로써 취득한 이 사건 구상금채권은 바로 **부당이득**으로 인하여 파산재단에 생긴 청구권에 해당한다 할 것이므로 제5호 소정의 재단채권에 해당한다고 봄이 상당하다(대법원 2005. 8. 19. 선고 2003다 36904 판결). 또한 외국 정부가 국내법원에서 파산선고를 받은 위탁매매인에 대한 세금청구권에 기하여 위탁자의 대상적 환취권의 목적이 되는 물건, 유가증권 또는 채권을 강제징수한 경우, 그로 인해 위탁매매인의 세금채무가 소멸하여 위탁매매인의 파산재단은 동액 상당의 **부당이득**을 얻은 것이 되며, 이 경우 위탁자는 위탁매매인의 파산재단에 대해 부당이득반환청구권을 가지게 되는데, 이는 제5호의 재단채권이다(대법원 2008. 5. 29. 선고 2005다6297 판결).

(6) 위임의 종료 또는 대리권의 소멸 후에 긴급한 필요에 의하여 한 행위로   7-18
인하여 파산재단에 대하여 생긴 청구권(6호)

위임인이 파산하면 위임계약은 종료되는데(민법 690조), 수임인에게는 긴급
처리의무가 있어서(민법 691조) 파산관재인이 현실적으로 사무를 넘겨받기까지
의 사이에 위 긴급처리의무에 기하여 행한 사무처리의 결과는 파산채권자 전체
의 이익이 된다. 그리하여 이러한 경우에는 수임인의 부담으로 파산재단이 이익
을 받는 것으로 이것들의 행위에 기한 수임인의 보수청구권이나 비용의 지급(상
환)청구권을 재단채권으로 한 것이다. 이에 대하여 긴급한 필요가 없는 때에 파
산선고의 통지를 받지 않아 파산선고의 사실을 알지 못하고 위임사무를 처리한
경우에는 그것에 의하여 생긴 청구권은 파산채권에 머무른다(342조).

(7) 법 335조 1항의 규정에 의하여 파산관재인이 채무를 이행하는 경우에 상   7-19
대방이 가지는 청구권(7호)

쌍무계약에 있어서 쌍방 모두 이행미완료인 경우에 당사자의 한쪽이 파산
선고를 받으면, 파산관재인에게 그 계약을 해제(해지)할 것인가, 아니면 채무자
의 채무를 이행하고 상대방의 채무이행을 청구할 것인가의 선택권이 부여되어
있다(335조 1항). 이행이 선택된 경우에 상대방은 파산재단에 대한 채무를 완전
하게 이행함에 대하여, 반면 자신의 파산재단에 관한 권리(즉, 파산재단의 채무)가
일반원칙에 따라 파산채권으로밖에 되지 않는다고 한다면 쌍무계약에 있어서
채무의 대가성이 침해되어 상대방에게 있어 불공평하게 된다(☞ 8-18). 그래서
공평을 유지하기 위하여 파산재단에 대한 상대방의 채권을 재단채권으로 한 것
이다.22)

(8) 파산선고로 인하여 쌍무계약이 해지된 경우 그 때까지 생긴 청구권(8호)   7-20
파산선고의 시점에서 유효하게 계속된 쌍무계약 중에는 한쪽 당사자의 파
산을 이유로 해지통고를 할 수 있는 경우가 있다(가령 임대차의 경우에 민법 637조).
그러나 해지의 통고가 있더라도 계약관계가 즉시 종료되는 것이 아니고, 일정한

---

22) 쌍무계약에 있어서 대가관계를 확보하기 위하여 본래 파산채권인 것을 재단채권으로 격상시
킨 것이라는 위와 같은 입장에 대하여, 상대방에 의한 채무이행으로 파산채권자 전체가 이익을
받으므로 그 대가인 상대방의 채무이행을 파산채권자가 공동으로 부담하는 것으로 본래 재단채
권이 될 것을 입법에 의하여 확인하였을 뿐 입법적으로 격상된 것이 아니라고 보는 입장도 있다
(伊藤眞, 破産法·民事再生法, 353면).

기간 존속한다(민법 635조). 그리하여 해지통고가 있더라도 현실적으로 종료되기
까지는 상대방은 파산재단에 대한 채무를 이행하여야 한다. 그렇다면 양쪽의 채
무의 대가성이라는 쌍무계약의 성질로부터 공평을 유지하기 위하여 파산재단에
대한 상대방의 채권(가령 임차인 파산의 경우의 임대료채권과 임차물의 인도시까지의 임대
료상당손해금)을 재단채권으로 한 것이다.

7-21   **(9) 채무자 및 그 부양을 받는 자의 부양료(9호)**

채무자에게는 생활을 유지하기 위한 자유재산이 확보되어 있는데, 이것만
으로는 가족까지 포함된 생활을 유지할 수 없는 경우가 있다. 이 경우에 생활보
호 등의 공적 부양을 이용하게 되면, 국민일반의 부담(공적 부양의 재원은 세금이다)
으로 파산채권자가 만족을 얻는 것이 된다. 따라서 사회정책적 고려에서 부양료
를 재단채권으로 한 것이다.

그런데 종전 파산법에서는 위와 같이 부양료를 재단채권으로 하는 것에 그
치지 않고, 파산관재인이 채무자 및 채무자의 부양을 받는 사람에게 부양료를
급여할 수 있다고 규정하고 있었는데(종전 파산법 182조 1항, 184조), 현행법에서는
이러한 부양료 급여에 대한 규정을 폐지하였다. 실무상 이 규정에 따라 부양료
가 지급되는 경우는 거의 없었고, 개인 채무자의 자유재산(면제재산)의 범위가 확
대됨에 따라 부양료급여에 대한 규정의 필요성이 없어져 이를 폐지한 것으로
생각한다. 다만, 위와 같이 9호에서 부양료를 재단채권으로 하는 것은 도산법에
서 폐지하지 않았다.23)

7-22   **(10) 채무자의 근로자의 임금·퇴직금 및 재해보상금(10호)**

근로자의 임금채권 등을 보호하려는 정책적 취지에서 이를 재단채권으로
한 것이다(2000년 파산법 개정시에 신설).24) 그런데 임금채권 등의 보호의 필요성에

---

23) 2005년 시행의 일본 신파산법은 부조료의 급여제도를 폐지하였다. 그리고 부조료를 재단채권
에서도 삭제하였다.

24) 사용자 소유의 일부 부동산이 먼저 경매되어 임금채권자가 우선변제를 받은 결과 후순위 저당
권자가 동시배당의 경우보다 불이익을 받은 경우, 그 후 개시된 사용자에 대한 파산절차에서 민
법 제368조 제2항 후문을 유추적용하여 위와 같이 불이익을 받은 저당권자로서는 임금채권자가
수개의 부동산으로부터 동시에 배당받았다면 다른 부동산의 경매대가에서 변제를 받을 수 있었
던 금액의 한도 안에서 선순위자인 임금채권자를 대위하여 다른 부동산의 경매절차에서 우선하
여 배당받을 수 있다. 그러나 이러한 후순위 저당권자의 대위권은 임금채권에 붙어 있는 법정담
보물권적 성격을 가진 우선변제권을 공동저당과 유사한 관계에 있는 다른 부동산에 대위하여
행사하도록 허용하여 후순위 저당권자나 다른 채권자 등의 이해관계를 조절하려는 것에 불과한

반대하지는 않지만, 이미 발생한 임금 및 퇴직금 채권의 전액을 재단채권에 포함시키는 것은 재단채권자 이외의 파산채권자가 받을 배당을 적게 하므로 공평성 측면에서 문제이다(장기의 고용에 따른 퇴직금이 고액인 것이 현실). 임금채권 등의 전액을 정책적 고려에서 재단채권으로 하는 것은 재고할 필요가 있다. 「근로기준법」 38조 2항 및 「근로자퇴직급여보장법」 12조 2항에 따른 임금채권 등의 최우선변제의 범위(최종 3월분의 임금, 최종 3년간의 퇴직급여)를 고려하여, 앞으로 그 일부만을 재단채권으로 하는 것을 검토하여야 할 것이다(최우선변제 범위의 재단채권 취급과 별제권 인정은 상충. ☞ 11-9).

(11) 파산선고 전의 원인으로 생긴 채무자의 근로자의 임치금 및 신원보증금의 반환청구권(11호)

7-23

위 10호와 함께 2000년 파산법 개정시에 재단채권으로 신설된 것이다.

2. 특별재단채권

7-24

특별재단채권에는 다음과 같은 것이 있다.

(1) 파산관재인이 부담 있는 유증의 이행을 받은 때의 부담수익자의 청구권

7-25

파산선고 전에 채무자에 대한 부담부 유증(가령 어느 부동산을 甲에게 증여하는데, 그 대신에 甲은 乙에 대하여 500만 원의 급부를 하여야 하는 것)이 행하여진 때에 유언자의 사망에 의하여 그 효력이 발생하였는데, 유증의 이행도 부담의 이행도 행하여지지 않는 사이에 수유자가 파산선고를 받은 경우에 그 지위를 넘겨받은 파산관재인은 유증을 포기할 수도 있지만, 유증의 이행을 받아들인 경우에는 그것에 의하여 파산재단이 이익을 받게 되므로 부담수익자에 대한 부담도 완전히 이행을 하지 않으면 유언자의 유지에 어긋나고, 공평에도 어긋난다. 따라서 부담수익자가 가지는 청구권을 재단채권으로 한 것이다(474조). 위 법 473조 7호와 같은 취지이다. 다만, 이는 유증목적의 가액을 초과할 수는 없다. 재단채권이 되는 범위가 「유증목적의 가액을 초과하지 아니하는 한도 안에서」라는 것은 유

것이지 **임금채권 자체를 대위하는 것은 아니다.** 따라서 사용자의 일부 부동산에 대해 먼저 이루어진 경매절차에서 임금채권 우선변제권이 실행되어 그 경매대가가 배당되고 나서 사용자에 대해 파산절차가 개시되어 사용자의 나머지 재산이 파산재단에 속하게 되었다고 하여, 민법 368조 2항 후문을 유추적용하여 후순위 저당권자의 채권이 임금채권과 마찬가지로 재단채권으로 취급될 아무런 근거가 없다(대법원 2009. 11. 12. 선고 2009다53017, 53024 판결).

증자의 부담이행의무가 유증의 목적물의 가액의 범위로 한정되는 것(민법 1088조 1항)으로부터 파산관재인의 의무의 범위, 환언하면 재단채권이 되는 범위도 목적물의 가액을 한도로 한다는 취지이다.

7-26   **(2) 파산관재인이 쌍방 미이행의 쌍무계약을 해제(해지)한 경우의 상대방의 반대급부가액상환청구권**

법 335조에 의하여 파산관재인이 쌍무계약의 해제(해지)를 선택한 경우에 상대방이 이미 채무의 일부를 이행한 경우에 그것을 반환하지 않는다고 한다면 파산재단에 부당한 이익이 생긴다. 따라서 반대급부가 파산재단 중에 현존하는 경우에는 그 반대급부 자체를 반환하고(이 경우에는 환취권이 된다), 현존하지 않는 경우에는 그 가액을 반환하는 것이 공평한 것이기 때문에 이것을 재단채권으로 한 것이다(337조 2항).25) 원상회복이 목적이므로 현물이 단순히 멸실한 경우에도 적용되고, 이 점에서 경합하는 대체적 환취권(☞ 10-30)보다도 보호범위가 넓다.

7-27   **(3) 파산관재인이 부인권을 행사한 경우에 상대방이 가지는 반대급부로 인하여 생긴 현존이익상환청구권**

부인된 행위의 수익자가 채무자에 대하여 반대급부를 제공한 경우에는 이것을 반환하는 것이 공평한 것이다. 반대급부의 현물이 파산재단에 현존하고 있는 경우에는 이것을 반환하는 것이 되지만, 현물이 존재하지 않고 반대급부에서 생긴 이익이 현존하는 경우에는 그 이익의 한도에서 상대방의 청구권이 재단채권이 된다(398조 1항). 법 337조 2항과 마찬가지 취지이다.

7-28   **(4) 소송·집행·선행회생절차의 비용**

파산재단에 관하여 파산선고 당시에 계속된 소송 등을 파산관재인 또는 상

---

25) 원고는 1997. 10. 29. 선박 건조에 필요한 자금을 마련하기 위하여 파산자 동남은행을 포함한 21개 은행과 사이에 이른바 신디케이티드 론(syndicated loan) 방식에 의한 차관계약을 체결하였다. 원고가 파산자에게 차관계약에 따라 파산자의 개별 대출약정에 대한 대가로서 약정수수료를 지급하였다. 동남은행은 차관계약에 따른 약정 대출기일 이전인 1998. 10. 28. 법원으로부터 파산선고를 받았다. 원고는 파산법 제50조 제2항에 따라 피고(동남은행 파산관재인)에게 차관계약을 해제할 것인지 아니면 채무이행의 청구를 할 것인지를 확답할 것을 최고하였고, 파산관재인은 이행의 청구를 선택하였다. 그러나 약정기일에 차관계약에 따른 대출의무를 이행하지 아니하자, 원고는 차관계약을 해제하였다. 파산자의 대출의무 불이행으로 대출약정이 해제되었으므로, 파산자는 그 해제에 따른 원상회복으로서 원고로부터 지급받은 약정수수료를 반환하여야 하고, 수수료 반환청구권은 재단채권에 해당된다(대법원 2001. 12. 24. 선고 2001다30469 판결).

대방이 수계하고 파산관재인이 패소한 경우에 상대방이 가지는 소송비용청구권
(347조 2항, 350조 2항), 파산재단에 대한 이전부터의 강제집행을 파산관재인이 속
행하는 경우의 비용(348조 2항)은 절차 전체가 파산채권자 전체의 이익을 위하여
행하여지는 것이므로 파산재단 전체의 부담으로 하는 것이 공평하여 이를 재단
채권으로 한 것이다.

　　그리고 파산채권의 확정에 관한 소송(채권조사확정재판을 포함)의 결과, 파산
재단(파산채권자 전체)이 이익을 받은 경우에 이의를 주장한 파산채권자는 그 이
익의 한도 안에서 소송비용의 상환을 재단채권자로서 청구할 수 있다(469조).
즉, 파산채권의 확정에 관한 소송에 있어서 어느 채권에 대한 이의가 받아들여
지는 경우에는 결과로서 파산재단(파산채권자 전체)이 이익을 받는 것이 되기 때
문에 이의를 주장한 파산채권자의 소송비용상환청구권을 재단채권으로 한 것이다.

　　그 밖에 회생절차가 개시된 후 절차가 목적을 달성하지 못하고 종료되어
파산절차로 이행한 경우에(6조, 7조) 선행하는 회생절차의 비용을 파산절차에 있
어서 재단채권으로 하고 있다. 이는 목적을 달성하지 못하였지만, 회생절차가 채
권자 전체의 이익을 위하여 행하여진 것으로 그 절차상 비용을 확실하게 회수할
수 있도록 하고, 파산절차로의 이행을 원활하게 하고자 하는 취지이다.

IV. 재단채권의 변제

1. 일반적 경우

7-29

　　재단채권은 파산채권에 우선하면서 파산절차에 의하지 않고 파산재단으로
부터 수시로(즉, 파산채권보다 먼저 그때그때) 그 전액을 변제받는다(475조, 476조).[26]
여기서 파산절차에 의하지 않는다는 것은 파산채권과 같은 신고·조사·확정절
차를 거쳐 배당이라는 형태로 평등변제를 받는 것이 아니라는 의미이다. 즉, 재
단채권자가 채권의 신고·조사·확정이라는[27] 파산절차에 의하지 않고 권리를

---

26) 제3자가 재단채권을 대위변제한 경우에 대위변제자가 구상권을 취득하고 채무자에 대하여 원
　　래의 채권을 행사하는 경우에 원래의 채권을 파산절차에 의하지 않고 행사할 수 있다(最判
　　2011年(平成 23年) 11月 22日, 倒産判例百選[第5版](48①사건), [中島弘雅 해설] 참조). 전대
　　규, 1097면도 마찬가지 입장이다.
27) 시효중단사유의 하나인 파산절차참가는 통상적으로 채권자가 파산재단에 가입하기 위하여 그
　　의 파산채권을 신고하는 것을 의미한다고 봄이 상당하고, 파산절차에 참가할 필요가 없는 재단
　　채권에 관하여 파산채권신고를 한 경우까지 파산절차참가에 해당하여 시효중단의 효력이 미친

행사하여(파산관재인에 속하는 권리를 대위행사도 가능)28) 채권의 본래 이행기에 따라
그때그때 직접 파산관재인으로부터 개별적으로 변제받을 수 있다.29) 이 경우에
파산관재인이 일정한 금액(1천만 원 미만으로서 법원이 정하는 금액) 이상의 재단채권
을 변제하는 것에 대하여는 법원의 허가를 받아야 하며, 감사위원이 설치되어
있는 때에는 감사위원의 동의를 얻어야 한다(492조 13호). 그런데 파산채권에 대
한 우선성도 무한정은 아니고, 파산채권에 대한 변제(배당)가 행하여지기 전에
파산관재인에게 판명되지 않은 재단채권자는 배당할 금액으로부터 변제를 받을
수 없으므로(534조) 결과적으로 우선변제를 받을 수 없다.

한편, 재단채권에 대한 우선변제는 배당의 경우뿐만 아니라, 파산취소(325
조 2항), 재단부족에 의한 폐지(법 547조의 이시(異時)폐지) 등의 경우에도 확보된다.

재단채권은 일반적으로 금전채권이지만, 금전채권이 아니거나 기한이 도래
하지 않은 것에 대하여는 파산채권과 마찬가지로 금전화·현재화가 행하여진다
(478조 1항). 또한 무이자채권이나 정기금채권인 경우에는 중간이자에 상당하는
부분이 공제된다(동조 2항).

7-30   **2. 재단부족의 경우**

파산재단이 충분하다면 각 재단채권을 수시변제하면 된다. 즉, 각 재단채권
은 재단부족이 분명하게 될 때까지 수시로 변제된다. 그러나 파산재단이 부족하
여 각 재단채권의 변제에도 미치지 못하는 경우가 있다. 이러한 재단부족의 경

다고 볼 수는 없다(서울중앙지방법원 2004. 6. 24. 선고 2003나59586 판결[상고하였으나, 대법
   원에서 심리불속행기각]).
28) 파산절차에 의하지 아니하고 개별적인 권리행사를 하는 것이 금지되지 아니하므로 특정채권
   을 가진 재단채권자가 자기의 채권의 현실적인 이행을 확보하기 위하여 파산재단에 관하여 파산
   관재인에 속하는 권리를 대위하여 행사하는 경우, 그것이 파산관재인의 직무 수행에 부당한 간섭
   이 되지 않는 등 파산절차의 원만한 진행에 지장을 초래하지 아니하고, 재단채권 간의 우선순위
   에 따른 변제 및 동순위 재단채권 간의 평등한 변제 등과 무관하여 다른 재단채권자 등 이해관계
   인의 이익을 해치지 않는다면, 파산재단의 관리처분권을 파산관재인의 공정·타당한 정리에 일임
   한 규정 취지에 반하지 않고, 따라서 특별한 사정이 없는 한, 재단채권자의 채권자대위권행사는
   법률상 허용된다(대법원 2016. 4. 15. 선고 2013다211803 판결). 이에 대하여는 김희중, "재단채
   권자가 자신의 채권을 보전하기 위하여 파산재단에 관하여 파산관재인에 속하는 권리를 대위하
   여 행사하는 것이 허용되는지 여부", 대법원판례해설(제107호, 2016. 12), 402면 이하 참조.
29) 재단채권은 파산절차에 의하지 아니하고 수시로 변제하되, 파산채권보다 먼저 변제하여야 하
   고, 재단채권이 파산채권으로 신고되어 파산채권으로 확정되고 배당을 받았다고 하더라도 채권
   의 성질이 당연히 파산채권으로 변하는 것은 아니므로, 그 배당받은 금원을 재단채권에 충당할
   수 있다(대법원 2008. 5. 29. 선고 2005다6297 판결).

우에 재단채권의 변제는 다른 법령이 규정하는 우선권에도 불구하고 아직 변제
하지 아니한 채권액의 비율에 따라 한다(477조 1항 본문). 다만, 재단채권에 관하
여 존재하는 유치권·질권·저당권·「동산·채권 등의 담보에 관한 법률」에 따른
담보권 및 전세권의 효력에는 영향을 미치지 아니한다(동조 동항 단서). 이는 담보
권부채권이 무담보채권보다 우선하기 때문이다.

　　물론 나중에 재단부족이 분명하게 된 경우라도 그때까지 이미 이루어진 재
단채권의 변제에는 영향이 없다.

　　한편, 법 473조 1호 내지 7호 및 10호에 열거된 재단채권은 다른 재단채권
에 우선한다(477조 2항). 여기서 위 채권 서로 사이에 또한 우열이 있는지 여부에
대하여는 논의가 있다. 위 채권 서로 사이에서도 일반원칙에서 공익비용의 성질
을 가지는 재단채권이 다른 것에 우선한다고 풀이하는 것이 타당하다. 가령 파
산관재인의 보수(473조 3호에 해당)는 조세채권(동조 2호)보다 우선한다고 보아야
한다.30) 그런데 위 1항의 경우에 6조 4항·9항 및 7조 1항에 따라 재단채권으로
하는 179조 1항 5호 및 12호의 청구권 중에서 채무자의 사업을 계속하기 위하
여 법원의 허가를 받아 차입한 자금이 있는 때에는 위 2항에도 불구하고 신규차
입자금에 관한 채권과 473조 10호의 재단채권(근로자의 임금 등 채권)은 다른 재단
채권에 우선한다. 이 경우에 신규차입자금에 관한 채권과 473조 10호의 재단채
권을 제외한 재단채권의 순위는 2항에 따른다(477조 3항. 2020. 2. 4. 신설 규정).

◆ **경매절차에서 과세관청이 한 교부청구에 따른 배당금을 수령할 사람** ◆ 국가가
○○토건에 대하여 2백74억여 원의 법인세 등 국세채권을 받지 못하자, ○○토건이
파산하고, 경매가 실시되어 근저당권자(별제권자)인 한빛은행이 16억7천만 원을 받아
간 뒤(조세채권보다 우선) 남은 64억여 원은 국가가 우선 배당받아야 한다며 배당금에
관하여 교부청구를31) 한 사안에서32) **판례**는33) 법 477조에서 조세채권의 법령상 우

---

30) 전대규, 1349면; 최승록, "파산채권과 재단채권", 파산법의 제문제[上](1999), 350면. 이 점에
　　관하여 일본 最判 1970年(昭和 45年) 10月 30日도 마찬가지이다(新倒産判例百選(112사건),
　　[川嶋四郎 해설] 참조). 즉, 파산절차에 있어서 파산관재인이 받아야 할 보수와 같은 공익비용
　　이 국세 그 밖의 공과(公課)에 우선하는 것은 본래 자명한 것이고, 파산법 42조(우리 도산법
　　477조에 해당)의 규정이 이 법리까지도 변경한 것이라고 풀이할 수는 없다고 보았다. 2005년
　　시행 일본 신파산법 152조 2항에서는 위와 같은 학설·판례의 취급을 반영하여 1호의 파산채권
　　자의 공동의 이익을 위한 재판상 비용 및 2호의 파산재단의 관리, 환가 및 배당에 관한 비용의
　　청구권은 다른 재단채권에 앞서 변제한다는 규정을 신설하였다.
31) 교부청구는 과세관청이 이미 진행 중인 강제환가절차에 가입하여 체납된 국세의 배당을 구하
　　는 것으로서 민사소송법에 규정된 부동산경매절차에서의 배당요구와 같은 성질의 것이므로 당

선권에 불구하고 파산재단이 재단채권의 총액을 변제하기에 부족한 것이 분명하게 된 때에는 다른 재단채권과 균등하게 분배되도록 규정하고 있는바, 여기에다가 법 349조의 해석상 파산선고 후에는 조세채권에 터 잡아 새로운 체납처분을 하는 것이 허용되지 않는 점(대법원 2003. 3. 28. 선고 2001두9486 판결 참조) 등을 종합하여 보면, 파산자 소유의 부동산에 대한 별제권(담보물권 등)의 실행으로 인하여 개시된 경매절차에서 과세관청이 한 교부청구는 그 별제권자가 파산으로 인하여 파산 전보다 더 유리하게 되는 이득을 얻는 것을 방지함과 아울러 적정한 배당재원의 확보라는 공익을 위하여 **별제권보다 우선하는 채권 해당액을 공제하도록 하는 제한된 효력만이 인정**된다고 할 것이므로 그 교부청구에 따른 배당금은 채권자인 과세관청에게 직접 교부할 것이 아니라 파산관재인이 파산법 소정의 절차에 따라 각 재단채권자에게 안분변제할 수 있도록 **파산관재인에게 교부하여야 한다고 해석함이 상당**하다. 결국 원고가 국세채권에 기하여 교부청구를 한 데 따른 이 사건 배당금을, 배당법원이 교부청구인인 원고에게 배당하지 아니하고 파산관재인에게 교부하여 그로 하여금 법 477조 1항 본문의 취지에 따라 원고를 포함한 재단채권자들에게 안분변제하도록 한 것은 적법하다고 보았다.34)

해 국세는 교부청구 당시 체납되어 있음을 요하고 또한 과세관청이 경락기일까지 교부청구를 한 경우에 한하여 비로소 배당을 받을 수 있으며, 적법한 교부청구를 하지 아니한 세액은 그 국세채권이 실체법상 다른 채권에 우선하는 것인지의 여부와 관계없이 배당할 수 없다(대법원 2001. 11. 27. 선고 99다22311 판결).

32) 재단채권자들에게 안분변제하도록 함이 타당하다는 원심(서울고등법원 2002. 11. 1. 선고 2002나33191 판결)에 대한 상고이유는 다음과 같다. 이 사건 배당금을 파산관재인에게 배당하면, 파산관재인은 도산법 제477조의 규정에 따라 이를 재단채권액의 비율에 따라 배분하게 될 것인데, 이 경우 한빛은행의 1997. 2. 25.자 근저당권보다 후순위인 재단채권까지도 배분을 받게 되는 결과가 되어 부당하고, 저당권자의 환가절차에서 교부청구를 한 국가와 그러한 신청을 하지 아니한 다른 재단채권자를 다르게 취급한다고 하여 형평에 반한다고 할 수도 없으므로, 국가에게 배당금 수령권을 인정하여야 한다.

33) 대법원 2003. 6. 24. 선고 2002다70129 판결. 이 판결에 대한 해설로는 이우재, "파산자 소유의 부동산에 대한 별제권행사절차에서 교부청구된 조세의 교부상대방", 대법원판례해설(2004. 1), 883면 이하 참조.

34) 한편 위 판결에서 방론으로 그 교부청구를 한 조세채권자가 파산선고 전에 그 조세채권에 관하여 체납처분을 한 때(349조)에도 위와 마찬가지로 해석할 것인지 여부가 문제될 수 있는데, 이는 별론으로 한다고 판시하였다. 위 판결 이후 대법원 2003. 8. 22. 선고 2003다3768 판결[미간행]은 파산법 62조(현행 도산법 349조에 해당) 규정은 파산선고 전의 체납처분은 파산선고 후에도 속행할 수 있다는 것을 특별히 정한 취지에서 나온 것이므로, 과세관청이 파산선고 전에 국세징수법 또는 국세징수의 예에 의하여 체납처분으로 부동산을 압류한 경우에는 그 후 체납자가 파산선고를 받더라도 그 체납처분을 속행하여 파산절차에 의하지 아니하고 배당금을 취득할 수 있어 선착수한 체납처분의 우선성이 보장된다는 것으로 해석함이 상당하고, 따라서 별제권(담보물권 등)의 행사로서의 부동산경매절차에서 그 매각대금으로부터 직접 배당받을 수 있고, 이는 파산재단이 재단채권의 총액을 변제하기에 부족한 것이 분명하게 된 때에도 마찬가지라고 할 것이다. 따라서 과세관청인 서울특별시 강서구가 OO토건의 파산선고 전에 이 사건 부동산 중 각 토지를 체납처분으로 압류한 바 있으므로 그 후 별제권자인 OO은행의 신청에 의한 임의경매절차에서 OO은행의 담보권에 우선하는 체납지방세 등을 직접 배당받을 권리가 있다

3. 재단채권에 기한 강제집행

7-31

재단채권의 변제기가 도래하였음에도 불구하고 파산관재인이 임의로 변제하지 않은 경우에 재단채권자가 파산관재인을 상대방으로 재단채권에 대하여 소를 제기할 수 있지만, 나아가 강제집행을 할 수 있는지 여부에 대하여는, ① 법 477조 및 534조의 취지로부터 강제집행은 허용되지 않고, 파산관재인이 임의로 변제하지 않은 경우에는 파산법원에 감독권의 발동을 촉구하여(358조), 선관주의의무위반에 의한 손해배상청구를 하여야 한다는 **부정설**과35) ② 재단채권에 대하여 우선변제가 인정되므로 재단채권에 기하여 강제집행을 할 수 있다는 **긍정설**로36) 견해가 나뉘고 있다. **생각건대**, 재단채권에는 파산채권자 전체의 공익적 비용으로서의 성질을 가지는 것뿐만 아니라 정책적 고려에서 재단채권으로 한 것도 포함되어 있으므로 재단채권자 사이의 공평을 도모하고, 파산절차를 원활히 진행시키기 위하여 재단채권에 기한 강제집행을 부정하는 입장에 찬성한다(한편, 회생절차에서는 공익채권에 기한 강제집행이 허용된다고 할 것이다. ☞ 8-77).37) **판례**도 원칙적으로 부정설의 입장이다.38)

한편, 재단채권 가운데 조세채권에 대하여 파산선고 후에 새롭게 체납처분을 할 수 있는지 여부가 위 재단채권에 기한 강제집행을 할 수 있는지 여부와 관련하여 문제되었다(☞ 8-80). 현행법 349조에 대응되는 종전 파산법 62조가

고 판시하였다.

35) 전대규, 1351면; 정준영, "파산절차가 계속중인 민사소송에 미치는 영향", 파산법의 제문제[下](1999), 214면; 임치용, "재단채권에 기한 이행소송과 강제집행은 가능한가", 법조(2005. 12), 80면; 伊藤眞, 破産法[全訂第3版], 189면.

36) 山木戸克己, 破産法, 140-141면; 齊藤秀夫·麻上正信·林屋礼二 編, 注解破産法(上卷)[齊藤秀夫 집필], 240면.

37) 2005년 시행 일본 신파산법 42조 1항은 강제집행을 금지하는 것을 명문화하였다. 일부의 재단채권자에 의한 재빠른 집행을 금지하고, 재단채권자 사이에서 공평을 도모할 필요가 있는 것 등이 그 이유이다.

38) 파산절차는 파산자에 대한 포괄적인 강제집행절차로서 이와 별도의 강제집행절차는 원칙적으로 필요하지 않는 것인바, 구 파산법(2005. 3. 31. 법률 제7428호 채무자 회생 및 파산에 관한 법률 부칙 2조로 폐지)에 강제집행을 허용하는 특별한 규정이 있다거나 구파산법의 해석상 강제집행을 허용하여야 할 특별한 사정이 있다고 인정되지 아니하는 한 파산재단에 속하는 재산에 대한 별도의 강제집행은 허용되지 않고, 이는 재단채권에 기한 강제집행에 있어서도 마찬가지로서 재단채권자의 정당한 변제요구에 대하여 파산관재인이 응하지 아니하면 재단채권자는 법원에 대하여 구 파산법 151조, 157조에 기한 감독권 발동을 촉구하든지, 파산관재인을 상대로 불법행위 손해배상청구를 하는 등의 별도의 조치를 취할 수는 있을 것이나, 그 채권 만족을 위해 파산재단에 대해 개별적 강제집행에 나아가는 것은 구파산법상 허용되지 않는다(대법원 2007. 7. 12.자 2006마1277 결정).

파산선고 전에 파산재단에 속하는 재산에 관하여 체납처분을 한 때에는 파산선고는 그 처분의 속행을 방해하지 않는다고 규정하고 있을 뿐이고, 파산선고 후에 새롭게 체납처분을 개시할 수 있는지 여부에 대하여는 명문의 규정을 두고 있지 않았기 때문에 견해의 대립이 있었다.39) **판례**는 이에 대하여 소극적으로 판시한 바 있다.40) 현행법 349조에서는 2항에 파산선고 후에는 파산재단에 속하는 재산에 대하여 「국세징수법」 또는 「지방세법」에 의하여 징수할 수 있는 청구권에 기한 체납처분을 할 수 없다는 명문의 규정을 추가하였다.41) 그러므로 부정하여야 한다. 물론 이미 보았듯이 파산선고 전에 위 청구권에 기하여 이미 체납처분이 개시된 경우에는 파산선고가 있더라도 체납처분의 속행이 방해되지는 않는다(349조 1항. ☞ 8-78).

---

39) 체납처분의 개시는 허용되지 않는다는 견해로는 최완주, "파산절차와 조세관계", 파산법의 제문제[上](1999), 415면; 伊藤眞, 破産法[全訂第3版], 315면.

40) 파산법 62조(현행법 349조)는 파산선고 전의 체납처분은 파산선고 후에도 속행할 수 있다는 것을 특별히 정한 취지에서 나온 것이므로 파산선고 후에 새로운 체납처분을 하는 것은 허용되지 아니한다는 것으로 해석함이 상당하고, 또한 파산법 등 관계 법령에서 국세채권에 터 잡아 파산재산에 속하는 재산에 대하여 체납처분을 할 수 있다는 것을 정한 명문의 규정이 없는 점 등을 종합하여 보면, 국세채권에 터 잡아 파산선고 후에 새로운 체납처분을 하는 것은 허용되지 않는다(대법원 2003. 3. 28. 선고 2001두9486 판결). 일본 最判 1970年(昭和 45年) 7月 16日 (新倒産判例百選(114사건), [淸田明夫 해설] 참조)도 부정하였다.

41) 2005년 시행 일본 신파산법 43조 1항도 파산개시결정이 있는 경우에는 파산재단에 속하는 재산에 대한 국세체납처분은 할 수 없다고 이를 명문화하였다.

제 5 장

채무자를 둘러싼 법률관계

파산선고가 있으면 채무자가 파산선고 당시에 가진 모든 재산으로 파산재단이 성립하고 (382조), 이를 구성하는 재산의 관리처분권은 채무자로부터 파산관재인에게 이전된다 (384조). 그 때문에 파산선고 후에 재산의 관리처분권이 없는 채무자가 파산재단에 속하는 재산에 관하여 법률행위를 한 경우에 그 법률행위가 어떻게 처리되는가(Ⅰ. 부분), 파산재단에 속할 재산을 둘러싼 법률관계가 파산선고 당시 존재·계속하는 경우에 그 법률관계가 어떻게 처리되는가(Ⅱ. 부분), 파산재단에 속할 재산이나 파산채권을 둘러싸고 소송 등이 계속하고 있는 경우에 그 소송관계가 어떻게 처리되는가(Ⅲ. 부분) 하는 문제가 생긴다.

Ⅰ. 파산선고 후의 채무자의 법률행위 등의 효력

1. 대항불능의 원칙

(1) 채무자의 법률행위

8-1

> 제329조(채무자의 파산선고 후의 법률행위) ① 파산선고를 받은 채무자가 파산선고 후 파산재단에 속하는 재산에 관하여 한 법률행위는 파산채권자에게 대항할 수 없다. ② 채무자가 파산선고일에 한 법률행위는 파산선고 후에 한 것으로 추정한다.

파산선고가 있으면 채무자의 재산의 관리처분권은 파산관재인에게 이전되며, 채무자는 자기 재산이라도 파산재단에 속하게 된 재산에 대하여 그 관리처분권을 잃고, 파산재단의 관리처분권은 파산관재인에게 속한다(384조). 따라서 파산선고 후에 파산선고를 받은 채무자가 파산재단에 속하는 재산이 아직 파산관재인의 관리하에 들어가기 전에 파산재단에 속하는 재산에 관하여 법률행위

를 한 경우에 법 329조 1항은 그 법률행위는 파산채권자에게 대항할 수 없다는
원칙을 규정하고 있다(회생절차에서도 법 64조 1항에 마찬가지 취지의 규정이 있다). 파
산재단에 속하는 재산은 파산채권자의 공동의 만족에 제공되어야 할 재산이므
로 파산선고 후 채무자의 법률행위에 의하여 이와 같은 목적이 방해받지 않도록
하고자 한 것이다. 이를 좀 더 상세히 살펴보면 다음과 같다.

8-2   1)「파산재단에 속하는 재산에 관하여 한 법률행위」
        여기서 법률행위라는 것은 파산재단에 속하는 재산의 발생, 이전, 소멸에
관한 일체의 행위를 의미한다. 매매, 담보권의 설정, 채권양도, 상계, 채무면제
등과 같은 협의의 법률행위에 의한 처분뿐만 아니라, 광의의 법률행위(채무의 승
인, 물건의 인도, 채권양도의 통지·승낙, 변제의 수령 등)도 포함된다. 등기·등록도 포함
된다(331조 1항 본문, 2항에 별도의 규정이 있다). 재판에 관한 관할의 합의나 제소전
화해도 광의의 법률행위에 포함된다. 다만, 이러한 법률행위가 파산재단에 속하
는 재산에 관한 경우에 한정된다. 채무자는 파산선고에 의하여 권리능력이나 행
위능력을 상실하는 것은 아니므로 파산재단과 상관없는 자유재산에 관하여 한
법률행위(파산선고 뒤에 채무자가 취득한 재산에 관한 법률행위 등)는 완전히 유효하다.
신분상의 법률관계에 관한 행위(혼인, 이혼 등)도 물론 위 대상에 포함되지 않으
므로 유효하나, 다만 파산선고 전에 개시된 상속의 파산선고 뒤의 상속의 승인
이나 포기는 파산재단에 영향을 주므로 제약을 받는다(☞ 자세히는 8-10).
        그 법률행위가 채무자 본인의 행위이든, 그 대리인에 의한 행위이든 상관없다.
        파산재단에 속하는 재산에 관하여 한 법률행위가 파산채권자에게 유리한
가, 불리한가는 상관없다. 규정의 취지로부터는 파산채권자에게 불리한 행위만
을 문제 삼으면 충분하다고 보이지만, 유리·불리의 판정은 획일적으로 반드시
분명하지 않은 경우도 있으므로 법률행위 전부에 대하여 파산채권자에게 대항
불능이라는 효과를 미치게 한 다음, 선관주의의무를 부담하는 파산관재인의 합
목적적 재량에 맡기면 된다.

8-3   2)「파산선고 후」
        파산선고를 내린 시(時)(법 310조에 의하면, 파산결정서에는 파산선고의 시를 기재한
다) 후에 한 법률행위에 한정된다. 그런데 파산선고를 내린 일(日)에 한 법률행
위는 파산선고 후에 행한 것으로 추정한다(329조 2항). 파산선고 직전에 파산채

권자에게 불이익한 법률행위를 하는 경우가 많고, 파산선고 후에 법률행위를 한 것을 증명하는 것이 반드시 용이하지 않으므로 파산선고 후에 행한 것으로 추정하는 규정을 둔 것이다. 따라서 파산관재인은 파산선고 당일의 법률행위인 것을 증명하면 되고, 오히려 상대방이 파산선고 당일의 법률행위이지만, 시(時)를 기준으로 파산선고 전임을 증명하여야 한다.

참고로 본다면, 채무자가 파산선고 전에 한 법률행위는 파산선고 전의 보전처분에 의하여 처분금지 등이 명하여지지 않은 한, 부인권(391조)과 관련된 문제 및 이미 제3장 파산관재인 부분에서 설명하였듯이 파산관재인의 제3자성(☞ 4-21)과 관련된 문제가 될 수 있다.

◆ **파산등기와의 관계** ◆   법원이 채무자에게 파산선고를 한 때에는 법원사무관등은 직권으로 파산등기의 촉탁을 하게 된다(23조 이하). 그런데 이 파산등기는 거래의 혼란을 방지하려는 것이고, 파산선고를 받은 채무자의 관리처분권 상실의 효과를 제3자에게 대항하기 위한 등기는 아니다. 관리처분권의 상실은 파산선고에 의하여 제3자에 대한 관계에서도 당연히 생긴다. 따라서 파산선고 후의 법률행위인 한, 파산등기 전에 있었는가, 후에 있었는가를 묻지 않고 파산관재인(내지는 파산재단)에 대하여 대항할 수 없다.

3)「**파산채권자에게 대항할 수 없다**」   8-4

파산채권자가 파산재단의 수익자로서의 지위에 있으므로 파산채권자에게 대항할 수 없다고 표현한 것으로, 이는 법률행위의 상대방이 파산재단의 관리기구인 파산관재인(이는 파산관재인의 법적 지위에 대한 **관리기구인격설**에 따른 것으로, 만약 파산재단에 독립한 법인격(법주체)을 인정하는 파산재단 법주체설에서는 파산재단)에게 대항할 수 없다는 것이다.

그리고 대항할 수 없다는 것은 법률행위의 상대방이 파산관재인(내지는 파산재단)에 대하여 그 법률행위의 효력을 주장할 수 없다는 이른바 **상대적 무효**의 의미이고 절대적 무효를 의미하는 것은 아니다. 가령 파산선고를 받은 채무자 A가 파산재단에 속하는 카메라를 파산선고를 알지 못하는 B에게 매각하여 인도하였다고 하자(민법 249조의 선의취득의 문제는 후술). A의 파산관재인이 그 효력을 부정하여 반환을 구하는 때에는 상대방인 매수인 B는 매매계약에 의한 소유권 취득을 주장할 수 없고, 그 재산을 반환하여야 한다(이때에 채무자 A가 B로부터 받은 반대급부가 파산재단에 존재하는 때에는 그 이득은 물론 상대방 B에게 반환하여야 한다). 그런데 이 경우에 상대적 무효이므로 법률행위의 효력을 부정하기보다 승인하는 쪽이 결과적으로 파산재단에 유리하다고 생각되는 때에는 파산관재인 측에서 그 효력을 추인하는 것은 무방하다. 가령 파산재단에 속하는 재산을 통상적인 경우보다 고액으로 매도한 경우를 생각할 수 있다. 본래 대항할 수 없게 한 것은 파산선고를 받은 채무자의 파산선고 후의 법률행위에 의하여 파산재단이 감소하는 것을 막고자 하는 것이기 때문이다.

위 경우에 무효를 주장할 수 있는 기간은 파산절차중으로 한정되고, 무효를 주장할 수 있는 사람은 파산관재인 및 파산채권자이고, 파산선고를 받은 채무자는 이에 포함되지 않는다.

상대방은 파산선고의 사실에 대하여 **선의·악의를 불문**하고 파산관재인에게 대항할 수 없다. 나중에 살펴볼 것이지만(☞ 8-6), 선의의 거래가 보호되는 것은 법 331조 내지 333조에서 인정된 예외적 경우뿐이다.

한편, 파산관재인에 의하여 법률행위의 효력이 부정되기 전에 파산절차가 취소되거나 폐지된다면 상대방은 채무자에게 법률행위의 효력을 주장하여 채무자의 의무의 이행을 구할 수 있다. 이미 파산목적은 종료되어 파산절차에 의하여 보호되어야 할 이익은 없어졌기 때문이다.

◆ **선의취득의 적용 여부** ◆   여기서 문제가 되는 것 가운데 하나는 파산선고를 알지 못한 채 상대방이 채무자로부터 동산을 양수한 경우에 민법 249조의 선의취득이 적용되는가이다. 법 329조 1항은 상대방의 선의·악의를 불문하고 거래의 안전보다도 파산채권자의 보호를 우선시킨 규정이라고 볼 수 있는데, 민법 249조의 선의취득의 적용을 인정하면 쉽게 파산재단이 감소되게 된다. 따라서 법 329조 1항을 민법 249조의 특칙이라고 보아 선의취득의 적용은 없다 할 것이다. 다만, 이는 채무자와 직접 거래한 상대방에 관한 것이고, 상대방이 해당 동산을 다시 전득자에게 양도한 경우에 전득자에 대하여는 민법의 일반원칙에 따라 선의취득의 적용이 있다고 할 것이다.[1]

---

1) 山木戸克己, 破産法, 114-115면; 伊藤眞, 破産法·民事再生法, 337-338면; 中野貞一郎·道下 徹 編, 基本法コンメンタール破産法[中野貞一郎 집필], 80면.

(2) 채무자의 법률행위에 의하지 않은 제3자의 권리취득

8-5

> 제330조(파산선고 후의 권리취득) ① 파산선고 후에 파산재단에 속하는 재산에 관하여 채무자의 법률행위에 의하지 아니하고 권리를 취득한 경우에도 그 취득은 파산채권자에게 대항할 수 없다. ② 제329조제2항의 규정은 제1항의 규정에 의한 취득에 관하여 준용한다.

파산선고 후에 파산재단에 속하는 재산에 관하여 채무자의 법률행위에 의하지 않고, 즉 법률의 규정이나 채무자 이외의 다른 사람과의 법률행위에 의하여 제3자가 권리를 취득한 경우에도 파산채권자를 해칠 우려가 있는 것에는 변함이 없으므로 또한 법 330조 1항은 그 취득을 파산관재인에게 대항할 수 없다고 규정하고 있다(회생절차에서도 법 65조 1항에 마찬가지 취지의 규정이 있다). 예를 들어 파산선고를 받은 채무자가 사망한 경우에 그 상속인은 상속에 의한 권리취득을 파산재단에 대하여 주장할 수 없고, **파산선고 전**에 채무자로부터 채권을 양수하고, 채무자의 **파산선고 후**에 제3채무자의 승낙을 받더라도 파산관재인에게 채권취득을 대항할 수 없다. 이 경우에 시간적 전후의 추정도 마찬가지로 준용된다(330조 2항). 앞서 살펴본 법 329조는 파산선고 후에 파산재단에 속하는 재산에 관하여 파산선고를 받은 채무자가 한 법률행위를 대상으로 하는 데 대하여, 위 규정은 채무자의 법률행위에 의하지 아니하고 제3자가 파산재단에 속하는 재산에 관하여 권리를 취득한 경우를 대상으로 한다.

위 규정의 적용범위에 대하여 종전에는 채무자의 법률행위에 의하지 않은 권리취득 모두를 포함한다고 넓게 풀이하기도 하였다. 그러나 법 330조는 329조와 마찬가지로 파산재단에 속하는 재산에 관하여 채무자가 관리처분권을 가지지 않는 것을 전제하는 것이므로 본래 채무자의 처분권의 유무와 아무런 관계없는 법정대위 등과 같은 권리취득에 대하여는 그 적용은 없다고 보는 입장이 일반적이다.2) 가령 시효에 의한 취득, 부합에 의한 취득 등에는 그 적용이 없고, 그 취득을 파산관재인에게 대항할 수 있다. 또한 예를 들어 파산선고 후에 파산회사의 종업원이 마음대로 꺼내온 파산재단에 속하는 상품을 그 사정을 모르고 제3자가 매수하여 인도받은 경우 등과 같은 채무자 이외의 사람으로부터의 선의취득(민법 249조. 동산을 양수한 사람이 선의·무과실 등의 요건을 갖춘 경우)도 채무자의 처분권의 유무와 관계없으므로 법 330조는 적용되지 않는다.

---

2) 노영보, 149면. 山木戸克己, 破産法, 115면; 宗田親彦, 破産法概說, 162면. 한편, 이에 대하여 의문을 제기하는 입장으로는 伊藤眞, 破産法·民事再生法, 338-339면.

　　한편, 파산관재인과의 계약 등으로 재산을 취득한 경우와 같이(물론 파산선고를 받은 채무자가 관여한 경우가 아니지만) 파산관재인의 처분에 의한 권리취득에 대하여는 애초부터 위 규정의 적용이 없는 것은 당연하다.

8-6　　**2. 선의거래의 보호**

　　이상과 같이 파산선고 후의 채무자의 법률행위나 제3자의 권리취득은 상대방 내지는 제3자의 선의·악의를 불문하고 파산관재인(내지는 파산재단)과의 관계에서는 무효의 취급을 각오하여야 하는데, 이 원칙을 모든 경우에 적용하면, 채무자의 상대방 내지는 제3자에게 뜻밖의 손해를 주게 되어 거래의 안전을 해치게 된다. 그래서 법 331조 내지 333조에서 일정한 경우에는 예외를 인정하여 선의의 제3자를 보호하는 규정을 두고 있다. 그리고 예외적 경우에 공통으로 적용되는 전제로, 파산선고의 **공고 전**이라면 선의로, **공고 후**라면 악의로 **추정**한다는 규정이 있다(334조). 선의·악의라는 주관적 요건을 증명하는 것이 곤란하기 때문에 일반적으로 파산선고를 주지시키기 위하여 하는 공고(313조 1항 참조)를 기준으로 추정규정을 둔 것이다. 공고의 전후로 증명책임의 타당한 분담을 정한 것이다.

8-7　　**(1) 파산선고 후의 등기·등록**

> 제331조(파산선고 후의 등기·등록 등) ① 부동산 또는 선박에 관하여 파산선고 전에 생긴 채무의 이행으로서 파산선고 후에 한 등기 또는 가등기는 파산채권자에게 대항할 수 없다. 다만, 등기권리자가 파산선고의 사실을 알지 못하고 한 등기에 관하여는 그러하지 아니하다. ② 제1항의 규정은 권리의 설정·이전 또는 변경에 관한 등록 또는 가등록에 관하여 준용한다.
> 제334조(선의 또는 악의의 추정) 제331조 내지 제333조의 규정을 적용하는 때에는 파산선고의 공고 전에는 그 사실을 알지 못한 것으로 추정하고, 공고 후에는 그 사실을 안 것으로 추정한다.

　　파산선고 전에 파산재단에 속하는 부동산에 대하여 매매 등(실체적인 권리변동원인)이 있고 또한 등기까지 이루어졌다면, 파산관재인에게 대항할 수 있으며, 그 다음은 부인의 문제(391조 이하)가 남을 뿐이다. 다만, 등기원인인 법률행위는 파산선고 전에 발생하였지만, 그 등기가 파산선고 후에 이루어진 경우에 대하여는 법 331조 1항이 규율한다. 즉, 부동산 또는 선박에 관하여 파산선고 전에 생긴 채무의 이행으로서 파산선고 후에 한 등기 또는 가등기는 파산채권자에게 대항할 수 없다.3) 다만, 등기권리자가 파산선고의 사실을 알지 못하고 한 등기에 관하여는 대항할 수 있다(회생절차에서도 법 66조 1항에 마찬가지 취지의 규정이 있다).4)

등기원인이 가령 파산선고 전에 생긴 경우라도 등기가 파산선고 후에 이루어졌다면 이미 앞에서 살핀 법 329조의 원칙하에서 그 등기 자체는 파산관재인에게 대항할 수 없다. 법 331조 1항 본문은 이것을 확인한 것이다.

그러나 등기원인은 파산선고 전에 이미 발생하였고, 등기 자체는 그 공시방법에 머무르는 점을 특별히 고려하여 그 단서에서 등기권리자가 파산선고의 사실을 알지 못하고 등기를 한 경우에는 이를 보호하고자 한 것이다. 즉, 선의인 것을 조건으로 파산관재인에게 대항할 수 있다. 예외적으로 선의자를 보호하는 취지이다. 다만, 등기원인인 법률행위 자체가 부인된 경우에는 선의자를 보호하는 의미는 없게 된다.

위 규정은 권리의 설정, 이전 또는 변경에 관한 등록 또는 가등록에 대하여도 마찬가지이다(331조 2항).

파산선고의 공고 전이라면 선의, 공고 후라면 악의로 추정한다는 점(334조)은 이미 언급하였다.

---

3) 파산선고 전에 부동산에 대한 점유취득시효가 완성되었으나 파산선고시까지 이를 원인으로 한 소유권이전등기를 마치지 아니한 자는, 그 부동산의 소유자에 대한 파산선고와 동시에 파산채권자 전체의 공동의 이익을 위하여 파산재단에 속하는 그 부동산에 관하여 이해관계를 갖는 제3자의 지위에 있는 파산관재인이 선임된 이상, 파산관재인을 상대로 파산선고 전의 점유취득시효 완성을 원인으로 한 소유권이전등기절차의 이행을 청구할 수 없다. 또한, 그 부동산의 관리처분권을 상실한 파산자가 파산선고를 전후하여 그 부동산의 법률상 소유자로 남아 있음을 이유로 점유취득시효의 기산점을 임의로 선택하여 파산선고 후에 점유취득시효가 완성된 것으로 주장하여 파산관재인에게 소유권이전등기절차의 이행을 청구할 수도 없다. 이 경우 법률적 성질이 채권적 청구권인 점유취득시효 완성을 원인으로 한 소유권이전등기청구권은 파산자에 대하여 파산선고 전의 원인으로 생긴 재산상의 청구권으로서 파산채권에 해당하므로 파산절차에 의하여서만 그 권리를 행사할 수 있다(대법원 2008. 2. 1. 선고 2006다32187 판결).
4) 법 331조 1항 단서에 대응하는 종전 파산법 46조 1항 단서에서는 가등기에 관하여도 예외를 인정하였다. 그런데 권리의 설정, 이전, 변경 또는 소멸의 청구권을 보전하려는 경우 등의 가등기의 경우는 그 본질상 권리변동의 실체적 요건이 파산선고 전에 충족되지 않았기 때문에 선의자 보호를 위한 위 단서는 작동하지 않는다고 보아야 할 것이므로 현행법에서는 본등기에 관하여만 선의자를 보호하고, 가등기의 경우는 삭제하였다.

8-8

(2) 파산선고 후의 채무자에 대한 변제

> 제332조(파산선고 후 채무자에 대한 변제) ① 파산선고 후에 그 사실을 알지 못하고 채무자에게 한 변제는 이로써 파산채권자에게 대항할 수 있다. ② 파산선고 후에 그 사실을 알고 채무자에게 한 변제는 파산재단이 받은 이익의 한도 안에서만 파산채권자에게 대항할 수 있다.

가령, B는 A로부터 카메라를 구입하였고, A의 파산선고 후에 카메라의 매각대금을 A에게 변제하였는데, A의 파산관재인 X는 B에게 위 카메라의 매각대금의 지급을 구할 수 있는가. 파산선고를 받은 채무자(여기서는 용어 때문에 설명에 혼동이 있을 수 있어서 부득이 파산자라고 한다)가 가지는 채권으로 파산재단에 속하는 것에 대하여 파산자는 관리처분권을 상실하여(384조) 변제수령의 권한을 가지지 않으므로 파산자에 대하여 채무를 부담하는 채무자는 파산관재인에게 변제를 하여야 하고, 파산자에게 변제를 하였다고 하더라도 법 329조의 원칙에서 본다면 그 변제로서 파산관재인에게 대항할 수 없고(대항할 수 없는 법률행위에는 변제의 수령 등 광의의 법률행위도 포함. ☞ 8-2), 파산관재인으로부터 청구를 받으면 채무자는 부득이 이중지급을 하여야 한다. 그러나 일반적으로 채무자 측에서는 자기의 채권자(즉, 파산자)의 재산 상태까지 주의를 기울이지 않는 것이 보통이고, 항상 이러한 점에 주의를 기울여야 한다는 것은 채무자 측에게 부당한 부담을 지우는 것이다. 그리하여 법 332조 1항은 채무자가 파산선고의 사실을 **알지 못하고** 파산자에게 한 변제는 **유효**하고, 파산관재인에게 **대항할 수 있다**고 규정하고 있다(회생절차에서도 법 67조 1항에 마찬가지 취지의 규정이 있다). 선의변제자의 보호라는 관점에서는 민법 470조(채권의 준점유자에 대한 변제)와 유사하다. 한편, 자유재산에 속하는 채권에 대하여는 변제수령권자는 파산자 본인이므로 이 경우의 파산자에 대한 변제는 본조와는 관계없이 당연히 유효하다. 변제는 당사자 본인뿐만 아니라 대리인에게 한 경우에도 적용이 있고, 파산자와 합의로 은행 등의 제3자에게 한 급부도 포함된다.

그런데 위와 같은 상황이 되도록 생기지 않도록 파산자에 대한 변제를 금지하는 취지가 파산선고와 함께 공고되고, 위 사항을 기재한 서면이 판명된 채무자에게 송달된다(313조 1항, 2항). 이 공고 전에 변제한 사람은 선의로, 공고 후에 변제한 사람은 악의로 추정한다(334조).

한편, 악의로, 즉 채무자가 파산선고의 사실을 **알면서** 파산자에게 변제한

경우에는 변제의 효력은 생기지 않고, 채무자는 원칙대로 이중지급을 각오하여
야 한다. 다만, 악의의 경우라도 파산자가 수령한 급부의 전부 또는 일부가 파산
관재인에게 넘겨졌다면 그 한도에서 파산재단의 이익이 되는 것이므로 법 332
조 2항은 파산재단이 받은 이익의 한도 안에서 변제는 파산채권자에게 대항할
수 있다고 규정하고 있다. 변제받을 권한 없는 사람에 대한 변제는 채권자가 이
익을 받은 한도에서 효력이 있다는 민법 472조와 유사하다. 위 경우에 변제된
것의 가치가 파산재단의 이익에 귀속되는 것이 필요한데, 그 경위나 파산자의
의사 등은 상관없으므로 파산자가 그 수령한 변제금의 일부 또는 전부를 파산관
재인에게 넘긴 경우에 한하지 않고, 수령한 금전으로 파산자가 재단채권을 변제
한 경우도 이에 해당한다.

(3) 파산선고 후의 어음의 인수 또는 지급   8-9

> 제333조(파산선고 후의 어음의 인수 또는 지급) ① 환어음의 발행인 또는 배서인이 파산선고
> 를 받은 경우 지급인 또는 예비지급인이 그 사실을 알지 못하고 인수 또는 지급을 한 때에는
> 이로 인하여 생긴 채권에 관하여 파산채권자로서 그 권리를 행사할 수 있다. ② 제1항의 규
> 정은 수표와 금전 그 밖의 물건이나 유가증권의 급부를 목적으로 하는 유가증권에 관하여 준
> 용한다.
>
> 제423조(파산채권) 채무자에 대하여 파산선고 전의 원인으로 생긴 재산상의 청구권은 파산채
> 권으로 한다.

　　예를 들어 A가 환어음의 발행인이고, B가 지급인(또는 인수인)인 경우에 미
리 A가 B에 대하여 지급자금을 교부한 때를 제외하고, 보통 B는 지급하는 것에
의하여 A에 대하여 구상권(인수의 경우에는 장래에 생길 구상권)을 취득한다. 그런데
A가 파산선고를 받은 후에 B가 지급(또는 인수)을 한 경우에 구상권의 발생이 파
산선고 후이므로 구상권은 법 423조의 「파산선고 전의 원인으로」 생긴 채권이
아니어서, 지급인(또는 인수인)은 파산재단에 대하여 아무런 권리를 행사할 수 없
게 된다. 그렇다면 지급인 등은 인수나 지급시에 항상 발행인이 파산선고를 받
았는지 여부를 조사하지 않으면 안심할 수 없어서 어음거래의 원활과 거래의
안전을 해치게 된다. 그래서 법 333조 1항에서 환어음의 발행인 또는 배서인이
파산선고를 받은 후에 지급인 또는 예비지급인이 그 사실을 알지 못하고 인수
또는 지급을 한 때에는 이로 말미암아 생긴 채권에 관하여 파산채권자로서 그
권리를 행사할 수 있도록 하고 있다. 지급인 등이 파산선고의 사실에 대하여 선

의인 한, 법 423조의 예외를 두어 파산채권으로 취급하는 것이다(회생절차에서도 법 123조 1항에 마찬가지 취지의 규정이 있다). 이러한 취급은 수표에 대하여는 지급보증이나 지급, 약속어음에 대하여는 어음보증 등의 경우에 취득하는 구상권에도 준용된다(333조 2항). 인수 또는 지급이 파산선고의 공고 전인가 후인가에 의하여 선의·악의가 추정된다(334조).

그런데 위 법 333조는 파산재단의 확보에 관련된 법 329조, 330조의 예외 규정이 아니라, 오히려 파산채권의 범위에 관한 법 423조의 특칙인데, 다만 파산선고 후의 선의거래의 보호라는 점에서는 공통성이 있으므로 법 331조, 332조와 함께 규정한 것에 지나지 않는다(그리하여 법 332조 다음에 조문이 위치한다. 회생절차에 있어서는 배치가 다르다. ☞ 16-36). 다른 파산채권자의 이익을 희생한다는 점에서는 법 331조, 332조와 공통한다. 다만, 보호된다고 하더라도 파산채권으로 보호되는 것인데, 파산채권은 일반적으로 전액 배당이 이루어지는 것은 아니기 때문에 완전히 보호되는 것은 아니다.

한편, 지급인이 파산선고의 사실에 대하여 악의인 경우에는 그 구상권은 파산채권으로 되지 않고, 파산채권이 되지 않는 이상 파산절차종료 후의 파산법인의 잔여재산이나 개인파산자의 신득재산에 대한 권리행사밖에 허용되지 않는다는 입장이 있다.5) 이에 대하여 개인파산자의 신득재산에 대한 권리행사가 허용되면, 선의자가 구상청구권을 파산채권으로 행사하는 것과 비교하여 악의자 쪽이 두텁게 보호되는 결과가 생길 우려가 있다는 비판이 있다. 그리하여 파산선고 후에 발생하는 일단의 채권을 후순위 파산채권으로 하는 규정을 유추적용하여 후순위 파산채권으로 하고자 하는 입장도 주장되고 있다.6) 규정의 문언에 비추어 전자의 입장을 취할 것이다.7)

8-10   ## 3. 파산선고 후의 상속의 승인·포기

파산선고 전에 채무자를 위하여 상속개시가 있고, 그 채무자에게 파산선고가 있은 경우에, 그 채무자가 파산선고 전에 상속의 승인 또는 상속의 포기를 한 경우(상속 → 승인·포기 → 파산선고)에 ─ 가령, 파산채권자의 이익을 해하는 경

---

5) 山本和彦 외 4인, 倒産法槪說[第2版補訂版], 233면.
6) 竹下守夫 編集代表, 大コンメンタール破産法, 255면.
7) 伊藤眞 외 5인, 条解破産法, 440면.

우라도 ─ 그 효력은 파산선고에 의하여 영향을 받지 않는다.

한편, 파산선고시까지 그 채무자가 아직 상속의 승인 또는 상속의 포기를 하지 않은 경우에 채무자에게 파산선고 후에 그 선택의 자유를 완전히 인정한다면, 상속채권자·수유자(受遺者)와 상속인의 고유한 채권자 사이에 공평에 어긋나는 경우가 생길 수 있다. 예를 들어 파산채권자(상속인의 고유한 채권자)로서는 채무자가 상속에 대하여 단순승인을 하는가, 한정승인을 하는가, 아니면 상속의 포기를 하는가에 대하여 이해관계가 있게 된다. 가령, 상속재산이 채무초과인 경우에는, 단순승인을 하게 되면, 파산채권액이 증대하여 상속인의 고유한 채권자로서는 배당이 감소하고, 반대로 상속재산이 자산초과인 경우에는, 상속의 포기를 하면, 상속인의 고유한 채권자로서는 파산재단의 증가에 대한 기대에 어긋나게 된다. 따라서 상속의 승인 또는 상속의 포기는 상속인 자신의 고유한 권리이기는 하지만, 도산법은 일정한 범위에서 이에 간섭한다. 즉, 상속인(채무자)이 파산선고 후에 단순승인 또는 상속의 포기를 한 경우(상속 → 파산선고 → 승인·포기)에는 상속인의 고유한 채권자(파산채권자)의 이익을 보호하기 위하여 단순승인 또는 상속의 포기는 파산재단과의 관계에서는 한정승인의 효력을 가진다고 규정하고 있다(385조, 386조 1항). 본래 법 329조의 원칙에 따르면 채무자가 한 행위의 효력이 제한되는 것은 파산재단에 속하는 재산에 관한 것에 한정되므로 아직 확정적으로는 파산재단에 속하지 않은 상속재산에 대한 단순승인 또는 상속의 포기는 그 효력에 영향이 없어야 하지만, 파산채권자의 이해관계에 영향이 있으므로 한정승인의 효력을 부여하는 것이다. 한정승인의 효력에 의하여 채무자(상속인)의 책임은 상속재산의 범위 내에 한정되므로(민법 1028조) 상속채권자·수유자는 상속인의 고유재산에 대하여는 파산채권자로서 권리행사를 할 수 없고(436조), 상속재산에 대하여만 권리행사를 할 수 있다.

그런데 상속의 포기에 대하여는 파산관재인은 이를 승인하여 상속포기의 효력을 인정할 수 있다. 이 경우에 포기가 있은 것을 안 날로부터 3월 이내에 그 뜻을 법원에 신고하여야 한다(386조 2항). 상속재산이 채무초과가 분명한 경우에 상속인의 고유한 채권자(파산채권자)에게 불이익은 없기 때문이다.

그리고 위 법 385조 및 386조의 규정은 포괄적 유증에 관하여 준용한다(387조). 포괄적 유증을 받은 사람은 민법상 상속인과 동일한 권리의무를 가지므로(민법 1078조) 실질적으로 상속인과 다를 바 없기 때문이다. 다만, 포괄적 유증과 달리 특정유증에 대하여는 파산관재인이 채무자에 갈음하여 그 승인 또는 포기를 할 수 있다(388조 1항).

8-11   ## Ⅱ. 파산선고 전부터의 채무자의 법률관계의 조정

　　채무자는 파산선고시까지 권리주체로 활동하였으므로 여러 가지 법률관계의 당사자가 되고 있었지만, 파산선고의 효과로 더 이상 자기의 총재산(파산재단을 구성하는 재산)에 대하여 관리처분권을 잃고, 파산관재인이 이를 장악한다. 따라서 파산선고 후에는 종전 채무자의 재산적 법률관계는 이제 원칙적으로 상대방과 파산관재인(내지는 파산재단)의 관계로 바뀌게 된다. 이 경우에 파산관재인은 기본적으로 종전 채무자의 법률관계를 승계한 일반승계인적 입장에 있게 된다. 왜냐하면 파산선고 전부터 채무자와 재산적 법률관계를 맺고 있는 상대방으로서는 자기와는 아무런 관계없는 채무자의 파산이라는 것에 의하여 자기의 지위가 불이익하게 변경될 이유는 없다 할 것이기 때문이다.

　　여기서 파산관재인은 파산적 청산을 추진하기 위하여 시급히 채무자의 재산적 법률관계에 일정한 결말을 맺을 필요가 있다. 그런데 예를 들어 매매계약을 체결한 경우에 채무자가 이미 매매의 목적물의 인도를 비롯하여 매매계약으로부터 생기는 의무를 전부 이행하고, 상대방도 대금의 지급을 마친 경우와 같이 파산선고 전에 계약상의 의무가 전부 이행된 경우에는 상대방의 목적물에 대한 소유권은 확정되고, 파산관재인으로서도 부인(391조 이하)의 문제는 별도로, 그 관계를 존중하여야 하며, 특별한 처리는 필요하지 않다. 그 처리가 문제되는 것은 파산선고 당시 이행을 미완료한 쌍무계약(雙務契約) 및 그 밖에 채무자와 상대방 사이에 계약관계가 계속중인 경우이다.

8-12   ## 1. 이행미완료의 쌍무계약의 처리에 관한 원칙

　　쌍무계약(gegenseitiger Vertrag)에 있어서 양쪽 당사자의 채무는 서로 대가관계에 있고, 동시이행의 항변권에 의하여 서로 담보되는 관계에 있는 것이 원칙이다. 그리고 한쪽이 선이행의무를 부담하는 경우라도 상대방의 이행을 기대할 수 없는 사정이 있으면 민법상 불안(不安)의 항변권이 인정된다(민법 536조 2항). 이러한 실체법상의 입장을 도산법에서도 존중하여야 한다.[8]

〈쌍무계약의 처리〉

채무자 이행	상대방 이행	이행 미완료 채권의 취급
미완료	완료	상대방의 채권은 파산채권
완료	미완료	채무자의 채권은 파산재단에 속하고, 파산관재인이 행사
미완료	미완료	원칙적 취급 335조 이하 – 선택권

(1) 한쪽만이 이행을 미완료한 경우   8-13

이 경우에 대하여는 따로 특별한 규정은 없고, 도산법의 일반적 법리에 따라 처리된다. 한쪽의 이행은 이미 완료하고 있으므로 이행상의 견련관계(牽聯關係)는 이미 소멸되었고, 잔존하는 관계는 편무계약(片務契約)과 마찬가지이다.

1) 채무자가 이행미완료한 경우   8-14

가령, 매매계약에 있어서 매도인은 목적물인 동산을 이미 인도하였지만, 매수인이 대금을 아직 지급하지 않고 있는 사이에 파산하였다고 가정하자. 채무의 이행을 완료한 상대방은 자기의 채권을 파산채권으로서 행사할 수 있는 것에 머무른다(파산선고 전의 원인으로 생긴 채권으로 법 423조에 의하여 파산채권이 된다). 상대방은 동시이행의 항변권 등을 포기하고 선이행하여 채무자에게 신용을 준 이상, 자기의 채권은 파산채권으로 다른 파산채권자와 함께 일반채권자로 평등한 변제를 받는 것을 감수하여야 한다. 그 결과 완전한 만족을 얻을 수 없더라도 어쩔 수 없고 불공평하다고는 할 수 없다.

이 경우에 상대방은 파산절차에 의하지 아니하고는 권리행사를 할 수 없으므로(424조) 이행지체에 의한 해제권은 발생하지 않는다(파산선고 전에 법정해제권 또는 약정해제권이 이미 발생한 경우에 대하여는 ☞ 8-21, 8-22). 물론 상대방이 별제권이나 상계권을 가지는 경우에는 그것을 행사할 수 있는 것은 당연하다.

2) 상대방이 이행미완료한 경우   8-15

위와 반대로 채무자만이 이미 채무의 이행을 완료하였고, 상대방이 아직 미이행한 경우에는 채무자가 가지는 채권은 파산재단을 구성하는 재산이 되고, 따

---

8) 쌍방 미이행의 쌍무계약의 파산절차상 취급의 취지와 그 근거에 대하여는 정영수, "도산절차상 미이행쌍무계약에 관한 연구", 민사소송(제13권 제2호), 290면 이하 참조. 미이행 쌍무계약에 관한 각국의 법리에 관하여는 김영주, "도산절차상 미이행 쌍무계약에 관한 연구", 서울대학교 대학원 박사학위 논문(2013), 9면 이하 참조.

라서 파산관재인은 상대방에 대하여 그 이행을 구하게 된다(382조, 384조). 상대
방은 자기가 본래 부담한 법률관계에 있어서의 의무를 이행하여야 하는 것은
당연한 것이고, 유리하게도 불리하게도 된 것은 아니다.

8-16   **(2) 양쪽 모두 이행을 미완료한 경우**

> **제335조(쌍방미이행 쌍무계약에 관한 선택)** ① 쌍무계약에 관하여 채무자 및 그 상대방이 모
> 두 파산선고 당시 아직 이행을 완료하지 아니한 때에는 파산관재인은 계약을 해제 또는 해지
> 하거나 채무자의 채무를 이행하고 상대방의 채무이행을 청구할 수 있다. ② 제1항의 경우 상
> 대방은 파산관재인에 대하여 상당한 기간을 정하여 그 기간 안에 계약의 해제 또는 해지나
> 이행 여부를 확답할 것을 최고할 수 있다. 이 경우 파산관재인이 그 기간 안에 확답을 하지
> 아니한 때에는 계약을 해제 또는 해지한 것으로 본다. ③ 제1항에 따라 파산관재인이 국가를
> 상대방으로 하는 「방위사업법」 제3조에 따른 방위력개선사업 관련 계약을 해제 또는 해지하
> 고자 하는 경우 방위사업청장과 협의하여야 한다.

한편에서는 파산관재인의 파산적 청산의 수행의 편의를 위하여, 다른 한편
에서는 계약 상대방의 이익을 고려하여 도산법은 아래에서 설명하듯이 이행미
완료의 쌍무계약에 적절한 실체적 변경을 가하는 규정을 마련하고 있다. 만약
이러한 경우에 대하여 도산법에 특별한 정함이 없다면, 위 (1) 부분과 마찬가지
로 도산법의 일반 법리에 따라서 처리할 수밖에 없다. 그렇다면 계약의 상대방
은 자기의 채무는 완전히 이행하여야 하면서, 그 반대급부를 받을 자기의 채권
에 대하여는 파산채권으로서 다른 채권자와 평등하게 비례배당을 받게 된다. 또
한 배당의 시기까지는 채권의 변제를 받을 수 없으므로 동시이행의 항변권은
상실되게 된다. 그러나 이는 파산이라는 우연한 사정에 의하여 상대방에게 현저
히 불공평한 결과를 강요하는 것이다. 그리하여 쌍무계약에 있어서 대가관계·이
행상의 관련관계를 존중하여 계약 상대방을 보호하는 특별한 조치가 필요하
다.9) 한편, 쌍무계약의 효력을 항상 그대로 유지하는 것은 파산관재인의 파산적
청산의 수행이라는 측면에서도 문제가 있다. 왜냐하면 계약의 한쪽 당사자가 파
산선고를 받은 이상 파산관재인은 파산채권자 전체의 이익을 고려하면서 파산
적 청산을 수행하여야 하는데, 그 경우에 언제나 파산재단 측에 불리한 쌍무계

---

9) 파산법 50조(현행 도산법 335조에 해당) 소정의 쌍무계약이라 함은 쌍방 당사자가 상호 대등
   한 대가관계에 있는 채무를 부담하는 계약으로서, 쌍방의 채무 사이에는 성립·이행·존속상 법
   률적·경제적으로 견련성을 갖고 있어서 서로 담보로서 기능하는 것을 가리키는 것이라고 봄이
   상당하다(대법원 2004. 2. 27. 선고 2001다52759 판결).

약에 구속된다고 하는 것은 반대로 오히려 계약 상대방의 보호로 기울어질 염려
가 있기 때문이다. 이러한 이유에서 도산법은 채무자와 상대방 양쪽 모두 이행
을 완료하지 아니한 때에 다음과 같은 처리원칙을 정하고 있다.10)

1) 선택권   8-17

쌍무계약에 관하여 채무자 및 그 상대방이 모두 파산선고 당시에 아직 그 이
행을 완료하지 않은 때에는 법 335조 1항에서 파산관재인에게 계약관계에 따른
채무자의 채무를 이행하고 상대방의 채무이행을 청구할 것인가, 아니면 해제권이
나 해지권의 행사에 의하여 계약관계를 소멸시킬 것인가 하는 선택권(Wahlrecht)
을 주고 있다(회생절차에서도 법 119조 1항에 마찬가지 취지의 규정이 있다).11) 여기서
이행을 완료하지 않은 때라는 것은 채무자 및 상대방 양쪽 모두에게 채무의 전
부 또는 일부가 남아 있는 것을 말한다. 이행을 완료하지 못한 사유는 상관없
다.12) 이행한 목적물에 흠이 있는 경우,13) 이행불능의 경우도 무방하다. 귀책사

---

10) 독일 도산법(Insolvenzordnung) 103조 1항에서는, 도산관재인은 채무자에 갈음하여 그 계약
  을 이행하거나 상대방에게 이행을 청구할 수 있고, 제2항에서는 파산관재인이 이행을 거절한 경
  우에 상대방은 단지 채무불이행을 이유로 한 손해배상채권을 도산채권으로만 행사할 수 있다고
  하여, 우리 도산법과 차이가 있다. 파산관재인에게 선택권이 인정되고 있는 것은 우리와 마찬가
  지이지만, 선택권의 내용이 계약의 해제권이나 해지권이 아니고, 계약의 이행거절이라는 점이
  다르다. 이에 대하여 자세히는 양형우, "쌍무계약에 대한 파산절차개시의 효과", 연세법학연구
  (제6집 제1권, 1999), 320면 이하 참조.
11) 파산법 50조 1항(현행법 335조 1항)은 쌍무계약에서 쌍방의 채무가 법률적·경제적으로 상호
  관련성을 가지고, 원칙적으로 서로 담보의 기능을 하고 있는데 비추어 쌍방 미이행의 쌍무계약
  의 당사자의 일방이 파산한 경우에 파산법 제51조(현행법 337조 1항)와 함께 파산관재인에게
  그 계약을 해제하거나 또는 상대방의 채무의 이행을 청구하는 선택권을 인정함으로써 파산재단
  의 이익을 지키고 동시에 파산관재인이 한 선택에 대응한 상대방을 보호하기 위한 취지에서 만
  들어진 쌍무계약의 통칙이다(대법원 2001. 10. 9. 선고 2001다24174, 24181 판결). 파산관재인
  의 선택권과 관련하여 파산관재인에게 해제권이 귀속하는 근거에 대하여는 정영수, "도산절차
  상 미이행쌍무계약에 관한 연구", 민사소송(제13권 제2호, 2009. 11), 295면 이하 참조.
12) 회사정리절차에 관한 사안이지만, 대법원 1998. 6. 26. 선고 98다3603 판결은 이행을 완료하
  지 아니한 때에는 채무의 일부 미이행도 포함되고, 그 이행을 완료하지 아니한 이유는 묻지 않
  는다고 보았다.
13) 건축공사의 도급계약에 있어서 수급인의 공사잔대금지급청구에 대하여 도급인이 하자보수청
  구에 대신하는 손해배상청구권을 가지고 공사잔대금과 상계한 나머지 금액을 손해배상청구를
  한 사안에서 그것이 파산채권인가, 아니면 재단채권인가 쟁점이 되었는데, 대법원 2001. 10. 9.
  선고 2001다24174, 24181 판결은 이미 그 공사가 완성되었다면 특별한 사정이 있는 경우를 제
  외하고는 이제 더 이상 공사도급계약을 해제할 수는 없다고 할 것인바(민법 제668조 단서 참
  조), 수급인이 파산선고를 받기 전에 이미 건물을 완공하여 인도함으로써 건축공사 도급계약을
  해제할 수 없게 되었다면, 도급인에 대한 도급계약상의 채무를 전부 이행한 것으로 보아야 하
  고, 수급인이 하자보수의무를 부담하는 경우라도 그 도급계약은 파산선고 당시에 쌍방 미이행

유의 유무도 상관이 없으므로 조건미성취, 기한미도래, 동시이행의 항변에 의한
경우와 같이 채무자에게 정당한 사유가 있는 경우도 포함된다.

　　파산관재인은 파산재단(내지는 파산채권자)의 이익을 위하여 이행의 청구나
계약의 해제(해지) 가운데 유리한 방법을 선택할 수 있다. 다만, 이행의 청구를
선택하는 데에는 원칙적으로 법원의 허가를 받아야 하며, 감사위원이 설치되어
있는 때에는 감사위원의 동의를 얻어야 한다(492조 9호. ☞ 13-37). 파산절차는 청
산을 목적으로 하므로 계약관계의 속행은 예외라고 보기 때문이다. 한편, 회생
절차에 있어서는 반대로 법 61조 4호는 계약의 해제(해지)의 선택에 법원의 허가
가 필요하다고 한다. 이는 청산형 절차인 파산절차와 재건형 절차인 회생절차의
차이 때문이라고 볼 수 있다.

　　선택권 행사의 방식에는 제한이 없다. 해제권을 행사하는 경우에도 민법상
법정해제처럼 사전에 최고할 필요는 없다.14) 또한 직접적으로 해제의 의사표시
를 하는 것은 물론 해제를 전제로 이미 급부된 것의 반환이나 원상회복을 구하
는 방법으로도 할 수 있다.15)

　　그런데 이렇게 파산관재인의 선택권을 인정하여 파산채권자(내지는 파산재
단)의 이익을 확보하는 것과 함께 한편으로는 상대방에 대하여도 공평의 이념을
확보하기 위하여 파산관재인의 선택에 따른 다음과 같은 조치를 마련하고 있다.

8-18　　　　2) 파산관재인이 이행의 청구를 선택한 경우
　　이 경우에 상대방은 선이행의무가 있는 경우를 제외하고, 동시이행의 항변권
을 상실하지 않는다. 일종의 담보권인 동시이행의 항변권은 파산절차에서도 존중
되어야 하므로 종래의 계약관계에서의 상대방의 지위, 즉 동시이행의 항변권은
계약관계 존속하는 이상 그대로 인정되어야 한다. 그리하여 상대방의 채권은, 본
래는 파산선고 전의 원인으로 생긴 청구권이므로 파산채권에 해당하지만(423조),

　　의 쌍무계약이라고 할 수 없으므로 파산법 50조(현행 도산법 335조)를 적용할 수 없다고 할 것
　　이고, 따라서 재단채권이 된다고 판단한 것은 잘못이라고 판시하였다. 그런데 오히려 위 판결의
　　원심인 서울고등법원 2001. 3. 19. 선고 2000나18754, 18761 판결에서는 건축도급계약에 있어
　　서 동시이행의 관계에 있는 도급인의 공사대금지급의무와 수급인의 하자보수의무가 각각 이행
　　되지 못하고 있는 동안 계약당사자의 일방인 수급인 파산선고를 받은 경우, 그 도급계약은 쌍방
　　미이행 쌍무계약에 해당하고, 도급인이 갖는 하자보수비 상당의 손해배상채권은 파산법 38조 7
　　호(현행법 473조 7호)의 재단채권이 된다고 판단하였다.
14) 임종헌, "파산절차가 미이행계약관계에 미치는 영향", 인권과 정의(1996. 9), 29면.
15) 박병대, "파산절차가 계약관계에 미치는 영향", 파산법의 제문제[上](1999), 446면.

이 경우에 쌍무계약에 있어서 대가관계를 확보하기 위하여 재단채권으로 한다고
하여(473조 7호) 상대방이 가지는 채권은 보호되고 있다(☞ 자세히는 7-19).16)

3) 파산관재인이 계약의 해제(해지)를 선택한 경우

8-19

이 경우에 계약관계는 소멸하는데,17) 상대방이 이미 일부의 이행을 마친 때
에는 원상회복으로 그 급부가 파산재단 중에 현존한다면 상대방은 그 반환을
구할 수 있다(이 경우에는 환취권이 된다). 현존하지 않는 때에는 그 급부의 가액을
재단채권으로 행사할 수 있다(337조 2항). 계약의 해제(해지)에 따른 이러한 상대
방의 권리와 파산관재인의 상대방에 대한 원상회복청구권은 동시이행관계에 있
게 된다.

또한 계약의 해제(해지)에 의하여 상대방에게 손해가 발생한 때에는 상대방
은 손해배상청구권을 파산채권(재단채권이 아니다)으로 행사할 수 있다(337조 1항).
이러한 보호는 이행을 선택한 경우와 비교하여 상대방에게 불공평하지 않도록
배려한 것이다.18)

그런데 파산관재인의 해제권(해지권)의 행사에 있어서 양쪽의 미이행 부분
이 균형을 잃은 경우나 해제권(해지권)의 행사가 남용이 되는 경우에는 파산관재
인은 해제권(해지권)을 행사할 수 없다고 보아야 한다.19)

---

16) 상대방의 채권을 재단채권으로 한 것은 쌍무계약에 있어서 대가관계를 확보하기 위하여 본래
파산채권인 것을 재단채권으로 격상시킨 것이라는 입장에 대하여 격상된 것이 아니라, 상대방
에 의한 채무이행으로 파산채권자 전체가 이익을 받으므로 그 대가인 상대방의 채무이행을 파
산채권자가 공동으로 부담하는 것으로, 본래 재단채권이 될 것을 입법에 의하여 확인하였다고
보는 입장(伊藤眞, 破産法·民事再生法, 353면)도 있다.
17) 甲과 乙이 매매계약을 체결하면서 '甲의 책임 있는 사유로 계약이 해제될 경우 계약금 전액
은 乙에게 귀속한다'고 정하였는데, 매매계약의 쌍방 이행이 완료되지 않은 상태에서 甲에 대
한 파산이 선고된 사안에서, 甲의 파산관재인이 법 335조 1항에 의하여 매매계약을 해제한
때에도 매매계약에서 정한 위약금 약정이 적용된다(대법원 2013. 11. 28. 선고 2013다33423
판결[미간행]).
18) 일반적으로 파산적 청산의 필요라는 시점과 계약 당사자의 공평이라는 시점에서 위 규정의
취지를 이해하는데(임종헌, 전게 "파산절차가 미이행계약관계에 미치는 영향", 27면), 이에 대
하여 伊藤眞, 破産法·民事再生法, 351-352면에서는 달리 포착하여 다음과 같이 설명한다. 도
산법 제335조 등의 진정한 의의는 파산관재인에게 해제권이라는 특별한 권능을 부여한 것에 있
고(통상의 계약관계에서는 이러한 해제권은 인정되지 않는다), 또한 해제가 선택된 때에는 원상
회복을 시켜야 하므로 파산재단으로부터 상대방에게 원상회복을 시켜야 하는 것은 당연하고,
그것이 법 337조 2항이다. 그리고 해제에 따르는 손해배상청구권은 - 파산관재인의 행위로 말미
암아 발생한 채권이므로 본래는 재단채권으로 할 수도 있지만 - 파산관재인에게 특별한 권능으
로 부여한 해제권을 행사하기 쉽도록 파산채권으로 한 것이 법 337조 1항이다.
19) 일본 最判 2000年(平成 12年) 2月 29日, 判例時報(1705号), 58면은 연회비가 있는 예탁금회

8-20	**4) 상대방의 최고권**

파산관재인에게 선택권을 준 이상 파산관재인이 선택권을 행사하기까지는 상대방은 주도적으로 자기 채무를 이행하여 파산관재인의 해제권(해지권)을 배제할 수 없다. 즉, 파산관재인에게 계약의 이행을 청구하지 못한다.20) 이렇게 상대방의 법적 지위는 파산관재인의 선택에 의하여 결정되므로 파산관재인의 태도 결정이 지체되는 것에 의하여 상대방이 장기간 불안정한 상태에 놓이게 된다.21) 그리하여 상대방이 불안정한 지위에서 벗어나기 위하여 법 335조 2항은 상대방은 파산관재인에게 상당한 기간을 정하여 이행의 청구와 계약의 해제(해지)의 어느 쪽을 선택할 것인지 확답하라는 취지를 최고(催告)할 수 있도록 하였고, 그 기간 내에 파산관재인의 확답이 없으면 계약을 해제(해지)한 것으로 보도록 하였다. 한편, 회생절차에서도 파산절차와 마찬가지로 법 119조 2항에 상대방의 최고권에 관한 규정이 있는데, 다만 파산절차와 달리 관리인이 최고를 받은 후 30일 이내에 확답을 하지 않은 때에는 관리인은 해제권(해지권)을 포기한 것으로 본다고 규정하고 있다. 즉, 회생절차에서는 관리인이 이행의 청구를

원제 골프회원계약에서 예탁금지급을 마친 골프회원이 파산하여 그 파산관재인이 위 회원계약을 해제하고 예탁금을 반환 청구한 사안에서 회원의 연회비의 지급과 상대방 골프장경영회사의 골프장 시설유지의무가 균형을 잃고, 해제권 행사의 결과, 현저한 불공평한 상황이 생기는 것 등을 고려하여 해제권을 행사할 수 없다고 보았다. 그런데 해제가 제한된다고 하더라도 회원권의 양도가 가능하다면 환가를 할 수 있고, 반대로 회원권의 양도가 금지되어 있든가, 양도가 곤란한 경우에는 현저한 불공평이라는 요건에 해당하지 않고 파산관재인에 의한 해제권의 행사도 허용되는 경우가 있을 수 있다(伊藤眞 외 5인, 条解破産法, 388면).

20) 마찬가지 입장으로는 박병대, 전게 "파산절차가 계약관계에 미치는 영향", 447면; 양형우, 전게 "쌍무계약에 대한 파산절차개시의 효과", 332면. 매매계약 이후 매도인 회사에 대하여 회사정리절차 개시결정이 내려지자 매수인이 매매잔대금을 정리회사 앞으로 변제공탁한 사안에서 매수인이 일방적으로 한 공탁의 유효성을 부정한 다음 판례가 있다. 정리회사의 관리인에게 이 사건 매매계약에 관하여 그 계약을 해제하던가 그 이행을 청구할 것인지를 선택할 권리가 있다 할 것이므로 위 매매계약의 운명은 관리인의 선택권행사에 관한 재량에 따르게 되어 있고, 그 상대방은 관리인이 계약의 이행을 선택하거나 계약의 해제권이 포기된 것으로 간주되기까지는 임의로 변제를 하는 등 계약을 이행하거나 관리인에게 계약의 이행을 청구할 수 없다(대법원 1992. 2. 28 선고 91다30149 판결).

21) 파산관재인의 선택권 행사 기간에 대하여 도산법상으로 아무런 제한이 없다. 상대방이 불안정한 지위에 놓이지 않게 하기 위하여 상대방의 최고권에 관한 규정만이 있다. 최고가 없는 경우에는 별도의 시간적 제한이 없어 파산관재인은 언제든지 선택권을 행사할 수 있다. 참고로 보면 미국 연방파산법 365조 (d)(1)에서는 구제명령(우리의 파산선고에 해당) 후 60일 내에 인수(assume) 또는 거절(reject)을 선택하도록 하고 있다. 법원은 이유가 있는 경우 이 기간을 연장할 수 있다. 미국 연방파산법상의 선택권 행사 기간을 입법적으로 참고하여 시간적 제한을 두는 것을 검토할 필요가 있다.

선택한 것으로 처리된다. 이는 청산형 절차인 파산절차와 재건형 절차인 회생절차의 차이 때문이라고 볼 수 있다. **청산형 절차**에서는 **계약의 해제**가, **재건형 절차**에서는 **계약의 이행**이 통상적 내지는 원칙적 처리로 보는 것이다. 따라서 파산절차에서는 이행의 선택이 법원의 허가가 필요한 사항임에 대하여(492조 9호), 반대로 회생절차에서는 해제(해지)의 선택이 법원의 허가가 필요한 사항으로 되어 있다(61조 4호).

(3) 상대방으로부터의 계약해제

1) 채무불이행 해제

8-21

파산선고 후에는 채무자는 종래의 채무를 변제할 수 없고, 상대방도 이를 청구할 수 없으므로 파산선고에 의하여 채무를 이행하지 않는 것은 채무자에게 귀책사유가 없어서 상대방은 채무불이행을 이유로 계약을 해제할 수 없다. 그러나 **파산선고 전**에 이미 채무자의 채무불이행에 의하여 상대방에게 해제권이 생긴 경우에는(최고 등 해제권 발생의 요건이 충족된 경우) 상대방은 파산선고 후라도 파산관재인에게 해제권을 행사할 수 있다. 이미 발생하고 있는 상대방의 해제권을 변경할 수 없기 때문이다. 다만, 파산선고 전의 채무변제금지의 보전처분에 의하여 변제가 금지된 후에 이행기가 도래한 경우 등은 채무불이행이 되지 않는다.

여기서 해제의 효과와 관련하여, 상대방은 이미 이행한 물건에 대하여 해제권의 행사에 의하여 환취권을 취득하는지 여부에 대하여 적극, 소극 양쪽의 입장이 있을 수 있는데,22) 적극적으로 보면 제3자인 파산채권자의 권리가 침해되므로(민법 548조 1항 참조) 소극적으로 풀이하여야 한다.

한편, 상대방의 이행이 완료되지 않은 때에 상대방의 위 해제권은 쌍방 미이행의 쌍무계약의 경우의 파산관재인의 해제권(335조 1항)과 경합한다. 이 경우에는 어느 쪽에서도 해제할 수 있는데, 위와 같이 상대방의 해제에 따른 환취권을 부정하는 입장을 취한다면 상대방의 권리는 결국 파산채권에 머무르고, 그렇다면 상대방이 해제권을 행사하는 실제적 의의는 그다지 크지 않게 된다.23)

2) 약정해제권

8-22

파산선고 전에 이미 약정해제권이 발생하고 있는 때에도 기본적으로 채무

---

22) 적극적 입장으로는 박병대, 전게 "파산절차가 계약관계에 미치는 영향", 456면.
23) 中野貞一郎·道下徹 編, 基本法コンメンタール破産法[宮川知法 집필], 85-86면.

불이행에 의한 해제의 경우와 마찬가지로 보면 된다.

　그런데 특약에 의하여 파산신청 등 도산절차개시 신청 또는 파산선고를 해제원인으로 정하고(**도산해제조항**=ipso facto clauser) 있는 경우에 그대로 상대방의 해제(해지)권을 인정하여도 무방한지 여부가 문제가 된다.24) 이러한 특약에 의한 해제(해지)권을 인정한다면, 상대방은 항상 파산관재인에게 해제권을 주장할 수 있게 되고, 그 결과 가령 상대방에게 환취권은 생기지 않더라도 법 335조 1항에서 파산관재인에게 이행을 청구할 것인가, 계약을 해제(해지)할 것인가 하는 주도권(선택권)을 부여한 의미를 사실상 잃게 하므로 특약에 의한 해제권을 부정하여야 한다.25) 다만, 계약의 성질이나 목적에 비추어 예외적으로 유효하다고 할 여지도 있을 것이다(구회사정리사건의 판례 등 회생절차에서의 해당 부분 참조. ☞ 16-38).26)

---

24) 그 유효성 여부에 대하여는 김성용, "도산조항의 효력", 사법(4호, 2008. 6), 215면 이하; 오수근, "도산실효조항의 유효성", 판례실무연구 Ⅸ(2010), 438면 이하 참조. 그리고 이에 대한 독일에서의 논의는 윤종구, "도산해지조항의 유효성: 채무자 파산을 사유로 하는 계약 해소(Losung)조항과 독일 채무자파산정리법(InsO)의 상호 관계", 판례실무연구 Ⅸ(2010), 456면 이하; 장원규, "도산절차에서 계약관계 약정해지 유보조항: 독일에서의 논쟁을 고려하여", 비교사법(제20권 제1호), 1면 이하 참조.

25) 마찬가지 입장으로는 박병대, 전게 "파산절차가 계약관계에 미치는 영향", 454면; 양형우, 전게 "쌍무계약에 대한 파산절차개시의 효과", 334면; 임종헌, 전게 "파산절차가 미이행계약관계에 미치는 영향", 30면. 伊藤眞, 破産法·民事再生法, 357-358면. 일본 판례 가운데 最判 1982年(昭和 57年) 3月 30日은 소유권유보부 매매계약에 당연해제를 정하는 특약이 있는 회사정리사건에 대하여 채권자, 주주 그 밖의 이해관계인의 이해를 조정하여 곤궁에 빠져 있는 주식회사의 사업의 유지·갱생을 도모하기 위한 회사정리절차의 취지, 목적을 해치는 것이므로 그 효력을 인정할 수 없다고 판시한 것이 있고(倒産判例百選[第5版](75사건), [三木浩一 해설] 참조), 또한 最判 2008年(平成 20年) 12月 16日은 민사재생절차의 금융리스계약에서 도산해지의 특약을 무효로 보았다(倒産判例百選[第5版](76사건), [上原敏夫 해설] 참조). 그리고 미국 연방파산법 365조 (e)(1)은 불이행(혹은 미확정) 쌍무계약 또는 기간이 만료되지 않은 임대차계약은 채무자의 파산 또는 재정적 상황, 파산법상의 절차개시 등의 사유만으로 종료되거나 변경될 수 없고, 그러한 계약 또는 임대차 계약상의 권리나 의무는 종료되거나 변경될 수 없다고 규정하여 도산해지조항을 무효로 규정하고 있다.

26) 종전 회사정리법상의 판례로, 도산해지조항의 적용 결과가 정리절차개시 후 정리회사에 미치는 영향이라는 것은 당해 계약의 성질, 그 내용 및 이행 정도, 해지사유로 정한 사건의 내용 등의 여러 사정에 따라 달라질 수밖에 없으므로 도산해지조항을 일반적으로 금지하는 법률이 존재하지 않는 상태에서 그와 같은 구체적인 사정을 도외시한 채 도산해지조항은 어느 경우에나 회사정리절차의 목적과 취지에 반한다고 하여 일률적으로 무효로 보는 것은 계약자유의 원칙을 심각하게 침해하는 결과를 낳을 수 있을 뿐만 아니라, 상대방 당사자가 채권자의 입장에서 채무자의 도산으로 초래될 법적 불안정에 대비할 보호가치 있는 정당한 이익을 무시하는 것이 될 수 있다고 본 것이 있다(대법원 2007. 9. 6. 선고 2005다38263 판결). 이에 대하여 김영주, "계약상 도산해제조항의 효력", 선진상사법률연구(2013. 10), 97면 이하 참조.

◆ **구체적 예** ◆　대금분할납부의 자동차 매매계약에 있어서 「乙이 파산신청을 할 때에는 甲은 최고 없이 이 사건 계약을 해제할 수 있다」는 특약을 맺었다. 그런데 乙은 경영이 악화되어 2018. 11. 1. 파산신청을 하였고, 같은 날 변제금지의 가처분 명령이 내려졌다. 그 때문에 乙은 같은 달 말일의 매매대금의 지급을 하지 못하였다. 그래서 甲은 乙에게 이 사건 계약을 해제한다는 취지의 의사표시를 하고, 자동차의 인도를 구하였다. 그 뒤 乙에게 파산선고가 있었고 A가 파산관재인으로 선임되었다. 甲의 A에 대한 이 사건 자동차의 인도청구는 인정되는가. 만약, 파산해제특약이 무효라면 특약에 기하여 매매계약을 해제하고 자동차의 인도청구를 하는 것은 인정되지 않는다. 다음으로 이행지체에 기한 채무불이행 해제를 하는 것의 전제로 변제금지가처분의 효력이 문제되는데, 乙에게 귀책사유가 인정되지 않아 매매계약을 해제할 수 없다(☞ 3-45). 만약, 변제금지가처분이 없었다고 한다면 파산신청과 파산선고 사이의 채무불이행에 의한 법정해제를 인정하여도 335조의 취지를 몰각하는 것은 아니다.

2. 각종 쌍무계약의 유형별 검토　　　　8-23

　예를 들어 통상적인 매매계약에서 매수인의 대금지급의무 및 매도인의 목적물인도·이전등기의무가 파산선고 시점에서 각각 잔존하고 있는 경우에 법 335조가 적용된다. 그 적용의 여부는 기본적으로 쌍무계약상의 양쪽의 의무가 파산선고 당시 이행되지 않고 잔존하고 있는지 여부가 기준이 된다. 그런데 양쪽 모두 미이행의 쌍무계약이더라도 도산법이나 민법 등에서 특칙이 따로 마련되어 있는 경우가 있으며, 나아가 그러한 특칙이 있더라도 그 합리적인 적용범위가 문제되는 경우가 있다.[27] 또한 법 제335조가 적용되는 경우라도 그 구체적 효과에 대하여 견해가 대립하는 영역도 있다.

(1) 계속적 공급계약　　　　8-24

　매매계약에 있어서 예를 들어 매수인의 대금지급의무와 매도인의 목적물인도·등기이전의무 양쪽 모두 그 전부 또는 일부가 파산선고시에 이행이 완료되지 않은 경우에는 매수인, 매도인 어느 쪽의 파산이든 법 335조에 따라 파산관재인이 이행이나 계약의 해제를 선택할 수 있다. 그런데 전기·가스·수도·전화 등의 계속적 공급계약은 기본적으로 매매계약의 하나이지만, 좀 더 검토할 필요가 있다. 계속적 공급계약은 넓은 의미에서는 상대방이 계속적 급부의무를 지는

---

27) 관련하여 김영주, "미이행 쌍무계약에 대한 민법과 채무자회생법의 규율－해석론 및 입법론에 대한 비판적 검토를 중심으로－, 민사법학(2015. 3), 483면 이하 참조.

쌍무계약을 말하지만, 여기서는 위 전기 등과 같이 한쪽이 계속·반복하여 급부하는 일정한 종류의 재화에 대하여 상대방은 일정 기간마다 그 기간 내에 이루어진 급부의 대가를 후불하는 형태의 계약을 검토하기로 한다(임대차나 고용 등의 계속적 계약은 여기에 포함하지 않고, 항목을 바꾸어 살펴본다).

주로 문제가 되는 것은 계속적 공급계약의 도중에 수요자가 파산한 경우에 쌍방미이행 쌍무계약에 해당되어 법 335조 등의 적용이 있는가, 긍정한다면 그 경우에 어떻게 처리되는가 하는 점이다. 특히 수요자가 파산한 경우에 있어서 이미 파산선고 전에 여러 차례 분의 대가의 지급을 지체하고 있는 것이 보통인데, 이렇게 체납한 사용대가의 성격이 쟁점이 된다.

8-25   **1) 법 335조의 적용 여부**

구체적인 공급과 사용대가의 관계가 현실적인 사용에 따라서 발생하므로 사용할 때마다 새로운 계약이 성립한다는, 즉 계약을 세분하는 입장에서는 이미 파산선고 전에 사용대가의 체납이 있더라도 사용할 때마다 공급은 완료되므로 쌍방 미이행이 아닌, 수요자 측만이 미이행이 되고, 따라서 체납한 사용대가는 파산채권에 지나지 않게 된다고 본다. 그러나 이렇게 계약을 세분하는 것은 사회통념에 어긋나고, 사용대가는 매월 일괄하여 지급한다는 실태에도 합치하지 않는다. 계속적 공급계약을 일체로 취급하여 파산선고 시점에서 장래에 서로 이행하여야 할 채무가 잔존하고 있으므로 양쪽 모두 이행을 완료하지 못한 쌍무계약으로 계약 전체에 대하여 도산법 335조 등의 적용이 있다고 보아야 한다.28)

8-26   **2) 이행을 선택한 경우**

법 335조 등의 적용이 있다고 볼 때에 335조 등의 기본적인 이해와 관련하여 파산관재인이 이행을 선택한 경우의 효과에 대하여 다툼이 있다. 이 경우에 **파산선고 후**의 공급에 대한 공급자의 사용대가청구권은 법 473조 7호에 의하여 **재단채권**이 되는 것에 다툼은 없으나(☞ 7-19), 문제는 **파산선고 전**의 공급에 대한 사용대가청구권의 취급인데, 이 경우의 사용대가청구권은 파산선고 전의 원인으로 생긴 것이므로 법 423조에 의하여 **파산채권**으로 취급하여야 한다.29) 그

---

28) 박병대, 전게 "파산절차가 계약관계에 미치는 영향", 464면.
29) 비록 계속적 공급계약에 의한 급부의 제공이 하나의 계약에 기초한 것이라고 하더라도 실제 급부가 제공되고 그에 대한 대가채무의 이행기가 도래하는 것은 기간별로 구분되어 있으므로, 각 기간별로 이미 이행기가 도래한 채무는 일반 파산채권으로 보는 것이 법리적으로나 다른 파

런데 공급자는 파산선고 전에 체납한 사용대가에 대하여 변제가 없는 것을 이유
로 동시이행의 항변권에 의하여 공급을 거절하는 것을 예상할 수 있는데,[30] 그
렇다면 파산관재인은 체납한 사용대가를 즉시 전부 지급하여야 하고, 결국 이는
파산채권으로 취급하는 취지와 모순되므로 파산선고 전의 사용대가청구권도 재
단채권으로 보아야 한다는 입장도 있을 수 있다.[31] 그러나 본래 이행거절권에
지나지 않은 동시이행의 항변권에 있어서 법 423조 파산채권의 원칙을 수정하
여 우선적인 재단채권을 창설하는 효과를 인정하는 것은 무리라고 할 수 있다.

3) 이행거절권의 제한   8-27

회생절차에 있어서는 채무자의 사업의 계속을 위하여 법 122조에서 특칙으
로 채무자에 대하여 계속적 공급의무를 부담하는 계약의 상대방에 대하여 채무
자가 회생절차개시신청 전의 공급으로 발생한 회생채권 또는 회생담보권을 변
제하지 아니함을 이유로 계약의 상대방은 회생절차개시신청 후 그 의무의 이행
을 거절할 수 없다고 규정하고 있다(☞ 16-38).[32] 반면, 청산형 절차인 파산절차
에서 위와 같은 계속적 공급계약에 관한 규정을 두지 않은 것은 파산절차에서는
일반적으로 채무자의 경제적 활동은 정지하고, 사업도 해체되므로 공급자가 이
행을 거절하는 것은 어쩔 수 없고, 그다지 불합리한 것도 없다고 보기 때문이라
고 할 수 있다. 그러나 사건에 따라 사업을 폐쇄하는 경우에도 관재업무를 처리
하기 위하여 전기·가스 등의 공급을 받을 필요가 있다는 점 등으로부터 파산절
차에 있어서도 이행거절권을 제한하는 규정을 두는 것을 입법적으로 검토하여

산채권자와의 형평의 면에서 합리적이라고 할 것이다. 박병대, 전게 "파산절차가 계약관계에 미
치는 영향", 466면. 마찬가지 입장으로는 노영보, 239면; 전대규, 1135면; 임종헌, 전게 "파산절
차가 미이행계약관계에 미치는 영향", 31면.

30) 전기·가스 등의 독점공익사업의 경우에는 사용대가의 체납이 있어도 일정 기간을 경과하지
않으면 공급을 정지할 수 없는 제약을 받지만, 공급자가 사기업인 경우에는 공급을 정지하려고
할 수 있다. 다만, 노영보, 239면은 공급자는 동시이행의 항변권을 행사하여 공급을 정지할 수
는 없다고 해석한다.

31) 伊藤眞, 破産法[全訂第3版], 229면. 이후 일본 2005년 시행 신파산법 55조에서는 파산절차개
시신청시를 기준으로 하여 그 전의 급부의 대가를 파산채권, 신청 후 파산절차개시 전에 한 급
부의 대가를 재단채권으로 하고, 이에 따라 전자에 대하여는 이행거절권을 부정하고(1항), 후자
에 대하여는 이를 긍정하여(2항) 파산재단의 부담을 경감하기 위한 절충적 해결을 도모하였고,
한편 근로계약은 그 법률상 성질에 비추어 계속적 급부를 목적으로 하는 쌍방 미이행의 쌍무계
약에 포함되지만, 근로자의 기본권을 고려하면 위 규율을 그대로 적용하는 것은 적당하지 않으
므로 그 적용을 배제하였다(동조 3항).

32) 아울러 계속적 공급의무를 부담하는 쌍무계약의 상대방이 회생절차개시신청 후 회생절차개시
전까지 한 공급으로 생긴 청구권은 공익채권으로 하고 있다(179조 1항 8호). 따라서 그 변제가
없는 것을 이유로 회생절차개시 후의 이행거절을 인정한다.

야 할 것이다.33)

8-28   4) 해제(해지)를 선택한 경우

한편, 파산관재인이 계약의 해제(해지)를 선택한 때에는 파산선고 전의 공급
의 사용대가청구권 및 해제(해지)에 의한 손해배상청구권은 파산채권이 되고
(337조 1항), 파산선고 후 해제(해지)까지의 공급의 사용대가청구권은 법 473조 8
호에 따라 재단채권으로서 취급된다.

8-29   (2) 임대차계약

임대차계약은 당사자의 한쪽이 상대방에게 목적물을 사용·수익하게 할 것
을 약정하고, 상대방이 이에 대하여 차임을 지급할 것을 약속하는 것을 내용으
로 하는 쌍무계약이다(민법 618조). 임대차기간 도중에 계약 당사자의 한쪽이 파
산선고를 받은 경우에는 남은 기간에 있어서 목적물을 사용·수익하게 할 의무
와 차임을 지급할 의무가 각각 서로 남아있으므로 양쪽 모두 이행을 완료하지
못한 쌍무계약에 해당된다.34)

8-30   1) 임차인의 파산

> 제335조(쌍방미이행 쌍무계약에 관한 선택) ① 쌍무계약에 관하여 채무자 및 그 상대방이 모
> 두 파산선고 당시 아직 이행을 완료하지 아니한 때에는 파산관재인은 계약을 해제 또는 해지
> 하거나 채무자의 채무를 이행하고 상대방의 채무이행을 청구할 수 있다. ② 제1항의 경우 상
> 대방은 파산관재인에 대하여 상당한 기간을 정하여 그 기간 안에 계약의 해제 또는 해지나
> 이행 여부를 확답할 것을 최고할 수 있다. 이 경우 파산관재인이 그 기간 안에 확답을 하지
> 아니한 때에는 계약을 해제 또는 해지한 것으로 본다. ③ 제1항에 따라 파산관재인이 국가를
> 상대방으로 하는 「방위사업법」 제3조에 따른 방위력개선사업 관련 계약을 해제 또는 해지하
> 고자 하는 경우 방위사업청장과 협의하여야 한다.
>
> 민법 제637조(임차인의 파산과 해지통고) ①임차인이 파산선고를 받은 경우에는 임대차기간
> 의 약정이 있는 때에도 임대인 또는 파산관재인은 제635조의 규정에 의하여 계약해지의 통고
> 를 할 수 있다. ② 전항의 경우에 각 당사자는 상대방에 대하여 계약해지로 인하여 생긴 손해
> 의 배상을 청구하지 못한다.

---

33) 파산절차에 있어서 2005년 시행 일본 신파산법이 상대방에게 파산절차개시신청 전의 급부에
    관한 파산채권에 대하여 변제가 없는 것을 이유로 파산절차개시 후는 그 의무의 이행을 거절할
    수 없도록 하는 규정을 신설한 것에 대하여는 앞의 각주 31) 참조.
34) 김영주, "임대차계약 당사자의 도산에 관한 민법 및 도산법의 해석" 법학논총(2013. 12), 7면
    이하 참조. 한편, 채권적 전세(미등기 전세)와 파산에 대하여는 윤대성, "미등기전세와 파산관
    계", 저스티스(2001, 8), 37면 이하 참조.

　　임차인에 대하여 파산선고가 내려지면 임대차계약은 형식상 쌍방 미이행의 쌍무계약으로 볼 수 있으므로 위에서 보았듯이 법 335조 등의 기본원칙에 따라서 처리한다면 문제는 없으리라고 보이지만, 한편 임차인의 파산은 법률관계의 신뢰를 깨뜨리는 것이 되므로 민법 637조 1항에서 임대차계약의 종료원인으로 임차인이 파산선고를 받은 경우에는 기간의 약정이 있는 때라도 임대인 또는 파산관재인 어느 쪽이라도 계약해지의 통고를 할 수 있고, 법정기간의 경과(민법 635조)에 의하여 임대차는 종료되고, 민법 637조 2항에서 어느 쪽의 당사자도 상대방에 대하여 해지로 말미암아 생긴 손해의 배상을 청구하지 못한다는 특별규정을 두고 있다.35)

　　이와 같이 민법 637조에서 임차인의 파산선고에 대하여 특별규정을 두고 있는 한, 임차인이 파산한 경우에는 법 335조, 제337조가 아니라, 특별규정인 **민법 637조가 적용**된다고 할 것이다(반면, 회생절차에 대하여는 따로 민법에 특별규정은 없다).36) 이에 대하여 상대방인 임대인에게 해지권을 부여하는 것 등은 지나치게 임차인에게 불리하고, 회생절차의 경우와 달리 취급하는 것은 문제이므로

---

35) 민법 637조 2항의 위헌소원사건에 있어서 헌법재판소 2016. 9. 29. 선고 2014헌바292 결정은 위 조항은 파산절차를 신속하게 진행함으로써 파산채권자 전체의 이익을 도모하고, 임차인을 보호하기 위한 것으로 이러한 입법목적에는 정당성이 인정되며, 임대인의 손해배상청구를 제한하는 것은 이러한 목적을 달성하기 위한 적절한 수단이다. 위 조항에 의하여 배상청구가 제한되는 손해는 임대차계약의 해지 그 자체로 인하여 발생하는 손해에 국한되고, 임대차계약에 있어 임차인의 가장 본질적인 채무인 차임지급의무의 불이행과 관련하여서는 임대인이 파산채권자 또는 재단채권자로서 권리를 행사할 수 있으므로 위 조항에 의하여 임대인이 입는 불이익은 크지 아니하다. 그리고 임대인의 손해배상청구를 허용하게 되면 절차의 지연이 불가피하여 손해배상청구 자체는 허용하되 손해배상액을 제한하는 방법으로는 위 조항의 입법목적을 달성할 수 없으므로, 위 조항은 침해의 최소성을 갖추었다. 나아가 위 조항으로 인하여 임대인이 입게 되는 불이익이 파산절차를 신속하게 진행함으로써 파산채권자 전체의 이익을 도모하고 임차인을 보호하고자 하는 공익에 비하여 결코 크다고 볼 수 없으므로, 위 조항은 법익의 균형성도 갖추었다. 따라서 위 조항은 청구인의 재산권을 침해하지 아니한다. 그리고 위 조항이 회생절차가 개시된 경우와 달리 임차인이 파산한 경우에만 임대인의 손해배상청구권을 제한하는 것은 회생절차와 파산절차의 취지와 기능이 다르다는 점을 고려한 것으로 이러한 차별취급에는 합리적인 이유가 있다. 따라서 위 조항은 평등원칙에 위배되지 아니한다고 보았다.

36) 마찬가지 입장으로는 박병대, 전게 "파산절차가 계약관계에 미치는 영향", 469면; 노영보, 232면; 전대규, 1136면. 한편, 특히 부동산 임차권의 경우에 임대인의 무조건의 해지권을 인정하는 것은 채무자의 거주권을 침해하는 것이고(임차인인 채무자의 생활의 기초를 잃게 하는 것) 또한 재산적 가치 있는 임차권을 파산재단으로부터 빼앗는 것이 되므로 적어도 부동산 임대차에 대하여는 이것을 조속히 종료시키는 것보다, 오히려 중요한 재산권으로서 파산재단에 속하게 하여 파산채권자의 만족을 위하여 이용하는 방향으로 해석하여야 하고, 따라서 민법 621조(우리 민법 637조에 해당)의 적용을 전제로 하면서도 일정한 범위에서 그 적용을 제한하여야 한다는 견해도 있다(山木戸克己, 破産法, 122-123면).

(따로 민법에 특별규정은 없고, 따라서 법 119조의 일반규정에 의하여 규율된다) 법 335조의 적용을 배제하면서 민법 637조를 적용하는 것에 **반대하는 입장**도 있다.37) 앞으로 입법적으로는 민법 637조를 삭제하고, 법 335조 등에 의하여 처리하는 방향으로 나가야 할 것이다.38)

하여튼 민법 637조의 입법취지는 임차인이 파산한 때에는 한편으로는 임대인의 임대료 수입의 확보가 곤란하게 된 것을 보호할 필요와 함께, 다른 한편으로는 파산재단 측으로서도 임차권의 양도나 전대차가 제한되어 파산관재인에 의한 환가처분이 곤란하게 되므로 임대차계약을 시급히 해소시키는 것이 타당하다는 고려에 있다. 법 335조, 337조의 적용결과와 비교하면, 민법 637조에서는 상대방인 임대인에게도 해지권이 부여된 점, 법정기간이 경과하여야 효력이 발생한다는 점 및 해지에 수반한 손해배상청구권의 발생 자체가 부정되는 점에 특징이 있다.

민법 637조에 의하여 임대차계약이 **해지된 때**에는 파산선고시부터 계약종료시까지의 임대료채권은 재단채권이 되며(473조 8호), 계약종료 후부터 목적물이 반환되기까지 사이의 임대료 상당액은 부당이득이 되어 재단채권이 되는데(동조 5호), 한편 파산선고 전에 연체임대료가 있어도 그것은 파산채권에 머무른다.

반면, 어느 쪽 당사자로부터도 임대차계약이 해지되지 않고 임대차가 **계속하는 때**에도 파산선고 후의 임대료채권은 재단채권이 되는데(473조 7호 유추), 파산선고 전의 연체임대료는 파산채권에 머무른다.

임차인이 파산한 경우에 임대인 또는 파산관재인은 상대방에 대하여 상당기간을 정하여 해지권 행사 여부의 확답을 최고할 수 있고, 확답이 없으면 계약

---

37) 임치용, "파산절차의 개시와 임대차계약", 파산법연구2(2006), 141면. 연혁적으로 볼 때 법 335조에 의하여 임차인이 파산한 경우에 관한 민법 621조(우리 민법 637조에 해당)는 이미 그 역사적 사명을 다하였으므로 이를 유지할 이유가 없으므로 그 적용을 전면적으로 배제하고, 법 335조만을 적용하여서 임대인의 해지권은 부정하여야 한다는 주장도 이러한 입장이다(伊藤眞, 破産法[全訂第3版], 230-231면). 그런데 이 견해에 의하면 문제의 처리는 명확하지만, 현존하는 명문의 규정을 완전히 무시하는 것이 되므로 해석론으로서는 문제가 남는다는 지적이 있다(임종헌, 전게 "파산절차가 미이행계약관계에 미치는 영향", 33면).

38) 2005년 시행의 일본 신파산법과 함께 성립·공포된 파산법의 시행에 따른 관계 법률의 정비 등에 관한 법률에 의하여 일본 민법 621조(우리 민법 637조에 해당)는 삭제되었다. 임차인의 파산의 경우에 임차권이 재산적 가치를 가지는 상황에서 임대인에게 해지권을 인정하여 파산재단의 가치를 감소시키는 것은 합리성이라든지 필요성이 없으므로 이 점을 분명히 하기 위함이다. 그 결과 임차인의 파산의 경우에 이후 쌍방 미이행의 쌍무계약에 관한 일반규정이 적용되게 된다.

이 해지된 것으로 본다(339조, 335조 2항).[39]

2) 임대인의 파산

> 제340조(임대차계약) ① 임대인이 파산선고를 받은 때에는 차임의 선급 또는 차임채권의 처분은 파산선고시의 당기(當期) 및 차기(次期)에 관한 것을 제외하고는 파산채권자에게 대항할 수 없다. ② 제1항의 규정에 의하여 파산채권자에게 대항할 수 없음으로 인하여 손해를 받은 자는 그 손해배상에 관하여 파산채권자로서 권리를 행사할 수 있다. ③ 제1항 및 제2항의 규정은 지상권에 관하여 준용한다. ④ 임대인이 파산선고를 받은 경우 임차인이 다음 각호의 어느 하나에 해당하는 때에는 제335조의 규정을 적용하지 아니한다. 1.「주택임대차보호법」제3조(대항력 등)제1항의 대항요건을 갖춘 때 2.「상가건물 임대차보호법」제3조(대항력 등)의 대항요건을 갖춘 때

① 법 제335조의 적용 여부   8-31

임대인이 파산한 경우에는 임차인이 파산한 경우와 달리 민법에 특별규정이 없다. 그리하여 쌍방 미이행의 쌍무계약의 처리에 관한 법 335조 이하의 규정이 적용되고, 파산관재인만이 계약을 해지하거나 이행을 청구하는 선택권을 가진다고 풀이하는 입장도 있을 수 있다(**전면적용설**). 그런데 이러한 해석에 의하면 임차인은 자기와 아무런 관계도 없는 임대인의 파산이라는 사실에 의하여 즉시 ─ 민법 635조의 법정기간의 적용도 없이 ─ 임차권을 상실할 수밖에 없고, 임차인은 자기가 파산한 경우보다 불리한 입장에 놓이게 된다.

그러므로 민법 637조에서 임차인이 파산한 경우에 대하여 특별규정을 두면서, 임대인이 파산한 경우에 대하여 민법에 아무런 정함이 없는 것 자체가 계약 당사자 양쪽의 해지권을 배제하는 취지라고 보아 법 335조 이하의 규정의 적용을 전면적으로 부정하는 입장도 있다(**전면적용배제설**). 이러한 입장에서는 임대인의 파산 자체는 임대차계약에는 아무런 영향을 주지 않고, 파산선고를 받은 채무자인 임대인의 임대료채권은 재단재산이 되고, 임차인은 임대료를 파산관재인에게 지급하면 되고, 파산관재인은 임차권의 부담부로 임차목적물을 환가하게 된다.[40]

생각건대 동산 임대차의 경우에는 법 335조 이하의 규정의 적용을 인정하고, 물권적으로 보호될 수 있는 대항력을 갖춘 부동산 임대차의 경우에 한정하

---

39) 전대규, 1137면도 마찬가지 취지이다.
40) 山木戸克己, 破産法, 123-124면. 일본 재판례도 건물임대차에 있어서 마찬가지 입장이다. 東京高判 1961年(昭和 36年) 5月 31日, 新倒産判例百選(80사건), [鈴木俊光 해설] 참조.

여 법 335조 이하의 규정의 적용이 배제되는 것으로 보아야 한다(제한적용설).41) 부동산 임차권은 대항요건을 구비한 때에는 준물권적인 효력이 인정되어 상대방인 임대인의 파산이라는 사정에 관계없이 그 존속이 보장되어야 하고, 파산관재인도 이를 승인하여야 하므로 법 335조에 따른 파산관재인의 계약의 해지를 허용하지 않아야 하기 때문이다.

결국 현행법 340조 4항에서는 위와 같은 입장에서 임대인이 파산선고를 받은 경우에 임차인이 주택임대차보호법 3조 1항의 규정에 의한 대항요건 및 상가건물 임대차보호법 3조의 규정에 의한 대항요건을 갖춘 때에는 위 법 335조의 규정을 적용하지 않는다는 규정을 신설하여 이를 입법적으로 해결하였다(임대인인 채무자에 대하여 회생절차가 개시된 경우에도 마찬가지 규정이 법 124조 4항에서 신설되었다). 즉, 이러한 경우에 파산관재인의 해지권의 행사는 제한된다.

8-32　　　　② 전급차임(前給借賃) 등에 대한 처리

그런데 임대인이 파산에 있어서 파산관재인의 해지권을 부정하는 경우 또는 파산관재인이 해지권을 행사하지 않은 경우에 임대차관계는 파산관재인과 임차인 사이에 존속하고 임차인은 파산관재인에게 임대료를 지급하게 된다. 여기서 파산선고 전에 임차인이 임대료를 임대인에게 사전에 미리 지급(前給)하거나 임대인이 임대료채권을 제3자에게 양도하는 등의 처분을 한 경우의 처리가 문제된다. 당사자의 처분의 자유가 존중될 필요가 있지만, 다른 한편으로는 그러한 것을 무제한으로 허용하면 파산재단에 들어가야 할 임대료수입이 사전에 없어지게 되어 파산채권자를 해치게 된다. 그리하여 법 340조 1항은 이러한 사전지급 또는 처분은 파산선고시의 당기 및 차기에 관한 것을 제외하고는 파산관재인에게 대항할 수 없다고 규정하고 있다(회생절차에서도 법 124조 1항에 마찬가지 취지의 규정이 있다). 차차기 이후의 임대료는 파산재단의 수입으로서 확보되는 것이다. 이러한 제한을 받은 결과 임차인이나 임대료채권의 양수인이 손해를 받은

---

41) 伊藤眞, 破産法[全訂第3版], 236면; 中野貞一郞·道下徹 編, 基本法コンメンタール破産法[宮川知法 집필], 99면. 박병대, 전게 "파산절차가 계약관계에 미치는 영향", 471면도 기본적으로 이러한 입장인데, 다만 대항력을 갖춘 부동산 임대차의 경우에 한정하지 않고, 대항요건을 갖추진 못한 부동산 임대차에 대하여도 법 335조의 적용이 배제되어야 한다고 본다. 이후 이러한 입장을 입법화하여 2005년 시행의 일본 신파산법 56조에서는 임차권 그 밖의 사용 및 수익을 목적으로 하는 권리에 대한 등기, 등록 그 밖의 제3자 대항요건을 갖추고 있는 경우에는 법 53조 1항 및 2항(우리 법 355조 1항 및 2항)의 적용을 배제하여 파산관재인의 이행 또는 해제의 선택권을 부정하였다.

경우에는(가령 차차기 이후의 임대료에 대하여는 사전지급을 한 임차인은 부득이 이중지급을 하여야 하므로) 그 배상청구권을 파산채권으로 행사할 수 있다(340조 2항). 위와 같은 법리는 지상권에 관하여 준용된다(동조 3항). 그런데 임대료채권의 유동화 내지는 자금조달의 용이화를 위하여 위 규정은 이제 합리적 이유를 찾기 어렵지 않은가 생각한다.42)

(3) 금융리스계약 8-33

금융리스계약(finance lease)은 이용자가 매도인으로부터 직접 목적물을 구입하는 것이 아니라, 리스업자가 이를 구입하여 이용자로 하여금 리스기간 동안 사용하게 하고, 이용자는 그 대가로 리스업자에게 리스료를 지급하는 형식의 계약이다.43)

1) 이용자의 파산 8-34

리스업자와 이용자의 관계는 기본적으로 임대차계약에 유사하지만, 목적물 사용과 리스료 지급 사이에는 대가관계를 인정하기 어려운 경우가 많다. 실질적으로 이용자는 리스료를 사용료라는 형태로 정기적으로 변제하고, 리스업자가 가지는 목적물의 소유권은 리스료를 담보하는 측면도 가지고 있다(리스업자와 이용자의 관계를 설명하기 위한 여러 가지 이론구성이 있다).44) 그리하여 리스기간 중에 이용자가 파산선고를 받은 경우의 처리가 문제된다(다만, 임대차계약의 실질을 가지는 단순한 리스계약은 앞에서의 임대차계약과 같이 처리하면 된다).45) 쌍방 미이행의 쌍

---

42) 2005년 시행의 일본 신파산법에서는 위와 같은 이유 등에서 우리 법 340조에 대응하는 규정인 일본 구파산법 63조를 삭제하였다. 한편, 자산유동화에 관한 법률 15조는 자산보유자가 파산하거나 자산보유자에 대하여 회생절차가 개시되는 경우 유동화자산 중 차임채권에 관하여는 「채무자 회생 및 파산에 관한 법률」 340조의 규정을 적용하지 않는다고 규정하고 있다.

43) 리스계약에서는 금융리스계약과 운용리스계약이 있다. 운용리스계약은 리스이용자가 원하는 목적물을 리스업자가 조달하여 리스업자의 관리책임 하에 일정기간 리스료를 받고 리스이용자에게 목적물을 이용하게 하는 거래이다.

44) 금융리스계약의 법적 성질에 대하여 다음과 같은 입장이 있다. ① 특수임대차계약설로, 금융리스계약은 물건의 사용을 목적으로 하는 것이지, 물건 그 자체를 목적으로 하는 것이 아니며, 따라서 리스료는 물건의 대가로서가 아니라, 물건의 사용대가로서 지급되는 것이라고 하면서 금융리스의 실체를 임대차로 보는 입장, ② 무명계약설로, 금융리스계약의 경제적 실질을 중요시하여 거래의 현실적 필요에서 자연발생적으로 발달된 독특한 계약형식으로서 민법상의 임대차와 달리 물적 금융을 내용으로 하는 특수한 비전형계약으로 보는 입장, ③ 3당사자계약설로, 금융리스계약에 있어서 리스회사, 리스이용자, 리스물건 공급자의 세 당사자를 모두 금융리스계약의 당사자로 파악하고, 금융리스계약을 둘러싼 법률관계를 모두 그 금융리스계약상의 법률관계로 처리하는 입장 등이 있다.

무계약으로 보아 법 335조를 적용할 수 있는지 여부가 논의의 중심이다.[46)]

8-35   ① 법 335조의 적용 긍정

리스업자에게는 목적물을 사용하게 할 의무, 이용자에게는 리스료를 지급할 의무가 각각 잔존하므로 법 335조의 적용이 있다는 입장에서는 파산관재인은 이행이나 해제(해지)에 대한 선택권을 가진다.[47)]

8-36   ② 법 335조의 적용 부정

이에 대하여 신용제공이라는 리스계약의 금융적 성격을 강조하여 목적물이 이용자에게 인도된 후에는 리스업자의 의무는 완료한 것이고, 리스료도 목적물 사용의 대가라고는 할 수 없으므로 미이행 쌍무계약성을 부정하여[48)] 법 335조의 적용이 없다는 입장에서는 리스업자의 리스료 채권이 목적물에 의하여 담보된다고 풀이하여 리스업자는 목적물에 담보권을 가진다고 보고, 결국 별제권자로 취급된다.[49)]

8-37   2) 리스업자의 파산

한편, 이용자가 아닌, 반대로 리스업자가 파산선고를 받은 경우에 금융리스계약에 대하여 미이행 쌍무계약성을 부정하는 입장에 따른다면 법 335조의 적용이 없다고 본다. 따라서 리스회사의 파산관재인은 리스계약을 해지할 수 없고, 파산선고 후에도 리스계약은 존속된다.

---

45) 보통 파산신청사유의 발생사실 등을 계약해지(해제)사유로 하는 특약이 부가되어 있는 경우가 일반적인데, 그 유효성이 문제된다. 앞에서 살핀 약정해제권 부분과 관련된다(☞ 8-22).

46) 자세히는 김정만, "파산절차와 은행·보험·리스관계 — 금융리스거래와 파산 —", 파산법의 제문제[上](1999), 572면 이하; 이연갑, "리스계약과 도산절차", 민사판례연구(제28권, 2006. 2), 939면 이하 참조.

47) 伊藤眞, 破産法·民事再生法, 374면.

48) 일본 最判 1995年(平成 7年) 4月 14日, 民集(49卷 4號), 1063면은 회사정리사건에 있어서 다음과 같이 부정설을 취하였다. 리스료 채무는 계약의 성립과 동시에 그 전액에 있어서 발생하고, 리스료의 지급이 每月 일정액에 의한 것으로 약정되어 있어도 그것은 이용자에 대하여 기한의 이익을 부여한 것에 지나지 않고, 各月의 리스물건의 사용과 各月의 리스료의 지급은 대가관계에 있는 것이 아니다. 그리고 금융리스계약에 있어서 리스물건의 인도를 한 리스회사는 이용자에 대하여 리스료의 지급채무와 견련관계에 있는 미이행채무를 부담하고 있는 것은 아니므로 회사정리법 제103조(우리 도산법 제119조에 대응)의 적용은 없다.

49) 법인파산실무[제4판], 175면. 회생절차에 관하여, 리스계약의 본질적 기능은 리스이용자에게 리스물건의 취득자금에 대한 금융편의를 제공하는 데 있는 무명계약으로서, 도산절차에서 리스채권의 취급 문제에 관하여 雙方미이행 쌍무계약설과 정리담보권설의 대립이 있기는 하나 우리 실무는 금융리스의 금융계약적 성격을 중시하는 정리담보권설의 입장에 있다고 본 하급심 판결이 있다(울산지방법원 2011. 6. 30. 선고 2009가합3025 판결[항소]. 항소심에서 화해권고결정으로 종료).

◆ **신종계약의 취급** ◆ 민법 등에 규정되어 있는 전형계약 이외에 거래사회의 필요에 의하여 위와 같은 리스계약이나 또는 소유권유보부 매매(☞ 8-56), 라이선스계약 등의 신종계약이 나타났다. 이러한 신종계약에 있어서 당사자 가운데 한쪽이 파산한 경우에 해당 계약의 취급에 대하여 여러 해석론이 주장될 수 있는데, 앞으로 이러한 신종계약에 대한 입법적 조치가 필요하다.

이 가운데, **라이선스계약**은 라이선서의 특허권 등이 목적물이 되는데, 계약 중에 어느 한쪽 당사자에 대하여 파산절차가 개시되면, 계약은 쌍방미이행의 쌍무계약으로 보아 법 335조 이하의 규정에 따라 규율될 것이다.[50) 참고로 보면, 2005년 시행의 일본 신파산법 56조 1항에서는 라이선스계약과 같은 사용 및 수익을 목적으로 하는 권리를 설정하는 계약에 대하여 파산자의 상대방이 해당 권리에 대하여 등기, 등록 그 밖의 제3자에게 대항할 수 있는 요건을 갖춘 경우에는 위 쌍방미이행의 쌍무계약 규정을 적용하지 않는다고 하고 있다. 파산관재인의 해제(해지)권을 제한하는 것에 의해 대항력을 갖춘 이용권을 파산절차에서도 보호하고자 하는 취지이다.

(4) 고용계약   8-38

제335조(쌍방미이행 쌍무계약에 관한 선택) ① 쌍무계약에 관하여 채무자 및 그 상대방이 모두 파산선고 당시 아직 이행을 완료하지 아니한 때에는 파산관재인은 계약을 해제 또는 해지하거나 채무자의 채무를 이행하고 상대방의 채무이행을 청구할 수 있다. ② 제1항의 경우 상대방은 파산관재인에 대하여 상당한 기간을 정하여 그 기간 안에 계약의 해제 또는 해지나 이행 여부를 확답할 것을 최고할 수 있다. 이 경우 파산관재인이 그 기간 안에 확답을 하지 아니한 때에는 계약을 해제 또는 해지한 것으로 본다. ③ 제1항에 따라 파산관재인이 국가를 상대방으로 하는 「방위사업법」 제3조에 따른 방위력개선사업 관련 계약을 해제 또는 해지하고자 하는 경우 방위사업청장과 협의하여야 한다.

민법 제663조(사용자파산과 해지통고) ① 사용자가 파산선고를 받은 경우에는 고용기간의 약정이 있는 때에도 노무자 또는 파산관재인은 계약을 해지할 수 있다. ② 전항의 경우에는 각 당사자는 계약해지로 인한 손해의 배상을 청구하지 못한다.

고용계약의 존속 중에 사용자 또는 노무자(종업원, 피용자)가 파산선고를 받은 경우, 노무자에게는 노무를 제공할 의무가, 사용자에게는 그 대가로서 임금을 지급할 의무가 있으므로 일단은 쌍방 미이행의 쌍무계약이라고 할 수 있다. 여기서 노무자가 사용자에게 부담하는 채무는 재산을 기초로 하는 것이 아니므

---

50) 관련하여 김용진, "도산으로부터 라이센스계약 보호 입법", 법조(2015. 1), 103면 이하 참조.
   한편, 미국에서의 라이센시 보호법제에 대해서는 곽충목, "도산에서의 특허 라이센시 보호법제에 관한 소고 ─ 미국법제를 중심으로", 비교사법(제21권 제2호), 865면 이하; UNCITRAL 입법지침에 대해서는 김용진, "도산과 라이선스 ─ UNCITRAL 입법지침을 중심으로 ─", 인권과 정의 (2015. 12), 71면 이하 참조.

로 노무자의 파산의 경우에는 고용계약을 존속시켜도 무방하고, 따라서 주로 사용자의 파산의 경우가 문제된다. 그런데 고용계약의 특수성, 특히 노무자 보호의 필요성에서 매매 등의 쌍무계약과 달리, 고용계약에 대하여는 특별한 배려가 필요하기도 하다.

8-39   **1) 사용자의 파산**

파산한 사용자의 사업은 결국 해체·청산되므로 노무자를 전부 해고할 수밖에 없는 것이 현실이다. 여기서 노무자의 해고 또는 퇴직 문제와 노무자가 가지는 임금채권 등의 보호의 문제가 생긴다(특히 근로기준법 참조).

8-40   ① 고용계약의 해지

사용자의 파산에 있어서, 고용계약은 파산선고시를 기준으로 쌍방 미이행의 쌍무계약이라고 볼 수 있으므로 법 335조 등의 적용대상이 될 것이지만,51) 한편 민법 663조가 이 경우에 다음과 같은 특칙을 두고 있다(반면, 회생절차에 대하여는 따로 민법에 특별규정은 없으므로 법 119조의 일반규정에 의한다).52) 즉, 기간의 약정이 있는 경우라도 사용자가 파산선고를 받은 경우에는 노무자 또는 파산관재인의 어느 쪽도 계약을 해지할 수 있고(민법 663조 1항),53) 해지에 의하여 손해가 발생하여도 양쪽 모두 그 배상청구를 할 수 없다(동조 2항). 양쪽 당사자에게는

---

51) 일반적으로 파산관재인은 선량한 관리자의 주의로써 그 직무를 처리하여야 함을 원칙으로 하므로 법 335조에 따라 채무자 및 그 상대방이 모두 이행을 완료하지 않은 쌍무계약을 해제할 것인지 아니면 이를 유지할 것인지의 선택권의 행사는 파산재단에 이로운 방향으로 행하여야 할 것이고, 이러한 법리에 터잡아 볼 때 채무자가 파산되기 전에 고용하였던 근로자를 파산관재인의 보조자로 고용함에 있어서는 근속연수의 승계 내지 누적에 따른 보수의 증가 등 불필요한 재단채권의 발생을 방지하기 위하여 일단 근로자 전원을 해고한 다음, 가능한 한 단기간의 계약기간과 노동시간을 조건으로 필요한 인원만을 다시 채용하는 것이 파산제도의 취지에 부합할 뿐만 아니라 상례라고 할 것이다(인천지방법원 2000. 7. 14. 선고 2000나1662 판결[상고기각]).

52) 따라서 회생절차에 있어서는 법 119조의 일반규정에 의하여 규율되고, 근로기준법도 아울러 적용이 있게 된다. 다만, 채무자의 존속, 재건을 목적으로 하는 회생절차에서는 특별한 사정이 없는 한 회생절차의 일환으로 근로자를 해고하지 않을 것이다. 그러나 한편 합리적 근로자의 감원도 회생절차의 성공적 수행을 위해 필수불가결하므로 관리인은 근로자를 해고할 수 있다. 사용자에 대하여 회생절차가 개시된 경우의 여러 문제와 관련하여 임치용, "회생절차의 개시가 근로관계에 미치는 영향", 사법(2015. 9), 37면 이하 참조.

53) 이 경우에 해지의 통고기간은 필요하지 않고 고용계약을 즉시 해지할 수 있다는 입장이 있다. 곽윤직 편집대표, 민법주해[XV](1997)[남효순 집필], 428면. 그런데 사용자로부터의 해고가 되는 파산관재인에 의한 해지의 경우에는 근로기준법상으로 통상해고의 경우와 마찬가지로 노무자 보호의 필요성에 의하여 사용자는 근로자를 해고하고자 할 때에는 적어도 30일 전에 그 예고를 하여야 하며, 30일 전에 예고를 하지 아니한 때에는 30일분 이상의 통상임금을 지급하여야 한다(근로기준법 32조). 이는 법 473조 8호에 의하여 재단채권이 된다고 해석하여야 한다.

상대방에 대한 해지 여부에 대한 최고권이 인정된다(339조, 335조 2항). 물론 고용
계약에 기간의 약정이 없는 경우에는 민법 660조에 의하여 양쪽 당사자 어느
쪽도 고용계약의 해지를 통고할 수 있다.54)

　　민법 663조의 취지는 사용자가 파산한 이상 사용자의 사업의 폐지는 불가
피하고, 파산재단으로서는 노무자의 노무의 제공을 받을 필요가 없게 되는데,
언제까지도 노무자를 고용하고 있어야 한다는 것은 부적당하므로 파산관재인에
의한 해지를 인정한 것이다. 반대로 노무자로서도 파산하여 재건의 전망이 없는
사업에 구속되면서 전직할 기회가 제한되는 것은 바람직하지 않으므로 해지에
의한 퇴직의 자유를 보장한 것이다.

　　그리고 사용자의 손해배상청구권을 부정한 것은 노무자 측으로부터의 해지
의 자유를 보장한다는 의미가 있고, 노무자의 손해배상청구권을 부정한 것은 노
무자 보호라는 관점에서는 문제이지만, 근로기준법 32조의 해고의 예고에 따른
보호에 의하여 대체될 수 있으므로 심각한 문제가 되지는 않는다고 할 것이다.

　　그런데 사용자의 파산을 둘러싸고 나타나는 문제 가운데 하나는 파산관재
인에 의한 해지(해고)가 부당노동행위로 무효가 되는가 하는 점이다. 파산은 사
업의 해체이고, 통상의 사태와는 사정을 달리하므로 부당노동행위에 해당되지
않는다고 할 것이다.55) 이 점에서 파산관재인의 해지는 권리의 남용이 되지 않
고, 달리 정당사유가 필요하지도 않다. 그러나 오로지 해고를 위하여 사용자가
파산을 이용하는 것은 부당노동행위가 된다. 그리고 해고동의(解雇同意)의 단체
협약이 있는 경우라도 파산은 사업주체가 없어지는 것이므로 단체협약이 기능
할 수 있는 상태가 아니어서 파산관재인은 이에 구속되지 않고 해지(해고)를 할
수 있다.56)

---

54) 이 경우는 상대방이 해지의 통고를 받은 날로부터 1월이 경과하면 고용계약은 종료된다(민법
　　660조 2항).
55) 마찬가지 입장으로는 선재성, "파산과 노동관계", 파산법의 제문제[上](1999), 505면; 임치용,
　　전게 "파산절차의 개시가 고용관계에 미치는 영향", 법조(2006. 9), 83면.
56) 파산선고를 받아 사업의 폐지를 위하여 그 청산과정에서 근로자를 해고하는 것은 위장폐업이
　　아닌 한 기업경영의 자유에 속하는 것으로서 파산관재인이 파산선고로 인하여 파산자 회사가
　　해산한 후에 사업의 폐지를 위하여 행하는 해고는 정리해고가 아니라 통상해고이고, 이러한 경
　　우 단체협약에 정리해고에 관하여 노동조합과 협의하도록 정하여져 있다 하더라도 파산관재인
　　은 이에 구속되지 않는다(대법원 2003. 4. 25. 선고 2003다7005 판결).

◆ **근로계약 해지가 부당노동행위에 해당한다고 볼 것인지 여부** ◆   파산법 50조 (현행법 335조에 해당)는 파산관재인에게 쌍무계약에 대한 계약해제권을 인정하고 있고, 민법 633조는 사용자가 파산선고를 받은 때에는 파산관재인은 고용기간의 약정이 있는 경우에도 고용계약을 해지할 수 있으며 이때 계약해지로 인한 손해배상을 청구하지 못한다고 규정하여 파산관재인에게 광범위한 근로계약의 해지권을 인정하고 있는바, 이는 근로계약관계가 기업의 존속을 전제로 하는 것임에 반하여 파산은 사업의 폐지와 청산을 목적으로 하는 것이어서 파산이 선고된 경우 파산관재인은 재산관리업무를 수행하는 데 필요한 한도 내에서 파산자와 제3자 사이의 법률관계를 청산하여야 할 직무상의 권한과 의무를 갖고 또 파산재단을 충실하게 관리하여야 할 의무를 부담하는 등 파산의 본질은 기본적으로 기업의 청산이고 파산관재인이 그 직무수행의 일환으로 행하는 근로계약의 해지는 근로관계가 계속되는 기업에서 행하여지는 해고와는 그 본질을 달리하는 것이어서 **파산관재인에 의한 근로계약해지는 파산선고의 존재 자체가 정당한 해고사유가 되는 것이므로 결국 근로기준법 소정의 부당해고에 관한 규정은 그 적용이 없다**고 보아야 할 것이고, 또한 부당노동행위제도는 근로자 또는 노동조합의 단결권을 보장하기 위한 것인 데 반하여 파산은 경영주체가 상실되어 단결권 등이 기능하여야 할 노사 간 힘의 불균형상태가 존재하지 아니하게 된 점, 파산관재인은 이해관계인의 이익을 조정하여야 할 일반적인 강제집행기관에 불과한 점 등을 고려하여 보면 파산제도는, 불이익취급을 방지하여 단결권 등을 보장하려는 부당노동행위제도와는 그 본질을 달리하는 것이어서 **결국 파산관재인에 의한 근로계약의 해지에는 부당노동행위 또한 성립할 여지가 없다**고 보아야 할 것이며, 파산기업이 파산선고를 받은 후 모든 사업을 즉시 폐지하지 아니하고 파산재단의 충실을 기하기 위하여 기존의 영업을 일부 계속하면서 사업장의 일부를 그대로 존치함에 따라 근로자를 계속하여 보조인으로 사용하는 경우, 파산기업이 기존의 사업장을 유지하는 것은 파산재단을 충실하게 하기 위한 잠정적인 조치이며 사업이 완료됨에 따라 사업장은 점차 축소되어 마침내는 전부 소멸하게 될 것이라는 점, 사업장이 축소됨에 따라 그때그때 수시로 정리해고를 할 경우 그 정리해고의 정당성을 둘러싼 분쟁으로 인하여 파산절차의 신속한 진행이 어려워지고 임금채권이 과다하게 발생하는 등으로 인하여 종국적으로는 파산재단의 건전성이 해쳐질 염려가 있는 점, 현행 파산 관계법이 법 50조와 민법 633조 이외에 일정한 경우 정리해고의 기준을 적용하여 근로계약을 해지하여야 한다는 예외적인 조항을 두지 않고 있는 점 등에 비추어 보면, 파산법인이 청산절차와 병행하여 기존의 사업을 계속한다고 하더라도 파산관재인에게 근로관계의 해지에 관한 광범위한 재량을 부여하여 탄력적으로 근로관계를 유지하도록 함으로써 파산절차의 신속과 파산재단의 충실을 기하도록 하는 것이 바람직하다고 할 것이므로 결국 근로기준법 제31조 소정의 정리해고에 관한 규정의 적용도 배제된다고 판단한 다음, 참가인이 파산선고를 받은 회사의 파산관재인으로 선임되자 즉시 근로자들과의 고용관계를 청산하면서 원고와 선정자들을 포함한 32명의 근로자들에 대하여는 즉시해고를, 나머지 근로자들에 대하여는 해고예고 절차를 거쳐 해고한 후 별도로 1,804명의 신청자들 중에서 1,680명을 선별하여 기간 1년

으로 정한 보조인임용계약을 체결하였는데, 이는 실질적으로는 파산기업 소속 근로자 전원에 대한 근로계약을 해지하였다가 그중 일부를 선별하여 파산관재인의 계약직 보조인으로 고용한 것과 다름없어서, 이는 기업의 청산을 위한 파산절차의 신속한 진행과 파산재단의 충실이라는 파산제도의 본질에 비추어 파산관재인이 직무수행의 일환으로 자신에게 부여된 권한과 재량의 범위 내에서 적절하게 행한 것으로 정당하다고 봄이 상당하다고 할 것이고 이러한 근로계약의 해지가 **부당해고나 부당노동행위에는 해당되지 않는다**고 할 것이다.[57]

② 해지한 경우의 임금채권 등의 보호   8-41

해고 또는 퇴직한 근로자의 급료, 퇴직금 및 재해보상금은 파산선고 전 부분인지, 후 부분인지 불문하고 재단채권이 된다(473조 10호). 다만, 그 전액을 재단채권으로 하는 것은 문제가 있으므로 앞으로 입법적 검토가 필요하다(☞ 7-22).

그런데 이를 둘러싸고 다음과 같이 해석상 검토할 문제가 있다.[58] 파산선고 전에 발생한 조세 등의 청구권에 대하여 법 473조 2호에서 재단채권으로 규정하고 있고, 한편 근로기준법상 근로자의 임금채권 등을 보호하려는 입법취지에서, 근로기준법 38조 제1항에서 임금·재해보상금 기타 근로관계로 인한 채권은 사용자의 총재산에 대하여 질권 또는 저당권에 의하여 담보된 채권을 제외하고는 조세·공과금 및 다른 채권에 우선하여 변제되어야 하고, 다만 질권 또는 저당권에 우선하는 조세·공과금에 대하여는 그러하지 않다고 규정하고 있는데 (퇴직금에 대하여는 근로자퇴직급여보장법 12조 1항에 마찬가지 규정이 있다), 이와 관련하여 우선, 위 조세 등의 청구권에 대한 법 473조 2호와 임금채권 등에 대한 같은 조 10호 및 근로기준법 38조 1항(및 근로자퇴직급여보장법 12조 1항)이 충돌하는 문제와 다음으로 파산재단부족의 경우에 재단채권인 임금채권, 조세채권 서로 사이의 우열관계의 문제(477조 참조)가 생긴다.

나아가 근로기준법 38조 2항에서는 위 1항의 규정에도 불구하고 최종 3월분의 임금, 재해보상금은 사용자의 총재산에 대하여 질권 또는 저당권에 의하여 담보된 채권, 조세·공과금 및 다른 채권에 우선하여 변제되어야 한다고 규정하여 (최종 3년간의 퇴직금에 대하여는 근로자퇴직급여보장법 12조 2항에 마찬가지 규정이 있다)

---

57) 대법원 2004. 2. 27. 선고 2003두902 판결[미간행]. 이 판결에 대한 해설로는 이창형, 대법원 판례해설(제49호, 2004. 12), 880면 이하 참조.
58) 이에 대한 자세한 검토는 유남영, "파산절차와 임금", 법조(2001. 3), 56면 이하 참조.

최우선변제권을 인정하고 있다.

　　물론 파산절차에 있어서 임금채권 등은 도산법상으로 앞에서 언급한 바와 같이 재단채권이 된다(473조 10호). 이와 관련하여 첫째, 근로기준법 38조 2항(및 근로자퇴직급여 보장법 12조 2항)의 입법취지에 비추어 임금채권 등에 대한 최우선 변제를 주장하여 별제권자(411조)를 배제시킬 수 있는가가 문제가 된다.59) 둘째, 파산재단이 재단채권의 총액을 변제하기에 부족한 경우에 재단채권 서로 사이의 우열관계에 대한 문제이다(☞ 7-30). 즉, 도산법상으로 파산절차에 있어서는 담보물권부 재단채권에 우선순위가 인정되는데(477조 1항 단서), 여기서 근로기준법 38조 2항(및 근로자퇴직급여보장법 12조 2항)의 입법취지를 살린다면 담보물권부 재단채권에 우선하여 그러한 담보물권의 실행절차에서 배당요구신청을 하거나 그 밖의 권리행사를 할 수 있는가가 문제이다. 앞으로 관계 법률을 면밀히 검토하여 서로 사이의 관계를 정비할 필요가 있다.

◈ **임금채권보장법** ◈　사업주가 파산한 경우에 지급 받지 못한 임금 등에 대하여 임금채권보장법에 의하여 일정한 범위에서 국가가 사업주를 대신하여 임금채권보장기금에서60) 근로자에게 지급하고(체당금이라 한다) 사후에 그 변제금을 사업주로부터

---

59) 근로기준법의 취지를 도산법에서도 살리기 위해서 위 임금채권 등은 별제권보다 우선한다는 규정을 신설하여야 한다는 입장으로는 김용대, "파산법상 임금채권과 조세채권, 별제권 있는 채권의 순위문제", 형평과 정의(1999), 61면. 그리고 하급심 재판례인 대전고등법원 2000. 9. 6. 선고 2000나1257 판결은 파산법상의 변제순위는 파산관재인이 파산재단으로 변제하는 경우의 순위를 정해 놓은 것이고, 별제권 행사에 따른 경매절차는 파산선고에 의하여 중단되지 아니하므로, 별제권 행사에 따른 경매절차에 있어서 경매법원은 민사집행법이 정한 순서와 절차에 따라 배당하는 것이 합리적이며, 파산재단에 속하는 부동산에 대한 경매절차라고 하여 파산법상의 변제순위에 따라 배당하여야 하는 것은 아니라 할 것이다. 근로기준법 제37조 제2항에 의하여 최우선변제권의 범위에 속하는 임금 및 퇴직금 채권은 사용자의 총재산에 대하여 저당권 등에 의하여 담보된 채권, 조세 등에 우선하고, 또한 국세의 '법정기일' 전에 설정된 근저당권은 국세에 우선하는 것이므로, 이에 따라 경매법원이 같은 취지에서 근로기준법 제37조 제2항의 최우선변제권의 범위에 속하는 임금 및 퇴직금을 조세채권보다 우선한다고 보아 파산선고 후 파산관재인에게 배당한 것은 결국 적법하다고 판단하였다(이에 대하여 원고가 상고하였으나, 대법원 2001. 1. 20. 선고 2000다54389 판결은 심리불속행으로 상고기각하였다). 이 판결에 대하여 자세히는 김태현, "담보권에 우선하는 채권의 파산선고 후 지위 — 최우선변제 임금채권과 별제권의 관계를 중심으로 —", 재판과 판례(제11집, 2002. 12). 414면 이하 참조.

60) 사업주가 파산선고를 받은 이후에 파산관재인이 영업의 일부를 계속하고 이를 위하여 파산선고를 이유로 해고한 직원 중 일부를 다시 보조자로 선임하여 근로를 제공받는 경우에, 보조자들의 임금채권은 재단채권의 하나에 해당되어 체불될 가능성이 비교적 낮다고 할 수는 있으나, 임금 체불의 가능성이 전혀 없다고 단정할 수는 없는 것이어서, 도산 등 사실인정의 사유가 발생할 가능성은 여전히 있다고 보아야 하고, 이러한 사정이 발생하면 근로자의 신청에 따라 지방노동관서의 장의 도산 등 사실인정을 받을 수 있고, 이는 기존의 파산선고와는 별도의 체당금 지

환수한다(임금채권보장법 6조 1항). 체당금의 범위는 원칙적으로 퇴직일 또는 사실상 근로관계의 종료일로부터 소급하여 최종 3개월분의 임금, 최종 3개월분의 휴업수당, 최종 3년간의 법정퇴직금(90일분의 평균임금)이다(동법 동조 2항).

③ 단체협약   8-42

단체협약은 사용자와 노동조합 사이의 계약으로 법적 구속력을 가지며, 각 조항이 사용자와 조합원에게 각종의 의무를 부과하고 있다. 파산선고시를 기준으로 양쪽에게 의무이행의 여지가 남아 있으므로 단체협약은 일반적으로 쌍방미이행의 쌍무계약이라고 풀이하여(즉, 법 335조 1항의 적용이 있다) 파산관재인이 이행이나 해제(해지)의 선택권을 가진다고 본다. 즉, 파산관재인은 법 335조에 따라 단체협약을 해지할 수 있다.[61] 그러나 회생절차에서는 이 점에 특칙을 두어 관리인의 선택권을 부정하고 있다(119조 4항). 즉, 관리인은 단체협약을 이행하여야 한다. 파산절차와는 달리 회생절차는 채무자의 존속, 재건을 목적으로 하므로 노사관계에 있어서도 가능한 한 종래의 노사관계를 유지·존속할 필요가 있고, 관리인에게 해지권을 인정하면 오히려 노사관계를 혼란시킬 우려가 있다는 판단이 그 취지라고 할 수 있다.[62]

2) 노무자의 파산   8-43

고용계약은 노무자로서는 일신전속적인 계약이고, 자기 및 가족의 생계를 유지하는 수단이다. 그 체결이나 계속은 노무자의 자유의사에 따를 성질이고, 파산관재인에게 이행을 선택시켜 강제할 성질이 아니다. 또한 다른 정당한 해고 사유가 없음에도 파산을 이유로 노무자의 의사에 반하여 고용계약을 해지하는 것은 채무자 회생이라는 도산법의 목적에 어긋난다(고용상의 차별적 취급의 금지에 대하여는 ☞ 3-70). 그리고 민법이 노무자의 파산에 대하여 아무런 특칙을 두고

<hr/>

급사유가 되는 것이므로, 파산선고가 있은 후에라도 파산관재인으로서는 임금채권 부담금을 납부할 의무가 있는 사업주에 해당한다(대법원 2001. 2. 23. 선고 2000두2723 판결).

61) 찬성하는 입장으로는 임치용, 전게 "파산절차의 개시가 고용관계에 미치는 영향", 70면. 이에 대하여 이행이나 해제 가운데 어느 하나를 선택할 권리는 없으며, 기존의 단체협약은 일단 유효하게 존속한다는 입장으로는 박승두, "도산절차의 진행이 근로관계에 미치는 영향", 인권과정의 (2003. 6), 99면. 한편 단체협약의 규범적 부분(근로조건 그 밖의 근로자의 대우에 관한 부분)은 해지할 수 없으나, 사용자와 노동조합 사이의 채무적 부분(평화조항, 유일교섭단체조항, 조합활동조항 등)은 해지할 수 있다는 입장으로는 윤창술, "파산절차에서의 단체협약과 근로계약", 인권과정의(2000. 1), 77면.

62) 다만, 회사가 경제적 파탄에 직면하여 회사에 지나치게 불리한 단체협약을 체결한 경우에도 관리인은 이를 해지할 수 없는 경우는 문제라는 지적도 있다.

있지 않은 것은 노무자가 파산선고를 받더라도 고용계약에 법률상 영향이 없다는 취지로 풀이할 수 있다. 결국 노무자의 파산의 경우에는 법 335조의 적용도 부정된다.63) 이렇게 노무자의 파산이 고용계약에 아무런 영향이 없다고 본다면 파산선고 후에 고용계약에 기하여 제공한 노무의 대가로서 노무자에게 지급되어야 할 임금은 파산선고를 받은 채무자(노무자)의 자유재산(내지는 신득재산)이 된다. 다만, 퇴직금에 대하여는 문제가 있는데, 이에 대하여는 설명하였다(☞ 5-11).

8-44   ### (5) 도급계약

도급은 당사자 일방이 어느 일을 완성할 것을 약정하고 상대방이 그 일의 결과에 대하여 보수를 지급할 것을 약정함으로써 그 효력이 생긴다(민법 664조). 수급인은 일의 완성의무를 부담하고(일의 완성의무는 선이행의무이고, 완성된 목적물의 인도와 보수지급이 동시이행의 관계에 있다), 도급인은 이 일의 대가에 대하여 보수의 지급의무를 부담하므로 일의 완성 전에, 또한 보수의 전액이 지급되기 전에 도급인과 수급인 가운데 어느 한쪽이 파산선고를 받는다면 양쪽 모두 이행을 미완료한 쌍무계약에 해당된다.64)

8-45   ### 1) 도급인의 파산

> 제335조(쌍방미이행 쌍무계약에 관한 선택) ... ② 제1항의 경우 상대방은 파산관재인에 대하여 상당한 기간을 정하여 그 기간 안에 계약의 해제 또는 해지나 이행 여부를 확답할 것을 최고할 수 있다. 이 경우 파산관재인이 그 기간 안에 확답을 하지 아니한 때에는 계약을 해제 또는 해지한 것으로 본다.
>
> 제339조(「민법」상의 해지 또는 해제권이 있는 경우) 제335조제2항의 규정은 「민법」 제637조(임차인의 파산과 해지통고), 제663조(사용자파산과 해지통고) 또는 제674조(도급인의 파산

---

63) 마찬가지 입장으로는 선재성, 전게 "파산과 노동관계", 532면.
64) 이미 공사가 완성되었다면 특별한 사정이 있는 경우를 제외하고는 이제 더 이상 공사도급계약을 해제할 수는 없다고 할 것인바(민법 668조 단서 참조), 수급인이 파산선고를 받기 전에 이미 건물을 완공하여 인도함으로써 건축공사 도급계약을 해제할 수 없게 되었다면, 수급인은 도급인에 대한 도급계약상의 채무를 전부 이행한 것으로 보아야 하고, 수급인이 하자보수의무를 부담하는 경우라도 그 도급계약은 파산선고 당시에 쌍방 미이행의 쌍무계약이라고 할 수 없으므로 법 335조를 적용할 수 없다(대법원 2001. 10. 9. 선고 2001다24174, 24181 판결). 그런데 오히려 위 판결의 원심인 서울고등법원 2001. 3. 19. 선고 2000나18754, 18761 판결에서는 건축도급계약에 있어서 동시이행의 관계에 있는 도급인의 공사대금지급의무와 수급인의 하자보수의무가 각각 이행되지 못하고 있는 동안 계약당사자의 일방인 수급인이 파산선고를 받은 경우, 그 도급계약은 쌍방 미이행 쌍무계약에 해당하고, 도급인이 갖는 하자보수비 상당의 손해배상채권은 법 473조 7호의 재단채권이 된다고 판단하였다.

과 해제권)제1항의 규정에 의하여 상대방 또는 파산관재인이 갖는 해지권 또는 해제권의 행사에 관하여 준용한다.

민법 제674조(도급인의 파산과 해제권) ① 도급인이 파산선고를 받은 때에는 수급인 또는 파산재인은 계약을 해제할 수 있다. 이 경우에는 수급인은 일의 완성된 부분에 대한 보수 및 보수에 포함되지 아니한 비용에 대하여 파산재단의 배당에 가입할 수 있다. ② 전항의 경우에는 각 당사자는 상대방에 대하여 계약해제로 인한 손해의 배상을 청구하지 못한다.

이 경우에는 따로 민법 674조에서 도급인의 파산에 대한 특칙을 두고 있으므로 일반규정인 법 335조의 적용은 없고, 민법 674조가 적용된다.65) **판례**도 마찬가지 입장이다.66)

민법 674조 1항 전단에서 **도급인이 파산선고**를 받은 때에는 수급인 또는 파산관재인은 계약을 **해제**할 수 있다고 규정하고 있으므로 도급인의 파산관재인뿐만 아니라, 수급인도 계약을 해제할 수 있다(반면, 회생절차에 대하여는 따로 민법에 특별규정은 없으므로, 위 민법 674조의 적용이 없고, 법 119조의 일반규정에 의하여67) 관

---

65) 박병대, 전게 "파산절차가 계약관계에 미치는 영향", 475면. 그러나 이렇게 민법 674조(일본 민법 642조에 해당)를 존중하는 입장에 대하여 일본에서는 최근 반대설도 나타나고 있다. 즉, 임차인 파산의 경우와 마찬가지 문제로, 파산자의 상대방인 수급인에게까지도 당연히 해제권을 부여할 이유는 없고, 파산관재인이 계약의 이행을 선택한 때에는 수급인이 갖는 보수청구권은 재단채권으로 보호되어 변제를 확보한다면 충분하고, 다른 미이행 쌍무계약의 상대방 이상으로 수급인을 보호해야 할 합리적인 이유가 없다. 또한 수급인의 손해배상청구권을 파산채권조차로도 인정하지 않는 것은 합리적 이유가 없다고 비판한다. 따라서 민법 674조의 적용을 부정하고, 도산법 335조로 처리하여야 한다고 주장한다(伊藤眞, 破産法, 240면). 그런데 2005년 시행의 일본 신파산법과 함께 성립·공포된 파산법의 시행에 따른 관계 법률의 정비 등에 관한 법률에서는 위 민법 642조(우리 민법 674조에 해당)를 유지하면서도, 후술하듯이 수급인의 손해배상청구권 부분에 관한 개정이 있었다(일본 민법 642조 2항).

66) 대법원 2002. 8. 27. 선고 2001다13624 판결. 파산법 50조(현행 도산법 335조)의 적용 유무에 관한 최초의 판결이라는 점에서 의미가 있다는 판례해설로 이동원, "도급인이나 위임의 당사자 일방이 파산한 경우 파산법 제50조 제1항의 적용 여부", 대법원판례해설(2002년 하반기), 200면; 김종기, "도급이나 위임의 당사자 일방이 파산선고를 받은 경우 파산법 제50조 제1항의 적용 여부", 판례연구(제15집, 2004. 2), 442면. 또한 도급인이 파산선고를 받은 경우에 도급계약의 해제는 해석상 장래에 향하여 도급의 효력을 소멸시키는 것을 의미하고 원상회복은 허용되지 아니하므로, 당사자 쌍방이 이행을 완료하지 아니한 쌍무계약의 해제 또는 이행에 관한 법 337조가 적용될 여지가 없다(대법원 2017. 6. 29. 선고 2016다221887 판결).

67) 노영보, 222면; 전대규, 274면. 한편, 회생절차는 재정적 어려움으로 파탄에 직면해 있는 채무자에 대하여 채권자 등 이해관계인의 법률관계를 조정하여 채무자 또는 사업의 효율적인 회생을 도모하는 것을 목적으로 하는 반면, 파산절차는 회생이 어려운 채무자의 재산을 공정하게 환가·배당하는 것을 목적으로 한다는 점에서 차이가 있기는 하나, 이러한 목적을 달성하기 위하여 절차개시 전부터 채무자의 법률관계를 합리적으로 조정·처리하여야 한다는 점에서는 공통되고, 미이행계약의 해제와 이행에 관한 규정인 법 121조와 337조의 규율내용도 동일하므로, 파산절차에 관한 특칙인 민법 674조 1항은 공사도급계약의 도급인에 대하여 회생절차가 개시된

리인만이 계약을 해제할 수 있다). 그 취지에 대하여 수급인으로서는 그 일에 대한 보수청구권의 만족을 받는 것이 매우 곤란하므로 계약을 해제할 수 있는 것은 당연하고, 한편 도급인의 파산관재인으로서는 수급인에게 채무불이행의 책임이 없더라도 보수지급의무가 증대하는 것을 방지하고, 파산재단의 감소를 초래하지 않기 위하여 계약의 해제를 하는 것이 허용된다고 설명한다.68) 여기서 해제라는 용어가 사용되고 있으나, 그 조문의 해석상 장래에 향하여 도급의 효력을 소멸시키는 것을 의미한다.69) 위와 같이 계약이 해제되는 경우에 민법 674조 1항 후단에서 수급인은 이미 일의 완성된 부분에 대한 보수 및 보수에 포함되지 않는 비용에 대하여는 **파산채권자**로 파산재단의 배당에 가입할 수 있다고 규정하고 있으므로 그 반면에 이미 행하여진 일의 결과(미완성건물 등)는 도급인 측, 다시 말하면 **파산재단에 귀속**하게 된다. 도급의 일반원칙에 따르면 수급인은 일을 완성하지 않는 한 보수를 청구할 수 없지만, 자기의 책임이 없는 도급인의 파산으로 계약이 해제되는 경우에는 수급인의 보호를 위하여 위와 같이 수급인은 파산선고시까지 한 일의 기성고(旣成高) 비율에 따른 보수청구권과 보수에 포함되지 않는 비용상환청구권을 취득하게 되고, 반면 이미 한 일의 결과인 제작 중인 목적물의 소유권은 파산재단에 속하도록 한 것이다.70)

그리고 위 파산채권으로 처리되지 못하는 손해(가령 이행이익)가 계약의 해제로 생긴 경우라도 민법 674조 2항은 어느 쪽의 손해배상청구권도 부정하고 있다. 그리하여 수급인은 손해배상청구권(가령 예정대로 공사가 완성되었다면 얻을 수 있었을 수급인의 일실영업이익)을 파산채권으로 행사할 수 없다.71) 이와 같이 각 당사

경우에도 유추적용할 수 있다고 한다(대법원 2017. 6. 29. 선고 2016다221887 판결).

68) 齊藤秀夫・麻上正信・林屋礼二 編, 注解破産法(上卷)[吉永順作 집필], 328면.

69) 위 대법원 2002. 8. 27. 선고 2001다13624 판결.

70) 일본 재판례도 도급계약이 민법 674조 1항의 규정에 의하여 해제된 경우에는 수급인은 이미 행한 일의 보수 및 이에 포함되지 않는 비용에 대하여 파산재단의 배당에 가입할 수 있는 것인데, 그 반면에 이미 행하여진 일의 결과는 파산재단에 귀속하는 것으로 풀이하는 것이 상당하다고 판시한 바 있다(最判 1978年(昭和 53年) 6月 23日, 倒産判例百選[第5版](78사건), [金子宏直 해설] 참조). 실질적으로 이행선택을 한 것과 마찬가지 효과를 얻으면서 반대채권인 수급인의 보수채권은 파산채권으로 행사할 수 있는 것에 머무를 수밖에 없으므로 수급인에게 현저한 불리한 결과가 된다. 그리하여 이러한 경우에는 일정한 제약이 있어서 민법 647조 1항에 의하여 파산관재인이 도급계약을 해제할 수 있는 여지가 없다고 본 일본 東京地判 2000年(平成 12年) 2月 24日이 있다.

71) 그런데 쌍방 미이행의 쌍무계약에 관한 일반규정에 따르면, 파산관재인이 계약을 해제한 때에는 상대방은 그 손해배상에 대하여 파산채권자로 그 권리를 행사할 수 있다(337조 1항). 이에 대하여 민법 647조 2항이 각 당사자의 손해배상청구를 인정하지 않는 것은 나름대로 손해배상

자가 해제에 의한 손해배상을 청구할 수가 없는 것, 그리고 상대방에 대하여 해제할 것인지 여부의 확답을 최고할 수 있는 것(339조, 335조 2항)은 고용계약에 있어서 사용자의 파산의 경우와 마찬가지이다.

한편, 도급인의 파산의 경우에 계약이 해제되지 않고 파산선고 후에 **일이 완성된 경우**에는 완성된 일의 결과는 파산재단에 속하고, 수급인의 보수청구권은 전액 재단채권이 된다(473조 4호 또는 7호 참조).

2) 수급인의 파산

8-46

> **제337조(파산관재인의 해제 또는 해지와 상대방의 권리)** ① 제335조의 규정에 의한 계약의 해제 또는 해지가 있는 때에는 상대방은 손해배상에 관하여 파산채권자로서 권리를 행사할 수 있다. ② 제1항의 규정에 의한 계약의 해제 또는 해지의 경우 채무자가 받은 반대급부가 파산재단 중에 현존하는 때에는 상대방은 그 반환을 청구하고, 현존하지 아니하는 때에는 그 가액에 관하여 재단채권자로서 권리를 행사할 수 있다.
>
> **제341조(도급계약)** ① 채무자가 도급계약에 의하여 일을 하여야 하는 의무가 있는 때에는 파산관재인은 필요한 재료를 제공하여 채무자로 하여금 그 일을 하게 할 수 있다. 이 경우 그 일이 채무자 자신이 함을 필요로 하지 아니하는 때에는 제3자로 하여금 이를 하게 할 수 있다. ② 제1항의 경우 채무자가 그 상대방으로부터 받을 보수는 파산재단에 속한다.

일이 완성되기 전에 수급인이 파산한 경우에 있어서는 도급인이 파산한 경우와는 달리 민법에 따로 특칙이 없다. 한편, 법 341조에서는 수급인의 파산과 관련하여 파산관재인이 채무자(수급인)로 하여금 일을 하게 할 수 있다는 규정을 두고 있는데, 이는 수급인이 파산한 경우에 있어서 법 335조의 적용이 있을 것인지 여부에 관한 직접적 규정이라고 할 수 없으므로 법 335조의 적용의 유무에 대하여 다툼이 있다. 앞으로 아래와 같은 해석의 대립을 입법적으로 해결하여 분명히 하여야 할 것이다.[72]

책임 때문에 위축되어 해제권을 행사하지 못할 것을 염려한 것이지만, 한편 도급인의 파산의 경우에만 달리 취급할 이유는 없으므로 파산관재인이 도급계약을 해제한 경우에는 수급인에 의한 손해배상청구를 파산채권으로 행사하는 것을 인정하여야 할 것이다. 2005년 시행의 일본 신파산법과 함께 성립·공포된 「파산법의 시행에 따른 관계 법률의 정비 등에 관한 법률」에 의하여 일본 민법 642조 2항(우리 민법 674조 2항에 해당)은 수급인이 손해배상을 청구할 수 있다고 변경되었다. 다만, 이는 파산관재인이 계약을 해제한 경우만이고, 수급인이 계약을 해제한 경우에는 종전과 마찬가지이다.

[72] 2005년 시행의 일본 신파산법에서는 우리 법 341조에 해당하는 규정인 일본 구파산법 64조의 의의가 불분명하고 오히려 혼란을 가져온다는 지적이 있었으므로 이를 삭제하고 그에 대체되는 특별한 규정을 둘 필요가 없다고 보아 수급인의 파산에 관한 규정을 따로 두지 않았다. 그러므로 여전히 법 335조의 적용 여부, 즉 파산관재인이 이행과 계약의 해제의 선택권을 가지는가에

8-47   ① 적용부정설

　　우선, 도급은 개인적 노무의 제공을 목적으로 하는 계약이고, 자신의 자유
로운 의사에 따라 노무의 제공을 하여야 할 것이므로 수급인이 파산하더라도
그 계약관계는 파산재단과 관계가 없어 파산선고의 영향을 받지 않고, 채무자가
파산선고 후에 일을 완성한 때에는 그 보수청구권은 채무자의 자유재산이 되는
것이고, 결국 법 335조의 적용은 없다는 입장(적용부정설)이 있다.[73] 이 입장에서
는 파산관재인이 채무자 또는 제3자에게 일을 완성시킬 수 있고, 그 상대방으로
부터 받을 보수청구권은 파산재단에 속한다는 법 341조에 대하여 파산재단을
위하여 파산관재인에게 도급계약의 **개입권**을 인정한 것으로 이해한다. 이는 몇
가지 소수의 도구만으로 노무를 제공하고, 보수는 후불인 고전적 의미에서의 도
급을 염두에 두었다고 볼 수 있는 입장으로 오늘날 법인에 대한 건축도급과 같
은 경우의 실태에 비추어 타당하지 않다고 생각한다.

8-48   ② 이 분 설

　　최근에는 도급계약 가운데에는 법 335조가 적용되는 것과 적용되지 않는
것이 있다고 보는 입장(이분설)이 일반적으로 지지를 받고 있다. 구별의 기준에
있어서, 도급이 수급인 자신의 개인적 노무의 제공을 내용으로 하는 경우나 비
대체적(非代替的)인 경우에는 위 적용부정설과 마찬가지로 법 335조의 적용을
부정하고, 그 밖의 경우, 특히 법인이 수급인인 경우에는 법인이 재단소속 재산
에서 이탈하여 일을 완성할 의무를 이행하는 경우는 있을 수 없으므로 법 335조
의 적용을 긍정하여야 한다고 본다.[74] **판례**도 이러한 이분설의 입장이라고 할
수 있다. 즉, 도급계약에 관하여 법 335조의 적용을 제외하는 취지의 규정이 없
는 이상, 해당 도급계약의 목적인 일이 **채무자 이외의 사람이 완성할 수 없는
성질**의 것이어서 파산관재인이 채무자의 채무의 이행을 선택할 여지가 없는 때
가 아닌 한, 법 335조의 적용을 제외하여야 할 실질적인 이유가 없다고 보았
다.[75] 위 판례와 같이 해당 도급계약의 목적인 **일의 성질상 채무자 이외의 사람**

　　대하여 해석에 맡겨져 있다.

73) 山木戸克己, 破産法, 125-126면.

74) 노영보, 223면; 전대규, 1140면. 박병대, 전게 "파산절차가 계약관계에 미치는 영향", 478-479
　　면도 기본적으로 이러한 입장이다. 다만, 宗田親彦, 破産法概說, 181면은 구별의 기준을 청산이
　　필요한지 여부에서 구한다. 즉 청산이 필요하면 적용을 긍정한다.

75) 대법원 2001. 10. 9. 선고 2001다24174, 24181 판결. 이 판결의 해설로는 이균용, "수급인의
　　파산과 파산법 제50조의 적용 여부", 대법원판례해설(제38호, 2001년 하반기), 487면 이하; 류

에 의하여도 완성될 수 있는지 여부가 법 335조의 적용 여부의 구별의 기준이 된다는 입장이 합리적이다. 즉, 일의 성질상, 채무자 이외의 사람에 의하여도 완성될 수 있다면 법 335조의 적용을 긍정하고, 도급계약의 목적인 일이 채무자 이외의 사람이 완성할 수 없는 성질이라면 법 335조의 적용을 부정한다. 도급계약의 목적인 일이 채무자만이 완성할 수 있는 비대체적인 경우에 만약 법 335조의 적용을 긍정하여 파산관재인이 일방적으로 계약을 해제할 수 있다고 한다면, 도급인으로서는 일이 미완성인 상태로 중단되어 달리 계약의 목적을 달성할 방법이 없게 되어 부당하므로 법 335조의 적용을 배제하는 것이다.

　일의 성질상 법 335조가 적용되는 것과 적용되지 않는 것이 있다고 보는 이러한 입장(이분설)에서 **법 335조가 적용되는 경우**에 파산관재인이 **이행을 선택**한 때에는 파산관재인의 관리처분권에 기하여 채무자 또는 제3자로 하여금 일을 완성시키고, 그에 따른 도급인에 대한 보수청구권은 파산재단의 재산이 되고(473조 4호), 도급인의 일의 완성을 구하는 청구권은 재단채권이 된다(473조 7호). 반면, 파산관재인이 **해제를 선택**한 때에는 도급인은 이미 지급한 금원이나 제공한 재료 또는 그 가액을 재단채권으로(337조 2항) 또는 손해에 관하여 손해배상청구권을 파산채권으로 청구할 수 있게 된다(동조 1항). 그리고 법 335조가 적용되지 않는 경우에도 법 341조에 의하여 파산관재인이 개입할 수 있다.

◆ **구체적 예** ◆ 甲은 2018. 5. 1. 건축업자 乙에게 2억 원에 2019. 1. 31.까지 완성·인도의 약정으로 甲의 주택의 개축공사를 도급을 주면서 乙에게 대금으로 미리 1억 원을 지급하였다. 그러나 개축공사 완성 전(공사기성고 40%)인 2018. 11. 30. 乙에게 파산선고가 내려져 X가 파산관재인으로 선임되었다. 이 경우에 甲 및 乙의 파산관재인 X는 각각 어떠한 청구를 할 수 있는가. 판례의 입장을 전제로, 甲·乙 사이의 도급계약의 목적인 일은 주택의 개축공사이고, 이는 乙이 아니라도 일을 완성시킬 수 있다. 따라서 위 계약에는 법 335조가 적용되어, 甲은 도급계약을 해제하거나 또는 乙의 채무를 이행하여 甲에게 채무의 이행을 청구할 수 있다. 그런데 甲은 이미 이행한 부분에 대하여는 계약을 해제할 수 없다고 보아야 한다. 甲의 해제는 미이행 부분만을 대상으로 하는 일부해제가 되고, 이미 이행한 부분에 대하여는(공사기성고 40%) 해제할 수 없다. 甲은 이미 이행한 부분을 넘는 선급금(2,000만 원)에 대하여는 원상회복청구로 반환청구권을 가진다. 이 선급금반환청구권에 대하여 법 337조

수열, "도급계약에 있어서 파산법 제50조의 적용 여부", 판례연구(제14집, 2003), 679면 이하 참조. 일본 最判 1987年(昭和 62年) 11月 26日(倒産判例百選[第5版](79사건), [田邊誠 해설] 참조)도 마찬가지이다.

2항이 적용되어 재단채권이 되는지 여부가 문제되는데, 동시이행관계가 아닌 선급금
반환청구권에 대하여는 그 적용은 없다는 입장이 있으나, 법 337조 2항은 파산관재
인에게 해제권이 주어진 것과의 공평에 기하여 상대방이 가지는 채권을 재단채권화
한 것이고, 또한 선급금은 원재료의 자금으로 되고 있는 상황에서 파산재단의 이익
이 된다. 그렇다면 선급금반환청구권에 대하여 법 337조 2항이 적용되어 재단채권이
된다고 풀이할 것이다. 甲이 가지는 2,000만 원의 선급금반환청구권은 재단채권이
되고, 甲은 X에 대하여 언제라도 우선적 변제를 청구할 수 있다(475조). 한편, X가
이행을 선택한 경우에는 X는 乙 또는 제3자에게 미완성의 일을 완성시켜 그 보수의
지급을 甲에게 청구할 수 있다. 이 보수청구권은 파산재단에 속하고(473조 4호), X는
甲에게 1억 원의 지급을 청구할 수 있다. 한편, 계약의 상대방이 가지는 청구권은
재단채권이 된다(473조 7호).

8-49   ③ 전면적용설

한편, 이에 대하여 도급이 수급인 자신의 개인적 노무의 제공을 내용으로
하는 경우도 포함하여 모든 경우에 법 335조를 적용하려는 입장(전면적용설)도
있다. 이 입장에서는 법 341조는 파산관재인이 이행을 선택한 경우에 채무자에
게 이행을 속행시키거나, 채무자가 이행을 거절한 때에 제3자로 하여금 이행을
시키는 등에 대한 방법을 주의적으로 정한 것에 지나지 않는다고 설명한다.[76]

(6) 그 밖의 쌍무계약

8-50   1) 보험계약

보험계약은 손해보험이든 생명보험이든 쌍무계약이고, 보험기간중에 당사
자의 한쪽이 파산선고를 받으면 쌍방 미이행의 쌍무계약이 된다(다만, 손해보험의
경우에는 보험료를 미리 전액 지급하는 경우가 많은데, 이 경우에는 보험계약자 측의 이행은
완료한 것으로 여기서 제외된다). 주로 보험계약자의 이익보호의 관점에서 상법에 특
칙이 있다.

8-51   ① 보험자(보험회사)의 파산

보험자가 파산선고를 받은 때에는 보험계약자는 계약을 해지할 수 있다(상
법 654조 1항). 파산관재인은 해지할 수 없다. 보험계약자로부터 해지가 없더라도
파산선고 후 3월을 경과한 때에는 보험계약은 그 효력을 잃는다(동조 2항). 이는
보험계약자의 이익을 보호하고 보험계약의 간이·신속한 처리를 목적으로 하는
특칙이므로 법 335조의 적용은 없다.

---

76) 伊藤眞, 破産法[全訂第3版], 242-243면.

② 보험계약자의 파산　　　　　　　　　　　　　　　　　　　　　　　8-52

이 경우에 대하여는 상법상 특칙이 없으므로 계약이 쌍방 미이행의 상태에 있는 한 법 335조에 의하여 처리된다(회생절차에서도 마찬가지로 법 119조에 의하여 규율된다). 따라서 파산관재인이 이행 또는 해제에 대한 선택권을 가진다. 그런데 앞에서도 보았듯이 손해보험의 경우에는 보험료를 미리 전액 지급하는 경우가 많으므로 보험계약자 측의 이행은 완료한 것으로 쌍무계약에서 제외되고, 실제 문제가 되는 것은 개인파산에 있어서 생명보험계약의 취급이다.

일반적으로 파산관재인은 생명보험계약의 해약반환금을 재단에 혼입하기 위하여 해제를 선택하여 해약반환금을 청구하려고 할 것이다. 다만, 해약반환금이 소액임에도 불구하고 기계적으로 보험계약을 해제하면 사고시에 보험계약자의 생활보장의 여지를 빼앗는 것이 되므로 운용론으로서는 해약반환금이 소액인 경우에는 파산관재인은 권리를 포기하여(492조 12호) 해제를 삼가야 한다고 생각한다.77)

한편, 예외적으로 이행을 선택하여 보험계약이 존속하는 경우에는 그것이 다른 사람을 위한 보험인 때에는 보험자는 그 다른 사람인 피보험자 또는 보험금 수취인에 대하여 보험료의 청구를 할 수 있다. 다만, 이들은 자기의 권리를 포기한다면 보험료의 지급의무도 면한다(상법 639조 3항).

2) 거래소의 시세 있는 상품의 정기매매　　　　　　　　　　　　　8-53

> 제338조(거래소의 시세있는 상품의 정기매매) ① 거래소의 시세있는 상품의 매매에 관하여 일정한 일시 또는 일정한 기간 안에 이행을 하지 아니하면 계약의 목적을 달성하지 못하는 경우 그 시기가 파산선고 후에 도래하는 때에는 계약의 해제가 있은 것으로 본다. 이 경우 손해배상액은 이행지에서 동종의 거래가 동일한 시기에 이행되는 때의 시세와 매매대가와의 차액에 의하여 정한다. ② 제337조제1항의 규정은 제1항의 규정에 의한 손해배상에 관하여 준용한다. ③ 제1항의 경우에 관하여 거래소에서 달리 규정한 것이 있는 때에는 그 규정에 의한다.

증권거래소에서 거래되는 유가증권, 상품거래소에서 거래가 이루어지는 상품 등과 같이 거래소의 시세(相場) 있는 상품의 매매에서 일정한 일시 또는 기간 내의 이행이 없으면 계약의 목적이 달성될 수 없는 것(이른바 정기거래)에 대하여는 그 거래기한 전에 당사자의 한쪽이 파산한 때에는 계약은 당연히 해제된 것

---

77) 마찬가지 입장으로는 임종헌, 전게 "파산절차가 미이행계약관계에 미치는 영향", 47면.

으로 보고,78) 이 경우의 처리는 손해배상에 의한다(338조 1항 전문). 이러한 종류의 거래는 신속한 처리가 필요하고, 현물의 수수보다는 거래소의 시세의 변동에 의한 이익·불이익의 결제가 중요하므로 법 335조의 통칙을 적용하는 것은 적당하지 않고, 위와 같은 처리를 하는 것이다(한편, 해제를 원칙으로 하지 않는 회생절차에서는 위와 같은 특칙은 없다).

손해배상액은 이행지에서 동종의 거래가 동일한 시기에 이행되는 때의 시세(파산선고시의 상품가액)와 매매대가의 차액(계약시의 상품가액)에 의하여 정한다(338조 1항 후문). 손해배상청구권이 채무자에게 있는 경우에는 그것은 파산재단에 속하는 재산이 되고, 상대방에게 있는 경우에는 파산채권이 된다(338조 2항, 337조 1항). 가령, 계약내용으로 5월말에 상품 1개에 5,000원으로 1,000개를 매매하기로 계약한 경우에 4월말에 매도인에게 파산선고가 내려진 시점에서 1개에 6,000원으로 가격이 오른 경우에 그 차액인 1개당 1,000원은 매도인의 부담이 되고, 매수인은 1,000개에 대한 차액 1,000,000원을 파산채권으로 행사할 수 있다. 반대로 파산선고시에 1개당 3,000원으로 내린 경우에는 그 차액 2,000원은 매수인의 부담이 되고 매도인의 파산관재인은 차액 2,000,000원을 파산재단소속의 채권으로 행사할 수 있다.

그리고 결제의 방법에 대하여 거래소에 특별한 정함이 있는 때에는 그 규정에 의한다(338조 3항).

8-54
3) 상호계산

> **제343조(상호계산)** ① 상호계산은 당사자의 일방이 파산선고를 받은 때에는 종료한다. 이 경우 각 당사자는 계산을 폐쇄하고 잔액의 지급을 청구할 수 있다. ② 제1항의 규정에 의한 청구권을 채무자가 가지는 때에는 파산재단에 속하고, 상대방이 가지는 때에는 파산채권이 된다.

상호계산은 일정한 기간의 거래로 인한 총채권과 총채무를 상계하고 잔액에 대하여 지급할 것을 내용으로 하는 계약이다(상법 72조). 이는 서로의 신용을 기초로 하고 있으므로 한쪽이 파산한 경우에는 당연히 계약이 종료되고, 각 당사자는 계산을 폐쇄하여 잔액의 지급을 청구할 수 있다(343조 1항). 계약종료 후에 계산한 결과, 어느 쪽인가에 잔액청구권이 발생한 경우에 채무자 측의 청구

---

78) 정기행위에 대하여 민법 545조는 최고를 하지 않고 계약을 해제할 수 있다고 규정하고 있고, 상법 68조도 계약을 해제한 것으로 본다고 규정하고 있다.

권이라면 파산관재인이 파산재단의 재산으로 상대방에 대하여 행사하고, 상대방의 청구권이라면 파산채권이 된다(동조 2항). 회생절차에서도 법 125조에 마찬가지 취지의 규정이 있다.79)

4) 조합계약

8-55

> **제343조(상호계산)** ① 상호계산은 당사자의 일방이 파산선고를 받은 때에는 종료한다. 이 경우 각 당사자는 계산을 폐쇄하고 잔액의 지급을 청구할 수 있다. ② 제1항의 규정에 의한 청구권을 채무자가 가지는 때에는 파산재단에 속하고, 상대방이 가지는 때에는 파산채권이 된다.

조합계약은 각 당사자가 출자하여 공동사업을 경영할 것을 약정한 계약이다(민법 703조). 조합계약의 당사자, 즉 조합원이 파산선고를 받은 경우에 대하여 특칙으로 민법 717조 2호에서 그 조합원은 당연히 조합으로부터 탈퇴하는 것으로 규정하고 있다.80) 이는 파산한 조합원의 파산관재인이 그 조합원을 탈퇴시켜 그 지분을 파산재단에 투입하기 위한 지분의 반환청구권 행사(민법 719조 참조)를 용이하게 하려는 취지이다. 따라서 법 335조 등의 적용은 없다.

마찬가지로 합명회사나 합자회사에 있어서도 사원의 파산은 퇴사사유가 되고, 지분의 반환청구권이 재단의 일부를 구성하게 된다(상법 218조 5호, 222조, 269조).

5) 소유권유보부 매매

8-56

소유권유보(Eigentumsvorbehalt)는 목적물(일반적으로 동산) 인도 후의 매매대금채권의 담보를 위하여 매수인이 매매대금을 완제하기까지 목적물의 소유권을

---

79) 한편, 자산유동화에 관한 법률 15조는 자산보유자가 파산하거나 자산보유자에 대하여 회생절차가 개시되는 경우 유동화자산 중 차임채권에 관하여는 「채무자 회생 및 파산에 관한 법률」 125조의 규정을 적용하지 않는다고 규정하고 있다.

80) 조합원들이 조합계약 당시 위 민법규정과 달리 차후 조합원 중에 파산하는 자가 발생하더라도 조합에서 탈퇴하지 않기로 약정한다면 이는 장래의 불특정 다수의 파산채권자의 이해에 관련된 것을 임의로 위 법 규정과 달리 정하는 것이어서 원칙적으로는 허용되지 않는다 할 것이지만, 파산한 조합원이 제3자와의 공동사업을 계속하기 위하여 그 조합에 잔류하는 것이 파산한 조합원의 채권자들에게 불리하지 아니하여 파산한 조합원의 채권자들의 동의를 얻어 파산관재인이 조합에 잔류할 것을 선택한 경우까지 조합원이 파산하여도 조합으로부터 탈퇴하지 않는다고 하는 조합원들 사이의 탈퇴금지의 약정이 무효라고 할 것은 아니다(대법원 2004. 9. 13. 선고 2003다26020 판결). 그리고 이러한 법리는 파산으로 인하여 일단 탈퇴하였던 조합원의 파산관재인이 파산 직후에 종전의 공동사업을 계속하는 것이 유리하다는 판단에 따라 기존의 조합 구성원이었던 다른 조합원과 종전과 동일한 내용의 공동사업관계를 다시 창설함으로써 파산 전후의 조합이 사실상 동일한 사업체로 유지되고 있다고 평가될 수 있는 경우에도 마찬가지로 적용된다(대법원 2013. 10. 24. 선고 2012다51912 판결).

매도인에게 유보하여 매수인이 완제한 때에 비로소 소유권을 이전하는 것으로 하고, 매매대금의 완제가 없는 경우에는 매도인은 그 유보하고 있는 소유권에 기하여 목적물의 반환을 구하여 이를 처분하고 채권의 회수를 도모하는 것인데, 소유권을 유보한 매매계약에 대하여 법 335조(쌍방미이행 쌍무계약에 관한 선택)의 적용이 있는지 여부가 문제되고 있다(매수인의 채무이행은 완료되지 않은 것은 분명한데, 매도인이 소유권을 유보하고 있는 것을 그 채무와의 관계에서 어떻게 구성할 것인가 하는 문제이다. ☞ 11-7).

원칙적으로 법 335조의 적용을 **부정하는 입장이 일반적**이다.81) 일반적으로 목적물이 동산인 경우에는 매도인으로서는 목적물을 인도한 이상 매매계약에 기한 채무를 전부 이행한 것이고, 다만 목적물의 소유권을 유보하고 있는 것은 매수인의 매매대금완제라는 조건에 지나지 않는 것이며, 그 조건의 성취에 의하여 유보된 소유권이전의 효과가 생기게 될 뿐(정지조건부 소유권이전설), 그때 다시 매도인의 소유권이전행위가 필요한 것은 아니므로82) 그 채무의 이행이 완료되지 않은 것이라고는 할 수 없기 때문에 위 입장에 찬성한다. 나아가 부동산이나 자동차와 같이 소유권이전에 등기·등록을 필요로 하는 경우에는 사정이 다르므로 위와 달리 볼 것인가에 대하여 입장이 나뉠 수 있다. 이때에 등기나 등록은 권리이전의 성립요건으로서 그 이행을 위한 별도의 의사표시가 있어야만 하는 것이므로 가령 등기나 등록에 앞서서 목적물에 대한 점유의 이전이 있었다고 하더라도 매도인으로서는 매매대금 완제시에 상환으로 등기나 등록을 이행할 잔존채무가 있는 것이라고 볼 여지가 있고, 따라서 이러한 경우에는 예외적으로 **법 335조의 적용을 긍정**하는 입장과 한편 등기나 등록의 유보는 소유권을 일단 매수인에게 이전한 뒤에 다시 담보목적으로 이를 유보매도인에게 이전한 것으로 보아 매매계약의 채무 내용으로서의 권리이전은 종료한 것이라는 등의 이유에서 **법 335조의 적용을 부정**하는 입장이 있다.

---

81) 노영보, 303면. 그러나 양형우, "파산절차상의 담보권", 민사법학(2005. 9), 110면 이하에서는 소유권유보를 정지조건부 소유권이전(기대권)으로 파악하면서, 매수인이 파산선고를 받은 경우에 법 335조(쌍방미이행 쌍무계약에 관한 선택)의 적용을 긍정하고 있다.

82) 소유권유보의 특약을 한 경우, 목적물의 소유권을 이전한다는 당사자 사이의 물권적 합의는 매매계약을 체결하고 목적물을 인도한 때 이미 성립하지만 대금이 모두 지급되는 것을 정지조건으로 하므로, 목적물이 매수인에게 인도되었다고 하더라도 특별한 사정이 없는 한 매도인은 대금이 모두 지급될 때까지 매수인뿐만 아니라 제3자에 대하여도 유보된 목적물의 소유권을 주장할 수 있고, 다만 대금이 모두 지급되었을 때에는 그 정지조건이 완성되어 별도의 의사표시 없이 목적물의 소유권이 매수인에게 이전된다(대법원 1996. 6. 28. 선고 96다14807 판결).

3. 그 밖의 법률관계의 처리

(1) 위임계약

8-57

> **제342조(위임계약)** 위임자가 파산선고를 받은 경우 수임자가 파산선고의 통지를 받지 아니하고 파산선고의 사실도 알지 못하고 위임사무를 처리한 때에는 이로 인하여 파산선고를 받은 자에게 생긴 채권에 관하여 수임자는 파산채권자로서 그 권리를 행사할 수 있다.
> **민법 제690조(사망·파산 등과 위임의 종료)** 위임은 당사자 한쪽의 사망이나 파산으로 종료된다. 수임인이 성년후견개시의 심판을 받은 경우에도 이와 같다.

위임계약은 당사자의 한쪽이 상대방에게 사무의 처리를 위탁하고, 상대방이 이를 승낙함으로써 그 효력이 생기는 계약이다(민법 680조).[83] 위임계약은 무상이 원칙이므로 편무계약이나(따라서 쌍무계약에 관한 법 335조의 적용은 없다), 다만 실제로는 유상위임계약이 많다. 어쨌든 위임계약은 위임인과 수임인의 상호신뢰관계에 바탕을 두고 있으므로 그 신뢰관계가 깨진다면 각 당사자는 언제라도 자유롭게 해지할 수 있는데(민법 689조 1항),[84] 나아가 위임인 또는 수임인이 파산한 경우는 서로 사이의 경제적 신뢰관계의 파탄으로 보아[85] 위임계약은 당연

---

[83] 콘도미니엄 시설의 공유제 회원은 콘도미니엄 시설 중 객실의 공유지분에 대한 매매계약 이외에 콘도미니엄 시설 전체를 관리 운영하는 시설경영기업과 사이에 시설이용계약을 체결함으로써 공유지분을 가진 객실 이외에 콘도미니엄 시설 전체를 이용할 수 있게 되는바, 공유제 회원과 콘도미니엄 시설 전체를 관리 운영하는 시설경영기업 사이의 시설이용계약은 회원이 계약에서 정한 바에 따라 콘도미니엄 시설 전체를 이용하는 것을 주된 목적으로 하는 것으로서, 공유제 회원이 시설경영기업 사이에 시설이용계약을 체결하면서 시설경영기업에 대하여 자신이 공유지분을 가진 객실에 대한 관리를 위탁하고 그에 소요되는 관리비와 회원들 상호 간에 콘도미니엄 시설의 이용을 조정하는 사무처리에 소요되는 비용을 지급하였다고 하더라도 이는 회원이 콘도미니엄 시설 전체를 이용하는 데에 전제가 되거나 그에 부수되는 것으로서 이로써 공유제 회원과 시설경영기업과 사이의 시설이용계약이 민법상의 위임계약에 해당된다고 할 수는 없고, 따라서 시설경영기업이 파산선고를 받는다고 하여 회원과 시설경영기업 사이의 시설이용계약이 당연히 종료된다고 할 수 없다(대법원 2005. 1. 13. 선고 2003다63043 판결).

[84] 따라서 회생절차에서 법 119조를 적용할 실익은 적다.

[85] 민법 690조가 위임계약의 일방 당사자의 파산을 위임계약 종료사유로 하고 있는 것은 위임계약이 당사자 사이의 신뢰관계를 바탕으로 하고 있으므로 당사자의 일방이 파산한 경우에는 그 신뢰관계를 유지하기 어렵게 된다는 데 그 기초를 두고 있다고 할 것인데, 건축공사 감리계약은 그 법률적 성질이 기본적으로 민법상의 위임계약이라고 하더라도 감리계약의 특수성에 비추어 위임계약에 관한 민법 규정을 그대로 적용할 수는 없는 것이라 할 것이다. 주택건설촉진법에 따른 공동주택건설사업계획 승인을 얻은 사업주체는 사업계획 승인권자가 지정한 감리자와 감리계약을 체결하도록 되어 있고, 그 지정된 감리자에게 업무상 부정행위 등이 있는 경우에 한하여 사업계획 승인권자가 감리자를 교체할 수 있을 뿐 사업주체가 함부로 감리자를 교체할 수도 없도록 되어 있는 점 등에 비추어 보면, 위 법령에 따라 체결된 감리계약은 당사자 사이의 신뢰관계를 기초로 하는 것이라기보다는 공동주택건설사업의 원활하고도 확실한 시공을 고려한 사업계획 승인권자의 감리자 지정에 기초하고 있는 것이어서 사업주체가 파산하였다고 하여 당연히

히 종료된다(민법 690조).**86)** 여기서 종료는 그 조문의 해석상 장래에 향하여 위임의 효력을 소멸시키는 것을 의미한다.**87)** 다만, 위와 같이 용이하게 위임계약의 종료를 인정하는 것과 함께 한편으로 위임의 종료는 종료사유를 상대방에게 통지하거나 상대방이 그것을 안 때가 아니면 대항할 수 없으므로(민법 692조), 위임인이 파산한 경우에 수임인이 파산선고의 통지를 받지 못하거나 파산선고의 사실을 알지 못하고 위임사무를 처리한 때에는 수임인은 비용상환청구권(민법 688조)이나 보수지급청구권(민법 686조)을 가진다. 이 비용상환청구권이나 보수지급청구권 등은 파산선고 후에 생긴 채권임에도 불구하고 법 342조는 파산채권으로서 행사할 수 있다고 규정하고 있다. 다만, 그 사무처리가 파산재단을 위한 사무처리가 되는 경우 및 위임인의 파산을 알았다 하더라도 급박한 필요 때문에 처리한 경우에는 그것에 의하여 생긴 청구권은 재단채권이 될 가능성이 있다(473조 5호 내지는 6호).

한편, 위임계약의 종료에 관한 위 민법 690조와 다른, 어느 한쪽이 파산하더라도 위임계약이 종료되지 않는다는 특약을 맺은 경우에 그 위임계약의 효력이 문제된다. 우선 **수임인이 파산선고를 받은 경우**에는 그렇더라도 수임인이 사무처리능력이 있고 위임인이 수임인을 신뢰하는 한, 위임관계를 지속시킨다 하여 하등 문제될 것이 없으므로 그러한 특약은 무효가 아니라 할 것이다. 반면 **위임인이 파산선고를 받은 경우**에는 그 재산의 관리처분권이 파산관재인에게 전속하므로 위임관계는 당연 종료된다고 보아야 하고, 그 반대의 특약이 있더라도 이는 무효라고 할 것이다. 다만, 위임사무의 내용이 위임인의 일신에 전속하는 신분상·인격상의 권리 등에 관한 것이면 그렇지 않다고 본다.**88)**

그리고 주식회사와 이사의 관계도 위임계약이 준용되므로(상법 382조 2항),

감리계약이 종료하는 것으로 볼 이유는 없는 것이며, 또한 민법 제690조의 위임계약 종료사유는 계약당사자 중 일방이 그 파산 등으로 신뢰를 상실하게 된 경우에 그 계약이 종료되는 것으로 한 것이어서 위임계약의 일방 당사자가 수인인 경우에 그중 1인에게 파산 등 위 법조가 정하는 사유가 있다고 하여 위임계약이 당연히 종료되는 것이라 할 수도 없으므로, 주택건설촉진법상의 공동사업주체가 사업계획 승인권자의 감리자 지정에 따라 공동으로 감리계약을 체결한 경우에 그 공동사업주체의 1인이 파산선고를 받은 것만으로 민법 제690조에 따라 감리계약이 당연히 종료된다고 볼 수 없다(대법원 2003. 1. 10. 선고 2002다11236 판결).

86) 위임의 당사자 일방이 파산선고를 받은 경우에는 민법 690조에 의하여 위임계약이 당연히 종료된다고 할 것이다(대법원 2002. 8. 27. 선고 2001다13624 판결).
87) 위 대법원 2002. 8. 27. 선고 2001다13624 판결.
88) 박병대, 전게 "파산절차가 계약관계에 미치는 영향", 481면; 임종헌, 전게 "파산절차가 미이행 계약관계에 미치는 영향", 40면.

이사가 파산한 경우에는 그 이사는 지위를 잃게 된다(위임종료). 이에 대하여 주
식회사가 파산한 경우에는 민법 690조의 원칙에서는 위임계약은 종료되므로 이
사는 그 권한을 잃게 되는데, 그러나 재산관계 이외의 조직법상 사무활동(가령
주주총회소집권한)에 대하여는 이사에게 권한이 잔존한다고 보아야 한다.89)

(2) 대리관계

8-58

대리관계는 대리인의 파산에 의하여 소멸된다(민법 127조 2호). 또한 위임에
의한 대리권은 본인의 파산에 의하여 위임관계가 종료하므로(민법 690조) 본인의
파산에 의하여도 소멸된다(민법 128조).

(3) 공유관계

8-59

> 제344조(공유자의 파산) ① 공유자 중에 파산선고를 받은 자가 있는 때에는 분할하지 아니한
> 다는 약정이 있는 때에도 파산절차에 의하지 아니하고 그 분할을 할 수 있다. ② 제1항의 경
> 우 파산선고를 받은 자가 아닌 다른 공유자는 상당한 대가를 지급하고 그 파산선고를 받은
> 자의 지분을 취득할 수 있다.

공유자 가운데 1인이 파산선고를 받으면 파산선고를 받은 채무자의 공유지분
은 파산재단에 속하고, 파산관재인이 그 지분을 현금화하게 되는데, 그 전제로서
(공유지분 자체의 매각 등이 곤란한 사정으로) 공유물의 분할이 필요하게 된다. 그런데
가령 공유자 사이에서 분할하지 아니할 것을 약정한 때에는(민법 268조 1항 후문) 파
산관재인에 의한 현금화를 할 수 없게 되는데, 이 경우에도 법은 파산절차에 의하
지 아니하고 분할을 할 수 있도록 규정하고 있으므로(344조 1항) 불분할의 특약의
효력을 인정하지 않고 일반적인 절차에 의해 분할을 할 수 있다. 또한 현금화가
목적이므로 다른 공유자가 상당한 금전(대상금)을 지급하고 채무자의 지분을 취득
할 수 있다(동조 2항). 회생절차에서도 법 69조에 마찬가지 취지의 규정이 있다.

(4) 배우자 등의 재산관리

8-60

> 제345조(배우자 등의 재산관리) 「민법」 제829조(부부재산의 약정과 그 변경)제3항 및 제5항
> 의 규정은 배우자의 재산을 관리하는 자가 파산선고를 받은 경우에, 같은 법 제924조(친권상
> 실의 선고)의 규정은 친권을 행사하는 자가 파산선고를 받은 경우에 관하여 각각 준용한다.

---

89) 伊藤眞, 破産法·民事再生法, 389면. 이에 대하여 회사의 조직에 관한 사항과 재산에 관한 사
　　항이 확연하게 구별되지 않고, 오히려 혼재되어 있는 활동영역이 많다는 점에서 딜레마가 있다
　　는 지적은 박병대, 전게 "파산절차가 계약관계에 미치는 영향", 484면.

　　민법상 부부재산계약에 의하여 배우자의 한쪽이 다른 쪽의 재산관리권을 가지는 경우에 부적당한 관리로 인하여 그 재산을 위태하게 한 때에는 다른 쪽 배우자는 관리권의 이전과 그 재산이 부부의 공유인 때에는 재산의 분할을 법원에 청구할 수 있는데(민법 829조 3항), **배우자의 재산을 관리하는 사람**이 파산한 경우에도 재산관리에 지장이 초래되므로 이에 준하여 법 345조는 위와 같은 관리권의 이전 등을 청구할 수 있도록 한 것이다. 또한 이 규정은 자녀의 재산관리권(민법 916조)을 가지는 **친권자**가 파산선고를 받은 경우에 준용되어(345조) 관리권상실선고(민법 924조)에 대하여도 적용된다.

8-61　　## 4. 지급결제제도 등에 대한 특칙

> 제336조(지급결제제도 등에 대한 특칙) 제120조의 규정은 같은 조에서 정한 지급결제제도 또는 청산결제제도의 참가자 또는 적격금융거래의 당사자 일방에 대하여 파산선고가 있는 경우 이를 준용한다. 이 경우 제120조제1항 내지 제3항의 "회생절차가 개시된 경우"는 "파산선고가 있는 경우"로 보고, 제120조제3항 단서의 "회생채권자 또는 회생담보권자"는 "파산채권자 또는 별제권자"로 본다.

　　지급결제제도 등과 같이 일정한 내부적 결제체계하에서 청산과 지급이 이루어지는 경우에 당사자는 그러한 결제체계를 신뢰하고 거래를 하게 되는데, 거래 당사자 가운데 어느 한쪽에 대하여 파산선고가 있는 경우에 결제제도 자체가 붕괴되는 것을 막기 위하여 현행법에서 이행미완료의 쌍무계약에 관한 선택권 등에 대하여 도산절차의 적용을 배제하는 특칙을 신설하였다(336조, 회생절차에 있어서 법 120조).[90] 한편, 거래소의 시세 있는 상품의 정기매매에 대하여는 법 338조가 규율한다는 것은 이미 설명한 바 있다(☞ 8-53).

8-62　　### (1) 지급결제제도

　　지급결제의 완결성을 위하여 한국은행총재가 재정경제부장관과 협의하여 지정한 지급결제제도(이하 지급결제제도라고 한다)의 참가자에 대하여 파산선고가 있는 경우, 그 참가자에 관련된 이체지시 또는 지급 및 이와 관련된 이행, 정산,

---

90) 이에 대한 문헌으로는 임치용, "지급결제제도에 관한 회생 및 파산 절차의 특칙 — 제120조의 해석론", 인권과 정의(2006. 4), 87면 이하; 박준, "채무자회생 및 파산에 관한 법률 제120조의 해석 — 지급결제제도, 청산결제제도 및 적격금융거래에 대한 특칙의 적용범위 —", BFL(제22호, 2007. 3), 62면 이하 참조.

차감, 증거금 등 담보의 제공·처분·충당 그 밖의 결제에 관하여는 이 법의 규정에도 불구하고 그 지급결제제도를 운영하는 자가 정한 바에 따라 효력이 발생하며 해제, 해지, 취소 및 부인의 대상이 되지 않는다(336조, 120조 1항).

(2) 청산결제제도

8-63

「자본시장과 금융투자업에 관한 법률」, 그 밖의 법령에 따라 증권·파생금융거래의 청산결제업무를 수행하는 자 그 밖에 대통령령에서 정하는 자가 운영하는 청산결제제도의 참가자에 대하여 파산선고가 있는 경우, 그 참가자와 관련된 채무의 인수, 정산, 차감, 증거금 그 밖의 담보의 제공·처분·충당 그 밖의 청산결제에 관하여는 이 법의 규정에도 불구하고 그 청산결제제도를 운영하는 자가 정한 바에 따라 효력이 발생하며 해제, 해지, 취소 및 부인의 대상이 되지 않는다(336조, 120조 2항).

(3) 적격금융거래

8-64

일정한 금융거래에 관한 기본적 사항을 정한 하나의 계약(이하 기본계약이라 한다)에 근거하여 ① 통화, 유가증권, 출자지분, 일반상품, 신용위험, 에너지, 날씨, 운임, 주파수, 환경 등의 가격 또는 이자율이나 이를 기초로 하는 지수 및 그 밖의 지표를 대상으로 하는 선도, 옵션, 스왑 등 파생금융거래로서 대통령령이 정하는 거래, ② 현물환거래, 유가증권의 환매거래, 유가증권의 대차거래 및 담보콜거래, ③ 제1호 내지 제2호의 거래가 혼합된 거래, ④ 제1호 내지 제3호의 거래에 수반되는 담보의 제공·처분·충당(위 ①~④를 적격금융거래라고 한다)을 행하는 당사자 일방에 대하여 파산선고가 있는 경우, 적격금융거래의 종료 및 정산에 관하여는 이 법의 규정에도 불구하고 기본계약에서 당사자가 정한 바에 따라 효력이 발생하고 해제, 해지, 취소 및 부인의 대상이 되지 않으며, 위 ④의 거래는 중지명령 및 포괄적 금지명령의 대상이 되지 않는다. 다만, 채무자가 상대방과 공모하여 파산채권자 또는 별제권자를 해할 목적으로 적격금융거래를 행한 경우에는 그러하지 않다(336조, 120조 3항).

Ⅲ. 파산선고 전부터의 소송·집행절차의 처리

◆ **구체적 예** ◆ ① 甲은 乙에게 소유권에 기한 건물인도청구소송 및 불법행위에 기한 손해배상청구소송을 병합 제기하였다. 제1심 계속 중 乙이 파산선고를 받은 경우에 위 각 소송은 어떠한 취급을 받는가. 위 각 소송에서 甲이 승소하여 강제집행에 착수하였다. 집행절차가 계속 중 乙이 파산선고를 받은 경우에 각 집행절차는 어떠한 취급을 받는가. ② 甲은 乙회사에게 대여금채권을 가지고 있는바, 乙회사의 대표이사 丙은 유일한 재산인 토지를 자신의 처인 丁에게 무상으로 양도하여 등기를 이전하였다. 그래서 甲은 丙에게 사해행위취소소송을 제기하여 위 토지의 이전등기 말소를 구하였다. 또한 乙회사의 주주인 戊는 대표이사 丙이 위 토지를 무상으로 丁에게 양도한 것에 의하여 乙회사에게 손해를 입힌 것으로 丙에게 주주대표소송을 제기하였다. 그 뒤에 乙회사가 파산선고를 받아 A가 파산관재인으로 선임되었다. 파산관재인 A는 위 각 소송에 있어서 어떻게 대응하여야 하는가.

8-65

1. 파산재단에 관한 소송의 중단·수계

> 제347조(파산재단에 속하는 재산에 관한 소송수계) ① 파산재단에 속하는 재산에 관하여 파산선고 당시 법원에 계속되어 있는 소송은 파산관재인 또는 상대방이 이를 수계할 수 있다. 제335조제1항의 규정에 의하여 파산관재인이 채무를 이행하는 경우에 상대방이 가지는 청구권에 관한 소송의 경우에도 또한 같다.

파산선고에 의하여 채무자의 재산은 파산재단을 구성하고(382조), 파산재단에 대한 실체적 관리처분권은 파산관재인에게 이전한다(384조). 이에 대응하여 파산재단에 관한 소송에 있어서 당사자적격은 파산관재인에게 있다는 명문의 규정이 있다(359조).

그렇다면 파산선고 전부터 법원에 **계속 중인 소송절차**는[91] 어떻게 처리되는 것인가. 가령, 파산선고 전에 파산채권에 대하여 파산채권자와 채무자 사이에 그 존부나 액수를 둘러싸고 소송이 계속 중인 것은 파산절차에서는 일상적으로 나타나는 상황이다.

한편, **소장부본이 송달되기 전**에 당사자에게 파산선고가 있었다면 그 소는 부적법하다.[92]

---

91) 한편, 파산이 중재절차에 미치는 영향에 대하여는 김경욱, "중재당사자의 파산이 중재절차에 미치는 영향", 민사소송(제10권 제2호, 2006. 11), 307면 이하; 임치용, "파산절차의 개시가 중재절차에 미치는 효력", 사법논집(2005. 12), 255면 이하 참조. 중재, 민사조정 등의 절차도 소송절차에 준하여 취급하여야 할 것이다.

92) 원고와 피고의 대립당사자 구조를 요구하는 민사소송법의 기본원칙상 사망한 사람을 피고로

(1) 중   단

어느 쪽 당사자이든 소송의 당사자가 파산선고를 받은 때에는 그 소송이 파산재단에 관한 소송이라면 그 소송절차는 중단된다(민사소송법 239조). 상고심 에서도 마찬가지이다. 이 중단에 관한 규정이 파산절차에 있어서는 도산법이 아 니라, 민사소송법 239조에 규정되어 있다(반면, 회생절차에 있어서는 법 59조에 규정 되어 있다).[93] 중단은 법률상 당연히, 법원이나 당사자의 알고 모름과 상관없이 발생한다. 소송대리인이 있더라도 중단을 피할 수 없다(민사소송법 238조 참조. 파 산관재인은 재단의 관리처분권을 장악하고 있고, 채무자 사이에 이해관계의 대립이 존재할 가 능성이 있기 때문이다).[94] 이러한 중단의 근거는 그 재산에 대하여 채무자가 관리 처분권을 잃는 점에서 찾을 수 있다. 즉, 당사자적격(소송수행권)이 파산선고를 받은 채무자로부터 파산관재인에게 넘어가므로(359조) 그 사이의 소송수행자의 교대를 위하여, 즉 파산관재인에 의한 절차관여의 기회를 보장하기 위함이다.[95] 참고로 보면, **회생절차개시결정**이 있는 때에도 채무자의 재산에 관한 소송절차 가 중단되는 것은 파산선고시와 마찬가지이나(59조 1항. ☞ 16-40), 한편 **개인회 생절차**에서는 절차의 개시결정이 있더라도 채무자는 그대로 개인회생재단의 관

하여 소를 제기하는 것은 실질적 소송관계가 이루어질 수 없어 부적법하고, 소 제기 당시에는 피고가 생존하였으나 **소장부본이 송달되기 전**에 사망한 경우에도 마찬가지이며(대법원 2015. 1. 29. 선고 2014다34041 판결, 대법원 2017. 5. 17. 선고 2016다274188 판결 참조), 사망한 사 람을 원고로 표시하여 소를 제기하는 것 역시 특별한 경우를 제외하고는 적법하지 않다(대법원 2016. 4. 29. 선고 2014다210449 판결 참조). 파산선고 전에 채권자가 채무자를 상대로 이행청 구의 소를 제기하거나 채무자가 채권자를 상대로 채무부존재확인의 소를 제기하였더라도, 만약 그 소장부본이 송달되기 전에 채권자나 채무자에 대하여 파산선고가 이루어졌다면 위 법리는 마찬가지로 적용된다. 파산재단에 관한 소송에서 채무자는 당사자적격이 없으므로, 채무자가 원 고가 되어 제기한 소는 부적법한 것으로서 각하되어야 하고(359조), 이 경우 파산선고 당시 법 원에 소송이 계속되어 있음을 전제로 한 파산관재인의 소송수계신청 역시 적법하지 않으므로 허용되지 않는다(대법원 2018. 6. 15. 선고 2017다289828 판결). 이에 대하여 원고가 소제기 후 에 파산선고를 받았으므로 소송절차의 중단 및 수계에 관한 민사소송법 239조, 도산법 규정을 유추적용하여 원고가 제기한 소송절차는 중단되고, 파산관재인 등이 수계할 수 있도록 함이 상 당하다는 입장이 있다(문영화, "소제기 후 소장부본 송달 전에 당사자 일방에 대하여 파산선고 가 내려진 경우 소송절차의 중단과 수계 - 대법원 2018. 6. 15. 선고 2017다289828 판결 -", 법 조(2020. 2), 587면 이하 참조).

93) 규정의 비체계성에 대한 비판으로는 김용진, "도산법과 민사소송법이 관계", 인권과 정의 (2009. 5), 145-146면. 일본은 2005년 시행 신파산법 44조 자체에서 이에 대하여 규정하면서, 민사소송법 125조(우리 민사소송법 239조, 240조에 해당)를 삭제하였다.

94) 소송대리권의 불소멸을 규정하고 있는 민사소송법 95조에는 불소멸사유로 파산이 규정되어 있지 않다. 또한 위임인이 파산선고를 받으면 민법 690조에 의하여 소송위임계약이 종료된다.

95) 파산재단에 관한 소송 가운데 파산채권에 관한 소송은 위 근거에 더하여 개별적 권리행사가 금지되는 점과도(424조) 연결된다.

리·처분권을 가지므로(580조 2항 참조) 계속 중인 소송은 중단되지 않는다.

파산선고의 효력은 결정시부터 발생하는 것에서(311조) 파산선고의 확정을 기다리지 않고, 결정의 시점에서 소송절차는 중단된다고 풀이할 것이다. 다만, 파산결정이 있은 사실에 관하여 회생법원이나 파산관재인이 이를 소송의 수소법원에 통지하여야 한다는 규정은 없다.

그런데 파산선고를 간과하여 그대로 판결이 선고된 경우에 그 판결은 **당연무효는 아니고, 위법**하다(대리인에 의하여 적법하게 대리되지 않았던 경우와 마찬가지).[96]

8-67   (2) 파산재단에 관한 소송

파산재단에 대한 관리처분권은 적극재산에 대한 당사자적격과 소극재산인 파산채권에 대한 당사자적격 양쪽을 포함하므로 여기서 말하는 「파산재단에 관한 소송」은 「파산재단에 속하는 재산에 관한 소송」과 「파산채권에 관한 소송」을 의미한다. 전자의 예로는 채무자의 제3자에 대한 금전이행청구소송, 부동산인도소송(채무자에 대한 소유권에 기한 부동산인도소송 포함), 채무자가 채권자인 경우에 상대방이 제기한 채무부존재확인소송 등이 있고,[97] 후자의 예로는 채무자에 대한 금전이행청구소송이 가장 전형적 예이고, 채무자로부터의 즉, 채무자가 제기한 파산채권을 가진다고 주장하는 채권자에 대한 채무부존재확인소송, 집행권원을 가진 채권자에 대한 청구이의소송[98] 등도 포함된다.

한편, 이에 대하여 채무자는 파산선고에 의하여 소송능력을 잃는 것은 아니

---

96) 소송절차는 파산선고로 당연히 중단되고, 소송절차의 중단사유를 간과하고 변론이 종결되어 판결이 선고된 경우에 그 판결은 소송에 관여할 수 있는 적법한 수계인의 권한을 배제한 결과가 되어 절차상 위법하나 이를 당연무효라고 할 수는 없고, 대리인에 의하여 적법하게 대리되지 않았던 경우와 마찬가지로 대리권 흠결을 이유로 한 상소 또는 재심에 의하여 그 취소를 구할 수 있다(대법원 1999. 12. 28. 선고 99다8971 판결). 상소심에서 수계절차를 밟은 경우에는 위소송에 관여할 수 있는 적법한 수계인의 권한을 배제한 결과가 되는 절차상의 하자는 치유되고 그 수계와 상소는 적법한 것으로 된다(대법원 2020. 6. 25. 선고 2019다246399 판결).

97) 파산자의 채무자가 파산자를 상대로 제기한 채무부존재확인을 구하는 소송은 파산재단에 관한 소송 중 파산재단에 속하는 재산에 관한 소송에 해당하므로, 이에 관한 소송절차는 파산자에 대한 파산선고로 당연히 중단되고, 한편 이와 같은 소송절차의 중단사유를 간과하고 변론이 종결되어 판결이 선고된 경우에 그 판결은 대리인에 의하여 적법하게 대리되지 않았던 경우와 마찬가지로 대리권 흠결을 이유로 한 상소 또는 재심에 의하여 그 취소를 구할 수 있으며, 상소심에서 수계절차를 밟은 경우에는 그와 같은 절차상의 하자는 치유되고 그 수계와 상소는 적법한 것이 된다(대법원 1999. 12. 28. 선고 99다8971 판결).

98) 채무자가 제기한 청구이의소송의 사안으로 대법원 2020. 6. 25. 선고 2019다246399 판결. 다만, 이 판결은 이를 '파산재단에 속하는 재산에 관한 소송'으로 보고 있는데, 여기의 '파산채권에 관한 소송'으로 보아야 한다.

기 때문에 파산재단과 관계없는 소송, 가령 **자유재산에 관한 소송**, 이혼소송 등의 채무자의 신분관계에 관한 소송 등은 그것이 파산재단에 영향을 가져오지 않는 한 파산재단에 관한 소송에 포함되지 않아 중단되지 않는다.99)

다만, 예외적으로 **재단채권에 관한 소송**도 소송절차가 중단되는 경우가 있다. 재단채권은 대부분 파산선고 후에 생기는 것이 원칙이므로 통상 파산선고시에 그에 관한 소송이 계속되고 있는 상황은 있을 수 없으나, 파산선고 전에 발생한 채권으로 파산선고 후에는 재단채권이 되는 것에 대하여는 파산선고 전에 소송이 이미 계속되고 있는 경우가 있을 수 있다. 쌍방 미이행의 쌍무계약에 있어서 파산선고 전에 상대방이 매매대금지급청구의 소를 제기하여 소송이 계속되고 있는 상황에서, 파산선고 후에 법 335조 1항에 기하여 파산관재인이 이행을 선택한 경우에 상대방이 가지는 청구권이 그 예이다(473조 7호). 파산관재인이 이행을 선택한 단계에서 중단된 매매대금지급청구소송의 수계가 이루어진다(347조 1항 후단).

(3) 수   계
8-68

「파산재단에 속하는 재산에 관한 소송」과 「파산채권에 관한 소송」에서 수계의 방식이 다르다.100)

1) 파산재단에 속하는 재산에 관한 소송
8-69

법원에 계속되어 있다가 중단된 파산재단에 속하는 재산에 관한 소송은 채무자에 대신하여 파산관재인이 **수계하여 속행**하게 되는데, 수계의 신청은 파산관재인 또는 상대방의 어느 쪽에서도 할 수 있다(347조 1항 전단, 또한 민사소송법 241조 참조).101) 파산이라는 우연한 상황 때문에 그때까지의 소송수행의 결과가

---

99) 마찬가지 입장으로는 노영보, 261면; 전대규, 1592면; 정준영, "파산절차가 계속중인 민사소송에 미치는 영향", 파산법의 제문제[下](1999), 143면.

100) 독일 도산법(Insolvenzordnung)도 85조에서 능동소송의 수계(Aufnahme von Aktivprozessen)를, 86조에서 특정한 수동소송의 수계(Aufnahme bestimmter Passivprozesse)를 규정하고 있다.

101) 그런데 소송의 결과가 파산재단의 증감에 아무런 영향을 미치지 못하는 **파산채권자들 사이의 배당이의소송**은 채무자의 책임재산 보전과 관련이 없으므로 법 347조 1항에 따라 파산관재인이 수계할 수 있는 소송에 해당한다고 볼 수 없다. 채무자 소유 부동산에 관해 경매절차가 진행되어 부동산이 매각되었으나 배당기일에 작성된 배당표에 이의가 제기되어 파산채권자들 사이에서 배당이의소송이 계속되는 중에 채무자에 대해 파산이 선고되었다면, 배당이의소송의 목적물인 배당금은 배당이의소송의 결과와 상관없이 파산선고가 있은 때에 즉시 파산재단에 속하고, 그에 대한 관리·처분권 또한 파산관재인에게 속한다. 소송의 결과가 파산재단의 증감에 영향을 미치지 않는 경우에는 파산관재인이나 상대방이 소송을 수계할 이유가 없으므로 위 규정

헛수고가 되는 것을 받아들여야 할 이유가 없으므로 상대방에게도 수계신청권을 인정한 점에 비추어 파산관재인은 수계를 거절할 수 없다고 할 것이다.

수계한 소송에서 파산관재인이 패소한 경우에는 상대방의 소송비용상환청구권은 수계 전의 몫도 포함하여 재단채권이 된다(347조 2항). 파산채권자 공동의 이익을 위하여 발생한 재판상의 비용이기 때문이다.

재단채권에 관한 소송도 위에서 보았듯이 예외적으로 소송절차가 중단되는 경우가 있는데, 재단채권은 파산채권의 조사와 같은 채권의 확정절차를 거치지 않고 직접 파산관재인에게 청구할 수 있으므로 파산재단에 속하는 재산에 관한 소송과 마찬가지로 취급된다(347조 1항 후단). 이 경우에 상대방에게 수계신청권이 인정되는 것, 상대방의 소송비용상환청구권이 재단채권이 되는 것도 파산재단에 속하는 재산에 관한 소송과 마찬가지이다.

8-70   **2) 파산채권에 관한 소송**

파산채권은 재단채권과는 달리, 개별적 권리행사가 금지되고(424조), 파산절차 내에서 신고·조사·확정된 후에 배당을 받는 것이므로 파산채권에 관한 소송에서는 위 파산재단에 속하는 재산에 관한 소송에서와 같이 중단된 소송을 파산관재인이 당연히 수계하는 것은 아니고,[102] 오히려 소송은 **중단된 채**, 채권자는 파산절차에서 그 채권을 **신고**하고(☞ 13-2),[103] 신고된 채권에 대하여 채권의 **조**

에 따른 수계의 대상이 아니라고 보아야 한다(대법원 2019. 3. 6.자 2017마5292 결정). 이혼으로 인한 **재산분할청구권**은 파산재단에 속하지 아니하여 파산관재인이나 상대방이 절차를 수계할 이유가 없으므로, 재산분할을 구하는 절차는 특별한 사정이 없는 한 **수계의 대상이 아니라고 보아야** 한다. 법원이 부적법한 소송수계신청을 받아들여 소송을 진행한 후 소송수계인을 당사자로 하여 판결을 선고하였다면, 소송에 관여할 수 있는 적법한 당사자가 법률상 소송행위를 할 수 없는 상태에서 심리되어 선고된 것이어서 마치 대리인에 의하여 적법하게 대리되지 아니하였던 경우와 마찬가지로 위법하다(대법원 2023. 9. 21. 선고 2023므10861, 10878 판결).

102) 파산채권에 기한 전부금소송 중 피고에 대한 파산선고가 있었다면 소송절차를 중단하여야 할 것이고, 파산관재인에게 소송절차를 수계하게 하여 종전의 소송을 계속 진행하기 위하여는 파선선고 이후 파산채권신고가 있었는지, 그 신고가 있었다면 이에 대한 이의가 있었는지, 수계신청이 이의자들에 의하여 적법하게 행하여진 것인지 등을 살펴본 다음, 파산관재인의 수계가 적법한지 여부를 가려보았어야 하는데, 만연히 파산관재인이 소송절차를 수계한 것으로 본 것은 위법하다(대법원 1999. 7. 23. 선고 99다22267 판결). 파산선고 당시 계속 중이던 파산채권에 관한 소송은 파산관재인이 당연히 수계하는 것이 아니라 파산채권자의 채권신고와 그에 대한 채권조사의 결과에 따라 처리되므로, 당사자는 파산채권이 **이의채권이 되지 아니한 상태에서 미리 소송수계신청을 할 수 없고**, 이와 같은 소송수계신청은 부적법하다(대법원 2018. 4. 24. 선고 2017다287587 판결).

103) 파산채권에 관한 소송이 계속하는 도중에 채무자에 대한 파산선고가 있게 되면 소송절차는 중단되고, 파산채권자는 파산사건의 관할법원에 법이 정한 바에 따라 채권신고를 하여야 한다

사·확정절차가 행하여진다(☞ 13-10). 그 취급에 있어서는 **이의의 유무**에 따라 다음 2가지 절차로 나뉜다.[104]

① 이의가 진술되지 않은 경우　　　　8-71

가령, 甲이 乙에 대하여 제기한 대여금반환청구소송의 계속 중에 乙이 파산선고를 받았다고 하자. 일단 소송은 중단되는데, 파산절차의 채권조사기일에 甲이 신고한 채권에 대하여 이의가 진술되지 않은 경우에는 채권의 존재 및 내용이 파산채권자표에 기재되고, 그 채권자표의 기재는 확정판결과 마찬가지 효력을 가지므로(460조. ☞13-17) 중단된 소송은 그 존재의의를 잃고 수계의 문제는 생기지 않는다고 할 것이다. 여기서 **판례**는 계속(중단) 중이던 소송은 **부적법**하게 된다고 보지만,[105] **생각건대** 중단된 소송은 그 상태에서 **당연종료**된다고 할 것이다(이의가 진술되지 않은 것은 다툴 의사를 가지지 않은 경우로 청구의 포기·인낙에 준한 의사가 있는 것이고, 그 처리로 법원은 소송종료선언 등을 하는 방법을 생각할 수 있다).[106]

② 이의가 진술된 경우　　　　8-72

반면, 신고채권에 대하여 채권조사기일에 이의가 진술되어 채권의 확정이 필요하게 된 경우에는 새롭게 채권조사확정재판을 신청하는 대신에 중단된 소송이 수계되어 채권의 확정에 이용된다(462조 1항 단서, 464조. ☞ 13-21). 이는 신

(대법원 2018. 4. 24. 선고 2017다287587 판결).

104) 파산채권자가 파산법이 정한 채권신고기간 내에 적법한 채권신고를 하면 채권조사기일을 거쳐 파산관재인 또는 다른 **채권자의 이의가 있는지 여부**에 따라 그 채권이 확정판결과 동일한 효력이 있는 채권표상의 확정채권이 되거나, 아니면 법에 따른 채권확정의 소송을 거쳐 그 채권의 존부가 결정되게 된다(대법원 2005. 10. 27. 선고 2003다66691 판결). 채권신고를 하였는지, 채권신고를 하였다면 채권조사기일의 조사절차를 거쳤는지, 그때 파산관재인 또는 다른 채권자가 이의를 하였는지 등의 여부에 따라 소송절차를 유지할 필요성 여부를 판단하여야 하고, 속행되는 경우라면 소송의 형태를 채권확정소송으로 변경하도록 하여야 할 것이다(대법원 2010. 8. 26. 선고 2010다31792 판결[미간행]).

105) 대법원 2018. 4. 24. 선고 2017다287587 판결; 대법원 2013. 9. 12. 선고 2012다95486, 95493 판결[미간행]; 대법원 2010. 8. 26. 선고 2010다31792 판결[미간행]. 회생절차에서도 대법원 2014. 6. 26. 선고 2013다17971 판결은 계속 중이던 회생채권에 관한 소송은 소의 이익이 없어 부적법하게 된다고 보았다(☞ 16-41). 그리고 전대규, 1597면은 소송은 부적법하게 되므로 수소법원은 소취하를 권유하고 응하지 않을 경우 파산관재인으로 하여금 소송을 수계하게 한 다음(347조 1항) 소의 이익이 없으므로 소각하판결을 하여야 한다고 한다.

106) 당사자로부터 소송물인 채권이 확정되었다는 취지의 진술을 받아 소송종료선언을 하여야 한다(伊藤眞, 破産法·民事再生法, 405면 각주173 부분). 절차가 중단된 이상 부적법각하판결을 하더라도(중단 중에도 판결의 선고는 가능. 민사소송법 247조 1항) 상소기간은 진행되지 않고 사건계속이 소멸하지 않는 불합리함도 있으므로 당연종료한다는 처리가 합리적이다(山本克己·小久保孝雄·中井康之 編, 新基本法コンメンタール破産法, 113면[垣內秀介 집필]).

소 제기에 따른 비용과 시간의 낭비를 방지하고 소송절차의 번잡을 피하기 위한 공익적 목적을 위한 것이다.107) 중단 중의 소송을108) 이의자가 수계한다.109) 수계신청은 상대방도 할 수 있다(민사소송법 241조 참조). 이때에 집행력 있는 집행권원이나 종국판결이 없는 채권인 경우에는(**무권원채권**) 파산채권자는 이의자 모두를 소송의 상대방으로 하여 소송을 수계하여야 한다(464조. ☞ 13-26).110) 위 예에서 甲이 乙에 대하여 제기한 대여금반환청구소송이 아직 종국판결 전인 때에는 甲이 이의자를 상대방으로 하여 수계의 신청을 한다. 한편, 종국판결이 있는 채권(**유권원채권**. 민사집행법에서의 용어 사용과 다르다)이라면, 위와 반대로 이의자가 파산채권자를 상대방으로 하여 소송을 수계하여야 한다(466조 2항. ☞ 13-28).111)

---

107) 따라서 소송수계를 할 수 있는 경우에 파산채권확정재판을 신청하는 것은 권리보호의 이익이 없어 부적법하다(대법원 2020. 12. 10. 선고 2016다254467, 254474 판결).

108) 이는 법 6조 1항에 의하여 파산선고를 받지 아니한 채무자에 대하여 회생계획인가가 있은 후 회생절차폐지의 결정이 확정된 경우 법원이 그 채무자에게 파산의 원인이 되는 사실이 있다고 인정하여 직권으로 파산을 선고함에 따라 파산절차가 진행된 때에도 마찬가지이므로, 법 464조에서 말하는 '이의채권에 관한 소송'에는 종전 회생절차에서 제기되어 진행 중인 회생채권 조사확정재판에 대한 이의의 소도 포함된다고 해석함이 타당하다(대법원 2020. 12. 10. 선고 2016다254467, 254474 판결).

109) 가령, 위 경우에 채무자만이 이의를 진술한 경우라도 채권자는 채무자를 상대방으로 하여 수계할 수 있다 할 것이다(종전 파산법 213조 2항 참조). 채권의 조사는 본래 파산채권자 사이에서 행하여지는 절차이고, 채무자가 신고채권에 대하여 이의를 진술하여도 채권의 확정을 방해할 수 없으므로 채무자의 이의는 파산채권의 확정과는 관계가 없지만, 채무자만이 이의를 진술한 경우에도 파산절차종결 후에 채무자의 자유재산에 대한 집행권원을 미리 받아 두는 것에 수계의 의의가 있게 된다.

110) 이의자 등이 여럿인 경우에는 수계 후의 소송이 고유필수적 공동소송이 되는 관계상 일부의 사람만을 상대방으로 하는 수계신청은 부적법하다. 伊藤眞, 破産法・民事再生法, 625-626면.

111) 파산채권에 관하여 파산선고 당시 소송이 계속하는 경우에 파산사건의 관할법원에 파산채권의 신고를 하였으나 파산관재인, 파산채권자 또는 파산자 등의 이해관계인의 **이의가 있어** 파산채권자가 그 채권의 확정을 요구하려고 할 때에는 별도로 파산사건의 관할법원에 파산채권확정의 소를 제기하는 대신에 종전의 소송이 계속 중인 법원에 신고된 파산채권에 관한 이의자를 상대로 하여 소송절차의 수계신청을 하여야 하며, 파산채권에 관한 제1심의 종국판결 선고 후에 파산선고가 있은 경우에는 반대로 신고된 파산채권에 관한 이의자가 소송절차의 수계신청을 하여야 하는 것이고, 이 경우에 소송의 형태는 채권확정의 소로 변경되어야 한다(대법원 1999. 7. 23. 선고 99다22267 판결).

(4) 채권자취소소송·채권자대위소송·주주대표소송

1) 채권자취소소송 등   8-73

> **제406조(채권자취소소송 등의 중단)** ① 「민법」 제406조제1항이나 「신탁법」 제8조에 따라 파산채권자가 제기한 소송이 파산선고 당시 법원에 계속되어 있는 때에는 그 소송절차는 수계 또는 파산절차의 종료에 이르기까지 중단된다. ② 제347조의 규정은 제1항의 경우에 관하여 준용한다.

채권자취소소송(민법 406조)은 채권자가 수익자 또는 전득자를 상대방으로 하는 소송이고, 채무자는 채권자취소소송의 당사자가 아니지만, 법 406조 1항은 채무자가 파산선고를 받으면 채권자취소소송은 **중단**된다고 규정하고 있고,[112] 그리고 동조 2항에 의하여 법 347조의 규정이 준용되므로(회생절차에서도 법 113조에 마찬가지 취지의 규정이 있고, 개인회생절차에서도 법 584조 1항이 406조를 준용하고 있다) 중단된 소송에 있어서 파산선고를 받은 채무자의 파산관재인 또는 상대방의 수계신청에 의하여 파산관재인이 취소채권자를 **수계**하게 된다(347조 1항).[113] 법 406조는 채무자를 당사자로 하지 않는 파산재단에 관한 소송절차의 전형적 예를 정한 것이고, 그 밖의 소송절차의 중단을 부정하는 취지는 아니다. 신탁법 8조에 따른 채무자가 채권자를 해함을 알면서 설정한 신탁에 대한 **사해신탁취소소송**의 경우에도 채무자가 파산선고를 받으면 마찬가지로 소송이 중단되고 수계된다(406조 1항, 2항).

채권자취소소송은 채무자의 책임재산의 보전·회복이라는 목적을 가지는데, 파산관재인이 행하는 **부인소송**도 재단의 증식이라는 공통된 목적을 가지고 있다. 그리하여 일단 파산절차가 개시된 이상 책임재산의 보전·회복은 파산재

---

112) 채권자취소소송의 중단은 채권자취소소송이 파산선고를 받은 파산채무자를 당사자로 하는 것은 아니지만 소송결과가 파산재단의 증감에 직접적인 영향을 미칠 수 있을 뿐만 아니라, 파산채권자는 파산절차에 의하지 아니하고는 개별적인 권리행사가 금지되는 점(424조 참조) 등을 고려하여 파산채권자가 파산채무자에 대한 파산선고 이후에는 채권자취소권을 행사할 수 없도록 하기 위한 것이다(대법원 2016. 7. 29. 선고 2015다33656 판결).

113) 법원이 채무자에 대하여 파산선고가 있은 사실을 알지 못한 채 파산관재인의 소송수계가 이루어지지 않은 상태로 소송절차를 진행하여 판결을 선고하였다면, 그 판결은 채무자의 파산선고로 소송절차를 수계할 파산관재인이 법률상 소송행위를 할 수 없는 상태에서 사건을 심리하고 선고한 잘못이 있다(대법원 2022. 5. 26. 선고 2022다209987 판결). 이러한 법리는 채권자취소소송 계속 중 채무자의 상속재산에 대하여 파산선고가 있었는데 법원이 그 사실을 알지 못한 채 상속재산 파산관재인의 소송수계가 이루어지지 아니한 상태로 소송절차를 진행하여 판결을 선고한 경우에도 마찬가지로 적용된다(대법원 2023. 2. 23. 선고 2022다267440 판결).

단의 증식으로 전환되어 그 목적이 파산관재인에 의한 부인소송으로 속행되는
것이 바람직하다고 할 수 있다.114) 수계할 경우에 파산관재인은 필요에 따라 청
구의 취지를 변경하여야 한다. 가령 소송 그 자체를 부인의 소로 변경할 필요가
있다. 즉, 총채권자의 이익을 개별적 채권자보다 파산관재인 쪽이 좀 더 잘 보호
할 수 있다는 고려에서 책임재산의 범위를 둘러싼 분쟁의 주체인 지위를 개별적
채권자로부터 총채권자의 이익을 대표하는 파산관재인으로 대체될 수 있도록
한 것이다.115)

    여기서 이미 진행된 채권자취소소송의 소송상태가 파산관재인에게 불리하
고, 오히려 파산관재인이 새로 부인소송으로 대처하는 쪽이 유리하다고 판단하
는 때에는 상대방의 수계신청을 파산관재인이 거절할 수 있는가 하는 문제가 있
다. 이에 대하여 파산채권자 전체의 이익을 대표하는 파산관재인은 채권자 가운
데 한 사람인 취소채권자의 소송수행의 결과에 구속되어서는 안 된다는 이유에
서 파산관재인의 **수계거절권을 긍정**하거나 또는 상대방의 **수계신청권을 부정**하
는 입장이(중단된 채권자취소소송은 목적을 잃고 당연히 종료) 있는 반면,116) 종전 채권
자취소소송을 수행하여 원고 패소로 끝나면 기판력의 이익을 받을 수 있는 상대
방의 이익을 부당하게 해치는 것이고, 파산관재인이 수계를 거절한다는 한 가지
이유 때문에 상대방은 다시 별소인 부인소송에 대응하여야 한다는 것은 상대방
에게 불이익한 것이므로 이에 대한 **반대입장도** 있다.117) **생각건대** 법 347조 1항
에 따르면, 상대방에게도 수계신청권이 있으므로 파산관재인은 수계를 거절할
수 없다고 할 것이다.

    그리고 마찬가지 취지에서(파산절차는 평등하고 공정하게 채무를 변제하기 위한 집

---

114) 파산채권자의 채권자취소권이라는 개별적인 권리행사를 파산채권자 전체의 공동의 이익을
    위하여 직무를 행하는 파산관재인의 부인권 행사라는 파산재단의 증식의 형태로 흡수시킴으로
    써 파산채무자의 재산을 공정하게 환가·배당하는 것을 목적으로 하는 파산절차에서의 통일적
    인 처리를 꾀하고 있다. 이는 부인권이 파산채무자가 파산채권자를 해함을 알고 한 행위를 부인
    하고 파산채무자로부터 일탈된 재산의 원상회복을 구할 수 있는 권리라는 점에서 채권자취소권
    과 동일한 목적을 가지고 있기 때문이다(대법원 2016. 7. 29. 선고 2015다33656 판결).
115) 한편, 그 수계가 이루어지기 전에 파산절차가 종료되면 기존의 원고인 채권자에 의해 당연히
    소송절차가 수계된다(대법원 2016. 8. 24. 선고 2015다255821 판결[미간행]).
116) 山木戸克己, 破産法, 221면; 竹下守夫 編集代表, 大コンメンタール破産法, 189면.
117) 齊藤秀夫·麻上正信·林屋礼二 編, 注解破産法(上卷)[宗田親彦 집필], 559면; 伊藤眞, 破産
    法·民事再生法, 407면. 국내에서는 전대규, 1600면이 수계거절권을 부정하면서도, 다만 파산
    재인이 수계를 거절하고 부인의 청구를 하려 할 경우에는 상대방의 수계신청을 거절할 수 있다
    고 본다, 도산절차와 소송 및 집행절차, 271면은 거절할 수 없다고 본다.

단적·포괄적 채무처리절차) 파산절차가 개시된 후에는 파산관재인이 총 채권자에
대한 평등변제를 목적으로 하는 부인권을 행사하여야 하고, 파산채권자의 채권
자취소소송은 허용되지 않는다. 다만, 파산채권자의 채권자취소소송이 부적법
하더라도 이 경우에 **판례**는 파산관재인이 소송을 수계한 다음 청구변경의 방법
으로 부인권을 행사할 수 있다고 본다.118)

2) 채권자대위소송

8-74

나아가 채권자대위권(민법 404조)에 의한 대위소송에 대하여도 채무자는 소
송 당사자가 아니지만, 채무자의 파산에 의하여 소송은 중단되고, 채권자가 수
행한 종전의 소송절차를 파산관재인이 수계한다고 풀이할 것이다(406조의 유추
내지는 준용). 채권자대위소송도 그 목적은 채무자의 책임재산을 보전하기 위한
것이고, 채무자에게 파산선고가 내려진 것에 의하여 재산보전의 책임은 재산에
대한 관리처분권을 가지는 파산관재인에게 이전하므로, 중단·수계를 인정하여
도 무방하기 때문이다. **판례**도 다른 특별한 사정이 없는 한, 이를 긍정한다.119)

---

118) 파산절차가 채무를 채권자들에게 평등하고 공정하게 변제하기 위한 집단적·포괄적 채무처
리절차라는 점을 고려하여 파산선고 후에는 파산채권자가 아닌 파산관재인으로 하여금 부인권
을 행사하도록 한 것이므로 파산선고 후에는 파산관재인이 총 채권자에 대한 평등변제를 목적
으로 하는 부인권을 행사하여야 하고, 파산절차에 의하지 않고는 파산채권을 행사할 수 없는 파
산채권자가 개별적 강제집행을 전제로 개별 채권에 대한 책임재산을 보전하기 위한 채권자취소
의 소를 제기할 수 없다고 하면서, 다만 채권자취소의 소를 제기한 경우에도 마찬가지로 **파산관
재인이 채권자취소의 소를 수계하여 부인의 소로 변경하는 것을 금지하는 것은 아니라고 한다.**
이 경우 법원은 파산관재인이 수계한 소송이 부적법한 것이었다는 이유만으로 소송수계 후 교
환적으로 변경된 부인의 소마저 부적법하다고 볼 것은 아니다(대법원 2018. 6. 15. 선고 2017다
265129 판결). 판례 해설로는 심형진, "채무자에 대한 파산선고 후 파산채권자가 채권자취소의
소를 제기한 경우, 파산관재인이 소송수계 후 부인의 소로 변경할 수 있는지 여부", 대법원판례
해설(2018. 12), 123면 이하 참조. 위 판결에 대하여 다음과 같은 비판이 있다. 부인의 소로 변
경할 수 있게 된다면, 부인의 소 제기 시 법원의 허가를 받도록 한 법의 취지를 잠탈할 가능성
이 있고, 부인권 행사기간의 제척기간 준수시점 판단과 관련된 혼란이 발생할 수 있다(김규화,
"파산절차와 소송수계에 관한 실무상 쟁점", 민사판례연구(2020. 2), 803면 이하). 중단사유 발
생이 없는 소송을 수계할 수 없으며, 명백히 부적법하고 그 요건흠결을 보완할 수 없는 소는 수
계대상이 아니다(전원열, "파산선고 후 제기된 사해행위취소의 소를 파산관재인이 수계할 수 있
는지 여부-대법원 2018. 6. 15. 선고 2017다265129 판결-", 법조(2019. 8), 701면 이하).
119) 채권자대위소송도 그 목적이 채무자의 책임재산 보전에 있고 채무자에 대하여 파산이 선고
되면 그 소송 결과는 파산재단의 증감에 직결된다는 점은 채권자취소소송에서와 같다. 이와 같
은 채권자대위소송의 구조, 채무자회생법의 관련 규정 취지 등에 비추어 보면, 다른 특별한 사
정이 없는 한 민사소송법 239조, 법 406조, 347조 1항을 유추적용하여 파산채권자가 제기한 채
권자대위소송은 중단되고 파산관재인이 이를 수계할 수 있다(대법원 2013. 3. 28. 선고 2012다
100746 판결). 한편, 소송의 결과가 파산재단의 증감에 아무런 영향을 미치지 못하는 파산채권
자들 사이의 배당이의소송은 채무자의 책임재산 보전과 관련이 없으므로 배당이의소송은 법

앞으로 입법적으로 이에 대한 규정을 마련하여야 할 것이다.120)

8-75   3) 주주대표소송

주주대표소송, 즉 발행주식의 총수의 100분의 1 이상에 해당하는 주식을 가진 주주는 회사에 대하여 이사의 책임을 추궁할 소의 제기를 청구할 수 있고, 회사가 그 청구를 받은 날로부터 30일 내에 소를 제기하지 아니한 때에는 위 주주는 즉시 회사를 위하여 소를 제기할 수 있는데(상법 403조), 주주가 제기한 주주대표소송 계속 중(**대표소송 선행형**), 회사에 대하여 파산이 선고되면, 회사의 재산의 관리처분권은 파산관재인에게 속하게 되므로 채권자대위소송의 경우와 마찬가지로 법 406조의 유추 내지는 준용에 의하여 주주대표소송은 중단되고, 파산관재인이 이를 수계한다고 볼 것이다.121) 한편, 파산절차가 진행 중(**파산절차 선행형**) 주주대표소송의 가부가 문제될 수 있는데, 파산절차가 개시된 후의 파산채권자의 채권자취소소송이 허용되지 않듯이 주주대표소송의 경우도 마찬가지로 부정할 것이다. **판례도** 소극적이다.122)

347조 1항에 따라 파산관재인이 수계할 수 있는 소송에 해당한다고 볼 수 없다(대법원 2019. 3. 6.자 2017마5292 결정).

120) 2005년 시행 일본 신파산법 45조에서는 채권자대위소송에 대하여도 명문의 규정을 두어 채권자대위소송과 채권자취소소송을 동렬로 취급하고 있다. 이에 찬성하는 견해로는 양형우, "파산절차개시의 일반적 효과", 법조(2006. 7), 160면. 나아가 일본 最判 2009年(平成 11年) 12月 17日은 압류채권자에 의한 추심소송에서도 유추적용을 인정하고 있다.

121) 일본 東京地決 2000年(平成 12年) 1月 27日(倒産判例百選[第5版](22사건), [垣内秀介 해설] 참조)은 이러한 입장이다. 한편, 방론이지만 파산관재인이 수계를 거절할 수 있다는 취지를 밝히고 있는데, 이에 대하여는 위 채권자취소소송에서의 논의를 참조하라(☞ 8-73).

122) 회사에 대한 파산선고가 있으면 파산관재인이 당사자적격을 가진다고 할 것이고, 파산절차에 있어서 회사의 재산을 관리·처분하는 권리는 파산관재인에게 속하며, 파산관재인은 법원의 감독하에 선량한 관리자의 주의로써 그 직무를 수행할 책무를 부담하고 그러한 주의를 해태한 경우에는 이해관계인에 대하여 책임을 부담하게 되기 때문에 이사 또는 감사에 대한 책임을 추궁하는 소에 있어서도 이를 제기할 것인지의 여부는 파산관재인의 판단에 위임되어 있다고 해석하여야 할 것이고, 따라서 회사가 이사 또는 감사에 대한 책임추궁을 게을리 할 것을 예상하여 마련된 주주의 대표소송의 제도는 파산절차가 진행 중인 경우에는 그 적용이 없고, 주주가 파산관재인에 대하여 이사 또는 감사에 대한 책임을 추궁할 것을 청구하였는데 파산관재인이 이를 거부하였다고 하더라도 주주가 상법 403조, 415조에 근거하여 대표소송으로서 이사 또는 감사의 책임을 추궁하는 소를 제기할 수 없다고 보아야 할 것이며, 이러한 이치는 주주가 회사에 대하여 책임추궁의 소의 제기를 청구하였지만 회사가 소를 제기하지 않고 있는 사이에 회사에 대하여 파산선고가 있은 경우에도 마찬가지이다(대법원 2002. 7. 12. 선고 2001다2617 판결). 이 사건 판결은 판결선고 후에 주주대표소송을 제기할 수 있는지의 여부에 관하여 판시한 첫 사례라는 점에서 그 의의가 있다. 다만, (일본에서의) 반대설이 있음에 비추어 이에 대비한 입법적인 장치를 마련하여 두는 것이 향후의 입법의 과제라고 할 것이다(박경호, "파산절차가 진행 중인 회사의 주주가 회사의 이사 또는 감사를 상대로 대표소송을 제기할 수 있는지 여부", 대법

(5) 파산절차의 해지와의 관계   8-76

　　파산선고결정의 취소나 배당에 의한 종결, 파산폐지 등에 의하여 파산절차
가 없어지게 되는 것을 파산절차의 해지라고 하는데, 소송절차가 중단한 경우에
파산관재인이 소송을 수계하지 않고 있는 동안에 해지사유에 의하여 파산절차
가 종료되면, 민사소송법 239조 후단에 의하여 당연히 채무자가 소송절차를 수
계하게 된다. 그리고 일단 파산관재인이 소송을 수계한 뒤에 파산절차가 해지되
면 민사소송법 240조에 의하여 다시 소송절차는 중단되고, 채무자가 소송절차
를 수계하여야 한다.

　　채권자취소소송이나 채권자대위소송의 경우에는 위에서의 「채무자」를 본
래의 구(舊)원고인 「채권자」로 바꾸어 채권자가 소송절차를 수계한다고 보면 된
다.123) 주주대표소송의 경우에도 위에서의 「채무자」를 본래의 구(舊)원고인 「주
주」로 바꾸어 주주가 소송절차를 수계한다고 보면 된다.

2. 계속 중인 민사집행·체납처분절차 등

(1) 민사집행절차   8-77

> 제348조(강제집행 및 보전처분에 대한 효력) ① 파산채권에 기하여 파산재단에 속하는 재산
> 에 대하여 행하여진 강제집행·가압류 또는 가처분은 파산재단에 대하여는 그 효력을 잃는다.
> 다만, 파산관재인은 파산재단을 위하여 강제집행절차를 속행할 수 있다. ② 제1항 단서의 규
> 정에 의하여 파산관재인이 강제집행의 절차를 속행하는 때의 비용은 재단채권으로 하고, 강
> 제집행에 대한 제3자의 이의의 소에서는 파산관재인을 피고로 한다.

　　파산채권은 파산절차에 의하지 아니하고는 행사할 수 없으므로(424조) 파산
선고 후에는 파산채권자가 파산재단에 속하는 재산에 대하여 강제집행이나 보
전처분(가압류·가처분)을 개시하는 것은 허용되지 않는다.124) 그뿐만 아니라 파
산채권에 기하여 이미 개시된 강제집행이나 보전처분도 그 종료 전에 채무자에
게 파산선고가 있게 되면 파산재단에 대한 관계에서 당연히 그 효력을 잃는다
(348조 1항 본문).125) 따라서 파산관재인은 해당 집행이 없는 것으로 무시하고 그

　　원판례해설(제42호, 2003), 726면 이하 참조.
123) 2005년 시행 일본 신파산법 45조 5항은 명문의 규정을 두고 있다.
124) 2005년 시행 일본 신파산법은 42조 1항에서 이를 명문화하였다.
125) 한편, 독일법에서는 파산선고 전에 강제집행을 개시한 파산채권자는 압류질권을 취득하고
　　파산절차상 별제권자로 취급되므로 파산채권에 기한 강제집행의 실효라는 규율은 존재하지 않

재산을 관리처분할 수 있다. 가령, 파산채권이 될 채권을 위하여 채무자의 동산에 대하여 압류가 행하여져 집행관이 압류동산을 보관하고 있는 경우에 파산관재인은 그 인도를 구할 수 있다. 이미 현금화가 종료하였더라도 아직 배당이 행하여지지 않았다면 파산관재인은 환가금의 인도를 구할 수 있다.126) 실효에 따른 절차상의 대응은 집행절차의 종류와 진행 단계에 따라 동일하지 않다고 할 것이다. 한편, 파산선고 전에 이미 집행이 종료된 경우에는 그 실효의 여지는 없고,127) 부인의 문제가 된다. 그런데 가령, 동시파산폐지의 경우는(317조) 위 실효의 효과도 동시에 소멸하므로 그 뒤의 면책절차 중에 개별집행 등을 금지하고 있다(☞ 14-11).

그리고 소유권에 기한 인도청구의 집행과 같이 파산채권이 되지 않는 권리에 기한 강제집행이나 보전처분은 실효되지 않는다.128)

또한 **재단채권**에 기한 강제집행에 대해서도 파산선고 후에 새롭게 강제집행을 개시할 수 없고,129) 또한 파산선고 전의 원인에 기한 재단채권에 대하여 이미 개시된 강제집행도 실효한다고 할 것이다(자세히는☞ 7-31).130)

는다.

126) 그 전제로 집행절차의 취소를 구할 필요도 없다는 입장에 대하여, 외형제거를 위하여 집행절차를 취소하여야 할 것이라든가(김상철·장지용, "도산절차가 민사집행절차에 미치는 영향", 인권과 정의(2018. 6), 36면), 파산관재인이 집행기관에 집행처분의 취소를 구할 수 있고, 집행기관이 명시적으로 집행취소결정을 하는 것이 파산절차 및 집행절차의 명확성을 위해 바람직하다는 입장으로는 정영식, "개인파산절차와 강제집행절차", 민사집행법연구(2010. 2), 434면.

127) 채무자 소유 부동산에 관한 경매절차에서 가압류채권자에게 배당될 돈이 공탁되고 이후 그 채권에 관하여 승소의 본안판결이 확정되었는데, 그 공탁금을 수령하지 않고 있던 중에 채무자에 대하여 파산이 선고되고 그 이후에야 공탁금을 수령한 경우, 가압류채권자의 채권은 **본안판결 확정시에 소멸**하고, 단지 수령만이 본안판결 확정 이후의 별도의 시점에 이루어지는 것에 지나지 않으며, 이는 본안판결 확정 이후에 채무자에 대해 파산이 선고되었다 하더라도 마찬가지이므로 위와 같이 수령한 공탁금은 파산관재인에 대하여 부당이득에 해당하지 않는다(대법원 2018. 7. 24. 선고 2016다227014 판결).

128) 파산관재인을 상대방으로 속행된다. 다만, 승계집행문이 필요하다(민사집행법 31조).

129) 재단채권자의 정당한 변제요구에 대하여 파산관재인이 응하지 아니하면 재단채권자는 법원에 대하여 감독권 발동을 촉구하든지, 파산관재인을 상대로 불법행위 손해배상청구를 하는 등의 별도의 조치를 취할 수는 있을 것이나, 그 채권 만족을 위해 파산재단에 대해 개별적 강제집행에 나아가는 것은 허용되지 않는다(대법원 2007. 7. 12.자 2006마1277 결정).

130) 재단채권에 기하여 파산선고 전에 이루어진 강제집행 등의 효력에 관하여는 구 파산법에 아무런 규정이 없다. 그러나 파산관재인의 파산재단에 관한 관리처분권이 개별집행에 의해 제약을 받는 것을 방지함으로써 파산절차의 원만한 진행을 확보함과 동시에, 재단채권 간의 우선순위에 따른 변제 및 동순위 재단채권 간의 평등한 변제를 확보할 필요성이 있는 점, 파산선고 후 재단채권에 기하여 파산재단에 속하는 재산에 대한 별도의 강제집행은 허용되지 않는 점, 강제

여기서 실효의 의미는 절대적으로 모든 관계에서 강제집행 등이 효력을 잃는 것이 아니고, 상대적 실효 내지는 상대적 무효라고 할 것이다. 시간적 상대무효로, 파산선고결정이 취소되면 강제집행 등의 종전의 효력이 회복되고, 또한 관계적 상대무효로, 파산재단과의 관계에서만 무효이고, 다른 관계인에 대하여는 해당 강제집행 등은 효력을 가진다.[131]

그런데 파산관재인은 어쨌든 재단재산을 환가할 필요가 있으므로 강제집행절차가 계속 중인 때에는 파산재단을 위하여(절차가 상당히 진행되어 신속한 환가가 될 수 있는 경우나 고가로 환가될 수 있는 경우 등), 즉 파산재단에 속하는 재산의 현금화를 위하여 그 절차를 속행할 수 있다(348조 1항 단서). 이 경우에 강제집행절차를 속행하는 비용은 재단채권이 되고, 강제집행에 대한 제3자이의의 소에 있어서는 파산관재인이 피고가 된다(동조 2항).[132]

한편, 질권, 저당권 등 특정재산상의 **담보권**은 파산절차상에서는 별제권으로서 독자의 권리실행이 보장되고 있으므로(412조) 이미 담보권의 실행이 개시되고 있는 경우에 그 실행절차도 파산선고에 의하여 아무런 영향도 받지 않는 것이 원칙이다. 그러나 담보권이더라도 일반재산상의 담보권의 경우에는 별제권이 되지 않고, 따라서 배당절차가 종료되지 않은 때에는 별제권자가 아닌 일반채권자의 배당액은 파산재단에 속하므로 파산관재인에게 교부하여야 한다.

집행의 속행을 허용한다고 하더라도 재단채권에 대한 배당액에 관하여는 재단채권자가 직접 수령하지 못하고 파산관재인이 수령하여 이를 재단채권자들에 대한 변제자원 등으로 사용하게 되므로(대법원 2003. 8. 22. 선고 2003다3768 판결 참조), 재단채권자로서는 단지 강제집행의 대상이 된 파산재산의 신속한 처분을 도모한다는 측면 외에는 강제집행을 유지할 실익이 없을 뿐 아니라, 파산관재인이 강제경매절차에 의한 파산재산의 처분을 선택하지 아니하는 한 강제집행절차에 의한 파산재산의 처분은 매매 등의 통상적인 환가 방법에 비하여 그 환가액의 측면에서 일반적으로 파산재단이나 재단채권자에게 모두 불리한 결과를 낳게 되므로, 강제집행을 불허하고 다른 파산재산과 마찬가지로 파산관재인이 환가하도록 함이 상당하다고 인정되는 점 등을 고려할 때, 임금채권 등 재단채권에 기하여 파산선고 전에 강제집행이 이루어진 경우에도, 그 강제집행은 파산선고로 인하여 그 효력을 잃는다고 보아야 할 것이다(대법원 2008. 6. 27.자 2006마260 결정). 이에 대한 판례해설로는 전현정, "임금채권 등 재단채권에 기한 강제집행이 파산선고로 그 효력을 잃는지 여부", 대법원판례해설(제77호, 2009. 7), 595면 이하 참조. 2005년 시행 일본 신파산법은 42조 2항에서 이를 명문화하였다.

131) 규정의 취지는 관련 당사자 사이의 모든 관계에 있어서 강제집행, 집행보전행위가 절대적으로 무효가 된다는 것이 아니라, 파산재단에 대한 관계에 있어서만 상대적으로 무효가 된다는 의미로 해석된다(대법원 2000. 12. 22. 선고 2000다39780 판결).

132) 따라서 제3자는 환취권에 기하여 별소를 제기할 필요가 없고, 제3자이의의 소에 의하여 해당 재산의 귀속에 관한 다툼의 해결을 도모할 수 있다.

8-78   (2) 체납처분

> 제349조(체납처분에 대한 효력) ① 파산선고 전에 파산재단에 속하는 재산에 대하여 「국세징
> 수법」 또는 「지방세징수법」에 의하여 징수할 수 있는 청구권(국세징수의 예에 의하여 징수할
> 수 있는 청구권으로서 그 징수우선순위가 일반 파산채권보다 우선하는 것을 포함한다)에 기
> 한 체납처분을 한 때에는 파산선고는 그 처분의 속행을 방해하지 아니한다. ② 파산선고 후
> 에는 파산재단에 속하는 재산에 대하여 「국세징수법」 또는 「지방세징수법」에 의하여 징수할
> 수 있는 청구권(국세징수의 예에 의하여 징수할 수 있는 청구권을 포함한다)에 기한 체납처
> 분을 할 수 없다.

   파산선고 전에 파산재단에 속하는 재산에 대하여 「국세징수법」 또는 「지방
세징수법」에 의하여 징수할 수 있는 청구권(국세징수의 예에 의하여 징수할 수 있는
청구권으로서 그 징수순위가 일반 파산채권보다 우선하는 것을 포함한다)에 기한 체납처분
을133) 한 때에는134) 파산선고는 그 처분의 속행을 방해하지 않는다(349조 1항).
즉, 이미 체납처분이 개시된 경우에 납세자가 파산선고를 받더라도 그 처분은
그대로 속행된다. 조세채권은 그 원인이 파산선고 전의 것이라도 공익성으로부
터 재단채권이 되는 점(473조 2호) 및 조세채권의 자력집행력을 존중한다는 점이
고려된 것이다.

8-79   1) 속행을 방해하지 않는다는 취지
   여기서 속행을 방해하지 않는다는 의미의 해석과 관련하여 다음과 같은 두
가지 견해가 있다.
   첫 번째 견해는, 파산선고 전에 체납처분을 한 경우에는 파산선고가 있더라
도 체납처분절차를 중단한 후 파산절차에 따를 것이 아니라 체납처분절차를 계
속할 수 있도록 허용하려는 취지에 불과하고, 조세채권에 대하여 체납처분절차
에 의한 환가대금에서 우선변제를 받을 수 있도록 허용하려는 취지는 아니라는

---

133) 조세채권은 집행권원을 얻어내기 위하여 소를 제기할 필요도 없고, 또한 민사집행절차에 의
   하지 않고 독자적인 집행권한과 절차에 의하여 조세채권의 만족을 얻게 되는데, 그것을 체납처
   분이라고 한다.
134) 체납처분을 한 경우란 파산재단에 속하는 재산에 대하여 체납처분절차에 의한 압류의 효력
   이 생긴 경우로 제한적으로 해석해야 할 것이다. 따라서 파산선고 전에 압류를 위하여 국세징수
   법 25조·26조·27조에 따른 질문, 검사 또는 수색에 착수한 데 불과한 경우는 물론 압류통지서
   의 발송 또는 압류등기, 등록의 촉탁을 하였으나 아직 채무자에게 송달되거나 등기, 등록이 이
   루어지지 않았다면 체납처분을 한 경우에 해당하지 않는다고 할 것이다(서울고등법원 2002. 12.
   20. 선고 2002나47558 판결[상고기각 확정]).

견해이다. 이 견해에 따르면 체납처분절차에 의한 환가대금은 일단 파산재단에 귀속되고, 체납처분을 한 조세채권자는 파산관재인에게 교부청구를 하여 수시 변제를 받게 되며, 그 결과 다른 재단채권자들도 체납처분절차에 의한 환가대금에 관하여 체납처분을 한 조세채권자와 동등한 권리를 갖게 된다.

두 번째 견해는, 조세채권에 대하여 파산절차와는 다른 별개의 체납처분절차의 속행을 특별히 허용한 취지는 파산선고 전에 체납처분을 한 조세채권에 대하여 체납처분절차에 의한 환가대금에서 바로 우선변제를 받을 수 있도록 허용하려는 취지라는 견해이다. 이 견해에 따르면 파산선고 전에 체납처분을 한 조세채권은 파산선고가 있더라도 체납처분절차를 속행하여 그 환가대금에서 바로 우선변제를 받고, 그 나머지만이 파산재단에 귀속되므로 결과적으로 체납처분을 한 조세채권은 다른 재단채권보다 우선변제를 받게 된다.

이에 대하여 **판례**는 체납처분을 한 경우에는 그 후 체납자가 파산선고를 받더라도 그 체납처분을 속행하여 파산절차에 의하지 아니하고 배당금을 취득할 수 있어 선착수한 체납처분의 우선성이 보장된다는 것으로 해석함이 상당하고 따라서 환가대금으로부터 직접 배당받을 수 있다고 판시하여 후자의 입장을 지지하고 있다.[135]

2) 파산선고 후에 새롭게 체납처분을 개시할 수 있는지 여부

8-80

종전 파산법 62조가 파산선고 전에 「국세징수법」 또는 「지방세법」에 의하여 징수할 수 있는 청구권에 기하여 파산재단에 속하는 재산에 대하여 체납처분을 한 때에는 파산선고는 그 처분의 속행을 방해하지 않는다고 규정하고 있을 뿐이고, 파산선고 후에 새롭게 체납처분을 개시할 수 있는지 여부에 대하여는

---

135) 파산법 62조(현행 도산법 349조에 해당) 규정은 파산선고 전의 체납처분은 파산선고 후에도 속행할 수 있다는 것을 특별히 정한 취지에서 나온 것이므로, 과세관청이 파산선고 전에 국세징 수법 또는 국세징수의 예에 의하여 체납처분으로 부동산을 압류한 경우에는 그 후 체납자가 파산선고를 받더라도 그 체납처분을 속행하여 파산절차에 의하지 아니하고 배당금을 취득할 수 있어 선착수한 체납처분의 우선성이 보장된다는 것으로 해석함이 상당하고, 따라서 별제권(담보물권 등)의 행사로서의 부동산경매절차에서 그 매각대금으로부터 직접 배당받을 수 있고, 이는 파산재단이 재단채권의 총액을 변제하기에 부족한 것이 분명하게 된 때에도 마찬가지라고 할 것이다. 따라서 과세관청인 서울특별시 강서구가 ○○토건의 파산선고 전에 이 사건 부동산 중 각 토지를 체납처분으로 압류한 바 있으므로 그 후 별제권자인 ○○은행의 신청에 의한 임의경매절차에서 ○○은행의 담보권에 우선하는 체납지방세 등을 직접 배당받을 권리가 있다(대법원 2003. 8. 22. 선고 2003다3768 판결[미간행]. 각주 123) 부분의 서울고등법원 2002나 47558 판결의 상고심 판결).

명문의 규정을 두고 있지 않아서 그 여부에 대하여 견해의 대립이 있었는데(자세히는 ☞ 7-31),[136] **판례**는 소극적으로 본 바 있다.[137] 그런데 종전 파산법 62조에 대응되는 현행법 349조에서는 2항에 파산선고 후에는 위 청구권에 기한 체납처분을 할 수 없다는 명문의 규정을 추가하였다.[138] 그러므로 체납처분의 개시를 부정하여야 한다.

8-81   **(3) 행정소송절차**

> **제350조(행정사건에 대한 효력)** ① 파산재단에 속하는 재산에 관하여 파산선고 당시에 행정청에 계속되어 있는 사건이 있는 때에는 그 절차는 수계 또는 파산절차의 종료가 있을 때까지 중단된다. ② 제347조의 규정은 제1항의 경우에 관하여 준용한다.

파산재단에 속하는 재산에 관하여 행정소송(행정심판)이 계속되고 있는 때에는 그 절차는 파산선고에 의하여 수계 또는 파산절차의 종료가 있을 때까지 중단된다(350조 1항). 파산관재인 또는 상대방의 수계신청에 의하여 파산관재인이 수계하게 된다(동조 2항에 의한 347조의 준용).[139]

---

136) 체납처분의 개시는 허용되지 않는다는 견해로는 최완주, "파산절차와 조세관계", 파산법의 제문제[上](1999), 415면; 伊藤眞, 破産法·民事再生法, 315면.

137) 파산법 62조(현행 도산법 349조)는 파산선고 전의 체납처분은 파산선고 후에도 속행할 수 있다는 것을 특별히 정한 취지에서 나온 것이므로 파산선고 후에 새로운 체납처분을 하는 것은 허용되지 아니한다는 것으로 해석함이 상당하고, 또한 파산법 등 관계 법령에서 국세채권에 터 잡아 파산재산에 속하는 재산에 대하여 체납처분을 할 수 있다는 것을 정한 명문의 규정이 없는 점 등을 종합하여 보면, 국세채권에 터 잡아 파산선고 후에 새로운 체납처분을 하는 것은 허용되지 않는다(대법원 2003. 3. 28. 선고 2001두9486 판결). 종래의 일본 最判 1970年(昭和 45年) 7月 16日(新倒産判例百選(114사건), [淸田明夫 해설] 참조)도 부정하였다.

138) 2005년 시행의 일본 신파산법 43조 1항도 파산개시결정이 있은 경우에는 파산재단에 속하는 재산에 대한 국세체납처분은 할 수 없다고 이를 명문화하였다.

139) 파산법 63조(현행법 350조) 1항의 법의는 파산재단에 속하는 재산에 관하여 행정청에 계속하는 사건에 있어 파산선고 후 파산관재인으로 하여금 그 절차를 수계하도록 하여 그 재산에 관한 파산재단의 이익을 주장할 수 있는 기회를 주기 위한 규정이라고 해석할 것이요, 동조에서 말하는 파산재단에 속하는 재산이라 함은 그 재산이 형식상 파산재단에 속한 것이라고 인정되면 족하며 반드시 실질적으로 파산재단에 속할 것을 요하는 것으로 볼 것이 아니므로 본건 재산이 형식상 사단법인 대한상이용사회의 권리에 속함을 전제로 하여 귀속재산 소청심의회의 판정절차 내지 그 판정에 의한 관재국장의 취소처분절차에 관한 사건은 응당 위 파산법조의 파산재단에 속하는 재산에 관하여 파산선고 당시에 행정청에 계속하는 사건이라고 할 것이다. 그러므로 위의 해석과 반대의 견해로 본건에 있어서는 어떠한 행정처분으로 인하여 권리의무의 변동이 있을 때에 한하여 동조의 적용이 있을 것이라는 전제하에 원고의 항변을 배척한 것은 위 파산법의 법리를 잘못 해석한 위법이 있다 할 것이고 원판결은 이 점에서 파기될 수밖에 없다(대법원 1963. 9. 12. 선고 63누84 판결).

IV. 법인의 이사 등의 책임 등의 추급

파산선고가 있은 뒤, 파산관재인으로서는 파산선고에 이른 사정이나 파산선고를 받은 파산원인에 대하여 조사를 실시하는 과정에서 임무해태 등 이사의 법적 책임이 문제가 되는 장면에 접하는 경우가 종종 있게 된다. 분식회계, 위법배당 등이 있거나, 법령위반에 의한 자금의 유출이 인정되는 등이 그 전형적 예로, 그리하여 채무자인 법인, 나아가 파산채권자에게 손해를 입히는 경우가 적지 않다. 이러한 경우에 파산절차 중에 간이·신속하게 그 이사 등의 법인에 대한 손해배상책임을 추급할 필요가 있는데, 이를 일반 민사소송으로 처리하는 데에는 시간이나 비용의 점에서 문제가 있고, 파산관재인의 파산절차의 신속·간이한 처리에 지장을 주기도 한다. 그리하여 종전 회사정리법에서만 있고, 파산법에서는 없던 제도이었으나, 회생절차와 균형을 맞추기 위하여 파산절차에서도 현행법에서 다음과 같은 법인의 이사 등(발기인, 이사, 감사, 검사인 또는 청산인)의 책임 등의 추급에 관한 규정을 신설하였다.[140]

즉, 법인인 채무자에 대하여 파산선고가 있는 경우에 법원은 필요하다고 인정하는 때에는 파산관재인의 신청에 의하거나 직권으로 이사 등에 대한 출자이행청구권이나 이사 등의 책임에 기한 손해배상청구권의 존부와 그 내용을 조사확정하는 재판을 할 수 있다(352조 1항. ☞ 회생절차에서는 법 115조 1항. 유한책임신탁재산파산신청의 경우는 법 578조의10에 마찬가지 취지의 규정이 있다). 법원은 **직권**으로 조사확정절차를 개시하는 때에는 그 취지의 결정을 하여야 한다(동조 4항). 파산관재인은 위 청구권이 있음을 알게 된 때에는 위 신청을 하여야 하고, 신청 시에 그 원인되는 사실을 소명하여야 한다(동조 2항, 3항).[141] 조사확정절차는 구술변론을 행하지 않고, 법원은 변명의 기회를 부여하기 위해 미리 이사 등 이해관계인을 심문하여야 한다(동조 7항). 결정으로 재판한다.

조사확정의 신청은 기본적으로 파산채무자인 법인이 이사 등에 대한 손해배상청구권을 주장하여 그 존부 및 손해배상액의 확정을 재판상 구하는 것이므

---

140) 관련하여 임치용, "도산기업과 경영자 책임", 인권과 정의(2008. 7), 52-59면 참조.
141) 파산관재인은 사실관계를 조사하고, 손해배상책임의 성립 가능성, 나아가 승소 가능성, 회수 가능성 등을 종합적으로 검토하여 해당 이사 등의 책임 등의 추급을 면밀히 검토하여야 하고, 합리적 이유 없이 책임 등의 추급을 하지 않는다면, 파산관재인의 선관주의의무(361조 1항) 위반의 문제가 생길 수 있다.

로 재판상 청구에 준하여 조사확정 신청에 시효중단의 효력이 인정된다. 이에 대하여 조사확정절차가 직권으로 개시된 경우는 파산채무자인 법인 자체가 이사 등에 대하여 손해배상청구권을 주장하는 것은 아니므로 이 경우에도 손해배상청구권이 재판상 확정된다고 하는 조사확정제도의 실질을 감안하여 조사확정의 신청이 있는 경우에 준해서 시효중단의 효력이 인정된다(352조 제5항).

> ◆ **주주대표소송과의 관계** ◆   가령 임무해태 등으로 회사의 이사에 대한 손해배상청구권을 소송물로 하는 주주대표소송(상법 403조)이 계속 중, 마찬가지 이유에서 위 조사확정절차가 행하여지면 여기서도 해당 이사에 대한 손해배상청구권의 유무가 심리되므로 민사소송법 259조 중복된 소제기의 금지의 취지에 비추어 어느 한쪽을 부적법으로 하여야 하는 것이 아닌가의 점을 검토할 필요가 있다.[142]

그리고 절차적으로 결정절차와 판결절차를 연결시켜, 위 조사확정의 재판에 불복이 있는 사람은 결정을 송달받은 날로부터 1월 이내에 이의의 소를 제기할 수 있도록 하였다(353조 1항. ☞ 회생절차에서는 법 116조 1항). 그 취지는 결정절차인 조사확정절차에 의하여 해당 이사 등에 대한 손해배상청구권의 유무라는 실체권의 존부를 종국적으로 확정시키기 위하여 당사자 양쪽에게 판결절차에서 다툴 수 있는 기회를 보장하고자 하는 점에 있다. 위 소는 파산계속법원(파산사건이 계속되어 있는 회생법원)의 관할에 전속하고, 변론은 결정을 송달받은 날부터 1월의 기간을 경과한 후가 아니면 개시할 수 없다(동조 4항).

위 기간 안에 소의 제기가 없거나 제기된 소가 각하된 때에는 조사확정재판은 이행을 명한 **확정판결과 동일한 효력**이 있으므로(354조. ☞ 회생절차에서는 법 117조) 기판력과 집행력이 인정된다.

한편, 위 이사 등에 대한 출자이행청구권이나 이사 등의 책임에 기한 손해배상청구권을 보전하기 위하여 이사 등의 재산에 대한 보전처분을 할 수 있다(351조 1항. ☞ 회생절차에서는 법 114조 1항. 유한책임신탁재산 파산신청의 경우는 법 578조

---

142) 관련하여 회사가 이사 또는 감사에 대한 책임추궁을 게을리 할 것을 예상하여 마련된 주주대표소송의 제도는 **회생절차**가 진행 중인 경우에는 그 적용이 없고, 주주가 관리인에 대하여 이사 또는 감사에 대한 책임을 추궁할 것을 청구하였는데 관리인이 이를 거부하였다고 하더라도 주주가 상법 403조, 415조에 근거하여 대표소송으로서 이사 또는 감사의 책임을 추궁하는 소를 제기할 수 없다고 보아야 할 것이라는 입장으로 전대규, 441면 참조. 한편, 참고로 보면 이미 해당 이사 등에 대한 주주대표소송(상법 403조)이 계속 중 회사의 파산선고가 있은 경우라면, 중단된 해당 주주대표소송을 파산관재인은 수계할 수 있을 것이다(☞ 8-75).

의9 1항에 마찬가지 취지의 규정이 있다). 재산을 은닉하는 등의 사태가 발생하는 것을 미연에 방지하여 책임추급의 실효성을 확보할 필요가 있으므로 보전처분에 관한 규정을 둔 것이다. 법원은 긴급한 필요가 있다고 인정하는 때에는 파산선고 전이라도 채무자의 신청에 의하거나 직권으로 보전처분을 할 수 있다(351조 3항. ☞ 회생절차에서는 법 114조 3항). 위 보전처분에 대하여는 즉시항고를 할 수 있다(동조 5항. ☞ 회생절차에서는 법 114조 5항).

제 6 장

파산재단의 법률적 변동

법 제3편 「파산절차」, 제3장 「파산재단의 구성 및 확정」에서는 파산재단의 구성에 관한 규율 이외에 파산재단의 확정과 관련하여 파산재단의 회복이라는 법률적 변동을 가져오는 것으로 부인권(391조 이하)과, 반대로 파산재단의 감소라는 법률적 변동을 가져오는 것으로는 환취권(407조 이하), 별제권(411조 이하), 상계권(416조 이하) 등을 규율하고 있다.

제1절 부 인 권

파산절차에 있어서 파산채권자에 대한 배당의 자원이 되는 것은 원칙적으로는 파산선고시에 채무자에게 속하였던 재산이고(채무자는 파산선고를 받은 후에는 파산재단에 속하는 재산의 관리처분권을 잃게 된다), 그 이전에 처분되어 채무자의 재산으로부터 벗어난 것은 파산재단에 포함되지 않는다. 그러나 채무자는 파산선고가 눈앞에 닥친 상황에서 장래 파산재단을 구성하게 될 재산을 염가(廉價)로 처분하거나(사해행위), 또한 채무자의 경제적 파탄상태를 감지한 채권자가 자기 채권을 보전·회수하기 위하여 채무자에게 집요하게 담보의 설정 및 변제를 요구하고, 특히 채무자도 친분이 있는 채권자에게만 변제를 하는(편파행위) 경우가 많다. 이러한 행위는 책임재산을 감소시켜 파산채권자 사이의 공평을 해친다. 그리하여 이러한 재산의 처분, 변제의 효과를 개별적으로 부정하여 일탈한 재산을 파산재단에 회복시킬 수 있는 제도가 필요하게 된다. 그것이 부인권(否認權)인데, 부인권은 파산재단의 회복이라는 법률적 변동을 가져온다. 파산재단의 회복과 반대로 파산재단의 감소라는 법률적 변동을 가져오는 것으로는 환취권, 별제권, 상계권 등이 있는데, 이에 대하여는 별도로 살펴본다.

Ⅰ. 부인권의 의의

9-1

부인권(Anfechtungsrecht)은 채무자가 파산선고 전에 행한 파산채권자를 해치는 것이 되는 행위의 효력을 파산재단과의 관계에서 부정하여 파산재단으로부터 일탈한 재산을 파산재단에 회복하기 위한 권리를 말한다. 부인권은 현유재단을 증가시켜 법정재단에 가깝게 하는 기능을 한다.

1. 부인권의 필요성

9-2

위에서 보았듯이 경제적 파탄에 봉착한 채무자는 사업이나 생활의 필요에 내몰려 재산을 염가로 매각한다든지, 재산을 친척에게 이전하는 등에 의하여 은닉한다든지 또는 경제적 재기에 있어서 편의를 도모하여 줄 수 있는 특정한 채권자에게만 변제를 하거나 담보를 제공하는 경우가 있는데, 파산선고를 받기 전의 단계에서는 (파산선고 전의 보전처분이 없다면)1) 채무자는 자기의 재산관계에 대하여 관리처분권을 가지는 것이므로 이러한 행위도 법적으로는 무방하다고 할 것이다. 그러나 경제적 파탄상태에 있는 채무자가 행한 위와 같은 행위를 그대로 방치하여 두는 것은 파산절차의 목적에 비추어 인정되어서는 안 될 것이다. 가령, 재산의 염가에 의한 매각이나 은닉은 총 파산채권자의 공동담보가 되어야 할 재산을 감소시켜 배당을 저하시키는 것이 되므로 채권자에 대하여 변제할 의무를 부담하고 있는 채무자의 행위로서는 허용되지 않는다. 또한 일부의 채권자에 대한 채무의 변제는 그 자체로서는 채무자로서 당연한 의무의 이행이고, 게다가 적극재산과 소극재산이 동시에 감소하여 총재산에는 영향은 없다고 보이지만, 경제적 파탄상태에 있어서 채권은 그 액면대로의 가치를 가지지 않으므로 액면대로 변제를 한다면 결과적으로 그 채권자의 이익에 의하여 다른 파산채권자의 배당을 감소시키는 것이 되어 공평의 이념에 어긋나므로 채무자의 행위로서는 허용되지 않는다. 그리하여 이러한 행위의 효력을 상실시켜 모든 파산채권자에게 가능한 한 공평하게 많은 만족을 주기 위한 수단으로 부인권이 마련되어 있다.

◆ **부인권과 채권자취소권의 관계** ◆ 부인권과 유사한 목적을 가지는 제도로 민법상 채권자취소권(민법 406조)이 있다. 채권자취소권은 채무자가 채권자를 해함을 알고 재산

---

1) 해석상 부인권을 위한 보전처분에 대하여 ☞3-46 참조. 이러한 해석을 일본 파산법 171조는 파산신청 시부터 발령할 수 있는 특수보전처분으로 입법화하였다.

권을 목적으로 한 법률행위를 한 때에 채권자가 그 법률행위의 효력을 부정하여 책임재
산을 회복하는 제도이다. 부인권과 채권자취소권은 모두 로마법의 「actio pauliana(빠우
리아나 소권)」이라는 제도에서 유래하였고,[2] 이것이 그 후 파산부인과 파산외(外) 부
인으로 분화하였다고 한다.[3] 양자를 비교하면, 부인권은 파산선고 후 파산관재인만이
행사할 수 있지만, 채권자취소권은 실체법상의 권리로서 파산절차 밖에서 각각의 채
권자에 의하여 행사된다.[4] 또한 부인권에서는 사해행위뿐만 아니라 편파행위도 부인
의 대상이 되지만, 채권자취소권에서는 사해행위에 한정된다.[5] 나아가 부인권을 행사
하기 위하여는 「채무자의 사해의사」라는 주관적 요건이 필요하지 않은 경우(위기부인,
무상부인 등)가 있는 데 대하여, 채권자취소권에서는 그러한 주관적 요건이 필수적이
다. 그리하여 양자 사이에는 유사점도 있지만, 별개의 제도로 본다.[6]

9-3   ## 2. 부인권을 둘러싼 이해관계와 그 조정

채무자는 파산선고를 받기까지는 자기의 재산에 대한 관리처분권을 가지

---

2) 유스티니아누스 황제(A. D. 483~565)에 의하여 편찬된 「로마법대전(Corpus Iuris Civils)」에
   규정된 소권의 일종으로 채무자가 파산선고를 받았는지 여부를 묻지 않고 채무자가 한 사해행
   위의 효력을 배제함으로써 채권자를 보호하고자 하는 것이다.

3) 참고로 보면, 독일은 채권자취소권을 민법에서 규율하고 있지 않고, 별도로 "채무자의 법적 행
   위에 대한 도산절차 밖에서의 취소에 관한 법률"(Gesetz über die Anfechtung von Rechts—
   handlungen eines Schuldners außerhalb des Insolvenzverfahrens)에서 규율하면서 신도산법
   (Insolvenzordnung)상의 부인과 병행적으로 시행하고 있다. 위 법률에 관한 국내 문헌으로는 김
   진현, "독일의 신채권자취소법", 강원법학(13권, 2001), 233면 이하; 김영주, "독일의 채권자취소
   법과 채권자취소소송", 비교사법(2017. 11), 1753면 이하 참조. 그런데 2017. 3. 29. "도산법상 부
   인권과 도산외 부인법(위 AnfG)에 따른 부인권의 법적 안정성 개선을 위한 법률"(Gesetz zur
   Verbesserung der Rechtssicherheit bei Anfechtungen nach der Insolvenzordnung und nach
   dem Anfechtungsgesetz)이 새롭게 제정되어(BGBl. 2017, Teil I, S. 654), 2017. 4. 5.부터 시
   행되고 있다. 이 개정에 관한 국내 문헌으로는 장원규, "독일 기업회생제도의 현황과 전망", 회
   생법학(2018. 6), 103면 이하 참조.

4) 참고로 보면, 법 406조는 채권자취소소송이 계속중 채무자가 파산선고를 받으면 채권자취소
   소송은 중단된다고 규정하고 있다. 그리고 중단된 소송을 파산관재인이 원고로 수계하게 된다
   (☞ 8-73).

5) 채무자의 일반재산의 유지·확보를 주된 목적으로 하는 채권자취소권의 경우와는 달리, 이른
   바 편파행위까지 규제대상으로 하는 파산법상의 부인권 제도에 있어서는 반드시 해당 행위 당
   시 부채의 총액이 자산의 총액을 초과하는 상태에 있어야만 행사할 수 있다고 볼 필요도 없고,
   행위 당시 자산초과상태였다 하여도 장차 파산절차에서 배당재원이 공익채권과 파산채권을 전
   부 만족시킬 수 없는 이상, 그리고 그러한 개연성이 존재하는 이상, 일부 특정 채권자에게만 변
   제를 한다거나 담보를 제공하는 것은 다른 채권자들이 파산절차에서 배당받아야 할 배당액을
   감소시키는 행위로서 부인권 행사를 할 수 있다(대법원 2005. 11. 10. 선고 2003다271 판결).

6) 관련하여 양형우, "채권자취소권과 부인권의 관계", 비교사법(2014. 5), 555면 이하; 김영주,
   "부인권의 본질 및 행사에 관한 몇 가지 쟁점－채권자취소권과의 이론적 정합성을 생각하며－,
   법학논고(2017. 2), 85면 이하 참조.

고, 그 재산을 자유롭게 처분할 수 있으므로 그에 대하여 부인을 인정하는 것은 채무자의 권능을 해치는 것이 된다.

또한 부인의 상대방(수익자)으로서는 유효한 거래에 의하여 채무자의 재산이 자기의 재산으로 귀속한 것이고, 한편 가령 다른 파산채권자에 우선하여 변제를 받았더라도 이는 채권자의 당연한 권리라고 할 수 있다. 파산채권자를 해친다고 하여 부인에 의하여 이를 빼앗는 것은 위 권리를 침해하고 뜻밖의 불이익을 주는 것이다.

그런데 파산원인은 파산선고시에 비로소 발생하는 것이 아니라, 그 이전에 이미 발생하고 있는 것이다. 실질적으로는 파산상태인 때에 행하여진 사해행위 내지는 편파행위의 부인에 의하여 채무자의 책임재산은 회복되어 채권자평등이 도모되고, 결국 부인은 모든 파산채권자의 이익이 된다.

이와 같이 부인권을 둘러싸고 채무자, 부인의 상대방, 파산채권자 서로의 이해관계가 대립한다.

3. 부인의 유형   9-4

법 391조 이하에서 부인의 요건을 규정하고 있다. 부인의 기본유형으로서 고의부인, 위기부인, 무상부인이 있는데, 부인의 대상이 되는 행위가 애매하면서(사해행위와 편파행위 양쪽을 함께 부인대상으로 하는지 여부) 대상행위의 시기를 축으로 부인권이 구성되었다고 볼 수 있는데, 그 요건이 반드시 분명하지 않은 점이 있다.[7] 한편, 회생절차에서는 법 100조 이하에서 파산절차에서의 부인권과 거의 유사한 규정을 두고 있는데(☞ 16-56), 다만 파산절차와 회생절차는 제도의 목적이 다르므로 양쪽 사이에 기본적 차이가 전혀 없는 것은 아니다. 가령, 파산

---

7) 독일 도산법(Insolvenzordnung)은 부인의 대상이 되는 행위의 종류에 우선 초점을 맞추어, 즉 130조가 本旨변제(Kongruente Deckung)를, 131조가 非本旨변제(Inkongruente Deckung)를, 132조가 도산채권자를 직접적으로 해하는 행위(Unmittelbar nachteilige Rechts handlungen)를, 133조가 고의에 의한 가해행위(Vorsätzliche Benachteiligung)를, 134조가 무상급부(Unentgeltliche Leistung)를 규정하는 것과 같이 대상행위를 나눈 다음, 각각의 종류의 행위에 대하여 그 행위의 시기 및 주관적 요건을 규정하고 있다. 독일의 부인권에 대하여는 양형우, "독일도산법상의 부인권", 홍익법학(2010. 10), 181면 이하; 성준호, "독일파산법상부인권에 관한 고찰 – 부인권의 일반요건을 중심으로 –" 회생법학(2019. 12), 172면 이하 참조. 우리 법의 부인권의 모델이 된 일본도 2005년 시행 신파산법에서 구파산법과는 달리 부인의 유형을 '고의부인'과 '위기부인'으로 구별하는 규율이 아니라, 부인대상행위의 성질에 주목하여 채무자의 책임재산을 절대적으로 감소시키는 행위인 '재산감소행위(사해행위)'와 특정한 (파산)채권자에 대해서만 우선적 만족을 주는 행위인 '편파행위'로 구별하여 각각의 행위에 관한 부인요건을 설정하는 규율을 채택하였다.

절차에서는 별제권자는 개별적인 권리행사가 인정되므로 절차개시 전의 담보권의 실행에 관하여도 부인의 실익이 없으므로 부인권을 행사할 수 없는 데 대하여, 회생절차에서는 담보권자도 회생절차에 따른 권리행사의 제약을 받게 되므로(141조) 절차개시 전에 변제를 받으면 다른 담보권자와 공평하지 못하게 되므로 부인의 여지가 있다는 점에서 차이가 있다.

〈부인의 유형과 특징〉

구분 \ 내용	행위시기	대상행위	상대방 (수익자)	주관적 요건 (채무자)	주관적 요건 (수익자)
고의부인 (391조 1호)	파산선고 전 시기적 무제한	사해행위 (편파행위 포함)	무한정	사해의사	사해성에 대한 악의 (선의의 증명책임은 수익자)
위기부인 (391조 2호)	지급정지 또는 파산신청 후	의무 있는 편파행위 (사해행위)	파산채권자	불필요	위기시기에 대한 악의 (악의의 증명책임은 파산관재인)
위기부인 (391조 3호)	지급정지나 파산신청 후 또는 그 전 60일 이내	의무 없는 편파행위 (사해행위)	파산채권자	불필요	사해성 또는 위기시기에 대한 악의 (선의의 증명책임은 수익자)
무상부인 (391조 4호)	지급정지 또는 파산신청 후 또는 그 전 6월 이내	무상행위	무한정	불필요	불필요

9-5　　**(1) 고의부인**

채무자가 파산채권자를 해하는 것을 알고 한 행위의 부인이다(391조 1호). 채무자의 사해의사를 이유로 하는 부인이므로 고의부인(Vorsatzanfechtung)이라고 부른다. 사해의사(채무자의 주관적 요건)를 근거로 하는 점(주관주의)에서 민법상 채권자취소권(민법 406조)과 그 취지를 같이한다. 고의부인은 사해의사를 불가결한 요건으로 하면서, 사해행위의 시기는 상관없다는 점에 특색이 있다.

(2) 위기부인

채무자가 지급정지 또는 파산신청이 있은 후(예외적으로 3호의 경우에는 그 전 60일 이내의 기간도 포함)에 한 담보의 제공, 채무소멸에 관한 행위 등의 부인이다 (391조 2호, 3호). 채무자의 재산상태가 악화된 위기적 시기에 행하여진 행위인 것을 이유로 하는 부인이므로 위기부인(Krisenanfechtung)이라고 부른다.

(3) 무상부인

채무자가 지급정지나 파산신청이 있은 후 또는 그 전 6월 이내에 한 무상행위 및 이와 동일시하여야 할 유상행위의 부인이다(391조 4호). 채무자의 무상행위에 대한 부인이므로 무상부인(Schenkungspauliana)이라고 부른다. 무상으로 재산처분 등이 행하여지면 파산채권자의 이익이 침해되고, 상대방도 유상의 경우와 비교하여 볼 때 보호할 가치가 있다고 할 수는 없다. 그리하여 채무자만이 아니라 상대방의 악의도 전혀 요건으로 하지 않고, 상당한 시기까지 소급하여 부인을 인정하고 있다.

Ⅱ. 부인의 일반적 요건

파산관재인이 부인권을 행사하기(부인이 인정되기) 위해서는 일정한 요건을 충족하여야 하는데, 후술하듯이 법은 이를 유형화하여 그 각 유형마다 개별적 요건을 정하고 있다. 그럼에도 불구하고 각 유형에 공통하는 일반적 요건이 문제된다. 왜냐하면 각 유형 서로 사이의 경계선이 유동적으로 되고 있고, 또한 개별적 요건(가령 사해의사)이 완화되고 있는 것에서 각 유형마다 공통하는 새로운 일반적 요건을 마련하여 부인에 대한 적정한 기준을 정립하고자 하기 때문이다. 이 경우에 일반적 요건으로「유해성」,「부당성(상당하지 않을 것)」,「채무자의 행위」가 거론된다.[8]

1. 유 해 성

부인권이 파산채권자의 이익을 실현하는 것을 목적으로 하는 이상, 부인이

---

8) 강대성, "부인권의 법리", 민사재판의 제문제(下), 이시윤박사화갑기념논문집(1995), 584면; 노영보, 329면 이하; 전대규, 1223면 이하.

9-6

9-7

9-8

9-9

인정되기 위해서는 파산채권자에 대하여 유해한(파산채권자를 해하는) 것이어야
한다.9) 관련하여 법 391조 1호 내지 3호는 고의부인이나 위기부인에 있어서
「파산채권자를 해」한다는 표현을 사용하고 있다(회생절차에 있어서 법 100조 1호 내
지 3호). 부인의 대상이 되는 사해행위와 편파행위라는 2종류 행위의 각각의 성
질에 따라 유해성도 그 내용을 달리하므로 그 검토를 위하여 최근 유해성이 부
인의 일반적 요건으로 강조되고 있는 것이다. 가령 이행기가 도래한 채권을 그
본지(本旨)에 따라 변제하는 본지변제, 부동산의 적정가격에 의한 매각 또는 담
보목적물에 의한 대물변제 등에 대하여 부인할 수 있는가가 다투어지고 있는데
(☞ 9-13), 그 논의의 중심은 이러한 행위가 어떠한 의미에서 파산채권자에 대하
여 유해한가 하는 점이다. 하여튼 유해성의 내용에 관하여는 나중에 부인의 각
유형별 개별적 요건에서 검토할 것인데, 우선 적극재산을 감소시키는 행위(가령
재산의 염가매각)와 소극재산을 증가시키는 행위(가령 다른 사람의 채무의 보증)가 여
기에 포함된다. 반면, 이미 존재하는 재산적 가치를 저하시키는 행위가 아니라
면 파산채권자를 해한다고 할 수 없으므로 단순히 적극재산의 증가를 방해하는
데 지나지 않는 행위(가령 증여의 거절, 상속의 포기)는 여기에 해당되지 않는다.

9-10   ## 2. 부당성(상당하지 않을 것)

부인권은 본래 파산채권자의 보호를 목적으로 하지만, 한편으로는 채무자,
그 밖의 이해관계인의 이해의 조정이라는 관점도 무시할 수 없다. 결국 어느 행
위가 객관적으로 유해한 것이라고 하더라도 그것이 사회적으로 필요하면서 상
당(정당)하다고 인정되고, 따라서 파산채권자로서도 재단의 감소나 불공평을 감
수하여야 한다고 볼 수 있는 경우에는 그 행위는 부인의 대상이 되지 않는다고
풀이하여야 한다.10) 그리하여 행위의 상당성(정당성)을 부인권 발생의 조각사유
내지는 장애사유로 위치를 부여할 수 있고(부인권의 소극적 요건), 나아가 행위가
정당하다는 증명책임은 부인을 다투는 상대방(수익자)에게 부담시키는 것이 일

---

9) 박성철, "파산법상의 부인권", 파산법의 제문제[下](1999), 246면. 그런데 일체로 이루어진 행
위에 대한 부인권 행사의 요건으로서의 유해성은 그 행위 전체가 파산채권자에게 미치는 영향
을 두고 판단되어야 할 것이며, 그 전체를 통틀어 판단할 때 파산채권자에게 불이익을 주는 것
이 아니라면 개별약정만을 따로 분리하여 그것만을 가지고 유해성이 있다고 판단하여서는 안
된다(대법원 2002. 9. 24. 선고 2001다39473 판결).

10) 대법원 2005. 11. 10. 선고 2003다2345 판결[공보불게재]; 대법원 2018. 10. 25. 선고 2017
다287648, 287655 판결.

반적이다.11) 그런데 구체적으로 어떠한 경우가 상당하지 않은가(부당성)를 판단하는 것은 어려운 문제이다. 파산채권자의 이익과 수익자의 이익을 비교형량하여 구체적으로는 채무자의 행위의 내용, 목적, 동기, 방법의 타당성, 상대방과의 관계, 행위 당시의 상황, 그 밖의 여러 사정을 종합적으로 고려하여 공평의 이념에 비추어 판단하여야 한다. 판례도 마찬가지이다.12) 상당한 경우의 예로서는 생활비나 사업계속의 자금을 조달하기 위한 재산매각, 담보의 설정 등을 들 수 있다.

◆ **구체적 예** ◆ 주식회사 B백화점(이하 '파산 전회사'라 한다)은 1996. 8. 30.부터 성남시 분당구에서 B백화점을 경영하여 왔는데, 피고는 같은 날부터 위 백화점에 입점하여 가전제품을 판매하는 매장을 운영하면서 파산 전회사와 사이에 판매대금 전액을 입금하였다가 다음 달 5일에 파산 전회사로부터 수수료 등을 공제한 나머지 대금을 결제받는 방식으로 거래하여 왔다. 그런데 파산 전회사는 1997. 12. 26. 금융기관에 지급제시된 만기어음을 결제하지 못하여 부도처리되고, 같은 날 수원지방법원 성남지원에 화의절차개시신청을 하게 되자, 피고 등 입점업체들의 요구로 그 후 판매대금 중 수수료 등을 공제한 나머지 금액을 판매 다음날 현금으로 결제하여 오다가, 1998. 1. 16.에 이르러 위 법원으로부터 회사재산보전처분을 받게 되어 이를 입점업체들에게 통보하였고, 이에 일부 입점업체들은 그 무렵 백화점 매장에서 철수하였으며 피고 등 나머지 입점업체들 또한 백화점에 영업을 중단하고 매장에서 철수하겠다는 통지를 하였다. 이에 파산 전회사는 백화점의 영업재개와 정상화를 위하여 매장을 철수한 업체들에게 재입점할 것을 요청하는 한편, 피고 등 잔류업체들에게 매장 철수를 만류하였는데, 피고 등 입점업체들은 부도나기 전 입금하였던 판매부분에 대한 미지급 결제대금을 지급하지 않으면 재입점할 수 없거나 매장을 철수할 수밖에 없다는 통지를 함에 따라 파산 전회사는 피고에게 1998. 4. 27. 금 4,600만 원, 같은 해 5. 14. 금 5,000만 원, 합계 금 9,600만 원의 미지급 물품대금을 선급금 명목으로 변제하였다. 파산 전회사가 그 무렵 피고를 비롯한 입점업체들에게 선급금 명목으로 지급한 금액은 합계 금 3,240,346,978원에 이른다. 그 후, 피고는 매장을 철수하지

---

11) 박성철, 전게 "파산법상의 부인권", 249면; 김진현, "우리 도산법상의 부인권에 관한 연구", 강원법학(1999), 20면. 대법원 2002. 8. 23. 선고 2001다78898 판결; 대법원 2004. 3. 26. 선고 2003다65049 판결.

12) 갑 저축은행이 대규모 예금인출사태 및 영업정지가 예상되는 상황에서 직원 또는 직원의 친인척인 을 등에게 예금을 지급한 사안에서, 제반 사정에 비추어 위 행위가 사회적으로 필요하고 상당하였다거나 불가피하였다고 인정되어 일반 파산채권자가 파산재단의 감소나 불공평을 감수하여야 할 예외적인 경우에 해당한다고 볼 수 없다고 보았다(대법원 2015. 12. 10. 선고 2015다235582 판결[미간행]). 이에 대한 평석으로는 이점인, "파산절차상 부인권행사의 제한사유인 사회적 상당성법리에 관한 고찰 – 대법원 2015. 12. 10. 선고 2015다235582 판결 –", 재산법연구(2016. 2), 199면 이하 참조.

아니하고 이를 계속 운영하였는데, 한편 파산 전회사는 1998. 6. 29. 화의절차개시신청을 취하하고, 수원지방법원에 회사정리절차개시신청을 하였고, 위 법원은 1999. 2. 19. 위 신청을 기각하고, 1999. 3. 4. 직권으로 파산선고를 함과 아울러 원고를 파산관재인으로 선임하였다. 한편 파산 전회사는 1998. 6. 30. 당시 채무초과 상태에 있었다.

이러한 사안에서 판례는13) 첫째, **유해성**에 대하여 다음과 같이 판단하였다. 파산법 64조(현행법 391조에 해당) 2호 소정의 위기부인의 대상이 되는 '파산채권자를 해하는 행위'에는 채무자의 일반재산을 절대적으로 감소시키는 사해행위 외에 채권자 간의 평등을 저해하는 편파행위도 포함된다고 할 것이고, 변제기가 도래한 채권을 변제하는 이른바 본지변제 행위가 형식적인 위기시기에 이루어진 경우에는 불평등 변제로서 위기부인의 대상이 될 수 있다고 할 것이다.

둘째, **부당성**에 대하여 다음과 같이 판단하였다. 부인의 대상이 되는 행위가 파산채권자에게 유해하다고 하더라도 행위 당시의 개별적·구체적 사정에 따라서는 해당 행위가 사회적으로 필요하고 상당하였다거나 불가피하였다고 인정되어 일반 파산채권자가 파산재단의 감소나 불공평을 감수하여야 한다고 볼 수 있는 경우가 있을 수 있고, 그와 같은 예외적인 경우에는 채권자평등, 채무자의 보호와 파산이해관계의 조정이라는 파산법의 지도이념이나 정의관념에 비추어 파산법 64조(현행법 391조에 해당) 소정의 부인권 행사의 대상이 될 수 없다고 보아야 할 것이며, 여기에서 그 행위의 상당성 여부는 행위 당시의 채무자의 재산 및 영업 상태, 행위의 목적·의도와 동기 등 채무자의 주관적 상태를 고려함은 물론, 변제행위에 있어서는 변제자금의 원천, 채무자와 채권자와의 관계, 채권자가 채무자와 통모하거나 동인에게 변제를 강요하는 등의 영향력을 행사하였는지 여부 등을 기준으로 하여 신의칙과 공평의 이념에 비추어 구체적으로 판단하여야 한다고 할 것이고, 그와 같은 부당성의 요건을 결하였다는 사정에 대한 주장·증명책임은 상대방인 수익자에게 있다고 할 것이다. 그런데 이 사건 변제행위가 파산 전회사의 이익과 갱생 유지를 위한 행위인 점, 파산채권자를 해하는 결과가 발생하지 아니한 점, 보전관재인의 사후추인이 있었던 점 등을 비롯한 이 사건 변제행위에 이르게 된 동기, 목적, 내용, 그 후에 파산 전회사가 얻은 수입, 보전관재인의 태도 기타 제반 사정에 비추어 볼 때, 이 사건 변제행위는 부당성 요건을 결하여 부인의 대상이 될 수 없다는 주장은 이 사건 변제행위가 오로지 파산 전회사의 이익을 위한 행위에 해당한다고 볼 수 없는 점, 파산 전회사의 부도 후, 피고가 영업을 중단하고 매장에서 철수하겠다는 통지를 하고, 파산 전회사는 영업 정상화를 위하여 피고에게 매장 철수를 만류하자 피고가 부도나기 전 입금하였던 판매부분에 대한 미지급 결제대금을 지급하지 않으면 매장을 철수할 수밖에 없다는 통지를 함에 따라 파산 전회사가 할 수 없이 이 사건 변제행위를 하게 된

---

13) 위 대법원 2002. 8. 23. 선고 2001다78898 판결. 이 판결은 행위의 상당성도 부인권 행사의 요건이라는 점을 분명히 하고, 행위의 상당성 여부의 판단 기준 및 그 주장·입증책임의 소재에 관하여 대법원의 입장을 처음 밝힘으로써 강학상 논란을 정리한 선례로서의 의의가 있다(황정근, "파산법 제64조 제2호 소정의 위기부인의 요건", 대법원판례해설 제42호(2003년 하반기), 655면).

점, 이 사건 변제행위 무렵인 1998. 6. 30. 당시 파산 전회사는 부채가 금 2,236억
원에 이르고 초과부채가 금 575억 원에 달함에도 법원에 대한 화의절차개시신청의
결정을 의식한 나머지 입점업체들의 예상 영업실정 등을 구체적으로 판단하지 아니
한 채 피고 등 93개 업체만을 예외로 선정하여 그들에게 선급금 명목으로 합계 금
3,240,346,978원이나 되는 금원을 지급한 점, 그와 같은 변제행위에 대하여 보전관재
인이나 법원의 동의가 없었던 점 등을 비롯하여, 이 사건 변제행위 당시의 파산 전
회사의 재산 및 영업 상태, 행위의 목적·의도와 동기, 변제 자금의 원천, 채무자와
채권자와의 관계, 채권자가 행사한 영향력의 정도 등 여러 가지 사정에 비추어 볼
때, 이 사건 변제행위가 신의칙과 공평의 이념에 비추어 부당성이 결여되었다고 보
기는 어렵다.

3. 채무자의 행위   9-11

법 391조 1호(고의부인)는 「채무자가 …한 행위」, 동조 2호, 3호(위기부인)는
「채무자가 …한 …행위」, 동조 4호(무상부인)는 「채무자가 …한 무상행위 및 이
와 동일시할 수 있는 유상행위」라고 규정하고 있으므로 부인이 성립하기 위한
일반적 요건으로 채무자의 행위가 필요한지 여부가 문제가 된다. 예를 들어 채
무소멸에 관한 행위는 채무자의 행위에 의한 경우뿐만 아니라 강제집행에 의한
경우도 있을 수 있는데, 이 경우에 채무자의 행위가 없다는 이유로 부인의 대상
이 되지 않는가 하는 문제이다.

학설은 ① 채무자의 행위(또는 이것과 동일시할 수 있는 행위)가 필요하다는 입
장,[14] ② 채무자의 행위가 필요하지 않다는 입장, ③ 고의부인에서는 채무자의
행위가 필요하지만, 위기부인에서는 필요하지 않다는 입장(절충설)으로 나뉜다.
판례는 부인의 대상이 되는 행위는 원칙적으로 채무자의 행위라고 할 것이나,
다만 채무자의 행위가 없었다고 하더라도 예외적으로 채무자와의 통모 등 특별
한 사정이 있어서 채권자 또는 제3자의 행위를 채무자의 행위와 동일시할 수
있는 사유가 있는 경우에는 예외적으로 채권자 또는 제3자의 행위도 부인의 대
상으로 할 수 있다고 보았다.[15] 그리고 법 391조 2호 위기부인의 경우에서 채무
소멸에 관한 행위에는 395조의 집행행위에 기한 경우도 포함되므로 채무소멸에

---

14) 전대규, 1226면은 이러한 입장으로, 아래 판례와 마찬가지 입장이다.
15) 대법원 2011. 10. 13. 선고 2011다56637, 56644 판결. 이에 대한 평석으로는 한지형, "채권자
또는 제3자의 행위도 부인의 대상이 될 수 있는지 여부", 재판실무연구(2013. 1), 431면 이하
참조.

관한 행위가 채무자의 행위에 의한 경우뿐만 아니라, 강제집행에 의한 경우도 부인할 수 있는 행위가 된다고 보았다.[16]

　　생각건대 고의부인은 채무자의 사해의사를 요건으로 하고 있으므로 채무자의 행위(또는 이것과 동일시할 수 있는 행위)가 필요하다. 이에 대하여 위기부인은 채무자의 주관적 요건은 문제되지 않으므로 반드시 채무자의 행위일 필요는 없다고 본다.[17] 따라서 위기부인에 있어서는 채무자의 행위가 필요하지 않다는 입장에 따른다면, 앞으로 위기부인의 성립요건에서 채무자라는 주체를 삭제하는 것도 검토할 필요가 있다. 참고로 보면, 우리의 편파행위의 부인에 대응되는 독일 도산법(Insolvenzordnung) 130조, 131조에서는 그 주체를 명시하지 않고, 단순히 법적 행위(Rechtshandlung)라는 문언이 사용되고 있다(반면, 그 밖의 부인에 관한 규정인 132조로부터 134조까지는 부인대상행위의 주체로 채무자가 명시되어 있다).

Ⅲ. 부인의 유형별 개별적 요건

9-12　**1. 고의부인**

　　채무자가 파산채권자를 해하는 것을 알고 한 행위는 수익자가 선의가 아닌 한 부인할 수가 있다(391조 1호 본문).[18]

---

16) 대법원 1998. 12. 22. 선고 98다23614 판결. 한편 일본 판례는 반드시 그 태도가 일관되지 않고 있다. 집행행위의 부인을 고의부인으로 주장하는 경우에는 파산자가 악의를 가지고 고의로 강제집행을 초래하였던가, 또는 파산자가 스스로 변제를 한 경우에는 악의로 하였다고 인정될 상황에 있었던가의 어느 것을 요구하지만(일본 大判 1939年(昭和 14年) 6月 3日, 民集(18卷 9号), 606면), 집행행위의 위기부인을 주장하는 데에는 파산자의 가공행위 내지는 이것과 동시될 상황은 필요하지 않다고 한다(일본 最判 1982年(昭和 57年) 3月 30日, 倒産判例百選[第5版](38사건), [名津井吉裕 해설] 참조). 그런데 한편으로는 파산자가 행한 채권양도에 대하여 제3채무자가 승낙한 것이 대항요건의 부인의 대상이 되는가에 대하여(☞ 9-28) 파산자의 행위 또는 이와 동시하여야 할 것에 한하여 대항요건의 부인의 대상이 된다고 보아 이를 부정하고(일본 最判 1965年(昭和 40年) 3月 9日, 民集(19卷 2号), 352면), 또한 채권자에 의한 상계의 의사표시에 대하여는 파산자의 행위를 포함하지 않으므로 부인의 여지가 없다고 한다(일본 最判 1966年(昭和 41年) 4月 8日, 民集(20卷 4号), 529면). 일본 판례의 입장에 대한 국내 문헌으로는 임종헌, "일본 파산법상의 부인권에 관한 연구", 재판자료 제66집(1994), 773면 이하 참조.
17) 마찬가지 취지로는 노영보, 346면; 강대성, 전게 "부인권의 법리", 584면.
18) 이러한 고의부인에 대응되는 독일 도산법(Insolvenzordnung) 133조 1항의 고의에 의한 가해행위(Vorsätzliche Benachteiligung)는 채무자가 도산절차의 개시신청 전 10년 이내 또는 신청 후 채권자를 해할 고의(Vorsatz)를 갖고 한 법적 행위(Rechtshandlung)로 상대방이 그 행위시에 채무자의 고의를 안 경우에는 부인할 수 있다고 하고 있다. 2017. 3. 29. "도산법상 부인권과 도산외 부인법(위 AnfG)에 따른 부인권의 법적 안정성 개선을 위한 법률"(Gesetz zur

(1) 파산채권자를 해하는 채무자의 행위(사해행위)

9-13

「파산채권자를 해」한다는 의미에 대하여, ① 장래 파산재단이 될 채무자의 총재산(적극재산과 소극재산의 계산상의 차액)을 감소시키는 것으로 보아, **본지**(本旨) **변제**(kongruente Deckung)와 같은 편파행위는 위기부인만이 성립하고, 고의부인은 성립하지 않는다고 하는 입장도 있으나(고의부인과 위기부인의 대상이 되는 행위를 구별), ② 그 의미를 각 파산채권자가 받아야 할 만족을 저하시키는 것으로 보아 **본래의 사해행위뿐만 아니라 편파행위에 대하여도 고의부인의 성립을 인정**하는 입장이 타당하다고 생각한다. 평상시에는 변제가 채무자의 본래의 의무이고, 그것 자체는 다른 채권자의 이익을 해한다는 성질을 가지는 것은 아니나, 채무자가 경제적 파탄에 이르러서 특정한 채권자에게만 변제하는 것은 문제가 될 수 있기 때문이다. 결국 파산채권자를 해하는 행위에는 재산의 염가매각, 증여, 채무면제 등 적극재산을 감소시키는 행위 및 다른 사람의 채무의 보증, 채무인수와 같이 소극재산을 증가시키는 것 이외에 특정한 채권자에게의 변제, 담보의 제공과 같은 **편파행위도 포함**된다고 볼 것이다.[19] 가령, 특정한 채권자에게의 변

Verbesserung der Rechtssicherheit bei Anfechtungen nach der Insolvenzordnung und nach dem Anfechtungsgesetz)에 새롭게 제정되어(BGBl. 2017, Teil I, S. 654), 2017. 4. 5.부터 시행되고 있는데, 이 가운데 고의부인의 개정에 관하여는 김수정, "고의부인에서 채권자평등원칙과 그 제한에 대한 검토－독일도산법 개정을 계기로－", 비교사법(2019. 2), 475면 이하 참조.
19) 이른바 편파행위도 포함되는데, 형식적으로는 기존 채무의 변제를 받고 그 직후 같은 금액을 신규대출하는 방식을 취하였지만, 그 실질 및 경제적 효과에 있어서 기존 채무에 대한 기한의 연장에 불과한 점 등 제반 사정에 비추어, 이를 담보하기 위하여 이루어진 **근저당권설정행위가** 이른바 편파행위로서 위 법 391조 1호에서 정한 부인의 대상이 된다(대법원 2005. 11. 10. 선고 2003다271 판결). **예약형 집합채권의 양도담보 계약**의 경우, 그로 인한 권리변동의 효력은 약정이 이루어짐으로써 즉시 발생하는 것이 아니고 그 예약완결권이 행사됨으로써 비로소 발생하는 것이기는 하지만, 이에 의하여 예약완결권, 양도·양수할 대금 채권에 대한 선택권, 채권양도사실 통지 대리권한까지 채권자에게 부여되는 것이므로, 이는 어느 특정 채권자에게만 담보를 제공함으로써 파산절차에서의 채권자평등의 원칙을 회피하는 편파행위에 해당하고, 한편 채권자의 예약완결의 의사표시가 실질적으로 채무자의 행위와 동일시할 만한 특별한 사정이 있었다고 볼 수 있는 사안에서 그 행위가 법 391조 1호에 정한 부인의 대상에 해당한다(대법원 2011. 10. 13. 선고 2011다56637, 56644 판결). **일본 판례**도 마찬가지이다. 목재의 중개, 가공판매를 하는 제재업자 S는 1954년 1월 16일에 영업부진 때문에 어음의 부도를 내고 지급을 정지하여 1955년 3월 25일에 파산선고를 받았다. 이에 앞서 1953년 8월 28일경에 S는 A 무역회사로부터 나왕목재를 구입하는 데 있어서 5,800만 원을 Y에게서 차용하였다. S는 동년 9월 4일부터 11월 24일까지 수십회에 걸쳐 합계 4,800만 원을 Y에게 변제하였지만, 그 가운데에서 10월 20일 이후의 2,600만 원은 지급정지에 이르는 것을 면하기 어렵다는 것을 예견하면서 새롭게 들여온 목재를 덤핑 판매하여 받은 금전에 의하여 변제를 하였다. 이에 대하여 파산법 64조 1호에서 말하는 「행위」가 본지변제를 제외하는 취지라고는 풀이할 수 없을 뿐만 아니라 위와 같은 경우에

제는 파산채권액을 감소시키는 것도 되므로 언뜻 각각의 파산채권자의 배당을 증가시키는 행위라고도 여겨지지만, 변제를 받는 채권자와 비교하면 그 밖의 채권자는 보다 적은 변제를 받게 되므로 그러한 의미에서 불이익을 받게 되는 것이다.

◆ **본지(本旨)변제의 예** ◆   S투자신탁 주식회사는 재정경제원 장관으로부터 1997. 12. 19. 업무정지명령을 받고, 이어 1998. 2. 17. 해산되었으며, 1998. 5. 27. 파산선고를 받았다. 한편 K리스금융 주식회사는 약정수익율에 따른 원리금채권을 피보전권리로 하여 1997. 12. 30. S투자신탁 주식회사의 경기은행에 대한 금 10억 원의 예금채권을 가압류하고, 그 약정수익금 지급청구소송을 제기하여 1997. 12. 5. 승소판결을 받았다. K리스금융 주식회사는 위 승소판결에 기하여 1998. 1. 30. 위 가압류를 본압류로 전이하는 취지의 채권압류 및 전부명령을 받았고, 위 채권압류 및 전부명령은 1998. 2. 3. 경기은행에 송달되었으며, 이에 따라 피고는 1998. 3. 16. 및 같은 달 19일 S투자신탁 주식회사의 경기은행 예금계좌에서 금원을 인출하여 수령하였다. 이러한 사안에서 하급심 재판례는[20) 비록 채무본지에 따른 변제로서 채무자의 일반재산을 감소시키는 아니한다고 하더라도 그것이 객관적으로 보아 파산채권자들 사이의 평등에 반하는 편파행위에 해당한다고 볼 수 있는 경우에는 파산채권자를 해하는 경우에 포함된다 할 것이라고 판단하였다. 즉, 피고 K리스금융 주식회사가 1997. 12. 19. S투자신탁 주식회사에 대하여 업무정지명령이 있는 뒤에 경기은행에 예금한 자금을 인출한 행위는 비록 그것이 채무의 본지에 따른 변제로서 실질적으로는 S투자신탁 주식회사의 일반재산에 아무런 감소를 가져오지 아니하였다 하더라도 객관적으로 보아 파산채권자들 사이의 평등에 반하여 다른 파산채권자들보다 우선 변제를 받은 편파행위였다 할 것이고, 따라서 위와 같은 행위는 법 391조 1호 소정의 채무자가 파산채권자를 해함을 알고 한 행위에 해당한다 할 것이므로 파산관재인인 원고는 파산재단을 위하여 적법히 부인할 수 있다.

평상시에는 변제가 채무자의 본래의 의무이고, 그것 자체는 다른 채권자의 이익을 해한다는 성질을 가지는 것은 아니다. 그런데 채무자가 경제적 파탄에 이르러서 특정한 채권자에게만 변제하는 것은 문제가 될 수 있다. 이에 대하여 ① 변제에 의하여 채무자의 총재산에 증감은 생기지 않는다. ② 채권자가 평상시에 채무자로부터 변제를 받는 것은 당연한 권리행사이다. ③ 본지변제의 부인은 위기부인에 의하여만 할 수 있고, 지급정지 전의 변제에 대하여 부인을 인정하는 것은 평상시에 있어서

본지변제를 부인할 수 없다고 할 실질적 이유는 없고, 위와 같이 풀이하여도 해당 변제를 수령한 특정한 채권자의 이익을 부당하게 해한다고는 할 수 없기 때문에 본지변제라도 그 변제가 다른 채권자를 해함을 알고 한 것이고, 이를 수령한 채권자 다른 채권자를 해하게 되는 사실을 안 때에는 부인할 수 있다고 풀이하는 것이 상당하다고 하여 본지변제의 고의부인을 인정하였다(일본 最判 1967年(昭和 42年) 5月 2日, 新倒産判例百選(33사건), [井上治典 해설] 참조). 그러나 현행 일본 신파산법은 구법을 개정하면서 160조 1항 괄호 부분에서 편파행위, 즉 담보의 제공 및 채무소멸행위는 사해행위부인의 대상으로 하지 않는 것을 분명히 하고 있다.
20) 서울고등법원 2000. 3. 30. 선고 99나52178 판결.

평등변제를 강제하는 것이 된다는 등의 이유에서 부정적인 입장도 있을 수 있으나, 지급정지 전이더라도 반드시 평상시라고 할 수 없고, 실질적으로 지급불능의 파산상태일 수도 있고, 이러한 상태 하에서의 변제는 채권자 평등의 이념에 반하고, 다른 일반채권자를 해하는 것이 되어 부인할 필요가 있다.

◆ **담보목적물에 의한 대물변제** ◆   담보권자에 대하여 담보의 목적물로 대물변제를 한 경우에 목적물의 평가액이 피담보채권액을 초과하는 때에는 그 초과분에 대하여는 파산관재인이 부인권을 행사할 수 있지만, 피담보채권액과 목적물의 가액이 균형을 이루고 있는 경우에는 부인의 대상이 되지 않는다(한편, 별제권자인 담보권자에 대한 변제는 원칙적으로 부인의 대상이 될 수 없다).[21]

◆ **임금채권의 변제** ◆   채무자(주식회사)가 거래정지처분을 받기 직전에 그 사정을 잘 알고 있는 그 직원에게 임금 등 채권에 갈음한다는 명목으로 재산 일체를 양도하고 이를 처분하여 분배받도록 한 사안과 같이 임금채권의 변제나 대물변제에 대하여 본지변제에 대한 고의부인을 인정할 수 있는지 여부가 특히 실체법상의 임금채권의 보호(그리고 파산절차에서는 재단채권이 된다)와 관련하여 문제된다. 위 사안에 대하여 판례는 법 391조 1호의 파산채권자를 해하는 행위를 하였다고 인정한 다음, 파산관재인은 위 임금 등 지급행위에 관하여 부인권을 행사할 수 있다고 판단한 후, 그 지급행위 당시에 파산채권자를 해하게 되는 사실을 알지 못하였다는 피고의 항변을 배척하여 임금채권에 대한 대물변제가 법 391조 1호 소정의 부인의 대상이 된다고 보았다.[22]

◆ **새로운 물품공급 등과 동시교환적이고, 합리적 균형의 채무소멸행위** ◆   채무자가 지급불능 상태에서 특정 채권자에 대한 변제 등 채무소멸에 관한 행위를 하였다고 하더라도, 이것이 새로운 물품공급이나 역무제공 등과 동시에 교환적으로 행하여졌고, 채무자가 받은 급부의 가액과 당해 행위에 의하여 소멸한 채무액 사이에 합리적인 균형을 인정할 수 있다면 특별한 사정이 없는 한 이러한 채무소멸행위는 파산채권자를 해하는 행위로 볼 수 없어 법 391조 1호에 따라 부인할 수 있는 행위에 해당하지 않는다.[23]

---

21) 일본에서의 통설·판례이다. 伊藤眞, 破産法·民事再生法, 504면; 最判 1966年(昭和 41年) 4月 14日, 倒産判例百選[第5版](31사건), [佐瀨裕史 해설] 참조.

22) 대법원 1999. 9. 3. 선고 99다6982 판결[공보불게재]. 다만, 근로자에 대한 임금지급 등이 파산재단의 확보를 위하여 필요 불가결하다거나, 최우선임금채권으로서 결국 반환되더라도 같은 채권자에게 귀속될 것이라는 사정은 그 본지변제의 상당성을 인정하는 근거로 작용하여 부인권 행사가 부정되는 경우도 있을 수 있을 것임은 물론이다(고원석, "임금채권의 변제와 파산법상의 고의부인", 민사재판의 제문제; 변재승선생 권광중선생 화갑기념(2002), 339면 이하).

23) 대법원 2018. 10. 25. 선고 2017다287648, 287655 판결(환급금채권 중 성공보수금 상당액을 양도한 행위는 역무제공과 실질적으로 동시교환적으로 행하여진 것으로 볼 수 있고, 그러한 역무제공과 채권양도금액 사이에 합리적인 균형을 인정할 수 있는 사안). 대법원 2017. 9. 21. 선

◆ **적정가격에 의한 부동산의 매각** ◆   적정가격으로의 부동산매매가 부인의 대상이 되는가에 대하여 부동산은 채권자에 대한 공동담보로서 가장 확실한 것이므로 이것을 매각하여 그냥 써버리거나, 은닉하기 쉬운 금전으로 바꾸는 것은 대가가 상당한지 여부를 묻지 않고 원칙적으로 채권자를 해하는 행위이고, 총채권자의 지도하에서 행하는 등 특히 공평한 방법에 의하였든지, 매매대금이 그대로 보관되어 있든지, 다른 재산으로 변형되어 존재하고 있지 않는 한, 부인의 대상이 된다는 입장도 있다.[24] 한편 기본적으로는 적정가격으로 처분한 이상, 원칙적으로는 부인의 대상이 되지 않는다고 보아야 하고, 매각대금이 지급된 후에 채무자가 그것을 어떠한 형태로 보관·사용하였는가는 사해성의 유무와는 관계가 없는 사정이며, 부인의 대상이 되는 것은 책임재산을 감소시키려고 하는 특별한 사정이 있는 경우에 한정하여야 한다는 입장도 있다.[25] 생각건대 채무자의 매각대금의 사용 여부에 의하여 사해행위 여부가 결정되는 것은 거래의 안전을 해치고, 상대방(매수인)의 지위를 대단히 불안하게 하여 거래에 대한 위축적 태도를 가져오게 되며, 경제적 곤경에 빠진 채무자가 재산을 환가하는 등에 의한 금융의 길이 막혀 경제적 회생을 도모하는 것을 방해하게 된다. 앞으로 이에 대하여 특별한 유형으로 사해성이나, 행위시기, 수익자의 주관적 요건(증명책임) 등에 대한 부인의 특칙을 두어 부인의 요건을 분명히 할 필요가 있다.[26]

9-14

(2) 채무자의 사해의사

고의부인이 인정되기 위해서는 채무자의 사해의사가 필요하다. 이 사해의

고 2015다240447 판결도 마찬가지 취지이다(채무자의 담보권 설정행위가 기존채무를 담보하기 위한 것이 아니라, 금융감독원으로부터 영업정지 등의 처분을 받지 않고 사업의 계속을 도모하기 위하여 자금을 차용하는 것과 동시에 교환적으로 이루어졌고, 그 차입금과 담보 목적물의 가격 사이에 합리적인 균형을 인정할 수 있으며, 그 차용금이 다른 목적으로 유용되거나 압류될 가능성도 없는 사안).

24) 일본 大判 1933年(昭和 8年) 4月 15日, 民集(12卷 7号), 637면. 이러한 판례의 입장에 대하여 채무자의 매각대금의 사용 여부가 사해행위 여부를 결정하므로 매수인의 지위가 대단히 불안하고, 거래의 안전을 해치고, 한편 곤경에 빠진 채무자의 금융의 길을 막아 재건을 방해한다는 비판을 할 수 있다. 한편 판례의 입장을 지지하는 견해로는 山木戸克己, 破産法, 186면. 다만, 동산의 매각의 경우에는 부인을 인정하지 않는다(일본 大判 1932年(昭和 7年) 12月 23日, 東北大學法學會誌(2卷), 845면). 그러나 중요한 동산의 매각은 부동산에 준하여 판단하여야 한다는 입장으로는 박성철, 전게 "파산법상의 부인권", 259면.

25) 伊藤眞, 破産法[全訂第3版], 343면.

26) 가령, 여기서 수익자의 악의라는 주관적 요건에 대한 증명책임에 대하여는 파산관재인에게 부담시키는 것이 타당하다고 생각한다. 적정가격에 의한 부동산의 매각의 경우는 일반적으로 수익자에게 사해성을 의심하여야 할 계기가 존재한다고 볼 수 없으므로 주관적 요건을 수익자가 부담하는 것은 적당하지 않기 때문이다. 2005년 시행 일본 신파산법 161조에서는 적정가격처분에 대한 부인권 행사의 요건을 명확화·엄격화하였다. 즉, 파산자의 재산처분행위에 있어서 상대방이 상당한 대가를 지급하고 있는 경우에는 특별한 요건이 구비되어 있는 경우에 한하여 부인이 인정된다. 이에 대한 일본 신파산법의 내용은 임채웅, "일본 신파산법의 편파행위의 부인에 관한 연구", 민사소송(2006. 5), 367면 이하 참조.

사의 내용에 대하여는 ① 가해의 인식으로 충분하다는 **인식설**과, ② 가해의 의
욕이 필요하다는 **의사설**로 나뉜다. 법 391조 1호에서 「해하는 것을 알고」라고
규율하고 있는 것에 비추어, 적극적으로 다른 채권자에게 재산상 불이익을 주겠
다는 의사를 뜻하는 것이 아니라, 부인의 대상이 되는 행위를 한 결과, 다른 채
권자에게 상대적으로 그 행위자보다 불리한 지위가 된다는 것을 **인식하는 것으**
로 충분하다고 할 것이다.27)

(3) 수익자의 악의

9-15

수익자가 행위 당시 파산채권자를 해하게 되는 사실을 알지 못한 경우에는
부인을 면할 수 있다(391조 1호 단서). 수익자의 악의의 내용도 채무자의 사해의
사와 마찬가지로 가해의 인식으로 충분하다. 선의에 대한 증명책임은 수익자에
게 있다.28) 수익자는 채무자와의 거래관계에 있어서 채무자의 재산상태에 대하
여 주의를 기울여야 할 의무는 없기 때문에29) 부지(不知)에 대한 과실의 유무는
문제되지 않는다.30)

2. 위기부인

9-16

채무자가 지급정지 또는 파산신청이 있은 후(예외적으로 3호의 경우에는 그 전
60일 이내의 기간도 포함)의 위기시기(위태시기)에 한 담보의 제공 또는 채무소멸에
관한 행위 등을 부인할 수 있다(391조 2호, 3호).31) 위기시기(kritische Zeit)에 한정

---

27) 노영보, 350면; 김진현, 전게 "우리 도산법상의 부인권에 관한 연구", 25면; 박성철, 전게 "파
　산법상의 부인권", 262면. 일본에서의 통설·판례도 행위의 결과로서 파산채권자를 위한 공동담
　보가 감소하고, 파산채권자의 만족이 저하된다는 인식이 있으면 충분하다고 한다. 山木戸克己,
　破産法, 192면; 伊藤眞, 破産法·民事再生法, 518면; 最判 1967年(昭和 42年) 5月 2日, 民集(21
　卷 4号), 859면. 그리고 파산법이 정한 부인대상행위 유형화의 취지를 몰각시키는 것을 방지하
　고 거래 안전과의 균형을 도모하기 위해서는 특정채권자에게 변제하거나 담보를 제공하는 **편파**
　행위를 고의부인의 대상으로 할 경우에 요구되는 주관적 요건의 내용은 특정채권자에게만 변제
　혹은 담보를 제공한다는 인식이 필요하다(대법원 2005. 11. 10. 선고 2003다271 판결).
28) 수익자의 악의는 추정되므로, 수익자 자신이 선의에 대한 증명책임을 부담한다(대법원 2011.
　10. 13. 선고 2011다56637, 56644 판결). 가해의 인식조차도 없었다는 사실에 대한 증명책임은
　수익자에게 있다(서울지방법원 동부지원 2000. 9. 7. 선고 99가합12107 판결).
29) 박성철, 전게 "파산법상의 부인권", 262면.
30) 일본 最判 1972年(昭和 47年) 6月 15日, 民集(26卷 5号), 1036면. 반드시 해당 행위 당시 부
　채의 총액이 자산의 총액을 초과하는 상태에 있어야만 부인권을 행사할 수 있다고 볼 필요가
　없으므로, 편파행위 당시 채무자가 채무초과 상태에 있었는지에 대한 수익자의 인식 여부를 선
　의 인정의 주된 근거로 삼아서는 안 된다(대법원 2020. 6. 25. 선고 2016다257572 판결).
31) 지급정지 이후에 화의개시신청을 한 상태에서 2호 소정의 이른바 본지변제 행위를 한 경우에,

하여 채무자의 사해의사와 관계없이 위 일정한 행위를 부인의 대상으로 한다. 고의부인과 달리 사해의사가 위기부인의 요건이 되고 있지 않는 것은 위기시기에 있어서 위와 같은 행위를 하는 채무자는 채권자를 해하는 것을 알고 있는 것이 통상적이므로 위기부인에 있어서는 주관적 요건을 완화 또는 간주한 것이라고 할 수 있다.

그런데 지급정지 또는 파산신청에 기하여 파산선고가 행하여진 경우에만 위기부인이 인정된다. 일단 지급정지 또는 파산신청이 있은 후 그 지급정지가 해소되거나 또는 파산신청이 취하된 경우에는 나중에 새로운 신청에 기하여 파산선고가 행하여지더라도 해당 지급정지 또는 파산신청을 이유로 부인할 수 없다.

한편, 파산선고가 있은 날로부터 1년 이상 전에 한 행위는 지급정지의 사실을 안 것을 이유로 하여 부인할 수 없다(404조). 이는 1년이 경과하면 그 지급정지와 파산선고 사이의 인과관계가 희박하게 되는 것 및 거래의 안전을 고려한 것이다. 그런데 여기서 파산선고시를 기준으로 하므로 파산신청시부터 파산선고시까지의 심리기간의 길고 짧음에 의하여 부인할 수 있는 범위가 다르게 되고, 또한 회생절차에 있어서 마찬가지 취지의 규정인 법 111조는 「회생절차개시의 신청이 있은 날」을 기준시로 하고 있는 점에 비추어 이와 균형을 맞추기 위해서 1년의 기준시를 「**파산선고**가 있은 날」 대신에 「**파산신청**이 있은 날」로부터 하는 것이 타당하다고 생각한다.32) 한편, 여기서 지급정지 후 회생절차 등의 선행 도산절차를 거쳐 파산선고가 된 경우에는 위 규정의 취지상 특별한 사정이 없는 한 그 절차로 인하여 소요된 기간은 공제하여 위 기간에 산입되지 않는다.33)

설령 그 변제행위가 화의법 제31조에 의하여 유효한 행위 또는 화의법 33조 단서에 의하여 부인권을 행사할 수 없는 행위에 해당한다고 하더라도 파산법상 부인권 행사의 성립요건을 갖춘 것이라면 이는 2호 소정의 부인권 행사의 대상이 된다(대법원 2002. 8. 23. 선고 2001다78898 판결).

32) 2005년 시행 일본 신파산법 166조에서는 기준을 파산선고가 아니라, 파산신청 전 1년으로 개정하였다(그리고 무상행위에는 이러한 시기적 제한을 두지 않았다).

33) 대법원 2019. 1. 31. 선고 2015다240041 판결. 따라서 소외 회사가 1997. 12. 26. 부도처리되어 같은 날 수원지방법원 성남지원에 화의절차개시신청을 하였고, 1998. 6. 29. 위 신청을 취하함과 동시에 수원지방법원에 회사정리절차개시신청을 하였으며, 위 법원이 1999. 2. 19. 위 신청을 기각한 사안에서 위 화의절차 또는 회사정리절차에 소요된 기간인 1997. 12. 26.부터 1999. 2. 19.까지를 공제하면, 이 사건 변제행위는 소외 회사의 파산선고가 있은 날인 1999. 3. 4.로부터 1년 이내에 이루어진 행위에 해당된다(대법원 2004. 3. 26. 선고 2003다65049 판결).

◆ **지급정지의 개념** ◆　법상 지급정지라는 개념이 사용되고 있는 규정 가운데, 위
위기부인(또는 법 422조 2호 및 4호의 상계금지)의 요건으로서 지급정지와 파산원인 추
정사실로서의 지급정지(305조 2항)가 동일한 내용인가에 대하여 논의가 있다. 이 점
을 구별하지 않고 논하는 것이 전통적인 견해이다.[34]

그러나 파산원인 추정사실로서의 지급정지(☞ 3-21)는 채무자의 주관적 행위이고, 게
다가 그것은 파산선고시점까지 계속할 것이 요구되는데, 위기부인(또는 상계금지)의
요건인 지급정지는 객관적 지급불능의 의미라고 보아 양자를 구별하는 입장이 최근
유력하다(이를 지급정지의 이의성(二義性)이라고 부른다). 지급정지는 지급불능 상태의 개
시시기를 그다지 정확하게 나타내는 것은 아니고, 그 이전에 이미 지급불능상태가
되었음에도 채무자가 무리하게 지급정지를 연장한 경우도 많다. 따라서 지급정지 후
의 행위가 아니라면 부인할 수 없는 것은 충분하지 않다(위기부인의 시기적 제한으로
말미암아 편파행위를 시기적 제한이 없는 고의부인의 대상으로 대처하려는 입장은 이러한 사정
이 깔려있다고 할 수 있다). 그리하여 유력설은 위기부인(또는 상계금지)과의 관계에서는
오히려 객관적 상태인 지급불능을 중시하는 것이다.

한편, 이러한 문제와 관련하여 위기부인의 시기적 범위를 일정기간 소급시켜 실질적
위기시기에 이루어진 행위에까지 범위를 확장하는 방법도 생각할 수 있다. 그러나
위기시기를 일정기간 소급시키는 것은 부인에 관한 채권자의 예측 가능성을 빼앗는
결과, 경제거래에 대한 위축적 효과를 가져온다는 비판이 있을 수 있다. 그러므로 지
급정지에 대신하여 객관적 상태인 지급불능을 기준으로 위기시기를 획정하는 방법을
채택하는 것이 타당하다고 생각한다. 지급불능에 빠진 채무자는 총채권자에 대한 완
전한 변제를 할 수 없는 것이 분명하게 되었으므로 즉시 채권자에 대한 변제를 하여
서는 안 되고, 그럼에도 불구하고 변제한 것은 그 효력을 부정하는 것이 마땅하기
때문이다.[35]

위기부인의 대상이 되는 행위에는 행위의 내용과 상대방에 따라서 그 요건
이 다른 다음의 2종류로 나뉜다.

(1) 파산채권자를 해하는 행위와 담보의 제공 또는 채무소멸에 관한 행위(391조　　9-17
2호)

채무자가 지급정지 또는 파산신청이 있은 후에 한 파산채권자를 해하는 행위
와 담보의 제공 또는 채무소멸에 관한 행위를 파산관재인은 부인할 수 있다(391조

---

[34] 하급심 판결이지만, 서울지방법원 2000. 5. 26. 선고 2000가합10821 판결은 개념을 구별하지
　않았다.

[35] 참고로 보면, 독일 도산법(Insolvenzordnung) 130조 본지변제(Kongruente Deckungsan-
　fechtung)에서는, 지급불능(Zahlungsunfähigkeit)을 기준으로 하고, 지급정지(Zahlungseinstellung)
　개념을 사용하지 않고 있다. 2005년 시행 일본 신파산법 162조 1항에서도 종전의 지급정지를
　지급불능 기준으로 변경하였다.

2호 본문). 다만, 수익자가 그 행위 당시 지급정지 또는 파산신청이 있은 것을 알고
있은 때에 한하여 부인할 수 있다(391조 2호 단서).36) 이 2호 단서는 제외사유로
규정하고 있는 1호 단서와 달리, 본래의 단서가 아니라 2호 본문의 요건을 부가하
는 단서에 지나지 않으므로37) 악의의 증명책임은 파산관재인이 부담한다.38)

9-18   1) 사해행위 · 편파행위

    법 391조 2호에서 「파산채권자를 해하는 행위와 담보의 제공 또는 채무소
멸에 관한 행위」라고 표현하여 병렬적으로 사해행위(파산채권자를 해하는 행위)와
편파행위가 별개의 범주의 부인대상행위인 것을 전제로 하고 있다.39) 따라서
담보의 제공, 채무소멸행위 등과 같은 편파행위, 즉 채권자 사이의 공평을 해하
는 행위 이외에 일반재산감소행위(가령 제3자에 대한 재산의 염가매각)인 사해행위도

---

36) 피고가 파산회사의 지급정지 사실을 안 이상, 파산채권자를 해함을 알지 못하였거나 해할 의
    사가 없었다는 것만으로는 그 부인을 면할 수는 없다(서울지방법원 1999. 12. 14. 선고 99가합
    73826 판결).
37) 종전 파산법에서는 1호 단서, 2호 단서 양쪽 모두가 제외사유로 규정하고 있어서 문제될 수
    있었으나, 그렇더라도 위와 같이 해석하였다. 마찬가지 견해로는 김진현, 전게 "우리 도산법상
    의 부인권에 관한 연구", 28-29면.
38) 이러한 본지변제에 대응되는 독일 도산법(Insolvenzordnung) 130조 1항은 도산채권자에게
    담보를 제공하거나 또는 만족을 주거나 만족을 가능케 하는 법적 행위(Rechthandlungen)로,
    도산절차의 개시신청 전 3월 이내에 이루어진 것으로 그 행위 당시 채무자가 지급불능이었고,
    채권자가 그 사실을 안 경우(1호), 도산절차의 개시신청 후에 이루어진 것으로 그 행위 당시 채
    권자가 지급불능의 사실 또는 도산절차의 개시신청사실을 안 경우(2호)에 부인할 수 있다고 하
    고 있는데, 주관적 요건에 대한 증명책임은 도산관재인이 부담한다고 본다. Gottwald/Huber,
    Insolvenzrechts-Handbuch(2. Aufl., 2001), §47 Rn. 28; Jauernig, Zwangs-vollstreckungs-
    und Insolvenzrecht(21. Aufl., 1999), §52 IV. 1.
39) 종전 파산법 64조(현행법 391조에 해당) 1호와 2호는 조문상 「파산채권자를 해」한다는 표현
    을 사용하고 있으면서, 그 대상이 되는 행위에 대하여 1호는 「파산채권자를 해함을 알고 한 행
    위」라고 규정하고, 2호는 「담보의 제공, 채무소멸에 관한 행위 기타 파산채권자를 해하는 행위」
    라고 규정하여 다른 표현을 사용하고 있었다. 이렇게 조문의 표현이 다르므로 고의부인의 대상
    이 되는 행위와 위기부인의 대상이 되는 행위가 각각 다른 것인지 애매하여 다툼이 있었다. 가
    령 2호에서 말하는 「기타 파산채권자를 해하는 행위」가 사해행위의 의미인지, 아니면 (편파행
    위가 사해행위의 예시인 것과 같이 표현되어 있으므로) 담보의 제공, 채무소멸에 관한 행위 등
    을 예시로 하는 편파행위의 의미인지 문제되었다. ① 사해행위(좁은 의미 내지는 본래의 의미)
    는 고의부인의 대상이고, 편파행위는 위기부인의 대상이라는 구별을 유지하면서, 사해행위는 위
    기부인의 대상이 될 수 없으므로 2호에서 말하는 파산채권자를 해하는 행위도 사해행위의 의미
    가 아니라, 담보의 제공, 채무소멸행위 등과 같은 편파행위, 즉 채권자 사이의 공평을 해하는
    행위라고 풀이하는 입장에 대하여 ② 고의부인과 위기부인의 경계가 유동화하고 있으므로 편파
    행위 이외에 일반재산감소행위(가령 제3자에 대한 재산의 염가매각)인 사해행위도 위기부인의
    대상에 포함된다고 보는 입장이 일반적이었다. 山木戸克己, 破産法, 195면; 伊藤眞, 破産法[全
    訂第3版], 347면.

파산채권자를 해하는 행위로 위기부인의 대상이 된다. 그렇다면 1호의 고의부
인과 2호의 위기부인의 대상이 되는 행위에 차이가 없게 되고, 따라서 다음과
같은 문제가 생긴다. 즉, 양쪽에 있어서 수익자의 주관적 요건에 관한 증명책임
에 대하여 1호 고의부인에서는 수익자가 부담함에도 불구하고, 2호 위기부인의
경우에는 파산관재인이 부담하는데, 한편 1호 고의부인의 경우에는 시기적 제
한이 없는 데 대하여, 2호 위기부인의 경우에는 시기적으로 「지급정지 또는 파
산신청이 있은 후」에 한 행위가 대상이 되므로, 행위의 시기와 관련하여 증명책
임에 있어서 불균형이 생긴다. 앞으로 그 요건을 충분히 검토할 필요가 있다.

2) 담보의 제공·채무소멸에 관한 행위

9-19

담보의 제공에는 질권, 저당권 등의 전형담보 이외에 양도담보 등의 비전형
담보의 설정도 포함된다. 채무소멸에 관한 행위로는 변제, 경개, 대물변제 등이
있다. 채무소멸에 관한 행위에 채무자의 행위에 의하지 않은 것도 포함될 수 있
는가가 문제되는데, 채무자의 행위에 의하지 않은, 강제집행에 의한 경우도 부
인할 수 있다(☞ 9-11).[40] 위와 같은 행위는 3호와의 관계를 고려하면, 채무의
방법, 시기에 있어서도 채무자의 의무에 속하는 것이어야 한다(본지변제).

◆ **차입금에 의한 변제** ◆   2호 위기부인에 있어서 해석론상 문제가 되는 것은 특
정한 채권자에 대한 변제자금으로 하기 위하여 융자를 받고, 그 차입금에 의하여 그
채권자에게만 변제를 한 경우이다. 예를 들어 A사는 1984년 7월 31일 어음의 부도
를 내고 지급을 정지하여 9월 4일에 파산선고를 받았다. Y는 7월 31일 당시 A사에

---

[40] 대법원 1998. 12. 22. 선고 98다23614 판결(☞ 각주 15) 부분). 다음 하급심 판결도 마찬가지
이다. 제일은행은 B상호신용금고(파산자)와 당좌대월거래에 있어서 4억 4천만원 정도의 채권을
가지고 있는데, 1998. 9. 2.부터 1999. 1. 23.까지 B상호신용금고가 소외 대한민국에 가지는 각
부동산경매사건의 배당금채권에 관하여 각 채권가압류결정을 받은 다음, 같은 해 1. 26. 위 가
압류채권를 본압류로 전이하고 압류된 채권을 채권자가 추심할 수 있다는 채권압류 및 추심명
령에 의하여 각 부동산경매사건의 배당금채권을 추심하여 배당받았다. B상호신용금고는 1998.
8. 19. 신용관리기금으로부터 경영관리명령을 받고, 다음 날 채무의 지급이 정지되었고, 1999.
7. 15. 파산선고를 받았다. 이러한 사안에서 제일은행은 파산자의 지급정지 이후에 채권가압류
및 이를 본압류로 전이하는 압류 및 추심명령을 받았다고 할 것이므로 위 추심명령에 의하여
위 각 부동산경매사건에서 압류된 채권을 배당받은 것은 파산자의 재산으로 채무를 소멸하게
한 것이 되어 일반채권자의 평등을 해하는 행위로서 파산법 64조 2호의 지급정지 뒤에 행하여
진 채무소멸에 관한 행위에 해당한다고 할 것이다. 따라서 파산관재인 원고의 부인의 의사표
시에 의하여 채권추심의 효과는 파산자와 피고 제일은행과의 관계에서 당초에 소급하여 무효가
되므로 피고 제일은행은 원고 파산관재인에게 채권추심에 의하여 얻은 이익, 즉 배당받은 금원
을 반환할 의무가 있다고 판단하였다(광주지방법원 2000. 9. 21. 선고 2000가합3172 판결).

대하여 대여금채권을 가지고 있었다. 8월 1일 A사의 대표자 B는 그 형제인 C로부터 금원을 차입하여 Y에게 변제하였는데, 이 차입과 변제에 대하여는 A, Y, C가 서로 양해하였다. 파산관재인 X는 위 변제를 2호에 의하여 부인할 수 있는가를 생각하여 보자. 이는 고의부인에도 공통한 문제이다.41) 차입금이 차입의 순간에 채권자의 공동담보가 되는 것이므로 이후 차입금에 의한 특정한 채권자에게만의 변제는 채권자 사이의 평등을 해하는 것으로 부인을 긍정하는 입장에42) 대하여 원칙적으로 차입자금에 의한 변제도 부인의 대상이 되지만, 특별한 사정이 있는 경우에는 부인을 부정하는 입장도 있다. 차입과 변제를 일체의 것으로 본다면, 채무자의 재산에 변동은 생기지 않고, 채권양도가 있었던 것과 마찬가지로 채권자의 교대가 있었던 것에 지나지 않는다고 볼 수 있다. 대여자, 채무자 및 채권자 사이에 차입금을 특정한 채무변제에 충당한다고 하는 협정이 있고, 차입채무가 종전의 채무보다 이자 등의 형태에 있어서 무겁지 않고, 차입과 변제가 밀접하게 접근하고 있는 사정이 있는 경우에는 부인의 대상으로 되지 않는다고 풀이할 것이다.43)

9-20   **3) 특수관계인을 상대방으로 한 행위의 특칙**

2호의 대상이 되는 행위의 상대방(수익자)이 채무자의 배우자, 가까운 친족, 법인파산의 경우 지배주주 등과 같이 채무자와 대통령령으로 정하는 범위의44) 특수관계에 있는 사람(이하 특수관계인)인 때에는 그 특수관계인이 행위 당시 지급정지 또는 파산신청이 있은 것을 알고 있었던 것으로 추정한다(392조 1항). 따

---

41) 일본 재판례는 1호 고의부인에 대하여 차입채무가 변제된 채무보다 이자 등 그 태양에 있어서 무겁지 않고, 차입금을 특정한 채무의 변제에 충당하는 약정을 하지 않으면 차입할 수 없고, 대여자, 채권자의 입회하에서 차입 뒤 바로 변제하여 차입금의 다른 것으로의 유용, 압류의 가능성도 없는 사정하에서는 파산채권자의 공동담보의 감손은 없으므로 부인할 수 없다고 보았다. 일본 最判 1993年(平成 5年) 1月 25日, 民集(47卷 1号), 344면.

42) 지급정지가 있은 후의 시점에서 특정채권자에게만 만족을 주는 것은 채권자평등을 해하는 것이 분명하고, 부인의 대상이 되지 않으면 채무자가 위기적 상황에 빠진 경우에 특정채권자가 채무자에게 차입을 강요하는 등의 폐해가 생길 위험성도 있는 것 등을 고려하면 차입금을 특정한 채무의 변제에 충당하는 것에 대하여 해당 채권자, 파산자, 대여자 사이에 합의가 있고, 게다가 신규의 차입채무가 종전의 채무보다도 그 태양에 있어서 무겁지 않다는 사정이 있는 경우에 있어서도 그 변제는 부당성을 가지는 것으로 부인하여야 한다고 풀이하는 것이 상당하다. 일본 大阪高判 1986年(昭和 61年) 2月 20日, 新倒産判例百選(35사건), [上野泰男 해설] 참조.

43) 伊藤眞, 破産法·民事再生法, 526면.

44) 채무자 회생 및 파산에 관한 법률 시행령(대통령령 제19422호) 4조에 의하면, 배우자, 8촌 이내 혈족, 4촌 이내의 인척, 당해 법인에 100분의 30 이상을 출자한 사람 등 입법취지가 유사한 국세기본법, 증권거래법의 규정과 가급적 통일을 이룰 수 있도록 정하고 있다. 그런데 어느 범위를 특수관계인으로 정할 것인가 하는 문제는 쉽지 않다. 범위를 일괄적으로 정하는 것은 구체적 사례에 있어서는 결과의 타당성을 얻어낼 수 없는 경우가 있을 수 있다. 재산상태를 잘 알 수 있는 입장에 있는 사람이 누구인가 하는 관점(이 의미에서는 법인의 경우에 이사, 감사가 이에 해당된다고 생각한다)에서 정하여야 할 것이다.

라서 지급정지 또는 파산신청이 있은 것에 대하여 선의라는 증명책임을 상대방
이 부담한다. 이는 밀접한 관계로부터 일반적으로 특수관계인은 채무자의 경제
상태를 잘 알고 있으므로 특별히 정보입수의 가능성을 가지는 것, 채무자와 특
수관계인 사이에는 편파행위가 있을 위험성이 큰 것, 특수관계인이 채무자의 경
제적 파탄에 있어서 무엇인가의 책임이 있는 경우가 많은 것 등에서 추정규정을
통하여 증명책임을 전환한 것이라고 할 수 있다.45)

◆ **외국 입법례** ◆   예를 들어 본지변제의 부인에 있어서 독일 도산법(Insolvenz-
ordnung) 130조 3항도 행위 당시 138조가 규정하는 친밀한 관계에 있던 사람(Nahestehend
Personen)에 대하여는 지급불능 또는 개시신청을 알았던 것으로 추정한다는 규정을
두고 있다. 138조 친밀한 관계에 있던 사람에 대한 정의규정을 보면, 채무자가 자연
인인 경우뿐만 아니라 법인(또는 법인격 없는 사단)인 경우에 대표기관 또는 감사기관
의 구성원, 자본의 4분의 1 이상의 지분을 가지는 사람 등을 대상으로 하고 있다. 채
무자의 경제상태에 관하여 특별히 정보를 가지고 있기 때문이다.46) 또한 미국 연방
파산법 101조 (31)에서도 채무자가 회사인 경우에 이사(directors), 임원(officers) 등과
같이 밀접한 관련이 있는 사람을 내부자(insider)라는 개념으로 정의하고, 547조
(b)(4)에서 편파행위의 부인기간에 있어서 신청서 제출 전의 90일 이내를, 내부자에
대하여 시기적으로 1년으로 확대하고 있다. 독일 도산법은 증명책임을 전환하는 방
식이고, 미국 연방파산법은 부인권 행사기간을 확대하는 방식이다.

(2) 채무자의 의무에 속하지 않는 편파행위의 부인(391조 3호)   9-21

담보의 제공 또는 채무소멸에 관한 행위로서 채무자의 의무에 속하지 아니
하거나 그 방법 또는 시기가 채무자의 의무에 속하지 아니하는 것으로 채무자가
지급정지 또는 파산신청이 있은 후 또는 그 전 60일 이내에 한 행위는 수익자가
선의가 아닌 한 부인할 수 있다(391조 3호). 채무자의 의무에 속하지 않는 행위의
예로서는 특약이 없음에도 담보를 제공하는 것, 그 방법 또는 시기가 의무에 속
하지 않는 예로서는 특약이 없음에도 대물변제를 하여 이행기 전에 변제(非本旨
辨濟)를 하는 것을 들 수 있다.47)

---

45) 다만, 이 규정과 관련되는 종전 파산법 64조 3호에서 친족 등의 악의가 추정된다고 해석하는
   근거에 대하여 의문을 제기하는 견해로 김성룡, "미국 파산법상의 부인권 개관 - 우리 법과의 비
   교를 더하여 -", 법조(1998. 12), 149면 각주 78) 부분 참조.
46) Uhlenbruck/Hirte, Insolvenzordnung Kommentar(12. Aufl., 2003), §130 Rn. 67.
47) 여기에서 '채무자의 의무에 속한다'라고 함은 일반적·추상적 의무로는 부족하고 구체적 의무
   를 부담하여 채권자가 그 구체적 의무의 이행을 청구할 권리를 가지는 경우를 의미한다고 해석
   함이 상당하다. 이 사건 한도거래약정차용금증서 10조 1항은 '채권보전상 필요하다고 인정되는

    2호 부인에 비하여 3호 부인이 시기적 요건을 완화하여 지급정지 또는 파
산신청이 있기 전 60일 이내에 한 행위까지 부인의 대상을 확대시킨 것은 의무
에 기하지 않고 한 3호 부인 대상행위의 상대방은 의무에 기하여 한 2호 부인
대상행위의 상대방에 비하여 보호할 필요성이 그만큼 적기 때문이다.

    수익자가 행위 당시 지급정지 또는 파산신청이 있은 것 또는 그 전 60일
내의 행위에 대하여는 파산채권자를 해하게 되는 사실을 알지 못한 때에는 예외
로 하는데(391조 3호 단서), 선의의 증명책임은 수익자가 부담한다.

    나아가 2호와 마찬가지로 3호에 있어서도 **특수관계인**을 상대방으로 한 행
위에 대한 특칙이 있다. 즉, 3호의 규정을 적용하는 경우에 특수관계인을 상대
방으로 하는 행위에 대하여는 위 3호 본문에 규정된 "60일"을 "1년"으로 하고,
같은 호 단서를 적용하는 경우에는 그 특수관계인이 그 행위 당시 지급정지 또
는 파산신청이 있은 것과 파산채권자를 해하는 사실을 알고 있었던 것으로 추정
한다(392조 2항). 여기서 "60일"을 "1년"으로 연장한 것은(기간연장 부분) 미국 연
방파산법 547조 (b)(4)가 내부자에 대하여 부인기간을 1년으로 연장한 것과 마
찬가지 취지라고 할 수 있어서 수긍할 수 있으나,[48] 한편 단서를 적용하는 경우
에 대하여 별도로 추정규정을 둔 것은(추정규정 부분) 본래부터 선의의 증명책임
은 상대방(수익자)이 부담하는 것이므로 불필요한 규정이라고 생각한다.

9-22   **3. 무상부인**

    채무자가 지급정지 또는 파산신청이 있은 후 또는 그 전 6월 이내에 한 무
상행위 및 이와 동일시할 수 있는 유상행위는 부인할 수 있다(391조 4호). 다른
주관적 요건(채무자의 사해의사와 수익자의 악의)은 필요하지 않다. 단순히 무상행위

    때에는 청구에 의하여 곧 귀 연합회가 승인하는 담보나 추가담보를 제공하겠으며, 보증인을 추
    가로 세우겠음'이라고 규정하고, 같은 조 6항은 '귀 연합회에 예치 및 투자한 제예탁금(일시예
    탁, 통지예탁, 신용예탁, 특별예탁) 및 예탁금상환준비금, 계통기구 출자금을 본 대출 약정 전
    예치 또는 투자한 제자금이나 본 대출 실행후 예치 또는 투자된 자금에 관계없이 본 대출의 담
    보로 제공하겠음'이라고 규정하고 있으나, 그 규정은 채무자에게 일반적·추상적 담보제공의무
    를 부담시키는 것에 불과하고 구체적인 담보제공의무를 부담시키는 것은 아니어서, 채무자가
    이에 불응하여도 채권자는 그 이행을 소구할 수 없고 단지 위 약정 13조의 규정 등에 따라 채무
    에 대한 기한의 이익이 상실되어 바로 채권을 회수할 수 있음에 불과하므로, 그 규정에 기한 담
    보제공을 가리켜 '채무자의 의무에 속하는 행위'라고 볼 수는 없다. 따라서 부인의 대상이 된다
    (대법원 2002. 2. 8. 선고 2001다55116 판결).
 48) 김성룡, 전게 "미국 파산법상의 부인권 개관-우리 법과의 비교를 더하여-", 149면도 이에
    적극적이다.

인 것만으로 파산관재인은 이를 부인할 수 있다.[49] 당사자의 주관적 사정을 고려하지 않고 순수하게 객관적인 요건만으로 부인의 대상으로 한 것은 한편으로는 대가적인 거래를 전제로 하는 자본주의에서 무상행위는 본래 예외적인 바, 특히 위기시기 또는 위기시기에 가까운 시기에 재산을 무상으로 처분한다는 것은 그 자체로 충분히 사해적 내지는 편파적인 것이라고 할 수 있고, 다른 한편으로는 수익자도 무상으로 이익을 얻고 있으므로 그 행위가 부인되어도 특히 불공평하지 않다는 형평의 관념에 근거한 것이다. 그런데 위 기간 내라 하더라도 채무자의 재산상태가 지급불능이나 채무초과가 아닐 가능성이 있다. 이러한 평상시에 무상행위가 이루어졌을 경우라 하더라도 해당 행위가 위 기간 내에 이루어졌다면 부인할 수 있다고 하면, 거래의 안전을 해치게 될 우려가 있으므로 부인의 요건으로서 채무초과 등이 필요한 것 아닌가의 입장도 생각할 수 있다. 그렇지만, 무상행위 시에 채무초과는 그 요건이 아니라고 할 것이다.[50] 여기서 말하는 무상행위라는 것은 증여나 유증 이외에 채무의 면제, 권리의 포기 등 대가를 받지 않고 재산을 감소 또는 채무를 부담하는 행위를 말한다.[51] 또한 대가를 수반하여도 그것이 명목적인 것에 지나지 않은 경우에는 유상행위라고 하더라도 무상행위와 동일시한다.

선의의 상대방은 무상부인에서는 현존이익(이익이 현존하는 한도)을 상환하면 충분하다(397조 2항. ☞9-64).

나아가 무상부인에 대하여도 **특수관계인**을 상대방으로 한 행위에 대하여는 위 "6월"을 "1년"으로 한다는 특칙이 있다(392조 3항).

---

49) 참고로 보면, 독일 도산법(Insolvenzordnung) 134조 1항은 도산절차의 개시신청시부터 4년 이내의 무상급부(unentgeltliche Leistung)는 부인할 수 있다고 하고 있다. 우리와 마찬가지로 주관적 요건은 필요하지 않다. Bork, Einführung in das Insolvenzrecht(3. Aufl., 2002), Rn. 4; Gottwald/Huber, Insolvenzrechts-Handbuch(2. Aufl., 2001), §49 Rn. 7. 그리고 같은 조 2항은 일상적 선물(gebräuchliches Gelegenheitsgeschenk)인 경우에는 그렇지 않다고 하고 있다.

50) 위 무상부인에서 대상이 되는 행위의 내용이나 시기를 정하고 있는데, 그 요건에 더하여 채무자가 위 무상행위시에 채무초과 또는 무상행위에 의하여 채무초과가 되는 것이 무상행위 부인의 요건인지 여부가 문제된 사안(민사재생사건이지만, 파산사건에서도 마찬가지)에서 일본 最判 2017年(平成 29年) 11月 16日은 그 점은 부인권 행사의 요건은 아니라고 보았다. K. Schmidt/Ganter/Weinland, Insolvenzordnung, 19. Aufl., 2016, § 134 Rn. 20.

51) 일본 東京高判 2015年(平成 27年) 11月 9日은 공동상속인 사이의 상속재산분할협의에 의하여 법정상속분에 미치지 못하는 상속재산분할이 된 경우에 해당 상속재산분할협의는 원칙적으로 위 무상행위에 해당하지 않는다고 보았다.

◆ **다른 사람의 채무보증** ◆   무상행위 여부에 대하여 해석론상 문제되는 것으로
타인의 채무를 보증하는 행위가 있다. 구상권의 대가성 또는 보증과 상환으로 채권
자가 주채무자에 대하여 출연(出捐)하고 있는 경우를 이유로 무상성을 부정하는 견해
와 구상권은 대부분의 경우에 실질적 가치를 갖고 있지 않다는 점 및 대가의 유무는
파산선고를 받은 채무자를 기준으로 하여야 한다는 점을 이유로 무상성을 긍정하는
견해로 나뉜다.52) **판례**는 파산자가 의무 없이 타인을 위하여 한 보증행위 또는 담보
제공행위는, 그것이 **채권자의 타인**(주채무자)**에 대한 출연의 직접적인 원인이 되는 경
우에도 파산자가 그 대가로서 경제적 이익을 받지 아니하는 한 무상행위에 해당하
고**, 이러한 법리는 그 주채무자가 파산자와 이른바 계열회사 내지 가족회사인 관계
에 있다고 하여 달라지지 않는다고 보았다.53) 일본 판례도 A사가 자금사정이 악화
하여 원료구입처인 Y회사로부터 지급어음의 대체결제의 약속을 받기 위하여 B(A 회
사는 동족(同族)회사이고, 대표이사 B가 실질적인 경영자)가 보증료 없이 연대보증을 하고
자기 소유의 부동산에 근저당권을 설정한 뒤, B가 파산선고를 받은 사안에서 마찬가
지로 무상부인에 해당한다고 본 바 있다.54)

---

52) 관련 문헌으로는 임채웅, "도산법상 무상부인권의 행사요건으로서의 무상 및 특수관계인의 의
    미에 관한 연구", 도산법연구(2010. 1), 165면 이하 참조.
53) 기업집단 내 계열회사 상호 간의 채무보증은 그 경제적 운명을 같이 하는 기업집단 내에서
    자금을 조달하기 위하여 편의에 따라 이루어지는 것으로, 계열회사 상호 간에 채무보증이 있다
    는 그 사실 자체만으로 대가성을 인정한다면 파산채권자의 보호를 위하여 무상행위에 대한 부
    인권을 인정한 취지를 무색하게 할 가능성이 있을 뿐만 아니라, 기업집단 내부의 무분별한 상호
    채무보증을 용인하는 결과가 될 것이므로, 각 보증행위의 시기, 경위, 규모 등에 비추어 보증행
    위 상호 간에 그 대가성을 직접적으로 인정할 만한 견련관계가 있어야만 상호채무보증의 무상
    성을 부인하고 대가성을 인정할 수 있다고 판시한 바 있다(대법원 2002. 2. 26. 선고 2001다
    67331 판결[미간행]). 이러한 무상행위의 부인은, 그 대상인 행위가 대가를 수반하지 않는 것으
    로서 파산자의 수익력과 채권자 일반의 이익을 해할 위험이 특히 현저하기 때문에, 파산자와 수
    익자의 주관적 사정을 고려하지 않고 오로지 행위의 내용과 시기에 착안하여 특수한 부인유형
    으로서 규정되어 있는 것이고, 파산절차가 전체 파산채권자의 만족을 도모하기 위하여 행하여
    지는 것이라는 점 등에 비추어 보면, 파산자가 계열회사인 주채무자 회사의 주식을 다량 보유하
    고 있었다거나 그 주채무자 회사가 발행한 거액의 회사채를 파산자가 이미 지급보증한 상태였
    다는 등의 사정만으로는 주채무자의 경제적 이익이 곧바로 보증인인 파산자의 경제적 이익이라
    고 단정할 수 없으며, 파산자가 보증 또는 담보제공의 대가로서 직접적이고도 현실적인 경제적
    이익을 얻지 아니하는 한 그 행위의 무상성을 부정할 수는 없고, 그 담보제공 당시 또는 담보권
    행사 당시 파산자에게 자력이 충분하였다는 사정만으로 그 부인권행사에 지장이 생기는 것도
    아니다(대법원 2009. 5. 28. 선고 2005다56865 판결).
54) 일본 最判 1987年(昭和 62年) 7月 3日, 倒産判例百選[第5版](34사건), [松下淳一 해설] 참조.
    이에 찬성하는 학설도 있으나(齊藤秀夫·麻上正信·林屋礼二 編, 注解破産法(上卷)[宗田親彦
    집필], 481면), 이에 대하여 주채무자가 회사이고, 그 대표자가 보증인이라고 하는 특별한 사정
    (주채무자와 보증인 사이에 대단히 밀접한 관계가 있는 경우)이 있을 때에는 보증인은 회사에
    대한 융자에 의하여 자신의 출자의 보전 등의 이익을 받았다고 보아 예외적으로 무상부인을 부
    정하는 것이 합리적이라는 입장도 있다(中野貞一郎·道下徹 編, 基本法コンメンタール破産法
    [池田辰夫 집필], 117면). 위 최고재판소 판결에서도 이와 같이 무상성을 부정하는 林藤之輔 재
    판관의 반대의견이 있었다. 결국 최근 일본 하급심 판결에 있어서 부부인 채무자(파산자)가 경

Ⅳ. 부인의 특수한 유형   9-23

특칙으로 지급결제제도 등은 부인의 대상이 되지 않는다는 것(336조, 120조)
은 이미 언급하였다(☞ 8-61).

1. 어음지급의 예외

(1) 취   지   9-24

어음의 지급도 통상의 채무의 변제와 마찬가지로 부인의 대상이 되는데, 어
음소지인의 입장에 대하여는 특별한 고려가 필요하다. 예를 들어 약속어음의 발
행인이 어음소지인에게 지급을 한 후에 파산선고를 받아, 이 어음채무의 지급이
부인되면, 소지인은 일단 수령한 금전을 반환하여야 하는데, 한편으로는 전자에
대한 소구권도 이미 행사할 수 없다고 한다면 가혹한 사태가 된다(제시하여 일단
지급을 받은 때에는 소구권을 행사하는 요건인 거절증서의 작성은 할 수 없기 때문이다). 결
국 소지인은 지급을 받게 되기 전보다도 불리한 상태에 놓인다. 그렇다고 하여
부인을 우려하여 만기가 도래하였는데 지급을 위한 제시를 하지 않으면 거절증
서를 작성할 수 없고, 역시 소구권을 잃게 된다(거절증서는 지급되지 않았다는 취지를
기재한 공정증서이다). 결국 어음소지인으로서는 발행인인 채무자가 경제적 파탄에
처한 상태의 경우에 어느 쪽을 선택하더라도 소구권을 잃게 된다. 그리하여 법
393조 1항은 채무자로부터 어음의 지급을 받은 사람이 그 지급을 받지 아니하
면 채무자의 1인 또는 여럿에 대한 어음상의 권리를 상실하게 되었을 경우에는
어음지급의 부인을 허용하지 않는다고 규정하여 소지인을 보호하고 있다.

영하는 회사가 신용금고로부터 금원을 차입을 하는 데 있어서 위 부부가 신용보증을 한 사람이
가지는 구상권에 대하여 연대보증을 한 사안에서 ① 회사는 형식상은 주식회사로 되어 있지만,
그 실체는 채무자 부부 개인의 영업과 동시할 수 있는 정도의 것으로 볼 수밖에 없고, ② 회사
가 받은 융자는 회사의 경영을 계속하게 하는 것에 의하여 실질적으로는 부부의 생계를 유지하
고 부부가 부담하는 회사의 보증채무의 이행을 피하기 위한 융자인 것, ③ 융자에 회사의 대표
자가 구상채무의 이행에 대하여 보증인으로 되는 것이 제도상 요구되어 있는 것 등을 인정하여
이러한 사실관계하에서는 부부가 한 연대보증계약은 유해성이 없든지, 또는 무상성이 없다는
이유에서 무상부인의 대상이 되지 않는다고 판시한 것이 있다. 東京高判 1992年(平成 4年) 6月
29日, 判例時報(1429号), 59면. 이 판결의 상고심인 最判 1996年(平成 8年) 3月 22日, 金融法
務事情(1480号), 55면은 상고를 기각하였다.

9-25   (2) 대   상

여기서 어음상의 권리는 소구권을 말하고, 어음지급은 약속어음의 발행인, 환어음의 인수인·지급인 또는 수표의 지급인에 의한 지급을 의미한다. 다만, 소구권을 잃는 것과 같은 상황이 없는 경우에는 이 예외의 적용은 없다. 예를 들어 약속어음의 수취인이 소지인인 경우와 같이 소구권이 문제가 되지 않는 경우, 거절증서작성이 면제된 어음의 경우 등이다.

9-26   (3) 지급금액의 상환

그런데 위 예외가 채권회수를 위하여 남용되는 경우가 있다. 예를 들어 지급정지 등의 사실을 알고 있는 채권자가 채무자에 대하여 자기를 수취인으로 하는 약속어음을 발행시켜 이것을 제3자에게 배서양도하여 대가를 취하고, 제3자에게 채무자로부터 어음지급을 받게 하여 부인을 면하게 하는 경우이다. 이렇게 하면 채권자는 완전히 채권을 회수할 수 있게 된다. 이러한 잠탈행위로부터 파산재단을 보호하기 위하여 법 393조 2항은 최종의 상환의무자 또는 어음의 발행을 위탁한 사람이 그 발행 당시에 지급정지 또는 파산신청이 있었음을 알았거나 또는 과실로 인하여 이를 알지 못한 때에는 파산관재인은 그로 하여금 채무자가 지급한 금액을 상환하게 할 수 있다고 규정하고 있다.

2. 권리변동의 성립요건 또는 대항요건의 부인의 특칙

9-27   (1) 성립요건의 부인

지급정지[55] 또는 파산신청이 있은 후에 권리의 설정, 이전 또는 변경의 효력을 생기게 하는 등기 또는 등록이 행하여진 경우에 그 등기 또는 등록이 그 원인인 채무부담행위가 있은 날로부터 15일을 경과한 후에[56] 악의로 행한 것인

---

55) 여기서 지급정지란 채무자가 변제기에 있는 채무를 자력의 결핍으로 인하여 일반적, 계속적으로 변제할 수 없다는 것을 명시적, 묵시적으로 외부에 표시하는 것을 말한다(대법원 2007. 7. 13. 선고 2005다72348 판결). 위기부인의 요건으로 지급정지의 개념에 대하여는 ☞ 9-16 참조.
56) 위 15일의 기산점인 '원인인 채무부담행위가 있은 날'의 의미는 이 사건과 같이 전세권설정계약 체결 당시에 아직 그 설정대상인 건물에 대한 사용승인이 나지 아니하여 등기를 경료할 수 없어 그 사용승인과 더불어 전세권설정등기를 경료하기로 한 경우에는 그 조건이 성취되어 전세권설정계약의 효력이 발생함에 따라 그 전세권설정등기의무의 이행기가 도래하고, 비로소 피고가 그 권리를 행사할 수 있게 되는 건물의 사용승인시점이라고 할 것이다. 즉 위 15일의 기산점은 원인행위가 위와 같은 조건부 법률행위인 경우에는 그 조건이 성취되어 그 법률행위의 효력이 발생하는 효력발생일이라고 할 것이다(서울지방법원 2000. 9. 5. 선고 99가합65245 판결 [이후 항소기각, 상고기각]).

때에는 이를 부인할 수 있다(394조 1항 본문). 다만, 가등기 또는 가등록을 한 후, 이에 의하여 본등기 또는 본등록을 한 때에는 예외로 한다(동조 동항 단서). 물론 가등기 또는 가등록 자체가 본조의 요건을 충족하면 본조에 의하여 부인할 수 있는 것은 별개이다.[57)]

매매 등 재산처분행위를 부인할 수 있는 경우에는 그 부인에 의하여 등기 등도 효력을 잃는 것은 당연하고 문제는 없다. 따라서 재산처분행위와 등기 양쪽 모두 부인할 수 있는 경우에는 파산관재인은 어느 쪽을 선택하여 부인한다면 그 목적을 달성할 수 있게 된다.

◆ **규정의 필요성** ◆   물권변동에 대하여 의사주의를 채택하고 있는 일본에서는 등기 등과 같은 공시방법은 물권변동의 대항요건이다. 예를 들어 파산선고 전에 채무자가 행한 부동산 매매 등 재산처분행위에 있어서 상대방은 파산관재인 또는 파산재단에 대하여 그 권리취득을 주장하기 위해서 대항요건인 등기를 구비하여야 한다(구비하지 않는다면 환취권을 주장할 수 없다). 그리하여 등기 등과 같은 대항요건 구비행위를 권리취득의 원인행위와 별개로 파악하여 부인에 대한 규정을 둔 것이다. 한편, 독일법계인 우리 민법은 물권변동에 있어서 형식주의를 채택하고 있어서 등기 등과 같은 공시방법을 물권변동의 성립요건 내지는 효력요건으로 보고 있으므로 원인행위와 별개로 등기 등을 독립적으로 취급할 필요는 거의 없다 할 것이다.[58)] 참고로 보면, 독일 구파산법(Konkursordnung)에는 이와 같은 규정은 존재하지 않았고, 신도산법 (Insolvenzordnung)에서도 마찬가지로 존재하지 않는다.

(2) 대항요건의 부인

9-28

지급정지 또는 파산신청이 있은 후에 권리의 설정, 이전 또는 변경을 제3자

---

57) 가등기가처분명령에 기한 가등기도 본조에 의하여 부인할 수 있다. 일본 最判 1996年(平成 8年) 10月 17日, 判例タイムズ 平成 9年度 主要民事判例解說(978号)[清水信雄 해설], 224면 참조.

58) 위 규정은 추측건대 부동산 물권변동에 관하여 등기를 대항요건으로 하고 있는 일본이 파산법에서 이른바 대항요건 구비행위의 부인에 관한 특례라는 차원에서 유사한 취지의 규정을 두고 있는 것을 우리 파산법을 제정하는 과정에서 그대로 전사(轉寫)함으로써 도입된 것으로 보이는 바, 등기가 부동산 물권변동의 효력요건으로 되어 있는 우리의 경우에는 전혀 맞지 아니하는 것으로 마땅히 수정 내지는 삭제되어야 하리라고 본다(김성룡, 전게 "미국 파산법상의 부인권 개관 — 우리 법과의 비교를 더하여 —", 137-138면). 이에 대하여 우리 민법이 성립요건주의를 취하고 있어서 원인행위와 공시방법구비행위(등기)의 의존성이 대항요건주의보다는 밀접한 것이지만, 양자는 엄연히 구별되고, 별개의 행위로 행하여지므로 시간적 간격이 생길 수 있다. 지체에 의하여 다른 채권자에게 불측의 손해를 줄 우려가 있으므로 우리 법제하에서도 등기 등을 부인할 필요성을 여전히 긍정할 수 있다. 따라서 삭제되어야 한다는 논리는 너무 형식적이라는 비판이 있다(김진현, "권리변동의 효력요건 또는 대항요건의 부인", 강원법학(2000), 89면).

에게 대항하기 위하여 필요한 행위를 한 경우에 그 행위가 권리의 설정, 이전 또는 변경이 있은 날로부터 15일을 경과한 후에 악의로 행한 것인 때에도 위 (1) 성립요건의 부인과 마찬가지이다(394조 2항). 예를 들어 그 행위가 그 원인인 채무부담행위가 있은 날로부터 15일을 경과한 후에 악의로 행한 것인 때에는 이를 부인할 수 있다.

이미 보았듯이 원인행위와 별개로 등기 등 행위를 독립적으로 취급할 필요는 거의 없다 할 것이지만, 위 규정의 취지를 요건이 엄격화된 위기부인으로서 등기를 조속히 완료시키지 않고 게다가 등기권리자의 악의가 되는 경우에 한하여 대항요건의 부인을 허용하고, 다른 규정에 의한 대항요건의 부인(가령 법 391조의 고의부인)은 허용되지 않아도 무방하다고 생각한다.

◆ **규정의 입법 취지(법 391조와의 관계)** ◆ 법 394조에서 권리취득의 원인행위와 별개로 대항요건(또는 성립요건) 구비행위에 대하여 부인에 대한 규정을 둔 것을 둘러싸고 법 394조의 취지 내지 법 394조와 391조의 관계에 대하여 일본에서는 다음과 같이 입장이 나뉘고 있다.

창조설 또는 창설설(創設說)은 대항요건 구비행위는 원인행위가 유효하게 이루어진 이상, 채무자(양도인)의 당연한 의무로 그 의무의 이행에 의하여 새롭게 채무자의 재산을 감소시키는 것은 아니므로 본래 원인행위와 별도로 그 자체가 부인의 대상이 되지 않는 것이 당연하지만(즉, 법 391조의 적용은 없다), 권리변동 후 장기간이 경과한 위기시기에 이르러 갑자기 대항요건이 구비되면 파산채권자가 불측(不測)의 불이익을 받아 거래의 안전을 해하게 되므로 이러한 대항요건에 한하여 특별히 법 394조를 마련한 것으로 보는 견해이다. 이에 대하여 **제한설**은 대항요건 구비행위도 원인행위와는 별도로 본래 법 391조의 일반규정에 의하여 당연히 부인할 수 있지만, 대항요건이라는 특수성에서 법 391조에 제한을 가하여, 특히 부인의 요건을 가중한 것으로 보는 견해이다.[59]

[59] 제한설은 나아가 ① 법 394조가 부인의 일반규정인 법 391조가 정하는 요건을 **일반적으로 가중**한 것으로 대항요건 구비행위는 법 394조에 의해서만 부인이 가능하여, 법 391조에 의한 부인의 가능성은 없는 것으로 보는 입장과 한편 ② 법 394조는 위기시기에서의 대항요건 구비행위를 부인의 대상으로 하고 있으므로 **위기시기의 행위를 부인의 대상으로 하는 법 391조 2호의 요건을 가중**한 것이고(원인행위로부터 15일을 경과한 경우에 한정), 대항요건 구비행위에 대하여 위기시기에 관계없이 채무자가 채권자를 해하는 것을 알고 한 행위를 부인의 대상으로 하고 있는 법 391조 1호의 요건이 구비되어 있는 경우에는 지급정지의 전후를 불문하고 또한 15일의 기간의 경과도 상관없이 위 1호의 고의부인이 가능하다는 입장으로 나뉜다. 김진현, 전게 "권리변동의 효력요건 또는 대항요건의 부인", 94면; 박성철, 전게 "파산법상의 부인권", 281면은 제한설에 찬성한다. 제한설이 일본의 통설·판례이다. 山木戸克己, 破産法, 214면; 伊藤眞, 破産法 [全訂第3版], 359면. 最判 1970年(昭和 45年) 8月 20日, 倒産判例百選[第5版](36사건), [笠井正俊 해설] 참조.

생각건대 창조설과 제한설의 대립의 차이점은 대항요건 구비행위를 파산재단과의 관계에서 어떠한 의미를 갖는 행위로 평가할 것인가에 있다. 대항요건 구비행위를 원인행위의 당연한 발전으로 대항요건 구비행위는 원칙적으로 독자적인 의미를 갖지 않는다는 것이 창설설이고, 대항요건 구비행위가 별개로 독자적인 중요한 의미를 갖는다고 보는 것이 제한설이다. 어느 입장에서도 법 394조 자체의 해석·적용에는 거의 차이가 생기지 않는다.[60)]

판례는 법 394조(구 파산법 66조)의 취지는 효력요건 또는 대항요건 구비행위도 본래 법 391조의 일반규정에 의한 부인의 대상이 되어야 하지만, 권리변동의 원인이 되는 행위를 부인할 수 없는 경우에는(원인행위 그 자체에 부인의 이유가 없는 한), 가능한 한 효력요건 또는 대항요건을 구비시켜 당사자가 의도한 목적을 달성시키면서 법 394조 소정의 엄격한 요건을 충족시키는 경우에만 특별히 이를 부인할 수 있도록 한 것이라고 해석되므로 권리변동의 효력요건을 구비하는 행위는 법 394조 소정의 엄격한 요건을 충족시키는 경우에만 부인의 대상이 될 뿐이지, 이와 별도로 법 391조(구 파산법 64조)에 의한 부인의 대상이 될 수는 없다고 보았는데,[61)] 제한설에 입각하고 있다고 평가할 수 있다.[62)]

◆ **채권양도에 있어서 채무자의 승낙** ◆ A사는 1958. 11. 26. 지급정지를 하고 1959. 4. 8. 파산선고를 받았다. A는 Y-1에 대하여 1958. 8. 5.에 채무의 담보로 Y-2에 대하여 가지고 있던 채권 1,000만 원을 양도하고, 같은 해 12. 5.에 Y-2에게 그 통지를 하였다. Y-1은 Y-2에 대하여 양수채권의 지급을 다음 해인 1959. 2. 9.에 소구하고, 4. 7.에 양자 사이에 950만 원의 채무를 승인하는 등의 화해가 성립하여 그 승인에 의하여 채무자 Y-2의 양도의 승낙이라는 대항요건도 구비되었다. 파산관재인 X가 파산자의 통지와 Y-2의 승낙에 대하여 부인을 한 사안에서 일본 판례는 법 394조에 의하여 부인할 수 있는 대항요건 충족행위도 파산자의 행위 또는 이와 동일시할 수 있는 것에 한정하고, 채무자의 승낙은 동조에 의하여 부인의 대상이 되지 않는다고 판단하였다.[63)] 그러나 파산자에 의한 통지와 채무자의 승낙을 구별할 합리적 이유는 없고, 채무자의 승낙을 법 394조의 부인의 대상으로서 하더라도

---

60) 지급정지 또는 파산신청 이전에 행하여진 대항요건 충족행위를 법 391조에 의하여 고의부인할 수 있는가에 있어서 창설설(위 제한설 ①도 같은 결론)과 제한설 ②는 달라진다. 창설설에서는 본래 법 391조의 적용은 없으므로 부인할 수 없다. 그러나 제한설 ②에서는 원칙규정인 법 391조를 적용할 수 있고, 법 394조는 그 문언으로부터 위기부인을 제한한 것으로 보므로 법 391조의 고의부인에 의하여 아무런 제한을 받지 않고 부인할 수 있다.

61) 대법원 2007. 7. 13. 선고 2005다72348 판결. 하급심 판결 가운데에도 등기의 부인에 관하여 특별히 법 394조 1항의 규정을 마련하고 있으므로 그 등기의 부인에 관하여는 위 규정만이 적용되고, 법 391조 2호는 적용되지 않는다고 판시한 것이 있다(☞ 각주 55)의 서울지방법원 2000. 9. 5. 선고 99가합65245 판결). 일본 大判 1931年(昭和 6年) 9月 16日, 民集(10卷), 818면도 소극적이다.

62) 지창구, "채권자취소권이라는 틀을 통하여 본 부인권", 저스티스(2013. 4), 93-95면 참조.

63) 일본 最判 1965年(昭和 40年) 3月 9日, 民集(19卷 2号), 352면(☞ 각주 15) 부분).

수익자에게 불측의 불이익을 줄 우려는 없기 때문에 반드시 파산자의 행위일 것이 필요하지 않다고 생각한다. 위 판례에 반대한다.[64)

3. 집행행위의 부인

9-29
(1) 취　지

부인권은 부인하고자 하는 행위에 관하여 집행력 있는 집행권원이 있는 때 또는 그 행위가 집행행위에 의한 것인 때에도 행사할 수 있다(395조). 회생절차에 있어서도 마찬가지 규정이 있다(104조).[65) 이는 부인의 요건을 새롭게 정한 것이 아니라, 본래 법 391조에 의하여 부인할 수 있는 것을 법 395조에서 주의적으로 규정한 것이라고 풀이한다. 예를 들어 사해행위나 편파행위에 있어서 해당 부인규정의 요건을 충족하고 있지만, 채권자가 강제집행에 의하여 채권의 만족(또는 목적물의 권리의 이전)이라는 효과를 얻고 있는 경우가 있다. 이 경우에 채무자의 행위는 존재하지 않고, 집행기관의 행위가 존재하는 데 불과하므로 이를 부인할 수 있는지 여부에 대하여 의문이 생길 수 있는데, 채권자가 강제집행에 의하여 채권의 만족을 얻고 있는 경우에도 사법상의 효과로서는 채무자의 임의변제와 아무런 차이가 없으므로 그것이 채권자 사이의 공평을 해하는 경우에는 부인제도에 의하여 대처할 수 있도록 할 필요가 있으므로 위 규정을 주의적으로 둔 것이다.

(2) 대　상

9-30
1) 부인하고자 하는 행위에 관하여 집행력 있는 집행권원이 있는 때(395조 전단)
이것은 부인의 대상이 되는 행위가 집행권원이 있는 채권자를 수익자로 하여 행하여진 경우를 지칭하고, 이것에 해당되는 경우로 다음 3가지 경우를 생각할 수 있다.

9-31
① 집행권원의 내용인 실체법상의 이행의무를 발생시킨 채무자의 원인행위를 부인하는 경우
가령, 재산을 부당하게 고가로 구입하고 대금지급의 확정판결이 있는 경우

---

64) 판례에 반대하는 입장으로는 伊藤眞, 破産法·民事再生法, 542면.
65) 그런데 파산절차에서 별제권자는 파산선고 후라도 개별적인 권리행사가 인정되므로 담보권의 실행에 대하여 부인권을 행사할 수 없는데 반하여, 회생절차에서는 절차개시 후에는 담보권의 실행이 제약을 받게 되므로(141조) 절차개시 전의 권리행사는 부인의 여지가 있다. **회생절차**에 있어서는 강제집행 이외에 담보권의 실행도 그 **적용대상**에 포함된다(☞ 16-55).

또는 부당하게 염가로 매각하고 재산인도의 확정판결이 있는 경우에 그 원인행위인 매매를 부인할 수 있다. 미이행의 와중에 그 원인행위가 부인되면, 실체법상의 이행의무와 집행권원의 집행력도 소멸된다. 이행 후에 부인되는 때에는, 상대방은 급부를 반환하여야 한다.

② 집행권원을 성립시킨 소송행위를 부인하는 경우　　　　　9-32

가령, 채무자가 행한 청구의 인낙·포기, 재판상의 화해, 집행수락의 의사표시, 재판상의 자백 등을 부인하여 집행권원의 성립 자체를 부정하는 경우이다. 집행권원 자체가 부인되면 그 기판력이나 집행력은 배제되지만, 실체법상의 원인행위의 효과는 이것에 의하여 소멸되지 않는다.

③ 집행권원의 내용인 이행의무의 이행을 부인하는 경우　　　　　9-33

가령, 이행의무가 강제집행에 의하여 만족된 경우이든지 집행권원에 따른 임의의 변제이든지 상관없이 이에 의하여 채권자가 얻은 만족을 부인하는 경우이다. 이 경우에 부인되어도 집행권원 자체는 실효되지 않고, 수익자는 유(有)권원의 파산채권자가 된다.

2) 부인하고자 하는 행위가 집행행위에 의한 것인 때(395조 후단)　　　　　9-34

강제집행에 의한 채권자의 만족은 위 1) ③에 의하여 부인의 대상이 되는 것이 분명하다. 그런데 경우에 따라서는 채권자의 만족이 아니라, 집행행위를 통하여 실현된 법률효과(채무자로부터 수익자에게의 권리의 이전)를 부인할 필요가 생긴다. 가령, 전부명령이 발령된 경우에 있어서 피전부채권을 제3채무자가 아직 집행채권자에게 변제하지 않은 경우에는(제3채무자로부터 이미 집행채권자가 변제를 받았다면 파산관재인은 위 1) ③에 의하여 채권자의 만족을 부인하여 변제금을 반환받으면 무방하다) 전부명령에 기하여 피전부채권이 집행채권자에게 이전하는 법률효과 자체를 법 395조 후단에 의하여 부인하고, 파산관재인은 직접 제3채무자에게 그 변제를 청구할 수 있는 경우가 그 전형적인 예이다.[66] 또 부동산의 강제경매에 있어서도 매수인이 집행채권자(싼 가격에 경락받은 경우) 또는 실질상 이와 동일

---

66) 이 경우에 집행채권자에게의 이전이라는 법률효과 자체를 부인한 것이고, 따라서 이전한 채권은 법률상 당연히 파산재단에 복귀하게 된다. 그런데 부인의 효과는 상대적이므로 제3채무자에게는 당연히 그 효과가 미치지 않는 것과 관련하여 제3채무자에게 그 채권의 복귀를 대항하기 위해서 민법 450조 지명채권양도의 대항요건을 유추하여 수익자인 집행채권자가 제3채무자에게 통지하는 것에 대한 일본 福岡高判 1957年(昭和 32年) 11月 26日, 下民集(8卷 11号), 2191면 참조.

시할 수 있는 사람(집행채권자의 계산에 의하여 매수한 경우)인 경우에 제3자의 이익을 해할 우려는 없으므로 경매에 의한 목적물의 매수인에게의 소유권이전이라는 법률효과 자체의 부인을 인정하여도 무방하다고 풀이한다.

9-35　　　　　(3) 채무자 행위의 필요 여부

부인이 성립하기 위한 일반적 요건으로 채무자의 행위가 필요한지 여부에 대하여 앞에서 이미 본 바 있는데(☞ 9-11), 법 395조의 집행행위에 의한 경우가 특히 문제가 된다. **판례**는 법 391조 2호 위기부인의 경우에 있어서 채무소멸에 관한 행위에는 법 395조의 집행행위에 기한 경우도 포함되므로 채무소멸에 관한 행위가 채무자의 행위에 의한 경우뿐만 아니라, 강제집행에 의한 경우도 부인할 수 있는 행위가 된다고 보았다.[67] 한편, 고의부인의 경우에는 일본 판례이지만, 채무자의 행위 내지는 가공행위가 필요하다고 한다.[68]

4. 전득자에 대한 부인

9-36　　　　　(1) 취　　지

일정한 경우에는 전득자에 대하여도 부인권을 행사할 수 있다(403조). 부인의 목적인 재산이 수익자로부터 재차 다른 사람에게 양도되는 경우가 있는데, 이 목적물을 회복하려고 할 때에 부인의 효과는 상대적이어서(부인의 대상인 행위는 본래 채무자와 수익자 사이의 행위이다). 수익자에 대하여 부인을 하더라도 전득자에게는 부인의 효과가 미치지 않는다. 수익자로부터 가액상환을 받는 것만으로

---

67) 대법원 1998. 12. 22. 선고 98다23614 판결(☞ 각주 15) 부분). 일본 판례도 다음과 같이 마찬가지이다. Y는 A사에 대하여 집행증서에 기한 대여금채권을 가지고 있다. Y는 A가 발행한 약속어음이 부도처리된 것을 알고 집행증서에 기하여 A가 F시에 대하여 가지는 공사대금 등의 채권에 대한 채권압류 및 추심명령을 받아 1억 5,000만 원을 추심하였다. A는 그 뒤 파산선고를 받았다. 파산관재인 X는 파산법 64조(우리 도산법 391조에 해당) 2호에 기하여 위 집행행위의 부인을 주장하는데, Y는 집행행위가 동호에 의하여 부인되는 데에는 파산자의 해의(害意) 있는 가공(加功)이 필요하다고 주장한 사안에서 일본 최고재판소는 파산법 64조(우리 도산법 391조에 해당) 2호의 채무소멸에 관한 행위에는 파산법 67조(우리 도산법 395조)의 집행행위에 기한 것도 포함하지만, 이 경우에 위 행위에 관하여는 파산자가 강제집행을 받는 데 대하여 해의 있는 가공을 한 것이 필요한 것은 아니라고 판시하였다. 最判 1982年(昭和 57年) 3月 30日, 倒産判例百選[第5版](38사건), [名津井吉裕 해설] 참조(☞ 각주 16) 부분). 관련하여 법 395조 후단 중 391조 2호 본문 가운데 '지급정지가 있은 후에 한 채무소멸에 관한 행위'에 관한 부분은 명확성원칙에 위반되지 않고, 입법목적의 정당성과 수단의 적합성이 인정된다(헌법재판소 2019. 2. 28. 선고 2017헌바106 결정).
68) 일본 大判 1939年(昭和 14年) 6月 3日, 民集(18卷 9号), 606면(☞ 각주 15) 부분).

만족할 수 있다면 그래도 무방하지만, 전득자로부터 목적재산을 회복하기 위해서
는 전득자에 대한 부인을 인정할 필요가 있으므로 위와 같은 규정을 둔 것이다.

　　그런데 전득자에 대한 부인은 채무자·수익자 사이의 행위를 전득자에 대하
여 부인하는 것을 말한다. 수익자·전득자 사이의 행위를 부인하는 것은 아니다.
그리고 전득자에 대한 부인을 주장하기 위한 전제로 수익자에 대하여 부인을
할 필요는 없다. 다만, 수익자에 대하여 부인을 하더라도 무방하고, 전득자·수
익자 양쪽에 대하여 부인할 수도 있다(가령 순차로 이전한 등기의 말소청구를 하는 경
우).69)

(2) 대　　상

9-37

　　전득자에 대한 부인을 쉽사리 인정하면 거래의 안전을 해치게 되므로 전득
자에 대한 부인은 일정한 제한하에서 인정되고 있다. 전득자에 대하여도 부인의
효과를 미칠 수 있는 것은 다음의 경우이다.

　　1) 전득자의 전자(前者) 모두에 대하여 부인의 원인이 존재하고, 전득자가 전득

9-38

　　　　당시 각각 그 전자에 대한 부인의 원인이 있음을 안 때(1호)

　　악의의 증명책임은 파산관재인이 부담한다. 전득자가 법 392조의 규정에
의한 특수관계인인 때에는 전득자가 자기의 선의에 대하여 증명책임을 부담한
다(동조 동항 2호).

　　2) 전득자가 무상행위 또는 이와 동일시할 수 있는 유상행위로 인하여 전득하고

9-39

　　　　각각 그 전자(前者)에 대하여 부인의 원인이 있는 때(3호)

　　전득자의 악의는 요구되지 않는다. 전득자가 선의라면 현존이익의 범위에
서 반환하면 된다(403조 2항, 397조 2항).

5. 상속재산파산의 경우의 특칙

9-40

　　상속재산파산에 있어서도 상속인 등이 파산선고 전에 상속재산에 관하여
채무자를 해하는 행위를 한 경우에는 일탈한 재산을 회복하여, 파산채권자에 대
한 공평한 배당을 도모할 필요가 있다. 그리하여 상속재산에 대하여 파산선고가
있는 경우에 법 400조는 391조, 392조, 393조, 398조 및 399조의 규정은 피상속
인, 상속인, 상속재산관리인 및 유언집행자가 상속재산에 관하여 한 행위에 준

---

69) 일본 大判 1940年(昭和 15年) 3月 9日, 民集(19卷), 373면.

용한다고 하여 부인의 대상이 되도록 하고 있다. 주의할 것은 위 규정은 부인권에 관한 규정을 상속재산의 파산에 준용함에 있어서 위 5개조에 한정하는 취지는 아니다. 즉, 법 400조는 부인권의 요건에 있어서 「채무자의 행위」가 문제되는 국면에서 상속재산파산의 경우에 무엇이 「채무자의 행위」에 대응하는가를 분명히 하고자 한 조문이라고 풀이할 수 있다.70)

그리고 상속채권자와 수유자 사이에서는 상속채권자가 우선하므로(443조) 상속재산파산의 경우에 수유자에 대한 변제 등이 있으면, 파산채권자, 특히 상속채권자를 해하게 되므로 수유자에 대한 변제 그 밖의 채무의 소멸에 관한 행위가 그 채권에 우선하는 채권을 가진 파산채권자를 해하는 때에는(채무초과의 상태에서 파산채권자가 완전한 만족을 받지 못하게 되므로) 그것만으로 다른 요건(수익자의 악의나 변제시기 등)을 갖출 필요도 없이 부인할 수 있다(401조).

V. 부인권의 행사

9-41

1. 부인권의 성질

부인권은 채무자의 일정한 행위(또는 이와 동일시할 수 있는 행위)의 효력을 빼앗아 파산재단을 원상으로 회복시키는 것을 목적으로 한다(397조 1항).

이러한 부인권의 성질에 대하여 재산의 반환을 청구하는 권리라고 하는 **청구권설**과 파산관재인의 의사표시에 의하여 부인의 효과가 생긴다고 하는 **형성권설**의 대립이 있다. 청구권설에 의하면, 부인권의 요건이 구비되면 파산선고와 동시에 부인의 효과가 발생한다고 보므로 파산관재인이 부인권을 행사하는 데는 특별하게 부인의 의사표시를 함이 없이 상대방에 대하여 일탈한 재산을 파산재단에 반환할 것을 청구하면 된다. 반면 형성권설에 의하면, 부인권 행사의 요건을 충족하고 있다 하더라도 당연히 부인의 효과가 발생하는 것이 아니고 파산관재인이 부인의 대상이 되는 행위의 효력을 부인하는 의사표시를 하여야 한다. 본래 적법한 행위에 의하여 이전한 재산권에 대하여 그 행위의 효력을 박탈하지

---

70) 그리하여 준용의 대상이 되는 조문의 범위에 관한 오해를 없애고, 단적으로 법 400조가 의미하는 것을 제대로 나타내기 위해서는 「**이 법률 가운데 부인권에 관한 규정**은 피상속인, 상속인, 상속재산관리인 및 유언집행자가 상속재산에 관하여 한 행위에 준용한다」 내지는 「**이 법률 가운데 부인권에 관한 규정에 있어서** 피상속인, 상속인, 상속재산관리인 및 유언집행자가 상속재산에 관하여 한 행위는 **채무자의 행위로 본다**」라고 하는 것이 적당하다고 생각한다.

않은 채, 반환을 청구할 수는 없다. 법 397조 1항이 「부인권의 행사」를 전제로 하면서, 그 효과에 대하여 「파산재단을 원상으로 회복시킨다」라고 표현하고 있으므로 부인권의 성질은 형성권으로 보아야 한다.[71]

형성권설에서는 나아가 부인권을 행사한 경우에 상대방은 재산권을 파산재단에 반환할 의무를 부담하게 되는 것뿐인가(**채권설**), 그렇지 않으면 그 재산권이 당연히 파산재단에 물권적으로 복귀하는가(**물권설**) 하는 대립이 있다. 위 법 397조 1항의 「원상으로 회복시킨다」라는 문언을 근거로 물권설에 찬성한다.

그리고 물권설에서는 물권적 복귀라는 효과가 부인의 상대방과의 관계에서만 생기는가(**상대무효설**), 그렇지 않으면 제3자와의 관계에서도 생기는가(**절대무효설**) 하는 대립이 있다. 수익자에 대한 부인과 별도로 전득자에 대한 부인(403조)이 규정되어 있는데, 이는 부인의 효과가 부인의 상대방과의 관계에서만 생기는 것을 나타내고 있다고 할 수 있다. 그리고 민법상 채권자취소권에 있어서도 취소의 효과는 상대적 무효라고 풀이한다. 상대무효설에 찬성한다. 결국 부인제도의 목적은 상대적 무효만으로 달성할 수 있다.[72]

2. 부인권 행사의 당사자

(1) 부인권의 주체

9-42

부인권을 실제로 행사하는 주체는 법 396조 1항에 규정되어 있듯이 파산관재인이다.[73] 그리고 법원은 파산채권자의 신청에 의하거나 직권으로 파산관재인에게 부인권의 행사를 명할 수 있다(396조 2항).

그런데 파산관재인은 어떠한 자격에서 부인권을 행사하는가, 즉 이론상 부인권의 귀속주체는 누구인가 하는 문제는 위 부인권을 행사하는 주체의 문제와 별도의 차원에서 생각하여야 하고, 이는 파산관재인 및 파산재단의 법적 지위를 어떻게 보는가 하는 문제와 밀접하게 관련된다.

---

71) 강대성, 전게 "부인권의 법리", 583면.

72) 일본에서도 형성권설, 물권적 상대무효설이 통설이다. 山木戸克己, 破産法, 176면; 伊藤眞, 破産法·民事再生法, 566면; 中野貞一郎·道下徹 編, 基本法コンメンタール破産法[池田辰夫 집필], 113면.

73) 부인권은 파산채권자의 보호를 위하여 파산자의 행위를 부인함으로써 파산재단의 충실을 도모함에 그 제도의 취지가 있는 것으로서 파산자와 그 상대방 간의 이해를 조절하기 위한 것이 아니므로, 원칙적으로 무상성, 유해성, 부당성 등 부인권 행사의 요건이 충족되는 한 파산관재인의 부인권 행사가 부인권 제도의 본질에 반한다거나 신의칙 위반 또는 권리남용에 해당한다고 볼 수 없다(대법원 2009. 5. 28. 선고 2005다56865 판결).

부인권은 파산재단을 원상회복시키는 것을 목적으로 하는 것으로 부인권 행사의 효과는 당연히 파산재단에 귀속하며, 그러한 효과를 발생시키는 권리인 부인권은 법주체인 파산재단에 귀속하고, 파산재단의 기관으로 파산관재인이 부인권을 행사하는 것이라고 설명하는 입장(**파산재단설**)이 있다.[74] 그러나 이미 설명하였듯이(☞ 5-7) 최근에는 파산재단 그 자체의 법주체성을 부정하고, 그 대신에 파산재단의 관리기구로서 파산관재인에게 법인격을 인정하는 입장(**관리기구인격설**)이 유력한데, 이 입장에서는 부인권의 주체도 관리기구인 파산관재인이라고 본다.[75]

9-43
(2) 부인권 행사의 상대방

파산관재인이 부인권을 행사할 상대방은 채무자가 한 행위의 상대방(수익자) 또는 전득자(파산재단에 반환하여야 할 재산권을 수익자로부터 직접·간접으로 취득하거나 또는 그 재산권상에 무엇인가의 권리를 취득한 사람)이다. 부인의 대상이 되는 행위의 주체인 채무자는 상대방이 되지 않는다. 또한 전득자에 대한 부인도 채무자와 수익자 사이의 행위를 부인하는 것으로 전득행위 자체를 부인하는 것은 아니다. 파산관재인이 수익자 또는 전득자에 대하여 채무자의 행위를 부인하는 취지의 의사표시를 하는 것에 의하여 부인의 효과가 생긴다.

9-44
3. 부인권 행사의 방법

부인권은 소, 부인의 청구 또는 항변의 방법으로 파산관재인이 행사한다 (396조 1항). 이에 해당하는 종전 파산법 68조 1항에서 부인권의 행사방법은 소와 항변뿐이었는데, 현행법에서는 부인의 청구라는 방법을 추가로 인정하였다.

(1) 소에 의한 부인권 행사(부인소송)

9-45
1) 부인소송의 성질

파산관재인이 소에 의하여 부인권을 행사하는 경우에 그 소송을 「부인소송」 이라고 한다. 부인소송은 일반적인 소 제기의 경우와 마찬가지로(1천만 원 미만으로서 법원이 정하는 금액 미만인 때에는 제외) 법원의 허가를 받아야 하며, 감사위원이

---

74) 강대성, 전게 "부인권의 법리", 584면.
75) 이에 대하여 파산관재인을 채무자의 대리인이라고 보아 부인권은 채무자에 귀속한다고 설명하는 파산자설, 파산관재인을 파산채권자의 대리인(또는 채권자단체의 대표)으로 보아 부인권은 파산채권자(또는 채권자단체)에 귀속한다고 설명하는 파산채권자설도 있다.

설치되어 있는 때에는 감사위원의 동의를 얻어야 한다(492조 10호).

앞에서 부인권의 성질을 형성권으로 보았지만, 그것은 부인소송의 성질을 형성소송(Rechtsgestaltungsklage)으로 보는 것(**형성소송설**)을 의미하지는 않는다. 부인권의 행사는 파산관재인이 사법상의 의사표시로 행하며, 그것만으로 효과가 발생하고, 소에 의하여 행사된 경우라도 소송의 확정을 기다려 발생하지는 않는다. 따라서 형성소송이 될 수 없다. 가령 형성소송이라고 풀이하는 경우에는 형성판결의 확정을 기다린 후, 다시 일탈재산의 반환 등 원상회복을 구하는 소를 제기하여야 파산재단을 원상으로 회복시킨다는 부인권의 목적을 달성할 수 있게 되므로 소송경제상 불합리하고, 한편 부인권이 항변의 방법으로 행사된 때에는 형성판결을 받을 수 없으므로 불합리하다. 부인소송 자체는 이행소송 또는 확인소송이다(**이행·확인소송설**).76) 부인의 대상이 되는 행위가 그 효력을 소급적으로 상실하게 됨으로써 발생하는 법률적인 효과에 따라 원상회복의무의 이행을 구하는 소를 제기하거나(청구취지가 채권자취소소송의 경우는 '행위의 취소'와 '원상회복'을 구하는 것이지만, 부인의 소는 '부인' 그 자체는 청구취지에 포함되지 않고 '원상회복'만을 구하여야 한다), 그 법률관계의 존재 또는 부존재 확인을 구하는 소를 제기하는 방법에 의할 수 있다.77)

2) 채권자취소소송과의 관계

9-46

채권자가 채권자취소권(민법 406조)의 행사를 위하여 소를 제기한 경우에 소송계속중 **채무자가 파산선고**를 받은 때에는 소송은 수계 또는 파산절차의 종료에 이르기까지 중단되고(406조 1항), 채권자(원고)는 소송수행권을 잃는다. 파산관재인은 원고(채권자)의 지위를 수계할 수 있는데(동조 2항), (상대방이 수계신청을 하지 않은 경우에) 반드시 파산관재인의 수계를 강제하는 것은 아니고(☞ 8-73), (종래의 소송상태가 파산관재인에게 불리하고, 오히려 파산관재인이 새로 부인소송을 제기하는 쪽이 유리하다고 판단되는 때에) 파산관재인은 채권자취소소송을 수계하지 않고 별도로 부인소송을 제기할 수 있다.

한편, 위와 같이 채무자가 파산선고를 받은 때에는 채권자취소권은 부인권

---

76) 이러한 입장이 일본의 통설이다. 山木戸克己, 破産法, 219면; 伊藤眞, 破産法·民事再生法, 568면.

77) 이와 같이 부인권 행사의 결과로 생기는 권리관계의 변동에 따라 그 이행 또는 확인의 소를 제기하는 경우에는 시효중단의 효력이 생긴다(대법원 2009. 5. 28. 선고 2005다56865 판결).

에 흡수되므로 파산관재인이 부인권을 행사하여야 한다. 마찬가지 취지에서 파산선고 후(즉, 파산절차 중)에는 채권자는 물론 파산관재인도 채권자취소소송을 제기하는 것이 허용되지 않는다.[78] 다만, **판례**는 파산채권자의 채권자취소소송을 파산관재인이 수계하여 부인의 소로 변경하는 것을 금지하는 것은 아니라고 한다.

9-47   **3) 관   할**

부인소송은 파산계속법원의 관할에 전속한다(396조 3항).[79] 그 취지는 부인권행사와 관련이 있는 사건을 파산계속법원에[80] 집중시켜 파산절차의 신속하고 적정한 진행을 도모하고자 하는 데 있다.[81] 이는 전속관할이므로 가령 채무자와 그 계약의 상대방 사이에서 파산선고 전에 관할법원에 대하여 합의가 있더라도(민사소송법 29조 참조) 적어도 해당 계약에 관한 부인소송에 대하여는 파산관재인은 위 관할의 합의에 구속되지 않는다(민사소송법 31조 참조).

한편, 제1심 법원에 계속 중이던 채권자취소소송을 파산관재인이 수계하여 부인의 소로 변경한 경우에도(위에서 보았듯이 파산절차에 의하지 않고는 파산채권을 행사할 수 없는 파산채권자가 개별적 강제집행을 전제로 개별 채권에 대한 책임재산을 보전하기

---

78) **판례**는 파산선고 후에는 파산관재인이 총 채권자에 대한 평등변제를 목적으로 하는 부인권을 행사하여야 하고, 파산절차에 의하지 않고는 파산채권을 행사할 수 없는 파산채권자가 개별적 강제집행을 전제로 개별 채권에 대한 책임재산을 보전하기 위한 **채권자취소의 소를 제기할 수 없다고 하면서,** 다만 파산채권자의 채권자취소소송을 **파산관재인이 수계하여 부인의 소로 변경하는 것을 금지하는 것은 아니라고 한다**(대법원 2018. 6. 15. 선고 2017다265129 판결). 판례의 해설 및 비판에 대하여 자세히는 ☞ 8-73 참조.

79) 종전 파산법에는 부인소송의 관할에 대하여 파산법에 특별한 규정이 없었으므로 민사소송법의 관할규정에 따라 결정된다고 보았다(반면, 종전 회사정리법 82조 3항에서는 부인소송은 정리법원의 관할에 전속한다는 규정이 있었다). 따라서 가령 파산관재인이 변제를 부인하여 수익자(변제를 받은 채권자)에 대하여 금원의 지급청구를 할 때는 의무이행지(민사소송법 8조)로 자기의 직무상의 주소지를 관할하는 법원에 소를 제기할 수 있었다. 그런데 부인소송의 관할을 파산계속법원의 관할로 집중하여 사무처리의 효율화를 도모할 필요가 있고, 또한 회생절차와 그 취급을 달리할 필요가 없으므로 현행법에서 파산절차에서의 부인소송도 파산계속법원의 전속관할로 하였다.

80) 여기에서 '파산계속법원'은 파산사건이 계속되어 있는 '회생법원'을 말하는데(법 353조 4항 참조), 법이 2016. 12. 27. 개정되어 회생법원이 신설되기 전에는 파산사건이 계속되어 있는 '지방법원'이 여기에 해당하였다.

81) 한편, 파산관재인이 채권자를 상대로 부인권을 행사하면서 그 원상회복으로서 배당이의의 소를 제기한 경우에 부인권 행사의 요건을 충족하는지 여부를 심리, 판단해야 하지만, 그렇더라도 여느 배당이의의 소와 다르지 않으므로 위 관할이 아닌, 민사집행법 156조 1항, 21조에 따라 배당을 실시한 집행법원이 속한 지방법원에 전속관할이 있다고 보는 것이 타당하다(대법원 2021. 2. 16.자 2019마6102 결정).

위한 채권자취소의 소를 제기할 수 없다) 위 법 396조 3항이 적용되어 파산계속법원의
전속관할에 속한다.82) 따라서 채권자취소소송이 계속 중인 법원이 파산계속법
원이 아니라면 그 법원은 관할법원인 파산계속법원으로 사건을 **이송**하여야 한
다. 그러나 채권자취소소송이 **항소심에 계속**된 후에는 파산관재인이 소송을 수
계하여 부인권을 행사하더라도 파산계속법원의 관할에 전속한다는 법 396조 3
항이 적용되지 않고, **항소심법원이 소송을 심리·판단**할 권한을 그대로 계속 가
진다.83) 심급관할이 제1심법원의 관할에 의하여 정하여지는 일반 민사사건과
마찬가지로 위와 같은 경우의 항소심 단계에서의 관할은 그대로 영향이 없다는
입장으로 이해할 수 있다.

4) 당 사 자

9-48

부인소송의 원고는 파산관재인으로 한정되고, 피고는 수익자 또는 전득자
이다. 파산관재인은 수익자 또는 전득자의 어느 한쪽만을 피고로 할 수도 있고,
양쪽을 공동피고로 하거나(이 경우는 필수적 공동소송이 아니라 통상공동소송이다)84)
또는 병행적으로 별소의 피고로 할 수도 있다. 수익자 또는 전득자를 피고로 하
는 부인소송 도중에 목적물이 새롭게 전득된 때에는 그 새로운 전득자에 대하여
소송승계가 인정된다(민사소송법 81조, 82조). 변론종결 후의 전득자는 판결의 효
력을 받는다(민사소송법 218조 1항).

부인권 행사는 파산관재인의 전권으로 그 행사가 결국은 파산채권자의 이
익이 된다고 하더라도 파산채권자가 직접 부인권을 행사할 수는 없다. 다만, 파
산채권자의 신청에 의하거나 직권으로 법원은 파산관재인에게 부인권의 행사를
명할 수 있다(396조 2항). 부인의 요건이 있음에도 파산관재인이 부인권을 행사
하지 않는 경우에 파산채권자가 파산관재인의 부인권을 대위행사하는 것이 허

---

82) 대법원 2018. 6. 15. 선고 2017다265129 판결.
83) 위 관할 규정의 문언과 취지, 채권자취소소송과 부인소송의 관계(파산관재인은 채권자취소소
    송을 수계함으로써 파산채권자의 소송상 지위를 승계한다. 채권자취소소송과 부인소송은 채권
    자에게 손해를 입힐 수 있는 행위를 취소 또는 부인함으로써 채무자의 책임재산을 보전한다는
    점에서 본질과 기능이 유사하고, 동일한 민사소송절차에 따라 심리·판단된다), 소송의 진행 정
    도에 따라 기대가능한 절차상의 편익(분쟁의 적정한 해결과 전체적인 소송경제의 측면에서 소
    송을 파산계속법원에 이송함으로써 얻을 수 있는 절차상의 편익은 소송의 진행 정도에 따라 달
    라진다) 등을 종합해 보면, 항소심법원이 소송을 심리·판단할 권한을 계속 가진다고 보는 것이
    타당하다(대법원 2017. 5. 30. 선고 2017다205073 판결).
84) 노영보, 371면; 전대규, 1235면.

용되는지 여부에 대하여 긍정하는 입장이 있으나,85) 부정하여야 한다.86)

　한편, 부인소송에 있어서 파산채권자가 파산관재인을 위하여 보조참가할 수 있는지 여부가 보조참가의 이익(소송결과에 이해관계가 있는지 여부)과 관련하여 문제가 되는데, 보조참가할 수 있다고 생각한다(판결의 효력이 파산채권자에게 미치므로 공동소송적 보조참가가 될 것이다).87) 또한 채무자가 파산관재인을 위하여 또는 그 상대방을 위하여 보조참가할 수 있는지 여부에 대하여 이를 긍정하여도 무방하다고 생각한다.

9-49   **5) 소송상 화해 등**

　부인소송에 있어서 파산관재인이 소송의 상대방과 소송상 화해를 하는 것은 문제가 없다.88) 다만, 원칙적으로 법원의 허가 등이 필요하다(492조 11호). 부인소송의 상대방이 파산관재인의 청구를 인낙하는 것도 문제는 없다. 파산관재인은 부인권을 포기하거나 청구 그 자체를 포기할 수도 있다. 역시 원칙적으로 법원의 허가 등이 필요하다(492조 12호). 소를 취하할 수도 있다. 소의 취하는 당연히 법원의 허가 등이 필요한 것은 아니지만, 권리의 포기를 수반하는 경우에는 법원의 허가 등이 필요하다.

9-50   **(2) 부인의 청구에 의한 부인권 행사**

　위와 같은 부인소송이 파산관재인의 관재업무를 장기화시키는 하나의 원인이 되고 있음에 비추어 부인권의 행사를 결정절차에 의하여 조기에 용이하게 해결할 수 있도록 현행법에서는 파산절차에 있어서 부인의 청구의 방법에 의하여도 부인권을 행사할 수 있도록 행사방법을 추가하였다(396조 1항).89) 안일하게 부인의 청구가 행하여질 것이라는 우려가 있을 수 있지만, 상대방의 절차보장에

---

85) 中野貞一郎·道下徹 編, 基本法コンメンタール破産法[池田辰夫 집필], 122면.
86) 전대규, 1234면; 박성철, 전게 "파산법상의 부인권", 293면; 伊藤眞, 破産法·民事再生法, 566-567면. 노영보, 370면; 전대규, 1234면에서 대법원 2002. 9. 10. 선고 2002다9189 판결[공보불게재]이 부정하는 입장으로 소개되고 있다.
87) 마찬가지 입장으로는 전대규, 1234면. 일본 大阪高決 1983年(昭和 58年) 11月 2日, 倒産判例百選[第5版](A6사건) 참조.
88) 노영보, 371면; 전대규, 1235면. 또한 조정도 가능하다고 본다. 임채웅, "부인소송의 연구", 사법(2008. 6), 103면.
89) 종전 회사정리법 82조 1항에서는(회생절차에 관한 현행법 105조 1항에 대응) 부인권은 소, 부인의 청구 또는 항변에 의하여 행사한다고 규정하여 이미 회사정리절차에 있어서 부인의 청구라는 방법에 의하여도 부인권을 행사할 수 있었는데, 현행법에서는 회생절차와 통일적으로 파산절차에서도 이를 도입한 것이다.

특별한 지장이 없으므로 법에서 부인의 청구라는 행사방법을 추가한 것에 대하여 찬성한다. 이에 관하여 회생절차에 있어서 부인의 청구에 관한 법 106조 및 107조의 규정을 준용한다(동조 4항).

<부인소송과 부인의 청구 비교>

구분＼내용	관할	증명의 정도	재판	종료 사유
부인소송	파산계속법원	증명	판결	판결, 소송상 화해, 소의 취하 등
부인의 청구	파산계속법원	소명	결정	결정, 취하 등 청구절차의 종료

부인의 청구사건은 파산계속법원의 관할에 전속한다(396조 3항). 가령, 부인권을 행사하여 청구이의의 소를 제기한 경우에는 민사집행법 21조, 59조 4항의 규정의 적용이 배제되고, 파산계속법원만 청구이의의 소의 전속관할법원이 된다고 할 것이다. 파산관재인은 부인의 청구를 하는 때에는 부인의 원인인 사실을 소명하여야 한다(396조 4항, 106조 1항). 증명이 아니라, 소명으로 충분하다. 법원은 이유를 붙인 결정으로 청구의 당부에 대하여 재판한다(동조 4항, 106조 2항). 부인의 청구의 절차는 구술변론을 거치지 않는 결정절차이다. 상대방에게 반론의 기회를 주기 위해서 상대방을 심문하여야 한다(동조 4항, 106조 3항).

부인의 청구를 인용하는 결정에 불복이 있는 사람은 그 송달을 받은 날로부터 1월 이내에 이의의 소를 제기할 수 있다(396조 4항, 107조 1항). 최종적으로 구술변론에 의한 재판의 기회를 주는 등 소송절차에 의한 판단을 받을 수 있도록 하기 위함이다. 이의의 소에 대한 판결에서 부인의 청구를 인용하는 결정과 동일한 결론에 도달한 때에는 결정을 인가하는 판결을 한다. 이 인가하는 판결이 확정된 때에는 그 결정은 확정판결과 동일한 효력이 있고, 1월 이내에 이의의 소가 제기되지 않은 때, 이의의 소가 취하된 때 또는 각하된 경우의 부인의 청구를 인용한 결정에 관하여도 확정판결과 동일한 효력이 있다(동조 4항, 107조 5항).

(3) 항변에 의한 부인권 행사
9-51

항변(Einrede)의 방법으로도 부인권을 행사할 수 있다(396조 1항).[90] 이 경우

---

90) 항변에 의하여 부인권을 행사할 수 있다는 점은 일반적으로 채권자취소권은 소에 의하여만

의 항변은 재항변, 재재항변 등을 포함한다. 예를 들어 파산관재인이 피고인 소송에서는 항변이 부인권의 행사가 되고, 파산관재인이 원고로 채권의 변제를 구하고 있는 경우에는 피고의 항변(가령 면제의 주장)에 대한 재항변(가령 면제의 항변에 대한 면제의 부인의 주장)이 부인권의 행사가 된다. 구체적으로는 부인소송의 경우와 마찬가지로 답변서 내지는 준비서면의 송달 또는 변론 등의 기일에서 진술에 의하여 부인의 의사표시를 한 때에 부인권이 행사된 것이 된다.

9-52   **(4) 재판 밖에서의 부인권 행사의 가부**

법 396조 1항은 부인권을 재판상 행사할 것을 요구하고 있다. 그런데 파산관재인이 재판 밖에서 부인의 의사표시를 한 때에 상대방이 그것을 승인하여 화해가 성립하고 이에 따라 재산이 반환되면 사실상 부인권이 재판상 행사된 것과 마찬가지 결과가 된다. 이 성질을 어떻게 볼 것인가가 문제가 된다. 이는 화해계약의 효과이고, 부인권 행사의 효과는 아니라는 입장이 있는데,91) 이 입장에서는 재산의 반환방법이나 반대채권의 회복, 반대급부의 반환 등의 문제는 당사자 사이의 계약내용에 따라 정하여진다. 예를 들어 부동산의 반환에 대하여는 부인의 등기가 아닌 통상의 등기를 할 것이고, 또한 상대방이 변제의 부인을 인정하여도 변제에 의하여 일단 소멸한 보증채무나 물상담보가 당연히 회복되는 것은 아니다. 그러나 이에 대하여 재판 밖에서의 부인도 재판상 부인에 준하여 취급하여야 한다는 입장이 유력하다.92) **생각건대** 부인권이 재판상 행사될 것을 요구하는 취지는 부인권 행사가 상대방의 지위에 중대한 영향을 주는 것을 감안하여 부인 요건의 유무 및 부인의 효과를 법원에게 확정적으로 판단시키기 위한 것으로 볼 수 있다. 그러나 일반적 분쟁에 있어서도 권리행사 내지 그 효과에 다툼이 있는 경우에 최종적으로 법원이 판단하는 것일 뿐이고, 특히 부인권 행사에 대하여만 법원의 판단이 없다면 부인권 행사로 인정될 수 없다고 볼 필요까지는 없다. 재판상 행사를 예정하였지만, 재판 밖에서의 행사를 금지하는 것은 아니다. 결국 부인권은 실체법상의 형성권으로 재판 밖에서도 행사할 수 있다고 볼 것이다.

행사할 수 있고, 항변의 방법으로 행사할 수 없다고 풀이하는 것과 차이가 있다.
91) 노영보, 378면.
92) 伊藤眞, 破産法·民事再生法, 574면.

4. 부인권의 소멸

(1) 부인권 행사의 기간

9-53

부인권은 파산선고가 있는 날로부터 2년이 경과한 때에는 행사할 수 없다 (405조 전단).93) 채권자취소권에 관하여는 민법 406조에 의하여 채권자가 취소원 인을 안 날로부터 진행한다고 규정되어 있는 것과 달리, 부인권의 경우는 파산 관재인이 부인될 행위의 상대방을 언제 알았는가는 상관없고, 파산선고일로부 터 진행한다. 파산관재인이 (재판상이든지 재판 밖에서이든지) 파산선고일부터 2년 이내에 부인의 의사표시를 하면 그것에 의하여 효과가 생긴다. 그리고 부인의 대상이 되는 행위를 한 날로부터 10년을 경과한 때에도 그 행위를 부인할 수 없다(405조 후단). 위 기간은 제척기간이라고 풀이하여야 한다. 따라서 중단사유 는 없다.

(2) 파산해지

9-54

부인권은 파산절차의 목적을 실현하기 위해서 파산절차 중에만 인정되는 권리이므로 파산관재인이 그것을 행사할 수 있는 상태가 생겼다고 하더라도 파 산절차의 종결 그 밖에 파산이 해지(파산의 취소, 폐지)된 경우에는 이미 부인권 행사의 여지는 없다. 그리고 파산관재인이 일단 부인권을 행사한 경우에도 그 효과로서의 이행이 이루어지지 않은 채, 파산이 해지된 때에는 이미 미이행 부 분의 이행청구를 할 여지는 없다. 나아가 부인권 행사의 결과, 파산재단에 회복 된 재산이 환가되지 않은 채, 파산이 해지에 이르게 된 때에는 그 현존하는 한도 에서 부인권도 소멸되고, 그 재산은 상대방에게 반환되어야 한다.94)

---

93) 파산채권자가 파산채무자에 대한 파산선고 이전에 적법하게 제기한 채권자취소소송을 파산관 재인이 수계하면, 파산채권자가 제기한 채권자취소소송의 소송상 효과는 파산관재인에게 그대 로 승계되므로, 파산관재인이 채권자취소소송을 수계한 후 이를 승계한 한도에서 청구변경의 방법으로 부인권 행사를 한 경우, 특별한 사정이 없는 한, 제척기간의 준수 여부는 **중단 전 채권 자취소소송이 법원에 처음 계속된 때를 기준**으로 판단하여야 한다. 파산선고가 있은 날부터 2년 이 경과한 때에 위와 같이 청구변경을 하였다고 하더라도, 원고의 부인의 소가 제척기간의 경과 로 부적법하다고 볼 수 없다(대법원 2016. 7. 29. 선고 2015다33656 판결). 이에 대하여 양 소 송 사이에 행사주체, 범위, 방법 등에서 차이가 있고, 행사기간 등의 면에서도 양자가 서로 다르 다는 점도 고려되어야 한다는 입장으로는 전원열, "부인권과 제척기간", 법조(2016. 12), 485면 이하 참조.

94) 伊藤眞, 破産法·民事再生法, 575면. 참고로 회사정리법상의 부인의 소 계속 중에 정리절차폐 지결정이 확정된 경우에 그 부인소송의 효력에 대하여, 회사정리법상의 부인권은 정리절차의 진행을 전제로 관리인만이 행사할 수 있는 권리이므로, 정리절차의 종결에 의하여 소멸하고, 비 록 정리절차 진행 중에 부인권이 행사되었다고 하더라도 이에 기하여 회사에게로 재산이 회복

9-55   **(3) 포   기**

파산관재인이 상대방에 대하여 부인권을 포기하였을 때(화해의 경우도 마찬가지)에도 부인권은 소멸된다(다만, 원칙적으로 법원의 허가 등을 필요로 한다. 492조 11호, 12호).

Ⅵ. 부인의 효과

9-56   **1. 파산재단의 복원**

부인권의 성질을 파산선고 전의 채무자의 행위를 파산재단과의 관계에서 무효화하여 그 행위에 의하여 일탈한 재산을 파산재단에 원상회복시키는 것을 내용으로 한다는(397조 참조) 것은 이미 살펴본 바 있다. 결론적으로 부인권은 **형성권**이고, 원상회복의 효과는 **물권적 효과**인데, 부인의 효과가 물권적이라고 하더라도 제3자에 대한 관계에까지 무효로 할 필요는 없는 **상대적 무효**이다.95)

(1) 원상회복의 여러 가지 형태

9-57   **1) 금전급부의 부인의 경우**

변제 등이 부인되는 경우에 금전에는 특정성이 없으므로 금전 자체의 당연 복귀라는 것은 있을 수 없고, 이 경우에는 상대방에게 동액의 금전에 대한 반환의무가 발생한다. 상대방은 수령한 날로부터 기산한 지연이자(손해금)도 지급하여야 한다.

9-58   **2) 물건 또는 권리의 이전, 권리설정 등의 부인의 경우**

파산재단을 원상으로 회복시키는 것이 원칙이므로 물건 또는 권리가 채무자로부터 다른 사람에게 이전한 경우에 그 재산이 부인권 행사의 상대방의 지배

되기 이전에 정리절차가 종료한 때에는 부인권 행사의 효과로서 상대방에 대하여 재산의 반환을 구하거나 또는 그 가액의 상환을 구하는 권리 또한 소멸한다고 보아야 할 것이므로, 부인의 소 또는 부인권의 행사에 기한 청구의 계속 중에 정리절차폐지결정이 확정된 경우에는 관리인의 자격이 소멸함과 동시에 당해 소송에 관계된 권리 또한 절대적으로 소멸하고 어느 누구도 이를 승계할 수 없다(대법원 1995. 10. 13. 선고 95다30253 판결).

95) 부인권은 파산채권자의 공동담보인 파산자의 일반재산을 파산재단에 원상회복시키기 위하여 인정되는 제도로서, 파산관재인이 부인권을 행사하면 그 부인권 행사의 효과는 파산재단과 상대방과의 사이에서 상대적으로 발생할 뿐이고 제3자에 대하여는 효력이 미치지 아니한다(대법원 2005. 12. 22. 선고 2003다55059 판결).

하에 현존할 때에는 그것을 파산재단으로 반환시켜 원상회복시킬 필요가 있다. 이 경우에 부인권 행사에 의하여 그 재산은 당연히 (물권적으로) 파산재단에 복귀한다. 나중에 살펴볼 것이지만, 특히 등기(또는 등록)의 원인행위가 부인된 경우에 있어서는 「부인의 등기」라는 제도가 마련되어 있다.

권리의 설정(질권, 저당권 등의 설정)의 경우에도 마찬가지로 상대방 수중에 그 권리가 현존하는 한, 부인권 행사에 의하여 파산재단에 대한 관계에서는 권리설정이 행하여지지 않았던 것이 된다.[96]

3) 채무면제, 권리포기의 부인의 경우

9-59

채무자가 행한 채무면제(채권포기), 저당권 내지는 저당권 순위의 포기 등의 부인의 경우에는 파산재단에 대한 관계에서 그러한 면제와 포기가 행하여지지 않은 것이 된다. 즉, 면제에 의하여 소멸된 채권은 회복되고, 포기된 권리는 파산재단에 귀속하는 것으로 회복된다.

(2) 부인의 등기(등록)

1) 의   의

9-60

등기의 원인인 행위가 부인된 때 또는 등기가 부인된 때에는 파산관재인은 부인의 등기를 하여야 한다(26조 1항). 등록에 대하여도 마찬가지이다(27조).

2) 성   질

9-61

여기에서 말하는 부인의 등기를 어떠한 성질의 것으로 볼 것인가에 대하여 견해의 대립이 있다. 부인의 등기는 예고등기의 한 종류이고, 법원의 촉탁에 의하지 않고, 파산관재인이 부인권을 행사하였을 때에 파산관재인의 단독의 신청에 의하여 이루어진다는 입장(**예고등기설**)이나, 부인에 의한 원상회복에 수반하여 이루어져야 하는 통상의 말소등기나 이전등기 등의 총칭에 불과하다는 입장(**통상등기설**)도 있지만, 부인에 의한 상대적 무효를 공시하기 위하여 특히 창설된 특수한 등기라고 볼 것이다(**특수등기설**).[97]

---

96) 질권설정행위를 부인하여 그 효력이 상실된 경우에는 그에 기하여 발생한 질권도 소급적으로 존재하지 않게 되고, 질권이 소급적으로 존재하지 아니하게 된 이상 그에 기초한 질권실행행위도 그 효력을 상실하였다고 봄이 상당하며, 담보권의 실행에 대하여는 별도로 부인권을 행사할 수도 없는 것이므로, 파산관재인이 별도로 질권실행행위를 부인하여야만 원상회복의 효과를 얻을 수 있는 것은 아니다(대법원 2009. 5. 28. 선고 2005다56865 판결).

97) 노영보, 376면; 강대성, 전게 "부인권의 법리", 591면이 특수등기설을 취한다. 일본 판례도 다

9-62   3) 절   차

파산관재인이 부인을 명하는 확정판결을 가지고, 단독신청하면 될 것이다.
등기에 관하여 등록세는 면제된다(26조 2항).

한편, 파산관재인이 항변에 의하여 부인권을 행사하고, 법원이 이것을 인정
한 경우에는 판결이유 중에 그 판단이 나타나게 되는데, 그 확정판결에 의하여
부인의 등기를 할 수 있는지 여부가 문제된다. 부인의 등기를 명하는 확정판결
(내지는 이와 동일시할 수 있는 인낙조서, 화해조서 등) 없이 부인의 등기를 할 수 없다
할 것이다. 가령, 채무자로부터 부동산의 증여를 받아서 소유권이전등기를 경료
한 사람이 파산관재인에 대하여 그 인도를 소구한 경우에 파산관재인이 증여의
부인을 하고, 이것을 항변한 것만으로는 충분하지 않고, 부인의 등기의 절차를
구하는 취지의 반소를 제기하거나 별소를 제기하여 그 인용의 확정판결을 받아
서 부인의 등기의 단독신청을 할 수 있다.

9-63   (3) 가액상환

파산재단의 원상회복을 원칙으로 하지만, 일탈한 재산이 이미 멸실하였거
나 다른 사람에게 양도된 경우에 원상회복은 곤란하다(다만, 전득자에 대하여 부인
권을 행사하는 것에 의하여 원상회복을 도모할 수 있는 경우도 있다). 이러한 경우에 파산
관재인은 상대방에 대하여 원상회복에 갈음하는 가액의 상환을 청구할 수 있다.
가치적으로 파산재단으로 복원되면 충분하므로 반드시 현물의 반환 등을 할 필
요는 없기 때문이다. 명문의 규정은 없지만, 법 399조가 상대방의 채권의 회복
에 관하여 「상대방이 그가 받은 급부를 반환하거나 그 가액을 상환한 때에는」
이라고 규정하여 가액상환을 예정하고 있다고 할 수 있다.

가액상환의 경우에 그 가액을 산정하는 기준시가 언제인가를 둘러싸고 다
툼이 있을 수 있다. 부인의 대상인 행위시라는 견해(행위시설), 상대방이 목적물
을 처분한 때라는 견해(처분시설), 파산선고시라는 견해(파산선고시설), 부인권 행
사시라는 견해(행사시설),[98] 현재의 시점, 즉 변론종결시라는 견해(변론종결시설),

음과 같이 특수등기설을 분명히 하였다. 파산법이 특히 부인의 등기 및 그 직권에 의한 말소라
는 특별한 제도를 규정하고 있는 것은 부인의 경우에 일반의 말소등기에 의하거나 또는 부인의
효력이 소멸된 경우에 말소등기의 회복등기에 의하는 것은 그 어느 것도 상당하지 않기 때문이
다. 등기의 원상을 회복하기 위하여는 파산관재인은 행위의 상대방에 대하여 등기의 부인의 등
기절차를 청구할 수밖에 없다 할 것이다(最判 1974年(昭和 49年) 6月 27日, 新倒産判例百選
(45사건), [櫻井孝一 해설] 참조).

행위시의 시가와 처분시의 시가를 비교하여 높은 쪽을 기준시로 한다는 견해(**행위시·처분시 병용설**) 등이 있다.99) 원상회복을 할 수 있었다면 파산관재인이 부인권을 행사한 때에 원상회복하여 그것을 환가할 수 있었으므로 부인권 행사시의 가액으로 보는 입장이 타당하다고 본다. 행사시설을 지지한다.100)

(4) 무상부인의 경우의 특칙

9-64

무상부인의 경우에 상대방(수익자)이 선의인 경우에도 부인의 대상이 되지만, 상대방이 선의인 경우에 일반의 부인의 상대방과 마찬가지로 완전한 원상회복 내지는 가액상환을 의무지우는 것이 가혹한 경우가 있다. 그래서 예외적으로 범위를 제한하여 상대방은 **이익이 현존하는 한도** 내에서 상환하면 된다고 규정하고 있다(397조 2항). 무상행위 또는 무상행위와 동일시할 수 있는 유상행위에 의한 전득자에 대하여 부인권이 행사된 경우에 있어서 전득자가 선의인 때(전자에 대한 부인의 원인이 있는 것을 알지 못한 때)의 전득자의 상환의무에 대하여도 마찬가지이다(403조 2항). 수익자 또는 전득자는 선의이면 충분하고, 과실의 유무는 관계없다.

2. 상대방의 지위

9-65

부인은 파산재단을 원상으로 회복시키는 것을 목적으로 하는 것으로, 부인에 의하여 오히려 파산재단이 부당하게 이득하는 것까지 인정하는 것은 아니다. 따라서 상대방이 행한 **반대급부는 반환**되어야 하고, 부인된 변제에 의하여 일단 소멸된 **상대방의 채권은 회복**되어야 한다. 공평에 기하여 부당한 이득을 방지하는 것이다.

여기에서 반대급부라 함은 부인의 목적인 채무자의 행위의 대가로 채무자가 얻은 급부를 말한다.101) 반대급부는 적극적 이익에 한정되지 않고, 채무면제

---

98) 회생절차에 있어서 전대규, 422면. 이에 대하여 노영보, 379면은 청산을 목적으로 하지 않는 회생절차에서는 환가는 당연히 전제가 될 수 없고, 도산절차는 개시시의 자산상태를 전제로 하여 진행되는 것이고, 부인소송의 제기시에 의하여 평가액이 변동되는 것도 적절하지 않으므로 **절차개시 당시의 가액**에 의하여야 하고, 다만 절차개시 후에 그 가액보다 고액으로 현실로 처분할 수 있는 경우에는 그에 의하여야 할 것이라고 한다.

99) 일본의 학설에 대한 국내 문헌으로는 임종헌, "일본 파산법상의 부인권에 관한 연구", 재판자료(1994), 830면 이하 참조.

100) 일본 판례도 행사시설을 채택하고 있다. 最判 1986年(昭和 61年) 4月 3日, 倒産判例百選[第5版](42사건), [青木哲 해설] 참조.

와 같은 소극적 부담의 감소도 포함한다. 따라서 완전한 무상행위가 부인된 경우에는 반대급부를 결하므로 반환청구권이 생길 여지는 없다.

(1) 반대급부의 반환 등

9-66
1) 반대급부가 현존하는 경우

쌍무계약 등에서 채무자가 받은 반대급부(의 목적물)가 파산재단 중에 존재하는 경우에 부인에 의하여 그 반대급부(특정재산)의 소유권은 당연히 상대방에게 복귀하고, 상대방은 그 **반대급부**(의 목적물)에 대하여 **환취권**(407조)을 가지므로 상대방이 행한 반대급부가 파산재단 중에 특정적인 형태로 **현존**하는 때에는 상대방은 파산관재인에게 그 반환을 청구할 수 있다(398조 1항 전단). 현존하는지 여부의 판단 기준시는 부인권 행사 시로 볼 것이다. 여기서 부인에 의한 상대방의 파산관재인에 대한 원상회복 내지는 가액상환의무와 파산관재인의 반대급부 상환의무는 **동시이행의 관계**에 있다.

한편, 무상행위와 동일시할 수 있는 유상행위에 있어서 상대방이 선의라면 현존이익의 한도에서 상환하면 충분하므로(397조 2항) 상대방이 행한 반대급부가 파산재단 중에 현존하는 경우에도 상대방에게 그 반대급부의 반환청구를 인정할 필요는 없다.

9-67
2) 반대급부에 의한 이익이 현존하는 경우

부인의 상대방이 행한 반대급부가 파산재단 중에 특정적인 형태로 현존하고 있지 않지만, 그 반대급부에 의한 **이익**이 파산재단 중에 현존하는 때에는 상대방은 그 이익의 한도에서 **재단채권자**로서 권리를 행사할 수 있다(398조 1항 후단). 이 경우에도 위 반대급부가 현존하는 경우와 마찬가지로 상대방의 원상회복 등의 의무와 파산관재인의 재단채권변제의무는 **동시이행의 관계**에 있다. 또한 서로 상계할 수도 있다.

9-68
3) 반대급부도, 반대급부에 의한 이익도 현존하지 아니하는 경우

부인의 상대방이 행한 반대급부도, 반대급부에 의한 이익도 파산재단 중에 **현존하지 아니하는 때**에는 상대방은 반대급부의 **가액상환**에 대하여 **파산채권자**로서 권리를 행사할 수 있다(398조 2항 전단). 이 경우에 상대방은 부인에 의한

---

101) 대법원 2009. 5. 28. 선고 2005다56865 판결.

자기의 파산관재인에 대한 원상회복 내지는 가액상환의무와 파산채권의 가액상환 변제에 대하여 동시이행의 항변권을 가지지 않고, 또한 상계도 할 수 없다. 즉, 상대방은 부인에 의한 원상회복의무 등을 이행한 경우에 비로소 파산채권자가 된다.

◆ **반대급부가 금전인 경우** ◆ 한편, 위의 경우는 반대급부가 특정물인 것을 전제로 하는데, 반대급부가 **금전**인 경우(가령, 채무자가 물건을 상대방에게 매각한 경우의 매매대금)에는 그 금전은 그 성질상 특정성이 인정되지 않으므로(가령, 현금을 그대로 봉투에 넣어 금고에 보관한 것과 같은 경우는 별도로 하고) 원칙적으로 반대급부는 현존한다고 볼 수 없는데(상대방은 파산채권자가 된다), 나아가 반대급부에 의한 이익이 현존하는지 여부에 대해 다툼이 있다.[102] 가령, 5,000만 원의 재산을 3,000만 원에 매도한 행위가 부인된 경우에 매매대금의 수령에 의하여 생긴 이익이 파산재단 중에 현존한다고 본다면(일반재산 중에 혼입된 금전이 채무자에 의하여 소비되지 않고 구별되어 관리되는 경우는 물론, 소비되더라도 재산구입의 자금으로 사용되었다든가, 채무의 지급에 충당되었다든가 하는 경우로 위 2)의 경우 참조),[103] 상대방은 **재단채권**으로 파산관재인으로부터 3,000만 원 전액의 변제를 받을 수 있지만, 이익이 현존하지 않는 경우에는 상대방은 **파산채권**으로 권리행사를 할 수밖에 없고, 위 경우에 가령 배당률이 1할이라면, 300만 원밖에 회수할 수 없게 된다. 반대급부에 의한 이익이 현존한다고 보는 입장에 따르면,[104] 매매 등 반대급부가 금전으로 이루어진 경우에는 상대방은 대부분 재단채권을 행사할 수 있게 된다.

---

102) 반대급부에 의하여 생긴 이익의 현존의 의의가 문제되는데, ① 반대급부로 채무자에게 제공된 금전이 생활비 그 밖의 필요한 비용에 충당된 경우에는 이익의 현존은 인정된다고 하는 입장, ② 반대급부가 특정성을 유지하면서 파산재단에 일단 귀속된 것이 이익의 현존을 의미하며, 반대급부가 금전과 같이 본래 특정성을 결여하고 있는 경우에는 이익의 현존을 인정할 수 없다고 하는 입장, ③ 기본적으로는 위 ②에 따르면서, 반대급부가 금전인 경우에도 우선적 채무변제에 충당된 경우에는 이익의 현존이 인정된다는 입장이 있을 수 있다. 山本克己・小久保孝雄・中井康之編, 新基本法コンメンタール破産法, 2014, 388-389면 참조.

103) 그런데 반대급부를 채무자가 어떠한 용도에 충당·사용하였는가라는 부인의 상대방이 미리 알 수 없는 행위 후의 사정(반대급부에 의한 이익이 현존하는지 여부)에 의하여 상대방의 지위가 크게 달라지는 것은 문제이다. 그리하여 2005년 시행 일본 신파산법 168조 2항에서는 파산자가 행위 당시 반대급부로 취득한 재산에 대하여 은닉 등을 할 의사를 가진 것과 상대방이 파산자가 그러한 의사를 가지고 있는 것을 알았던 때에 한하여 파산채권으로 하고, 그 밖의 때에는 재단채권으로 한다는 규정을 새로 마련하였다.

104) 회생절차에서의 판례이지만, 채무자가 부인청구 상대방인 원고로부터 이 사건 양도의 반대급부로 송금받은 양도대금 25억 원은 금전상의 이득이므로 특별한 사정이 없는 한 반대급부에 의하여 생긴 **이익이 현존하는 것으로 추정**되고, 설령 채무자가 그 금전을 사용하여 기존 채권자 중 일부에게 편파변제를 하였더라도 그 편파변제가 다시 부인권의 대상이 될 뿐 이 사건 양도의 반대급부로 인한 이익이 현존하지 않는다고 볼 수 없다고 보았다(대법원 2022. 8. 25. 선고 2022다211928 판결).

9-69   4) 반대급부의 가액이 현존이익을 초과하는 경우

반대급부에 의한 이익이 파산재단 중에 현존하지만, 그 현존이익이 반대급부의 가액을 밑도는 때에는 상대방은 그 현존이익에 대하여만 **재단채권자**로서 권리를 행사할 수 있는데(398조 1항 후단), 한편 그 차액에 대하여는 **파산채권자**로서 권리를 행사할 수밖에 없다(동조 2항 후단).

9-70   (2) 상대방의 채권의 회복

변제 그 밖의 채무소멸에 관한 행위가 부인된 경우에 상대방이 그가 받은 급부를 반환하거나 그 가액을 상환한 때에는 상대방의 채권은 원상으로 회복된다(399조). 새로이 파산채권자로서 권리를 행사할 수 있다(최후배당의 배당제외기간 안에 채권의 신고를 하면 무방하다). 한편, **회생절차**에서는 회생계획안 심리를 위한 관계인집회가 끝난 후 등에는 회생채권의 신고의 추후보완을 할 수 없는데(152조 3항), 이 때문에 부당한 결과가 생기는 것을 막기 위하여 입법적으로 법 109조 2항에서 채무자의 행위가 회생계획안 심리를 위한 관계인집회가 끝난 후 또는 240조의 규정에 의한 서면결의에 부치는 결정이 있은 후에 부인된 때에는 152조 3항의 규정에도 불구하고 상대방은 부인된 날부터 1월 이내에 신고를 **추후보완**할 수 있도록 하였다. 법 399조가 적용되는 것은 채무자가 행한 채무소멸행위만이 부인된 경우이고, 채무발생의 원인행위 자체(쌍무계약 등)가 부인된 때에는 앞에서의 법 398조가 적용된다.

9-71   1) 상대방이 그가 받은 급부를 반환하거나 그 가액을 상환한 때

변제 등의 부인에 의하여 상대방의 채권이 회복되는 것 자체는 당연하지만, 상대방이 변제 등으로 받은 급부를 반환하기 전에 회복된 채권을 파산채권으로 당연히 행사할 수 있는지 여부는 의문이므로 법 399조는 이 점을 분명히 하여 상대방이 반환·상환의무를 현실적으로 이행하기까지는 상대방의 채권의 회복은 제한된다고 한 것이다. 즉, 반환·상환의무와 회복될 채권 사이에는 동시이행 관계는 없고, 상계도 허용되지 않는다.

9-72   2) 인적·물적 담보의 회복

상대방의 채권이 회복되는 경우에 그 채권에 대한 보증채무·연대채무나 물적 담보도 당연히 회복된다고 풀이할 것이다. 그런데 이는 부인의 효과가 제3자

에게 미치지 않는 상대적인 것이라는 점에서 이론상 문제가 될 수 있다. 그러나 인적·물적 담보는 주채무가 변제되지 않는 경우에 기능하는 것이고, 변제되지 않는 상태가 회복된 이상, 담보도 회복된다고 하더라도 보증인이나 물상보증인에게 불측의 손해를 입히는 것은 아니라고 생각한다.105)

(3) 상속재산파산에 있어서 부인의 경우

9-73

부인에 의하여 파산재단에 복귀한 재산은 기본적으로는 파산채권자에 대한 변제에 충당되게 된다. 그런데 상속재산에 대한 파산선고에 있어서 파산채권자는 상속채권자와 수유자인데, 상속채권자는 본래 피상속인의 재산(상속재산)을 신뢰하여 대가를 제공한 채권자이고, 수유자는 피상속인의 행위(호의)에 의하여 일방적으로 권리(이익)를 취득한 사람일 뿐이므로 양쪽을 동격으로 취급하는 것은 타당하지 않다. 또한 일단 재산을 취득하였음에도 부인에 의하여 그 재산을 반환하거나 가액을 상환한 부인의 상대방보다도 수유자에게 우선하는 지위를 부여하는 것도 공평하지 않다. 따라서 부인에 의하여 파산재단에 복귀한 재산은 우선 상속채권자의 채권의 변제에 충당하고 잉여가 있는 때에는 이를 부인의 상대방에게 그 권리의 가액에 따라서 잔여재산을 분배하여야 하는 것으로 규정하고 있다(402조).106) 수유자보다도 부인의 상대방을 보호하고자 하는 취지이다.107) 부인의 상대방의 권리는 일단 부인의 상대방이 가지는 법 398조의 환취권, 재단채권 및 파산채권을 의미한다고 볼 수 있지만, 그 가운데 여기서의 상대방의 권리는 파산채권으로 동조 2항에 의한 반대급부의 가액상환청구권 및 반대급부와 현존이익의 차액의 상환청구권만이라고 할 것이다. 동조 1항의 부인의 상대방의 환취권이나 재단채권은 상속채권자의 파산채권보다도 우선도가 높으므로 여기서의 문제가 되지 않고 우선적으로 변제된다.108)

---

105) 甲은 A에 대하여 금 5,000만 엔을 대여하고, 乙이 A의 채무에 대하여 연대보증을 하였다. A는 이행기 전에 전액을 甲에게 변제하였다. 그 뒤 A가 파산선고를 받았다. 파산관재인 B는 甲에 대하여 A의 변제를 부인하고, 변제금의 반환을 청구하였다. 甲의 A에 대한 대여금채권이 부활되었으므로 甲은 파산채권의 신고를 한 바, 1,900만 엔의 배당을 받아 이것을 지연손해금과 대여금의 일부로 충당하였다. 甲은 대여금채권의 부활에 수반하여 乙의 연대보증채무도 부활되었다고 주장하여, 乙에 대하여 대여금 잔액과 그 지연손해금을 소구한 사안에서 일본 最判 1973年(昭和 48年) 11月 22日(倒産判例百選[第5版](41사건), [高田昌宏 해설] 참조)은 일단 소멸된 연대보증채무는 당연히 부활하는 것으로 풀이하는 것이 상당하다고 보았다.

106) 독일 도산법(Insolvenzordnung) 328조도 같은 취지의 규정을 두고 있다.

107) 그런데 이러한 취지는 '부인된 행위의 상대방', 즉 수익자뿐만 아니라 전득자에 대하여도 타당하다고 생각하므로 앞으로 전득자를 규정에 추가할 필요가 있다고 본다.

9-74   (4) 부인의 상대방이 전득자인 경우

전득자에 대하여 부인권이 행사되어 전득자가 취득한 권리가 파산재단에 복귀하거나 전득자가 그 가액을 상환한 때에는 전득자는 그 전자에 대하여 추탈담보책임을 추급할 수 있다. 그리하여 최종적으로는 수익자가 담보책임을 이행한 경우에는 법 398조에 의하여 반대급부의 반환을 청구할 수 있거나 법 399조에 의하여 변제에 의하여 소멸된 채권의 회복도 인정할 수 있다.

---

108) 전대규, 1555면도 마찬가지로 제한적이다.

제 2 절   환 취 권

여기서는 파산재단의 감소라는 법률적 변동을 가져오는 것 가운데 환취권(還取權)에 대하여 살펴보고자 한다. 파산재단을 구성하는 것은 채무자의 재산이고, 일반적으로 채무자의 수중에 있는 재산은 채무자의 재산이라고 생각할 수 있다. 그렇지만 경우에 따라서 그 가운데 다른 사람의 재산이 혼입되어 있는 경우가 있는데, 그 재산은 채무자의 재산이라고 할 수 없으므로 파산절차와의 관계에서 어떻게 취급할 것인가 하는 문제가 등장한다. 이에 대하여 법 407조는 파산선고는 채무자에 속하지 아니하는 재산을 파산재단으로부터 환취하는 권리에 영향을 미치지 않는다고 규정하고 있다.

Ⅰ. 환취권의 의의

1. 현유재단으로부터 자기의 재산을 환취하는 권리   10-1

파산재단은 파산선고를 기준시로 파산선고 시점에서 채무자에 귀속하여야 할 재산(법정재단)만으로 구성되어야 한다(382조). 파산선고와 동시에 선임된 파산관재인은 재산의 일탈을 방지하기 위하여 곧바로 파산재단에 속하는 재산의 점유·관리를 개시하여(479조) 재산을 현실로 지배하게 된다. 채무자가 점유하는 동산이나 채무자 명의인 부동산은 그 전부가 파산관재인의 점유·관리하에 들어간다(현유재단). 그런데 파산관재인이 현실적으로 점유·관리하고 있는 현유재단 가운데에는 법정재단에 속하지 않는(채무자에게 귀속하지 않는) 재산이 혼입되어 있을 수 있다. 이러한 경우에 해당 재산에 대하여 권리를 주장하는 제3자가 파산재단(다시 말하면 현유재단)으로부터 이를 환취하는 것이 허용된다(407조).[1] 이를 환취권(Aussonderungsrecht)이라고 한다(회생절차에 있어서 법 70조도 마찬가지 취지로 규율하고 있다).[2] 다만, 제3자의 지배하에 있는 재산에 대하여 파산관재인이 그 인도를 구하는 때에 제3자가 그 재산에 대한 권리를 주장하여 파산관재인의 청구를 배척하는 형식을 취할 수도 있다(환취권의 소극적 기능).

---

1) 독일 도산법(Insolvenzordnung) 47조에서도 환취(Aussonderung)에 관한 규정을 두고 있다.
2) 한편, 파산자가 파산관재인이 점유하는 재산이 자기의 자유재산(압류금지재산 또는 신득재산)인 것을 주장하는 경우도 있을 수 있다. 이 경우에 파산관재인이 이를 승인하지 않으면 소송으로 다투어야 하는데, 이는 제3자가 권리를 주장하는 경우와 마찬가지로 환취권의 행사로 볼 수 있다. 山木戶克己, 破産法, 232면.

　　제3자의 재산이 어떠한 사정에 의하여 현유재단에 혼입되어 있다 하더라도 그것은 채무자의 재산은 아니므로 이를 파산적 청산에 제공하는 것이 허용되지 않는다. 이는 책임재산이라는 관념에서 당연한 것이고, 환취권은 기존의 실체법상 질서에 기초를 둔 권리이며, 파산법 내지는 도산법이 실질적으로 새롭게 인정한 권리는 아니다. 법 407조가 「환취하는 권리에 영향을 미치지 아니한다」고 규정하고 있는 것은 이러한 취지를 표현한 것이다. 제3자가 가지는 실체법상 권리가 그대로 파산절차상에서도 인정되는 당연한 효과를 나타낸 것에 지나지 않는다. 다만, 이 경우의 제3자의 권리 내지는 지위를 파산절차와의 관계에서는 환취권이라고 부르는 것이다.

　　이러한 의미에서(실체법이 예정한 권리가 그대로 파산절차상에서도 승인된다는 의미에서) 제3자의 권리 내지는 지위를 「일반환취권」이라고 부르는 것에 대하여, 그 밖에 파산법 내지는 도산법에서는 이해관계자 사이의 공평을 도모한다는 관점에서 일정한 경우에 「특별환취권」이라고 부르는 것을 인정하고 있다(양자의 근거 및 요건은 전혀 다르므로 항을 나누어 고찰하는 것이 적당하다).

10-2　　**2. 다른 권리와의 이동(異同)**

　　환취권은 특정한 재산이 법정재단에 속하지 않는 것을 주장하여 해당 재산을 환취하는 권리이므로 특정한 재산이 법정재단에 속하는 것을 전제로 그 재산으로부터 우선적으로 피담보채권의 변제를 받는 권리인 별제권과 다르고, 법정재단에 속하는 전체로부터 우선적으로 변제를 받을 수 있는 권리인 재단채권과도 분명히 구별된다.

　　아울러 환취권과 제3자이의의 소(민사집행법 48조)를 비교하면, 양자는 특정한 재산이 채무자의 책임재산이 아니라는 것을 주장하기 위한 것이라는 점에서 공통된다. 그러나 파산선고의 효력은 채무자에 속하지 않는 재산에는 미치지 않는 데 대하여, 압류의 효력은 그 재산이 본래는 제3자의 것이라도 채무자의 것과 같은 외관이 있으면 발생한다. 따라서 환취권은 파산관재인의 사실적 지배의 배제를 목적으로 하는 것임에 대하여, 제3자이의의 소는 압류의 효력을 배제하는 것을 목적으로 한다. 또한 제3자이의의 소는 소(訴)인 데 대하여, 환취권의 행사방법은 반드시 소에 의할 필요는 없다.

Ⅱ. 일반환취권

1. 환취권의 기초가 되는 권리

10-3

환취권은 파산법에 의하여 창설된 권리가 아니고, 목적물에 대하여 제3자가 가지는 실체법상 권리의 당연한 효과에 지나지 않으므로 어떠한 권리를 가지면 환취권이 발생하는가는 민법, 상법 그 밖의 실체법의 일반원칙에 의하여 결정된다.3)

(1) 소 유 권

10-4

제3자가 현유재단에 속하는 재산에 대하여 소유권을 주장하는 경우가 환취권의 전형적인 예이다(가령 소유권에 기한 물권적 청구권). 다만, 단순히 소유권자인 것만으로 당연히 환취권자가 되는 것은 아니다. 예를 들어 임차권 등과 같이 파산재단 내지는 파산관재인이 재산에 대하여 점유할 근거가 되는 법률관계(점유권한)가 있는 때에는 소유권자라고 하더라도 그 법률관계가 종료되지 않으면 환취할 수 없다. 이 경우에는 임차권이 파산재단소속의 재산권이 되기 때문이다.

(2) 무체재산권

10-5

특허권을 비롯한 무체재산권도 소유권에 준하여 환취권의 기초가 된다.4)

(3) 점 유 권

10-6

제3자 소유물을 권원에 의하여 점유하고 있는 사람이 파산관재인에 의하여 점유가 침탈된 경우에는 단순한 점유권도 환취권의 기초가 된다.

---

3) 부동산의 매매계약에 있어 당사자 사이의 환매특약에 따라 소유권이전등기와 함께 민법 592조에 따른 환매등기가 마쳐진 경우에 매도인이 환매기간 내에 적법하게 환매권을 행사하면 환매등기 후에 마쳐진 제3자의 근저당권 등 제한물권은 소멸하는 것이므로, 환매권 행사 후 근저당권자가 파산선고를 받았다고 하더라도 매도인이 파산자에게 대하여 갖는 근저당권설정등기 등의 말소등기청구권은 파산법 14조(현행법 423조에 해당)에 규정된 파산채권에 해당하지 아니하며, 매도인은 파산법 79조(현행법 407조에 해당) 소정의 환취권 규정에 따라 파산절차에 의하지 아니하고 직접 파산관재인에게 말소등기절차의 이행을 청구할 수 있다(대법원 2002. 9. 27. 선고 2000다27411 판결).

4) 발주(發注)한 측의 아이디어에 의하여 소프트웨어 회사에 프로그래밍을 도급하여 발주한 측과 소프트웨어 회사 등이 컴퓨터프로그램 공동개발 중에 소프트웨어 회사가 파산한 경우 등이 앞으로 문제될 수 있다. 요즈음에는 제3자가 정보를 훔치는 것도 그다지 어렵지 않은데, 발주한 측이 문서나 자기테이프 등을 소물, 저작물로 환취할 수 있지만, 이를 환취하더라도 이미 정보가 빠져나간 사태가 일어날 가능성은 충분하다. 그러나 이는 파산절차만의 문제는 아니고 실체법도 포함하여 앞으로 논의되어야 할 과제이다.

10-7

(4) 용익물권, 점유를 수반하는 담보물권(질권·유치권 등)

파산관재인이 목적물을 점유하고 있는 때에 용익물권, 질권·유치권 등은 목적물의 점유를 권리의 내용으로 하므로 그 권리의 범위 내에서 환취권을 가진다. 한편 저당권은 점유를 수반하지 않는 담보물권이므로 점유의 이전을 구하기 위하여 환취권을 주장할 수 없다. 다만, 파산관재인이 저당권의 존재를 부정하면서 등기의 말소를 청구하여 오는 경우에 저당권에 기하여 이에 대항할 수 있는 것은 역시 환취권에 따른 것이다(환취권의 소극적 기능).

10-8

(5) 채권적 청구권

채권적 청구권이 환취권의 기초가 되는지 여부도 그 권리의 성질에 의한다. 가령, 매매계약에 기한 목적물인도청구권과 같이 어느 재산이 파산재단에 속하는 것을 전제로 하여 그 이행을 구하는 채권적 청구권은 법 426조 등에 의하여 파산채권에 지나지 않으므로 환취권의 기초가 되지 않는다. 한편, 이에 대하여 어느 재산이 채무자에게 속하지 않는, 즉 파산재단에 속하지 않는다는 것을 주장하여 채권의 내용으로서 물건의 인도를 구하는 경우의 채권적 청구권은 환취권의 기초가 된다. 가령, 채무자가 전대차하고 있는 물건에 대하여 전대인(임차인)이 전대차의 종료를 이유로 환취권을 주장하는 경우 등이다.[5]

10-9

(6) 사해행위취소권

사해행위취소권은 사해행위로 이루어진 채무자의 재산처분행위를 취소하고 사해행위에 의해 일탈된 채무자의 책임재산을 수익자 또는 전득자로부터 채무자에게 복귀시키기 위한 것이므로 환취권의 기초가 될 수 있다.[6] 가령, 채무자가 부동산의 증여를 받은 경우에 증여자의 채권자는 이러한 증여를 취소하여 수증자(채무자)의 파산관재인에게 이전등기의 말소를 청구하는 것을 생각할 수 있다.

10-10

(7) 위탁자의 환취권

소유권의 귀속에 관하여 문제되고 있는 것 가운데 하나는 위탁매매인과 위탁자의 관계이다.

---

5) 물론 임대인 자신이 임대차관계의 종료를 이유로 하여 환취권을 행사하는 경우도 여기에 해당되지만, 이 경우에는 임대인이 동시에 소유권자인 것이 대부분이므로 특별히 논하지 않는다.
6) 회생절차에서의 판례로 대법원 2014. 9. 4. 선고 2014다36771 판결 등이 있다(☞16-57).

1) 판매의 위탁을 받은 경우

10-11

위탁매매인이 위탁자가 소유하는 물품의 판매를 위탁받아 이를 매각하기 전에 파산선고를 받은 경우에는 목적물의 소유권은 위탁자에게 속하고 있으므로 위탁자에게 당연히 환취권이 있다 할 것이다. 한편, 위탁매매인이 물품을 매각한 후 그 대금수령 전에 파산선고를 받은 때에는 위탁자는 나중에 살펴볼 대체적(내지는 대상적) 환취권(410조)을 가진다(☞ 10-30).

2) 구입의 위탁을 받은 경우

10-12

위탁매매인이 위탁자로부터 물품의 구입을 위탁받아 이를 구입한 후 아직 위탁자에게 인도하기 전에 위탁매매인이 파산선고를 받은 경우가 문제가 된다. 적어도 위탁자가 구입대금을 위탁매매인에게 지급하고 있는 경우에는 위탁자의 환취권을 인정할 것이다.[7] 상법 103조는 위탁매매인이 위탁자로부터 받은 물건 또는 유가증권이나 위탁매매로 인하여 취득한 물건, 유가증권 또는 채권은 위탁자와 위탁매매인 또는 위탁매매인의 채권자 사이의 관계에서는 이를 위탁자의 소유 또는 채권으로 본다고 규정하고 있으므로 위탁매매인이 파산한 경우에 위와 같이 보아도 무방하다고 생각한다.[8] 물론 구입대금이 지급되지 않은 때에는 위탁자를 보호하여야 할 실질적 이유가 없으므로 환취권은 부정되고, 위탁매매인과 위탁자의 관계를 대금지급의무와 물품인도의무의 쌍방미이행의 쌍무계약으로서 법 335조에 의하여 처리할 것이다.

(8) 배우자의 재산분할청구권

10-13

부부가 이혼한 경우에 그 한쪽은 다른 쪽에 대하여 재산분할을 청구할 수 있다(민법 839조의2, 843조). 여기서 재산분할을 구하는 권리가 파산절차상 어떻게 취급되는가 문제이다.[9] 재산분할의 부양적 부분, 위자료적 부분은 별론으로 하

---

7) 일본에서도 이에 대하여 견해의 대립이 있다. 판례 가운데에는 위탁매매인이 위탁의 실행으로서 매매한 경우에 위 매매에 의하여 그 상대방에 대하여 권리를 취득하는 사람은 위탁매매인이고, 위탁자가 아니지만, 그러나 그 권리는 위탁자의 계산에 있어서 취득된 것이고, 이에 의하여 실질적 이익을 가지는 사람은 위탁자이고, 또한 위탁매매인은 그 성질상 자기 명의로 한 것이지만, 다른 사람을 위하여 물품의 판매 또는 구입을 행하는 것을 업으로 하는 사람인 것에 비추어 위탁매매인의 채권자는 위탁매매인이 위탁의 실행으로서 행한 매매에 의하여 취득한 권리에 대하여까지 자기의 채권의 일반적 담보로서 기대할 것은 아닌 것이라고 하여 **위탁자의 환취권을 긍정**한 것이 있다. 일본 最判 1968年(昭和 43年) 7月 11日, 倒産判例百選[第5版](49사건), [岡庭幹司 해설] 참조.

8) 정희철·정찬형, 상법원론(상)(1996), 272면; 최기원, 상법학신론(상)(1997), 255면.

고, 청산적 부분은 분할을 받을 배우자의 잠재적 지분을 반영한 것이고, 공동재
산의 청산으로 본다면 혼인 중에 취득한 재산에 대한 잠재적 지분의 환취, 즉
일종의 공유물분할을 의미한다고 볼 수 있다. 그렇다면 파산절차상에서 환취권
의 기초가 될 수 있다고 할 것이다. 그러나 재산분할로 금전의 지급을 명하는
재판이 확정되고, 그 후에 가령 분할자(상대방)가 파산한 경우에 재산분할금의
지급을 목적으로 하는 채권은 **파산채권**이고, 분할의 상대방은 위 채권의 이행을
환취권의 행사로 파산관재인에게 청구할 수 없다고 풀이하는 것이 상당하다(☞
6-3 참조). 재산분할은 분할자에 속하는 재산을 상대방에게 이행하는 것이어서
금원의 지급을 내용으로 하는 재산분할을 명하는 재판이 확정되었다 하더라도
분할의 상대방은 해당 금전의 지급을 구하는 채권을 취득하는 데 지나지 않고,
위 채권액에 상당하는 금원이 분할의 상대방에게 당연히 귀속하는 것은 아니기
때문이다.10)

10-14   **(9) 양도담보**

소유권을 담보의 수단으로 이용하는 비전형담보, 특히 양도담보(Sicherungs-
übereignung) 등에 대하여는 별제권과 관련하여 좀더 논의가 필요하다.11)

10-15   **1) 양도담보설정자가 파산한 경우**

형식적으로 소유권자인 양도담보권자에게 그 소유권을 이유로 환취권을 인
정할 것인가, 아니면 그 소유권의 실질은 담보권에 지나지 않은 것이므로 양도
담보권자는 별제권자에 머무르는가가 문제되고 있다. 이는 양도담보의 법적 성
질에 있어서 소유권이전설과 담보권설의 차이와도 관련된다. 전자에서는 양도
담보권자에게 목적물의 환취권을 인정하고, 후자에서는 별제권을 인정하는 경
향이 있다. 국내 민법체계서상으로 통설은 「가등기담보 등에 관한 법률」의 규율
과 관련하여(물론 모든 양도담보가 「가등기담보 등에 관한 법률」의 작용을 받는 것은 아니
다) 양도담보가 담보권이라는 전제에서 별제권에 의하여야 한다고 본다.12) 자세

---

9) 관련하여 양형우, "이혼으로 인한 재산분할청구권의 파산절차상 처리방안", 민사법학(2016. 6),
   497면 이하 참조.
10) 이러한 이유에서 환취권을 부정한 일본의 재판례로 最判 1990年(平成 2年) 9月 27日이 있다
   (倒産判例百選[第5版](50사건), [山田文 해설] 참조).
11) 관련하여 김영주, "도산절차상 양도담보계약 당사자의 지위", 사법(2015. 9), 3면 이하 참조.
12) 곽윤직, 물권법(1997), 743-744면; 김증한·김학동, 물권법(1997), 605면; 김상용, 부동산담보
   법(1996), 232면. 종전 화의법상의 판결로 다음과 같이 별제권을 가진다고 본 것이 있다. 양도

한 것은 나중에 별제권 부분에서 살펴보기로 한다(☞ 11-6).

2) 양도담보권자가 파산한 경우

10-16

이 경우에 대하여 종전 파산법 80조는 파산선고 전에 파산자(양도담보권자)에게 재산을 양도한 사람(양도담보설정자)은 파산선고 후에 담보의 목적으로 한 것을 이유로 그 재산을 환취할 수 없다고 규정하고 있었다. 이 규정은 외형적으로 양도담보권자에게 소유권의 이전이 있는 이상, 거기에는 목적재산의 귀속에 대하여 파산채권자(양도담보권자의 채권자)와의 관계에서 책임재산을 둘러싼 신뢰관계가 생겼다고 보아 파산재단에 그 목적재산이 귀속한다는 것을 분명히 한 것이라고 여겨왔다. 소유권을 이전한 것이 담보목적이라는 주장을 허용하여 목적재산의 환취를 인정하면 오히려 거래의 안전을 해치게 된다는 것이다. 이러한 입장을 관철하면 양도담보설정자는 파산재단에 피담보채무를 변제하여도 목적물을 환취할 수 없게 된다.

그러나 양도담보를 거래형태의 하나로 승인하는 것에 비추어 양도담보권자가 파산한 것만을 이유로 양도담보설정자의 이익이 침해되는 것은 타당하지 않다. 오늘날 양도담보를 담보권으로서 이론 구성하는 것은 이러한 양도담보설정자의 불이익을 가능한 한 방지하기 위한 것에 있다고 볼 수 있다. 그리하여 일반적으로 양도담보설정자는 단순히 담보목적이라는 이유만으로서는 목적물을 환취할 수 없지만, 피담보채무을 변제하여 목적물을 환취할 수 있다고 하여 종전 파산법 80조를 제한적으로 풀이하였고,13) **판례**도 마찬가지로 위 규정은 양도담보권의 피담보채권이 아직 소멸하지 않은 경우에 양도담보권자의 파산을 이유로 환취권을 행사하는 것을 허용하지 않는 것이라 해석할 것이고, 양도담보권의 피담보채권이 소멸한 경우(피담보채무의 변제의 경우는 아니지만, 양도담보권과 분리양

담보권자는 파산법 84조(현행법 411조에 해당)에서 별제권을 가지는 자로 되어 있지는 않지만, 특정 재산에 대한 담보권을 가진다는 점에서 별제권을 가지는 것으로 열거된 유치권자 등과 다름이 없으므로 그들과 마찬가지로 화의법상 별제권을 행사할 수 있는 권리를 가지는 자로 봄이 상당하다(대법원 2002. 4. 23. 선고 2000두8752 판결).

13) 국내 민법체계서의 통설도 마찬가지로 양도담보의 담보권적 구성에 의하여 양도담보설정자는 소유권자로서의 지위에 변동이 생기지 않으므로 파산법 80조에도 불구하고 양도담보설정자는 피담보채무을 변제함으로써 목적물을 환취할 수 있다고 풀이한다. 곽윤직, 물권법(1997), 743면; 김증한·김학동, 물권법(1997), 605면; 김상용, 부동산담보법(1996), 231면; 김형석, "강제집행·파산절차에 있어서 양도담보권자의 지위에 관한 연구", 서울대학교 법학석사학위논문(1998), 108-109면.

도됨으로써 피담보채무가 소멸한 경우)에는 파산선고를 받은 양도담보권자는 더 이상 양도담보권의 목적이 된 재산권을 보유할 권원이 없으므로 양도담보설정자는 원칙적 규정인 파산법 79조(현행법 407조에 해당)에 의하여 양도담보의 목적이 된 재산권을 환취할 수 있다고 보았다.14)

결국 위 파산법 80조는 부당한 규정이므로 입법적으로 삭제할 것을 주장한 바 있는데, 마침내 현행법에서 위 규정이 삭제되었다.15) 앞으로 이에 대하여는 양도담보 및 환취권에 관한 일반적 규율에 맡기면 된다.

10-17   (10) 신   탁

신탁법에 의한 신탁에 있어서 수탁자가 파산선고를 받은 경우에는 신탁관계는 당연히 종료되고(신탁법 12조 1항 3호), 신탁재산은 수탁자의 파산재단에 속하지 않는다(동법 24조).16) 신탁재산에 속하는 재산은 수탁자에게 속하는 재산이지만, 수탁자의 파산절차로부터 격리된다. 신수탁자가 선임되면(동법 21조), 신수탁자는 수탁자의 파산관재인에 대하여 신탁재산에 관한 환취권을 행사할 수 있다.17)

2. 환취권의 행사

10-18   (1) 상 대 방

환취권은 목적물에 대하여 파산관재인의 그 재산에 대한 지배의 배제를 구하는 권리이므로 파산관재인을 상대방으로 하여 행사한다.18)

---

14) 대법원 2004. 4. 28. 선고 2003다61542 판결. 이는 일본의 통설·판례의 입장이기도 하다. 山木戶克己, 破産法, 148면; 伊藤眞, 破産法[全訂第3版], 301면. 일본 大審院은 이 규정의 취지는 양도담보설정자가 일반적으로 환취할 수 없는 것은 아니라고 하면서, 피담보채무를 변제한 뒤에는 환취할 수 있는 것이라고 해석하여 적용 범위를 대폭 제한하였다. 일본 大判 1938年(昭和13年) 10月 12日, 民集(17卷 22号), 2115면.

15) 2005년 시행 일본 신파산법에서도 환취권을 부정하는 위 규정을 삭제하였다.

16) 신탁재산은 수탁자의 고유재산이 된 것을 제외하고는 파산재단을 구성하지 아니하므로 신탁사무의 처리상 발생한 채권을 가지고 있는 채권자는 수탁자가 그 후 파산하였다 하더라도 신탁재산에 대하여는 강제집행을 할 수 있다(대법원 2014. 10. 21.자 2014마1238 결정). 그렇다고 하여 파산선고 당시의 채권 전액에 관하여 파산재단에 대하여 파산채권자로서 권리를 행사할 수 없는 것은 아니다(대법원 2004. 10. 15. 선고 2004다31883, 31890 판결; 대법원 2006. 11. 23. 선고 2004다3925 판결).

17) 관련 문헌으로는 이연갑, "신탁법상 수탁자의 파산과 수익자의 보호", 민사법학(2009. 6), 205면 이하 참조.

18) 여기서 파산관재인의 실체법적 지위를 어떻게 볼 것인가와 관련하여 환취권의 성립 여부가

10-19

(2) 절 차

환취권은 실체법상 권리를 파산절차상으로 아무런 제약 없이 그대로 승인하려고 하는 것이므로 환취권 행사의 방법이나 절차에 대하여 특별한 제약은 없다. (권리를 신고하거나 그 조사를 받는 등의) 파산절차에 의하지 않고 행사하거나, 재판상으로도 행사할 수 있고, 재판 밖에서도 적절한 방법으로 행사할 수 있다.

파산관재인이 환취권의 주장에 대하여 다투면(인정하지 않으면) 이행소송 등에 의하는데, 다투지 않으면 환취권자는 파산관재인으로부터 임의로 이행을 받는다. 재판상, 재판 밖을 불문하고 파산관재인이 환취권을 승인하는 때에는 법원의 허가를 받아야 하며, 감사위원이 설치되어 있는 때에는 감사위원의 동의를 얻어야 한다. 다만, 승인하는 가액이 1천만 원 미만으로서 법원이 정하는 금액 미만인 때에는 예외이다(492조 13호).

10-20

(3) 적극적 행사와 소극적 행사

환취권을 행사하는 형태는 2가지가 있다. 첫째, 환취권의 적극적 기능(적극적 행사의 장면)으로 환취권의 대상이 되는 재산이 사실상 파산관재인의 지배하에 놓여 있는 때(현유재단 가운데 포함되어 있는 때)에 그것을 환취하기 위하여 행사하는 경우와 둘째, 환취권의 소극적 기능(소극적 행사의 장면)으로 위와 반대로 제3자의 지배하에 있는 재산에 있어서 파산관재인이 법정재단에 속한다고 주장하여 그 인도, 등기 등을 청구하여 온 때에 제3자가 자기의 권리를 주장하여 파산관재인의 요구를 배척하기 위하여 행사하는 경우이다. 소송으로 말한다면 첫째는 소, 둘째는 항변 또는 적극부인에 해당된다.

환취권자가 소를 제기하는 경우에 환취권의 대상이 되는 재산이 동산이라면 인도청구, 부동산이라면 채무자 명의의 등기 및 파산등기의 말소 등을 구하는 이행소송이 통상적일 것이다. 그런데 권리의 귀속이 확정된다면, 그것으로 분쟁이 해결될 수 있는 때에는 소유권이나 채권의 귀속에 대한 확인소송으로

문제가 되는 경우도 있다. 예를 들어 甲과 乙이 통정하여 허위표시를 한 경우(민법 108조 2항)나 또는 乙의 사기에 의하여 甲이 의사표시를 한 경우(민법 110조 3항)에 의사표시를 한 甲은 양도계약의 무효·취소를 주장하여 乙의 파산관재인에 대하여 환취권을 행사할 수 있는가가 문제가 된다. 법률행위의 무효·취소로 선의의 제3자에게 대항할 수 없는데, 파산관재인은 제3자에 해당되는가, 그리고 해당된다면, 선의·악의는 누구를 기준으로 할 것인가 하는 문제와 관련된다(☞ 자세히는 4-21). 그 결과 파산관재인에 대하여 소유권의 주장이 제한되어 환취권의 성립 여부가 영향을 받는다.

충분한 경우도 있을 수 있다. 그리고 이에 대하여 파산관재인은 항변으로 부인권을 행사할 수 있는 경우도 있다.

Ⅲ. 특별환취권

10-21

일반환취권은 목적물에 대하여 제3자에게 실체법상 권리가 인정되는 것을 근거로 하는데, 여기서의 특별환취권은 실체법상 권리와는 무관하게 거래의 안전을 도모하거나 이해관계인의 공평을 도모하기 위하여 도산법이 특별한 고려에서 창설한 것이다.

1. 운송 중인 매도물의 환취권

10-22

(1) 의   의

매매계약의 매수인이 파산한 경우에 매도인의 목적물인도의무와 매수인의 대금지급의무의 양쪽이 모두 미이행이라면, 그 계약관계는 법 335조에 의하여 처리된다. 또 매도인의 목적물인도의무가 이행되었으면, 대금채권은 파산채권이 된다. 이러한 일반원칙에 대하여 법 408조 1항은 격지자(隔地者) 사이의 매매에 있어서 다음과 같은 매도인의 운송 중인 매도물의 환취권에 대한 특칙을 마련하고 있다. 즉, 격지자 사이의 매매에서 매도인이 매매의 목적인 물건을 매수인에게 발송한 후 매수인이 아직 그 대금의 전액을 변제하지 않고 또한 도달지에서 그 물건을 현실로 수령하지 아니한 동안에 매수인이 파산선고를 받은 때에는 매도인은 그 물건을 환취할 수 있다.

그 취지는 다음과 같다. 격지자 사이의 매매에 있어서는 실제상 양쪽 당사자 사이의 채무의 동시이행보다는 매도인이 선이행하는 경우가 많은데, 따라서 매수인(파산관재인)이 목적물을 수령하여 매도인의 이행이 완료되면, 매도인의 대금채권은 파산채권으로서 비례평등적 만족밖에 얻지 못하게 된다. 그러나 이는 원격지에 있기 때문에 매수인의 신용상태를 알기 어려운 매도인에게는 불공평하다. 가령 매수인이 경제적 파탄상태에 있다는 것을 알았다면 매도인은 이러한 신용거래에 응하지 않았을 것이기 때문이다. 그리하여 격지자 사이의 거래안전을 도모하기 위하여 특히 마련된 것이 위 운송 중인 매도물의 환취권이다(회생절차에 있어서도 법 71조에 마찬가지 규정을 두고 있다). 이 환취권은 매도인이 목적물의 소유권을 가지는지 여부를 문제 삼지 않는다.

다만, 이러한 특별환취권은 실제로는 거의 기능하지 않는다. 왜냐하면 운송 중에는 매도인이 운송인에 대하여 운송중지와 목적물의 반환을 구할 수 있고(상법 139조), 또한 본래의 입법 당시와 비교하여 현재는 운송수단의 발달에 의하여 운송기간이 단축되고, 신용조사수단의 발달에 의하여 매수인의 신용정보도 쉽게 얻을 수 있으므로 운송 중에 매수인이 파산하는 사태는 거의 일어나지 않게 되었기 때문이다.[19]

(2) 요　건

1) 격지자 사이의 매매일 것　　　　　　　　　　　　　　　　　　10-23

동일한 지역에서의 거래나 현물거래의 경우에는 인정되지 않는다.

2) 매수인이 대금을 변제하지 않을 것　　　　　　　　　　　　　　10-24

대금이 전액 변제되면 매도인 보호의 필요성은 없게 된다. 대금이 아직 변제되지 않은 경우라면 대금의 지급이 기한미도래라도, 또 담보를 제공하고 있더라도 환취권을 행사할 수 있다.

3) 파산선고 시점에서 목적물이 아직 운송 중이고, 매수인이 목적물을 수령하지　10-25
**　　아니할 것**

파선선고 전에 매수인이 목적물을 수령하였다면 그 목적물은 객관적으로 매수인의 재산으로 원칙대로 책임재산으로 파산재단에 혼입되는 것을 승인하지 않을 수 없다. 여기서 환취권의 발생을 저지하기 위한 매수인의 수령은 목적물의 현실의 점유를 취득하는 것을 의미하고, 화물상환증이나 선하증권 등의 유가증권이 교부되는 것으로는 부족하다. 또한 수령은 본래의 도달지에서 행하여져야 하고, 운송 중에 매수인이 수령하더라도 환취권은 성립한다.

한편, 이 3)의 요건을 충족하고 있어도 파선선고 후에 환취권을 행사하는 시점에서 파산관재인이 목적물을 수령하여 목적물이 파산관재인의 점유하에 속하게 된 경우에 이 환취권의 행사가 허용되는지 여부에 대하여 견해가 나뉠 수 있다. 파산선고 시점에서 매도인이 환취권을 가지는 이상, 그 후에 파산관재인이 목적물을 수령하였다 하여도 환취권을 부정할 이유는 없으므로 그 행사를

---

19) 실제상 의미를 가지지 않으므로 독일 새로운 도산법(Insolvenzordnung)에서는 이를 폐지하였다.

허용하여야 한다고 생각한다.20) 그리고 목적물의 소유권이 매수인에게 이전하였는지 여부는 환취권의 성립 여부와 관계가 없다.

10-26   **(3) 행 사**

환취권의 행사방법은 목적물의 점유를 회복하는 것 또는 회복하기 위한 의사표시에 의한다. 구체적으로는 운송인에 대한 운송물의 반환이나 파산관재인에 대한 인도청구의 의사표시이다.

10-27   **(4) 효 과**

효과에 대하여는 운송 중인 매도물의 환취권의 법적 성질을 어떻게 볼 것인가와 관련하여 여러 가지 견해가 있다.

◆ **법적 성질에 대한 여러 견해** ◆   ① **채권설**: 이미 목적물의 소유권이 이전하고 있는 때에는 소유권 및 점유권의 반환 또는 소유권의 이전이 없는 때에는 점유의 반환을 구한다는 채권적 청구권이라고 본다.
② **물권설**: 소유권 이전의 무효라는 물권적 효과를 생기게 하는 물권적 권리라고 본다.
③ **이행철회권설**: 소유권 및 점유권을 매수인에게 이전시키는 의사표시(이행행위)를 철회하는 권리 또는 목적물 발송에 의하여 생기는 점유권 이전의 효과를 파산선고시에 소급하여 소멸시키는 형성권이라고 본다.21)
④ **채권·형성권설**: 물품의 점유의 반환을 구하는 채권적 청구권인 것과 함께 매매계약해제의 효과를 생기게 하는 형성권이라고 본다.
⑤ **점유권한회복설**: 매도인의 목적물을 점유할 권한이 회복되는 것이고, 한편 매매계약 자체는 실효하는 것은 아니라고 본다.
⑥ **점유회복권한설**: 파산관재인에게도 대항할 수 있는 법정의 점유권한을 매도인에게 부여한 것이라고 본다.22)

이 환취권의 취지는 격지자 사이의 거래에 있어서 먼저 이행하는 매도인에 대하여 그 대금채권이 단순히 파산채권이 되는 불리한 입장에 있는 것을 일정한 요건하에 보호하려는 것이다. 한편, 먼저 이행하기 전의 상태로 회복시키면(쌍방

---

20) 일본의 다수설이다. 山木戸克己, 破産法, 157면; 伊藤眞, 破産法·民事再生法, 425면; 三上威彦, 534면(만약 부정한다면 상법 139조에 의한 운송의 중지나 운송품의 반환을 청구하지 않는 한 이 환취권을 행사할 수 없게 되는데, 그렇다면 이 환취권의 기능은 현저히 제한되므로 긍정설의 입장이 타당하다).
21) 山木戸克己, 破産法, 157면.
22) 伊藤眞, 破産法·民事再生法, 426면.

미이행 쌍무계약으로) 여기서 매도인은 법 335조, 337조에 의한 보호를 받을 수 있으므로 목적물의 발송에 의하여 생긴 점유권 이전의 효과를 소멸시키는 것으로 충분하고, 그 이상으로 강력한 보호를 부여할 필요는 없다고 생각한다. 이행철회권설 또는 점유권한회복설에 찬성한다.

(5) 법 408조와 335조의 관계

10-28

법 408조 1항 단서에서는 매도인의 환취권에 대항하여 파산관재인은 대금 전액을 지급하고 그 물건의 인도를 청구할 수 있다(이미 자기의 점유 하에 있으면 그 반환을 거절할 수 있다)고 규정하고, 동조 2항은 법 335조의 적용을 배제하지 아니한다고 규정하고 있으므로 운송 중인 매도물의 환취권과 법 335조의 관계가 문제가 된다.

목적물의 발송에 의하여 매도인의 의무가 이행되었다고 보는 경우에는 본래 법 335조의 적용 가능성은 없는데, 매도인이 환취권에 기하여 목적물을 환취하는 것에 의하여 매도인이 이행하기 전의 상태, 즉 쌍방이행미완료 상태가 회복되므로 매수인의 파산관재인은 법 335조에 의하여 매매계약의 이행의 선택을 하는 것에 의하여 대금 전액의 지급과 상환으로 매도인에게 목적물의 인도를 청구할 수 있다는 것이 법 408조 1항 단서의 취지이다. 이러한 설명은 계약의 내용상, 매도인의 채무의 이행이 목적물의 발송만으로 완료되는 경우이다.

그렇지 않은 경우에는(가령 발송한 기계의 설치의무마저 매도인이 부담하고 있는 경우) 법 408조의 환취권을 행사하지 않아도 본래 파산선고 시점에서 쌍방이행미완료의 쌍무계약에 해당되므로 법 335조의 적용 가능성이 있는데, 이를 확인하는 주의규정이 법 408조 2항이다. 따라서 파산관재인은 이행의 청구 또는 계약의 해제를 선택할 수 있다. 파산관재인이 해제를 선택하면 목적물은 매도인에게 반환되고, 이행을 선택하면 매도인은 대금을 재단채권으로서 변제받는다. 또 파산관재인이 선택권을 행사하지 않은 때에는 매도인은 법 335조 2항의 최고권을 행사할 수 있다.

2. 위탁매매인의 환취권

10-29

물품매수의 위탁을 받은 위탁매매인(Einkaufskommissionär)이 그 물품을 격지의 위탁자에게 발송한 후 위탁자가 이미 대금의 전액을 변제하지 않고 또한 도달지에 있어서 그 물품을 수령하지 않은 동안에 **위탁자가 파산선고**를 받은 때에는 위탁매매인은 운송중의 물품의 매도인에 준하여 환취권을 가진다(409조, 408조 1항). 위탁매매라 함은 자기의 명의로 다른 사람의 계산에 의하여 물품을 구입 또는 판매하고 보수를 받는 것인데, 위탁매매인과 위탁자 사이의 법률관계는 일반적으로 위임(또는 대리)이라고 풀이하고 있지만(상법 112조 참조), 경제적으로는 매매와 유사한 관계로 볼 수 있으므로 운송 중인 매도물의 환취권을 준용하고 있는 것이다(회생절차에 있어서도 법 72조에 마찬가지 규정을 두고 있다). 즉, 위탁매매인과 위탁자의 관계는 위임(또는 대리)로 풀이하므로 물품의 소유권은 위탁자에게 속하여 위탁자의 파산에 있어서 위탁매매인에게는 일반환취권은 인정되지 않는다. 그러나 거래가 격지자 사이의 것인 때에는 위탁매매인과 위탁자의 관계는 격지자 사이의 매매와 유사하므로 법은 특별환취권을 부여한 것이다. 따라서 위탁매매인의 환취권의 요건은 법 408조의 경우와 마찬가지이다. 또한 환취권을 행사하면 그 효과로서 위탁매매인은 물품의 점유권한을 회복하고, 상사유치권(상법 111조, 91조)도 회복되므로 별제권을 행사하여 채권(비용 및 보수청구권)의 우선변제를 받을 수 있다(411조).

한편, 이와 관련하여 유상위임계약은 쌍무계약이므로 위탁매매인이 환취권의 행사에 의하여 물품발송 전의 상태로 돌아간 때에 법 335조의 적용이 있는지 여부에 대하여 다툼이 있다. 쌍무계약인 것을 중시하면 적용에 적극적일 수도 있지만, 법 409조가 408조 2항은 준용하지 않고 있으며, 위임관계에 있어서 위임자의 파산은 위임종료사유인 것(민법 690조)으로부터 소극적으로 볼 것이다.23)

3. 대체적 환취권

10-30

(1) 의   의

일반환취권이든, 특별환취권이든 채무자 또는 파산관재인이 환취권의 목적인 재산(대상재산)을 양도 등에 의하여 이미 처분한 경우에는 그 재산이 파산재단 중에 현존하지 않은 이상, 이미 그 재산 자체의 환취를 파산관재인에게 청구할 수는 없다. 그러나 이 경우에 파산재단이 그 재산의 반대급부로서의 이익을 보유하는 것은 환취권자의 희생에 의하여 부당하게 파산재단 측이 이득을 취하

---

23) 일본의 다수설이다. 山木戸克己, 破産法, 158면; 伊藤眞, 破産法・民事再生法, 426－427면; 中野貞一郎・道下徹 編, 基本法コンメンタール破産法[池尻郁夫 집필], 140면.

는 것이다. 그래서 법 410조는 파산재단 중에 **대가가 현존하는 한** 환취권자는 그 대가를 환취할 수 있도록 하고 있다(회생절차에 있어서도 법 73조에 마찬가지 규정을 두고 있다).[24] 이를 **대체적 환취권**(Ersatzaussonderungsrecht)이라고 한다(대상적 환취권이라고도 한다).[25]

　　이러한 제도가 없다고 한다면, 채무자가 파산선고 전에 재산을 처분한 경우에 환취권자로서는 파산재단에 대하여 부당이득반환청구권을 파산채권으로서 행사하게 되는데, 여기서는 비례배당밖에 받지 못하여 상당히 불공평하고, 한편 파산선고 후에 파산관재인이 재산을 처분한 경우에 환취권자의 권리는 재단채권으로서 보호되는데(473조 4호, 5호), 파산재단이 부족한 때에는 재단채권이더라도 완전한 만족이 보장되지 않는다. 그리하여 가능한 한, 현물을 환취한 것과 마찬가지의 보장을 하기 위한 것이 대체적 환취권이다.

(2) 내　　용

1) 양수인이 아직 반대급부를 이행하고 있지 않은 경우

10-31

　　환취권의 목적인 재산을 채무자가 파산선고 전에 또는 파산관재인이 파산선고 후에 제3자에게 양도하였지만, 양수인이 아직 반대급부(대금)를 이행하고 있지 않은 경우에 그 반대급부(대금)청구권은 파산재단을 구성하는 재산이고, 환취권의 목적인 재산의 대위물인 것이 분명하다. 따라서 환취권자는 파산관재인에 대하여 그 청구권을 자기에게 이전할 것을 청구할 수 있다(410조 1항).[26] 파

---

24) 독일 도산법(Insolvenzordung) 48조에서도 대체적 환취(Ersatzaussonderung)를 규정하고 있다. 채무자가 도산절차개시 전에 반대급부를 수령하였지만, 그것이 특정할 수 있는 상태로 재단에 남아 있는 경우에도 대체적 환취권을 인정하여 구파산법 46조를 확대하였다. MüKoInsO/Ganter, 3. Aufl. 2013, InsO § 48 Rn. 1-2; Gottwald/Adolphsen, Insolvenzrechts-Handbuch(5. Aufl. 2015), § 41 Rn. 9.

25) **위탁매매인**이 위탁자로부터 물건 또는 유가증권을 받은 후 **파산**한 경우에는 위탁매매인이 위탁자로부터 받은 물건 또는 유가증권이나 위탁매매로 인하여 취득한 물건, 유가증권 또는 채권은 위탁자와 위탁매매인 또는 위탁매매인의 채권자 간의 관계에서는 이를 위탁자의 소유 또는 채권으로 보므로(상법 103조), 위탁자는 위 물건 또는 유가증권을 환취할 권리가 있고, 위탁매매의 반대급부로 위탁매매인이 취득한 물건, 유가증권 또는 채권에 대하여는 대상적 환취권(대체적 환취권)으로 그 이전을 구할 수 있다(대법원 2008. 5. 29. 선고 2005다6297 판결). 이에 대하여는 정준영, "위탁매매인이 파산한 경우 위탁자가 가지는 구 파산법상 대상적 환취권", 대법원판례해설(2008. 12), 507면 이하 참조.

26) 만약 파산관재인이 환취권의 목적인 재산을 환취권의 목적이 아닌 다른 재산과 한꺼번에 양도하면서 각각의 반대급부를 특정하지 않은 경우 환취권자는 전체 반대급부의 이행청구권 중 환취권의 목적인 재산의 가치에 상응하는 부분에 한하여 대체적 환취권을 행사할 수 있다(대법원 2023. 6. 15. 선고 2020다277481 판결).

산관재인은 통상 지명채권양도의 방법에 의하여 이전의 의사표시 및 대항요건
으로서 통지를 할 필요가 있고, 환취권자는 이를 요구할 수 있다.

10-32   2) 파산관재인이 반대급부를 이미 수령하고 있는 경우

환취권의 목적인 재산을 채무자가 파산선고 전에 또는 파산관재인이 파산
선고 후에 제3자에게 양도하고, 파산관재인이 그 반대급부를 이미 수령하고 있
는 경우에 그 특정성이 있는지 여부에 의하여 다음과 같이 나뉜다.

① 대체물이 일반재산으로부터 구별될 수 있다는 점에 대체적 환취권의 근
거가 있으므로 반대급부로 수령한 재산이 **특정성을 잃고 있는 때**에는(가령 반대급
부가 금전인 때) 그 **가액분**은 파산재단의 부당이득이 되므로 환취권자는 재단채권
으로서 그 지급을 청구할 수 있다(473조 5호).

② 반대급부로 수령한 재산이 **특정성을 보유한 채, 파산재단 중에 현존하는
때**에는 환취권자는 그 재산의 **급부**를 청구할 수 있다(410조 2항). 반대급부가 특
정성을 보유하여 일반재산으로부터 구별될 수 있는 상태인 때에는 대체적 환취
권으로 특별히 강하게 보호하는 것이다.

10-33   3) 채무자가 반대급부를 이미 수령하고 있는 경우

① 채무자가 환취권의 목적인 재산을 파산선고 전에 양도하고 또한 **파산선
고 전에** 반대급부를 수령한 경우에는 수령한 재산이 특정물인지 여부와 관계없
이 일반재산 가운데 혼입되어(일반 채권자는 그 재산을 당연히 채무자의 책임재산으로
본다), 파산선고 시점에서 파산재단을 구성하게 되므로 환취권자는 부당이득반
환청구권 내지는 손해배상청구권을 파산채권으로 행사할 수밖에 없다.27)

② 채무자가 해당 재산을 파산선고 전에 양도하고, 파산선고 후에 (파산관재
인이 아닌) 채무자가 반대급부를 수령한 경우에 변제를 한 제3자가 파산선고의
사실에 대하여 선의였는지, 악의였는지에 의하여 취급이 다르다(332조).

㉮ 변제를 한 제3자가 선의인 때에는 변제는 유효하고 그 효력을 파산재단
에 대항할 수 있다(332조 1항). 즉 변제자는 완전하게 책임에서 벗어나고, 파산재
단은 변제자에 대하여 이미 반대급부청구권을 가지지 않게 된다. 그래서 채무자
를 경유하여 파산재단에 특정성 있는 급부물이 현존하고 또는 부당이득이 유입

---

27) 노영보, 280면도 마찬가지 입장이다. 한편, 앞의 각주 24)에서 보듯이 독일 도산법 48조는 채
   무자가 도산절차개시 전에 반대급부를 수령한 경우에도 대체적 환취권을 확대하였다.

되어 있는 경우에만 그 특정물의 이행청구 또는 재단채권의 행사를 할 수 있다. 채무자로부터 파산재단에 반대급부가 이전한 한도에서 위 2)와 마찬가지로 처리된다.

㉯ 변제를 한 제3자가 악의인 때에는 채무자를 경유하여 파산재단이 이익을 받은 한도에서만 변제자는 변제의 효력을 파산재단에 대항할 수 있는 데 머무른다(332조 2항). 대항할 수 없는 부분에 대하여는 파산재단은 변제자에 대하여 반대급부청구권을 가진다. 그래서 환취권자는 위 1)에서와 같이 잔존한 반대급부청구권의 이전청구를 할 수 있는 이외에 또한 위 2)에서와 같이 파산재단이 이익을 받은 범위에서 특정성이 있는 재산의 이행청구 또는 재단채권의 행사를 할 수 있다.

(3) 대체적 환취권에 의하여도 보호되지 않는 손해의 배상

10-34

대체적 환취권을 행사하더라도 환취권자에게 손해가 있으면서 양도가 채무자 또는 파산관재인의 불법행위 또는 채무불이행을 구성하는 때에, 환취권자는 채무자에 의한 양도의 경우에는 파산채권으로서, 반면 파산관재인에 의한 양도의 경우에는 재단채권으로서(473조 4호) 손해배상청구권을 행사할 수 있다.[28]

(4) 제3자의 권리와의 관계

10-35

채무자나 파산관재인이 목적물을 제3자에게 양도한 때에 가령 선의취득과 같은 이유에서 환취권의 목적인 재산의 권원이 실체법상 제3자에 이전하여 환취권자에 대한 관계에서도 유효한 경우에는 환취권자는 이미 목적물 자체를 제3자로부터 환취할 수 없고, 대체적 환취권의 행사로 만족할 수밖에 없다. 그러나 환취권자에 대한 관계에서 선의취득 등이 성립하지 않는다면 환취권자는 양수한 제3자에 대하여 소유권 등의 실체법상 권리에 기한 반환청구권을 가지는 것과 함께 이 경우에는 대체적 환취권도 성립하고, 이것과 양수인에 대한 반환청구를 선택적으로 행사할 수 있다. 다만, 어느 한쪽에서 만족을 얻으면, 다른 한쪽의 권리는 행사할 수 없다.

(5) 특별환취권과 대체적 환취권
1) 특별환취권이 행사되기 전의 파산관재인에 의한 양도

10-36

일반환취권과 달리, 특별환취권(408조, 409조)은 처분권한을 환취권자가 가

---

28) 노영보, 280면; 伊藤眞, 破産法·民事再生法, 427면; 三上威彦, 539-540면.

지고 있는 것이 그 전제가 아니고, 목적물에 대한 점유권한이 매도인, 위탁매매인에게 부여된 것이므로 특별환취권이 행사되기 전에 파산관재인이 환취권의 목적인 재산을 제3자에게 양도한 때에는 환취권자는 제3자에 대하여 목적물의 반환을 구할 수 없고, 또한 반대급부에 대하여 대체적 환취권을 행사할 수도 없다고 보는 입장도 있다.[29] 이 입장에서는 파산관재인이 목적물을 다른 사람에게 양도한 것은 계약의 이행을 선택한 것(335조)을 전제로 한 것이라고 보아 환취권자는 대금채권 등을 재단채권(473조 7호)으로서 행사할 수 있다고 한다.[30] 그러나 일반환취권과 마찬가지로 특별환취권에 대하여도 파산관재인의 처분에 의하여 대체적 환취권이 성립한다고 볼 것이다.[31]

10-37 2) 특별환취권이 행사된 후의 파산관재인에 의한 양도

특별환취권이 행사되었음에도 불구하고, 파산관재인이 그것을 무시하고 환취권의 목적인 재산을 다른 사람에게 양도한 경우에는 환취권의 행사에 의하여 목적물의 점유가 이미 환취권자에게 복귀되었으므로 그 양도는 부당하고 대체적 환취권이 인정된다.

---

29) 中野貞一郎·道下徹 編, 基本法コンメンタール破産法[池尻郁夫 집필], 141면.
30) 齊藤秀夫·麻上正信·林屋礼二 編, 注解破産法(上卷)[野村秀敏 집필], 645면.
31) 여기서 특별환취권의 성질에 대하여 점유권한을 취득하는 것으로 보면서(점유회복권한설), 환취권의 내용인 점유권한은 대금채권을 확보하기 위한 것이므로 대체적 환취권의 범위도 매도인 등의 대금채권의 범위에 한정된다는 입장으로는 伊藤眞, 破産法·民事再生法, 430면.

제 3 절 별 제 권

실체법상 담보물권은 채무자의 변제자력의 부족이 분명하게 된 때에 다른 채권자에 우선하여 그 피담보채권의 회수를 확실히 하기 위한 것을 목적으로 하고 또한 그것이 담보물권의 가장 중요한 효력이다. 강제집행절차에서는 평등주의가 관철되고 있으므로, 채권회수의 확실성을 보다 완전한 것으로 하기 위하여 담보제도가 발달한 것이다. 이러한 담보제도는 오늘날의 거래사회에서 대단히 일상적으로 이용되고 있다. 예를 들어 은행거래에서 부동산에 저당권을 설정하고 대출을 행한다. 이는 만일 채무자의 변제가 늦어지면, 다른 일반채권자에 우선하여 대출금의 회수를 확실히 도모하기 위한 최적의 제도라는 것을 의미한다. 그런데 채무자가 파산한 경우에는 그 변제자력의 부족이 분명하게 드러난 것이므로 담보권자로서는 담보목적물로부터 만족을 받는 것에 강한 기대를 가진다. 이러한 기대를 파산절차상으로도 보호하여야 하는 것은 당연하다. 여기서는 파산이라는 비상시에 있어서 담보권자의 실체법상 우선적 지위가 파산절차상으로 어떻게 유지되는가 하는 문제 등을 비롯한 파산절차에 있어서 담보권자의 취급에 대하여 살펴보고자 한다.

I. 별제권의 의의   11-1

통상 파산채권자는 파산절차에 따라 파산선고시의 채무자의 총재산에 대하여 총재산으로부터 공평하게 변제를 받을 권리밖에 가지고 있지 않은 데 대하여 저당권 등 담보권자는 파산절차로부터 별제(別除)되어 그 절차에 따르지 않고 파산절차 밖에서 채무자의 특정한 재산에 대한 권리를 행사하여 우선적으로 변제를 받을 수 있다. 이러한 권리를 별제권(Absonderungsrecht)이라고 한다(411조).[1]

이렇게 파산절차에서 담보권자는 개별적 권리행사금지의 원칙(424조)의 예외로 파산절차의 영향을 받지 않고, 별제권자로서 스스로의 주도에 의하여 그 권리를 실행하여 우선변제를 받을 지위가 확보되고 있다. 다만, 이러한 별제권은 파산법 내지는 도산법이 새롭게 창설한 권리는 아니고, 실체법상 담보권의 효력에 의하여 인정되는 것이라 할 것이다. 한편, 담보물권의 효력을 그대로 승인하면, 채무자의 경제적 재기라는 목적은 상당히 퇴색되는(가령, 영업에 필요한 재

---

[1] 독일 구파산법(Konkursordnung) 4조에서도 별제권이 인정되었고, 현행 도산법(Insolvenz-ordnung) 49조 내지 51조에서도 별제적 만족이 인정되고 있다. 50조에서 부동산을 대상으로 하는 별제권의 행사는 강제경매 · 강제관리법의 규정에 따른다는 취지를 규정하고 있고, 51조는 질권자의 별제적 만족을, 51조는 동산의 양도담보권자의 별제적 만족을 규정하고 있다.

산에 대하여 담보권이 실행되면, 영업을 계속할 수 없다) 재건형 절차인 회생절차에서는
담보권의 자유로운 실행을 금지하고, 담보권자에게 회생절차에의 참가를 강제
하고 그 권리내용을 회생계획에 따라 행사하는 것으로 제한하고 있다(☞ 16-46
회생담보권. 다만, 개인회생절차에 관하여는 법 586조에서 파산절차상 별제권을 준용하여 강
력한 제한을 가하고 있지 않다).[2]

　　별제권자는 통상적으로 동시에 그 피담보채권을 파산채권으로 하는 파산채
권자인 경우가 일반적이다.[3] 한편, 파산채권자가 파산재단에 속하지 않는 재산
에 대하여 담보권을 가진다고 하여도 별제권자가 되는 것은 아니다. 반대로 파
산채권자가 아니더라도 물상보증인이 파산한 경우에 파산재단소속재산에 대하
여 담보권을 가질 때에는 별제권자가 된다고 볼 것이다. 이 경우에 도산법에 담
보권자의 권리행사방법에 대한 규정이 없으므로 만약 별제권자가 되지 않는다
고 한다면, 채무자가 채무를 변제하지 않을 때에 담보권자가 물상보증인에 대한
권리를 행사하고자 하더라도 허용되지 않게 되어, 담보권자의 이익보호가 결여
될 우려가 있기 때문이다.[4]

　　별제권은 파산절차의 영향을 받지 않는다는 점에서 환취권(407조)과 공통하
나, 특정한 재산이 파산재단(법정재단)에 속하는 것을 전제로 그 금전적 가치를
우선적으로 취득하는 권리인 점에서, 특정한 재산 그 자체를 파산재단으로부터
환취하는 권리인 환취권과 다르다. 또한 우선적으로 만족을 받는다는 점이 재단
채권(473조)과 공통하나, 별제권은 재단채권에 우선하고,[5] 재단채권이 파산재단

---

2) 담보물권의 도산처리절차에서의 처리는 도산처리절차의 목적에 의하여 좌우된다. 채무자의 경
  제적 재기라는 목적을 가진 재건형 도산처리절차와 달리, 파산절차에서는 담보물권의 효력을
  제한하고 있지 않다. 이는 청산이라는 파산절차의 주목적과 환가라는 담보권자의 목적이 기본
  적으로 저촉되는 것은 아니기 때문이다.
3) 다만, 도산법에는 별제권자가 반드시 파산채권자인 것을 요하지 않는다고 풀이할 수 있는 규정
  도 있지만(411조), 별제권자가 파산채권자인 것을 전제로 하는 듯한 규정도 없는 것은 아니다
  (413조, 512조 2항, 513조 3호).
4) 이는 별제권의 성질에 관련된다. 파산채권자에 중점을 두고, 별제권이란 파산채권자가 파산절
  차에 의하지 않고 재단소속의 특정재산에 관하여 개별적 만족을 받을 권리라고 하는 데 대하여,
  오히려 파산재단과의 관계에 착안하여, 별제권이란 파산재단에 속한 특정재산상에 별제권자가
  행사하는 권리라고 한다. 이 문제는 파산채권자가 아닌 사람은 별제권자가 될 수 없는가, 즉 별
  제권자는 반드시 파산채권자가 아니면 안되는가 하는 논의에 바탕을 두고 있다. 임준호, "파산
  절차상 담보권의 처리", 파산법의 제문제[下](1999), 83-84면.
5) 그런데 근로기준법 37조 2항에서는 최종 3월분의 임금, 재해보상금은 사용자의 총재산에 대하
  여 질권 또는 저당권에 의하여 담보된 채권, 조세·공과금 및 다른 채권에 우선하여 변제되어야
  한다고 규정하여(최종 3년간의 퇴직금에 대하여는 근로자퇴직급여 보장법 11조 2항에 마찬가지

전체로부터 변제를 받을 권리가 있는 데 대하여, 별제권은 파산재단 가운데 담보목적물인 특정한 재산으로부터 변제를 받는 권리라는 점에서 다르다. 그리고 우선권 있는 파산채권(441조)은 재단소속의 특정한 재산을 대상으로 하는 것이 아니라 재단채권과 마찬가지로 파산재단 전체로부터 변제를 받을 권리라는 점에서 별제권과 다르고, 단순히 파산채권 가운데 배당에 있어서 우선순위를 인정받고 있는 데 불과하다.

Ⅱ. 별제권의 기초가 되는 권리   11-2

도산법에 규정되어 있는 별제권자는 파산재단에 속하는 재산상에 존재하는 유치권·질권·저당권·「동산·채권 등의 담보에 관한 법률」에 따른 담보권 또는 전세권을 가진 자이다(411조). 그리고 준별제권자로서, 파산재단에 속하지 않는 채무자의 재산상에(가령 법 383조의 압류금지재산 등) 질권 또는 저당권을 가진 자는 부족액(잔액)에 대하여 파산재단에 대한 권리행사를 인정하는데, 이 경우에 별제권에 관한 규정을 준용하고 있다(414조). 그 밖에 현행법에서는 일정한 주택임차인 등은 파산재단에 속하는 주택 등의 환가대금에서 우선하여 보증금을 변제받

규정이 있다) 최우선변제권을 인정하고 있다. 물론 도산법상으로 파산절차에 있어서는, 임금채권 등은 재단채권이 된다(473조 10호). 여기서 근로기준법 37조 2항(및 근로자퇴직급여 보장법 11조 2항)의 입법취지에 비추어 임금채권 등에 대한 최우선변제를 주장하여 별제권자를 배제시킬 수 있는가가 문제가 된다(☞ 8-41 참조). 근로기준법의 취지를 도산법에서도 살리기 위해서는 위 임금채권 등은 별제권보다 우선한다는 규정을 신설하여야 한다는 입장으로는 김용대, "파산법상 임금채권과 조세채권, 별제권 있는 채권의 순위문제", 형평과 정의(1999), 61면. 그리고 하급심 재판례인 대전고등법원 2000. 9. 6. 선고 2000나1257 판결은 파산법상의 변제순위는 파산관재인이 파산재단으로 변제하는 경우의 순위를 정해 놓은 것이고, 별제권 행사에 따른 경매절차는 파산선고에 의하여 중단되지 아니하므로, 별제권 행사에 따른 경매절차에 있어서 경매법원은 민사집행법이 정한 순서와 절차에 따라 배당하는 것이 합리적이며, 파산재단에 속하는 부동산에 대한 경매절차라고 하여 파산법상의 변제순위에 따라 배당하여야 하는 것은 아니라 할 것이다. 근로기준법 제37조 제2항에 의하여 최우선변제권의 범위에 속하는 임금 및 퇴직금 채권은 사용자의 총재산에 대하여 저당권 등에 의하여 담보된 채권, 조세 등에 우선하고, 또한 국세의 '법정기일' 전에 설정된 근저당권은 국세에 우선하는 것이므로, 이에 따라 경매법원이 같은 취지에서 근로기준법 37조 2항의 최우선변제권의 범위에 속하는 임금 및 퇴직금을 조세채권보다 우선한다고 보아 파산선고 후 파산관재인에게 배당한 것은 결국 적법하다고 판단하였다 (이에 대하여 원고가 상고하였으나, 대법원 2001. 1. 20. 선고 2000다54389 판결은 심리불속행으로 상고기각하였다). 이 판결에 대하여 자세히는 김태현, "담보권에 우선하는 채권의 파산선고 후 지위－최우선변제 임금채권과 별제권의 관계를 중심으로－", 재판과 판례(2002. 12). 414면 참조.

을 권리가 있다는 규정을 신설하여 별제권자와 마찬가지의 지위를 주었고(415
조),[6] 나아가 2014년 도산법 개정으로 근로자의 최종 3개월분의 임금채권 등의
채권자에 대하여 별제권을 인정하였다(415조의2).

11-3   **1. 담보물권**

파산재단에 속하는 재산상에 존재하는 유치권, 질권,[7] 저당권,「동산·채권
등의 담보에 관한 법률」에 따른 담보권 또는 전세권을 가지는 사람은 그 목적인
재산에 관하여 별제권을 가진다(411조).[8] 저당권은 민법에 규정된 것(민법 356조
이하)에 한정되지 않고, 건설기계저당법, 공장저당법, 광업재단저당법, 자동차저
당법, 항공기저당법 등 특별법에 의한 것도 포함된다.「동산·채권 등의 담보에
관한 법률」에 따른 담보권에 따른 동산담보권(동산을 목적으로 담보등기부에 등기한
담보권), 채권담보권(금전의 지급을 목적으로 하는 지명채권을 목적으로 담보등기부에 등기
한 담보권), 지적재산담보권(특허권, 실용신안권, 디자인권, 상표권, 저작권, 반도체집적회
로의 배치설계권 등 지식재산권을 목적으로 그 지식재산권을 규율하는 개별 법률에 따라 등록
한 담보권)을 가진 사람은 그 목적인 재산에 관하여 별제권이 인정된다. 그리고

---

6) 종전 파산법 85조에서는 수인이 공동으로 재산권을 가지는 경우에 그 1인이 파산한 때에는 예
   를 들어 공유물의 관리비용의 대납 등과 같이 공유물에 대하여 채권을 가지는 다른 공유자는
   분할로 인하여 채무자에게 귀속할 공유재산의 부분에 관하여 별제권을 가진다는 공유자의 별제
   권에 관한 규정이 있었다. 일본 민법 259조는 공유물에 있어서 각 공유자가 다른 공유자에 대하
   여 채권을 가지는 때에는 분할에 있어서 채무자에게 귀속할 공유부분을 가지고 변제를 시킬 수
   있고 또한 그 변제를 위하여 그것을 매각할 수 있다고 규정하고 있으며, 이 공유채권자의 권리
   를 선취특권에 유사하다고 보기 때문에 별제권을 인정하는 것인데, 그러나 우리 민법상은 공유
   채권자에게 담보권자와 유사한 지위를 부여하고 있지 않기 때문에 별제권을 허용할 아무런 이
   유가 없다는 지적이 있었다(가령 임준호, 전게 "파산절차상 담보권의 처리", 91면 참조). 현행법
   에서는 위 공유자의 별제권 규정을 삭제하였다. 2005년 시행 일본 신파산법에서도 공유자의 별
   제권 규정이 삭제되었다. 위 민법 259조는 공유물분할시 현물에 의한 분할과 필요한 경우에 공
   유채권자의 매각청구를 규정한 것에 불과하고 적어도 문언상 공유채권자가 공유채권에 대하여
   다른 채권자와 관계에서 우선적 변제를 받을 수 있다는 것까지는 인정할 수 없기 때문에 일본
   신파산법에서 이를 삭제한 것은 적절하다고 생각한다.
7) 가처분채권자가 법원의 담보제공명령으로 일정한 금전을 공탁한 경우에, 가처분채무자는 담보
   공탁금에 대하여 질권자와 동일한 권리가 있는데(민사집행법 19조 3항, 민사소송법 123조), 한
   편 가처분채권자가 파산선고를 받게 되면 담보공탁금에 대한 공탁금회수청구권에 관한 권리는
   파산재단에 속하므로, 가처분채무자가 공탁금회수청구권에 관하여 질권자로서 권리를 행사한다
   면 이는 **별제권**을 행사하는 것으로서 파산절차에 의하지 아니하고 담보권을 실행할 수 있다(대
   법원 2015. 9. 10. 선고 2014다34126 판결).
8) 일본 파산법상으로는 유치권 가운데 상사유치권은 특별한 선취특권으로 보아 별제권의 지위가
   주어지지만(66조 1항), 반면 민사유치권은 파산재단에 대하여 그 효력을 잃는다(동조 3항).

전세권은 용익물권 이외에 담보물권으로서의 성격도 가지므로(민법 303조 1항 후단) 별제권이 인정된다.

2. 그 밖의 비전형적 담보권 11-4

법정담보물권 이외에 주로 실제 거래에서의 필요성으로부터 당사자 사이의 약정에 의하여 창설되는 다음의 비전형적 담보권이 별제권으로 취급되는가가 문제된다.

(1) 가등기담보 11-5

가등기담보는 채권담보를 위하여 채무자(또는 제3자) 소유의 부동산에 대하여 대물변제예약이나 매매예약을 체결하는 것과 함께 채무자의 채무불이행시에 채권의 만족을 얻을 수 있도록 소유권이전등기청구권을 보전하기 위한 가등기를 행하는 것에 의한 담보형식이다. 이에 관한 법률관계의 규율은 「가등기담보 등에 관한 법률」(여기서는 줄여서 가등기담보법이라고 한다)에 따른다. 채무자 등 목적물의 소유자에게 파산선고가 있으면,9) 가등기담보권자에게 어떠한 지위가 주어지는가에 대하여 가등기담보법 17조 1항은 저당권에 관한 규정을 준용하고 있으므로 가등기담보권자에게는 **별제권자**의 지위가 부여된다고 볼 것이다(한편, 회생절차에서는 법 141조 1항에서 가등기담보권은 회생담보권으로 한다고 명시하고 있다). 목적물이 파산재단에 속하지 않는 때에는 준별제권자가 되는 것도 저당권의 경우와 마찬가지인데, 가등기담보법 17조 2항은 이에 대한 것이다. 결국 가등기담보권자는 파산선고에도 불구하고, 그 권리실행을 속행할 수 있고 또한 파선선고 후에 실행을 개시하는 것도 무방하다. 그런데 가등기담보권자가 그 권리행사를 게을리 하고 있는 경우에는 파산관재인은 법 498조, 497조가 규율하는 절차를 취하게 된다. 법 498조는 별제권자가 법률에 정한 방법에 의하지 아니하고 별제권의 목적을 처분하는 권리를 가지는 때에는 법원은 파산관재인의 신청에 의하여 별제권자가 그 처분을 하여야 하는 기간을 정한다고 규정하고 있는데, 문제는 가등기담보법이 정하는 청산 뒤 본등기를 청구한다는 실행방법이 위 법 498

---

9) 한편, 가등기담보권자가 파산한 경우에는 가등기담보권 및 피담보채권은 파산재단을 구성하고, 가등기담보권자와 설정자의 관계는 파산관재인과 설정자 사이에 인계된다. 설정자인 채무자가 채무의 변제를 게을리 한 때에는 파산관재인이 가등기담보권을 실행한다. 즉 청산금의 지급과 상환으로 본등기의 청구를 한다.

조에서 말하는 "법률에 정한 방법에 의하지 아니하고 별제권의 목적을 처분하는 권리"에 해당되는지 여부이다. 법 498조의 「법률에 정한 방법」은 민사집행법에 의한 절차를 가리킨다고 풀이하고, 그렇다면 가등기담보법에 의한 위와 같은 실행방법은 법 498조와의 관계에서는 법률에 정하는 방법에 의하지 아니한 방법이라고 할 수 있으므로 파산관재인은 법 498조에 의하여 가등기담보권자의 권리실행을 존중하여야 한다.[10] 그렇지 않으면 청산 뒤 본등기를 청구한다는 가등기담보권자의 권리실행을 기다리지 않고, 파산관재인이 곧바로 법 497조에 의하여 목적인 재산을 환가할 수 있으므로 가등기담보권자의 이익보호라는 점에서 부당한 결과가 생긴다.

11-6

(2) 양도담보

양도담보(Sicherungsübereignung)에 있어서 목적물의 소유권은 형식적으로는 양도담보권자에게 있는데, **양도담보설정자가 파산한 경우**에[11] 양도담보권자의 **지위를 환취권자**로 취급할 것인가, **별제권자**로 취급할 것인가에 대하여 다툼이 있다(한편, 회생절차에서는 법 141조 1항에서 양도담보권은 회생담보권으로 한다고 명시하고 있다).[12] 이는 양도담보의 법적 성질에 있어서 소유권이전설과 담보권설의 입장의 차이와도 관련되는데,[13] 「가등기담보 등에 관한 법률」의 규율과 관련하여 그 성질을 담보권으로 보아 파산절차에서 별제권에 의하여야 한다는 점에 관하여 이미 환취권 부분에서 살펴본 바 있다(☞ 10-15).[14] **생각건대** 첫째, 양도담보

---

10) 임준호, 전게 "파산절차상 담보권의 처리", 101면; 伊藤眞, 破産法·民事再生法, 449-450면.

11) 한편, 양도담보권자가 파산한 경우에 대하여 종전 파산법 80조를 둘러싼 논의에 대하여는 이미 환취권 부분에서 설명한 바 있는데, 결국 파산법 80조는 현행법에서 삭제되었다(☞ 10-16).

12) 회생절차의 경우에 법 141조 1항에서 명문으로 회생담보권으로 취급하고 있는 것과의 균형상 파산절차의 경우에 법 411조를 개정하여 양도담보권을 별제권으로 규정할 필요성이 있다는 주장으로는 김영주, "도산절차상 양도담보계약 당사자의 법적 지위", 사법(2015. 9), 23면.

13) 양도담보는 상당히 넓은 의미를 가지는 개념이다. 대별하면 2가지로 분류된다. 소비대차를 체결하고, 그 채무의 담보로서 담보물을 이전하는 형태와 매매의 형식을 취하고, 매수인이 환매의 특약(내지는 재매매의 예약)을 하는 형태가 있다. 협의의 양도담보는 전자를 말하며, 후자를 특히 매도담보라고 한다. 그런데 가등기담보법이 부동산양도담보에 대하여 담보권설의 입장을 취함으로써(동법 2조 1호, 4조 2항 및 11조 참조), 통설은 부동산양도담보는 물론 나아가 동산양도담보까지 포괄하여 양도담보 전체를 담보권으로 파악한다(곽윤직, 물권법(1997), 728-729면; 김증한·김학동, 물권법(1997), 598면; 김상용, 부동산양도담보법(1996), 220면). 동산에 대하여도 담보권설을 관철하는 이유로서는 담보의 목적물에 따라 법적 구성을 달리하는 것이 불합리하다는 점을 들고 있다. 참고로 보면, 동산의 양도담보권자는 독일 도산법(Insolvenzordnung) 51조에서 환취권자가 아니라, 별제권자의 지위를 가지는 것으로 규정하고 있다. Braun/Bäuerle, 7. Aufl. 2017, InsO § 51 Rn. 1-3.

는 목적물로부터 간이·신속한 방법으로 게다가 우선적으로 변제를 받기 위한 물적 담보수단이고, 그 이익은 양도담보권자에게 별제권을 인정하는 것에 의하여 충분히 보호되고, 둘째, 만약 양도담보권자를 목적물의 완전한 소유자로 보아 양도담보권자에게 환취권을 인정하면 본래 파산재단에 속하여야 할 목적물이 가지는 잉여가치도 취득시키는 것이 되어 그 이익은 담보의 목적을 넘어서게 되고, 셋째, 다른 전형담보가 별제권으로서 취급되고 있는데, 이것과의 균형을 도모하는 것이 공평하므로 양도담보설정자가 파산한 경우에 양도담보의 법적 구성에 대하여 어느 쪽의 입장에서도 별제권의 행사에 의할 것이다.[15]

---

14) 한편 일본의 「仮登記担保契約ニ関スル法律」은 오로지 가등기담보만을 규율하고, 양도담보는 그 규율 밖으로 하고 있으므로 논의의 전제에서 일본에서는 우리와 다소간의 차이가 있다. 그리고 일본 최고재판소는 회사정리사안이지만, 채권자에게 취득된 물건의 소유권의 귀속이 확정적이지 않고 또한 양자 사이에 채권관계가 존속하고 있는 경우에는 해당 양도담보권자는 물건의 소유권을 주장하여 그 환취를 청구할 수 없다고 판시하여(最判 1966年(昭和 41年) 4月 28日, 倒産判例百選[第5版](57사건), [深山雅也 해설] 참조) 양도담보권자는 별제권자의 지위에 있는 것을 분명히 하였다. 또한 우리 판례도 화의법상의 사안이지만, 파산법 84조(현행법 411조에 해당)는 유치권, 질권, 저당권 또는 전세권을 가진 자는 그 목적인 재산에 관하여 별제권을 가진다고 규정하고 있는 바, 양도담보권자는 위 규정에서 별제권을 가지는 자로 되어 있지는 않지만, 특정 재산에 대한 담보권을 가진다는 점에서 별제권을 가지는 것으로 열거된 유치권자 등과 다름이 없으므로 그들과 마찬가지로 화의법상 별제권을 행사할 수 있는 권리를 가지는 자로 봄이 상당하다고 판시한 바 있다(대법원 2002. 4. 23. 선고 2000두8752 판결). 또한 어음의 양도담보권자는 채무자의 어음 발행인에 대한 어음상 청구권에 대하여 별제권을 행사할 수 있는바, 그 어음이 융통어음이라서 채무자 자신이 융통자에 대하여 융통어음의 항변 때문에 어음상 권리를 주장할 수 없다고 하더라도 이러한 어음상 권리가 파산재단에 속하지 않는 것이라고 할 수는 없고, 여전히 채권자가 파산재단에 속하는 재산에 대하여 담보권을 설정한 것으로 보아야 한다고 판시하고 있다(대법원 2010. 1. 14. 선고 2006다17201 판결 참조).

15) 파산은 양도담보권자와 설정자의 물권법적 관계뿐만 아니라 그것의 기본이 되는 채권법적 법률관계를 포함한 모든 법률관계의 청산을 목적으로 하고, 따라서 양도담보권자가 가지는 채권은 파산선고에 의하여 즉시 변제기에 도달하게 되며(425조), 이것은 또한 양도담보의 환가시기를 의미한다. 이 경우에 양도담보권자에게 환취권을 인정한다면, 양도담보권자는 목적물을 환취하여 환가를 하여도 파산재단에 대하여는 여전히 담보약정에 대한 정산의무를 부담하게 되며 피담보채권에 충당하고 남은 금액은 파산재단에 반환하여야 한다. 그런데 이러한 결과는 양도담보권자에게 별제권을 인정하는 것으로 달성할 수 있다. 양도담보권자는 별제권의 행사를 위하여 파산재단에 대하여 목적물의 인도를 청구하여 담보약정에 정한 방법으로 환가를 할 수 있으며, 양도담보권자에게 환취권을 인정하는 것과 실질적으로 동일한 결과에 도달한다. 또한 양도담보권자와 설정자가 합의에 의하여 목적물을 책임재산에서 배제하여 양도담보권자에게 책임법적으로 귀속하도록 한 것은 양도담보권자의 채권의 만족을 위한 잠정적인 귀속이었으므로, 법률관계의 종국적 청산의 경우 이러한 책임법적 귀속을 계속 유지할 필요가 없다고 말할 수 있으며, 이것은 특히 이러한 책임법적 귀속의 재산보호적 효력을 고려할 때 더욱 그러하다. 양도담보의 법적 구성과 큰 관련 없이도 파산절차의 특수성에 기인한 책임법적 귀속으로 설명할 수 있으므로, 법적 구성에 관하여 어떤 학설을 취하든지 양도담보권자에게는 별제권을 인정할 수 있다는 견해도 참조하라. 김형석, "강제집행·파산절차에 있어서 양도담보권자의 지위에 관

한편, 장래채권 나아가 집합채권의 양도담보 등의 취급도 검토되고 있다(☞ 16-47).

11-7   **(3) 소유권유보**

소유권유보의 특약이 있는 매매계약에 있어서 매수인이 파산선고를 받은 경우에 매도인에게 유보된 소유권을 파산절차상 어떻게 취급할 것인가가 문제가 된다. 그런데 그 전제로 소유권을 유보한 매매계약에 대하여 법 335조(쌍방미이행 쌍무계약에 관한 선택)의 적용이 있는지 여부를 검토하여야 한다(매수인의 채무이행은 완료되지 않은 것은 분명한 데, 매도인이 소유권을 유보하고 있는 것을 그 채무와의 관계에서 어떻게 구성할 것인가의 문제이다).

◆ **구체적 예** ◆   乙사는 2018. 12. 1. 甲사로부터 자동화시설장치를 구입하여 인도받았다. 이 매매계약에는 「① 매매대금의 지급은 24회에 걸쳐 매월 분할 변제한다. ② 이 사건 자동화시설장치의 소유권은 甲사가 대금을 다 갚을 때까지 甲사에 유보한다.」 그런데 甲사에게 파산선고가 있었다면, 甲사의 파산관재인의 권리행사방법은 어떻게 되는가.

원칙적으로 법 335조의 적용을 **부정하는 입장이 일반적**이다(☞ 8-56).16) 그렇다면 매수인이 파산선고를 받은 때에 있어서 법 335조의 적용이 없는 경우에 **매도인의 지위**를 어떻게 취급할 것인가.17) 매도인은 문자 그대로 「유보」된 소유권에 기하여 **환취권**을 행사할 수 있다는 입장이 있을 수 있다. 그러나 소유권은 매수인에게 (정지조건부로) 이전하고 있고, 매도인에게는 「유보소유권」이라는 담보권만이 귀속한다고 하여 **별제권**을 인정하는 것이 타당하다고 생각한다(이와 관련하여 금융리스계약에 있어서 리스업자의 지위에 대하여는 ☞ 8-37 참조).18)

한 연구", 서울대학교 법학석사학위논문(1998), 96-98면.
16) 노영보, 303면. 그러나 양형우, "파산절차상의 담보권", 민사법학(2005. 9), 110면 이하에서는 소유권유보를 정지조건부 소유권이전(기대권)으로 파악하면서, 매수인이 파산선고를 받은 경우에 법 335조(쌍방미이행 쌍무계약에 관한 선택)의 적용을 긍정하고 있다.
17) 일본 法務省民事局參事官室이 1997년 12월 9일 공표한 倒産法制에關する改正檢討事項에서는 파산절차(및 회사정리절차)에 있어서 양도담보권 및 소유권유보특약부 매매계약의 매도인의 권리를 환취권으로 취급할 것인가, 별제권(또는 정리담보권)으로 취급할 것인가에 대하여 그 권리의 실질은 담보권이어서 별제권(또는 정리담보권)으로 취급하는 것을 법문상 분명히 하는 방안이 제시되었는데, 찬성의견이 대부분이었지만, 소유권유보부 매매의 매도인의 권리에 대하여는 환취권의 대상으로 하여야 한다는 반대의견도 상당수 있었다. 결국 2002년 10월 4일 공표한 破産法等の見直しに關する中間試案補足説明에서는 이 부분에 대한 검토를 보류하였다.
18) 일본 最判 2010年(平成 22年) 6月 4日(倒産判例百選[第5版](58사건), [加毛明 해설] 참조)은

3. 대항요건과 확정일자를 갖춘 임차인의 보증금반환청구권   11-8

종전 파산법에서 임대인이 파산한 경우에 주택임대차보호법 및 상가건물
임대차보호법에 따른 대항요건과 확정일자를 갖춘 임차인의 보증금반환청구권
에 대하여 임차인을 보호하려는 실체법상의 입법취지와 이에 관련된 파산절차
에서의 규율이 문제가 되었다.[19] 결국 현행 도산법에서는 파산절차에 있어서
임차인의 보증금과 소액보증금에 대하여 파산재단에 속하는 주택, 상가(대지를
포함)의 환가대금에서 우선적으로 보호하고자, 주택임대차보호법 3조 1항 또는
상가건물 임대차보호법 3조 1항의 규정에 의한 대항요건을 갖추고 임대차계약
증서상의 확정일자를 받은 임차인은 파산재단에 속하는 주택, 상가(대지를 포함)
의 환가대금에서 후순위권리자 그 밖의 채권자보다 **우선**하여 보증금을 **변제**받
을 권리가 있고(415조 1항, 3항), 또한 임차인이 파산신청일까지[20] 대항력(주택임
대차보호법 3조 1항, 상가건물 임대차보호법 3조 1항의 규정에 의한)을 갖추면 주택임대차
보호법 제8조 또는 상가건물 임대차보호법 14조에 의하여 최우선변제를 받을
수 있는 소액보증금 중 일정액에 대하여 임차인은 파산재단에 속하는 주택, 상
가(대지를 포함)의 환가대금에서 다른 담보물권자보다 **우선**하여 **변제**받을 수 있다
(415조 2항, 3항)는 규정을 **신설**하였다. 위 경우의 보증금에 대한 임차인의 지위는
파산재단에 속하는 특정한 재산을 전제로 그 환가대금에서 우선변제를 받는다

판매회사명의로 등록된 자동차의 유보매수인이 민사재생절차를 신청한 경우에 절차개시 전에
판매회사의 유보소유권을 양수하면서 명의변경의 등록을 받지 않은 finance회사가 민사절차개
시 뒤 별제권을 행사할 수 있는지 여부에 대하여 이를 부정하였지만, 이는 민사재생절차에서 소
유권유보는 별제권으로 취급하는 것을 전제로 한 판례이다.

19) 종전 파산법하에서 미등기전세계약자에 대하여 전세권자와 마찬가지로 별제권을 갖는 것으로
해석하여야 한다는 입장으로는 윤대성, "미등기전세와 파산관계", 저스티스(2001, 8), 47면 이
하 참조. 종전 파산법하에서 판례가 주택임대차보호법은 대항요건과 확정일자를 갖춘 주택임차
인과 소액임차인에게 부동산 담보권에 유사한 권리를 인정하고 있으므로, 파산선고 전에 이와
같은 요건을 갖춘 주택임차인은 파산법상 별제권자로 인정함이 타당하나, 경매절차 등에서 우
선변제권을 가지지 않는 대항요건만을 갖춘 주택임차인에게는 별제권을 인정할 수 없다고 판단
한 바 있다. 즉, 청주시 흥덕구에 있는 진로아파트의 임차인 6명이 파산한 진로건설(주)의 파산
관재인을 상대로 임차보증금 반환청구권에 대한 별제권 확인청구를 한 사안에서, 주택임차인이
그 임대인과 사이에 임차권등기를 하기로 약정하였거나 또는 주택을 임차하고 주택임대차보호
법 3조 1항에서 정한 대항력을 취득하였다는 것만으로는 그 보증금반환청구권을 파산법 84조
(현행법 411조)에서 규정하는 별제권으로 인정할 수 없다고 보았다(대법원 2001. 11. 9. 선고
2001다55963 판결[공보불게재]).

20) 이에 대하여는 입법과정에서 파산등기가 있을 때까지로 하는 것이 적절하다는 견해가 있었다.

는 점에서 파산재단 전체로부터 변제받을 권리인 재단채권이나 우선권 있는 파
산채권과는 다르고, **별제권자의 지위와 마찬가지 성격**을 가진다고 볼 수 있다.21)

11-9   ## 4. 최근 3개월분의 임금채권 등

2014년 도산법 개정으로 근로자의 최종 3개월분의 임금채권 등을 두텁게
보호하기 위하여(위 개정 전, 위 채권은 파산절차 개시 전은 우선순위가 앞서나, 파선절차
개시 후는 파산채권의 지위에 머물렀으므로 보호의 필요성에서 개정함) 「근로기준법」 38
조 2항 각 호에 따른 근로자의 최종 3개월분의 임금·재해보상금 채권과 「근로
자퇴직급여 보장법」 12조 2항에 따른 최종 3년간의 퇴직급여 등 채권의 채권자
에게 파산재단에 속하는 재산에 대한 별제권 행사에 따른 환가대금 또는 법 349
조 1항의 체납처분에 또는 환가대금에서 해당 채권에 대한 **우선변제권**을 인정
하였다(415조의2 본문). 별제권자의 지위와 마찬가지 성격이다. 다만, 「임금채권
보장법」 8조에 따라 고용노동부장관이 해당 채권을 대지급하고(체당금) 대위하
는 경우에는 그러하지 아니하다(동조 단서). 위 규정을 신설한 이유는 최우선임금
채권에 대하여 우선 배당을 하더라도 파산관재인이 그 배당금을 수령하여 재단
채권자에게 안분변제해야 하는 상황을 개선하여 근로자의 최우선임금채권을 두
텁게 보장하기 위하여 근로자가 행사하는 최우선임금채권에 대한 최우선변제권
을 **별제권 행사에 따른 경매절차에서도 인정**하려는 데 있다. 따라서 근로자는 법
415조의2 본문에 따라 별제권 행사에 따른 경매절차에서 최우선임금채권에 대
하여 배당요구를 하여 다른 담보물권자보다 우선하여 배당을 받고 그 배당금을
직접 수령할 수 있다. 한편, 법 415조의2 단서는 고용노동부장관의 위탁을 받은
근로복지공단이 사업주를 대신하여 지급한 최우선임금채권에 대해서는 법 415
조의2 본문의 적용을 배제함으로써 임금채권보장법 8조 2항의 규정에도 불구하
고 근로복지공단이 우선변제권을 가지는 배당금을 **직접 수령하여 변제받을 수
없다**는 의미로 보아야 한다.22)

---

21) 다만, 위 경우에 우선변제권만 있다고 하는 것에 그치지 않고 별제권과 같은 효력을 주기 위
    하여 경매절차의 신청권을 주어야 한다는 입장도 입법과정에서 주장되었다. 또한 2003. 2. 21.
    제16대 국회에 제출되었으나 결국 폐기된 종전 채무자 회생 및 파산에 관한 법률안 414조 3항
    에서는 경매절차의 신청을 요구할 수 있고, 파산관재인은 특별한 사정이 없는 한 이에 응하여야
    한다는 규정을 둔 바 있었다.
22) 나아가 415조의2 신설 전과 달리 근로복지공단이 임금채권보장법 8조 2항의 규정에 따른 우
    선 변제를 받을 권리(다만 그 배당금은 파산관재인에게 교부된다)조차도 행사할 수 없도록 하여

Ⅲ. 별제권의 행사

1. 파산절차에 의하지 않은 권리의 실행 　　　　　11-10

① 담보목적물이라고 하더라도 파산절차에서 본래 파산재단에 속하는 재산이라는 것에는 변함이 없고, 일반파산채권자 및 파산관재인으로서도 담보권의 성립을 인정할 것인지 여부 또는 어떠한 형태로 담보권을 실행할 것인가에 대하여 이해관계를 가지므로 관심이 없을 수가 없다. 어느 재산에 대하여 담보권의 성립이 부정된다면 그것은 일반파산채권자의 만족을 위한 배당재원이 되는 것이고 또한 담보권의 성립이 인정되는 때에도 담보목적물의 가액이 피담보채권액을 초과한다면 그 잉여가치는 일반파산채권자에게의 배당재원이 되고, 반면 피담보채권액이 담보목적물의 가액을 초과하더라도 담보목적물의 환가가 어떻게 되는가는 나중에 설명할 부족액(잔액)책임주의와(☞ 11-16) 관계된다. 결국 파산절차에 있어서 담보권자가 어떠한 방법에 의하여 어디까지 우선변제를 받을 수 있는가를 둘러싸고 담보권자에게도, 그 밖의 다른 일반파산채권자 및 파산관재인에게도 대단히 중요한 문제가 등장한다(별제권인가에 대한 다툼이 있으면 그 가액이 1천만 원 미만으로서 법원이 정하는 금액 미만인 때를 제외하고 별제권의 승인에 법원의 허가를 받아야 하며, 감사위원이 설치되어 있는 때에는 감사위원의 동의를 얻어야 한다. 492조 13호).

② 별제권은 파산절차에 의하지 아니하고 행사한다(412조). 「파산절차에 의하지 아니하고」는 별제권의 조사·확정이 필요 없이 **각 담보권 본래의 통상의 실행방법**(가령 담보목적물이 부동산이나 동산인 때에는 민사집행법에 의한 담보권실행 등을 위한 경매의 방법)에 의한다는 의미이다.23) 다만, 별제권자가 목적물을 소지하는

담보물권자가 파산으로 말미암아 파산 전보다 더 유리하게 되는 결과를 허용하고자 하는 취지는 아니라고 봄이 타당하다(대법원 2022. 8. 31. 선고 2019다200737 판결).

23) 파산법 201조(현행 도산법 447조에 해당) 2항은 별제권자가 별제권의 행사에 의하여 채권 전액을 변제받을 수 없는 경우에 파산절차에 참가하여 파산채권자로서 배당받기 위하여 채권신고를 하는 경우에 관한 규정이라 할 것이므로, 별제권도 파산채권과 같이 반드시 신고·조사절차를 거쳐 확정되어야 하고, 다만 파산재단의 관리, 환가 및 배당절차에 의하지 않고 행사할 수 있을 뿐이라는 논지는 독자적인 견해로서 받아들일 수 없다. 따라서 정기예금채권에 관하여 질권을 행사하여 그 원리금을 수령한 것은 별제권의 행사로서 적법하고, 가사 채권신고시 자신의 채권 가운데 원금 상당액만을 공제한 금액을 별제권의 행사에 의하여 변제를 받을 수 없는 채권액으로 신고하였다 하더라도, 배당단계에서 다시 별제권의 목적의 처분에 의하여도 변제받을 수 없을 채권임을 소명하지 않으면 배당에서 제척되므로(512조 2항), 위 신고로 인하여 바로 파산재단에 어떠한 손해가 발생하였다고 볼 수 없으며, 그 밖에 원심판결에 법리오해의 위법이 있

때에는 그 취지 및 채권액을 신고하여야 하는데(313조 1항 5호 다목, 4항), 그러나 이는 파산채권자의 법원에 대한 채권신고와는 다른 것이고, 파산관재인이 별제권자를 파악하기 위한 것이다.

③ 저당권자, 부동산유치권자 또는 전세권자는 민사집행법상 부동산경매의 방법에 의하여 목적부동산을 환가하여 그 매각대금으로부터 우선변제를 받을 수 있다.[24] 또한 질권자 또는 동산유치권자는 동산경매에 의하여 목적동산을 환가하여 그 매각대금으로부터 우선변제를 받거나, 정당한 이유가 있으면(가령 목적물의 가치가 적어서 경매에 의하는 것이 부적당한 경우) 간이한 변제충당에 의하여 목적동산을 변제에 충당할 수 있다. 채권질에 있어서는 민사집행이 정하는 집행방법에 의하여 질권을 실행하여도 무방하나, 직접 채권을 청구할 수 있다. 한편 당연한 것이지만, 별제권의 실행 등에 의하여 별제권자가 우선변제를 받은 후에 잔액이 있으면, 그 나머지는 파산재단에 귀속한다.

④ 기한부채권은 변제기 도래 전이라도 파산선고와 동시에 변제기가 도래한 것으로 보므로(425조) 피담보채권이 파산채권인 때에는 별제권자는 즉시 별제권을 행사할 수 있다. 채무자가 물상보증인인 경우와 같이 피담보채권이 파산채권이 아닌 때에는 변제기가 도래하여야 비로소 별제권을 행사할 수 있다.

11-11   **2. 파산절차의 간섭**

담보권자는 별제권자로서 파산절차에 의하지 않고 그 권리를 행사할 수 있다는 것이 법 412조의 원칙이지만, 이는 권리의 실행에 있어서 아무런 제약을 가하고 있지 않다는 것을 의미하지는 않는다. 별제권의 행사는 파산절차에 의하지 않고 행사할 수 있다고 하더라도 별제권의 목적재산은 환취권의 목적재산과

다 할 수 없다(대법원 1996. 12. 10. 선고 96다19840 판결).

24) 유치권자는 채권의 변제를 받기 위하여 유치물을 경매할 수 있다(민법 322조 1항). 그런데 유치권은 목적물을 유치함으로써 간접적으로 채무의 변제를 강제하는 데 본질이 있는 것이므로 목적물의 환가대금에서 우선변제를 받을 권리는 없다. 다만 언제까지 남의 물건을 보관하고 있는 것이 불편하므로 이를 환가하여 금전으로 만들기 위하여 경매권을 인정한 것이다. 즉「환가를 위한 경매」로서의 성질을 가진다. 한편, 경매로 얻어지는 매각대금은 목적물 소유자의 재산이지만, 절차의 처리상 경매신청권자인 유치권자에게 교부된다. 유치권자는 그 매각대금을 소유자에게 반환할 채무와 자기의 피담보채권과 상계함으로써 우선변제권을 행사한 것과 마찬가지의 결과를 가져올 수 있다. 그런데 이와 관련하여 파산절차상 상계규정과 관련된 문제점의 지적과 결국 채무자가 파산하여 유치권자가 별제권을 가진 경우에는 우선변제권이 인정된다고 할 것이라는 입장에 대하여는 양형우, "파산절차상의 담보권", 민사법학(2005. 9), 129-130면.

달리 파산재단을 구성하고 있으므로(별제권은 특정한 재산이 파산재단에 속하는 것을 전제로 해당 재산으로부터 우선적으로 피담보채권을 변제받는 권리이므로, 환취권의 목적이 아닌 재산으로서 파산재단에 속하는 재산에 대하여만 인정된다) 파산재단의 충실이나 파산절차의 원활한 진행이라는 요청에 비추어 별제권자도 파산절차와 무관하게 권리실행을 할 수 있는 것은 아니다. 그리하여 원칙적으로 별제권자는 파산절차의 영향을 받지 않고 그 실행을 할 수 있으면서도 파산관재인이 그 실행에 다음과 같이 간섭할 수 있도록 하고 있다.

(1) 신고의무

11-12

별제권자가 목적물을 소지하는 때에는 그 취지 및 채권액을 파산관재인에게 신고하여야 한다(313조 1항 5호 다목, 4항).

(2) 제시청구권·평가권

11-13

그리고 별제권자가 그 권리행사에 의하여 회수할 수 없는 부족액을 파산채권으로 행사할 수 있는 것에 대응하여, 파산관재인은 별제권의 목적재산이지만, 그것을 평가할 수 있다면 별제권의 행사에 의한 부족액을 예상하는 등의 판단을 할 수 있으므로 파산관재인은 별제권자에 대하여 그 권리의 목적인 재산의 제시를 요구할 수 있고(490조 1항), 또한 파산관재인은 그 재산을 평가할 수 있으며, 별제권자는 이를 거절할 수 없다(동조 2항).

(3) 환 수 권

11-14

파산관재인은 별제권의 목적재산이 파산재단으로서 반드시 필요한 것인 때에는(목적물을 환수하는 쪽이 유리하다고 판단한 경우) 그 피담보채권액을 변제하고 환수할 수 있다. 그 가액이 법원이 정하는 금액 이상이라면, 법원의 허가를 받아야 하며, 감사위원이 설치되어 있는 때에는 감사위원의 동의를 얻어야 한다. 다만, 그 가액이 1천만 원 미만으로서 법원이 정하는 금액 미만인 때에는 예외이다(492조 14호).

(4) 환 가 권

11-15

별제권자가 적극적으로 별제권의 행사를 하지 않는 때에는 파산관재인은 민사집행법에 의하여 스스로 그 목적재산을 환가할 수 있고(파산선고결정의 정본을 집행권원으로 하여 강제경매 등의 강제집행을 신청), 이 경우에는 별제권자는 이를 거절할 수 없다(497조 1항). 나아가 파산관재인은 민사집행법에 의하지 않고 임의매각할 수도 있다는 견해가 유력하다.25) 임의로 매각할 수 있다면 민사집행법에 의하는 것에 비하여 조기에 환가할 수 있고, 공조공과(公租公課)의 비용이나 관리비용 등을 면할 수 있으므로 파산재단에 유리할 것이므로 입법적으로 파산관재인은 별제권자의 동의가 없는 경우라도 담보권이 부착된 채, 별제권의 목적인 재산을 제3자에게 임의매각할 수도 있다는 규정을 두는 것을 검토할 필요가 있다.26)

별제권자는 우선변제권을 환가금(별제권자가 받을 금액이 아직 확정되지 아니한 때에는 임치금)에 대하여 행사하는 방법이나(497조 2항), 재단채권으로 우선변제를 받는 방법을 생각할 수 있다(473조 5호. 별제권의 한도에서 가치적으로 파악되는 부분에 상당하는 대가 ☞ 7-17).

한편, 별제권자에게 법정의 방법에 의하지 아니하고, 별제권의 목적재산에 대하여 임의의 처분권이 인정되는 경우(가령 상법 59조 유질계약)에는 파산관재인은 그를 위한 처분기간의 지정을 법원에 신청하고, 그 기간 안에 처분할 것을 별제권자에게 강제할 수 있다. 지정된 기간 안에 처분하지 않은 때에는 별제권자는 처분권을 잃고, 파산관재인이 처분권을 가지게 되어 위 법 497조의 방법에 의하여 환가할 수 있다(498조).

IV. 별제권자의 파산채권행사

11-16   ### 1. 부족액(잔액)책임주의

별제권에 있어서 피담보채권이 파산채권으로서의 요건을 충족하고 있는 경우에 별제권자로서의 지위와 파산채권자로서의 지위에 대한 관계가 문제된다.

---

25) 전대규, 1409면; 임준호, 전게 "파산절차상 담보권의 처리", 115면; 伊藤眞, 破産法・民事再生法, 435면. 한편, 독일 도산법(Insolvenzordnung) 166조에서는 도산관재인이 별제권이 있는 동산을 점유하고 있는 때에는 임의매각 등 그 동산을 스스로 환가하는 것을 인정하는데, 168조는 이 경우에 도산관재인은 별제권자에게 보다 유리한 다른 환가방법을 제시할 기회를 부여하도록 하고 있다. 물론 부동산에 대하여는 165조에서 강제집행의 방법으로 실행하도록 하고 있다.

26) 그런데 일본에서의 종전의 별제권부 부동산의 환가의 실태를 살펴보면, 별제권이 소멸하는 것을 조건으로 하는 매수희망자를 탐색하여 파산관재인・별제권자 사이에서 환수의 대금을, 파산관재인・매수희망자 사이에서 매수가격을 교섭하여 그것이 결정되는 단계에서 별제권의 소멸절차와 그리하여 소유권이전등기절차를 동시에 행하는 방법이 자주 사용되었다고 한다. 이러한 방법으로 해당 부동산에 관한 분쟁을 제거하므로 매수인에게도 이점이 있고 또한 파산재단에 귀속되는 액수도 많아졌다고 한다. 한편, 2005년 시행 일본 신파산법에서는 임의매각에 따른 담보권소멸청구제도가 신설되었다(186조 내지 191조).

채무자가 물상보증인으로 담보권자에 대한 인적 채무를 부담하고 있지 않은 때에는 담보권자가 별제권의 행사 이외에 파산채권을 행사할 가능성은 없다. 반면, 채무자가 동시에 담보권자에 대한 채무자이기도 한 때에는 담보권자는 별제권의 행사와는 별도로 피담보채권을 파산채권으로서 행사할 수 있는데, 그러나 하나의 채권에 대하여 이중으로 만족을 받는 것은 당연히 허용되지 않는다. 즉, 별제권자의 피담보채권이 파산채권으로서의 성질을 가지는 경우에도 별제권의 행사에 의한 완전한 만족을 받을 수 있는 한 별제권자는 파산채권자로서 파산절차에 의하여 그 채권을 행사할 필요는 없다. 그리하여 법은 별제권자는 우선 별제권을 행사하여야 하고, 그것에 의하여 채권의 전액의 만족을 얻을 수 없는 경우에만 부족액(잔액)에 대하여 파산채권자로서 권리행사를 할 수 있다고 규정하고 있다(413조 본문). 이를 **부족액**(잔액)**책임주의**라고 한다. 일반 채권자의 보호를 도모하고자 하는 민법 340조, 370조 등의 입장을 파산에 있어서도 적용한 것이라고 할 수 있다.27) 이러한 취급은 이중의 권리행사를 금지하고자 하는 것이므로 경우에 따라 별제권자가 별제권을 포기하면 채권 전액에 대하여 파산채권자로서 권리행사를 할 수 있는 것은 물론이다(413조 단서).

2. 부족액(잔액)의 행사방법

(1) 신   고

11-17

별제권자가 별제권의 행사에 의하여 그 목적물로부터 변제를 받을 수 없었던 부족액(잔액)을 파산채권으로서 행사하려는 경우, 채권신고에 있어서 법원이 정하는 신고기간 안에 통상의 신고사항(447조 1항) 이외에, 별제권의 목적 및 그 예정부족액(즉, 목적물의 평가액과 채권액의 차액)도 신고하여야 한다(동조 2항). 파산채권자로서 권리행사는 아직 별제권을 행사하지 않고 있을 때 및 현재 별제권을 행사중에 있을 때에도 할 수 있다. 반드시 별제권의 행사를 완료한 후에만 파산채권자로서 신고를 할 수 있는 것은 아니다.28)

---

27) 이러한 규정은 언뜻 파산법 내지는 도산법의 독특한 입장이라고 생각할지 모르겠으나, 저당권자, 질권자가 채무자의 일반 재산에 집행하는 것의 제한을 인정한 민법 340조, 370조와 마찬가지 취지의 내용이다. 그 의미에서는 부족액(잔액)책임주의는 본래 민법의 대원칙의 하나로 민법에서 설명되어도 무방할 것이다.

28) 임준호, 전계 "파산절차상 담보권의 처리", 120면.

11-18   (2) 조사·배당

신고한 채권의 전액 및 예정부족액에 대하여 채권조사를 행한다(450조, 448
조 1항 2호, 4호). 다만, 이 부족액의 확정은 잠정적인 것이고, 배당에 관하여는
그 제외기간 안에 파산관재인에 대하여 목적물의 처분에 착수한 것을 증명하고,
그 처분에 의하여 변제를 받을 수 없는 부족액을 소명하지 않으면 배당에서 제
외되고(512조 2항), 또한 목적물의 처분이 종료되어 부족액이 확정되기까지는 별
제권자가 소명한 부족액에 대한 배당액은 임치된다(519조 3호). 그리고 최후의
배당에 관한 배당제외기간 안에 파산관재인에 대하여 별제권 포기의 의사를 표
시하지 않거나 목적물의 처분의 결과, 확정된 부족액을 증명하지 아니한 때에는
완전히 배당에서 제외되고(525조), 배당에서 제외된 채권자를 위하여 임치한 금
액은 이를 다른 채권자에게 배당하여야 한다(526조).

그런데 별제권의 실행절차가 늦어져 배당제외기간 안에 별제권의 실행이 완
료되지 않는 경우가 있고, 이때에 별제권자는 부족액을 증명할 수 없다. 별제권
자로서는 배당에서 제외되지 않기 위해서는 별제권을 완전히 포기하여야 하는
등의 선택에 내몰린다. 그리하여 별제권의 실행이 완료되기 전이라도 파산관재
인이 인정하는 일정한 금액 내지는 별제권자와 파산관재인의 합의에 의한 담보
의 일부해제(즉, 피담보채권액의 변경의 합의), 평가인에 의한 평가액에 대하여는 배
당에 참가할 수 있도록 하는 방안에 관한 입법적 검토가 필요하다(☞ 13-53).29)

한편, 배당과 달리 별제권자가 파산채권자로서 의결권을 행사하는 경우에
의결권을 행사할 수 있는 채권액의 결정에 대하여는 위 방법과는 별도의 규정이
있다(373조 2항). 즉, 예정부족액이 기준이 되고 이에 대하여 파산관재인 또는 파
산채권자의 이의가 있는 때에는 법원은 의결권을 행사하게 할 것인가의 여부와
의결권을 행사할 금액을 결정한다.

11-19   **3. 준별제권자**

별제권자가 아니더라도 파산채권의 행사의 장면에서 채권자평등을 도모하

---

29) 2005년 시행 일본 신파산법 198조 3항은 담보권에 의하여 담보된 채권의 전부 또는 일부가
   파산선고 후에 담보되지 못하게 된 것을 증명하여 그 채권의 전부 또는 일부에 대하여 배당절차
   에 참가할 수 있도록 하였다. 즉 담보권의 포기나 별제권의 행사에 의한 부족액의 증명의 경우
   에 한정하지 않고 피담보채권이 무담보 상태가 된 경우에 부족액 부분에 대하여 배당절차에 참
   가할 수 있도록 하였다.

고자 하는 취지에서 별제권자와 마찬가지로 취급하여 부족액(잔액)책임주의가
확장되는 경우가 있는데, 이렇게 부족액책임주의가 확장되는 사람을 준별제권
자라고 한다. 파산선고가 있더라도 파산재단에 속하지 않는 재산, 가령 압류금
지재산(383조)과 같은 자유재산의 주체인 채무자는 파산재단소속재산에 대하여
관리처분권을 가지는 파산관재인과는 별도의 법주체이다. 따라서 파산채권자가
파산재단에 속하지 않는 채무자의 자유재산상에 가령 질권 또는 저당권을 가지
고 있는 경우에 본래는 파산채권의 행사에 있어서 제한을 받지 않는다. 그런데
파산재단소속의 재산도, 자유재산도 본래는 모두 채무자의 재산이었던 점을 중
시하고, 또한 실행의 결과로 부족액에 대하여만 파산채권의 행사를 인정하는 것
이 다른 파산채권자와의 공평에 합치하므로 파산재단에 속하지 않는 채무자의
자유재산상에 질권·저당권·「동산·채권 등의 담보에 관한 법률」에 따른 담보
권을 가진 자는 그 권리의 행사에 의하여 변제를 받을 수 없는 채권액에 한하여
파산채권자로서 그 권리행사가 인정되고(414조 1항), 이러한 권리를 가진 자에
대하여는30) 별제권에 관한 규정을 준용한다(동조 2항).31) 즉, 그 채권의 신고·
조사·배당 등에 있어서 위 2에서 본 바와 같은 별제권에 관한 규정이 준용된
다.32) 이러한 권리를 가진 파산채권자는 별제권자는 아니지만, 부족액의 권리

---

30) 조문상으로 질권, 저당권 이외에 유치권, 전세권 등이 빠져 있는데, 담보권에 대하여 법 411조
   와 관련 통일적으로 규율하는 것이 적절할 것이다. 김재형, "도산절차에서 담보권자의 지위", 인
   권과 정의(2006. 4), 35면도 마찬가지 취지이다.

31) 일본 파산법(2005년 시행 일본 신파산법도 마찬가지)은 자유재산에 대하여 제2파산이 개시된
   경우에 있어서 제1파산의 파산채권자는 제1파산에 있어서 변제를 받지 못한 액에 대하여 제2파
   산에서 파산채권을 행사할 수 있다고 규정하여, 제1파산의 파산채권자의 지위에 관하여도 준별
   제권으로서 부족액(잔액)책임주의의 원칙을 적용하고 있다(일본 종전 파산법 97조 1항, 신파산
   법 108조 2항). 제1파산과 제2파산이 함께 계속되어 있는 이상, 선행절차의 파산채권자는 후행
   의 파산절차에 파산채권 전액으로 절차참가를 하여도 무방할 것이지만, 그러나 파산법상 고정
   주의가 채택되어, 파산채권은 파산선고 전의 원인에 기하여 생긴 채권이어야 하므로 제2파산과
   의 관계에서 제1파산에서 변제 받을 수 없었던 채권액을 파산채권으로써 참가할 수 있게 한 것
   이다. 제1파산의 파산재단도, 제2파산의 파산재단도 모두 파산자의 재산이므로 제1파산의 파산
   채권자에게 제2파산에 있어서 파산채권 전액의 행사를 인정하면 이중의 권리행사를 인정하는
   것이 되므로 제2파산절차의 파산채권자와의 공평을 도모하기 위한 취지이다. 우리 파산법은 이
   를 명문으로 규정하고 있지는 않지만, 마찬가지로 그 적용이 있다고 본다는 견해로는 임준호,
   전게 "파산절차상 담보권의 처리", 96-97면.

32) 파산관재인이 별제권의 목적물을 파산재단에서 포기한 뒤에 별제권자가 파산배당에 가입하기
   위하여 별제권자가 해당 목적물상에 생긴 별제권을 포기한 사안에서 포기의 의사표시의 상대방
   은 원칙적으로 파산관재인이지만, 위 경우에는 해당 재산에 대한 파산관재인의 관리처분권이
   상실되므로 별제권포기의 의사표시는 채무자 본인에게 하게 된다(일본 最判 2000年(平成 12年)

행사에 있어서 별제권자와 마찬가지의 취급이 행하여지고 있으므로 준별제권자
라고 부르는 것이다.

　4月 28日). 그러나 채무자가 주식회사인 경우에 주식회사는 파산선고에 의하여 해산되므로 포
기의 의사표시의 수령권한을 가지는 것은 누구인가 문제가 된다. 일본 最決 2004年(平成 16年)
10月 1日(倒産判例百選[第5版](59사건), [三上威彦 해설] 참조)은 이해관계인의 신청에 기하여
법원에 의하여 선임된 청산인이라고 보고, 종래의 대표시아에 대하여 한 포기의 의사표시는 무
효로 보았다.

제 4 절 상 계 권

상계는 같은 종류의 채무를 부담하는 사람 서로 사이에서 각자가 대등액에 관하여 자기 채무와 상대방 채무를 동시에 소멸시키려는 의사를 표시함으로써 양쪽 채무가 동시에 소멸되는 것을 말한다. 즉 상계는 채무자가 자기가 부담하는 채무를 소멸시키는 수단 가운데 하나로(민법 492조 이하) 간이한 결제수단으로서의 기능을 가진다. 그런데 현실적인 거래사회에서 상계의 기능은 이러한 단순한 결제수단에 머무르지 않고, 저당권이나 질권 등과 함께 담보권과 같은 기능을 행한다. 즉 상대방 채권을 자기 채권의 담보로 파악하여 언제라도 상계에 의하여 채권·채무관계를 결제할 수 있는 확실한 상태 하에서 서로 거래관계를 유지·계속하고, 실제 상계권의 행사에 의하여 자기 채권에 대하여 변제를 받은 것과 마찬가지의 결과를 얻는다.[1] 이러한 상계의 담보적 기능은 당사자의 한쪽이 경제적 도산상태에 빠진 경우에 매우 유효하게 작용하게 된다.[2] 가령 상대방이 파산한 경우에 상계권의 행사를 인정하는 것은 파산채권자 사이의 평등변제에는 어긋나는 것이지만, 담보적 기능을 가지는 상계권에 대하여 다른 파산채권보다 우선하여 만족을 도모하는 것을 인정하고 있다. 그리하여 여기서는 상계에 대한 합리적 기대를 가지는 채권자가 파산절차와의 관계에서 어떠한 지위에 서는가, 또 민법상 상계가 파산과의 관계에서 어떻게 변용되는가를 살펴보고자 한다.

I. 상계권의 의의

12-1

파산채권의 개별적 권리행사 금지, 즉 파산채권은 파산절차에 의하지 아니하고는 행사할 수 없는데(424조), 그 예외로 파산채권자가 파산선고 당시에 채무자에 대하여 채무를 부담하는 때에는 원칙적으로 파산절차에 의하지 아니하고 상계할 수 있다(416조). 이렇게 파산재단을 구성하는 채권의 채무자(즉 파산채권자)가 자신이 가지는 파산채권을 파산절차에 의하지 아니하고, 상계권(Aufrechnung)을 행사하여 자기 채무를 면하고, 그 결과 다른 파산채권자에 우선하여 만족을 받을 수 있는 권리를 파산법상 상계권이라고 한다(이하 단순히 상계권이라고도 한

---

1) 따라서 실제 은행거래실무 등에서 은행이 고객에게 금전을 대출하는 데 있어서 해당 은행에 일정액의 예금을 할 것을 요구하여 예금반환채권을 수동채권으로 하여 상계권의 담보로서의 기능을 확보하려고 하는 예가 많다. 저당권이나 질권 등은 그 실행에 있어서 번거로운 절차가 필요하나, 상계는 의사표시만으로 효력이 생기므로 그 실행이 대단히 용이하다.
2) 상계는 상대방의 재산상황에 관계없이 스스로의 일방적 의사표시만으로 그 효과가 발생하는 점에서 대단히 강력한 채권실현의 수단이라고 할 수 있으므로 상계의 효용이 가장 기대될 수 있는 장면은 상대방이 파산한 경우이다.

다). 상계의 한도에서 파산채권의 완전한 만족을 얻는 것이 되므로, 이는 법 411
조 이하의 별제권과 마찬가지이다(법 424조의 파산채권의 개별적 행사금지원칙에 대한
예외).3)

◆ **상계의 담보적 기능** ◆　언제라도 상계에 의하여 채무를 결제할 수 있다는 기대
로부터 파생하는 상계의 담보적 기능은4) 상대방이 파산하는 것에 의하여 당연히 파
괴되는 것은 아니다. 예를 들어 어느 자동차회사 甲이 부품을 제작하는 하청기업 乙
에 대하여 대여금채권을 가지고 있는데, 장기간 거래과정에 있어서 저당권 등의 물
적 담보나 연대보증 등의 인적 담보를 부담시키고 있지 않은 상태에서 乙기업이 실
적이 악화되면서 급기야 파산하였다고 하자. 이 경우에 甲회사는 본래 채권자평등의
원칙에 의하여 채권액의 일부밖에 변제를 받지 못할 것이다. 그런데 甲회사가 乙기
업으로부터 구입한 부품의 대금채무를 부담하고 있다고 한다면, 대여금채권과 대금
채무를 동액에서 상계하여 서로 소멸시킬 수 있다. 이 경우에 수동채권인 대금채권
은 乙기업의 책임재산의 일부인데, 이것이 甲회사의 대여금채권과 상계로 소멸되는
것은 甲회사가 이 책임재산으로부터 우선적으로 변제받는 것과 마찬가지의 의미를
가진다. 즉, 甲회사로서는 상계권이 있다는 것은 실질적으로는 수동채권인 대금채무
와 같은 금액의 담보를 취하고 있는 것이 된다. 만약 상대방이 파산한 경우에 파산
채권자의 상계를 허용하지 않는다면, 채권자는 파산재단에 대하여 자기의 채무는 완
전하게 변제하여야 하는 데 대하여, 자기의 채권에 대하여는 파산절차에 있어서 배
당으로 만족하여야 하므로 당사자 양쪽의 지위에 있어서 현저한 불균형이 생긴다.
따라서 파산에 있어서 상계권은 특히 존중되지 않으면 안 된다. 그리하여 법 416조
에서 상계의 담보적 기능을 정면에서 승인하여 파산절차에 의하지 않고 상계권의 행
사를 인정하고 있는 것이다.5)

---

3) 일반적으로 담보라는 것은 채무자의 자력이 악화한 경우에 채권을 효과적으로 회수하는 것을
　목적으로 하고 있다. 그 때문에 파산절차에서는 유치권, 질권, 저당권 등의 담보물권이나 전세
　권을 별제권(411조)이라는 형태로 적극적으로 보호하고 있고, 이를 파산절차에 의하지 않고 행
　사하는 것을 인정하고 있다. 이와 마찬가지로 법 416조는 상계의 담보적 기능을 파산절차상으
　로도 존중하고 있다.
4) 그 실질적 근거 내지 정당성 등의 분석에 대하여는 이동진, "상계의 담보적 기능", 민사법학
　(2015. 3), 447면 이하 참조.
5) 우리와 마찬가지로 위와 같은 이유에서 독일법계(독일, 오스트리아, 일본 등)의 입법례는 파산
　법상 상계를 인정하고 있다. 독일 구파산법(Konkursordnung) 53조는 상계권을 가지는 한도에
　서 채권자는 파산절차에 있어서 그 채권을 행사하는 것이 필요하지 않다고 규정하였고, 현행 도
　산법(Insolvenzordnung) 94조는 도산채권자가 도산절차의 개시시에 있어서 법률에 의하거나
　약정에 의하여 상계할 권리를 가지는 때에는 그 권리는 본 절차에 의하여 영향을 받지 않는다고
　규정하고 있다. 그리고 미국 연방파산법 §553 (a)에서는 파산사건의 개시 이전에 발생한 쌍방의
　채무에 대하여 상계할 수 있음을 밝히고 있다. 다만, §362 (a) (7)의 자동적 중지의 효과에 의하
　여 절차개시 뒤에는 상계를 할 수 없다. 상계권을 가진 채권자가 상계권을 행사하기 위하여는
　법원의 허가가 필요하다. 한편 로마법계에 속하는 입법례에서는 파산의 경우에 있어서 상계에
　관하여 명문을 두고 있지 않은 것이 일반적이다.

한편, 회생절차에 있어서 상계권의 행사는 파산절차와 다소 차이가 있다. 파산절차의 경우에는 자동채권인 파산채권은 변제기가 도래한 것으로 보고(425 조) 이를 전제로 하여 법 416조에서 상계권의 실행에 대하여 특별한 제한을 두지 않고 있다. 즉, 상계적상의 발생시기에 대하여도, 상계의 의사표시에 대하여도 어떠한 제한이 없고, 법 422조의 상계의 금지에 저촉되지 않고, 정당한 상계기대가 인정되는 한, 상계권의 실행이 자유롭게 허용된다(이는 담보권에 대하여 별제권의 지위를 인정한 것에 대응한다).[6] 이에 대하여 회생절차의 경우에는 변제기 도래에 관한 법 425조에 대응하는 규정이 없으므로 회생채권의 변제기가 신고기간만료일까지 도래하여야 하고, 회생채권 또는 회생담보권의 신고기간만료 전에 상계의 의사표시를 하여야 하므로(144조)[7] 파산절차에 비하여 상당한 제약을 받고 있다(이는 담보권 일반에 대하여 회생담보권의 지위를 부여하고, 그 자유로운 실행을 허락하지 않는 법 58조 및 141조 3항에 대응한다).

II. 상계권 규정의 적용범위

12-2

법 416조 이하의 규정이 대상으로 하는 상계는 파산채권을 자동채권으로 하고, 파산재단에 속하는 채권을 수동채권으로 하여 파산채권자 측이 행하는 상계에 한정된다. 그 밖의 경우에 대하여는 법 416조 이하의 규정은 적용되지 않고, 각각의 채권의 성질에 따라서 그 가부가 결정되어야 한다. 채무자의 채권은 파산선고 후에는 파산재단을 구성하는 채권과 자유재산인 채권으로 나뉘고, 상대방의 채권은 강학상 파산채권, 재단채권 및 비파산채권으로 나뉘는데, 각각의 채권의 조합에 의하여 다음과 같은 6가지의 대립관계가 있을 수 있다.

---

6) 파산법은 회사정리법의 경우와 달리 상계권을 실행함에 있어 특별한 시기적 제한을 두지 않고 있고, 파산법 95조(현행법 422조에 해당)의 상계금지규정에 저촉되지 않고 정당한 상계 기대가 인정되는 한 상계권의 실행이 자유롭게 허용되므로 피고가 회사정리절차폐지결정의 확정 이후에 이 사건 정리채권으로 원고에 대하여 상계 의사표시를 하는 데에는 아무런 제한이 없고, 피고가 회사정리절차에서 소정의 기간 내에 상계권을 행사하지 아니하였다고 하여 그 상계권을 포기하였다거나, 회사정리절차폐지 후 이어지는 파산절차에서 그 상계권을 행사하는 것이 파산법의 취지에 반하여 상계권 남용에 해당하거나 신의칙에 반하는 것이라고 단정할 수 없다(대법원 2003. 1. 24. 선고 2002다34253 판결[공보불게재]).

7) 채권자에 의하여 상계권이 행사되는지 여부는 정리계획의 작성의 기초가 되는 등 그 이후의 절차진행에 지장을 줄 염려가 있기 때문에 채무자의 채권액 및 채무액을 일정시점까지 확정할 필요에 의하여 그 행사의 시기적 한계를 정한 것이다.

12-3   **1. 파산재단소속채권과 파산채권의 상계 — 파산관재인에 의한 상계**

대립하는 채권의 상황은 법 416조 이하에서 규정하는 경우와 동일하지만 파산채권자가 아닌, 반대로 파산관재인 측으로부터의 상계가 허용되는지 여부가 문제가 된다. 이러한 상계를 인정하면, 파산관재인이 특정한 파산채권자에게 파산절차 밖에서 파산채권을 변제한 것과 마찬가지의 결과가 되어 채권자평등의 원칙에 어긋나므로 단순히 파산관재인의 선관주의의무위반(361조)의 문제가 생길 뿐만 아니라 상계를 부정하여 그 자체를 무효로 하여야 한다는 입장이 있다.8) 그러나 파산채권자는 상계권이라는 이른바 우선권 있는 채권을 가지는 것이어서 파산관재인 측으로부터의 상계를 인정한다고 하더라도 파산채권자에게 부당한 이익을 주는 것은 아니며, 또한 법률관계의 처리를 촉진하는 장점이 있으므로(파산채권자의 상계권 행사를 기다리는 것으로는 파산관재인의 원활한 업무수행이 방해받는다) 파산관재인에 의한 상계는 유효하다고 보아야 한다는 입장도 있다.9)

실무적으로 파산채권자가 자기에게 유리한 상계권을 최후까지 행사하지 않는 경우는 상정하기 어렵다. 결국 상계권은 행사될 것이고, 상계는 담보적 기능을 가지므로 파산관재인 측으로부터 상계를 인정하여도 다른 파산채권자에게 특별한 불이익을 주는 것은 아니다. 또한 실무적으로 파산채권자가 상계권을 적극적으로 행사하지 않는 경우에 파산관재인은 채권조사기일에서 상계가 예상되는 금액에 대하여 이의를 진술하고, 확정된 잔액에 대하여 배당을 하여 상계를 한 것과 마찬가지의 효과를 가져 오는 처리를 할 수 있다. 이는 실질적으로 파산관재인에게 상계권을 인정하는 것으로 볼 수 있다. 파산재단에 속하는 채권의 실제가치가 떨어진 경우에는 파산관재인 측으로부터의 상계를 인정하는 것이 오히려 파산재단의 이익이 되는 것에 비추어 앞으로 파산관재인 측으로부터의 상계를 인정하여도 무방하다는 방향에서 예외적으로 상계를 허용하는 실체적·수단적 요건을 마련하는 것을 검토하여야 한다. 관련하여 회생절차에서는 법원의 허가가 있는 경우에 관리인 측으로부터의 상계를 할 수 있다(131조).10)

---

8) 일본에서의 종래의 다수설·판례이다. 齊藤秀夫·麻上正信·林屋礼二 編, 注解破産法(上卷)[齊藤秀夫 집필], 699면; 中野貞一郎·道下徹 編, 基本法コンメンタール破産法[山本克己 집필], 157면. 大阪高判 1977年(昭和 52年) 3月 1日, 判例タイムズ(357号), 257면.

9) 김경욱, "파산절차에 있어서 상계권의 행사", 민사소송(2002), 452면; 양형우, "채무자파산에 있어서 상계권", 비교사법(2003. 9), 61면; 조병현, "파산절차상의 상계권의 행사", 파산법의 제 문제[下](1999), 332면.

10) 2005년 시행 일본 신파산법 102조는 파산재단소속채권과 파산채권 등의 상계가 **파산채권자**

한편, 위 어느 쪽의 입장에서도 파산채권이 신고·조사를 거쳐 확정되고, 구체적으로 배당액이 확정된 후에는 파산관재인은 당연히 파산채권자의 배당금청구권을 수동채권으로 하여 상계를 할 수 있다.[11]

2. 파산채권과 자유재산소속채권의 상계

12-4

이 경우에 파산채권자로부터의 상계는 허용되지 않는다.[12] 파산채권은 파산재단으로부터 변제를 받아야 할 것이고, 이러한 상계를 인정하면 법 382조에서 고정주의를 채택한 취지에 반하게 되기 때문이다.

그러나 채무자 측에서는 자유롭게 상계할 수 있다. 자유재산에 대하여는 채무자가 완전한 관리처분권을 가지는 이상, 채무자가 임의로 자유재산을 변제에 제공하는 것을 금지할 이유는 없기 때문이다.[13]

3. 재단채권과 파산재단소속채권의 상계

12-5

재단채권자 또는 파산관재인의 어느 쪽으로부터도 민법의 규정에 따라서 상계할 수 있다. 재단채권은 파산절차에 의하지 않고 파산재단으로부터 수시로 변제할 수 있는 채권이므로(40조, 41조) 상계를 허용하여도 다른 파산채권자를 해치지 않기 때문이다.[14] 다만, 재단부족이 분명하게 된 후에는(42조 1항 참조) 상계는 인정되지 않는다고 본다.[15]

일반의 이익에 적합한 때는 법원의 허가를 받아 파산관재인이 상계권을 행사할 수 있는 것으로 규정하였다. 파산채권자 일반의 이익에 적합하다는 것은 파산관재인의 상계권의 행사가 파산재단의 유지·증식에 연결되는 것을 의미한다. 伊藤眞, 破産法·民事再生法, 463면. 전대규, 1278-1279면도 파산채권자의 일반의 이익에 부합하는 경우에 법원의 허가를 얻어 상계권을 행사할 수 있다고 한다.

11) 일본 大判 1934年(昭和 9年) 9月 17日, 民集(13卷), 1705면. 독일에서는 파산관재인의 상계권 행사를 긍정하는 경우에 있어서 파산채권이 확정된 이후에도 상계를 할 수 있는가, 즉 실권적 효력에 대하여 논의되고 있는데, 이 점에 대하여는 김경욱, 전게 "파산절차에 있어서 상계권의 행사", 455면 이하 참조.

12) 전대규, 1280면; 김경욱, 전게 "파산절차에 있어서 상계권의 행사", 450면; 伊藤眞, 破産法·民事再生法, 464면.

13) 전대규, 1280면; 김경욱, 전게 "파산절차에 있어서 상계권의 행사", 조병현, 전게 "파산절차상의 상계권의 행사", 335면.

14) 전대규, 1280면; 양형우, 전게 "채무자파산에 있어서 상계권", 61면; 조병현, 전게 "파산절차상의 상계권의 행사", 336면.

15) 김경욱, 전게 "파산절차에 있어서 상계권의 행사", 450면; 中野貞一郎·道下徹 編, 基本法コンメンタール破産法[山本克己 집필], 157면. 다만, 大阪地判 1970年(昭和 45年) 3月 13日, 下民集(21卷 3＝4号), 397면은 재단부족의 경우에도 재단채권을 자동채권으로 하는 상계를 인정하

12-6   **4. 재단채권과 자유재산소속채권의 상계**

　　이 경우에는 재단채권의 채무자가 누구인가 하는 문제와 관련되어 있다. 재
단채권의 채무자를 파산재단 또는 그 관리기구로 본다면 재단채권자와 채무자
사이에 채권채무의 대립관계가 없으므로 어느 쪽으로부터도 상계할 수 없다.16)
다만, 채무자 측으로부터의 상계는 파산재단의 이익을 위하여 하는 제3자 변제
로서 긍정하여도 문제가 없다는 견해가 있다.17)

12-7   **5. 비파산채권과 파산재단소속채권의 상계**

　　예를 들어 파산선고 후에 채무자에 대하여 발생한 채권과 같은 비파산채권
은 파산절차 밖에서 채무자 사이에 발생한 채권이고 파산재단으로부터 변제를
받을 수 없다. 또 파산관재인 측에서도 이에 대한 변제를 할 수 없는 것은 물론
이다. 즉 본래부터 상계할 수 있는 관계에 있는 것이 아니므로 비파산채권자 또
는 파산관재인의 어느 쪽으로부터의 상계도 허용되지 않는다.18)

12-8   **6. 비파산채권과 자유재산소속채권의 상계**

　　이 경우에는 어느 쪽의 채권도 파산절차와 관계가 없고, 파산법 내지는 도
산법의 규율대상 밖이므로 민법상 상계의 요건을 충족하는 한 어느 쪽으로부터
의 상계도 허용된다.19)

였다.
16) 또한 재단채무의 채무자를 파산자로 본다고 하더라도, 고정주의를 취하고 있으므로(382조) 파
　　산선고를 받은 채무자가 자기의 자유재산으로 재단채권을 변제할 책임이 없는 것이고, 따라서
　　재단채권자는 자유재산소속채권에 대하여 상계할 수 없다. 김경욱, 전게 "파산절차에 있어서 상
　　계권의 행사", 459면.
17) 전대규, 1281면; 김경욱, 전게 "파산절차에 있어서 상계권의 행사", 459면; 伊藤眞, 破産法·
　　民事再生法, 465면.
18) 전대규, 1280면; 김경욱, 전게 "파산절차에 있어서 상계권의 행사", 459면; 조병현, 전게 "파산
　　절차상의 상계권의 행사", 335면; 伊藤眞, 破産法·民事再生法, 463 - 464면.
19) 전대규, 1280면; 김경욱, 전게 "파산절차에 있어서 상계권의 행사", 460면; 조병현, 전게 "파산
　　절차상의 상계권의 행사", 335면; 伊藤眞, 破産法·民事再生法, 463면.

Ⅲ. 상계권의 확장

파산절차에서 상계권의 행사가 인정되는 전제로서 파산선고시에 정당한 상계적상이 존재하고 있어야 한다. 그 상계적상의 유무를 판단하는 데 있어서 민법 492조의 일반적인 원칙은 첫째, 동일 당사자 사이에 채권의 대립이 있어야 하고, 둘째, 자동채권과 수동채권의 목적이 동종이어야 하고(따라서 상계는 원칙적으로 금전채권 또는 대체물을 목적으로 하는 종류채권 사이에서 이루어진다),[20] 셋째, 양 채권의 변제기가 도래하고 있어야 한다. 그런데 상대방은 이유 없이 기한의 이익을 잃는 것이 되므로 자동채권은 반드시 변제기에 있어야 하나, 이에 반하여 상계자는 기한의 이익을 포기할 수 있으므로 수동채권은 반드시 변제기가 도래하고 있어야 하는 것은 아니다.[21]

그러나 파산절차는 파산선고시에 있어서 채무자의 총재산을 환가하여 금전에 의하여 파산채권자의 공동·공평한 만족을 도모하는 절차이므로, 위 셋째, 양 채권의 변제기가 도래하고 있어야 한다는 요건과 관련하여 파산채권은 가령 기한미도래의 채권이라도 현재화에 의하여 파산선고시에 기한이 도래한 것으로 보고(425조), 위 둘째, 자동채권과 수동채권의 목적이 마찬가지 종류이어야 한다는 요건과 관련하여 파산채권은 가령 비금전채권이라도 금전화가 행하여진다(426조). 따라서 민법상 상계의 요건을 충족하지 못하더라도 파산법상으로는 상계를 할 수 있고, 이러한 파산절차의 특질로부터 파산절차에 있어서 상계의 요건은 민법보다도 완화되었다고 할 수 있고, 그 결과 파산절차에 있어서 상계권이 확장되어 있다고 할 수 있다.

이를 전제로[22] 법 417조는 파산채권자의 채권(자동채권)이 파산선고시에 있어서 기한부 또는 해제조건부이거나 법 426조에 규정된 것인 때에도 상계할 수 있고, 채무(수동채권)가 기한부나 조건부인 때 또는 장래의 청구권에 관한 것인 때에도 또한 상계할 수 있다고 규정하고 있다.

---

20) 곽윤직, 채권총론(1996), 530면.
21) 곽윤직, 채권총론(1996), 530면.
22) 伊藤眞, 破産法·民事再生法, 465면. 그런데 이러한 파산채권의 등질화(현재화·금전화)가 상계권의 확장을 정당화하는 근거로는 부족하다는 입장으로는 양창수, "파산절차상의 상계", 인권과 정의(2003. 3), 114면. 파산선고 전에는 상계할 수 없던 채권자가 등질화에 의하여 돌연 상계할 수 있게 된다는 것, 즉 다른 파산채권자에 우선하여 자기 채권의 만족을 얻을 수 있게 된다는 것은 실로 그 등질화의 목적을 뛰어넘는 것이라고 하지 않을 수 없다고 한다.

생각건대 법 417조에 의한 상계의 요건의 완화 내지는 그것에 의하여 결과적으로 상계에 대한 파산법 내지는 도산법 고유의 우선권이 창설되는 것은 부당하므로 상계권의 확장에 대하여 앞으로 입법론적 검토가 필요하다.23)

12-10

1. 자동채권(파산채권)의 요건

파산채권인 자동채권은 파산선고 시점에서 변제기가 미도래한 기한부 채권이나 해제조건부 채권이라도 무방하고, 비금전채권, 금전채권이지만 금액이 불확정한 것, 외국의 통화로 지정되어진 채권, 그리고 금액 또는 존속기간이 불확정한 정기금채권이라도 무방하다(417조 전문). 파산절차에 있어서 파산채권은 등질화(현재화·금전화)되므로(420조 2항) 상계의 요건을 완화한 것이다. 각각의 태양에 따른 상계의 가능성을 살펴보면 다음과 같다.

12-11

(1) 기한부 채권

기한부 채권은 현재화(425조)에 의하여 파산선고시에 변제기에 이른 것으로 보므로 상계를 할 수 있다. 기한부이면서 이자부 채권의 경우에는 원본 및 파산선고 당일의 전일까지의 이자의 합계액을 가지고 상계할 수 있는데, 파산선고시 이후의 이자 상당분은 상계에 제공할 수 없다. 파산선고시 이후에는 이자가 발생할 여지가 없기 때문이다(425조 참조). 무이자채권의 경우에는 확정기한부에 대하여는 채권액으로부터 후순위 채권인 중간이자(446조 1항 5호)를 공제한 액을 한도로 하고, 또한 불확정기한부에 대하여는 채권액과 파산선고시에 있어서 평가액과의 차액(446조 1항 6호)을 공제한 액을 한도로 하여 상계할 수 있다(420조 1항).

---

23) 독일 구파산법(Konkursordnung) 54조도 우리와 유사한 민법보다 완화된 요건의 상계권을 인정하였였지만(54조에 대한 최초의 의문의 제기는 Häsemeyer, Die Gleichbehandlung der Konkursgläubiger, KTS(1982), S. 507ff.; Häsemeyer, Insolvenzrecht(1992), S. 382), 이에 대하여 새로운 도산법(Insolvenzordnung) 95조 1항은 도산절차의 개시시에 있어서 상계될 채권의 양쪽 또는 한쪽이 정지조건부이거나 기한부인 때 또는 동종의 급부를 목적으로 하지 않은 때에는 그 요건이 갖추어진 후가 아니라면 상계를 할 수 없다. 41조(현재화) 및 45조(금전화) 규정은 이를 적용하지 않는다. 수동채권(도산채무자의 채권)이 상계를 할 수 있게 되기 전에 무조건이 되거나 이행기가 도래한 때에는 상계를 할 수 없다고 규정하여 구파산법의 태도를 버렸다. 독일 새로운 도산법에서는 도산절차 밖에서 보호되지 않는 상계기대는 도산절차상으로도 보호되지 않게 되었다. 이러한 배경에 비추어 우리도 입법적 검토가 필요하다는 주장으로는 김경욱, 전게 "파산절차에 있어서 상계권의 행사", 464면 이하; 양창수, 전게 "파산절차상의 상계", 120면 이하 참조.

(2) 정기금채권

12-12

정기금채권에 대하여도 금액 및 존속기한이 확정한 것은 중간이자를 공제한 액의 한도에서 상계할 수 있고, 확정되지 아니한 것은 파산선고 당시의 평가액의 한도에서 상계할 수 있다(420조, 446조 1항 7호, 426조).

(3) 해제조건부 채권

12-13

해제조건부 채권은 그 상계액에 관하여 담보를 제공하거나 임치한 후에(419조) 즉시 상계에 제공할 수 있다(417조 전문, 420조 2항, 427조). 해제조건부의 경우에는 채권은 이미 발생하고 있으므로 그 전액을 가지고 상계의 자동채권으로 할 수 있지만, 파산절차 중에 해제조건이 성취하면 채권이 없었던 것으로 되어 상계적상이 소급적으로 소멸되므로 해제조건의 성취에 대비하여 상계에 제공한 액의 반환을 확보하기 위한 것이다. 최후의 배당에 관한 배당제외기간 안에 해제조건이 성취하지 못한 때에는 제공한 담보는 그 효력을 상실하고 임치한 금액은 해당 채권자에게 반환된다(524조 후문).

(4) 정지조건부 채권 또는 장래의 청구권

12-14

정지조건부 채권 또는 장래의 청구권은 즉시 상계할 수가 없다(417조 전문은 이러한 채권을 제외하고 있다). 정지조건이 성취하기까지는 채권은 아직 발생하지 않고 있으며, 장래의 청구권도 그것이 구체화(현실화)되지 않으면 그것을 상계의 자동채권으로 할 수가 없기 때문이다. 따라서 파산채권자는 파산재단에 대하여 부담하고 있는 채무(수동채권)를 변제하지 않으면 안 되는데, 파산절차 중에 정지조건이 성취하거나 또는 장래의 청구권이 구체화되면 그 때에 상계를 할 수 있으므로 파산채권자가 채무를 변제하는 데 있어서 나중에 상계할 수 있게 된 때에 대비하여 변제액의 임치를 청구할 수 있다(418조).[24] 최후의 배당에 관한 배당제외기간 안에 정지조건이 성취하지 않거나 장래의 청구권이 현실화되기에 이르지 않은 때에는 임치된 금액은 다른 파산채권자에게 배당하여야 한다(526조 후문).

---

24) 위와 같이 임치청구권을 정하면서도 그 청구의 방법이나 절차에 대해서는 별도의 규정을 두지 아니하였는데, 대법원 2017. 1. 25. 선고 2015다203578, 203585 판결은 파산관재인에 대하여 민사소송의 방법으로 채무변제금에 대한 임치의 이행을 청구할 수 있고, 나아가 정지조건부 파산채권자가 채무를 실제로 변제할 때에 그의 채권액이 채무변제액을 초과한다는 사실을 증명한 경우에는 파산채권자는 자신이 변제하는 금액 전부에 대하여 임치를 청구할 수 있다는 점을 분명히 하였다.

12-15   **(5) 비금전채권, 금액불확정의 금전채권, 외국통화채권**

비금전채권, 금액불확정의 금전채권, 외국통화채권의 경우에는 파산선고 당시의 평가액을 가지고 상계할 수 있다(420조 2항, 426조).

12-16   **2. 수동채권(파산재단소속채권)의 요건**

파산재단에 속하는 채권인 수동채권에 대하여는 자동채권인 파산채권과 달리 금전화의 규정이 없으므로 민법의 원칙에 따라 수동채권은 금전채권이든가 또는 자동채권과 마찬가지 종류의 목적을 가지는 것이어야 한다.

그러나 현재화에 관하여는, 수동채권이 기한부나 조건부인 때 또는 장래의 청구권이라도 상계는 허용되어(417조 후문) 상계권이 확장되고 있다. 이러한 수동채권에 있어서는 채무자인 파산채권자 측에서 기한의 이익을 포기하거나[25] 조건성부의 기회를 포기하고, 또는 청구권의 현실화를 승인(장래의 불발생의 가능성을 포기)한 후에 스스로 상계를 하고자 한다면, 그것을 막을 이유는 없기 때문이다.[26] 다만, 자동채권의 경우(420조)와 달라서, 이 경우에는 기한까지의 중간이자나 채권액과 평가액의 차액의 공제를 할 수 없으므로 파산채권자는 항상 수동채권의 명목액에서 상계하여야 한다. 그런데 위 경우에 파산채권자로서는 즉시 상계를 하지 않고(가령 기한의 이익을 포기하는 등을 하지 않고), 절차 중에 수동채권의 기한의 도래나 조건성취, 또는 청구권의 현실화를 기다려 상계할 수도 있다고 풀이할 것이다. 파산절차에서는 상계권행사의 시기를 제한하는 규정이 없기 때문이다(이는 시기의 제한이 있는 회생절차의 경우(144조 1항 참조)와 다르다. ☞16-58).

다만, 여기서 수동채권이 **정지조건부인 경우**에 파산선고 후에 정지조건이 성취되는 것이므로 파산선고 후의 채무부담(422조 1호)에 해당되어 상계금지에 저촉되는지 여부가 문제가 된다(☞ 12-18). 수동채권의 조건이 성취되어 상계권의 행사가 100% 파산채권자에게 유리하게 된 단계에서는, 조건성취가 파산선고 후의 채무부담에 해당되어 상계는 허용되지 않는다고 부정하는 입장이 있다.[27]

---

25) 다만, 이미 보았듯이, 이는 민법 492조에 있어서도 허용되는 것으로, 파산법 내지는 도산법이 특별한 수정을 한 것은 아니다.

26) 이에 대하여 상계의 기대가 크지 않은 위와 같은 경우에까지 예외를 두어 상계권을 확장하는 것에 대하여 의문을 제기하기도 한다. 김경욱, 전게 "파산절차에 있어서 상계권의 행사", 463-464면.

27) 中野貞一郎・道下徹 編, 基本法コンメンタール破産法[山本克己 집필], 158면.

무조건의 채무를 부담하고 있는 사람의 기대에 비하여 파산채권자의 상계기대의 정도가 낮음에도 불구하고 법 417조 후문이 정지조건부 채무를 부담하고 있는 파산채권자에게 이를 수동채권으로 하는 상계권을 부여하고 있는 것은 파산채권자가 조건불성취의 기회를 포기하는 것이 그 대가가 되기 때문이라고 할 수 있는데, 조건불성취의 기회를 포기하지 않은 이상, 상계가 금지된다는 것이 그 이유이다. 그러나 이 경우에 형식적으로는 법 422조 1호에 해당되는 듯이 보이지만, 이미 파산선고시에 상계권이 주어졌으므로 동조 1호의 적용은 없는 것이고, 상계를 할 수 있다고 생각한다.28) **판례**도 법 422조 1호는 '파산선고 후에 파산재단에 대하여 채무를 부담한 때'를 상계제한사유의 하나로 규정하고 있으나, 법 417조에서는 파산채권자는 조건부 채권을 수동채권으로 하여서도 상계할 수 있다고 규정하고 있으므로 이에 해당되는 경우에 그 조건이 파산선고 후에 성취되었다고 하더라도 그 상계는 적법한 것으로 볼 것이라고 본 바 있다.29)

Ⅳ. 상계권의 제한 　　　　　　　　　　　　　　　　　　　12-17

　　민법이나 상법, 그 밖의 실체법의 규정에 의하여 상계가 금지되어 있는 때에는 파산절차상으로도 상계가 무효가 되는 것은 당연하다. 가령 민법 492조 2항에 기한 상계금지의 특약이 있는 경우, 민법 496조 또는 497조에 의하여 불법행위채권이나 압류금지채권을 수동채권으로 하는 상계가 금지된 경우 등이다.

　　그런데 파산절차상 상계는 특정한 파산채권자에게 우선적 만족을 주는 점에서 파산채권자 사이의 파산절차에서의 공평한 만족에 대한 중대한 예외가 되므로 이를 무조건으로 인정하면 상계권의 남용을 초래하고 다른 파산채권자의 이익을 해할 우려가 있다. 그리하여 민법상 상계가 인정될 수 있는 경우라도 파산절차상으로는 채권자평등의 이념을 잠탈하거나 결과적으로 파산재단의 감소

---

28) 마찬가지 입장으로는 김경욱, 전게 "파산절차에 있어서 상계권의 행사", 464면; 양형우, 전게 "채무자파산에 있어서 상계권", 78면.

29) 대법원 2002. 11. 26. 선고 2001다833 판결. 일본에서도 다수설·판례는 이를 긍정한다. 山木戸克己, 破産法, 167면; 伊藤眞, 破産法·民事再生法, 468-469면; 福岡地判 1996年(平成 8年) 5月 17日, 判例タイムズ(920号), 251면. 그리고 수동채권이 정지조건부 이외에 **기한부인 때**에 있어서 파산선고 후에 기한이 도래한 경우에도 마찬가지이다(일본 最判 2005年(平成 17年) 1月 17日, 倒産判例百選[第5版](63사건), [杉山悅子 해설] 참조.

를 가져오는 상계를 금지하고 있다(422조).

첫째, 별제권으로 인정되는 담보권의 유무 및 범위가 파산선고시를 기준시로 결정되는 것과 마찬가지로 상계권의 범위도 법 416조에 기하여 파산선고시를 기준시로 한다. 즉, 이 기준시 이후에 자동채권 또는 수동채권을 취득하여도 그것을 기초로 하는 상계는 채권자평등의 이념에 어긋나는 것이 되어 그 효력이 부정된다. 법 422조 1호 및 3호는 이 취지를 표현한 것이다.

둘째, 가령 파산선고시에는 정당한 상계권을 취득하고 있는 사람이라도 그 취득이 위기시기(위태시기)에 행하여진 경우에는 채권자평등의 이념에 어긋나는 것으로 상계가 무효가 되는 경우가 있다. 법 422조 2호 및 4호는 이러한 취지이다. 다만, 이 경우에는 무조건으로 상계권을 부정하는 것은 아니고, 한편으로는 지급정지 등의 사실에 대하여 상계권자의 악의를 요구하고, 다른 한편으로는 상계권의 취득원인에 관하여 일정한 예외를 두고 있다. 그것은 위기시기에 취득된 상계권이 진정으로 채권자평등을 해치는 것인지 여부를 유연하게 판단하기 위함이다.[30]

법 422조 각호의 상계금지의 규정은 강행규정이고, 이러한 금지에 반하는 상계는 특별한 사정이 없는 한, 무효가 된다. 가령 파산채권자와 파산관재인 사이에 상계를 유효로 하는 합의가 있더라도 합의에 의하여 이를 배제할 수 없는 것이고, 상계는 허용되지 않는다.[31]

---

30) 伊藤眞, 破産法·民事再生法, 472면.

31) 김경욱, 전게 "파산절차에 있어서 상계권의 행사", 469면; 양형우, 전게 "채무자파산에 있어서 상계권", 76면; 조병현, 전게 "파산절차상의 상계권의 행사", 342면; 일본 最判 1977年(昭和 52年) 12月 6日, 倒産判例百選[第5版](68사건), [金春 해설] 참조. 법 422조 1호와 같은 법리는 특별한 사정이 없는 한 파산채권자가 파산선고 후에 부담한 채무에서 파산채권을 공제하는 경우에도 적용되며, 파산채권자와 파산관재인이 공제에 관하여 합의하였다 하더라도 다른 사정이 없다면 마찬가지로 봄이 타당하다. 법 422조 1호의 취지에 비추어 보면, 법 492조 14호에서 정한 별제권 목적물의 환수절차 등에 따른 특별한 사정이 없는 한, 위 임대차보증금반환채권을 가지고 주택임차인이 임대인에 대한 파산선고 후에 파산재단에 부담한 채무에 대하여 상계하거나 채무에서 공제하는 것까지 허용되지는 아니하며, 그에 관한 합의 역시 효력이 없다고 봄이 타당하다(대법원 2017. 11. 9. 선고 2016다223456 판결).

1. 파산선고 후의 채무부담(422조 1호)

12-18

이미 보았듯이 법 416조에 의하여 상계권의 범위는 파산선고 당시의 채권·채무를 기준으로 결정되는 것이 원칙이므로(파산선고 당시 서로 대립관계) 자동채권을 가지는 파산채권자가 파산선고 후에 파산재단에 대하여 채무를 부담하여도 그 것을 수동채권으로 상계할 수 없는 것은 당연하다. 가령, 파산채권자가 파산선고 후에 파산재단에 속하는 물건에 대한 매매계약에 의하여 부담하게 된 매매대금채무와 같이 파산관재인과의 법률행위에 의하여 부담하는 채무 등은 실질적으로 보아도 파산재단에 대하여 현실로 이행되지 않으면 그 의미를 잃게 되고, 한편 파산채권자에게 상계권을 인정한 것은 파산선고 시점에서 파산채권자가 상계에 의한 채권회수의 합리적 기대를 가지고 있는 경우에 그것을 보호하려는 취지인데, 위와 같은 경우는 파산채권자로서도 파산선고 당시 상계의 기대를 가지고 있는 것은 아니므로 상계권이 인정되지 않아도 불공평한 것은 아니다. 오히려 이러한 상계를 인정하면, 채권자평등을 해하게 되고 동시에 파산재단에 손해가 된다.

① 본호의 상계금지에 있어서는 2호의 경우와 달리 파산선고 후에 채무를 부담한 사실이 있으면 충분하고, 채무를 부담한 원인발생시기는 문제가 되지 않는다.[32]

② 파산선고 전에 발생한 제3자의 파산재단에 대한 채무를 파산선고 뒤에

---

32) 그런데 일반적으로 파산선고 전에 채무부담의 발생원인이 있으면 파산채권자는 파산선고 당시 상계기대를 갖게 되며 또한 파산선고 직전에 선의로 채무를 부담한 사람은 상계를 할 수 있다는 점(422조 2항)을 고려하여 볼 때 여기서의 채무는 파산선고 당시에 채무의 발생원인이 아직 존재하지 않는 법률관계에 의하여 파산채권자가 파산선고 후에 부담한 채무를 의미한다고 볼 것이라는 입장으로는 양형우, 전계 "채무자파산에 있어서 상계권", 77면; Kuhn/Uhlenbruck, Konkursordnung(11. Aufl., 1994), §55 Rn. 6.

채무인수를 하여 파산채권자가 파산재단에 대하여 채무를 부담한 때33) 또는 파산선고 전에 발생한 제3자의 파산채권자에 대한 채권을 파산선고 뒤에 파산관재인이 양수함에 따라 파산채권자가 파산재단에 대하여 채무를 부담한 때에도34) 본호에 의하여 상계가 금지된다. 합병의 경우도 그러하다.35) 또 은행이 파산채권자가 되는 때에는 제3자가 파산선고 후에 채무자의 계좌에 이체를 한 결과로 은행이 파산재단에 대하여 예금반환채무를 부담하는 때에도 본호에 의하여 상계는 금지된다.

③ 파산선고 당시에 파산채권자가 부담하는 정지조건부 채무에 있어서 파산선고 후에 조건이 성취한 경우에 이를 수동채권으로 하는 상계가 본호의 금지에 저촉되는지 여부에 대하여 이미 살펴본 바 있는데(☞ 12-16), 소극적으로 볼 것이다.

④ 한편, 파산채권자(임차인)와 채무자(임대인)의 임대차관계에 있어서 파산채권자는 파산선고시의 당기 및 차기의 차임 상당액을 상계할 수 있고, 또한 보증금이 있는 때에는 그 후의 차임에 관하여도 마찬가지이다(421조 1항).36) 지료

---

33) 위 규정 소정의 '파산선고 후에 파산재단에 대하여 채무를 부담한 때'라 함은 그 채무 자체가 파산선고 후에 발생한 경우만을 의미하는 것이 아니라, 파산선고 전에 발생한 제3자의 파산재단에 대한 채무를 파산선고 후에 파산채권자가 인수하는 경우도 포함되고, 그 인수는 포괄승계로 인한 것이라도 관계없다(대법원 2003. 12. 26. 선고 2003다35918 판결). 이 판결의 해설로는 허부열, 대법원판례해설(2004. 7), 344면 이하 참조.

34) 대법원 2014. 11. 27. 선고 2012다80231 판결[미간행].

35) 1호는 2호와 달리 '채무의 부담이 법정의 원인에 기한 때' 등의 상계금지의 예외사유를 규정하지 아니한 점, 합병은 합병 당사자 사이의 의사합치에 의하여 이루어지므로 파산채권자가 파산선고 후에 합병을 통하여 파산자에 대한 채무를 부담하고 있는 다른 합병 당사자를 합병한 다음 그 파산채권과 합병하여 부담하게 된 채무를 상계함으로써 결과적으로 그 파산채권자가 우선변제권을 취득하는 것을 허용하게 되어 채권자평등의 원칙을 위하여 상계금지를 규정한 1호의 입법 취지를 잠탈하게 되는 점, 파산채권자의 상계를 허용하지 아니하더라도 파산채권자는 합병 전과 비교하여 특별히 불리하게 되었거나 또는 예상치 못한 불이익을 받은 것이라고는 볼 수 없다는 점 등에 비추어 보면, 파산채권자가 파산선고 전에 이미 채무를 부담한 경우에 준하는 정도로 높은 상계기대가 있는 극히 예외적인 경우를 제외하면, 파산선고 후에 부담한 채무가 파산선고 전에 생긴 원인에 기한 것이라도 채무를 현실로 부담한 시기가 파산선고 후이면 상계를 할 수 없다 할 것이고, 파산채권자와 피합병법인의 합병이 비록 채권, 채무의 포괄적 승계이고 파산선고 이전에 그 합병절차가 진행 중이었다고 하더라도, 그로 인한 파산채권자의 파산자에 대한 채무부담이 소급하여 효력을 갖는다거나, 파산선고 전에 이미 채무를 부담한 경우에 준한다고 볼 수는 없다(부산고등법원 2001. 11. 2. 선고 2001나4804 판결[확정]).

36) 이 규정은 한편으로 상계권을 확장하면서(장래의 청구권을 수동채권으로 하는 상계를 허용한다는 의미에서), 다른 한편으로 이를 제한하는(파산절차상 일반적으로 허용되는 장래의 청구권을 수동채권으로 하는 상계를 특별히 제한한다는 의미에서) 이중적 성격을 가진 규정이라고 할 수 있다. 齊藤秀夫・麻上正信・林屋礼二 編, 注解破産法(上卷)[齊藤秀夫 집필], 711면.

에 대하여도 마찬가지이다(동조 2항). 이는 임대차라는 계속적 계약관계에 있어서 파산채권자(임차인)는 차임과의 상계기대가 큰 것을 고려한 것이다.37) 그런데 실체법적으로 차임을 지급하여야 할 채무는 보증금으로 당연히 충당되어 소멸되는 것이므로 이는 상계의 문제가 아니라는 의문이 든다.38)

2. 위기시기(위태시기)에 있어서 악의의 채무부담(422조 2호)

(1) 원   칙

12-19

파산채권자가 지급정지 또는 파산신청이 있었음을 알고 채무자에 대하여 채무를 부담한 때에는 이를 수동채권으로 한 상계는 원칙적으로 허용되지 않는다. 법 422조 1호의 상계금지를 위기시기(위태시기)까지 소급시킨 것이다.39) 가령 위기시기에 있어서 채무자로부터 그 재산을 매수하고, 그 대금지급채무와 파산채권을 상계하는 경우를 생각하여 보자. 채무자의 재산상황이 악화된 상태인 위기시기에 있어서는 종래부터 가지고 있는 채권자의 채권은 실제가치가 하

---

37) 2005년 시행 일본 신파산법은 이 규정을 삭제하였다. 따라서 차임채권이 수동채권인 경우에 일반적 상계권의 행사의 틀에서 판단하면 된다.

38) 보증금반환채권이 보증금에서 임대차 종료 후에 미지급차임 및 차임 상당 손해배상금(또는 부당이득금) 나아가 원상회복에 필요한 비용 등 해당 임대차에 관련한 임대인의 제반 채무를 공제하고 남은 것이 있을 때 비로소 발생하는 것이라면, 그것을 자동채권으로 하여 상계할 수 있는 차임채무라는 것이 과연 존재할 수 있는지 또는 어떠한 경우에 존재할 수 있는지에 대하여 의문이 제기되고 있다. 양창수, 전게 "파산절차상의 상계", 113면.

39) 본호는 1998년 2월 24일 법률 제5519호에 의한 파산법 개정에 있어서 부당하게 파산채권의 만족을 얻는 것을 방지하기 위하여 신설한 규정이다. 즉, 그 이전 파산법 가운데 95조 2호 및 3호를 각각 3호 및 4호로 하고, 동조에 2호를 신설한 것이다. 마찬가지 취지에 의하여 회사정리법에 있어서도 동일한 개정이 있었다. 이를 현행 도산법이 받아들인 것이다. 국내에서도 본호의 신설이 있기 이전에 회사정리법 사안에 있어서 입법론적인 해결을 제시한 주장으로는 이민걸, "회사정리절차상의 상계와 부인권", 민사판례연구[ⅩⅦ], 338면. 또한 일본 파산법에 있어서도 본호는 1967년에 추가된 것이다. 1967년 개정 전에는 본호와 같은 규정이 없었기 때문에 당시의 통설은 구 3호(현 4호)가 구 2호(현 3호)의 금지를 확장하는 것에 준하여 1호의 확장해석에 의하여 본호(현 2호)와 마찬가지의 취급을 하여 상계의 효력을 부정하였는데, 반면 당시 일본 最判 1966年(昭和 41年) 4月 8日, 民集(20卷 4号), 529면은 그러한 해석을 부정하고 상계를 유효하다고 보았다. 파산채권자의 채무부담을 가져오는 채무자의 가담행위를 부인의 대상으로 하면 충분하고, 상계 자체를 무효로 할 필요는 없다는 것이다. 그러나 제3자에 의한 계좌이체와 같이 채무자의 가담행위가 없는 경우도 있으므로 위 판결의 판시이유에 대하여 학설의 비판이 있었고, 결국 입법적으로 해결하기 위하여 본호가 신설된 것이다. 한편, 이에 대하여 종전 파산법(회사정리법)이 상계를 금지하는 규정을 두고 있지 않은 것이 반드시 입법의 미비 내지는 흠결로서 해석에 의하여 그러한 흠결을 보충하여야 하는 것인지 의문이라는 견해는 윤진수, "회사정리법상의 보전처분과 상계 및 부인권", 민사재판의 제문제 제8권(1994), 1074면. 위 양 논문은 대법원 1993. 9. 14. 선고 92다12728 판결의 평석이다.

락하는데, 지급정지 또는 파산신청이 있었음을 알면서 채무자에 대하여 채무를 부담하고, 이를 수동채권으로 상계하는 것은 본래 파산채권자로서는 비례적 평등변제를 감수하여야 하는 것을 회피하면서 채무자가 가지는 충분한 가치 있는 채권을 실제가치가 하락한 채권으로 상계하여 변제받은 것과 동일한 결과를 초래하는 것으로서 이는 파산재단의 충실을 해치는 행위라고 평가할 수 있다. 위 예에서 상계를 허용하면 상계권자만이 대물변제를 받는 결과가 되어 위기시기에 있어서 채권자평등을 해한다. 이 경우에 상계의 무효를 주장하는 파산관재인은 상계권자가 악의라는 것을 증명하여야 한다.

여기서 채무자에 대하여 회생계획인가가 있은 후 회생절차폐지의 결정이 확정되어 법 6조 1항에 의한 **직권파산선고에 따라 파산절차로 이행된 때**에, 회생절차개시신청 전에 지급정지나 파산신청 또는 사기파산죄에 해당하는 법인인 채무자의 이사 등의 행위가 없었다면 채무자의 '회생절차개시신청'은 파산절차에서 상계의 금지의 범위를 정하는 기준이 되는 '지급정지' 또는 '파산신청'으로 의제된다(6조 4항 전단).[40]

한편, 본호는 지급불능에 대하여는 규율하고 있지 않은데, 파산채권자가 지급불능에 있었음을 알고 채무자에 대하여 채무부담을 한 경우에도 본호를 유추적용할 것이다.[41]

12-20   **(2) 예   외**

본호에 해당되면 상계가 무효가 되는 것이 원칙인데, 본호에 해당되는 채무

---

40) 대법원 2016. 8. 17. 선고 2016다216670 판결. 해설로는 김희중, "채무자에 대하여 회생계획 인가가 있은 후 회생절차폐지의 결정과 파산선고에 따라 파산절차로 이행된 경우, 파산절차에 서 상계의 금지의 범위를 정하는 기준시점", 대법원판례해설(2017. 6), 524면 이하 참조. 한편, 위 경우에 공익채권을 재단채권으로 보호하는 규정(6조 4항 후단)의 내용과 취지에 비추어 보면, 공익채권자가 채무자에 대한 회생절차 진행 중에 자신의 채권을 자동채권으로 하여 채무자의 재산인 채권을 수동채권으로 삼아 상계한 것에 파산채권자의 상계금지사유를 규정한 법 422조 2호가 적용될 수 없다. 파산채권에 해당함을 전제로 판단한 것은 잘못이다(대법원 2016. 5. 24. 선고 2015다78093 판결[미간행]).

41) 김경욱, 전게 "파산절차에 있어서 상계권의 행사", 471면 각주 104) 부분; 양형우, 전게 "채무자 파산에 있어서 상계권", 81면; 조병현, 전게 "파산절차상의 상계권의 행사", 350면; 齊藤秀夫·麻上正信·林屋礼二 編, 注解破産法(上卷)[齊藤秀夫 집필], 721면. 일본 神戸地判 1992年(平成 4年) 8月 12日, 判例タイムズ(801号), 246면(본 판결의 평석은 早稲田法學(72卷 1号), 131면 이하 참조); 東京高判 1998年(平成 10年) 7月 21日, 金融·商事判例(1053号), 19면. 한편, 2005년 시행의 일본 신파산법 71조 1항 1호, 72조 1항 2호에서 엄격한 요건하에 지급불능 뒤의 채무부담, 채권취득에 의한 상계를 금지하였다.

부담이라도 본호 단서가 들고 있는 3가지의 예외에 해당하는 때에는 제한이 해제되어 예외적으로 상계가 허용된다. 단서에서 들고 있는 사유에 대하여는 상계권자가 증명책임을 진다.

1) 채무부담이 법정의 원인에 기한 때(가목)

12-21

법정의 원인의 예로는 상속이나 합병과 같은 일반승계 또는 사무관리나 부당이득 등을 들 수 있다.[42] 이러한 경우에는 채무부담이 채무자(상계권자)의 작위(作爲)와 관계가 없으므로 상계권의 남용도 문제되지 않으며, 상계를 허용하여도 다른 파산채권자를 해할 우려가 없다고 보는 것이다. 그러나 이러한 경우는 상계가 가지는 담보적 기능에 대한 신뢰가 있는 것도 아니고, 상속 이외의 경우에 있어서는 당사자의 의사가 개재할 여지가 있고, 특히 합병의 경우에는 상계를 하기 위해서 의도적으로 합병하는 것을 충분히 예상할 수 있으므로 상계를 인정하는 것은 문제가 있다고 본다.[43]

2) 채무부담이 파산채권자가 지급정지 또는 파산신청이 있었음을 알기 전에 생긴 원인에 기한 때(나목)

12-22

이 경우에는 채무자가 경제적 위기상황에 있다는 것을 알면서 채무를 부담하였다는 사정이 없으므로 상계를 금지하는 것은 가혹하다. 또한 위기시기를 인식하기 전에 정당한 상계의 기대를 가지고 있었다고 볼 수 있으므로 채권자를 보호하여야 하기 때문에 상계가 허용된다.

◆ **은행거래와의 관계에서 「전에 생긴 원인」의 의의** ◆   여기서는 특히 은행거래와의 관계에서 「전에 생긴 원인」의 의의가 문제된다. 구체적으로는 지급정지나 파산신청 이전에 은행이 채무자와의 사이에 당좌예금계약이나 보통예금계약 또는 계좌이체 지정계약(入金指定契約. 금융기관과 채무자(금융거래처) 사이의 채권담보를 위하여 제3채무자는 채무자에게 직접 지급을 하면 안 되고, 금융기관 예금계좌에 입금하는 방법) 등을 체결하고 은행이 지급정지 등을 안 뒤에 제3자로부터 이체를 받아 채무자에 대하여 예금반환채무 등의 채무를 부담하기에 이른 경우에 상계가 허용되는가이다. 이 문제는 그

---

42) 신용협동조합법 44조(1999. 2. 1. 법률 제5739호로 개정되기 전의 것)는 단위신협의 여유금 운용의 여러 방법 중의 하나로 피고에의 예치를 들고 있는 것에 지나지 않으므로, 단위신협의 피고에의 예치를 파산법 제95조 제2호 소정의 '법정의 원인'에 의한 때에 해당된다고 볼 수 없으므로 예탁금에 대한 피고의 상계를 인정할 수 없다(대법원 2002. 1. 25. 선고 2001다67812 판결).

43) 김경욱, 전게 "파산절차에 있어서 상계권의 행사", 472면; 青山善充·伊藤眞·井上治典·福永有利, 破産法槪說[福永有利 집필], 143면.

러한 계약이 존재하는 경우에 파산채권자인 은행이 정당한 상계에 대한 기대를 가지고 있다고 할 수 있는가, 또한 가지고 있다고 하여도 그것이 보호를 할 정도의 기대라고 할 수 있는가 하는 점에 귀착한다. 그리하여 「전에 생긴 원인」에 대하여는 총채권자의 공평의 관점에서 상계권의 행사가 허용되어야 할 정도의 정당한 상계의 기대가 존재하는 경우에 한정하여 이를 인정하여야 할 것이다. 따라서 은행과 채무자의 당좌예금계약이나 보통예금계약과 같은 상계에 대한 일반적 기대를 가지는 것에 지나지 않는 것은 「전에 생긴 원인」에는 해당되지 않는다고 생각한다. 다만, 은행·채무자·거래처 등의 제3자 사이에서 이른바 계좌이체지정에 기하고, 그 밖의 방법으로는 대금지급 등을 하지 않을 것을 합의한 경우, 즉 특정성이 강하고 상계에 대한 합리적 기대가 인정되는 것에 한정하여 「전에 생긴 원인」에 해당되어 상계가 허용되어야 할 것이다.[44]

12-22　　3) 채무부담이 파산선고가 있은 날로부터 1년 전에 생긴 원인에 기한 때(다목)

채무부담의 원인이 생긴 때로부터 1년 이상 파산선고가 행하여지지 않은 경우에는 가령 위기시기에 채무자가 악의로 채무를 부담하였다고 하여도 파산선고와의 관련성이 희박하게 되었다고 볼 수 있으므로 이러한 상계를 무효로 하는 것은 오히려 거래의 안전을 해치는 것이 되어서 상계를 인정하는 것이다. 상계권자의 입장으로부터 상계가 허용되지 않는 것이 확정되는 것은 실제로 파산선고가 행하여진 때부터이고, 그때까지는 입장이 불안정한 상태에 놓인다. 이 상태가 상당히 지속되는 것은 문제이므로 원인이 생긴 때부터 1년을 경과하여도 파산선고가 행하여지지 않은 경우에는 상계권을 부여한 것이다. 즉, 본래는 합리적인 상계의 기대라고 할 수 없어도 파산선고가 행하여지지 않은 채 1년이 경과하여 원인의 발생시기와 파산선고가 시기적으로 동떨어졌다면 정당한 상계의 기대가 발생한 것으로 보고자 하는 것이 이 예외의 취지이다.

12-24　　**3. 파산선고 후의 타인의 파산채권 취득(422조 3호)**

상계권의 범위는 파산선고시가 기준시가 되므로 파산선고시까지 채권채무의 대립관계가 없었던 이상, 파산선고를 받은 채무자(파산자)의 채무자가 파산선고 후에 다른 사람의 파산채권을 취득하더라도 그것에 의하여 파산선고를 받은 채무자에 대한 자기의 채무와 상계할 수 없다. 그 의미에서는 1호에 의한 금지와 마찬가지이고, 3호는 당연한 규정이라고 할 수 있다. 기능적으로 본호는 파

---

44) 조병현, 전게 "파산절차상의 상계권의 행사", 348면; 伊藤眞, 破産法·民事再生法, 482 - 483면.

산재단에 대하여 채무를 부담하는 사람이 실제가치가 하락한 파산채권을 실제 가치 이하로 취득하여 상계에 의하여 파산재단에 대한 채무의 이행을 면하는 것을 방지하고자 하는 것이다.[45] 상계를 허용하면, 파산재단의 가치가 저하되어 다른 파산채권자의 희생으로 돌아가게 된다. 이 경우에 파산채권을 취득한 사람의 선의·악의를 묻지 않고, 취득의 원인이 거래에 의한 것이든 상속 등의 법정의 원인에 기인한 것이든 관계없다.[46]

본호에 관한 해석론상의 논점으로서는 「타인의 파산채권을 취득한」의 의의를 어떻게 이해할 것인가 문제되는데, 구체적으로는 파산재단에 대한 채무를 부담하고 있는 파산선고를 받은 채무자(파산자)의 채무자가 다른 파산채권자에 대하여 파산재단에 대신하여 제3자 변제를 하고, 그것에 의하여 파산재단에 대하여 대위에 의한 구상권을 취득한 경우에는 형식적으로 보면 「타인의 파산채권을 취득한」 것은 아니나, 실질적으로는 다른 사람의 파산채권을 양수하는 것과 차이가 없고, 상계를 인정하는 것에 의하여 파산재단의 이익이 침해되므로 본호의 적용에 의하여 구상권을 자동채권으로 하는 상계가 허용되지 않는다고 풀이할 것이다.[47] 다만, 제3자 변제를 행한 파산선고를 받은 채무자(파산자)의 채무자가 다른 파산채권자를 위한 보증인이었던 경우에는 구상권의 취득에 의하여 상계가 허용된다고 풀이할 것이다.[48] 보증인의 구상권은 법 430조 1항에 의하여 미리 파산채권으로서 행사할 수 있고, 법 91조도 장래의 청구권을 상계의 자동채권으로서 인정하고 있기 때문이다.[49] 한편, 부탁을 받은 보증인의 경우는

---

45) 伊藤眞, 破産法·民事再生法, 484면.

46) Kuhn/Uhlenbruck, Konkursordnung(11. Aufl., 1994), §55 Rn. 9.

47) 일본 名高屋高判 1982年(昭和 57年) 12月 22日, 判例時報(1073号), 91면.

48) 다만, 법 428조 현존액주의원칙상 파산선고 후 일부변제를 한 때에는 채권자의 채권 전액이 소멸하지 않는 한 일부 변제한 부분에 대한 구상권을 행사할 수 없으므로 그 구상권을 자동채권으로 하여 상계할 수 없다(대법원 2008. 8. 21. 선고 2007다37752 판결). 즉, 파산선고 후 파산채권자가 다른 채무자로부터 일부 변제를 받거나 다른 채무자에 대한 회사정리절차 내지 파산절차에 참가하여 변제 또는 배당을 받았다 하더라도 그에 의하여 채권자가 채권 전액에 대하여 만족을 얻은 것이 아닌 한, 파산채권액에 감소를 가져오는 것은 아니어서, 채권자는 여전히 파산선고시의 채권 전액으로써 계속하여 파산절차에 참가할 수 있고, 채권의 일부에 대한 대위변제를 한 구상권자가 자신이 변제한 가액에 비례하여 채권자와 함께 파산채권자로서 권리를 행사할 수 있는 것은 아니므로 파산자의 보증인이 파산선고 후 채권자에게 그 보증채무의 일부를 변제하여 그 출재액을 한도로 파산자에 대하여 구상권을 취득하였다 하더라도 채권자가 파산선고시의 채권 전액을 파산채권으로 신고한 이상 보증인으로서는 파산자에 대하여 그 구상권을 파산채권으로 행사할 수 없어 이를 자동채권으로 하여 파산자에 대한 채무와 상계할 수 없다.

49) 김경욱, 전게 "파산절차에 있어서 상계권의 행사", 474면; 조병현, 전게 "파산절차상의 상계권

위와 같이 볼 것이지만, 부탁을 받지 않은 보증인의 대위변제에 의해 취득하는
사후구상권의 경우에는 그 구상권을 파산채권으로 보는 전제에서 본호의 유추
적용에 의해 상계가 금지된다고 볼 것이다.50) 부탁을 받아 보증인이 된 경우와
마찬가지로 볼 것은 아니고, 파산선고시에 있어서 합리적 상계 기대를 인정할
수 없기 때문이다.

4. 위기시기(위태시기)에 있어서 악의의 파산채권 취득(422조 4호)

12-25

(1) 원   칙

여기서 말하는 위기시기라는 것은 2호의 경우와 마찬가지로 경제적 위기상
태가 표면화된 시기로 지급정지 또는 파산신청 이후의 시기를 지칭하고, 악의는
상계권자가 지급정지 등의 사실을 알고 있는 것을 의미한다. 본호는 3호의 상계
금지의 취지를 파산선고 전의 위기시기까지 확장한 것이고, 파산선고를 받은 채
무자(파산자)에 대하여 채무를 부담하는 사람이 실제가치가 하락한 채권을 취득
하여 상계에 의하여 파산재단에 대한 자기의 채무이행을 면하고자 하는 상계권
의 남용을 방지하고자 하는 것이다.

본호는 3호와 달리 「타인의」 파산채권을 취득한 것을 요건으로 하고 있지
않으므로 위기시기에 있어서 채무자와의 거래에 의하여 채권을 취득하여도51)
본호가 적용된다.52) 다만, 그 거래가 채무자에 대한 이른바 구제융자이고(채무자
가 위기시기에 있는 것을 아는 사람이 경제적 재기를 원조할 목적에서 금전대여를 한 경우),
그것에 의하여 생긴 대여금채권을 자동채권으로 하는 상계가 금지되는지 여부
에 대하여는 다툼이 있는데, 본호가 적용된다고 할 것이다.53)

의 행사", 353면; 伊藤眞, 破産法[全訂第3版], 324면.
50) 일본 最判 2012年(平成 24年) 5月 28日, 倒産判例百選[第5版](69사건), [栗田隆 해설] 참조.
51) 법 422조 3호에 있어서는 파산선고 후에 채무자와의 법률행위에 의하여 채권을 취득하여도
그것은 파산채권이 아닌 것에 대하여(423조 참조), 동조 4호의 경우에는 채권취득의 시기가 위
기시기까지 소급하므로 채무자와의 법률행위에 의한 파산채권이 발생할 수 있다.
52) 노영보, 319-320면; 전대규, 1289면도 마찬가지 입장이다.
53) 일본 大判 1941年(昭和 16年) 6月 11日, 民集(20卷), 863면도 본호가 적용되어 상계가 허용
되지 않는다고 보는데, 지급정지나 파산신청이 있은 후라면 대출이 있어도 그로 인하여 파산선
고를 면하기는 어려운 것이 보통이고, 또 그러한 대출금이 반드시 채권자 전체의 이익되는 방향
으로 사용된다는 보장도 없는 이상, 상계를 금지하는 위 판례의 입장이 타당하다는 입장으로는
조병현, 전게 "파산절차상의 상계권의 행사", 356-357면. 이에 대하여 대여금에 기한 상계는 실
질적으로는 파산자에 대한 채무를 변제한 것과 마찬가지이고, 이 상계를 인정하지 않으면 구제
융자가 행하여지기 어렵게 된다는 이유에서 판례에 반대하는 입장도 있다. 靑山善充, "倒産法に

그리고 상계권자의 악의의 내용이 본호의 해석상 문제가 된다. 구체적으로는 상계권자가 지급정지가 아닌, 지급불능을 알고 있는 때에 본호가 적용되는지 여부가 논의되는데, 적용할 수 있다고 본다. 그 이유로서는 객관적인 재산상태인 지급불능을 알고 있으면 위기시기의 인식으로서 충분하다고 할 것이기 때문이다.54)

(2) 예 외

12-26

본호의 경우도 2호의 경우와 마찬가지의 취지에서 본호에 해당되어도 단서에 규정된 3가지의 예외에 해당되면 상계가 허용된다(☞ 12-20 참조).

첫째는 파산채권의 취득이 법정의 원인에 기한 경우이다(4호 단서, 2호 가목). 법정의 원인으로서는 상속이나 합병과 같은 일반승계 이외에 사무관리, 부당이득, 불법행위 등이 포함된다. 다만, 사무관리 등에 대하여는 상계권자의 작위(作爲)가 인정되는 때에는 상계는 허용되지 않는다. 가령, 파산선고를 받은 채무자(파산자)의 채무자가 파산자의 부탁 없이 파산자의 채무를 제3자 변제하고, 그 결과 발생한 사무관리에 기한 구상권은 변제자의 작위가 인정되므로 이를 자동채권으로 하는 상계는 허용되지 않는다.55)

둘째는 채권의 취득이 지급정지나 파산신청이 있었음을 알기 전에 생긴 원인에 의한 경우이다(4호 단서, 2호 나목). 2호 단서의 경우와 마찬가지로 위기시기에 있어서 악의가 되기 이전에 생긴 상계의 기대를 보호하는 것이 이 예외의 취지이다. 따라서 여기서 말하는 원인은 채권취득의 기초를 이루는 직접의 법률관계이어야 하는데, 가령, 파산선고를 받은 채무자(주채무자)의 보증인이 위기시기에 채권자에 대하여 보증채무를 이행한 것에 의하여 취득한 구상권을 자동채권으로서 주장하는 때에 보증계약은 구상권 취득의 직접적인 법률관계로 보아 상계할 수 있다.56)

おける相殺とその制限(1)”, 金融法務事情(916号), 8면 이하.
54) 양형우, 전게 “채무자파산에 있어서 상계권”, 90면. 일본 통설·판례도 마찬가지이다. 山木戸克己, 破産法, 170면; 伊藤眞, 破産法[全訂第3版], 325면; 일본 大判 1935年(昭和 10年) 10月 26日, 民集(14卷), 1769면.
55) 大阪高判 1985年(昭和 60年) 3月 15日, 判例時報(1165号), 117면.
56) 양형우, 전게 “채무자파산에 있어서 상계권”, 90면; Kuhn/Uhlenbruck, Konkursordnung(11. Aufl., 1994), §55 Rn. 17. 법이 예외적으로 상계를 허용한 취지를 고려해 보면, 위 ‘원인’은 채권자에게 상계의 기대를 발생시킬 정도로 직접적인 것이어야 할 뿐 아니라 구체적인 사정을 종합하여 상계의 담보적 작용에 대한 채권자의 신뢰를 보호할 가치가 있는 정당한 것으로 인정되는

셋째는 파산선고가 있은 날부터[57] 1년 전에 생긴 원인에 기한 채권취득의 경우이다(4호 단서, 2호 다목). 그 취지는 2호 단서와 마찬가지로 거래의 안전을 중시하여 상계를 인정하는 것이라고 풀이한다.[58] 그런데 가령 회생절차가 진행된 후에 파산선고가 된 경우에는 회생절차에 소요된 기간은 위 1년의 기간 계산에 산입되지 않는다.[59]

◆ **상계남용론과 상계부인론** ◆   전통적인 입장에서는 상계권의 제한은 법 422조 각호에 의한 것 이외에는 없다고 보았지만, 실질적 타당성의 관점에서는 동조가 적용되지 않는 경우에도 상계를 제한하여야 할 경우가 있을 수 있다. 이러한 입장에서 상계남용론 및 상계부인론이 주장되고 있다.

상계남용론은 소위 同行相計(같은 은행 사이의 상계)를 염두에 두고 주장된 것이다. 동행상계는, 예를 들어 X은행 甲지점에 예금계좌를 가지고 있는 A가 파산하고, X은행이 A에 대하여 가지는 채권을 예금채권과 상계한 후에도 A의 예금에 여유가 있는 경우에 A 발행의 어음을 소지하는 Y가 그 어음을 X은행 乙지점에서 할인한 경우에 X은행이 Y에 대하여 어음의 환매를 청구하지 않고, 위 어음채권을 甲지점에 남아 있던 A의 잔액 예금채권과 상계하는 것을 말한다. A의 경제상태가 건전하다면 동행상계에는 아무런 문제는 없으나, 그렇지 않은 때에는 문제이다. 이 경우에 Y와 X은행 사이의 어음할인이 위기시기에 행하여졌다면 법 422조 4호에 저촉될 가능성이 있지만, 그 이전에 행하여졌다면 4호에 의하여 상계가 제한되지 않는다. 상계남용론은 이 경우를 문제 삼는다. 상계권의 행사는 자기의 채권보전에 필요한 범위 내에서 행하여야 할 것이고, Y에게 환매능력이 충분히 있음에도 불구하고 동행상계가 행하여진다면, A의 파산에 따른 Y의 손실을 A의 일반채권자에게 전가시키는 것으로 볼 수 있어 상계권의 남용으로 풀이하여 무효가 된다는 것이다.[60]

경우를 의미한다(대법원 2019. 1. 31. 선고 2015다240041 판결). 이는 회생절차에서의 법 145조 2호 단서 나목에서의 '원인'에 관한 법리와 마찬가지이다(☞ 16-58).

57) 2005년 시행 일본 신파산법 71조 2항 3호는 파산신청 시로 개정하였다.

58) 그런데 파산자의 채무자가 다른 파산채권자를 해할 것을 알면서 파산채권을 취득한 경우에 그 취득 후 1년 이상이 지난 후에 파산선고가 내려졌다 하더라도 이를 자동채권으로 한 상계는 무효라고 판시한 것이 있다. 일본 大判 1934年(昭和 9年) 1月 26日, 民集(13巻), 74면.

59) 이는 지급정지 후에 회생절차 등의 선행 도산절차를 거쳐 파산선고가 된 경우에 특별한 사정이 없는 한 법 404조의 위기부인의 행사기간에 회생절차 등으로 인하여 소요된 기간은 산입되지 않는다는 법리(☞ 9-16)와 마찬가지이다(대법원 2019. 1. 31. 선고 2015다240041 판결).

60) 그러나 일본 최고재판소는 동행상계의 허용성에 대하여 다룬 것은 아니지만, 실질적으로 상계남용론을 부정하였다. 일본 最判 1978年(昭和 53年) 5月 2日, 新倒産判例百選(67사건), [河野正憲 해설] 참조. 조병현, 전게 "파산절차상의 상계권의 행사", 359면은 상계권의 남용은 일반적으로 부정되어야 하고, 극히 제한적인 경우에만 인정되어야 한다고 본다. 이에 대하여 상계남용의 법리를 인정한 재판례로서는 大阪地判 1989年(平成 元年) 9月 14日, 判例時報(1348号), 100면이 있다.

그리고 상계남용론이 염두에 두고 있는 법 422조 4호의 적용범위 밖의 자동채권의 취득의 경우뿐만 아니라, 동조 2호의 적용범위 밖인 수동채권의 부담에 대하여도 시야를 넓혀서 일반채권자를 해할 목적에서 상계가 행하여진 경우에 일정한 조건 하에서 고의부인(391조 1호)의 대상으로 하는 것에서 상계권 행사의 제한을 도모하고자 하는 것이 **상계부인론**이다.61) 예를 들어 지급정지 전이지만, 채무자의 파산이 확실히 예상되는 시점에 채권자를 해할 목적으로 계좌이체지정계약(입금지정계약)을 체결하고, 이에 기하여 채무부담이 발생하고 있는 경우가 문제가 된다. 그런데 일반적으로 상계는 부인의 대상이 되지 않는다고 본다. 즉 상계부인의 가능성을 부정하고 있다.62)

V. 상계권의 행사

1. 행사방법

12-27

파산채권자는 고유한 파산절차(배당절차)에 의하지 않고 상계권을 행사할 수

---

61) 伊藤眞, 破産法[全訂第3版], 328면. 또한 伊藤眞, 破産法·民事再生法, 496면에서도 상계의 부인 가능성을 유지하고 있다.

62) 조병현, 전게 "파산절차상의 상계권의 행사", 361면도 위 예에서 파산자의 입금지정계약을 부인하면 충분하고, 나아가 상계 자체를 부인할 필요는 없다고 본다. 山木戸克己, 破産法, 170면. 위 각주 37)의 最判 1966年(昭和 41年) 4月 8日. 파산법상 상계금지의 요건에 해당되지 않는 경우에도 상계를 허용하는 것이 채권자 사이의 평등에 어긋나는 결과가 될 수 있는 경우가 있다는 것이 지적되고 있으므로, 위기부인의 대상이 되는 행위에 파산채권자가 행한 상계를 추가하는 방안 및 상계금지의 범위를 확대하여 부인권 행사의 요건을 충족하는 경우에 상계를 금지하는 방안이 제안되었으나(일본 法務省民事局參事官室이 1997. 12. 19. 공표한 倒産法制에關する 改正檢討事項 참조), 의견조회한 결과, 전자에 대하여는 부인권제도의 실효성을 담보한다는 관점에서 찬성하는 견해도 있었지만, 상계의 담보적 기능을 중시하여 오히려 상계금지규정의 문제로 처리하여야 한다는 관점에서 반대하는 견해가 대다수이었다. 후자에 대하여는 찬성하는 의견도 상당수 있었지만, 상계의 담보적 기능을 중시하여 상계금지의 범위의 확대는 채무자에게도 거래의 저해요인이 되는 등을 이유로 반대하는 의견이 비교적 다수이었다. 결국 2002. 10. 4. 공표한 「破産法等の見直しに關する中間試案」에서는 2호, 4호에 있어서 지급정지에 대신하여 지급불능을 위기시기의 기준시로 하는 것을 추후의 검토과제로 제시하는 데 그치고, 위 상계부인론에 대하여는 더 이상 다루지 않았는데, 결국 2005년 시행 일본 신파산법 71조 1항 1호, 72조 1항 제2호에서 엄격한 요건하에 지급불능 뒤의 채무부담, 채권취득에 의한 상계를 금지하였다. 한편, 독일 도산법(Insolvenzordnung) 96조 3호에서는 도산채권자가 부인할 수 있는 법률적 행위에 의하여 상계권한을 취득한 경우에는 상계가 허용되지 않는다고 규정하여, 상계권 행사를 부인권 행사와 직접 연결시키고 있다. 참고로 보면, **판례** 가운데 전문건설공제조합이 조합에 대하여 출자지분을 보유하고 있던 甲 주식회사에 자금을 융자하면서 그 출자지분에 대한 출자증권에 질권을 설정받았는데, 甲 회사에 회생절차개시결정이 내려지자, 질권을 실행하기 위하여 위 출자증권을 취득하여 자신 앞으로 명의개서한 다음 융자원리금 채권과 출자증권의 취득대금 채무를 대등액에서 상계한다는 의사표시를 한 사안에서, 조합의 출자증권 취득행위는 법 100조 1항 2호에 의하여 부인될 수 있고, 그 결과 상계행위는 효력이 유지될 수 없다고 본 것이 있다(대법원 2011. 11. 24. 선고 2009다76362 판결).

있다(416조). 수동채권은 파산재단에 귀속하고, 그 관리처분권은 파산관재인에게 있으므로 상계의 의사표시의 상대방은 파산선고를 받은 채무자가 아니고 파산관재인이다. 파산관재인에 대하여 통상의 방법, 즉 재판상 또는 재판 밖에서 일방적 의사표시에 의하여 상계권의 행사를 할 수 있다.

상계권의 행사가 유효하기 위해서는 파산채권의 신고, 조사, 확정의 절차를 밟을 필요가 있는지 여부가 문제된다. 상계권의 행사는 파산채권인 것을 전제로 하지만, 이론적으로는 파산채권과는 별개의 권리이므로 소극적으로 볼 것이다.63) 다만, 이렇게 보더라도 파산절차에서 파산채권을 신고할 수 있는 것은 당연하다. 그런데 파산관재인이 자동채권의 존재를 다투는 경우가 문제인데, 이 경우에는 파산관재인이 수동채권의 이행을 구하는 이행소송을 제기하여 그 가운데에서 상계를 주장하는 파산채권자가 자동채권의 존재를 증명하면 된다.64)

파산채권자가 미리 전액에 대하여 파산채권의 신고를 하여 일부 배당을 받은 후 그 잔액에 대하여 상계할 수도 있다.

12-28   **2. 행사시기**

의사표시의 시기는 법정되어 있지 않으므로 파산절차가 종료되기까지 언제라도 행사하면 무방하다(이는 회생절차와 다르다는 것을 이미 설명한 바 있다. 법 144조 1항 참조).

그런데 파산채권자가 상계권을 행사할 수 있는데도, 상계할 것인지 여부에 대한 태도를 분명히 하지 않기 때문에 파산관재인의 관재사무가 지장을 받는 경우가 있다. 따라서 파산절차의 원활한 진행을 도모하기 위하여 파산관재인이 기간을 정하여 파산채권자에게 상계권의 행사를 최고하고, 기간 안에 상계가 없

---

63) 전대규, 1291면; 김경욱, 전게 "파산절차에 있어서 상계권의 행사", 475면; 양형우, 전게 "채무자파산에 있어서 상계권", 93면; 조병현, 전게 "파산절차상의 상계권의 행사", 362면. 山木戸克己, 破産法, 170면; 伊藤眞, 破産法·民事再生法, 498면 등 일본의 통설도 마찬가지이다. 반면, 적극설은 상계권의 행사는 파산채권의 행사이며, 또한 조사, 확정의 절차를 거치지 않고 상계를 인정하면, 결국 파산관재인에게 채권확정권한을 인정하는 것이 되는데, 파산관재인이 일정 금액 이상의 재단채권 또는 별제권을 승인하는 데에는 법원의 허가 등을 받아야 하는 것(492조 13호)과의 균형에 비추어 상계권에 대하여 파산관재인이 이를 자유롭게 승인할 수 있다고 하는 것은 부당하다고 한다. 한편 파산채권자가 상계권을 행사하고 파산관재인이 파산채권의 존재 및 수액을 다투는 경우에는 별제권의 경우와 마찬가지로 해당 파산채권의 신고, 조사, 확정이 필요하다는 절충설도 있다.

64) 이에 대하여 적극설의 입장에 의하면, 상계를 주장하는 파산채권자가 채권조사확정의 재판 등을 신청하여 파산채권의 존재 및 금액을 증명하여야 한다.

는 경우에는 실권하여 상계권을 행사할 수 없도록 하는 방안도 입법론적으로 생각하여 볼 수 있다.[65] 다만, 기한의 이익을 포기시키는 것은 타당하지 않으므로 위 시기의 제한은 파산채권자가 부담하는 채무가 변제기에 있는 경우에 한정하여야 한다.

한편, 파산선고 전이라도 상계적상에 있으면 상계권을 행사할 수 있는데, 일단 파산선고가 있으면 그 효력은 파산절차상 상계권의 규정에 비추어 재평가된다. 그리하여 경우에 따라 법 422조 2호, 4호의 상계금지에 저촉되는 때에는 파산선고 전에 행하여진 상계는 소급적으로 무효가 된다.[66]

---

65) 2005년 시행 일본 신파산법은 73조에서 파산관재인의 최고권에 관한 규정을 신설하였다.
66) 일본 大判 1934年(昭和 9年) 5月 25日, 民集(13卷), 851면.

제 7 장

파산절차의 진행 및 종료

파산이 선고되면, 한편으로는 파산채권의 확정과 다른 한편으로는 파산재단의 관리·환가의 절차가 시작된다. 파산절차는 채무자의 재산 전부를 처분하여 채권자 전체와의 사이에서 채권·채무를 한꺼번에 청산하려는 절차이기 때문에 우선 채무자가 지급하여야 할 채무, 즉 파산채권이 어느 정도인가를 확정하는 것이 필요하고(I. 부분), 한편 채권자에게 지급할 금원을 만들기 위하여 처분할 수 있는 재산이 어느 정도인가를 조사하고 또한 이를 환가하여야 한다(II. 부분). 파산채권의 확정과 파산재단의 관리·환가에 의하여 어느 정도 비율로 채권자에게 변제할 수 있는가가 확정된다. 그 결과, 배당을 할 수 있게 되고, 배당이 있으면 파산절차는 종료된다(III. 부분). 그 밖에 파산절차는 파산폐지에 의하여도 종료된다(IV. 부분).

I. 파산채권의 신고·조사·확정

13-1   ### 1. 개별적 권리행사의 금지

파산절차는 다수의 파산채권자에 대하여 각자의 순위에 따라서 공평한 만족을 도모하는 것을 목적으로 하므로 파산채권자가 앞다투어 개별적 권리행사를 하는 것을(가령, 배당참가 등 강제집행) 금지하여 통일적으로 처리할 필요가 있다. 그리하여 법 424조에서 파산채권은 파산절차에 의하지 아니하고는 행사할 수 없다고 규정하고 있다. 여기서 파산절차에 의한 행사는 파산채권자가 그 채권을 법원에 신고하여 일정한 조사·확정의 절차를 거쳐 파산관재인으로부터 배당을 받는 것이다. 집단적 처리 방법인 파산절차상의 권리확정절차를 앞에 두어 확정 여부를 스크린 하고 있다고 할 수 있다. 그 귀결로 파산채권자는 채무자나 파산관재인에 대하여 독자적으로 이행을 청구하거나 소를 제기할 수 없고, 파산 선고시에 이미 파산채권에 관한 소송이 계속 중인 경우라면 그 소송절차는 그 진행을 중단하게 하고 있다.[1] 또한 파산재단을 구성하는 재산에 대하여는 물론 채무자의 자유재산에 대하여도 강제집행을 할 수 없다(자유재산에 대하여 강제집행 을 허용하지 않는 것은 고정주의나 면책주의의 취지에서 나오는 요청이다). 다만, 채무자의 자유재산으로부터 임의변제를 받는 것이나, 가령 채무자의 보증인과 같은 제3 자로부터 변제를 받는 것은 무방하다. 한편 이러한 개별적 권리행사금지의 원칙 은 별제권 또는 상계권을 가지는 파산채권자에게는 적용이 없다.

2. 파산채권의 신고

(1) 의   의

13-2

파산채권의 신고는 파산절차에의 참가형식이고, (파산)법원에 대한 일종의 신청이다.[2] 파산채권이라도 파산절차상으로 그 채권을 행사하기 위해서는 파산 채권자는 소정의 신고기간 안에 그 채권의 존재나 채권액, 발생의 원인 등을 법 원에 신고하여야 한다.[3] 신고가 없는 한, 파산채권자는 파산절차에서 그 권리를 행사할 수 없고, 채권자집회에서의 의결권 행사뿐만 아니라 배당을 받을 자격도 인정되지 않는다. 또한 파산채권자는 파산절차 밖에서 그 권리를 행사하는 것은 허용되지 않으므로 신고가 없는 한 파산채권을 행사할 기회를 잃는다. 그리고 파산절차가 종료된 후, 채무자가 면책결정을 받게 되면 면책의 효과는 신고가 없는 파산채권에도 미치므로 신고하지 않은 파산채권자는 그 권리를 잃게 되는

---

[1] 파산채권에 관한 소송이 계속하는 도중에 채무자에 대한 파산선고가 있게 되면 소송절차는 중단되고, 파산채권자는 파산사건의 관할법원에 법이 정한 바에 따라 채권신고를 하여야 한다 (대법원 2018. 4. 24. 선고 2017다287587 판결).

[2] 소송행위의 일종이므로 법적 안정성을 위하여 예비적 신청은 원칙적으로 허용되지 않지만, 민 사소송법상의 예비적 병합에 준한 경우는 허용된다고 볼 것이다. 마찬가지 취지로는 伊藤眞 外 5人, 条解破産法, 756면.

[3] 한편, 어음발행인에 대하여 파산절차가 개시되더라도 어음의 정당한 소지인은 파산절차에 의 하지 아니하고 지급은행을 상대로 사고신고담보금의 지급청구권을 행사하여 그 채권의 만족을 얻을 수 있는 것이지만(대법원 1995. 1. 24. 선고 94다40321 판결, 대법원 2001. 7. 24. 선고 2001다3122 판결 등 참조), 이 경우 어음소지인이 정당한 어음권리자로서 지급은행으로부터 사 고신고담보금을 지급받기 위하여 제출이 요구되는 확정판결 등의 증서를 얻기 위하여는 파산채 권자로서 파산절차에 참가하여 채권신고를 하고 채권조사절차 또는 채권확정소송 등을 거쳐 그 채권을 확정받는 방법을 통하여야 한다(대법원 2009. 9. 24. 선고 2009다50506 판결).

불리한 입장에 놓인다. 이렇게 도산법은 파산절차에 있어서 신고를 게을리 한 것(懈怠)에 대하여 일정한 불이익을 주는 것에 의하여 파산채권자에게 채권을 신고할 것을 요구하고, 가능한 한 조속히 파산채권의 존재나 내용이 명확하게 되도록 요구하고 있다.

한편, **회생절차**에서는 현행법에서 **관리인**으로 하여금 회생절차가 개시되면 회생채권자의 목록, 회생담보권자의 목록과 주주·지분권자의 목록을 작성하여 법원이 정하는 기간 안에 제출하도록 하는 관리인의 **목록작성제출제도를 신설**하였다(147조).4) 그리고 목록에 기재된 회생채권·회생담보권·주식 또는 출자지분은 신고를 기다리지 않고 신고된 것으로 의제되므로(151조) 회생채권자 등은 별도로 회생채권 등을 신고하지 않아도 된다. 이렇게 신고를 기다리지 않고 관리인이 회생채권자 등의 목록을 작성하여 제출하면 신고된 것으로 의제하도록 한 취지는 회생채권자 등의 신고절차를 가능한 한 축소하여 회생절차를 간이·신속하게 진행하기 위함이다. 만약 관리인이 목록에 기재를 누락한 경우에는 회생채권자 등은 별도로 채권 등을 신고하여야 한다(☞ 16-59 이하).

그리고 **개인회생절차**에서는 절차의 간편화를 위하여 파산절차에서와 같은 채권신고·조사절차를 두지 않고, **채무자** 스스로가 채권자목록을 작성하여 제출하고(589조 2항), 채권자목록의 내용에 관하여 개인회생채권자의 이의가 있으면 채권조사확정재판 등을 거쳐(604조 등) 채권의 존부 및 내용을 확정짓는 **채권자목록제도**를 채택하였다(☞ 17-65).

(2) 신고의 절차

13-3

1) 신고자격

신고권자는 그 파산채권에 대하여 관리처분권을 가지는 사람이다. 파산채권자 자신 또는 그 대리인이 여기에 해당된다. 참고로 보면, 일본 신파산법 110조는 법원의 허가 하에 파산채권자가 대리위원을 선임할 수 있도록 하고 있는데, 파산채권자는 공동하여 또는 개별로 1인 또는 여럿의 대리위원을 선임하여 자신을 대신하여 위 파산채권의 신고와 같은 파산절차상의 권한을 행사할 수 있다. 그 밖에 그 채권에 대하여 추심명령을 얻은 압류채권자나 채권자대위권을

---

4) 위 목록의 제출기간은 법원이 회생절차를 개시할 때 정하여야 하는데, 개시결정일로부터 2주 이상 2월 이하의 기간 범위 안에서 정하게 된다(50조 1항 1호). 법원은 특별한 사정이 있는 때에는 위 기간을 늦추거나 늘일 수 있다(동조 2항).

(민법 404조) 행사한 대위채권자도(대위채권자가 대위권행사의 가부를 다투는 때에는 스스로 채권신고를 한 뒤에 대위채권자의 신고채권에 이의를 진술하여 파산채권확정절차에서 이를 다투게 된다) 신고를 할 수 있다.

2) 신고방법

13-4

파산채권의 신고는 다음의 사항을 명확히 하여야 하고, 신고사항에 있어서 증거서류가 있으면 제출하여야 한다(447조, 규칙 73조 참조).

① 그 채권액 및 원인(동조 1항 1호): 금전채권에 있어서는 그 채권액을, 비금전채권 및 조건부 채권은 채권자 자신에 의한 평가액을 신고한다. 채권의 원인은 적어도 다른 채권과 식별할 수 있는 정도로 기재할 필요가 있다.

② 일반의 우선권이 있는 때에는 그 권리(동조 1항 2호): 이를 신고하지 않으면, 일반파산채권으로 취급된다.

③ 후순위 파산채권에 해당하는 부분이 있는 때에는 그 부분(동조 1항 3호): 법 446조 1항 각호가 규정하고 있는 후순위 파산채권은 다른 파산채권이 변제되고 나머지가 있는 경우에만 변제를 받을 수 있는데, 그 구분을 표시하여 신고하여야 한다. 다만, 실무상 배당을 받을 가능성이 거의 없는 채권이므로 앞으로 그 신고에 관하여도 파산채권자의 부담을 경감하는 배려가 있어야 할 것이다.

④ 파산채권자가 별제권을 가지는 때에는 별제권의 목적과 별제권의 행사에 의하여 변제를 받을 수 없는 채권액(동조 2항): 이는 별제권자가 별제권의 행사에 의하여 목적물로부터 채권 전액을 변제받을 수 없는 경우에 파산절차에 참가하여 파산채권자로서 배당을 받기 위하여 채권신고를 하는 경우에 관한 규정이다(☞ 11-17). 따라서 별제권자가 목적물로부터 채권 전액을 변제받을 가망성이 있다면 특별히 채권의 신고를 할 필요는 없다.[5]

⑤ 파산선고 당시 파산채권에 관하여 소송이 계속되어 있는 때에는 그 법원, 당사자, 사건명 및 사건번호(동조 3항): 이는 채무자의 당사자적격에 관한 문제(359조) 등의 정보제공을 위함이다.

⑥ 집행력 있는 집행권원 또는 종국판결이 있는 파산채권인 때에는 그 뜻(채무자 회생 및 파산에 관한 규칙 73조 1항 3호): 유(有)권원채권인 때에는 유권원채권

---

5) 따라서 별제권도 파산채권과 같이 반드시 신고·조사절차를 거쳐 확정되어야 하고, 다만 파산재단의 관리, 환가 및 배당절차에 의하지 않고 행사할 수 있을 뿐이라는 논지는 독자적인 견해로서 받아들일 수 없다(대법원 1996. 12. 10. 선고 96다19840 판결).

으로서 취급을 받기 위하여 채권신고에 있어서 그 취지를 신고하든지, 늦어도 채권조사기일까지 추후보완하여야 한다. 그렇지 않으면 유권원채권으로 그 채권의 확정을 위한 제소책임을 부담하지 않아도 되는 이익을 받지 못한다.6)

13-5   3) 신고기간

채권신고기간은 파산선고를 한 날로부터 2주 이상, 3월 이하의 범위에서 법원이 선고와 동시에 정한다(312조 1항 1호). 이 기간은 공고된다(313조 3호). 법원이 알고 있는 채권자에게는 그 취지를 송달하여야 한다(313조 2항).

파산채권은 지정된 신고기간 안에 신고되어야 하는데, 신고기간 후에 신고한 경우에도 파산관재인 및 파산채권자의 이의가 있는 때를 제외하고, 배척되지 않고 유효한 신고로 취급되어 조사된다. 즉, 신고기간 경과 후에 신고된 채권이라도 파산관재인 및 파산채권자가 그것을 조사하는 것에 이의가 없으면, 채권조사의 일반기일에 조사되고(453조 1항), 이의가 있는 경우 또는 채권조사의 일반기일 후에 채권을 신고한 경우에는 조사를 위한 특별기일이 열린다. 이렇게 일반기일에서 채권조사를 할 수 없어서 특별기일이 지정된 때에는 그 기일에 있어서 채권조사의 비용을 자기부담으로 하여야 하는 불이익을 당한다(453조 2항, 455조). 그러나 이러한 비용부담이 채권신고를 게을리한 제재로서 충분히 기능하지 못한다고 볼 것이다. 물론 배당 그 자체에는 배당제외기간의 정함이 있으므로 늦어도 최후의 배당에 관한 제외기간 만료시까지(521조) 채권의 신고가 없으면 배당을 받을 수 없다.

한편, 실무상 채권의 신고를 게을리한 것에 의하여 그 후 파산채권의 총액이 변동하여 배당표를 경정(513조)할 필요가 생기는 등 배당의 절차 전체가 지연되는 원인이 될 수 있다.

이러한 점과 관련하여 **회생절차**에서는 법 152조에서 신고기간이 경과한 후에는 원칙적으로 신고를 인정하지 않고, 예외적으로 그 책임을 질 수 없는 사유를 조건으로 1월 이내에 신고를 추후보완할 수 있다고 하고 있으므로(☞ 16-62), 이를 **파산절차**에서도 참고하여 회생절차와 마찬가지의 제한을 두는 것을 검토할 수 있다. 생각건대 절차의 신속성의 도모와 채권자의 권리보호라는 두 가지 측면의 균형을 어떻게 처리할 것인가를 고려하여야 한다.

---

6) 일본 最判 1966年(昭和 41年) 4月 14日, 民集(20卷 4号), 584면 참조.

한편, 후순위파산채권인 벌금, 과료 등의 청구권(446조 1항 4호 참조)에 대하여는 채권신고기간의 적용은 없고, 국가 또는 공공단체는 지체 없이 신고하여야 한다(471조 1항).

채권신고기간 안에 전혀 신고가 없는 경우에는 해당 파산절차는 폐지된다. 그 경우에 채무자로부터 파산폐지의 신청이 허용되는 이외에 법원은 배당종결에 관한 법 530조의 준용에 의하여7) 직권으로도 폐지결정을 할 수 있다.

4) 신고사항의 변경

13-6

파산채권자는 일단 신고한 사항을 나중에 변경할 수 있다. 변경을 위해서는 증거자료를 첨부하여 법원에 신고하여야 한다.

그런데 신고기간이 경과한 후에 신고채권액의 증액 등과 같이 다른 파산채권자의 이익을 해할 변경을 가한 경우에는 위 3)에서 본 신고기간의 경과 후의 새로운 신고와 마찬가지로 취급된다(454조).

한편, 채권신고 후에 채권양도에 의하여 채권자가 변경된 경우와 같이 파산채권의 귀속에 변경이 생긴 경우에 대하여는(채권양도 이외에 변제에 의한 대위 등의 특정승계 또는 상속 등의 포괄승계에 의하여 파산채권의 귀속주체가 변경된 경우도 포함) 특별한 규정이 없지만, 채권자가 교체되는 것으로 특히 다른 파산채권자에게 불이익이 되는 것은 아니므로 채권양도에 있어서 대항요건(구채권자에 의한 파산관재인에게의 통지 또는 파산관재인에 의한 승낙)이 구비되어 있는 한, 신채권자는 채권양도 등을 증명하여 신고하면, 구채권자의 파산절차상의 지위를 승계하여 신고명의를 변경할 수 있다.8)

채권확정절차종료 뒤에는 신채권자의 신청에 의하여 법원은 파산채권자표의 기재를 변경하여야 한다. 파산채권자표를 경정하지 않고, 신채권자에 대하여 행한 배당은 절차상 부적법하다.9)

---

7) 일본 大阪高判 1975年(昭和 50年) 12月 18日, 判例時報(814号), 122면. 직권에 의한 폐지의 조문상의 근거를 둘러싸고 위 법 530조 준용설 이외에 이시폐지(異時廢止)에 관한 법 545조를 유추하는 견해, 어느 쪽의 경우에도 해당되지 않은 특별한 경우라고 하는 견해도 있다.

8) 2005년 시행 일본 신파산법 113조 1항은 신고를 한 파산채권을 취득한 사람은 신고명의의 변경을 받을 수 있다는 명문의 규정을 신설하였다.

9) 일본 大判 1943年(昭和 18年) 2月 12日, 民集(22卷 3号), 69면. 山木戶克己, 破産法, 243면. 이에 대하여 파산관재인에게 양도 등의 취지를 통지하고, 그 취지를 증명하면 배당금을 수령할 수 있다는 입장으로는 伊藤眞, 破産法·民事再生法, 605면.

13-7   **(3) 신고의 효과**

파산채권의 신고에 의하여 파산채권자에게는 채권자집회의 의결권(373조), 채권조사기일에 있어서 이의신청권(458조), 배당청구권(230조), 파산폐지에 대한 동의권(538조) 등이 인정된다.

또한 실체법상의 효과로, 파산절차참가(즉, 파산채권의 신고)는 **시효중단의 효력**이 있다(32조 2호 본문).10) 다만, 파산채권자가 그 신고를 취하거나 그 신고가 각하된 때에는 그러하지 않다(동조 동호 단서).11) 채권조사기일에서 파산관재인이 신고채권에 대하여 이의를 제기하거나 채권자가 법정기간 내에 파산채권확정의 소를 제기하지 아니하여 배당에서 제척되었다고 하더라도 그것이 「그 신고가 각하된 때」에 해당한다고 볼 수 없으므로 시효중단의 효력에는 영향이 없다.12)

---

10) 채무자가 파산할 경우에 채권자의 그 파산자에 대한 채권의 이행청구 등 권리행사는 파산법이 정하는 바에 따라 파산법원에 대한 파산채권신고 등의 방법으로 제한 및 변경되는 것이므로 채권자는 파산법원에 대한 파산채권신고라는 변경된 형태로 그 권리를 행사함으로써 약정에 의한 이행청구기간의 도과 혹은 소멸시효의 완성을 저지할 수 있다(즉, 이 경우에 채권자는 파산한 채무자에게 이행청구를 하여야만 자신의 채권을 보전할 수 있는 것은 아니다). 또한 법 455조, 453조 2항의 규정이 파산채권의 신고기간에 아무런 제한을 두고 있지 아니한 것은 그 신고시점까지 유효하게 채권을 보유하고 있는 자로 하여금 신고를 통하여 채권을 행사할 수 있도록 하는 것이지, 그 신고시점 이전에 이미 소멸시효 완성 등으로 채권을 상실한 자에게까지 뒤늦게 파산채권 신고를 통하여 소멸한 채권을 부활시켜 주고자 하는 것은 아니다(대법원 2006. 4. 14. 선고 2004다70253 판결). 채권자가 주채무자의 파산절차에 채권 전액을 신고하고, 보증인이 채권조사기일종료 후에 채권 전액을 변제한 뒤, 파산법원에 채권신고를 한 사람의 지위를 승계하였다는 취지의 신고명의변경의 신청을 한 때는 위 변제에 의하여 보증인이 취득한 구상권의 소멸시효는 위 구상권의 전부에 대하여 위 신고명의 변경 시부터 파산절차의 종료에 이르기까지 중단된다(일본 最判 1995年(平成 7年) 3月 23日).

11) 종전에 파산절차참가(즉, 파산채권의 신고)의 시효중단효의 근거 법조는 파산법이 아닌 민법 168조, 171조로 파산절차참가가 동조에서의 청구에 해당되어 시효중단의 효력이 있다고 보았고, 반면 정리절차참가의 시효중단효에 대하여는 회사정리법 5조에서 규율하고 있었다. 이렇게 시효중단의 효력이 각각 파산절차참가에 대하여는 민법, 정리절차참가에 대하여는 회사정리법에 규정되어 있던 것을 현행법에서는 법 체계에 비추어 총칙 부분 32조에서 통일적으로 파산절차참가, 회생절차참가, 개인회생절차참가에 시효중단의 효력을 인정하는 규정을 두게 되었다.

12) 민법 171조는 파산절차참가는 채권자가 이를 취소하거나 그 청구가 각하된 때에는 시효중단의 효력이 없다고 규정하고 있는바, 채권조사기일에서 파산관재인이 신고채권에 대하여 이의를 제기하거나 채권자가 법정기간 내에 파산채권 확정의 소를 제기하지 아니하여 배당에서 제척되었다고 하더라도 그것이 위 규정에서 말하는 「그 청구가 각하된 때」에 해당한다고 볼 수는 없다고 할 것이고, 따라서 파산절차참가로 인한 시효중단의 효력은 파산절차가 종결될 때까지 계속 존속한다고 할 것이다(대법원 2005. 10. 28. 선고 2005다28273 판결). 판례해설로는 김인겸, 대법원판례해설(제57호, 2006. 7), 49면 이하 참조. 일본 最判 1982年(昭和 57年) 1月 29日도 마찬가지 입장이다(倒産判例百選[第5版](70사건), [堤龍弥 해설] 참조).

이와 관련하여, 재단채권은 파산절차에 참가할 필요가 없으므로 재단채권에 관하여 파산채권의 신고를 한 경우까지 위 파산절차참가에 해당하여 시효중단의 효력이 미친다고 볼 수는 없다.13)

(4) 신고의 취하

1) 파산채권확정 전

13-8

일단 행한 채권신고라도 파산채권확정 전이라면 취하할 수 있다(파산절차의 참가의 취하). 이 경우에 취하를 하면 처음부터 신고가 없었던 것이 되어, 가령 실체법상의 시효중단효와 같이 채권신고에 수반하여 생긴 효과도 소멸된다(32조 2호). 다시 채권신고하는 것도 무방하다.

2) 파산채권확정 후

13-9

이에 대하여 파산채권확정 후의 취하에 대하여는 견해가 나뉘는데, 파산채권자표의 기재에 확정판결과 동일한 효력이 인정되는 것(460조), 취하에 의하여 이미 행한 배당이 유효한 변제가 되지 않는다면 절차의 안정성을 해할 우려가 있는 것 등을 감안하면 민사소송법 266조 1항에 준하여 채권확정 후는 채권신고의 취하를 인정할 것이 아니라고 생각한다.14) 다만, 파산절차상의 권리를 장래에 향하여 포기하는 의사표시로 취급할 것이다.15) 따라서 채권확정의 효력에 영향이 없고, 파산채권자표의 효력도 유지되고, 이미 실시된 배당은 변제로서 유효하다. 시효중단의 효력도 잃지 않는다. 그리고 다시 채권신고를 하는 것은 허용되지 않는다(민사소송법 267조 2항 준용).

3. 파산채권의 조사

(1) 의   의

13-10

파산채권에 대하여 배당을 하기 위해서는 그 파산채권의 존재, 채권액, 순위 등을 확정하여야 한다. 이를 위하여 파산절차에서는 파산채권의 조사 및 확

---

13) 서울중앙지방법원 2004. 6. 24. 선고 2003나59586 판결[상고하였으나, 대법원에서 심리불속행기각].
14) 전대규, 1363면도 마찬가지 입장이다. 그러나 노영보, 407면은 다른 채권자의 이익에 반하는 것은 아니므로 해당 채권자가 장래에 향하여 도산절차로부터 이탈하는 효과를 가지는 것으로서 긍정하여야 한다고 본다. 서울지방법원의 실무에서는 신고의 취하를 인정하고 있다고 한다. 서울지방법원, 파산사건실무(개정판), 209면.
15) 일본 廣島高(岡山支)決 1954年(昭和 29年) 12月 24日, 高民(7卷 12号), 1139면.

정절차를 두고 있다. 여기서는 이해관계인 사이에 다툼이 없는지 여부를 확인하는 것이고, 법원이 실질적인 심리를 하는 것은 아니다(채권의 확정을 위한 재판은 별개의 절차이다. ☞ 13-21). 이는 한편으로는 파산관재인의 공정·중립적인 입장에서의 신중한 직무집행을 위한, 다른 한편으로는 파산채권자 서로 사이의 이기적 입장에서의 견제에 의하여 부정한 채권행사를 배제하면서 대량의 파산채권을 신속하게 조사·확정하기 위한 제도이다(이를 「파산식 확정」이라고도 부른다). 회생절차에서도 원칙적으로 위와 같은 「파산식 확정」 방식을 채택하고 있으나, 관리인의 목록제출제도, 기간방식에 의한 조사 등 다른 점도 있다(☞ 16-60, 16-66).

13-11   **(2) 채권조사의 준비**

각각의 파산채권자가 법원에 채권신고를 하면, 법원사무관등은 파산채권자표를 작성한다(448조 1항). 파산채권자표의 기재사항은 파산채권의 신고사항과 동일한데, 채권자의 성명 및 주소, 채권액 및 원인, 우선권이 있는 때에는 그 권리, 후순위 파산채권을 포함하는 때에는 그 구분 및 별제권자가 신고한 파산채권액 등이 기재된다(448조 1항 1호 내지는 4호). 그 밖에 이후 채권조사절차의 진행에 따라 채권조사의 결과(459조 1항), 채권확정소송 등의 결과(467조), 배당한 금액(517조 2항) 등을 기재한다. 파산채권자표는 파산채권자가 이의를 신청하기 위한 자료가 된다. 파산채권자는 파산채권자표의 내용 가운데 자기의 채권에 관한 기재에 대하여 파산계속법원에 이의를 신청할 수 있다(33조, 민사소송법 223조).

파산채권자 등의 이의권 행사의 기회를 주기 위하여 파산채권자표 및 채권의 신고에 관한 서류는 법원에 비치하여 이해관계인의 열람에 제공한다(449조 1항). 법원사무관등은 채권자의 신청이 있는 경우에 그 채권자의 채권에 관한 파산채권자표의 초본을 교부하여야 한다(동조 2항). 그리고 작성된 파산채권자표는 등본이 파산관재인에게 교부된다(448조 2항). 그때에 실무상으로 채권신고서 및 이에 첨부된 증거서류의 부본도 교부된다.

위 자료를 교부를 받은 파산관재인은 이 자료에 기하여 신고채권에 대하여 조사하고, 채권조사에 앞서서 미리 신고채권의 인부표(認否表)를 작성하여 채권조사기일 전에 법원에 제출한다.

13-12   **(3) 채권조사기일**

파산관재인, 파산채권자 및 채무자가 모여 신고채권에 대한 조사를 하기 위해서 법원은 채권조사기일을 지정한다(312조 1항 3호). 채권조사기일에는 일반기일과 특별기일이 있다.

　　일반기일은 주로 채권신고기간 안에 신고가 있은 채권에 대한 조사를 하기 위하여 지정된 기일이고, 파산선고와 동시에 지정되고, 그 기일과 채권신고기간 말일 사이에는 1주 이상, 1월 이하의 기간이 있어야 하며, 공고되는 것과 함께 알고 있는 채권자 등에게 기일을 적은 서면이 송달된다(312조 1항, 313조). 제1회 채권자집회의 기일과 병합할 수 있다(312조 2항). 여기서 조사의 대상이 되는 채권은 신고기간 안에 신고가 있은 채권은 물론 그 기간 후에 신고가 있은 채권으로 파산관재인이나 파산채권자의 이의(여기서 말하는 이의는 일반기일에서 조사하는 것 자체에 대한 이의이고, 채권의 확정을 방해하는 이의는 아니다)가 없는 것도 포함된다(453조 1항).

　　특별기일은 채권신고기간 후에 신고가 있은 채권으로 이의가 있기 때문에 일반기일에서 조사를 받을 수 없었던 채권(453조 2항) 및 신고기간 후에 다른 채권자의 이익을 해할 변경을 가한 채권(454조)을 조사하기 위하여 지정된 기일이다. 특별기일의 비용은 그 기일에 조사를 받는 신고채권자가 부담하여야 한다(453조 2항, 454조). 특별기일이 지정된 때에는 그 결정을 공고하는 것과 함께 파산관재인, 채무자 및 신고한 파산채권자 모두에게 송달하여야 한다(456조). 특별기일을 지정하는 결정에는 불복을 신청할 수 없다(13조 1항 참조). 그런데 회생절차에서는 특별기일을 정하는 결정을 관리인, 채무자, 목록에 기재되거나 신고된 회생채권자 등에게 송달은 하지만 공고는 하지 않는다(163조). 따라서 파산절차에서도 절차의 신속화·간이화를 도모하기 위하여 회생절차에서와 같이 공고를 하지 않는 것을 입법론적으로 검토할 필요가 있다.[16]

　　일반기일, 특별기일이 변경, 채권조사가 연기 및 속행되는 경우에는 공고 및 송달을 하여야 한다(457조 본문, 456조). 다만, 채권조사가 연기 및 속행되는 경우에 채권조사기일에서 다음 기일이 선고된 때에는 공고 및 송달을 하지 않아도 된다(457조 단서). 이 결정에 불복신청은 허용되지 않는다(13조 1항).

　　한편, 종전 회사정리법에서는 회사정리절차에서도 파산절차에서와 마찬가지로 채권 등의 조사를 위해서 조사기일을 열어야만 하였으나(종전 회사정리법 135조), 현행법에서는 파산절차와 달리 이를 폐지하여 회생절차에 있어서는 조

---

16) 2005년 시행 일본 신파산법에서는 공고제도를 폐지하였다.

사기일제도 대신에 조사기간제도를 채택하여(50조 1항 4호, 161조) 채권자가 편리
한 시간에 채권을 조사할 수 있도록 하였다.17) 다만, 신고기간 후에 신고된 회생
채권 및 회생담보권의 조사를 위하여 법원이 특별기일을 정하는 것은 그대로
존치되어 있다(162조).

　　실무상 채권조사기일에 있어서, 파산채권자는 자기가 가지는 채권에 대하
여 이의가 진술되었는지 여부에 대하여만 관심이 있고, 파산채권자 및 이해관계
인의 상호 견제에 의하여 실체가 없는 채권을 배제하고자 하는 채권조사기일의
취지가 의미를 가지지 못하는 경우가 대부분이라고 한다. 그리하여 파산절차에
서도 기일방식과 함께 채권조사절차의 합리화·신속화를 도모하기 위하여 파산
관재인이 작성한 신고채권의 인부표와 그 자료를 일정기간 이해관계인에게 열
람할 기회를 주고, 이해관계인으로부터 서면에 의한 이의가 없으면, 일정기간의
경과에 의하여 채권은 확정한다는 방식과 같은 서면에 의하여 채권조사를 행하
는 기간방식도 입법론적으로 검토할 만하다.18)

13-13　　　　(4) 신고채권의 조사

　　조사기일의 실시를 효율적으로 하기 위하여 법원은 미리 채권신고서를 심
사하여 부적법한 것이나 기재가 불명확한 것이 있으면 보정을 명하고, 보정할
수 없는 것은 각하한다.

13-14　　　1) 채권조사에의 관여자

　　채권조사는 채권조사기일에 법원의 지휘하에 채무자, 파산관재인 및 파산
채권자가 모여서 행한다. 채무자, 신고한 파산채권자 또는 그 대리인은 기일에
출석하여 의견을 진술할 수 있다(205조 1항 본문). 출석하여 의견을 진술할 권리
는 있으나, 출석의무는 없다.

---

　17) 법원은 회생절차개시결정과 동시에 조사기간을 정하여야 하며(50조 1항 4호), 조사기간 동안
　　　이해관계인의 열람을 위하여 목록, 신고 및 이의에 관한 서류, 회생채권자표·회생담보권자표와
　　　주주·지분권자표를 법원에 비치하여야 한다(160조). 관리인, 채무자, 목록에 기재되거나 신고
　　　된 회생채권자·회생담보권자·주주·지분권자는 조사기간 안에 목록에 기재되거나 신고된 회생
　　　채권 및 회생담보권에 관하여 서면으로 법원에 이의를 제출할 수 있다(161조 1항).
　18) 2005년 시행 일본 신파산법에서는 기일에 있어서 채권조사 이외에(병용하여) 서면에 의한 채
　　　권조사를 신설하였다. 즉 법원에 의한 파산채권의 조사는 파산관재인이 작성한 인부서 및 파산
　　　자와 파산채권자의 서면에 의한 이의에 기하여 하는 것으로 하고(116조 1항), 법원은 필요가 있
　　　는 때에는 파산채권의 조사를 기일에서 파산관재인의 인부 및 파산자와 파산채권자의 이의에
　　　기하여 할 수 있도록 하였다(동조 2항).

채무자에 대하여는, 종전 파산법 205조 1항 본문에서 출석하여 의견을 진술하는 것이 필수적이었는데, 현행법에서는 이를 임의화 하였다.[19) 채무자는 사정을 잘 알고 있으므로 그 의견은 채권조사의 중요한 자료가 되지만, 채무자의 출석이 없더라도 채권조사를 할 수 있다.

그리고 신고한 파산채권자는 장래 배당의 전제조건이 되는 채권조사에 중요한 이해관계를 가지는 사람이므로 출석하여 의견을 진술할 권리를 보장한 것이다. 파산채권자는 대리인을 내세울 수도 있다(451조 2항).

이에 대하여 파산관재인이 없다면 조사는 적정하게 이루어질 수 없으므로 파산관재인의 출석은 채권조사의 필수조건이다(452조). 파산관재인은 채권조사(인부)를 하는 데 대하여 가장 풍부한 자료를 가지고 정확한 판단을 할 수 있는 입장이므로 파산관재인의 출석을 채권조사의 요건으로 한 것이다.

2) 신고채권에 대한 이의의 진술

13-15

채권조사에 있어서는 각 신고채권에 대하여 파산채권자표에 기재된 여러 사항의 당부가 조사된다(450조, 448조 1항). 실제의 조사기일에서는 우선 파산관재인이 미리 작성하고 있던 신고채권의 인부표에 기하여 의견을 진술하고, 파산채권자표의 기재에 이의(Widerspruch)가 있으면 그것을 진술한다.[20) 다음으로 파산채권자 및 채무자가 의견이나 이의를 진술한다.[21) 파산관재인 및 파산채권자는 조

---

19) 채무자는 설명의무(321조 1항)에 의하여 실무상 법정 밖에서 파산관재인에게 이미 협조하고 있어 굳이 법정에 출석하여 의견진술을 하도록 강제할 필요가 없는 점, 실제로 채무자가 법정에는 두려움 그 밖의 여러 가지 이유로 출석을 기피하고 있는 현실 등을 고려하여 출석을 임의적으로 한 것이다.

20) 파산채권 등에 대한 신고 및 조사는 파산채권의 존재와 그 채권액, 우선권 등을 확정함으로써 채권자가 파산절차에 참여하여 채권자집회에서 의결권을 행사하고 채권의 순위, 채권액에 따라 배당을 수령할 수 있도록 하기 위한 것이므로, 그 절차의 진행과정에서 파산관재인이 시부인을 한 것에 대하여 미이행쌍무계약의 해제의 의사표시를 한 것으로 보거나, 채권자가 채권신고를 통하여 매매계약 해제의 의사표시를 한 것으로 보려면 채권자가 채권신고에 이르게 된 동기 및 경위, 채권신고서에 기재된 채권의 내용 및 원인, 파산관재인의 시부인 경위 등을 종합적으로 고려하여 볼 때 계약해제의 의사를 표시한 것으로 추단할만한 객관적 사정이 인정되어야 한다(대법원 2010. 2. 25. 선고 2007다85980 판결[미간행]).

21) 그런데 파산채권자가 다른 파산채권의 존부 등을 조사하는 것은 쉽지 않고, 그 상세한 것을 알고 있는 경우는 많지 않으므로 채권조사에 있어서는 파산관재인에 의한 파산채권의 인부가 중요한 의미를 가진다. 파산채권자로서는 파산관재인의 사전 조사의 결과를 받아들일 것인지 여부에 대한 태도를 표명하는 것에 지나지 않는 경우가 많다. 경우에 따라서는 오로지 감정적인 이유에 기하여 합리적 근거가 없는 이의도 나타난다. 이의권의 남용이 문제될 수 있으므로 이를 규제할 필요성이 있다. 또한 파산관재인은 직무를 공정하게 집행하여야 하므로 합리적인 의심이 없는데도 이의를 진술하여서는 안 될 것이다.

사사항의 전부에 대하여 이의를 진술할 수 있는 데 대하여, 채무자는 이해관계를 가지는 파산채권의 존재 및 채권액에 대해서만 이의를 진술할 수 있고, 또 가령 채무자만이 이의를 진술하더라도 해당 채권의 확정에는 영향이 없다.22) 어느 경우에도 이의에 이유를 분명히 할 필요는 없고, 가령 이유를 진술하더라도 이에 구속되지 않는다.

그리고 이의는 기일 중에도 기일 외에도 철회할 수 있다. 즉, 일반적으로 철회의 자유를 인정하고 있고, 철회에 의한 불이익은 없다. 그러나 예를 들어 파산관재인이 이의를 진술하였으므로 그것을 믿고서 다른 파산채권자가 스스로 이의를 진술하지 않은 경우에 파산관재인이 나중에 이의를 철회하는 형태로 파산채권의 확정절차를 종료시킨다면 그 채권자의 기대를 저버리게 된다. 이러한 경우 등과 관련하여 이의의 철회에 대한 제한이 필요하지 않은가 생각한다.

13-16   **3) 채권조사종료 후의 조치**

채권조사가 종료되면, 법원은 조사의 결과를 파산채권자표에 기재하여야 한다(459조 1항). 조사결과라는 것은 각 신고채권에 대한 이의의 유무, 이의 있는 채권에 대하여는 이의자 및 이의가 제출된 취지 및 이의의 내용이고, 이의가 없는 채권에 대하여는 확정한다는 취지이다. 법원사무관등은 확정된 신고채권의 증서에 확정된 뜻을 기재하고, 법원의 인(印)을 찍어야 한다(459조 2항). 이의가 진술된 신고채권의 채권자가 채권조사기일에 결석한 경우에는 법원은 이의가 제출된 사실을 그 파산채권자에게 통지하여야 한다(461조 1항). 통지는 서류를 우편으로 발송하여 할 수 있다(동조 2항).

(5) 조사에 의한 파산채권의 확정과 그 효력

13-17   **1) 조사기일에 파산관재인 및 파산채권자로부터 이의가 없는 경우**

채권조사기일에 파산관재인 및 다른 파산채권자로부터 **이의가 없는** 신고채권은 채권액, 우선권의 유무 및 후순위 파산채권의 구분이 신고대로 확정되고(458조), 확정채권에 관한 파산채권자표의 기재는 **파산채권자 모두**에 대하여 확정판결과 동일한 효력을 가지게 된다(460조). 법원의 공권적 판단을 거치지 않

---

22) 일반적으로 채권을 둘러싼 이해의 대립은 채권자와 채무자 사이에 존재하나, 파산절차에서의 이해의 대립은 파산재단으로부터 배당에 있어서 경합하는 파산채권자 사이에 존재한다. 채무자로서는 파산선고를 받은 이상, 그것이 어떠한 비율이나 순위로 채권자에게 분배되는가 하는 점에 관심이 없게 된다. 따라서 채무자의 이의는 채권의 확정의 문제에 대하여 관계가 없게 된다.

고, 이해관계인의 의사에 의하여 대량의 파산채권을 획일적으로 확정하는 이러한 독특한 방법을 「**파산식 확정**」이라고도 부른다는 것은 이미 설명한 바 있다 (☞ 13-10).

　여기서 말하는 확정판결과 동일한 효력을 가지게 된다는 것은 확정된 채권의 내용에 대하여 파산채권자 사이에서는 더 이상 파산절차 내에서 다툴 수 없고(가령 우선권이 없는 것으로 확정된 것은 파산절차 내에서 나중에 우선권을 주장할 수 없다), 의결권의 판정이나 배당표를 작성함에 있어서는 파산채권자표의 기재에 의하여야 한다는 의미이다(확인적 효력을 가지고 파산절차 내부에서 불가쟁의 효력이 있다는 의미).[23] 위 파산식 확정은 법원의 공적 판단을 거치지 않고, 이해관계인의 의사에 따라 행하여지는 것이므로 나아가 파산절차 밖에서도 파산채권자 사이에서 **기판력**을 가지는지 여부에 대하여는 다툼이 있다.[24]

　이러한 효력은 파산채권자 모두에게, 즉 기일에 출석하지 않은 채권자, 신고를 하지 않은 채권자에게도 미친다. 또한 명문의 규정은 없지만 파산관재인에게도 당연히 효력이 미친다.[25] 따라서 파산관재인이 기일에 이의를 진술하지 않은 때에는 신고채권에 부인원인이 있더라도 채권확정 후에는 더 이상 부인할 수 없게 되므로 부인하고자 할 때에는 이의를 진술하여 두어야 한다.[26]

2) 채무자에 대한 효력

13-18

채무자가 채권조사기일에 신고채권에 대하여 이의를 진술하지 않은 때에는 그 채권에 대하여 파산채권자표의 기재는 **채무자**에 대하여도 확정판결과 동일

---

23) 확정판결과 동일한 효력이라 함은 **기판력이 아닌 확인적 효력**을 가지고 파산절차 내부에 있어 불가쟁의 효력이 있다는 의미에 지나지 않고, 이미 소멸된 채권이 이의 없이 확정되어 채권표에 기재되어 있더라도 이로 인하여 채권이 있는 것으로 확정되는 것이 아니므로, 이것이 명백한 오류인 경우에는 파산법원의 경정결정에 의하여 이를 바로잡을 수 있으며 그렇지 아니한 경우에는 무효확인의 판결을 얻어 이를 바로잡을 수 있다고 할 것이다(대법원 2006. 7. 6. 선고 2004다17436 판결[공보불게재]).

24) 伊藤眞, 破産法·民事再生法, 618면은 기판력을 긍정한다. 한편, 판결절차와 동렬로 논할 수 없다고 기판력을 부정하는 입장으로는 宗田親彦, 破産法概説, 293면. 위 대법원 2006. 7. 6. 선고 2004다17436 판결[공보불게재])은 기판력이 아니라고 한다.

25) 전대규, 1382면; 伊藤眞 外 5人, 条解破産法, 830면.

26) 채권조사기일 당시 유효하게 존재하였던 채권에 대하여 파산관재인 등으로부터의 이의가 없는 채로 채권표가 확정되어 그에 대하여 불가쟁의 효력이 발생한 경우에는 파산관재인으로서는 더 이상 부인권을 행사하여 그 채권의 존재를 다툴 수 없게 되었다고 할 것이고, 나아가 파산관재인이 사후에 한 그러한 부인권 행사의 적법성을 용인하는 전제에서 파산채권으로 이미 확정된 채권표 기재의 효력을 다투어 그 무효확인을 구하는 것 역시 허용될 수 없다(위 대법원 2006. 7. 6. 선고 2004다17436 판결[공보불게재]).

한 효력을 가진다(535조 1항). 위 1)에서 보았듯이 채권조사는 본래 파산채권자
사이에서 이루어지는 절차이고, 따라서 채무자가 신고채권에 대하여 이의를 진
술하여도(그 이의는 파산채권자표에 기재된다. 459조 1항) 그 확정을 방해할 수 없는데
(파산절차에서 채무자는 주체적으로 관여하지 못하고, 파산채권자를 대하는 자는 파산관재인
이므로),27) 여기에서의 채무자에 대한 효력은 채무자가 이의를 진술하여 두지 않
으면, 채무자는 신고채권자와의 사이에서 그 **채권의 존재 및 내용**에 대하여 확
정판결이 있는 것과 동일한 효력을 받는다는 것으로,28) 위 1)에서 살핀 파산채
권자표의 기재의 파산채권자 등에 대한 구속력과 다르다.

      그런데 위 효력은 채무자와 확정된 파산채권자 사이에서 생기는 것인데, 파
산절차 중에 채권자는 개별적인 권리행사를 할 수 없고(424조), 채무자는 재단소
속재산의 관리처분권을 잃고 있으므로(384조) 위 채무자에 대한 효력은 파산절
차종결 후에 작동한다(채권자는 파산종결 후에 파산채권자표의 기재에 의하여 강제집행을
할 수 있다는 법 535조 2항 참조. 그리하여 파산채권자표에 집행권원으로서의 효력이 주어진
것을 저지하기 위하여도 채무자가 이의를 하여 두는 것은 의미가 있다).29) 한편, 법인파산
에서는 파산절차가 종료되면 법인의 대부분은 해산하여 소멸되므로 법인파산의

---

27) 통상의 경우에 채권을 둘러싼 이해의 대립은 채권자와 채무자 사이에 존재하나, 파산절차에 있
    어서 이해의 대립은 파산재단으로부터의 배당에 있어서 경합하는 파산채권자 사이에 존재한다.
    채무자로서는 파산선고를 받은 이상, 그것이 어떠한 비율이나 순위로 채권자에게 분배되는가 하
    는 점에 관심이 없는 것이고, 따라서 채무자의 이의는 채권의 확정의 문제에 관계가 없게 된다.

28) 한편, 채무자가 이의를 진술한 경우에 그 채권에 대하여 (위 본문 1)에서의 확정을 방해할 수
    없지만) 채무자와 그 채권의 채권자와의 사이에서는 그 채권의 확정이 유보된다. 따라서 파산선
    고 당시 계속되던 소송이 있으면(파산선고에 의하여 중단. 민사소송법 239조), 파산절차가 종료
    되는 단계에서(중단사유가 해소) 채무자 쪽에서는 그 소송을 속행하여 그 채권을 확정할 수 있
    다. 그 채권이 면책의 대상이 된다면 위 소송은 청구기각될 것이다(伊藤眞, 破産法・民事再生法,
    619면). 그리고 파산선고 당시 소송계속이 없었다면 파산채권자가 이의를 진술한 채무자를 상
    대방으로 그 채권의 존재 등을 다투기 위해서 새롭게 소를 제기하는 것은 파산절차 중에는 허용
    되지 않는다(424조 참조).

29) 채권자는 파산절차가 종결된 후에 이르러서야 비로소 채권자표의 기재에 의하여 강제집행을
    할 수 있을 뿐이고, 파산절차가 계속 중인 경우에는 모든 파산채권자는 파산절차를 통해서만 파
    산자에 대한 권리를 행사하여야 하며, 파산절차에서는 확정된 채권자표의 기재에 따라 파산관
    재인이 배당절차를 주재하고 파산채권자에 의한 별도의 집행개시나 배당요구 등의 제도가 없으
    므로 확정된 채권자표의 기재는 파산절차가 종결되기 전까지는 파산채권자들 사이에 배당액을
    산정하기 위한 배당률을 정하는 기준이 되는 금액일 뿐이고 배당과 관련해서는 집행권원으로서
    아무런 작용을 하는 것이 아니다. 그렇다면 파산절차에서 채권자가 중간배당을 받았다 하더라
    도 그 때문에 채권자표에 기재된 채권액을 수정할 필요가 없어, 그러한 사정은 파산자가 파산채
    권으로 확정된 채권자표의 기재에 관하여 그 채권의 존부나 범위를 다투기 위한 청구이의의 소
    의 사유로 삼을 수 없다(대법원 2007. 10. 11. 선고 2005다45544, 45551 판결).

경우에는 이러한 채무자에 대한 효력을 인정하여도 의미가 없다. 또한 개인파산
이라도 채무자가 면책을 받으면 (강제집행의 가능성이 소멸되므로) 해당 파산채권이
비면책채권에 해당하지 않는 한 그 의의가 그다지 크지 않다(면책결정이 확정되면,
파산채권자표가 있는 경우는 거기에 면책결정이 확정된 뜻이 기재된다. 568조 참조).

이 효력의 발생요건은 채무자가 해당 파산채권에 대하여 이의를 진술하지
아니한 것 및 해당 파산채권이 확정되어야 한다는 것이다. 전자와 관련하여, 채
무자가 그 책임 없는 사유에 의하여 채권조사기일에 결석한 경우에는 그 사유가
없어진 날로부터 7일 이내라면 이의를 추후 보완하기 위하여 파산계속법원에
원상회복의 신청을 할 수 있다(536조). 그리고 후자와 관련하여, 원칙적으로 해
당 채권이 채권조사기일에 파산관재인 및 파산채권자로부터 이의가 없어 확정
될 것이 필요한데, 파산채권의 확정에는 물론 채권조사확정재판을 통한 확정도
포함된다.

이 효력에는 위에서 보았듯이 집행력이 포함되나(파산채권자표의 기재가 집행
권원이 된다), 한편 기판력이 생기는지 여부에 대하여는 다툼이 있을 수 있는데(학
설에 따라서는 위 1)에서 살핀 법 460조 파산채권자표의 기재의 효력과 여기서의 기판력을
결부시키기도 한다),[30] 기판력은 생기지 않는다고 생각한다.

3) 파산채권자표의 기재에 대한 불복신청

13-19

확정된 파산채권자표의 기재는 확정판결과 동일한 효력을 가지지만, 완전
히 더 이상 다툴 수 없는 것은 아니고 확정판결을 다투는 방법에 준하여 불복신
청하는 방법을 생각할 수 있다. 우선 파산채권자표의 기재에 잘못된 계산이나
기재 등과 같은 분명한 표현상의 흠이 있는 경우에는 **경정의 신청**이 허용된다
(33조, 민사소송법 211조). 또한 파산채권자표의 기재에 내용상의 흠이 있는 경우에
는, 즉 위조서류에 의한 신고, 사기·강박에 의한 이의의 저지 등과 같이 파산채
권자표의 작성·확정절차에 재심사유에 해당되는 사유가 있으면 **재심의 소**를 제
기할 수 있다(민사소송법 451조). 그리고 파산채권자표의 확정 후에 제3자에 의한
변제나 채무자가 자유재산으로 변제하여 파산채권이 소멸된 경우 등과 같은 실
체적 흠에 대하여는 **청구이의의 소**를 제기할 수 있다(민사집행법 44조).

---

30) 伊藤眞, 破産法·民事再生法, 619면은 파산채권의 존재 및 내용이 신고채권자와 채무자 사이
    에서 기판력으로 확정된다고 본다.

13-20   (6) 벌금·과료 등의 청구권의 조사·확정

재단채권이 아니라 파산채권인 이상, 벌금·과료·형사소송비용·추징금 및 과태료 청구권을 가진 자는 배당을 위하여 지체 없이 그 액 및 원인을 법원에 신고하여야 하는데(471조 1항), 이러한 청구권의 신고에 대하여는 그 청구권의 성질상 그 금액 및 원인에 대하여 일단 정당하다고 보아 통상의 채권조사절차에 따르지 않는다. 파산관재인이 이러한 채권의 존재나 내용에 이의가 있는 때에는 그 채권에 일반적으로 인정되고 있는 방법인 행정심판 또는 행정소송 등에 의하여 이의를 주장하여야 한다. 파산관재인만이 위 수단을 취할 수 있는 것을 전제로 그것을 실효적으로 하기 위하여, 즉 파산관재인이 이의권을 적절하게 행사할 수 있도록 신고한 청구권의 원인이 행정심판 또는 행정소송의 대상이 되는 처분인 때에는 법원은 지체 없이 그 청구권의 금액 및 원인을 파산관재인에게 통지하여야 한다(472조 1항).

4. 파산채권의 확정

13-21   (1) 의   의

신고된 어느 채권에 대하여 파산관재인 또는 다른 파산채권자가 채권조사기일에 **이의를 진술한 때**에는 이의의 대상이 된 그 신고채권(이의채권이라 한다)의 확정은 방해되므로 파산절차 밖의 별개의 절차에 의하여 그 채권의 존부나 내용이 확정되어야 한다.

이 경우에 이의채권에 대하여 이미 집행력 있는 집행권원 또는 종국판결이 있는지 여부(이른바 무권원채권인가, 유권원채권인가. 민사집행법에서의 용어 사용과 다르다)에 의하여 이의의 진술을 당한 채권자와 이의자 가운데 어느 쪽이 채권의 확정에 대한 책임이 있는가가 달라진다. 이의채권이 **무권원채권인** 경우에는 이의의 진술을 당한 채권자가 이의자를 상대방으로 하여 그 채권의 존재를 분명히 하여야 한다(462조, 463조, 464조. 따라서 이 경우에 이의자는 이의를 남용할 우려가 있다). 이에 대하여 **유권원채권**인 경우에는 이의자에게 그 책임이 있고, 이의자는 채무자가 할 수 있는 소송절차에 의하여만 이의를 주장할 수 있고(466조 1항), 그 소송에서 이의채권이 존재하지 않는다는 판결이 없는 한 신고채권자는 배당으로부터 배제되지 않는다.

이는 이의채권의 존재 등의 개연성의 정도에 의하여 취급을 달리하는 것에

의하여 채권자 사이의 공평을 도모하고자 하는 취지인데, 이하에서 경우를 나누
어 보다 상세하게 살펴본다.

〈파산채권확정의 흐름〉

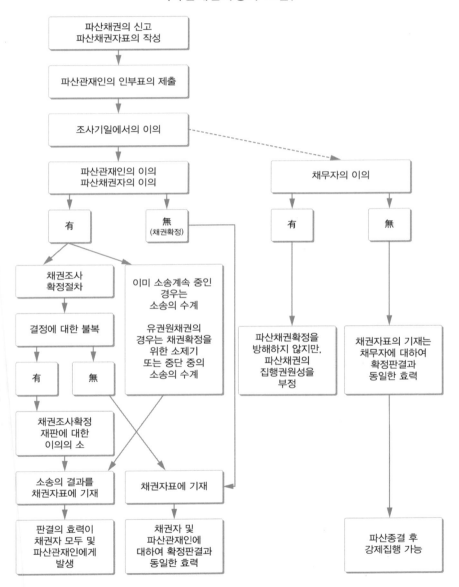

13-22   **(2) 무권원채권의 경우**

이의를 받은 파산채권자의 쪽에서 이의를 제거하기 위하여 적극적으로 나가야 한다. 즉, 이의채권을 보유한 파산채권자는 ① 이의자 전원을 상대방으로 하여 법원에 채권조사확정재판을 신청하든지(462조 제1항 본문. ☞ 13-23), ② 채무자와 이미 소송이 계속 중이라면(그 소송은 파산선고에 의하여 중단되고 있다) 새로이 채권조사확정재판을 신청하는 것에 대신하여 그 (중단된) 소송을 전환하여 활용시키고자 하는 취지에서, 이의자 전원을 그 (중단된) 소송의 상대방으로 하여 소송의 수계를 신청하여야 한다(462조 1항 단서, 464조. ☞ 13-26, ☞ 8-72).31) 위와 같은 채권조사확정절차 등은 회생절차에 있어서도 마찬가지이다(170조, 171조, 172조. ☞ 16-69 이하)).

13-23   **1) 채권조사확정재판과 이에 대한 이의의 소**

파산채권에 대하여 이의가 제출된 사항을 둘러싼 다툼을 확정하는 것을 목적으로 제1차적으로 결정에 의한 채권조사확정절차에 의하여 채권의 확정을 도모하고(462조), 이 결정에 불복하는 경우에 제2차적으로 채권조사확정재판에 대한 이의의 소를 제기할 수 있도록 하고 있다(463조).

파산관재인 또는 파산채권자의 이의가 있는 이상, 이해관계인 사이에서 더 이상 자치적인 결말에 맡기는 것보다 법원의 판단에 의하여 채권확정을 하는 것이 적당한데,32) 다만 절차의 합리화와 신속화를 위하여 채권확정소송이 아닌, 절차적 부담이 가벼운 결정에 의한 채권조사확정절차와 이 결정에 대한 이의의 소에 의하도록 하였다.33)

---

31) 대법원 1999. 7. 23. 선고 99다22267 판결. 이는 신소 제기에 따른 비용과 시간의 낭비를 방지하고 소송절차의 번잡을 피하기 위한 공익적인 목적을 위한 것이므로, 소송수계를 할 수 있는 경우에 파산채권확정의 소를 제기하는 것은 권리보호의 이익이 없어 부적법하다(대법원 2020. 12. 10. 선고 2016다254467, 254474 판결).

32) 다만, 파산선고 전에 채무자와 채권자 사이에서 중재계약이 체결되어 있는 때에는 채권확정재판에 대신하여 중재절차에 의할 수 있다.

33) 종전 파산법에서는 실체법상의 권리가 다투어지고 있으므로 결정절차가 아닌, 일반원칙으로 돌아가 채권확정소송이라는 통상의 소송절차(판결절차)로 처리하는 것이 타당하다고 보았지만, 그러나 항상 소(채권확정소송)에 의하여 채권조사를 확정하는 것은 소요되는 시간 등에 있어서 파산절차의 신속한 진행을 저해하는 문제점이 있으므로, 현행법에서 위와 같이 채권조사확정절차와 이 결정에 대한 이의의 소를 도입하였다. 2005년 시행 일본 신파산법 125조, 126조도 마찬가지로 이를 도입하였다.

① 채권조사확정재판   13-24

채권조사확정재판이란 신고된 파산채권의 내용에 대하여 파산관재인 또는
파산채권자가 이의를 한 때에 이의채권을 보유한 파산채권자의 신청에 의하여
법원이 그 채권의 존부 또는 내용을 정하는 재판절차이다(462조 1항, 2항). 재판의
신청은 이의가 있는 파산채권에 관한 조사를 위한 일반조사기일 또는 특별조사
기일부터 1월 이내에 하여야 한다(동조 5항). 신청의 대상은 신고채권의 존부 및
내용을 확정하기 위한 전제로, 그 신고채권자에게의 귀속, 파산채권으로서의 적
격성 등도 그 대상이 된다. 법원은 이의자를 심문한 후 결정으로 이의가 있는
파산채권의 존부 또는 그 내용을 정하는 재판을 하여야 한다(동조 2항, 3항).34)
법원은 채권조사확정재판의 결정서를 당사자에게 송달하여야 한다(동조 4항).

② 채권조사확정재판에 대한 이의의 소   13-25

위 채권조사확정재판에 불복하는 사람은 그 결정서의 송달을 받은 날로부
터 1월 이내에 이의의 소를 제기할 수 있다(463조 1항). 이는 **파산계속법원의 전
속관할**에 속한다(동조 2항). 이의의 소를 제기하는 사람이 이의채권을 보유하는
파산채권자인 때에는 이의자 모두를 피고로 하고,35) 이의의 소를 제기하는 사
람이 이의자인 때에는 그 파산채권자를 피고로 하여야 한다(동조 3항). 소송목적
의 가액은 배당예정액을 표준으로 하여 파산계속법원이 정한다(470조).36) 동일
한 채권에 관하여 여러 개의 소가 계속되어 있는 때에는(가령 조사확정재판에서 일

---

34) 우선권 있는 파산채권이나 후순위 파산채권이 포함되어 있는 경우 파산채권자의 채권신고, 채
권조사, 파산관재인의 인부, 채권표 작성 등 파산채권확정에 필요한 일련의 절차에서 모두 그
구분을 반드시 표시하도록 요구하고 있으므로, 파산관재인 등의 이의가 있어 파산채권확정의
소를 통하여 채권이 확정되는 경우에도 우선권 있는 파산채권이나 후순위 파산채권이 포함된
때에는 그 구분 또한 파산채권확정의 소에 있어 확정의 대상이 되므로 판결 주문에서 그 구분을
명확히 표시해 주어야 한다(대법원 2006. 11. 23. 선고 2004다3925 판결).

35) 종전 파산채권확정소송에 있어서 하급심 판결 가운데 파산관재인과 파산채권자가 함께 이의
를 한 경우의 채권확정의 소는 이의자 모두에 대하여 합일확정을 요하는 필수적 공동소송이라
할 것이라고 판시한 것이 있다(대구지방법원 1986. 7. 15. 선고 85가합647 판결[확정]).

36) 종전 파산법 103조 1항은, "파산절차에 관한 재판에 대하여는 본편에 따로 정한 경우를 제외
하고 그 재판에 이해관계를 가진 자는 즉시항고를 할 수 있다"라고 규정하고 있었고, 또한 파산
법 225조(현행법 470조에 해당) 소정의 파산채권확정소송의 소송가액에 관한 수소법원(현행법
470조에서는 파산계속법원)의 재판에 대해서는 불복을 금지하는 규정이 없으므로, 그 재판에
대하여 불복이 있는 이해관계인은 즉시항고를 제기할 수 있고, 특별항고를 제기할 수 없다는 판
례가 있었으나(대법원 2002. 10. 23.자 2002그73 결정), 현행법 13조 1항에서는 따로 규정이 있
는 때에 한하여 즉시항고를 할 수 있다고 하고 있고, 법 470조에서 별도로 즉시항고를 할 수
있다는 규정을 두고 있지 않으므로 이제 소송목적의 가액을 정하는 재판에 대하여는 즉시항고
를 할 수 없다고 본다.

부 채권만 인정되어 쌍방 모두 불복한 경우 등) 법원은 변론을 병합하여야 한다(463조 4항). 위 소에 대한 판결에 있어서 소를 부적법한 것으로 각하하는 경우를 제외하고는 채권조사확정재판을 **인가**하거나 **변경**한다(동조 5항).

13-26

   2) 소송의 수계

앞에서도 보았듯이, 이의채권을 보유하는 채권자가 그 권리의 확정을 구하고자 하는 때에 채무자와 해당 파산채권에 관하여 이미 소송이 계속 중이라면(소송은 파산선고에 의하여 중단되고 있다)[37] 새로이 채권조사확정재판을 신청하는 것에 대신하여 이의자 전원을 그 소송의 상대방으로 하여 (중단된) 소송의 수계를 신청하여야 한다(462조 1항 단서, 464조. ☞ 8-72).[38] 이는 신소 제기에 따른 비용과 시간의 낭비를 방지하고 소송절차의 번잡을 피하기 위한 공익적인 목적을 위한 것이다. 그 소송이 계속 중인 법원에서 소송이 속행되고, 종전 소송수행의 결과에 구속되므로 종전의 자백은 수계 뒤의 소송에서도 구속력을 가지고, 시기에 늦은 공격방어방법의 취급도 중단·수계가 없는 경우와 마찬가지이다. 다만, 파산관재인이 수계한 경우에 그 독자적 방어방법인 부인권 행사 등은 방해받지 않는다. 수계를 하여야 할 기간에 대하여는 직접적인 규정은 없으나,[39] 채권자가 배당공고가 있는 날부터 기산하여 14일 이내에 파산관재인에 대하여 소송을 수계한 것을 증명하지 않으면 배당으로부터 제외되므로(512조 1항) 간접적으로는 제한되고 있다.

소송수계 뒤에는 중단된 소송은(중단된 소송의 청구취지는 파산절차 내에서 파산채

---

37) 견련파산에 의하여 직권으로 파산을 선고함에 따라 파산절차가 진행된 때에도 마찬가지이므로, 여기의 소송에는 종전 회생절차에서 제기되어 진행 중인 회생채권조사확정재판에 대한 이의의 소도 포함된다고 해석함이 상당하다(대법원 2020. 12. 10. 선고 2016다254467, 254474 판결).

38) 그런데 계속 중이던 소송을 파산관재인이 당연히 수계하는 것이 아니라 파산채권자의 채권신고와 그에 대한 채권조사의 결과에 따라 처리되므로 당사자는 파산채권이 이의채권이 되지 아니한 상태에서 미리 소송수계신청을 할 수 없고, 이와 같은 소송수계신청은 부적법하다(대법원 2018. 4. 24. 선고 2017다287587 판결). 소송의 중단·수계에 대한 논의는 이미 본 바 있다(☞ 8-70 참조).

39) 일본 구파산법에서도 기간제한이 없어 파산절차의 신속한 진행이 방해된다는 비판이 있었는데, 신파산법에서는 파산절차의 신속한 진행이라는 관점에서 수계신청은 채권조사의 종료(일반조사기간 혹은 특별조사기간의 말일 또는 일반조사기일 혹은 특별조사기일)로부터 1월의 불변기간 내에 하여야 한다는 규정을 규정을 신설하였다(127조 2항, 125조 2항). 이는 채권조사확정재판의 신청기간과 균형을 맞춘 것이다. 한편 회생절차의 경우는 조사기간의 말일 또는 특별조사기일로부터 1월 이내에 하여야 한다(172조, 170조. ☞ 16-41).

권의 확정을 상정한 것은 아니다) 채권확정을 위한 소송으로서(그 성질은 이의사항의 존부에 대한 확인을 구하는 확인소송이다) 속행되는 것이므로 채권자는 필요하다면 이의의 배척·채권의 확정이라는 목적에 적합하도록 청구의 취지를 변경(소의 변경. 가령 이행소송이 수계된 때에는 청구의 취지를 확인소송으로 변경하는 것이 필요하다. 한편, 채권의 적극적 확인을 구하는 소송이었던 경우에는 청구취지의 변경은 필요하지 않다)하거나40) 또는 반소의 제기(가령 채무부존재확인소송에 대하여는 이의의 대상사항에 대한 채권확인의 반소를 제기한다)를 하여야 한다.41)

3) 주장의 제한

적극적 당사자인 파산채권자는 위 채권조사확정재판 등에 있어서 채권이 파산채권자표의 기재와 같다는 것을 주장하게 되는데, 그 주장은 파산채권자표에 기재한 사항에 구속되어 채권액을 증액하거나 새롭게 우선권을 주장하는 것은 허용되지 않는다(465조).42) 그런데 사회적·경제적으로 동일한 채권이라고 여겨지는 범위에서는 다른 파산채권자의 이의권을 실질적으로 침해하지 않는 한도에서 신고채권의 법적 성질을 변경하는 것은 허용된다 할 것이다.43)

13-27

---

40) 일반적으로 소의 변경이 허용되는 것은 사실심의 변론종결시이지만, 상고심 계속중에 이행소송이 파산선고에 의해 중단되고, 파산관재인에 의해 수계된 경우에는 원고는 이의에 관련된 패소 부분에 대하여 채권확정소송으로 소를 변경하는 것이 허용된다(일본 最判 1986年(昭和 61年) 4月 11日, 倒産判例百選[第5版](71사건), [石田憲一 해설] 참조).

41) 소송이 항소심에 계속 중에는 일반적으로 반소를 제기하기 위하여는 상대방의 심급의 이익을 해할 우려가 없는 경우 또는 상대방의 동의가 필요하다고 하고 있는 것(민사소송법 412조 1항)과 관련하여 상대방의 동의가 필요한지 여부가 문제가 된다. 그러나 이 반소는 파산선고라는 특별한 이유에 의한 것으로, 새로운 주장이나 증거조사가 필요한 것이 아니고, 상대방의 심급의 이익을 빼앗는 것도 아니므로 동의는 필요하지 않다고 할 것이다.

42) 파산채권자는 채권표에 기재한 사항에 관하여서만 채권확정의 소를 제기하거나 파산 당시에 이미 계속되어 있는 소송을 수계할 수 있으므로, 채권조사기일까지 신고하지 않은 채권을 새로이 주장할 수는 없으며, 채권표에 기재된 것보다 다액의 채권액이나 새롭게 우선권을 주장할 수는 없고, 따라서 채권표에 기재되지 않은 권리, 액, 우선권의 유무 등의 확정을 구하는 파산채권확정의 소 또는 채권표에 기재되지 않은 권리에 관하여 소송이 계속되어 있는 경우의 그 수계신청 등은 모두 부적법하며, 파산채권확정을 구하는 소에서 파산채권신고 여부는 소송요건으로서 직권조사사항이다(대법원 2000. 11. 24. 선고 2000다1327 판결; 대법원 2006. 11. 23. 선고 2004다3925 판결).

43) 일본 大阪高判 1981年(昭和 56年) 6月 25日, 新倒産判例百選(71사건), [杉浦智紹 해설] 참조. 채권조사기일까지 신고하지 아니한 채권을 새로이 주장할 수 없도록 하는 것은 소송당사자가 되지 못한 파산관재인이나 다른 채권자의 이의권행사의 기회를 보장하기 위한 것인데, 다른 한편 신고채권자의 입장에서 보면 채권신고의 단계에서 그 권리에 관한 충분한 법률적 검토를 거쳐 정확히 신고한다는 것은 사실관계의 불명확성까지 감안할 때 매우 어려운 일이다. 따라서 채권신고 단계에서 법률구성을 잘못한 결과를 오로지 신고채권자의 자기책임으로 돌리기보다는

그리고 **소극적 당사자**인 이의자는 파산채권자표에 기재된 이의사항 이외의 사항을 새롭게 주장하는 것은 허용되지 않는데, 이의사항의 바탕을 이루는 이유에는 구속되지 않으므로 새로운 이유를 제시하는 것은 무방하다.

이의자가 파산관재인인 때에는 **파산관재인**은 파산관재인 고유의 입장에서 부인권의 행사를 가지고 그 주장 이유로 삼을 수 있는 이외에 채무자가 파산채권자에 대하여 주장할 수 있는 여러 가지 항변을 주장할 수 있다.

반면, 파산채권자가 이의자인 때에는 **파산채권자**는 원칙적으로 채무자가 주장할 수 있는 항변권을 (그 행사에 의하여 일반적으로 재단에 속하는 권리의 소멸도 수반하는데, 그것은 파산관재인의 관리처분에 맡겨져 있으므로) 주장할 수 없다.

13-28
(3) 유권원채권의 경우

이의채권이 유권원채권인 경우, 즉 이의채권에 대하여 **집행력 있는 집행권원** (Vollstreckungstitiel) 또는 **종국판결이** 있는 때에는 이의자는 채무자가 할 수 있는 소송절차에 의하여만 이의를 주장할 수 있다(466조 1항).

여기서 집행력 있는 집행권원은 그에 의하여 즉시 강제집행을 할 수 있는 문서, 즉 집행권원의 집행력 있는 정본을 말하고, 집행문이 필요한 경우에는 집행문이 부여되어 있어야 한다.

여기서 종국판결은 신고채권의 존재를 인정하는 것이라면 반드시 이행판결에 한정되지 않고, 그 밖에 신고채권의 존재를 긍정하는 확인판결이나 신고채권의 부존재확인을 구하는 채무부존재확인청구를 기각하는 판결 혹은 청구이의의 소를 기각하는 판결이라도 무방하고, 확정될 필요도 없다. 그리고 화해조서, 인낙조서 및 조정조서는 확정판결과 마찬가지 효력을 가지므로(민사소송법 220조, 민사조정법 29조) 이에 준하여 취급될 수 있다.

신고채권자와 다른 채권자 등과의 이해관계를 합리적으로 조정할 필요가 있다는 입장에서 본다면 확정소송절차에서 당초의 신고채권과 그 발생원인사실부터 별개의 채권으로 보이는 것의 확정을 구하는 것은 허용되지 않는다 할 것이지만, 파산채권자표에 기재되어 있는 권리와 급부의 내용이나 수액에 있어서 같고 청구의 기초가 동일하지만 그 발생원인을 달리 하는 다른 권리의 확정을 구하는 경우와 같이 비록 법률상의 성격은 다르더라도 사회경제적으로 동일한 채권으로 평가되는 권리로서 그 채권의 확정을 구하는 것이 파산관재인이나 다른 채권자 등의 이의권을 실질적으로 침해하는 것이 아니라면 그러한 채권의 확정을 구하는 것은 허용된다고 봄이 상당하므로 예금채권으로 신고하였으나, 채권조사확정재판에서 피용자의 불법행위로 인한 금융기관의 사용자책임으로 인한 예금 상당액의 손해배상채권의 확정을 구하는 경우에 손해배상채권을 신고한 바 없어 이에 대한 파산채권확정청구가 부적법하다는 취지로 판시한 원심판결은 잘못이다(대법원 2007. 4. 12. 선고 2004다51542 판결).

유권원채권은 채권의 존재가 거의 확실하다고 할 수 있어 채권자가 스스로
의 노력이나 비용을 들여 획득한 위와 같은 유리한 지위를 존중하는 것이 공평
하므로 유권원채권자의 채권의 존재나 내용을 다툴 의사를 표명한 이의자 쪽에
서 채권의 확정에 대한 책임을 지고(이른바 제소책임의 전환을 규정한 것이다), 게다가
그때에 이의자가 취할 수 있는 방법은 원칙적으로 유권원채권자에 대하여 채무
자 자신이 할 수 있는 소송절차에 한정된다고 한 것이다(462조 1항 단서, 466조 1
항). 따라서 **확정판결**에 대하여는 판결경정의 신청(민사소송법 211조), 재심의 소
(민사소송법 451조) 및 청구이의의 소(민사집행법 44조) 등에 의한다. 그리고 **미확정
의 종국판결**에 대하여는 이의자의 신청으로 파산선고에 의하여 중단되고 있는
소송절차를 그 이의채권을 보유한 파산채권자를 상대방으로 하여 수계하여야
한다(466조 2항. ☞ 13-26 참조).**44)** 수계하는 소송의 소송물이 되는 채권은 신고채
권과 동일하여야 하나, 경우에 따라 수계 후에 권리의 확정에 적합하게 청구취
지를 변경할 필요가 있다. **그 밖의 경우**로는 가령, 집행증서에 대해서는 기판력
이 없으므로 애초부터 채무 자체의 부존재를 주장할 때는 이의자는 새로이 채권
부존재확인의 소 등을 제기할 수 있다.

한편, 이의자가 파산관재인인 때에는 부인권을 행사할 수 있으므로 그 한도
에서는 채무자가 할 수 있는 것에 한정되지 않는다.**45)** 채권자의 신고채권 자체
또는 집행권원이나 종국판결의 취득 자체를 부인할 수 있는 경우가 그러하다.

위와 같은 소송의 관할은 중단 중의 소송을 수계하는 경우에는 계속되어
있는 법원에 수계를 신청하고, 새롭게 소를 제기하는 경우에는 각각의 일반원칙
에 따라서 정한다(법 466조 3항은 파산계속법원의 관할에 전속한다는 법 463조 2항을 준용

---

44) 당사자가 파산선고를 받은 때에는 파산선고 전의 원인으로 생긴 재산상의 청구권에 해당 파산
　　채권에 관한 소송절차는 중단되고, 파산사건의 관할법원에 파산채권의 신고를 하였으나, 파산관
　　재인, 파산채권자 또는 파산자 등의 이해관계인의 이의가 있어 파산채권자가 그 채권의 확정을
　　요구하려고 할 때에는 별도로 파산사건의 관할법원에 파산채권확정의 소를 제기하는 대신에 종
　　전의 소송이 계속중인 법원에 신고된 파산채권에 관한 이의자를 상대로 하여 소송절차의 수계
　　신청을 하여야 하며, 제1심의 종국판결 선고 후에 파산선고가 있은 경우에는 반대로 신고된 파
　　산채권에 관한 이의자가 소송절차의 수계신청을 하여야 하는 것이고, 이 경우 소송의 형태는 채
　　권확정의 소로 변경되어야 한다(대법원 1999. 7. 23. 선고 99다22267 판결). 한편, 상고심 계속
　　중 상고이유서 제출기간이 경과한 후에 피고(상고인)에 대한 파산이 선고된 경우에는 상고심의
　　소송절차가 이와 같은 단계에 진입한 이상 파산관재인으로 하여금 소송을 수계할 필요성이 더
　　이상 존재하지 않으므로 원고(피상고인)의 소송수계신청은 이유 없다(대법원 2006. 8. 24. 선고
　　2004다20807 판결[미간행]).
45) 노영보, 430면.

하고 있지 않다). 이와 같이 관할이 회생법원에 집중되지 않고 있는데, 그러나 파산과 관련된 사건이라는 것을 고려하면 회생법원이 처리하는 것이 타당한 경우가 적지 않으므로 회생법원에 관할의 집중화를 도모하는 것도 검토하여야 한다. 집중화를 하더라도 가령 관할의 이익을 빼앗는 것과 같은 불합리함이 생기면 이송으로 해결하면 되고, 그 폐해는 그다지 크지 않을 것이다.

그리고 소송에 있어서 청구원인은 파산채권자표에 기재한 사항에 한정되고, 동일한 채권에 관하여 여러 개의 소가 계속되어 있는 때에는 법원은 변론을 병합하여야 하는 점은 무권원채권의 경우와 마찬가지이다(466조 3항, 463조 4항, 465조).

13-29   ### (4) 채권의 확정에 관한 소송의 결과의 기재 등

파산절차에서 파산채권자표가 절차상 기초가 되고, 배당표도 이를 바탕으로 작성되므로 소송(또는 채권조사확정재판)의 결과를 파산채권자표에 기재할 필요가 있다. 파산채권의 확정에 관한 소송의 결과(채권조사확정재판에 대한 이의의 소가 그 제기기간 안에 제기되지 않거나 각하된 때에는 그 재판의 내용을 말한다)를 파산관재인 또는 파산채권자의 신청에 의하여 법원사무관등이 파산채권자표에 기재한다 (467조). 본조에 의하여 기재하여야 하는 소송의 결과는 파산채권을 확정하기 위하여 필요한 결론 부분이다. 따라서 신고채권의 존재 또는 부존재, 존재하는 경우는 금액 및 우선성을 기재하여야 한다.

아래와 같이 소송의 결과 자체가 파산채권자 전원에 대하여 효력을 가지므로(468조 1항) 이 경우의 파산채권자표에 기재는 창설적 효력을 가지는 것이 아니라, 확인적인 것에 지나지 않는다. 그리고 이미 보았듯이(☞ 13-18) 이의를 진술하지 않은 채무자는 파산채권자표에 구속된다(535조).

파산채권의 확정에 관한 소송에 있어서 내려진 판결의 효력은 당사자뿐만 아니라, 파산채권자 모두에게도 미친다(468조 1항. 규정에는 없지만, 파산관재인에게도 당연히 미친다고 본다).[46] 이는 채권조사기일에 이의가 없는 경우의 확정과 마찬가

---

[46] 여기서 '파산채권의 확정에 관한 소송'에는 채권조사확정재판에 대한 이의의 소(463조)나 이의채권에 관하여 파산채권자가 수계한 소송(464조)뿐만 아니라 집행권원이 있는 채권에 대해 이의자 등이 제기 또는 수계한 소송(466조)도 포함된다. 그리고 여럿의 채무자가 각각 전부의 채무를 이행하여야 하는 경우 그 채무자의 전원 또는 일부가 파산선고를 받은 때에는 그 채무자에 대하여 장래의 구상권을 가진 자는 원칙적으로 그 전액에 관하여 각 파산재단에 대하여 파산채권자로서 그 권리를 행사할 수 있지만, 채권자가 그 채권의 전액에 관하여 파산채권자로서 권

지 취지이다(460조. ☞ 13-17). 그리고 채권조사확정재판에 대한 이의의 소가 제기기간 안에 제기되지 않거나 각하된 때에는 그 재판은 파산채권자 모두에 대하여 확정판결과 마찬가지 효력이 있다(동조 2항). 이러한 판결효의 확장은 파산절차를 원활하게 행하기 위한 것이므로 파산채권의 신고를 하지 않은 파산채권자도 판결에 구속된다. 여기서 당사자가 아닌 파산채권자에게 확장되는 효력에 기판력도 포함하는지 여부에 대하여 다툼이 있다(☞ 13-17 참조).

파산채권의 확정에 관한 소송(채권조사확정재판을 포함한다)에서 이의자가 승소한 경우에, 그 지출한 소송비용은 상대방이 부담하는데, 이의자가 파산채권자인 때에는 이것과는 별도로 재단채권으로서 재단이 받은 이익의 한도에서 파산재단에 상환을 청구할 수 있다(469조). 파산채권자 모두를 위한 공익비용이라고할 수 있기 때문이다. 그러나 이의자가 패소한 경우에는, 이의자가 파산채권자라면 그 채권자 자신이 소송비용을 부담하고(따라서 이의를 진술하는 데에는 패소한경우에 소송비용의 자기부담을 각오하여야 한다), 이의자가 파산관재인이라면 소송비용은 재단채권으로서 파산재단의 부담이 된다.

Ⅱ. 파산재단의 관리·환가   13-30

파산재단에 대한 관리처분권을 가지는 파산관재인은 배당의 실시를 위한자원(배당재단)을 만드는 임무를 부담한다. 즉, 파산관재인은 취임 후, 바로 파산재단의 점유·관리에 착수하여 파산재단에 속하여야 할 재산을 수집·확보하고,파산재단의 법률관계를 정리하며, 부인권을 행사하여 파산재단의 증식에 노력하여야 하고, 파산재단의 재산을 가능한 한 유리하게 환가하여야 한다.[47] 이러한 파산재단의 관리·환가는 파산관재인의 재량에 의존하는 면이 큰데, 이것이

리를 행사한 때에는 예외로 하므로(430조 1항), 채권자가 그 채권의 전액에 관하여 파산채권자로서 권리를 행사하고 있다면, 장래의 구상권자는 위 법 제468조 제1항에 의하여 판결의 효력을 받게 되는 '파산채권자'에 해당하지 아니한다(대법원 2012. 6. 28. 선고 2011다63758 판결).
47) 서울지방법원의 파산관재인 직무지침에 의하면 파산관재인은 선임이 내정된 후, 즉시 해당 사건의 기록을 검토한 후에 법원과 사건처리의 방향, 긴급처리사항(봉인집행의 필요성, 장부의 보전 등)에 관하여 충분히 협의하고, 파산선고 당일에 법원에서 만난 파산자(파산법인 임직원 포함)로부터 의견을 청취하며, 내용이 불충분할 경우에는 파산관재인 사무소로 파산자 등을 동행하여 설명할 것을 요구할 수 있고, 아울러 파산선고 직후 채권자(특히 이미 채권단이 구성되어 있는 경우에 그 대표자)와 적극적으로 연락하여 파산절차를 설명한 다음, 정보제공을 구하고,재산매수를 권유하는 등 협력을 구하도록 하고 있다.

적절하게 이루어졌는지 여부에 따라서 파산채권자에게의 배당률도 적지 않게 영향이 있게 된다.

1. 파산재단의 관리

13-31

파산관재인은 파산선고와 동시에 선임되어, 취임 후 즉시 파산재단에 속하는 재산의 점유·관리에 착수하여야 한다(479조). 그런데 채무자가 파산재단에 속하는 재산을 파산관재인에게 임의로 인도하지 않는 경우에 파산관재인이 채무자에 대하여 해당 재산의 인도를 구하는 방법으로, ① 파산선고결정을 집행권원으로 하여 인도의 강제집행을 하는 방법, ② 채무자를 상대방으로 한 인도청구소송 등에 의한 집행권원을 얻어 강제집행을 하는 방법을 생각할 수 있다.[48]

그리고 파산관재인은 채권자집회가 정하는 바에 따라 채권자집회 또는 감사위원에게 파산재단의 상황을 보고하여야 한다(499조).

◆ **채무자의 재산 등에 관한 조회** ◆ 현행법 29조에서 채무자의 재산조회에 관한 규정을 신설하였다. 즉, 법원은 필요한 경우에 파산관재인 그 밖의 이해관계인의 신청에 의하거나 직권으로 채무자의 재산 및 신용에 관한 전산망을 관리하는 공공기관·금융기관·단체 등에 채무자 명의의 재산에 관하여 조회할 수 있다(29조 1항). 이는 민사집행법 74조, 75조의 재산조회제도를 도입한 것이다. 재산조회결과를 파산절차를 위한 채무자의 재산상황조사 외의 목적으로 사용하면 벌칙의 적용이 있다(657조).

(1) 재산관리를 위한 조치

13-32

1) 재산의 봉인

파산관재인은 필요하다고 인정하는 때에는 법원사무관등·집행관 또는 공증인으로 하여금 파산재단에 속하는 재산에 봉인을 하게 할 수 있다. 이 경우에 봉인을 한 사람은 조서를 작성하여야 한다(480조 1항). 봉인이라 함은 파산재단을 구성하는 재산에 관하여 보전의 필요성이 있을 때 그 재산이 파산관재인의 점유·관리하에 있다는 것을 제3자에게 공시·대항하기 위하여 행하는 재단재산의 확보를 위한 인영(印影)을 말한다. 봉인표라는 종이를 붙이고, 볼 수 있는 장

---

48) 나아가 파산관재인이 파산재단의 관리를 적절히 하기 위해서는 특히 집행권원을 신속히 얻을 수 있어야 할 필요가 있으므로 2005년 시행 일본 신파산법 156조에서는 법원은 파산선고 후 파산관재인의 신청에 의하여 개별 재산을 특정한 후, 파산자에 대하여 파산관재인에게 해당 재산을 인도할 것을 결정으로 명할 수 있는 인도명령제도를 마련하였다.

소에 공시서를 붙이는 방법에 의한다. 봉인을 함에 있어서는 물품의 관리에 충분한 조치를 강구하고, 물품을 창고업자에게 임치하는 등의 관리의 위탁을 한다.

2) 장부의 폐쇄

13-33

파산관재인은 파선선고 후 지체 없이 채무자의 재산에 관한 장부(적극재산, 소극재산에 영향을 미치는 사항을 적은 대차대조표, 현금출납장, 급여대장 등)를 폐쇄하고 그 취지를 기재한 후 기명날인하여야 한다(481조).49) 장부의 폐쇄는 장부의 현상을 확보하기 위하여 새로운 기입을 할 수 없게 하고자 하는 조치이고, 그 후에 장부를 변조하거나 파기하면 사기파산죄 또는 과태파산죄가 된다(650조 4호, 651조 4호). 그런데 실무상 파산관재인이 장부를 점유·관리하면 채무자나 파산채권자에 의한 장부조작의 가능성이 거의 없기 때문에 반드시 파산관재인이 장부를 폐쇄할 필요성은 크지 않다고 생각한다. 절차의 합리화를 도모하기 위하여 장부의 폐쇄를 필수적에서 임의적으로 할 필요가 있다.50)

3) 우편물 등의 관리

13-34

법원은 체신관서, 운송인 그 밖의 자에 대하여 채무자에게 보내는 우편물·전보, 그 밖의 운송물을 파산관재인에게 배달할 것을 촉탁할 수 있고, 파산관재인은 이를 열어 볼 수 있다(484조 1항, 2항). 이는 통신의 비밀의 예외로 파산관재인이 채무자의 재산상태나 거래관계를 파악하기 위하여 인정되는 조치이다. 채무자는 파산관재인이 수령한 우편물·전보 그 밖의 운송물의 열람을 요구할 수 있으며, 파산재단과 관련이 없는 것의 교부를 요구할 수 있다(동조 3항). 법원은 채무자 또는 파산관재인의 신청에 의하여 위 촉탁을 취소하거나 변경할 수 있다(181조 1항).51)

---

49) 종전 파산법 177조에서는 법원서기관등이 장부폐쇄를 함에 대하여, 현행법에서는 파산관재인이 장부폐쇄를 하는 것으로 변경하였다.

50) 실제로 위와 같은 장부의 폐쇄절차는 그다지 활용되고 있지 않고, 파산관재인이 폐쇄절차를 희망하는 경우에 한하여 제한적으로 행해지게 된다고 한다. 한승, "파산재단의 점유·관리·환가", 파산법의 제문제[上](1999), 243면. 2005년 시행 일본 신파산법 155조 2항은 재판소서기관은 필요하다고 인정하는 때에는 파산관재인의 신청에 의하여 파산재단에 관한 장부를 폐쇄할 수 있다고 규정하여 장부의 폐쇄를 임의적으로 하였다.

51) 서울지방법원의 파산관재인 직무지침에 의하면, 적어도 파산선고 후 1년간은 파산자에게 배달되는 우편물을 점검하여 파산자의 재산상태를 파악하고(특히 종합토지세의 부과통지서, 금융기관의 생명보험, 주식 등에 관한 통지서를 통하여 재산파악이 가능함), 사신(私信)은 파산자에게 교부하며, 더 이상 필요가 없다고 인정되면 법원에 촉탁취소신청을 하도록 하고 있다.

13-35   **(2) 재산의 가액의 평가**

파산관재인은 지체 없이 파산재단에 속하는 모든 재산의 파산선고 당시의
가액을 평가하여야 한다.[52] 이 경우에 채무자를 참여하게 할 수 있다(482조). 재
산의 평가는 예상배당율의 산정기초로서의 배당재단의 규모를 파악하기 위하여
반드시 필요한 것이다. 그리고 별제권의 목적물이라도 부족액(잔액)책임주의와
의 관계에서 평가의 대상이 된다(490조).

13-36   **(3) 재산목록·대차대조표의 작성**

파산관재인은 재산의 가액의 평가에 의하여 재산목록 및 대차대조표를 작
성하고, 그 등본에 기명날인하고 이를 법원에 제출하여야 한다(483조 1항, 2항).
이해관계인은 그 서류의 열람을 청구할 수 있다(동조 3항).

13-37   **(4) 파산관재인의 관리행위의 제한**

파산관재인은 파산재단의 관리에 대하여 직접 책임을 부담한다. 앞에서 본
관리행위 이외에도 시효중단의 조치, 각종 채권의 회수, 계약관계의 정리, 부인
권의 행사 등 여러 가지 관리행위를 원칙적으로 그 재량에 의하여 행하는데, 일
정한 중요한 관리행위에 대하여는 그 결정에 채권자집회, 법원 또는 감사위원이
관여한다.

영업의 폐지·계속, 고가품의 보관방법에 대하여 채권자집회의 결의로 정할
수 있는데(489조), 다만 그 사이에 이 사항에 관하여 구체적인 조치가 필요하게 된
경우에 파산관재인은 법원의 허가를 받아 이를 실시할 수 있다(486조, 487조).[53]

---

52) 위 법 482조에 대응하는 종전 파산법 178조는 법원서기관등, 집행관 또는 공증인 등의 참여
   하에 재산평가를 하도록 하였다. 이는 재산평가의 공정을 기하고자 한 것이라고 생각한다. 그러
   나 법원이 선임하고, 제3자성을 가지는 파산관재인이 재산평가를 하므로 반드시 그 참여가 필요
   하지는 않다고 생각한다. 재산평가에 있어서 법원서기관등의 참여 제도를 폐지하는 것이 타당
   하고, 따라서 현행법에서는 이를 삭제하였다. 2005년 시행 일본 신파산법에서도 법원서기관등
   의 참여를 삭제하였다. 그리고 관리인의 재산평가가 법원서기관등의 참여 없이 이루어진 것이
   어서 위법하다고 주장한 회사정리사안에서 판례는 종전 회사정리법 177조에서 관리인에 의한
   재산평가시 법원서기관등이 참여하도록 규정한 것은 재산평가의 공정성을 확보하려는 취지에서
   나온 것인데, 위 관리인에 의한 재산평가가 적정, 타당하다고 인정되는 이상, 그 재산평가시에
   법원서기관등의 참여가 없었다는 이유만으로 그 평가의 효력을 부정할 수는 없다고 할 것이고,
   뿐만 아니라 이 사건 정리계획안은 관리인의 재산평가만을 근거로 한 것이 아니고, 그에 대하여
   수정을 가한 평가자료도 근거로 하였음이 기록상 인정되므로 관리인의 재산평가과정에 소론과
   같은 위법이 있다고 하여도 그로써 바로 정리계획의 인가결정에 영향을 미치는 것이라고 볼 수
   없다고 판단하였다(대법원 1991. 5. 28.자 90마954 결정).
53) 종전 파산법상으로는(184조, 182조 1항) 부조료의 급여도 마찬가지로 채권자집회의 결의, 법

　다음의 중요한 관리행위를 파산관재인이 하고자 하는 경우에는 법원의 허
가를 받아야 하며, 감사위원이 설치되어 있는 때에는 감사위원의 동의를 얻어야
한다(492조 본문). 다만, 제7호 내지 제15호에 해당하는 경우 중 그 가액이 1천만
원 미만으로서 법원이 정하는 금액 미만인 때에는 그러하지 아니하다(동조 단서).

　① 자금의 차입 등 차재(5호)

　② 상속포기 등의 승인(6호)

　③ 쌍방미이행 쌍무계약에 있어서 이행의 청구(9호)

　④ 소의 제기(10호)

　⑤ 화해(11호)

　⑥ 권리의 포기(12호)[54]

　⑦ 재단채권, 환취권 및 별제권의 승인(13호)

　⑧ 별제권의 목적의 환수(14호)[55]

　⑨ 파산재단의 부담을 수반하는 계약의 체결(15호)

　⑩ 그 밖에 법원이 지정하는 행위(16호)

　법 제492조는 파산관리인의 직무행위 중 특히 중요한 사항에 대하여 부정
행위를 막고 파산재단에 불이익이 없도록 감독을 확실히 하기 위하여 둔 규정이
므로, 위 각 규정에 의한 법원의 허가나 감사위원의 동의는 파산관재인의 행위
의 효력발생요건으로서 이에 위반한 행위는 원칙적으로 무효이다.[56] 그런데 이
러한 제한은 파산절차 내에서 파산관재인을 감독하는 규정이므로 파산관재인이
위 규정에 위반한 때에도 이로써 선의의 제3자에게 대항할 수 없다(495조).

　원의 허가가 필요하였으나, 부조료의 급여는 실무상 거의 활용되고 있지 않았으므로 현행법에
　서는 이를 삭제하였다.

54) 다른 사람의 소유지에 권한 없이 재단에 속하는 건물이 존재하여 재단의 입장에서는 무익한
　불법행위에 의한 손해배상이나 건물철거비용의 부담이 재단에 생기는 경우 등과 같은 경우에는
　재산을 포기할 수 있다. 한편, 판례는 파산관재인이 파산절차에서 파산채권자의 후순위파산채권
　중 일부에 관하여 한 소멸시효이익 포기는 여기에서 정한 권리의 포기에 해당하지 않아 법원의
　허가사항이라고 볼 수 없다고 하였다(대법원 2014. 1. 23. 선고 2012다44785 판결; 대법원
　2014. 1. 29. 선고 2012다109507 판결[미간행]도 마찬가지 취지).

55) 가령, 임차인은 파산절차에서 별제권자에 준하는 지위에 있으므로, 파산관재인이 임차인에게
　임대주택을 처분하면서 위 '별제권의 목적의 환수'에 관한 법원의 허가 등을 얻어 임대차보증금
　반환채무액 상당의 환수대금을 지급하는 것도 가능하다.

56) 이에 위반한 행위는 원칙적으로 무효가 되고, 특히 파산관재인이 같은 조 10호에 의하여 소를
　제기하거나 같은 조 11호에 의한 재판상 화해를 함에 있어서는 위 법원의 허가 등은 민사소송
　법 51조 소정의 소송행위에 필요한 수권에 해당하여 제소의 적법요건이 된다고 보아야 한다(대
　법원 1990. 11. 13. 선고 88다카26987 판결).

13-38   **2. 파산재단의 환가**

배당을 하기 위해서는 금전 이외의 재산을 환가(Verwertung)하여야 한다. 환가도 파산관재인의 재량에 의하여 행하는 것이 원칙인데, 환가의 시기 및 방법에 대하여 일정한 제한이 있다.

13-39   **(1) 환가시기의 제한**

채권조사기일이 종료되기 전에는 파산관재인은 파산재단에 속한 재산의 환가를 할 수 없다(491조 본문). 채권조사기일이 종료되기 전에는 파산채권의 총액이 확정되지 않고 있으므로 어느 정도의 재산을 환가하여야 적당한가가 아직 판명되지 않고 있기 때문이다. 다만, 감사위원의 동의 또는 법원의 허가를 받은 때에는 그러하지 아니하다(동조 단서). 따라서 재고상품과 같이 시간의 경과에 의한 가치의 하락이 현저한 것과 같이 지체 없이 환가하지 아니하면 파산재단에 손해가 생길 우려가 있는 경우 등에는 감사위원의 동의 또는 법원의 허가 하에 시기적 제한 없이 환가를 할 수 있다.[57]

13-40   **(2) 중요한 환가행위의 제한**

파산관재인이 다음의 중요한 환가행위를 하고자 하는 경우에는 법원의 허가를 받아야 하며, 감사위원이 설치되어 있지 있는 때에는 감사위원의 동의를 얻어야 한다(492조 본문). 다만, 7호 내지 15호에 해당하는 경우 중 그 가액이 1천만 원 미만으로서 법원이 정하는 금액 미만인 때에는 그러하지 아니한다(동조 단서). 앞에서 살핀 중요한 관리행위의 제한과 마찬가지이다.[58]

① 부동산 등의 임의매각(1호)

② 광업권·어업권·양식업권·특허권 등의 임의매각(2호)

③ 영업의 양도(3호)

---

57) 실무에서는 일반의 채권조사기일이 종료하는 데 상당한 기간이 걸리는 경우가 적지 않고, 위 채권조사기일의 종료를 기다리는 동안 자산의 평가의 하락, 일실할 위험, 점유관리에 따른 비용의 증대가 예상되고, 또 채권조사기일이 종료하면 가능한 한, 빨리 배당절차에 착수하는 것을 파산채권자들이 희망하고 있으므로 관재인은 원칙적으로 취임 후, 바로 환가처분에 착수하고, 일반의 채권조사기일종료 전에는 환가처분의 대부분을 완료하는 경우가 많다고 한다. 한승, 전게 "파산재단의 점유·관리·환가", 257-258면. 2005년 시행의 일본 신파산법에서는 환가의 시기적 제한을 두지 않았다.

58) 채무자 회생 및 파산에 관한 규칙 29조에 의하면, 법원은 위 허가사무 가운데 동산의 임의매각(7호), 채권 및 유가증권의 양도(8호) 등의 허가사무를 법 18조의 규정에 의하여 관리위원에게 위임할 수 있다.

④ 상품의 일괄매각(4호)

⑤ 동산의 임의매각(7호)

⑥ 채권 및 유가증권의 양도(8호)

위 임의매각 등에 있어서 법원의 허가 등이 필요한 것은 강제집행에 의한 환가는 비교적 공정한 것임에 대하여 임의매각은 그렇지 않고 부정이 수반되기 쉽다고 본 것이라고 생각한다.

위 법 492조에 열거된 관리행위 및 환가행위의 경우에 채무자는 파산관재인에게 의견을 진술할 수 있다(493조). 다만, 파산관재인은 그것에 구속되는 것은 아니다.

그리고 파산관재인이 감사위원의 동의를 얻어 위 법 492조 각 호의 행위를 하는 때에도 법원은 채무자의 신청에 의하여 그 행위의 중지를 명하거나 그 행위에 관한 결의를 하게 하기 위하여 채권자집회를 소집할 수 있다(494조).

파산관재인이 환가시기의 제한, 환가행위의 제한을 위반하거나 중지명령을 위반한 때에도 이로써 선의의 제3자에게 대항할 수 없다(495조).

(3) 환가의 방법

13-41

환가의 구체적인 방법은 원칙적으로 파산관재인의 재량에 맡겨져 있으므로 파산재단의 이익을 고려하면서 편리한 방법으로 환가할 수 있는데(임의매각은 위 (2)에서와 같이 법원 등의 허가를 받아야 한다), 부동산 등이나 광업권·어업권·특허권 등과 같이 민사집행법에서 환가방법을 정한 권리의 환가는 민사집행법에 따라 행한다(496조 1항). 그럼에도 불구하고 파산관재인은 법원의 허가를 받아 영업양도 등 다른 방법으로 환가할 수 있다(동조 2항).[59]

별제권의 목적인 재산(특히 부동산)의 환가에 대하여 별제권자가 적극적으로 별제권의 행사를 하지 않는 때에는 파산관재인은 민사집행법에 의하여 스스로 그 목적재산을 환가할 수 있다(497조 1항). 나아가 파산관재인은 민사집행법에 의하지 않고 목적재산을 임의매각할 수 있다는 견해가 유력하다(자세히는 ☞ 11-15 참조).

---

59) 여기서의 다른 방법에 의한 환가에는 임의매각도 당연히 포함되는데, 파산관재인이 법원의 허가를 받아 임의매각하는 경우에는 그 환가의 방법, 시기, 매각절차, 매수상대방의 선정 등 구체적 사항은 파산관재인이 자신의 권한과 책무에 따라 선량한 관리자의 주의를 다하여 적절히 선택할 수 있다(대법원 2010. 11. 11. 선고 2010다56265 판결).

채권의 환가는 채무자로부터의 채권회수에 의한다. 회수에 시간이 걸리는
등의 사정이 있으면 파산관재인은 채권양도의 방법을 취할 수도 있다(492조 8호).

고가품 등의 보관방법은 채권자집회에서 결의할 수 있고(489조), 법원이 정
한다(487조). 가령, 현금은 통상 은행 등에 임치하는데, 보관 중인 재단소속의 화
폐·유가증권, 그 밖의 고가품에 대하여 파산재단의 관리·배당을 위하여 파산관
재인은 그 반환을 요구할 필요가 생긴다. 이 경우에 파산채권자에게 손해가 생
길 수 있으므로 파산관재인이 반환을 요구하고자 하는 때에는 감사위원의 동의
를 얻어야 하며, 감사위원이 없는 때에는 법원의 허가를 받아야 한다. 다만 채권
자집회에서 다른 결의를 한 때에는 그 결의에 의한다(500조 1항).

채권회수에 유사한 것으로 법인파산의 경우에 파산관재인은 출자의무의 미
이행부분이 있는 사원에게 출자를 요구할 수 있고(501조), 익명조합계약의 영업
자의 파산의 경우에도 익명조합원에 대하여 그 손실부담액을 한도로 하여 출자
를 요구할 수 있다(502조). 파산선고 당시에 출자의무의 이행기가 도래하고 있다
면, 이러한 의무도 통상의 채무와 다르지 않는데, 그렇지 않은 경우에도 파산관
재인의 이행청구를 인정한 것에 규정의 의의가 있다.

13-42   **III. 배   당**

배당(Verteilung)은 파산재단에 속하는 재산을 환가하여 마련한 금전을 파산
관재인이 파산채권자에게 그 순위 및 채권액에 따라서 공평하게 분배하는 것을
말한다. 파산채권은 개별적인 권리행사가 금지되므로(424조) 파산채권자로서는
배당이 정규의 변제방법이고 최대의 관심사이다. 배당절차에서는 확정파산채권
자뿐만 아니라 미확정채권자나 조건부채권자 등에 대하여도 잠정적인 참가의 기
회를 줌으로써 채권의 조기의 만족과 각종 권리자의 성질에 따른 처우의 조화를
도모하고 있다. 어느 시점에서 어떠한 정도의 배당율로 배당이 이루어질가는 채
권자에게 중요한 문제이다. 따라서 파산관재인으로서는 파산절차에서 채권자의
신뢰를 유지하기 위하여도 가능한 한 높은 배당률로 배당을 신속히 할 것이 요
구되고 있다는 점을 충분히 유의하면서 관재사무를 수행하여 나갈 필요가 있다.

배당이 완료되면 파산관재인은 채권자집회에 계산보고를 하고(365조 1항),
법원은 파산종결결정을 하여(530조 1항) 파산절차를 종료한다. 이는 가장 정통적

인 파산절차의 종료원인이다.

채권조사기일이 종료되기 전에는 원칙적으로 파산재단에 속한 재산의 환가를 할 수 없고(491조 본문) 또한 배당의 대상이 되는 파산채권도 확정되어 있지 않으므로 배당을 할 수 없다. 그러나 채권조사기일이 종료된 후에는 파산관재인은 전 재산의 환가가 종료되지 않았더라도 배당하기에 적당한 금전이 있을 때마다 지체 없이 (중간)배당을 하여야 한다(505조). 따라서 파산절차의 종료 단계의 배당뿐만 아니라 도중에도 중간배당이 있을 수 있는 경우가 있다. 다만, 배당을 하는 때에는 법원의 허가를 받아야 하고, 다만 감사위원이 있는 때에는 감사위원의 동의를 얻어야 한다(506조).

배당은 이루어지는 시기에 따라 **중간배당**(Abschlagsverteilung), **최후배당**(Schlussverteilung), **추가배당**(Nachtragsverteilung)으로 구별된다. 이 3종류의 배당절차는 대체로 동일한데, 각각의 종류에 따라 다소의 차이가 있다.

1. 중간배당

13-43

채권조사기일이 종료되어 배당을 받을 파산채권의 범위가 대체로 확정되면 파산관재인은 배당함에 적당한 금전이 있을 때마다 지체 없이, 감사위원이 있는 때에는 감사위원의 동의를 얻어, 감사위원이 없는 때에는 법원의 허가를 받아(506조) 배당표를 작성하여(507조) 중간배당을 하여야 한다(505조). 중간배당은 경우에 따라서는 여러 차례에 걸쳐 이루어지는데, 파산재단에 속하는 재산액이 5억 원 미만인 경우의 간이파산절차에서는 재단의 규모가 작기 때문에 중간배당을 하지 않고, 배당은 1회에 한한다(다만, 추가배당은 허용된다. 555조).

(1) 중간배당에 참가할 수 있는 채권

13-44

파산채권으로서 배당을 받기 위해서는 신고를 하여 채권조사를 거칠 것이

전제가 된다. 조사결과, 우선 ① 이의 없이 확정된 채권 및 조사기일에 이의가 있는(제기된) 채권이라도 이의의 철회 또는 채권조사확정재판 등 파산채권의 확정절차에 의하여 이미 확정된 채권은 배당에 참가한다. 그 밖에 ② 이의 있는 미확정의 채권이라도 유권원채권이라면 이의를 이유로 한 판결이 확정되지 않는 한 당연히 배당에 참가한다. 다만, 배당액은 임치하여야 한다(519조 1호). 또한 ③ 이의 있는 무권원채권은 채권자가 배당공고일로부터 14일 이내에(배당제외기간) 파산관재인에 대하여 채권조사확정재판을 신청하거나 채권조사확정재판에 대한 이의의 소를 제기하거나 소송을 수계한 것을 증명한 때에 한하여 배당에 참가할 수 있다(512조 1항). 증명하지 않아 배당으로부터 제외된 채권자가 그후의 배당에 관한 배당제외기간 안에 그 증명을 한 때에는 이전의 배당에서 받을 수 있었을 액에 관하여 다른 같은 순위의 채권자에 우선하여 배당을 받을 수 있다(518조). 그리고 ④ 별제권자의 파산채권에 대하여는 배당공고일로부터 14일 이내에(배당제외기간) 파산관재인에 대하여 그 권리의 목적의 처분에 착수한 것을 증명하고 또 예정부족액의 소명을 한 경우에 한하여 그 부족액의 한도에서 배당에 참가할 수 있다(512조 2항). 이 경우에도 배당액의 임치(519조 3호) 및 위 소명을 하지 않아 배당에서 제외된 별제권자가 그 후의 배당에 관한 배당제외기간 안에 그 소명을 한 때의 자격의 회복(518조)은 마찬가지이다. 한편, ⑤ 해제조건부 채권자는 조건의 성취 여부가 미정이면 무조건의 채권과 마찬가지로 배당할 수 밖에 없는데, 배당이 있은 뒤 나중에 조건이 성취될 것에 대비하여 (조건이 성취되면 채권은 소멸하므로 배당금의 반환을 구할 필요가 생긴다) 상당한 담보를 제공하지 않으면 배당을 받을 수 없다(516조). 담보가 상당한지 여부는 파산관재인이 판단한다. 담보의 제공이 없으면 파산관재인은 배당액을 임치하여야 한다(519조 5호).

13-45 　　(2) 배당표의 작성

배당은 파산관재인의 직무이므로(505조) 배당의 기초가 되는 배당표의 작성도 파산관재인이 한다. 파산관재인은 배당에 있어서 배당에 참가시킬 채권자의 성명 및 주소, 배당에 참가시킬 채권액 및 배당할 수 있는 금액(파산관재인의 관리하에 있는 금전으로부터 예상되는 절차비용이나 파산관재인의 보수 등의 재단채권의 변제에 필요한 금액을 차감한 잔액)을 기재한 배당표(Verteilungsverzeichnis)를 작성하고(507

조 1항),**60)** 이를 이해관계인의 열람에 제공하기 위하여 법원에 제출하여야 한다 (508조). 그리고 배당표에는 파산채권 내부의 우선순위, 후순위의 관계에 대하여 도 기재하여야 한다(507조 2항).

(3) 배당액의 공고와 배당제외기간

배당표를 작성하면, 파산관재인은 배당에 참가시킬 채권의 총액과 배당할 수 있는 금액을 공고하여야 하는데(509조 본문),**61)** 배당제외기간은 이 공고일로 부터 기산하여 14일이다. 이 기간 안에 이의가 있는 무권원채권자나 배당에 참 가하는 절차를 취하지 않은 경우의 별제권자는 배당에서 제외된다는 점은 이미 앞에서 보았다(512조).

13-46

(4) 배당표의 경정

배당제외기간 안에 다음과 같은 사유가 생긴 때에는 파산관재인은 즉시 배 당표를 경정하여야 한다(513조). ① 채권신고의 취하, 이의의 철회 등 파산채권 자표를 경정할 사유가 생긴 때, ② 이의가 있는 무권원채권자(채권조사확정재판의 신청 등을 증명)이나 별제권자(법 512조 2항의 증명과 소명)가 배당에 참가하는 절차 를 취한 경우, ③ 별제권자가 별제권을 포기하거나 별제권의 실행에 의한 부족 액을 증명한 때이다. 이러한 배당표의 경정의 경우에는 공고할 필요는 없다(509 조 단서).

13-47

(5) 배당표에 대한 이의

파산관재인이 작성한 배당표에 대하여 이의가 있는 경우에는, 파산채권자 는 배당제외기간 경과 후 7일 이내에 한하여 법원에 이의를 신청할 수 있다(514 조 1항). 이의를 할 수 있는 사람은 파산채권자에 한한다. 게다가 채권신고를 한 사람이어야 한다. 채권신고를 하였더라도 법률상 이익이 있어야 한다. 가령, 일

13-48

---

60) 일본 신파산법 196조 3항은 근저당권의 한도액을 넘는 부분에 대하여는 근저당권의 행사를 기다리지 않고 당연히 확정부족액으로 취급하여야 한다는 입장에 따라, 구법에 규정이 없었던, 근저당권의 행사에 의하여 변제를 받을 수 없는 부족액을 증명하지 않은 경우에도 배당표에 기 재하여야 한다고 규정하고 있다.

61) 일본 신파산법 197조 1항은 공고에 더하여 통지가 선택적으로 인정되고 있다. 구법에서는 미 신고의 숨은 채권자에 대해서도 배당절차에 이르렀음을 주지하도록 함으로써 절차참가의 기회 를 주는 것도 목적으로 하고 있었다고 보이는데, 이에 대하여 신파산법에서는 채권신고의 기간 이 제한되고 있으므로 구법과 같이 신고하지 않은 채권자를 보호할 필요성이 크지 않게 된 것으 로 보인다.

반파산채권자에 관한 배당표의 기재에 잘못이 있더라도 우선적 파산채권자는 자신의 배당액에 영향이 없는 이상, 이의를 신청할 법률상 이익은 없다. 한편, 재단채권자나 파산선고를 받은 채무자에게는 신청권이 인정되지 않는다. 그리고 위 7일은 일종의 제척기간으로, 이 기간 내에 이의가 없으면 배당표는 확정된다. 위 기간 전에 이루어진 이의의 신청도 유효하다. 이의로서 주장할 수 있는 사유는 배당표의 기재나 경정이 부당한 것, 가령 배당에 참가시킬 채권을 기재하지 않았다거나 참가시켜서는 안 되는 채권을 기재한 것, 채권액이나 순위의 기재에 잘못이 있는 것 등이다. 다만, 채권조사 및 확정절차를 거쳐 이미 확정한 채권의 내용에 관한 주장은 여기에서의 이의사유가 되지 않는다. 실무상 이의신청이 있으면 법원은 파산관재인에게 배당절차를 중지하도록 한다고 한다.62)

이의신청에 대하여 법원은 변론을 열지 않고(임의적 변론) 재판할 수 있다(12조). 법원은 이의에 이유가 없다고 인정하는 경우에는 결정으로 신청을 기각하고, 이유가 있다고 인정하는 경우에는 결정으로 배당표의 경정을 명한다. 전자의 기각결정은 직권으로 이의신청한 채권자, 그 상대방 및 파산관재인에게 송달한다(8조 1항). 후자의 경우에 있어서 결정서는 송달은 필요하지 않고 그 대신에 이해관계인의 열람에 제공하기 위하여 법원에 비치하여야 한다(514조 2항 전문).

이의신청에 대한 법원의 결정에 대하여는 1주 이내에 즉시항고를 할 수 있다(33조, 민사소송법 444조. 도산법 13조 2항의 재판의 공고가 있는 때가 아니므로 항고기간은 14일 이내가 아니다). 다만, 이유가 있다고 인정하여 배당표의 경정을 명한 결정에 대한 항고기간은 법원에 결정서를 비치한 날로부터 기산한다(514조 3항 후문). 그런데 이 법 514조 3항 후문과 항고기간의 기산일에 관한 동조 2항 후문은 입법상의 착오로 중복 규정되었으므로, 동조 2항 후문은 삭제되어야 한다. 즉시항고권자는 파산관재인도 파산채권자도 모두 포함된다고 풀이할 것이다.

배당표에 대한 이의신청기간을 도과하였거나 이의신청의 취하, 또는 이의신청의 재판의 확정에 의하여 배당표가 확정되고, 이에 따라 배당에 참가할 수 있는 채권자의 범위 및 채권액이 최종적으로 확정되므로 이를 기준으로 배당을 실시한다.

한편, 배당표의 확정과 관련하여 확정 이후 실체법상 가지고 있는 파산채권액 보다 적은 배당밖에 받지 못한 파산채권자가 본래의 배당액 이상으로 배당을

---

62) 법인파산실무, 465면.

받은 채권자에 대하여 부당이득반환청구권을 가지는지 여부가 문제된다(☞ 13-51).

(6) 배당률의 결정 및 통지

13-49

파산관재인은 배당표에 대한 이의신청기간경과 후 또는 이의신청이 있으면 그 결정 후 지체 없이 법원의 허가를 받아(다만, 감사위원이 있는 때에는 법원의 허가를 받는 대신 감사위원의 동의를 얻어) 배당률을 정하여 배당에 참가시킬 각 채권자에게 통지한다(515조). 배당률은 먼저 우선적 파산채권자에 대하여 정하고, 우선적 파산채권자에게 100% 배당하여도 잔여가 있는 경우에는 이어서 일반파산채권자의 배당률을 정하고 그리고 잔여가 있는 경우에는 후순위 파산채권자에 대하여 정한다. 즉, 선순위의 채권자가 100%의 배당을 받지 못하는 한, 그것보다 후순위 채권자는 배당을 받을 수 없다. 또한 같은 순위의 파산채권자 사이에서는 배당률은 동일하여야 한다(440조).

이 배당률의 통지에 의하여 파산채권자의 파산재단에 대한 배당금청구권이 구체화되므로 통지 후에는 배당률을 변경할 수 없다. 따라서 배당률 통지의 시점까지에 파산관재인이 알고 있지 아니한 재단채권은 배당금으로부터 변제를 받을 수 없다(534조). 파산채권자가 재단에 대하여 채무를 부담하고 있는 때에는 파산관재인 또는 파산채권자는 법 422조 1호의 상계금지에 저촉되지 않고, 그 채무의 배당금채권과 대등액에서 상계할 수 있다.

(7) 배당금의 교부 및 임치

13-50

배당금청구권은 지참채무가 아니라 추심채무이므로 배당금의 교부에 있어서 각 파산채권자가 파산관재인으로부터 수령하여야 한다(517조 1항). 다만, 현금교부는 불편하므로 실제로는 파산채권자가 지정한 계좌에 파산관재인이 이체 송금하는 방법이 일반적이라고 한다(추심채무이므로 계좌이체비용은 파산채권자가 부담하고, 배당금에서 공제한다).[63] 한편, 해제조건부 채권자에 대하여는 최후배당의

---

[63] 파산채권자의 배당금 지급청구권에는 다양한 종류의 파산채권 원본과 그에 대한 파산선고 전 일까지의 이자 및 지연손해금을 합산한 채권이 모두 반영되어 있어, 원래 채권의 성격이 반드시 그대로 유지된다고 보기는 어렵고, 배당절차는 금전화 및 현재화를 거친 파산채권 원금 및 파산 선고 이전까지의 지연손해금에 대하여 배당재원의 범위 내에서 각 채권의 비율에 따라 분배하는 절차로서, 배당률을 정하여 통지함으로써 발생한 구체적 배당금 지급채무의 이행은 파산재단을 대표한 파산관재인의 의무이지 파산자의 의무가 아니라 할 것이므로, 배당금 지급채무는 파산채무의 원래 속성이나 파산자가 상인인지 여부와는 무관하게 민사채무로 봄이 상당하고,

배당제외기간까지 조건이 성취되면 수령한 배당금을 반환하여야 하므로 그 반환의무를 담보하기 위하여 배당금의 수령에 있어서 상당한 담보제공이 요구된다(516조).

파산관재인이 배당을 한 때에는 파산채권자표 및 채권의 증서에 배당금액을 기입하고 기명날인하여야 한다(517조 2항). 여기서 채권의 증서에 배당금액을 기재하는 제도는 불필요하다고 생각한다. 파산채권자표의 기재에 의하여 배당금을 지급하고, 채권자의 집행권원으로서의 효력의 범위도 분명히 할 수 있으므로 중복하여 채권의 증서에 기재할 필요는 없기 때문이다.[64]

그리고 배당표에 기재된 채권자라도 법 519조가 열거하는 유동적(流動的) 권리자에 대하여는 파산관재인은 배당금의 교부를 일시 보류하고 배당액을 임치하여야 한다. ① 이의가 있는 채권에 관하여 채권조사확정재판의 신청, 소의 제기 또는 소송의 수계가 있는 경우(동조 1호),[65] ② 배당률의 통지를 발송하기 전에 행정심판 또는 그 밖의 불복절차가 종결되지 아니한 채권(동조 2호), ③ 예정부족액을 소명한 별제권자(동조 3호), ④ 정지조건부 채권자 및 장래의 청구권을 가지는 채권자(동조 4호), ⑤ 담보의 제공을 하지 아니한 해제조건부 채권자(동조 5호)가 여기에 해당된다.

13-51
2. 최후배당

파산재단에 속하는 재산 전부의 환가가 종료되면, 감사위원의 동의 및 법원의 허가를 받아(520조. 감사위원이 있어서 감사위원의 동의가 있는 때에라도 또한 법원의 허가를 받아야 한다) 최후배당이라고 불리는 것을 행한다. 다만, 가치가 없는 재산

그 지연으로 인한 지연손해금에 적용될 법정이율도 원래 파산채무의 속성이나 약정이율 혹은 채무명의에서 정한 지연이율에 영향을 받지 아니하고 민사 법정이율인 연 5%가 적용되어야 할 것이다. 따라서 이 사건 파산채권이 본래 파산회사에 대한 회사채지급보증채권으로서 파산회사의 상행위로 인하여 발생한 것으로서 이것이 배당금 지급청구권으로 전환되었다고 하여 그 성질이 변하는 것은 아니라는 이유로 상사 법정이율인 연 6%의 비율에 의하여 지연손해금을 산정한 원심의 판단에는 배당금 지급채무의 성질에 관한 법리를 오해한 나머지 결과에 영향을 미친 잘못이 있다 할 것이고, 이 점을 주장하는 상고이유는 이유 있다(대법원 2005. 8. 19. 선고 2003다22042 판결). 판결에 대한 평석으로는 임치용, "배당금청구권의 성질", BFL(제15호, 2006. 1). 69면 이하; 최동렬, 대법원판례해설(제57호, 2006. 7), 205면 이하 참조.

64) 2005년 시행 일본 신파산법에서는 위와 같은 이유에서 채권증서에 배당금액을 기재하는 제도를 폐지하였다.

65) 중간배당에 있어서 임치금의 과실에 해당하는 이자는 파산재단에 귀속된다(대법원 2003. 1. 24. 선고 2002다51388 판결[공보불게재]).

은 미환가인 채로 남겨두어도 무방하다(529조 참조).

중간배당을 한 뒤에 재산의 감소가 있거나 승소를 예상한 부인소송에서 패소하는 등의 사정에 의하여 예상된 배당재단이 없게 된 경우의 처리에 대하여는 견해가 나뉜다. 앞서의 중간배당을 최후배당으로 보아 **파산절차를 종결**(Aufhebung)시킨다는 입장과 재단부족에 의한 **파산폐지결정**(법 제545조 제1항)을 한다는 입장 등이 있지만, 그러나 최후배당이 파산적 청산의 결말을 짓는 것이라는 점을 중시하여 가령 배당에 충당할 금전이 없는 경우라도 **최후배당을 형식적으로 실시**하여야 한다는 입장이 유력하다.[66]

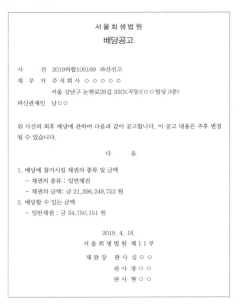

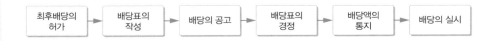

최후배당의 절차는 중간배당의 절차에 준하여 배당표의 작성, 배당의 공고, 배당금의 교부방법에 대하여는 중간배당과 마찬가지이다. 그러나 파산절차를 실질적으로 종결시키는 의미를 가지므로 아래의 점과 같이 중간배당과 다른 특칙이 마련되어 있다.[67]

---

66) 齊藤秀夫·麻上正信·林屋礼二 編, 注解破産法(下卷)[高橋慶介 집필], 598 – 599면. 적어도 중간배당의 임치된 금액이 있는 경우에는 그 처리를 위하여 최후배당절차를 하여야 하고, 실무상으로 이에 따른다고 한다(伊藤眞, 破産法·民事再生法, 680면).

67) 실무에서 최후배당만이 실시되는 경우가 대부분이고, 중간배당은 예외화되어 있는 상황이기도 하여 2005년 시행 일본 신파산법은 각 배당절차 중에서 최후배당을 원칙적 형태로 하고, 그 밖의 배당절차에 있어서는 최후배당에 관한 규정을 필요한 범위에서 준용하고 있다. 그리고 절차의 신속화·합리화를 도모하기 위하여 최후배당에 있어서 간이배당(204조 내지 207조)과 동의배당(208조)이라는 특칙을 두었다. 간이배당은 최후배당을 할 수 있는 경우에 일정한 요건을 충족하고 있을 때에 엄격하고 획일적 절차인 최후배당을 대신하여 할 수 있는 것이다. 그리고 동의배당은 신고파산채권자 모두가 파산관재인이 정하는 배당표, 배당액, 배당의 시기 및 방법에 대하여 동의하고 있는 경우에는 파산관재인의 신청에 의하여 재판소서기관의 허가를 얻어

한편, 적법한 신고를 하고 채권조사를 통하여 확정된 채권에 대하여 파산관재인이 고의 또는 과실로 배당표에 기재하지 않은 바, 채권자도 또한 적법한 기간 내에 배당표에 대한 이의를 신청하지 않아서 (최후배당의) 배당표가 확정되고 그 때문에 배당을 받지 못하고 파산절차가 종결된 경우에 이 채권자는본래의 배당액 이상으로 배당을 받은 채권자에 대하여 부당이득반환청구권을 가지는지 여부가 문제가 된다. 채권확정절차 및 (최후)배당절차 등을 거친 이상, 소극적으로 볼 것이다.

13-52   **(1) 배당제외기간**

중간배당에서는 배당제외기간이 14일로 고정되어 있는 데 대하여, 최후배당에서의 배당제외기간은 파산채권자로서는 최종적 권리행사의 기회이므로 배당의 공고가 있는 날로부터 기산하여 14일 이상, 30일 이내의 범위에서 법원이 정한다(521조).**68)**

13-53   **(2) 최후배당에 참가할 수 있는 채권**

배당에 참가할 수 있는 채권자는 기본적으로는 중간배당과 마찬가지인데, 조건부 채권자 등의 지위는 이 단계에서 확정되므로 중간배당과는 달리 취급된다.

<배당참가의 가부>

	중간배당	최후배당
미확정채권자	△ 임치(519조 1호)	△ 공탁(528조 1호)
부족액미정별제권자	△ 임치(519조 3호)	× 제외(525조)
정지조건미성취	△ 임치(519조 4호)	× 제외(523조)
해제조건미성취	○ 담보제공(516조) △ 임치(519조 5호)	○ 배당, 즉 담보의 반환 또는 임치액의 지급(524조)

우선, **정지조건부 채권** 및 **장래의 청구**권에 대하여는 배당제외기간 안에 권리를 행사할 수 있게 되지 못한 경우에는 (이 단계에서 확정되어) 배당에서 제외된다(523조). 중간배당의 때에 임치된 금액은 다른 채권자에게 배당된다(526조 전문). 정지조건부채권 또는 장래의 청구권을 가진 사람이 그 채무를 변제하는 때

해당 배당표, 배당액, 배당의 시기 및 방법에 따라 하는 배당이다.
68) 2005년 시행 일본 신파산법 198조 1항에서는 절차의 신속화를 도모하고자 하는 관점에서 최후배당의 제척기간을 2주로 법정하였다.

에는 후일 상계를 하기 위하여 그 채권액의 한도 안에서 변제액의 임치를 청구
할 수 있는데(418조. ☞ 12-14), 배당제외기간 안에 정지조건이 성취하지 않거나
장래의 청구권이 현실화되기에 이르지 않은 때에는 임치된 금액을 마찬가지로
다른 파산채권자에게 배당하여야 한다(526조 후문).

　별제권자의 **부족액채권**에 대하여도 배당제외기간 안에 별제권 포기의 의사
표시 또는 예정부족액의 증명을 하지 않은 경우에는 중간배당의 때에 임치된
금액도 포함하여 최종적으로 배당을 받을 수 없게 되고(525조), 배당에서 제외된
채권자를 위하여 임치한 금액은 이를 다른 채권자에게 배당하여야 한다(526조).
그런데 담보권의 실행절차가 늦어져서 배당제외기간 안에 별제권의 실행이 완
료되지 않는 경우가 있고, 이때에 별제권자는 부족액을 증명할 수 없다. 별제권
자로서는 별제권을 완전히 포기하여야 하는 등의 선택에 내몰린다. 그리하여 별
제권의 실행이 완료되기 전이라도 파산관재인이 인정하는 일정한 금액(내지는
평가인에 의한 평가액, 별제권자와 파산관재인의 합의에 의하여 정한 금액 등이 기준이 될 수
있다)에 대하여는 파산채권자로 배당에 참가하는 것을 인정하는 방안 등을 입법
적으로 검토할 필요가 있다.69)

　한편, **해제조건부 채권**에 대하여는 배당제외기간 안에 조건이 성취되지 않
은 경우에는 조건불성취가 확정되지 않더라도 파산절차와의 관계에서는 무조건
의 채권으로서 배당에 참가할 수 있다. 따라서 중간배당의 때에 제공한 담보는
(516조 참조) 그 효력을 상실하여 반환되고, 임치된 금전은(519조 5호 참조) 그 채권
자에게 지급된다(524조 전문). 해제조건부채권을 가진 사람이 상계를 위하여 제공
한 담보 또는 임치한 금액에 대하여도(419조. ☞ 12-13) 마찬가지이다(524조 후문).

(3) 배당표의 경정
13-54

　중간배당의 경우의 경정사유에 추가하여 배당액의 통지를 발송하기 전에
은닉재산의 발견 등 새롭게 배당에 충당할 재산이 있게 된 때에는 경정사유가
된다(527조). 다만, 통지 후에는 배당액이 확정되므로 그 후에 생긴 재산은 추가
배당의 재원이 될 수밖에 없다.

---

69) 2005년 시행 일본 신파산법 198조 3항은 담보권에 의하여 담보된 채권의 전부 또는 일부가
파산선고 후에 담보되지 못하게 된 것을 증명하여 그 채권의 전부 또는 일부에 대하여 배당절차
에 참가할 수 있도록 하였다. 즉, 담보권의 포기나 별제권의 행사에 의한 부족액의 증명의 경우
에 한정하지 않고 피담보채권이 무담보 상태가 된 경우에 부족액 부분에 대하여 배당절차에 참
가할 수 있도록 하였다.

13-55   **(4) 배당액의 통지**

각 파산채권자에 대하여 **배당률**이 통지되는 중간배당과는 달리 최후배당에서는 구체적인 **배당액**을 정하여 통지가 행하여진다(522조). 또한 배당액의 통지를 발송하기까지 파산관재인에게 판명되지 않은 재단채권자는 최후배당에 충당할 금액으로부터 변제를 받을 수 없는 점(534조)은 중간배당과 마찬가지이다.

13-56   **(5) 배당금의 공탁**

이의가 있는 채권에 관하여 중간배당시에 조사채권확정재판의 신청, 소의 제기 또는 소송의 수계가 있는 경우에 그 채권에 대한 배당액을 임치하는데(519조 1호), 파산관재인은 채권자를 위하여 임치한 배당액을 공탁하여야 한다. 또한 배당액의 통지를 발송하기 전에 소송이나 행정심판 또는 소송, 그 밖의 불복절차가 종결되지 아니한 채권에 대하여는 이 단계에서 최종적인 결말을 짓지 않고, 그 확정을 기다린다. 이러한 채권에 대한 배당예정분은 중간배당시의 임치분과 함께 공탁하고(528조 1호, 2호) 파산관재인은 책임을 면한다. 파산채권자가 수령하지 아니한 배당액에 대하여도 마찬가지로 파산관재인이 공탁한다(동조 3호).

13-57   **(6) 계산보고 등**

파산관재인은 최후배당을 한 후에 채권자집회의 소집을 법원에 신청하고(367조), 여기서 계산보고를 하여야 한다(365조 1항). 파산관재인은 이 채권자집회일의 3일 전까지 계산보고서 및 그 계산보고서에 관한 감사위원의 의견서를 법원에 제출하여야 한다(동조 3항). 계산보고는 파산채권자 등의 이의의 판단자료가 될 수 있을 정도로 상세하여야 하고, 단순히 수지항목과 금액을 열거하여서는 안 되고, 수지발생의 경위·원인이나 관재상황을 나타내야 한다. 채권자집회에서 파산채권자 등의 이의가 없는 경우에 계산보고는 승인된 것으로 보아(동조 2항) 파산관재인은 면책된다. 만약 채권자집회에서 이의가 있는 경우라도 채권자집회는 그대로 종료되고, 이의자에 대한 관계에서는 파산절차 밖에서 최종적으로 손해배상, 부당이득반환 등으로 해결이 도모된다. 한편 이 채권자집회에서는 가치가 없기 때문에 환가하지 않은 재산의 처분에 관하여 결의를 하여야 한다(529조).

13-58   **(7) 파산종결결정 등**

채권자집회가 종결되면, 법원은 이것으로 파산절차가 종료된다는 파산종결결정을 하고, 그 주문 및 이유의 요지를 공고하여(530조) 파산절차를 종료한다. 이 결정에 대하여는 불복신청을 할 수 없다(13조 1항 참조). 파산절차를 종료하는 효력은 종결결정의 공고에 의하여 파산채권자 등의 이해관계인이 종결을 알게 되므로 공고가 있은 때에[70) 생긴다고 풀이한다. 따라서 그 이후에는, 채무자는 파산재단의 잔여재산이 있으면 그 관리처분권을 회복한다(384조 참조). 다만, 공사의 자격제한의 회복은 복권되지 않으면 안 된다. 또한 파산채권자도 개별적 권리행사의 제한(424조)에서 풀린다.[71) 파산종결결정에 수반하여 파산종결등기의 촉탁, 그 밖에 필요한 절차가 행하여진다(23조 1항, 314조 2항).

3. 추가배당

13-59

최후배당에 의하여 통상 파산절차는 종료되는데, 최후배당에서 배당액의 통지를 한 후에 새롭게 배당에 충당할 재산이 나타난 경우 등에 최후배당의 보충으로서 행하는 배당이 추가배당이다. 파산종결결정이 있은 후라도 법원의 허가를 얻어 추가배당을 하여야 한다(531조). 따라서 파산관재인의 직무는 이러한 한도에서 파산종결 후라도 아직 남아있게 된다.

추가배당의 재원이 되는 것은 이의가 있는 채권에 대한 배당액으로서 공탁된 금전으로, 조사채권확정재판의 신청, 소의 제기 또는 소송의 수계가 파산채권자의 패소 등으로 종결된 결과, 다른 채권자에게 배당할 수 있게 된 것, 착오에 의하여 일단 변제하였는데, 그 후 파산재단에 반환된 금전, 최후배당의 배당액 통지 후에 새롭게 발견된 재산 등이다. 그런데 위 마지막 예에서 새롭게 발견된 재산의 범위에 대하여 파산종결결정까지 발견된 재산에 한정되는가(**한정설**),[72)

---

70) 공고는 관보에 게재된 날의 다음 날 또는 대법원규칙이 정하는 방법에 의한 공고가 있은 날의 다음 날에 그 효력이 생긴다(9조 2항).

71) 파산채권자는 일반적으로 파산절차가 종료하면 자유로이 그 권리를 행사할 수 있게 된다. 그러나 개인파산의 경우에 채무자가 면책신청을 한 경우에 법 557조에 의하여 파산채권에 기한 강제집행 등이 금지되고, 이미 행하여진 경우에는 중지되며, 면책결정이 확정된 때에는 위 절차 등이 실효되고 파산채권에 관하여 면책의 효력이 미치게 되므로 결국 개인파산의 경우에는 파산채권자가 채무자를 상대로 권리를 행사할 기회는 거의 없게 된다. 다만, 면책신청이 기각되거나 불허가되는 경우에는 파산채권자표의 기재에 의하여 채무자에 대하여 강제집행을 할 수 있다(548조 1항, 535조 2항).

72) 山木戶克己, 破産法, 261면. 일본 最判 1993年(平成 5年) 6月 25日도 파산절차종결 후에 파산관재인의 임무는 종료하여 그 뒤에 발견된 재산에 관한 소송의 피고적격은 원칙적으로 파산관재인에게 인정되지 않고, 그 결과 파산법인에게 법인격이 인정되게 된다고 하여 기본적으로 이러한 한정설의 입장을 전제로 하고 있다(倒産判例百選[第5版](100사건), [加藤哲夫 해설] 참조).

그 후에 발견된 재산도 포함되는가(**무한정설**)에73) 있어서 「파산종결의 결정이 있은 후에 새로 배당에 충당할 재산이 있게 된 때에도 또한 같다」는 법 531조 1항 후문의 문언과 관련되어 문제가 되고 있는데, 파산종결결정에 의하여 채무자의 관리처분권이 회복되므로 그 후에 파산관재인이 재산을 발견하여도 배당재원이 될 수 없고, 파산종결결정 후에 파산관재인의 임무가 잔존한다고 하여도 그 대상을 종결 당시 현실로 점유관리하고 있는 재산에 한정하지 않으면 언제까지나 임무가 종료되지 않게 된다는 등의 이유에서 한정설이 타당하다고 본다.74)

추가배당절차는 원칙적으로 최후배당절차에 따른다. 파산관재인은 법원의 추가배당의 허가를 받은 후, 배당 가능한 금액을 공고하고, 각 파산채권자에 대한 배당액을 정하여 통지한다(531조). 추가배당에 참가할 수 있는 채권은 최후배당과 마찬가지이고, 최후배당에 있어서 작성한 배당표를 기준으로 한다(532조). 추가배당에 있어서는 채권자집회가 열리지 않으므로 추가배당 후 지체 없이 파산관재인은 계산보고서를 작성하여 법원에 제출하고 인가를 받으면 된다(533조 1항). 인가결정에 대하여는 즉시항고를 할 수 있다(동조 2항).

IV. 파산절차의 종료

13-60   **1. 절차의 종결**

위에서 본 바와 같이(☞ 15-58), 법원은 파산절차가 종료된다는 파산종결결정을 하고, 그 주문 및 이유의 요지를 공고한다(530조). 이와 같이 실질적으로 파산절차가 종결되면, 법원은 파산절차의 종료시기를 분명히 하기 위하여 파산종결결정하고, 이에 의하여 실질적으로도 형식적으로도 파산절차는 종료하게 된다. 파산절차의 종결에 따라 채무자가 법인인 경우로 잔여재산이 없는 때에는 채무자의 법인격은 완전히 소멸한다(328조 참조).

채권조사기일에 있어서 채무자의 이의가 없는 때에는 채무자에 대하여 채권표의 기재는 확정판결과 마찬가지의 효력을 가지고, 채권자는 파산절차종결

---

73) 伊藤眞, 破産法·民事再生法, 687-688면.
74) 전대규, 1433면도 이러한 입장으로, 따라서 파산종결결정 후에 발견된 재산은 원칙적으로 청산절차를 밟아야 할 것이고, 다만 채무자가 은닉한 재산을 우연히 발견한 경우는 추가배당을 할 수 있다고 한다.

후에도 이에 기하여 강제집행을 할 수 있다(535조).

〈2022년 사건 처리 상황〉

처리 구분	접수	파산선고 전					파산선고 후			
		인용	기각	취하	기타	계	종결	폐지	기타	계
개인파산	41,468	43,337	1,221	937	320	45,815	7,642	38,443	28	46,113
법인파산	1,044	838	51	63	11	963	313	550	3	866

2. 파산폐지에 의한 종료

13-61

파산절차의 종료원인으로서는 위와 같이 파산절차 본래의 목적인 배당이 완료되고, 파산관재인의 임무가 종료되는 것에 의한 종료가 가장 기본적인데, 그 밖에 파산폐지(Einstellung)에 의한 종료가 있다.[75] 파산폐지는 신고파산채권자의 동의가 있는 경우 또는 파산재단이 부족한 경우에 파산절차의 본래의 목적을 달성하지 못한 채 파산절차를 장래에 향하여 중지하는 것을 말한다. 파산취소를 포함하여 파산절차가 종료되는 경우를 포괄하여 파산해지라고 하는데, 파산폐지도 그 가운데 하나이다.[76]

파산폐지에는 파산채권자의 **동의에 의한 폐지**(이하 「동의폐지」라고 한다)와 **재단부족으로 인한 폐지**가 있고, 후자는 다시 **동시**(同時)폐지와 **이시**(異時)폐지가 있다. 그 어느 것도 법원의 폐지결정에 의하여 이루어진다.

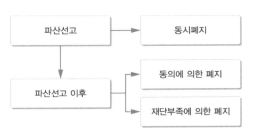

(1) 동의폐지

1) 의 의

13-62

채무자가 파산채권자의 동의를 얻어 법원에 신청하여 행하여지는 폐지이다.

---

75) 한편, 종전 파산법상으로는 강제화의의 성립도 파산절차의 종료원인의 하나이었는데, 현행법에서는 화의절차를 없애면서 강제화의를 함께 없앴다.

76) 「파산폐지」에 의한 파산절차의 종료는 파산절차가 **장래에 향하여만** 진행을 종료하는 것으로, 파산절차가 **소급적으로** 효력을 잃는 「파산취소」와는 구별된다(☞ 3-74. 이미 보았듯이 파산선고결정에 대하여는 즉시항고를 할 수 있고, 항고법원이 항고에 이유가 있다고 판단한 경우에는 원법원이 한 파산선고결정을 취소한다. 이를 파산취소라고 한다).

13-63   2) 요   건

채무자가 채권신고기간 안에 신고를 한 파산채권자 모두로부터 파산폐지에 대한 동의를 받든지, 또는 동의하지 않는 파산채권자에 대하여 다른 파산채권자의 동의하에 파산재단으로부터 담보를 제공하여 파산폐지를 신청할 수 있다(538조 1항). 미확정채권에 대하여 그 채권자의 동의가 필요한지 여부, 그리고 파산채권자에게 제공할 담보가 상당한지 여부에 대하여는 법원이 결정한다(동조 2항). 파산폐지에 대한 채권자의 동의는 채권 자체를 포기한다는 의미가 아니라, 파산절차의 수행을 포기한다는 법원에 대한 의사표시이다. 파산절차의 수익자인 파산채권자가 파산절차의 수행을 바라지 않으므로 파산절차를 종료시키는 것이다.

13-64   3) 절   차

동의폐지는 채무자의 신청에 의하여만 행하여진다(538조 1항). 파산관재인이나 채권자는 신청권이 없다. 파산법인이 이 신청을 하기 위해서는 사단법인은 정관의 변경에 관한 규정에 따라, 재단법인은 주무관청의 허가를 받아 법인을 존속시키는 절차를 취할 필요가 있으며(540조), 이사 전원의 합의에 의한 신청이 필요하다(539조 1항). 상속재산의 파산폐지신청은 상속인이 하는데, 상속인이 여럿인 때에는 전원의 합의가 있어야 하고(539조 2항), 유한책임신탁재산의 파산폐지신청은 수탁자 또는 신탁재산관리인이 하고, 수탁자 또는 신탁재산관리인이 여럿일 때에는 전원의 합의가 있어야 한다(578조의17).

신청을 하는 때에는 동의폐지의 요건을 갖춘 것을 증명할 수 있는 서면을 제출하여야 한다(541조).

법원은 파산폐지의 신청이 있다는 뜻을 공고하고 또한 이해관계인의 열람에 제공하기 위하여 그 신청에 관한 서류를 비치하여야 한다(542조). 파산채권자는 위 공고가 있은 날부터 14일 이내에 파산폐지신청에 관하여 법원에 이의를 신청할 수 있다(543조 1항). 법원은 공고 후 14일이 경과하면 채무자, 파산관재인 및 이의를 신청한 파산채권자의 의견을 들은 후에 파산폐지의 허부에 대하여 결정한다(544조). 법원은 폐지결정을 한 때에는 그 주문 및 이유의 요지를 공고한다(546조). 파산폐지결정에 대하여 이해관계인은 즉시항고를 할 수 있다(538조 3항).

13-65   4) 폐지결정확정의 효력

폐지결정이 확정되면, 파산관재인은 재단채권의 변제 또는 이의가 있는 것에 관하여는 채권자를 위하여 공탁을 하고(547조), 채권자집회에서 계산보고를 하여(365조) 임무종료를 한다. 법원은 등기·등록이 촉탁, 그 밖의 절차를 취한다 (23조 1항, 314조 2항). 그리고 파산폐지의 효력은 폐지결정의 확정과 함께 발생하고, 파산종결결정은 하지 않는다.

폐지결정의 확정에 의하여 채무자는 파산재단재산의 관리처분권을 회복한다. 폐지에는 소급효가 없으므로 파산관재인이 이미 행한 관리처분행위의 효력은 상실되지 않는다. 또한 채무자는 당연히 복권되는데(574조 1항 2호), 동의폐지의 경우에는 면책결정을 하는 것은 허용되지 않는다(556조 4항). 법인파산의 경우에는 법인존속의 절차(540조)에 의하여 해산 전의 상태로 복귀한다. 그리고 파산재단에 관한 소송은 채무자가 수계한다(민사소송법 239조, 240조).

(2) 재단부족으로 인한 폐지
1) 의 의
13-66

파산재단으로써 파산절차비용을 충당하기에 부족하다고 인정되는 경우에 행하여지는 폐지이다. 파산선고 시점에서 재단부족이 분명하게 된 경우에 파산선고와 동시에 행하여지는 동시폐지와 그 후에 행하여지는 이시폐지가 있다. 동시폐지에 대하여는 이미 앞에서 본 바 있으므로(☞ 3-73) 여기서는 이시폐지에 대하여 설명한다.

2) 이시폐지
13-67

파산선고와 함께 파산관재인이 선임되어 절차가 진행된 후에 파산재단이 파산절차의 비용을 충당하기에 부족하다고 인정된 때에는 법원은 파산관재인의 신청에 의하거나 직권으로 파산폐지의 결정을 하여야 한다(545조 1항 전문). 이 경우에 법원은 미리 채권자집회의 의견을 들어야 한다(동조 동항 후문). 다만, 파산절차비용을 충당하기에 충분한 금액이 미리 납부되어 있는 때에는 이를 적용하지 않는다(동조 2항). 파산폐지결정에 대하여는 즉시항고를 할 수 있다(동조 제3항).

이시폐지의 절차 및 효과는 기본적으로 위 동의폐지의 경우와 마찬가지인데, 다음과 같은 점은 다르다. 우선, 동의폐지의 경우에 채무자는 면책의 신청을 하는 것이 허용되지 않지만 당연히 복권되는 데 대하여, 재단부족으로 인한 폐지에 있어서는 채무자는 당연히 복권되지 않고 복권을 위해서는 면책의 신청을 하여 그 허가결정이 있든지(556조 1항, 574조 1항 1호), 신청에 의한 복권이(575조)

있어야 한다. 다음으로 법인파산의 경우에 동의폐지에서는 위에서 설명한 바와
같이 법인존속의 절차를 취하여 법인격이 계속되는데, 재단부족으로 인한 폐지
에서는 이러한 조치는 없고 법인을 해산하여야 한다. 이 경우에 재산이 전혀 없
다면 문제는 없는데, 재산이 있는 경우에는 통상의 청산절차를 취할 필요가 있다.

13-68
3. 회생형절차에서의 인가결정의 확정

파산선고결정 후에 회생절차 또는 개인회생절차와 같은 파산절차에 우선하
는 다른 회생형 절차가 개시되면 파산절차는 중지되고(58조 2항, 600조 1항. ☞
16-25, 17-49), 그 후 회생계획 또는변제계획이 인가되면 파산절차는 당연히 실
효되어 종료된다(256조 1항, 615조 3항).

제 8 장

면 책 및 복 권

우리는 파산절차에 있어서 면책주의를 채택하고 있다. 면책의 목적은 채무자에 대하여 경제적 새출발의 길을 마련해 주는 것에 있다. 그리하여 파산제도는 이념적으로 총채권자를 비롯한 여러 이해관계인 사이에서의 공평한 청산뿐만 아니라, 채무자의 경제적 회생도 고려하고 있는 것이다. 그리고 면책제도를 통하여 부차적으로는 채무자가 파산을 두려워하여 주저하면서 극도로 경제상태를 악화시키는 것을 피하고, 또한 채권자가 자기에 대한 변제를 받기 위하여 파산신청을 채무자에 대한 협박수단으로서 악용하는 폐해도 막는 것을 기대하고 있다고 할 것이다.

⟨면책사건추이⟩

연 도	면책신청 접수건수	처리건수	인 용	면책허가율
2000	191			57.5%
2001	220			67.8%
2002	449			77.3%
2003	1,823			89.5%
2004	7,476			97.6%
2005	40,318	16,933	16,759	98.9%
2006	130,579	68,464	66,971	97.8%
2007	154,009	122,061	118,184	96.8%
2008	118,571	142,663	133,996	93.9%
2009	110,890	107,749	100,851	93.5%

2010	84,710	90,270	81,109	89.8%
2011	69,741	83,755	74,257	88.6%
2012	61,508	78,013	69,174	88.6%
2013	56,940	63,697	56,717	89.0%
2014	55,418	60,672	53,593	88.3%
2015	53,825	55,502	48,828	87.9%
...				
2021	47,936	50,423	44,293	87.8%
2022	40,182	47,609	41,344	86.8%

Ⅰ. 면   책

14-1   **1.** 의   의

　　파산절차에 의한 배당에서 통상 100%의 변제를 기대할 수 없는 실정이고, 배당 후 채무가 잔존한다면, 채무자는 계속하여 잔존채무를 부담한다. 본래 채무자는 채무를 변제하여야 하는 것이고, 이는 사회상식에 그치는 것이 아니라 법률상도 그러하다. 파산절차라는 청산절차가 종료되었다고 하여도 채무자의 채무가 소멸할 근거는 없다. 그런데 면책(Discharge)은 이 경우에 파산절차상의 배당에서 변제되지 않은 채무자의 (잔존)채무에 대하여 특정한 요건(면책불허가사유의 부존재)하에서, 한편 특정한 채권(비면책채권)을 제외하고, 재판에 의하여 채무자의 책임을 면제하는 제도를 말한다.

(1) 면책제도의 연혁과 각국의 현황

14-2   1) 영 미 법

　　면책제도의 모법국(母法國)은 영국이다. 다만, 현재는 미국 연방파산법이 가장 채무자에게 관대한 면책제도를 가지고 있다고 평가한다.

　　영국에서 파산에 관한 최초의 법인 헨리8세 시대인 1542년의 「파산을 한 자에 대한 법(An act against such persons as do make bankruptcy)」에서는 그 명칭에서 나타나듯이 파산행위를 저지른 사람, 즉 사기적 양도를 한 사람이나 행방을 감춘 사람에 대하여 채권자가 채권을 회수하기 위한 법이었고, 면책제도가 존재하지 않았다. 그 후 1571년의 파산법도 역시 파산자를 파렴치자로 취급하였고, 채무자의 회생과는 관계가 멀었다. 그런데 모직물산업이 현저한 성장을

하다가, 16세기 후반부터 영국에서는 모직물산업의 부진으로 상인의 도산이 많
아지고, 연쇄도산에 의하여 스스로 직접적인 책임이 없는 상태에서 도산에 내몰
리는 사람이 많이 나타났다. 이러한 상황과 관련하여 처음으로 앤여왕 시대인
1705년의 파산법에서 면책제도가 나타났는데, 성실하게 자기의 재산을 채권자
들에게 내맡긴 채무자에게 파산범죄 처벌의 채찍에 대한 당근(Carrot)으로서 채
무의 면책을 인정하였다. 즉 이 시기의 면책제도는 성실한 채무자의 구제를 중
심으로 한 것이 아니라,1) 오히려 채권자의 구제를 효과적으로 하기 위하여 채무
자의 협력을 얻어 채권자의 구제를 강화하려고 한 것이었다. 그리고 면책을 받
기 위해서는 대단히 높은 비율의 배당과 80%에 달하는 채권자의 동의가 요구되
었으므로 실제적으로 면책이 기능하기는 어려웠다. 그런데 18세기 후반부터 산
업혁명을 거쳐 자본주의가 발달하면서 경제공황을 피할 수 없게 되고, 이때에
채무자를 「자기에게 직접적인 책임이 없는 경제변동의 희생자」로서 인식하여
사회적으로 채무자를 면책에 의하여 재기시키는 것이 요청되었다. 그리하여
1842년 파산법에서는 면책에 있어서 전혀 채권자의 동의가 필요하지 않게 되었
고, 또한 1861년 파산법에서는 면책은 오로지 법원으로부터의 면책명령에 의하
여 부여되었다. 영국에서는 이러한 발전에 의하여 채권자의 만족이라는 파산제
도의 목적과 함께 성실한 채무자에게 잔존채무를 면제하는 것에서 새로운 경제
적 생활을 구축할 수 있게 하는 것이 파산제도의 또 하나의 독립한 목적이 되었다.
　　위 발전과정에서의 영국의 파산법이 미국에 이어지게 된다. 영국의 파산법
을 모델로 미국에서는 1800년에 최초의 연방파산법이 제정되었다. 이때의 영국
의 파산법은 이미 면책규정이 있었으므로 1800년의 「제1차 연방파산법」에서도
면책제도가 채택되었는데, 위 영국의 파산법과 마찬가지로 엄격한 요건 하에서
면책을 인정하는 것으로 면책을 위해서는 채권자 사람 수와 채권액의 점에서
모두 3분의 2 이상의 동의가 필요하였다. 그런데 이 최초의 파산법은 그 유효기
간을 5년으로 정하고 있었는데, 이른바 숨은 자기파산(concealed voluntary
bankruptcy, 고의로 파산행위를 작출하고 친밀한 채권자에게 파산의 신청을 행하게 하는 것)
의 등장, 채권자에게의 배당이 대단히 적어 채권자의 구제에 미흡하다는 불만이
나타나서 5년을 기다리지 않고 3년여 만에 폐지되었다.2) 1800년의 제1차 연방

1) L. Levinthal, The Early History of English Bankruptcy, 67 U. Pa. L. Rev.(1919), p. 19.
2) Charles J. Tabb, The Historical Evolution of the Bankruptcy Discharge, 65 Am. Bankr.

파산법이 폐지된 후, 1837년의 경제공황에 직면하여 채무자의 구제가 절실하게
된 결과, 1841년에 「제2차 연방파산법」이 제정되었다. 제2차 연방파산법은 파
산자구제법의 성격도 가진 점에서 획기적인 것으로 면책에 있어서 채권자의 동
의를 요건으로 하지 않고, 채권자 사람 수와 채권액의 점에서 과반수에 의한 서
면에 의한 이의의 신청이 없는 한, 채무자의 면책이 인정되어, 종래의 원칙과
예외의 관계가 서로 뒤바뀌게 되었다. 제2차 연방파산법을 갈림길로 하여 파산
제도에 대하여는 채권자의 채권추심과 함께 채무자의 구제라는 성격에 초점을
맞추어 그 적극적 이용을 도모하고자 하는 파산법이 된 것이다. 그러나 이러한
제2차 연방파산법에서 면책을 받는 채무자가 큰 폭으로 증가하였기 때문에 채
권자로부터의 강한 반대에 부딪쳐 1843년에 곧 폐지되었다. 그 후, 남북전쟁 후
의 경제적 혼란기 속에서 1867년에 「제3차 연방파산법」이 성립하였는데, 자기
파산을 신청할 수 있는 채무자를 300달러 이상의 채무를 부담하는 채무자에 한
정하는 것과 함께 자기파산신청의 목적이 되는 면책의 조건을 채권자 사람 수,
채권액의 점에서 모두 과반수를 넘는 채권자의 동의 또는 50% 이상의 배당률
가운데 어느 하나를 충족할 필요가 있다고 하여 1841년 제2차 연방파산법에 비
하여 상당히 엄격하게 정하였다. 그런데 1874년 개정에서 면책조건이 변경되어
자기파산에 있어서는 채권자 사람 수 4분의 1 이상, 채권액에 있어서 3분의 1
이상의 채권자의 동의 또는 30% 이상의 배당률 가운데 어느 하나가 필요하다고
하여 그 조건을 완화하였지만, 배당이 많지 않고, 시간이나 비용이 만만치 않다
는 비난을 받고 1878년에 제3차 연방파산법은 폐지되었다. 연방파산법의 최후
의 공백기간이 20여년간 계속된 후, 1898년에 「제4차 연방파산법」이 제정되었
는데, 이 법은 제2차 연방파산법 취지의 연장선상에서, 채무자의 구제를 파산제
도 내에서 고려하여, 면책에 대하여도 채권자의 동의 등의 적극적 요건을 규정
하지 않고, 반대로 면책을 불허가하는 소극적 요건을 규정하는 방향이었다. 자
본주의사회에서 공황은 불가피적인 현상이고 자기에게 직접적인 원인 없이 파
산에 휘말린 **「성실한 그러나 불운한 채무자**(honest but unfortunate debtor)」3)를 경

L. J.(1991), p. 345.

3) 이러한 관용구(phrase)는 Local Loan Co. v. Hunt, 292 U.S. 234, 244(1934)의 "gives to the
honest but unfortunate debtor who surrenders for distribution the property which he
owns at the time of bankruptcy a new opportunity in life and a clear field for future
effort. unhampered by the prepare discouragement of preexisting debt"에서 사용되었다.

제변동의 희생자로서 포착하여 면책에 의하여 회생의 기회를 부여하려고 한 것
이라고 할 수 있다. 그 후, 1929년의 세계공황으로 말미암은 경제침체와 실업자
의 증가를 통하여 파산자를 구제하는 것이 다시 강하게 요청되었기 때문에
1938년에 파산법의 개정이 이루어졌다. 이른바 「The Chandler Act」인데, 개인
파산에 있어서는 파산선고 자체를 면책신청으로 보아, 채무자는 새로이 면책신
청을 하지 않아도 되었고, 채무자에게 면책불허가사유가 되는 불성실한 행위가
존재하지 않는 한, 면책을 허가하여야 하는 원칙이 채택되어 채무자는 자기파산
의 신청에 의하여 당연히 면책제도의 적용을 받게 되었다. 그런데 그 후, 소비자
신용사회의 발달에 따라 개인파산건수가 급증하였고, 이러한 개인채무자를 구
제하여 새로운 출발의 기회를 주기 위하여 1978년에 위 연방파산법은 전면적으
로 개정되었다. 이를 「제5차 연방파산법」이라고 부르는데, 면책불허가사유에
큰 변경이 있는 것은 아니지만, 실질적으로는 종래의 「성실한 그러나 불운한 채
무자」를 뛰어 넘어, 보다 넓게 소비자신용사회에 있어서 과잉융자의 희생자로
서의 채무자의 구제가 파산제도의 목적으로 자리 잡게 되었다. 또한 파산제도에
의 접근을 용이하게 하기 위하여 용어를 종래의 「파산자(bankrupt)」로부터 「채
무자(debtor)」로, 「파산선고(adjudication)」로부터 「구제명령(order for relief)」으로
바꾸었다.4)

　　이후 운용상의 문제점을 해결하기 위하여 1984년에 「Bankruptcy Amend-
ments and Federal Judgeship Act」에 의한 일부 개정이 있었고, 1994년에 「The
Bankruptcy Reform Act of 1994」가 성립하였다.

　　또한 2005년에 「Bankruptcy Abuse Prevention and Consumer Protection
Act of 2005」가 성립하였는데, 이 「파산남용방지와 소비자보호법」에 의하여 반
복적 면책의 제한기간의 연장, 비면책채권 범위의 확장 등과 같은 연방파산법의
개정이 있었다. 이 개정에 의하여 연방파산법의 특징인 채무자보호의 경향은 약
하여졌다고 평가할 수 있다.5)

Thomas H. Jackson, The Fresh-Start Policy in Bankruptcy Law, 98 Harv. L. Rev.(1985),
　p.1394.
4) 미국의 면책제도에 관한 국내 문헌으로는 천대엽, "미국 파산법상 개인 채무자에 대한 면책제
　도 개관", 재판자료(제93집, 2001), 263면 이하 참조.
5) 관련 국내 문헌으로는 정영수, "소비자도산제도의 변화-미국과 한국의 법개정 검토", 법조
　(2006. 4), 169면 이하 참조.

14-3   2) 독 일 법

대륙법은 전통적으로 불면책주의를 채택하였으며, 독일에서도 종전 1877년
파산법(Konkursordnung) 164조 1항에서는 역시 불면책주의가 채택되었다. 즉 파
산절차의 종료 후에도 채권자는 배당받지 못한 채권을 채무자에 대하여 무제한
적으로 행사할 수 있었다. 불면책주의를 채택한 주요한 입법이유는 면책이 채권
자에 대한 권리침해가 된다는 것이었다. 그 결과, 채무자는 채무의 완전한 이행
에 이르기까지 무제한적으로 책임을 부담하여야만 하였다. 이는 채무자에게 「
현대적 채무감옥(Moderner Schuldturm)」으로부터 빠져나갈 수 있는 어떠한 희망
도 주지 못한다는 것을 의미하였다.6) 그런데 경제상황에 비추어 잔존채무의 면
책을 인정하지 않는 것은 타당하지 않다는 인식이 나타났다.7)

이러한 논의의 와중에 독일에서는 1994년에 새로운 도산법(Insolvenzord-
nung)이 성립되어 5년간의 공포기간을 거쳐 1999년부터 시행되고 있는데, 새로
운 도산법의 가장 중요한 개혁 가운데 하나는 면책(Restschuldbefreiung)을 받아들
였다는 것이다.8) 즉, 도산법 1조 2문은 성실한 채무자에게 도산절차의 종료 후,
잔존채무를 면제하는 기회를 주는 것이 도산절차의 목적임을 명시하고 있고, 도
산법 286조는 채무자가 자연인인 경우에 287조 내지 303조 규정에 따라 잔존채
무로부터 면책된다고 규정하고 있다. 그리고 2001년 12월 1일부터 「도산법 및
그 밖의 법률의 개정에 관한 법률(Gesetz zur Änderrung der Insolvenzordnung und
anderer Gesetze)」이 발효되었는데, 그 가운데 면책절차에 대한 약간의 보완도 있
었다.

도산법에서의 면책은 ① 면책절차의 개시결정, ② 수탁자(Treuhänder)가 채
무자를 통제하는 6년간의 성실행위기간(Wohlverhaltenperiode),9) ③ 면책결정의

---

6) 김경욱, "파산면책주의와 비면책주의에 관한 연구", 민사소송(Ⅲ) (2000), 376면; 김경욱, "독
   일의 소비자파산과 잔여채무면책에 관한 연구", 법조(1998. 10) 121면.
7) 예를 들어 1983년 Ackmann은 Schuldbefreiung durch Konkurs?에서 면책에 대하여 비교법
   적인 소개·검토를 하면서 면책논의에 불을 댕겼다.
8) 이에 대한 국내 문헌으로는 위 김경욱 교수의 논문 이외에 김진현, "독일 신도산법상의 면책
   제도", 김정후교수화갑기념논문집, 현대법학의 제문제(1998), 93면 이하; 양형우, "소비자파산
   과 잔여채무의 면책제도 — 독일통합파산법을 중심으로 —", 비교사법(제9호. 1998), 249면 이
   하; 이진만, "독일의 도산법 — 소비자도산절차와 면책제도를 중심으로 —", 재판자료(제93집,
   2001) 371면 이하 각 참조.
9) 처음 도산법에서는 기간이 7년이었으나, 너무 장기라는 비판이 있었으므로 InsOÄG(도산법
   및 그 밖의 법률의 개정에 관한 법률)에 의한 개정 도산법에서는 기간을 6년으로 단축하였다.
   그리고 그 기간의 기산점을 절차의 종결시부터 절차개시시로 변경하였다. 따라서 실질적으로

철회기간의 3단계로 나뉜다. 좀 더 자세히 살펴보면 다음과 같다.

채무자만이 잔존채무의 면책절차개시신청을 할 수 있고(즉, 직권으로 개시되지는 않는다), 이 신청은 서면에 의하여야 하고, 도산절차개시신청과 동시에 면책절차개시신청을 할 수 있다. 채무자가 동시에 면책절차개시신청을 하지 않은 경우에 법원은 면책을 받을 수 있다는 취지를 지적한 후,[10) 채무자는 2주 이내에 면책절차개시신청을 하여야 한다(287조 1항 1문, 이하 여기서는 독일 도산법 조문). 그리고 강제집행(압류)이 가능한 대상소득을 6년간 수탁자에게 양도한다는 의사표시를 여기에 첨부하여야 한다(287조 2항 1문). 채무자의 소득이 이미 다른 사람에게 양도되어 있는 경우에는 양수인을 나타내야 한다(287조 2항 2문). 결과적으로 잔존채무의 면책을 위하여 채무자는 최소한 6년간은 자신의 소득 중 압류가 금지되는 부분에 한정하여 생활하여야 한다.

도산채권자 및 도산관재인을 심문한 후에 파산법원은 채무자의 면책신청에 대하여 절차개시를 결정한다(289조). 채권자가 도산법 290조 소정의 면책거절사유에 기하여 면책의 거절을 요구하면 위 절차는 실시할 수 없다. 거절사유는 특히 채권자를 희생양으로서 부당한 경제적 이득을 획득하려는 채무자의 행동이다. 중요한 것은 채무자가 파산범죄의 유죄의 확정판결을 받은 경우(290조 1항 1호), 채무자가 신청 전 3년간 고의 또는 중대한 과실에 의하여 여신(Kredit) 혹은 공공급부(Leistungen aus öffentlichen Mitteln)를 받기 위하여 또는 공공부담(Leistungen an öffentliche Kassen)의 급부를 회피하기 위하여 자기의 재정상황에 대한 서면에 허위의 또는 불완전한 정보를 제공한 경우(동조 동항 2호), 신청 전 10년 동안 또는 그 신청 후에 채무자가 이미 잔존채무면책을 받았거나 도사법 296조(도산절차에서의 의무위반)나 297조(도산범죄)에 의하여 면책이 거절된 경우(동

절차종결시부터 면책을 받을 때까지의 기간은 종래에 비하여 상당히 단축된 셈이다. 이에 대한 국내 문헌으로는 김경욱, "독일 도산법제의 동향과 시사점", 비교사법(제19호, 2002), 49면 이하 참조.

10) InsOÄG(도산법 및 그 밖의 법률의 개정에 관한 법률)에 의한 개정 도산법 제20조에서 법원은 채무자가 자연인인 경우에 도산절차개시신청과 동시에 면책절차개시신청을 하지 않은 경우에는 채무자에게 286조 내지는 303조의 규정에 따라 면책을 받을 수 있다는 취지를 지적하여야 한다는 2항을 추가하였다. 처음 도산법에서는 면책제도의 부지로부터 채무자를 보호하기 위하여 30조 3항에서 법원은 **도산절차의 개시결정시**에 채무자가 자연인인 때에는 그 채무자에 대하여 면책을 받을 수 있다는 취지를 지적하여야 한다고 규정한 바 있었으나, InsOÄG(도산법 및 그 밖의 법률의 개정에 관한 법률)에 의하여 위 20조 2항을 추가하고, 위 30조 3항을 삭제하였다. 이에 의하여 **도산절차의 개시신청** 단계에서 지적될 것이 요청되어 **도산절차의 개시결정시**보다 빠른 시점에서 지적되도록 하였다.

조 동항 3호), 채무자가 고의 또는 중과실에 의하여 신청 전 1년 이내에 부적절한 채무의 부담, 자기 재산의 손괴 또는 경제상태의 개선의 전망 없이 행한 절차개시를 지연시켜 채권자의 채권의 만족을 저해한 경우(동조 동항 4호), 채무자가 파산법상의 정보제공의무 및 협력의무에 위반한 경우(동조 동항 5호) 등이다.

이러한 사유가 없는 경우에 법원은 잔존채무의 면책을 예고한다(291조 1항). 그리고 법원은 수탁자를 결정한다(291조 2항). 수탁자는 채무자의 소득을 파산계획에 따라 안분적으로 채권자에게 분배한다. 이른바 성실행위기간에는 파산채권자에 의한 개별적인 강제집행(Zwangsvollstreckungen für einzelne)은 허용되지 않고, 개별 채권자에게의 특별한 이익을 부여하는 것을 목적으로 하는 협약(Abkommen)은 무효이다(294조 1항, 2항). 기간의 종료시에 수탁자는 결산보고서를 파산법원에 제출하여야 한다(292조 3항). 잔존채무의 면책을 위하여 채무자는 적절한 근로행위(angemessene Erwerbstätigkeit)를 하여야 한다. 실업의 경우에는 새로운 적절한 직업을 얻으려는 노력을 하고 합리적인 업무를 거부하지 않을 것이 요구된다(295조 1항 1호). 또한 채무자는 사망에 기하여 또는 장래의 상속권을 고려하여 취득할 재산 가치의 50%를 수탁자에게 인도하여야 한다(동조 동항 2호).

성실행위기간의 마지막에 법원은 잔존채무의 면책을 종국적으로 결정(Beschluß)으로 판단한다. 법원은 도산법 296조 내지 298조에 해당되는 경우에만 면책을 거절한다(300조). 잔존채무면책의 결과, 채권자의 청구권은 자연채무(다만, 자연채무로 볼 것인가에 대하여는 좀 더 검토할 여지는 있다)로 전환된다(301조 3항 참조). 고의에 의한 불법행위에 기한 손해배상채무 또는 벌금의 경우에만 면책의 예외이다(302조). 보증인에 대한 청구권 등은 그 영향이 없다(301조 2항).

한편, 채무자가 고의로 그 의무를 준수하지 않고, 이에 의하여 채권자에게의 변제를 방해한 것이 나중에 판명된 경우에 채권자의 신청에 의하여 잔존채무의 면책은 철회될 수 있다(303조 1항). 채권자가 이 신청을 할 수 있는 것은 면책결정으로부터 1년의 기간에 한정된다. 채권자는 철회의 이유를 소명하여야 하고, 또 그 이유를 이전에 알지 못하였던 것을 법원에 대하여 소명하여야 한다(동조 2항). 유효한 철회에 의하여 면책의 효과는 취소되고, 채권자는 채권행사를 할 수 있게 된다.

(2) 면책제도의 채택

14-4

우리는 1962년 파산법 제정 당시부터 면책을 인정하는 면책주의를 채택하였다. 우리 파산법에 영향을 준 입법으로 볼 수 있는 일본 파산법은 독일 파산법을 모델로 한 것이었는데, 앞에서 보았듯이 1877년 독일 구파산법(Konkurs-ordnung)은 면책주의를 채택하고 있지 않았으므로 일본 파산법도 처음에는 면책주의를 채택하지 않았다. 즉 불면책주의로, 파산절차의 종료 후에도 잔존채무에 대하여 채무자의 책임을 존속시켰다. 그런데 제2차 세계대전 후인 1952년에 일본에서는 미국의 영향으로 회사갱생법(우리의 회사정리법에 해당)이 제정되어 재건의 가망성이 있는 주식회사에 대한 유지·갱생의 수단이 강화된 것과 함께 자연인에 대하여도 경제적 재출발을 도모할 수 있도록 파산법의 일부 개정이 이루어져 파산법에도 면책절차가 도입되었다. 이 개정에 의하여 일본 파산법은 포괄적 강제집행절차인 파산절차와 채무자의 경제적 재출발을 취지로 하는 면책절차의 이원화(二元化)된 구성을 취하게 되었다. 이러한 이원적 일본 파산법을 그대로 받아 들여 1962년 제정 당시부터 우리 파산법은 면책을 인정하였다. 그 결과 미국 연방파산법과 같이 면책절차를 파산절차의 내부에 포섭하는 방식이 아니라, 면책절차는 일단 파산절차와는 별개의 절차로서 이원적으로 구성된 것이었다.[11]

◆ **소비자에 대한 개인파산** ◆   전통적으로 파산절차는 사업에 실패하여 경제적 파탄에 빠진 기업이나 영업자에 대한 사업자파산을 예정한 것이고, 이익추구의 경제활동의 과정에서 경제적 파탄이 초래된 경우가 아닌 소비자에 대한 개인파산은(처음에 소비자파산이라고 불렀다) 예외로 취급되었다. 하지만 소비자신용 내지는 소비자금융의 급팽창으로 인하여 과중·누적된 다중채무(多重債務)[12]를 부담하는 개인채무자가 면책을 목적으로 자기파산을 신청하는 개인파산이 나타났다. 다중채무를 부담하는 채무자를 구제하는 수단으로 파산선고와 동시에 파산절차가 폐지되고(동시폐지), 법원이 면책을 허가하는 형태로 채무자가 경제적 새출발을 도모할 수 있다는 점에서 개인파산이 주목받았다. 그런데 개인파산을 위한 별도의 법률상 제도가 마련되어 있는 것이 아니기 때문에(개인회생절차는 별도 절차 마련됨) 개인파산절차는 일반적인 파산절차 및 면책절차와 다르지 않다.

일반적 파산절차에 비하여 소비자에 대한 개인파산의 특징은 다음과 같다. ① 청산

하여야 할 채권·채무의 중심이 사업관계에서 발생한 사업자파산과 달리 소비자에 대한 개인파산은 소비생활상 부채에 의하여 지급불능이 된 경우이다(다만, 우리 도산 법상 법인과 개인은 구별하여 규율하기도 하나, 사업자 가운데 개인사업자와 소비자를 특별히 구별하여 규율하고 있지는 않다). ② 대부분 면책을 목적으로 한 채무자 스스로의 신청에 의한 자기파산이다.13) ③ 채무자는 파산선고(동시폐지) 후에 면책신청을 하여 면책허가결정을 받아 채무(책임)를 면제받기 위한 목적에서 주로 파산신청을 한다는 점에서 채무자는 파산신청을 하면서도 파산절차 자체에는 크게 신경을 쓰지 않는다는 것이다. ④ 보통 파산선고와 동시에 파산관재인이 선임되는데, 개인파산은 채무자가 자산이 아주 없거나 또는 거의 자산이 없는 경우가 많으므로 동시파산폐지가 사건의 대부분을 차지한다는 것이다.14)

〈개인파산사건 추이〉

연 도	총파산사건수	개인파산사건수	개인회생사건수
2000	461	329	X
2001	842	672	X
2002	1,443	1,335	X
2003	4,159	3,856	X
2004	12,479	12,317	9,070
2005	38,902	38,773	48,541
2006	123,823	123,691	56,155
2007	154,171	154,039	51,416
2008	118,834	118,643	47,874
2009	111,143	110,917	54,605
2010	84,978	84,725	46,792
2011	70,066	69,754	65,171
2012	61,942	61,546	90,368
2013	57,444	56,983	105,885
2014	56,007	55,467	110,707

---

13) 예전에는 파산신청의 남용이라고 한다면 채무자를 위협하기 위한 채권자로부터의 신청사건을 지칭하였는데, 최근에는 채무자 스스로 신청하는 자기파산에 있어서 파산신청의 남용이 문제될 수 있다.
14) 실무운영상 문제가 되는 것은 동시파산폐지사건에 있어서는 파산관재인이 선임되지도 않고 파산선고와 동시에 즉시 파산절차가 종료하여 면책절차로 이행할 수 있기 때문에 채무자의 신속한 경제적 새출발이 도모된다는 점에서 채무자의 이익이 있는 반면, 채권자의 입장에서는 동시파산폐지의 안일한 운용에 불만이 생길 수 있다는 것이다. 즉 재단이 정말로 부족한지 여부는 파산관재인의 조사를 기다리지 않고는 판명되기 어려움에도 불구하고 동시파산폐지를 한다면, 채무자의 재산은닉을 간과할 우려가 있으며 또한 면책에 있어서 면책불허가사유의 존부에 대하여는 파산관재인의 보고서는 대단한 의미가 있는 것인데, 동시파산폐지에서는 파산관재인이 선임되지 않으므로 이 조사·보고의 가능성도 없어 문제가 생긴다. 최근에는 원칙적으로 파산관재인을 선임하여 파산관재인을 통하여 채무자의 재산·소득 조사를 진행한다.

2015	54,452	53,865	100,096
...			
2021	50,018	49,063	81,030
2022	42,467	41,463	89,966

개인 소비자파산의 원인 및 유형은 대체로 다음과 같다.

① **생활태도**: 경제적 파탄의 원인 가운데 하나는 채무자의 무절제하고 경솔한 생활태도(buy now and pay later로 표현될 수 있다)라고 할 수 있다. 대량생산·대량소비의 경제사회에 있어서 근면하게 일하는 것보다 방탕하게 놀다가 부채가 늘어난 경우이다. 채무자에게 제공된 신용·금융이 편익을 얻기 위한 것으로 이용되지 못하고, 오로지 소비를 위한 것으로 전락되었다. 즉, 신용의 증가가 편익의 증가로 연결되지 않고, 오히려 지출을 증가시켜 채무자를 경제적 파탄에 빠뜨린다. 그렇지만, 이는 대여자의 과잉여신, 조금 강한 표현을 사용한다면 약탈적 대출(predatory lending) 때문이라고 할 수 있다(대출상환능력이 없는 사람에게 금원을 빌려주고, 높은 수수료와 연체료를 부과하는 등의 방식으로 높은 수익을 올리는 대출). 무조건 채무자의 탓만 할 수 있는 것은 아니다. 물론 금전의 차입에 있어서 채무자의 자기책임과 금전대차계약의 자유를 거론하는데, 신용제공에 있어서 대여자에게 설명의무, 정보개시의무, 변제능력을 넘는 대출의 금지의무 등의 대여자책임(lender liability)을 부담시켜야 한다. 대여자가 이러한 의무를 부담하는 것을 전제로 비로소 공평한 계약이 체결되었다고 보아야 한다.

② **가계파산**: 채무자가 경제적 형편이 양호한 상황하에서 일정한 계획에 의하여 높은 이율의 차입을 한 뒤, 근무처의 도산, 근무처로부터의 해고, 질병으로 인한 수입의 감소와 그에 따른 지급불능에 이른 경우이다. 맞벌이부부시대에 주택구입융자 등 다액의 부채를 부담한 뒤에 경제상황의 악화로 이러한 경우가 발생한다.

③ **보증관계**: 주채무자의 채무보증인으로 갑자기 과대한 보증채무를 부담하게 된 경우이다. 이는 우리나라에 특유한 경제적 파탄원인이다. 보통 채무자 스스로가 부담하여야 하는 채무에 친족·친구 등이 휘말려 연쇄적으로 경제적 파탄에 이르게 된다. 또는 우연히 실질상 채무자의 신용상태가 좋지 않아 대신하여 일정한 관계가 있어서 형식상으로 명의인이 되어 신용카드를 발급받아 건네주는 경우도 문제이다. 이를 예방하기 위해서는 보증제도를 개선할 필요가 있는데, 보증채무의 발생 자체를 한정하는 방법이 검토될 수 있다. 나아가 앞으로 예를 들어 보증계약의 방식·요건을 보다 엄격하게 하거나 보증계약을 체결하는 때에 금융기관에게 보증인의 자력을 확인할 의무를 지우는 것 등의 규제를 생각할 수 있다.

④ **악질업자**: 스포츠신문, 잡지, 전단 등에 차입건수 및 부채액이 많더라도 '즉시융자', '전환융자', '신용카드고민해결' 등의 광고를 하여 경제적 파탄에 빠진 채무자를 현혹시키는 악질업자가 있어서 채무자는 경제적 파탄의 초기에 즉시 대책을 세우지 못하고 있다. 다중채무에 빠진 상당수의 채무자가 카드회사의 가혹한 독촉이나 추심을 피하기 위하여 위와 같은 광고에 간단히 넘어가게 된다. 이른바 '돌려막기'나 '카

드깡'에 의하여 더 파탄상태에 빠져드는 경우가 많으므로 '카드깡' 등 위법한 행위에 대하여 적극적 규제가 필요한 시점에 이르렀다. 한편 채무자가 지급 곤란한 상황에 이른 경우에 악질업자는 재계약 등을 이유로 연대보증인을 세우게 하고, 경우에 따라서는 종전의 지연이자를 원금으로 산입하여 그 총액에 대하여 이후의 이자를 물리는 위법한 중복된 이자계약을 하기도 한다.[15]

◆ **최초의 개인파산면책사건** ◆ 【파산신청】파산신청인인 채무자 현○○은 1953년 10월 3일생으로 1996년 11월 28일 파산신청 당시 43세였다. 신청인은 1978년 2월 ○○대학교 간호학과를 졸업하고, 1979년 8월 2일 이○○와 결혼하여 2명의 자식을 두고 있으며 시부모를 모시고 살고 있다. 그녀는 결혼 후, 서울 ○○병원에 간호사로 취업하여 이 사건 파산신청에 이르게 된 원인인 채무 등의 부담으로 인하여 어쩔 수 없이 사직하게 된 1996년 7월까지 13년 6개월간 위 ○○병원에서 간호사로 근무하여 왔다. 한편 남편 이○○는 신청인과 결혼 후, 단신으로 독일에 유학하였고 학위취득 후 1991년 귀국하여 현재 모 대학교 부교수로 재직하고 있다. 그런데 양복점과 여러 가지 사업을 경영하던 신청인의 오빠인 A와 동인의 부인(즉, 신청인의 올케) B의 은행대출에 신청인은 연대보증을 하여 주었고, 신청인의 남편 이○○도 역시 B의 채무에 대하여 연대보증을 하여 주었다. 또한 신청인은 신청인 명의로 신용카드를 발급 받은 후, B가 사용할 수 있도록 하였다. 그런데 1996년 6월 말경에 A와 B는 신청인에게 아무런 연락도 없이 도피하였다. 따라서 신청인은 월급을 압류당하고 사채업자들로부터 협박을 받기도 하여 1996년 7월 직장에 사표를 제출하였고 아울러 신청인이 받은 퇴직금에다 신청인의 남편인 이○○이 은행으로부터 융자를 받은 금원을 합쳐서 채권의 일부를 채권자 중 사채업자 등에게 각각 변제하였으나, 1996년 11월 28일 파산신청일 현재 신청인은 별다른 재산을 소유하고 있지 아니하고 채무의 총액은 약 금 265,000,000원에 달하고 있어서 결국 파산의 신청을 하기에 이르렀으며, 또한 동시파산폐지의 신청도 하였다.

【파산선고 및 동시파산폐지결정】위 사안에 있어서 서울지방법원 제50부는 1996년 12월 24일 심문을 거쳐, 신청인인 파산자(채무자) 현○○은 그의 오빠인 A, 올케인 B, 친정어머니인 C를 피보증인으로 한 금 163,216,880원의 보증채무와 금융기관 및 사채업자로부터의 채무자 본인의 금 94,714,491원의 주채무, 합계 금 257,931,371원의 채무를 부담하고 있고, 위 A, B, C 소유로 된 재산은 전혀 없으며 신청인인 채무

---

15) 대부업 등의 등록 및 금융이용자 보호에 관한 법률 제6조는 대부업자가 대부계약을 체결하는 때에는 거래 상대방에게 대부금액·이자율·변제기간·변제방법 등이 기재된 계약서를 교부하도록 규정하고 있다. 7조는 대부업자는 대부계약을 체결하고자 하는 자의 재력·신용·부채상황 및 변제계획 등을 감안하여 변제능력을 초과하는 대부계약을 체결하여서는 안 된다고 규정하고 있다. 8조는 ① 대부업자의 이자율을 제한하고, ② 위 이자율을 산정함에 있어 사례금·할인금·수수료·공제금·연체이자·선이자 등 그 명칭에 불구하고 대부와 관련하여 대부업자가 받는 것은 이를 이자로 보고, ③ 대부업자가 이에 위반하여 대부계약을 체결한 경우에 제한 이자율을 초과하는 부분에 대한 이자계약은 이를 무효로 하며, ④ 채무자가 그 초과부분에 대한 이자를 변제하였을 경우에는 그 반환을 청구할 수 있다고 규정하고 있다.

자도 현재 일부 가재도구를 제외하고 소유재산이 전혀 없는 사실을 인정할 수 있는
데, 그렇다면 채무자는 ① 위 채무를 변제할 수 없을 뿐만 아니라, ② 파산절차의
비용을 납부하기에도 부족한 재산상태에 있다고 할 것이라는 것을 이유로 1997년 5
월 29일 14:00에 파산선고결정과 아울러 동시파산폐지결정을 하였다.

【면책신청】 또한 위 사안에 있어서 파산폐지결정확정 후 1개월 이내인 1997년 6월
23일 위 사건 파산법원인 서울지방법원에 면책신청이 있었다.

【면책결정】 같은 해 8월 22일 심문이 행하여진 후, 같은 해 11월 26일 위 파산자에
게는 파산법 제346조 소정의 면책불허가사유가 없다고 인정되므로 파산자 현○○을
면책한다는 면책결정이 있었다.

(3) 면책제도의 이론적 근거　　　　　　　　　　　　　　　　　　　14-5

　　채무에 대하여는 무한책임이 원칙이므로, 이 무한책임의 원칙과 면책의 관
계를 어떻게 풀이할 것인가 하는 면책의 이론적 근거가 문제가 된다.[16)]

　　이에 대하여 일본에서는 ① 파산의 주목적이 채권자에 대한 공평한 변제를
목적으로 하는 채권자의 권리실현에 있는 것을 전제로 파산채권자의 이익실현
에 성실하게 협력한 성실한 채무자에 대한 특전으로서 면책을 부여한다는 전통
적인 견해(**특전설**)와 ② 파산의 목적 가운데 채무자의 갱생이라는 점을 중시하여
면책을 채무자 갱생의 수단이라고 하는 견해(**갱생설**)가 대립하고 있다(갱생설은
특히 소비자에 대한 개인파산을 염두에 둔 견해이다).

　　일본 최고재판소는 파산절차에 있어서 면책은 성실한 채무자에 대한 특전
으로서 파산절차에 있어서 파산재단으로부터 변제되지 않았던 채무에 대하여
특정한 채무를 제외하고 채무자의 책임을 면제하는 것으로, 그 제도가 목적으로
하는 바는 파산종결 후에 있어서 파산채권을 가지고 무한으로 책임추구를 인정
하는 때에는 채무자의 경제적 재기는 대단히 곤란하게 되고 결국 생활의 파탄을
불러일으킬 우려조차 있으므로 성실한 채무자를 갱생시키기 위하여 그 장애가
되는 채권자의 추구를 차단할 필요가 존재하는 것이라고 판시한 바 있다.[17)] 이
결정은 면책을 성실한 채무자에 대한 특전으로 파악한 것이라 볼 수 있다(특전설).

　　본래 면책제도는 영미법에 기원을 두는 것으로, 그 출발점은 위와 같이 채
무자에 대한 특전·특혜로 볼 수 있지만, 그러나 현재는 채무자의 경제적 재기를

---

16) 자세히는 서경환, "파산면책의 정당화 근거 및 개인도산제도 활성화를 위한 개선방안", 법조
　　(2019. 10), 240면 이하 참조.

17) 最決 1961年(昭和 36年) 12月 13日, 倒産判例百選[第5版](82사건), [伊藤眞 해설] 참조.

고려한 것으로 면책의 이론적 근거를 파악하여야 할 것이다. 결국 면책의 이론적 근거에 대하여 위 2가지 입장이 혼재하고 있다고 할 수 있는데, 그 어느 것을 강조하는가에 의하여 뒤에서 살펴볼 면책불허가사유의 해석 또는 그 심리방식 등에 영향을 미치게 된다. 전자(특전설)를 강조하면 면책은 일종의 특전·특혜이므로 당연히 면책이 허가되는 경우는 한정적으로 또는 엄하게 심사되는 반면, 후자, 즉 면책을 채무자의 경제적 새출발의 수단이라고 생각하는 입장(갱생설)에서는 면책불허가사유에 해당되는 사실이 있어도 그것이 적극적으로 채무자의 불성실함을 나타낸다고 보이지 않는 한, 넓게 면책을 인정하려는 입장을 취하기 쉽다.

14-6   **(4) 면책제도의 합헌성**

그런데 면책제도는 파산채권자의 재산권의 제약으로서 재산권을 보장한 헌법 규정에 어긋나지 않는가 하는 문제가 생기는데,18) 사실상 검증을 마쳤다고 할 것이다.19)

미국의 경우를 보면, 면책제도에 관한 연방대법원의 중요한 판결로 자주 언급되는 Local Loan Co. v. Hunt 사건(1934)에서, 면책의 목적이 파산한 '성실하지만 불운한 채무자(honest but unfortunate debtor)'로 하여금 기존 채무의 압박과 굴레로부터 벗어난 새로운 삶의 기회와 미래를 설계할 깨끗한 상태를 향유하도록 하는 것이라고 판시하면서 그 정당성을 확인하였다.20)

일본 최고재판소도 면책제도의 합헌성을 인정하였다. 즉, 면책이 채권자에 대하여는 불이익한 처우라는 것은 분명하지만, 한편 채무자를 갱생시켜 인간으로서 존엄과 가치 있는 생활을 영위하는 권리를 보장하는 것도 필요하다. 또한 만약 면책을 인정하지 않는다면, 채무자는 이러한 자산상태의 악화를 숨기고 최악의 사태까지 가는 결과가 되어 오히려 채권자를 해치는 경우가 적지 않다. 따라서 면책은 채권자에 대하여도 최악의 사태를 피하기 위한 것이다. 이러한 점에서 면책의 규정은 공공의 복지를 위한 헌법상 필요가 있으며, 합리적인 재산

---

18) 이에 대한 자세한 검토로는 김경욱, "파산면책의 헌법적합성", 민사소송(제8권 제2호, 2004. 2), 428면 이하 참조. 또한 도산절차와 헌법상 재산권 보장의 문제를 검토한 것으로 김용진, "회생 및 파산 절차에서 헌법상 재산권 보장", 저스티스(2019. 1), 252면 이하 참조.

19) 서경환, "우리나라 소비자파산제도의 개선방안 – 미국 소비자파산제도의 도입을 중심으로 –", 재판자료(제98집, 2002), 17면.

20) 각주 3) 참조.

권의 제약으로 풀이하는 것이 상당하다고 보았다.[21)]

　채권자의 권리를 제한하여 채무자를 경제적으로 재출발시키려는 면책제도의 입법의 목적이 공공복리에 적합하다고 본 것이다.

　우리나라에서도 청산형 절차인 파산절차에서의 면책제도의 위헌성 여부에 관하여 지급불능 상태에 빠진 채무자에 대하여 경제적 재기와 갱생의 기회를 부여하고자 하는 데에 있으므로, 그 입법목적의 정당성을 인정할 수 있고, 채무자의 면책으로 인하여 제한되는 파산채권자의 사익은 파산절차에 따른 배당으로 변제하고 남은 파산채권에 대한 채무자의 책임이 면제됨으로써 발생하는 재산권 행사의 제약인바, 면책허가결정을 받은 채무자는 사실상 지급불능 상태인 점에 비추어 볼 때 채무자의 책임이 면제된다고 하더라도 그로 인해 파산채권자에게 발생하는 재산권 침해는 그리 크지 않으므로 법익의 균형성 원칙에 반하지 않는다고 보았다.[22)] 재건형 절차에 있어서도 정리계획인가의 결정이 있는 때의 정리채권 등의 면책에 관한 종전 회사정리법 241조(현행법 251조에 해당)에 대하여 대법원 및 헌법재판소가 합헌이라는 판단을 한 바 있다(☞ 16-114).[23)]

2. 면책절차

(1) 면책의 신청

1) 신청권자

　면책의 신청은 **개인채무자**에게 인정된다(556조 1항).[24)] 사업자(영업자)파산의

14-7

---

21) 각주 16)의 最決 1961年(昭和 36年) 12月 13日 참조. 그 후, 이러한 입장은 30년 뒤인 最決 1991年(平成 3年) 2月 21日에서 다시 확인되었다(倒産判例百選[第5版](1사건), [靑山善充 해설] 참조.

22) 헌법재판소 2013. 3. 21. 선고 2012헌마569 결정.

23) 대법원 1993. 11. 9.자 93카기80 결정; 헌법재판소 1996. 1. 25. 선고 93헌바5, 58(병합) 결정.

24) 상속재산에 대한 파산절차에서 상속인이 있는 경우에 상속인이 면책신청을 한 사안에 있어서 서울중앙지방법원 2005. 9. 1.자 2005하면4831(2000하23) 결정은 파산법상 면책신청권자는 파산자인바, 파산자는 상속재산이고, 따라서 상속인이 파산자임을 전제로 한 면책신청은 부적법하다고 판단하였다. 일본에서도 파산선고 후 파산자가 사망한 경우에 그 상속재산(다만, 파산선고 후의 신득재산을 제외)에 있어서 파산절차가 속행하는데, 파산자의 상속인은 파산자에 대한 채권에 있어서 상속채권자와 동일한 권리를 가지는 사람으로서 파산채권자가 될 수 있는 점에 비추어 파산자의 상속인을 위 파산절차의 승계인으로 볼 수는 없고, 상속재산 자체를 위 파산절차의 당사자(파산자)로 보는 것이 상당하며, 그렇다면 위 파산절차의 당사자인 것을 전제로 파산자의 상속인이 면책신청을 할 여지는 없다고 판시한 재판례가 있다. 高松高決 1996年(平成 8年) 5月 15日, 判例時報(1586号), 79면. 이에 대한 평석으로는 佐藤鐵男, 判例時報(1597号), 232면 참조.

경우에도 사업주체가 자연인이라면, 파산절차종료 후에도 그 사람에 대한 책임
추구가 있을 수 있으므로 면책의 필요성이 있지만, 그러한 경우는 소비자파산의
경우보다 많지는 않을 것이다. 한편, 법인은 파산절차가 종결되면 해산되고 소
멸되므로 파산절차종료 후에 채권자가 배당 받지 못한 잔존채무에 대하여 법인
에게 추급하는 것은 상정할 수 없고, 따라서 법인은 면책신청을 할 수 없다.[25]

14-8   2) 신청의 시기

면책절차는 파산절차와는 별개의 절차로, 파산신청일부터 파산선고가 확정
된 날 이후 1월 이내에 면책신청을 할 수 있다(556조 1항).[26] 종전 파산법상으로
는, 파산신청과 동시에는 면책신청을 할 수 없었고, 파산선고가 있은 후에 비로
소 면책신청을 할 수 있었고(종전 파산법 339조 1항 전단), 파산재단을 구성할 재산
이 극히 적어 파산절차의 비용을 충당하기에 부족하다고 보아 파산선고와 동시
에 파산폐지의 결정이 있은 경우에는 그 결정확정 후 1월 내에 면책신청을 할
수 있었다(종전 파산법 339조 1항 후단). 그런데 개인채무자가 파산을 신청하는 대
부분의 경우는 면책을 받아 경제적 새출발을 하려는 것에 있으므로 시기적으로
위와 같이 현행법 556조 1항에서는 파산신청을 한 때부터 면책신청을 할 수 있
도록 하여 채무자가 신속하게 면책결정을 받을 수 있도록 한 점은 일단 타당하
다고 생각한다. 그러나 파산신청과 따로 면책신청을 하여야 한다는 점에서 완전
한 파산절차와 면책절차의 일체화(一體化)로 규정하지는 않은 것은 다소 아쉬운
부분이다(다만, 후술 면책신청간주 규정 참조).

그리고 채무자가 그 책임 없는 사유로 인하여 위 기간을 도과한 경우에는

---

25) 백창훈, "면책과 복권", 파산법의 제문제[下](1999), 416-417면. 법은 개인파산절차와 달리
  법인파산절차에서는 면책절차를 규정하고 있지 않으므로 법인의 경우는 면책결정을 받을 여지
  가 없다(대법원 2016. 8. 25. 선고 2016다211774 판결).
26) 채무자가 동일한 파산에 관하여 면책신청기간을 경과하거나 재차 면책신청을 하지 못하는 등
  의 법률상 제한을 피하고자 오로지 면책을 받기 위하여 동일한 파산원인으로 다시 파산신청을
  하는 이른바 '재도의 파산신청'은 허용될 수 없다. 다만 '재도의 파산신청'에 해당하는지는 종전
  파산사건에서 면책결정을 받지 못한 이유를 비롯한 종전 파산사건의 경과, 채무자가 다시 파산
  신청에 이르게 된 경위와 의도, 종전 파산사건과 새로운 파산신청 사이의 시간적 간격, 종전 파
  산선고 이후 채무자의 재산상황 변동 등 구체적 사정을 살펴서 채무자가 면책신청이 제한되는
  법률상 제한을 피하고자 오로지 면책을 받기 위하여 동일한 파산원인으로 파산신청을 하였다고
  볼 수 있는지에 따라 신중하게 판단하여야 하고, 이러한 구체적 사정을 살피지 않은 채 파산선
  고를 받은 후 면책을 받지 못한 상태에서 다시 파산신청을 하였다는 외형적 경과만으로 이를
  허용되지 않는 '재도의 파산신청'에 해당한다고 볼 것은 아니다(대법원 2023. 6. 30.자 2023마
  5321 결정).

그 사유가 종료된 후 30일 이내에 면책신청을 추후보완할 여지가 있다(556조 2 항).27)

이와 관련하여 종전에 파산선고를 받은 채무자가 면책신청기간을 깜빡하여 면책의 신청을 하지 못하는 경우가 있을 수 있었는데(이는 대체로 추후보완사유가 될 수 없을 것이다),28) 채무자가 파산신청을 하는 대부분의 경우는 면책을 받으려는 것이 목적이므로 현행법 556조 3항에서는 일부러 면책신청을 하지 않더라도 특히 반대의 의사를 표명하지 않는 한, 파산신청과 함께 면책신청을 한 것으로 본다는 규정(면책신청간주 규정)을 신설하였다.29) 파산절차와 면책절차의 완전한 일체화를 이룬 것은 아니지만, 이 면책신청간주 규정에 의하여 면책신청기간을 놓치는 문제는 어느 정도 해결될 수 있게 되었다.

◆ **재도의 파산신청** ◆　① 채무자는 2016. 8. 29. 수원지방법원에 파산 및 면책신청을 하여 2017. 3. 15. 파산선고를 받았으나, 2017. 9. 26. 면책신청을 취하하였고, 위 법원은 2017. 9. 28. 위 파산을 폐지하는 결정을 하였다. ② 이 사건 파산신청서가 2021. 1. 26. 접수된 후 제1심법원은 2021. 12. 1. 채무자에게 '재도의 파산신청은 허용되지 않으므로, 이 사건 채권자목록상 채권과 종전 사건의 채권자목록상 채권의 관계를 밝히고, 동일한 파산원인이라면 취하를 검토하기 바란다.'는 취지의 보정명령을 하였다. ③ 채무자는 2022. 3. 7. 제1심법원에 '이 사건 파산신청은 오로지 면책

---

27) 파산자 X에 대하여 파산선고 및 동시폐지결정이 1974년 9월 2일에 행하여졌다. 이들 결정은 같은 달 10일에 관보에, 6일에 신문에 공고되었는데, X가 위 결정정본의 송달을 받은 것은 그때로부터 2개월 이상 경과한 11월 15일이었다. X는 12월 7일에 면책신청을 하였는데, 그 전에 법원에 위 결정의 확정일에 대하여 문의한 결과, 파산법 339조 1항 후단의 면책신청기간이 이미 도과하였다고 하므로 신청을 추후보완한 사안에서 파산자 X는 결정정본의 송달이 있은 뒤 비로소 결정이 있은 것을 안 것으로 송달의 지연을 파산법 339조 5항 소정의 사유로 주장하였는데, 결정의 고지는 파산법 제135조 제1항 후단에 의하여 이를 공고하는 것이므로 X가 전기 결정정본의 송달을 받기까지 위 결정이 행하여진 것을 알지 못하였다는 것만으로는 파산법 339조 5항 소정의 사유가 존재한다고는 할 수 없다고 보았다(大阪高決 1975年(昭和 50年) 10月 8日, 新倒産判例百選(89사건), [荒木隆男 해설] 참조). 종전에 위와 같은 경우에 현실적으로 파산자에게 공고에 대하여 계속 주의를 기울이도록 요구하는 것은 무리이기 때문에 책임 없는 사유의 예로 추후보완을 인정하여야 한다는 입장도 있었는데, 이후 일본과 우리는 면책신청 간주 규정을 신설하였다. 한편, 東京高決 2013年(平成 25年) 3月 19日은 **채권자 신청**의 종전 파산사건에서 면책신청기간을 도과한 파산자가 그 뒤에 채권자에 의한 추급이 계속되자, 자기파산의 신청을 거쳐 면책신청을 한 사안에서 그 신청이 남용이라고 볼 수 있는 특별한 사정이 없는 한 적법하다고 보았다.

28) 독일 도산법(Insolvenzordnung) 20조 2항에서는 도산절차개시신청과 동시에 면책절차개시신청을 하지 않은 경우에 법원은 면책을 받을 수 있다는 취지를 지적하도록 하고 있다는 것은 이미 앞에서 설명한 바 있다.

29) 2005년 시행 일본 신파산법 248조 4항에서도 마찬가지 규정을 두고 있다.

을 받기 위하여 신청한 '**재도의 파산신청**'이 아니다. 종전 파산선고 후 면책결정을 받지 못하여 개인회생신청을 진행하였으나, 자녀가 중증장애로 집에서 치료하는 등 종전 파산신청 당시보다 상황이 악화되어 개인 채권자로부터 금전을 차용하는 등의 사정으로 인하여 이 사건 신청을 하게 되었다.'는 취지의 보정서를 제출하였고, 이 사건 채권자목록상 순번 3번 채권은 종전 파산선고 이후 2019년에 추가적으로 발생한 것이다. 이러한 사실관계에서 **판례**는, 채무자는 종전 사건에서 파산폐지결정이 내려진 후 약 3년 4개월 만에 이 사건 파산신청을 하면서 종전 사건 이후에 새롭게 발생한 채권을 추가함과 동시에 종전 사건 이후에 개인회생신청의 진행에도 불구하고 종전 파산신청 당시보다 재산상황이 악화된 경위를 파산원인으로 추가하여 구체적으로 소명함으로써 새로운 파산원인을 주장하면서 파산신청을 하였다고 볼 수 있을 뿐, 오로지 면책결정을 받기 위하여 동일한 파산원인으로 파산신청을 한 경우에 해당한다고 보기 어렵다고 보았다(그러나 원심은 이 사건 파산신청과 종전 사건에서 파산원인이 동일한지 등에 관하여 구체적으로 살펴보지 않은 채 종전 사건에서 면책신청을 취하한 후 새로운 파산신청을 한 '재도의 파산신청'으로서 부적법한 경우에 해당한다고 보아 이를 각하한 제1심결정을 유지하였다).[30]

3) 관 할

14-9

면책신청은 파산선고를 한 법원의 관할에 속한다(556조 1항).

4) 신청방법

14-10

면책의 신청에는 채권자목록을 첨부하여야 한다. 다만, 신청과 동시에 제출할 수 없는 때에는 그 사유를 소명하고 그 후에 지체 없이 이를 제출하여야 한다(556조 6항). 위 법 556조 3항의 규정에 의한 면책신청간주의 경우에는 파산신청서에 첨부한 채권자목록이 이를 대신한다(557조 7항).

허위의 채권자목록을 제출하면 면책불허가사유가 되고(564조 3호), 악의로 채권자목록에 기재하지 않은 채권은 비면책채권이 된다(566조 7호).

5) 강제집행의 금지 등

14-11

파산절차 도중에는 파산채권자에 의한 개별적 집행은 허용되지 않으나(424조 참조), 일단 파산절차가 종료되고, 그 후에 면책절차가 계속 중에는 어떻게 되는가.[31] 만약, 개별적 권리실행을 할 수 있다면, 가령 개인채무자파산의 대부분을 차지하는 동시폐지사건에서 (일단 파산절차는 종료되었으므로 법 424조는 더 이상

---

30) 대법원 2023. 6. 30.자 2023마5321 결정.

31) 관련하여 김상철·장지용, "도산절차가 민사집행절차에 미치는 영향", 인권과 정의(2018. 6), 38면 이하 참조.

적용되지 않으므로) 면책절차 도중에 채권자가 채무자의 급료에 대하여 압류를 하는 등에 의하여 채무자의 경제적 새출발을 어렵게 하는 사태가 생길 수 있고, 또한 파산관재인이 선임된 사건에 있어서도 파산절차의 종료와 면책절차가 동시에 종료한다는 보장은 없는 것이므로 파산채권자가 면책심리 중에 개별적 권리실행을 할 수 있는 상황이 펼쳐질 수 있다.

　　이 경우에 파산절차와 면책절차를 완전히 일체화하면, 파산절차와 면책절차 사이의 시차로 말미암은 위와 같은 면책절차 도중의 파산채권자의 개별적 권리실행의 문제를 피할 수 있어 합리적인데, 다만 현행법에서는 일체화 대신 면책절차에 있어서 강제집행의 금지 및 정지라는 다른 각도에서 이를 규율하고 있다.

　　즉, 법 557조 1항은 면책신청이 있고 파산폐지결정의 확정 또는 파산종결결정이 있는 때에는 면책신청에 관한 재판이 확정될 때까지 채무자의 재산에 대하여 파산채권에 기한 강제집행·가압류 또는 가처분을 할 수 없고, 채무자의 재산에 대하여 파산선고 전에 이미 행하여지고 있던 강제집행·가압류 또는 가처분은(가령, 동시파산폐지의 경우에 348조 파산선고에 의한 강제집행 등의 실효의 효과도 사라지고, 해당 절차는 그대로 진행한다) 중지된다고 하여 위와 같은 문제점을 해결하였다(명시적인 면책신청뿐만 아니라 법 556조 3항에 의한 면책신청간주의 경우도 포함된다).[32] 강제집행의 금지 등의 대상이 되는 것은 파산채권에 기한 강제집행 등이고, 여기서 파산채권에는 비면책채권도 포함된다고 할 것이다.[33] 만일 집행법원이 위

---

[32] 채무자에 대한 파산·면책신청이 있는 경우에 파산채권에 기한 채권압류 및 추심명령도 위 규정에 따라 제한되어야 한다(대법원 2010. 7. 28.자 2009마783 결정[미간행]). 2005년 시행 일본 신파산법 249조 1항도 마찬가지로 강제집행의 금지 등을 새롭게 규정하고 있다. 이러한 규정이 신설되기 전의 종전 파산법 하에서 일본 最判 1990年(平成 2年) 3月 20日, 民集(44卷 2号), 416면은 동시폐지결정이 확정되면, 파산절차는 종료되고, 이 경우에 면책신청이 있다고 하더라도 파산선고에 따른 파산채권에 대한 제약이 계속 존속하는 것의 근거가 될 만한 규정이 없으므로 파산선고에 기한 파산채권에 대한 제약은 장래에 있어서 소멸되고, 파산절차종료 후의 면책심리절차 중에 채권자는 파산채권에 기하여 적법하게 강제집행을 실시할 수 있는바, 위 강제집행에 있어서 배당 등의 실시에 의하여 파산채권에 대한 변제가 이루어진 후에 채무자에 대한 면책결정이 확정된 때에는 채무자는 파산절차에 의한 배당을 제외하고 파산채권의 전부에 대하여 그 책임을 면하는 것이 되지만, 위 면책결정의 효력이 소급하는 것을 인정할 취지의 규정은 없고, 위 변제가 법률상의 원인을 잃는다고 할 이유는 없다고 하여 결국 **부당이득으로서 반환청구를 할 수 없다**고 보았다. 즉, 부당이득의 성립을 부정하였다.

[33] 비면책채권도 행사가 금지되지만, 시효가 진행하므로 그 구제를 위해서 2005년 시행 일본 신파산법 249조 3항 1호는 비면책채권은 면책신청에 대한 결정이 확정된 다음 날부터 2월을 경과하는 날까지 사이에는 시효는 완성하지 않는다고 규정하고 있다.

와 같은 면책절차 중의 집행신청임에도 간과하고 강제집행을 개시한 다음 이를 발견한 때에는 이미 한 집행절차를 직권으로 취소하여야 하고, 이는 그 후 면책불허가결정이 확정되었다고 하더라도 마찬가지이다.34)

(2) 면책의 심리

1) 채무자의 심문

14-12

　　면책을 신청한 사람에 대하여 파산선고가 있는 때에는 법원은 기일을 정하여 채무자를 심문할 수 있다(558조 1항). 즉, 임의적 심문이다. 심문기일을 정하는 결정은 공고하고, 파산관재인 및 면책의 효력을 받을 파산채권자로서 법원이 알고 있는 파산채권자에게 면책신청에 대한 이의신청을 할 기회를 보장하기 위하여 심문기일결정을 송달하여야 한다(동조 2항). 면책의 효력을 받지 않을 파산채권자, 별제권자, 재단채권자는 이의신청권이 없기 때문에 송달할 필요가 없다.

　　심문기일에는 주로 채무자에게 면책불허가사유가 있는지 여부에 대하여 심문한다. 원칙적으로 비공개로 하고 있으나, 실무상 파산채권자의 참석은 허가하고 있다고 한다.35)

◆ **간이면책 내지는 무심사면책** ◆　종전 파산법 341조 1항은 채무자를 심문하여야 한다고 규정하여(필수적 심문) 면책의 신청이 있으면, 법원은 반드시 면책심리를 행할 것을 전제하였는데, 여기서 채권자의 이의가 없는 경우에는 법원은 요건심사를 하지 않고 간이하면서 신속하게 면책을 부여할 수 있도록 하여야 한다는 간이한 면책절차가 제안되었다. 채권자가 채무자의 면책에 이의가 없는 경우까지 면책심리를 거쳐야 하는 것은 절차를 필요 이상으로 복잡하게 하고, 채무자가 신속하게 면책을 받는 것을 곤란하게 한다는 것이다. 결국 면책절차를 보다 간이·신속화하는 방향으로 간이면책 내지는 무심사면책을 도입하여야 한다는 주장이다. 면책결정에 가장 영향을 받는 사람은 채권자이므로 채권자의 이의가 없다면, 간이한 절차 내지는 심사를 거치지 않고 면책을 부여하여도 채권자의 이익을 해치는 것은 아닐 것이다. 결국 채권자의 이의 여하에 따라 면책절차를 이원화하여 채권자의 이의가 없는 경우에는 면책심리를 거치지 않고 면책되도록 하는 한편, 채권자로부터 이의가 있는 경우에는 면책심리를 거쳐 면책을 결정하는 방식도 고려할만 하다는 것이다. 하여튼 현행법 558조 1항에서는 위에서 살펴본 바와 같이 채무자의 심문을 필수적에서 임의적으로 변경하였으므로 실질적으로 심문이 필요하지 않다고 보이는 경우에 법원은 심문기일을 정하지 않고, 면책신청에 대한 이의신청을 할 수 있는 기간만을 결정하여 채권자에게

---

34) 대법원 2013. 7. 16.자 2013마967 결정[미간행].
35) 서울지방법원, 파산사건실무[개정판](2001), 354면.

송달한 후, 이의신청이 없는 경우에는 곧바로 법원은 면책결정을 하여 신속한 처리를 할 수 있을 것이다.

2) 파산관재인의 조사보고
14-13

파산관재인이 선임된 사건에서는 미리 파산관재인에게 면책불허가사유의 유무를 조사하게 하고, 위 채무자의 심문기일에 그 결과를 보고하게 할 수 있다 (560조). 파산관재인의 보고서류 및 면책의 신청에 관한 서류는 면책에 있어서 이해관계인이 열람할 수 있도록 법원에 비치하여야 한다(561조).

3) 면책신청에 대한 이의신청
14-14

검사, 파산관재인 또는 면책의 효력을 받을 파산채권자는 위 채무자의 심문 기일로부터 30일(심문기일을 정하지 않은 경우에는 법원이 정하는 날) 이내에 면책신청 에 관하여 법원에 이의신청을 할 수 있다(562조 1항 본문). 다만, 법원은 상당한 이유가 있는 때에는 신청에 의하여 그 기간을 늘일 수 있다(동조 동항 단서). 위 규정에 의한 이의신청을 하는 때에는 면책불허가사유를 소명하여야 한다(동조 2항). 여기서 이의신청은 직권발동을 촉구하는 것에 불과하므로 이의신청에 대 하여 별도로 재판을 할 필요가 없고, 면책신청 자체에 대한 재판을 하면 된 다.36)

4) 이의신청에 관한 의견청취
14-15

위 이의신청이 있는 때에는 법원은 채무자 및 이의신청인의 의견을 들어야 한다(563조).37) 실무상 의견청취를 위하여 반드시 기일을 열어야 하는 것은 아 니고, 양쪽의 의견이 서면으로 충분히 개진되어 있으면 별도의 기일을 열지 않 고 면책허부의 결정을 할 수 있다고 한다.38)

5) 면책심리절차와 재판을 받을 권리의 보장
14-16

위와 같이 면책심리절차는 ① 필요가 있는 경우에 채무자의 심문(임의적),

---

36) 서울지방법원, 파산사건실무[개정판](2001), 356면.
37) 법 563조에 의하면, "법원은 이의신청이 있는 때에는 채무자 및 이의신청인의 의견을 들어야 한다"고 규정하고 있으므로, 최소한 이의신청인과 채무자에게 의견을 진술할 기회를 주어야 한다. 이는 이의신청과는 별도로 요구되는 절차이므로, 이의신청서에 이의신청의 이유가 기재되어 있다 고 하여 위와 같은 절차를 생략할 수는 없다(대법원 2010. 2. 11.자 2009마2147 결정[미간행]).
38) 서울지방법원, 파산사건실무[개정판](2001), 357면.

② 파산관재인의 조사보고, ③ 파산채권자 등에 의한 이의의 신청, ④ 이의신청인 및 채무자로부터의 의견청취 등으로 이루어져 있다. 반드시 공개의 대심(對審)변론구조를 예정하고 있지 않다. 그런데 면책은 파산채권자에게 중대한 효과를 미치는 점에서 심리가 대심변론구조를 거치지 않는 것이 헌법상 재판을 받을 권리와 관련하여 아무런 문제가 없는가 하는 의문이 든다.

이에 대하여 일본 최고재판소는 순수한 소송사건에 대한 재판에만 재판을 받을 권리의 적용이 있는 바, 면책의 재판은 당사자가 주장하는 실체적 권리의무의 존부를 확정하는 것을 목적으로 하는 순수한 소송사건에 대한 재판이 아니고, 그 성질은 본질적으로 비송사건에 대한 재판이므로 면책의 재판이 공개법정에서의 대심을 거치지 않고 이루어지더라도 면책절차에 관한 규정이 재판을 받을 권리에 관한 일본 헌법 32조에 위반되는 것은 아니라고 판단한 바 있다.[39]

그러나 면책에 있어서, 면책불허가사유라는 일정한 요건이 규정되어 있어서(564조) 그 구체적 사실의 인정이 전제된다는 점에서, 그리고 면책을 받은 채무자는 「… 그 책임이 면제된다 …」(566조)는 점에서 실체권의 귀추에 중대한 효과가 생기므로 가령 다툼이 있다면 신중한 심리가 요청된다. 면책의 허부의 요건을 둘러싼 강한 쟁송성, 면책의 효과의 중대성은 공개법정에서의 구술변론을 요청하기에 충분하다고 할 수 있고, 통상의 소송사건에 근접한 면이 있다. 따라서 필수적 구술변론이 요청된다고까지는 할 수 없지만, 가능한 한 대심적 변론의 형태가 실질적으로 확보되는 내용을 가져야 비로소 헌법적 의문을 불식시킬 수 있다 할 것이다.[40]

14-17   **(3) 면책불허가사유**

면책불허가사유에 대하여는 법 564조 1항에 1호부터 6호까지 규정이 있다. 내용적으로 다음과 같이 3가지 경우로 나눌 수 있다.[41]

첫째, 채무자가 의도적으로 채권자를 해하는 행위를 하였다는 유형으로 1호 앞에서 규정하는 사유(즉 650조의 사기파산죄, 651조의 과태파산죄 등의 사유), 2호 및 3호, 6호가 규정하는 사유를 들 수 있다.

---

39) 最決 1991年(平成 3年) 2月 21日, 倒産判例百選[第5版](1사건), [靑山善充 해설] 참조.
40) 자세한 내용은 전병서, "파산면책의 절차적 합헌성", 민사소송(제9권 제1호, 2005. 5), 321면 이하 참조.
41) 이에 대하여 자세히는 전병서, "파산자의 면책에 대한 고찰", 법조(1998. 1), 106면 이하 참조.

둘째, 파산절차상의 의무이행을 태만히 하고 절차의 진행을 방해하였다는 유형으로 1호 뒤에서 규정하는 사유(즉 653조의 구인불응죄, 656조의 파산증뢰죄, 658조의 설명의무위반죄) 및 5호가 규정하는 사유를 들 수 있다.

셋째, 면책제도 운영에 관계하는 정책적 사유인 4호의 규정을 들 수 있다.

1) 1호(650조, 651조, 653조, 656조 또는 658조에 해당하는 행위)

① 사기파산죄에 해당하는 행위(650조)　　　　14-18

채무자가 파산선고의 전후를 불문하고 **자기 또는 타인의 이익을 도모하거나 채권자를 해할 목적**으로 파산재단에 속하는 재산을[42] 은닉, 손괴하거나 채권자에게 불이익하게 처분을 하는 행위(1호),[43] 위 목적으로 파산재단의 부담을 허위로 증가시키는 행위(2호), 위 목적으로 법률의 규정에 의하여 작성하여야 하는 상업장부를 작성하지 아니하거나, 그 상업장부에 재산의 현황을 알 수 있는 정도의 기재를 하지 아니하거나, 그 상업장부에 부실한 기재를 하거나, 그 상업장부를 은닉 또는 손괴하는 행위(3호), 위 목적으로 481조의 규정에 의하여 법원사무관등이 폐쇄한 장부에 (그런데 481조에 의하면 파산관재인이 장부를 폐쇄한다) 변경을 가하거나 이를 은닉 또는 손괴하는 행위(4호)가 있다고 인정되는 때를 면책불허가사유로 하고 있다.

그런데 위 사기파산죄 1호의 행위에 있어서 형식적으로는 재산의 은닉 및 채권자에게 불이익하게 처분을 하는 행위가 인정되더라도 그것이 즉시 불허가사유가 되는 것은 아니라고 보아야 한다. 행위 전후의 사정으로부터 그 행위가

---

42) 여기서 '파산재단에 속하는 재산'에는 다른 사람의 명의를 빌려 실질적으로 자신이 보유하는 재산과 같은 명의신탁재산도 포함되고, 한편 압류금지재산은 제외된다고 할 것이다(이재욱, "면책불허가사유의 해석과 심리방안", 재판자료(2013. 12), 379면). 이혼 당시 협의 또는 심판에 의하여 구체화되지 아니한 **재산분할청구권**은 파산재단에 속하지 아니하므로 채무자가 협의이혼하면서 이를 행사하지 않고 사실상 포기하는 등 채권자에게 불이익하게 처분하였더라도 특별한 사정이 없는 한 법 564조 1항 1호, 650조 1항 1호에 정한 면책불허가 사유에 해당한다고 볼 수 없다(대법원 2023. 7. 14.자 2023마5758 결정).

43) 여기서 '채권자에게 불이익한 처분행위'란 재산의 증여나 현저히 부당한 가격으로의 매각과 같이 모든 채권자에게 절대적으로 불이익한 처분행위를 말하는 것이므로, 채무자가 여러 채권자들 중 일부 채권자에게 채무의 내용에 좇아 변제를 하는 행위는 '채권자에게 불이익한 처분행위'에 해당한다고 할 수 없다(대법원 2008. 12. 29.자 2008마1656 결정). 국민기초생활 보장법에 따른 생계급여, 주거급여 및 장애인복지법에 따른 장애수당은 수급자 명의의 지정된 계좌로 입금하여야 하는데 급여수급계좌의 예금에 관한 채권은 압류가 금지되므로 이는 압류할 수 없는 재산으로서 파산재단에 속하지 않으므로, 채무자가 이를 임의로 처분하였다고 하더라도 위 '재산을 은닉 또는 손괴하거나 채권자에게 불이익하게 처분을 하는 행위'에 해당하지 않는다(대법원 2023. 8. 18.자 2023마5633 결정).

채무자가 불성실하다는 징빙(徵憑)으로 보기에 상당하지 않다고 인정된다면 허
가결정을 하여도 무방하다고 생각한다.44) 마찬가지로 위 3호의 상업장부의 불
비(不備)에 있어서도 채무자의 무지·무능에 의한 경우는 불허가사유가 되지 않
는다고 보아야 한다.45)

그리고 이러한 범죄행위의 인정은 파산법원의 책임 내지는 권한이고 반드
시 형사법원에 의하여 유죄판결이 있을 것을 전제로 하고 있지 않다. 또한 형사
법원의 유죄판결이 있더라도 면책의 허가에 있어서는 파산법원의 재량권이 인
정되므로 면책허가결정을 하는 데에 지장은 없다고 할 것이다.

다만, 사기파산죄에 대하여는 면책허가 후에 유죄판결이 확정되면 면책을
취소할 수 있다(569조). 파산범죄행위 가운데 사기파산은 중대하고 악질적인 것
이므로 사기파산죄에 한하여 특히 면책을 취소할 수 있다고 한 것이다.

14-19　② 과태파산죄에 해당하는 행위(651조)

채무자가 파산선고의 전후를 불문하고, **파산의 선고를 지연시킬 목적**으로 신
용거래로 상품을 구입하여 현저히 불이익한 조건으로 이를 처분하는 행위(1호),
파산의 원인인 사실이 있음을 알면서 **어느 채권자에게 특별한 이익을 줄 목적으**
로46) 한 담보의 제공이나 채무의 소멸에 관한 행위로서 채무자의 의무에 속하지
아니하거나 그 방법 또는 시기가 채무자의 의무에 속하지 아니하는 행위(2호),47)
법률의 규정에 의하여 작성하여야 하는 상업장부를 작성하지 아니하거나, 그 상
업장부에 재산의 현황을 알 수 있는 정도의 기재를 하지 아니하거나, 그 상업장

---

44) 일본 東京高決 1970年(昭和 45年) 2月 27日, 高民集(23卷 1号), 24면.
45) 일본 大阪高決 1980年(昭和 55年) 11月 19日, 判例時報(1010号), 119면.
46) 여기서 '목적'은 단순한 인식으로는 부족하고 적극적으로 이를 희망하거나 의욕하는 것을 의
미한다고 보아야 한다. 대출금채무의 상환기일 이전에 이루어진 변제가 특정 채권자에게 특별
한 이익을 줄 목적으로 한 것이라고 단정하기 어려우므로 면책불허가사유에 해당한다고 볼 수
없다(대법원 2009. 3. 2.자 2008마1654, 1655 결정[미간행]).
47) 여럿의 채권자들 중에서 어느 채권자에게 특별한 이익을 줄 목적으로 변제하였더라도 그 행위
가 '변제기에 도달한 채무를 그 내용에 좇아 변제하는 것'인 경우에는 이에 해당한다고 볼 수
없다(대법원 2008. 12. 29.자 2008마1656 결정). 나아가 법 564조 1항 1호의 면책불허가사유는
모두 파산범죄에 해당하는 행위를 대상으로 하고 있고, 그 사유의 존부를 판단하는 데 채무자가
반드시 파산범죄로 기소되거나 유죄판결을 받아야 하는 것은 아니지만, 경우에 따라 형사처벌
의 대상이 될 수도 있음을 감안하여 위 사유에 해당하는지 여부에 관해서는 더욱 엄격하고 신중
하게 판단하여야 하고, 법원으로서는 채무자가 제출한 자료 및 면책신청에 대하여 이의를 신청
한 채권자 등이 제출한 자료 외에도 채무자가 주장하는 사유를 소명하는 데 필요하다고 판단되
는 자료의 제출을 적극적으로 명하는 등의 방법으로 채무자의 행위가 면책불허가사유에 해당하
는지 여부를 심리·판단하여야 한다(대법원 2016. 8. 31.자 2016마899 결정).

부에 부정의 기재를 하거나, 그 상업장부를 은닉 또는 손괴하는 행위(3호), 제 481조의 규정에 의하여 법원사무관등이 폐쇄한 장부에 (그런데 481조에 의하면 파산관재인이 장부를 폐쇄한다) 변경을 가하거나 이를 은닉 또는 손괴하는 행위(4호)가 있다고 인정되는 때를 면책불허가사유로 하고 있다.

　　한편, 종전 파산법 367조(현행법 651조에 해당) 1호에서는, 채무자가 파산선고의 전후를 불문하고, 낭비 또는 도박 기타 사행행위(射倖行爲)를 하여 현저히 재산을 감소시키거나 과대한 채무를 부담하는 행위도 과태파산죄의 대상이 되었고, 따라서 종전 파산법 346조(현행법 564조 1항에 해당)에 의하여 이는 면책불허가사유가 되었다. 그런데 낭비, 도박이나 사행행위라는 개념은 그 판단기준이 추상적이고 애매하며, 법관의 주관적 가치판단에 좌우되는 면이 강하고,[48] 형식적으로는 낭비나 도박의 개념에 해당되어도 이제 사회생활의 변화나 환경에 의하여 법적으로 문제시할 필요가 없는 경우도 있으므로 이는 시대에 뒤떨어진 규정이 아닌가 하는 점 및 면책불허가사유를 벌칙규정과 연결시켜 벌칙규정을 끌어 쓰는 것은 적절하지 않다는 점을 이미 지적한 바 있었다.[49] 결국 현행법에서는 이를 과태파산죄의 대상에서는 삭제하였지만, 일반적인 국민감정으로부터는 낭비를 완전히 면책불허가사유에서 제외하는 것은 도덕적 해이와 위화감을 가져온다는 지적도 만만치 않았기 때문인지, 법 564조 1항 6호에서 별도로「낭비」를「과다한 낭비」로 수정한 채, 면책불허가사유로는 존치시켜 규정하고 있다.

　　③ 구인불응죄에 해당하는 행위(653조)　　　　　　　　　　14-20

　　구인의 명을 받은 채무자가 그 사실을 알면서도 파산절차를 지연시키거나 구인의 집행을 회피할 목적으로 도주하여 구인불응죄에 해당되는 행위가 있다고 인정되는 때를 면책불허가사유로 하고 있다.

　　④ 파산증뢰죄에 해당하는 행위(656조)　　　　　　　　　　14-21

　　채무자가 파산관재인 등에게 뇌물을 약속 또는 공여하거나 공여의 의사를

---

48) 예를 들어 경정(競艇) 등의 사행행위가 인정되더라도 그것이 과대한 채무부담의 직접적인 원인이 아니고, 간접적인 원인(遠因)에 지나지 않는 경우에는 여기에 해당되지 않는다고 보는 것이 타당하다고 생각한다. 일본 東京高決 1985年(昭和 60年) 11月 28日, 新倒産判例百選(86사건), [太田勝造 해설] 참조. 면책불허가사유의 하나인 '낭비'라 함은 당해 채무자의 사회적 지위, 직업, 영업상태, 생활수준, 수지상황, 자산상태 등에 비추어 사회통념을 벗어나는 과다한 소비적 지출행위를 말하고, 채무자의 어떠한 지출행위가 '낭비'에 해당한다고 보기 위해서는 그것이 형사처벌의 대상이 될 수 있음을 감안하여 보다 신중한 판단을 요한다(대법원 2004. 4. 13.자 2004마86 결정).

49) 전병서, 최신 파산법(2003), 326-327면.

표시하여 파산증뢰죄에 해당하는 행위가 있다고 인정되는 때를 면책불허가사유로 하고 있다.

14-22   ⑤ 설명의무위반죄에 해당하는 행위(658조)

채무자가 파산관재인, 감사위원 또는 채권자집회의 요청에 의하여 파산에 관하여 필요한 설명이 요구되었음에도(321조, 578조의7 참조) 정당한 사유 없이 설명을 하지 아니하거나 허위의 설명을 한 경우로 설명의무위반죄에 해당되는 행위가 있다고 인정되는 때를 면책불허가사유로 하고 있다. 채무자의 설명이 설명의무위반에 해당한다고 보기 위해서는 그것이 형사처벌의 대상이 될 수 있음을 감안하여 보다 신중한 판단을 요하므로 설명의 의무가 있는 사람이 **정당한 사유 없이 파산절차에 협력하지 않고 그 태도가 현저한 경우**에 한하여 설명의무위반의 면책불허가사유가 된다고 봄이 상당하다고 한다.50)

위 ③ 구인불응죄에 해당하는 행위, ④ 파산증뢰죄에 해당하는 행위, ⑤ 설명의무위반죄에 해당하는 행위가 면책불허가사유가 되는 이유는 ① 사기파산죄, ② 과태파산죄에 해당하는 행위와 같이 직접적으로 채권자의 이익을 해하는 것은 아니지만, 파산절차의 원활한 진행을 방해하고 파산재단의 형성을 방해한다는 점에서 간접적으로 파산채권자의 이익을 해하기 때문이다.51)

14-23   2) 2호(사술에 의한 신용거래)

채무자가 파산선고 전 1년 이내에 이미 파산원인이 존재함에도 불구하고 채무자가 그 사실이 없는 것으로 상대방에게 믿게 하기 위하여 그 사실을 속이거나 감추고 신용거래로 재산을 취득한 사실이 있는 때를 면책불허가사유로 하고 있다.52)

그런데 여기서 「… 사실을 속이거나 감추고 …」라는 행위에 어떠한 내용이 포함되는가가 해석에 있어서 문제가 된다. 면책불허가사유를 채무자가 불성실하다는 징빙으로 본다면, 객관적으로 지급불능의 상태에 있는 채무자가 단순히 그 사실을 상대방인 채권자에게 고지하지 않았거나 부채내용을 정확하게 표시

---

50) 자세히는 남대하, "면책불허가사유 중 설명의무위반 행위", 사법(2016. 6), 177면 이하 참조.
51) 伊藤眞, 破産法·民事再生法, 719면.
52) 따라서 이 규정에 의한 면책불허가사유에 해당하기 위해서는 첫째, 재산취득행위가 파산선고 전 1년 이내에 있어야 하고 둘째, 파산의 원인인 사실이 있음에도 불구하고 그 사실이 없는 것으로 믿게 하기 위하여 사술을 썼어야 하며 셋째, 신용거래로 인하여 재산을 취득하였어야 한다(대법원 2004. 11. 30.자 2004마647 결정[미간행]).

하지 않은 정도로는 이에 해당하지 않는다고 할 것이다. 오히려 채권자로부터 부채내용에 대한 조사가 있은 때에 적극적으로 허위의 사실을 고지하였거나 자산·수입이 존재하는 듯이 상대방을 오신시키기 위하여 적극적 행위가 있었던 경우에 비로소 이에 해당한다고 할 것이다.53)

3) 3호(허위의 채권자목록 등의 제출·재산상태에 관한 허위의 진술)　　14-24

채권자목록 등은 면책의 심리에서 중요한 기능을 가지는데, 여기에 허위의 기재가 있으면 면책에 있어서 법원의 잘못된 판단을 가져온다. 또한 파산절차를 적정하게 실행하기 위해서는 채무자의 재산상태를 정확하게 파악하여야 하므로 채무자는 이를 위해 재산상태를 정직하게 설명하여야 하는데, 법원에 대하여 재산상태에 관한 허위의 진술을 하는 것은 위와 같은 요청에 어긋난다. 그리하여 채무자가 허위의 채권자목록 그 밖의 신청서류를 **제출**하거나 법원에 대하여 그 재산상태에 관하여 허위의 **진술**을 하는54) 불성실한 행위를 면책불허가사유로 하고 있다. 이에 해당한다는 사실은 객관적인 자료에 의하여 명백히 드러나야 하고, 단지 채무자가 허위의 신청서류를 제출하거나 진술을 하였을 가능성이 있

---

53) 그 판단을 위해서는 채무자가 객관적으로 지급불능의 상태에 있었다는 사정만으로 부족하고, 채무자가 신용거래로 재산을 취득하는 과정에서 상대방인 채권자에게 한 언행, 상대방인 채권자가 채무자에게 다액의 채무가 있다거나 지급불능의 상태에 빠질 수도 있다는 사정을 알고서 과다한 이익을 얻기 위하여 신용거래에 나아간 것인지 여부 등 상대방인 채권자가 신용거래를 하게 된 경위, 채무자의 전체 채무 중에서 위와 같이 취득한 재산이 차지하는 비중 및 그 증감의 정도, 신용거래의 성격 즉, 새로운 신용거래인지 아니면 종전의 신용거래를 연장 내지 갱신한 거래에 지나지 않는지 여부, 채무자가 신용거래로 취득한 재산의 사용처 등을 면밀히 심리하여 판단하여야 한다(대법원 2010. 8. 23.자 2010마227 결정[미간행]). 그러나 사술에는 적극적으로 술책을 사용한 경우뿐만 아니라 소극적 태도로 상대방을 오신하게 만든 경우도 포함한다는 견해로는 백창훈, 전게 "면책과 복권", 421면. 그런데 한편 伊藤眞, 破産法·民事再生法, 717면은 가령 사술이 인정되었다고 하더라도, 그것이 경미하고 또한 충분한 신용조사를 하지 않았다는 등 채권자 측에 중대한 과실이 인정된다면 면책을 허가할 수도 있다고 본다. 일반론으로서는 채무자는 여신을 신청하는 때에 그 자산·부채의 상태를 개시할 의무를 지는데, 동시에 채권자도 그 점에 대하여 조사할 것이 기대되기 때문이라고 한다. 일본에서의 실무의 운용도 거의 이러한 입장이다. 사술에 의한 금전차용사안에 있어서 지급불능의 상태를 설명하지 않고 50여 회 차용이나 다른 사람의 채무보증을 계속하여 약 1년간 부채액이 780만엔에 달한 경우에 이러한 사실은 위 제2호에 해당될 가능성이 있으나, 다른 사실을 고려하면 파산자의 채권자에 대한 가해적 행위의 위법성은 오히려 경미한 것이라고 할 수 있어 면책을 불허가하는 것은 상당하지 않다고 판단한 재판례가 있다. 大阪高決 1983年(昭和 58年) 9月 29日, 新倒産判例百選(87사건), [宮川知法 해설] 참조.

54) 파산자가 자기 소유 명의로 토지대장에 등재된 부동산이 있으면서도 법원에 대하여는 재산이 아무 것도 없다고 진술을 하여 (파산절차비용도 지변(支辨)할 수 없다고 인정되어) 파산폐지결정을 받았다면 면책불허가사유가 된다(대법원 1990. 1. 5.자 89마992 결정).

다거나 채무자의 진술을 신뢰하기 어려운 정황이 존재한다는 등의 사정만으로
섣불리 면책불허가사유에 해당한다고 판단하여서는 안 된다.[55]

　위 규정은 채무자가 '고의'로 허위 신청서류를 제출하거나 허위의 진술을
한 경우에 한정하여 적용되는 것일 뿐, 채무자가 '과실'로 허위 신청서류를 제출
하거나 허위의 진술을 한 경우에는 적용되지 않는다.[56]

　여기에서의 채권자목록은 면책신청시에 제출하는 채권자목록을 말한다(556
조 6항). 채무자가 반대의 의사표시를 한 경우를 제외하고, 면책신청을 한 것으로
보는 경우에는 파산신청시에 첨부한 채권자목록이 면책신청시에 첨부하여야 할
채권자목록으로 보므로(556조 7항), 이 경우에는 파산신청시에 첨부한 채권자목
록에(302조 2항 1호) 허위가 있을 때에 면책불허가사유가 된다.

　그런데 가령 채권자목록에 기재하여야 할 채권자를 일부 누락한 경우에 허
위의 채권자목록의 제출이라고 평가되기 위해서는 단순히 채권자가 일부 누락
된 것으로 부족하고, 채무자가 채권자를 해칠 목적에서 특정한 채권자를 비익
(秘匿)하거나 또는 거꾸로 가공의 채권자를 기재하는 등 채무자의 불성실성이
인정되는 경우에 한정되어야 한다.[57]

　또한 여기서 '그 재산상태'란 채무자의 재산상태를 말하는 것이고, 채무자의
재산에는 채무자가 자신의 명의로 보유하는 재산뿐만 아니라 타인의 명의를 빌
려 실질적으로 자신이 보유하는 재산도 모두 포함되나, 이에 해당하지 않는 재
산으로서 채무자의 친족 등이 보유하는 재산은 채무자의 재산이라고 볼 수 없으
므로 채무자가 이러한 친족 등의 재산상태에 관하여 허위의 진술을 하였다고
하여 위 조항에 정한 면책불허가사유에 해당한다고 볼 수 없다.[58]

---

55) 대법원 2023. 8. 18.자 2023마5633 결정. 일본 福岡高決 1962年(昭和 37年) 10月 25日, 下民
　集(13卷 10号), 2153면은 파산선고 당시(1960. 10. 28) 퇴직금채권을 가지고 있었고, 선고 후에
　퇴직하여(같은 해 12. 24) 이를 받았음에도 불구하고 파산자가 그 퇴직금채권을 파산재단에 속
　하는 재산으로서 법원에 진술하지 않은 것은 면책불허가사유에 해당된다고 보았다. 이에 대하
　여 伊藤眞, 破産法[全訂第3版], 471면은 당연히 해당되는 것은 아니고, 퇴직금채권이 파산재단
　소속의 재산이라는 점에 대하여 파산자에게 적절한 판단을 기대할 수 있었는지 여부 등의 사정
　을 고려하여 파산자의 불성실성을 나타내는 정도의 허위의 진술이라고 할 수 있는지 여부를 판
　단하여야 한다는 견해가 있다. 미국 연방파산법의 발전과정을 보아도 재산상태에 관한 허위의
　진술은 개별적으로는 비면책채권을 성립시키는 데에 그치는 것이고, 현재 이를 면책불허가사유
　로 하고 있지 않은데, 이러한 점은 위와 같은 해석에 있어서 참고가 될 것이다.
56) 대법원 2008. 12. 29.자 2008마1656 결정.
57) 伊藤眞, 破産法·民事再生法, 718면.
58) 대법원 2009. 3. 20.자 2009마78 결정.

4) 4호(재도의 면책)

14-25

동일한 채무자가 이미 파산면책을 받은 경우에는 면책허가결정의 확정일부터 7년 내에(종전 파산법상으로는 10년이었는데, 현행법에서는 7년으로 단축), 개인회생절차에 있어서 면책을 받은 경우에는 면책확정일부터 5년 이내에 다시 면책을 받는 것을 막고자 하는 취지이다. 즉, 단기간에 몇 번이라도 반복하여 면책을 받을 수 있는 것을 허용하는 것은 채권자의 이익을 해한다. 또한 채무자의 진정한 경제적 재기에도 연결되지 않고, 결국 무책임한 경제활동을 추인하는 꼴이 되는 점에서 규정된 정책적인 면책불허가사유라고 할 수 있다.

5) 5호(법에 정하는 의무위반)

14-26

채무자가 도산법에 정하는 채무자의 의무를 위반한 때를 면책불허가사유로 하고 있는데, 이는 위 1호 내지 3호와 같은 채무자의 의무위반의 보충적 규정이라고 할 수 있다. 가령 보전처분의 내용으로서 변제나 처분의 금지가 명하여졌음에도 불구하고 이에 위반하는 등과 같은 경우를 말한다. 여기서도 그 행위가 채무자의 불성실성으로 볼 수 있는지 여부가 중시된다.

6) 6호(과다한 낭비, 도박 그 밖의 사행행위)

14-27

종전 파산법 346조(현행법 564조에 해당) 1호에서는, 채무자가 파산선고의 전후를 불문하고, 낭비 또는 도박 기타 사행행위(射倖行爲)를 하여 현저히 재산을 감소시키거나 과대한 채무를 부담하는 행위를 면책불허가사유로 하였다. 현행법 564조 1항 6호에서는 「낭비」를 「과다한 낭비」로 수정한 채, 채무자가 과다한 낭비, 도박 그 밖의 사행행위를 하여 현저히 재산을 감소시키거나 과대한 채무를 부담한 사실이 있는 때를 면책불허가사유로 규정하고 있다는 점에 대하여 이미 앞에서 본 바 있다.[59]

---

59) 종전 파산법상 '낭비'에 관한 다음과 같은 재판례를 참조하라. 재항고인은 1996. 12.경 위 회사의 주식을 매입하고 위 회사에 입사하여 1997. 1. 4.부터 1997. 11. 12.까지 위 회사의 대표이사로 근무하였는데, 이 사건 채무의 발생일자는 1997. 3.부터 1997. 11.경에 집중되어 있는 사실, 재항고인에 대한 파산사건(98하1) 기록에는 재항고인 등이 1997. 11.경 전○○에게 재항고인 등이 소유하고 있는 위 회사의 주식과 경영권 및 자산(별지 첨부)일체를 양도하고 그 양도대금은 재항고인 등이 회사를 경영하던 중 발생한 부채(별지 첨부)를 전○○가 부담하는 조건으로 계약일에 지급한 것으로 간주한다는 내용의 주식회사양도계약서가 제출되어 있고, 그 뒤에 자산현황과 부채현황, 예치금명세, 집기/비품 명세, 상품재고현황, 차량운반구, 예정매출현황, 전화가입권 명세, 임차보증금 현황, 외상매입금, 선수금 내역, 미지급금, 할부금 명세, 금융기관 차

14-28   **(4) 면책신청에 대한 재판**

　　면책의 신청에 대한 재판에는 기각(각하 포함), 불허가, 허가의 3가지 경우가
있다. 그리고 일부면책의 인정 여부가 논의되고 있다.60) 법원은 **면책의 허가결**
정을 한 때에는 그 주문과 이유의 요지를 공고하여야 한다. 이 경우 송달은 하지
않을 수 있다(564조 3항). 한편 기각(각하)결정, 불허가결정은 채무자에게 송달한
다(8조 1항).

　　면책허부에 관한 결정에 대하여 이해관계인은 즉시항고를 할 수 있다(564조
4항). 면책허가결정에 대하여는 면책의 효력을 받는 파산채권자, 파산관재인, 검
사가 즉시항고를 할 수 있고, 면책불허가결정에 대하여는 채무자가 즉시항고를
할 수 있다. 항고심에서의 새로운 사실과 증거를 제출할 수 있는데, 이는 항고심
에서 심문을 연 때에는 그 심문종결시까지, 심문을 열지 아니한 때에는 결정의
고지 시까지 할 수 있다.61) 면책허가결정은 공고하는데, 따라서 즉시항고기간은

───────────────

입내역, 카드결제내역 등의 서류가 첨부되어 있으며, 회사의 금융기관 차입내역에는 재항고인
명의로 1997. 5. 12. 농협으로부터 2,000만 원, 같은 달 15. 축협으로부터 2,000만 원, 같은 달
22. 충청은행으로부터 2,000만 원, 같은 해 8. 11. 한일은행으로부터 2,000만 원, 1996. 12. 31.
국민은행으로부터 740만 원 및 500만 원, 한일은행으로부터 200만 원을 각 신용대출한 내역 등
이 기재되어 있고(위와 같은 신용대출은 "가계일반자금대출", "어음대출"의 형태로 이루어졌
다.), 카드결제내역에는 재항고인 명의의 신용카드(농협, 한일은행, LG카드, 삼성카드, 국민카
드)의 결제내역이 기재되어 있는 사실, 재항고인은 김OO와 함께 위 회사가 1997. 6. 2. 농협중
앙회 둔산지점으로부터 일반자금대출 2,000만 원을 연대보증하기도 한 사실을 알 수 있는바, 사
정이 이와 같다면, 이 사건 채무가 발생하게 된 것은 재항고인의 낭비에 원인이 있다기보다는
재항고인이 위 회사의 대표이사이자 주주로 위 회사의 운영에 관여하게 되면서 회사운영과 관
련한 자금을 지출하게 되면서 발생하였다고 볼 여지가 많고, 그러한 취지의 재항고인의 주장에
상당한 근거가 있다고 보아야 할 것이다. 이러한 경우, 원심으로서는 이 사건 채무가 발생하게
된 것이 낭비에 원인이 있는 것인지 여부에 대하여 보다 세밀히 심리하여 파산법 소정의 면책불
허가사유에 해당하는지를 판단하였어야 함에도 불구하고, 원심이 별다른 심리도 없이 이 사건
채무액의 일부는 7건의 신용카드대금이고 일부 대출금의 과목이 '가계일반자금대출' 등인 점으
로 미루어 이 사건 채무의 상당 부분이 재항고인의 가계자금으로 소요된 것으로 보인다는 이유
로 재항고인의 이 사건 채무부담행위를 낭비에 해당한다고 판단한 것은, 필요한 심리를 다하지
아니하고 채증법칙을 위반하여 사실을 잘못 인정하였거나 파산법 소정의 면책불허가사유에 관
한 법리를 오해하여 결정 결과에 영향을 미친 위법을 저질렀다고 보아야 할 것이다(각주 45)의
대법원 2004. 4. 13.자 2004마86 결정). 해설로는 서태환, "파산법상 면책불허가사유로서의 낭
비의 개념", 대법원판례해설(2005. 2), 769면 이하 참조. 또한 전대규, "면책불허가사유로서의
'낭비'의 개념에 관하여", 재판실무연구(2006. 1), 187면 이하 참조.
60) 면책에 관한 법원의 재판례에 대하여 자세히는 김용덕, "파산절차에서의 면책기준과 범위 –
　　서울지방법원 결정례를 중심으로 –", 송상현선생화갑기념논문집, 이십일세기한국민사법학의 과
　　제와 전망(2001), 673면 이하 참조.
61) 법 제33조에 의하면, 면책을 비롯한 파산절차는 위 법에 특별한 규정이 없는 한 민사소송법의
　　규정을 준용하도록 하고 있고, 민사소송법 443조에 의해 항고법원의 소송절차에 준용되는 민사

그 공고가 있은 날부터 14일 이내이다(13조 2항).**62)** 여기서 주의할 것은 공고가 있은 날은 공고의 효력이 생긴 날을 말하는 것인데, 공고의 효력은 공고가 있은 날의 다음 날에 생기므로(9조 2항) 즉시항고기간은 **공고가 있은 날의 다음 날**부터 기산하여 14일이다. 반면, 면책신청의 기각(각하)결정 또는 불허가결정에 대한 즉시항고기간은 채무자가 그 **재판을 송달받은 날**로부터 1주이다(33조, 민사소송법 444조).

1) 기각(각하 포함)

14-29

신청기간을 도과하여 면책신청을 한 경우에는(556조 1항 참조) 신청을 **각하**한다.

그리고 ① 면책신청시에 이미 동의에 의한 파산폐지의 신청을 하였을 경우(동조 5항 참조. 신청에 기한 절차의 효과가 면책의 효과와 유사하기 때문) 등과 같이 채무자가 신청권자의 자격을 갖추지 아니한 때, ② 채무자에 대한 파산절차의 신청이 기각된 때, ③ 채무자가 절차의 비용을 예납하지 아니한 때, ④ 채무자가 정당한 사유 없이 면책의 심리를 하여야 할 기일에 출석하지 아니하거나 출석하여도 진술을 거부한 때 등과 같이 신청이 성실하지 아니한 때에는 면책신청을 **기각**할 수 있다(559조 1항). 위 기각결정에 대하여는 즉시항고를 할 수 있다(동조 3항). 위 규정에 의하여 면책신청이 기각된 경우에 채무자는 **동일한 파산**에 관하여 다시 면책신청을 할 수 없다(559조 2항).**63)**

항소심은 속심제로서 소송절차는 속심제를 취하고 있는 이상, 제1심의 면책불허가결정에 대한 채무자의 즉시항고를 심리하는 항고심에서의 새로운 사실과 증거의 제출은 항고심에서 심문을 연 때에는 그 심문종결시까지, 심문을 열지 아니한 때에는 결정의 고지시까지 가능하다 할 것이므로, 항고심법원으로서는 그때까지 제출한 자료를 토대로 제1심결정 혹은 항고이유의 당부를 판단하여 보아야 할 것이다(대법원 2009. 2. 26.자 2007마1652 결정[미간행]). 채권자가 면책에 대한 이의신청 등을 통하여 판단대상으로 삼은 면책불허가사유 외에도 다른 면책불허가사유가 있다는 점을 지적하면서 관련 자료를 제출하여 법원의 조사를 촉구하였음에도 불구하고 그 면책불허가사유를 판단하지 아니한 채 채무자 항고이유의 당부만 판단한 항고심의 판단은 위법하다(대법원 2010. 7. 30.자 2010마539 결정[미간행]).

62) 일본에서는 종래 면책허가결정에 대하여 송달 및 공고가 있은 경우에 즉시항고기간이 공고가 있은 날로부터 기산하여 14일인가, 결정정본을 송달받은 때부터 1주인가에 대하여 다툼이 있었는데, 일본 最決 2000年(平成 12年) 7月 26日(倒産判例百選[第5版](85사건), [石田芳明 해설] 참조)는 전자의 입장을 취하였다.

63) 파산선고 후 면책신청을 할 수 있는 기간을 한정하고 면책신청이 기각된 경우 동일한 파산에 관하여 다시 면책신청을 할 수 없도록 정하면서 면책기각결정이나 면책불허가결정에 대하여 즉시항고의 방법으로만 불복할 수 있도록 한 것은 동일한 파산원인에 기하여 진행된 파산절차와 면책절차가 서로 긴밀하게 연관되어 있으므로 면책결정을 받지 못한 채무자가 기존의 파산절차

2) 허   가

14-30   ① 권리면책

법원은 면책불허가사유에 해당하는 때를 제외하고는 면책을 허가하여야 한다(564조 1항. 보통 권리면책이라고 한다). 일정한 요건이 존재하는 경우에 면책을 허가할 수 있다는 적극적 요건의 규정방식이 아니라, 오히려 반대로 면책이 주어지지 않는 사유가 없을 것을 면책의 허가요건으로 규정하고 있는 소극적 방식을 취하고 있다. 그리하여 법원은 면책불허가사유가 있는 경우에 한하여 면책불허가의 결정을 할 수 있고, 면책불허가사유에 해당하는 때를 제외하고는 면책허가의 결정을 하여야 하는 것이다.

14-31   ② 재량면책

형식적으로는 불허가사유가 있는 경우라도 법원은 반드시 면책불허가의 결정을 하여야 하는 것은 아니다. 파산에 이르게 된 경위, 그 밖의 사정을 고려하여 상당하다고 인정되는 경우에는 재량에 의하여 면책을 허가할 수 있다(564조 2항. 보통 재량면책이라고 한다).**64)** 면책불허가사유에 해당되는 사실이 경미한지 여부, 채무를 부담하게 된 경위와 목적, 채무가 증가하게 된 경위, 채무변제를 위하여 실제 기울인 노력, 파산채권자 측의 사정과 채권추심 상황, 채무자의 친족 등의 채무변제에 대한 협조, 그 밖의 채무자의 재기에 대한 의욕과 가망성의 유무, 채권자의 이의신청 유무 등 파산선고 후의 사정 등 여러 사정을 고려하여 재량에 의한 면책허가 여부를 결정할 것이다.**65)** 여기서 면책

를 전제로 다시 면책을 신청하거나 장기간 면책에 관한 결정이 확정되지 않은 상태로 있는 것을 방지하여 이미 진행된 면책절차가 형해화되거나 파산채권자들의 지위가 불안정해지지 않도록 하기 위함이다(대법원 2023. 6. 30.자 2023마5321 결정).

64) 종전 파산법에서는 이러한 재량면책에 대한 명문의 근거규정이 없었는데, 현행법에서 그 허용성을 명문화하였다.

65) 실무상 재량면책을 허용한 재판례로는 서울지방법원 2002. 1. 11.자 2001라4634 결정; 서울지

의 이론적 근거를 성실한 채무자에 대한 특전으로 보는가, 아니면 현저하게 불성실한 사람을 제외한 채무자에 대하여 가능한 한 새출발의 기회를 부여하는 것으로 보는가에 따라서 재량의 폭이 다소 다르게 될 것이다.

3) 일부면책론

① 의　　의

14-32

면책제도의 이념을 둘러싸고 그 해석이나 운용에 있어서 문제되고 있는 것 가운데 면책불허가사유의 존재가 인정되는 경우에 잔존채무의 일부에 대하여만 면책할 수 있는가 하는 일부면책론이 있다.[66]

면책불허가사유의 존재의 유무를 심사하여, 불허가사유가 존재하지 않는 경우에는 그대로 기계적으로 (권리)면책이 허가되고, 한편 불허가사유가 존재하는 경우에, 이를 전제로 재량에 의한 (전부)면책을 할 수 있는지 여부를 판단하여, 면책을 허가하는 것이 상당하지 않은 경우에 (전부)면책이 허가되지 않는 반사적 결과로 면책불허가의 결론으로 진행할 수밖에 없는데, 여기서 잔존채무의 일부에 대하여만 (일부)면책할 수 있는가 하는 문제가 등장한다.[67]

② 일부면책론 주장

14-33

채무자에게 경미한 면책불허가사유가 있는 경우에 면책불허가와 완전한 면책 사이의 중간적인 해결을 도모하여야 한다. 채무자의 성실성의 정도가 다양한 것이라면 그에 따라서 면책의 정도도 다양하여도 무방하다. 면책불허가사유가 없는 경우에는 원칙대로 면책하여야 하지만, 면책불허가사유가 있는 경우에는

방법원 2001. 12. 26.자 2001라4057 결정 등이 있다. 대법원 단계에서는 대법원 2006. 9. 22.자 2006마600 결정이 있다. 이후의 재판례로도 채무자가 지급불능에 처한 이후 그 소유 부동산을 처분하여 근저당채무를 변제하고도 2,247만 원을 수령한 사실이 있음에도 불구하고 "지급불능 시점 1년 전부터 현재까지 처분한 재산 없음"이라고 기재한 신청서를 제출하였으나, 면책절차에서 부동산의 처분 경위 및 그 매매대금의 사용내역을 전부 소명한 점, 임차보증금 5백만 원이외에는 전부 채무변제 및 생활비로 사용한 것으로 보이는 점 등을 들어 재량면책을 허가한 서울중앙지방법원 2011. 8. 12.자 2011라350 결정 등이 있다.

66) 「일부」 내지는 「부분적」이라는 의미는 파산채권의 일정부분(예를 들어 70%)에 대하여는 면책을 허가하고, 잔부(예를 들어 30%)에 대하여는 불허가한다는 형식과 어느 채권자(예를 들어 A, B, C)의 채권에 대하여는 면책을 허가하고, 다른 채권자(예를 들어 D)의 채권은 면책을 불허가한다는 것과 같이 특정한 채권을 면책 제외로 하는 형식이 있을 수 있다. 전자의 형식을 비율적 일부면책이라고 부르고, 후자의 형식을 개별적 일부면책이라고 부를 수 있다. 그리고 전자와 후자를 혼합한 형태도 있을 수 있다.

67) 이에 대하여 자세히는 전병서, "파산에 있어서 일부면책", 민사소송(Ⅱ)(1999), 605면 이하 참조.

그 상황에 따라서 면책불허가 이외에 일부면책을 허가하여도 무방하다. 일부면
책은 타당한 해결방법 가운데 하나이다.

14-34   ③ 일부면책론 비판

면책심리에 있어서 일부면책의 상당성·공평성에 대한 구체적인 판단이 곤
란하며, 예를 들어 특정한 채권을 면책 제외로 하는 방식은 파산채권자평등의
원칙을 사후적으로 뒤집게 될 우려가 있고, 한편 면책 제외 금액이나 대상자의
취급을 둘러싸고 예를 들어 파산채권자로부터 자기의 채권을 제외하고 일부면
책을 신청하도록 채무자에게 압력이 가하여져 채권자 사이의 불공평이 조장될
폐해가 예상되는 등의 이유에서 일부면책은 인정될 수 없다.

14-35   ④ 현재의 상황

국내에서도 일부면책에 대하여 부정적인 입장이 있었지만,68) 종래 일부면
책을 허용한 재판례가 있었다.69) 이러한 상황하에서 도산법 입법과정에서 일부
면책에 대한 법률상 근거를 마련하고자 한 바 있었다. 그런데 아무래도 일부면
책의 요건이나 기준이 애매하고, 한편 개인회생절차가 마련되어 있으므로 면책
불허가사유가 있지만, 장래의 수입으로부터 채무의 일부를 변제할 수 있는 사람
에 대하여는 일부면책보다는 개인회생절차를 이용하여(변제계획에 따른 채무변경이
일부면책과 마찬가지 기능을 한다) 경제적 새출발을 도모하도록 하는 것이 적당하므
로 일부면책에 대한 규정을 둘 필요는 없다는 입장을 밝혔는데,70) 결국 현행법

---

68) 일부면책에 대하여 부정적 입장으로는 이재환, "소비자파산", 파산법의 제문제[下](1999),
    513-514면.
69) 파산자가 지급불능상태에서 신용카드를 이용한 불법현금융통의 방법으로 금원을 차입하는 등
    사술을 사용하여 금원을 취득한 사안에서 서울지방법원 1998. 12. 8.자 98파6079(98하35) 결정
    은 일단 파산법 346조 2호 소정의 면책불허가사유가 존재하나, 신용거래로 재산을 취득한 사유
    가 오로지 기존 채무의 변제를 위한 것으로서 그 위법성의 정도가 현저하지 않은 점에 비추어
    볼 때 파산자에게 면책을 전부 불허가하는 것은 가혹하다고 할 것인데, 파산자의 면책불허가사유
    의 내용 및 정도, 기록에 나타난 파산자의 현재의 생활상태, 채권의 액수 및 내용, 한편 면책이
    불허가된 금원도 적지 않기 때문에 그 변제재원을 마련하는 데 어느 정도 기간의 유예가 필요하
    다는 점 등을 고려할 때, 채권자일람표 기재의 채권 가운데 이 사건 면책결정확정시의 이자·지
    연손해금 전액 및 원금의 60%에 해당하는 금원에 대하여 면책을 허가하고, 위 원금의 40%에 관
    하여 이 사건 면책결정확정일 다음 날로부터 1년을 경과하는 날까지 발생하는 지연손해금 부분
    에 대하여 면책을 허가하고, 위 채권 부분을 제외한 나머지에 관하여는 파산자의 면책을 허가하
    지 아니함이 상당하다고 판단하였다. 그 밖에도 마찬가지 고려하에 서울지방법원 1998. 12. 8.자
    98파6710(98하6) 결정 등은 비율적 일부면책을 인정하였다.
70) 전병서, 최신 파산법(2003), 331면. 일본 동경재판소의 실무도 종전에는 일부면책을 인정하였
    지만(東京地決 1993年(平成 5年) 7月 6日, 判例タイムズ(822号), 158면 등), 이후 일부면책보
    다는 그것과 유사한 결과를 가져오는 일부변제의 권고방식, 즉 면책불허가사유가 있다고 생각

에서는 최종적으로 일부면책에 대한 규정이 신설되지 않았다.[71]

4) 면책결정의 확정

14-36

면책결정은 그 확정에 의하여 효력이 생긴다(법 제565조). 면책결정이 확정되면, 법원사무관등은 파산채권자표가 있는 경우에는 거기에 면책결정이 확정된 뜻을 기재하여야 한다(568조). 파산채권자표의 기재는 파산선고를 받은 채무자에 대하여 확정판결과 동일한 효력을 가지고(535조) 집행권원이 되지만 면책된 파산채권에 기하여는 강제집행을 할 수 없는바, 면책된 파산채권에 기한 강제집행에 파산채권자표가 부당하게 집행권원으로 이용되는 것을 막기 위하여 면책허가결정이 확정된 취지를 파산채권자표에 기재하도록 한 것이다.

3. 면책의 효과

(1) 잔존채무의 소멸

14-37

면책을 받은 채무자는 파산절차에 의한 배당을 제외하고는[72] 파산채권자에 대한 잔존채무의 전부에 관하여 원칙적으로 그 책임이 면제된다(566조 본문).[73] 법 566조 단서 각호 열거의 비면책채권을 제외하고, 면책이 효력은 파산

되는 경우에 파산심문의 때에 면책심문기일까지 일정액(예를 들어 채무총액의 1할)의 적립을 하여 전 채권자에게 평등하게 변제할 것을 권고하고, 이 권고대로 변제가 행하여지면 비로소 면책결정을 한다는 방식이 운용되었다고 한다. 한편, 대법원 2006. 9. 22.자 2006마600 결정은 재량면책을 하기로 결정함에 있어서 그 불허가사유의 경중이나 채무자의 경제적 여건 등 제반 사정을 고려하여 예외적으로 채무액의 일부만을 면책하는 소위 일부면책을 할 수는 있을 것이나, 채무자의 경제적 갱생을 도모하려는 것이 개인파산제도의 근본 목적이라는 점을 감안할 때 채무자가 일정한 수입을 계속적으로 얻을 가능성이 있다는 등의 사정이 있어 잔존채무로 인하여 다시 파탄에 빠지지 않으리라는 점에 대한 소명이 있는 경우에 한하여 그러한 일부면책이 허용된다고 봄이 상당하다고 판시하였다. 평석으로는 장상균, "재량면책시 일부면책의 허용 여부 및 그 요건", BFL(제21호, 2007. 1), 68면 이하 참조; 김정만, "파산절차에서 일부면책", 조정연구(창간호, 2007), 27면 이하 참조.

71) 그런데 이에 대하여 파산절차를 택할 것이냐, 개인회생절차를 택할 것이냐는 실질적으로는 채무자의 상황에 따라 선택되는 것이지, 동일한 조건하에서 경쟁되는 제도는 아닐 것이라는 점에서, 여전히 파산절차를 택할 수밖에 없는 채무자에게도 일부면책의 여지를 남겨두는 것이 좋다는 입장으로는 임채웅, "채무자 회생 및 파산에 관한 법률상의 비면책채권의 범위 및 면책 후 추심행위의 금지에 관한 연구", 저스티스(2006. 2), 37면.

72) 파산절차에 의한 배당이 제외되고 있는 것은 파산절차종결 전에 면책허가결정이 확정되는 경우가 있을 수 있는데, 그 경우에 파산절차에 의한 배당이 면책허가결정의 영향을 받지 않는 것을 주의적으로 분명히 한 규정이다(伊藤眞 외 5인, 条解破産法, 1606면).

73) 채무자가 파산절차에서 면책결정을 받은 때에는 파산채권을 피보전채권으로 하여 채권자대위권을 행사하는 것은 그 채권이 비면책채권의 예외사유에 해당하지 않는 한 허용되지 않는다(대법원 2009. 6. 23. 선고 2009다13156 판결[미간행]).

채권의 우열의 순위, 파산절차참가(신청)의 유무, 알고 있는 채권자인지 여부와
상관없이 모든 파산채권에 미친다.74)

　　한편, **재단채권**에는 면책의 효력이 미치지 않는 것이 원칙인데, 다만 파산절
차종료 뒤에 채무자가 재단채권에 대해 책임을 지는가에 대하여는 재단채권의 채
무자를 어떻게 풀이할 것인가와 관련하여(☞ 7-2) 좀 더 검토할 필요가 있다.75)

　　또한 **환취권**이나 **별제권**은 파산절차에 의한 제약을 받지 않으므로 면책결
정에 의하여 영향을 받지 않는다고 할 것이다.76) 그런데 별제권자가 채무자에
대하여 가지는 파산채권에는 면책결정의 효력이 미친다.77)

14-38　　　　1) 책임이 면제된다는 의미

　　그런데 책임이 면제된다는 위 규정의 해석을 둘러싸고 입장이 나뉜다.

　　우선 첫째, 채무 그 자체는 소멸되지 않고 단지 책임만이 소멸되므로 파산
채권자에 대한 채무는 이른바 자연채무로서 남게 된다는 견해(**책임소멸설**)가 있
다.78) 따라서 파산채권자는 면책 후에는 강제집행에 의한 만족을 받지 못하지
만, 채무자로부터 임의의 변제를 받을 권한은 인정되는 결과가 된다.79) **판례**도
이러한 입장에서 여기서 면책이라 함은 채무 자체는 존속하지만, 채무자에 대하
여 이행을 강제할 수 없다는 의미이므로 면책된 채권은 통상의 채권이 가지는
소 제기 권능을 상실하게 된다고 보았다.80)

74) 파산채권은 그것이 면책신청의 채권자목록에 기재되지 않았다고 하더라도 법 566조 단서 각
　　호 열거의 비면책채권에 해당하지 않는 한 면책의 효력으로 그 책임이 면제된다(대법원 2010.
　　5. 13. 선고 2010다3353 판결).
75) 재단채권이라는 이유만으로 비면책채권으로 볼 것은 아니며, 법이 명문으로 비면책채권으로
　　열거한 채무 이외에는 면책채권으로 보아야 한다는 입장은 임치용, "재단채권에 기한 이행소송
　　과 강제집행은 가능한가", 법조(2005. 12), 84-85면.
76) 전대규, 1485면도 마찬가지 입장이다.
77) 법 566조 단서 각 호에서 별제권자가 채무자에 대하여 가지는 파산채권을 면책에서 제외되는
　　청구권으로 규정하고 있지 아니하므로 면책결정의 효력은 별제권자의 파산채권에도 미치고, 따
　　라서 별제권자가 별제권을 행사하지 아니한 상태에서 파산절차가 폐지되었다고 하더라도, 면책
　　결정이 확정된 이상, 별제권자였던 자로서는 그 담보권을 실행할 수 있을 뿐 채무자를 상대로
　　종전 파산채권의 이행을 소구할 수는 없다(대법원 2011. 11. 10. 선고 2011다27219 판결).
78) 김정만, "파산면책의 효력", 사법논집(제30집, 1999), 207면; 전대규, 1485. 일본에서의 통
　　설이다(山木戸克己, 破産法, 300면; 加藤哲夫, 破産法, 378면).
79) 미국 연방파산법 524조 (f)는 자발적 변제는 유효하다고 규정하고 있다.
80) 대법원 2015. 9. 10. 선고 2015다28173 판결. 채권자의 사해행위취소권은 채무자의 책임재산
　　을 보전하기 위한 제도로서 채무자에 대하여 채권을 행사할 수 있음이 전제되어야 할 것인바,
　　파산채권을 피보전채권으로 하여 면책의 대상이 된 채무에 대한 채권자취소권을 행사하는 것은
　　허용되지 않는다고 판시한 대법원 2008. 6. 26. 선고 2008다25978 판결은 **자연채무설**을 전제로

둘째, 이에 대하여 채무 그 자체가 소멸된다고 풀이하여 파산채권자는 채무자에게 임의의 변제를 구할 수도 없고, 또한 채무자로부터 수령한 변제는 무효로, 부당이득이 된다는 견해(**채무소멸설**)가 있다.[81]

한편, 면책은 파산채권자가 채무자의 보증인 그 밖에 채무자와 더불어 채무를 부담하는 사람에 대하여 가지는 권리와 파산채권자를 위하여 제공된 담보에는 영향을 미치지 않는데(567조), 자연채무로 남게 된다는 입장(책임소멸설)은 이 규정과의 조화를 그 근거로 들고 있다.[82] 면책이 채무자의 보증인 등에 대한 권리에 영향을 미치지 않는데, 보증채무가 존속하는 이상, 주채무자인 채무자의 채무도 존속하지 않으면 보증채무의 부종성에 반한다는 것이다. 그러나 채무 그 자체가 소멸된다는 입장(채무소멸설)에서는 채무자의 주채무가 소멸되면 보증채무는 부종성에 의하여 소멸되는 것이지만, 위 규정은 입법적으로 그 예외를 규정하는 것이라고 풀이할 수도 있다고 하고, 위 규정이 결정적인 것은 아니라고 한다.[83]

생각건대 자연채무로 남게 된다는 입장(책임소멸설)의 배후에는 가령 면책을 받더라도 채무자의 의무를 전면적으로 면제하는 것은 바람직하지 않고 적어도 도덕적 의무로서는 채무를 잔존시켜 면책이 있은 후에 채무자에게 재정적인 여유가 있게 된다면 채무의 자발적 지급을 기대한다는 생각이 깔려 있다고 추측되

하고 있다고 볼 수 있다. 만약, **채무소멸설**을 전제로 한다면 이미 더 이상 채권을 갖지 않으므로 사해행위취소권을 행사할 수 없는 것은 당연하다. 위 면제의 의미에 대한 것은 아니지만, 채권자의 취소권 행사를 막은 위 판결에 반대하는 입장으로는 정수인, "채무자의 파산·면책이 채권자취소소송에 미치는 영향-대법원 2008. 6. 26. 선고 2008다25978 판결에 대한 비판적 검토-", 법조(2019. 8), 807면 이하. 일본 最判 1997年(平成 9年) 2月 25日(倒産判例百選[第5版](88사건), [早川眞一郎 해설] 참조)은 사해행위취소권은 강제집행의 준비행위로서 행사하는 것인데, 면책된 채무자에 대하여 강제집행이 허용되지 않으므로 사해행위취소권도 행사할 수 없다는 취지로 판시하여 마찬가지 입장이고, 또한 채권자는 면책된 채무에 대하여 강제적 실현을 도모할 수 없으므로 해당 채권에 대하여 권리를 행사할 수 있는 때를 기산점으로 하는 소멸시효의 진행을 부정한 재판례(最判 1999年(平成 11年) 11月 9日(倒産判例百選[第5版](89사건), [小粥太郎 해설] 참조)도 자연채무설을 전제로 하고 있다고 볼 수 있다. 나아가 면책된 채권에 대하여 권리를 행사할 수 있는 때를 기산점으로 하는 소멸시효의 진행을 관념할 수 없으므로 면책채무인 피담보채권은 시효소멸하지 않고, 저당권 그 자체가 민법 162조 2항(일본 민법 167조 2항)의 20년의 소멸시효에 걸린다고 본 最判 2018年(平成 30年) 2月 23日은 채무소멸설을 취하지 않은 것은 분명하지만, 책임소멸설을 취하였는지 여부는 확실하지 않으므로 좀 더 검토가 필요하다.

81) 伊藤眞, 破産法·民事再生法, 724-725면.
82) 齊藤秀夫·麻上正信·林屋礼二 編, 注解破産法(下卷)[池田辰夫 집필], 822면.
83) 伊藤眞, 破産法·民事再生法, 725면.

고, 추상적으로는 그 정당성이 인정되지만, 실제로는 파산채권자는 강제집행 이외의 사적인 압력의 행사에 의하여 채무자에게 사실상의 변제를 요구하거나 면책 후의 경개(更改)의 합의에 의하여 본래의 채무로서 부활시키려는 요구를 할 경향이 있을 것이고,84) 이는 면책에 의하여 채무자의 경제적 새출발을 도모하고자 하는 면책제도의 목적에 비추어 바람직하지 않다 할 것이다.85)

14-39
2) 면책 후 추심행위

면책신청에 관한 재판이 확정될 때까지 채무자의 재산에 대하여 파산선고 전에 이미 행하여지고 있던 강제집행·가압류 또는 가처분은 중지되는데(557조 1항), 이후 면책결정이 확정되면 위 중지한 절차는 그 효력을 잃는다(동조 2항). 면책의 신청에 의하여 가령 채권의 압류는 중지되지만, 압류의 효력은 남아 있으므로 제3채무자는 파산선고를 받은 채무자에게 변제할 수 없으나, 면책결정의 확정에 의하여 채무자에게 변제할 수 있게 된다. 비면책채권에 기한 강제집행 등도 그 효력을 잃는다.86) 비면책채권에 해당하는지 여부가 쉽게 정하여질 수 있는 것이 아니기 때문이다. 반면, 면책신청의 각하·기각결정 또는 면책불허가결정이 확정된 때에는 다시 강제집행 등을 할 수 있고, 중지된 강제집행 등은 속행된다.87)

면책결정의 확정 뒤에 강제집행이 행하여진 경우에 채무자는 청구이의의 소를 제기하여 다투어야 한다.88)

---

84) 한편, 미국 연방파산법 524조 (c)는 채무자가 면책대상인 채무에 대하여 면책을 포기하고 채무를 변제하는 내용의 재승인계약(Reaffirmation Agreement)을 인정하고 있다. 한편, 대법원 2021. 9. 9. 선고 2020다269794 판결은 채권자인 원고가 면책결정 후 채무자와 사이에 파산채권의 상환을 약정하였음을 이유로 약정금의 지급을 구하는 소를 제기한 사안에서, 채무재승인약정은 채무자가 면책된 채무를 변제한다는 점에 대해 이를 충분히 인식하였음에도 자신의 자발적인 의사로 위 채무를 변제하기로 약정한 것일 뿐 아니라 위 약정으로 인해 채무자에게 과도한 부담이 발생하지 않는 경우에 한하여 그 효력을 인정할 수 있다. 이 때 채무자가 자발적으로 채무재승인약정을 체결한 것인지, 채무재승인약정의 내용이 채무자에게 과도한 부담을 초래하는지 여부는 채무재승인약정을 체결하게 된 동기 또는 목적, 채무재승인약정을 체결한 시기와 경위, 당시의 채무자의 재산·수입 등 경제적 상황을 종합적으로 고려하여 판단하여야 한다고 보았다.

85) 임치용, 파산법연구(2004), 45면도 면책제도가 갖는 목적을 관철한다면 채무소멸설이 타당하다고 본다.

86) 전대규, 1490면도 마찬가지 입장이다.

87) 개인파산회생실무, 337면.

88) 대법원 2022. 7. 28. 선고 2017다286492 판결. 이에 대한 평석으로는 현낙희, "면책 주장과 기판력 및 청구이의의 소: 대법원 2022. 7. 28. 선고 2017다286492 판결에 대한 평석", 민사소

그리고 면책을 받은 채무자에 대하여 면책된 사실을 알면서 면책된 채권에 기하여 강제집행·가압류 또는 가처분의 방법으로 추심행위를 한 사람은 500만 원 이하의 과태료에 처한다(660조 3항). 위와 같은 방법 이외에 채무상환을 독촉하는 경고장을 보내는 행위나 전화를 거는 행위 등에 대하여도 면책제도의 목적에 비추어 바람직하지 않다고 할 것이므로 규제의 필요성을 검토하여야 한다.[89]

3) 면책과 상계

14-40

면책결정이 확정된 뒤에 파산채권을 자동채권으로 하여 채무자에 대하여 행하는 상계에 대하여는 도산법에서 정하는 상계금지에 해당하지 않는 한 상계할 수 있다고 본다.[90] 다만, 채무자의 신득재산에 속하는 채권에 대하여는 면책된 파산채권을 가지고 상계할 수 없다고 본다.[91]

파산채권을 자동채권으로 한 상계의 가부에 있어서, 면책의 효과에 대하여 **자연채무설**에서는 면책된 채권을 강제적으로 변제시키는 셈이 되고, 반면 **채무소멸설**에서는 파산채권은 면책으로 소멸하므로 그 뒤에 상계할 수 없게 된다고 본다.

(2) 비면책채권

14-41

1) 의 의

면책의 효과는 일체의 파산채권에 대하여 미치는 것이 원칙인데, 한편 법

송(2022. 10), 379면 이하 참조. 한편, 伊藤眞, 破産法·民事再生法, 723면은 강제집행 등의 취소를 구하기 위한 수단으로 면책결정을 취소문서로 제출하면 충분하다는 입장이다.

89) 면책된 채무에 대하여 강제집행을 경고하며 변제를 요구하는 행위는 **불법행위**에 해당하며 정신적 고통에 대하여 위자료를 배상할 의무가 있다는 하급심 판결이 있다(서울중앙지방법원 2006. 6. 7. 선고 2005가합100354 판결[확정]).

90) 면책결정이 확정된 뒤라고 하더라도, 그 면책결정이 확정되기 전에 파산채권자의 채무자에 대한 파산채권과 채무자의 파산채권자에 대한 채권이 모두 존재하였고 양 채권이 서로 상계적상에 있었다면, 파산채권자는 면책결정이 확정된 파산채권을 자동채권으로 하여 파산자의 파산채권자에 대한 채권과 상계할 수 있다고 봄이 타당하다는 하급심 판결이 있다(대구고등법원 2016. 3. 16. 2014나23066 판결). 면책된 채권은 자연채권으로 될 뿐, 채권 자체가 없어지는 것이 아니고 또한 채무자가 자신의 파산채권자에 대한 채무는 면책 받은 채, 자신의 파산채권자에 대한 채권은 행사할 수 있다고 하는 것은 형평에 맞지 않다는 것을 그 이유로 들고 있다. 일본 名古屋地判 2005年(平成 17年) 5月 27日도 파산채권자이었던 사람은 자기가 가지는 자동채권이 면책의 대상이 되어도 파산선고 이전부터 수동채권과의 상계에 대해 합리적 기대를 가지고 있고, 수동채권이 파산재단에 속하여야 할 것이었던 경우에 특별한 사정이 없는 한, 파산법 소정의 제약하에 상계할 수 있다고 판단하였다.

91) 伊藤眞 외 5인, 条解破産法, 1607-1608면.

566조 단서 각 호에서 그 가운데 비면책채권을 인정하고 있는 것은 형평 내지는 구체적 정의의 관념, 공익상의 필요나 사회적 요청에 따른 정책적 이유에서이다. 그리고 현행법에서 비면책채권의 범위를 확대하여 법 566조 단서 4호와 8호를 신설하였다.

2) 비면책채권의 범위

14-42   ① 1호(조세)

조세에 대한 비면책은 국고의 수입확보라는 조세정책상의 요구에 의한 것이다.[92] 그런데 국세징수법 또는 지방세법에 의하여 징수할 수 있는 청구권은 법 473조 2호에 의하여 재단채권이 되고, 재단채권에는 본래 면책의 효력이 미치지 않으므로 여기서 말하는 조세는 재단채권에 속하지 않는 파산채권에 한정되므로 현실적으로 큰 의미가 없다고 한다.[93]

14-43   ② 2호(벌금, 과료, 형사소송비용, 추징금, 과태료)

이러한 채권은 다른 파산채권자와의 관계에서는 법 446조 4호에 의하여 후순위 파산채권자가 되지만, 채무자와의 관계에서는 직접 그 고통을 주는 것을 목적으로 하는 인격적 책임의 측면을 중시하여 비면책채권으로 한 것이다.

14-44   ③ 3호(고의의 불법행위로 인한 손해배상)

고의로[94] 가한 불법행위로 인한 손해배상채권에 대하여는 가해자에 대한

---

92) 조세와 벌금 등의 공익성이나 기능에 비추어 그에 관한 채권을 비면책채권으로 정하고 있는 데에는 합리적인 이유가 있다. 나아가 이 사건 면책효력조항에 의하면 청구인의 대여금채권에 관하여는 채무자의 책임이 면제되지만, 조세 및 벌금 등은 비면책채권으로 정해져 있어 이에 관하여는 채무자의 책임이 면제되지 아니하는바, 이와 같이 각 채권에 관하여 채무자의 면책 여부를 달리 정하는 것이 채권자의 평등권을 침해하는지 여부에 관하여 개인파산절차는 청산형 절차로서 회생형 절차인 개인회생절차와는 제도의 취지와 기능이 다르므로, 각 절차에서 채무의 면책 여부 및 그 정도를 달리 정하는 것 역시 합리적 이유가 있다. 따라서 파산채권자의 평등권을 침해하지 아니한다(헌법재판소 2013. 3. 21. 선고 2012헌마569 결정). 한편, 일본에서는 이에 대하여 입법론으로서 의문을 제기하며 검토가 필요하다고 한다. 青山善充·伊藤眞·井上治典·福永有利, 破産法概說[井上治典 집필], 229면; 齊藤秀夫·麻上正信·林屋礼二 編, 注解破産法(下卷)[池田辰夫 집필], 824면.

93) 서울지방법원, 파산사건실무(개정판), 373면. 우리나라의 경우에는 현재 모든 조세가 국세징수법 또는 국세징수의 예에 의하여 징수되기 때문에 여기의 조세에 해당되는 경우가 없다고 한다.

94) 그런데 위 3호에 해당되는 종전 파산법 349조 3호에서는 고의 대신에 '악의'라는 용어를 사용하여 그 의미에 있어서 단순한 고의가 아니고, 적극적인 해의(害意)[malice]가 필요하다고 풀이하여 왔다. 그러나 불법행위자인 채무자에 대한 제재의 실효성을 확보한다는 취지에서 고의로 충분하다는 해석이 유력하였다. 그런데 폭주운전(wanton and furious driving) 등과 같은 인식 있는 과실의 경우의 취급도 검토하여야 할 것이다.

제재의 실효성을 확보하기 위한 취지에서 면책의 대상으로 하는 것이 바람직하지 않기 때문이다. 즉 채무가 사회적으로 비난받을 만한 행위로 인한 경우까지 면책결정에 의하여 그 채무에 관한 책임을 면제하는 것은 정의의 관념에 반하는 결과가 된다는 점을 고려한 것이다.95) 한편, 단순한 계약위반의 손해배상채권은 면책된다.96)

그리고 민법 756조의 사용자책임과 같이 다른 사람의 행위에 대하여 채무자가 책임을 지는 경우에는 그 다른 사람이 고의라도 여기에는 해당되지 않는다고 할 것이다. 사용자책임은 법 규정상 피용자의 선임·감독상의 과실책임이기 때문이다.97)

④ 4호(중대한 과실로 인신을 침해한 불법행위로 인한 손해배상)　　　　14-45

불법행위의 피해자를 보호할 필요성이 크고, 중대한 과실로 타인의 신체, 생명을 침해한 사람을 면책에 의하여 보호하는 것은 일반의 국민감정에 어울리지 않을 것이기 때문에 현행법에서 채무자가 **중대한 과실**로 타인의 생명 또는 신체를 침해한 불법행위로 인하여 발생한 손해배상채권을 비면책채권으로 추가하였다. 여기서 단순한 과실의 경우까지 비면책채권으로 한다면 채무자의 경제적 새출발이 곤란하게 될 수 있으므로 중대한 과실의 경우에만 비면책채권으로 한 것이 아닌가 생각한다.98) 그리고 고의의 경우에는 위 3호에서 채무자가 고의

---

95) 상법 682조는 손해가 제3자의 행위로 인하여 생긴 경우에 보험금액을 지급한 보험자는 그 지급한 금액의 한도에서 그 제3자에 대한 보험계약자 또는 피보험자의 권리를 취득한다고 규정하고 있는바, 이 경우 피보험자 등의 제3자에 대한 권리는 동일성을 잃지 않고 그대로 보험자에게 이전되는 것이므로, 피보험자 등이 취득하는 채권이 위 3호에서 정한 비면책채권에 해당하는지 여부는 피보험자 등이 제3자에 대하여 가지는 채권 자체를 기준으로 판단하여야 한다(대법원 2009. 5. 28. 선고 2009다3470 판결). 평석으로는 김형두, "'파산자가 악의로 가한 불법행위로 인한 손해배상청구권'을 보험회사가 대위변제한 경우 파산자에 대한 구상금채권의 법적 성격", 민사판례연구(2010. 2), 611면 이하 참조.

96) 청구권경합의 경우는 문제인데, 비면책성을 인정하여야 할 것이다.

97) 齊藤秀夫·麻上正信·林屋礼二 編, 注解破産法(下卷)[池田辰夫 집필], 825면.

98) '중대한 과실'을 해석함에 있어, 가급적 엄격하게, 즉 비면책채권의 범위를 좁히는 쪽으로 운영함이 옳다는 의견도 참조하라(임채웅, "채무자 회생 및 파산에 관한 법률상의 비면책채권의 범위 및 면책 후 추심행위의 금지에 관한 연구", 저스티스(2006. 2), 41면). '중대한 과실'이란, 채무자가 어떠한 행위를 함에 있어서 조금만 주의를 기울였다면 생명 또는 신체 침해의 결과가 발생하리라는 것을 쉽게 예견할 수 있음에도 그러한 행위를 만연히 계속하거나 조금만 주의를 기울여 어떠한 행위를 하였더라면 생명 또는 신체 침해의 결과를 쉽게 회피할 수 있음에도 그러한 행위를 하지 않는 등 일반인에게 요구되는 주의의무에 현저히 위반하는 것을 말한다. 중앙선이 설치된 편도 1차로의 국도를 주행하던 승용차가 눈길에 미끄러지면서 중앙선을 넘어가 반대차로에서 제설작업중이던 피해자를 충격하여 사망에 이르게 한 사안에서, 그 사고가 가해자의

로 가한 불법행위로 인한 손해배상채권을 비면책채권으로 규정하고 있으므로
제4호에서는 고의의 경우를 제외하였다.

14-46   ⑤ 5호(근로자의 임금, 퇴직금, 재해보상금)

5호(및 다음의 6호)는 개인사업자의 파산을 전제로 하고 있다. 이는 근로자를
보호하려는 사회정책적 견지에서 비면책으로 하고 있는 것이다. 이 5호에 해당
하는 종전 파산법 349조 단서 4호에서는 고용인의 최후의 6월분 급료만이 비면
책채권이었는데, 현행법에서는 퇴직금 및 재해보상금을 추가하였고, 기간도 제
한 없이 비면책채권으로 규정하였다.99)

14-47   ⑥ 6호(근로자의 임치금, 신원보증금)

위 5호와 마찬가지로 근로자를 보호하려는 취지이다.

14-48   ⑦ 7호(채무자가 악의로 채권자목록에 기재하지 않은 청구권)

어느 채권자를 채무자가 채권자목록에 기재하지 않으면 그 채권자에게 면
책심문기일의 송달도 할 수 없고, 따라서 그 채권자는 사실상 면책신청에 대한
이의신청권을 행사할 기회도 빼앗기게 되어 그 채권자로서는 면책에 대한 방어
의 기회가 완전히 박탈된다. 이러한 경우에 그 채권에 대하여 면책의 효과를 발
생시키는 것은 적당하지 않으므로 그 채권을 비면책채권으로서 보호하려는 것
이다.100)

그런데 비면책채권으로 하는 것은 채무자가 **악의**로(면책결정 이전에 채권의 존
재 사실을 알면서도) 채권자목록에 기재하지 않은 경우에 한한다(한편, 개인회생절차

‘중대한 과실’에 의하여 발생하였다고 보기 어렵다(대법원 2010. 3. 25. 선고 2009다91330 판결).
판결에 대한 해설로는 조용현, “채무자 회생 및 파산에 관한 법률 제566조 제4호에서 규정하는
‘중대한 과실’의 의미”, 대법원판례해설(제83호, 2010. 12), 587면 이하 참조. 벌점 누적으로 운
전면허가 취소된 자가 차량을 운전하고 가던 중 졸음운전으로 진행방향 우측 도로변에 주차되
어 있던 차량의 뒷부분을 들이받아 동승한 피해자에게 상해를 입힌 사안에서, 그 사고가 가해자
의 ‘중대한 과실’에 의하여 발생하였다고 보기 어렵다는 이유로, 위 제4호에 정한 비면책채권에
해당하지 않는다고 보았다(대법원 2010. 5. 13. 선고 2010다3353 판결).

99) 이에 대하여 퇴직금은 임금과 달리 경우에 따라서는 큰 금액일 수 있기 때문에 거액의 퇴직금
이 관련된 채무자의 경우에 도산절차를 이용할 이유가 거의 사라진다고 볼 수 있을 것이다. 비
면책채권이 문제되는 것은 개인파산의 경우일 것이고, 개인이 영업자일 경우 통상 사업규모가
크지 아니할 것이나, 그렇다 하더라도 우리 실정상 퇴직금은 비면책으로 하기에는 지나치게 큰
감이 있다. 사회정책적인 차원에서 달리 보호대책을 강구하고, 비면책채권에서는 제외함이 바람
직하다는 입장으로는 위 임채웅, 전게, “채무자 회생 및 파산에 관한 법률상의 비면책채권의 범
위 및 면책 후 추심행위의 금지에 관한 연구”, 42면.

100) 伊藤眞, 破産法·民事再生法, 730면; 齊藤秀夫·麻上正信·林屋礼二 編, 注解破産法(下卷)
[池田辰夫 집필], 826면.

에서는 법 625조 2항 1호가 채무자의 악의 여부를 불문).101) 가령, 채무자가 채권의 존
재를 알지 못한 때에는 과실이 있는지 여부를 불문하고 이에 해당하지 않는
다.102) 한편, 채무자가 채권의 존재를 알고 있었다면 **과실**로 채권자목록에 기재
하지 못한 채권은 비면책채권에 해당한다.103) 그리고 위 경우에 그 **채권자가 파
산선고가 있음을 안 때**에는 위와 같은 (채권자의 절차적 권리보장이라는) 고려가 작
동하지 않으므로 비면책채권에서 제외된다(566조 7호 단서).104)

---

101) 악의로 채권자목록에 기재하지 않은 청구권에 대해서만 면책의 예외를 인정하고, 파산채권
　　자에게 채무자의 악의를 입증하도록 하는 위 조항의 위헌법률심판사건에서 만약 채권자목록에
　　기재되지 않은 모든 채권을 면책의 대상에서 제외한다면 파산 및 면책 본연의 기능을 수행하기
　　어렵고, 면책 여부가 채권자목록에 기재하였는지 여부에 좌우된다는 불합리한 점이 생길 수 있
　　으며, 면책제도의 취지와 실제 면책이 이루어지는 채무자의 상황 등을 고려할 때, 채무자의 악
　　의의 입증책임을 채권자에게 부담시켰다 하더라도 재산권에 대한 과도한 제한으로 보기는 어렵
　　다. 또한 개인파산절차와 개인회생절차는 제도의 취지와 기능이 다르므로, 채권자목록에 기재되
　　지 않은 채권의 면책 여부를 달리 정하는 것에는 합리적인 이유가 있으므로 평등권을 침해하지
　　않는다. 또한 개인파산절차와 개인회생절차는 제도의 취지와 기능이 다르므로, 채권자목록에 기
　　재되지 않은 채권의 면책 여부를 달리 정하는 것에는 합리적인 이유가 있으므로 평등권을 침해
　　하지 않는다(헌법재판소 2014. 6. 26. 선고 2012헌가22 결정). 위 헌법재판소 결정 전의 관련
　　논문으로는 모성준·박필웅, "채무자회생 및 파산에 관한 법률 제566조 제7호의 위헌성 연구",
　　법조(2013. 7), 133면 이하 참조.
102) 악의로 기재하지 않은 청구권이라 함은 면책결정 이전에 채권의 존재 사실을 알면서도 이를
　　채권자명부에 기재하지 않은 경우를 뜻하므로 채권자명부에 기재하지 않은 데에 과실이 있는지
　　여부를 불문하고 채권의 존재 사실을 알지 못한 때에는 여기에 해당하지 않는다(대법원 2007.
　　1. 11. 선고 2005다76500 판결). 이에 대한 평석으로는 김형률, "개인파산절차의 채권자목록에
　　서 누락된 채권자에 관한 연구", 민사집행법연구(2009. 2), 362면 이하 참조.
103) 따라서 사실과 맞지 아니하는 채권자목록의 작성에 관한 채무자의 악의 여부는 위 제7호의
　　규정 취지를 충분히 감안하여, 누락된 채권의 내역과 채무자와의 견련성, 그 채권자와 채무자의
　　관계, 누락의 경위에 관한 채무자의 소명과 객관적 자료와의 부합 여부 등 여러 사정을 종합하
　　여 판단하여야 한다(대법원 2010. 10. 14. 선고 2010다49083 판결). 이에 대한 해설로는 윤강
　　열, "비면책채권인 '채무자가 악의로 채권자목록에 기재하지 아니한 청구권'의 의미 및 그 판단
　　기준", 대법원판례해설(제85호, 2011. 6), 644면 이하 참조. 채권자목록에 기재하지 못하였지만,
　　채권자로부터 장기간 이행청구가 없어서 채권자목록 작성시에 채권의 존재를 잊어버린 것에 채
　　무자의 과실이 존재하지 않는다면 면책된다고 본 일본 東京地判 2003年(平成 15年) 6月 24日,
　　金融法務事情(1698호), 102면 참조. 채무자가 채무가 소멸한 것으로 잘못 안 경우, 오랜 기간의
　　경과나 그 밖의 사정으로 채무의 존재 사실을 잊어버린 경우 등은 면책되나, 채무자가 채무의
　　존재 사실을 알고 있었으면서도 단순히 순간적인 착각이나 부주의로 채권자목록에 기재하는 것
　　을 누락한 경우까지 면책되는 것은 아니다(전주지방법원 2014. 8. 21. 선고 2013나12054 판결).
　　피고에 대한 채무가 오래 전에 발생한 남편의 사업상 채무에 대한 보증채무이고, 피고가 제기한
　　소송이 공시송달절차로 진행되어 원고가 알 수 없었던 점, 파산 및 면책을 신청하면서 신용정보
　　조회 등을 통해 채무를 파악하려 노력한 점 등을 고려할 때 채권자목록에 기재되지 않은 것은
　　원고가 그 채무를 알지 못하였기 때문으로 보이므로 위 비면책채권에 해당하지 않는다(서울북
　　부지방법원 2015. 4. 28. 선고 2014가단123122 판결).
104) 채권자목록에 대여금채권 중 원금 부분만 기재하고 이자 부분은 기재하지 않은 채로 면책결

14-49		⑧ 8호(양육비, 부양료)

양육비나 부양료의 청구권은 보호의 필요성이 강한데, 이를 면책의 대상으로 하는 것은 문제이다. 따라서 현행법에서는 채무자가 양육자 또는 부양의무자로서 부담하여야 하는 비용을 비면책채권으로 추가하였다.

14-50		⑨ 9호(학자금) − 2022. 1. 1. 시행 개정 도산법에서 삭제

2010년 제정된 「취업 후 학자금 상환 특별법」 36조 4항은 면책허가를 받은 채무자의 경우에도 '취업 후 상환 학자금대출 원리금 청구권'에 대하여는 책임이 면제되지 않는다고 규정하였는데, 이를 이어 받아 동법 부칙에서 도산법 566조에 9호를 신설하여 위 청구권을 비면책채권으로 추가하였으나, 2021. 12. 28. 도산법 개정에서 면책을 받은 채무자가 학자금대출의 상환책임에서 벗어나게 함으로써 학자금대출에 대한 부담을 덜어주고, 경제적 자립의 기회를 제공하려는 취지에서 법 566조 9호를 **삭제**하였다(2022. 1. 1. 시행).

14-51		3) 비면책채권인지 여부의 다툼

면책절차에서는 해당 채권이 비면책채권에 해당하는지 여부가 심리되는 것은 아니므로[105] 비면책채권인지 여부가 다투어지는 장면은 면책결정이 확정된 뒤, 가령 파산채권자가 채무자를 상대로 **강제집행**을 하여 온 경우에[106] 채무자

정을 받아 위 결정이 확정된 상태에서 위 이자 채권 등에 관한 집행권원인 화해권고결정에 기한 강제집행의 불허를 구한 사건에서, 원고가 위 채권자목록에 파산채권자로 피고를 기재하고 위 대여금채권의 원본을 기재한 이상 피고는 파산채권자로서 원고의 면책절차에 참여할 수 있었다고 볼 여지가 충분하다. 채권자가 면책절차에 참여할 수 있는 기회가 보장됐다고 봐야 하기 때문에 채무자가 채권자목록에 원본 채권만을 기재하고 이자 등을 따로 기재하지 않았다는 이유로 비면책채권으로 볼 것은 아니다(대법원 2016. 4. 29. 선고 2015다71177 판결). 이에 대한 해설로는 임혜진, "파산·면책신청 시 제출한 채권자목록에 파산채권자 및 그 채권의 원본 내역만 기재된 경우, 그 이자 등 부수 채권이 「채무자 회생 및 파산에 관한 법률」제566조 단서 제7호의 '채무자가 악의로 채권자목록에 기재하지 아니한 청구권'에 해당하는지 여부", 대법원판례해설(제107호, 2016. 12), 644면 이하 참조.

105) 비면책채권자인지 여부의 판단은 해당 채권의 실체적 효력에 관한 판단이므로 비송절차를 기본으로 하는 파산절차와 부합되지 않으므로 회생법원에서 다루지 않는다는 점이 그 근거이다.

106) 파산채권표에 의한 강제집행의 경우에는 면책결정이 확정되면 해당 파산채권이 비면책채권인지 여부에 관계없이 파산채권표에 그 취지가 기재되는데(☞ 14-36), 면책결정이 확정된 취지의 기재에도 불구하고 비면책채권에 대하여는 파산채권표의 집행권원으로서의 효력을 잃는 것은 아니므로 파산채권자는 파산채권표에 기한 강제집행을 할 수 있다. 이때 파산채권자는 (자신의 채권이 비면책채권이라는 점을 주장·증명하여) 집행문부여의 소 등에 의해 집행문을 취득하는 것이 필요하다는 입장이 있는데(伊藤眞 외 5인, 条解破産法(2010), 1607면), 그러나 일본 最判 2014年(平成 26年) 4月 24日은 면책허가결정의 효력이 미치지 않는 파산채권인 것을 이유로 해당 파산채권이 기재된 파산채권표에 기하여 집행문부여의 소를 제기한 사안에

가 면책을 주장하여 청구이의의 소(민사집행법 44조) 등을 제기하는 때이고,107) 이 경우는 파산채권자 쪽에서 비면책성을 주장·증명하여야 한다. 한편, 파산채권자가 채무자에 대하여 해당 채권으로 **이행의 소를 제기**한 경우에는 피고인 채무자가 면책의 항변을 주장하고, 이에 대하여 원고인 파산채권자는 재항변으로서 비면책성을 주장·증명하여야 한다.

(3) 보증인 등에 대한 면책의 효력

14-52

위에서 언급하였듯이 면책은 파산채권자가 채무자의 보증인 그 밖에 채무자와 더불어 채무를 부담하는 사람에 대하여 가지는 권리와 파산채권자를 위하여 제공된 담보에는 영향을 미치지 않는다(567조).108) 채무자의 파산이라는 상황에서는 특히 인적·물적 담보가 그 의미가 있는 것이므로 위 규정은 당연하다고 볼 수 있다(한편, 면책의 여지가 없는 법인의 경우에는 법 548조 2항이 파산종결 또는 파산폐지의 결정으로 소멸하는 경우에 위 법 567조의 규정을 준용한다고 하고 있다). 그런데 개인채무자 파산의 경우에 보증인 등은 채무자의 친족이나 친구인 경우가 많고,

---

서 **집행문 부여의 소는 허용되지 않는다**고 보았다(본 판결 후에 간행된 위 伊藤眞 외 5인, 条解破産法[第2版](2014), 1677면은 입장을 변경하였다). 이를 전제로 그렇다면 채권자는 고유한 집행정본을 별도로 마련하기 위하여 **단순집행문의 부여**를 신청하고(비면책채권인 것이 인정되면 집행문이 부여될 것이다), 집행문 부여가 거절된 경우에 그 처분에 불복이 있으면 **집행문 부여 거절에 대한 이의신청**을 할 수 있을 것이다.

107) 면책결정이 확정되더라도 이는 면책된 채무에 관한 집행권원의 효력을 당연히 상실시키는 사유는 되지 아니하고 다만, 청구이의의 소를 통하여 그 집행권원의 집행력을 배제시킬 수 있는 실체상의 사유에 불과하며, 한편 면책결정의 확정은 면책된 채무에 관한 집행력 있는 집행권원 정본에 기하여 그 확정 후 비로소 개시된 강제집행의 집행장애사유가 되지 아니한다(대법원 2013. 9. 16.자 2013마1438 결정). 관련하여 지은희, "파산절차에서 면책결정의 확정이 채권압류 및 추심명령에 대한 적법한 항고이유가 되는지 여부", 사법논집(2015. 12), 455면 이하 참조. 또한 임대차보증금반환채권이 면책채권이라는 확인을 받음으로써 궁극적으로는 그 강제집행절차를 막으려는 목적에서 면책된 채무에 관한 집행권원을 가지고 있는 채권자를 상대로 면책확인의 소를 제기한 사안에서, 강제집행절차를 막기 위한 가장 유효·적절한 수단은 청구이의의 소를 제기하는 것이고, 면책확인 판결을 받는 것만으로는 위 임대차보증금반환채권에 관한 확정판결의 집행력을 배제할 수 없어 피고로부터 강제집행을 당할 위험이 여전히 제거되지 않는다고 보아 위 면책확인을 구하는 소의 확인의 이익이 없다고 보았다(대법원 2017. 10. 12. 선고 2017다17771 판결).

108) 한편, 기술보증기금법 37조의3, 신용보증기금법 30조의3, 중소기업진흥에 관한 법률 74조의2는 법 567조에도 불구하고 채권자가 위 기금, 중소기업진흥공단인 경우에는 중소기업의 파산선고 이후 면책결정을 받는 시점에 주채무가 감경 또는 면제될 경우 연대보증채무도 동일한 비율로 감경 또는 면제한다는 위 법 567조에 대한 예외규정을 두고 있는데, 대법원 2016. 8. 25. 선고 2016다211774 판결은 채무자 회생 및 파산에 관한 법률에서 개인파산절차와 달리 법인파산절차에는 면책절차를 규정하고 있지 않으므로 면책결정을 받을 여지가 없는 법인인 중소기업의 파산에는 위 예외규정이 적용되지 않는다고 보았다.

보증인에게 추급하는 것은 면책 후에 채무자의 채무지급에 간접적인 압력이 될 수 있으므로 위 규정은 채무자의 새로운 재출발에 중대한 장해요인이 된다. 그리하여 개인채무자 파산의 장면에서는 그 합리성에 대한 의문과109) 이를 재검토할 필요성도110) 제기되고 있다.

◆ **종전 회사정리법 240조 2항 위헌 여부 등** ◆   참고로 보면, 종전 회사정리법 240조(현행법 250조에 해당) 2항에서, 정리계획의 효력범위에 관하여 정리계획은 정리채권자가 정리회사의 보증인 등에 대하여 가진 권리에 영향을 미치지 아니한다고 하여 파산절차에서의 보증인 등에 대한 위 도산법 567조와 마찬가지 취지의 규정이 있었는데, 위 회사정리법 240조 2항이 헌법에 위반되는지 여부에 관하여, 헌법재판소는 헌법에 위반되지 아니한다는 결정을 한 바 있다(자세히는 ☞ 16-113).111)

한편, 채무자에 대한 면책결정이 확정된 경우에 보증인이 채권자에게 보증채무를 이행하고 채무자에 대한 구상권 등을 취득하더라도 이는 면책 후에 새로 취득한 채권이 아니라, 채무자에 대한 **장래의 청구권**(427조 2항)으로 이미 취득한 파산채권이 현실화된 것이므로 구상권에 당연히 면책의 효력이 미치고, 따라서 보증인은 채무자에 대하여 구상권을 행사할 수 없다.112) 다만, 보증인은 파산절차에서 일정한 요건하에 **장래의 구상권자**로 파산절차에 참가하여 배당받을 수 있는 권리가 보장되어 있으므로(430조) 나중에 구상권을 행사할 수 없는 위와 같은 상황을 피하기 위해서 미리 파산절차에 참가하여 장래의 구상권을 행사하여야 한다(☞ 6-33).

14-53   **(4) 당연복권**

면책결정이 확정되면, 채무자는 당연히 복권하고 신분상 권리·자격의 제한으로부터 해방된다(574조 1항 1호). 본래 면책은 채무자를 새출발시키고자 하는

---

109) 채무자는 면책결정에 의하여 파산선고 당시의 채무를 면하게 되고 파산선고 후의 급료나 새로 취득한 재산은 자유로이 사용할 수 있다. 하지만 채무자의 채무를 보증하였던 보증인은 계속하여 채무를 부담하여야 하는 등 불합리한 점이 있다. 채무자는 면책되고 보증인이 그 채무를 떠안게 되는 불합리한 일이 벌어지게 되는 것이다. 따라서 채무자는 면책되고 애꿎은 선의의 보증인이 채무를 부담하는 규정에 대한 보완이 필요하고, 하루 빨리 개선되어야 한다는 지적이 있다(법률신문, 2000. 3. 13.자 기사).
110) 伊藤眞, 破産法·民事再生法, 730-731면; 齊藤秀夫·麻上正信·林屋礼二 編, 注解破産法(下卷)[池田辰夫 집필], 827면.
111) 헌법재판소 1992. 6. 26. 선고 91헌가8, 9(병합) 결정.
112) 백창훈, 전게 "면책과 복권", 424면.

것이므로 복권은 당연한 것이다.

◆ **면책을 이유로 한 차별금지** ◆   면책제도가 실효성 있기 위하여 여러 장면에서 면책을 받은 채무자에 대한 차별을 금지하여야 한다. 자동차사고로부터 생긴 채무를 완제하지 않고 면책을 받은 채무자에 대하여 교통사고 피해자보호의 입장에서 운전면 허의 갱신거부를 한 Arizona주 법에 대하여 미국 연방최고법원은 연방파산법의 새로 운 출발 정책에 어긋나 무효라고 한 사례가 있었는데,[113] 이 판결의 영향하에 1978년 연방파산법이 위 원칙을 입법화하여 정부기관에 의한 채무자의 차별을 금지하였고, 나아가 1984년 연방파산법 525조는 민간의 사용자(private employer)에 의한 해고 등 의 고용관계(employment)에 관한 차별(discrimination)도 금지하였다. 고용상의 차별, 신용상의 차별[114] 등 여러 장면에서 차별이 금지되어야 한다.[115]

4. 면책의 취소

(1) 의 의

채무자에 대하여 사기파산에 관한 유죄판결이 확정된 경우나 채무자가 부 정한 방법으로(그 예로는 파산채권자 또는 파산관재인에게 협박, 뇌물의 증여, 특별이익의 공여 등의 방법을 생각할 수 있다) 면책을 받은 경우에 일정한 요건과 절차하에 법원 은 면책취소의 결정을 할 수 있다(개인회생절차에서는 ☞ 17-104).

14-54

(2) 절 차

채무자가 유죄의 확정판결을 받은 때에는 법원은 파산채권자의 신청에 의 하거나 직권으로 면책취소의 결정을 할 수 있다(569조 1항 전문). 그리고 채무자 가 부정한 방법으로 면책을 받은 경우에 파산채권자가 면책 후 1년 이내에 면책 의 취소를 신청한 때에도 면책취소의 결정을 할 수 있다(동조 동항 후문). 이 경우

14-55

---

113) Perez v. Campbell, 402 U.S. 637; 29 L. Ed. 2d 233; 91 S. Ct. 1704(1971).

114) 면책결정정보는 면책결정을 원인으로 별개의 신용정보로서 등록되는 것이고 그 자체로서 독 자적인 신용정보에 해당하므로, 면책결정으로 채무에 관한 책임이 면제된다고 하더라도 이로써 곧바로 면책결정정보 그 자체에 대하여 신용정보주체에게 불이익을 줄 수 있는 오래된 신용정 보를 삭제하도록 한 규정에 있어서 그 불이익을 초래하게 된 사유가 해소된 경우에 해당한다고 할 수 없다(대법원 2013. 3. 28. 선고 2011다56613, 56620 판결).

115) 파산선고 및 면책결정을 받은 자가 자신의 이름이 '흔하고 개성이 없고 시대에 뒤떨어진다' 는 등의 이유로 개명신청을 한 사안에서, 그 개명신청의 이유가 주관적이라는 사정만으로 개명 을 허가할 상당한 이유에 해당하지 않는다고 볼 수 없고, 개명신청자 스스로 파산선고 및 면책 결정을 받은 사실을 개명신청 이유의 하나로 표명하고 있는 등 개명신청권의 남용이 있다고 볼 수 없다는 이유로 개명을 불허한 원심결정을 파기하였다(대법원 2009. 10. 16.자 2009스90 결정).

에는 신청에 의하여야 하고, 직권으로는 면책취소의 결정을 할 수 없다.116) 법원은 면책취소의 재판을 하기 전에 채무자 및 신청인의 의견을 들어야 한다(570조). 면책취소의 결정이 확정된 때에는 법원사무관등은 파산채권자표가 있는 경우에는 파산채권자표에 면책취소의 결정이 확정된 뜻을 기재하여야 한다(573조).

14-56   **(3) 효   과**

면책취소의 결정은 확정에 의하여 효력이 생긴다(571조). 면책취소에 의하여 면책의 효력을 받은 파산채권자의 권리가 면책 전의 상태로 부활된다. 면책 후, 그 취소까지 사이에 생긴 원인에 기하여 채무자에 대한 채권을 취득한 새로운 채권자는 다른 채권자에 우선하여 변제를 받을 수 있는 권리를 가진다(572조). 면책을 신뢰하여 거래를 한 상대방을 보호하는 취지이다. 그리고 복권도 장래에 향하여 그 효력을 잃는다(574조 2항).

Ⅱ. 복   권

14-57   **1. 의   의**

복권은 채무자가 파산선고에 의하여 받고 있는 여러 가지 공적 또는 사적인 자격·권리에 대한 제한을 소멸시켜 그 본래의 법적 지위를 회복시키는 것을 말한다. 우리 파산법 내지 도산법은 비징계주의(非懲戒主義)를 취하고 있지만, 비징계주의하에서도 여러 가지 이유에서 다른 법률에 다수의 제한을 두고 있다. 가령 변호사법 5조 6호를 보면, 채무자로서 복권되지 않은 자는 변호사가 될 수 없다고 규정하고 있다(☞ 그 밖의 자격상실의 경우에 대하여는 3-70 참조). 그러나 파산절차는 채권·채무를 청산하는 절차이고 채무자의 인격적 또는 신분상의 비난을 포함하고 있지 않은 이상, 파산선고에 의하여 채무자에게 위와 같은 제한을 영구적으로 가하는 것은 타당하지 않다. 따라서 복권이라는 제도가 존재하는 것이다.

---

116) 관련하여 실무상 비면책채권자에게도 면책신청권이 있는지 여부가 문제되는데, 긍정하는 입장으로는 전대규, 1506면. 한편, 이미 채권 전액을 배당받은 우선적 파산채권자는 면책의 취소에 의하여 아무런 이익을 받지 않으므로 신청적격이 부정되어야 한다는 입장으로는 伊藤眞 외 5인, 条解破産法, 1618면.

2. 당연복권

14-58

당연복권은 파산선고를 받은 채무자가 일정한 사유의 발생에 의하여 당연히 복권되는 경우이다(574조 1항). 복권의 신청 및 재판이 필요하지 않다.

(1) 면책의 결정이 확정된 때(1호)

14-59

면책이 있으면 잔존채무를 변제할 책임이 전부 소멸되고, 본래 면책은 채무자를 새출발시키고자 하는 것이므로 채무자는 당연복권된다. 물론 면책취소결정이 확정되면 복권은 장래에 향하여 그 효력을 잃는다(574조 2항). 한편, 앞에서 일부면책의 가부에 대하여 보았는데, 일부면책을 인정하는 경우라도 면책되지 않은 부분이 남은 이상 당연복권은 인정되지 않는다고 풀이하여야 한다는 입장에 대하여 당연복권이 된다고 보아야 한다는 반론을 제기할 수 있다.[117]

(2) 동의(同意)파산폐지의 결정이 확정된 때(2호)

14-60

동의파산폐지(538조)는 총파산채권자의 동의가 필요한데, 그 점에서 채무자를 복권시키는 것으로 한 것이다.

(3) 채무자가 파산선고 후 사기파산죄에 관하여 유죄의 확정판결을 받음이 없이 10년이 경과한 때(3호)

14-61

가령, 면책을 받지 못한 채무자라도 너무 오랫동안 자격제한을 지속시키는 것은 그 회생을 막는 결과가 되므로 사기파산죄에 관하여 유죄의 확정판결을 받은 채무자를 제외하고 복권을 인정한 것이다.

3. 신청에 의한 복권(재판에 의한 복권)

14-62

위 법 574조에 의하여 (당연)복권될 수 없는 파산선고를 받은 채무자가 변제 그 밖의 방법으로 파산채권자에 대한 채무의 전부에 관하여 책임을 면한 때에는 파산법원은 파산선고를 받은 채무자의 신청에 의하여 복권의 결정을 하여야 한다(575조 1항). 여기의 파산채권자는 신고를 하지 않은 사람도 포함한다.[118] 파산선고를 받은 채무자는 복권을 신청함에 있어서 그 책임을 면한 사실을 증명할 수 있는 서면을 제출하여야 한다(동조 2항).

---

117) 김정만, "파산면책의 효력", 사법논집(제30집, 1999), 203면.
118) 전대규, 1510면; 伊藤眞, 破産法・民事再生法, 736면; 三上威彦, 628면.

복권의 신청이 있으면 법원은 그 뜻을 공고하고 이해관계인의 열람에 제공하기 위하여 그 신청에 관한 서류를 법원에 비치하여야 한다(576조). 파산채권자는 위 공고가 있은 날로부터 기산하여 3월 이내에 복권의 신청에 관하여 법원에 이의를 신청할 수 있다(577조 1항). 이의신청이 있은 때에는 법원은 파산선고를 받은 채무자와 이의를 신청한 파산채권자의 의견을 들어야 한다(동조 2항). 다만, 그 방법으로서는 실무상 서면을 제출시키는 방법도 무방하리라 생각한다.

법원은 이의신청이 이유가 있다고 인정하는 때에는 복권의 신청을 기각한다. 소정의 기간 내에 이의신청이 없는 때 또는 이의신청이 이유가 없다고 인정되는 때에는 법원은 복권의 결정을 한다. 복권의 결정에 대하여는 즉시항고를 할 수 있다(575조 3항).

복권의 결정은 확정된 후부터 그 효력이 발생한다(578조). 통상의 결정은 고지에 의하여 즉시 그 효력이 생기는데, 복권의 결정에 있어서는 즉시항고에 의하여 결정이 취소되면 그때까지의 법률관계의 취급에 문제가 생길 수 있으므로 복권의 효력은 복권의 결정이 확정되어야 비로소 생긴다고 규정한 것이다.

제 9 장

파산범죄

법 제6편 벌칙에서는 파산과 밀접하게 관련 있는 일정한 범죄유형과 그 형벌을 규정하고 있다. 여기서는 파산선고의 전후에 채무자나 관계자가 행한 어떠한 행위가 파산범죄가 되는가. 그리고 왜 파산범죄를 두고 있는가를 살펴본다. 한편, 가령 법 650조 사기파산죄 등에 대응하여 법 643조 사기회생죄 등이 규정되어 있는데, 회생절차에 있어서의 범죄유형과 그 형벌에 대하여는 따로 설명하지 않는다. 그리고 법 660조 1항에서 재산조회불응 및 허위자료제출에 대한 과태료, 동조 3항에서 면책된 채권에 기한 추심행위에 대한 과태료에 관하여 규정하고 있다.

I. 의   의

15-1

채무자가 파산재단에 속한 재산을 은닉하는 것 등에 의하여 재산을 감소시키는 행위는 직접적으로 채권자에게 재산상의 불이익을 초래한다. 또한 파산절차의 과정에서 파산관재인 등이 뇌물수수 등의 부정행위를 한다면 채권자의 공평한 만족이 이루어지기 어렵다. 그리하여 도산법은 총채권자의 공평한 만족을 도모한다는 목적을 달성하기 위해서 제6편에서 도산범죄에 대한 벌칙을 마련하고 있다. 파산범죄에 대하여는 형법총칙의 규정이 적용된다(형법 8조). 그리고 도산법은 파산범죄에 대한 실체규정을 둔 것뿐이고, 그 심리·재판은 형사소송법이 정하는 절차에 의하여 이루어진다.

15-2

Ⅱ. 각종의 파산범죄

파산재단을 감소시키거나 파산재단에 속하는 재산의 파악을 방해하는 범죄로서 사기파산죄(650조, 652조, 654조 전단), 과태파산죄(651조, 652조), 허위채권행사죄(654조 후단)가 규정되어 있다. 이는 채권자의 실질적인 불이익에 직결되는 행위이기 때문에 파산실질죄(破産實質罪)라고 한다. 파산실질죄는 총채권자의 재산적 이익을 보호법익으로 하는 위험범으로 본다. 회생절차(간이회생절차)와 관련하여 사기회생죄(643조), 제3자의 사기회생죄(644조), 사기회생죄에 대한 특칙(644조의2)도 마찬가지 취지의 규정이다.

이에 대하여 파산절차죄라고 하는 파산수뢰죄(655조), 파산증뢰죄(656조), 설명의무위반죄(658조)는 채권자의 재산적 이익의 보호를 궁극적인 목적으로 하면서도 직접적으로는 절차의 적정과 원활한 수행이라는 국가적 법익을 보호하는 것으로 풀이한다. 회생절차와 관련하여 회생수뢰죄(645조), 회생증뢰죄(646조) 등도 마찬가지 취지의 규정이다.

그리고 현행법에서는 구인불응죄(653조), 재산조회결과의 목적외 사용죄(657조)를 신설하였다.

그 밖에도 파산과정에 있어서는 형법상의 강제집행방해죄, 사기죄, 배임죄, 업무상횡령죄 등이 문제된다.

15-3

1. 사기파산죄(650조)

채무자가 파산선고의 전후를 불문하고 자기 또는 타인의 이익을 도모하거나 채권자를 해할 목적으로 아래에 해당되는 행위를 하고 그 파산선고가 확정된 때에는 10년 이하의 징역 또는 1억 원 이하의 벌금에 처한다(현행법에서 징역형 외에 벌금형을 추가).

15-4

(1) 행위주체

법인도 여기에서의 채무자에 속하는지 여부에 다툼이 있으나, 법인처벌규정이 없으므로 소극적으로 풀이할 것이다.1) 따라서 사기파산죄의 행위주체는 자연인인 채무자에 한정된다(진정신분범).

---

1) 中野貞一郎·道下徹 編, 基本法コンメンタール破産法[内田文昭 집필], 376면.

한편, 법 652조에 의하면 채무자의 법정대리인, 채무자가 법인인 경우의 그 이사, 채무자의 지배인, 상속재산에 대한 파산의 경우의 상속인 및 그 법정대리인과 지배인에게도 사기파산죄의 주체가 확장되어 있다. 게다가 법 654조는 그 밖의 제3자도 마찬가지로 처벌하고 있다.[2]

(2) 행위목적

본죄는 목적범이므로 고의 이외에 자기 또는 타인의 이익을 도모하거나 채권자를 해할 목적이 필요하다.

15-6

(3) 행위유형

1) 파산재단에 속하는 재산을 은닉 또는 손괴하거나 채권자에게 불이익하게 처분을 하는 행위(1호)

15-7

재산의 은닉은 재산의 발견을 불가능하게 하거나 곤란하게 만드는 것을 말하고, 재산의 소재를 불명하게 하는 경우뿐만 아니라 재산의 소유관계를 불명하게 하는 경우도 포함한다.[3]

불이익처분의 범위에 관하여는 파산재단에 속하는 재산 전체를 감소시키는 행위에 한정한다는 **절대적 불이익설**과 일부 채권자에 대한 변제, 대물변제 등의 편파행위도 포함한다는 **상대적 불이익설**의 대립이 있다. **판례**는 절대적 불이익설을 취하고 있다.[4]

---

2) 채무자 이외의 사람이 채무자의 사기파산행위에 가담한 경우에는 법 652조 또는 654조의 죄로 처벌할 수 있다고도 볼 수 있지만, 오히려 법 652조와 654조는 법 650조의 보충규정이라고 풀이하여야 하고 신분범의 공범에 관한 형법 규정을 적용하여 법 650조의 죄로 처벌하여야 할 것이다. 伊藤眞, 破産法[全訂第3版], 490면.

3) 그러나 채무자가 법원에 파산신청을 하면서 단순히 소극적으로 자신의 재산 상황을 제대로 기재하지 아니한 재산목록 등을 제출하는 행위는 위 재산의 은닉에 해당하지 않는다. 상속재산이 있음에도 상속에 기한 소유권이전등기를 마치지 않은 채 파산신청을 하면서 상속재산이 없다는 허위 내용의 진술서를 첨부하여 제출한 것은 재산의 은닉에 해당하지 않으므로 사기파산죄가 성립하지 않는다(대법원 2009. 7. 9. 선고 2009도4008 판결).

4) 1호에서 말하는 채무자가 파산재단에 속하는 재산을 '채권자에게 불이익하게 처분을 하는 행위'는 부당한 저가의 매매나 무상의 증여 등과 같이 같은 호에 열거된 '은닉', '손괴'에 견줄 수 있을 만큼 채권자 전체에게 절대적으로 불이익을 미치게 하는 행위를 뜻하는 것이지, 단순히 채권자간의 공평을 해함에 그치게 하는 행위를 뜻하는 것이 아니므로, 특정의 채권자에 대한 변제 등은 다른 채권자에게 불이익한 결과를 가져온다 하더라도 특별한 사정이 없는 한 이에 해당하지 않는다(대법원 2001. 5. 8. 선고 2001도679 판결). 일본 最判 1970年(昭和 45年) 7月 1日, 刑集(24卷 7号), 399면도 마찬가지이다.

15-8   2) 파산재단의 부담을 허위로 증가시키는 행위(2호)

저당권 등 별제권이 되는 담보권을 설정하는 행위, 재단채권이나 파산채권을 허위로 증가시키는 행위 등이 본호에 해당된다.

15-9   3) 법률의 규정에 의하여 작성하여야 하는 상업장부를 작성하지 아니하거나, 그 상업장부에 재산의 현황을 알 수 있는 정도의 기재를 하지 아니하거나, 그 상업장부에 부실한 기재를 하거나, 그 상업장부를 은닉 또는 손괴하는 행위(3호)

상업장부를 작성하지 않는 등의 행위는 파산관재인이 파산재단의 범위를 정확하게 파악하는 것을 곤란하게 하고 파산채권자의 이익을 해치므로 처벌의 대상으로 하는 것이다.

15-10   4) 제481조의 규정에 의하여 법원사무관등이 폐쇄한 장부에 변경을 가하거나 이를 은닉 또는 손괴하는 행위(4호)

그런데 법 481조에 의하면 법원사무관등이 장부를 폐쇄하는 것이 아니라, 파산관재인이 장부를 폐쇄하므로 이는 입법과정에서의 오류이다. 하여튼 이러한 행위도 재산관계를 불명확하게 하는 점에서 파산채권자의 이익을 해하는 행위이다.

15-11   (4) 처벌요건

사기파산죄 등의 파산실질죄에 있어서는 파산선고의 확정이 그 요건으로 규정되어 있는데, 정책적인 이유에 의하여 위 해당 행위 이외에 부가된 객관적 처벌조건이고, 범죄의 성립 여부와는 관계가 없다고 본다. 입법론으로서는 파산선고의 확정을 요건으로 하는 것보다는 이에 대신하여 지급정지나 지급불능을 요건으로 하는 것이 타당하다는 지적이 있다.

15-12   **2. 과태파산죄(651조)**

채무자가 파산선고의 전후를 불문하고 아래에 해당되는 행위를 하고 그 선고가 확정된 때에는 5년 이하의 징역 또는 5천만 원 이하의 벌금에 처한다.[5]

---

5) 종전 파산법 367조(현행법 651조에 해당) 1호에서는 낭비 또는 도박 기타 사행행위(射倖行爲)를 하여 현저히 재산을 감소시키거나 과대한 채무를 부담하는 행위를 과태파산죄로 처벌하였는데, 낭비가 범죄의 구성요건으로 판단기준이 애매하고, 채무자의 불성실성에 관련되기는 하지만, 굳이 형벌의 대상으로 할 필요성은 없고, 또한 도박 기타 사행행위는 형법 등에 의하여 충분히 처벌될 수 있으므로 현행법에서는 이를 과태파산죄에서 삭제하였다. 다만, 면책불허가사

(1) 행위주체   15-13

과태파산죄의 주체는 채무자인데, 법 652조에 의하여 채무자의 법정대리인, 법인인 채무자의 이사 등과 같은 준채무자에게도 과태파산죄의 주체가 확대되어 있지만, 그 밖의 제3자에 대하여는 과태파산죄의 처벌규정을 결여한 점에서 사기파산죄와는 다르다(654조 참조).

(2) 행위목적   15-14

사기파산죄와 같이 자기 또는 타인의 이익을 도모하거나, 채권자를 해할 목적은 필요하지 않은데, 다만 제1호의 죄에서는 파산의 선고를 지연시킬 목적이, 제2호에서는 어느 채권자에게 특별한 이익을 줄 목적이 필요하다. 자기 또는 타인의 이익을 도모하거나 채권자를 해할 목적이 없는 점, 행위태양의 일탈성이 경미한 점에서 사기파산죄보다 법정형은 약하다.

(3) 행위유형   15-15

1) 파산의 선고를 지연시킬 목적으로 신용거래로 상품을 구입하여 현저히 불이익한 조건으로 이를 처분하는 행위(1호)[6]

2) 파산의 원인인 사실이 있음을 알면서 어느 채권자에게 특별한 이익을 줄 목적으로 한 담보의 제공이나 채무의 소멸에 관한 행위로서 채무자의 의무에 속하지 아니하거나 그 방법 또는 시기가 채무자의 의무에 속하지 아니하는 행위(2호)

3) 법률의 규정에 의하여 작성하여야 하는 상업장부를 작성하지 아니하거나, 그 상업장부에 재산의 현황을 알 수 있는 정도의 기재를 하지 아니하거나, 그 상업장부에 부정의 기재를 하거나, 그 상업장부를 은닉 또는 손괴하는 행위(3호)

4) 제481조의 규정에 의하여 법원사무관등이 폐쇄한 장부에 변경을 가하거나 이를 은닉 또는 손괴하는 행위(4호)

유에 있어서는 일반적인 국민감정으로부터 이를 완전히 삭제하여 면책불허가사유에서 제외하는 것은 도덕적 해이와 위화감을 가져온다는 지적이 있었으므로 현행법 564조 2항에서는 '낭비' 대신, '과다한 낭비'로 수정하여 이를 면책불허가사유로 규정하였다. 즉 과태파산죄의 대상으로 위와 같은 행위를 처벌의 대상에서는 삭제하였으나, 면책불허가사유로는 수정하여 존치시켰다.
6) 이에 대응되는 종전 파산법 367조 2호는 파산의 선고를 지연시킬 목적으로 현저하게 불이익한 조건으로 채무를 부담하거나 신용거래로 인하여 상품을 구입하여 현저히 불이익한 조건으로 이를 처분하는 행위를 처벌하였는데, 현행법 651조 1호와 약간 다르다.

15-16   **3. 구인불응죄(653조)**

법 319조, 320조 및 322조의 규정에 의한 구인의 명을 받은 사람이 그 사실을 알면서도 파산절차를 지연시키거나 구인의 집행을 회피할 목적으로 도주한 때에는 1년 이하의 징역 또는 1천만 원 이하의 벌금에 처한다.

15-17   **4. 파산수뢰죄(655조)**

파산관재인 또는 감사위원이 그 직무에 관하여 뇌물을 수수, 요구 또는 약속한 경우에는 5년 이하의 징역 또는 5천만 원 이하의 벌금에 처한다. 파산채권자, 그 대리인 또는 그 이사가 채권자집회의 결의에 관하여 뇌물을 수수, 요구 또는 약속한 때에도 마찬가지이다. 위 경우에 범인 또는 그 정을 아는 사람이 수수한 뇌물은 이를 몰수하고, 몰수할 수 없는 때에는 그 가액을 추징한다.

위 법 655조의 규정은 대한민국 외에서 같은 조의 죄를 범한 자에게도 적용한다(659조 1항). 이 파산수뢰죄에 대한 국외범 처벌 규정 및 다음의 파산증뢰죄에 대한 국외범 처벌 규정은 국제도산법제의 정비에 있어서(☞ 후술 국제도산 참조) 이제는 속지주의를 취하지 않아 채무자의 외국에 있는 재산에 대하여도 국내도산절차의 효력이 미치고, 나아가 국내도산절차의 파산관재인 등은 외국에서 활동할 권한을 가지게 됨에 따라 뇌물의 공여·수수 등이 외국에서 이루어질 우려가 있어서 현행법에서 신설한 것이다.

15-18   **5. 파산증뢰죄(656조)**

파산관재인, 감사위원, 파산채권자나 그 대리인 또는 그 이사에게 뇌물을 약속 또는 공여하거나 공여의 의사를 표시한 사람은 3년 이하의 징역 또는 3천만원 이하의 벌금에 처한다.

국외범에 대하여 위 법 656조의 죄는 형법 5조(외국인의 국외범)의 예에 따른다(659조 2항).

15-19   **6. 재산조회결과의 목적외 사용죄(657조)**

법 29조 1항의 규정에 의한 재산조회의 결과를 파산절차를 위한 채무자의 재산상황조사 외의 목적으로 사용한 사람은 2년 이하의 징역 또는 2천만 원 이하의 벌금에 처한다. 현행법 29조에서 재산조회제도를 도입함에 따라 재산조회의 결과를 목적 외로 사용하는 행위를 처벌하게 된 것이다(아울러 재산조회의 결과를 강제집행 외의 목적으로 사용하는 것에 대한 처벌 규정인 민사집행법 76조 2항 참조). 관련하여 법 29조 1항의 규정에 의하여 조회를 받은 공공기관·금융기관·단체 등의 장이 정당한 사유 없이 자료제출을 거부하거나 허위의 자료를 제출한 경우에 그 자는 500만 원 이하의 과태료에 처한다(660조 1항).

7. 설명의무위반죄(658조)

15-20

법 321조의 규정에 의하여 설명의 의무가 있는 사람이 정당한 사유 없이 설명을 하지 아니하거나 허위의 설명을 한 때에는 1년 이하의 징역 또는 1천만 원 이하의 벌금에 처한다.

제 3 편

회생절차

제 3 편

회생절차

청산형 절차인 파산절차에 대하여, 재건형 절차(청산의 회피를 목적으로 사업의 효율적 회생을 도모하고자 하는 절차로, 회생형 절차라고도 한다)로서 종래 화의법에 의한 화의절차, 회사정리법에 의한 회사정리절차가 도산처리제도의 중요한 부분을 차지하고 있었다. 그런데 2006년 제정된 「채무자 회생 및 파산에 관한 법률」에서는 화의법상의 화의절차를 전면 폐지하고(아울러 파산법상의 강제화의도 폐지), 회사정리법상의 회사정리절차를 개선하는 방향에서 종전의 화의절차 및 회사정리절차를 법 제2편 '회생절차'로 통일하여 규정하였다.

I. 총 론

1. 회생절차의 의의

16-1

도산처리제도는 크게 청산형 절차와 재건형(회생형) 절차로 나눌 수 있는데, 종전 도산처리의 재판상 절차로, 청산형 절차에 대하여는 파산법이 규율하였고, 재건형 절차에 대하여는 화의법, 회사정리법, 개인채무자회생법으로 나누어 규율하였다. 그러나 현재 도산처리제도는 총 660조에 이르는 단일 법률인 「채무자 회생 및 파산에 관한 법률」 속에서 제2편 '회생절차', 제3편 '파산절차', 제4편 '개인회생절차'로 나누어 규율되고 있다. 이 가운데 제2편 회생절차는 재정적 어려움으로 인하여 파탄에 직면해 있는 채무자에 대하여 청산의 회피를 목적으로 채권자·주주·지분권자 등 이해관계인의 법률관계를 조정하여 채무자 또는 그 사업의 효율적 회생을 도모하고자 하는 재건형 절차로(1조 목적 참조), 종전의 화의절차와 회사정리절차를 통일하여 규정한 것이지만, 실질적으로 종전의 회사정리절차의 골격을 답습한 것이라고 볼 수 있다.[1]

---

1) 우리 도산법과 같이 미국 연방파산법(Bankruptcy Code, 11 U.S.C.)은 여러 도산절차를 하나

〈도산처리제도의 규율〉

구분 \ 규율	종전 규율	현행법에서의 규율
청산형 절차	파산법	파산절차(법 제3편)
재건형 절차	회사정리법	회생절차(법 제2편)
	화의법	
	개인채무자회생법	개인회생절차(법 제4편)

16-2   **2. 단일법률에서의 복수절차**

현행 도산법에서는 도산처리절차를 신청 단계에서부터 단일절차형(내지는 일체형)으로 한 것이 아니고, 회생절차, 파산절차, 개인회생절차의 복수절차를 별도로 병렬적으로 유지하면서, 「채무자 회생 및 파산에 관한 법률」이라는 하나의 법률로 함께 규율한 것에 불과하다. 물론 각 절차 서로 사이의 관계를 별도로 나누면서도 절차 서로 사이의 이행(移行)을 인정하거나, 또는 다른 절차에 관한 규정의 일부를 이용할 수 있도록 하거나, 절차의 어느 쪽에도 타당한 공통규정 내지는 총칙규정을 마련하고 있다. 그러나 각 절차는 서로 분명히 구별되며, 신청인은 신청 당시 어느 절차를 이용할 것인지를 처음에 선택하지 않으면 안 된다. 그런데 가령, 채무자는 절차개시의 신청시에 청산절차 또는 회생절차의 선택을 할 필요가 없이 단지 법원에 도산절차개시를 신청하면 되고, 도산절차개시 결정 후, 청산절차로 진행하여 나아갈 것인가, 회생절차로 진행하여 나아갈 것인가, 아니면 M&A를 추진할 것인가를 결정하는 방식과 같이 도산처리절차의 신청 단계에서 절차를 통일하여 신청부터 단일한 절차(내지는 일체형)로 하여야 진정한 도산처리법의 통합이라고 할 수 있을 것이다. 따라서 '통합' 도산법이란 용어의 사용을 충분히 만족시킨 것은 아니라고 생각한다(전술 ☞ 1-10 참조).

◆ **절차의 연결**(이미 앞에서 설명 ☞ 1-12 이하) ◆

첫째, 신청인은 신청 당시 어느 절차를 이용할 것인지를 선택할 수 있다. 가령 파산신청 후 또는 경우에 따라서는 파산선고 후라도 회생절차의 개시신청을 할 수 있다(다만, 35조 2항 참조). 한편, 반대로 회생절차개시결정이 있는 후에는 파산신청을 할 수 없다(58조 1항). 나아가 절차가 경합하는 경우에는 회생절차를 파산절차에 우선시키면서 파

의 통일 법전으로 규정하고 있는데, 제11장 재건절차(Reorganization. 이는 종전의 회사재건절차와 채무정리정차를 통합한 절차)가 우리의 회생절차에 해당한다.

산절차의 중지 또는 실효를 정하고 있다(44조 1항 등. 여기서 재건형 절차인 회생절차와 개인회생절차 사이에서는 개인회생절차가 우선한다. 즉 파산절차, 회생절차, 개인회생절차 가운데 개인회생절차가 가장 우선하며, 다음으로 회생절차가 우선한다).

둘째, 회생절차가 그다지 효과적이지 못하고 실패한 경우에는 파산절차로 이행하는 길이 마련되어 있다.[2] 가령 파산선고를 받지 않은 채무자에 대하여 회생계획인가의 결정이 있은 후 회생절차(간이회생절차 포함)폐지의 결정이 확정된 경우에 법원은 그 채무자에게 파산의 원인이 되는 사실이 있다고 인정하는 때에는 **직권**으로 반드시(필수적) 파산을 선고하도록 하였고(6조 1항),[3] 또한 ① 회생절차(간이회생절차 포함)개시신청의 기각결정, ② 회생계획인가 전 회생절차(간이회생절차 포함)폐지결정, ③ 회생계획불인가결정이 확정된 경우에 법원은 그 채무자에게 파산의 원인이 되는 사실이 있다고 인정하는 때에는 채무자 또는 관리인의 신청에 의하거나 직권으로 파산을 선고할 수 있도록(임의적) 하였다(6조 2항).[4] 또한 파산선고를 받은 채무자에 대하여 회생절차가 개시되었기 때문에 당연히 중지되었던(58조 2항 1호) 파산절차가 그 뒤 회생절차가 그다지 효과적이지 못하고 실패한 경우에 파산절차의 중지는 해소되고, 파산절차는 당연히 속행된다(7조 1항).[5]

3. 회생절차의 개요   16-3

회생절차의 대체적인 개요는 다음과 같다. ① 회생절차개시의 신청에 대하여 법원은 절차개시 여부를 결정한다. 필요에 따라 보전처분이 있게 된다. ②

---

2) 여러 도산절차를 하나의 법전으로 규정하고 있는 미국 연방파산법(☞ 1-10 참조) 1112조에서도 제11장(재건절차) 사건에서 파산절차인 제7장으로의 전환(conversion)이 인정되고 있다.

3) 이 경우의 절차의 이행과 관련하여 새로이 파산채권의 신고 등이 필요한데, 파산절차에서 채권조사확정의 대상이 되는 파산채권은 파산선고 당시를 기준으로 판단해야 하므로, 확정에 있어서 종전 회생절차에서 확정된 회생채권이 회생계획에 따라 변경되고 파산선고 당시까지 변제되는 등의 사정을 모두 반영하여야 한다는 대법원 2020. 12. 10. 선고 2016다254467, 254474 판결 참조.

4) 위와 달리 종전 회사정리법 23조 1항에서는 법원은 직권으로 파산을 선고하도록 하였다. 이러한 필수적 파산선고의 위험부담으로 말미암아 회생절차의 신청 자체를 주저하는 것을 피하기 위해서 필수적 파산선고사유보다 축소하여 회생계획인가의 결정이 있은 후 회생절차폐지의 결정이 확정된 경우에만 필수적 파산선고사유로 하고, 회생계획인가 전 회생절차폐지결정, 회생계획불인가결정이 확정된 경우 등을 재량적(임의적) 파산선고사유로 하였다.

5) 위 경우에 공익채권은 재단채권으로 한다(7조 1항). 제3편(파산절차)의 규정을 적용함에 있어서 제2편(회생절차)에 의한 회생채권의 신고, 이의와 조사 또는 확정은 파산절차에서 행하여진 파산채권의 신고, 이의와 조사 또는 확정으로 본다. 다만, 제134조 내지 제138조의 규정에 의한 채권의 이의, 조사 및 확정에 관하여는 그러하지 아니하다(7조 3항, 6조 5항). 관리인 또는 보전관리인이 수행하는 소송절차는 중단된다. 이 경우 파산관재인 또는 그 상대방이 이를 수계할 수 있다(7조 3항, 6조 6항). 제2편(회생절차)의 규정에 의하여 회생절차에서 행하여진 법원, 관리인·보전관리인·조사위원·간이조사위원·관리위원회·관리위원·채권자협의회. 채권자·담보권자·주주·지분권자(주식회사가 아닌 회사의 사원 및 그 밖에 이와 유사한 지위에 있는 자를 말한다. 이하 같다). 그 밖의 이해관계인의 처분·행위 등은 그 성질에 반하지 아니하는 한 파산절차에서도 유효한 것으로 본다. 이 경우 법원은 필요하다고 인정하는 때에는 유효한 것으로 보는 처분·행위 등의 범위를 파산선고와 동시에 결정으로 정할 수 있다(7조 3항, 6조 7항).

회생절차개시결정이 내려지면, 채무자의 채무의 종류와 액을 확정하기 위한 회
생채권자 등의 목록제출과 회생채권 등의 조사·확정절차가 행하여진다. ③ 한
편, 채무자의 재산의 조사·확보를 위해서 관리인은 채무자의 재산의 관리 등을
하게 된다. ④ 회생계획안의 작성·제출·결의를 거쳐 요건이 충족되면 회생계획
이 인가된다. ⑤ 그 뒤, 회생계획이 수행되고, 회생절차가 종결된다. 한편, 법
제2편 제9장에서 50억원 이하인 채무를 부담하는 소액영업소득자에 대한 간이
회생절차를 두고 있는데, 이 간이회생절차에 대하여는 법 제2편 제9장에서 특별
히 정한 것을 제외하고 회생절차의 규정을 적용한다(☞ 16-122).

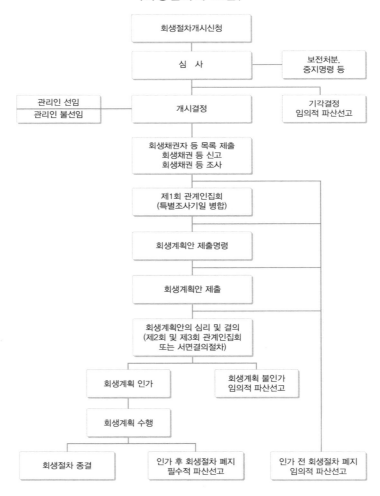

〈회생절차의 흐름〉

Ⅱ. 회생절차의 개시　　　16-4

회생절차는 채무자 등 일정한 자의 신청에 의하여서만 개시될 수 있고, 법원의 직권으로 개시되지는 않는다(34조 참조). 법원이 결정의 형식에 의하여 재판으로 회생절차개시결정을 한다(49조 참조).

1. 절차의 적용대상　　　16-5

> **제1조(목적)** 이 법은 재정적 어려움으로 인하여 파탄에 직면해 있는 채무자에 대하여 채권자·주주·지분권자 등 이해관계인의 법률관계를 조정하여 채무자 또는 그 사업의 효율적인 회생을 도모하거나, 회생이 어려운 채무자의 재산을 공정하게 환가·배당하는 것을 목적으로 한다.
> **제2조(외국인 및 외국법인의 지위)** 외국인 또는 외국법인은 이 법의 적용에 있어서 대한민국 국민 또는 대한민국 법인과 동일한 지위를 가진다.

회생절차의 적용대상은 재정적 어려움으로 인하여 파탄에 직면해 있는 채무자이다(1조 참조). 이는 회생절차에서 채무자가 될 수 있는 자격인 회생능력에 관한 것으로, 파산절차에서의 파산능력(☞ 3-2)에 대응한다. 법인뿐만 아니라 개인도 회생절차개시의 신청을 할 수 있고, 영업자뿐만 아니라 비영업자도 회생절차개시의 신청을 할 수 있다(한편, 회생절차와 달리 법인은 개인회생절차에서 신청자격이 없는 것은 물론이다).6) 법인격 없는 사단·재단도 회생능력을 가진다. 또한 우리나라에 거주하거나 재산을 가지고 있는 외국인(또는 외국법인)도 회생능력을 가진다(2조).7) 법인에 대한 회생사건이 계속되어 있는 경우에 그 법인의 대표자에 대한 회생절차개시(간이회생절차개시 등)의 신청 등에 의하여 법인과 그 대표자 개인이 함께 절차의 대상이 될 수 있다(관할의 특례에 관한 3조 3항 2호 참조).

그리고 2014년 도산법 개정으로 법 제2편 제9장 법 293조의2 이하에서 총액 30억 원 이하의 채무를 부담하는 소액영업소득자에 대한 **간이회생절차**를 신설하였다(☞ 16-122).

---

6) 현행법 이전의 종전 회사정리절차의 적용대상은 주식회사의 경우에 한정되었고, 반면 종전 화의절차는 자연인 및 법인 모두를 대상으로 하였다. 그런데 현행법에서의 회생절차는 실질적으로 종전의 회사정리절차를 기본으로 하여 그 골격을 답습한 것이지만, 한편 종전의 화의절차와 회사정리절차를 통일한 체제이므로 그 적용대상에 있어서는 주식회사만으로 제한하지 않았다.

7) 회생절차개시신청서에 채무자가 개인인 경우에는 채무자의 성명·주민등록번호 및 주소를 적어야 하는데, 주민등록번호가 없는 사람의 경우에는 외국인등록번호 또는 국내거소번호를 적어야 한다(36조 2호 참조).

　　한편, 법은 파산절차에서와 달리 상속재산에 대하여는 회생절차의 대상으로 하고 있지 않다.

16-6   ## 2. 관　할

> **제3조(재판관할)** ① 회생사건, 간이회생사건 및 파산사건 또는 개인회생사건은 다음 각 호의 어느 한 곳을 관할하는 회생법원의 관할에 전속한다. 1. 채무자의 보통재판적이 있는 곳 2. 채무자의 주된 사무소나 영업소가 있는 곳 또는 채무자가 계속하여 근무하는 사무소나 영업소가 있는 곳 3. 제1호 또는 제2호에 해당하는 곳이 없는 경우에는 채무자의 재산이 있는 곳(채권의 경우에는 재판상의 청구를 할 수 있는 곳을 말한다) ② 제1항에도 불구하고 회생사건 및 파산사건은 채무자의 주된 사무소 또는 영업소의 소재지를 관할하는 고등법원 소재지의 회생법원에도 신청할 수 있다. ③ 제1항에도 불구하고 다음 각 호의 신청은 다음 각 호의 구분에 따른 회생법원에도 할 수 있다.
>
> **제4조(손해나 지연을 피하기 위한 이송)** 법원은 현저한 손해 또는 지연을 피하기 위하여 필요하다고 인정하는 때에는 직권으로 회생사건·파산사건 또는 개인회생사건을 다음 각호의 어느 하나에 해당하는 회생법원으로 이송할 수 있다. 1. 채무자의 다른 영업소 또는 사무소나 채무자재산의 소재지를 관할하는 회생법원 2. 채무자의 주소 또는 거소를 관할하는 회생법원 3. 제3조제2항 또는 제3항에 따른 회생법원 4. 제3조제2항 또는 제3항에 따라 해당 회생법원에 회생사건·파산사건 또는 개인회생사건이 계속되어 있는 때에는 제3조제1항에 따른 회생법원

　　회생사건의 관할(나아가 이송)에 대하여는 법의 총칙에서 파산사건, 개인회생사건과 함께 규율되고 있다(3조, 4조. 한편, 국제도산의 관할에 대하여는 630조에서 별도로 규정하고 있다). 파산사건에서와 마찬가지로(☞ 4-3) 회생사건은 **회생법원**의 직분관할에 전속한다(3조 참조).[8] 개인이 아닌 채무자에 대한 회생사건은 회생법원의 **합의부**의 관할에 전속한다(3조 5항).

　　다음과 같이 회생사건의 토지관할도 파산사건과 마찬가지이다.

　　① 채무자의 보통재판적이 있는 곳, 채무자의 주된 사무소나 영업소가 있는 곳 또는 채무자가 계속하여 근무하는 사무소나 영업소가 있는 곳을 관할하는 회생법원의 관할에 전속한다(3조 1항 1호, 2호). 위 규정에 따른 관할법원이 없는 때에는(그러한 상황이 생길 확률은 높지 않지만) 보충적으로 채무자의 재산이 있는 곳

---

8) 법원조직법의 개정으로 2017. 3. 1.부터 도산사건(파산사건, 회생사건, 간이회생사건)을 전담할 회생법원이 신설되었다(동법 3조 1항 7호). 다만, 우선 서울에 서울회생법원만을 설치하고, 앞으로 전국적으로 확대할 예정인데, 회생법원이 설치되지 아니한 지역에 있어서의 회생법원의 권한에 속하는 사건은 회생법원이 설치될 때까지 해당 지방법원 본원이 관할한다(동법 부칙 2조).

(채권의 경우에는 재판상의 청구를 할 수 있는 곳)을 관할하는 회생법원의 관할에 전속한다(동조 동항 3호). ② 위 ①의 관할 규정에도 불구하고, 채무자의 주된 사무소 또는 영업소의 소재지를 관할하는 고등법원 소재지의 회생법원에도 신청할 수 있다(3조 2항). **광역관할**이 인정된 것이다. ③ 위 ①의 관할 규정에도 불구하고, 「독점규제 및 공정거래에 관한 법률」 2조 12호의 규정에 의한 계열회사에 대하여 회생사건이 계속되어 있는 때에는 계열회사 중 다른 회사의 회생절차개시의 신청은 그 계열회사의 회생사건이 계속되어 있는 회생법원에도 할 수 있다(3조 3항 1호). **관련관할**(이미 계속된 사건과 관련된 관할)을 인정한 것이다. 또한 법인에 대한 회생사건이 계속되어 있는 경우에 그 법인의 대표자에 대하여 관련 토지관할을 인정하여(동조 동항 2호) 동일한 관할법원에 회생절차개시신청을 할 수 있도록 하였다. ④ 그리고 관련된 사람, 즉 주채무자 및 보증인, 채무자 및 그와 함께 동일한 채무를 부담하는 사람, 부부에 대한 회생사건이 계속되어 있는 때에 그 서로 사이에 동일한 관할법원에 절차를 신청할 수 있도록 관련 토지관할이 인정되고 있다(3조 3항 3호). ⑤ 채권자의 총수가 300인 이상으로서 대통령령으로 정하는 금액 이상의 채무를 부담하는 법인에 대한 회생사건은 서울회생법원에도 신청할 수 있다(3조 4항). **대규모사건관할**을 서울회생법원에도 인정한 것이다.

　　이송과 관련하여, 법원은 현저한 손해 또는 지연을 피하기 위하여 필요하다고 인정하는 때에는 직권으로 회생사건을 채무자의 다른 영업소 또는 사무소나 채무자재산의 소재지를 관할하는 회생법원, 채무자의 주소 또는 거소를 관할하는 회생법원, 법 3조 2항 또는 3항에 따른 회생법원의 어느 하나에 해당하는 회생법원으로 이송할 수 있다(4조 1호 내지 3호). 전속관할에 있어서 그 예외를 인정한 것이다. 그리고 법 3조 2항 또는 3항에 따라 해당 회생법원에 회생사건이 계속되어 있는 때에는 법 3조 1항에 따른 회생법원으로 이송할 수 있다(4조 4호). 파산절차에서와 마찬가지이다(☞ 4-11).

　　한편, 회생절차개시 당시 또는 개시 후 채무자의 재산에 관한 소송이 다른 법원에 계속되어 있는 때에는 그 소송을 회생계속법원(회생사건이 계속되어 있는 회생법원)에 집중시킴으로써 회생절차의 신속한 진행과 편의를 도모하고자 회생계속법원은 결정으로써 그 관련 소송의 **이송을 청구**할 수 있다(60조 1항). 위 결정에 의하여 이송의 청구를 받은 법원은 소송을 회생계속법원에 이송하여야 한다(동조 2항). 위 이송은 소송절차의 중단 또는 중지 중에도 할 수 있다(동조 3항).

제1심 법원인 회생계속법원이 상소심법원에 이송을 청구하는 것은 심급제도와 충돌되므로 상소심법원에 계속되어 있는 소송에 관하여는 위와 같은 이송의 청구를 할 수 없다(동조 4항).

3. 개시신청

> 제34조(회생절차개시의 신청) ① 다음 각호의 어느 하나에 해당하는 경우 채무자는 법원에 회생절차개시의 신청을 할 수 있다. 1. 사업의 계속에 현저한 지장을 초래하지 아니하고는 변제기에 있는 채무를 변제할 수 없는 경우 2. 채무자에게 파산의 원인인 사실이 생길 염려가 있는 경우 ② 제1항제2호의 경우에는 다음 각호의 구분에 따라 당해 각호의 각목에서 정하는 자도 회생절차개시를 신청할 수 있다.
>
> 제35조(파산신청의무와 회생절차개시의 신청) ① 채무자의 청산인은 다른 법률에 의하여 채무자에 대한 파산을 신청하여야 하는 때에도 회생절차개시의 신청을 할 수 있다.

16-7   (1) 신청원인

회생절차개시의 신청원인(개시원인)은 ① 사업의 계속에 현저한 지장을 초래하지 아니하고는 변제기에 있는 채무를 변제할 수 없는 경우(다만, 후술하듯이 이 경우는 채무자의 신청의 경우에 한함), ② 채무자에게 파산의 원인인 사실이 생길 염려가 있는 경우이다(34조 1항).

위 ① 신청원인인 변제기에 있는 채무의 **변제불능**은 파산원인인 지급불능과 다르다. 파산원인인 지급불능이라 함은 채무변제능력의 결여 때문에 채무자가 즉시로 변제하여야 할 채무를 일반적이며 계속적으로 변제할 수 없는 객관적 상태를 말하지만, 회생절차 신청원인인 변제불능은 그 정도로 심각한 상태일 것이 필요하지 않다. 즉, 변제불능은 채무자가 변제기가 도래한 채무를 현재 일반적으로 변제할 수 없는 정도까지일 필요는 없다는 점에서 지급불능과 다르다.[9] 가령, 채무자 재산의 일부를 처분하면 쉽게 변제자금을 조달할 수 있다 할지라도 회생절차개시의 신청을 할 수 있지만, 그렇더라도 적어도 채무의 변제 때문에 그 자금을 조달하는 것이 사업의 계속에 현저한 지장을 초래하는 경우이어야 한다(경우에 따라 원재료의 매각, 제품의 염가판매 등도 이에 해당할 수 있다).

위 ② 신청원인인 **파산의 원인인 사실**(☞ 3-13)은 반드시 현재 존재할 것을 요구하지 않고 그것이 생길 **염려**가 있으면 충분하다. 파산절차와 달리 회생절차

---

9) 전대규, 166면도 마찬가지이다.

에서는 파산의 원인인 사실, 가령 지급불능이 있는 경우뿐만 아니라 그러한 사실이 생길 염려가 있는 경우에도 절차를 신청할 수 있도록 하고 있다. 따라서 경제적 상황이 지급불능이 될 것이 객관적으로 예상되는 경우에도 절차를 신청할 수 있다. 파산의 원인인 사실이 생길 염려가 있는 시점에서 가능한 한 시급히 채무자의 효율적 회생을 도모하기 위하여 회생절차를 이용할 수 있도록 한 것이다.

(2) 신청권자

16-8

채무자 자신뿐만 아니라, 채권자 등도 회생절차개시의 신청을 할 수 있다 (파산신청권자에 대하여는 ☞ 3-27).

법인인 채무자가 신청하는 경우에 대하여 법에 특별한 제한은 없으므로 이사회의 결의 등 민법이나 상법이 정하는 통상의 의사결정방법에 의하게 될 것이다.10)

채무자는 위 2가지 신청원인 어느 경우라도 신청할 수 있지만, 반면 채권자 등은 채무자와 달리, 두 번째 신청원인, 즉 채무자에게 파산의 원인인 사실이 생길 염려가 있는 경우에 한하여만 회생절차개시의 신청을 할 수 있다(34조 2항). 즉, ① 채무자가 **주식회사 또는 유한회사인 때**에는, 자본의 10분의 1 이상에 해당하는 채권을 가진 채권자,11) 자본의 10분의 1 이상에 해당하는 주식 또는 출

---

10) 주식회사가 회생절차개시신청을 하는 경우, 이사회 결의가 필요하다고 보아야 한다(대법원 2019. 8. 14. 선고 2019다204463 판결). 따라서 정관에 회생신청 등 중요사항에 관하여 이사회 결의를 거치도록 되어 있음에도 이사회 결의를 거치지 아니한 경우 등과 같이 적법한 의사결정 절차를 거치지 아니하고 신청한 경우에는 대표권의 행사가 부적법하므로 신청을 각하하여야 한다(전대규, 169면).

11) 임금·퇴직금 등의 채권을 가진 전·현직 사원 201명이 ○○일보사에 대한 회생절차개시신청을 한 사안에서 법원의 회생절차개시결정이 있었다. 위 규정은 '주식회사인 채무자에 대하여 자본의 10분의 1 이상에 해당하는 채권을 가진 채권자는 회생절차개시의 신청을 할 수 있다'고 규정할 뿐, 여기에 다른 제한을 두고 있지 않다. 한편 임금·퇴직금 등의 채권자에게도 채무자에게 파산의 원인인 사실이 생길 염려가 있는 경우에는 회생절차를 통하여 채무자 또는 사업의 효율적인 회생을 도모할 이익이 있고, 개별적인 강제집행절차 대신 회생절차를 이용하는 것이 비용과 시간 면에서 효과적일 수 있다. 따라서 주식회사인 채무자에 대한 임금·퇴직금 등의 채권자도 회생절차개시의 신청을 할 수 있고, 이는 **임금 등의 채권**이 회생절차에 의하지 아니하고 수시로 변제해야 하는 **공익채권이라고 하여 달리 볼 수 없다**(대법원 2014. 4. 29.자 2014마244 결정). 이와 관련하여 ○○일보사 대주주들은 위 조항에 대하여 헌법소원심판을 청구하였는데, 채무자 회사 자본의 10분의 1 이상에 해당하는 채권을 가진 채권자라는 요건은 채권자에게 회생절차개시신청권을 부여한 취지에 비추어 합리적이라고 볼 수 있다. 나아가 법원이 신청의 타당성을 심사하도록 하고 법원의 절차개시결정에 즉시항고를 할 수 있는 등, 신청의 남용을 방지하기 위한 제도적 장치도 마련되어 있다. 또한, 위 조항에 의하면 임금·퇴직금 등의 채권을 갖는 공익채권자도 회생절차개시신청을 할 수 있다. 공익채권에 대해서는 수시변제와 우선변제가 가능하지만, 임금·퇴직금 등의 채권을 갖는 채권자도 회사의 효율적 회생을 도모할 이익이 있고, 개별적인 강제집행절차보다 회생절차를 이용하는 것이 비용과 시간 면에서도 효과적일 수

자지분을 가진 주주·지분권자, ② 채무자가 **주식회사 또는 유한회사가 아닌 때**
에는, 5천만 원 이상의 금액에 해당하는 채권을 가진 채권자, 합명회사·합자회
사 그 밖의 법인 또는 이에 준하는 자에 대하여는 출자총액의 10분의 1 이상의
출자지분을 가진 지분권자도 채무자에게 파산의 원인인 사실이 생길 염려가 있
는 경우에는 회생절차개시를 신청할 수 있다.

그런데 **채무자**가 첫 번째 신청원인(변제기에 있는 채무의 변제불능)에 기하여 절
차를 신청한 경우, 법원은 첫 번째 신청원인은 없으나, 두 번째 신청원인(파산의
원인인 사실이 생길 염려가 있는 경우)은 존재한다고 인정할 때에는 그에 기하여 절차
개시결정을 할 수 있다. 반대의 경우도 마찬가지이다. 반면, 채무자가 아닌 **채권
자 등**이 두 번째 신청원인이 있다고 하여 절차를 신청한 경우에 법원의 심리
결과, 그 신청원인이 존재하지 않는다고 인정되면 비록 첫 번째 신청원인이 존
재한다고 판단되어도 법원은 절차개시결정을 할 수 없고(첫 번째 신청원인은 채무
자의 신청의 경우에 한함) 신청을 기각하여야 한다.

그리고 채무자의 청산인은 다른 법률에 의하여 채무자에 대한 파산을 신청
하여야 하는 때에도 회생절차개시의 신청을 할 수 있다(35조 1항).

4. 신청의 절차

16-9

(1) 신 청 서

회생절차개시의 신청은 구술로는 할 수 없고 서면으로 하여야 하는데, 신청
서에는 ① 신청인 및 그 법정대리인의 성명 및 주소, ② 채무자가 개인인 경우에
는 채무자의 성명·주민등록번호(주민등록번호가 없는 사람의 경우에는 외국인등록번호
또는 국내거소번호를 말한다) 및 주소, ③ 채무자가 개인이 아닌 경우에는 채무자의
상호, 주된 사무소 또는 영업소(외국에 주된 사무소 또는 영업소가 있는 때에는 대한민국
에 있는 주된 사무소 또는 영업소를 말한다)의 소재지, 채무자의 대표자(외국에 주된 사무
소 또는 영업소가 있는 때에는 대한민국에서의 대표자를 말한다. 이하 같다)의 성명, ④ 신청
의 취지, ⑤ 회생절차개시의 원인, ⑥ 채무자의 사업목적과 업무의 상황, ⑦ 채무
자의 발행주식 또는 출자지분의 총수, 자본의 액과 자산, 부채 그 밖의 재산상태,

있다. 나아가 수시변제 및 우선변제가 가능하다고 하여도 채권을 전부 보장받을 수 있는 보장이
없으므로 임금·퇴직금 등의 채권을 갖는 공익채권자에게 신청권을 부여하는 것이 주주 등의 재
산권을 과도하게 제한한다고 볼 수 없다는 등의 이유에서 위 조항이 헌법에 위반되지 아니한다
고 보았다(헌법재판소 2015. 12. 23. 선고 2014헌바149 결정).

⑧ 채무자의 재산에 관한 다른 절차 또는 처분으로서 신청인이 알고 있는 것, ⑨ 회생계획에 관하여 신청인에게 의견이 있는 때에는 그 의견, ⑩ 채권자가 회생절차개시를 신청하는 때에는 그가 가진 채권의 액과 원인, ⑪ 주주·지분권자가 회생절차개시를 신청하는 때에는 그가 가진 주식 또는 출자지분의 수 또는 액을 적어야 한다(법 36조). 관할법원에 대하여는 따로 후술한다(☞ 16-28). 한편, 2014. 4. 28.부터 전자소송이 실시되어, 전자적인 방법으로 신청서를 제출할 수 있다.

(2) 개시원인인 사실의 소명　　16-10

절차개시의 신청을 하는 때에는 회생절차개시의 원인인 사실을 **소명**하여야 한다(38조 1항 전문). 절차의 적법요건으로 개시원인인 사실의 소명이 필요하다는 취지이다. 위 경우에 채무자에 대하여 외국도산절차가 진행되고 있는 때에는 그 채무자에게 파산의 원인인 사실이 있는 것으로 추정한다(동조 동항 후문). 그리고 채권자·주주·지분권자가 회생절차개시의 신청을 하는 때에는 그가 가진 채권의 액 또는 주식이나 출자지분의 수 또는 액도 소명하여야 한다(동조 2항).

(3) 비용의 예납　　16-11

회생절차개시의 신청을 하는 때에는 신청인은 회생절차의 비용을 미리 납부하여야 한다(39조 1항). 이 비용은 채무자의 사업의 내용, 자산 및 부채, 채권자 수 등과 사건의 크기 등을 고려하여 법원이 정한다(동조 2항). 미리 납부가 명하여진 비용을 납부하지 않는 것은 신청기각사유가 된다(42조 1호). 예납명령에 대하여는 불복할 수 없는데(13조 1항), 신청기각결정에 대한 즉시항고 중에 예납명령의 당부를 다투면 될 것이다.

채무자가 아닌 사람이 절차개시를 신청하여 회생절차개시결정이 있는 때에는 신청인은 채무자의 재산으로부터 절차비용으로 예납한 금액을 상환받을 수 있다. 회생절차에 필요한 비용은 최종적으로 공익채권으로 취급된다(179조 1항).

(4) 신청의 효과　　16-12

제32조(시효의 중단) 다음 각호의 경우에는 시효중단의 효력이 있다. 1. 제147조의 목록의 제출 그 밖의 회생절차참가. 다만, 그 목록에 기재되어 있지 아니한 회생채권자 또는 회생담보권자가 그 신고를 취하하거나 그 신고가 각하된 때에는 그러하지 아니하다. 2. 파산절차참가. 다만, 파산채권자가 그 신고를 취하하거나 그 신고가 각하된 때에는 그러하지 아니하다.

3. 제589조제2항의 개인회생채권자목록의 제출 그 밖의 개인회생절차참가. 다만, 그 목록에
기재되어 있지 아니한 개인회생채권자가 그 조사확정재판신청을 취하하거나 그 신청이 각하
된 때에는 그러하지 아니하다.

채권자가 **회생절차개시신청**을 한 경우에 그 신청의 효과로 신청시에 주장
된 신청인의 채권에 대하여 시효중단의 효력이 생긴다고 할 것이다(파산신청의
경우 ☞ 3-37). 그리고 신청이 취하된 경우에도 채무자에 대한 최고로서 효력(민
법 170조, 174조)은 소멸되지 않고, 채권자는 취하시부터 6월 이내에 소를 제기하
는 것에 의하여 해당 채권의 소멸시효를 확정적으로 중단할 수 있다. 한편, **채권
자목록의 제출이나 회생절차참가**가 시효중단의 효력이 있다는 점에 대하여는 법
에 명문의 규정이 있다(32조 1호).

16-13　　　　(5) 신청의 취하

회생절차개시 신청을 한 자는 개시결정이 있기 전에 한하여 그 신청을 취하
할 수 있는 것이 원칙이다(48조 1항).12) 그러나 채무자가 다음 항목에서 설명하
는 보전처분, 보전관리명령, 중지명령, 금지명령을 받은 후에는 법원의 허가를
받아야 신청을 취하할 수 있다(동조 2항). 이 법원의 허가는 일단 보전처분(특히
변제금지가처분)이나 금지명령 등을 받아 일시적으로 위기를 넘긴 다음 임의로 절
차를 취하시키는 것과 같은 절차의 남용을 막기 위한 취지에서 둔 규정이라고
할 수 있다. 법원의 허가에 따라 신청 취하의 효력이 생기면 보전처분, 중지·
금지명령 등은 법률상 당연히 효력을 상실한다. 한편, 개인회생절차개시신청의
취하에 있어서도 마찬가지 취지의 규정이 있으나(594조 단서), 파산절차의 신청
의 취하에 있어서는 특별한 제한이 없다(☞ 3-38).

16-14　　**5. 보전처분·중지명령·포괄적 금지명령**

회생절차개시의 신청 자체만으로는 채무자에 대한 채권자 등 이해관계인의
권리행사를 제약하는 것이 아니므로 회생절차개시의 신청을 하였더라도 법원에
의하여 개시결정이 이루어지기 전까지는 채무자나 채권자에게 아무런 영향을
미치지 아니하는 것이 원칙이다.13) 따라서 개시결정이 있기 전에 채권자의 권

---

12) 다만, 절차개시신청의 기각(각하)결정에 대하여 즉시항고가 있은 경우에는 그에 기한 개시결
정이 있기까지는 개시신청을 취하할 수 있다고 할 것이다(노영보, 94면도 같은 취지).
13) 절차의 개시신청을 하였다는 이유만으로 그 기업의 구체적인 재무상태나 회생가능성 등을 전

리행사가 빗발칠 수 있고, 한편 채무자의 재산 등이 은닉되거나 흩어질 우려가 있다. 이를 방지하기 위하여 법은 보전처분(43조), 개별적 중지명령(44조)과 포괄적 금지명령(45조 이하)의 3가지 방법을 마련하고 있다.[14] 특히 포괄적 금지명령은 현행법에서 신설된 제도이다.

〈보전처분의 규율〉

구분 \ 조치	보전처분	개별적 중지명령	포괄적 금지명령
회생절차	○ - 43조	○ - 44조	○ - 45조
파산절차	○ - 323조	면제재산에 한하여 ○ - 383조	×
개인회생절차	○ - 592조	○ - 593조	○ - 593조

그런데 위 보전처분 등이 있은 후에는 법원의 허가를 받지 아니하면 회생절차개시신청 및 보전처분신청을 취하할 수 없다(48조 2항). 이는 신청인이 일단 보전처분 등을 받아 채무의 일시유예나 부도유예의 혜택을 받아 위기를 넘긴 다음, 임의로 회생절차를 종료시키는 것과 같이 보전처분 등을 악용하는 것을 막기 위함이다.

(1) 보전처분

16-15

법원은 회생절차개시의 신청이 있는 때에는 이해관계인의 신청에 의하거나 직권으로 회생절차개시신청에 대한 결정이 있을 때까지 채무자의 업무 및 재산에 관하여 가압류·가처분 그 밖에 필요한 보전처분을 명할 수 있고(43조 1항),[15]

혀 심사하지 아니한 채 곧바로 상장폐지결정을 하도록 한 상장폐지규정은 무효이다. 그 규정으로 달성하려는 '부실기업의 조기퇴출과 이를 통한 주식시장의 거래안정 및 투자자 보호'라는 목적과 위 조항에 따라 상장폐지될 경우 그 상장법인과 기존 주주들이 상실할 이익을 비교할 때 비례의 원칙에 현저히 어긋나고, 또한 구 기업구조조정 촉진법에 따른 공동관리절차를 선택한 기업에 비하여 차별하는 것에 합리적인 근거를 발견할 수 없어 형평의 원칙에도 어긋나 정의관념에 반한다(대법원 2007. 11. 15. 선고 2007다 1753 판결). 판례해설로는 장상균, "회사정리절차 개시신청사실을 상장폐지사유로 정한 상장규정 조항의 효력", 대법원판례해설(2008. 7), 117면 이하 참조.

14) 관련하여 김상철·장지용, "도산절차가 민사집행절차에 미치는 영향", 인권과 정의(2018. 6), 25면 이하 참조.

15) 법원이 위 규정에 의한 보전처분으로서 채무자에 대하여 채권자에 대한 채무의 변제를 금지하였다 하더라도 그 처분의 효력은 원칙적으로 채무자에만 미치는 것이어서 채무자가 채권자에게 임의로 변제하는 것이 금지될 뿐 채무자의 채권자가 강제집행을 하는 것까지 금지되는 것은 아니다(대법원 1993. 9. 14. 선고 92다12728 판결).

이해관계인이 위 보전처분을 신청한 때에는 법원은 신청일로부터 7일 이내에 보전처분 여부를 결정하여야 한다(동조 2항). 이에 해당하는 종전 회사정리법 39조 2항에서는 그 기간이 '14일'이었는데, 현행법에서는 '7일'로 단축하여 신속하게 결정하도록 하였다.

그리고 이러한 보전처분 외에 필요하다고 인정하는 때에는 보전관리인에 의한 관리를 명할 수 있다(43조 3항). 관리명령제도는 채무자를 경제적 파탄에 이르게 한 적합하지 않은 대표이사가 회생절차개시의 신청 후에도 개시결정이 있을 때까지 직무를 수행함으로써 생기는 폐단을 막고 또한 회생절차개시신청을 남용하는 것을 방지하고자 둔 제도이다. 보전관리인은 채무자의 재산의 관리처분권을 행사하게 된다. 보전관리인은 특별한 사정이 없는 한 법원이 관리명령과 동시에 선임하게 된다.

16-16   **(2) 중지명령**

법원은 필요하다고 인정하는 때에는 이해관계인의 신청에 의하거나 직권으로 회생절차개시의 신청에 대한 결정이 있을 때까지 ① 채무자에 대한 파산절차, ② 회생채권이나 회생담보권에 기한 강제집행, 가압류, 가처분 또는 담보권실행을 위한 경매절차로서 이미 행하여지고 있는 것, ③ 채무자의 재산에 관한 소송절차, ④ 채무자의 재산에 관하여 행정청에 계속되어 있는 절차, ⑤ 「국세징수법」 또는 「지방세징수법」에 의한 체납처분, 국세징수의 예(국세 또는 지방세 체납처분의 예를 포함한다)에 의한 체납처분 또는 조세채무담보를 위하여 제공된 물건의 처분(이 경우 징수의 권한을 가진 자의 의견을 들어야 한다)의 **중지**를 명할 수 있다(44조 1항 본문). 다만, 위 ②의 경우에 그 절차의 신청인인 회생채권자 또는 회생담보권자에게 부당한 손해를 끼칠 염려가 없어야 하는데(동조 동항 단서), 여기서 부당한 손해라 함은 예를 들어 채무자의 회생절차개시신청이 불성실하기 때문에 중지명령을 하게 되면 채권자에게 불필요한 손해를 주게 되는 경우 등과 같이 채무자가 받는 이익에 비하여 회생채권자 등이 입는 손해가 너무 큰 경우를 말한다.

그리고 위 중지명령의 신청에서 이해관계인이란 회생절차개시의 신청을 한 사람, 또는 신청권자로 되어 있는 사람에 한정할 필요는 없고 널리 이해관계를 가지는 사람을 모두 포함하는 것으로 본다. 따라서 채무자는 물론 개개의 채권자와 주주도 중지명령의 신청권이 있다고 할 것이다.

중지명령이 있으면, 명령의 대상인 절차는 현재의 상태에서 동결되어 그 이상 진행할 수 없게 된다. 법원은 위 중지명령을 변경하거나 취소할 수 있다(44조 3항).

이러한 중지명령과 위 (1)에서 설명한 보전처분은 모두 회생절차개시결정이 있기 전에 채무자의 재산이 흩어지는 것을 방지함을 목적으로 하는 제도인데, 중지명령이 주로 채무자의 채권자, 담보권자 등 제3자에 대하여 강제적인 권리실현행위를 금지함으로써 채무자의 재산의 보전을 도모하려는 것임에 비하여 위 (1)의 보전처분은 주로 채무자 자신 스스로의 일정한 행위(가령 은닉이나 처분)를 제한함으로써 채무자의 재산이 흩어지는 것을 방지하려는 점에서 차이가 있다.

그리고 법원은 채무자의 회생을 위하여 특히 필요하다고 인정하는 때에는16) 중지된 강제집행 등의 **취소**를 명할 수 있다(44조 4항). 채무자는 (보전관리인이 선임되어 있는 경우에는 보전관리인) 법원에 취소명령을 신청할 수 있다. 법원의 취소명령으로 종전의 강제집행 등은 소급하여 그 효력을 잃고, 이 점에서 소급효가 없는 위 강제집행 등의 중지명령과 구별된다. 아직 회생절차개시결정이 있기 전 상황에서(회생절차개시결정이 있은 경우에는 이미 행하여진 강제집행 등은 58조 5항에 의하여 취소할 수 있다) 채무자는 강제집행 등에 의해 경제적으로 심각한 타격을 받게 되므로 그 강제집행 등이 행하여진 때가 회생절차개시신청 전인가 후인가를 불문하고, 이를 취소할 수 있도록 한 것이다. 다만, 강제집행 등을 취소하기 위해서는 먼저 중지명령에 의하여 그 절차가 중지되어 있을 것이 필요하고, 해당 강제집행 등의 절차를 중지시키지 아니한 채, 바로 취소명령을 하는 것은 허용되지 않는다.

(3) 포괄적 금지명령

16-17

가령, 채무자의 재산 등이 여러 곳에 산재하여 있고 채권자도 전국적으로 널리 퍼져있는 경우에는 채권자의 강제집행 등(강제집행, 가압류, 가처분 또는 담보권 실행을 위한 경매절차)의 신청이 빈발할 우려가 있는데, 이와 같은 경우에는 위 개별적 중지명령만으로는 대처할 수가 없어서 결국 회생절차의 목적을 충분히 달성할 수 없게 된다. 그리하여 현행법에서는 포괄적 금지명령을 신설하였다. 현

---

16) 강제집행 등이 유지될 경우 채무자의 갱생이라는 목적 달성에 장애가 되는 경우를 말하는데, 법원이 구체적 사정을 종합하여 판단하여야 한다(회생사건실무(上)[제4판], 108면).

행법의 입법과정에서 회생절차개시의 신청과 동시에 법원의 별도의 명령 없이 채무자에 대한 모든 강제집행 등이 자동적으로 금지되는 미국 연방파산법상 자동중지(automatic stay)의 도입 여부를 검토하였으나(☞ 3-44), 그 도입 대신에17) 법원의 명령과 관련시킨 포괄적 금지명령을 채택하였다.

즉, 법원은 개별적 중지명령에 의하여 회생절차의 목적을 충분히 달성하지 못할 특별한 사정이 있는 때에 회생채무자, 회생채권자 등의 이해관계인의 **신청**에 의하거나 **직권**으로 **하나의 결정**으로 **모든** 회생채권자 및 회생담보권자에 대하여18) 채무자의 업무·재산 등에 대한 강제집행등의 금지를 명할 수 있다(45조 1항).19) 한편, 회생절차가 개시된 뒤에도 절차에 의하지 않고 권리행사가 허용되는 환취권에 기한 것이거나 공익채권자의 권리행사는 아무런 영향을 받지 않는다

서울회생법원
포괄적 금지명령 공고

사   건   2023회합100066 회생

신청인 겸 채무자   주식회사 ○ ○ ○ 무역 (134211-*******)
                   남양주시 와부읍 ○○로 ○○○, 제비동 ○○○호

이 법원은 채무자에 관하여 2023. 4. 15. 포괄적 금지명령을 하였으므로, 채무자 회생 및 파산에 관한 법률 제46조 제1항에 의하여 다음과 같이 공고합니다.

– 다   음 –

이 사건에 관하여 회생절차의 개시신청에 대한 결정이 있을 때까지, 모든 회생채권자 및 회생담보권자에 대하여 회생채권 또는 회생담보권에 기한 강제집행, 가압류, 가처분 또는 담보권실행을 위한 경매절차를 금지한다.

2023. 4. 15.
서 울 회 생 법 원 제 1 5 부

재판장 판사 황 ○ ○
         판사 차 ○ ○
         판사 권 ○ ○

---

17) 종전 회사정리법에 따른 실무를 보면, 정리절차개시신청이 있으면 대체로 약 3∼5일 이내에 보전처분이 발령되었으며, 보전처분 신청이 기각되는 예는 그리 많지 않았는데, 이러한 실무에 비추어 오히려 미국 연방파산법상 automatic stay를 도입하는 것이 더 간명하고 시장에 예측가능성을 부여할 수 있으며, automatic stay의 도입이 도산절차의 이용을 촉진하고 도산절차로의 조기 진입을 유도하여 경제적 회생의 가능성을 높일 수 있다는 도입 찬성론에 대하여, 반대론의 주된 논거는, automatic stay를 도입하게 되면 법원의 판단 없이 채무자의 일방적인 결정에 의한 회생절차의 신청만으로 채권자의 권리행사가 제한되는데, 이는 재산권 침해로 볼 수 있는 점과 남용의 우려가 있다는 점이었다. 결국 채택하지 않았다. 이후에도 자동중지제도를 도입하고자 하는 채무자 회생 및 파산에 관한 법률 일부개정안(2012. 9. 4. 의안번호<1901554>)이 국회에 제출되었으나, 2014. 4. 29. 폐기되었다.

18) 이미 행하여지고 있는 강제집행 등을 대상으로는 앞 (2) 중지명령으로 대응할 수 있지만, 특정한 채권자가 새롭게 강제집행 등을 개시할 개연성이 높은 경우에 위 중지명령으로는 사후적으로 대응할 수 밖에 없으므로 해당 채권자만을 대상으로 하는 금지명령이 허용되는지 여부가 문제된다. 위 규정상 '모든 회생채권자'를 대상으로 하고 있는 것에 비추어 부정적으로 풀이할 것이다.

19) 회생채권은 이른바 금전화, 현재화의 원칙을 취하지 않고 있으므로 여기에서의 회생채권은 금전채권에 한정되지 아니하고 계약상의 급여청구권과 같은 비금전채권도 대상이 될 수 있다(대법원 2016. 6. 21.자 2016마5082 결정). 법 141조 1항은 양도담보권도 회생담보권에 포함되는 것으로 규정하고 있으므로 위 '회생담보권에 기한 강제집행 등'에는 양도담보권 실행행위도 포함된다(대법원 2011. 5. 26. 선고 2009다90146 판결).

(위 금지명령은 개별적 권리실행금지의 효력을 보전 단계에 일부 앞으로 내세워 생기게 한 실질을 가지므로).

그런데 앞 (2) 개별적 중지명령에서는 채무자의 재산에 관한 소송절차도 중지의 대상이 되는데(44조 1항 3호), 여기 포괄적 금지명령에서는 강제집행 등만이 대상이 되고, 재산관계의 소송절차는 대상 밖이다. 소송절차는 포괄적으로 금지할 필요가 있는 사태는 그다지 상정하기 어렵고, 개별적 중지명령에 의하여 충분히 대응할 수 있기 때문이라고 생각할 수 있다.

그리고 포괄적 금지명령은 다음과 같은 요건이 충족되는 경우에 한하여 인정된다. 강제집행 등에 대하여 중지명령으로 대처하는 것이 원칙으로, ① 중지명령에 의하여는 회생절차의 목적을 충분히 달성하지 못할 우려가 있다고 인정할 만한 특별한 사정이 있어야 한다(이는 중지명령에 대한 보충성 내지는 예외적 조치임을 나타낸 것). 가령, 자산 또는 담보여력이 있는 자산이 전국 각지에 흩어져 있고, 채권자가 어느 자산에 대하여 어떠한 권리행사를 할 것인가 알 수 없으며 집행권원을 가진 채권자가 여럿 있다는 등과 같은 사정 등이 이에 해당한다고 할 것이다. 그리고 포괄적 금지명령이 발령될 때 회생채권자 등의 권리행사를 포괄적으로 금지하면서, 채무자가 재산의 관리·처분에 관하여 아무런 제약을 받지 않는다면, 그 재산을 위태롭게 할 위험성이 생기기 때문에 채무자에게 보전처분 또는 보전관리명령을 하여 채무자의 재산이 산일하지 않도록 대처하여 둘 필요가 있다. 회생채권자 등만이 일방적으로 제약을 받는 것은 균형을 잃는 것이므로 채무자에게도 절차적 제약이 가하여지는 것을 요구한 것이다. 그리하여 ② 채무자의 주요한 재산에 관하여 보전처분 또는 보전관리명령이 이미 행하여졌거나 포괄적 금지명령과 동시에 보전처분 또는 보전관리명령을 행할 것이 그 요건이 된다(45조 2항). 한편, 앞 (2) 중지명령에서는 채권자보호의 관점에서 회생채권자 등에게 부당한 손해를 끼칠 염려가 없어야 한다는 것이 그 요건으로 되고 있는데(44조 1항 단서), 포괄적 금지명령에서는 이 요건은 요구되지 않고 있다. 포괄적 금지명령의 배제를 위한 요건이 되는 것에 그치고 있다(47조 1항 참조).

포괄적 금지명령에 반하여 이루어진 회생채권 등에 기한 강제집행이나 보전처분 등은 무효이다.[20] 채무자의 재산에 대하여 이미 행하여진 회생채권 또

---

20) 회생절차폐지결정에는 **소급효가 없으므로**, 위와 같이 무효인 보전처분이나 강제집행 등은 사후적으로 회생절차폐지결정이 확정되더라도 여전히 무효이다(대법원 2016. 6. 21.자 2016마

는 회생담보권에 기한 강제집행 등은 중지된다(45조 3항).

　　법원은 채무자의 사업의 계속을 위하여 특히 필요하다고 인정하는 때에는 채무자 또는 보전관리인의 신청에 의하여 포괄적 금지명령에 의하여 중지된 회생채권 또는 회생담보권에 기한 강제집행 등의 취소를 명할 수 있다(45조 5항 1문). 중지된 절차를 취소하는 경우에는 채권자의 권리침해의 위험성이 한층 커지게 되므로 법원은 채무자에게 담보를 제공하게 할 수 있다(동조 동항 2문). 발령 요건은 앞 (2)의 개별적 중지명령에 기한 취소명령(44조 4항)과 마찬가지이다. 다만, 개별적인 중지명령에 따라 중지되어 있는 강제집행 등을 취소하는 취소명령에 대하여는 즉시항고를 할 수 없으나, 포괄적 금지명령에 의하여 중지된 강제집행 등을 취소하는 취소명령에 대하여는 즉시항고로 불복할 수 있다(45조 6항).

　　법원은 포괄적 금지명령을 변경하거나 취소할 수 있다(45조 4항).

　　포괄적 금지명령이나 이를 변경 또는 취소하는 결정이 있는 때에는 법원은 이를 공고하고 그 결정서를 채무자(보전관리인이 선임되어 있는 때에는 보전관리인을 말한다) 및 신청인에게 송달하여야 하며, 그 결정의 주문을 기재한 서면을 법원이 알고 있는 회생채권자·회생담보권자 및 채무자(보전관리인이 선임되어 있는 때에 한한다)에게 송달하여야 한다(46조 1항).

　　포괄적 금지명령과 포괄적 금지명령의 변경·취소결정은 채무자에게(보전관리인이 선임되어 있는 때에는 보전관리인에게) 결정서가 송달된 때부터 효력을 발생한다(46조 2항). 포괄적 금지명령은 그 성질상 효력을 빠르면서 일률적으로 생기게 하는 것이 적절하므로 회생채무자에게의 송달이 있으면 채권자 개개인에게의 송달 전이라도 회생채권자 전체와의 사이에서 그 효력이 생기게 한 것이다.

　　그런데 포괄적 금지명령은 중지명령과 달리 채권자에 대한 부당한 손해의 유무를 판단하지 않고 발령하므로 그 발령으로 인하여 채권자에게 부당한 손해가 생길 수 있는데, 이 경우에 해당 채권자의 신청에 의하여 법원의 결정으로

5082 결정). 채권자의 신청에 따라 채권압류 및 전부명령이 발령되어 강제집행이 개시되고 그 채권압류 및 전부명령이 제3채무자에게 발송되었는데, 이후 채무자에 대한 회생절차에서 법 45조에 의한 포괄적 금지명령의 효력이 발생하였다면, 그 이전에 있은 채권압류 및 전부명령을 무효라고 볼 수는 없으나, 채무자의 재산에 대하여 이미 행하여진 회생채권 등에 기한 강제집행은 바로 중지된다. 따라서 채무자에 대한 회생절차에서 있은 포괄적 금지명령의 효력이 발생한 이후 제3채무자에게 채권압류 및 전부명령이 송달되었다고 하더라도, 이는 포괄적 금지명령에 반하여 이루어진 것으로서 무효이므로 채권압류의 효력 등이 발생한다고 볼 수 없고, 이와 같이 무효인 강제집행은 사후적으로 회생절차폐지결정이 확정되더라도 여전히 무효이다(대법원 2023. 5. 18. 선고 2022다202740 판결).

해당 채권자만의 관계에서 포괄적 금지명령의 효력을 배제할 수 있도록 하고 있다(47조 1항 1문). 배제의 효과는 신청된 강제집행 등의 절차를 개시할 수 있는 것 또는 이미 절차가 개시되어 그 절차가 중지되어 있는 경우에는 해당 절차가 속행된다(동조 동항 2문). 한편, 포괄적 금지명령이 있는 때에는 그 명령이 효력을 상실한 날의 다음날부터 2월이 경과하는 날까지 회생채권 및 회생담보권에 대한 시효는 완성되지 않는데(45조 8항), 배제결정에서는 포괄적 금지명령의 실효한 날이 아니라, 배제결정이 있은 날로 한다(47조 2항).

6. 개시결정

(1) 신청의 심리

16-18

채무자가 회생절차개시를 신청한 때에는 법원은 회생절차개시의 신청일부터 1월 이내에 회생절차개시 여부를 결정하여야 한다(49조 1항).

그리고 주식회사인 채무자에 대하여 회생절차개시의 신청이 있는 때에는 법원은 채무자의 업무를 감독하는 행정청, 금융위원회, 채무자의 주된 사무소 또는 영업소의 소재지를 관할하는 세무서장에게 통지하여야 한다(40조 1항). 이 통지는 필수적이라고 보아야 한다.

신청에 대한 재판을 함에 있어서 심리할 사항은 신청의 적법요건 이외에 절차개시원인사실의 존부(34조 1항), 개시신청의 기각사유의 존부(42조)이다.

법원이 절차개시결정을 할 것인지 여부를 판단함에 있어서 채권자·채무자 사이의 권리의무관계에 큰 영향을 주는 것이지만, 긴급사태에 신속하면서 비밀리에 대처할 필요에서 심리가 공개의 변론이 필요한 판결절차에 의하지 않고 결정절차로 진행된다(12조). 신청서와 첨부서류에 대한 서면심리와 채무자(법인의 경우는 대표자)의 심문이 심리의 중심이 된다.

(2) 신청의 기각사유

16-19

① 회생절차의 비용을 미리 납부하지 아니한 경우, ② 회생절차개시신청이 성실하지 아니한 경우(가령, 회생절차개시신청을 취하하는 대가로 자신의 채권을 우선 변제받거나 금전적 이익을 얻으려는 목적으로 채권자가 개시신청을 한 경우 또는 중지명령 등 회생절차에 따른 부수적 효과만을 목적으로 하고 회생절차의 진행에 대한 실질적 의사가 없이 채무자가 개시신청을 한 경우), ③ 그 밖에 회생절차에 의함이 채권자 일반의 이익에 적합하지 아니한 경우에 법원은 회생절차개시의 신청을 기각하여야 한다(필수적

기각사유). 이 경우에 기각하기 전에 관리위원회의 의견을 들어야 한다(42조). 보전처분 등이 있은 경우에는 기각결정에 의하여 그 효력이 소멸하게 되므로(43조 1항 등 참조), 채무자는 기각결정과 동시에 관리처분권을 회복하게 된다.[21]

◆ **회생절차개시신청의 기각사유가 존재하는지 여부의 판단 기준** ◆   ① 채무자 주식회사 K(이하 '채무자 회사'라 한다)는 2006. 9. 15. 부산지방법원으로부터 회생절차(이하 '1차 회생절차'라 한다) 개시결정을 받고 관리인이 회생계획안을 제출하여 회생계획안 결의를 위한 관계인집회를 개최하였는데 회생담보권자조에서 가결요건을 갖추지 못하게 되자 위 법원이 2007. 4. 30. 권리보호조항을 정하고 위 회생계획(이하 '1차 회생계획'이라 한다)을 인가하는 결정을 하였다. ② 1차 회생계획 인가결정에 대하여 회생담보권자 주식회사 U저축은행(이하 'U저축은행'이라 한다)이 즉시항고를 제기하였고, 항고법원은 2007. 9. 21. 보수적인 관점에서 미래수주액 등을 추정할 경우 1차 회생계획이 수행 가능하다고 볼 수 없고, 회생담보권자에 대한 변제액의 현재가치가 청산가치를 보장하고 있지 못하다는 이유로 제1심결정을 취소하고 1차 회생계획을 불인가하는 결정을 하였다. ③ 1차 회생계획 불인가결정에 대하여 채무자 회사 관리인이 재항고를 제기하였는데, 대법원이 2008. 1. 14. 재항고를 기각함으로써 1차 회생계획 불인가결정이 확정되고, 채무자 회사에 대한 1차 회생절차가 종료되었다. ④ 그런데 채무자 회사는 1차 회생계획 불인가결정이 확정된 후, 8일만인 2008. 1. 22. 다시 이 사건 회생절차 개시신청을 하였다. ⑤ 주요 신청사유는 1차 회생절차의 항고심 및 재항고심이 결정의 근거로 삼은 조사위원 검토보고서는 회생담보권의 시인금액을 잘못 인정하였고, OO지구 토지구획정리사업과 관련한 채무자 회사의 공사미수금 채권을 반영하지 않음으로써 회생계획 수행가능성 판단에 잘못을 초래하였으며, 1차 회생계획 제출 이후 채무자 회사가 보유하고 있는 OO물류터미널 주식회사 주식의 가치가 16억 원 정도로 상승하는 등 회생계획의 수행가능성이 제고되는 사정변경이 발생하였다는 것이다. ⑥ 제1심 법원은 2008. 5. 19. 이 사건 회생절차 개시신청을 받아들여 개시결정을 하였고, 이에 대하여 U저축은행이 2008. 5. 30. 항고를 제기하였다.

이러한 사안에서 회생절차의 폐지결정이 확정되거나 회생계획에 대한 불인가결정이 확정되어 채무자에 대한 회생절차가 종료되었음에도 불구하고 그 채무자가 새로운 회생절차개시의 신청을 한 경우, 그 신청이 법 42조 2호에 정한 '회생절차개시신청이

---

21) 종전 회사정리법 38조에 규정된 기각사유 가운데, 2호 '채권자 또는 주주가 정리절차개시의 신청을 하기 위하여 그 채권 또는 주식을 취득한 때', 3호 '파산회피의 목적 또는 채무면탈을 주된 목적으로 신청한 때, 6호 조세채무의 이행을 회피하거나 기타 조세채무의 이행에 관하여 이익을 얻을 것을 주된 목적으로 신청한 때'는 위 ②의 '회생절차개시신청이 성실하지 아니한 경우'로 포섭할 수 있고, 4호 '법원에 파산절차, 화의절차가 계속하고 있으며 그 절차에 의함이 채권자의 일반의 이익에 적합한 때'는 위 ③의 '그 밖에 회생절차에 의함이 채권자 일반의 이익에 적합하지 아니한 경우'로 처리할 수 있으므로 종전 회사정리법 38조에 규정된 기각사유와 비교하여 기각사유를 대폭 축소하였다. 큰 변화는 종전 회사정리법 38조 5호 '회사를 청산할 때의 가치가 회사의 사업을 계속할 때의 가치보다 큰 것이 명백한 경우'를 기각사유에서 삭제한 점이다. 그 이유는 기각당할 것을 우려하여 회생절차의 신청을 망설이는 것을 방지하고자 한 것이다. 다만, 절차가 남용되는 때에 있어서는, 절차개시 후 조사 결과 청산가치가 계속가치보다 큰 사실이 밝혀지면, 회생절차는 폐지될 것이다(285조, 286조 2항).

성실하지 아니한 경우' 또는 같은 조 3호에 정한 '그 밖에 회생절차에 의함이 채권자 일반의 이익에 적합하지 아니한 경우'에 해당하여 회생절차개시신청의 기각사유가 존재하는지 여부를 판단함에 있어서는, 종전 회생절차의 종료 시점과 새로운 회생절차개시신청 사이의 기간, 종전 회생절차의 폐지사유가 소멸하거나 종전 회생계획에 대한 불인가사유가 소멸하는 등 그 사이에 사정변경이 발생하였는지 여부, 채무자의 영업상황이나 재정상황, 채권자들의 의사 등의 여러 사정을 고려하여야 한다.22)

(3) 개시결정과 법원의 처분

1) 개시결정

16-20

법원은 개시원인이 존재하면서 기각사유가 존재하지 않다고 판단한 때에는 회생절차개시결정을 한다. 개시결정서에는 결정의 연·월·일뿐만 아니라, 시(時)도 기재하여야 한다(49조 2항). 개시결정은 그 결정시부터 효력이 생긴다(동조 3항). 그 시점이 여러 가지 문제를 처리하는 기준이 되는 것에서 그 결정 시점을 분명히 할 필요에서 시(時)의 선후에 관한 분쟁을 예방하고자 하는 것이다(파산선고에서와 마찬가지이다. ☞ 3-56).

2) 동시처분

16-21

법원은 개시결정과 동시에 관리위원회와 채권자협의회의 의견을 들어 1인 또는 여럿의 관리인을 선임하고, 회생채권 등의 신고기간, 조사기간 등 다음과 같은 사항을 정하여야 한다(50조 1항). ① 관리인이 법 147조 1항에 규정된 회생채권자 등의 목록을 작성하여 제출하여야 하는 기간. 이 경우 기간은 회생절차개시결정일부터 2주 이상 2월 이하이어야 한다(1호). ② 회생채권·회생담보권·주식 또는 출자지분의 신고기간. 이 경우 신고기간은 제1호에 따라 정하여진 제출기간의 말일부터 1주 이상 1월 이하이어야 한다(2호). ③ 목록에 기재되어 있거나 신고된 회생채권·회생담보권의 조사기간. 이 경우 조사기간은 신고기간의 말일부터 1주 이상 1월 이하이어야 한다(3호). ④ 회생계획안의 제출기간. 이 경우 제출기간은 조사기간의 말일부터 4개월 이하(채무자가 개인인 경우에는 조사기간의 말일부터 2개월 이하)이어야 한다. 여기서 법원은 특별한 사정이 있는 때에는 위 ①~③의 규정에 따른 기일을 늦추거나 기간을 늘일 수 있다(50조 2항). 그리고 법원은 이해관계인의 신청에 의하거나 직권으로 위 ④에 따른 제출기간을 2개월 이내에서 늘일 수 있다. 다만, 채무자가 개인이거나 중소기업자인 경우에는 제출기간의 연장은 1개월을 넘지 못한다(50조 3항).

---

22) 대법원 2009. 12. 24.자 2009마1137 결정.

16-22   3) 부수처분

회생절차는 다수 이해관계인의 절차보장의 요청과 절차의 신속·원활한 진행이라는 요청을 조화시킬 필요가 있으므로 법원은 개시결정 후에 그 후속조치로 개시결정의 주문, 관리인의 성명, 회생계획안의 사전제출 등의 공고(51조 1항) 및 관리인, 채무자 등에게 위 사항을 기재한 서면의 송달(51조 2항) 그리고 주식회사인 채무자에 대하여는 개시결정의 주문, 관리인의 성명 등을 채무자의 업무를 감독하는 행정청, 법무부장관과 금융위원회에 통지하도록 하고 있다(52조).

〈회생절차개시결정 공고례〉

서 울 회 생 법 원

주식회사   ○○○○○ 회생절차개시결정 공고

사   건   2022회합100050   회생
채 무 자   주 식 회 사 ○ ○ ○ ○ ○
           화성시 ○○면 ○○로 ***−*** (송산리 ***)

위 사건에 관하여 이 법원은 회생절차개시결정을 하였으므로, 채무자 회생 및 파산에 관한 법률 제51조 제1항에 의하여 다음과 같이 공고합니다.

                         − 다   음−
1. 회생절차 개시결정일시 : 2016. 4. 19. 16:00
2. 관리인으로 보게 되는 채무자의 대표자 : 심○○ (1954. 12. 16.생)
3. 회생채권자, 회생담보권자 및 주주의 목록의 제출기간 : 2016. 4. 19. ~ 2016. 5. 3.
4. 회생채권, 회생담보권 및 주식의 신고기간과 장소
   가. 신고기간 : 2016. 5. 3. ~ 2016. 5. 10.
   나. 신고장소 : 서울법원종합청사 3별관 파산과 접수실
5. 회생채권·회생담보권의 조사기간 : 2016. 5. 10. ~ 2016. 5. 20.
6. 회생계획안의 제출기간 및 장소
   가. 일시 : 2016. 6. 30.까지
   나. 장소 : 서울법원종합청사 3별관 파산과 접수실
   채무자, 목록에 기재되어 있거나 신고한 회생채권자·회생담보권자·주주·지분권자는 위 법원이 정한 기간 안에 회생계획안을 작성하여 법원에 제출할 수 있으며, 채무자의 부채의 2분의 1이상에 해당하는 채권을 가진 채권자는 회생절차개시의 신청이 있는 때부터 조사기간 만료 전까지 회생계획안을 작성하여 법원에 제출할 수 있습니다.
7. 유의사항
   가. 회생채권자, 회생담보권자 및 주주의 목록에 기재되지도 아니하고 위 권리신고기간 내에 권리신고도 없으면 실권될 수 있습니다.
   나. 회생절차가 개시된 채무자의 재산을 소지하고 있거나 그에게 채무를 부담하는 자는 회생절차가 개시된 채무자에게 그 재산을 교부하거나 그 채무를 변제하여서는 아니 되며, 회생절차가 개시된 채무자의 재산을 소지하고 있거나 그에게 채무를 부담하고 있다는 사실을 2016. 5. 10.까지 관리인으로 보게 되는 채무자의 대표자(법률상 관리인)에게 신고하여야 합니다.

2022. 9. 22.
서 울 회 생 법 원 제 1 7 부
재 판 장   판 사 김 ○ ○
             판 사 이 ○ ○
             판 사 박 ○ ○

(4) 즉시항고

> 제13조(즉시항고) ① 이 법의 규정에 의한 재판에 대하여 이해관계를 가진 자는 이 법에 따로 규정이 있는 때에 한하여 즉시항고를 할 수 있다. ② 제1항의 규정에 의한 즉시항고는 재판의 공고가 있는 때에는 그 공고가 있은 날부터 14일 이내에 하여야 한다. ③ 제1항의 규정에 의한 즉시항고는 집행정지의 효력이 있다. 다만, 이 법에 특별한 정함이 있는 경우에는 그러하지 아니하다.
>
> 제53조(회생절차개시신청에 관한 재판에 대한 즉시항고) ① 회생절차개시의 신청에 관한 재판에 대하여는 즉시항고를 할 수 있다. ② 제43조 내지 제47조의 규정은 회생절차개시신청을 기각하는 결정에 대하여 제1항의 즉시항고가 있는 경우에 관하여 준용한다. ③ 제1항의 규정에 의한 즉시항고는 집행정지의 효력이 없다. ④ 항고법원은 즉시항고의 절차가 법률에 위반되거나 즉시항고가 이유없다고 인정하는 때에는 결정으로 즉시항고를 각하 또는 기각하여야 한다. ⑤ 항고법원은 즉시항고가 이유있다고 인정하는 때에는 원심법원의 결정을 취소하고 사건을 원심법원에 환송하여야 한다.

법에 따로 규정이 있는 때에 한하여 즉시항고를 할 수 있는데(13조 1항), 한편 개시신청에 관한 재판에 관하여는 즉시항고를 할 수 있다고 규정하고 있으므로(53조 1항) 즉시항고를 할 수 있다. 다만, 즉시항고를 하더라도 **집행정지의 효력**이 없다(동조 3항). 신속한 진행을 도모하기 위함이다(☞ 3-55). 항고를 할 수 있는 사람은 그 재판에 대하여 이해관계를 가진 자인데(13조 1항), 신청을 배척(각하·기각)한 결정에 대하여는 그 신청인 이외에 스스로 독자적으로 개시신청을 할 수 있는 사람은 별도로 신청을 하면 되므로 그 신청인만이(가령 채무자 신청의 경우에는 그 채무자) 항고할 수 있다는 입장도 있지만.[23] **생각건대** 다른 신청 자격자에게도 즉시항고권이 인정된다고 할 것이다.[24] 채권자 등의 신청에 의하여 회생절차개시결정이 내려진 때에는 채무자가 이해관계인으로서 그에 대하여 즉시항고를 할 수 있다고 보아야 한다.[25] 신청의 각하 또는 기각결정은 공고되지 않으므로, 신청인에게 고지된 때로부터 1주 이내에 항고하여야 한다(33조, 민사소송법 444조 1항). 즉시항고가 있은 경우에 항고심의 속심적 성격에 비추어 항고심

---

23) 회생사건실무(上)[제4판], 133면.

24) 노영보, 96~97면.

25) 회생절차가 개시되면 채무자의 업무의 수행과 재산의 관리 및 처분을 하는 권한이 관리인에게 전속하게 되는 등(56조 1항) 채무자의 법률상 지위에 중대한 변화가 발생하기 때문이다. 이때 채무자가 법인인 경우에는 채무자의 기존 대표자가 채무자를 대표하여 즉시항고를 제기할 수 있다. 만일 기존 대표자가 채무자를 대표하여 즉시항고를 제기할 수 없다면, 채무자로서는 회생절차개시결정에 대하여 사실상 다툴 수 없게 되기 때문이다(대법원 2021. 8. 13.자 2021마5663 결정).

은 개시결정 후에 발생한 사정까지 고려하여 심리하여야 한다.26) 항고법원은 즉시항고가 이유 있다고 인정하는 때에는 원래의 결정을 취소하고 사건을 원심법원에 환송하여야 한다(53조 5항). 환송하지 않고 자판하는 소송절차의 항고심과 달리, 회생절차에서는 제1심 중심주의로 제1심 법원에서 개시결정 후의 절차를 진행하도록 하기 위함이라고 한다.

7. 개시결정의 효과

16-24

(1) 채무자의 업무수행권과 재산관리처분권의 상실

> 제56조(회생절차개시 후의 업무와 재산의 관리) ① 회생절차개시결정이 있는 때에는 채무자의 업무의 수행과 재산의 관리 및 처분을 하는 권한은 관리인에게 전속한다. ② 개인인 채무자 또는 개인이 아닌 채무자의 이사는 제1항에 규정에 의한 관리인의 권한을 침해하거나 부당하게 그 행사에 관여할 수 없다.

회생절차개시결정이 있으면 채무자는 업무의 수행과 재산의 관리 및 처분권을 상실하고 이러한 권한은 관리인에게 전속하게 된다(56조. ☞ 파산절차에서의 384조에 대응). 이는 채무자에게 속하는 전 재산이 회생절차의 구속을 받는 것을 의미한다. 청산형인 파산절차에서는 채권자의 공평한 분배를 목적으로 하므로 그 배당재원의 확보가 필요하여 파산재단이라는 재산이 형성되지만, 효율적인 회생을 도모하기 위한 회생절차에서는 반드시 재산의 환가가 이루어지는 것은 아니고, 채무자의 재산을 기초로 사업수익 등의 실현을 도모하면서 채권자 등의 권리변경 등을 내용으로 하는 회생계획을 통하여 회생절차의 목적을 실현시켜 나간다(☞ 즉, 파산재단에 대칭되는 회생재단이라는 개념을 사용하고 있지 않다).

관리인은 취임 후 즉시 채무자의 업무와 재산의 관리에 착수하여야 한다 (174조. ☞ 파산절차에서의 479조에 대응).

채무자는 절차개시결정 전에는 그 재산에 관한 관리처분권을 보유하므로

---

26) 회생절차개시의 요건을 충족하고 있는지 여부는 **개시신청 당시를 기준으로 하여 판단하는 것이 원칙**이나, 개시결정에 대하여 **즉시항고가 제기된 경우**에는 항고심의 속심적 성격에 비추어 개시결정 후에 발생한 사정까지 고려하여 **항고심 결정시를 기준으로 판단**하여야 하는 것이므로, 개시결정 이후에 채무자가 제출한 새로운 회생계획안에 대한 인가결정을 받은 경우라면 항고심으로서는 그와 같은 사정을 참작하여 법 제42조 제2호, 제3호에 정한 사유의 존부를 판단하여야 할 것이고, 이를 위해서는 새로 제출된 회생계획의 수행가능성 및 회생담보권자 등에 대한 청산가치 보장 여부 등도 참작함이 상당하다(대법원 2009. 12. 24.자 2009마1137 결정).

채무자의 행위는 부인의 대상이 될 수 있는 경우 등을 제외하고는 원칙적으로 유효하나, 반면 절차개시결정 뒤에는 관리인이 실제 채무자의 재산에 관한 관리에 착수하였는지 여부와 상관없이 재산의 관리권 등은 관리인에게 전속하게 되므로 채무자가 채무자의 재산에 관하여 법률행위를 한 때에는 회생절차와의 관계에 있어서는 그 효력을 주장하지 못한다(64조 1항. ☞ 파산절차에서의 329조 1항에 대응). 채무자가 회생절차개시가 있은 날에 행한 법률행위는 회생절차개시 이후에 한 것으로 추정한다(64조 2항).

그리고 회생절차개시결정은 파산선고와 달리, 법인의 해산사유가 되지 않는다.

(2) 절차의 중지 등   16-25

> 제58조(다른 절차의 중지 등) ① 회생절차개시결정이 있는 때에는 다음 각호의 행위를 할 수 없다. 1. 파산 또는 회생절차개시의 신청 2. 회생채권 또는 회생담보권에 기한 강제집행등 3. 국세징수의 예에 의하여 징수할 수 있는 청구권으로서 그 징수우선순위가 일반 회생채권보다 우선하지 아니한 것에 기한 체납처분 ② 회생절차개시결정이 있는 때에는 다음 각호의 절차는 중지된다. 1. 파산절차 2. 채무자의 재산에 대하여 이미 행한 회생채권 또는 회생담보권에 기한 강제집행등 3. 국세징수의 예에 의하여 징수할 수 있는 청구권으로서 그 징수우선순위가 일반 회생채권보다 우선하지 아니한 것에 기한 체납처분

회생절차개시결정이 있으면 회생채권자 및 회생담보권자는(양도담보권도 회생담보권에 포함된다. 141조 1항 참조)[27] 새로이 강제집행등을 신청할 수 없으며(58조 1항), 개시결정에 앞서 진행된 파산절차 및 채무자의 재산에 대하여 이미 행한 강제집행등은 중지된다(동조 2항). 한편, 개개의 강제집행절차가 종료된 후에는 그 절차가 중지될 수 없다.[28]

---

27) 양도담보권의 실행행위는 종국적으로 채권자가 제3채무자에 대해 추심권을 행사하여 변제를 받는다는 의미이고, 특히 양도담보권의 목적물이 금전채권인 경우 피담보채권의 만족을 얻기 위하여 금전채권을 환가하는 등의 별도의 절차가 필요 없고, 만약 양도담보권자가 제3채무자를 상대로 채무의 이행을 구하는 소를 제기하여 승소판결을 얻는다면 제3채무자가 양도담보권자에게 임의로 변제하는 것을 막을 방법이 없기 때문에 채권이 담보 목적으로 양도된 후 채권양도인인 채무자에 대하여 회생절차가 개시되었을 경우 **채권양수인인 양도담보권자가 제3채무자를** 상대로 그 채권의 지급을 구하는 이행의 소를 제기하는 행위는 회생절차개시결정으로 인하여 **금지되는 양도담보권의 실행행위**에 해당한다(대법원 2020. 12. 10. 선고 2017다256439, 256446 판결).
28) 부동산에 대한 금전집행은 매각대금이 채권자에게 교부 또는 배당된 때에 비로소 종료하므로 경매절차가 진행되어 부동산이 매각되고 매각대금이 납부되었으나 배당기일이 열리기 전에 채

그런데 파산선고의 경우는 강제집행 등의 절차는 중지되는 것이 아니라 실효된다(348조 1항. ☞ 8-77). 반면, 회생절차에서는 중지된 집행절차는 **회생계획인가결정**이 있은 때에 실효된다(256조 1항). 회생절차에서는 개별집행의 이익을 배려하여 회생계획성립 전에 절차가 좌절되는 것을 상정하여 원칙적으로 개별집행절차를 일시적으로 동결하는 것에 머무르고(중지), 이후 인가결정의 확정으로 실효시킨다는 2단계 구성을 취한 것이다(☞ 16-116). 파산절차는 청산형 도산처리절차로, 파산절차가 폐지되는 경우라도 파산자의 재산 등의 청산이라는 점에서는 일단의 목적을 달성한 것에서 파산선고시에 일률적으로 개별집행절차의 효력을 실효시킨다는 점에서 회생절차와 다르다.

한편, 강제집행 등의 절차를 속행하여도 채무자의 회생에 지장이 없다고 인정하는 때에는 법원은 관리인 등의 신청에 의하거나 직권으로 속행을 명할 수 있어(58조 5항 전단) 채무자의 재산을 조기에 환가할 수 있다.

16-26   **(3) 변제 등의 금지**

회생절차에서 회생채권을 변제 등으로 소멸하게 하는 행위는 회생계획에 의한 자본구성 변경과 불가분의 관계에 있으므로 종전의 채권·채무관계를 일단 동결할 필요가 있다. 그리하여 관리인이 법원의 허가를 받은 경우 등을[29] 제외하고 회생계획에 규정한 바에 따르지 아니하고 회생채권 및 회생담보권에 관하여 변제하는 등 채권을 소멸하게 하는 행위(면제를 제외)를 할 수 없다(131조, 141조 2항. ☞ 파산절차에서의 파산채권의 개별적 권리행사를 금지하는 원칙인 424조에 대응하는데, 131조 본문은 파산절차에서와는 달리 명시적으로 법에 특별한 규정이 없는 한, 회생채무자

무자에 대하여 회생절차가 개시되었다면, 집행절차는 중지되고, 만약 이에 반하여 집행이 이루어졌다면 이는 무효이다. 이후 채무자에 대한 회생계획인가결정이 있은 때에 중지된 집행절차는 효력을 잃게 된다(대법원 2018. 11. 29. 선고 2017다286577 판결).

29) 허가를 받도록 규정한 취지는 관리인이 변제·상계 등을 통하여 회생절차에 의하지 아니하고 특정 회생채권을 다른 회생채권보다 우선하여 만족시킴으로써 채권자 상호 간의 평등을 해치는 행위가 일어나는 것을 방지하기 위한 것이고, 법원이 민사소송절차에서와 같이 당사자 쌍방이 제출한 공격·방어방법을 토대로 자동채권과 수동채권의 존부 및 범위를 심리하여 그 실체적 권리관계를 확정할 것을 요하도록 한 것은 아니므로, 관리인의 상계허가신청에 대하여 법원의 허가결정이 내려지고 그 결정이 확정되었다 하더라도 상대방에 대한 자동채권의 존부 및 범위와 그에 따른 상계의 효력에 관하여는 별개의 절차에서 여전히 다툴 수 있다고 보아야 하고, 한편, 이 경우 자동채권의 존부 및 범위는 그 권리의 존재를 주장하는 측에서 증명할 책임이 있고, 법원의 상계허가결정에 의하여 자동채권의 존부 및 범위가 법률상 추정되어 그에 대한 증명책임이 관리인으로부터 상대방에게 전환되는 것은 아니다(대법원 2008. 6. 26. 선고 2006다77197 판결).

의 재산으로 회생채권을 변제하는 등 회생채권을 소멸하게 하는 행위를 포괄적으로 금지하고 있다). 파산절차에서는 담보권은 별제권으로 절차의 영향을 받지 않지만, 회생절차에서는 담보권도 절차에 구속되는 것에 차이가 있다. 이에 위반하여 행한 특정한 채권자 등에 대하여 개별적 변제 등의 만족을 주는 행위는 무효이다. 다만, 위에서 언급한 관리인이 법원의 허가를 받아 변제하는 경우와 법 140조 2항의 「국세징수법」 또는 「지방세징수법」에 의하여 징수할 수 있는 청구권에 해당하는 경우로서 그 체납처분이나 담보물권의 처분 또는 그 속행이 허용되는 경우, 또는 체납처분에 의한 압류를 당한 채무자의 채권(압류의 효력이 미치는 채권을 포함한다)에 관하여 그 체납처분의 중지 중에 제3채무자가 징수의 권한을 가진 자에게 임의로 이행하는 경우에는 채권을 소멸하게 하는 행위를 할 수 있다(131조 단서).

　　변제 등으로 회생채권 및 회생담보권 등을 소멸하게 하는 행위를 금지하지 않으면 채무자의 적극재산이 감소되어 채무자의 효율적인 회생을 도모할 수 없고, 일부 회생채권자에게만 회생계획에 의하지 않고 우선 변제하면 회생채권자 사이의 공평을 해할 수 있으므로30) 회생채권자 등은 개별적 권리행사가 금지되어 회생절차에서 채권을 신고하고, 회생계획의 정함에 따르는 것에 의해서만 변제를 받게 된다. 위 금지하는 행위에는 채무자 측으로부터의 변제뿐만 아니라, 채권자 측이 행하는 강제적 추심행위를 포함한 채무를 소멸시키는 일체의 행위로, 대물변제, 경개, 상계(다만, 허가를 얻은 채무자 측에 의한 상계와31) 법 144조에 의한 상계를 제외)도 포함되고, 나아가 **판례**는 보증인 등 제3자에 의한 상계도 포함된다고 보고,32) 다만 위 규정에서 면제는 회생채무자의 재산이 감소되지 않기 때문에 명시적으로 예외로 허용하고 있다.

Ⅲ. 회생절차의 운영주체 및 기관　　　　　　　　　　16-27

　　회생절차개시의 신청이 있으면 채권자·주주·지분권자 그 밖의 이해관계인

---

30) 종전 회사정리법상의 대법원 1998. 8. 28.자 98그11 결정 참조.
31) 관리인 측에서의 상계는 법 131조의 규정에 따라 원칙적으로 허용되지 아니하고, 다만 법원의 허가가 있는 경우에 그 범위 내에서만 가능하다는 종전 회사정리법상의 대법원 1988. 8. 9. 선고 86다카1858 판결 참조.
32) 위 법 131조는 행위의 주체를 한정하지 않고 있는데다가 보증인에 의한 상계도 위 규정에서 정한 '회생채권을 소멸하게 하는 행위'에 해당하기 때문이다(대법원 2018. 9. 13. 선고 2015다209347 판결).

의33) 이해를 조정하고 채무자 또는 그 사업의 신속하고 효율적 재건이라는 목적을 달성하기 위하여 회생법원 및 여러 회생절차의 기관이 절차에 관여하게 된다.

16-28

1. 회생법원

회생사건을 포함한 도산사건을 전담할 전문법원인 회생법원이 신설되었다. 다만, 회생법원은 서울, 그리고 2023. 3. 1.자로 수원, 부산에 우선 설치하고, 앞으로 전국적으로 확대할 예정인데, 회생법원이 설치되지 아니한 지역에 있어서의 회생법원의 권한에 속하는 사건은 회생법원이 설치될 때까지 해당 지방법원 본원이 관할한다(법원조직법 부칙 2조). 회생법원의 직무는 대체로 파산절차에서의 그것과 마찬가지이다(☞ 4-2).

회생법원은 채권자 일반의 이익과 채무자의 회생 가능성을 해하지 아니하는 범위에서 회생절차를 신속·공정하고 효율적으로 진행하여야 한다(39조의2 1항). 또한 필요하다고 인정하는 경우에 이해관계인의 신청이나 직권으로 회생절차의 진행에 관한 이해관계인과의 협의, 관계인집회의 병합, 관계인설명회의 개최명령 등의 조치를 취할 수 있다(동조 2항).

16-29

2. 관리위원회

도산법의 규정에 의한 절차(즉 파산절차를 포함하여 회생절차, 개인회생절차, 국제도산)를 적정·신속하게 진행하기 위하여 대법원규칙이 정하는 지방법원에 관리위원회를 두는데(15조), 그 구성은 위원장 1인을 포함한 3인 이상 15인 이내의 위원으로 이루어진다(16조 1항). 관리위원회는 법원의 지휘를 받아 관리인 등의 선임에 대한 의견의 제시, 관리인 등의 업무수행의 적정성에 관한 감독 및 평가, 회생계획안에 대한 심사 등을 행한다(17조 1항). 파산절차에서 이미 설명하였다(☞ 4-12).

---

33) 이해관계인이라는 용어는 도산법만의 특유한 것은 아니지만, 도산법에서는 절차적 권한을 가지는 주체를 나타내고 있다. 영어의 party in interest 내지는 Stakeholder, 독일어의 Beteiligte에 유사하다. 법 1조(목적), 13조(즉시항고), 28조(사건기록의 열람 등) 등에서 조문 중에 사용되고 있다. 그런데 주주는 회생절차의 이해관계인임이 조문상 분명하나, 파산절차에서는 주주에 관하여 특별한 규정이 없다. 한편 주주·지분권자는 회생절차개시신청권(34조 2항)이 있는 것과 달리, 파산절차에서는 주주·지분권자라는 그 자체의 지위만으로는 독자적으로 파산신청권을 가지지 않는데(294조, 295조 참조), 법 302조 1항 10호에서 주주·지분권자가 파산신청을 할 수 있는 것을 전제하고 있는 것은 입법상의 오류라고 생각된다.

3. 채권자협의회

채무자가 개인 또는 중소기업자(「중소기업법」 2조 1항의 규정에 의한 중소기업자)인 때를 제외(그 필요성과 비용 등의 문제를 고려한 것)하고, 관리위원회(관리위원회가 설치되지 아니한 때에는 법원)는 회생절차개시신청(또는 간이회생절차신청)이 있은 후 채무자의 주요 채권자를 구성원으로 하는 채권자협의회를 구성하여야 한다(20조 1항). 파산절차에서 이미 설명한 바 있다(☞ 4-13). 채권자협의회는 원칙적으로 관리위원회에서 구성하도록 되어 있다. 다만, 그와 같은 관리위원회가 모든 법원에 설치되어 있는 것은 아니기 때문에 관리위원회가 설치되지 아니한 때에는 법원이 직접 채권자협의회를 구성하여야 한다. 다양한 부류의 채권자의 의사를 체계적으로 수렴·전달하기 위하여 주요 채권자로 협의회를 구성하여 채권자의 의견전달 및 채권자에 대한 정보전달의 창구로 활용할 수 있도록 한 것이다. 관리위원회는 필요하다고 인정하는 때에는 소액채권자를 채권자협의회의 구성원으로 참여하게 할 수 있다(동조 3항). 채무자의 주요 채권자는 관리위원회에 채권자협의회 구성에 관한 의견을 제시할 수 있다(동조 4항).

채권자협의회의 구성시기를 단지 회생절차개시신청이 있은 후라고만 규정하고 있을 뿐 언제까지 구성하여야 하는지에 관하여는 아무런 제한을 두고 있지 않지만, 가능한 한 절차개시신청이 있은 후 지체 없이 채권자협의회를 구성하여야 할 것이다.

채권자협의회는 10인 이내로 구성하고(20조 2항), 관리위원회는 필요하다고 인정하는 때에는 소액채권자를 채권자협의회의 구성원으로 참여하게 할 수 있다(동조 3항). 채권자협의회 구성원의 수가 너무 많아지면 신속하고 효율적이며 기동성 있게 채권자 사이의 의견을 조정하기 힘들기 때문에 그 구성원의 수를 10인 이내로 제한하고 있다.

현행법에서는 채권자협의회의 기능을 강화하여 채권자 사이의 의견을 조정하여 회생절차에 관한 의견의 제시, 관리인 및 보전관리인의 선임 또는 해임에 관한 의견의 제시 이외에 법인인 채무자의 감사 선임에 대한 의견의 제시권과 회생계획인가 후 회사의 경영상태에 관한 실사청구권을 부여하여(21조 1항) 관리인을 견제하도록 하였다. 그리고 법원은 채권자협의회의 활동에 필요한 비용을 채무자에게 부담시킬 수 있다는 규정을 두어(21조 3항) 채권자협의회가 적극적으로 관여할 수 있도록 하였다.

또한 채권자협의회의 요청이 있는 경우로서 상당한 이유가 있는 때에는 채무자가 아닌, 제3자를 관리인으로 선임하도록 하였고(74조 2항 2호), 2016년 도산법 개정으로 제3자 관리인을 선임할 경우에 채권자협의회는 관리인 후보자를 추천할 수 있도록 하여 참여권을 부여하였다(동조 7항).

그리고 회생계획을 제대로 수행하지 못하는 경우, 회생절차의 종결 또는 폐지 여부의 판단을 위하여 필요한 경우, 회생계획의 변경을 위하여 필요한 경우에 채권자협의회의 신청에 의하여 조사위원으로 하여금 채무자의 재산 및 영업상태에 대한 실사를 할 수 있도록 하였다(259조).

16-31   **4. 관 리 인**

> 제74조(관리인의 선임) ① 법원은 관리위원회와 채권자협의회의 의견을 들어 관리인의 직무를 수행함에 적합한 자를 관리인으로 선임하여야 한다. ② 법원은 다음 각호에 해당하는 때를 제외하고 개인인 채무자나 개인이 아닌 채무자의 대표자를 관리인으로 선임하여야 한다. 1. 채무자의 재정적 파탄의 원인이 다음 각목의 어느 하나에 해당하는 자가 행한 재산의 유용 또는 은닉이나 그에게 중대한 책임이 있는 부실경영에 기인하는 때 가. 개인인 채무자 나. 개인이 아닌 채무자의 이사 다. 채무자의 지배인 2. 채권자협의회의 요청이 있는 경우로서 상당한 이유가 있는 때 3. 그 밖에 채무자의 회생에 필요한 때 ③ 제1항의 규정에 불구하고 채무자가 개인, 중소기업, 그 밖에 대법원규칙이 정하는 자인 경우에는 관리인을 선임하지 아니할 수 있다. 다만, 회생절차의 진행 중에 제2항 각호의 사유가 있다고 인정되는 경우에는 관리인을 선임할 수 있다. ④ 관리인이 선임되지 아니한 경우에는 채무자(개인이 아닌 경우에는 그 대표자를 말한다)는 이 편의 규정에 의한 관리인으로 본다. ⑤ 관리인을 선임하는 경우 법원은 급박한 사정이 있는 때를 제외하고는 채무자나 채무자의 대표자를 심문하여야 한다. ⑥ 법인은 관리인이 될 수 있다. 이 경우 그 법인은 이사 중에서 관리인의 직무를 행할 자를 지명하고 법원에 신고하여야 한다. ⑦ 채권자협의회는 제2항 각 호에 해당하는 경우 법원에 관리인 후보자를 추천할 수 있다.

법원은 개시결정과 동시에 관리위원회와 채권자협의회의 의견을 들어 관리인을 선임하여야 한다(50조 1항). 관리인은 파산절차에서의 파산관재인(☞ 4-14)에 대응된다. 도산법 입법과정에 있어서 기존의 경영자가 경영권을 계속 행사하는 이른바 DIP(Debtor in Possession) 방식을 채택할 것인가, 아니면 제3자를 관리인으로 선임하는 방식을 채택할 것인가를 놓고 상당한 논의가 있었다.34) 기존

---

34) 독일 도산법(Insolvenzordnung)은 예외적으로 관재인(Insolvenzverwalter)을 선임하지 않는

의 경영자를 배제하고 제3자를 관리인으로 선임하는 종전 회사정리법상 관리인 제도에서는 기존의 경영자가 경영권 박탈을 우려하여 회사정리절차를 기피하는 경향이 있었다. 논의가 분분한 가운데 결국 현행 도산법에서는 본격적 DIP 방식을 채택하지는 않고 관리인제도를 두지만, 채무자의 재정적 파탄의 원인이 채무자 등이 행한 중대한 책임이 있는 부실경영 등으로 말미암은 경우 등을 제외하고 채무자(채무자가 개인인 경우), 채무자의 대표자(채무자가 개인이 아닌 경우), 즉 **기존의 경영자를 관리인으로 선임**하도록 하였다(74조 2항).**35)** 그리고 채무자가 개인, 중소기업 그 밖에 대법원규칙이 정하는 자인 경우에는**36)** 관리인을 선임하지 아니할 수 있도록 하였는데(동조 3항. 다만, 회생절차의 진행 중에 위 2항 각호의 사유가 있다고 인정되는 경우에는 관리인을 선임할 수 있다), 이 경우에는 채무자(개인 채무자가 아닌 경우에는 그 대표자)를 관리인으로 본다(동조 4항).**37)**

　　관리인은 회생절차개시결정 후 채무자의 업무의 수행과 재산의 관리 및 처분을 하는 권한을 가진다(56조). 또한 채무자의 재산에 관한 소송에서는 관리인이 당사자가 된다(78조).**38)** 관리인의 지위에 대하여 **판례**는 채무자나 그의 기관

이른바 DIP(Debtor in Possession) 방식에 의한 자기관리(Eigenverwaltung)를 규정하고 있다 (§§ 270-285 InsO). 미국 연방파산법상 DIP(Debtor in Possession)에 대하여는 정영수, "미국 연방파산법 제11장 절차에서 DIP에 대한 감독시스템", 민사소송(2017. 11), 225면 이하 참조.

35) 입법경위 등에 대하여는 유해용, "기존 경영자 관리인 제도의 명암", 저스티스(2010. 6), 32면 이하 참조.

36) 채무자 회생 및 파산에 관한 규칙 51조에 의하면, 중소기업에 준하는 비영리법인 또는 합명회사·합자회사 등을 들고 있다.

37) 피고는 채무자 본인으로서의 자격과 관리인으로서의 자격을 동시에 가지고 있으나, 원고는 본인의 지위에 있는 피고를 상대로 소를 제기하였다면 당사자적격이 없어 각하당할 것인데 굳이 본인의 지위에 있는 피고를 상대로 하여 소를 제기할 이유가 전혀 없는 점, 원고가 제출한 소장의 기재 내용 및 피고의 주장 등에 비추어 보더라도 관리인인 피고를 상대로 소를 제기하였다고 볼 수 있는 점 등에 비추어 볼 때, 원고에게 피고를 채무자 본인으로 본 것인지 아니면 관리인으로 본 것인지에 관하여 석명할 필요 없이, 관리인의 지위에 있는 피고를 상대로 소를 제기한 것으로 보고 관리인으로서 피고의 지위를 표시하라는 취지로 **당사자표시 정정의 보정명령**을 내림이 타당하다. '피고에 대하여 회생절차가 개시되어 피고에게 당사자적격이 있는지 밝힐 것'을 명하고, 피고가 별다른 조치를 취하지 아니하자, 피고가 당사자적격이 없다는 이유로 소를 각하한 원심의 판단에는 당사자확정 및 법원의 석명의무에 관한 법리를 오해한 잘못이 있다. 원고가 당사자를 정확히 표시하지 못하고 당사자능력이나 당사자적격이 없는 자를 당사자로 잘못 표시하였다면, 법원은 당사자를 소장의 표시만에 의할 것이 아니고 청구의 내용과 원인사실을 종합하여 확정한 후 확정된 당사자가 소장의 표시와 다르거나 소장의 표시만으로 분명하지 아니한 때에는 당사자의 표시를 정정보충시키는 조치를 취하여야 할 것이고, 이러한 조치를 취함이 없이 단지 원고에게 막연히 **보정명령만을 명한 후 소를 각하하는 것은 위법**하다(대법원 2013. 8. 22. 선고 2012다68279 판결).

38) 위 조항의 '재산에 관한 소송'에는 회생회사와 관련된 특허의 등록무효를 구하는 심판도 포함

또는 대표자가 아니고 채무자와 그 채권자 등으로 구성되는 이른바 이해관계인
단체의 관리자로서 일종의 **공적 수탁자**에 해당한다고 보았다.39)

　　관리인이 여럿인 때에는 공동으로 그 직무를 행한다. 이 경우에 법원의 허
가를 받아 직무를 분장할 수 있다(75조 1항).40) 한편, 제3자의 의사표시는 여럿
의 관리인 가운데 1인에 대하여 하면 된다(동조 2항). 관리인은 필요한 때에는
그 직무를 행하게 하기 위하여 자기의 책임으로 1인 또는 여럿의 관리인대리를
선임할 수 있다(76조). 그리고 관리인은 압류채권자와 동일시되므로 압류채권자
가 실체법에서 제3자 보호규정(가령 통정허위표시의 무효에 있어서 민법 108조 2항)의
제3자에 해당하는 경우에는 관리인도 별도로 제3자에 해당한다고 보아야 한다.

　　관리인은 법원의 감독을 받는다(81조 1항). 법원은 관리인에 대하여 선임(74
조), 사임에 대한 허가 및 해임(83조)의 권한을 가질 뿐만 아니라, 채무자의 업무
및 재산에 관한 상황에 관하여 보고를 요구할 수 있는 등(92조, 93조) 개별적인
규정을 통하여 감독권을 행사할 수 있지만, 위 법 81조 1항은 그에 관한 일반
규정으로서 법원의 감독권에 관하여 규정하고 있다.

　　관리인은 취임 후 즉시 채무자의 업무와 재산의 관리에 착수하여야 하며(89
조), 채무자에게 속하는 모든 재산의 회생절차의 개시 당시의 가액을 평가하여
야 하고(90조), 채무자의 재산목록 및 대차대조표를 작성하여야 한다(91조). 그런
데 위와 같은 평가·작성을 관리인 스스로 하는 것이 곤란한 경우가 많으므로

되므로, 그러한 심판에서 회생회사에는 당사자적격이 없고 관리인에게만 당사자적격이 있다(대
　법원 2016. 12. 29. 선고 2014후713 판결).
39) 대법원 1988. 10. 11. 선고 87다카1559 판결; 대법원 2013. 3. 28. 선고 2010다63836 판결.
　회생절차에서의 관리인의 지위 및 역할, 업무수행의 내용 등에 비추어 보면, 관리인이 채무자회
　생법 등에 따라 이해관계인의 법률관계를 조정하여 채무자 또는 사업의 효율적인 회생을 도모
　하는 업무를 수행하는 과정에서 자금 사정의 악화나 관리인의 업무수행에 대한 법률상의 제한
　등에 따라 불가피하게 근로자의 임금 또는 퇴직금을 지급기일 안에 지급하지 못한 것이라면 근
　로기준법 상 등의 임금 및 퇴직금 등의 기일 내 지급의무위반죄의 책임조각사유로 되는 하나의
　구체적인 징표가 될 수 있고, 나아가 관리인이 업무수행 과정에서 임금이나 퇴직금을 지급기일
　안에 지급할 수 없었던 불가피한 사정이 있었는지 여부는 채무자가 회생절차의 개시에 이르게
　된 사정, 법원이 관리인을 선임한 사유, 회생절차개시결정 당시 채무자의 업무 및 재산의 관리
　상태, 회생절차개시결정 이후 관리인이 채무자 또는 사업의 회생을 도모하기 위하여 한 업무수
　행의 내용과 근로자를 포함한 이해관계인과의 협의 노력, 회생절차의 진행경과 등 제반 사정을
　종합하여 개별·구체적으로 판단하여야 한다(대법원 2015. 2. 12. 선고 2014도12753 판결).
40) 관리인이 여럿인 경우에는 법원의 허가를 얻어 직무를 분장하였다는 등의 특별한 사정이 없는
　한 그 여럿의 관리인 전원이 채무자의 업무 수행과 재산의 관리처분에 관한 권한을 갖기 때문에
　채무자의 업무와 재산에 관한 소송에서는 관리인 전원이 소송당사자가 되어야 하고 그 소송은
　필수적 공동소송에 해당한다(대법원 2014. 4. 10. 선고 2013다95995 판결[미간행]).

법원은 필요하다고 인정하는 때에는 채권자협의회 및 관리위원회의 의견을 들어 조사위원(☞ 16-33)을 선임할 수 있다(87조 1항).

관리인은 비용의 선급 및 보수 또는 특별보상금을 받을 수 있다(30조 1항). 이는 공익채권으로서 지출된다(179조 4호).

5. 보전관리인

16-32

법 43조 1항은 채무자의 업무 및 재산에 관하여 가압류·가처분 그 밖에 필요한 보전처분을 명할 수 있다고 규정하면서, 동조 3항에서 법원은 위 보전처분 외에 필요하다고 인정하는 경우에는 관리위원회의 의견을 들어 보전관리인에 의한 관리를 명할 수 있다고 규정하고 있다. 그런데 회생절차의 개시신청일부터 1월 내에 형식적 요건만을 심사한 채 절차개시 여부의 결정을 하도록 하고 있고 (49조 1항), 실무상 보전관리인을 선임할 것이라면 그렇게 하기 보다는 바로 절차개시 결정을 하면서 관리인을 선임하게 될 것이므로 보전관리명령은 그다지 활용되지 않고 있다.

6. 조사위원

16-33

회생절차가 개시되면 관리인은 즉시 채무자에게 속하는 재산의 가액을 평가하고(90조) 재산목록과 대차대조표를 작성하며(91조), 채무자가 회생절차에 이르게 된 사정, 채무자의 업무 및 재산에 관한 사항, 법 114조 1항, 115조 1항에 의한 보전처분 및 조사확정재판을 필요로 하는 사정의 유무, 그 밖에 채무자의 회생에 필요한 사항을 조사하여야 하는데(92조) 관리인의 위와 같은 채무자의 상황 등에 관한 조사는 정확성과 객관성이 떨어지는 경우가 많고 그 조사는 매우 전문적인 분야로서 고도의 회계, 경영, 경제 지식과 판단능력이 필요로 하는 분야이므로 관리인 스스로 이를 맡기가 곤란할 수 있다. 그리하여 법원은 필요하다고 인정하는 때에는 채권자협의회 및 관리위원회의 의견을 들어 **1인 또는 여럿의 조사위원을 선임**하여(87조 1항), 조사위원에게 위와 같은 관리인이 조사, 작성하여야 할 사항을 조사하게 하고, 회생절차를 계속 진행함이 적정한지의 여부에 관한 의견서를 제출하게 하며(동조 3항), 그 밖에 필요한 사항을 조사하여 보고하게 할 수 있도록 하고 있다(동조 4항). 또한 법원은 회생절차개시 후 채무자에게 자금을 대여하려는 사람이 채무자의 업무 및 자산·부채 그 밖의 재산상태에 관한 자료를 요청하는 경우에 그 자금 차입이 채무자의 사업을 계속하는 데에 필요하고 자료 요청에 상당한 이유가 있다고 인정하는 때에는 조사위원에게 그 요청과 관련한 사항을 조사하여 보고하게 한 후, 조사결과의 전부 또는 일부를 자금차입에 필요한 범위 내에서 자료요청자에게 제공할 수 있다(동조 6항).[41]

조사위원은 조사에 필요한 학식과 경험이 있는 사람으로서 그 회생절차에 이해관계가 없는 사람 중에서 선임하여야 한다(87조 2항). 조사위원은 법원이 정하는 보수를 받을 수 있다(30조 1항).

조사위원의 채무자 등에 대한 업무와 재산의 상태에 관한 보고요구·검사권(79조), 조사위원에 대한 법원의 감독(81조), 조사위원의 선관의무(82조), 조사위원의 사임(83조 1항) 등은 관리위원에 관한 규정이 조사위원에게 준용된 규정이다(88조).

16-34
7. 관계인집회

관계인집회는 법원이 관리인, 회생채권자·회생담보권자·주주·지분권자 등 이해관계인을 일정한 기일에 소집하여 채무자가 회생절차개시에 이르게 된 사정과 채무자의 업무 및 재산에 관한 사항 등에 관하여 관리인의 보고를 받고, 회생절차에 관한 기본적 사항에 관하여 의견을 듣고, 회생계획안을 심리하고 결의하기 위하여 개최하는 집회를 말한다(98조, 99조). 이해관계인으로 하여금 회생절차의 흐름을 알게 하고, 정보를 교환하게 하며, 나아가 이해관계인을 회생계획안의 작성에 참여시키는 기능을 한다.

관계인집회는 법원에 의하여 소집되고, 절차개시의 원인 및 경과에 대하여 보고와 설명을 들으며, 이해관계인이 의견을 진술한다는 점에서 파산절차에서의 채권자집회와 어느 정도 유사한 부분이 있으나(☞ 4-22), 다른 부분도 있다. 가령, 관계인집회는 주주·지분권자도 그 구성원이 되는 데 대하여, 파산절차상

---

41) 법 87조에 따라 제1심법원이 선임한 조사위원은, 회생절차개시결정일을 기준으로 채무자가 제시하는 재무제표와 부속명세서를 기초로 하고, 일반적으로 인정되는 회계감사기준과 준칙 등을 적용하여 채무자의 부채와 자산의 액수를 조사한다. 자산 중 매출채권의 경우는 회수가능성, 상대방의 재무상태 등을 고려하여 가치를 평가하고, 부채 역시 일반적인 회계감사기준에 따라 존재 여부를 검토하고 관리인이 제출한 채권자목록, 채권자들이 신고한 채권신고서 등과 대조 작업을 거친다. 그런데 이러한 방법으로 채무자의 부채와 자산의 액수를 조사한 조사위원의 조사보고서가 여러 번 제출되고 결과에 차이가 있는 경우, 각 조사보고서 중 어느 것을 택할 것인지는 조사방법 등이 경험칙에 반하거나 합리성이 없는 등 현저한 잘못이 있음이 명백하지 않는 한, 원칙적으로 법원의 재량에 속한다(대법원 2018. 5. 18.자 2016마5352 결정).

채권자집회는 주주·지분권자는 그 구성원이 되지 못한다. 주주·지분권자의 권리관계는 파산절차에서는 전혀 고려되지 않으나, 회생절차에서는 주주·지분권자의 권리관계도 이해관계의 조정의 대상이 되어 주주·지분권자도 관계인집회의 구성원이 되는 것으로 하고 있다. 또한 담보권자는 관계인집회의 구성원으로 되는 데 대하여, 파산절차상 채권자집회에서는 담보권자는 별제권자로서 그 구성원이 되지 못한다. 파산절차에서는 담보권자의 담보권은 절대적으로 보장되므로 담보권자를 채권자집회의 구성원으로 할 필요가 없으나, 회생절차에서는 담보권자도 다른 채권자나 주주·지분권자와 함께 그 권리관계가 조정될 수 있기 때문에 관계인집회의 구성원으로 하는 것이다.

회생계획안을 서면결의에 부치는 경우를 제외하고 관계인집회는 3회에 걸쳐 개최된다. 법원은 필요하다고 인정하는 경우에 이해관계인의 신청이나 직권으로 관계인집회를 병합할 수 있다(39조의2 4호).

각각의 관계인집회는 그 목적이 법정되어 있는데, **제1회 관계인집회**는 관리인으로 하여금 채무자가 회생절차의 개시에 이르게 된 사정 등을 보고하게 하기 위해 법원이 **필요하다고 인정하는 경우에 재량**으로 소집할 수 있고(98조 1항), 소집의 필요성이 인정되지 않아 제1회 관계인집회를 개최하지 않은 경우에는 관리인으로 하여금 **관계인설명회**(관계인설명회에 대하여는 법 98조의2 참조)를 개최하게 하는 등 필요한 조치를 취한 뒤, 지체 없이 그 결과를 법원에 보고하도록 하고 있다(동조 2항).

나아가 **제2회 관계인집회**(법 224조에는 '회생계획안 심리를 위한 관계인집회'라고 되어 있으나, 실무상으로는 두 번째로 개최되는 관계인집회라는 의미에서 '제2회 관계인집회'라고 부른다)와 **제3회 관계인집회**(법 232조에는 '회생계획안의 결의를 위한 관계인집회'라고 되어 있으나, 실무상으로는 '제3회 관계인집회'라고 부른다)로 구분된다. 실무에서는 제2회 관계인집회, 제3회 관계인집회 및 추후 보완신고된 회생채권 등을 조사하기 위한 특별조사기일을 병합하고 있다.

그런데 법원이 회생계획안을 서면결의에 부치는 결정을 한 때에는 제2회 관계인집회를 소집할 수 없고(224조 단서), 회생계획안을 송달한 때에 제2회 관계인집회가 완료된 것으로 보므로(240조 4항) 이후 법원은 제2회 관계인집회와 제3회 관계인집회를 소집할 필요가 없게 된다.

16-35   ## Ⅳ. 채무자를 둘러싼 법률관계

파산절차에서와 마찬가지로 법률관계 등에 관한 회생절차에서의 취급은 회생절차개시결정 뒤의 채무자의 법률행위의 효력의 국면과 개시결정 전에 채무자가 행한 법률행위의 회생절차에서의 처리의 국면으로 나뉜다.

회생절차개시결정에 의한 채무자의 재산관계에 대한 효과는 이미 앞에서 설명한 바 있다(☞ 16-24 이하).

그런데 청산형 절차인 파산절차의 경우에는 파산선고시를 기준으로 하여 파산재단의 관리처분권을 파산관재인에게 부여하여 파산재단을 환가할 필요가 있으므로 **파산재단**의 범위를 확정하는 것이 필수적이나, 회생절차에서는 채무자가 계속 존속하는 것을 전제로 하므로 채무자와 재단을 분리할 필요가 없다. 따라서 회생절차에서는 별도로 **회생재단**이라는 개념을 두고 있지 않다(반면, 회생형 절차라도 개인회생절차에서는 법 580조에서 개인회생재단이라는 개념을 두고 있다).

16-36   ## 1. 회생절차개시결정 후의 채무자의 법률행위 등의 효력

제64조(회생절차개시 후의 채무자의 행위) ① 채무자가 회생절차개시 이후 채무자의 재산에 관하여 법률행위를 한 때에는 회생절차와의 관계에 있어서는 그 효력을 주장하지 못한다. ② 제1항의 규정을 적용하는 경우 채무자가 회생절차개시가 있은 날에 행한 법률행위는 회생절차개시 이후에 한 것으로 추정한다.

제65조(회생절차개시 후의 권리취득) ① 회생절차개시 이후 회생채권 또는 회생담보권에 관하여 채무자의 재산에 대한 권리를 채무자의 행위에 의하지 아니하고 취득한 때에도 회생절차와의 관계에 있어서는 그 효력을 주장하지 못한다. ② 제64조제2항의 규정은 제1항의 규정에 의한 취득에 관하여 준용한다.

제66조(회생절차개시 후의 등기와 등록) ① 부동산 또는 선박에 관하여 회생절차개시전에 생긴 등기원인으로 회생절차개시 후에 한 등기 및 가등기는 회생절차와의 관계에 있어서는 그 효력을 주장하지 못한다. 다만, 등기권리자가 회생절차개시의 사실을 알지 못하고 한 본등기는 그러하지 아니하다. ② 제1항의 규정은 권리의 설정·이전 또는 변경에 관한 등록 또는 가등록에 관하여 준용한다.

제67조(회생절차개시 후의 채무자에 대한 변제) ① 회생절차개시 이후 그 사실을 알지 못하고 한 채무자에 대한 변제는 회생절차와의 관계에 있어서도 그 효력을 주장할 수 있다. ② 회생절차개시 이후 그 사실을 알고 한 채무자에 대한 변제는 채무자의 재산이 받은 이익의 한도에서만 회생절차와의 관계에 있어서 그 효력을 주장할 수 있다.

> **제68조(선의 또는 악의의 추정)** 제66조 및 제67조의 규정을 적용함에 있어서 회생절차개시의 공고 전에는 그 사실을 알지 못한 것으로 추정하고, 공고 후에는 그 사실을 안 것으로 추정한다.
> **제123조(개시 후의 환어음의 인수 등)** ① 환어음의 발행인 또는 배서인인 채무자에 관하여 회생절차가 개시된 경우 지급인 또는 예비지급인이 그 사실을 알지 못하고 인수 또는 지급을 한 때에는 그 지급인 또는 예비지급인은 이로 인하여 생긴 채권에 관하여 회생채권자로서 그 권리를 행사할 수 있다. ② 제1항의 규정은 수표와 금전 그 밖의 물건 또는 유가증권의 지급을 목적으로 하는 유가증권에 관하여 준용한다. ③ 제68조의 규정은 제1항 및 제2항의 적용에 관하여 준용한다.

　　회생절차개시결정이 있으면 채무자는 업무의 수행과 재산의 관리 및 처분권을 상실하고 이러한 권한은 관리인에게 전속하게 된다(56조. ☞ 파산절차에서의 384조에 대응). 그 결과 채무자가 회생절차개시 이후 채무자의 재산에 관하여 법률행위를 한 때에는 회생절차와의 관계에 있어서는 그 효력을 주장하지 못하나 (64조. ☞ 파산절차에서의 329조에 대응), 일정한 경우에는 선의자 보호가 도모되고 있다(66조, 67조, 123조. ☞ 각각 파산절차에서의 331조, 332조, 333조에 대응). 또한 채무자의 행위에 의하지 않고 채무자의 재산에 관한 권리를 취득하더라도 회생절차와의 관계에서 그 효력을 주장할 수 없다(65조. ☞ 파산절차에서의 330조에 대응). 위 선의와 관련하여 회생절차개시의 공고 전에는 그 사실을 알지 못한 것으로 추정하고, 공고 후에는 그 사실을 안 것으로 추정한다(68조, 123조 3항. ☞ 파산절차에서의 334조에 대응).42)

2. 회생절차개시결정 전부터의 채무자의 법률관계의 조정　　　　16-37

　　자연인이든 법인이든 많은 계약관계를 맺고 있다. 계약관계의 모든 결제를 마치는 순간에 우연히 회생절차가 개시하는 등과 같은 희한한 상황은 드물고, 그보다는 계약 도중에 도산하는 상황은 빈번하므로 이에 대처하는 도산법리가 필요한데, 법은 다음과 같이 규율하고 있다.

---

42) 파산절차에 있어서 법 333조는 파산재단의 확보에 관련된 법 329조, 330조의 예외규정이 아니라, 오히려 파산채권의 범위에 관한 법 423조의 특칙인데, 다만 파산선고 후의 선의거래의 보호라는 점에서는 공통성이 있으므로 법 331조, 332조와 함께 규정한 것에 지나지 않는다. 그리하여 법 332조 다음에 조문이 위치한다. 회생절차에서의 마찬가지 취지인 법 123조 1항의 위치는 규정의 성질의 차이를 고려하여 배치를 파산절차와 다르게 변경하였다.

〈관련 규정 비교〉

	회생절차	파산절차	비　고
쌍방미이행 쌍무계약	119조	335조	*단체협약(119조 4항)
지급결제제도의 특칙43)	120조	336조	
쌍방미이행 쌍무계약의 해제(해지)	121조	337조	* 해제(해지) 기간(119조 1항 단서)
계속적 급부를 목적으로 하는 쌍무계약	122조	×	
거래소의 시세 있는 상품의 정기매매	×	338조	
임대인의 도산	124조 4항	340조 4항	
임차인의 도산 사용자의 도산 도급인의 도산		민법 637조 민법 663조 민법 674조	* 회생절차에 관하여는 왼쪽과 같은 민법의 특칙이 없음

16-38　　　　　　**(1) 이행미완료의 쌍무계약의 취급**

> **제119조(쌍방미이행 쌍무계약에 관한 선택)** ① 쌍무계약에 관하여 채무자와 그 상대방이 모두 회생절차개시 당시에 아직 그 이행을 완료하지 아니한 때에는 관리인은 계약을 해제 또는 해지하거나 채무자의 채무를 이행하고 상대방의 채무이행을 청구 할 수 있다. 다만, 관리인은 회생계획안 심리를 위한 관계인집회가 끝난 후 또는 제240조의 규정에 의한 서면결의에 부치는 결정이 있은 후에는 계약을 해제 또는 해지할 수 없다. ② 제1항의 경우 상대방은 관리인에 대하여 계약의 해제나 해지 또는 그 이행의 여부를 확답할 것을 최고할 수 있다. 이 경우 관리인이 그 최고를 받은 후 30일 이내에 확답을 하지 아니하는 때에는 관리인은 제1항의 규정에 의한 해제권 또는 해지권을 포기한 것으로 본다. ③ 법원은 관리인 또는 상대방의 신청에 의하거나 직권으로 제2항의 규정에 의한 기간을 늘이거나 줄일 수 있다. ④ 제1항 내지 제3항의 규정은 단체협약에 관하여는 적용하지 아니한다. ⑤ 제1항에 따라 관리인이 국가를 상대방으로 하는「방위사업법」제3조에 따른 방위력개선사업 관련 계약을 해제 또는 해지하고자 하는 경우 방위사업청장과 협의하여야 한다.
>
> **제121조(쌍방미이행 쌍무계약의 해제 또는 해지)** ① 제119조의 규정에 의하여 계약이 해제 또는 해지된 때에는 상대방은 손해배상에 관하여 회생채권자로서 그 권리를 행사할 수 있다. ② 제1항의 규정에 의한 해제 또는 해지의 경우 채무자가 받은 반대급부가 채무자의 재산 중에 현존하는 때에는 상대방은 그 반환을 청구할 수 있으며, 현존하지 아니하는 때에는 상대방은 그 가액의 상환에 관하여 공익채권자로서 그 권리를 행사할 수 있다.

---

43) 이에 대한 문헌으로는 박준, "채무자회생 및 파산에 관한 법률 제120조의 해석 — 지급결제제도, 청산결제제도 및 적격금융거래에 대한 특칙의 적용범위 —", BFL(제22호, 2007. 3), 62면 이하 참조.

　　파산절차에서와 마찬가지로(☞ 8-16 이하) 회생절차에서도 이행미완료의 쌍무
계약의 처리에 관한 규정을 두고 있다(119조, 121조).**44)** 여기서 말하는 쌍무계약이
라 함은 양쪽 당사자가 서로 대등한 대가관계에 있는 채무를 부담하는 계약으로서,
본래적으로 雙方의 채무 사이에 성립·이행·존속상 법률적·경제적으로 견련성을
갖고 있어서 서로 담보로서 기능하는 것을 가리키는 것이고, 이와 같은 법률적·경
제적 견련관계가 없는데도 당사자 사이의 특약으로 雙方의 채무를 상환 이행하기
로 한 경우는 여기서 말하는 쌍무계약이라고 할 수 없다.**45)**

　　쌍무계약에 관하여 채무자와 그 상대방이 모두 회생절차개시 당시에 아직 그
이행을 완료하지 아니한 때에는 원칙적으로 관리인은 계약을 해제 또는 해지하거
나**46)** 채무자의 채무를 이행하고 상대방의 채무이행을 청구할 수 있다(119조 1항 본
문).**47)** 다만, 관리인은 회생계획안 심리를 위한 관계인집회가 끝난 후 또는 법 240
조의 규정에 의한 서면결의에 부치는 결정이 있은 후에는 계약을 해제 또는 해지할
수 없다(동조 동항 단서).**48)**

---

44) 미이행 쌍무계약에 관한 각국의 법리에 관하여는 김영주, "도산절차상 미이행 쌍무계약에 관
　　한 연구", 서울대학교 대학원 박사학위 논문(2013), 9면 이하 참조.
45) 대법원 2007. 3. 29. 선고 2005다35851 판결.
46) 법 119조 1항 본문 중 '계약의 해제'에 관한 부분이 청구인의 계약의 자유를 침해하여 위헌인지
　　여부에 관하여 위 조항은 회생절차를 원활하게 진행함으로써 채무자의 신속한 경제적 재건을 돕
　　고 회생채권자들 전체의 이익을 균형 있게 조정하기 위한 것으로, 이러한 입법목적의 정당성이
　　인정되며, 관리인에게 쌍방 미이행 쌍무계약에 대한 해제권을 부여하여 종전에 형성된 계약관계
　　를 조기에 확정할 수 있도록 하는 것은 이러한 목적을 달성하기 위한 적절한 수단이다. 관리인에
　　게 계약해제권이 아닌 이행거절권을 부여하는 것이 반드시 상대방에게 덜 침익적이라고 단정할
　　수도 없으며, 회생절차가 폐지된 경우나 소수주주의 주식매수청구권에 근거하여 체결된 계약에
　　대해서 예외를 마련하지 않고 있다는 이유만으로 위 조항이 회생절차의 목적에 반한다거나 소수
　　주주 보호라는 상법의 취지를 몰각시킨다고 볼 수 없으므로, 위 조항은 침해의 최소성을 갖추었
　　다. 위 조항으로 인해 상대방이 입게 되는 불이익이 회생절차를 원활하게 진행함으로써 회생제도
　　의 목적을 달성하고 그 절차에 대한 사회적 신뢰를 확보하고자 하는 공익에 비하여 결코 크다고
　　할 수 없으므로, 위 조항은 법익의 균형성도 갖추었다. 따라서 위 조항은 청구인의 계약의 자유
　　를 침해하지 아니한다고 보았다(헌법재판소 2016. 9. 29. 선고 2015헌바28 결정).
47) 회생계획안 심리를 위한 관계인집회가 끝날 때까지 회생채무자의 관리인이 쌍방 미이행 상태
　　의 쌍무계약을 해제 또는 해지하지 않은 경우 관리인이 이행을 선택한 것으로 보아야 하므로
　　상대방이 갖는 청구권은 공익채권에 해당한다(대법원 2012. 10. 11.자 2010마122 결정).
48) 관리인이 법 119조 본문의 규정에 따라 미이행 쌍무계약을 해제 또는 해지한 경우에 상대방
　　은 손해배상에 관하여 회생채권자로서 권리를 행사할 수 있는데(121조 1항), 만일 관리인이 신
　　고기간 경과 후에 쌍무계약을 해지한 경우에는 상대방은 권리발생 후 1개월 내에 채권의 신고
　　를 하면 된다(153조 1항). 그러나 만일 관리인이 회생계획안의 심리를 위한 관계인집회가 종료
　　된 뒤 또는 법 240조에 의하여 서면결의에 부친다는 결정이 있은 뒤에 해제 또는 해지권을 행사
　　하면 상대방은 그로 인한 손해배상채권을 취득하면서도 법 153조 2항, 152조 3항에서 정한 신

한편, 상대방의 법적 지위는 관리인의 선택에 의하여 결정되므로 그 태도 결정이 지체되는 것에 의하여 장기간 불안정한 상태에 놓이게 된다. 그리하여 상대방의 최고권에 관한 규정이 있는데, 다만 파산절차와 달리 관리인이 최고를 받은 후 30일 이내에 확답을 하지 않은 때에는 관리인은 해제권(해지권)을 포기한 것으로 본다고 규정하고 있다(119조 2항). 즉, 회생절차에서는 관리인이 이행의 청구를 선택한 것으로 처리된다. 이는 재건형 절차인 회생절차와 청산형 절차인 파산절차의 차이 때문이라고 볼 수 있다. 재건형 절차에서는 계약의 이행을, 청산형 절차에서는 계약의 해제를 통상적 내지는 원칙적 처리로 보는 것이다. 따라서 회생절차에서는 해제(해지)의 선택이 법원의 허가가 필요한 사항임에 대하여(61조 4호),[49] 반대로 파산절차에서는 이행의 선택이 법원의 허가가 필요한 사항으로 되어 있다(492조 9호).

그리고 위 선택권에 따라 계약을 해제(해지)한 경우에 그로 인하여 발생한 손해배상에 대하여 상대방은 회생채권자로서 권리를 행사할 수 있다(121조 1항).[50] 또한 채무자가 받은 반대급부가 채무자의 재산 중에 현존하는 때에는 상대방은 그 반환을 구할 수 있으며(이 경우에는 환취권이 된다), 현존하지 않는 때에는 그 가액의 상환에 관하여 회생채권자가 아닌 공익채권자로서 권리를 행사할 수 있다(동조 2항).[51]

고기간이 만료되어 더 이상 신고할 방법이 없게 되고, 이 경우 상대방이 취득한 손해배상채권은 실권되는 불이익을 입게 된다(251조). 이 때문에 위와 같이 해제권 또는 해지권을 행사하지 못하도록 하여 실권의 불이익을 방지하고 있다(119조 1항 단서). 관련된 몇 가지 쟁점에 대하여는 한민, "미이행쌍무계약에 관한 우리 도산법제의 개선방향", 선진상사법률연구(제53호, 2011. 1), 57면 이하 참조.

49) 한편, 「방위사업법」 3조에 따른 방위력개선사업 관련 계약을 해제 또는 해지하고자 하는 경우 방위사업청장과 협의하여야 한다는 규정이 있다(2014년 개정 도산법 119조 5항 신설).

50) 회생채권자가 회생절차 개시 당시 채무자에 대하여 채무를 부담하는 경우에 채권과 채무의 쌍방이 회생채권의 신고기간 만료 전에 상계할 수 있게 되었을 때에는 그 기간 내에 한하여 회생절차에 의하지 아니하고 상계할 수 있다고 규정되어 있지만, 상대방이 법이 정하는 소정 기간 내에 위 채권에 관하여 채권신고를 한 바 없다면 위 채권이 있음을 내세워 상계 주장 등을 할 수는 없다. 그리고 위 최고권을 행사하지 아니한 탓으로 채권신고기간 내에 채무자에 대한 손해배상채권에 관한 권리신고를 하지 못하게 되어 회생채권자로서 권리를 행사하거나 상계 주장 등을 할 수 없게 되고, 관리인의 계약해제로 원상회복의무를 부담하게 되는 결과가 되었다고 하더라도, 관리인의 청구가 권리남용이며 신의칙에 반한다고 단정할 수는 없다(대법원 1998. 6. 26. 선고 98다3603 판결).

51) 그런데 도급인의 관리인이 하도급계약을 미이행쌍무계약으로 해제하자, 수급인은 그때까지의 기성부분에 대한 하도급공사대금이 법 121조 2항에 따라 가액상환의 대상이 되고 이는 공익채권에 해당한다고 주장하면서 그 지급을 구한 사안에서, 도급계약의 해제는 해석상 장래에 향하

한편, 특약에 의하여 도산절차개시 신청이 있는 등을 해제원인으로 정하고 (**도산해제조항**=ipso facto clauser) 있는 경우에 그대로 상대방의 해제권을 인정하여도 무방한지 여부가 문제된다(파산절차에서의 ☞ 8-22 참조). **판례**는 도산해지조항이 부인권의 대상이 되거나 공서양속에 위배된다는 등의 이유로 효력이 부정되어야 할 경우를 제외하고, 도산해지조항으로 인하여 절차개시 후 채무자에 영향을 미칠 수 있다는 사정만으로는 그 조항이 **무효라고 할 수 없다고 하면서**, 다만, 쌍방미이행의 쌍무계약의 경우에는 계약의 이행 또는 해제에 관한 관리인의 선택권을 부여한 취지에 비추어 도산해지조항의 효력을 **무효로 보아야** 한다거나 아니면 적어도 정리절차개시 이후 종료시까지의 기간 동안에는 도산해지조항의 적용 내지는 그에 따른 **해지권의 행사가 제한**된다는 등으로 해석할 여지가 없지는 않을 것이라고 보았다.52)

◆ **계속적 공급계약의 처리** ◆　회생절차에 있어서는 채무자의 사업의 계속을 위하여 법 122조에서 채무자에 대하여 계속적 공급의무를 부담하는 계약의 상대방에 대하여 채무자가 회생절차개시신청 전의 공급으로 발생한 회생채권 또는 회생담보권을 변제하지 아니함을 이유로 계약의 상대방은 회생절차개시신청 후 그 의무의 이행을 거절할 수 없는 특칙을 두고 있다.53) 반면, 청산형 절차인 파산절차에서는 위와 같

여 도급의 효력을 소멸시키는 것을 의미하고, 원상회복은 허용되지 아니하므로 법 121조가 적용될 여지가 없으며, 한편 민법 674조 1항은 도급인에 대하여 회생절차가 개시된 경우에도 유추적용할 수 있고, 따라서 하도급계약을 미이행쌍무계약으로 해제함에 따라 그때까지 수급인이 이행한 부분은 도급인에게 귀속되고, 수급인은 이행한 부분에 대한 하도급공사대금 채권을 가지는데, 이는 회생채권이다(대법원 2017. 6. 29. 선고 2016다221887 판결).

52) 도산해지조항의 적용 결과가 정리절차개시 후 정리회사에 미치는 영향이라는 것은 당해 계약의 성질, 그 내용 및 이행 정도, 해지사유로 정한 사건의 내용 등의 여러 사정에 따라 달라질 수밖에 없으므로 도산해지조항을 일반적으로 금지하는 법률이 존재하지 않는 상태에서 그와 같은 구체적인 사정을 도외시한 채 도산해지조항은 어느 경우에나 회사정리절차의 목적과 취지에 반한다고 하여 일률적으로 무효로 보는 것은 계약자유의 원칙을 심각하게 침해하는 결과를 낳을 수 있을 뿐만 아니라, 상대방 당사자가 채권자의 입장에서 채무자의 도산으로 초래될 법적 불안정에 대비할 보호가치 있는 정당한 이익을 무시하는 것이 될 수 있다(대법원 2007. 9. 6. 선고 2005다38263 판결). 이에 대하여 김영주, "계약상 도산해제조항의 효력", 선진상사법률연구(2013. 10), 97면 이하 참조. 한편, 일본 最判 1982年(昭和 57年) 3月 30日은 소유권유보부 매매계약에 당연해제를 정하는 특약이 있는 회사정리사건에 대하여 채권자, 주주 그 밖의 이해관계인의 이해를 조정하여 곤궁에 빠져 있는 주식회사의 사업의 유지·갱생을 도모하기 위한 회사정리절차의 취지, 목적을 해치는 것이므로 그 효력을 인정할 수 없다고 판시한 것이 있고(倒産判例百選[第5版](75사건), [三木浩一 해설] 참조), 또한 일본 最判 2008年(平成 20年) 12月 16日은 민사재생절차의 금융리스계약에서 도산해지의 특약을 무효로 보았다(倒産判例百選[第5版](76사건), [上原敏夫 해설] 참조).

53) 관련하여 전기요금 미납으로 전기사용계약이 적법하게 해지되어 전기공급이 중단된 상태에서

은 특칙을 두고 있지 않다(☞ 8-27).

또한 계속적 공급의무를 부담하는 쌍무계약의 상대방이 **회생절차개시신청 후 회생절차개시 전**까지 한 공급으로 생긴 청구권은 **공익채권**으로 한다(179조 1항 8호). 따라서 그 변제가 없는 것을 이유로 회생절차개시 후의 이행거절을 인정한다. 그리고 **회생절차개시신청 전 20일 이내**에 채무자가 계속적이고 정상적인 영업활동으로 공급받은 물건에 대한 대금청구권도 **공익채권**으로 한다(동조 동항 8의2호).

◆ **신종계약의 취급** ◆ 민법 등에 규정되어 있는 전형계약 이외에 거래사회의 필요에 의하여 위와 같은 리스계약이나 또는 라이선스계약 등의 신종계약이 나타났다. 이러한 신종계약에 있어서 당사자 가운데 한쪽이 회생절차가 개시된 경우에 해당 계약의 취급에 대하여 여러 해석론이 주장될 수 있는데, 앞으로 이러한 신종계약에 대한 입법적 조치가 필요하다. 금융리스계약에 있어서 리스기간 중에 이용자에게 회생절차개시결정이 있는 경우의 처리가 문제가 된다(파산선고의 경우는 ☞ 8-33). 쌍방미이행의 쌍무계약으로 보아 법 119조를 적용할 수 있는지 여부가 논의의 중심이다(보통 도산해지조항이 부가되어 있는 경우가 일반적인데, 위에서 본 바와 같이 그 유효성도 문제가 된다).[54]

16-39   **(2) 공유관계의 처리**

> **제69조(공유관계)** ① 채무자가 타인과 공동으로 재산권을 가진 경우 채무자와 그 타인 사이에 그 재산권을 분할하지 아니한다는 약정이 있더라도 회생절차가 개시된 때에는 관리인은 분할의 청구를 할 수 있다. ② 제1항의 경우 다른 공유자는 상당한 대가를 지급하고 채무자의 지분을 취득할 수 있다.

공유자 가운데 1인이 회생절차개시결정을 받은 경우에 가령 공유자 사이에서 분할하지 아니할 것을 약정한 때라도(민법 268조 1항 후문) 관리인은 분할을 청구할 수 있다(69조 1항. ☞ 파산절차에서의 344조 1항에 대응). 또한 현금화가 목적이

전기사용자에 대한 회생절차가 개시되어 미납전기요금이 회생채권으로 신고가 되고 그 후 회생채무자의 관리인이 전기공급을 요청한 사안에서, 한국전력공사가 회생채권인 미납전기요금의 미변제를 이유로 전기공급을 거절하는 것은 정당한 사유 없이 전기의 공급을 거부하여서는 안 된다는 전기사업법 14조의 '정당한 사유'에 해당하지 않는다고 보았다(대법원 2010. 2. 11.자 2009마1930 판결). 위 법 122조 1항은 그 문언상 개시신청 당시까지 계속적 공급을 목적으로 하는 쌍무계약이 유지되고 있음을 전제로 하는 것이므로 개시신청 이전에 그 계약이 적법하게 해지된 경우에는 위 조항은 적용되지 않는데, 위 판결의 사안도 그러한 경우로 법 122조 1항은 적용될 수 없는 사안이었다.

54) 자세히는 배현태, "회사정리절차에 있어서 리스채권의 취급", 법조(제49권 제2호, 2000. 2), 150면 이하; 이연갑, "리스계약과 도산절차", 민사판례연구(제28권, 2006. 2), 939면 이하; 임채웅, "회생절차상 리스료채권의 지위에 관한 연구", 인권과 정의(제356호, 2006. 4), 64면 이하 참조.

므로 다른 공유자가 상당한 금전(대상금)을 지급하고 채무자의 지분을 취득할 수 있다(동조 2항. ☞ 파산절차에서의 344조 2항에 대응).

3. 소송의 중단·수계

(1) 중 단

16-40

회생절차개시결정이 있으면 **채무자의 재산에 관한** 소송절차는 중단된다(59조 1항).55) 한편, 회생절차개시결정이 있었는데, 법원이 그 사실을 알지 못한 채 관리인의 소송수계가 이루어지지 아니한 상태 그대로 소송절차를 진행하여 판결을 선고하였다면, 그 판결은 일방 당사자의 회생절차개시결정으로 소송절차를 수계할 관리인이 법률상 소송행위를 할 수 없는 상태에서 심리되어 선고된 것이므로, 여기에는 마치 **대리인에 의하여 적법하게 대리되지 아니하였던 경우와 마찬가지**의 위법이 있다.56) 반면 채무자의 재산과 관계없는 소송, 가령 신분관계소송인 이혼소송이나 주주총회결의무효소송 등은 회생절차개시결정으로 중단되지 않는다. 한편, 개인회생절차에서는 회생절차의 관리인이나 파산절차의 파산관재인과 같이 채무자가 아닌 관리처분권자가 별도로 없고, 채무자가 개인회생재단의 관리처분권을 가지므로(580조 2항) 개인회생절차개시결정이 있더라도 채무자의 재산에 관하여 이미 계속중인 소송절차를 중단할 필요는 없다. 그러므로 중지의 대상에서 소송행위를 제외하고 있다(600조 1항 3호 단서. ☞ 17-51).

(2) 수 계

16-41

이렇게 중단된 소송절차가 환취권이나 공익채권에 관한 소송 등 **회생채권 또는 회생담보권과 관계없는 경우**에는 관리인 또는 상대방이 이를 수계할 수 있다(59조 2항 전문). 실무상 회생채권자 목록에 기재되지 않았고, 회생채권으로 신고되지 않아 회생계획인가결정으로 실권된 경우에도 이 규정의 적용이 있다고

---

55) 소송상대방에 대한 회생절차개시결정이 있어 소송절차가 중단됨으로써 재판장의 인지보정명령상의 보정기간은 그 기간의 진행이 정지되었고, 소송절차가 중단된 상태에서 행한 재판장의 보정기간연장명령도 효력이 없으므로, 각 보정명령에 따른 기간불준수의 효과도 발생할 수 없다(대법원 2009. 11. 23.자 2009마1260 결정). 이에 대한 해설로는 김우수, 대법원판례해설(제81호), 561면 이하 참조. 그리고 지급명령이 송달된 후 이의신청 기간 내에 회생절차개시결정 등과 같은 소송중단사유가 생긴 경우, 소송절차 정지에 관한 민사소송법 247조가 준용되어 이의신청 기간의 진행이 정지된다(대법원 2012. 11. 15. 선고 2012다70012 판결).

56) 대법원 2011. 10. 27. 선고 2011다56057 판결; 대법원 2016. 12. 27. 선고 2016다35123 판결; 대법원 2021. 5. 7. 선고 2020두58137 판결.

본다.57) 이 경우에 채무자에 대한 소송비용청구권은 공익채권으로 한다(59조 2
항 후문).58) 위 수계가 있기 전에 회생절차가 종료된 때에는 채무자는 당연히 소
송절차를 수계한다(동조 3항). 회생절차의 종료에 의하여 채무자의 재산의 관리
및 처분권이 부활하기 때문이다.

　　또한 중단된 소송 중 **채무자의 재산에 속하는 재산에 관한**(적극재산에 대한)
소송은 관리인 또는 상대방이 이를 수계할 수 있다.

　　반면, 중단된 소송절차가 **회생채권 또는 회생담보권에 관한** 소송인 경우의
취급은 아래와 같다(파산절차에서의 취급에 대하여는 ☞ 8-70).

　　회생절차에 참가하고자 하는 회생채권자 또는 회생담보권자는 채권신고기
간 안에 회생채권을 법원에 신고하여야 하며(148조, 149조), 신고된 회생채권 등
에 관하여 그 조사절차에서 **이의가 없다면**(☞ 16-69) 채권이 신고한 내용대로 확
정되고(166조 1항), 그 조사결과를 기재한 회생채권자표 등은 확정판결과 같은
효력이 있으므로(168조) 별도로 위 중단된 소송절차를 계속 진행할 필요가 없다.
이때에 **판례**는 계속 중이던 회생채권 등에 관한 소송은 **소의 이익이 없어** 부적
법하게 된다고 한다.59) 그러나 **생각건대** 중단된 소송은 그 상태에서 **당연종료된**

---

57) 이 사건 회생채권은 회생채권자 목록에 기재되지 않았고, 회생계획안 심리를 위한 관계인집회
　　가 끝날 때까지 회생채권으로 신고된 사실이 없고, 회생계획인가결정이 내려진 이후 추후 보완
　　신고하였으나 받아들여지지 않았다. 그렇다면 회생계획인가의 결정이 있은 때에 실권되었다고
　　봄이 타당하므로 법 170조, 172조의 회생채권확정의 일환으로 진행되는 소송절차 수계의 여지
　　는 없게 되었고, 법 59조 2항에 따라 관리인 또는 상대방이 수계할 수 있으므로, 회생계획인가
　　결정이 있은 후에 상고장을 제출함과 동시에 소송절차수계신청서를 제출한 것은 적법한 상고로
　　보아야 한다(대법원 2016. 12. 27. 선고 2016다35123 판결). 평석으로는 회생채권이 인가결정
　　으로 실권되었다는 점을 들어 59조 2항의 회생채권 또는 회생담보권과 관계없는 소송에 해당된
　　다고 본 것으로 보이는데, 이러한 해석이 문리에 완전히 부합하는지 의문이 들 수밖에 없지만,
　　입법의 불비로 인한 부득이한 결정으로 선해해 볼 수 있다는 오세용, "회생절차와 소송수계".
　　회생법학(2017. 6), 7면 이하 참조.

58) 소송절차를 수계한 경우, 상대방이 위 소송에서 승소한 경우에 회생채무자에 대하여 가지는
　　소송비용 상환청구권은 법 59조 2항 후문에 의하여 관리인이 소송절차를 수계한 이후의 소송비
　　용뿐만 아니라 관리인의 소송수계 이전에 회생채무자가 소송을 수행한 때의 소송비용까지 포함
　　하여 공익채권으로 된다(대법원 2016. 12. 27.자 2016마5762 결정).

59) 계속 중인 소는 회생채권자표에 기재됨으로써 소의 이익이 없어 부적법하게 된다(대법원
　　2014. 6. 26. 선고 2013다17971 판결; 대법원 2020. 3. 2. 선고 2019다243420 판결). 이때에 중
　　단된 소송절차는 ① 당연히 종료한다는 견해, ② 관리인으로 하여금 수계하도록 한 다음, 청구
　　기각판결을 선고하여야 한다는 견해, ③ 관리인으로 하여금 수계하도록 한 다음, 각하하여야 한
　　다는 견해, ④ 수계가 불가능하므로 중단된 상태에서 각하하여야 한다는 견해가 대립하고 있다
　　고 하는데(회생사건실무(上)[제4판], 559면 각주 49) 참조), 계속 중인 소는 그 소의 이익이
　　없어서 관리인으로 하여금 수계하도록 한 다음, 각하하는 것이 타당하다는 입장으로는 김상철

다고 보는 것이 타당할 것이다(파산절차에서의 ☞ 8-71 부분 참조).

　반면, 신고된 회생채권 등에 관하여 관리인 등의 적법한 **이의가 있어**(☞ 16-70) 회생채권 등이 **확정되지 아니한 때**에는 그 회생채권 등을 보유한 권리자는 그 권리의 확정을 위하여 이의자 전원을 상대방으로 하여 채권조사확정재판을 신청할 수 있는 한편(170조 1항 본문), 회생절차개시 당시 이의채권에 관하여 **소송이 계속** 중인 경우에는 그 소송은 위에서 언급한 바와 같이 이미 중단되고 있으므로 그 권리의 확정을 구하고자 하는 때에는 채권조사확정재판을 신청하는 대신에 이의자 전원을 상대방으로 위 중단된 소송절차를 수계하여야 하고 (172조 1항),**60)** 이 경우에 수계신청을 하여야 함에도 불구하고 법 170조에 의하여 별도의 조사확정재판을 신청하는 것은 **권리보호의 이익이 없으므로** 부적법하다(170조 1항 단서 참조). 위 소송수계는 조사기간의 말일부터 1개월 이내에 하여야 하고(170조 2항, 172조 2항),**61)** 그 기간 경과 후에 수계신청을 한 경우에는 그

　· 장지용, "도산절차가 민사소송절차에 미치는 영향", 인권과 정의(2012. 2), 9면. 전대규, 1025 면도 마찬가지이다.

60) 회생채권자가 채무자에 대한 회생절차개시결정으로 중단된 회생채권 관련 소송절차를 수계하는 경우에는 회생채권의 확정을 구하는 것으로 청구취지 등을 변경하여야 하고, 이러한 법리는 회생채무자의 관리인 등이 회생절차에서 회생채권으로 신고된 채권에 관하여 이의를 하고 중단된 소송절차를 수계하는 때에도 마찬가지이다. 또, 회생채무자에 대한 회생절차개시결정으로 중단된 소송절차가 수계된 경우에 법원이 종전의 청구취지대로 채무의 이행을 명하는 판결을 할 수는 없고, 만일 회생채권자가 이를 간과하여 청구취지 등을 변경하지 아니한 경우에는 법원은 원고에게 청구취지 등을 변경할 필요가 있다는 점을 지적하여 회생채권의 확정을 구하는 것으로 청구취지 등을 변경할 의사가 있는지를 **석명**하여야 한다(대법원 2015. 7. 9. 선고 2013다 69866 판결).

61) 위 수계는 회생채권확정의 일환으로 진행되는 것으로서 조사기간의 말일까지 이루어지는 관리인 등의 회생채권에 대한 이의를 기다려, 회생채권자가 그 권리의 확정을 위하여 이의자 전원을 그 소송의 상대방으로 하여 신청하여야 하고, 소송수계에서 상대방이 되는 관리인은 그 회생채권에 대한 이의자로서의 지위에서 당사자가 되는 것이므로, 당사자는 이의채권이 되지 아니한 상태에서 미리 소송수계신청을 할 수는 없다. 따라서 조사기간의 말일 이전에 소송수계신청을 하더라도 이는 부적법하다(대법원 2013. 5. 24. 선고 2012다31789 판결; 대법원 2016. 12. 27. 선고 2016다35123 판결). 다수관계인의 이해관계가 한꺼번에 조정되어야 할 필요가 있고, 특히 채무자가 부담하는 채무를 되도록 빨리 확정함으로써 절차를 신속하게 진행하여 권리관계의 빠른 안정을 도모하여야 하는 등 절차의 간이·신속성이 요구되는 점, 1개월이라는 기간은 중단된 소송절차의 수계를 신청하기에 비교적 충분한 기간으로서 사실상 재판의 거부에 해당한다고 볼 수 없는 점 등에 비추어 보면, 중단된 소송의 수계의무를 채무자의 관리인이 아닌 그 권리자에게 부담시키는 한편 수계신청기간을 조사기일로부터 1개월로 제한하고 있는 위 조항들이 헌법상의 재판청구권의 본질적 내용을 침해하거나 헌법상 평등의 원칙, 비례의 원칙 및 과잉금지의 원칙을 위반한 것이라고 할 수 없다(헌법재판소 1996. 8. 29. 선고 95헌가15 결정, 헌법재판소 2007. 12. 27. 선고 2006헌바11 결정).

소는 부적법하게 된다.62)

한편, 이의채권 중 집행력 있는 집행권원 또는 종국판결이 있는 회생채권 또는 회생담보권에 관하여 회생절차 개시 당시 법원에 소송이 계속되어 있는 경우에는 이의자는 위 회생채권자 또는 회생담보권자를 상대방으로 하여 소송 절차를 수계하여야 한다(174조 2항).

그리고 채권자취소권(민법 406조), 사해신탁(신탁법 8조)에 따라 회생채권자가 제기한 소송(채무자를 당사자로 하는 소송은 아니지만) 또는 파산절차에 의한 부인의 소송이 회생절차개시 당시 계속되어 있는 때에는 (파산절차의 중지로(58조 2항) 파산 관재인이 부인소송을 수행할 수 없게 되므로) 소송절차는 중단되고(113조 1항. 파산절차 에서의 ☞ 8-73 참조), 이렇게 중단한 소송절차 중 회생채권 또는 회생담보권과 관 계없는 것은 관리인 또는 상대방이 이를 수계할 수 있다(동조 2항, 59조 2항). 채권 자취소소송이나 부인소송 등은 채무자의 책임재산을 회복할 목적을 갖는 것인 데, 일단 **회생절차가 개시된 이상**, 책임재산의 회복은 채무자 재산의 증대로 바 뀌어 수계한 관리인이 기존 소송을 부인소송으로 변경하여 부인권을 행사할 수 있다.63) 이 경우에 소송결과가 채무자 재산의 증감에 직접적인 영향을 미치는 등 회생채권자의 법률상 지위에 영향을 미친다고 볼 수 있으므로 종전에 채권 자취소의 소를 제기한 **회생채권자**는 관리인을 돕기 위하여 **보조참가**를 할 수 있다.64)

한편, 채무자에 대한 **회생절차가 개시된 후**에는 관리인이 부인권을 행사하 여야 하고, 회생채권자의 채권자취소소송은 허용되지 않는다.

---

62) 소를 부적법하다고 보는 것은 합헌적 법률해석이라고 할 것이고, 이해관계인의 이의가 있었던 사실을 법원의 통지에 의하여 비로소 알게 되었다거나 혹은 그러한 이의사실을 알지 못하였다 고 하여, 1개월의 기산점을 이의통지를 받은 날이나 그러한 이의사실을 실제 안 날로 볼 수는 없다(대법원 2008. 2. 15. 선고 2006다9545 판결).

63) 다만, 그 수계가 이루어지기 전에 회생계획이 인가되지 못하고 회생절차가 폐지된 경우에는 종전 채권자에 의해 당연히 소송절차가 수계된다. 또 법 113조 2항, 59조 4항에 의하면 관리인 이 채권자취소소송을 수계한 다음 청구취지를 변경하여 부인소송을 진행하다가 위와 같이 회생 절차가 폐지되었다면, 종전 채권자가 소송절차를 수계하여야 한다. 이때 법 100조가 정하는 **부 인권**은 채무자회생법상의 특유한 제도로서 회생절차의 진행을 전제로 **관리인만이 행사**할 수 있 는 권리이므로(대법원 2016. 4. 12. 선고 2014다68761 판결 참조), 위와 같이 관리인으로부터 부인소송을 수계한 종전 채권자는 그 청구취지를 채권자취소청구로 변경하여야 한다(대법원 2022. 10. 27. 선고 2022다241998 판결).

64) 대법원 2021. 12. 10.자 2021마6702 결정.

〈관련 규정 비교〉

	회생절차	파산절차	비 고
채무자의 재산(파산재단)에 관한 소송절차 중단	59조 1항	민사소송법 239조	
채무자의 재산(파산재단)과 관계 없는 소송	중단되지 않음	중단되지 않음	
회생채권 등(파산채권)과 관계 없는 소송	관리인 또는 상대방이 수계 59조 2항	조문 없음	회생계획 인가결정으로 실권된 경우에 그에 관한 소송절차에도 법 59조 2항이 적용됨
채무자의 재산(파산재단)에 속하는 재산에 관한(적극재산에 대한) 소송의 수계	조문 없음	347조 1항 전단 민사소송법 241조	
신고채권에 대하여 이의 없음	조사결과 채권자표 168조	조사결과 채권자표 460조	중단된 회생채권 등에 관한 소송은 소의 이익이 없어 부적법하다고 하는데, 이때에 중단된 소송절차의 취급?
신고채권에 대하여 이의 있음 (무권원) 채권에 관한 소송의 수계	172조 1항	462조, 464조	
신고채권에 대하여 이의 있음 (유권원) 채권에 관한 소송의 수계	174조 2항	466조 2항	

V. 채무자 재산의 법률적 변동

〈관련 규정 비교〉

	회생절차	파산절차	비 고
부인권	100조 이하	391조 이하	
환취권	70조 이하	407조 이하	
별제권	×	411조 이하	*회생담보권(☞ 16-46)
상계권	144조 이하	416조 이하	

16-42

1. 부 인 권

회생절차	파산절차
제100조(부인할 수 있는 행위) ① 관리인은 회생절차개시 이후 채무자의 재산을 위하여 다음 각호의 행위를 부인할 수 있다.	제391조(부인할 수 있는 행위) 파산관재인은 파산재단을 위하여 다음 각호의 어느 하나에 해당하는 행위를 부인할 수 있다.
1. 채무자가 회생채권자 또는 회생담보권자를 해하는 것을 알고 한 행위. 다만, 이로 인하여 이익을 받은 자가 그 행위 당시 회생채권자 또는 회생담보권자를 해하는 사실을 알지 못한 경우에는 그러하지 아니하다.	1. 채무자가 파산채권자를 해하는 것을 알고 한 행위. 다만, 이로 인하여 이익을 받은 자가 그 행위 당시 파산채권자를 해하게 되는 사실을 알지 못한 경우에는 그러하지 아니하다.
2. 채무자가 지급의 정지, 회생절차개시의 신청 또는 파산의 신청(이하 이 조 내지 제103조에서 "지급의 정지등"이라 한다)이 있은 후에 한 회생채권자 또는 회생담보권자를 해하는 행위와 담보의 제공 또는 채무의 소멸에 관한 행위. 다만, 이로 인하여 이익을 받은 자가 그 행위 당시 지급의 정지등이 있는 것 또는 회생채권자나 회생담보권자를 해하는 사실을 알고 있은 때에 한한다.	2. 채무자가 지급정지 또는 파산신청이 있은 후에 한 파산채권자를 해하는 행위와 담보의 제공 또는 채무소멸에 관한 행위. 다만, 이로 인하여 이익을 받은 자가 그 행위 당시 지급정지 또는 파산신청이 있은 것을 알고 있은 때에 한한다.
3. 채무자가 지급의 정지등이 있은 후 또는 그 전 60일 이내에 한 담보의 제공 또는 채무의 소멸에 관한 행위로서 채무자의 의무에 속하지 아니하거나 그 방법이나 시기가 채무자의 의무에 속하지 아니한 것. 다만, 채권자가 그 행위 당시 채무자가 다른 회생채권자 또는 회생담보권자와의 평등을 해하게 되는 것을 알지 못한 경우(그 행위가 지급의 정지등이 있은 후에 행한 것인 때에는 지급의 정지등이 있은 것도 알지 못한 경우에 한한다)에는 그러하지 아니하다.	3. 채무자가 지급정지나 파산신청이 있은 후 또는 그 전 60일 이내에 한 담보의 제공 또는 채무소멸에 관한 행위로서 채무자의 의무에 속하지 아니하거나 그 방법 또는 시기가 채무자의 의무에 속하지 아니하는 것. 다만, 채권자가 그 행위 당시 지급정지나 파산신청이 있은 것 또는 파산채권자를 해하게 되는 사실을 알지 못한 경우를 제외한다.
4. 채무자가 지급의 정지등이 있은 후 또는 그 전 6월 이내에 한 무상행위 및 이와 동일시할 수 있는 유상행위	4. 채무자가 지급정지 또는 파산신청이 있은 후 또는 그 전 6월 이내에 한 무상행위 및 이와 동일시할 수 있는 유상행위
② 제1항의 규정은 채무자가 제140조제1항 및 제2항의 청구권에 관하여 그 징수의 권한을 가진 자에 대하여 한 담보의 제공 또는 채무의 소멸에 관한 행위에 관하여는 적용하지 아니한다.	

① 부인권(Anfechtungsrecht)은 채무자가 회생절차개시 전에 행한 회생채권자 등을 해하는 행위의 효력을 부정하여 일탈한 재산을 회복하기 위한 권리를 말한다(100조 이하). 재단 또는 재산의 확보는 청산, 재건 어느 절차에서도 중요한 과제이므로 회생절차에서도 파산절차와 마찬가지로(☞ 9-1 이하) 부인권이 마련되어 있다. 부인의 요건에 대하여는 법 100조부터 104조까지 및 법 110조에서, 부인권의 행사에 대하여는 법 105조부터 107조까지에서, 부인의 효과에 대하여는 법 108조, 109조에서, 부인권 행사의 기간에 대하는 법 111조, 112조에서, 채권자취소소송과 파산절차상의 부인권과의 관계에 대하여는 법 113조에서, 부인의 등기에 대하여는 법 26조에서 각 규정하고 있다.

그런데 **파산절차**에서의 부인권은 일탈한 재산을 회복하고 이를 환가하여 채권자 사이의 공평은 물론, 채권자에게 더 많은 배당을 목적으로 함에 대하여, **회생절차**에서의 부인권은 회복한 재산을 반드시 환가하여야 하는 것이 아니라, 채무자의 가치와 재건을 위하여 기업의 유지 내지 수익력의 회복을 목적으로 한다.[65]

---

65) 그러나 최종적으로는 기업의 수익력 내지 기업가치의 회복을 통하여 채권자에게 보다 많은 변제가 이루어질 수 있으므로 종국적인 목적은 같고, 다만 그 방법이 다르다고 하겠다(회생사건실무(上)[제4판], 314면). 한편, 파산절차에서 담보권자는 별제권자로서 절차개시 전에 담보권을 실행하더라도 부인의 대상이 되지 않으나, 회생절차에서는 담보권자의 **담보권의 실행**이 부인의 대상이 되는지 여부가 문제가 되는데, **판례는 부인의 대상이 된다**고 본다. 대법원 2003. 2. 28. 선고 2000다50275 판결은 질권자가 그 질권의 목적인 유가증권을 처분하여 채권의 만족을 얻은 사안에서 회사정리절차에 있어서는 담보권자는 개별적으로 담보권실행행위를 할 수 없고(종전 회사정리법 67조 → 현행법 58조에 해당), 정리담보권자로서 정리절차 내에서의 권리행사가 인정될 뿐, 정리절차 외에서 변제를 받는 등 채권소멸행위를 할 수 없으며(종전 회사정리법 123조 2항, 112조 → 현행법 141조 2항, 131조에 해당), 또한 회사정리법 81조 후단(현행법 104조 후단에 대응)이 부인하고자 하는 행위가 집행행위에 기한 것인 때에도 부인권을 행사할 수 있다고 규정한 취지에 비추어 보면, 위 사안도 그 실질에 있어서 집행행위와 동일한 것으로 볼 수 있어 부인의 대상이 되는 행위에 포함된다고 판단하였다. 판결에 대한 평석으로는 임채웅, "담보권의 임의적 실행행위와 부인권에 관한 연구", BFL (2003. 9), 77면 이하 참조. 또한 각주 68) 대법원 2011. 11. 24. 선고 2009다76362 판결 참조. 한편, 위 2000다50275 판결에서 유질계약에 따른 담보목적물의 사적 실행행위는 채무자가 한 것이 아닌 채권자가 단독으로 한 것으로 해석될 수 있는데, 이를 채무자가 한 행위로 볼 수 있는지(즉, 대상판결의 사안과 같은 위기부인의 경우 채무자의 행위가 없다고 볼 수 있는 사적 담보권 실행의 경우 문리해석에 반하는 것이 아닌가), 부인의 대상이 되는 집행행위의 범위와 관련하여 민사집행법의 적용을 받는 강제집행이나 임의경매만을 의미하는가, 아니면 채권자와 채무자 사이의 담보목적물의 사적 실행행위도 포함하는 것인가, 부인권의 행사의 효과에서 규정하고 있는 "부인권의 행사는 채무자의 재산을 원상으로 회복시킨다"는 내용이 무엇인가(108조 1항), 부인권의 행사 후 담보권자의 지위는 어떻게 되는가를 검토한 태기정, "담보권실행행위의 부인 - 대판 2003. 2. 28. 2000다50275과 관련하여 -", 저스티스(2018. 4), 294면 이하 참조.

② 법 100조 1항 각 호는 관리인이 회생절차개시 이후 채무자의 재산을 위하여 부인할 수 있는 행위를 네 가지 유형으로 나누어 규정하고 있는데, 부인권의 유형, 조문의 구조 등은 파산절차와 기본적으로 대칭·공통되나(☞ 9-1 이하), 차이도 있다. 가령, 담보권의 실행(별제권자)이 파산절차에서는 부인의 대상이 되지 않지만, 회생절차에서는 담보권자도 권리행사의 제약을 받으므로 절차개시 전의 담보권의 실행 또는 담보권자에 대한 변제가 부인될 수 있다.

◆ **연대보증인이 실질적 위기시기에 매출채권을 추심한 현금을 이용하여 본지변제행위를 한 경우 고의부인의 대상이 되는지 여부** ◆   법 100조 1항 1호에서 정한 '채무자가 회생채권자 또는 회생담보권자를 해하는 것을 알고 한 행위'에는 총채권자의 공동담보가 되는 회사의 일반재산을 절대적으로 감소시키는 이른바 **사해행위**뿐만 아니라 특정한 채권자에 대한 변제와 같이 다른 회생채권자들과의 공평에 반하는 이른바 **편파행위**도 포함된다. 위와 같은 고의부인이 인정되기 위해서는 주관적 요건으로서 '회사가 회생채권자들을 해함을 알 것'을 필요로 하는데, 특히 편파행위의 경우에는 도산법이 정한 부인대상행위 유형화의 취지를 몰각시키는 것을 방지하고 거래안전과의 균형을 도모하기 위해 회사회생절차가 개시되는 경우에 적용되는 채권자평등의 원칙을 회피하기 위하여 '특정 채권자에게 변제한다는 인식'이 필요하지만, 더 나아가 회생채권자 등에 대한 **적극적인 가해의 의사나 의욕까지 필요한 것은 아니다.** 회생절차상 부인의 대상이 되는 행위가 회생채권자 등에게 유해하다고 하더라도 행위 당시의 개별적·구체적 사정에 따라서는 당해 행위가 사회적으로 필요하고 상당하였다거나 불가피하였다고 인정되어 회생채권자 등이 회생회사 재산의 감소나 불공평을 감수하여야 한다고 볼 수 있는 경우가 있을 수 있고, 그와 같은 예외적인 경우에는 채권자 평등, 채무자의 보호와 이해관계의 조정이라는 법의 지도이념이나 정의관념에 비추어 법 100조 1항 소정의 부인권 행사의 대상이 될 수 없다고 보아야 한다. 여기에서 **'행위의 상당성'** 여부는 행위 당시의 회생회사의 재산 및 영업 상태, 행위의 목적·의도와 동기 등 회생회사의 주관적 상태를 고려함은 물론, 변제행위에 있어서는 변제자금의 원천, 회생회사와 채권자와의 관계, 채권자가 회생회사와 통모하거나 회생회사에게 변제를 강요하는 등의 영향력을 행사하였는지 여부 등을 기준으로 하여 신의칙과 공평의 이념에 비추어 구체적으로 판단하여야 한다. 그리고 그와 같은 부당성의 요건을 흠결하였다는 사정에 대한 **주장·증명책임**은 상대방인 수익자에게 있다. 이 사건 사업의 시공사로서 연대보증인에 불과한 채무자 회사가 부채초과 및 유동성 부족, 채무연체 등 재무적 어려움을 겪으며 하도급업체들에 대한 전자방식 외상매출채권담보대출의 만기도래를 앞둔 상황에서 특정채권자인 피고에게 가용현금 중 상당비중을 차지하는 이 사건 변제금을 지급한 행위가 사회적으로 필요하고 상당하였다거나 불가피하여 일반 파산채권자가 파산재단의 감소나 불공평을 감수하여야 할 **예외적인 경우에 해당한다고 인정하기 어렵고,** 채무자 회사는 이 사건 변

제행위 당시 회생절차가 개시되는 경우에 적용되는 채권자평등의 원칙을 회피하기 위하여 특정채권자에게 변제한다는 인식이 있었다고 볼 여지가 충분하다. **실질적 위기시기에 본지변제행위를 한 경우**의 판례이다.[66]

◆ **차입금에 의한 변제가 부인의 대상이 되지 않는 경우 및 이때 차입금을 특정 채무를 소멸시키는 데에 사용하기로 하는 제3자와 채무자의 약정이 묵시적으로 이루어질 수 있는지 여부(적극)** ◆ 법 100조 1항 각 호의 부인할 수 있는 행위의 네 가지 유형은 모두 공통적으로 '회생채권자 또는 회생담보권자(이하 '회생채권자 등'이라고 한다)를 해하는 행위'일 것, 즉 행위의 **유해성**을 부인권 행사의 요건으로 하고 있다. 여기서 '회생채권자 등을 해하는 행위'에는 채무자의 일반재산을 절대적으로 감소시키는 사해행위 외에 채권자 사이의 평등을 저해하는 편파행위도 포함되므로, 채무자가 제3자로부터 자금을 차입하여 특정 채권자에게만 변제를 한 경우 그 변제는 다른 채권자와의 평등을 해하는 것으로서 원칙적으로 부인의 대상이 된다. 한편, 일체로 이루어진 행위는 전체를 통틀어 판단할 때 회생채권자 등에게 불이익을 주는 것이 아니라면 개별약정만을 따로 분리하여 그것만을 가지고 유해성이 있다고 판단하여서는 안 된다. 일체로 이루어진 행위의 유해성은 행위 전체가 회생채권자 등에게 미치는 영향을 두고 판단되어야 하기 때문이다. 따라서 채무자가 제3자로부터 자금을 차입하여 변제 등 특정 채무를 소멸시키는 경우, **제3자와 채무자가 차입금을 특정 채무를 소멸시키는 데에 사용하기로 약정**하고, 실제 그와 같은 약정에 따라 특정 채무에 대한 변제 등이 이루어졌으며, 차입과 변제 등이 이루어진 시기와 경위, 방법 등 제반 사정에 비추어 실질적으로 특정 채무의 변제 등이 당해 차입금에 의하여 이루어진 것이라고 볼 수 있고, 이자, 변제기, 담보제공 여부 등 차입 조건이나 차입금을 제공하는 제3자와 채무자의 관계 등에 비추어 차입 이전과 비교할 때 변제 등 채무소멸이 이루어진 이후에 채무자 재산이 감소되지 아니한 것으로 평가될 수 있다면, 해당 변제 등 채무소멸행위는 전체적으로 보아 회생채권자 등을 해하지 아니하여 부인의 대상이 되지 아니한다. 위와 같은 제3자와 채무자의 약정은 반드시 명시적으로 행하여질 필요는 없고 **묵시적으로도 이루어질 수 있다.**[67]

---

66) 대법원 2020. 6. 25. 선고 2016다257572 판결. 이 판결 이전에는 회생절차가 개시된 채무자 회사가 실질적 위기시기에 한 편파행위의 고의부인권 행사 요건에 관한 명시적인 법리설시가 없었는데, 위 판결은 채무자 회사의 회생개시 전 실질적 위기시기에 한 고유자금에 의한 본지변제행위에 대하여도 파산절차에서의 해당 법리가 마찬가지로 적용됨을 명확히 하여 고의부인권 행사 요건인 유해성 및 상당성과 수익자의 악의추정 번복의 판단 기준 및 증명책임 분배 원칙을 구체적으로 판시한 데에 그 의의가 있다(송미경, 대법원판례해설(제123호, 2020. 12), 374면 이하 참조).

67) 대법원 2018. 4. 12. 선고 2016다247209 판결(원고는 2013. 9. 24. A주식회사에 49억 원을 변제기 2013. 10. 15.로 정하여 대여하였다. A는 2013. 9. 27. 18:00경 B주식회사로부터 선수금 명목으로 12,161,000,000원을 입금받은 후 같은 날 20:10경 그중 4,877,527,123원으로 원고에 대한 이 사건 대여금채무를 변제하였다. 원고는 같은 날 20:11 C주식회사에 6,092,862,330원을 지급하였다. 당시 동양그룹 전략기획본부는 동양그룹의 주요 5개 계열사(원고, A, B, C, 주식회사 동양)의 재무담당자들과의 자금회의를 통하여 계열사 간 소요자금내역과 조달계획 등 자금

◆ **집행행위의 부인** ◆   집행행위를 법 100조 1항 2호에 의하여 부인할 경우에는 반드시 그것을 **채무자의 행위와 같이 볼만한 특별한 사정이 있을 것을 요하지 아니한다.** 왜냐하면 법 104조에서 부인하고자 하는 행위가 '집행행위에 의한 것인 때'는 집행법원 등 집행기관에 의한 집행절차상 결정에 의한 경우를 당연히 예정하고 있다 할 것인데 그러한 경우에는 채무자의 행위가 개입할 여지가 없고, 또한 법 100조 1항 각 호에서 부인권의 행사 대상인 행위의 주체를 채무자로 규정한 것과 달리 법 104조에서는 아무런 제한을 두지 않고 있기 때문이다. 그리고 이 경우 집행행위는 집행권원이나 담보권의 실행에 의한 채권의 만족적 실현을 직접적인 목적으로 하는 행위를 의미하고, 담보권의 취득이나 설정을 위한 행위는 이에 해당하지 않는다. 한편 법 104조의 집행행위는 원칙적으로 집행기관의 행위를 가리키는 것이지만, 집행기관에 의하지 아니하고 **질권자가 직접 질물을 매각하거나 스스로 취득하여 피담보채권에 충당하는 등의 행위에 대해서도 집행기관에 의한 집행행위의 경우를 유추**하여 법 100조 1항 2호에 의한 부인권 행사의 대상이 될 수 있다고 할 것이다. 이와 같이 보지 아니하면 동일하게 회생채권자 또는 회생담보권자를 해하는 질권의 실행행위임에도 불구하고 집행기관에 의하는지 여부라는 우연한 사정에 따라 부인의 대상이 되는지 여부가 달라져서 불합리하기 때문이다. 또한 집행행위에 대하여 부인권을 행사할 경우에도 행위주체의 점을 제외하고는 법 100조 1항 각 호 중 **어느 하나에 해당하는 요건을 갖추어야 할 것**이므로, 2호에 의한 이른바 위기부인의 경우에는 그 집행행위로 인하여 회생채권자 또는 회생담보권자를 해하는 등의 요건이 충족되어야 한다. 이 경우 회생채권자 등을 해하는 행위에 해당하는지 여부를 판단할 때는 회생절차가 기업의 수익력 회복을 가능하게 하여 채무자의 회생을 용이하게 하는 것을 목적으로 하는 절차로서, 파산절차와 달리 담보권자에게 별제권이 없고 회생절차의 개시에 의하여 담보물권의 실행행위는 금지되거나 중지되는 등 절차적 특수성이 있다는 점 및 집행행위의 내용, 집행대상인 재산의 존부가 채무자 회사의 수익력의 유지 및 회복에 미치는 영향 등 제반 요소를 종합적으로 고려하여 정할 것이다.[68]

_____

현황을 파악하고 이를 토대로 '주요계열사 자금현황서'를 작성하여, 그에 따라 계열사 사이의 자금지원을 수시로 조정하는 역할을 하고 있었다. 이 사건 선수금은 당시 기업어음의 만기 도래 등으로 추가적인 자금이 필요했던 A와 C에 대한 자금지원 목적으로 전략기획본부의 지시에 따라 지급된 것으로서, 그중 일부는 위와 같이 원고를 거쳐 C에 전달되었다. 원고와 B, A은 재정상태 악화 등으로 인하여 상호 간의 자금지원 없이는 필요한 자금을 마련할 방도가 없었고, 한 회사의 부도가 다른 계열사들의 연쇄부도로 이어질 위험이 컸기 때문에, 전략기획본부의 위와 같은 지시에 따라 그대로 자금집행을 하였다. B는 평소 유연탄 거래와 관련하여 A에 선수금을 지급한 적이 없었고, 당시 건설경기 불황, 수익성 악화 등으로 만성적 자금부족 상태에 있었기에 위와 같은 연쇄부도의 위험 등이 없었다면 이 사건 선수금을 A에 지급할 이유가 없었다. 이 사건 대여금은 변제기 2013. 10. 15., 이율 연 9.3%이었음에 반해 이 사건 선수금은 변제기 및 이율이 정해진 바 없어, 차입 이전과 비교할 때 변제 등 채무소멸이 이루어진 이후에 A의 재산이 감소되지 않았다. 한편 A는 2013. 9. 30. 회생절차개시신청을 하였고, 법원은 2013. 10. 17. 10:00 A에 대한 회생절차를 개시하는 결정을 하였고, 피고와 소외인이 A의 공동관리인으로 선임되었다가, 그 후 피고만이 관리인으로 남게 되었다. 이 사건 대여금채무에 대한 변제가 부인의 대상이 되는지 여부가 문제된 사안이다).

◆ **다른 사람의 채무보증** ◆ 무상행위 여부에 대하여 해석론상 문제되는 것으로
다른 사람의 채무를 보증하는 행위가 있다. 구상권의 대가성 또는 보증과 상환으로
채권자가 주채무자에 대하여 출연(出捐)하고 있는 경우를 이유로 무상성을 부정하는
견해와 구상권은 대부분의 경우에 실질적 가치를 갖고 있지 않다는 점 및 대가의 유
무는 파산선고를 받은 채무자를 기준으로 하여야 한다는 점을 이유로 무상성을 긍정
하는 견해로 나뉜다.[69] **판례**는 종전 회사정리법 78조 1항 4호(현행법 100조 1항 4호에
해당)에 관한 사안에서, 정리회사가 의무 없이 타인을 위하여 한 보증 또는 담보의
제공은, 그것이 **채권자의 주채무자에 대한 출연의 직접적인 원인이 되는 경우에도,
정리회사가 그 대가로서 경제적 이익을 받지 아니하는 한, 무상행위에 해당한다**고
해석함이 상당하고, 이러한 법리는 주채무자가 소위 계열회사 내지는 가족회사라고
하여 달리 볼 것은 아니다. 그리고 무상부인은 그 대상인 정리회사의 행위가 대가를
수반하지 않는 것으로서 기업의 수익력과 채권자 일반의 이익을 해할 위험이 특히
현저하기 때문에 정리회사 및 수익자의 주관을 고려하지 아니하고, 오로지 행위의
내용 및 시기에 착안하여 특수한 부인 유형으로서 인정되는 것이므로, **그 무상성은
정리회사에 대한 관계에서 이를 판단하면 족하고 수익자인 채권자의 입장에서 무상
인지 여부를 고려할 것은 아니다.** 또한 정리회사의 보증행위와 이로써 이익을 얻은
채권자의 출연과의 사이에는 사실상의 관계가 있음에 지나지 않고, **정리회사가 취득
하게 될 구상권이 언제나 보증행위의 대가로서의 경제적 이익에 해당한다**고 볼 수도
없으며, 나아가 주채무자가 계열회사라는 사정만으로는 주채무자의 경제적 이익이,
곧 보증인인 정리회사의 경제적 이익이라고 단정할 수 없고, 따라서 정리회사가 보
증의 대가로서 직접적이고도 현실적인 경제적 이익을 받지 아니하는 한, 그 행위의
무상성을 부정할 수는 없다고 보았다.[70] 또한 회생절차의 채무자가 주채무자를 위하
여 보증을 제공한 것이 채권자의 주채무자에 대한 출연의 직접적 원인이 되는 경우
에도, 채무자의 보증행위와 이로써 이익을 얻은 채권자의 출연과의 사이에는 사실상

---

68) 대법원 2011. 11. 24. 선고 2009다76362 판결. 평석으로는 양형우, "회생절차에서의 담보권
　실행행위에 대한 부인", 인권과정의(2012. 2), 60면 이하 참조.

69) 관련 문헌으로는 임채웅, "도산법상 무상부인권의 행사요건으로서의 무상 및 특수관계인의 의
　미에 관한 연구", 도산법연구(2010. 1), 165면 이하 참조.

70) 대법원 1999. 3. 26. 선고 97다20755 판결. 판례는 보증인이 주채무자에 대하여 장래의 구상
　권을 가지고 있다는 사실만으로 보증의 무상성을 배척하기에 불충분하기 때문에 보증의 무상성
　을 원칙적으로 긍정하면서도, 직접적이고도 현실적인 경제적 이익을 보증에 대한 무상부인의
　제한사유로서 제시하여 보증의 무상성 판단의 중핵적 개념으로 삼고 있다. 개별사건의 특수성
　을 고려함이 없이 모든 보증계약에 대하여 예외 없이 무상부인을 긍정하는 것은 너무나 형식적
　인 판단이므로, 직접적이고도 현실적인 경제적 이익이라는 개념을 도입하여 보증에 대한 무상
　부인의 제한사유로 삼고 있는 판례의 태도가 사건해결의 구체적 타당성을 도모한다는 측면에서
　적절하다는 평석이 있다. 임종헌, "타인의 채무보증과 무상부인", 법조(2000. 9), 105면 이하,
　(2000. 10), 83면 이하 참조. 그 밖의 판례 평석으로는 민중기, "정리회사의 계열회사의 채무에
　대한 보증 또는 담보제공이 부인의 대상인 무상행위에 해당하는지 여부", 대법원판례해설(제32
　호, 1999), 302면 이하; 최주영, "타인의 채무의 보증과 회사정리법 제78조 제1항 제4호의 무상
　부인", 민사판례연구[XXII](2000), 408면 이하 참조.

의 관계가 있음에 지나지 않고 채무자가 취득하게 될 구상권이 언제나 보증행위의 대가로서의 경제적 이익에 해당한다고 볼 수도 없으므로, 달리 채무자가 보증의 대가로서 직접적이고도 현실적인 경제적 이익을 받지 아니하는 한 그 보증행위의 무상성을 부정할 수는 없다고 보았다.[71]

③ 법 101조는 파산절차에서 법 392조와 마찬가지로(☞ 9-20 이하) 특수관계인을 상대방으로 한 행위에 대한 특칙을 두고 있다.

◆ **법 101조 3항이 적용되는 상대방이 특수관계인인 경우** ◆ 부인의 대상이 연대보증행위인 사안에서 부인대상행위의 기간을 확장하는 법 101조 3항이 적용되는 상대방이 특수관계인인 경우라 함은 그 연대보증행위의 직접 상대방으로서 보증에 관한 권리를 취득하여 이를 행사하는 채권자가 채무자의 특수관계인인 경우를 말하며, 비록 주채무자가 채무자와 특수관계에 있다고 하더라도 연대보증행위의 상대방인 채권자가 채무자의 특수관계인이 아닌 경우에는 위 법 101조 3항이 적용될 수 없다고 보아야 할 것이다.[72]

④ 한편, 회생절차개시 전의 ㉮ 벌금, 과료, 형사소송비용, 추징금 및 과태료와 ㉯ 국세징수법 또는 지방세징수법에 의하여 징수할 수 있는 청구권(국세징수의 예에 의하여 징수할 수 있는 청구권으로서 그 징수우선순위가 일반 회생채권보다 우선하는 것을 포함한다)에 관하여 채무자가 징수권자에 대하여 한 담보의 제공 또는 채무의 소멸에 관한 행위는 **부인의 대상이 되지 않는다**(100조 2항). 이는 ㉮의 경우는 제재적 성격이 강하여 직접 부담하여야 하는 성질의 것이고, ㉯는 조세 등의 우선권이라는 성질을 반영한 것이다.[73]

⑤ 부인권의 행사는 채무자의 재산을 원상으로 회복시킨다.(108조 1항). 그런데 채무자의 재산을 부인의 대상이 되는 행위 이전의 상태로 원상으로 회복시키는 데 있지, 오히려 채무자로 하여금 부당하게 이득하는 것까지 인정 하려는 것이 아니다. 따라서 채무자의 행위가 부인된 경우에 상대방이 행한 반대급부는 채무자 재산에서 반환되어야 한다(108조 3항. 파산절차에서는 ☞ 9-66 이하 참조).[74]

71) 대법원 2009. 2. 12. 선고 2008다48117 판결.
72) 대법원 2009. 2. 12. 선고 2008다48117 판결. 오수근, "특수관계인이 관련된 행위의 부인", 민사판례연구(제32권), 16면 이하; 김용철, "무상행위의 부인 대상 기간이 확장되는 '특수관계인을 상대방으로 하는 행위'에 연대보증행위의 주채무자가 특수관계인인 경우도 포함되는지 여부", 대법원판례해설(제79호, 20019. 12), 622면 이하 참조.
73) 전대규, 384면.
74) 채무자가 부인청구 상대방인 원고로부터 이 사건 양도의 반대급부로 송금받은 양도대금 25억

그리고 채무자의 행위가 부인된 경우에 상대방이 그가 받은 급부를 반환하거나 그 가액을 상환한 때에는 상대방의 채권은 원상으로 회복된다(109조 1항. 파산절차에서는 ☞ 9-70). 부인에 의해 회복되는 상대방의 채권은 부인된 행위의 직접 대상이 된 채권에 한정되지 않고, 가령 그 채권의 소멸로 인해 함께 소멸했던 보증채권이나 보험금채권 등 다른 채권도 포함될 수 있다.[75]

2. 환 취 권   16-43

회생절차	파산절차
제70조(환취권) 회생절차개시는 채무자에게 속하지 아니하는 재산을 채무자로부터 환취하는 권리에 영향을 미치지 아니한다.	제407조(채무자에게 속하지 아니한 재산의 환취) 파산선고는 채무자에 속하지 아니하는 재산을 파산재단으로부터 환취하는 권리에 영향을 미치지 아니한다.

회생절차개시시에 채무자가 점유하는 재산은 관리인이 점유·관리하는 것이 되는 것이지만, 그 가운데 다른 사람 소유물이 포함되어 있는 경우에 그러한 재산은 채무자의 재산을 구성하지 않기 때문에 정당한 권리자가 관리인의 점유 내지 사실상의 점유를 배제하고 그 반환을 청구할 수 있는 권능을 환취권이라고 한다(70조). 파산절차에서 설명한 것과 대부분 공통된다(☞ 10-1 이하).[76]

원은 금전상의 이득이므로 특별한 사정이 없는 한 반대급부에 의하여 생긴 **이익이 현존하는 것으로 추정**되고, 설령 채무자가 그 금전을 사용하여 기존 채권자 중 일부에게 편파변제를 하였더라도 그 편파변제가 다시 부인권의 대상이 될 뿐 이 사건 양도의 반대급부로 인한 이익이 현존하지 않는다고 볼 수 없다(대법원 2022. 8. 25. 선고 2022다211928 판결).

75) 원인채무의 지급을 위해 어음을 배서·양도한 경우 원인채무와 어음상 채무가 병존하고 있다가 나중에 어음금이 지급되어 어음상 채무가 소멸하면 원인채무도 함께 소멸한다. 이러한 경우 어음금 지급행위가 부인되어 어음소지인인 상대방이 어음금을 반환한 때에는 법 109조 1항에 따라 소멸했던 어음상 채권이 회복되고 어음상 채권의 소멸로 인해 함께 소멸했던 원인채권도 회복된다고 봄이 타당하다(대법원 2022. 5. 13. 선고 2018다224781 판결).

76) 사해행위취소권은 사해행위로 이루어진 채무자의 재산처분행위를 취소하고 사해행위에 의해 일탈된 채무자의 책임재산을 수익자 또는 전득자로부터 채무자에게 복귀시키기 위한 것이므로 환취권의 기초가 될 수 있다. 수익자 또는 전득자에 대하여 회생절차가 개시된 경우 채무자의 채권자가 사해행위의 취소와 함께 회생채무자로부터 사해행위의 목적인 재산 그 자체의 반환을 청구하는 것은 환취권의 행사에 해당하여 회생절차개시의 영향을 받지 아니한다. 따라서 채무자의 채권자는 사해행위의 수익자 또는 전득자에 대하여 회생절차가 개시되더라도 **관리인을 상대로** 사해행위의 취소 및 그에 따른 **원물반환을 구하는 사해행위취소의 소**를 제기할 수 있다(대법원 2014. 9. 4. 선고 2014다36771 판결).

16-44

3. 상 계 권

회생절차	파산절차
제144조(상계권) ① 회생채권자 또는 회생담보권자가 회생절차개시 당시 채무자에 대하여 채무를 부담하는 경우 **채권과 채무의 쌍방이 신고기간만료 전에** 상계할 수 있게 된 때에는 회생채권자 또는 회생담보권자는 **그 기간 안에 한하여** 회생절차에 의하지 아니하고 상계할 수 있다. 채무가 기한부인 때에도 같다. ② 회생채권자 또는 회생담보권자의 회생절차개시 후의 차임채무에 관하여는 당기(當期)와 차기(次期)의 것에 한하여 제1항의 규정에 의하여 상계할 수 있다. 다만, 보증금이 있는 때에는 그 후의 차임채무에 관하여도 상계할 수 있다. ③ 제2항의 규정은 지료(地料)에 관하여 준용한다.	제416조(상계권) 파산채권자가 파산선고 당시 채무자에 대하여 채무를 부담하는 때에는 파산절차에 의하지 아니하고 상계할 수 있다. 제417조(기한부 및 해제조건부 등 채권채무의 상계) 파산채권자의 채권이 파산선고시에 기한부 또는 …상계할 수 있다. 제421조(차임·보증금 및 지료의 상계) ① 파산채권자가 임차인인 때에는 파산선고시의 당기(當期) 및 차기(次期)의 차임에 관하여 상계를 할 수 있다. 보증금이 있는 경우 그 후의 차임에 관하여도 또한 같다. ② 제1항의 규정은 지료(地料)에 관하여 준용한다.
제145조(상계의 금지) 다음 각호의 어느 하나에 해당하는 때에는 상계하지 못한다. 1. 회생채권자 또는 회생담보권자가 회생절차개시 후에 채무자에 대하여 채무를 부담한 때 2. 회생채권자 또는 회생담보권자가 지급의 정지, 회생절차개시의 신청 또는 파산의 신청이 있음을 알고 채무자에 대하여 채무를 부담한 때. 다만, 다음 각목의 어느 하나에 해당하는 때를 제외한다. 가. 그 부담이 법률에 정한 원인에 기한 때 나. 회생채권자 또는 회생담보권자가 지급의 정지, 회생절차개시의 신청 또는 파산의 신청이 있은 것을 알기 전에 생긴 원인에 의한 때 다. 회생절차개시시점 및 파산선고시점 중 가장 이른 시점보다 1년 이상 전에 생긴 원인에 의한 때 3. 회생절차가 개시된 채무자의 채무자가 회생절차개시 후에 타인의 회생채권 또는 회생담보권을 취득한 때 4. 회생절차가 개시된채무자의 채무자가 지급의 정지, 회생절차개시의 신청 또는 파산의 신청이 있음을 알고 회	제422조(상계의 금지) 다음 각호의 어느 하나에 해당하는 때에는 상계를 할 수 없다. 1. 파산채권자가 파산선고 후에 파산재단에 대하여 채무를 부담한 때 2. 파산채권자가 지급정지 또는 파산신청이 있었음을 알고 채무자에 대하여 채무를 부담한 때. 다만, 다음 각목의 어느 하나에 해당하는 때를 제외한다. 가. 그 부담이 법정의 원인에 의한 때 나. 파산채권자가 지급정지나 파산신청이 있었음을 알기 전에 생긴 원인에 의한 때 다. 파산선고가 있은 날부터 1년 전에 생긴 원인에 의한 때 3. 파산선고를 받은 채무자의 채무자가 파산선고 후에 타인의 파산채권을 취득한 때 4. 파산선고를 받은 채무자의 채무자가 지급정지 또는 파산신청이 있었음을 알고 파산채권을 취득한 때. 다만, 제2호 각목의 어느 하나에 해당하는 때를 제외한다.

생채권 또는 회생담보권을 취득한 때. 다만,
제2호 각목의 어느 하나에 해당하는 때를 제
외한다.

민법상 상계는 채권자와 채무자가 서로 동종의 채권 채무를 가지는 경우에
그 채권 채무를 대등액의 범위에서 소멸하게 하는 일방적 의사표시를 말한다(민
법 492조). 실체법상 보장된 상계권자의 지위 내지는 기대가 도산상황에서 가장
그 기능을 발휘하게 되므로 회생절차에서도 그 지위 내지 기대는 보호된다(이미
파산절차에서 설명. ☞ 12-1 이하). 그리하여 회생채권자[77] 또는 회생담보권자가 회
생절차개시 당시에 채무자에 대하여 채무를 부담하는 때에는 원칙적으로 회생
절차에 의하지 않고 상계할 수 있다(144조. 파산절차에서의 416조에 대응). 상계권의
행사에 관한 이러한 법 144조에서의 규율은 **회생채권을 자동채권**으로 하고, **채
무자 재산에 속하는 채권을 수동채권**으로 하는 상계에 관한 것으로 그 밖의 경우
의 규율에 대하여는 법에 규정이 없는데, 각각의 채권의 성질에 따라서 그 가부
가 결정되어야 한다. 하여튼 그 밖의 경우에도 여러 가지 조합의 상계를 상정할
수 있다. 가령, 회생채권은 회생절차에 규정된 바에 의하지 않으면 소멸시킬 수
없으므로 **관리인 측으로부터의 상계**는 원칙적으로 허용되지 않지만, 다만 법원
의 허가가 있는 경우에 그 범위 내에서만 할 수 있다(131조).[78]

그런데 파산절차에서는 자동채권인 파산채권은 파산선고시에 변제기가
도래한 것으로 보고(425조), 파산채권자는 파산절차에 의하지 않고 상계를 할 수
있지만(416조), 반면 변제기 도래에 관한 위 법 425조에 대응하는 규정이 없는
회생절차에서의 상계권의 행사는 상당한 제약을 받게 된다. 즉, 자동채권인 회
생채권 또는 회생담보권은 회생채권 등 **신고기간 만료 전에 변제기가 도래**하여
야 하고, 상계의 의사표시는 회생채권 등 **신고기간 만료 전**에 하여야 한다(144조
1항 전문).[79] 이렇게 회생절차의 경우에 상계권의 행사시기를 제한하는 이유는

---

77) 그런데 자신과 모회사를 같이하는 다른 주식회사가 가지는 재생채권을 자동채권으로 하는 상
계는 그 상계를 할 수 있다는 취지의 합의가 미리 있었던 경우라도 위 상계할 수 있는 상계에
해당하지 않는다(일본 最判 2016年(平成 28年) 7月 8日).
78) 종전 회사정리법상의 판례인 대법원 1988. 8. 9. 선고 86다카1858 판결 참조. 참고로 보면 일
본 민사재생법 85조의2, 회사갱생법 47조의2는 재생채무자 등(관재인)은 재생채무자(갱생회사)
재산에 속하는 채권으로 재생채권(갱생채권 등)과 상계하는 것이 **재생채권자**(갱생채권자 등)**의
일반의 이익에 적합한 때**는 법원의 허가를 얻어 그 상계를 할 수 있다는 규정을 두고 있다(파산
법에서도 102조가 마찬가지 취지로 규정).

채권·채무의 내용 및 금액을 조기에 확정하고 이를 기초로 회생계획안의 작성 등 후속절차를 진행할 필요가 있기 때문이다.[80] 수동채권이 되는 채무가 기한부인 때에도 신고기간 만료 전에 상계적상에 도달한 때에는 상계할 수 있다(144조 1항 후문). 상계가 가능하도록 한 것은, 기한부 채무는 장래에 실현되거나 도래할 것이 확실한 사실에 채무의 발생이나 이행의 시기가 종속되어 있을 뿐 채무를 부담하는 것 자체는 확정되어 있으므로 상계를 인정할 필요성은 일반채권의 경우와 다르지 않기 때문이다. 신고기간 만료 전에 기한부 채무의 기한이 도래한 경우는 물론 회생채권자가 기한의 이익을 포기하고 상계하는 것도 허용된다.[81]

〈상계 가능 여부〉

구분 채권	파산절차		회생절차	
	자동채권	수동채권	자동채권	수동채권
기한부채권	○	○	×	○
해제조건부채권	○	○	○	?
정지조건부채권	×	○	×	?
장래청구권	×	○	×	?
비금전채권	○	×	×	×

한편, 법 145조는 **상계권의 제한**에 관하여는 다음과 같이 규정하고 있다. 그 취지는 파산절차와 마찬가지이다(☞ 12-17).

① 회생채권자 또는 회생담보권자가 회생절차개시 후에 채무자에 대하여 채무를 부담한 때(1호), ② 회생절차가 개시된 채무자의 채무자가 회생절차개시

---

79) 관련하여 신고하지 아니한 정리채권은 정리계획인가결정이 있는 때에는 실권되므로 정리채권자가 회사정리법이 정하는 소정 기간 내에 정리채권신고를 한 바 없다면 정리채권이 있음을 내세워 상계 주장을 할 수 없으나, 이러한 정리채권의 변제금지와 상계의 제한은 정리절차가 개시된 이후에 비로소 생기는 것이므로 정리절차가 개시되기 이전, 즉 정리채권이 아닌 단계에서의 채권에 대하여는 위와 같은 제한 없이 변제 내지 상계할 수 있으며, 그 후 정리절차가 개시되었다고 하여 달리 볼 것도 아니라는 구 회사정리법에서의 판례가 있다(대법원 2000. 2. 11. 선고 99다10424 판결).

80) 한편, 공제의 경우는 공제 후의 잔액이 채권으로 확정되는 것이고 두 채권 사이에 상계가 일어나는 것은 아니므로 공제의 법리가 적용될 수 있는 경우에는 상계와 달리, 시기에 제한 없이 공제를 주장할 수 있다. **판례**는 공동이행방식의 공동수급체에서 출자의무를 이행하지 않은 구성원에 대하여 **회생절차가 개시**되었더라도 그 개시 이전에 이익분배금에서 미지급 출자금을 공제하기로 하는 특약을 하였다면 그 공제의 법적 효과가 발생함에는 아무런 영향이 없다고 보았다(대법원 2018. 1. 24. 선고 2015다69990 판결).

81) 대법원 2017. 3. 15. 선고 2015다252501 판결.

후에 타인의 회생채권 또는 회생담보권을 취득한 때(3호)에는 상계적상이 생기
더라도 **상계하지 못한다.** 그 취지는 위 시기에서의 채무부담은 회생채권 등을
피담보채권으로 하는 담보의 취득과 유사한 상황이고, 또한 회생채권 등을 취득
하는 것은 담보권자가 새롭게 피담보채권을 취득하는 것과 유사한 상황임을 고
려한 것이다. 회생절차가 개시된 이상, 위와 같은 사람의 상계기대는 보호할 필
요가 없다고 본 것이다.

　　또한 ③ 회생채권자 또는 회생담보권자가 지급의 정지, 회생절차개시의 신
청 또는 파산의 신청이 있음을 알고 채무자에 대하여 채무를 부담한 때(2호),82)
④ 회생절차가 개시된 채무자의 채무자가 지급의 정지, 회생절차개시의 신청 또
는 파산의 신청이 있음을 알고 회생채권 또는 회생담보권을 취득한 때(4호)에는
상계하지 못한다. 상계금지를 위기시기(위태시기)까지 소급시킨 것이다. 다만, 위
2호, 4호에 있어서 ㉮ 채무부담 또는 채권취득이 상속이나 합병과 같은 법률에
정한 원인에 기한 때, ㉯ 채무부담 또는 채권취득이 회생채권자 또는 회생담보
권자가 지급의 정지, 회생절차개시의 신청 또는 파산의 신청이 있은 것을 알기
전에 생긴 원인에 의한 때,83) ㉰ 채무부담 또는 채권취득이 회생절차개시 시점

---

82) 종전에는 위 경우를 상계금지의 대상에 포함하지 않았는데(☞ 12-19 참조), 당시 대법원
　　1993. 9. 14. 선고 92다12728 판결은 부인권의 대상으로 상계로 효력이 없다고 보았다. 평석으
　　로는 윤진수, "회사정리법상의 보전처분과 상계 및 부인권" 민사재판의 제문제 제8권(1994),
　　1064면 이하 참조.
83) 예외적으로 상계를 허용한 취지는 회생채권을 취득한 것은, 회생채무자에게 위기상태가 생긴
　　이후이지만 그 이전에 이미 채권발생의 원인이 형성되어 있었던 경우에는 상계에 대한 회생채
　　권자의 기대를 보호해 줄 필요가 있으므로 상계를 할 수 있도록 한 것이다. 이러한 취지를 고려
　　해 보면, 위 '원인'은 채권자에게 상계의 기대를 발생시킬 정도로 직접적인 것이어야 할 뿐 아니
　　라 구체적인 사정을 종합하여 상계의 담보적 작용에 대한 회생채권자의 신뢰를 보호할 가치가
　　있는 정당한 것으로 인정되는 경우를 의미한다(대법원 2019. 1. 31. 선고 2015다240041 판결).
　　대법원 2017. 3. 15. 선고 2015다252501 판결은 원고가 한 상계의 의사표시에는 피고에 대한
　　임대차보증금반환채무에 관한 기한의 이익을 포기하는 의사표시가 포함되어 있으므로, 원고의
　　상계는 일단 법 144조 1항에서 정한 회생채권자의 상계권 행사의 요건은 갖추었다고 볼 수 있
　　고, 한편 원고는 피고의 회생절차개시 신청사실을 알면서 입회금반환채권을 취득하였으므로, 위
　　법 145조 4호 본문에서 정한 상계금지사유에 해당하여 허용될 수 없으나, 이 사건 각 입회계약
　　은 원고가 입회금반환채권을 취득한 직접적인 원인이라고 할 수 있고, 또한 피고의 회생절차개
　　시 신청 전에 이미 회칙에서 정한 입회금의 거치기간이 모두 경과함에 따라 원고는 언제든지
　　탈회를 신청하여 입회금을 반환받을 수 있는 상태에 있었고, 이 사건 각 임대차계약은 바로 이
　　사건 각 골프장의 부지와 건물 등이 임대목적물이므로, 이 사건 각 입회계약의 종료 상황이 되
　　면 원고의 피고에 대한 입회금반환채권과 피고의 원고에 대한 임대보증금반환채권을 상호 연계
　　하여 상계 등의 방법으로 채권채무관계를 정리할 수 있을 것으로 기대하는 것은 충분히 합리성
　　이 있으므로 그러한 기대에 상응한 원고의 신뢰는 보호가치가 있는 정당성이 인정된다고 보아

및 파산선고 시점 중 가장 이른 시점보다 1년 이상 전에 생긴 원인에 의한 때의
어느 하나에 해당하는 때를 제외하고 있으므로(2호 단서, 4호 단서) 이 단서에 해
당하는 경우에는 **상계가 허용된다**(파산절차에서의 ☞ 12-26 참조).

16-45   **VI. 회생채권 등**

채무자가 자신 또는 제3자의 명의로 회생계획에 의하지 아니하고 일부 회
생채권자·회생담보권자·주주·지분권자에게 특별한 이익을 주는 행위는 무효
로 한다(219조).[84] 특정한 회생채권자 등과 이면합의를 하거나 친분이 있는 회
생채권자 등에 대한 편파적 우대 등을 금지하려는 것이 그 취지이다.

1. 회생채권

16-46   **(1) 회생채권의 의의**

회생채권은 기본적으로 ① 채무자에 대하여 회생절차개시 전의 원인으로
생긴 재산상의 청구권을 말한다(118조 1호). 이는 의사표시 등 채권 발생의 원인
이 회생절차개시 전의 원인에 기해 생긴 재산상의 청구권을[85] 말하는 것으로서
파산절차의 파산채권에 대칭된다(☞ 6-1).

채권발생의 원인이 회생절차개시 전의 원인에 기한 것인 한,[86] 그 내용이

야 하고, 따라서 이 사건 입회금반환채권은 법 145조 4호 단서, 2호 단서 (나)목에 정한 상계금
지의 예외사유인 '회생절차개시의 신청이 있은 것을 알기 전에 생긴 원인'에 의하여 취득한 회
생채권에 해당한다고 봄이 상당하다고 하여, 예외적으로 상계가 허용되기 위한 채권자의 구체
적인 상계기대의 발생, 상계의 담보적 기능에 대한 보호할 가치가 있는 정당한 채권자의 신뢰
등 기존의 법리(대법원 2005. 9. 28. 선고 2003다61931 판결, 대법원 2014. 9. 24. 선고 2013다
200513 판결[미간행] 등)를 재확인하였다.

84) 여기에서 '채무자가 제3자 명의로 특별한 이익을 주는 행위'는 채무자가 자신이 계산하거나
또는 계산하기로 하고 제3자의 명의로 회생계획의 공정한 성립을 방해하거나 부당하게 회생계
획의 성립에 영향을 미치기 위하여 회생계획과는 다른 특별한 이익을 제공하는 행위를 의미하
고, 제3자가 자신의 계산으로 한 행위는 이에 해당하지 아니한다(대법원 2014. 8. 20. 선고
2013다23693 판결).

85) 회생채권은 이른바 금전화, 현재화의 원칙을 취하지 않고 있으므로 여기서의 재산상의 청구권
은 금전채권에 한정되지 않고 계약상의 급여청구권과 같은 **비금전채권**도 대상이 될 수 있다. 채
권양도통지 이행청구권은 비금전채권이기는 하나, 피신청인과 신청인 사이에 체결된 채권양도
계약에 따른 대항요건의 구비를 구하는 청구권으로서 회생채무자의 재산감소와 직결되는 것이
므로 '재산상의 청구권'에 해당하고, 그 원인이 회생절차개시 전에 있었으므로 결국 회생채권에
해당한다(대법원 2016. 6. 21.자 2016마5082 결정).

86) 행정상의 의무위반행위에 대하여 과징금을 부과하는 경우에 과징금청구권은 위 조항에서 정

구체적으로 확정되지 아니하였거나 변제기가 회생절차개시 후에 도래하더라도 상관없고, 청구권의 주요한 발생원인이 회생절차개시 전에 갖추어져 있으면 충분하다.[87] 그리고 회생채권에는 장래의 청구권도 포함되는데(파산채권의 경우는 ☞ 6-10), 가령 채무자의 연대보증인이 회생절차개시 후에 주채권자인 회생채권자에게 변제 등으로 연대보증채무를 이행함으로써 구상권을 취득한 경우에 그 연대보증계약이 채무자에 대한 회생절차개시 전에 체결되었다면, 구상권 발생의 주요한 원인인 연대보증관계는 회생절차개시 전에 갖추어져 있는 것이므로 위와 같은 연대보증계약 등에 근거한 구상권은 장래의 청구권으로서 회생채권에 해당한다고 본다.[88]

한 재산상의 청구권에 해당하므로, 과징금청구권이 회생채권인지는 그 청구권이 회생절차개시 전의 원인으로 생긴 것인지에 따라 결정되는데, 채무자에 대한 회생절차개시 전에 과징금 납부의무자의 의무위반행위 자체가 성립하고 있으면, 그 부과처분이 회생절차개시 후에 있는 경우라도 과징금 청구권은 회생채권이 된다(대법원 2018. 6. 15. 선고 2016두65688 판결). 또한 마찬가지 취지에서 부당한 공동행위는 가격결정 등에 대한 당사자들의 합의가 존재하기만 하면 성립하고, 나아가 다수 이해관계인의 법률관계를 조절하는 회생절차의 특성상 회생채권은 공익채권들과는 객관적이고 명확한 기준에 의하여 구분되어야 하므로 특정한 담합가담자의 회생절차개시 전후로 사업자들이 수회에 걸쳐 가격 결정 등에 관한 합의를 하였다면, 설령 회생절차가 개시된 사업자 외의 다른 담합가담자들에 대하여는 그 수회의 합의를 전체적으로 1개의 부당한 공동행위로 평가하는 데 아무런 지장이 없다고 하더라도, 회생절차가 개시된 그 담합가담자가 회생절차개시 이전에 한 합의에 대한 과징금청구권은 회생채권이 된다(대법원 2018. 6. 12. 선고 2016두59102 판결).

87) 건축공사의 도급계약에 있어서는 이미 그 공사가 완성되었다면 특별한 사정이 있는 경우를 제외하고는 이제 더 이상 공사도급계약을 해제할 수는 없다고 할 것이고, 회생절차개시 전에 이미 건물을 완공하여 인도하는 등으로 건축공사 도급계약을 해제할 수 없게 되었다면 수급인은 회생절차개시 전에 도급계약에 관하여 그 이행을 완료한 것으로 보아야 한다. 이러한 경우 수급인에 대한 회생절차개시 후에 완성된 목적물의 하자로 인한 손해가 현실적으로 발생하였더라도, 특별한 사정이 없는 한 하자보수에 갈음하는 손해배상청구권의 주요한 발생원인은 회생절차개시 전에 갖추어져 있다고 봄이 타당하므로, 위와 같은 도급인의 하자보수에 갈음하는 손해배상청구권은 회생채권에 해당한다고 보아야 한다. 나아가 위 하자담보책임을 넘어서 수급인이 도급계약에 따른 의무를 제대로 이행하지 못함으로 말미암아 도급인의 신체 또는 재산에 확대손해가 발생하여 수급인이 도급인에게 그 손해를 배상할 의무가 있다고 하더라도, 특별한 사정이 없는 한 도급인의 위와 같은 채무불이행으로 인한 손해배상청구권 역시 회생절차개시 전에 주요한 발생원인을 갖춘 것으로서 회생채권에 해당한다(대법원 2015. 6. 24. 선고 2014다220484 판결[미간행]). 또한 회생절차개시 전에 발생한 산재사고로 장해를 입은 근로자가 회사에 대하여 갖는 위자료 청구권은 회생채권에 해당한다(대법원 2023. 8. 18. 선고 2022다291009 판결).

88) 대법원 2015. 4. 23. 선고 2011다109388 판결. 채권의 내용이 구체적으로 확정되지 아니하였더라도 주요한 발생원인이 회생절차개시 전에 갖추어져 있으면 그에 해당하는데, 공동불법행위로 인한 손해배상책임은 불법행위가 있었던 때에 성립하므로 공동불법행위자 사이의 구상권도 특별한 사정이 없는 한 그때에 주요한 발생원인이 갖추어진 것으로 볼 수 있으므로 회생절차개시 당시까지는 아직 변제 기타 출재로 인한 공동 면책행위가 없었더라도 공동불법행위자 사

도산법은 파산채권과 달리, 그 밖에 '회생절차개시 전의 원인으로 생긴'이라
는 요건에 해당하지 않지만, ② 회생절차개시 후의 이자, ③ 회생절차개시 후의
불이행으로 인한 손해배상금 및 위약금, ④ 회생절차 참가의 비용도 회생채권으
로 규정하고 있다(동조 2호-4호). 종전 회사정리법상 후순위 정리채권으로 취급
하였던 각종 채권에 대하여 현행법에서는 그 채권의 성질에 맞게 합리적으로
취급하여 그 가운데 위 ② 내지 ④를 일반 회생채권으로 취급하였다. 다만, 이
러한 ② 내지 ④의 채권은 그 금액을 확정하기 곤란하므로 의결권을 부여하지
않고 있다(191조 3호).

또한 도산법은 부인권의 행사로 채무자의 행위가 부인된 경우에 상대방의
권리(108조 3항 3호·4호), 쌍방미이행의 쌍무계약이 해제(해지)된 때의 손해배상청
구권(121조 1항), 환어음의 선의의 지급인 등의 청구권(123조 1항), 회생절차의 관
계에서 임대차 차임지급, 지상권 지료지급을 주장하지 못함으로 인한 손해(124
조 2항, 3항), 상호계산이 종료된 경우의 상대방이 가지는 잔액지급채권(123조 1
항) 등과 같이 개별 규정에서 회생채권이 되는 경우를 들고 있다.

16-47   **(2) 회생채권의 행사**

회생절차가 개시된 경우에는 원칙적으로 회생채권에 대하여 회생계획에 규
정한 바에 따르지 아니하고 임의로 변제하는 등 채권을 소멸하게 하는 행위는
허용되지 않으므로 회생채권의 개별적 권리행사가 금지된다(131조. ☞ 파산절차에
서의 424조에 대응). 회생채권자는 그가 가진 회생채권으로 회생절차에 참가할 수
있다(133조 1항).

다만, 채무자의 거래 상대방인 **중소기업자**가 채무자에 대한 의존도가 높아
서 채무자에게 가지는 소액채권을 채무자로부터 변제받지 않으면 사업의 계속
에 지장을 초래할 우려가 있거나(132조 1항), 가령 변제받지 못하는 것을 이유로
상대방 회생채권자가 거래를 계속하지 않으려고 할 수 있는데, 그리하여 회생채
권의 변제가 채무자의 회생을 위하여 필요하다고 인정하는 때(동조 2항)에는 예
외적으로 회생계획인가결정 전이라도 관리인·보전관리인 또는 채무자가 법원
의 변제허가를 받아 그 전부 또는 일부를 변제할 수 있다.

―――――――――――
이의 구상금채권은 회생채권에 해당한다(대법원 2016. 11. 25. 선고 2014다82439 판결).

　　회생채권으로 신고하지 아니한 채 회생계획인가의 결정이 있는 때에는 채무자
는 회생채권에 관하여 그 책임을 면한다(251조).

〈**중소기업에 대한 절차의 신속을 위한 특칙**〉[89]

채권자협의회	채권자협의회를 구성하지 않을 수 있음(20조 1항)
관리인	관리인을 선임하지 않을 수 있음(74조 3항)
회생계획안 제출기간의 연장	회생계획안 제출기간의 연장은 1월을 넘지 못함(50조 3항)

(3) 다수채무자관계와 회생채권

16-48

회생절차	파산절차
제126조(채무자가 다른 자와 더불어 전부의 이행을 할 의무를 지는 경우) ① 여럿이 각각 전부의 이행을 하여야 하는 의무를 지는 경우 그 전원 또는 일부에 관하여 회생절차가 개시된 때에는 채권자는 회생절차개시 당시 가진 채권의 전액에 관하여 각 회생절차에서 회생채권자로서 그 권리를 행사할 수 있다. ② 제1항의 경우에 다른 전부의 이행을 할 의무를 지는 자가 회생절차 개시 후에 채권자에 대하여 변제 그 밖에 채무를 소멸시키는 행위(이하 이 조에서 "변제 등"이라고 한다)를 한 때라도 그 채권의 전액이 소멸한 경우를 제외하고는 그 채권자는 회생절차의 개시시에 가지는 채권의 전액에 관하여 그 권리를 행사할 수 있다. ③ 제1항의 경우에 채무자에 대하여 장래에 행사할 가능성이 있는 구상권을 가진 자는 그 전액에 관하여 회생절차에 참가할 수 있다. 다만, 채권자가 회생절차개시시에 가지는 채권 전액에 관하여 회생절차에 참가한 때에는 그러하지 아니하다.	제428조(전부의 채무를 이행할 의무를 지는 자가 파산한 경우의 파산채권액) 여럿의 채무자가 각각 전부의 채무를 이행하여야 하는 경우 그 채무자의 전원 또는 일부가 파산선고를 받은 때에는 채권자는 파산선고시에 가진 채권의 전액에 관하여 각 파산재단에 대하여 파산채권자로서 권리를 행사할 수 있다. 제430조(장래의 구상권자) ① 여럿의 채무자가 각각 전부의 채무를 이행하여야 하는 경우 그 채무자의 전원 또는 일부가 파산선고를 받은 때에는 그 채무자에 대하여 장래의 구상권을 가진 자는 그 전액에 관하여 각 파산재단에 대하여 파산채권자로서 그 권리를

---

89) 관련하여, 미국에서는 2019년 소규모기업회생법(Small Business Reorganization Act of 2019) 제정에 따라 연방파산법 제11장 제5절이 신설되었는데, 채권자위원회는 원칙적으로 그 구성을 생략하며, 상임관재인을 선임하도록 하는 등 절차의 신속성을 도모하였다.

④ 제1항의 규정에 의하여 채권자가 회생절차에 참가한 경우 채무자에 대하여 장래에 행사할 가능성이 있는 구상권을 가지는 자가 회생절차 개시 후에 채권자에 대한 변제 등으로 그 채권의 전액이 소멸한 경우에는 그 구상권의 범위 안에서 채권자가 가진 권리를 행사할 수 있다. ⑤ 제2항 내지 제4항의 규정은 채무자의 채무를 위하여 담보를 제공한 제3자가 채권자에게 변제 등을 하거나 채무에 대하여 장래에 행사할 가능성이 있는 구상권을 가지는 경우에 준용한다.

제127조(채무자가 보증채무를 지는 경우) 보증인인 채무자에 관하여 회생절차가 개시된 때에는 채권자는 회생절차개시 당시 가진 채권의 전액에 관하여 회생채권자로서 권리를 행사할 수 있다.

제128조(법인의 채무에 대해 무한의 책임을 지는 자에 대하여 회생절차가 개시된 경우의 절차 참가) 법인의 채무에 대하여 무한의 책임을 지는 자에 관하여 회생절차 개시의 결정이 있는 경우에 해당 법인의 채권자는 회생절차개시시에 가진 채권의 전액에 관하여 회생절차에 참가할 수 있다.

제129조(법인의 채무에 대해 유한책임을 지는 자에 대하여 회생절차가 개시된 경우의 절차 참가 등) ① 법인의 채무에 관하여 유한책임을 지는 사원에 대하여 회생절차개시의 결정이 있는 경우에 법인의 채권자는 회생절차에 참가할 수 없다. ② 법인에 대하여 회생절차개시의 결정이 있는 경우에 법인의 채권자는 법인의 채무에 관하여 유한의 책임을 지는 사원에 대하여 그 권리를 행사할 수 없다.

제130조(일부보증의 경우) 제126조 및 제127조의 규정은 여럿의 보증인이 각각 채무의 일부를 부담하는 경우 그 부담부분에 관하여 준용한다.

행사할 수 있다. 다만, 채권자가 그 채권의 전액에 관하여 파산채권자로서 그 권리를 행사한 때에는 예외로 한다. ② 제1항 단서의 경우 제1항의 규정에 의한 구상권을 가진 자가 변제를 한 때에는 그 변제의 비율에 따라 채권자의 권리를 취득한다. ③ 제1항 및 제2항의 규정은 담보를 제공한 제3자가 채무자에 대하여 갖는 장래의 구상권에 관하여 준용한다.

제429조(보증인이 파산한 경우의 파산채권액) 보증인이 파산선고를 받은 때에는 채권자는 파산선고시에 가진 채권의 전액에 관하여 파산채권자로서 그 권리를 행사할 수 있다.

제432조(무한책임사원의 파산) 법인의 채무에 관하여 무한책임을 지는 사원이 파산선고를 받은 때에는 법인의 채권자는 파산선고시에 가진 채권의 전액에 관하여 그 파산재단에 대하여 파산채권자로서 그 권리를 행사할 수 있다.

제433조(유한책임사원의 파산) 법인의 채무에 관하여 유한책임을 지는 사원 또는 그 법인이 파산선고를 받은 때에는 법인의 채권자는 유한책임을 지는 사원에 대하여 그 권리를 행사할 수 없다. 다만, 법인은 출자청구권을 파산채권으로서 행사할 수 있다.

제431조(여럿이 일부보증을 한 때의 파산채권액) 제428조, 제429조 및 제430조제1항·제2항의 규정은 여럿의 보증인이 각각 채무의 일부를 보증하는 때에 그 보증하는 부분에 관하여 준용한다.

파산절차와 마찬가지로 회생절차에서도 채무자를 둘러싼 법률관계는 단순한 채권자와 채무자의 2당사자관계에 그치는 경우만이 있는 것은 아니다. 보증인 등의 인적 담보가 이용된 경우에는 동일한 급부를 목적으로 한 여럿의 채무자가 존재하게 된다. 즉, 1인의 채권자에 대하여 여럿의 채무자가 채무를 부담하게 되는데, 이러한 다수채무자관계가 회생절차에서 어떻게 규율되는가. 회생절차에서의 규정을 정비한 현행법에서는 그 내용이 파산절차의 규율과 달리하고 있는 부분도 없지 않으나, 이론적으로는 대체로 마찬가지로 보아도 무방하다. 가령, **현존액주의, 구상권의 행사** 등에 관하여는 파산절차에서의 해당 부분을 참조하면 된다(☞ 6-29 이하).

회생절차의 다수채무자관계에 있어서 크게 3종류의 문제가 생긴다. 우선, 여럿의 채무자의 전원 또는 일부에 관하여 회생절차가 개시된 때에 채권자가 각각에 대하여 행사할 수 있는 회생채권액의 문제이다. 화생절차개시시의 전액이 회생채권이 된다. 법 126조 1항, 2항은 이에 대한 규율이다. 다음으로 어느 채무자가 다른 채무자의 회생절차에서 구상권을 회생채권으로 행사할 수 있는가, 그 액수는 어떻게 되는가, 또 변제에 의하여 채권자의 회생채권을 대위할 수 있는가의 문제로, 법 126조 3항, 4항은 이에 관한 규율이다.[90] 그리고 채권자에 대하여 인적 부담을 부담하지 않는 물상보증인에 대하여도 위와 마찬가지 규율을 적용할 것인가의 문제로, 법 126조 5항이 이를 규율하고 있다. 그런데 물상보증인에게 회샐절차가 개시된 경우에 물상보증인은 채권자에게 물적 책임은 부담하지만, 채무 그 자체를 부담하지 않으므로 채권자에 의한 피담보채권의 회생채권행사의 문제는 생기지 않으므로 법 126조 5항에서 1항까지 준용하고 있지는 않다.[91]

---

90) 주채무자에 대해 회생절차가 개시되고 채권자가 그 당시의 채권 전액에 관하여 회생채권자로서 권리를 행사한 경우, 장래의 구상권자인 연대보증인이 연대보증계약에 따른 채권자의 채권액 전부를 변제하지 않았다면 법 126조 4항을 근거로 주채무자에 대해 채권자의 회생절차상 권리를 대위행사할 수 없다. 이때 연대보증인이 회생계획 인가 후 변제한 금액이 회생계획에 따라 감면되고 남은 주채무자의 채무액을 초과하더라도 연대보증계약에 따른 채권자의 채권액에는 미치지 못한다면 회생절차개시 후에 채권자의 채권액 전부를 변제한 것으로 볼 수 없다(대법원 2021. 11. 11. 선고 2017다208423 판결).

91) 한편, 물상보증인의 도산의 경우에 파산절차에서는 피담보채권의 채권자에 의한 파산채권의 행사의 문제는 생기지 않으므로(별제권을 가진다) 현존액주의 및 장래의 구상권자의 권리행사의 조정의 규율을 생각할 필요가 없으나, 회생담보권으로 취급되는 회생절차에서는 물상보증인에게 회생절차가 개시되는 경우에 회생담보권자로서 채권자의 절차참가가 인정되므로 현존액주의 및 장래의 구상권자의 권리행사의 조정의 규율을 생각하여야 한다.

보증인의 도산의 경우에 보충성을 부정하는 규정도 마찬가지이다(127조,
429조. ☞ 6-32).

2. 회생담보권

16-49   **(1) 회생담보권의 의의**

담보권에 대하여 파산절차에서는 별제권으로 취급하여(411조 이하) 파산절
차에 의하지 않고서 권리를 실현할 수 있지만(☞ 11-1), 회생절차에서는 회생담
보권으로(141조 이하) 제약을 받게 되는 취급을 하고 있다. 회생절차에서는 담보
권자가 회생절차에 따르지 않고 자유롭게 환가하여 우선변제를 받게 되는 취급
을 하면 채무자의 회생에 현저한 지장을 주게 되기 때문이다. 따라서 회생절차
에서는 별제권이라는 명칭을 사용하지 않고, 그 대신에 회생담보권이라는 명칭
을 사용한다. 한편, 개인회생절차에서는 파산절차에서의 별제권을 준용한다(586
조. ☞ 17-64).[92]

<담보권의 취급 비교>

	담보권의 취급	중지명령 포괄적 금지명령	절차 참가
회생절차	회생담보권	인정	회생절차 참가 필요
파산절차	별제권	도입하지 않음	별제권자/부족액책임주의
개인회생절차	별제권	인정	파산절차 준용

16-50   **(2) 회생담보권의 범위**

회생담보권은 회생채권이나 회생절차개시 전의 원인으로 생긴 채무자 외의
사람에 대한 재산상의 청구권으로서(전자는 채무자가 담보권설정자인 경우이고, 후자는
물상보증의 경우), 회생절차개시 당시 채무자의 재산상에 존재하는 유치권·질권·저
당권·양도담보권·가등기담보권·「동산·채권 등의 담보에 관한 법률」에 따른
담보권·전세권 또는 우선특권으로 담보된 청구권과 절차개시결정 전날까지 생
긴 이자 또는 채무불이행으로 인한 손해배상이나 위약금의 청구권을 말한다(141
조 1항).[93] 피담보채권이 회생절차개시 후의 원인으로 생긴 경우에는 채무자의

---

92) 관련 문헌으로는 김재형, "도산절차에서의 담보권자의 지위", 인권과 정의(2006. 4), 6면 이
하; 양형우, "회생·개인회생절차에서의 담보권", 인권과 정의(2006. 4), 41면 이하 참조.

재산상에 존재하는 담보권으로 담보되어 있더라도 회생담보권이 아니다.

회생담보권자는 그 채권액 중 담보권의 목적의 가액(선순위의 담보권이 있는 때에는 그 담보권으로 담보된 채권액을 담보권의 목적의 가액으로부터 공제한 금액을 말한다)을 한도로 **회생담보권자**로 인정되고, 이를 초과하는 부분에 관하여는 **회생채권자**로서 회생절차에 참가할 수 있다(141조 4항). 따라서 가령 회생채권조사확정재판에 대한 이의의 소에서 '원고가 주장하는 회생담보권 채권액이 담보목적물의 가액에서 선순위 담보권의 채권액을 공제한 금액을 초과하지 않는다는 사실'은 회생담보권 발생의 요건사실 가운데 하나로 **원고가 이를 주장·증명**하여야 한다.[94]

회생담보권에 대하여도 다수당사자의 회생채권에 대한 조항(126조 내지 130조), 회생채권의 변제금지에 관한 조항(131조), 우선권의 기간계산에 관한 조항(139조), 회생채권자의 의결권에 관한 조항(133조 2항, 134조 내지 138조)이 준용된다(141조 2항, 6항). 한편, 회생계획에서 피담보채무가 회생담보권으로 인정된 경우에도 회생계획에 담보권 자체의 존속을 정하지 않으면 담보권은 인가결정에 따라 소멸한다(251조).

◆ **집합채권양도담보** ◆ 집합채권양도담보는 담보권 설정자가 가지는 현존 및 장래 발생할 다수의 채권을 일괄하여 담보목적으로 하는 양도담보를 말한다. 관련하여

---

93) 민사집행법 135조, 91조 2항에 따라 매수인이 매각 부동산의 소유권을 취득하고 매각 부동산 위의 저당권이 소멸하더라도, 저당권자는 이후 배당절차에서 저당권의 순위와 내용에 따라 **저당부동산의 교환가치**에 해당하는 매각대금으로부터 피담보채권에 대한 우선변제를 받게 되므로 부동산 경매절차에서 채무자 소유 부동산이 매각되고 매수인이 매각대금을 다 납부하여 매각 부동산 위의 저당권이 소멸하였더라도 **배당절차에 이르기 전**에 채무자에 대해 회생절차개시결정이 있었다면, 저당권자는 회생절차 개시 당시 저당권으로 담보되는 채권 또는 청구권을 가진 **회생담보권자**라고 봄이 타당하다(대법원 2018. 11. 29. 선고 2017다286577 판결). 이에 반대하여 회생절차개시 당시 근저당권이 이미 소멸하여 회생담보권자가 아니라는 입장으로는 윤남근, "회생절차개시가 매각이 완료된 부동산 집행절차에 미치는 효력－서울고등법원 2017. 10. 31. 선고 2017나2005981 판결을 중심으로－", 안암법학(2017), 107면 이하.

94) 대법원 2012. 11. 15. 선고 2011다67897 판결(원고는 제1심과 원심에서 '신고한 회생담보권 채권액이 담보목적물의 가액의 범위 내로 담보목적물의 가액을 초과하지 않는다는 사실'을 주장·증명한 적이 전혀 없었다. 한편, 피고는 답변서에서 원고 청구의 기각을 구하였을 뿐이다. 제1심과 원심도 원고가 신고한 회생담보권 채권액이 담보목적물의 가액의 범위 내로 담보목적물의 가액을 초과하지 않는다는 사실을 다툼 없는 사실로 정리한 적은 없었다. 즉, 제1심과 원심에서 원고가 신고하고 피고가 부인한 회생담보권과 회생채권의 존부와 수액에 관하여는 제대로 심리가 이루어지지 않은 사안이다). 판결의 평석으로는 최희준, "회생채권조사확정재판에 대한 이의의 소에서 회생담보권에 관한 주장·증명책임의 소재", 대법원판례해설(제93호, 2013. 6), 664면 이하 참조.

甲이 乙 은행으로부터 대출을 받으면서 甲의 국민건강보험공단에 대한 향후 의료비 등 채권을 담보목적물로 한 채권양도담보계약을 체결하였는데, 乙 은행이 담보목적물 중 일부인 그 당시 현존 의료비 등 채권에 대하여 담보권을 실행하여 공단으로부터 **채권 일부를 회수한 후** 甲에 대하여 **회생절차가 개시**된 사안에서, 乙 은행이 피담보채권인 대출금채권 전액의 만족을 얻지 아니한 이상, 담보권 실행 후 발생하는 의료비 등 채권에 대해서도 담보권을 실행할 수 있고, **담보권 실행으로 인하여 그 후 발생하는 의료비 등 채권에 대하여 담보권의 효력이 미치지 아니하게 되는 것은 아니지만**, 담보권 실행 후 甲에 대한 회생절차개시 당시까지 담보목적물인 채권이 남아 있지 아니하였고, 회생절차개시 후에 의료비 등 채권이 추가로 발생하였더라도 그러한 채권에 대해서는 더 이상 담보권의 효력이 미치지 아니하기 때문에, 乙 은행의 잔존 대출금채권은 담보목적물이 존재하지 아니하는 **회생채권**이다.[95]

◆ **동산의 소유권유보부 매매** ◆   동산의 소유권유보부 매매는 매도인이 매매대금을 다 수령할 때까지 대금채권에 대한 담보의 효과를 취득·유지하려는 의도에서 비롯된 것이다. 따라서 매도인이 유보한 소유권은 담보권의 실질을 가지고 있으므로 담보 목적의 양도와 마찬가지로 매수인에 대한 회생절차에서 **회생담보권**으로 취급함이 타당하고, 매도인은 매매목적물인 동산에 대하여 **환취권**을 행사할 수 없다고 할 것이다.[96]

16-51   **(3) 회생담보권의 행사**

위와 같은 담보권은 파산절차에서는 별제권으로서 담보권자는 절차에 참가할 필요 없이 권리를 행사할 수 있으나, 회생절차에서의 담보권자는 관계인으로 신고하여(149조 이하) 절차에 참가하여야(141조 1항) 회생계획의 정함에 따라 변제

---

95) 대법원 2013. 3. 28. 선고 2010다63836 판결. 판결의 평석으로는 박진수, "회생절차개시결정과 집합채권양도담보의 효력이 미치는 범위", 민사판례연구 XXXVI(2014), 561면 이하; 이상주, "집합채권양도담보에서의 담보권실행의 효력과 회생절차가 개시된 후 발생하는 채권에 대해서도 담보권의 효력이 미치는지 여부", 대법원판례해설(제95호, 2013. 12), 621면 이하; 이연갑, "장래채권 양도담보와 회생담보권의 효력이 미치는 범위", 법조(2014. 8), 163면 이하 참조. 또한 최준규, "장래채권 양도담보의 도산절차상 효력", 사법(2015. 6), 245면 이하도 참조.
96) 대법원 2014. 4. 10. 선고 2013다61190 판결은 소유권유보부 매매의 매도인의 권리를 회생담보권으로 취급하는 것을 분명히 하였다. 판례가 기존에 소유권유보부 매매에 관하여 정지조건부 소유권이전설을 취하여 왔음에도, 위 판결은 도산절차에서 소유권유보부 매매의 매도인의 실체법적 권리와 공평한 분배, 채무자의 회생이라는 도산법 고유의 정책적 목표를 형량한 후 매도인의 소유권을 그 실질적인 담보 기능에 주목하여 제한적으로 해석한 것이라고 볼 수 있다는 정소민, "도산법상 소유권유보부 매매의 매도인의 지위", 민사판례연구(2015. 2), 244면 이하 참조. 한편, 이에 대하여 양형우, "회생절차에서 소유권유보와 매도인의 지위", 인권과 정의(2015. 2), 447면 이하에서는 위 판결을 비판하면서 소유권유보부 매매의 매도인에게 환취권을 인정하여야 한다고 주장한다.

를 받을 수가 있다. 한편, 그 채권액 중 담보권의 목적의 가액(선순위의 담보권이 있는 때에는 그 담보권으로 담보된 채권액을 담보권의 목적의 가액으로부터 공제한 금액)을[97] 초과하는 부분에 관하여는 **회생채권자**로서 회생절차에 참가할 수 있다(141조 4항).

(4) 회생담보권 요건의 구비 여부

회생담보권으로 인정되기 위하여는 저당권 등의 담보권에 관하여 등기 그 밖의 효력요건은 물론이고, 권리질권 설정시에 필요한 확정일자 있는 통지·승낙과 같은 제3자에 대한 대항요건도 구비하여야 하며, 만일 채무자에 대한 대항요건을 갖추지 않은 담보권에 의하여 담보되는 채권을 회생담보권으로 신고한 경우에 관리인이나 다른 회생채권자 등은 채권조사기간 내에 또는 특별조사기일에서 이의할 수 있다.

16-52

3. 주식·출자지분

(1) 주주와 지분권자의 지위

회생절차개시결정이 있으면 채무자의 업무의 수행과 재산의 관리 및 처분권은 관리인에게 전속하게 되지만(56조), 법인인 채무자는 관련된 활동을 제외한 법인격은 그대로 존속하는데, 따라서 주주와 지분권자는 사단적 관계에서의 활동은 허용되어 회생절차와 관계없이 주주총회·사원총회를 통하여 법인의 사단적 활동에 참가할 수 있지만, 그 활동에 비용이 필요한 때에 법인에 재산의 관리처분권이 없으므로 활동에 제약이 있고,[98] 한편, 채무자는 회생절차개시

16-53

---

97) 평가의 객관적 기준은 기업의 계속을 전제로 평가한 가액이어야 하고 회사의 해산과 청산 즉 기업의 해체, 처분을 전제로 한 개개 재산의 처분가액을 기준으로 할 것이 아니다. 이때 그 가액의 평가방법은 수익환원법 등 수익성의 원리에 기초한 평가방식이 표준적인 방식이라고 할 수 있으나, 재산의 종류와 특성에 따라 원가법 등 비용성의 원리에 기초한 평가방식이나 거래사례비교법 등 시장성의 원리에 기초한 평가방식이라도 기업의 계속성을 감안한 객관적 가액을 표현할 수 있는 것이면 족하다. 회생담보권의 목적인 부동산에 경기도 명의의 가등기가 경료되어 있어 회생채무자가 전매제한기간(10년) 내에 위 부동산을 전매할 경우 경기도가 위 가등기를 통해 전매차익을 환수할 수 있음을 이유로 '취득원가'를 기준으로 위 부동산의 가액을 산정한 회생담보권조사확정재판에 대하여 회생담보권자가 이의의 소를 제기한 사안에서, 회생담보권의 목적인 부동산의 가액은 회생채무자가 그 부동산을 계속 보유하여 기업활동을 함을 전제로 평가되어야 하므로, 회생채무자가 전매제한 약정을 위반하여 위 부동산을 전매하는 상황만을 전제로 하여 위 부동산의 취득원가를 기준으로 그 가액을 산정하여서는 않 되고, 회생절차 개시결정이 이루어진 무렵을 기준으로 한 부동산의 감정평가액을 부동산의 가액으로 평가함이 타당하다(대법원 2017. 9. 7. 선고 2016다277682 판결).

98) 그런데 주주들이 피신청인 회사를 상대로 상법 466조에 따라 회계장부 등의 열람·등사의 가

이후부터 그 회생절차가 종료될 때까지는 회생절차에 의하지 않고는 자본 또는
출자액의 감소나 증가, 지분권자의 가입, 신주의 발행, 이익의 배당 등을 할 수
없으므로(55조 1항) 실질적으로 주주와 지분권자의 자익권의 행사는 한계가 있게
된다.99)

16-54

(2) 회생절차에의 참가

회생절차에서는 채권채무의 조정에 머무르지 않고, 물적 조직을 중심으
로 이를 둘러싼 이해관계인의 이해를 조정하고자 하는 것이므로 이해관계인
인 주주·지분권자가 그가 가진 주식 또는 출자지분으로 회생절차에 참가할
수 있도록 하고 있다(146조 1항). 여기서 주주·지분권자의 참가는 채권조사기간
내에 이의를 하거나(161조 1항), 특별조사기일에 출석하여 회생채권 또는 회생담
보권에 대하여 이의를 진술하고(164조 2항), 관계인집회에 출석하여 의견을 진
술하고 의결권을 행사할 수 있는 것이다(225조, 232조). 그러나 회생절차의 개시
당시 채무자의 부채의 총액이 자산의 총액을 초과하는 때에는 의결권을 가지지
않는다(146조 3항 본문). 이 경우에는 잔여재산분배청구권이 없기 때문에 적극적
으로 의결권을 부여할 필요도 없다. 다만, 이 경우에도 절차참가의 가능성을
완전히 뺏을 필요는 없고 소극적이지만 주주·지분권자에게 채권조사기간 내에
이의를 하거나, 관계인집회에 출석하여 질문하고 의견을 진술할 수 있다(146조
3항 단서).

회생절차에 참가하고자 하는 주주·지분권자는 신고기간 안에 주식 또는 출
자지분의 종류 및 수 또는 액수 등을 법원에 신고하고 주권 또는 출자지분증서
그 밖의 증거서류 또는 그 등본이나 초본을 제출하여야 한다(150조 1항).

주주·지분권자는 회생절차에 있어서 그 권리의 변경이 있게 되고(193조),

처분을 신청하였는데, 피신청인 회사에 대해 회생절차가 개시된 경우에 회생을 이유로 위 권리
행사가 제한되지 않는다. 상법 466조 1항에 따라 주주가 열람·등사를 청구할 수 있는 서류에는
회계장부와 회계서류도 포함되어 도산법에 따라 이해관계인이 열람할 수 있는 서류보다 그 범
위가 넓은데, 이처럼 다른 이해관계인과 구별되는 주주의 권리를 회생절차가 개시되었다는 이
유만으로 명문의 규정 없이 배제하거나 제한하는 것은 부당하다(대법원 2020. 10. 20.자 2020마
6195 결정).
99) 회생절차에서 주주는 의결권이 없는 등 그 지위가 충분히 보장되지 않고 있다. 관련하여 채권
자협의회와 마찬가지의 목적 또는 구성을 가지는 미국 연방파산법상의 주주의 이익을 대표하는
주주위원회를 참고할 수 있다(§1102(a)(2) 참조). 이해관계인의 청구에 의하여 연방관재관은 주
주위원회를 구성한다. 보통 주주 가운데 보유액이 큰 7인으로 구성된다고 한다.

그 권리의 변경에 있어서 가장 후순위의 지위에 있게 된다(217조 1항 5호).

4. 공익채권·공익담보권

(1) 공익채권의 의의   16-55

회생절차	파산절차
제179조(공익채권이 되는 청구권) ① 다음 각호의 어느 하나에 해당하는 청구권은 공익채권으로 한다.	제473조(재단채권의 범위) 다음 각호의 어느 하나에 해당하는 청구권은 재단채권으로 한다.
1. 회생채권자, 회생담보권자와 주주·지분권자의 공동의 이익을 위하여 한 재판상 비용청구권	1. 파산채권자의 공동의 이익을 위한 재판상 비용에 대한 청구권
2. 회생절차개시 후의 채무자의 업무 및 재산의 관리와 처분에 관한 비용청구권	2. 「국세징수법」 또는 「지방세징수법」에 의하여 징수할 수 있는 청구권(국세징수의 예에 의하여 징수할 수 있는 청구권으로서 그 징수우선순위가 일반 파산채권보다 우선하는 것을 포함하며, 제446조의 규정에 의한 후순위파산채권을 제외한다). 다만, 파산선고 후의 원인으로 인한 청구권은 파산재단에 관하여 생긴 것에 한한다.
3. 회생계획의 수행을 위한 비용청구권. 다만, 회생절차종료 후에 생긴 것을 제외한다.	
4. 제30조 및 제31조의 규정에 의한 비용·보수·보상금 및 특별보상금청구권	
5. 채무자의 업무 및 재산에 관하여 관리인이 회생절차개시 후에 한 자금의 차입 그 밖의 행위로 인하여 생긴 청구권	3. 파산재단의 관리·환가 및 배당에 관한 비용
6. 사무관리 또는 부당이득으로 인하여 회생절차개시 이후 채무자에 대하여 생긴 청구권	4. 파산재단에 관하여 파산관재인이 한 행위로 인하여 생긴 청구권
7. 제119조제1항의 규정에 의하여 관리인이 채무의 이행을 하는 때에 상대방이 갖는 청구권	5. 사무관리 또는 부당이득으로 인하여 파산선고 후 파산재단에 대하여 생긴 청구권
8. 계속적 공급의무를 부담하는 쌍무계약의 상대방이 회생절차개시신청 후 회생절차개시 전까지 한 공급으로 생긴 청구권	6. 위임의 종료 또는 대리권의 소멸 후에 긴급한 필요에 의하여 한 행위로 인하여 파산재단에 대하여 생긴 청구권
8의2. 회생절차개시신청 전 20일 이내에 채무자가 계속적이고 정상적인 영업활동으로 공급받은 물건에 대한 대금청구권	7. 제335조제1항의 규정에 의하여 파산관재인이 채무를 이행하는 경우에 상대방이 가지는 청구권
9. 다음 각목의 조세로서 회생절차개시 당시 아직 납부기한이 도래하지 아니한 것 가. 원천징수하는 조세. 다만, 「법인세법」 제67조(소득처분)의 규정에 의하여 대표자에게 귀속된 것으로 보는 상여에 대한 조세는 원천	8. 파산선고로 인하여 쌍무계약이 해지된 경우 그 때까지 생긴 청구권
	9. 채무자 및 그 부양을 받는 자의 부양료

징수된 것에 한한다. 나. 부가가치세·개별소비세 및 주세 다. 본세의 부과징수의 예에 따라 부과징수하는 교육세 및 농어촌특별세 라. 특별징수의무자가 징수하여 납부하여야 하는 지방세	
10. 채무자의 근로자의 임금·퇴직금 및 재해보상금	10. 채무자의 근로자의 임금·퇴직금 및 재해보상금
11. 회생절차개시 전의 원인으로 생긴 채무자의 근로자의 임치금 및 신원보증금의 반환청구권	11. 파산선고 전의 원인으로 생긴 채무자의 근로자의 임치금 및 신원보증금의 반환청구권
12. 채무자 또는 보전관리인이 회생절차개시 신청 후 그 개시 전에 법원의 허가를 받아 행한 자금의 차입, 자재의 구입 그 밖에 채무자의 사업을 계속하는 데에 불가결한 행위로 인하여 생긴 청구권	
13. 제21조제3항의 규정에 의하여 법원이 결정한 채권자협의회의 활동에 필요한 비용	
14. 채무자 및 그 부양을 받는 자의 부양료	
15. 제1호부터 제8호까지, 제8호의2, 제9호부터 제14호까지에 규정된 것 외의 것으로서 채무자를 위하여 지출하여야 하는 부득이한 비용	
② 제1항제5호 및 제12호에 따른 자금의 차입을 허가함에 있어 법원은 채권자협의회의 의견을 들어야 하며, 채무자와 채권자의 거래상황, 채무자의 재산상태, 이해관계인의 이해 등 모든 사정을 참작하여야 한다.	

공익채권은 법 179조 1항이 공익채권으로 열거하거나(일반공익채권) 개별규정에서 공익채권으로 규정한(특별공익채권) 경우에 인정된다. 절차비용이라는 성격상, 파산절차상의 재단채권과 비슷한 개념이나(☞ 7-1), 채무자의 회생 또는 사업의 계속을 전제로 하는 회생절차의 특징으로부터 그 범위에 차이가 있다. 회생절차에서는 파산절차와 달리 재단의 개념을 사용하지 않으므로 용어는 공익채권이라고 한다.

공익채권은 회생절차개시 후의 채무자의 업무 및 재산의 관리와 처분에 관한 비용청구권(179조 1항 2호) 등 회생절차의 수행에 필요한 비용이나 채무자의 업무의 유지, 계속을 위하여 필요한 비용 등과 같이 회생채권자 등의 공동의 이익을 위하여 지출된 비용을 위하여 인정된 청구권으로 **원칙적으로** 주로 **회생절차개시 후의 원인**에 기하여 생긴 청구권을 말하나, **예외적으로 회생절차개시 전의 원인**에 기하여 생긴 청구권이라도 형평의 관념이나 사회정책적 이유 등으로 공익채권이 되는 것도 있다.100) 가령, 쌍방미이행 쌍무계약에 있어서 법 119조 1항의 규정에 의하여 관리인이 채무의 이행을 하는 때에 상대방이 갖는 청구권(179조 1항 7호),101) 계속적 공급의무를 부담하는 쌍무계약의 상대방이 회생절차개시신청 후 회생절차개시 전까지 한 공급으로 생긴 청구권(동조 동항 8호), 채무자의 근로자의 임금·퇴직금 및 재해보상금(동조 동항 10호) 등이 그러하다.102)

또한 조세채권이라도 공익채권으로 취급되기 위하여는 회생절차개시 후에 성립될 것이 필요한데, 일부 조세채권에 대하여 그것이 회생절차개시 전에 성립하였더라도 회생절차개시 당시 아직 납부기한이 도래하지 않은 경우에는103) 특

100) 회생채무자의 보증인이 보증채무를 이행하여 구상권을 취득하고, 회생채무자에 대하여 원래의 채권을 행사하는 경우에 원래의 채권이 공익채권인 때에 보증인은 해당 공익채권을 회생절차에 의하지 않고 행사할 수 있다. 즉, 공익채권성을 주장할 수 있다(最判 2011年(平成 23年) 11月 24日, 倒産判例百選[第5版](48②사건), [中島弘雅 해설] 참조). 재단채권의 경우에도 마찬가지이다(最判 2011年(平成 23年) 11月 22日, 倒産判例百選[第5版](48①사건), [中島弘雅 해설] 참조).
101) 원고가 피고와 물품공급 계약을 체결하고 피고에게 제품대금 정산을 위한 보증금 명목의 돈을 지급한 상태에서 피고에 대해 회생절차가 개시되고 관리인이 계약의 이행을 선택하였는데, 원고가 계약기간이 지나자 피고를 상대로 보증금의 반환을 구하는 소를 제기한 사안에서, 원고의 피고에 대한 보증금반환채권은 회생채권이 아니라, 피고의 원고에 대한 물품대금채권과 이행·존속상 견련성을 갖고 있어서 서로 담보로서 기능한다고 볼 수 있으므로 공익채권에 해당한다고 보았다(대법원 2021. 1. 14. 선고 2018다25514 판결).
102) 근로기준법 제46조 제1항에서 정한 "사용자의 귀책사유로 휴업하는 경우"에 지급하는 휴업수당은 비록 현실적 근로를 제공하지 않았다는 점에서는 근로 제공과의 밀접도가 약하기는 하지만, 근로자가 근로 제공의 의사가 있는데도 자신의 의사와 무관하게 근로를 제공하지 못하게 된 데 대한 대상으로 지급하는 것이라는 점에서 임금의 일종으로 보아야 하므로 휴업수당청구권은 공익채권에 해당한다(대법원 2013. 10. 11. 선고 2012다12870 판결).
103) 여기서 그 '납부기한'이 법정납부기한을 의미하는지, 강제징수절차에 착수할 수 있는 납부기한을 의미하는지, 납부기한이 연장된 때에는 당초의 납부기한을 의미한다고 보아야 하는지 아니면 연장된 납부기한이라고 보아야 하는지 여부가 문제가 된다. 납부기한이 연장된 경우에는 가산세가 부과되지 않고, 납세의무의 소멸시효가 진행하지 아니한다. 이러한 점에 비추어 보면, 납부기한이 연장되는 경우에는 법정납부기한 자체가 변경된 것으로 보아야 할 것이다(대법원 2009. 2. 26. 선고 2005다32418 판결).

별히 공익채권으로 규정하고 있다(179조 1항 9호).

그리고 2014년 도산법 개정에 의하여 채무자 및 그 부양을 받는 자의 부양료가(179조 1항 14호), 또한 2016년 도산법 개정에 의하여 회생절차개시신청 전 20일 이내에[104] 채무자가 계속적이고 정상적인 영업활동으로 공급받은 물건에 대한 대금청구권(동조 동항 8호의2)이 공익채권으로 추가되었다. 회생절차개시신청 직전 자신의 의무를 선이행한 거래 채권자의 보호를 강화하여 채무자가 계속적 거래를 통하여 자금을 확보하고 영업을 계속할 수 있도록 하기 위하여 공익채권으로 인정한 것이다.[105]

관리인이 회생절차개시 후에 한 자금의 차입 그 밖의 행위로 인하여 생긴 청구권(179조 1항 5호), 채무자 또는 보전관리인이 회생절차개시신청 후 그 개시 전에 법원의 허가를 받아 행한 자금의 차입, 자재의 구입 그 밖에 채무자의 사업을 계속하는 데에 불가결한 행위로 인하여 생긴 청구권(동조 동항 12호)도 공익채권인데, 회생에 필요한 신규자금을 원활하게 조달하기 위하여[106] 2009년 개정 도산법에서 위 5호 및 12호의 청구권 중에서 채무자의 사업을 계속하기 위하여 법원의 허가를 받아 차입한 자금에 관한 채권을 우선적으로 변제하도록 하였다(180조 7항). 그리고 2016년 개정 도산법은 위 5호 및 12호에 따른 자금을 차입을 허가함에 있어 법원은 채권자협의회의 의견을 들어야 하며, 채무자와 채권자의 거래상황, 채무자의 재산상태, 이해관계인의 이해 등 모든 사정을 참작하도록 하였다(179조 2항).

물론, 사무관리 또는 부당이득으로 인하여 회생절차개시 이후 채무자에 대하여 생긴 청구권(179조 1항 6호)도 공익채권이다. 가령. 사해행위의 수익자 또는

---

104) 그 기간 계산에 관해서는 특별한 규정을 두고 있지 않으므로 법 33조, 민사소송법 170조, 민법 157조에 따라, 회생절차개시신청일인 초일은 산입하지 않고, 기간 말일의 종료로 기간이 만료된다. 신청일인 2017. 6. 15.의 전날인 2017. 6. 14.부터 역산하여 20일이 되는 날은 2017. 5. 26.이므로 2017. 5. 26.자 물품대금채권은 공익채권에 해당한다(대법원 2020. 3. 2. 선고 2019다243420 판결).

105) 2005년 개정 미국 연방도산법 §503(b)(9)는 지급을 받지 못한 매도인으로 채무자의 도산절차신청으로부터 20일 이내에 상품을 인도한 자에 대하여 미지급 부분에 대한 청구권에 관리비용에 준한 우선권을 주었다. 위 취지와 유사한 규정이다.

106) 신규자금조달과 관련하여 DIP 파이낸싱(Debtor In Possession Financing)은 본래 미국 연방 파산법상의 제도로 제11장 재건절차를 신청한 채무자에 대하여 재건계획인가까지의 사업자금을 융자하는 것을 의미한다. 우리 회생절차에서는 회생절차의 신청을 한 채무자에 대한 절차종결까지 신규자금대출의 의미로 사용된다. 남동희, "회생기업의 자금조달방법 – 미국 연방도산법상의 DIP Financing 제도의 도입 가능성을 중심으로 –", 법조(2009. 10), 264면 이하 참조.

전득자에 대하여 회생절차가 개시되고 이후 사해행위취소에 따른 원상회복으로 가액배상을 하게 되는 경우에 위 가액배상청구권이 이에 해당한다.107)

그리고 특별히 개별규정에서 공익채권으로 인정하고 있는 청구권으로는(특별공익채권) 채무자 외의 사람이 회생절차개시를 신청하여 회생절차개시결정이 있는 때 신청인이 갖는 비용상환청구권(39조 4항), 법원의 명령으로 속행된 강제집행 등 절차에 관한 채무자에 대한 비용청구권(58조 6항), 회생절차개시결정으로 중단된 소송을 관리인 등이 수계함으로 인한 채무자에 대한 소송비용청구권(59조 2항), 채무자의 행위가 부인된 경우 상대방이 갖는 현존이익 반환청구권(108조 3항 2호·4호), 쌍방미이행 쌍무계약 해제의 경우 상대방의 채무자에 대한 반대급부 가액상환청구권(121조 2항), 회생채권자 등의 채권확정소송으로 채무자가 이익을 받은 경우 회생채권자 등의 소송비용상환청구권(177조), 회생계획인가로 실효된 파산절차에서의 재단채권(256조 2항)108) 등이 있다.

(2) 공익채권의 행사

16-56

공익채권은 회생채권과 달리 회생절차에 의하지 아니하고 수시로 변제한다(180조 1항). 공익채권은 회생채권과 회생담보권에 우선하여 변제한다(동조 2항). 파산절차에서의 재단채권(☞ 7-31)과 달리 공익채권에 기한 강제집행이 허용된다고 할 것이다. 회생절차개시 후에 새롭게 취득한 전부를 포함하는 회생채무자의 재산에 대한 권리행사를 금지할 이유가 없기 때문이다.109)

채무자의 재산이 공익채권의 총액을 변제하기에 부족한 것이 명백하게 된 때에는 위와 같이 (법 179조 1항 5호 및 12호의 청구권 중에서 채무자의 사업을 계속하기 위하여) 법원의 허가를 받아 차입한 자금에 관한 채권을 우선적으로 변제하고 그

---

107) 수익자 또는 전득자가 사해행위취소로 인한 원상회복으로서 가액배상을 하여야 함에도, 수익자 또는 전득자에 대한 회생절차개시 후 회생재단이 가액배상액 상당을 그대로 보유하는 것은 취소채권자에 대한 관계에서 법률상의 원인 없이 이익을 얻는 것이 되므로 이를 부당이득으로 반환할 의무가 있고, 이 경우의 가액배상청구권은 위 6호의 부당이득으로 인하여 회생절차개시 이후 채무자에 대하여 생긴 청구권인 공익채권에 해당한다(대법원 2019. 4. 11. 선고 2018다203715 판결).

108) 일본 2004년 개정 전의 민사재생법도 위 법 256조 2항과 마찬가지 취지의 규정을 두고 있었으나, 본래는 수시변제가 보장되는 재단채권의 만족이 회생계획인가결정의 확정의 단계까지 기다려야 한다고 하는 것은 합리적이지 못하므로 개정하여 위 재단채권에 대하여는 (회생계획인가결정시가 아니라) 회생절차개시결정에 의하여 공익채권이 되는 것으로 개정하여(민사재생법 39조 3항 1호) 수시로 변제를 할 수 있는 시기를 앞당겨 재단채권자의 보호를 도모하고 있다.

109) 전대규, 607면.

밖의 공익채권은 법령에 정하는 우선권에 불구하고 아직 변제하지 아니한 채권
액의 비율에 따라 변제한다. 다만, 공익채권을 위한 유치권·질권·저당권·「동
산·채권 등의 담보에 관한 법률」에 따른 담보권·전세권 및 우선특권의 효력에
는 영향을 미치지 아니한다(180조 7항).

공익채권은 절차의 제약을 받지 않고, 또한 회생계획에 의한 권리변경의 대
상이 되는 것은 아니지만, 회생계획에서 공익채권의 변제에 관한 조항을 두어야
한다(193조 1항 2호). 이해관계인에 대한 정보제공을 위함이다. 그리고 회생계획
에 이미 변제한 공익채권을 것을 명시하고, 장래 변제할 것에 관하여 정하여야
한다(199조).110)

16-57

(3) 공익담보권

한편, 채무자의 재산에 의하여 담보되는 공익채권을 공익담보권이라고 한
다. 이러한 공익담보권은 약정에 의해서도 발생할 수 있고 법률의 규정에 의해
서도 발생할 수 있다.111) 사업의 계속을 전제로 하는 회생절차에 있어서 관리인
은 신규자금의 차입 등으로 발생하는 공익채권에 관하여 법원의 허가를 받아
저당권이나 질권을 설정하는 등 담보를 제공함으로써 공익담보권을 설정할 수
있다.

그런데 공익채권은 회생채권과 회생담보권에 우선하여 변제한다는 것은
(180조 2항) 채무자의 일반재산으로부터 변제를 받는 경우에 우선한다는 의미이
지, 회생담보권이 설정된 특정재산의 경매매득금으로부터도 우선변제를 받는다
는 의미는 아니며, 회생담보권이 설정된 재산 위에 공익담보권이 설정된 경우에

---

110) 공익채권은 정리절차에 의하지 아니하고 수시로 변제하도록 되어 있고, 회생계획에서 공익
채권에 관하여 장래에 변제할 금액에 관한 합리적인 규정을 정하여야 한다고 하더라도 그 변제
기의 유예 또는 채권의 감면 등 공익채권자의 권리에 영향을 미치는 규정을 정할 수는 없고(대
법원 2006. 1. 20.자 2005그60 결정 참조), 설령 회생계획에서 그와 같은 규정을 두었다고 하더
라도 그 공익채권자가 이에 대하여 동의하지 않는 한 그 권리변경의 효력은 공익채권자에게 미
치지 않는다(대법원 2016. 2. 18. 선고 2014다31806 판결).
111) 채무자의 관리인이 회생절차개시 이후 회생계획안의 심리를 위한 관계인집회가 끝나기까지
각 해상운송계약을 해제 또는 해지하였다고 볼 아무런 자료가 없으므로, 채무자의 관리인은 기
한의 도과로써 각 해상운송계약을 해제 또는 해지할 수 없게 되었고 이로써 이행의 선택을 한
것으로 보아야 하므로, 상대방이 갖는 청구권은 **공익채권에 해당**하게 된다. 그렇다면 운임채권
등이 각 중고기계에 관한 유치권 또는 우선변제권에 의하여 담보되고 있다고 볼 수 있는 이 사
건에서, 운임채권 등은 회생절차개시 후 그 실행이 중지·금지되는 회생담보권이 아니라 **공익담
보권에 해당**한다(대법원 2012. 10. 11.자 2010마122 결정).

는 회생담보권이 우선한다.112)

한편, 채무자의 재산이 공익채권의 총액을 변제하기에 부족한 것이 명백하게
된 때에는 법 179조 1항 5호 및 12호의 청구권 중에서 채무자의 사업을 계속하기
위하여 법원의 허가를 받아 차입한 자금에 관한 채권을 우선적으로 변제하고 그
밖의 공익채권은 법령에 정하는 우선권에 불구하고 아직 변제하지 아니한 채권액
의 비율에 따라 변제하여야 하는데, 이 경우에도 공익채권을 위한 유치권·질권·저
당권·「동산·채권 등의 담보에 관한 법률」에 따른 담보권·전세권 및 우선특권,
즉 공익담보권의 효력에는 영향을 미치지 않으므로(180조 7항), 공익담보권의 우
선변제권은 보장된다.

5. 개시 후 기타채권

16-58

현행법에서는 후순위 회생채권을 폐지하고, 회생절차개시 후의 원인에 기
하여 생긴 재산상의 청구권으로서 공익채권, 회생채권 또는 회생담보권이 아닌
것은 개시 후 기타채권이라고 하여 별도로 취급하고 있다(181조). 채무자가 그
업무나 생활을 함에 관계없이 행한 불법행위를 원인으로 하는 채권, 회생계획의
수행에 관한 비용으로 회생절차종료 뒤에 발생한 것 등이 그 예이다. 이러한 채
권은 회생절차 개시 후의 원인에 기하여 생긴 재산상의 청구권이므로 이론적으
로 회생채권에 해당하지 않고, 회생계획에 기한 권리변경의 대상도 되지 않는다.

파산절차라면 위와 같은 경우는 파산재단으로부터의 변제를 받을 수 없는
채권으로, 파산선고를 받은 채무자의 자유재산으로부터 변제를 받을 수밖에 없
다. 그러나 회생절차에서는 절차개시 뒤에 취득된 재산도 공익채권, 회생채권의
변제에 충당되므로 파산절차와 마찬가지 취급을 하는 것은 적절하지 않다. 그래
서 개시 후 기타채권에 대하여는 기간을 한정하여 열후적 취급을 한 것이다. 즉,
개시 후 기타채권에 기해서는 회생계획으로 정하여진 변제기간이 만료하는 때
까지 변제를 받거나 강제집행 등을 할 수가 없다(181조).

회생계획에는 알고 있는 개시 후 기타채권의 내용에 관한 사항을 정하여야
한다(193조 1항 5호). 이는 회생채권자에게의 정보 개시 등의 취지이고, 개시 후
기타채권은 회생계획에 의한 권리변경의 대상이 되는 것은 아니다.

---

112) 대법원 1993. 4. 9. 선고 92다56216 판결.

Ⅶ. 회생채권 등의 신고·조사·확정

16-59   **1. 회생채권 등의 신고**

파산채권자의 채권신고를 받아 채권의 인부 등 채권조사를 거쳐 파산채권을 확정하듯이 회생절차에서도 원칙적으로 마찬가지 방식으로 회생채권을 확정한다. 회생절차에 참가하고자 하는 회생채권자·회생담보권자·주주 또는 출자지분권자는 신고기간(원칙적으로 위 목록작성제출기간의 말일부터 1주 이상 1월 이하. 50조 1항 3호) 안에 법원에 그 권리를 신고하고 증거서류 또는 그 등본이나 초본을 제출하여야 한다(148조 내지 150조).[113] 회생채권자 등이 회생절차상 인정되는 의결권, 이의권 등의 권능을 행사하기 위해서는 회생채권의 신고가 필요하다. 회생채권 등의 신고는 회생절차에의 참가형식이고, 법원에 대한 일종의 신청이다.

16-60   **(1) 관리인의 목록제출제도와 신고의 의제**

채권신고의 번거로움을 줄이고 미신고채권의 실권을 방지하기 위하여 현행법에서는 관리인으로 하여금 회생채권자의 목록, 회생담보권자의 목록과 주주·지분권자의 목록을 작성하여 법원이 정하는 기간(위 목록의 제출기간은 법원이 회생절차를 개시할 때 정하여야 하는데, 원칙적으로 회생절차개시결정일로부터 2주 이상 2월 이하이어야 한다(50조 1항 2호). 법원은 특별한 사정이 있는 때에는 위 기간을 늦추거나 늘일 수 있다(동조 2항)) 안에 제출하도록 하고(147조 1항),[114] 관리인이 작성한 목록에 기재된 회생채권·회생담보권·주식 또는 출자지분은 신고된 것으로 보도록 하였다(151조). 따라서 이 경우에 회생채권자 등이 별도로 신고를 하지 않아도 된다. 이렇게 회생절차에 있어서 신고를 기다리지 않고, 관리인이 스스로 회생채권자 등의 목록을 작성하여 제출하면 신고된 것으로 의제하도록 한 취지는 회생채권

---

113) 어음은 제시증권, 상환증권이므로(어음법 제38조, 제39조) 어음을 소지하지 않으면 그 어음상의 권리를 행사할 수 없는 것이 원칙이고, 이는 회생절차에 참가하기 위하여 어음채권을 회생채권으로 신고하는 경우에도 마찬가지로 어음을 소지하여야 한다(대법원 2016. 10. 27. 선고 2016다235091 판결).

114) 회생채권자로 하여금 회생절차에 관하여 알지 못하여 자신의 채권을 신고하지 못함으로써 회생계획 인가에 따른 실권의 불이익을 받는 것을 방지하기 위한 법 147조 소정의 회생채권자 목록 제도의 취지에 비추어 볼 때, 관리인은 비록 소송절차에서 다투는 등으로 회생절차에 관하여 주장되는 어떠한 회생채권의 존재를 인정하지 아니하는 경우에도, 그 회생채권의 부존재가 객관적으로 명백한 예외적인 경우가 아닌 한 이를 회생채권자 목록에 기재하여야 할 의무가 있다(대법원 2012. 2. 13.자 2011그256 결정[미간행]; 대법원 2020. 9. 3. 선고 2015다236028, 236035 판결[미간행]).

자 등의 신고절차를 가능한 한 축소하여 회생절차를 간이·신속하게 진행하기 위함이다. 만약 관리인이 목록에 기재를 누락한 경우에는 회생채권자 등은 별도로 채권 등을 신고하여야 한다.[115]

　위 채권자 등의 목록의 제출이나 회생채권 등의 신고는 시효중단의 효력이 있다(32조 2호 본문). 다만, 그 목록에 기재되어 있지 아니한 회생채권자 등이 그 신고를 취하하거나 그 신고가 각하된 때에는 그러하지 아니하다(동조 동호 단서).

　시효중단효는 회생절차의 종료시까지 그대로 유지된다. 조사절차에 회생채권이 확정될 때까지가 아니다. 그리고 주채무자에 대한 시효중단은 보증인에 대하여도 그 효력이 있다.[116]

　회생계획의 인가결정이 확정되어 권리변경이 있는 때에 그 확정에 의한 변제기 연기 등의 효력이 생기므로 그 새로운 변제기로부터 시효가 다시 진행한다.

(2) 벌금 등과 조세채권의 특칙   16-61

　채무자에게 부과된 벌금·과료·형사소송비용·추징금 및 과태료의 청구권과 조세채권 등 국세징수법 또는 지방세징수법에 의하여 징수할 수 있는 청구권 등도 그것이 회생절차 개시결정 전에 발생하였다면 회생채권에 해당하므로 원

---

115) 회생채권자는 법 152조 3항에 불구하고 회생계획안 심리를 위한 관계인집회가 끝난 후에도 회생절차에 관하여 알게 된 날로부터 1개월 이내에 회생채권의 신고를 보완할 수 있는 점에 비추어 보면, 비록 관리인이 회생채권의 존재 또는 그러한 회생채권이 주장되는 사실을 알고 있거나 이를 쉽게 알 수 있었음에도 회생채권자 목록에 그 회생채권을 기재하지 아니하였다 하더라도, 회생채권자가 채무자에 대한 회생절차에 관하여 알게 되어 회생채권의 신고를 통해 권리보호조치를 취할 수 있었는데도 이를 하지 아니함으로써 그 회생채권이 실권된 경우에는 관리인이 회생채권자 목록에 회생채권을 기재하지 아니한 잘못과 회생채권의 실권 사이에 상당인과관계가 있다고 할 수 없고, 따라서 관리인의 불법행위책임이 성립하지 아니한다(대법원 2014. 9. 4. 선고 2013다29448 판결). 해설로는 김희중, 대법원판례해설(제101호, 2015. 6), 398면 이하 참조.

116) 시효중단의 효력은 정리회사의 채무를 주채무로 하는 보증채무에도 미치고 그 효력은 정리절차 참가라는 권리행사가 지속되는 한 그대로 유지되므로, 후에 정리계획에 의하여 주채무의 전부 또는 일부가 면제되거나 이율이 경감된 경우 그 면제 또는 경감된 부분의 주채무가 정리계획의 인가결정이 확정된 때에 소멸하게 됨에 따라 그 시점에서 채권자의 정리절차에서의 권리행사가 종료되어 그 부분에 대응하는 보증채무의 소멸시효는 위 인가결정 확정시부터 다시 진행한다. 그러나 정리계획에 의해서도 주채무가 잔존하고 있는 경우에는 정리절차 참가에 의한 시효중단의 효력이 그대로 유지되어 그 정리절차의 폐지결정 또는 종결결정이 확정되어 정리절차에 있어서의 권리행사가 종료되면 그 시점부터 중단되어 있던 보증채무의 소멸시효가 다시 진행하고, 아울러 그 이후에도 보증채무가 소멸하기 전에 주채무에 대한 시효중단의 사유가 발생한 때에는 보증채무에 대하여도 그 시효중단의 효력이 미친다(대법원 2007. 5. 31. 선고 2007다11231 판결).

칙적으로는 일반의 회생채권과 동등하게 취급하여 신고의 대상이지만, 다만 법
은 위와 같은 청구권이 갖는 공익적 특성을 고려하여 신고기간이나 불복방법
등에 대해 여러 특칙을 두고 있다. 예를 들어 벌금·조세 등 청구권은 법원이
정한 회생채권 등의 신고기간 안에 신고할 필요는 없지만, 다만 벌금·조세 등
청구권은 지체 없이 신고하여야 한다(156조 1항). 또한 벌금·조세 등 청구권은
관리인의 조사대상이 되지 않지만, 다만 법원사무관등은 위 청구권의 신고가 있
으면 이를 회생채권자표 및 회생담보권자표에 기재하여야 한다(동조 3항, 167조
1항).

16-62   **(3) 신고의 추후 보완**

　회생채권자 등의 목록에 기재되지 않은 이상, 회생채권 등은 법원이 정한
신고기간이 경과한 뒤에는 실권함이 원칙인데(251조 참조. ☞ 16-114), 회생채권
자 등은 그 **책임을 질 수 없는 사유로**[117] 인하여 신고기간 안에 신고를 하지 못
한 때에는 그 사유가 끝난 후 1월 이내에 그 신고를 보완할 수 있다(152조 1항).
위 1월의 기간은 늘이거나 줄일 수 없는 불변기간이다(동조 2항). 다만, 회생계획
안심리를 위한 관계인집회가 끝난 후, 회생계획안을 서면결의에 부친다는 결정
이 있은 후에는 신고를 보완할 수 없다(동조 3항). 그런데 회생절차에서 채권자가
회생절차의 개시사실 및 회생채권 등의 신고기간 등에 관하여 개별적인 통지를
받지 못하는 등으로 회생절차에 관하여 알지 못함으로써 회생계획안 심리를 위
한 관계인집회가 끝날 때까지 채권신고를 하지 못하고, 관리인이 그 회생채권의
존재 또는 그러한 회생채권이 주장되는 사실을 알고 있거나 이를 쉽게 알 수
있었음에도 회생채권자목록에 기재하지 아니한 경우에는 법 251조의 규정에 불
구하고 회생계획이 인가되더라도 그 회생채권은 실권되지 않고, 이때 그 채권자
는 법 152조 3항에 불구하고 회생계획안 심리를 위한 관계인집회가 끝난 후에
도 회생절차에 관하여 알게 된 날로부터 1월 이내에 회생채권의 신고를 보완할
수 있다고 해석하여야 한다.[118]

---

117) 민사소송법 173조 1항 소정의 사유보다는 넓게 풀이하는 것이 실무라고 한다. 회생절차에
　　중대한 지장을 초래하지 않는 한 실권시키는 것이 가혹하다고 인정되는 경우에는 가급적 그 책
　　임질 수 없는 사유를 넓게 해석하여야 마땅하다(대법원 1999. 7. 26.자 99마2081 결정 참조).
118) 위와 같은 경우에도 회생계획의 인가결정에 의하여 회생채권이 실권되고 회생채권의 신고를
　　보완할 수 없다고 하면, 회생채권자로 하여금 회생절차에 참가하여 자신의 권리의 실권 여부에
　　관하여 대응할 수 있는 최소한의 절차적 기회를 박탈하는 것으로서 헌법상의 적법절차 원리 및

그리고 이미 신고한 회생채권 또는 회생담보권의 신고사항에 변경이 생기는 경우에 이를 변경할 필요가 있다(가령, 조건부채권, 장래의 청구권으로서 신고한 것이 신고 이후에 현실의 채권이나 청구권으로 된 경우). 이러한 변경이 다른 회생채권자 또는 회생담보권자의 이익을 해하는 경우에는 신고한 채권자 또는 담보권자가 그 책임을 질 수 없는 사유로 인한 경우에 위 152조 1항 내지 3항을 준용한다. 즉, 그 처리는 일반적 회생채권 등의 신고의 추후 보완과 마찬가지이다. 가령, 그 사유가 끝난 후 1월 이내에 변경신고를 할 수 있다(152조 4항, 2항).

한편, **신고기간이 경과한 뒤에 생긴** 회생채권과 회생담보권에 관하여는 그 권리가 발생한 후 1월 이내에 신고하여야 한다(153조 1항). 가령, 채무자의 행위가 부인되어 상대방의 채권이 회복된 경우에 그 채권은 회생채권이 되는데(109조 1항), 이러한 권리는 신고기간 내에 신고를 기대하는 것이 본래 불가능하다. 또한 신고기간 내에 장래의 청구권 내지 조건부 권리로 신고하는 것이 불가능한 것은 아니지만, 이에 대하여 항상 신고기간 내에 신고하지 않으면 실권하는 것으로 처리하는 것은 권리자에게 가혹하고 적당하지 않다. 그리하여 신고기간이 경과한 뒤의 신고를 인정한 것이다. 이러한 신고에 관하여 152조 2항 내지 4항의 규정을 준용한다.[119] 참고로 보면, 채무자의 행위가 회생계획안 심리를 위한

과잉금지 원칙에 반하여 재산권을 침해하는 것으로 허용될 수 없기 때문이다(대법원 2012. 2. 13.자 2011그256 결정[미간행]). 채권자의 절차적 권리의 보장의 측면에서 중요한 의의가 있는 판례이다. 이에 대하여 민정석, 도산법연구(2012. 11), 1면 이하; 윤덕주, 판례연구(2017), 317면 이하 참조. 이는 책임질 수 없는 사유로 회생채권신고를 할 수 없었던 채권자를 보호하기 위한 것이므로 신고기한은 법 152조 1항을 유추하여 **그 사유가 끝난 후 1개월 이내**에 하여야 한다(대법원 2016. 11. 25. 선고 2014다82439 판결). 다만, 추완신고된 채권을 어떻게 처리할 것인지의 문제가 남는다고 하면서, 이에 대하여는 ① 회생계획안 수정명령을 내린 후 제2회 관계인집회를 재개하여야 한다는 견해, ② 회생계획변경절차를 거쳐야 한다는 견해, ③ 인가된 회생계획상의 미확정채권 조항을 이용하여 추완신고채권과 유사한 채권에 관한 권리변경 및 변제방법을 적용하여야 한다는 견해, ④ 공익채권처럼 회생계획인가의 효력이 미치지 않는 채권으로 보아야 한다는 견해가 있는데, 위 ③의 견해가 절차적으로 경제적이고, 후속절차가 종전 회생계획인가결정의 효력과 충돌하는 문제가 발생할 여지가 없다는 점 등에서 가장 무난하다고 본다(오병희, "회생절차에서의 추완신고에 따른 후속 절차 검토-대법원 2012. 2. 13.자 2011그256 결정과 관련하여-" 도산법연구(2012. 11), 311면 이하).

119) 그런데 회생계획에 따른 변제가 시작되면 법원은 회생절차종결의 결정을 하고(283조 1항), 회생절차종결결정의 효력이 발생함과 동시에 채무자는 업무수행권과 재산의 관리처분권을 회복하고 관리인의 권한은 소멸하므로 회생절차가 종결하면, 추후보완신고한 채권자는 채무자를 상대로 이행의 소를 제기하는 등으로 그 권리를 구제받을 수 있을 뿐, 더 이상 회생채권 신고 및 조사절차 등 채무자회생법이 정한 회생절차에 의하여 회생채권을 확정받을 수 없다(대법원 2020. 8. 20.자 2019그534 결정).

관계인집회가 끝난 후 또는 법 240조의 규정에 의한 서면결의에 부치는 결정이 있은 후에 부인된 때에는 법 152조 3항의 규정에 불구하고 상대방은 부인된 날부터 1월 이내에 신고를 추후보완할 수 있다(109조 2항).

그리고 법원은 가령 주식의 신고가 발행주식 총수에 비하여 지나치게 적은 때와 같이 상당하다고 인정하는 때에는 신고기간이 경과한 후 다시 기간을 정하여 주식 또는 출자지분의 추가신고를 하게 할 수 있다(155조). 그 취지는 주주·지분권자의 목록에 기재되지 않아 신고가 의제되지 않음에도 처음 정하여진 신고기간 내에 별도로 신고하지 못한 주주·지분권자의 의결권을 보장하고, 아울러 그 목록에 기재되어 있거나 별도의 신고가 있은 주식·출자지분의 거래가 있은 결과, 의결권 행사 당시의 주주·지분권자와 신고의제 내지는 별도 신고가 있은 명의자가 달라진 경우에 그 주주·지분권자를 구제하기 위함이다.

16-63   **(4) 신고명의의 변경**

이미 목록에 기재되거나 신고된 회생채권 등의 귀속주체에 변경이 있는 경우에, 즉 채권양도·상속·합병·분할, 변제에 의한 대위 등이 있은 경우에 신고기간이 지난 뒤에도 회생채권 등의 신고명의를 변경할 수 있도록 허용하고 있다(154조 1항). 그런데 회생채권 등은 회생계획인가결정에 따라 회생계획에서 정하는 바에 따라 변경되고, 그에 의해 권리변경에 관련된 회생법원의 절차는 마무리되므로 회생계획인가가 있은 뒤에는 더 이상 명의의 변경은 필요하지 않고, 따라서 신고명의의 변경은 회생계획인가가 있기 전까지만 할 수 있다.

16-64   **(5) 회생채권자표 등의 작성**

법원사무관등은 목록에 기재되거나 신고된 회생채권, 회생담보권, 주식 또는 출자지분에 대하여 회생채권자표·회생담보권자표와 주주·지분권자표를 작성하여야 한다(158조). 이는 채권조사의 단계에서는 조사의 대상이 되는 회생채권 등을 명확하게 특정하기 위한 것이고, 나아가 채권조사 이후에는 그 조사결과를 기재하여(167조 1항) 이를 나타내고자 하는 것이다. 법원사무관등은 회생채권자표·회생담보권자표와 주주·지분권자표의 등본을 관리인에게 교부하여야 한다(159조).

2. 회생채권 등의 조사   16-65

회생채권 등에 대하여 이를 시인 또는 부인하여 채권을 확정하고자 하는
것이 채권조사이다. 조사하는 방법은 목록에 기재되어 있는지 또는 신고기간 내
에 신고가 되었는지에 따라 다르다. 관리인 등이 회생채권자목록, 회생담보권자
목록에 기재하여 제출한 회생채권 등이나 법원이 개시결정시에 결정한 신고기
간 안에 신고된 회생채권 등에 대하여는 회생채권 등에 대한 조사기일을 열지
않고 기일 외에서 관리인 또는 이해관계인이 **조사기간** 안에 이의를 하는 방식으
로 조사를 하고(161조),[120) 신고기간이 경과한 뒤에 추후 보완 신고된 회생채권
등에 대하여는 **특별조사기일**을 열어 조사한다(162조).

(1) 기간방식에 의한 조사   16-66

법원은 회생절차개시결정과 동시에 목록에 기재되어 있거나 신고된 회생채
권·회생담보권의 조사기간(회생채권 등의 신고기간의 말일부터 1주 이상 1월 이하)을
정하여야 하며(50조 1항 4호), 조사기간 동안 이해관계인의 열람을 위하여 목록,
신고 및 이의에 관한 서류, 회생채권자표·회생담보권자표와 주주·지분권자표
를 법원에 비치하여야 한다(160조). 관리인, 채무자, 목록에 기재되거나 신고된
회생채권자·회생담보권자·주주·지분권자는 조사기간 안에 목록에 기재되거나
신고된 회생채권 및 회생담보권에 관하여 서면으로 법원에 이의를 제출할 수
있다(161조 1항).

(2) 특별조사기일에서의 조사   16-67

신고기간 안에 신고된 회생채권 등에 대하여는 위와 같이 **기간방식에 의한
조사**를 하고, 신고기간 경과 후에 추완신고된 회생채권 등과 신고기간 경과 후
에 생긴 회생채권 등에 대한 조사를 하기 위하여는 **특별조사기일**을 연다(162조).
특별조사기일은 제2회 관계인집회와 별도로 진행할 수도 있고 병합하여 진행할
수도 있다. 법원은 특별조사기일을 정하는 결정을 한 때에는 그 결정서를 관리
인, 채무자, 목록에 기재되거나 신고된 회생채권자·회생담보권자·주주·지분권

---

120) 파산절차에서와 마찬가지로 종전 회사정리법에서는 회사정리절차에서도 회생채권 등의 조사
　　를 위해서 조사기일을 열어야만 하였다(종전 회사정리법 135조 참조. 채권신고를 전제로 하여
　　채권조사기일을 일반조사기일과 특별조사기일로 구분하여 실시). 그런데 현행법에서 회생절차
　　에 있어서는 조사기일제도 대신에 조사기간제도를 채택하여(50조 1항 4호, 161조) 채권자가 편
　　리한 시간에 채권을 조사할 수 있도록 절차의 편의성과 효율성을 도모하고자 하였다.

자에게 송달하여야 한다(163조). 개인인 채무자 또는 개인이 아닌 채무자의 대표
자는 특별조사기일에 출석하여 의견을 진술하여야 한다. 다만, 정당한 사유가
있는 때에는 대리인을 출석하게 할 수 있다(164조 1항). 목록에 기재되거나 신고
된 회생채권자·회생담보권자·주주·지분권자나 그 대리인은 특별조사기일에
출석하여 다른 회생채권 또는 회생담보권에 관하여 이의를 할 수 있다(동조 2항).
특별조사기일에 관리인이 출석하지 아니한 때에는 회생채권과 회생담보권을 조
사하지 못한다(165조).

16-68   ### (3) 이의의 통지

조사기간에 조사된 채권에 대하여 이의가 제기된 회생채권 등에 대하여는 조
사기간이 만료된 후 지체 없이, 특별조사기일에 조사된 채권에 대하여는 특별조사
기일의 종료 후 지체 없이 그 권리자에게 통지를 하여야 한다(169조). 이의가 있는
회생채권 등을 보유한 권리자는 조사기간의 말일 또는 특별조사기일부터 1월 이내
에 채권조사확정재판을 신청하여야 하므로(170조 2항) 그 신청기간을 도과하는 것을
막고 채권조사확정재판을 준비할 수 있게 하려는 것이다.

3. 회생채권 등의 확정

16-69   ### (1) 이의가 없는 경우

신고된 회생채권에 대하여 이의가 없는 때에는 채권이 신고한 내용대로 확
정되고(166조 1호), 확정된 회생채권을 회생채권자표에 기재한 때에는 그 기재는
회생채권자 등 전원에 대하여 확정판결과 동일한 효력이 있다(168조). 여기서 말
하는 확정판결과 동일한 효력이라 함은 기판력이 아닌 확인적 효력을 가지고
회생절차 내부에 있어 불가쟁의 효력이 있다는 의미에 지나지 않는다고 본다(파
산채권자표 기재의 효력을 참조. ☞ 13-17).[121]

---

121) 대법원 2003. 5. 30. 선고 2003다18685 판결. 그리고 판례는 계속 중이던 회생채권에 관한
소송은 소의 이익이 없어 부적법하게 되고(대법원 2014. 6. 26. 선고 2013다17971 판결), 회생
채권자표에 기재됨으로써 소의 이익이 없어 부적법하게 된다고 하는데(대법원 2020. 3. 2. 선고
2019다243420 판결). **생각건대** 이의가 진술되지 않은 것은 다툴 의사를 가지지 않은 경우로 청
구의 포기·인낙에 준한 의사가 있는 것으로, 그 처리로 소송은 당연종료된다고 볼 것이다.

(2) 이의가 있는 경우

1) 무권원회생채권

16-70

종전 회사정리법상으로는 회생채권의 확정에 대하여 다툼이 있으면 소(채권확정소송)를 제기하여 판결로 다툼을 확정하였으나, 현행법에서는 절차의 합리화와 신속화를 위하여 절차적 부담이 가벼운 결정에 의한 채권조사확정절차와 이 조사확정재판에 대한 이의의 소를 도입하였다(☞ 파산절차에 있어서는 13-23 참조).

즉, 목록에 기재되거나 신고된 회생채권 및 회생담보권에 관하여 관리인·회생채권자·회생담보권자·주주·지분권자가 이의를 한 때에는[122] 그 회생채권 또는 회생담보권을 보유한 권리자는 이의가 제출된 사항을 둘러싼 다툼을 확정하는 것을 목적으로 **제1차적**으로 조사기간의 말일 또는 특별조사기일부터 1월 이내에 이의자 전원을 상대방으로 법원에 **채권**(회생채권 및 회생담보권)**조사확정재판을 신청**하여 결정에 의한 채권의 확정을 도모한다(170조).[123] 채권조사확정재판의 심리의 대상은 이의채권의 존부 또는 그 내용으로, 가령 추완신고된 채권에 대하여 신고의 추후보완의 요건을 구비하지 않았다는 사유와 같은 절차적 문제는 채권조사확정재판에서 주장할 수 없다.[124]

이에 불복하는 경우에 **제2차적**으로 채권조사확정재판에 대하여 그 결정서의 송달을 받은 날부터 1월 이내에 **이의의 소**를 제기할 수 있다. 위 소는 회생계속법원의 관할에 전속한다. 위 소를 제기하는 사람이 이의채권을 보유하는 권리자인 때에는 이의자 전원을 피고로 하고, 이의자인 때에는 그 회생채권자 또는 회생담보권자를 피고로 하여야 한다(171조). 앞의 조사확정재판과 여기 조사확정재판에 대한 이의의 소는 서로 별개의 절차로, 이의의 소의 제기는 신소의 제기이지 조사확정재판의 속심이 아니다. 회생채권 또는 회생담보권의 확정에 관

---

122) 관리인이 아닌 회생채권자 등 이해관계인이 특별조사기일에서 채권조사확정재판을 제기하여야 할 법 170조 1항에서 정한 '이의'를 하였는지는 이의의 진술 내용뿐만 아니라 이에 이르게 된 이유나 경위 및 방식, 관리인이나 다른 이해관계인의 이의 여부 및 이의를 하였다면 그 내용 등 제반 사정을 고려하여, 특별조사기일에 한 이의가 채권조사확정재판절차에서 응소책임을 부담하면서까지 당해 채권의 확정을 차단하기 위한 의사에서 비롯된 것인지에 따라 결정하여야 한다(대법원 2018. 7. 24. 선고 2015다56789 판결).

123) 조사확정재판은 간이·신속한 결정절차로서 판결절차인 조사확정재판에 대한 이의의 소와 다르므로 1,000원의 인지를 붙이면 된다(재판예규 제1692호 제3조). 조사확정재판의 신청비용에 변호사보수가 포함된다고 볼 수 없다(대법원 2023. 10. 20.자 2020마6610 결정).

124) 전대규, 690면. 특별조사기일에서 추완신고의 적법 여부에 관하여 이의의 진술이 있었다고 하더라도 이는 채권조사확정재판을 제기하여야 할 법 170조 1항에서 정한 '이의'에 해당하지 않는다(대법원 2018. 7. 24. 선고 2015다56789 판결).

한 소송의 목적의 가액은 그 기준이 되는 '회생계획으로 얻을 이익'을 법원이 아니면 알기 어렵기 때문에 회생계획으로 얻을 이익의 예정액을 표준으로 하여 회생계속법원이 정하도록 하고 있다(178조).

그런데 여러 명의 이의자가 동일한 채권에 관하여 채권조사확정재판에 대한 이의의 소를 제기한 경우에 법원이 한 명에 대하여 승소판결을 하고 다른 한 명에 대하여 패소판결을 하면, 두 판결의 효력이 회생채권자·회생담보권자·주주·지분권자 전원에게 미쳐 서로 충돌하게 된다. 따라서 이의자들이 이러한 소를 공동으로 제기하면 필수적 공동소송으로 보아 하나의 합일적 판결을 하여야 한다. 이의자들이 각각 소를 제기한 경우에도 법원은 변론을 병합하여야 한다(171조 5항). 이의의 소의 판결은 그 소가 부적법하여 각하하는 경우를 제외하고는 조사확정재판의 결정을 인가하거나 변경하는 판결을 하여야 한다(동조 6항).

한편, 회생절차개시 당시 이의채권에 관하여 소송이 계속하는 경우에(이는 회생절차개시에 의하여 중단되고 있다. 59조 1항) 회생채권자 등이 그 권리의 확정을 구하고자 하는 때에는 새로이 채권조사확정재판을 신청하는 것에 대신하여 이의자 전원을 그 소송의 상대방으로 하여 소송절차를 수계하여야 한다(172조. 파산절차의 경우는 ☞ 13-26).[125)]

이의가 있는 회생채권 등의 조사확정재판, 조사확정재판에 대한 이의의 소 또는 이의가 있는 회생채권에 관한 수계가 이루어진 소송에서는 회생채권자표 등에 기재된 사항만이 채권확정대상이 된다(173조).[126)] 이의자가 관리인 등인 때에는 채무자가 해당 회생채권자에 대하여 가지고 있던 여러 항변을 주장할 수 있는 이외에 관리인 고유의 입장에서 부인권을 행사할 수 있다.

---

125) 소송절차 수계는 회생채권확정의 일환으로 진행되는 것으로서 조사기간의 말일까지 이루어지는 관리인 등의 회생채권에 대한 이의를 기다려, 회생채권자가 그 권리의 확정을 위하여 이의자 전원을 그 소송의 상대방으로 하여 신청하여야 하고, 소송수계에서 상대방이 되는 관리인은 그 회생채권에 대한 이의자로서의 지위에서 당사자가 되는 것이므로, 당사자는 이의채권이 되지 아니한 상태에서 미리 소송수계신청을 할 수는 없다고 할 것이어서, 조사기간의 말일 이전에 소송수계신청을 하더라도 이는 부적법하다(대법원 2013. 5. 24. 선고 2012다31789 판결).

126) 회생채권자 등은 회생채권확정의 소송절차에서 이의채권의 원인 및 내용에 관하여 회생채권자표에 기재된 사항만을 주장할 수 있을 뿐 회생채권자표에 기재된 사항 중 의결권의 액수는 그 대상에서 제외된 점(158조, 173조, 174조 제3항 등 참조)을 고려하면, 의결권의 액수는 회생채권확정의 소의 대상이 될 수 없다(대법원 2015. 7. 23. 선고 2013다70903 판결).

2) 유권원회생채권

16-71

한편, 이의채권 가운데 집행력 있는 집행권원 또는 종국판결이 있는 것(유권원채권)에 대하여는 이의자는 채무자가 할 수 있는 소송절차(가령, 확정판결에 대하여는 재심의 소, 청구이의의 소 등)에 의하여서만 이의를 주장할 수 있다(174조 1항. 파산절차의 경우는 ☞ 13-28).[127] 이는 채무자와 해당 채권자 사이에 절차개시시에 형성된 절차상의 지위에 기한 채무자가 받아야 할 제약을 다른 이의자는 승인하여야 한다는 것을 의미한다.

그리고 가령, 회생절차개시 당시 위 회생채권 또는 회생담보권에 관하여 법원에 소송이 계속되는 경우에(소송은 중단된다) 이의자가 이의를 주장하고자 하는 때에는 이의자는 그 회생채권 또는 회생담보권을 보유한 회생채권자 또는 회생담보권자를 상대방으로 하여 중단된 소송절차를 수계하여야 한다(174조 2항).

3) 채권의 확정에 관한 소송의 결과의 기재 등

16-72

법원사무관등은 관리인·회생채권자 또는 회생담보권자의 신청에 의하여 회생채권 또는 회생담보권의 확정에 관한 소송의 결과(채권조사확정재판에 대한 이의의 소가 제기기간 안에 제기되지 않거나 각하된 때에는 그 재판의 내용을 말한다)를 회생채권자표 및 회생담보권자표에 기재한다(175조. 파산절차의 경우는 ☞ 13-29).

회생채권 등의 확정에 관한 소송에 있어서 내려진 판결의 효력은 회생채권자·회생담보권자·주주·지분권자 전원에 대하여 그 효력이 있다(176조 1항). 또한 채권조사확정재판에 대한 이의의 소가 제기기간 안에 제기되지 않거나 각하된 때에는 그 재판은 회생채권자·회생담보권자·주주·지분권자 전원에 대하여 확정판결과 동일한 효력이 있다(동조 2항). 위 판결효의 확장은 집단적인 채무처리절차에서 채무자에 대한 어느 권리가 관계인의 일부와의 관계에 있어서는 존재하는 것으로 취급되나, 나머지 사람과의 관계에 있어서는 존재하지 아니하는 것으로 취급된다면, 절차의 수행이 불가능하므로 절차의 진행을 원활하게 하기 위해서 권리의 존재를 관계인 모두에게 일률적으로 결정하기 위한 취지이다.[128]

채무자의 재산이 회생채권 또는 회생담보권의 확정에 관한 소송(채권조사확

---

127) 이의가 있는 회생담보권의 **피담보채권에 관하여만** 집행력 있는 집행권원 또는 종국판결이 존재하는 경우는 이에 **해당하지 않는다.** 이 경우는 법 170조 1항에 따라 회생담보권 조사확정재판을 신청하여야 한다(대법원 2023. 8. 31. 선고 2021다234528 판결).

128) 위 법 176조 1항의 '효력이 있다'는 것은 기판력을 의미하고, 동조 2항의 '확정판결과 동일한 효력'은 회생절차 내에서의 불가쟁력으로 보는 입장으로는 전대규, 720-721면.

정재판을 포함한다)으로 이익을 받은 때에는 이의를 주장한 회생채권자 또는 회생담보권자, 주주·지분권자는 그 이익의 한도 안에서 공익채권자로서 소송비용의 상환을 청구할 수 있다(177조).

Ⅷ. 채무자 재산의 조사 및 확보

1. 채무자의 업무와 재산의 관리

16-73

관리인은 취임 후 즉시 채무자의 업무와 재산의 관리에 착수하여야 한다(89조). 한편, 관리인이 선임되지 않은 경우에는 개인 채무자 또는 법인 채무자의 대표자를 관리인으로 보므로(74조 4항) 그 경우에는 개인 채무자 또는 법인 채무자의 대표자는 취임 후 즉시 채무자의 업무와 재산의 관리에 착수하여야 한다.

관리인이 관리할 재산은 채무자의 적극재산과 소극재산을 모두 포함한다. 파산절차에서는 파산관재인에게 취임 후 즉시 파산재단에 속하는 재산의 점유에 착수하여야 한다는 규정(479조)을 두고 있는 것에 대해, 회생절차에서는 관리인에게 그러한 규정을 특별히 두고 있지는 않지만 관리인이 채무자의 업무와 재산을 관리하는 것의 전제로서 채무자에게 속하는 재산의 점유에 착수하여야 하는 것은 물론이다.

관리인은 부인권을 행사하고(100조 이하), 또한 법인 채무자의 경우에 이사 등에 대한 손해배상청구권 등의 간편한 절차로 조사확정재판을 신청할 수 있고(115조), 그 손해배상청구권 등을 보전하기 위한 보전처분(114조)을 신청할 수 있다.

2. 재산가액의 평가

16-74

채무자의 재산상황이 어떠한가를 정확히 파악하는 것은 회생계획안의 작성, 결의, 인가, 수행을 위해 필수적이다. 한편, 경제적 파탄에 빠진 채무자는 그 재산 상황이 혼란스럽고, 또한 적절한 회계처리가 이루어지지 않아 장부 등이 재산이나 손익 상황을 정확히 나타내지 못할 우려가 있다. 그리하여 관리인은 취임 후 지체 없이 채무자에게 속하는 모든 재산의 회생절차개시 당시의 가액을 평가하여야 하고,[129] 이 경우에 지체될 우려가 있는 때를 제외하고는 채무

---

129) 평가의 객관적 기준은 회사의 유지·회생 즉 기업의 계속을 전제로 평가한 가액이어야 하고 회사의 해산과 청산 즉 기업의 해체, 처분을 전제로 한 개개 재산의 처분가액을 기준으로 할 것

자가 참여하도록 하여야 한다(90조). 그리고 관리인은 취임 후 지체 없이 회생절차개시 당시 채무자의 재산목록 및 대차대조표를 작성하여 법원에 제출하여야 한다(91조). 위 재산가액의 평가가 회생절차개시 당시를 기준시로 하고 있으므로 재산목록 및 대차대조표를 작성하여야 하는 기준시도 회생절차개시 당시를 기준으로 한다. 관리인이 채무자의 재산목록 및 대차대조표를 작성하는 때에는 일반적으로 공정·타당하다고 인정되는 회계관행에 따라야 한다(94조 1항).

물론 파산절차에서도 회생절차에서와 마찬가지로 위와 같은 재산평가가 행하여지지만(482조), 그 중요성은 파산관재인이 법원에 대하여 이후의 환가업무의 진행을 내다볼 수 있기 위한 판단자료를 제공하는 정도에 머무른다. 또한 파산절차는 청산형 절차이므로 파산채권자로서는 개개의 재산이 실제 어느 정도의 가격에 처분될 것인가가 중요한 관심사이고, 위 재산평가는 예상배당률에 대한 정보제공의 의미에 지나지 않는다. 이에 대하여 회생절차에서의 재산평가는 법원으로서는 회생계획의 인가를 위한 기준으로, 그리고 회생채권자 등으로서는 회생계획에 대한 동의 여부를 결정하는 자료로 결정적 중요성을 가진다.

3. 재산상황의 보고   16-75

관리인은 지체 없이 채무자가 회생절차의 개시에 이르게 된 사정, 채무자의 업무 및 재산에 관한 사항, 법인 채무자의 경우에 이사 등에 대한 손해배상청구권법 관련한 보전처분 또는 조사확정재판을 필요로 하는 사정의 유무, 그 밖에 채무자의 회생에 관하여 필요한 사항을 조사하여 법원이 정한 기한까지 법원과 관리위원회에 보고하여야 한다(92조 1항 본문). 회생절차개시결정이 있는 때에 관리인은 채무자의 업무의 수행과 재산의 관리처분권을 전속적으로 가지고(56조), 회생계획안을 작성에 있어서 주도적 역할을 하는데, 이러한 직무를 행하기 위해 필요한 여러 사항을 조사하여 그 직무의 원활한 수행을 기하는 것과 함께 관리인에게 그 결과를 회생절차를 주재하는 법원과 관리위원회에 보고시켜 법원과 관리위원회에 필요한 정보를 제공하고자 함이다. 다만, 사전계획안을 제출하는

이 아니다. 이때 그 가액의 평가방법은 수익환원법 등 수익성의 원리에 기초한 평가방식이 표준적인 방식이라고 할 수 있으나, 재산의 종류와 특성에 따라 원가법 등 비용성의 원리에 기초한 평가방식이나 거래사례비교법 등 시장성의 원리에 기초한 평가방식이라도 기업의 계속성을 감안한 객관적 가액을 표현할 수 있는 것이면 족하다(대법원 1991. 5. 28.자 90마954 결정; 대법원 2017. 9. 7. 선고 2016다277682 판결).

사람은 회생절차개시 전까지 회생채권자·회생담보권자·주주·지분권자의 목록
(법 147조 2항 각호의 내용을 포함하여야 한다), 법 92조 1항 각호에 규정된 사항을
기재한 서면 및 그 밖에 대법원규칙으로 정하는 서면이 법원에 제출된 경우에는
그러하지 아니하다(92조 1항 단서).

　　보고에 있어서 법원이 정하는 기한은 회생절차개시결정일부터 4개월을 넘
지 못한다. 다만, 법원은 특별한 사정이 있는 경우에는 그 기한을 늦출 수 있다
(92조 2항). 법원은 필요하다고 인정하는 경우에 관리인으로 하여금 위 사항에
관하여 보고하게 하기 위한 관계인집회를 소집할 수 있다. 이 경우에 관리인은
위 사항의 요지를 관계인집회에 보고하여야 한다(98조 1항).

　　법원은 위 관리인 보고를 위한 관계인집회에서 관리인·조사위원·간이조사위
원, 채무자, 법 147조 1항의 규정에 의한 목록에 기재되어 있거나 신고한 회생채권
자·회생담보권자·주주·지분권자로부터 관리인 및 조사위원·간이조사위원의 선
임, 채무자의 업무 및 재산의 관리, 회생절차를 계속 진행함이 적정한지의 여부 등
에 관한 의견을 들어야 한다(99조).

　　그 밖에 관리인은 법원이 정하는 바에 따라 채무자의 업무와 재산의 관리상
태 그 밖에 법원이 명하는 사항을 법원에 보고하고, 회생계획인가의 시일 및 법
원이 정하는 시기의 채무자의 재산목록 및 대차대조표를 작성하여 그 등본을
법원에 제출하여야 한다(93조). 법원이 수시로 채무자의 업무와 재산의 현황 등
에 대해 필요한 정보를 얻는 것과 함께 회생계획 인가시 및 그 밖의 필요한 시
점에 재산상태를 확정시키고자 함이다.

16-76　　4. 서류의 비치

　　조사위원이 작성·제출한 조사보고서나 의견서(87조), 관리인이 작성·제출
한 재산목록과 대차대조표(91조), 관리인이 작성·제출한 조사보고서(92조), 관리
인이 법원이 정하는 바에 따라 채무자의 업무와 재산의 관리상태 및 그 밖에
법원이 명하는 사항을 조사한 보고서(93조)는 이해관계인으로 하여금 열람할 수
있도록 법원에 비치하여야 한다(95조).

16-77　　5. 영업의 휴지

　　채무자의 영업을 계속하는 것이 부적당하다고 인정할 만한 특별한 사정이

있는 경우에는 관리인은 법원의 허가를 얻어 그 영업을 휴지시킬 수 있다(96조). 회생절차는 채무자의 사업의 유지, 존속을 목적으로 하지만 채무자가 영업을 계속하는 것이 도리어 채무자의 재산 상태를 악화시키거나 그 밖에 영업을 계속하는 것이 사실상 불가능한 경우가 있을 수 있으므로 위와 같이 영업을 일시 멈출 수 있다는 규정을 둔 것이다.

6. 재산의 보관방법 등

16-78

관리인은 채무자의 업무의 수행과 재산의 관리처분권을 전속적으로 가지지만(56조), 법원은 금전 그 밖의 재산의 보관방법과 금전의 수입과 지출에 관하여 필요한 사항을 정할 수 있다(97조). 법원의 관리인에 대한 일반적 감독권(81조)의 행사의 일환이라고 할 수 있다.

파산절차에서는 화폐·유가증권·귀금속류 등 고가품에 관하여 법원이 그 보관방법을 정하도록 하고(487조) 채권자집회에서 고가품의 보관방법을 결의할 수 있도록 하고 있는데(489조), 회생절차에서는 채무자의 재산에 대한 관리는 원칙적으로 관리인의 재량에 맡겨져 있고 관계인집회의 결의사항으로 되어 있지 않다. 그리하여 법원의 규제의 대상을 화폐·유가증권·귀금속류 등 고가품의 보관방법에 한정하지 않고 채무자에게 속하는 재산 일반에 대한 보관방법과 금전의 수입과 지출에 이르기까지 규제 대상을 확대하고 있다. 위 규정에 의해 법원이 정할 수 있는 사항은 금전에 관한 예입은행을 지정하거나 일정한 금액 이상의 지출은 법원의 허가를 얻도록 하는 것 등을 들 수 있다.

7. 법인의 이사 등의 책임 등의 추급

16-79

법인의 사업이 파탄에 이르기까지의 과정에서 이사의 사업집행 등에 대한 위법행위가 있는 경우도 적지 않다. 그 경우에 회생채무자 등으로서는 이사의 위법행위에 대한 손해배상책임을 추급할 필요가 있다(주주대표소송과의 관계 등 파산절차에서의 해당 부분 참조. ☞ 8-82). 그러나 일반 소송절차는 시간이 걸려서 실효성에 문제가 없지 않으므로 결정절차에 의한 조사확정절차(115조)와 조사확정결정에 대한 이의의 소(116조)가 마련되어 있고, 나아가 회생절차개시 전후에 있어서 손해배상청구권의 실현을 도모하기 위하여 보전처분제도(114조)가 마련되어 있다.

즉, 법원은 법인인 채무자에 대하여 회생절차개시결정이 있는 경우, 필요하다고 인정하는 때에는 관리인의 신청에 의하거나 직권으로 이사 등에 대한 출자이행청구권이나 이사 등의 책임에 기한 손해배상청구권의 존부와 그 내용을 조사확정하는 재판을 할 수 있다(115조 1항). 위 신청은 기본적으로 법인인 채무자가 이사 등에 대한 청구권을 주장하여 그 존부 및 범위의 재판상 확정을 구하는 것이므로 재판상의 청구가 있는 것으로 보아 신청에 있어서 시효중단의 효력을 인정하고 있다(동조 5항).

그리고 위 조사확정의 재판에 불복이 있는 자는 결정을 송달받은 날로부터 1월 이내에 이의의 소를 제기할 수 있다(116조 1항). 이의의 대상은 이사 등의 책임을 인정하는 결정에 한정되고, 이사 등의 책임을 전면적으로 기각하는 결정은 조사확정결정에 해당하지 않으므로 이에 대하여는 이의의 소를 제기할 수 없다고 할 것이고, 별도로 통상의 민사소송을 제기할 수밖에 없다.[130] 조사확정재판에 관하여 불복하는 이의의 소가 조사확정재판결정을 송달받은 날로부터 1월 이내에 제기되지 아니하거나 취하 또는 각하된 경우 조사확정재판은 확정되는데, 이 경우에 조사확정재판은 이행을 명한 확정판결과 동일한 효력이 있다(117조).

한편, 재산을 은닉하는 등의 사태가 발생하는 것을 미연에 방지하여 책임추급의 실효성을 확보할 필요가 있으므로 위 이사 등에 대한 출자이행청구권이나 이사 등의 책임에 기한 손해배상청구권을 보전하기 위하여 이사 등의 재산에 대한 보전처분을 할 수 있다(114조 1항).

16-80

IX. 회생계획

회생계획은 채무자의 회생을 도모하기 위해서 이해관계인의 권리를 변경하고, 각종 채무의 변제 방법 등을 정한 계획으로 이후 회생절차 진행의 기본약관(기본규범)이 된다.[131] 회생계획안이 회생계획이 되기 위해서는 회생계획안의 제출

---

130) 노영보, 392면; 전대규 445면.
131) 회생계획은 법률행위의 해석방법에 따라 해석하여야 하는데, 회생계획 문언의 객관적 의미를 합리적으로 해석하되, 그 문언의 객관적인 의미가 명확하지 않은 경우에는 문언의 형식과 내용, 회생계획안 작성 경위, 회생절차 이해관계인들의 진정한 의사 등을 종합적으로 고려하여 사회정의와 형평의 이념에 맞도록 논리와 경험의 법칙, 사회일반의 상식과 거래의 통념에 따라 합

→ 회생채권자 등 이해관계인의 회생계획안의 결의 → 법원의 회생계획의 인가
를 거쳐야 한다.

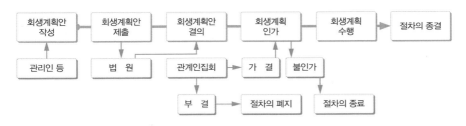

1. 회생계획안의 작성

(1) 회생계획안의 제출

16-81

관리인은 **법 50조 1항 4호**에 따라 회생절차개시결정과 동시에 정한 회생계
획안의 제출기간[이 경우 제출기간은 조사기간의 말일(223조 1항에 따른 회생계획안이 제
출된 경우에는 회생절차개시결정일)부터 4개월 이하(채무자가 개인인 경우에는 조사기간의 말
일부터 2개월 이하)여야 한다] 또는 **법 50조 3항**에 따라 법원이 이해관계인의 신청
에 의하거나 직권으로 2개월(다만, 채무자가 개인이거나 중소기업자인 경우에는 1개월)
이내에서 늘인 제출기간 안에 회생계획안을 작성하여 법원에 제출하여야 한다
(220조 1항). 또한 채무자나 목록에 기재되어 있거나 신고한 회생채권자·회생담
보권자·주주·지분권자도 회생계획안을 작성하여 법원에 제출할 수 있다(221
조). 관리인은 반드시 회생계획안을 작성·제출하여야 하지만, 채무자나 목록에
기재되어 있거나 신고한 회생채권자 등은 회생계획안의 필수적 작성·제출 의무
자는 아니다. 관리인은 법원이 정한 기간 안에 회생계획안을 작성할 수 없는 때
에는 그 기간 안에 그 사실을 법원에 보고하여야 한다(220조 2항).

한편, 법원은 채무자의 사업을 청산할 때의 가치가 채무자의 사업을 계속할
때의 가치보다 크다고 인정하는 때에는 관리인, 채무자, 목록에 기재되어 있거
나 신고한 회생채권자·회생담보권자·주주·지분권자의 신청에 의하여 청산(영

리적으로 해석하여야 한다(대법원 2018. 5. 30. 선고 2018다203722, 203739 판결). 회생계획에
는 미확정 회생채권이 확정될 경우 그 권리의 성질 및 내용을 고려하여 가장 유사한 회생채권의
권리변경 및 변제방법에 따라 변제한다고만 기재되어 있을 뿐, 미확정 회생채권에 해당하는 피
고 등의 채권과 가장 유사한 회생채권이 무엇인지는 구체적으로 기재되어 있지 않았으므로 회
생계획의 종합적인 해석을 통해 이 사건 임대차보증금반환채권의 권리변경 및 변제방법을 정하
여야 한다(대법원 2020. 9. 3. 선고 2015다236028, 236035 판결[미간행]).

업의 전부 또는 일부의 양도, 물적 분할을 포함)을 내용으로 하는 회생계획안의 작성을 허가할 수 있다. 다만, 채권자 일반의 이익을 해하는 때에는 그러하지 않다(222조 1항).¹³²⁾ 위 청산을 내용으로 하는 회생계획안에 관한 법 222조 1항의 규정은 회생절차개시 후 사업의 계속을 내용으로 하는 회생계획안의 작성이 곤란함이 명백하게 된 경우에 준용한다(222조 2항). 사업의 계속을 내용으로 하는 회생계획안의 작성이 곤란함이 명백하게 된 경우에는 회생절차를 폐지하고 청산형 절차로 나아가야 하지만, 그렇게 하기 위해서는 시간과 비용이 다시 들게 된다. 그런데 회생절차는 법원과 관리인이 관여하여 채무자의 재산의 조사·수집 및 채권조사가 이루어지는 점에서 파산절차에 근접하고, 이미 개시된 회생절차를 이용하여 채무자의 재산을 분배하여도 불합리한 점은 크지 않고, 절차의 반복을 피한다는 점에서 실제적·합목적적이므로 법원의 허가하에 청산을 내용으로 하는 회생계획안을 작성하는 것을 인정한 것이다.

◆ **인수합병(M&A)의 활성화** ◆ 현행법에서는 회생절차개시 이후 **회생계획인가 전**이라도 관리인은 필요한 경우에 법원의 허가를 받아 채무자의 영업 또는 사업의 전부나 중요한 일부를 양도할 수 있다고 하고 있고(62조 1항), 위 허가를 하는 경우에 주식회사인 채무자의 부채총액이 자산총액을 초과하는 때에는 법원은 관리인의 신청에 의하여 결정으로「상법」374조(영업양도·양수·임대 등) 1항의 규정에 의한 주주총회의 결의에 갈음하게 할 수 있고, 이 경우에「상법」374조(영업양도·양수·임대 등) 2항 및 374조의2(반대주주의 주식매수청구권)와「자본시장과 금융투자업에 관한 법률」165조의5(주식매수청구권의 특례)의 규정은 적용하지 않는다고 하여(62조 4항) M&A 등을 통한 채무자의 조기 회생을 도모할 수 있도록 하였다. 또한 청산을 내용으로 하는 회생계획안의 내용으로 영업의 전부 또는 일부의 양도를 포함시킴으로써(222조 1항) 청산가치가 계속기업가치보다 큰 경우에도 M&A를 할 수 있는 길을 열어 놓았다. 그리고 그 회생계획안 가결요건에 관하여 현행법에서는 의결권을 행사할 수 있는 회생담보권자의 의결권의 총액의 5분의 4 이상에 해당하는 의결권을 가진 자의 동의를 얻도록 하는 것으로 그 요건을 완화하였다(237조 2호 나목). 나아가 현행법에서는 인수희망자에게 채무자의 영업·사업에 관한 정보 및 자료를 제공하도록 하였다(57조).

16-82   **(2) 회생계획안의 사전제출**

채무자의 부채의 **2분의 1 이상에 해당하는 채권을 가진 채권자** 또는 **이러한 채권자의 동의를 얻은 채무자**는 회생절차개시의 신청이 있은 때부터 회생절차개

---

132) 이에 대응하는 종전「회사정리법」191조 1항에서는 청산형 정리계획으로 영업양도 등은 인정하지 않았는데, 현행법에서는 청산을 내용으로 하는 계획안에 영업양도 등도 포함하였다.

시 전까지 회생계획안을 작성하여 법원에 제출할 수 있다(223조 1항).133) 이 사전(회생)계획안을 제출한 채권자 외의 채권자는 회생계획안의 결의를 위한 관계인집회의 기일 전날 또는 법 240조 2항에 따라 법원이 정하는 기간(회신기간) 초일의 전날까지 그 사전계획안에 동의한다는 의사를 서면으로 법원에 표시할 수 있다(동조 3항).

일반적으로 관리인은 회생계획안을 작성하여 법원에 제출하여야 하는데(220조 1항), 위 사전(회생)계획안이 제출된 때에는 관리인은 법원의 허가를 받아 회생계획안을 제출하지 아니하거나 제출한 회생계획안을 철회할 수 있고(223조 6항), 사전계획안을 제출하거나 그 사전계획안에 동의한다는 의사를 표시한 채권자는 결의를 위한 관계인집회에서 그 사전계획안을 가결하는 때에 동의한 것으로 간주되는 등의 특례가 인정된다(동조 7항 본문).

(3) 회생계획안의 내용

16-83

회생계획에는 **필수적** 기재사항으로 ① 회생채권자·회생담보권자·주주·지분권자의 권리의 전부 또는 일부의 변경에 관한 사항, ② 공익채권의 변제에 관한 사항,134) ③ 채무의 변제자금의 조달방법에 관한 사항, ④ 회생계획에서 예상된 액을 넘는 수익금의 용도에 관한 사항, ⑤ 알고 있는 개시 후 기타채권이 있는 때에는 그 내용에 관한 사항을 정하여야 한다(193조 1항). 그리고 **임의적** 기재사항으로 ① 영업이나 재산의 양도, 출자나 임대, 경영의 위임에 관한 사항,

---

133) 이러한 회생계획안의 사전제출제도(Pre-Packaged Plan. 실무상 'P-plan'이라고도 부른다)는 2001년 회사정리법 개정에서 미국 연방파산법상의 제도를 본떠 도입한 것으로 절차지연에 따르는 경제불안요인을 제거하고, 워크아웃(work-out)에 실패한 기업 등 부실기업의 구조조정을 촉진함과 아울러 기업의 갱생을 도모하려는 것이 당시 개정이유이다. 워크아웃중인 채무자에 대하여 회생절차가 개시된 때에 이미 작성된 개선계획을 회생계획안으로 제출하는 것을 허용하여 사적 정리와 법적 절차를 연계하려는 것이 규정의 취지인데, 법에서 회생계획안 제출명령 기간이 단축되는 이외에 별다른 절차 진행을 촉진하는 규정을 두지 않았으므로 제도의 실효성이 크지 않다는 지적으로는 김주학, 기업도산법(제2판), 118면. 사전제출의 활용도를 높이기 위하여 2016년 도산법 개정에서 제출권자에 채무자의 부채의 2분의 1 이상에 해당하는 채권을 가진 채권자 이외에 **일정한 채권자의 동의를 얻은 채무자도 추가**하였다. 회원제 골프장 레이크힐스순천은 2018. 4. 골프존 자회사 골프존카운티에 매각하는 회생계획안이 실현되면서 P플랜의 첫 성공 사례가 되었다고 한다.

134) 회생계획에서 공익채권에 관하여 채권의 감면 등 공익채권자의 권리에 영향을 미치는 규정을 정할 수는 없고, 설령 회생계획에서 그와 같은 규정을 두었더라도 공익채권자가 동의하지 않는 한 권리변경의 효력은 공익채권자에게 미치지 않는다(대법원 2016. 2. 18. 선고 2014다31806 판결).

② 정관의 변경에 관한 사항, ③ 이사·대표이사(채무자가 주식회사가 아닌 때에는 채무자를 대표할 권한이 있는 자를 포함한다)의 변경에 관한 사항, ④ 자본의 감소에 관한 사항, ⑤ 신주나 사채의 발행에 관한 사항,135) ⑥ 주식의 포괄적 교환 및 이전, 합병, 분할, 분할합병에 관한 사항, ⑦ 해산에 관한 사항, ⑧ 신회사의 설립에 관한 사항, ⑨ 그 밖에 회생을 위하여 필요한 사항을 정할 수 있다(동조 2항).

또한 미확정의 회생채권 등(197조), 변제한 회생채권 등(198조)은 회생계획에 이를 명시하여야 한다. 이는 **상대적** 기재사항으로, 해당 사항이 있음에도 그 기재가 누락된 경우에 위 필수적 기재사항이 누락된 것과 마찬가지로 취급된다.

(4) 회생계획의 조건

16-84

1) 공정하고 형평한 차등의 원칙

회생계획에서 회생채권자 등 이해관계인의 권리의 감면 등 권리변경조항을 정함에 있어서, ① 회생담보권, ② 일반의 우선권 있는 회생채권, ③ 일반의 우선권 없는 회생채권, ④ 잔여재산의 분배에 관하여 우선적 내용이 있는 종류의 주주·지분권자의 권리, ⑤ 그 밖의 우선적 내용이 없는 주주·지분권자의 권리 순(順)으로 권리의 우선순위를 고려하여 회생계획의 조건에 공정하고 형평에 맞는 차등을 두어야 한다(217조 1항). 이는 회생계획안을 인가하는 때에 회생계획이 수행이 가능할 것이라는 요건과 함께 법원이 심리할 중심적 인가요건이 되고 있다(243조 1항 2호).

◆ **공정·형평(fair and equitable)의 개념** ◆ 위 규정을 절대우선의 의미로 풀이하면 상위 권리자가 완전한 보상을 받아야 하위 권리자가 분배받을 수 있고, 상대우선의 의미로 풀이하면 상위 권리자에게 상대적으로 우월한 보상을 하면 비록 그것이 완전한 보상이 아니더라도 하위 권리자에게 가치 일부를 분배할 수 있는데, 도산법은 이를 분명히 하지 않았다.136) **절대우선설**(Absolute Priority Theory)은 우선순위가

---

135) 재정적 어려움으로 인하여 파탄에 직면해 있는 채무자로 하여금 회생계획을 통하여 제3자에 대하여 신주 또는 회사채를 발행하도록 허용하고, 그 신주 또는 회사채 인수대금으로 사업의 유지·재건을 효율적으로 도모할 수 있도록 한 법 1조, 193조 2항 5호, 206조 3항, 209조, 266조, 268조, 277조의 입법 취지에 비추어 보면, 재정적 어려움을 극복하고 사업을 회생시키기 위하여 회생절차개시의 신청 전이나 직후부터 공개경쟁입찰 등 적정하고 합리적인 방법으로 채무자가 발행하는 신주 또는 회사채를 인수할 제3자를 선정하고 그 제3자가 지급하는 신주 또는 회사채 인수대금으로 채무를 변제하는 내용의 회생계획안의 작성·제출을 추진하는 것은 적법하다(대법원 2007. 10. 11.자 2007마919 결정).

다른 각 권리자가 있는 경우에 선순위 권리자가 후순위 권리자보다 우선하여 충분하고 완전한 보상(full and complete compensation)을 받도록 회생계획안에서 그 권리를 부여하여야 하고, 각 권리자에게 부여되는 권리의 범위는 회사의 자산이 기준이 되므로 자산에 대한 평가할 때 청산가치가 아닌 계속기업가치가 된다는 이론이다. 이러한 절대우선설에 따르면 선순위 권리자가 100%의 변제를 받지 않는 한, 후순위 권리자는 전혀 분배를 받을 수 없게 된다. 한편, **상대우선설**(Relative Prioriry Theory)은 우선하는 순위의 권리자에게 충분하고 완전한 만족을 주지 않더라도 공정하고 형평에 맞는 차등이 있을 수 있다는 이론이다. 이 입장은 나아가, 수익과 청산시의 재산분배에 관한 우선권이 유지되기만 하면 된다는 견해, 선순위의 권리자보다 후순위의 권리자를 우대해서는 안 된다는 입장 등이 있다.

2) 평등의 원칙

16-85

가령, 금전채권에서 변제율과 변제기간에 비추어 채권자 사이에 경제적 이익이 같아야 하는 것과 같이 회생계획의 조건은 같은 성질의 권리를 가진 사람 사이에는 원칙적으로 평등하여야 한다(218조 1항 본문).137) 이는 회생계획안의 가결을 위하여 의결권액이 큰 채권자 또는 회생계획안 제출자에게 우호적인 채권자를 우대하는 내용의 회생계획안이 작성되는 것과 같은 폐해를 방지함으로써 반대 입장에 있는 채권자를 보호하기 위한 것이므로 가령 불이익을 받는 사람의 동의가 있는 경우에는 평등한 취급을 하지 않아도 무방하다고 본다(동조 동항 단서. 그 밖에 일정한 경우의 소액채권, 중소기업자의 회생채권 등에 대한 평등의 원칙의 예외를 규정).

(5) 회생계획안의 수정·변경·배제

1) 회생계획안의 수정

16-86

회생계획안의 제출자는 회생계획안의 심리를 위한 제2회 관계인집회(회생계획안의 심리를 위한 관계인집회)의 기일 또는 회생계획안을 서면결의에 부치는 결정이 있는 날까지는 법원의 허가를 받아 회생계획안을 수정할 수 있다(228조). 제2

---

136) 김주학, 기업도산법[제2판], 446면.

137) 여기서 말하는 평등은 형식적 의미의 평등이 아니라 공정·형평의 관념에 반하지 않는 실질적인 평등을 가리킨다(대법원 1999. 11. 24.자 99그66 결정). 회사의 부실경영에 책임이 있어 실질적으로는 회사에 대하여 손해배상을 부담하여야 하고 감소된 자본을 보충하여야 할 지위에 있는 부실경영 주주에 대하여 그가 회사에 대하여 가지고 있는 회생채권 및 구상권을 면제시키고 장차 대위변제에 따라 취득할 구상권을 면제시킴으로써 부실경영 주주의 회사에 대한 회생채권 등의 행사나 회생채권 등의 출자전환에 의한 지배를 원천적으로 배제하는 내용의 회생계획이 실질적 평등에 반한다고 볼 수 없다(대법원 2004. 6. 18.자 2001그132 결정).

회 관계인집회와 제3회 관계인집회를 병합하여 진행하는 경우에도 그 수정은
제2회 관계인집회가 종료될 때까지만 인정된다.138) 수정허가신청에 대하여 법
원은 그 허부에 관한 결정을 하여야 하며, 이에 대하여는 불복할 수 없다(13조).

　　그리고 법원은 이해관계인의 신청에 의하거나 직권으로 회생계획안의 제출
자에 대하여 회생계획안을 수정할 것을 명할 수 있다(229조 1항). 수정명령이 있
는 때에는 회생계획안의 제출자는 법원이 정하는 기한 안에 회생계획안을 수정
하여야 한다(동조 2항). 회생계획안 제출자에 한하여 위 법 228조의 수정신청을
할 수 있으므로 계획안을 제출하지 않은 이해관계인은 계획안을 수정할 권한이
인정되지 않으므로, 이 계획안의 수정명령에 의하여 계획안을 제출하지 않은 이
해관계인의 절차보장을 기할 수 있을 것이다. 또한 계획안의 수정을 원하는 제
출자가 시기적으로 스스로 위 법 228조의 수정신청을 할 수 없는 경우에는 법원
의 수정명령을 통하여 계획안을 수정할 수 있을 것이다.

16-87　　**2) 회생계획안의 변경**

　　회생계획안의 제출자는 회생채권자·회생담보권자·주주·지분권자에게 불
리한 영향을 주지 아니하는 때에 한하여 제3회 관계인집회(심리를 거친 회생계획안
에 관하여 결의를 하기 위한 관계인집회)에서 법원의 허가를 받아 회생계획안을 변경
할 수 있다(234조).

16-88　　**3) 회생계획안의 배제**

　　회생계획안이 법률의 규정을 위반한 경우, 공정하지 아니하거나 형평에 맞
지 아니한 경우, 수행이 불가능한 경우에 해당하는 경우에는 법원은 회생계획안

---

138) 법원이 회생계획안의 심리를 위한 관계인집회와 회생계획안의 결의를 위한 관계인집회를 병
　　합하여 개최하기로 한 경우에, 회생계획안의 심리를 위한 관계인집회의 기일이 종료되기 전에
　　회생계획안이 수정되어 연이어 개최하기로 한 회생계획안의 결의를 위한 관계인집회가 열리기
　　전에 법 232조 2항에 따른 회생채권자 등 이해관계인 모두에게 수정안 사본 또는 요지를 송달
　　할 수 없었고, 회생계획안의 수정이 경미하지 않고 이해관계인에게 불리한 영향을 미치는 것이
　　라면, 특별한 사정이 없는 한, 법원은 예정된 회생계획안의 결의를 위한 관계인집회의 개최를
　　연기한 후 회생채권자 등 이해관계인에게 수정안 사본 또는 요지를 송달하는 등으로 의결권을
　　행사하는 자에게 내용을 충분히 숙지하고 검토할 기회를 줌과 동시에 회생계획안의 결의를 위
　　한 관계인집회에 출석하지 못한 회생채권자 등 이해관계인에게 결의의 기회를 보장해 주어야
　　한다. 이는 회생계획안의 제출자가 회생계획안의 심리를 위한 관계인집회의 기일이 종료되기
　　전에 법원의 허가를 받아 회생계획안을 수정할 수 있고(228조 참조), 회생계획안의 수정이 이해
　　관계인에게 불리한 내용을 정할 수 있다고 하여 달리 볼 것은 아니다(대법원 2016. 5. 25.자
　　2014마1427 결정).

을 관계인집회의 심리 또는 결의에 부치지 않을 수 있다(231조). 법원은 회생계획의 인가 여부의 권한을 가지나(243조 참조), 그 인부는 절차의 최종단계에서 이루어지므로 그때까지 인가될 수 없는 계획안에 대한 절차가 진행되는 것은 절차경제상으로 바람직하지 않다. 그리하여 법은 한편으로는 법원에 회생계획안의 수정명령을 할 권한을 인정함과 함께 다른 한편으로는 계획안을 집회에 부칠지 여부의 재량권을 법원에 부여한 것이다.

그리고 2015. 1. 16. 시행 개정 도산법에서 회생절차를 남용하여 채무를 감면받은 뒤 다시 정상화된 영업 등을 인수하여 경영권을 회복하는 것을 방지하기 위하여 회사인 채무자의 이사 등의 중대한 책임이 있는 행위로 인하여 회생절차 개시의 원인이 발생하고, 채무자의 영업 등을 인수하려고 하는 사람이 중대한 책임이 있는 이사 등을 통하여 인수 등에 필요한 자금을 마련하거나, 중대한 책임이 있는 이사 등과 사업 운영에 관하여 경제적 이해관계를 같이 하는 경우 및 배우자·직계혈족 등 대통령령으로 정하는 특수관계에 있는 경우에 법원은 계획안을 관계인집회의 심리 또는 결의에 부치지 아니할 수 있다는 규정(231조2 1항)과 회사인 채무자의 영업 등을 인수하려고 하는 사람 또는 그와 대통령령으로 정하는 특수관계에 있는 사람이 채무자에 대하여 사기·횡령·배임 등의 죄를 범하여 금고 이상의 실형을 선고받은 후 그 집행이 끝난 날부터 10년이 지나지 아니한 경우에 법원은 계획안을 관계인집회의 심리 또는 결의에 부쳐서는 안 된다는 규정(동조 2항)을 신설하였다.

2. 회생계획안의 결의

16-89

회생계획안이 제출되면 법원은 이를 심리하기 위하여 기일을 정하여 (제2회)관계인집회를 소집하여 관리인, 회생채권자, 회생담보권자 또는 지분권자로부터 이에 대한 의견을 듣는다(224조 본문, 225조). 이어서 (제2회)관계인집회의 심리를 거친 회생계획안을 결의하기 위하여 법원은 (제3회)관계인집회를 소집한다(232조 1항). 이 (제3회)관계인집회에서는 권리의 순위에 따라 여러 조(組)로 분류된 청구권자가 조(組)별로 소정의 액 이상의 의결권을 가진 사람의 동의를 얻어 회생계획안을 가결한다.139) 이질적인 각 관계인의 집단마다 각별로 결의에 의

---

139) 관계인집회에서의 회생계획안에 대한 동의 또는 부동의의 의사표시는 조(회생담보권자조, 회생채권자조 등)를 단위로 하는 일종의 집단적 화해의 의사표시로서 재판절차상의 행위이고

하여 회생계획에 대한 의향을 청취하는데, 「조(組)」는 이러한 결의의 단위가 되는 관계인의 집단이다(아울러 조는 별개의 권리변경을 하는 단위가 된다).

16-90 (1) 결의의 방법

(제3회)관계인집회에서 결의하거나 서면결의에 의하는 때에 회생담보권자, 일반의 우선권 있는 회생채권자, 일반의 우선권 없는 회생채권자, 잔여재산의 분배에 관하여 우선적 내용이 있는 종류의 주식 또는 출자지분을 가진 주주·지분권자, 우선적 내용이 없는 주주·지분권자로 분류된 조(組)별로 결의하여야 한다(236조). 법원은 법 236조 2항 각 호의 사람이 가진 권리의 성질과 이해관계를 고려하여 2개 이상의 호의 사람을 하나의 조로 분류하거나 하나의 호에 해당하는 사람을 2개 이상의 조로 분류할 수 있다고 하여(236조 3항) 조의 통합과 세분에 관하여 법원의 재량을 인정하고 있다.140)

16-91 (2) 가결의 요건

회생채권자·회생담보권자·주주·지분권자는 대리인에 의하여 그 의결권을 행사할 수 있는데, 이 경우에 대리인은 대리권을 증명하는 서면을 제출하여야 한다(192조 1항). 또한 관계인집회 7일 전까지 법원에 그 취지를 서면으로 신고한 의결권자는 의결권을 통일하지 아니하고 행사할 수 있는데(189조), 이 경우 동의와 부동의 금액을 각각 나누어 집계하게 된다. 관계인집회에서는 다음의 구분에 의하여 회생계획안을 가결한다(237조).

16-92 1) 회생채권자의 조

회생채권자의 조는 의결권을 행사할 수 있는 회생채권자의 의결권의 총액의 **3분의 2** 이상에 해당하는 의결권을 가진 사람의 동의가 있어야 한다(237조 1호). 채권조사절차에서 이의가 제기되어 확정되지 않은 회생채권자의 의결권에 관하여 관리인 또는 목록에 기재되어 있거나 신고된 회생채권자·회생담보권자·

관계인 사이에 일체 불가분적으로 형성되는 집단적 법률관계의 기초가 되는 것이어서 내심의 의사보다 표시를 기준으로 하여 효력 유무를 판정하여야 한다. 따라서 거기에 민법 107조 이하 **의사표시의 하자에 관한 규정은 적용 또는 유추적용될 수 없다**(대법원 2014. 3. 18.자 2013마 2488 결정).

140) 따라서 법원의 조 분류 결정에 재량의 범위를 일탈하였다고 볼 수 있는 특별한 사정이 없는 한, 법원이 법 236조 2항 각 호에 해당하는 동일한 종류의 권리자를 2개 이상의 조로 세분하지 않았다고 하여 이를 위법하다고 볼 수 없다(대법원 2018. 5. 18.자 2016마5352 결정).

주주·지분권자는 이의를 할 수 있고(187조), 이 경우에 법원은 이의 있는 권리에 관하여 의결권을 행사하게 할 것인지의 여부와 의결권을 행사하게 할 금액을 결정하게 된다(188조 2항).

2) 회생담보권자의 조

16-93

회생담보권자의 조는 회생계획안의 내용에 따라 그 가결요건이 다르게 규정되어 있다(237조 2호).

법원의 회생계획안의 제출명령에 따라 채무자의 존속, 주식교환, 주식이전, 합병, 분할, 분할합병, 신회사의 설립 또는 영업의 양도 등에 의한 사업의 계속을 내용으로 하는 회생계획안을 제출한 경우에는 의결권을 행사할 수 있는 회생담보권자의 의결권의 총액의 **4분의 3** 이상에 해당하는 의결권을 가진 사람의 동의가 있어야 한다(237조 2호 가).

한편, 법원은 채무자의 사업을 청산할 때의 가치가 채무자의 사업을 계속할 때의 가치보다 크다고 인정하는 때에는 청산(영업의 전부 또는 일부의 양도, 물적 분할을 포함한다)을 내용으로 하는 회생계획안의 작성을 허가할 수 있고, 회생절차 개시 후 사업의 계속을 내용으로 하는 회생계획안의 작성이 곤란함이 명백하게 된 경우에도 마찬가지이다(222조). 이러한 회생계획안을 작성한 경우에 회생계획안의 가결을 위해서 종전 회사정리법 205조 2호 나목에서는 의결권을 행사할 수 있는 정리담보권자 전원의 동의가 필요하였다. 그러나 위와 같은 가결요건은 너무 엄격하였으므로 현행법에서는 이를 완화하여 위와 같이 의결권을 행사할 수 있는 회생담보권자의 의결권의 총액의 **5분의 4** 이상에 해당하는 의결권을 가진 사람의 동의가 있을 것으로 하였다(237조 2호 나).

3) 주주·지분권자의 조

16-94

주주·지분권자의 조는 의결권을 행사하는 주주·지분권자의 의결권의 총수의 **2분의 1** 이상에 해당하는 의결권을 가진 사람의 동의가 있어야 한다(237조 3호). 주주·지분권자는 그가 가진 주식 또는 출자지분의 수 또는 액수에 비례하여 의결권을 가진다(146조 2항). 회생절차의 개시 당시 채무자의 부채총액이 자산총액을 초과하는 때에는 주주·지분권자는 의결권을 가지지 아니한다(동조 3항). 다만, 회생계획의 변경계획안에 대한 결의절차에서는 그 변경계획안을 제출할 당시 채무자의 자산총액과 부채총액을 비교하여 자산의 부채 초과 여부에 따라 의결권의 유무를 결정하게 된다(동조 3항 단서 및 4항 참조).

16-95   **(3) 속행기일의 지정**

(제3회)관계인집회에서 회생계획안이 가결되지 아니한 경우에 ① 회생채권자의 조에서 의결권을 행사할 수 있는 회생채권자의 의결권의 총액의 3분의 1 이상에 해당하는 의결권을 가진 사람, ② 회생담보권자의 조에서 의결권을 행사할 수 있는 회생담보권자의 의결권의 총액의 2분의 1 이상에 해당하는 의결권을 가진 사람, ③ 주주·지분권자의 조에서 의결권을 행사하는 주주·지분권자의 의결권의 총수의 3분의 1 이상에 해당하는 의결권을 가진 사람이 **모두 기일의 속행에 동의**한 때에는 법원은 관리인 또는 채무자나 의결권을 행사할 수 있는 회생채권자·회생담보권자·주주·지분권자의 신청에 의하거나 직권으로 **속행기일**을 정할 수 있다(238조).

회생계획안이 가결되지 않았다고 하여 바로 회생절차를 폐지하는 것은 그동안의 법원과 이해관계인의 노력을 무위로 돌리게 되는 것이고, 한편 회생계획안을 합리적으로 조정·수정하여 이해관계인의 동의를 이끌어낼 여지가 있다면 다시 한번 회생계획안에 대한 동의절차를 속행하는 것이 이익이 될 수 있기 때문이다.

16-96   **(4) 가결의 시기**

회생계획안의 가결은 결의를 위한 (제3회)관계인집회의 제1기일로부터 2월 이내에 하여야 한다(239조 1항). 법원은 필요하다고 인정하는 때에는 위 기간을 연장할 수 있다. 그러나 그 기간은 1월을 넘지 못한다(동조 2항). 이러한 연장은 거듭하여 할 수 있으나, 법률의 취지에 비추어 모두 합쳐 최초의 가결기간으로부터 1월을 넘지 못한다고 보아야 한다. 그리고 회생계획안의 가결은 회생절차개시일부터 1년 이내에 하여야 한다(동조 3항 본문). 다만, 불가피한 사유가 있는 때에는 법원은 6월의 범위 안에서 기간을 연장할 수 있다(동조 동항 단서).

16-97   **(5) 서면결의**

법원은 회생계획안이 제출된 때에 상당하다고 인정하는 때에는 회생계획안을 서면에 의한 결의에 부치는 취지의 결정을 할 수 있다(240조 1항). 채권자의 수, 채권자의 지리적 분포 등 여러 사정을 고려하여 법원이 결정할 것인데, 가령 채권자의 수가 너무 많아서 한 자리에 모여 결의를 위한 관계인집회를 열기가 곤란한 경우가 이에 해당할 것이다.

　　종전 회사정리법에서는 정리계획의 결의를 위해서는 반드시 관계인집회를 개최하여야만 하였으나, 현행법에서는 회생계획의 결의를 위하여 관계인집회를 개최하지 않고, 서면에 의한 결의를 할 수 있도록 위와 같은 서면결의에 관한 규정을 신설하였다. 이는 회생절차의 진행을 간이 · 신속하게 할 수 있도록 하기 위함이다.

　　회신기간 안에 회생계획안에 동의한다는 뜻을 서면으로 회신하여 법원에 도달한 의결권자의 동의가 회생계획안의 가결요건을 충족하는 때에는 그 회생계획안은 가결된 것으로 본다(240조 5항).

3. 회생계획의 인가

16-98

　　회생계획이 **부결**되는 등의 경우에 법원은 직권으로 회생절차폐지의 결정을 하여야 하고(286조 1항), 한편 관계인집회에서 회생계획안을 **가결**한 때에는 법원은 회생계획의 인가 여부에 관하여 결정을 하여야 한다(242조 1항). 관계인집회에서 회생계획안을 가결하더라도 당연히 회생계획이 효력을 발생하는 것은 아니고, 법원이 이를 인가하는 결정을 하여야만 회생계획이 효력을 발생한다. 한편, 회생계획안이 관계인집회에서(일부 조에서 법률상 가결요건을 갖추지 못하여) 부결되더라도(회생절차를 폐지하지 않고) 일정한 요건을 충족하는 경우에는 법원은 직권으로 **권리보호조항**을 정하여 이를 인가하는(실무상 **강제인가**라고 한다) 결정을 할 수 있다(244조 1항. ☞ 16-109).

　　회생계획은 인가결정이 있은 때부터 효력이 생긴다(246조).

　　한편, 회생계획불인가결정을 하고 그 결정이 확정되면 회생절차는 종료한다(이 경우에 법원은 채무자에게 파산원인이 되는 사실이 있다고 인정하는 때에는 채무자 또는 관리인의 신청에 의하거나 직권으로 파산선고를 할 수 있다(6조 2항 3호. ☞ 16-121)).

(1) 인가의 시기

16-99

　　관계인집회에서 회생계획안을 가결한 때에는 법원은 그 기일 또는 즉시로 선고한 기일에 회생계획의 인가 여부에 관하여 결정을 하여야 한다(242조 1항). 목록에 기재되어 있거나 신고한 회생채권자 등은 인가 여부에 관하여 의견을 진술할 수 있다(동조 2항).

그리고 서면결의에 의하여 회생계획안이 가결된 때에는 법원은 지체 없이 회생계획의 인가 여부에 관하여 결정을 하여야 한다(242조의2 1항). 위 인가 여부에 관한 결정에 앞서 법원은 법 240조 2항의 회신기간 이후로 기일을 정하여 회생계획 인가 여부에 관한 이해관계인의 의견을 들을 수 있다(동조 2항).

16-100　　　(2) 인가의 요건

법원은 다음의 요건을 구비하고 있는 경우에 한하여 회생계획인가의 결정을 할 수 있다(243조 1항).[141] 이해관계인에 의하여 가결된 회생계획안에 대하여 법원은 인가의 재판을 통하여 후견적으로 관여하고 그 적절성을 조사한다. 인가의 요건은 법원이 직권으로 조사하여야 하고, 그 판단은 인가 여부의 결정시를 기준으로 한다.[142]

16-101　　　1) 회생절차 또는 회생계획이 법률의 규정에 적합할 것(1호)

가령 결의시기(235조), 가결요건(205조)에 관한 규정 등에 적합한지 여부가 문제가 될 수 있다.

16-102　　　2) 회생계획이 공정하고 형평에 맞아야 하며 수행이 가능할 것(2호)

법 243조 1항 2호 전단이 규정하는 공정·형평성이란 구체적으로는 회생계획에 법 217조 1항이 정하는 권리의 순위를 고려하여 이종(異種)의 권리자 사이에는 계획의 조건에 공정·형평한 차등을 두어야 하고, 법 218조가 정하는 바에 따라 동종(同種)의 권리자 사이에는 조건을 평등하게 하여야 한다는 것을 의미하는 것으로,[143] 여기서의 평등은 형식적 의미의 평등이 아니라 공정·형평의

---

141) 이는 회생절차에서 우선순위가 다른 채권자들끼리의 결의에 의하여 권리변경이 이루어지므로 회생계획의 내용이 각 이해관계인 사이에 공정·형평하게 이루어질 수 있도록 함과 동시에 회생절차의 목적인 채무자의 회생을 달성할 수 있도록 하려는 데에 그 취지가 있다(대법원 1999. 11. 24.자 99그66 결정).

142) 인가결정에 대하여 즉시항고가 제기된 경우에는 항고심 결정시까지 제출된 모든 자료에 의하여 인가요건의 흠결 여부를 직권으로 판단하여야 한다. 따라서 회생계획인가결정에 대하여 항고한 재항고인이 항고심에서 주장한 바 없이 재항고심에 이르러 새로이 하는 주장이라 할지라도 그 내용이 회생계획인가의 요건에 관한 것이라면, 이는 재항고심의 판단대상이다(대법원 2018. 5. 18.자 2016마5352 결정).

143) 한편, 법 193조 3항 전문은 "제1회 관계인집회의 기일 전날까지 전부 또는 일부의 채권자들 사이에 그들이 가진 채권의 변제순위에 관한 합의가 되어 있는 때에는 회생계획안 중 다른 채권자를 해하지 아니하는 범위 안에서 변제순위에 관한 합의가 되어 있는 채권에 관한 한 그에 반하는 규정을 정하여서는 아니 된다"고 규정하여, 같은 종류의 채권을 가진 채권자들 사이에 채권의 변제순위에 관한 합의가 있는 경우 이를 반영한 회생계획안이 작성되어야 한다고 명시하

관념에 반하지 아니하는 실질적인 평등을 가리키는 것이므로, 회생계획에 있어서 모든 권리를 반드시 법 217조 1항 1호 내지 5호가 규정하는 5종류의 권리로 나누어 각 종류의 권리를 획일적으로 평등하게 취급하여야만 하는 것은 아니고, 5종류의 권리 내부에 있어서도 회생채권이나 회생담보권의 성질의 차이 등 합리적인 이유를 고려하여 이를 더 세분하여 차등을 두더라도 공정·형평의 관념에 반하지 아니하는 경우에는 합리적인 범위 내에서 차등을 둘 수 있는 것이며, 다만 같은 성질의 회생채권이나 회생담보권에 대하여 합리적인 이유 없이 권리에 대한 감면의 비율이나 변제기를 달리하는 것과 같은 차별은 허용되지 않는다.144)

그리고 회생계획은 청산을 목적으로 하는 것이 아닌 한, 채무자의 회생을 목적으로 하는 것이므로 수행이 가능하지 않으면 의미가 없다. 수행가능성을 확보하는 것이 중요하므로 2호 후단은 이를 인가의 요건으로 하고 있다. 여기서 말하는 수행가능성이란 채무자가 회생계획에 따른 채무변제계획을 모두 이행하고 다시 회생절차에 들어오지 않을 수 있는 건전한 재무 상태를 구비하게 될 가능성을 의미한다.145)

3) 회생계획에 대한 결의를 성실·공정한 방법으로 하였을 것(3호)

16-103

불성실·불공정한 결의란 계획안의 가부를 결정하기 위한 의결권 행사의 의사표시를 하는 과정에 있어서 본인 이외의 제3자로부터 위법·부당한 영향이 작용하는 경우를 말한다.146) 불성실·불공정한 결의란 계획안의 가부를 결정하기

고 있다. 다만 같은 항 후문은 "이 경우 채권자들은 합의를 증명하는 자료를 제1회 관계인집회의 기일 전날까지 법원에 제출하여야 한다"고 규정하고 있다. 따라서 채권자들 사이에 채권의 변제순위에 관한 합의가 되어 있다고 하더라도, 제1회 관계인집회의 기일 전날까지 법원에 그 증명자료가 제출되지 않았다면 특별한 사정이 없는 한, 법원이 회생계획의 인가 여부에 관한 결정을 함에 있어 채권자들 사이의 채권의 변제순위에 관한 합의를 반드시 고려하여야 하는 것은 아니다(대법원 2015. 12. 29.자 2014마1157 결정).

144) 대법원 1998. 8. 28.자 98그11 결정; 대법원 2018. 5. 18.자 2016마5352 결정.
145) 대법원 2016. 5. 25.자 2014마1427 결정; 대법원 2018. 5. 18.자 2016마5352 결정.
146) 대법원 2005. 3. 10.자 2002그32 결정(이해관계인에 대한 협박이나 기망은 물론, 의결권 행사 혹은 그 위임의 대가로 특별한 이익이 공여된 경우도 결의의 성실·공정을 해하는 사유에 해당할 수 있다고 하겠으나, 실제로 정리담보권 자체를 양도받은 양수인이 관계인집회 때까지 신고명의 변경 등 이전에 필요한 절차를 밟을 시간적 여유가 없어 양도인들로부터 위임장을 교부받아 의결권을 대리행사한 데 지나지 아니하고, 정리담보권의 양도가격이 그 실제 가치를 현저히 초과하지 않아 양수행위가 특별이익의 공여에 해당한다고 볼 정도에까지 이르지 않은 이상, 그 양수행위로 인하여 위 결의에 위법·부당한 영향을 미쳐 공정성을 해하였다고 할 수는 없다고 한 사례); 대법원 2018. 1. 16.자 2017마5212 결정(관리인이 부인한 회생채권에 대하여 법원이 의결권을 부여하지 않은 사정만으로 위 3호 요건을 충족하지 못하였다고 볼 수 없다).

위한 의결권 행사의 의사표시를 하는 과정에 있어서 가령 관리인, 채무자 그 밖의 제3자가 회생채권자·주주 등에 대하여 사기·협박을 하거나 특별한 이익을 줄 것을 약속하고 회생계획안에 찬성하게 한 경우 등과 같이 위법·부당한 영향이 작용하는 경우가 문제될 것이다.

16-104
4) 회생계획에 의한 변제방법이 채무자의 사업을 청산할 때 각 채권자에게 변제하는 것보다 불리하지 아니하게 변제하는 내용일 것(4호)

다만, 채권자가 동의한 경우에는 그러하지 아니하다(4호 단서).

법 243조 1항 4호는 **청산가치보장의 원칙**을 명문으로 규정한 것으로, 다수 채권자가 청산가치에 못 미치는 내용의 회생계획에 동의함으로써 반대한 소수 채권자가 피해를 입게 되는 문제를 개선하기 위하여 미국 연방파산법 1129조 (a) (7)을 참조하여 현행법에서 새로 도입한 규정이다. 회생절차는 채무자의 사업을 계속함으로써 이를 해체할 때보다 각 채권자에게 귀속되는 가치를 크게 할 수 있다는 점에 그 취지가 있으므로 회생계획에 의해 분배되는 이익의 총합이 그 채무자의 사업을 청산할 때보다 넘는다고 인정되는 경우이어야 한다.

16-105
5) 합병 또는 분할합병을 내용으로 한 회생계획에 관하여는 다른 회사의 주주총회 또는 사원총회의 합병계약서 또는 분할합병계약서의 승인결의가 있었을 것(5호)

다만, 그 회사가 주주총회 또는 사원총회의 승인결의를 요하지 아니하는 경우를 제외한다(5호 단서).

16-106
6) 회생계획에서 행정청의 허가·인가·면허 그 밖의 처분을 요하는 사항이 제226조제2항의 규정에 의한 행정청의 의견과 중요한 점에서 차이가 없을 것(6호)

법 243조 1항 5호, 6호는 특별한 경우에 있어서 법률적 수행가능성(2호 후단 참조)을 고려하여 독립한 인가요건으로 한 것이다. 예를 들어 회생계획안이 행정청의 허가 등을 전제로 하고 있는 경우에 그러한 처분이 내려지지 않으면 회생계획의 수행가능성에 문제가 발생할 수 있기 때문이다.[147]

---

147) 법원이 법 226조 2항에서 정하고 있는 의견조회를 누락한 경우, 이는 회생계획인가의 요건 중 법 243조 1항 1호에서 정한 '회생절차가 법률의 규정에 적합할 것'이라는 요건을 흠결한 것이지 회생계획의 수행가능성과 관련한 법 243조 1항 6호의 요건을 흠결한 것으로 볼 수 없다 (대법원 2016. 5. 25.자 2014마1427 결정).

7) 주식의 포괄적 교환을 내용으로 하는 회생계획에 관하여는 다른 회사의 주주 16-107
총회의 주식의 포괄적 교환계약서의 승인결의가 있을 것(7호)

다만, 그 회사가 상법 360조의9(간이주식교환) 및 360조의10(소규모 주식교환)
의 규정에 의하여 주식의 포괄적 교환을 하는 경우를 제외한다(7호 단서).

(3) 남용 방지 등을 위한 불인가   16-108

2015. 1. 16. 시행 개정 도산법에서는 회생절차개시의 원인에 중대한 책임
이 있는 회사의 경영자가 회생절차를 남용하여 채무를 감면받은 뒤 다시 정상화
된 영업 등을 인수하여 경영권을 회복하는 것을 방지하기 위하여 아래와 같은
회생계획의 불인가에 관한 규정을 신설하였다.

회사인 채무자의 이사 등의 중대한 책임이 있는 행위로 인하여 회생절차개
시의 원인이 발생하고, 채무자의 영업 등을 인수하려고 하는 사람이 중대한 책
임이 있는 이사 등을 통하여 인수 등에 필요한 자금을 마련하거나, 중대한 책임
이 있는 이사 등과 사업 운영에 관하여 경제적 이해관계를 같이 하는 경우 또는
배우자·직계혈족 등 대통령령으로 정하는 특수관계에 있는 경우이고, 회생계획
안이 채무자의 영업, 사업, 중요한 재산의 전부나 일부의 양수, 채무자의 경영권
을 인수할 목적으로 하는 주식 또는 출자지분의 양수, 채무자의 주식의 포괄적
교환, 주식의 포괄적 이전, 합병 또는 분할합병의 어느 하나에 해당하는 행위를
내용으로 하는 경우에 법원은 회생계획불인가의 결정을 할 수 있다(243조의2 1
항). 회사인 채무자의 영업 등을 인수하려고 하는 사람 또는 그와 대통령령으로
정하는 특수관계에 있는 사람이 채무자에 대하여 사기·횡령·배임 등의 죄를
범하여 금고 이상의 실형을 선고받은 후 그 집행이 끝난 날부터 10년이 지나지
아니한 경우이고, 회생계획안이 채무자의 영업, 사업, 중요한 재산의 전부나 일
부의 양수, 채무자의 경영권을 인수할 목적으로 하는 주식 또는 출자지분의 양
수, 채무자의 주식의 포괄적 교환, 주식의 포괄적 이전, 합병 또는 분할합병의
어느 하나에 해당하는 행위를 내용으로 하는 경우에 법원은 회생계획불인가의
결정을 하여야 한다(동조 2항). 법원은 위 내용을 확인하기 위하여 필요한 경우에
는 채무자, 관리인, 보전관리인, 그 밖의 이해관계인 등에게 정보의 제공 또는
자료의 제출을 명할 수 있다(동조 3항).

16-109   **(4) 동의하지 아니한 조가 있는 경우**

　　회생계획안에 관하여 관계인집회에서 결의하거나 법 240조의 규정에 의한 서면결의에 부치는 경우, 법정의 액 또는 수 이상의 의결권을 가진 사람의 동의를 얻지 못한 조(組)가 있는 때에도 법원은 회생계획안을 변경하여[148] 그 조의 회생채권자 등을 위하여 아래의 어느 하나에 해당하는 방법에 의하여 **그 권리를 보호하는 조항**(권리보호조항)을 정하고 회생계획인가의 결정을 할 수 있다(244조 1항. 실무상 강제인가라고 한다).[149] 그 방법은 법 244조 1항을 보면, ① 회생담보권자에 관하여 그 담보권의 목적인 재산을 그 권리가 존속되도록 하면서 신회사에 이전하거나 타인에게 양도하거나 채무자에게 유보하는 방법(1호), ② 회생담보권자에 관하여는 그 권리의 목적인 재산을, 회생채권자에 관하여는 그 채권의 변제에 충당될 채무자의 재산을, 주주·지분권자에 관하여는 잔여재산의 분배에 충당될 채무자의 재산을 법원이 정하는 공정한 거래가격(담보권의 목적인 재산에 관하여는 그 권리로 인한 부담이 없는 것으로 평가한다) 이상의 가액으로 매각하고 그 매각대금에서 매각비용을 공제한 잔금으로 변제하거나 분배하거나 공탁하는 방법(2호), ③ 법원이 정하는 그 권리의 공정한 거래가액을 권리자에게 지급하는 방법(3호), ④ 그 밖에 제1호 내지 제3호의 방법에 준하여 공정하고 형평에 맞게 권리자를 보호하는 방법(4호)인데, 그 가운데 법원이 정할 구체적 방법은 법원의 재량에 맡겨져 있다. 일부의 조에서 법정의 액 또는 수 이상의 의결권을 가진 사람의 동의가 없는 경우에도 그때까지의 절차 진행을 무위로 돌리지 않고 채무자를 가급적 회생시키기 위하여 법원은 직권으로 동의하지 않는 조에 속하는 회생채권자 등의 권리를 보호하는 조항을 정하고 회생계획안을 인가할 수 있도록 한 것이다.[150]

---

148) 부결된 회생계획안 자체가 이미 부동의한 조의 권리자에게 권리의 실질적 가치를 의미하는 해당 기업의 청산가치 이상을 분배할 것을 규정함으로써 법 244조 1항 각 호의 요건을 충족하고 있다고 인정되는 경우에는, 법원이 부동의한 조의 권리자를 위하여 그 회생계획안의 조항을 그대로 권리보호조항으로 정하고 인가를 하는 것도 허용된다(대법원 2007. 10. 11.자 2007마 919 결정).

149) 회생계획을 인가할 것인지 여부는 법원의 **재량**에 속하는 사항이므로(대법원 2008. 1. 24.자 2007그18 결정 참조), 법원이 권리보호조항을 정하여 정리계획안을 인가하지 않았음을 이유로 **항고할 수 없다**(대법원 2014. 3. 18.자 2013마2488 결정).

150) 구체적인 권리보호방법을 규정함에 있어서 상대적 우선의 원칙(Relative Priority Rule)을 채택하고 있는데, 이를 변경하여 미국 연방도산법과 같이 선순위 권리자부터 우선순위에 따라 권리를 전액 우선 실현하도록 하는 절대적 우선의 원칙(Absolute Priority Rule)에 의해 회생계획을 인가하도록 하는 정부 개정 법률안이 마련된 바 있으나, 결국 채택되지 않았다(2011. 11. 4.

또한 처음부터 가결요건을 충족하는 데에 필요한 동의를 얻지 못할 것이
명백한 조가 있는 때에는 법원은 회생계획안을 작성한 사람의 신청에 의하여
미리 그 조의 권리자들의 권리를 보호하는 조항(이를 사전 권리보호조항이라고 한다)
을 정하고 회생계획안을 작성할 것을 허가할 수 있도록 하고 있다(244조 2항).

〈권리보호조항을 정한 인가결정 공고례〉

서 울 회 생 법 원

채무자 OO 주식회사 회생계획 인가결정 공고

사   건   2022회합100092   회생
채   무   자   OO 주 식 회 사 (110111 – *******)
                    김포시 통진읍 OO로 77, 가동 1층
관   리   인   양OO규

위 사건에 관하여 이 법원은 2023. 7. 21. 채무자의 회생계획을 인가하였으므로 채무자
회생 및 파산에 관한 법률 제245조에 의하여 다음과 같이 공고합니다.

– 다 음 –

1. 회생계획 인가 결정의 주문
   회생채권자를 위하여 회생계획 제3장 제3절과 같은 내용의 권리보호조항을 정하고 회
   생계획을 인가한다.
2. 이유의 요지
   법률상관리인이 제출한 회생계획안이 2023. 7. 14. 관계인집회에서 회생담보권자의 조
   에서는 4분의 3 이상의 동의를 얻었으나, 회생채권자의 조에서는 3분의 2 이상의 동의
   를 얻지 못하여 부결되었다. 그러나 위 회생계획안은 채무자 회생 및 파산에 관한 법률
   제243조 제1항의 요건을 구비하였고, 채무자의 회생을 위하여 필요하므로, 반대한 회생
   채권자의 조에 대하여 회생계획에 따라 변제받는 내용의 권리보호조항을 정하여 채무자
   회생 및 파산에 관한 법률 제244조 제1항 제4호에 의하여 회생계획을 인가하는 것이 회
   생담보권자, 회생채권자, 근로자, 기타 모든 이해관계인의 이익에 부합하므로 주문과
   같이 결정한다.
3. 회생계획의 요지
   (이하 생략)

2023. 7. 21.
서 울 회 생 법 원   제 1 8 부
재 판 장   판 사   임 O O
                판 사   황 O O
                판 사   이 O O

제안 개정안 폐기; 2012. 9. 4. 제안 개정안 폐기).

16-110   **(5) 인가 여부 결정의 선고 및 공고**

　　회생계획의 인가 여부의 결정은 회생계획의 효력발생 여부에 관련되는 것으로 이해관계인에게 미치는 영향이 크므로 그 내용을 확실하게 알리기 위하여 선고의 방식으로 한다. 그리고 그 고지방법은 민사소송법상의 일반원칙과 달리 공고에 의한다. 이 경우 송달은 하지 않을 수 있다(245조 1항).

〈인가결정 공고례〉

서 울 회 생 법 원

채무자 주식회사 대아○○○○ 회생계획 인가결정 공고

사　　건　2023회합＊＊＊＊＊　회생
채 무 자　주식회사 대아○○○○(110111－＊＊＊＊＊＊＊)
　　　　　서울 용산구 원효로＊＊길(원효로2가, ○○빌등) 별관 204
관 리 인　조○○

위 사건에 관하여 이 법원은 2023. 3. 30. 채무자의 회생계획을 인가하였으므로, 채무자 회생 및 파산에 관한 법률 제245조에 의하여 다음과 같이 공고합니다.

다　　　　　음

1. 주문
　회생계획을 인가한다.
2. 이유의 요지
　관리인이 제출한 회생계획안이 2023. 3. 30. 회생계획안결을 위한 관계인집회에서 가결되었고, 채무자 회생 및 파산에 관한 법률 제243조 제1항에서 정한 요건을 구비하였다고 인정되므로 주문과 같이 결정한다.
3. 회생계획의 요지
　1. 회생담보권
　가. 유아이제십사차유동화전문 유한회사, ㈜신한은행
　(1) 원금 및 개시전이자 : 100% 현금 변제, 10%는 제2차연도(2017년), 90%는 제3차연도(2025년) 변제
　(2) 개시후이자 연4%
　나. 롯데렌탈㈜, 삼성카드㈜, 오릭스캐피탈㈜, 거산전자
　(1) 원금 및 개시전이자 : 100% 현금 변제, 현금 변제할 금원의 60%는 제2차연도(2024년)부터 제7차연도(2029년)까지 균등변제, 40%는 제8차연도(2030년), 제9차연도(2031년)에 균등변제
　(2) 개시후이자 면제
　2. 회생채권

가. 금융기관대여채무, 확정구상채무
  (1) 원금 및 개시전이자 : 70% 출자전환, 30% 현금변제, 현금 변제할 금원의 8%는 제3
      차연도(2025년), 7%는 제4차연도(2026년)에 변제, 40%는 제6차연도(2028년)부터
      제9차연도(2031년)까지 균등분할 변제, 37%는 제10차연도(2032년)에 변제
  (2) 개시후이자 면제
나. 상거래채무
  (1) 원금 및 개시전이자 : 70% 출자전환, 30% 현금변제, 금융기관대여채무와 동일한 방
      법으로 변제. 다만 시인된 채권이 300만 원 이하인 경우에는 권리변경을 하지 않으
      며, 권리변경 후 변제할 채권액이 1,000만 원 이하인 경우에는 제1차연도(2023년)에
      전액 변재
  (2) 개시후이자 면제
다. 미확정구상채무
  (1) 원금 및 개시전 이자 : 보증기관이 채무를 대위변제하여 구상채무가 확정되는 경우
      원금 및 개시전이자의 70%를 출자전환, 30%를 현금 변제하되, 현금 변제할 금원은
      금융기관대여채무와 동일한 방법으로 변제, 단 제1차연도(2023년) 변제기일 이후에
      채권이 확정되는 경우 이미 변제기가 경과된 채권은 그 후 최초로 도래하는 변제기
      일에 합산하여 변제
  (2) 개시후이자 면제
3. 조세채권
   회생계획 인가결정 전일까지 발생한 조세 등의 본세, 가산금 및 중가산금의 50%를 제2
   차연도(2024년)에, 50%를 제3차연도(2025년)에 각 변제
4. 주주의 권리변경
가. 주식 병합
   액면가 5,000원의 보통주 2주를 액면가 5,000원 1주로 병합
나. 출자전환에 따른 신주 발행
   채권금액 5,000원에 대하여 5,000원의 보통주 1주를 교부
다. 출자전환 후 주식 재병합
   액면가 5,000원의 보통주 6주를 액면가 5,000원 1주로 병합. 끝.

(6) 즉시항고

16-111

　회생계획의 인가 여부의 결정에 대하여는 즉시항고를 할 수 있다(247조 1항
본문). 다만, 목록에 기재되지 아니하거나 신고하지 아니한 회생채권자·회생담
보권자·주주·지분권자는 그러하지 아니하다(동조 동항 단서). 즉시항고권자는 그
재판에 대하여 법률상 이해관계를 가진 자(13조 1항), 즉 회생계획인가결정의 효
력을 받을 지위에 있는 사람으로서 그 효력발생 여부에 따라 자기의 이익이 침
해되는 자이다.

즉시항고를 하더라도 집행정지의 효력이 없다(247조 3항 본문). 즉, 인가결정에 대한 즉시항고는 변제계획의 수행에 영향을 미치지 아니하므로 이를 저지하기 위해서는 수행정지 등의 필요한 처분(가처분)을 신청하여야 한다(동조 동항 단서).

인가의 요건을 충족하는지 여부를 판단하는 기준시점은 항고심의 속심적 성격에 비추어 항고심 결정시이므로 인가 여부 결정 뒤에 항고심 결정시까지 발생한 사정도 고려할 수 있다.151) 항고가 이유 없으면 항고기각의 결정을 하고, 항고가 이유 있으면 원결정을 취소하는 결정을 한다. 항고를 인용하여 원결정을 취소하는 경우에 항고법원이 자판할 것인가, 아니면 회생계속법원에 환송할 것인가에 대하여 논의의 대립이 있다.

항고심이 회생계획인가결정에 대한 즉시항고를 받아들여 그 인가결정을 취소하고 제1심법원으로 환송하는 결정을 하는 경우에 항고심법원은 그 주문과 이유의 요지를 공고하여야 한다(245조 1항 유추적용).152)

항고법원의 재판에 대한 불복은 민사소송법 442조(재항고)의 규정에 의하므로 (247조 7항) 재판에 영향을 미친 헌법·법률 또는 규칙의 위반이 있는 때에만 항고법원의 결정에 대하여 재항고할 수 있고, 이 경우에 위 즉시항고의 규정이 준용된다 (247조 7항). 재항고 역시 즉시항고에 해당한다.153)

회생계획인가결정에 대한 취소결정이 확정되면 회생계획은 소급하여 효력을 잃게 된다.

16-112   ## (7) 인가결정의 효력

회생계획은 인가의 결정이 있는 때부터 효력이 생긴다(246조). 이는 인가결정에 대한 즉시항고의 유무와 상관 없다. 회생계획은 기본적으로 채무자 또는 그 사업의 회생을 위한 계획이므로 그 내용의 효력을 조속히 발생시켜 회생절차의 신속한 수행을 실현할 필요가 있고, 인가결정 당시 법원에서 그 인가요건을

---

151) 이는 항고심이 인가결정 당시의 회생법원의 고려사항과 다르게 회생계획인가 이후에 변동된 사정이 없는지를 심리하여 인가결정의 당부를 판단하라는 취지이므로 항고심이 회생법원의 회생계획 인가결정 당시에 예정되어 있던 회생계획의 수행결과까지 고려하여 회생계획 인가요건의 충족 여부를 판단하여야 하는 것은 아니다(대법원 2016. 5. 25.자 2014마1427 결정).

152) 회생계획인가 여부의 결정과 마찬가지로 그 인가결정의 취소결정 역시 다수의 이해관계인에게 미치는 영향이 크고 그 확정 시기의 통일성을 확보할 필요가 있으므로, 회생계획 인가결정의 취소결정에 대한 고지방법에도 회생계획인가 여부의 결정에 관한 법 제245조 제1항이 유추적용된다고 봄이 타당하다(대법원 2016. 7. 1.자 2015재마94 결정).

153) 대법원 2016. 7. 1.자 2015재마94 결정.

심사하기 때문에 뒤에 그 인가결정이 취소될 개연성이 낮기 때문이다. 다만, 예외적으로 회생계획을 그대로 수행하게 되면 항고인에게 회복할 수 없는 손해가 발생할 우려가 있는 경우에는 즉시항고에 수반하여 항고에 대한 결정이 있을 때까지 회생계획수행정지 등의 필요한 처분(가처분)이 인정된다(247조 3항). 반면 불인가결정은 확정시로부터 효력이 있다.

1) 효력의 범위

① 회생계획은 채무자, 회생채권자 · 회생담보권자 · 주주 · 지분권자, 회생을 위하여 채무를 부담하거나 담보를 제공하는 사람, 신회사(합병 또는 분할합병으로 설립되는 신회사를 제외한다)에 대하여 효력이 있다(250조 1항).[154] 그런데 회생계획에서의 회생채권자 또는 회생담보권자의 권리는 확정된 회생채권 또는 회생담보권을 가진 사람에 대하여만 인정되므로(253조) 인가결정 당시 권리확정소송이 계속 중인 회생채권자, 회생담보권자에 대하여는 곧바로 회생계획의 효력이 미친다고 할 수 없으며, 그 권리가 확정된 경우에 인가결정시로 소급하여 회생계획에 정하여진 권리가 인정된다. 미확정의 채권에 대하여도 권리행사를 인정하면 나중에 그 부존재가 확정된 경우의 부당이득반환 등 쓸데없는 분쟁이 생기는 것을 방지하기 위함이다.

② 다만, 회생계획은 채무자의 보증인, 연대책임자 및 채무자를 위하여 제공된 담보에는 **영향을 미치지 않는다**(250조 2항).[155] 회생절차는 공익상 필요에서 재정적 궁핍으로 파탄에 직면한 채무자의 회생 목적을 이루기 위하여 채무자가 부담하고 있는 채무 또는 책임을 감소시켜 되도록 부담이 가벼워진 상태에서

---

154) 재정적 궁핍으로 파탄에 직면하였으나 경제적으로 갱생의 가치가 있는 채무자에 관하여 채권자, 주주 기타의 이해관계인의 이해를 조정하며 사업의 정리 · 재건을 도모하려는 법의 목적 등에 비추어 보면, 관리인이 법원의 관여 아래 공정하고 적정한 정리계획을 수립하면서 회사의 재건에 필요한 한도에서 이해관계인의 이해 조정의 방법으로 정리계획안에 미신고 권리의 효력을 존속하는 조항을 두었고, 법원이 그 정리계획을 인가하여 정리계획 인가결정이 그대로 확정되었다면, 그 조항이 공정 · 형평의 관념에 반한다는 등의 특별한 사정이 없는 한, 정리계획의 규정에 의하여 인정된 권리가 신고되지 않았다고 하더라도 채무자는 책임을 면할 수 없다(대법원 2014. 9. 4. 선고 2013다204140, 204157 판결).

155) 회사정리절차에서 제3자가 주채무를 면책적으로 인수하는 내용의 정리계획이 인가 · 확정되었다고 하더라도 그 채무인수 자체에 의하여 채권에 대한 실질적인 만족을 얻은 것으로는 볼 수 없는 것이므로, 회사정리법 제240조(현행 도산법 제250조에 해당) 제2항에 따라 보증인의 책임 범위에는 아무런 영향이 없다고 할 것이고, 한편 면책적 채무인수에 있어 보증책임의 소멸을 규정하고 있는 민법 제459조는 이 경우 그 적용이 배제된다고 봄이 상당하다(대법원 2005. 10. 28. 선고 2005다28273 판결).

채무자가 영업을 계속하여 수익을 올릴 수 있는 여건을 만들어 주자는 것이므로 채무자가 회생채권자에게 부담하는 채무에 관하여는 면책 등 광범위한 변경을 가하여 이해 조정을 하게 되지만, 보증인 등 채무자가 아닌 제3자가 회생채권자에게 부담하는 채무를 경감시키는 것은 회생절차가 달성하고자 하는 본래 목적과는 전혀 무관한 것일 뿐만 아니라, 만약 회생계획에 의하여 회생채권자가 채무자에 가지는 권리가 소멸 또는 감축되는 외에 보증인 등에게 가지는 권리까지도 마찬가지로 소멸 또는 감축되게 되면, 이는 채무자 회생에 직접 필요한 범위를 넘어 회생채권자에게 일방적인 희생을 강요하게 되는 셈이 되어 오히려 채무자 회생을 저해하는 요인이 될 수 있다는 점에서 그 취지를 엿볼 수 있다.156) 그런고로 가령 채무를 보증한 보증인의 책임을 면제하는 내용의 회생계획은 그 효력이 없다.157)

③ 한편, 기술보증기금법 37조의3, 신용보증기금법 30조의3, 중소기업진흥에 관한 법률 74조의2는 재정적 어려움에 빠진 중소기업의 실효성 있는 회생과 함께 대표자 등의 재기를 도모하려는 취지에서 채권자가 위 기금, 중소기업진흥공단인 경우에는 중소기업의 회생계획인가결정을 받는 시점에 주채무가 감경 또는 면제될 경우 연대보증채무도 동일한 비율로 감경 또는 면제한다고 하여 위 법 250조 2항에 대한 예외를 규정하고 있다.158)

④ 위 도산법 250조 2항에 대칭되는 종전 회사정리법 240조 2항은 아래와 같이 헌법에 위반되지 않는다고 보았다.

---

156) 대법원 2005. 11. 10. 선고 2005다48482 판결; 대법원 2012. 6. 14. 선고 2010다28383 판결.
157) 회사정리법 제240조(현행 도산법 제250조에 해당) 제2항의 입법 취지 등에 비추어 볼 때, 정리회사의 채무를 보증한 보증인의 책임을 면제하는 것과 같은 내용은 정리계획으로 정할 수 있는 성질의 것이 아니고, 설사 그와 같은 내용을 정리계획에 규정했다고 하더라도 그 부분은 정리계획으로서의 효력이 없다(대법원 2005. 11. 10. 선고 2005다48482 판결). 평석으로는 이정환, "정리회사의 보증인 채무를 면제하는 정리계획 규정의 효력", 민사판례연구(제29권), 699면 이하 참조.
158) 이러한 기술보증기금법 37조의3의 내용, 입법 취지 등을 종합하면 회생계획에서 주채무의 변제기를 연장한 것도 위 규정에서 정한 '주채무의 감경 또는 면제'에 해당한다(대법원 2016. 8. 17. 선고 2016다218768 판결). 중소기업에 대한 회생계획인가결정으로 신용보증기금에 대한 주채무가 감면되면, 신용보증기금법 30조의3에 따라 연대보증채무도 동일한 비율로 감면되므로, 신용보증기금이 연대보증인에 대한 회생절차에서 행사할 수 있는 권리 역시 감면된 채무에 상응하는 범위에 한정된다. 이는 연대보증인에 대한 회생절차가 개시된 후 중소기업에 대한 회생계획인가결정으로 주채무가 감면된 경우에도 마찬가지이다(대법원 2023. 4. 13. 선고 2022다289990 판결).

◆ **종전 회사정리법 240조(현행 도산법 250조에 해당) 2항 위헌 여부 등** ◆   위
회사정리법 240조 2항이 헌법에 위반되는지 여부에 관하여, 헌법재판소는 보증인 등
을 정리계획인가에 따른 면책 등의 효력이 미치는 범위에서 제외함으로써 회사정리
절차에서 정리채권자 등에 비하여 보증채무자 등을 차별하여 불이익하게 다루고 있
다고 하더라도, 이것은 회사정리절차상 정리계획인가에 따른 면책제도의 목적, 정리
계획의 성립형식상의 특성 및 정리절차에 있어서 정리채권자 등과 보증인 등의 이해
조정 등의 모든 관점에서 그 목적의 정당성, 수단의 적정성, 피해의 최소성 및 법익
의 형평성 등의 합리적인 근거를 가지고 있으므로 헌법상 평등원칙에 위반되지 않을
뿐 아니라 재산권 보장이나 일반적 법률유보에 관한 헌법조항에도 위반된다고 볼 수
없다고 하여 헌법에 위반되지 아니한다는 결정을 한 바 있고,159) 또한 대법원은 회
사정리법 240조 2항에 의하여 주채무자인 정리회사에 대한 정리채권자의 권리가 정
리계획에 의하여 변경되는 경우에도 정리회사의 보증인의 보증채무는 아무런 영향을
받지 아니하게 됨으로써 보증채무의 부종성의 원칙이 수정되어 정리회사의 보증인에
게 불리한 결과가 된다 하더라도, 위 규정은 재정적 궁핍으로 파탄에 직면하였으나,
갱생의 가망이 있는 주식회사에 관하여 채권자, 주주 기타의 이해관계인의 이해를
조정하며 그 사업의 정리재건을 도모하려는 회사정리법의 목적에 부합하는 합리적인
규정으로서, 헌법 23조, 11조 1항, 10조, 37조 2항 등에 위반되는 것이 아니라고 판
단한 바 있다.160)

2) 면   책   16-114

① 회생계획인가의 결정이 있는 때에는 회생계획이나 도산법의 규정에 의
하여 인정된 권리(가령 공익채권)를 제외하고는 채무자는 모든 회생채권과 회생담
보권에 관한 책임을 면하며,161) 주주·지분권자의 권리와 채무자의 재산상에 있
던 모든 담보권은 소멸한다(251조 본문. 채무자의 입장에서는 면책, 채권자의 입장에서는
실권). 회생계획에서 그 기초가 되지 않았던 회생채권, 회생담보권 등으로 말미
암아 채무자의 부담이 존속되어 회생계획의 수행을 동요시키지 않도록 한 것이
다. 다만, 위 면책에 대한 예외로 회생절차개시 전의 벌금·과료, 형사소송비용,

---

159) 헌법재판소 1992. 6. 26. 선고 91헌가8, 9(병합) 결정.
160) 대법원 1995. 10. 13. 선고 94다57800 판결.
161) 조세부과처분은 추상적으로 성립하여 있는 조세채권에 관하여 구체적인 세액을 정하고 체납
   처분 등의 자력집행권을 수반하는 구체적인 조세채권을 발생시키는 조세행정행위이므로, 비록
   회사정리 개시결정 전에 조세채권이 추상적으로 성립하여 있었다고 하더라도 장차 부과처분에
   의하여 구체적으로 정하여질 조세채권을 정리채권으로 신고하지 아니한 채 정리계획인가결정이
   된 경우에는 과세관청이 더 이상 부과권을 행사할 수 없으며, 따라서 그 조세채권에 관하여 정
   리계획인가결정 후에 한 부과처분은 부과권이 소멸한 뒤에 한 위법한 과세처분으로서 그 하자
   가 중대하고도 명백하여 당연무효이다(대법원 2007. 9. 6. 선고 2005다43883 판결).

추징금 및 과태료의 청구권은 그러하지 않다(251조 단서).162)

　② 그런데 위 책임을 면한다는 의미에 관하여 채무 자체는 존속하지만 단지 책임만이 소멸되어 자연채무로 남는다는(이행을 강제할 수 없다는) **책임소멸설**과163) 채무가 절대적으로 소멸한다는 **채무소멸설**이 있다(입장이 나뉘는 것은 파산절차에서의 면책과 마찬가지. ☞ 14-38).

　③ 위 법 251조(종전 회사정리법 241조에 해당)는 아래와 같이 합헌이라고 보았다.

◆ **종전 회사정리법 241조(현행법 251조에 해당) 위헌 여부** ◆　대법원은 위 241조에 대한 위헌심판제청신청을 기각하면서, 위 241조의 실권제도는 공공의 복지를 위하여 헌법상 허용된 필요하고도 합리적인 재산권의 제한을 정한 것이므로 위 조항이

---

162) 이 면책에 대한 예외에 해당하는 청구권은 한정적으로 열거된 것으로 보아야 하고, 위 규정에 열거되지 않은 (행정상의 의무위반행위에 따른) 과징금의 청구권은 이러한 청구권에 해당한다고 볼 수 없다. 그리고 채무자에 대한 회생절차개시 전에 과징금 부과의 대상인 행정상의 의무위반행위 자체가 성립하고 있으면, 그 부과처분이 회생절차개시 후에 있는 경우라도 그 과징금 청구권은 회생채권이 되고, 장차 부과처분에 의하여 구체적으로 정하여질 과징금 청구권이 회생채권으로 신고되지 않은 채 회생계획인가결정이 된 경우에는 법 251조 본문에 따라 그 과징금 청구권에 관하여 면책의 효력이 생겨 행정청이 더 이상 과징금 부과권을 행사할 수 없다. 따라서 그 과징금 청구권에 관하여 회생계획인가결정 후에 한 부과처분은 부과권이 소멸된 뒤에 한 부과처분이어서 위법하다(대법원 2013. 6. 27. 선고 2013두5159 판결). 대법원 2018. 6. 12. 선고 2016두59102 판결; 대법원 2018. 6. 15. 선고 2016두65688 판결도 마찬가지 취지이다.
163) 노영보, 542면. 대법원 2001. 7. 24. 선고 2001다3122 판결 등. 따라서 면책된 회생채권은 통상의 채권이 가지는 **소 제기 권능을 상실**하게 된다. 특별한 사정이 없는 한, 법률상 지위에 현존하는 불안·위험이 있다고 할 수 없어 채무자가 회생채권자를 상대로 **면책된 채무 그 자체의 부존재확인을 구할 확인의 이익을 인정할 수 없다**(대법원 2019. 3. 14. 선고 2018다281159 판결). 그리고 주채무인 회생채권이 그 소멸시효기간 경과 전에 실권되었다면 더 이상 주채무의 소멸시효 진행이나 중단이 문제 될 여지가 없으므로, 보증인은 보증채무 자체의 소멸시효 완성만을 주장할 수 있을 뿐 주채무의 소멸시효 완성을 원용할 수 없다(대법원 2016. 11. 9. 선고 2015다218785 판결). 공동면책시킨 연대채무자가 회생채권자로 자신의 구상권을 회생채권으로 신고하지 아니하여 채무자가 구상권에 관하여 책임을 면한다 하더라도 회생채권자가 채무자에게 **이행을 강제할 수 없을 뿐 구상권 자체는 그대로 존속**하므로, 회생채권자가 민법 제481조, 제482조 제1항의 규정에 의한 변제자대위에 의하여 채권자를 대위하여 채권자의 채권 및 그 담보에 관한 권리를 행사하는 데에는 영향이 없다(대법원 2015. 11. 12. 선고 2013다214970 판결). 그런데 변제자대위는 구상권을 확보하기 위한 제도이고, 대위변제로 인하여 취득한 채권자의 채권은 구상권의 범위 내에서만 행사할 수 있으므로, 구상권과 변제자대위에 의하여 행사할 수 있는 채권자의 채권(원채권)은 주종관계에 있고, 또한 회생계획인가결정으로 구상채무는 면책되어 자연채무의 상태에 있어 면책된 채권은 통상의 채권이 가지는 소제기의 권능과 집행력을 상실하는데, 변제자대위에 의하여 자연채권에 불과한 구상권에 대해 소구권과 집행력을 인정하는 결과를 초래하게 된다. 이는 구상권 효력의 확보라는 변제자대위 제도의 취지에 반할 뿐만 아니라 구상권의 범위에서만 행사할 수 있다는 민법 제482조 제1항에 반하게 된다는 점을 고려할 때에 위 2013다214970 판결은 부당하다는 입장으로는 양형우, "회생절차에서 공동보증인의 구상권과 변제자대위 - 대법원 2015. 11. 12. 선고 2013다214970 판결 -", 법조(2016. 10), 594-595면.

헌법 10조, 11조, 23조, 27조, 37조에 위배된 위헌규정이라고는 할 수 없다고 판단하였다.[164] 또한 헌법재판소도 헌법소원사건에서 위 241조가 재산권의 본질적 내용을 침해하지 아니하였고 과잉금지원칙에도 위반하지 아니하였다는 이유로 위 조항을 합헌이라고 결정하였다.[165]

④ 관리인이 작성하여 제출한 채권자 등 목록에 기재되어 있지 않거나 신고도 되지 않은 회생채권 등은 이렇게 회생계획인가결정에 의하여 모두 실권된다.[166] 가령, 전부의무자가 회생계획안 심리를 위한 관계인집회가 끝날 때까지 실제로 발생한 구상권이나 장래 구상권을 신고하지 않았고 관리인이 그 구상권을 회생채권자 목록에 기재하지 않았다면, 그 구상권은 회생계획이나 도산법의 규정에 의하여 인정된 권리에 해당하지 않으므로, 채무자는 법 251조에 따라 책임을 면하고 그 구상권은 실권된다. 이는 채권자의 회생절차 참가로 인해 전부의무자가 구상권으로 회생절차에 참가할 수 없었던 경우에도 마찬가지이다. 이 경우에 전부의무자는 채권자에 대한 변제 등으로 채권의 전액이 소멸하였을 때에 구상권의 범위 안에서 채권자가 가진 권리를 대위행사할 수 있을 뿐이다.[167]

실권된 회생채권은 그 후 회생절차가 폐지되더라도 부활하지 아니하므로 그 확정을 구하는 소는 소의 이익이 없어 부적법하다.[168]

⑤ 다만, 채권자가 회생절차의 개시사실 및 회생채권 등의 신고기간 등에 관하여 개별적인 통지를 받지 못하는 등으로 회생절차에 관하여 **알지 못함으로써** 회생계획안 심리를 위한 관계인집회가 끝날 때까지 **채권신고를 하지 못하고,** 관리인이 그 회생채권의 존재 또는 그러한 회생채권이 주장되는 사실을 알고 있거나 이를 쉽게 알 수 있었음에도 회생채권자 목록에 기재하지 아니하였거나, 회생채권자가 회생법원이 정한 신고기간 내에 채권신고를 하고 회생절차에 참가할 것을 기대할 수 없는 등의 특별한 사정이 있는 경우에는[169] 회생계획인가

---

164) 대법원 1993. 11. 9.자 93카기80 결정.
165) 헌법재판소 1996. 1. 25. 선고 93헌바5, 58(병합) 결정.
166) 채권자는 채권목록 작성 시점 당시에 문제의 채권 존부를 두고 법정다툼이 있어 목록에 올리지 못하였다고 주장하지만, 소송이 계속중 회생절차개시결정이 내려진 사실을 알면서도 신고하지 않았고, 회생관리인이 보완신고하라고 촉구하였음에도 하지 않은 경우로, 실권되지 않을 특별한 사정이 보이지 않으므로 실권된다(대법원 2016. 5. 12. 선고 2015다78215 판결[미간행]).
167) 대법원 2023. 4. 27. 선고 2021다227476 판결.
168) 회생채권의 신고 여부는 소송요건으로서 직권조사사항이므로 당사자의 주장이 없더라도 법원이 이를 직권으로 조사하여 판단하여야 한다(대법원 2021. 7. 8. 선고 2020다221747 판결).
169) 회생채권자가 채권신고를 하지 않았다고 하여 그 채권이 무조건 실권된다고 본다면 회생채

의 결정이 있더라도 그 회생채권은 실권되지 않는다(이때 회생채권자는 회생절차에 관하여 알게 된 날로부터 1개월 이내에 회생채권의 신고를 보완할 수 있다. ☞ 16-62).170)

⑥ 또한 회생절차에서 회생채권 등의 조사절차나 확정소송을 통하여 확정된 권리가 관리인의 잘못 등으로 회생계획의 권리변경 및 변제대상에서 아예 누락되거나 혹은 이미 소멸한 것으로 잘못 기재되어 권리변경 및 변제대상에서 제외되기에 이른 경우 등에는 위 법 251조는 그 적용이 없고(나아가 위와 같은 경위로 확정된 권리가 권리변경 및 변제대상에서 누락되거나 제외된 회생계획을 가리켜 법 252조 1항에 따라 확정된 권리를 변제 없이 소멸시키는 권리변경을 규정한 것이라고 볼 수도 없다), 권리변경 및 변제대상에서 누락되거나 제외된 회생채권자 등으로서는 그 확정된 권리의 존부 및 범위 자체에 관한 당부를 다투어 회생계획인가결정에 대한 불복사유로 삼을 수는 없고, 채무자에 대하여 아직 회생절차가 진행 중인 때에는 회생계획의 경정 등을 통하여, 회생절차가 종결된 때에는 종결 후의 채무자를 상대로 이행의 소를 제기하는 등으로 그 권리를 구제받을 수 있다.171)

⑦ 그리고 관리인이 법원의 관여 아래 공정하고 적정한 회생계획을 수립하면서 채무자의 재건에 필요한 한도에서 이해관계인의 이해 조정의 방법으로 회생계획안에 미신고 권리의 효력을 존속하는 조항을 두었고, 법원이 그 회생계획을 인가하여 회생계획 인가결정이 그대로 확정되었다면, 그 조항이 공정·형평의 관념에 반한다는 등의 특별한 사정이 없는 한, 회생계획의 규정에 의하여 인정된 권리가 신고되지 않았다고 하더라도 채무자는 책임을 면할 수 없다.172)

⑧ 한편, 채권자 등 목록에 기재되어 있거나 신고되어 확정되었더라도 회생계획에서 변제의 대상으로 되지 않은 것은 면책된다. 다만, 주주·지분권자의 경

권자로 하여금 회생절차에 참가하여 자신의 권리의 실권 여부에 관하여 대응할 수 있는 최소한의 절차적 기회를 박탈하여 헌법상의 적법절차 원리 및 과잉금지 원칙에 반하여 재산권을 침해하는 정도에 이른 경우에는, 법 251조에도 불구하고 채무자가 책임을 면하거나 그 회생채권이 실권되었다고 할 수 없을 것이다(대법원 2023. 4. 27. 선고 2021다227476 판결).

170) 대법원 2012. 2. 13.자 2011그256 결정[미간행]; 대법원 2020. 9. 3. 선고 2015다236028, 236035 판결[미간행]. 대법원 2023. 8. 18. 선고 2022다291009 판결(실권되었는지 여부는 회생채권자 목록 기재 여부를 포함하여 채권자가 회생절차에 관하여 알지 못하였는지, 관리인이 채권자의 청구권의 존재나 청구권 주장 사실을 알고 있거나 이를 쉽게 알 수 있었는지 등을 모두 심리한 다음에야 판단할 수 있다). 그런데 추후 보완신고 기간 1개월이 경과하기 전에 회생절차가 종결된 경우에 보완신고를 하지 않은 회생채권은 실권되지 않는다(대법원 2023. 10. 26. 선고 2023다249685 판결).

171) 대법원 2008. 6. 26. 선고 2006다77197 판결.

172) 대법원 2014. 9. 4. 선고 2013다204140, 204157 판결.

우에는 회생계획에서 그 권리가 인정되면 주식 또는 출자지분의 신고를 하지
않은 주주·지분권자에게도 권리가 인정된다(254조). 이 경우에 주식이나 지분권
의 존재는 분명하므로 개개의 권리자가 누구인지 확정되지 않더라도 회생계획
의 작성이나 수행에 지장이 없기 때문에 회생채권자·회생담보권자와 달리 규정
하고 있다. 그렇더라도 회생계획에 정함이 없는 경우에는 주주·지분권자라도
주식 또는 출자지분의 신고와는 관계 없이 실권된다.

3) 권리의 변경   16-115

① 회생계획인가의 결정이 있는 때에는 그때부터 회생채권자·회생담보권
자·주주·지분권자의 권리는 회생계획에 따라 변경된다(252조 1항).[173] 회생채권
자 등의 권리에 관한 권리변경조항은 회생계획의 필수적 기재사항인데(193조 1
항), 회생채권자 등의 권리가 이 권리변경조항대로 변경됨을 뜻한다.[174] 이 변경
은 권리가 실체적으로 변경되는 것이고 채무와 구별되는 의미에서 책임만이 변
경되는 것은 아니다(251조의 면책과는 그 성질을 달리한다고 본다). 따라서 회생채권자
등의 권리는 회생계획에 따라 변경되어 채무의 전부 또는 일부의 면제효과가
생기고, 기한을 유예한 경우에는 그에 따라 채무의 기한이 연장되며, 회생채권
이나 회생담보권을 출자전환하는 경우에는 그 권리는 인가결정 시 또는 회생계
획에서 정하는 시점에 소멸한다.[175] 그리고 이러한 권리변경의 효과는 그 후 회

---

173) 회생절차개시 이전부터 회생채권 또는 회생담보권에 관하여 집행권원이 있었다 하더라도,
  회생계획인가결정이 있은 후에는 법 252조에 의하여 모든 권리가 변경·확정되고 종전의 회생
  채권 또는 회생담보권에 관한 집행권원에 의하여 강제집행 등은 할 수 없으며, 회생채권자표와
  회생담보권자표의 기재만이 집행권원이 된다. 이 사건 공정증서는 집행권원이 될 수 없고, 따라
  서 이를 집행권원으로 한 채권압류 및 추심명령 신청을 각하한다(대법원 2017. 5. 23.자 2016마
  1256 결정). 한편, 대법원 2013. 9. 16.자 2013마1438 결정은 개인파산절차 후에 면책이 확정된
  경우에 이는 청구이의의 소 등의 불복절차로 다툴 수 있는 실체상의 사유에 불과하고 집행장애
  사유가 되지 않는다고 보았는데(☞14-51 각주 108) 부분), 이와 달리 회생계획인가결정이 확정
  된 경우에 위 판례는 기존에 성립한 집행권원은 사라지는 것으로 보고, 즉시항고사유가 되는 집
  행장애사유로 다룬 점에서 양 판례가 대비된다는 지적으로는 박광선, "도산절차와 관련된 채권
  압류 및 추심·전부명령에 대한 즉시항고의 처리방안에 대한 연구", 법조(2020. 6), 288면 참조.
174) 회생채권에 대한 변제충당의 방법이나 순서 역시 그 정리계획의 내용에 따라 정해진다(대법
  원 2011. 2. 24. 선고 2010다82103 판결).
175) 대법원 2017. 10. 26. 선고 2015다224469 판결; 대법원 2018. 11. 29. 선고 2017다286577
  판결. 다만 기존채권의 지급을 위하여 제3자가 발행한 약속어음이 교부되었는데 그 약속어음 채
  권이 후일 제3자에 대한 회사정리절차에서 정리채권으로 신고되어 정리계획에 따라 그 전부 또
  는 일부가 출자전환됨으로써 그 부분 정리채권인 약속어음 채권의 변제에 갈음하기로 한 경우
  출자전환된 부분의 약속어음 액면 상당의 기존채권이 소멸된 것으로 볼 것이 아니라 신주발행
  의 효력발생일 당시를 기준으로 하여 정리채권자가 인수한 신주의 시가를 평가하여 그 평가액

생절차가 폐지되더라도 효력을 상실하지 않고 존속한다(288조 4항).

② 인가된 회생계획에 의하여 주주·지분권자가 금전 그 밖의 물건, 주식 또는 출자지분, 채권 그 밖의 권리와 주권을 받게 되는 경우에 그 금전 등에 대하여는 상법 339조와 340조 3항을 준용한다(252조 2항). 이에 따라 주식·지분권에 대한 질권자는 금전 등에 대한 압류를 함으로써 질권을 행사할 수 있다.

③ 회생계획인가결정이 확정됨으로써 회생채권자 등의 권리변경이 확정되고, 이후 변경된 권리내용이 회생계획의 수행에 있어서 기준이 되는데, 이를 분명히 하기 위하여 회생계획인가결정이 확정된 때에는 법원사무관등은 회생계획에서 인정된 권리를 회생채권자표, 회생담보권자표와 주주·지분권자표에 기재하여야 한다(249조).

④ 회생계획에 의하여 인정된 권리에 관한 회생채권자표 또는 회생담보권자표의 기재는 회생계획인가의 결정이 확정된 때에 채무자, 회생채권자·회생담보권자·주주·지분권자, 회생을 위하여 채무를 부담하거나 또는 담보를 제공하는 사람, 신회사(합병 또는 분할합병으로 설립되는 신회사를 제외한다)에 대하여 확정판결과 동일한 효력이 있다(255조 1항). 이는 회생계획의 수행에 장애를 초래하지 않도록 회생계획에 의하여 인정된 권리를 더 이상 다툴 수 없게 한 것이다.

16-116   **4) 중지 중 절차의 실효**

회생절차개시결정으로 중지된(58조 2항. ☞ 16-25) 파산절차, 강제집행, 가압류, 가처분, 담보권실행 등을 위한 경매절차는 그 뒤 **인가결정이 확정**되면 회생채권은 회생계획에 의하여 변경되므로(252조 1항) 변경 전의 회생채권에 기한 위 각 절차는 중지상태를 유지할 실익이 없게 되어 그 효력을 잃는다(256조 1항 본문).176) 절차가 그 효력을 잃는다는 의미는 앞으로의 속행을 허용하지 않는다는

에 상당하는 부분의 기존채권이 변제된 것으로 보아야 할 것이다(대법원 2003. 8. 22. 선고 2001다64073 판결).

176) 부동산에 대한 금전집행은 매각대금이 채권자에게 교부 또는 배당된 때에 비로소 종료하므로 경매절차가 진행되어 부동산이 매각되고 매각대금이 납부되었으나 배당기일이 열리기 전에 채무자에 대하여 회생절차가 개시되었다면 집행절차는 중지되고, 만약 이에 반하여 집행이 이루어졌다면 이는 무효이다. 경매절차에서 이루어진 배당절차에 따라 배당금을 수령한 채권자(회생담보권을 신고하지 않음)는 법률상 원인 없이 이득을 얻은 것에 해당하고, 부동산 소유자(물상보증인)는 자신이 수령해야 할 배당금 상당액의 손해를 입은 것이므로 배당금을 수령한 채권자는 부동산 소유자에게 그 상당액을 부당이득으로 반환할 의무가 있다(대법원 2018. 11. 29. 선고 2017다286577 판결). 그런데 이에 반대하여 회생채무자가 물상보증인이라면 배당금을 수령한 저당권자는 회생담보권자도 아니고 회생채권자도 아니어서 채무자에 대하여 개시된 회생

뜻이 아니라, 소급하여 그 절차가 효력을 잃는다는 것이다. 따라서 원칙적으로 위와 같은 절차는 법원의 별도 재판이 없이도 그 효력을 잃는다. 다만, 강제집행, 가압류, 가처분, 담보권실행 등을 위한 경매절차 등은 이미 진행되어 있는 절차의 외형을 제거하기 위한 형식적인 절차가 필요하다.177)

4. 회생계획인가 뒤의 절차

(1) 회생계획의 수행　　　　　16-117

회생계획인가의 결정이 있는 때에는 관리인은 지체 없이 그 계획을 수행하여야 한다(257조 1항). 수행의 책임을 관리인의 직책으로 하고 있다. 가령 회생계획에 의하여 신회사를 설립하는 때에는 그 임무는 관리인의 직무가 된다(동조 2항). 회생계획의 수행에 있어서 회생계획은 그 문언의 객관적 의미를 합리적으로 해석하되, 객관적인 의미가 명확하지 않은 경우에는 문언의 형식과 내용, 회생계획안 작성 경위, 회생절차 이해관계인들의 진정한 의사 등을 종합적으로 고려하여 사회정의와 형평의 이념에 맞도록 논리와 경험의 법칙, 사회일반의 상식과 거래의 통념에 따라 합리적으로 해석하여야 한다.178)

관리인의 위 직무의 수행은 공정하고 형평에 맞게 이루어져야 하므로 그 적정성을 위해서 관리인은 법원과 관리위원회의 감독을 받는다(81조 1항, 17조 1항 2호). 관리인이 재산의 처분, 재산의 양수, 자금의 차입 등 차재, 회생절차개시 당시 쌍방미이행 쌍무계약에 있어서 계약의 해제 또는 해지, 소의 제기, 화해 또는 중재계약, 권리의 포기, 공익채권 또는 환취권의 승인, 그 밖에 법원이 지정하는 행위를 하고자 하는 때에 법원의 허가를 받도록 할 수 있다(61조 1항). 법원의 허가를 받지 않고 한 위 행위는 무효로 한다.179) 다만, 선의의 제3자에게 대항하지 못한다(동조 3항). 법원은 채무자, 회생채권자·회생담보권자·주주·지분권자, 회생을 위하여 채무를 부담하거나 담보를 제공하는 자, 신회사(합병

절차와 무관하게 배당금 수령 등 권리를 행사할 수 있다는 입장도 있을 수 있다.
177) 회생사건실무(上)[제4판], 108면.
178) 대법원 2018. 5. 30. 선고 2018다203722, 203739 판결.
179) 종전 회사정리법하에서, 공정증서상의 집행인낙의 의사표시는 성규의 방식에 따라 작성된 증서에 의한 소송행위이므로, 관리인이 일체의 소송행위에 대하여는 법원의 허가를 받도록 명한 결정에 반하여 법원의 허가를 받지 아니한 채 집행증서를 작성한 경우에 그 집행증서는 무효라고 볼 수밖에 없으므로 채권자가 그 집행증서를 집행권원으로 하여 채무자의 재산에 대하여 행한 압류는 무효라는 판례가 있다(대법원 1999. 9. 7. 선고 98다47283 판결).

또는 분할합병으로 설립되는 신회사는 제외), 관리인에게 회생계획의 수행에 필요한 명령을 할 수 있고(258조 1항), 필요하다고 인정하는 때에는 이의 있는 미확정 회생담보권자 등을 위하여 상당한 담보를 제공하게 할 수 있다(258조 2항). 관리위원회는 매년 회생계획이 적정하게 수행되고 있는지의 여부에 관하여 평가하고 그 평가결과를 법원에 제출하여야 한다(257조 3항).

◆ **회생계획의 수행과 관련된 특례** ◆

• 다수의 상법상 규정의 적용을 배제할 수 있다. 회생계획을 용이하게 수행할 수 있도록 회생계획을 수행함에 있어서는 법령 또는 정관의 규정에 불구하고, 법인인 채무자의 창립총회·주주총회·사원총회 또는 이사회의 결의를 하지 아니하여도 된다(260조).

• 영업양도 등에 관한 「상법」 374조(영업양도, 양수, 임대 등) 2항 및 374조의2(반대주주의 주식매수청구권)와 「자본시장과 금융투자업에 관한 법률」 165조의5(주식매수청구권의 특례)의 적용을 배제할 수 있다(261조).

• 회생계획에서 채무자의 정관변경에 관하여 정함을 두고 있는 경우에 그 정관은 회생계획인가결정이 있는 때에 회생계획에 의하여 변경된다(262조). 정관변경의 효력발생시기에 관하여 상법의 규정에 대한 특례이다. 일반적으로 상법상의 회사 중 합명회사·합자회사는 총사원의 동의(상법 204조, 287조의16), 주식회사·유한회사는 주주총회·사원총회의 특별결의(상법 434조, 585조) 등 법인 내부적인 절차를 거쳐야 하고, 그 효력발생시기는 원칙적으로 변경결의가 성립한 때로 해석하지만, 회생계획에 의한 정관 변경은 위와 같은 결의를 필요로 하지 않으므로 회생계획인가결정이 있는 때로 그 효력발생시기에 관한 특칙을 정한 것이다.

• 그 밖에 이사 등의 변경에 관한 특례(263조), 자본감소에 관한 특례(264조), 납입 등이 없는 신주발행에 관한 특례(265조), 납입 등이 있는 신주발행에 관한 특례(266조), 주식회사의 납입 등이 없는 사채발행에 관한 특례(267조), 주식회사의 납입 등이 있는 사채발행에 관한 특례(268조), 주식회사의 주식의 포괄적 교환에 관한 특례(269조), 주식회사의 주식의 포괄적 이전에 관한 특례(270조), 합병에 관한 특례(271조), 분할 또는 분할합병에 관한 특례(272조),[180] 새로운 출자가 없는 신회사의 설립 등에

---

180) 상법은 분할 또는 분할합병으로 설립되는 회사 또는 존속하는 회사('승계회사'라 한다)는 분할 전의 회사채무에 관하여, 분할되는 회사와 연대하여 변제할 책임이 있고(530조의9 1항), 다만 주주총회의 특별결의로써 승계회사가 분할되는 회사의 채무 중에서 출자한 재산에 관한 채무만을 부담할 것을 정할 수 있으며, 이 경우 상법 527조의5 등의 규정에 따른 채권자보호절차를 거치도록 정하고 있다. 그런데 법 272조 1항, 4항은 회생계획에 의하여 주식회사인 채무자가 분할되는 경우 채권자보호절차 없이도 분할되는 회사와 승계회사가 분할 전의 회사 채무에 관하여 연대책임을 지지 않도록 정할 수 있다고 규정하고 있다. 도산법에서 특례규정을 둔 것은 회생절차에서 채권자는 회사분할을 내용으로 하는 회생계획안에 대한 관계인집회에서의 결의절차를 통하여 회사분할이 채권자에게 유리 또는 불리한 결과를 가져올 것인지를 판단할 수 있고, 법원도 인가요건에 대한 심리를 통하여 채권자에 대한 적절한 보호를 심사하게 되므로 별도의 상법상 채권자보호절차는 불필요하다는 사정을 고려하였기 때문이다. 이러한 취지와 회생계획

관한 특례(273조, 274조), 해산에 관한 특례를 규정하고 있다(275조).

• 또한 회생채권자·회생담보권자·주주·지분권자는 회생계획에 의하여 채무자 또는 신회사의 주식·출자지분 또는 사채를 인수할 권리가 있는 때에는 이를 타인에게 양도할 수 있다(276조).

• 주식회사인 채무자 또는 신회사가 주식 또는 사채를 발행하는 때에는 「자본시장과 금융투자업에 관한 법률」 119조(모집 또는 매출의 신고)의 규정을 적용하지 아니한다(277조).

• 회생계획에 의하여 채무자의 재산을 처분하는 때에는 공장재단 그 밖의 재단 또는 재단에 속하는 재산의 처분제한에 관한 법령은 적용하지 아니한다(278조).

• 회생계획에서 채무자가 행정청으로부터 얻은 허가·인가·면허 그 밖의 처분으로 인한 권리의무를 신회사에 이전할 것을 정한 때에는 신회사는 다른 법령의 규정에 불구하고 그 권리의무를 승계한다(279조).

• 회생계획에서 신회사가 채무자의 조세채무를 승계할 것을 정한 때에는 신회사는 그 조세를 납부할 책임을 지며, 채무자의 조세채무는 소멸한다(280조).

• 회생절차개시 후 채무자의 이사·대표이사·감사 또는 근로자이었던 사람으로서 계속하여 신회사의 이사·대표이사·감사 또는 근로자가 된 사람은 채무자에서 퇴직한 것을 이유로 하여 퇴직금 등을 지급받을 수 없다. 위 규정의 사람이 채무자에서 재직한 기간은 퇴직금 등의 계산에 관하여는 신회사에서 재직한 기간으로 본다(281조).

(2) 회생계획의 변경   16-118

회생계획인가의 결정이 있은 뒤에 **부득이한 사유**로 회생계획에 정한 사항을 변경할 필요가 생긴 때에는 회생절차가 종결되기 전에 한하여 법원은 관리인, 채무자 또는 목록에 기재되어 있거나 신고한 회생채권자·회생담보권자·주주·지분권자의 신청에 의하여 회생계획을 변경할 수 있다(282조 1항). 회생계획은 관계인집회의 결의와 법원의 인가를 거쳐 이미 수행이 이루어지고 있기 때문에 원칙적으로 그 변경을 인정할 수 없다고 할 것이나, 변경을 전혀 인정하지 않고 항상 회생절차를 폐지할 수밖에 없다면, 사회경제적인 관점에 비추어 바람직하지 않고 이해관계인의 의사에도 어긋나는 결과가 될 수 있으므로 회생계획을 변경하여서라도 회생절차를 유지하는 것이 바람직한 경우를 위해서 엄격한 요건하에 회생계획을 변경할 수 있도록 한 것이다.

회생계획의 변경신청이 있는 때에 법원이 회생채권자·회생담보권자·주주·

에서 공익채권자의 권리에 영향을 미치는 규정을 정할 수는 없는 점 등을 종합하면, 회생채권자와 달리 회생계획안에 관한 결의절차에 참여할 수 없는 공익채권자에 대하여는 위 특례규정이 적용되지 않는다(대법원 2016. 2. 18. 선고 2014다31806 판결).

지분권자에게 **불리한 영향을 미치지 않는다**고 판단하면 그대로 회생계획변경결정을 하면 된다. 그러나 회생채권자·회생담보권자·주주·지분권자에게 **불리한 영향을 미칠 것**으로 인정되는 회생계획의 변경신청이 있는 때에는 회생계획안의 제출이 있는 경우의 절차에 관한 규정을 준용한다. 즉, 회생계획안의 제출이 있는 경우와 같이 관계인집회의 심리 및 결의와 인가 등의 절차를 밟아야 한다. 다만, 이 경우에는 회생계획의 변경으로 인하여 불리한 영향을 받지 아니하는 권리자를 절차에 참가시키지 아니할 수 있다(282조 2항). 그리고 종전의 회생계획안에 동의한 사람이 변경회생계획안 결의를 위한 관계인집회에 출석하지 않은 경우, 변경회생계획안에 대한 서면결의절차에서 회신하지 않은 경우에는 변경회생계획안에 동의한 것으로 본다(동조 4항).[181]

회생계획변경은 회생계획변경의 결정 또는 변경회생계획인가의 결정이 있은 때부터 효력이 생긴다(282조 3항, 246조). 회생계획변경의 결정 또는 변경회생계획인가의 결정에 대하여는 즉시항고를 할 수 있다(282조 3항, 247조 1항).[182]

Ⅹ. 회생절차의 종료

16-119

회생절차는 회생절차가 종결되거나, 회생절차폐지결정이 확정되는 것에 의

---

181) 종전의 회사정리법상의 위 동의간주규정에 관하여, 헌법재판소는 정리계획변경안이 부결되면 정리회사는 파산절차로 이행되기 쉬워 정리회사 갱생의 목적을 달성할 수 없는 점, 이해관계인의 경제적 손실은 회사정리절차에 필연적으로 수반되는 것으로서 정리계획변경은 이미 정리계획에 의하여 결정된 손실의 내용을 일부 변경하는 것에 불과한 점, 정리계획에 동의하였다가 정리계획변경을 위한 관계인집회에 출석하지 않은 이해관계인의 동의의사를 간주하지 않게 되면, 정리계획변경을 위한 결의정족수를 채우기 어렵고 이해관계인들의 진정한 의사에 부합하지 않게 될 가능성도 있는 점, 이해관계인으로 하여금 관계인집회에 출석하여 정리계획변경의 필요성과 내용을 정확하게 파악하고 정리계획의 변경에 대한 동의 여부를 결정하도록 제한할 필요가 있는 점, 이해관계인 본인이 출석하기 어려운 경우에는 대리인을 출석시킬 수 있는 점, 정리계획변경절차는 획일적·집단적으로 처리할 필요가 있는 점 등에 비추어 보면, 위 조항은 정리계획변경을 위한 관계인집회의 결의나 정리계획변경절차를 현저하게 불공정하거나 부당하게 하는 규정이라고 보기 어려우므로 헌법상 적법절차의 원칙에 어긋난다고 보기 어렵다고 판단하였다(헌법재판소 2008. 1. 17. 선고 2006헌바38 결정).

182) 변경계획인가결정에 대하여는 그 재판에 이해관계를 가진 사람만이 즉시항고를 할 수 있다고 할 것인데, 여기에서 '이해관계'라 함은 '법률상 이해관계'를 의미하는 것이므로 결국 그 변경계획의 효력을 받는 지위에 있는 사람으로서 변경계획의 효력발생에 따라 자기의 이익이 침해되는 사람이라고 할 것인데, 회생절차에 의하지 않고 수시변제를 받을 수 있는 등의 **공익채권자**는 법률상 이해관계를 가지지 않는다고 할 것이므로 적법한 **항고권자가 될 수 없다**(대법원 2006. 1. 20.자 2005그60 결정).

하여 종료된다. 어느 경우라도 그 주문 및 이유의 요지를 공고하여야 하고, 이 경우에 송달은 하지 아니할 수 있다(283조 2항, 289조). 위 공고는 관보에 게재된 날의 다음 날 또는 대법원규칙이 정하는 방법에 의한 공고가 있은 날의 다음 날에 그 효력이 발생한다(9조 2항). 그 밖에 회생절차개시결정의 취소결정이 확정되거나(54조), 회생계획불인가결정이 확정되거나(242조), 항고(재항고)심에서의 회생계획인가결정에 대한 취소결정 및 불인가결정이 확정된 경우(247조)에 종료된다.

〈2022년 사건 처리 상황〉

처리 구분	접수	개시결정 전				개시 후 인가 전				인가 후			
		인용	기각	기타	계	인가	취소 (폐지)	기타	계	종결	폐지	기타	계
회생합의	661	461	44	126	631	277	204	1	482	274	40	－	314
회생단독	386	260	18	84	362	192	131	4	327	197	38	1	236

1. 절차의 종결

① 회생계획에 따른 변제가 시작되면, 법원은 관리인 또는 목록에 기재되어 있거나 신고한 회생채권자 또는 회생담보권자의 신청에 의하거나 직권으로 회생절차종결의 결정을 한다. 다만, 회생계획의 수행에 지장이 있다고 인정되는 때에는 그렇지 않다(283조 1항). 즉, 회생계획에 따른 변제가 시작된 후 회생계획의 수행에 지장이 없다고 인정되는 경우에 법원이 회생절차를 종료시키는 것을 회생절차의 종결이라고 한다. 관리위원회는 법원에 회생절차의 종결 여부에 관한 의견을 제시할 수 있다(257조 4항). 회생절차종결결정에 대한 즉시항고는 인정되지 않는

16-120

〈회생절차종결결정 공고례〉

서 울 회 생 법 원
채무자 ○○개발 주식회사 회생절차종결결정 공고

사　　건　2018회합119　회생

채 무 자　○ ○ 개 발 주 식 회 사 (110111-*******)
　　　　　서울 송파구 백제고분로 ***, 5층(송파동)

관 리 인　이 ○ ○

이 법원은 채무자에 관하여 2018. 4. 14. 회생절차종결결정을 하였으므로 다음과 같이 결정의 요지를 공고합니다.

－ 다　음 －

1. 주 문 : ○○개발 주식회사에 대한 회생절차를 종결한다.
2. 이유의 요지 : 채무자는 회생계획에 따른 변제를 시작하였고, 앞으로 회생계획의 수행에 지장이 있다고 인정되지 아니한다.

2018. 4. 14.
서 울 회 생 법 원 제 2 5 부
재 판 장　판 사　이 ○ ○
　　　　　판 사　진 ○ ○
　　　　　판 사　장 ○ ○

다(13조 1항 참조).

　　② 종결결정에 의하여(종결결정의 효력이 발생함과 동시에) 관리인의 임무(권한)는 소멸하고, 채무자는 법원의 감독으로부터 벗어나, 업무수행권과 재산의 관리처분권을 회복한다.183) 회생절차가 종결되면 회생채권자는 기한이 도래한 회생채권에 대하여 개별적으로 소구하거나 강제집행을 할 수 있고,184) 반면 채무자는 회생계획에서 정한대로 채무를 변제하는 등 회생계획을 계속하여 수행할 의무를 부담한다.185)

　　③ 회생채권 또는 회생담보권에 기하여 회생계획에 의하여 인정된 권리로서 금전의 지급 그 밖의 이행의 청구를 내용으로 하는 권리를 가진 사람은 **회생절차종결 후** 채무자와 회생을 위하여 채무를 부담한 사람에 대하여 회생채권자표 또는 회생담보권자표에 의하여 강제집행을 할 수 있다(255조 2항). 회생절차 진행 중에는 회생계획에 정해진 변제기가 도과하더라도 강제집행이 허용되지 않으므로 강제집행은 회생절차 종결 후에만 가능하다.

　　이 경우에 보증인은 민법 437조(보증인의 최고·검색의 항변)의 규정에 의한 항변을 할 수 있다(255조 2항 단서). 또한 이 경우에 민사집행법 2조(집행실시자) 내지 18조(집행비용의 예납 등), 20조(공공기관의 원조), 28조(집행력 있는 정본) 내지 55조(외국에서 할 집행)의 규정이 준용된다(255조 3항 본문). 다만, 민사집행법 33조(집행문부여의 소), 44조(청구에 관한 이의의 소) 및 45조(집행문부여에 대한 이의의 소)의 규정에 의한 소는 **회생법원**의 관할에 전속한다.186)

---

183) 대법원 2019. 10. 17. 선고 2014다46778 판결.
184) 한편, 회생절차가 종결하면, 추후보완신고한 채권자는 채무자를 상대로 이행의 소를 제기하는 등으로 그 권리를 구제받을 수 있을 뿐, 더 이상 회생채권 신고 및 조사절차 등 채무자회생법이 정한 회생절차에 의하여 회생채권을 확정받을 수 없다(대법원 2020. 8. 20.자 2019그534 결정).
185) 회생계획을 계속하여 수행할 의무를 부담하게 되므로, 회생채권 등의 확정을 구하는 소송의 계속 중에 회생절차종결결정이 있는 경우 회생채권 등의 확정을 구하는 청구취지를 **회생채권 등의 이행을 구하는 청구취지로 변경할 필요는 없고**, 회생절차가 종결된 후에 회생채권 등의 확정소송을 통하여 채권자의 권리가 확정되면 소송의 결과를 회생채권자표 등에 기재하여(175조), 미확정회생채권 등에 대한 회생계획의 규정에 따라 처리하면 된다. 따라서 회생채권 등의 확정소송이 계속되는 중에 회생절차종결결정이 있었다는 이유로 채권자가 회생채권 등의 확정을 구하는 청구취지를 회생채권 등의 이행을 구하는 청구취지로 변경하고 그에 따라 법원이 회생채권 등의 이행을 명하는 판결을 선고하였다면 이는 회생계획인가결정과 회생절차종결결정의 효력에 반하는 것이므로 위법하다(대법원 2014. 1. 23. 선고 2012다84417, 84424, 84431 판결).
186) 채무자가 판결에 따라 확정된 청구에 관하여 이의하려면 제1심 판결법원에 청구에 관한 이의의 소를 제기하여야 하지만(민사집행법 44조 1항), 회생채권자표에 대한 청구이의의 소는 위

2. 절차의 폐지

16-121

① 회생절차의 폐지는 회생절차가 개시된 뒤에 그 실효를 거두지 못하고 도중에 그 절차를 끝내는 것을 말한다. 마찬가지의 절차종료사유이지만 회생절차의 **종결**이 절차로부터의 **성공적** 탈출임에 반하여, 회생절차의 **폐지**는 절차로부터의 **실패적** 퇴출이라는 점에서 차이가 있다.

② 회생절차의 폐지를 크게 나누면, ㉮ 회생계획안 제출 전의 또는 제출 후 회생계획인가 전의 폐지(286조), ㉯ 신청에 의한 폐지(287조), ㉰ 회생계획인가 후의 폐지(288조)가 있다.

③ 회생절차폐지결정에 대하여는 즉시항고 및 재항고를 제기할 수 있으므로 회생절차폐지결정이 확정된 때에 효력이 발생한다.

④ 회생절차개시결정의 취소의 경우와 달리 회생절차의 폐지는 원칙적으로 기존에 발생한 효과를 소급적으로 소멸시키지 않는다. 가령, 회생계획인가 후에 회생절차가 폐지되는 경우에는 그 동안의 회생계획의 수행이나 법률의 규정에 의하여 생긴 효력에 영향을 미치지 아니한다(288조 4항). 즉, 관리인의 업무수행이나 재산관리에 따른 종전 행위의 효력은 그대로 유지되며, 법 251조에 의한 면책의 효력과 법 252조에 의한 권리변경의 효력은 회생절차가 폐지되더라도 그대로 유지된다.[187] 폐지결정에 의하여 관리인의 임무는 소멸하고,[188] 채무자는 법원의 감독으로부터 벗어난다.

⑤ 회생계획인가 전의 폐지(286조) 또는 신청에 의한 폐지(287조)의 결정이 확정된 때에는 채무자가 회생채권과 회생담보권의 조사기간 또는 특별조사기일에 그 권리에 대하여 이의를 하지 아니한 경우에 한하여 확정된 회생채권 또는

와 같이 회생계속법원의 관할에 전속한다. 여기에서 회생계속법원이란 회생사건이 계속되어 있는 회생법원을 말하는데(도산법 60조 1항), 회생절차가 종결되거나 폐지된 후에는 회생절차가 계속되었던 회생법원을 가리킨다(대법원 2019. 10. 17. 선고 2019다238305 판결).

[187] 여전히 권리확정의 필요가 있으므로 절차폐지로 인하여 종전에 계속 중이던 확정소송이 당연히 종료한다거나 그 소의 이익이 없어진다고 볼 수 없고, 절차폐지 후 파산이 선고되었다 하더라도 마찬가지이다(대법원 2007. 10. 11. 선고 2006다57438 판결).

[188] 회생절차폐지결정이 확정되어 효력이 발생하면 관리인의 권한은 소멸하므로 관리인을 채무자로 한 지급명령의 발령 후 정본의 송달 전에 회생절차폐지결정이 확정된 경우에 그 지급명령은 이미 **당사자적격이 상실**된 자를 상대로 한 것으로 효력이 없다(대법원 2017. 5. 17. 선고 2016다274188 판결). 이는 피고가 소 제기 당시에는 생존하였으나 그 후 소장부본이 송달되기 전에 사망한 경우의 법리, 사망자를 채무자로 하여 지급명령을 신청하거나 지급명령신청 후 정본이 송달되기 전에 채무자가 사망한 경우의 법리와 마찬가지이다(☞ 8-65 참조).

회생담보권에 관하여는 회생채권자표 또는 회생담보권자표의 기재는 채무자에 대하여 확정판결과 동일한 효력이 있다(292조 1항). 이는 회생계획불인가의 결정이 확정된 경우에도 마찬가지이다(248조에서 292조를 준용).

위 경우에 회생채권자 또는 회생담보권자는 회생절차종료 후 법 6조의 규정에 의하여 파산선고를 하는 경우를 제외하고 채무자에 대하여 회생채권자표 또는 회생담보권자표에 기하여 강제집행을 할 수 있다(292조 2항). 이 경우에 민사집행법 2조(집행실시자) 내지 18조(집행비용의 예납 등), 20조(공공기관의 원조), 28조(집행력 있는 정본) 내지 55조(외국에서 할 집행)의 규정을 준용한다. 다만, 민사집행법 33조(집행문부여의 소), 44조(청구에 관한 이의의 소) 및 45조(집행문부여에 대한 이의의 소)의 규정에 의한 소는 회생계속법원의 관할에 전속한다.

그리고 회생계획인가 후에 회생절차폐지의 결정이 확정된 경우(288조)에도 마찬가지이다(293조).

⑥ **회생절차의 폐지**에 따른 **파산선고**에 관하여는 이미 앞에서 설명한 바 있다(☞ 1-14, 16-2 참조). 가령, **회생계획인가의 결정이 있은 후** 회생계획을 수행할 수 없는 것이 명백하게 된 때에는 회생절차폐지의 결정을 하여야 하는데(288조), 폐지의 결정이 확정된 경우에 법원은 그 채무자에게 파산의 원인이 되는 사실이 있다고 인정하는 때에는 직권으로 반드시(필수적) 파산을 선고하여야 한다(6조 1항).[189] 또한 가령, **회생절차개시신청의 기각결정, 회생계획인가 전 회생절차폐지결정, 회생계획불인가결정이 확정**된 경우에 법원은 그 채무자에게 파산의 원인이 되는 사실이 있다고 인정하는 때에는 채무자 또는 관리인의 신청에 의하거나 직권으로 (임의적) 파산을 선고할 수 있다(동조 2항). 위와 같은 **견련파산**의 경우에 부인권의 대상이 되는 행위나 상계금지의 범위를 정하는 기준이 되는 지급의 정지나 파산의 신청에 대하여는 회생절차개시(또는 간이회생절차개시)의 신청

---

[189] 만약, 당시에 계속 중이던 회생채권의 조사확정재판에 대한 이의의 소에서 당사자가 청구취지를 회생채권자표의 확정을 구하는 것에서 파산채권자표의 확정을 구하는 것으로 변경한다면, 법원으로서는 그에 따라 판단하면 족하다. 그러나 한편, 파산채권의 조사확정절차가 진행된다는 사정만으로는 종전 회생채권 조사확정절차를 통해 회생채권의 존부와 범위를 확정할 법률상 이익이 소멸한다고 단정할 수는 없으므로 회생채권자표의 확정을 구하면서 파산채권자표의 확정을 구하는 내용의 청구취지를 추가하고자 한다면, 이는 허용되어야 한다. 그리고 파산채권의 존부와 범위에 관하여 판단할 때에는 인가된 회생계획에서 회생채권의 내용이 변경된 사정을 고려해야 하고, 회생계획에서 회생채권 중 일부가 출자전환되는 것으로 정해졌다면 그 출자전환의 효력이 발생하는 시점이 언제인지, 파산선고 당시에 출자전환의 효력이 발생하였는지 등에 관하여 더 심리해 보았어야 한다(대법원 2020. 12. 10. 선고 2016다254467, 254474 판결).

등을 지급의 정지 또는 파산의 신청으로 보며, 공익채권은 재단채권으로 한다(동조 4항). 가령 파산채권자의 악의의 위기시기에서의 채무부담(422조 2호)과 같이 상계가 금지되는 요건으로 지급정지나 파산신청이 기준시가 되는 경우에 선행 파산신청 등이 없는 경우에는 회생절차개시의 신청을 기준으로 하는 것이 제도의 취지에 적합하므로 회생절차개시의 신청을 파산의 신청으로 본다는 규정을 둔 것이다.[190] 한편, 위 **회생계획인가결정 전**에 파산선고가 있는 경우에는 회생절차에서의 회생채권의 신고, 이의와 조사 또는 확정은 파산절차에서 행하여진 파산채권의 신고, 이의와 조사 또는 확정으로 본다(동조 5항 본문).[191] 선행하는 회생절차에서의 채권신고 등을 그대로 견련파산의 절차에서 이용할 수 있도록 한 것이다. 다만, 회생절차와 파산절차에서 서로 다르게 취급하고 있는 이자 없는 기한부채권(134조), 정기금채권(135조), 이자 없는 불확정기한채권 등(136조), 비금전채권 등(137조), 조건부채권과 장래의 청구권(138조)의 경우에는 그렇게 보지 않고(6조 5항 단서) 새롭게 확정절차를 밟아야 한다. 그리고 관리인 또는 보전관리인이 수행하는 소송절차는 중단되는데, 파산관재인 또는 그 상대방이 이를 수계할 수 있다(동조 6항).[192] 그리고 **회생계획인가결정 후**에 파산선고가 있

---

[190] 위 각 규정의 내용과 함께 '회생'과 '파산'이라는 도산절차를 하나의 범주 안에서 원활하게 연계하여 처리하려는 규정 취지 등을 고려하면, 회생절차개시신청 전에 지급정지나 파산신청 또는 사기파산죄에 해당하는 법인인 채무자의 이사 등의 행위가 없었다면, 채무자의 '회생절차개시신청'은 파산절차에서 상계의 금지의 범위를 정하는 기준이 되는 '지급정지' 또는 '파산신청'으로 의제된다고 보아 회생절차개시신청이 아닌 회생절차폐지결정을 법 422조 2호 본문에서 정한 '지급정지'라고 전제한 후, 피고가 채무자 회사에 대한 회생절차폐지결정이 있기 전에 예금채무를 부담하였으므로, 피고의 이 사건 상계가 법 422조 2호 본문에 저촉되지 않는다고 판단한 원심은 잘못이다(대법원 2016. 8. 17. 선고 2016다216670 판결). 이에 대한 해설로는 김희중, "채무자에 대하여 회생계획인가가 있은 후 회생절차폐지의 결정과 파산선고에 따라 파산절차로 이행된 경우, 파산절차에서 상계의 금지의 범위를 정하는 기준시점", 대법원판례해설(제109호, 2017. 6), 524면 이하 참조.

[191] 한편, 회생계획인가 후의 회생절차폐지의 경우에는(6조 1항) 회생계획인가의 효력으로 채무자는 면책되며(251조), 이미 회생계획안에 따른 권리변경이 발생하고(252조 1항), 회생계획의 수행과 법의 규정에 의하여 생긴 효력에 영향이 없으므로(288조 4항) 새로이 파산채권의 신고·조사 등의 절차를 행하여야 한다. 그래서 법 6조 5항에서 동조 2항만을 규정하고, 동조 1항은 규정하고 있지 않다.

[192] 부인의 소 또는 부인권의 행사에 기한 청구의 계속 중에 회생절차가 폐지된 경우에는 관리인의 자격이 소멸함과 동시에 해당 소송에 관계된 권리 또한 절대적으로 소멸하고 어느 누구도 이를 승계할 수 없다(대법원 1995. 10. 13. 선고 95다30253 판결). 관련하여 홍성준, "회생절차상 부인권과 회생절차의 종결", 민사판례연구(제29권), 443면 이하; 장상균, "회사정리절차의 종결이 관리인의 부인권 행사에 미치는 영향", 대법원판례해설(제63호, 2007. 7), 775면 이하 참조. 반면, 폐지의 결정이 확정된 뒤 직권 파산선고에 의하여 파산절차로 이행된 때에는 파산관

는 경우에는 회생계획인가결정으로 이미 회생계획에 따른 권리변동이 발생하였으므로(252조 1항) 새로이 파산채권의 신고·조사 등 파산절차를 밟아야 한다.[193]

⑦ 한편, **파산선고를 받은 채무자**에 대하여 회생계획인가결정으로 파산절차가 실효한 뒤(256조 1항)에 결국 회생절차(여기서는 간이회생절차 포함)의 폐지가 있는 때에도 법원은 **직권**으로 파산을 선고하여야 한다(6조 8항). 이 경우에 뒤의 파산선고는 실질적으로 앞의 파산절차의 연속으로 볼 수 있으므로 효력을 잃은 앞의 파산절차에서의 파산신청이 있는 때에 파산신청이 있는 것으로 보며, 공익채권은 재단채권으로 한다(동조 9항).

16-122   ## XI. 소액영업소득자에 대한 간이회생절차

중소기업 등의 회생절차 접근성을 제고하기 위하여 2014. 12. 30. 도산법 개정(2015. 7. 1. 시행)으로 법 제2편 제9장에서 소액영업소득자에 대한 간이회생절차를 신설하였다(간이회생절차란 소액영업소득자에게 적용되는 회생절차를 말한다. 293조의2 3호).[194] 여기에서 '소액영업소득자'란 회생절차개시의 신청 당시 회생채권 및 회생담보권의 총액이 50억 원 이하의 범위에서 대통령령으로 정하는 금액(현재 채무자 회생 및 파산에 관한 법률 시행령 15조의3에 따르면 50억 원) 이하인 채무를 부담하는 영업소득자를 말하고(293조의2 2호), 또한 여기에서 '영업소득자'란 부동산임대소득·사업소득·농업소득·임업소득, 그 밖에 이와 유사한 수입을 장래에 계속적으로 또는 반복하여 얻을 가능성이 있는 채무자를 말한다(동조 1호). 간이회생절차에는 법 제2편 제9장에서 특별히 정한 것을 제외하고 제2편(회생절차)의 규정을 적용한다(293조의3 1항).

소액영업소득자는 법원에 간이회생절차개시의 신청을 할 수 있다. 다만, 개인인 소액영업소득자가 신청일 전 5년 이내에 개인회생절차 또는 파산절차에

재인은 법 제6조 제6항에 의하여 종전의 회생절차에서 관리인이 수행 중이던 부인권 행사에 기한 소송절차를 수계할 수 있고, 이러한 경우에 부인권 행사에 기한 소송은 종료되지 않는다(대법원 2015. 5. 29. 선고 2012다87751 판결).

193) 전대규, 976면.

194) 이에 대하여는 양형우, "소액영업소득자에 대한 간이회생절차", 재산법연구(2015. 11), 317면 이하 참조. 그리고 미국의 2019년 소규모기업회생법(Small Business Reorganization Act of 2019)의 제정과 연방파산법 제11장 제5절의 신설 등 위 간이회생절차와 관련된 외국의 입법동향에 관하여 김효선, "소액영업소득자에 대한 간이회생제도에 관한 입법 연구", 법조(2023. 4), 260면 이하 참조.

의한 면책을 받은 사실이 있는 경우에는 그러하지 아니하다(293조의4 1항). 위 신
청을 하는 때에 그 신청이 같은 항의 요건에 해당되지 아니할 경우에 회생절차
개시의 신청을 하는 의사가 있는지 여부를 명확히 밝혀야 한다(동조 2항).

　　법원은 간이회생절차개시의 신청이 있는 경우에 소액영업소득자인 채무자
가 법 34조 1항 각 호(1호인 사업의 계속에 현저한 지장을 초래하지 아니하고는 변제기에
있는 채무를 변제할 수 없는 경우, 2호인 채무자에게 파산의 원인인 사실이 생길 염려가 있는
경우)의 어느 하나에 해당하고, 법 42조의 회생절차개시신청의 기각사유(회생절차
의 비용을 미리 납부하지 아니한 경우, 회생절차개시신청이 성실하지 아니한 경우, 그 밖에 회
생절차에 의함이 채권자 일반의 이익에 적합하지 아니한 경우)와 법 293조의4 1항 단서
(개인인 소액영업소득자가 신청일 전 5년 이내에 개인회생절차 또는 파산절차에 의한 면책을
받은 사실이 있는 경우)에 해당하지 아니하는 경우에는 간이회생절차개시의 결정을
하여야 한다(293조의5 1항). 그런데 위 간이회생절차개시의 결정이 있은 후 회생
계획인가결정의 확정 전에 채무자가 소액영업소득자에 해당되지 않거나 또는
개인인 소액영업소득자가 신청일 전 5년 이내에 개인회생절차 또는 파산절차에
의한 면책을 받은 사실이 있다고 밝혀진 경우에는 법원은 이해관계인의 신청에
의하거나 직권으로 간이회생절차폐지의 결정을 하여야 한다(동조 3항). 한편, 법
원이 위 간이회생절차폐지의 결정을 하더라도 채권자 일반의 이익 및 채무자의
회생 가능성을 고려하여 회생절차를 속행할 수 있으며, 이 경우에 간이회생절차
에서 행하여진 법원, 간이조사위원, 채권자 등의 처분·행위 등은 그 성질에 반
하는 경우가 아니면 회생절차에서도 유효한 것으로 본다(동조 4항).[195]

　　간이회생절차에서는 일반 회생절차와 달리 원칙적으로 관리인을 선임하지
않고, 다만, 법 74조 2항 각 호의 어느 하나에 해당한다고 인정하는 경우에는
관리인을 선임할 수 있다(293조의6 1항). 관리인을 선임하지 아니한 경우에는 채

---

[195] 간이회생절차개시의 결정이 있은 후에 간이회생절차개시의 신청 당시를 기준으로 한 회생채
　　권 및 회생담보권의 총액이 한도액을 초과함이 밝혀졌음에도 법원이 이를 간과하고 간이회생절
　　차폐지의 결정을 하지 않았다면, 이는 '회생절차 또는 회생계획이 법률의 규정에 적합할 것'이라
　　는 법 243조 1항 1호에서 정한 회생계획 인가요건을 충족하지 못하였다고 보아야 한다. 다만,
　　관련 규정의 내용과 간이회생절차의 입법 취지 등에 비추어 보면, 위 폐지사유가 존재하더라도,
　　채권자 일반의 이익·채무자의 회생 가능성 및 이를 고려한 회생절차 속행 가능성, 법 237조 1
　　호의 가결요건 충족 여부, 한도액의 초과 정도, 채무자의 현황, 그 밖의 모든 사정을 고려하여
　　회생계획을 인가하지 아니하는 것이 부적당하다고 인정되는 때에는 법 293조의3 1항, 243조 2
　　항에 따라 회생계획인가의 결정을 할 수 있다고 보는 것이 타당하다(대법원 2018. 1. 16.자
　　2017마5212 결정).

무자(개인이 아닌 경우에는 그 대표자를 말한다)는 관리인으로 본다(동조 2항).

간이회생절차에서 법원은 이해관계인의 신청에 의하거나 직권으로 법 601조 1항 각 호의 어느 하나에 해당하는 사람을 간이조사위원으로 선임할 수 있다. 간이조사위원에 대해서는 법 79조, 81조, 82조, 83조 1항 및 87조를 준용한다(293조의7 1항). 간이회생절차에서는 조사절차가 간소화되어 대법원규칙으로 정하는 바에 따라 간이한 방법으로 수행할 수 있다(동조 2항, 3항).

간이회생절차의 관계인집회에서는 법 237조 1호에도 불구하고, ① 의결권을 행사할 수 있는 회생채권자의 의결권의 총액의 3분의 2 이상에 해당하는 의결권을 가진 자의 동의가 있을 것, ② 의결권을 행사할 수 있는 회생채권자의 의결권의 총액의 2분의 1을 초과하는 의결권을 가진 자의 동의 및 의결권자의 과반수의 동의가 있을 것 중(☞ 16-92의 일반 회생절차의 가결요건인 위 ①의 요건에 위 ② 요건 추가) 어느 하나를 충족하는 경우에는 회생계획안에 관하여 회생채권자의 조에서 가결된 것으로 보아(293조의8), 회생채권자조의 회생계획안 가결요건이 완화된다. 채권자수가 비교적 많지 않은 경우나 채권액에 있어서 다른 사람을 압도할 정도인 채권자가 있는 경우에 간이회생절차를 이용하기가 쉬울 것이다.

16-123   XII. 벌   칙

법 제6편 벌칙에서 사기회생죄(643조) 등이 규정되어 있는데, 회생절차에 있어서의 범죄유형과 그 **형벌**에 대하여는 파산절차에서의 설명을 참조하고(☞ 15-1 이하), 여기에서는 따로 설명하지 않는다.

그리고 **과태료**에 관하여 법 660조 1항에서 재산조회불응 및 허위자료제출에 대하여, 동조 2항에서 회생계획수행에 관한 법원의 명령을 위반하는 행위를 한 경우에 대하여, 동조 3항에서 면책된 채권에 기한 추심행위에 대하여 각 규정하고 있다.

제 4 편

개인회생절차

제 4 편

개인회생절차

청산형의 개인파산절차에 있어서 채무자는 일단 파산선고를 받고, 또한 파산절차의 개시 시점에서 채무자가 가지는 적극재산(가령 악기, 예금 등)을 전부 파산관재인에게 넘겨 채권자에게 청산하여야 하고, 남게 된 채무에 대하여 면책을 받아야만 채무에서 벗어날 수 있는데, 면책불허가사유가 있는 경우에는 원칙적으로 면책을 받을 수 없기 때문에 개인파산과 같은 청산형의 파산절차만으로는 개인채무자의 경제적 새출발(fresh start)을 위한 법적 제도로 충분하지 못한 한계가 있었다. 누적된 과중한 채무로 말미암은 가족 동반자살, 이혼 등의 가정파탄, 심지어 살인강도 등의 범죄가 발생하여 사회불안문제로 대두되고, 그 사회적 비용도 막대한 지경에 이르고 있는 시점에서 마침내 파산적 청산을 피하면서(즉 채무자가 자신의 재산에 대한 관리처분권을 보유하면서), 절차개시 뒤 일정기간 내에 자신의 수입 등을 변제자원으로 제공하여 채무의 일부를 변제하고, 계획된 변제를 무사히 마치면, 그 변제 후에 남은 나머지 채무는 면책시키는 내용의 개인회생절차가 마련되었다. 그런데 개인회생절차와 청산형의 개인파산절차를 어떻게 위치 부여할 것인가가 문제되었는데, 가능한 입법방식으로는 우선 개인회생절차를 거치고, 이 절차에서 채무면제를 얻을 수 없는 채무자(이 절차를 이용할 수 없는 채무자를 포함하여)에 대하여는 청산형의 개인파산절차를 거쳐서 면책을 받도록 하는 방식도 생각할 수 있지만, 현행법은 양쪽을 병존시키되, 절차 이용의 선택을 채무자에게 맡기는 방식을 취하였다.

〈개인회생 접수사건 추이〉

연 도	개인파산 건수	개인회생 건수
2004	12,317	9,070
2005	38,773 (44.4%)	48,541 (55.6%)
2006[1]	123,691 (68.8%)	56.115 (31.2%)

연 도	개인파산 건수	개인회생 건수	법인파산 건수
2011	69,754	65,171	312
2012	61,546	90,368	396
2013	56,983	105,885	461
2014	55,467	110,707	540
2015	53,865	100,096	587
2016	50,288	90,400	740
2017	44,246	81,592	699
2018	43,402	91,219	806
2019	45,642	92,587	931
2020	50,379	86,553	1,069
2021	49,063	81,030	955
2022	41,463	89,966	1,044

I. 총 론

1. 개인회생절차의 의의

17-1

　　채무자 개인의 문제로 방치되어 있는 경제적 파탄 상황을 법적 제도 내로 끌어들여 합리적인 해결을 모색하기 위하여 종전의 개인파산절차와 같은 청산형 절차 이외에 새롭게 개인채무자의 회생형 절차가 필요한 시점에서,[2] 채무자 회생 및 파산에 관한 법률의 입법 과정 중 2004년 우선 「개인채무자회생법」이 따로 제정되어, 개인회생절차가 창설되기에 이르렀다. 「개인채무자회생법」의 개인회생절차는 이후 약간의 시행상의 문제점 등에 대한 보완을 거쳐, 현행 도

---

1) 2005년에는 개인회생 건수가 개인파산 건수보다 많았으나, 2006년에는 개인파산 건수가 더 많다. 이후 점차 개인파산절차 보다는 개인회생절차를 선택하는 추세를 보인다.
2) 저자는 이미 종전부터 개인회생절차 도입의 필요성을 주장하였다. 전병서, "소비자파산법의 방향", 민사소송(Ⅴ)(2002), 439면 참조.

산법에 흡수되어 제4편 '개인회생절차'에서 규율되고 있다(개인채무자회생법은 폐지).

도산법상 개인회생절차란 파산의 원인인 사실이 있거나 그러한 사실이 생길 염려가 있는 개인채무자로서, 총채무액이 담보부채무의 경우에는 10억 원 이하, 무담보채무의 경우에는 5억 원 이하의 채무를 부담하는 급여소득자 또는 영업소득자에 해당되는 사람이 5년간 일정한 금액을 변제하면 잔여채무의 면책을 받을 수 있는 절차이다. 물론 법 제2편 회생절차는 그 이용자격을 제한하고 있지 않으므로 개인채무자도 법 제4편 개인회생절차를 이용하지 않고, 법 제2편 회생절차를 이용할 수 있으나, 회생절차는 채무액이 일정 규모 이하인 개인채무자가 이용하기에는 적절하지 않다고 본다.

개인회생절차는 재정적 어려움으로 인하여 파탄에 직면하고 있는 개인채무자로서 장래 계속적으로 또는 반복하여 수입을 얻을 가능성이 있는 사람에 대하여 채권자 등 이해관계인의 법률관계를 조정함으로써 채무자의 효율적 회생과 채권자의 이익을 도모함을 목적으로 한다(종전의 2004년 개인채무자회생법 제1조, 현행 도산법 제1조 참조).

국민이 최저한의 사회복지적 삶을 영위하는 것, 나아가 경제적 새출발을 도모할 수 있도록 하는 것은 헌법이 보장하는 기본적 인권의 실현과도 관계있는 것인데, 채무자 개인의 문제로 방치되어 있는 경제적 상황을 법적 제도 내로 끌어 들여 그 해결을 모색할 수 있게 되었다는 점에서 개인회생절차의 의의를 찾을 수 있을 것이다.

2. 입법의 경과

17-2

1990년대 후반기 IMF 외환위기(국제통화기금 구제금융요청) 이후 우리나라는 세계은행(IBRD)으로부터 기업퇴출절차의 개선을 권고받았다. 그리하여 법무부는 2001년 5월 「도산법제개선실무위원회」를 구성하여 파산법·화의법·회사정리법을 통합하고, 나아가 개인회생제도를 도입하는 것을 주요 내용으로 한 이른바 통합도산법안을 마련하기에 이르렀고, 2002년 11월 6일 공청회를 거쳐 2003년 2월 21일 법률명칭을 채무자회생및파산에관한법률(안)으로 하여 제16대 국회에 제출한 바 있었다. 그러나 위 채무자회생및파산에관한법률(안) 자체가 방대하여(총 652개 조문) 국회에서의 심의가 순조롭게 이루어지지 못하는 동안, 신용불량자문제가 사회문제로 심각한 상황에 처하게 되자, 우선 별도로 개인회생절차만이라도 따로 분리하여 입법하려는 움직임이 있게 되었다.

　　그리하여 결국 위 채무자회생및파산에관한법률(안)에 규정되어 있던 제4편 '개인회생절차' 부분을 따로 떼어낸 총 92개 조문의 「개인채무자회생법」이 국회 법제사법위원회 대안의 형태로 2004년 3월 2일 국회를 통과하여 2004년 9월 23일부터 시행되기에 이르렀다. 그리고 그 후, 위 채무자회생및파산에관한법률(안) 자체는 2004년 5월 29일 제16대 국회가 막을 내림에 따라 자동폐기된 바 있다.

　　그런데 제17대 국회에서, 법무부는 제16대 국회에 제출된 바 있었던 위 채무자회생및파산에관한법률(안)에 다소의 내용상 수정·변경을 한 채무자회생및파산에관한법률(안)을 2004년 11월 6일 다시 국회에 제출하였고, 우선 2004년에 시급히 마련된 「개인채무자회생법」은 위 채무자회생및파산에관한법률(안)의 제4편 '개인회생절차' 부분에 약간 수정·변경된 내용으로 다시 편입되어 규율되었다. 이 법률안을 기본으로 국회 법제사법위원회 대안의 형태로 「채무자회생 및 파산에 관한 법률」이 2005년 3월 2일 국회를 통과하여 2005년 3월 31일 공포되었고, 2006년 4월 1일부터 동 법률이 시행되고 있다.

17-3　　**3. 개인파산절차와의 비교**

　　다음 표에서 보는 바와 같이 개인회생절차는 청산형 절차인 (개인)파산절차와는 여러 가지 차이가 있다(개인파산절차가 따로 마련되어 있는 것은 아니지만, 여기서는 파산절차를 개인파산절차로 보아 비교한다).3)

〈개인회생절차와 개인파산절차의 비교〉

	개인회생절차	개인파산절차
신청대상 채무자	급여소득자, 영업소득자	제한 무
신청원인	파산원인 또는 생길 염려	파산원인(지급불능)
채무범위	담보채무(10억 원), 무담보채무(5억 원) 이하	제한 무
채무조정 수준	변제기간 원칙적 3년 이내 청산시보다 변제액이 많을 것	변제 불필요
채무면제	변제계획에 따른 변제완료시 면책	면책불허가사유가 없는 경우 면책

---

3) 위와 같은 법적 절차는 아니지만, 그 밖에 사적(私的) 채무조정절차로 신용회복위원회의 신용회복지원제도, 채권금융기관 공동의 신용회복지원 및 추심기구인 '희망모아', '상록수 프로그램' 등이 마련되어 있다.

개인파산절차를 이용할 수 있는 대상 채무자는 제한이 없는데, 개인회생절차를 이용할 수 있는 대상 채무자는 제한된다는 점이 큰 차이이다. 그리고 개인파산절차는 파산원인인 사실(지급불능)이 있어야 되는데, 개인회생절차는 파산원인인 사실(지급불능)이 있는 경우 이외에, 지급불능이라는 파산원인인 사실이 있기 전에, 즉 파산원인인 사실이 생길 염려가 있는 경우에도 신청할 수 있다. 또한 개인파산절차에서 채무자는 파산선고를 받아야 하고, 면책불허가사유가 없어야 채무가 면제(및 복권)되는데, 개인회생절차에서 채무자는 파산선고를 받아야 되는 불명예를 거치지 않은 채, 면책을 받을 수 있다. 즉, 개인회생절차에서는 신분상의 불이익 없이 오로지 변제계획에 따라 성실하게 변제가 완료되면 잔존채무는 면책이 되어 경제적 새출발을 할 수 있게 된다.

양쪽 절차 가운데 개인회생절차를 이용할 것인지, 개인파산절차를 이용할 것인지가 문제인데, 그 요건에 따라 채무자가 신중하게 절차를 선택하면 된다.

4. 개인회생절차의 개요   17-4

개인회생절차의 대체적인 개요는 다음과 같다. ① 개인회생절차개시의 신청에 대하여 법원은 절차개시 여부를 결정한다. ② 원칙적으로 절차개시의 신청일로부터 14일 이내에 채무자는 변제계획안을 제출한다. ③ 절차개시결정이 내려지더라도 원칙적으로 채무자가 그대로 자신의 재산 등을 관리하고 처분할 권한을 가지고, 또한 채무자 스스로가 채권자목록을 작성하여 제출한다. ④ 제출된 변제계획안이 인가된다. ⑤ 변제계획이 수행되고, 채무자가 변제계획에 따른 변제를 완료한 때에 잔존채무는 면책된다.

〈개인회생절차의 흐름〉

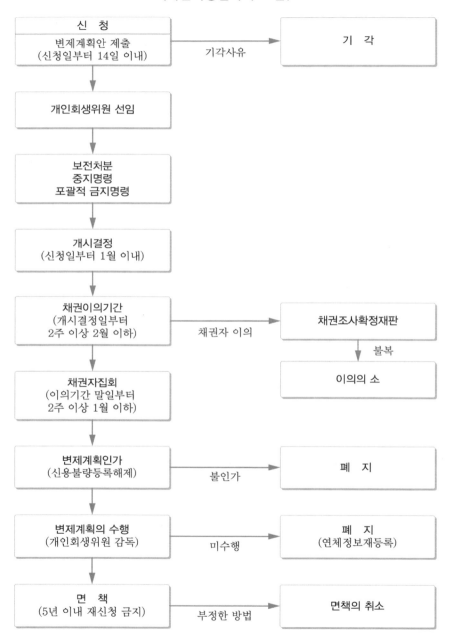

5. 과   제

(1) 재판 외 분쟁처리절차와의 연계   17-5

예를 들어 상황에 따라 재판 외 분쟁처리절차(ADR)를 활용하는 것도 생각할 수 있다. 그 이유로는 법원의 부담을 감경할 수 있는 이외에 채무자로서는 간이·신속한 구제가 될 수 있다는 점을 들 수 있다. 현행법 입법과정에서 개인회생신청의 남용을 억제하고, 민간차원의 자율적인 해결을 유도하고자 개인채무조정위원회를 설치하는 규정을 두고자 하였으나, 개인채무조정위원회를 어디에 둘 것인가, 그리고 법적 성격을 어떻게 정립할 것인가 등을 둘러싸고 견해가 대립하여 최종적으로 채택되지 않았다.[4]

(2) 소비자도산상담제도   17-6

아울러 첨언할 것은 경제적 파탄에 빠진 채무자가 경제적 재출발을 위하여 합리적 의사결정을 할 수 있도록 도움을 줄 필요가 있다. 상담의 필요성에 주목하여 미국의 CCCS(Consumer Credit Counselling Service)와 같은 상담제도를 그 본보기로 삼을 수 있다.[5] 또한 경제적 파탄의 예방을 위하여 신용이용의 계획성이나 그 전제가 되는 생활습관의 건전성에 관한 소비자교육도 필요하다고 생각한다.

II. 외국의 개인도산법제의 동향   17-7

개인채무자의 도산절차에 관한 외국의 입법례를 살펴보면 미국, 프랑스, 독일, 일본 등은 이미 우리 개인회생절차에 해당하는 법적 절차를 갖추고 있었음을 알 수 있다.[6] 이 가운데 우리 개인회생절차가 주로 참조한 입법례는 미국

---

4) 참고로 보면, 일본의 경우에는 개인재생절차와 별도로 이미 2000년 2월부터 「특정채무 등의 조정의 촉진을 위한 특정조정에 관한 법률」이 시행되고 있는데, 동법에서 채무변제협조정을 새롭게 민사조정의 특례로 규정하였다. 또한 독일 도산법(Insolvenzordnung)에서는 법규정 자체에 ADR를 두고 있지 않지만, 소비자도산절차를 이용하기 전에 최소한 6개월간 채무자는 채권자 사이에서 채무의 변제에 관한 재판외의 합의(Außergerichtliche Einigung)를 하도록 노력하여야 한다는 규정(제305조 제1항 제1호)을 두고 있다.

5) CCCS는 비영리조직으로 미국 47개주에 350개의 사무소를 두고 있다. CCCS의 주요한 임무는 부채상환문제의 상담, 부채상환계획을 세우도록 조언, 재정적으로 책임감을 갖는 소비자가 될 수 있도록 교육하는 업무를 수행한다. 최현자, "개인회생제도의 문제점과 개선방안", 신용카드 (2002. 12), 73면.

6) 아래에서 살펴 볼 국가 이외에 노르웨이에서도 신파산법이 1993년부터 시행되고 있는데 소비자파

연방파산법 제13장 절차이다.

17-8

1. 미 국

미국 연방파산법상 개인채무자를 위한 도산절차로서는 제7장 「청산절차 (Liquidation)」 및 제13장 「정기수입 있는 개인 채무의 조정절차(Adjustment of Debts of an Individual With Regular Income)」가 있다.[7] 이 가운데 제7장 절차는 우리의 파산절차에 상당한 절차로 채무자가 현재 가지고 있는 재산을 환가하여 채권자에게 배당하는 절차인데, 개인채무자의 경우에는 우리의 동시파산폐지와 같이 환가할 재산이 없는 사례(no assets case)가 대부분을 차지하고 있는 실정이다. 한편, 제13장 절차는 안정된 수입은 있으나, 과중·중첩된 채무를 부담하고 있는 개인채무자에 대하여 채무의 감면·유예를 내용으로 하는 변제계획을 세우게 하여 그 계획이 법정요건에 부합되면 파산법원이 이것을 인가하고, 변제계획에 따라서 변제를 마치면 나머지 채무가 면책되는 것으로 채무자가 가옥, 자동차 등의 자신의 자산을 계속 보유하면서 장래의 수입으로부터 변제할 수 있다는 것이 장점이다.[8] 제13장 절차는 우리 개인회생절차가 주로 참조한 입법례이다.

〈사건 추이〉

연 도	제7장 절차(Chapter 7)	제13장 절차(Chapter 13)
1999	909,719	377,640
2001	1,031,238	419,660
2003	1,155,081	467,908
2005	1,631,011	407,322
2006	연방파산법의 개정	

산에 대하여 미국의 예를 참고하여 새로운 재출발의 가능성을 보다 넓게 열어 놓았으며, 사전에 채권자와의 조정을 의무화하는 한편, 5년 정도의 기간에 걸친 상환계획을 마련하도록 하였다. 또한 오스트리아에서도 1993년(1995년 1월부터 시행)의 「개정파산법(Konkursordnungsnovelle)」 가운데 소비자도산에 관한 조항을 두고 있다.

7) 미국의 소비자파산절차에 대한 국내 문헌으로는 서경환, "우리나라 소비자파산제도의 개선방안 — 미국 소비자파산제도의 도입을 중심으로 —", 재판자료(제98집, 2002), 40면 이하 참조.

8) 미국 실무에 대한 국내 문헌으로는 강선명, "미국 파산절차 실무", 법조(2004. 5), 269면 이하 참조.

(1) 청산절차

1) 신   청
17-9

채무자 또는 채권자의 신청에 의하여 개시된다. 채무자의 자발적 신청 (voluntary petition)의 경우에는 신청인에게 채무자적격이 있으면 별도의 구제명 령(order for relief)이 없이도 신청과 동시에 당연히 절차가 개시된다. 한편, 채권 자로부터의 비자발적 신청(involuntary petition)의 경우에는 신청권이 있는 채권 자(1인[채권자가 12인 미만인 경우] 또는 채권액이 1만 달러 이상이 되는 3인 이상의 채권자 의 공동신청)의 신청에 의하고, 또한 파산법원의 구제명령에 의하여 개시된다. 구 제명령은 채무자가 이의하지 않은 경우에는 당연히 내려지나, 채무자가 이의를 제기한 경우에는 지급정지 등의 요건의 유무를 심리하여 구제명령이 내려진다. 절차의 남용이라고 인정되는 경우에는 파산법원은 신청을 기각할 수 있다.9)

위와 같은 신청이 있으면 구제명령의 여부에 상관없이 신청시부터 채권자 의 변제독촉을 위한 법률상, 사실상의 모든 행위(담보권실행을 포함)가 자동적으로 중지(automatic stay)되기 때문에 별도의 보전처분은 필요하지 않게 된다. 채권자 가 신청 여부를 알고 있었는지 여부는 상관없다.

2) 절   차
17-10

파산법원은 자발적 신청인 경우는 즉시, 비자발적 신청인 경우는 구제명령 이 내려진 후에 즉시 임시관재인을 선임한다. 일정요건을 갖춘 채권자에 의하여 채권자집회에서 관재인(permanent trustee)이 선임되지 않으면 이 임시관재인이 관재인이 된다. 관재인은 파산재단의 재산을 점유하여 자산과 채권 등을 회수하 고 재단의 확충을 도모하며 이를 환가하여 배당하는 한편, 신고된 채권이나 채 무내용을 조사하는 업무를 담당한다.

파산재단을 구성하는 재산은 원칙적으로 신청시에 존재한 채무자의 재산이 되지만, 채무자의 경제적 새출발을 위하여 광범위한 압류금지재산을 인정하고 있다. 매우 광범위하게 압류금지재산을 인정하고 있기 때문에 청산절차에 있어 서도 대부분의 사건에서는 배당이 없든지 소액의 배당에 그치는 경우가 많다.

---

9) 이에 대한 국내문헌으로는 원유석, "채권자의 신청에 의한 파산절차개시에 관한 비교법적 연 구", 재판자료(제84집, 1999), 372면 이하 참조.

17-11 **3) 면   책**

면책을 받기 위한 채무자의 특별한 신청은 필요하지 않다. 파산법원은 채무자를 출석시켜 심문을 한 후에 면책불허가사유가 있다고 판단되는 경우를 제외하고는 면책을 허가하여야 한다. 면책불허가사유의 판단은 관재인 또는 이해관계인의 이의신청에 의하여 이루어진다. 따라서 관재인이나 이해관계인으로부터 이의신청이 없을 때에는 당연히 면책을 허가하여야 한다. 즉 필수적이다.

면책허가를 받은 채무자는 그 면책허가를 받은 때로부터 8년(선행절차가 제13장 절차인 경우에는 6년)이[10] 경과하지 않으면 다시 면책을 받을 수 없다. 다만, 제13장 절차에 있어서 계획을 완료하였거나 아직 완료하지 않았더라도 계획의 70% 이상을 변제하였고 채무자가 최선으로 노력하였다는 것이 인정되면, 면책을 받은 후 6년이 경과하지 않았어도 다시 제7장 청산절차에 의한 면책이 인정될 수 있다.

(2) 정기수입 있는 개인채무의 조정절차

17-12 **1) 신   청**

제13장 절차는 자발적 신청, 즉 채무자의 신청에 의하여만 개시된다.[11] 절차를 신청할 수 있는 채무자는 신청서 제출일 당시에 부담하는 확정된 무담보채무가 307,675달러 이하이고, 담보부채무가 922,975달러 이하이어야 하며, 정기수입이 있는 개인채무자에 한정된다(연방파산법 109조 (e)).

채무자의 신청이 있으면 별도의 법원의 구제명령을 받을 필요가 없이 절차는 당연히 개시된다. 또한 채무자에 대해서뿐만 아니라 공동채무자(보증인)에 대해서도 법률상·사실상의 변제독촉행위가 자동적으로 중지된다. 보통 자동적 중지는 오로지 채무자와 채무자의 재산만을 대상으로 하는데(연방파산법 362조 (a)),

---

10) 종전 연방파산법 규정에 의하면 채무자가 당해 파산신청일 전 6년 내에 개시된 사건에서 제7장 또는 제11장 면책허가를 받은 경우에는 다시 제7장 면책허가를 받을 수 없도록 하고 있었는데, 2005년 연방파산법 개정인 「파산남용방지 및 소비자보호법(Bankruptcy Abuse Prevention and Consumer Protection Act of 2005)」에서는, 그 기간을 8년으로 늘렸다. 다만, 선행절차가 제13장 절차인 경우는 개정이 없었고, 기간은 그대로 6년이다. 이러한 개정 내용에 관한 국내 문헌으로는 김경욱, "2005년 미국 연방파산법상 소비자파산제도의 주요 개정 내용과 그 의미", 민사소송(2005. 11) 266면 이하.

11) 채무자에게만 신청권을 인정하는 이유는 채권자의 신청을 인정하여 채무자로 하여금 몇 년에 걸친 채무변제를 강제하는 것은 수정헌법 제13조의 강제노역금지에 위배될 뿐만 아니라 채무변제를 강요하는 것은 실효성이 없기 때문이다. 임치용, 파산법연구(2004), 242면.

제13장 절차에서는 이 예외를 인정하여 공동채무자에 대해서도 변제독촉행위가 자동적으로 중지되도록 그 범위를 넓혔다(연방파산법 제1301조). 이는 제13장 절차를 제7장 절차보다도 매력적으로 하기 위한 정책적 이유에서 비롯되었다고 한다. 이때에 이해관계인은 이의신청을 할 수 있다.

그리고 제7장 절차에서는 6년 이내에 재차 절차를 이용하기 위한 신청을 금지하는데(연방파산법 727조 (a)), 반면 종전에 제13장 절차에서는 이러한 반복신청을 금지하는 규정은 없었다. 그런데 2005년 연방파산법 개정인 「파산남용방지 및 소비자보호법(Bankruptcy Abuse Prevention and Consumer Protection Act of 2005)」에서는, 제13장 절차에서도 반복신청을 금지하는 규정을 새로이 두었다. 즉 채무자가 제13장에 따른 구제명령일 이전 4년의 기간 동안 제7장, 제11장 또는 제12장 규정에 의하여 제기된 사건에서 면책을 받은 경우에는 채무자는 제13장 절차에서 다시 면책을 받을 수 없으며, 그리고 가령, 이전 면책이 제13장 절차에서의 면책이라면 그 기간은 위 구제명령일 전 2년 이내로 짧아지게 된다(연방파산법 1328조 (f)).

2) 절   차   17-13

절차가 개시된 후에 관재인(Standing Trustee)이 선임된다. 임시관재인제도는 없고 채권자가 도산관재인을 선임하는 제도도 없다. 관재인이 절차를 진행하는 것은 위에서 살핀 제7장 청산절차와 마찬가지이다.

채무자는 절차를 신청한 때로부터 소정의 기간 이내에 변제계획안을 법원에 제출하여야 한다(연방파산법 1321조). 변제기간은 원칙적으로 3년이나 이유가 있는 경우에 한하여 5년까지 연장될 수 있다(연방파산법 1322조 (d)). 변제계획안에 대한 채권자의 동의는 필요하지 않다.

법원은 변제계획안을 인가할 것인지 여부에 대하여 심문기일을 열고, 이해관계인은 변제계획의 인가에 대하여 이의를 제기할 수 있다(연방파산법 1324조).

법원으로부터 변제계획이 인가되면 법원에 의하여 다시 특별한 명령이 없는 한, 채무자로부터 수입을 건네받아 관재인이 변제를 실시한다. 채무자는 이 변제에 충당하기 위하여 재산을 관재인에게 교부하여야 한다.

3) 면   책   17-14

변제계획에 기하여 무사히 변제를 마치면, 법원은 지체 없이 면책허가의 결정

을 한다.12) 채무자는 부양료채무 및 학자금채무, 음주 그 밖의 약물중독상태에서
의 불법운전에 의한 손해배상채무 등을 제외하고는 채무에 대한 책임을 면하게 된
다(연방파산법 1328조 (a)). 제7장 절차에 비하여 제13장 절차에서는 훨씬 많은 채무
가 면책의 대상이 된다. 이 때문에 super discharge(특별면책)라고 부른다.

또한 변제계획에 따른 변제를 완료하지 못하였더라도 그것이 채무자의 책
임 없는 사정에 기인하고, 이미 무담보채권자에게 청산절차에서의 배당보다도
많은 변제를 하고, 변제계획을 중도에 변경하는 것이 현실에 맞지 않는 경우에
한하여 법원이 면책을 허가할 수 있다(연방파산법 1328조 (b)). 이를 hardship
discharge(곤경에 따른 면책)라고 부른다.

한편, 제7장 절차를 통하여 무담보채무의 면책을 받은 후에, 남게 된 담보부채
무나 비면책채무에 대하여 다시 제13장 절차를 신청하는 것을 허용하고, 이를 이
른바 제20장(제7장＋제13장) 절차라고 부르고 있다.13)

17-15 **(3) 제7장 절차와 제13장 절차 사이의 선택**

제7장 절차와 제13장 절차 사이의 선택은 ① 부채의 성격, ② 파산 후의 신용
과 여러 비용, ③ 면제자산의 범위와 임금압류의 여부와 같은 법률적 환경, ④ 신용
상담의 제공 여부, ⑤ 생활습관 및 주기(life-cycle), 소득의 형태, 주택보유 여부, 주
거지역과 같은 개인적 변수 등에 관한 고려에 의하여 이루어지고 있다고 한다.14)

그런데 장래 수입이 충분히 있으리라고 보여서 채무자가 제13장 절차를 이용
하는 것이 적절함에도 불구하고 채무자가 제7장 절차를 신청하는 등 제7장 절차의
신청이 「실질적 남용(substantial absuse)」이라고 인정되는 경우에는 법원은 관재인
의 신청 또는 직권에 의하여(채권자의 신청권은 인정되지 않는다) 신청을 각하(내지는
기각 dismissal)할 수 있다는 규정을 1984년 연방파산법 개정에 의하여 도입한 바
있다(연방파산법 707조 (b)). 그리하여 지금까지 실질적 남용이 제7장 절차와 제13장
절차의 경계선을 정하는 기준이 되었다. 다만, 실질적 남용을 이유로 신청을 각하
한 사례는 1년간 미국 전체에서 수백 건 정도에 불과하고, 또한 「실질적 남용」을
증명하는 것도 쉽지 않다고 한다. 나아가 실질적 남용의 판단에 있어서 하급심 재

---

12) 미국의 면책제도에 관한 국내 문헌으로는 천대엽, "미국 파산법상 개인 채무자에 대한 면책제
도 개관", 재판자료(제93집, 2001), 263면 이하 참조.
13) Johnson v. Home State Bank, 501 U.S. 78(1991)에서 이를 긍정적으로 판단하였다.
14) Sullivan, A. C. and D. D. Worden, "Rehabilitation or Liquidation: Consumers' Choice in
Bankruptcy", Journal of Consumer Affairs, 24-1(1990), pp. 69-88.

판례를 보면 재판례에 따라서 미묘한 차이가 있었다고 한다.[15]

한편, 신용카드회사 등과 같은 채권자 측의 강력한 로비활동을 배경으로 위 연방파산법 707조 (b)를 둘러싸고 장래의 수입에서 어느 정도 채무를 변제할 수 있음에도 상당수의 채무자가 제13장 절차가 아닌, 제7장 절차를 신청하는 도덕적 해이(moral hazard)가 나타났다고 지적하고, 일정한 수입이 있는 개인채무자에 대하여는 제7장 절차의 이용을 인정하여서는 안 되며, 제13장 절차에 의하여만 면책을 인정하고자 하는 방향에서 제7장 절차에 따른 면책을 인정할 필요성을 판단하기 위한 채무자의 변제자력조사(means testing)를 도입하여야 한다는 주장이 나타났다.[16]

그리고 제7장 절차의 이용에 대하여 신청의 각하 요건 및 제7장 절차를 제13장 절차로 전환(conversion)하는 요건을 「실질적 남용」에서 「남용」으로 완화하고, 채무자의 월수입으로부터 필요경비를 공제한 액(가처분소득)의 60배가 일정액을 넘는다면(즉, 5년간[60개월] 가처분소득에서 일정액을 변제할 수 있다면) 채무자가 특별한 사정을 증명하지 않는 한, 「남용」이 추정된다는 내용 등을 담은 연방파산법 개정안이 의회에 계속 제출된 바 있었다.[17]

---

15) David G. Epstein/Steve H. Nickle/James J. White, BANKRUPTCY(West Publishing, 1993), pp. 581-583.

16) 「The Bankruptcy Reform Act of 1994」에 의하여 설치된 전국파산법조사위원회(The National Bankruptcy Review Commission)가 1997년 10월 20일에 연방의회, 대통령 및 연방최고법원수석재판관 앞으로 법개정의 지침으로 「파산: 앞으로 20년(Bankruptcy: The Next Twenty Years)」이라는 제목의 보고서를 제출하였다(이에 대한 국내 문헌으로는 이재목, "미국 연방파산법상의 소비자파산제도와 개혁논의의 경과", 인권과정의(2000. 1), 197면 이하 참조). 이 보고서는 1978년 연방파산법 전반의 문제점을 검토하여 172개 항목의 「의회에의 권고(Recommendations to Congress)」와 개개의 항목에 대한 상세한 설명이 포함되어 있는데, 그 가운데 소비자파산에 대한 주요한 논점으로서는 ① 제7장 절차에 따른 면책을 인정할 필요성을 판단하기 위한 채무자의 자력조사(means test)를 도입하는 것, ② 신용상담을 파산절차에 앞서서 마련하는 것, ③ 채무자에 대한 교육제도를 도입하는 것, ④ 재단제외재산(압류금지재산)의 검토, ⑤ 제13장 절차에서 공동채무자에 대한 자동적 중지의 검토 등 여러 가지이다.

17) In the 106th Congress, the House passed H.R. 833, the successor to H.R. 3150(105th Congress), by a veto-proof margin of 313 to 108 and agreed to the conference report(H.R. REP. NO. 106-970) by voice vote. Although the Senate subsequently passed this legislation by a vote of 70 to 28, President Clinton pocket-vetoed it.
In the 107th Congress, the House again registered its overwhelming support for bankruptcy reform on two more occasions. On March 1, 2001, the House passed H.R. 333, the 「Bankruptcy Abuse Prevention and Consumer Protection Act」 by a vote of 306 to 108.
In the 108th Congress, on March 19, 2003, the House passed H.R. 975, the 「Bankruptcy Abuse Prevention and Consumer Protection Act of 2003」 by a vote of 315 to 113. Thereafter, the House, on January 28, 2004, passed S. 1920, as amended, the text of

드디어 제109대 의회에서 2005년 4월 14일 「Bankruptcy Abuse Prevention and Consumer Protection Act of 2005(파산남용방지 및 소비자보호법)」를 통과시켰고, 부시 대통령이 2005년 4월 20일 위 법안에 서명하여 위와 같은 내용의 연방파산법의 개정이 있었다.[18]

2. 프 랑 스

17-16

1989년 프랑스에서는 「개인과 가족의 채무초과에 의한 곤경의 예방 및 정리에 관한 법률(Loi n° 89-1010 du 31 décembre 1989 relative à la prévention et au réglement des difficultés liées au surendettement des particuliers et des familles)」이 제정되어 처음으로 지급불능인 개인에게 자신의 채무를 정리할 수 있는 절차가 채택되었다. 그 이전에는 개인의 도산을 사실문제로만 취급하여 이에 대한 법규정조차 두고 있지 않았다. 1807년의 나폴레옹 상법전에 의하여 채택된 상인파산주의의 전통은 그 뒤에도 기본적으로 유지되어 온 것이다.[19] 위 법률의 목적에서 채권자의 만족을 언급하고 있지 않은 것에 비추어 입법배경은 채무자의 재기를 의도하고 있다고 할 수 있다.[20]

위 법률에서는 변제계획을 작성하기 위하여 2단계의 절차를 마련하고 있다.

우선, **제1단계**는 각 지역에 설치된 「개인의 과잉채무상황의 조사에 관한 위원회」(comission d'examen des situation de surendettement des particuliers, 법원이 아닌 행정기관의 성격을 가진다)가 채무자와 주요한 채권자의 사이의 합의에 기한 변제계획의 책정을 중개하는 화해절차(Règlement amiable)를 마련하고 있다. 채무자가 채무초과상태(Surendetement)에 이르렀으나, 그와 같은 상태에 이르게 된 것이 채무자의 선의였다고 판단되는 경우에 주요한 채권자의 동의와 위원회의 감독 하에 변제계획을 세워 채무를 순차적으로 변제하고 감면받는다. 이 변제계획이 제출되면 최장 3개월간 채권자의 강제집행이 정지될 수 있다.

---

which was substituted with the text of H.R. 975, as passed by the House, by a vote of 265 to 99.

18) 「Bankruptcy Abuse Prevention and Consumer Protection Act of 2005」(S. 256)에 관한 Judiciary Committee Report로 H.R. Rep. No. 109-31, 109th Cong., 1st Sess.(2005) 참조. 관련 국내 문헌으로는 정영수, "소비자도산제도의 변화－미국과 한국의 법개정 검토", 법조(2006. 4), 169면 이하 참조. 개정 이후 현황에 대하여 자세히는 박민준, "미국 연방파산법하에서 절차의 전환(conversion) 및 기각(dismissal)에 관한 문제", 외국사법연수논집(38)(2019), 333면 이하 참조.

19) 최성근, 프랑스의 도산법, 한국법제연구원(1998), 11-13면.

20) 이상영, "프랑스 소비자파산제도에 관한 연구", 비교사법(제12호, 2000), 478면.

다음, **제2단계**는 「소심법원(小審法院)[tribunal d'instance]」에 의한 민사회생절차(procédure de redressement judiciaire civil)로 여기서는 채무자의 재기에 필요한 조치를 취할 수 있게 되어 있다. 위 양쪽 절차에서 변제계획의 중심을 이루는 것은 부채의 조정, 이자의 감면 등인데, 특히 제2단계 민사회생절차에 있어서는 주택구입 금융채권의 변제를 위하여 채무자가 자신의 주택을 매각 · 환가한 경우에 그 대금으로 구입자금을 대출하여 준 채권자의 채권만족에 부족한 경우에 법원은 합리적 근거를 들어 잔여 채무를 감액할 수도 있다.

그 후, 위 법률은 몇 번의 개정을 거쳤다.

첫째는, 「민사집행절차에 관한 1991년 7월 9일의 법률(Loi n° 91-650 du 9 juillet 1991 rerative aux procédures civiles d'exécution)」에 의한 것으로 이는 과잉채무의 처리에 관한 민사회생절차의 관할권을 소심법원으로부터 동법에서 신설된 집행판사(juge de l'exécution)로 이전한 것이다.

둘째는, 「1993년 7월 26일의 법률 제93-949호에 의한 소비법전(Loi n° 93-949 du 26 juillet 1993 relative au Code de la consommation)」의 제정에 의한 것으로 위 절차를 동법전 제3편 과잉채무정리절차에 편입시켰을 뿐이지, 절차의 내용 자체에 수정을 가한 것은 아니다.

셋째는, 「1995년 2월 8일의 법률 제95-125호(Loi n° 95-125 du 8 février 1995 relative à l'organisation des juridictions et à la procédure civile, pénale et admin－istrative)」에 의한 재판조직 및 민사 · 형사 및 행정사건절차의 개혁에 따른 것이다. 이때에 과잉채무의 처리에 관한 절차에 비로소 근본적인 개혁이 있었다. 중요한 개정은 제2단계로서의 민사회생절차를 폐지하고, 제1단계의 절차에서 합의에 기한 변제계획이 성립하지 않은 경우에 「과잉채무위원회(Commission de surendettement des particuliers)」 자체가 변제계획안을 권고(recommander)할 수 있도록 한 점이다. 그 결과, 집행법원의 역할은 위원회의 행위에 대한 감독권에 머무르게 되었다.

이상의 절차의 특징은 첫째, 채무자의 현재의 재산을 처분하는 것에 의하여 변제자원을 만들어 내는 것(청산형 절차)이 아니라, 장래의 수입을 변제자원으로 하여 우선 합의에 의한 변제계획의 작성을 목적으로 하는 것(회생형 절차)이다. 둘째, 절차를 담당하는 기관이 사법기관이 아니라, 행정기관으로 볼 수 있는 위원회인 것이다. 셋째, 합의가 성립하지 않은 경우에는 위원회가 일정한 변제계

획을 권고할 수가 있다. 넷째, 그 한도에서는 사법기관이나 법원의 역할이 상대
적으로 후퇴하였다는 것이다.

그런데 그 뒤, 사회·경제상황의 변화에 의하여 위 절차에 「부동산집행에
있어서 과잉채무에 빠진 사람의 보호를 강화하는 1998년 1월 23일의 법률 제
98-46호(Loi n° 98-46 du 23 janvier 1998 renforçant la protection des personnes
surendettées en cas de saisie immobilière)」에 의한 개혁이 있었다. 직접적으로 소
비자도산처리절차의 개정을 목적으로 한 것은 아니고, 부동산집행, 특히 주택구
입 금융채권의 실행의 결과, 그 주거를 처분하여야 하는 채무자의 보호를 목적
으로 하는 개혁이다. 즉, 주거라는 채무자의 생활에 불가결한 재산을 처분하는
경우에 그것이 적정한 가격으로 행하여지도록 하는 것, 해당 집행채무자가 과잉
채무정리절차의 대상이 될 수 있는 과잉채무상황에 있는 경우에는 과잉채무정
리절차를 우선시키기 위하여 집행절차를 일시 정지할 수 있는 것과 함께 그 경
우에 집행절차를 정지하는 것은 과잉채무위원회가 아니고, 어디까지나 집행절
차를 관할하는 기관인 것을 분명히 하였다.

17-17   **3. 독   일**

1999년부터 시행되고 있는 새로운 도산법(Insolvenzordnung)에서의 중요한
개혁내용 가운데 하나는 소비자도산절차(Verbraucherinsolvenzverfahren)의 신설이
라고 할 수 있다.[21] 새로운 도산법은 소비자도산에 대하여 독립된 절차를 마련
하고 있다.

그런데 새로운 도산법 시행 직후부터 소비자도산절차에 대한 문제점이 지
적되면서(이용건수도 많지 않았다), 곧바로 개정문제가 제기되었다. 그 후, 도산법
및 그 밖의 법률의 개정에 관한 법률(Gesetz zur Änderrung der Insolvenz- ordnung
und anderer Gesetze)이 2001년 6월 28일 연방의회의 결의를 거쳐, 2001년 12월
1일부터 발효되었는데, 이에 따라 새로운 도산법은 약간의 개정이 있었다.[22]

---

21) 물론 면책절차의 도입도 중요한 개혁 가운데 하나라는 것을 이미 살펴본 바 있다(☞ 14-3 참
   조). 국내 문헌으로는 김경욱, "독일의 소비자파산과 잔여채무면책에 관한 연구", 법조(1998.
   10), 127면 이하; 양형우, "소비자파산과 잔여채무의 면책제도-독일통합파산법을 중심으로-",
   비교사법(제9호, 1998), 249면 이하; 이진만, "독일의 도산법-소비자도산절차와 면책제도를 중
   심으로-", 「재판자료」(제93집, 2001), 377면 이하 참조.
22) 국내 문헌으로는 김경욱, "독일 도산법제의 동향과 시사점", 비교사법(제19호, 2002), 39면 이하.

(1) 소비자도산절차

1) 적용대상

17-18

소비자도산절차를 이용하기 위해서는 채무자가 독립한 영업활동을 하지 않든지 또는 그 활동을 소규모로 하는 데 지나지 않은 자연인이어야 한다(도산법 304조 1항, 이하 여기에서는 독일 도산법 조문). 소규모 영업활동은 그 종류나 범위에 있어서 상인적 방법에 의하여 처리되는 업무경영이 필요하지 않은 경우이다(동조 2항). 그런데 실무상, 규정의 적용대상이 분명하지 않아 문제가 되었다. 소규모 자영업자와 그 밖의 영업자의 구별이라든지, 또한 예를 들어 절차의 신청 시점에 이미 영업을 그만 둔, 즉 종전에 자영업을 하던 채무자는 영업을 그만 둔 이상, 신청 시점에는 단순한 자연인이므로 소비자도산절차가 적용된다. 그러나 종전에 어느 정도 규모가 큰 영업활동을 한 경우에는 소비자도산절차로 처리하는 것은 무리이므로 절차의 적용을 배제할 필요가 있었다. 그리하여 그 후, 개정 도산법은 제304조 제1항 제1문에서 채무자가 독립한 영업활동을 하지 않든지 또는 하지 않았던 자연인인 때에는 소비자도산절차에 관한 규정의 적용을 받는다고 규정하고, 이어서 채무자가 독립한 영업활동을 하였던 경우에는 그 재산관계를 환히 내다볼 수 있고(Überschaubar), 채무자에 대한 채권이 고용관계로 생긴 것이 아닌 경우에 제1문을 적용한다는 제2문을 부가하였다. 또한 제304조 제2항에서 종래의 제2항 대신에 새롭게 위 Überschaubar라는 문언에 대한 정의로, 재산관계에 있어서 채무자가 도산절차의 개시신청을 한 시점에 20명 미만의 채권자가 있는 때에만 그러하다는 규정을 두었다. 이러한 개정에 의하여 원칙적으로 채무자가 자연인인 경우에만 소비자도산절차의 적용을 받고, 자연인이라도 소규모 자영업자는 원칙적으로 통상도산절차의 적용에 따라야 하며, 예외적으로 채권자가 20명 미만이고, 고용관계로부터 채권이 생기지 않은 경우에만 소비자도산절차의 적용이 있다는 것이 명확하게 되었다.

2) 3단계 절차

17-19

소비자도산절차는 다음의 3단계 구조로 절차가 연쇄적으로 연결되어 있다.

① 재판 외의 합의(Außergerichtliche Einigung)

17-20

우선, 첫 번째 단계로 채무자는 소비자도산절차를 신청하기 전에 최소한 6월 안에 채권자 사이에서 채무의 변제에 관한 재판 외의 합의를 하도록 시도하여야 한다(305조 1항 1호). 재판 외의 합의의 시도를 통하여 채무자가 자기 채무의 총액과 그 원인에 대하여 채권자와 합의를 이끌어 낼 수 있을 뿐만 아니라, 이를 통하여 절차개시를 위한 비용을 줄일 수 있게 된다. 그런데 강제집행의 금지는 도산절차의 개시가 있어야 비로소 효력을 발생하기 때문에 재판 외의 합의에 의하여 채무정리가 시도 중인 동안에는 채무자는 채권자의 강제집행으로부터 보호받지 못한다.

재판 외의 합의가 성립하여 채무자가 그 합의에 담긴 내용을 이행한다면, 그 합의의 효과로 더 이상 책임이 추급되지 않고 결과적으로 면책된 것과 마찬가지가 된다.

위 시도가 실패한 경우에 다음 단계로 넘어간다. 그런데 채권자는 채무자에게 압류할 수 있는 재산이 있다는 것을 안다면, 강제집행에 의하여 권리행사를 하려고 할 것이므로 합의의 성립은 곤란하게 된다. 대부분의 경우에 채권자와 합의를 이끌어 내는 것이 쉽지 않을 것인데, 합의가 성공할 전망이 없는 경우에도 재판 외의 합의가 법률상 강제되는 점에서 문제점이 지적되었다.[23] 그리하여 그 후, 개정 도산법 305의 a조는 재판 외의 합의의 시도가 있는 후에 채권자가 강제집행을 하는 때에는 채무자와 채권자 사이의 재판 외의 합의의 시도는 실패한 것으로 본다는 규정을 마련하였다. 그 결과, 합의가 성공할 전망이 없는 경우에 쓸데없는 교섭을 할 필요가 없게 되었다.

17-21 ② 재판상 채무정리절차

두 번째 단계로, 비로소 채무자는 재판상 채무정리절차를 이용할 수 있다(305조 1항 4호). 위 재판 외의 합의가 평화적·자발적인 화해(Einigung im Guten)라고 한다면, 이 재판상 채무정리절차는 사법의 감독에 의한 화해(Einigung unter der Regie von Justitia)라고 할 수 있다.

채무자는 채무정리계획(Schuldenbereinigungsplan)을 작성·제출하고, 파산법원은 이를 채권자에게 송달한다(307조). 그리고 채권자가 이의를 진술하지 않으면, 그 채무정리계획은 채택된 것으로 본다(308조). 즉, 침묵은 동의로 본다. 또한 채무정리계획이 전원 일치로 합의에 이르지 않더라도 채권자의 과반수가 동

23) 그러나 이 제도의 존재 의의를 강조하는 입장으로는 Göttner, Ohne außergerichtlichen Einigungsversuch keine nachhaltige Entschuldung im Verbraucherinsolvenzverfahren, Zeitschrift für das gesamte Insolvenzrecht(2001), S. 406f.

의하거나 동의한 채권자의 채권총액이 전 채권총액의 과반수에 이르는 경우에
는 파산법원은 채권자의 이의를 동의로 대체(Ersetzung der Zustimmung)할 수 있
다(309조). 다만, 이의를 제기한 채권자가 다른 채권자와 비교하여 불공평하게
변제받거나 또는 채무정리계획에 의하여 일반파산절차보다도 경제적으로 더 불
리하게 취급된 경우에는 동의의 대체는 적용되지 않는다.

도산절차의 개시를 구하는 신청에 관한 절차는 채무정리계획에 대한 결정
이 있을 때까지 중지한다(306조 1항).

채무정리계획이 합의에 이른 경우에 채무자는 그것을 이행한다면 그 합의
의 효과로 그 이상 책임이 추급되지 않고 결과적으로 면책된 것과 마찬가지가
된다.

이와 같이 채무정리계획에 의하여 다시 한번 채무정리를 시도하는 이유는
비록 재판 외의 합의가 결렬되어 재판상의 절차로 넘어 왔지만 그 후의 절차에
서도 가능한 빨리, 즉 재판비용이 커지기 전에 재차 화해에 의한 합의를 이끌어
내고자 하는 것이다.

이러한 채무정리계획이 합의에 이르지 않은 경우에는 마지막으로 세 번째 단
계로 넘어 간다.

그런데 재판 외의 합의가 결렬되었음에도 다시 채무정리계획에 의한 채무정리
를 시도하여도 성공할 가능성은 낮고, 비용이 많이 들며, 절차의 지연을 초래한다는
문제점이 지적되었다. 그리하여 그 후, 도산절차의 개시를 구하는 신청에 관한 절차
는 채무정리계획에 대한 결정이 있을 때까지 중지한다는 306조 1항 1문의 문언에
이어서 개정 도산법에서는 다만, 법원의 자유로운 심증에 의하여(nach seiner freien
Überschreiten) 채무정리계획이 받아들여지지 않으리라고 예견되는 경우에는 그렇
지 않다는 단서를 추가하였다. 이에 의하여 처음부터 성공이 예상되지 않는 채무정
리절차는 거치지 않아도 무방하게 되었다. 즉, 위 경우에는 즉시 채무정리계획을
포기하여 다음의 간이도산절차로 이행하는 것에 의하여 비용과 시간을 절약할
수 있게 되었다.

③ 간이도산절차(Vereinfachtes Insolvenzverfahren)   17-22

세 번째 단계로, 채무자의 재신청의 필요 없이 간이도산절차가 직권으로 개
시된다(311조). 이 절차는 통상의 기업의 도산절차와 비교하여 대폭적으로 간이
화되어 조사기일만을 열거나 경우에 따라서는 서면에 의하여 실시될 수 있다.

본래 도산관재인에게 귀속하여야 할 도산법상의 권리를 채권자에게 귀속시키고
(313조), 환가·배당절차를 간이화하여 채무자가 재단의 평가액을 채권자에게 배
당한다면 무방한 것으로 하고 있다(314조 1항).

　　이 간이도산절차에 있어서 잔존채무의 면책을 받기 위해서는 통상의 면책
절차를 거쳐야 하고 또한 소정의 기간 내에 배당금을 납입하지 않는 경우 등에
는 잔존채무의 면책은 허가되지 않는다(314조 3항). 이 경우에 채권자는 절차종
료 후에 만족을 받지 못한 채권을 행사할 수 있고 집행력 있는 채권표에 기하여
추심할 수 있다.

17-23　　**(2) 면책절차**

　　새로운 도산법(Insolvenzordnung)에 있어서 잔존채무의 면책절차에 대하여
는 이미 설명한 바 있다(☞ 14-3).

17-24　　**4. 일　　본**

　　일본에서도 소비자도산의 대부분은 충분한 자산을 가지지 않은 자연인이
면책을 받는 것을 목적으로 한 자기파산사건이고, 이른바 동시폐지사건이 대부
분을 차지하고 있는 것은 종전의 우리와 마찬가지이다. 파산법상의 파산절차와
면책절차에 대하여는 따로 살펴보지 않고, 여기에서는 개인재생절차에 대하여
만 살펴보기로 한다.

17-25　　**(1) 개인채무자갱생절차(가칭)의 제안**

　　도산법제를 전체적인 시야에서 심의하고 관련 법률안을 일괄하여 국회에
제출할 것을 전제로 대략 5년을 예상하여 1996년 10월부터 법제심의회도산법부
회를 설치하여 도산법제의 검토를 개시하였다. 그 가운데 소비자도산에 대하여
는 파산절차와 면책절차가 별개로 규정되어 있는 등 절차적인 조치가 충분하지
않다는 지적이 있었고, 또한 미국, 독일과 같이 채무자의 장래의 수입 등을 변제
자원으로 계획적으로 채무를 변제하는 것에 의하여 파산을 회피하고, 채무자의
경제생활의 재건을 도모하는 절차를 창설하여야 한다는 지적도 있었다. 그 후,
도산법부회에서 검토한 구체적 사항을 법무성민사국참사관실이 1997년 12월
19일에 「도산법제에 관한 개정검토사항」으로 공표한 바 있는데, 개정검토사항
의 제2부에서 경제적으로 파탄한 개인(자연인)채무자의 도산처리절차로서 새롭게

「개인채무자갱생절차(가칭)」의 도입을 검토하였다.

개인채무자갱생절차는 기존 화의절차가 개인채무자에게는 거의 이용되지 않는 실정에 있는 한편, 파산절차에 따르는 경우에는 ① 파산절차개시시점에서 채무자가 가지는 재산은(압류금지재산을 제외한) 전부 환가·청산되고, ② 채무자가 장래에 계속적인 수입을 얻을 전망이 있는 경우라도 이를 직접의 변제자원으로 하는 것은 예정되어 있지 않는 등에 비추어 개인채무자가 파산을 회피하면서 경제생활의 재건을 도모할 수 있도록 하는 관점에서 절차개시 후 일정기간 내의 채무자의 수입 등을 변제자원으로 하여 채무의 일부를 변제하는 것에 의한 잔존채무가 면제되는 절차로 제안된 것이다. 이 절차는 채무자가 종전대로 재산의 관리처분권을 보유하면서 채무자가 세운 변제계획에 기하여 일정기간의 변제를 계속하는 것에 의하여 잔존채무의 면제를 받는 것이다.

그런데 그 후, 기나긴 경제적 불황하에서 도산사건이 급증하고 있는 경제사정을 배경으로 하여 1998년 4월에 정부의 경제대책관료회의가 취합한 「총합경제대책」에 있어서 도산법제의 조기정비가 방책의 하나로 대두되었다. 특히 중소기업의 자금난은 중대한 문제가 되어 도산법제의 전면적 개정과는 별도로 화의법에 대신하는 신재건형도산법제의 제정이 긴급과제가 되었다. 중소기업 등을 주요한 대상으로 하는 신재건형도산처리절차의 창설에 대하여 다른 검토과제와 단절하여 우선 집중적으로 검토를 진행하였고, 한편 개인채무자갱생절차(가칭)에 대하여는 더 이상의 심의는 중단되었다. 우선 중소기업 등을 주요한 대상으로 하는 신재건형도산법제의 검토 결과, 「민사재생법」이 1999년 12월 14일 국회를 통과하여 2000년 4월 1일부터 시행되고 있다.24) 민사재생법은 재건형의 도산절차의 일반법이라고 할 수 있다.

(2) 개인재생절차의 창설

17-26

한편, 개인의 경제적 파탄에 관한 사건의 급증이 있었다. 특히 주택구입융자와 관련된 중장년의 봉급자의 경제적 파탄사례가 증가하였다. 도산법부회는 민사재생법의 제정에 이어서 개인채무자의 재건형도산처리절차의 정비에 나섰다. 2000년 11월 21일 「민사재생법 등의 일부를 개정하는 법률」이 성립하여, 같은 달 29일에 공포되었고, 2001년 4월 1일부터 시행되고 있다. 이 민사재생법의 개정법

---

24) 국내 문헌으로는 김상수, "일본의 민사재생법과 시사점", 비교사법(제19호, 2002), 1면 이하 참조.

에서는 파산법이나 회사갱생법에 있어서의 속지주의를 폐지하여 보편주의를 도
입하는 등의 국제도산법제의 정비도 있었지만, 개정 내용의 대부분은 개인채무자
의 새로운 재생절차(이하 개인재생절차)의 창설이었다.25)

　　개인재생절차는 일반법인 민사재생법의 특칙에 해당된다고 할 수 있다. 주
요한 내용은 첫째, 주택구입융자에 의하여 경제적 파탄에 빠진 개인채무자가 파
산하지 않고 주택을 보유하면서 경제생활의 재생을 신속하면서 합리적으로 도
모할 수 있도록 재생계획에 있어서 주택금융의 변제의 연장을 내용으로 하는
주택자금대출채권에 관한 특칙을 둔 것이다(제10장).

　　둘째, 소규모개인 및 급여소득자 등이 경제적 파탄에 빠진 경우에 파산하지
않고 재생할 수 있는, 그리고 채권자도 파산의 경우보다도 보다 많은 채권의 회
수를 도모할 수 있는 간이·신속한 소규모개인재생절차 및 급여소득자등재생절
차를 마련한 것이다.

　　전자의 소규모개인재생절차는 장래에 있어서 계속적으로 수입을 얻을 가능
성이 있는 개인채무자로 무담보 재생채권의 총액이 3천만 엔을 초과하지 않는
사람을 대상으로 하며, 그 수입을 변제자원으로 하여 재생채권을 원칙적으로 3
년간 분할 변제할 것을 내용으로 하는 재생계획안을 작성하고 법원의 허가를
얻어 이를 이행함으로써 잔여채무를 면제받는 것을 그 내용으로 하는 것이다(제
13장 제1절).

　　후자의 급여소득자등재생절차는 그 이용대상자를 소규모개인재생절차의
이용대상자 가운데 일반 월급생활자와 같이 장래 수입액을 확실하고도 용이하
게 예측할 수 있는 사람으로 한정하고 있다. 이 절차는 개인채무자가 취득하는
수입으로부터 개인채무자 및 그 피부양자의 최저 생활비만을 공제한 액(가처분
소득)의 2년분을 재생계획에 기하여 변제에 충당할 것을 재생계획의 인가요건으
로 추가하고 있다. 그리고 재생계획안의 결의절차를 생략함으로써, 소규모개인
재생보다도 그 절차과정을 한층 간소화·합리화한 것이 특징이다. 그 밖의 점은
기본적으로 소규모개인재생절차와 동일하다. 또한 전에 파산면책 등을 받은 사
람에 대해서는 10년 동안 그 절차 이용을 제한하고 있다(제13장 제2절).

---

　25) 이에 대한 국내 문헌으로는 이재목, "일본 민사재생법상 개인회생절차의 구조와 내용", 인권
　　과 정의(2004. 11), 143면 이하 참조.

Ⅲ. 개인회생절차의 개시

1. 신청자격

17-27

> 제588조(개인회생절차개시의 신청권자) 개인채무자는 법원에 개인회생절차의 개시를 신청할 수 있다.
>
> 제579조(용어의 정의) 이 절차에서 사용하는 용어의 정의는 다음과 같다. 1. "개인채무자"라 함은 파산의 원인인 사실이 있거나 그러한 사실이 생길 염려가 있는 자로서 개인회생절차개시의 신청 당시 다음 각목의 금액 이하의 채무를 부담하는 급여소득자 또는 영업소득자를 말한다. 가. 유치권·질권·저당권·양도담보권·가등기담보권·「동산·채권 등의 담보에 관한 법률」에 따른 담보권·전세권 또는 우선특권으로 담보된 개인회생채권은 15억원 나. 가목 외의 개인회생채권은 10억원 2. "급여소득자"라 함은 급여·연금 그 밖에 이와 유사한 정기적이고 확실한 수입을 얻을 가능성이 있는 개인을 말한다. 3. "영업소득자"라 함은 부동산임대소득·사업소득·농업소득·임업소득 그 밖에 이와 유사한 수입을 장래에 계속적으로 또는 반복하여 얻을 가능성이 있는 개인을 말한다.

파산의 원인인 사실(지급불능)이 있거나 그러한 사실이 생길 염려가 있는 개인채무자로서, 정기적이고 확실한(계속적으로 또는 반복하여) 수입이 있는 급여소득자 또는 영업소득자 가운데 총채무액이 담보부채무의 경우에는 15억 원 이하, 무담보채무의 경우에는 10억 원 이하의 채무를 부담하는 경우에(물가상승 등 경제활동의 변화에 따라 2021. 4. 20. 개정에 의하여 위 채무액 한도 기준이 위와 같이 상향되었다) 개인회생절차의 개시를 신청할 수 있다(579조, 588조).

(1) 신청권자

17-28

개인채무자이어야 개인회생절차의 개시를 신청할 수 있다(588조). 신용불량자인지 여부는 상관없다. 채무자만이 절차의 개시를 신청할 수 있고, 채권자가 채무자를 상대로 하여 절차의 개시를 신청할 수 없다.

(2) 적용대상

17-29

모든 개인채무자가 신청자격이 있는 것은 아니다. 개인채무자 가운데 급여, 연금 그 밖에 이와 유사한 정기적이고 확실한 수입을 얻을 가능성이 있는 급여소득자 또는 부동산임대소득, 사업소득, 농업소득, 임업소득 그 밖에 이와 유사한 수입을 장래에 계속적으로 또는 반복하여 얻을 가능성이 있는 영업소득자이어야 신청자격이 있다. 즉, 안정적 수입이 예견되어야 한다. 개인회생절차는 절

차의 개시 후, 일정기간 내에 자신의 수입 등을 변제자원으로 하여 채무의 일부
를 변제하는 것이 절차의 본질이기 때문이다.

17-30   1) 급여소득자

신청할 수 있는 사람 가운데 급여소득자라 함은 급여, 연금, 그 밖에 이와
유사한 정기적이고 확실한 수입을 얻을 가능성이 있는 개인을 말한다(579조 2
호). 그렇다면 실업자로 아직 취업할 곳을 찾지 못한 사람의 경우에는 정기적이
고 확실한 수입을 얻을 가능성이 없으므로 이에 해당하지 않는다고 할 것이다.
그러나 가령 당장은 실업 상태에 있지만, 이미 취업처가 내정되어 가까운 장래
에 정기적으로 확실한 수입을 얻을 개연성이 높은 사람의 경우에는 이에 해당한
다고 볼 수 있다. 다만, 변제계획에는 원칙적으로 변제계획인가일로부터 1월 이
내에 변제를 개시하여 정기적으로 변제하는 내용이 포함되어야 하므로(611조 4
항) 늦어도 변제계획인가 시까지는 취업하여 수입이 예견되어야 할 것이다. 그리
고 비정규직 근로자가 문제가 된다. 비정규직 근로자라 하더라도 4대 연금에 가
입할 수 있고, 현재 국회에서 비정규직법안이 마련된 상황에서 비정규직 근로자
라도 일정한 수입을 꾸준히 얻을 가능성이 있는 사람에 대해서는 그 적용이 있
도록 하는 입법적 논의가 필요하다고 한다.[26] 그런데 전업주부는 현실적으로
가사노동에 대한 대가가 존재하므로 절차를 이용할 수 있도록 하여야 한다는
주장도 있을 수 있지만, 요건을 충족한다고 보기는 어렵다고 생각한다. 다만, 파
트타임소득에다가 남편의 수입도 합쳐서 어느 정도 일정한 금액의 변제를 할
수 있는 상황이라면 절차를 신청할 수 있다고 할 것이다. 하여튼 개인회생사건
처리지침(재판예규 제1065호) 7조의2 1항에 의하면, 급여소득자에는 아르바이트,
파트타임 종사자, 비정규직, 일용직 등 그 고용형태와 소득신고의 유무에 불구
하고 정기적이고 확실한 수입을 얻을 가능성이 있는 모든 개인을 포함한다고
하고 있다.

17-31   2) 영업소득자

급여소득자 이외에 영업소득자도 개인회생절차를 신청할 수 있는데, 영업
소득자라 함은 부동산임대소득, 사업소득, 농업소득, 임업소득, 그 밖에 이와 유

---

26) 우세나, "개인도산에 관한 연구 — 비교법적 고찰을 중심으로 —", 고려대학교 대학원 박사학
   위논문(2004. 12), 168면.

사한 수입을 장래에 계속적으로 또는 반복하여 얻을 가능성이 있는 개인을 말한다(579조 3호). 농사를 짓는 사람은 적어도 1년에 1회는 수확이라는 형태로 수입을 얻을 가능성이 있으므로 신청자격을 인정할 수 있다.27) 여기서 장래에 계속적으로 또는 반복하여 수입을 얻을 가능성이 있다는 판단이 그리 쉽지 않을 것인데, 결국 이에 해당하려면 일정 기간마다 안정적 수입이 예견되어야 한다. 변제계획의 작성에 지장이 없도록 수입이 발생할 어느 정도의 빈도와 어느 정도의 확실성이 필요하다. 과거의 실적을 참작하여 개별적·구체적으로 판단할 필요가 있다. 예를 들어 포장마차 등의 운영으로 하루하루의 수입이 있는 경우에는 이에 해당한다고 할 것이다. 하여튼 개인회생사건처리지침(재판예규 제1065호) 7조의2 2항에 의하면, 영업소득자에는 소득신고의 유무에 불구하고 수입을 장래에 계속적으로 또는 반복하여 얻을 가능성이 있는 모든 개인을 포함한다고 하고 있다.

(3) 채무가 일정 한도를 넘지 않을 것

17-32

법원에 개인회생절차의 개시를 신청할 수 있는 채무자는 신청 당시28) 유치권, 질권, 저당권, 양도담보권, 가등기담보권, 「동산·채권 등의 담보에 관한 법률」에 따른 담보권, 전세권 또는 우선특권으로 담보된 채무(개인회생채권)는 15억원 이하, 위 담보채무 이외의 무담보채무(개인회생채권)는 10억 원 이하의 채무를 부담하는 급여소득자 또는 영업소득자이어야 한다(579조 1호). 우선변제권이 있는 임대차보증금반환채권은 우선특권에 포함된다고 할 것이다. 채무액이 일정 규모를 넘어 상당히 큰 금액이라면 개인회생절차와 같은 간이한 절차를 이용할 것이 아니라, 법 제2편 회생절차와 같은 다른 도산처리절차를 통하여 채무를 조정시키려는 것이 그 취지이다.

(4) 부부공동신청의 특례

17-33

도산법 입법과정에서 부부 모두가 신청요건을 충족할 경우에 공동으로 개인회생절차의 개시를 신청할 수 있도록 하고, 부부 각자의 개인회생재단을 합산

---

27) 박승두, 개인채무자회생법해설(2004), 135면도 마찬가지 입장이다.
28) 종전 실무는 개인회생절차의 개시결정일을 채무총액 산정기준시점으로 판단하였는데, 신청 당시에는 법에서 정한 채무총액의 범위였으나, 이후 이자나 지연손해금으로 인한 채무총액 변동으로 신청자격을 상실하게 되는 사례가 있어서, 2020. 6. 9. 위 법 579조 1호를 개정하여 신청자의 예측가능성 확보 등을 위하여 기준시점을 신청 당시로 분명히 하였다.

한 공동의 개인회생재단을 구성할 수 있도록 하는 내용의 부부공동신청의 특례
조항에 관하여 검토한 바가 있었다. 미국의 경우는 부부가 공동하여 1개의 절차
개시를 신청할 수 있는 부부공동절차(joint cases)를 규정하고 있다(연방파산법 302
조). 1개의 신청(single petition)에 의하여 부부 각자 및 부부 공동의 채권채무를
1개의 절차에서 처리하는 것에 의하여 일체적인 구제를 받는 제도이다. 그 입법
취지는 개인채무자에게 특유한 상황, 즉 개인채무자의 경제활동과 신용은 개인
이 아닌 부부 단위로 이루어지고 또한 개인회생재단이 될 재산의 상당 부분도
부부 공유로 되어 있는 점에 착안하여 부부가 공동으로 동일한 절차를 이용하게
하여 법원과 채무자에게 절차비용을 줄일 수 있게 하려는 것에 있다.29) 다만,
가령 남편만이 신청요건을 충족하고 부인은 충족하지 못하는 경우와 같이 부부
모두가 신청요건을 충족할 필요는 없고(우리가 입법과정에서 검토한 내용은 부부 모두
가 신청요건을 충족할 경우를 전제로 한다), 부부 한쪽만이 신청요건을 충족하면 부부
공동절차가 가능하다는 점이다(연방파산법 109조 (e)). 가정은 새로운 의욕을 북돋
는 안식처이므로 가정이 불안정하면 채무자의 재기 및 신용회복이 방해받게 된
다. 맞벌이 부부에 있어서는 부부가 재산을 공유하는 경우가 많고, 소비자신용
에 있어서 부부가 연대채무를 부담하는 경우가 늘어나는 추세에서 경제적 새출
발은 가족 단위의 구제에 의하여 실효성을 가질 수 있으므로 부부공동절차를
도입하는 것을 생각할 수 있다.30) 그런데 부부 공동의 개인회생재단의 구성은
우리 민법상의 부부별산제(夫婦別産制)와 관련하여 문제가 있게 된다. 즉, 남편과
아내의 재산과 채무의 내용이 완전히 같지 않다면 개인회생재단의 공동 구성은
어느 한쪽에 대한 채권자에게 손해가 되고, 변제기간 중에 부부가 이혼하는 경
우에 재단을 분리하기 어렵다는 문제점이 발생하게 된다. 결국 현행법에서는 최
종적으로 부부공동신청의 특례조항은 채택하지 않았다. 다만 (부부가 공동으로 1개
의 신청을 할 수는 없지만), 관할에 있어서 부부 가운데 한쪽에 대하여 이미 회생절
차가 진행되고 있는 때에는 다른 한쪽도 먼저 회생절차가 진행되고 있는 법원에
도 회생절차를 신청할 수 있도록 하여(3조 3항 3호) 부부 사이에 일체적으로 신청
할 수 있도록 관할법원에 융통성을 부여하였다.

---

29) H.R. Rep. No. 95-595, 95th Cong., 1st Sess. 321(1977).
30) 특히 미국의 경우와 달리 부부 모두가 신청요건을 충족하도록 하는 경우에는 도입을 굳이 반
　　대할 필요는 없다는 견해로는 임치용, 파산법연구(2004), 110면.

(5) 파산신청의 남용 문제

17-34

　현행법에서는 개인회생절차와 파산절차의 양쪽 절차를 병존하여 두고 있고, 그 어느 쪽을 이용할 것인가는 채무자가 각 절차의 요건에 따라 자유롭게 선택할 수 있도록 하고 있다. 그런데 가령 장래 수입이 충분히 있으리라고 보여서 채무자가 개인회생절차를 이용하는 것이 적절함에도 불구하고, 개인회생절차를 신청하지 않고 파산절차를 신청하는 것과 같이 절차의 이용에 있어서 파산신청의 남용이 문제가 될 수 있다(☞ 3-52). 이와 관련하여 개인회생절차와 파산절차를 연속한 절차로 하고, 우선 개인회생절차를 거치도록 한 후, 개인회생절차에서 채무면제를 받을 수 없는 채무자(또는 개인회생절차를 이용할 수 없는 채무자를 포함하여)에 대하여는 개인청산절차를 거쳐서 면책을 받도록 하는 방식도 고려할 만하지만, 관련하여 회생절차에서와 달리, 개인회생절차폐지 등에 따른 견련파산을 인정하는 규정도 두고 있지 않다. 하여튼 도산법에서는 양쪽 절차를 병존하는 방식을 채택하였으므로 앞으로 개인회생절차 쪽으로 채무자를 사실상 유도하여 나가는 조치가 강구되어야 할 것이다. 참고할 것은 법 309조 2항에서 법원은 채무자에게 파산원인이 존재하는 경우에도 파산신청이 파산절차의 남용에 해당한다고 인정되는 때에는 심문을 거쳐 파산신청을 기각할 수 있다고 하고 있으므로 이 규정의 활용도 생각할 수 있다(☞ 미국의 입법례에 대하여는 17-15 참조).

2. 신청원인

17-35

　개인회생절차개시의 신청을 위해서는 개인채무자에게 파산의 원인인 사실이 있거나 그러한 사실이 생길 염려가 있어야 한다(579조 1호). 그런데 자연인의 경우에는 지급불능이 파산원인이므로(305조 1항) 지급불능 또는 지급불능이 생길 염려가 개인회생절차개시의 신청원인이 된다.

(1) 지급불능

17-36

　지급불능이란 채무자가 채무변제능력이 없기 때문에 즉시로 변제하여야 할 채무를 일반적이며 계속적으로 변제할 수 없는 객관적 상태를 말한다. 따라서 일시적으로 채무를 변제할 수 없는 경우는 이에 해당되지 않는다. 현재 채무변제능력이 없을 뿐만 아니라 가까운 장래에 있어서도 이를 회복할 전망이 없는 상태이어야 한다. 그리고 변제기가 다가온 채무의 전부 또는 대부분을 순조롭게 변제할 수 없는 상태이어야 한다. 특정한 채무에 대하여만 이행할 수 없는 것만으로 즉시 지급불능이 되는 것은 아니다. 그리고 어음의 부도와 같은 **지급정지**가 있으면 **지급불능이 추정**된다(305조 2항).

17-37   **(2) 지급불능이 생길 염려**

파산절차와 달리 개인회생절차에서는 파산의 원인인 사실, 즉 지급불능이 있는 경우뿐만 아니라 그러한 사실이 생길 염려가 있는 경우에도 개인회생절차의 개시를 신청할 수 있도록 하고 있다. 따라서 지급불능이 되기 이전이라도 채무자의 경제적 상황을 그대로 방치한다면 지급불능이 될 것이 객관적으로 예상되는 경우에도 절차의 개시를 신청할 수 있다. 아직 채무자가 지급불능에 있지는 않지만, 그러한 사실이 생길 염려가 있는 시점에서 가능한 한 시급히 채무자의 효율적 회생을 도모하기 위하여 개인회생절차를 이용할 수 있도록 한 것이다.

3. 신청의 절차

17-38   **(1) 신 청 서**

개인회생절차는 일정한 요건이 구비된 경우에 신청권자의 신청을 기다려 개시된다(처분권주의).[31] 신청권자는 개인채무자라는 점, 채권자에게는 신청권이 없다는 점은 이미 설명한 바 있다. 신청서에는 ① 채무자의 성명·주민등록번호 및 주소, ② 신청의 취지 및 원인, ③ 채무자의 재산 및 채무를 적어야 한다(589조 1항). 또한 신청서에는 ① 개인회생채권자목록,[32] ② 재산목록,[33] ③ 채무자의 수입 및 지출에 관한 목록, ④ 급여소득자 또는 영업소득자임을 증명하는 자료, ⑤ 진술서, ⑥ 신청일 전 10년 이내에 회생사건·파산사건 또는 개인회생사건을 신청한 사실이 있는 때에는 그 관련서류, ⑦ 그 밖에 대법원규칙이 정하는 서류를 첨부하여야 한다

---

31) 판례는 법무사가 의뢰인으로부터 건당 일정한 수임료를 받고 개인회생신청사건을 수임하여 사실상 그 사건의 처리를 주도하면서 의뢰인을 위하여 그 사건의 신청 및 수행에 필요한 모든 절차를 실질적으로 대리한 경우에는 법무사의 업무범위를 초과한 것으로서 변호사법 109조 1호에 규정된 법률사무를 취급하는 행위에 해당한다고 보았다(대법원 2007. 6. 28. 선고 2006도4356 판결[미간행]). 그런데 2020. 8. 5.부터 법무사의 업무범위에 신청의 대리(다만, 각종 기일에서의 진술의 대리는 제외)가 추가되었다(2020. 2. 4. 개정에 의한 법무사법 2조 1항 6호 신설).
32) 개인회생채권자목록이란 개인회생채권자의 성명과 주소, 채권의 원인 및 금액을 기재한 것을 말한다. 비금전채권, 조건부채권 등에 관하여는 법 581조, 426조, 427조에 따라 평가한 금액을 개인회생채권액으로 기재하여야 한다.
33) 재산목록에는 재산의 종류, 금액 또는 시가, 압류·가압류 등 강제집행의 유무 등을 기재한다.

(동조 2항). 이를 제출하지 아니하거나, 허위로 작성하여 제출하거나 또는 법원이 정한 제출기한을 준수하지 아니한 때에는 법원은 신청을 기각할 수 있다(595조 2호).

그리고 채무자는 신청일로부터 14일 이내에 변제계획안을 작성하여 제출하여야 한다(610조 1항).

그 밖에도 신청인은 인지, 송달료, 공고비용, 회생위원의 보수34) 등의 절차비용을 미리 납부하여야 한다(590조).35) 채무자가 절차의 비용을 납부하지 아니한 때에는 법원은 개인회생절차개시의 신청을 기각할 수 있다(595조 3호). 한편, 법원은 변제계획 인가 전에 납부되어야 할 비용·수수료 그 밖의 금액이 납부되어야 변제계획인가결정을 할 수 있다(614조 1항 3호). 따라서 변제계획 인가 전에 채무자가 납부하여야 할 비용을 납부하지 아니한 경우에는 채무자가 제출한 변제계획안을 인가할 수 없는 때에 해당하므로 법원은 직권으로 개인회생절차폐지결정을 하여야 한다(620조 1항 2호).

2014. 4. 28.부터 전자소송이 실시되었는데, 나아가 개인회생사건에서 2020. 3. 1.부터 사건이 종이형태로 접수되더라도 전자소송 동의 여부와 관계없이 전면 전자기록화를 시행하고 있다.

(2) 관　할

17-39

법 총칙에서 파산사건, 회생사건과 함께 개인회생사건의 관할(나아가 이송)에 대하여 규율하고 있다(3조, 4조). 회생법원의 직분관할에 전속한다(3조 참조).36) 개인채무자가 영업자이든 아니든 단독판사의 관할에 속한다(3조 5항 참조). 토지

---

34) 종전 법원의 실무는 법원공무원을 회생위원으로 선임하였고, 회생위원은 별도의 보수를 받지 않고 있으므로 회생위원 보수를 예납할 필요는 없었으나, 이제 법원공무원 아닌 사람이 회생위원으로 선임되는 경우에는 보수를 지급하여야 하므로 법령이 정하는 금액을 예납하여야 한다.

35) 예납하여야 하는 절차의 비용은 개인회생채권자의 수, 재산 및 부채의 상황, 회생위원의 선임여부 및 필요한 보수액, 그 밖의 여러 사정을 고려하여 정한다(규칙 87조 2항). 개인회생절차의 진행 과정에서 신청인이 미리 납부한 비용이 부족하게 될 수 있는데, 이 경우에 법원은 신청인에게 비용의 추가 예납을 명할 수 있다(규칙 동조 3항).

36) 법원조직법의 개정으로 2017. 3. 1.부터 도산사건(파산사건, 회생사건, 간이회생사건)을 전담할 회생법원이 신설되었다(동법 3조 1항 7호). 다만, 우선 서울에 서울회생법원만을 설치하고, 앞으로 전국적으로 확대할 예정인데, 회생법원이 설치되지 아니한 지역에 있어서의 회생법원의 권한에 속하는 사건은 회생법원이 설치될 때까지 해당 지방법원 본원이 관할한다(동법 부칙 2조). 다만, 법 579조 1호에 따른 개인채무자의 보통재판적 소재지가 강릉시·동해시·삼척시·속초시·양양군·고성군인 경우 개인회생사건(또는 파산사건)은 예외적으로 본원이 아니지만, 춘천지방법원 강릉지원에도 관할권이 있는데(3조 10항), 법 3조 10항에 따라 제기된 개인채무자에 대한 파산선고의 신청사건은 춘천지방법원 강릉지원이 관할한다(법원조직법 부칙 2조).

관할은 다음과 같다.

① 채무자의 보통재판적이 있는 곳(3조 1항 1호), 채무자의 주된 사무소나 영업소가 있는 곳 또는 채무자가 계속하여 근무하는 사무소나 영업소가 있는 곳(2호)을 관할하는 회생법원의 관할에 전속한다(3조 1항). 위 규정에 의한 관할법원이 없는 경우에는 보충적으로는 채무자의 재산이 있는 곳(채권의 경우에는 재판상의 청구를 할 수 있는 곳을 말한다)을 관할하는 회생법원의 관할에 전속한다(동조 동항 3호). ② 위 ①의 관할 규정에도 불구하고, 법인에 대한 회생사건 또는 파산사건이 계속되어 있는 경우 그 법인의 대표자에 대한 개인회생절차개시의 신청은 그 법인에 대한 회생사건 또는 파산사건이 계속되어 있는 회생법원에도 신청할수 있다(동조 3항 2호). 법인의 대표자에게 관련 토지관할을 인정하여 동일한 관할법원에 절차개시의 신청을 할 수 있도록 한 것이다. 그리고 ④ 관련된 사람서로 사이에 동일한 관할법원에 절차를 신청할 수 있도록 다음과 같이 관련 토지관할을 중복적으로 인정하고 있다. 즉 위 ① 관할 규정에도 불구하고, 주채무자 및 그 보증인, 채무자 및 그와 함께 동일한 채무를 부담하는 자, 부부의 경우에는 관련사건으로 그 서로 사이에 관할이 인정된다(동조 3항 3호). 가령 주채무자가 먼저 개인회생절차개시의 신청을 하여 주채무자에 대한 개인회생사건이이미 대전지방법원에 계속되어 있는 때에 서울시에 살고 있는 보증인도 경제적파탄에 빠져 개인회생절차개시의 신청을 하고자 한다면, 보증인은 설사 대전지방법원에 관할이 없더라도 대전지방법원에도 개인회생절차개시의 신청을 할 수있다. 결국 보증인은 선택에 의하여 서울회생법원에 절차개시의 신청을 할 수도있고, 주채무자와 마찬가지로 대전지방법원에도 절차개시의 신청을 할 수 있다.

현저한 손해 또는 지연을 피하기 위하여 필요하다고 인정하는 때에 법원의 직권이송(4조)에 관하여는 파산절차나 회생절차의 해당 부분에서 이미 설명하였다(☞ 4-11, 16-6).

17-40

(3) 보전처분·중지 또는 금지명령·포괄적 금지명령

개인회생절차개시의 신청을 하였더라도 법원이 개시결정을 내리기 전까지는 원칙적으로 개시신청은 채무자나 채권자의 행위에 어떠한 영향을 미치는 것은 아니다. 따라서 개시결정이 있기 전에 채권자의 권리행사가 빗발칠 수 있고, 한편 채무자의 재산 등이 은닉되거나 흩어질 우려가 있다. 이를 방지하기 위하

여 다음과 같은 방법을 마련하고 있다.37)

1) 보전처분

17-41

법원은 개인회생절차개시의 신청이 있은 후 개인회생절차개시결정 전에 이해관계인의 신청에 의하거나 직권으로 개인회생재단에 관하여 가압류·가처분 그 밖의 필요한 보전처분을 할 수 있다(592조 1항). 신청권자인 이해관계인에는 채무자가 포함된다. 개인회생채권자는 채무자가 재산을 은닉하거나 처분하는 등의 일정한 행위를 하는 것을 제한함으로써 재산의 이탈을 방지하려는 때에 위와 같은 보전처분을 이용할 수 있다. 개인회생절차개시결정이 있으면 보전처분의 효력은 소멸한다고 볼 것이다.

보전처분 이후에 사정변경에 의하여 보전처분을 그대로 존속시키는 것이 부적당하다고 인정하는 때에는 법원은 그 결정을 변경하거나 취소할 수 있다(592조 2항).

보전처분과 보전처분의 변경·취소의 결정에 대하여는 즉시항고를 할 수 있다. 즉시항고에는 집행정지의 효력이 없다(592조 3항, 4항).

2) 중지·금지명령

17-42

채무자가 개인회생절차를 이용하고자 하는데, 가령 일부의 채권자가 줄기차게 변제를 요구하게 되면 채무자는 경제적 재출발을 위한 변제계획을 세우는데 무리가 오고 곤혹스럽게 된다. 변제계획을 실행할 수 있기 위해서는 채권자의 추심행위를 중지·금지할 필요가 있다. 그리하여 채무자가 변제계획을 준비하기 위한 시간이 필요한 것 등의 이유에서 미국 연방파산법 362조 (a)와 같은 개인회생절차의 개시신청에 의하여 자동적으로(법원의 별도의 명령 없이) 채권자의 개별적 권리행사가 금지되는 자동중지(Automatic stay)의 도입 여부가 검토되었다.38) 그러나 자동중지제도를 도입할 경우에 가령 자동중지의 혜택을 받기 위한 목적으로 절차개시신청을 하여 채권추심을 피하고, 그 후에 신청을 취하는 형태로 신청이 남용될 우려가 있고,39) 우리의 법 현실상 너무 급격한 개혁이라

---

37) 자세히는 양형우, "개인회생절차 개시 전의 재산보전", 재산법연구(제22권 제1호, 2005), 389면 이하 참조.

38) 미국 연방파산법의 2005년 개정법인 「파산남용방지 및 소비자보호법(Bankruptcy Abuse Prevention and Consumer Protection Act of 2005)」은 자동중지를 노린 반복적 신청을 막기 위해서 자동중지의 적용 장면을 일부 한정하였다. 개정 내용에 대하여는 이혜리, "자동정지제도에 관한 연구—자동정지제도 도입의 필요성을 중심으로—", 인권과 정의(2007. 8), 65면 이하.

39) 현행법상으로 보전처분이 내려지면 부정수표단속법에 의한 처벌을 받지 않게 되는데, 부정수

고 할 수 있어서 결국 채택되지 않았다.[40] 그 대신에 법원의 명령과 관련시킨 **중지·금지명령**을 마련하였다. 즉, 개인회생절차개시의 신청과 개시 여부의 결정 사이에, 즉 개시결정이 있기 전에, 법원은 필요하다고 인정하는 때에는 이해관계인의 신청에 의하거나 직권으로 ① 채무자에 대한 회생절차 또는 파산절차, ② 개인회생채권에 기하여 채무자의 업무 및 재산에 대하여 한 강제집행·가압류 또는 가처분, ③ 채무자의 업무 및 재산에 대한 담보권의 설정 또는 담보권의 실행 등을 위한 경매,[41] ④ 개인회생채권을 변제받거나 변제를 요구하는 일체의 행위(다만, 소송행위를 제외한다), ⑤ 「국세징수법」 또는 「지방세징수법」에 의한 체납처분, 국세징수의 예(국세 또는 지방세 체납처분의 예를 포함한다)에 의한 체납처분 또는 조세채무담보를 위하여 제공된 물건의 처분(이 경우 징수의 권한을 가진 자의 의견을 들어야 한다)의 중지 또는 금지를 명할 수 있도록 하였다(593조 1항). 앞에서 언급한 보전처분이 주로 채무자에 대하여 일정한 행위를 제한함으로써 재산의 흩어짐을 방지하려는 것임에 비하여, 여기에서의 중지·금지명령은 주로 개인회생채권자, 담보권자 등 제3자에 대하여 강제적인 권리실현행위를 금지함으로써 채무자의 재산보전을 도모하려는 점에 차이가 있다.

　　중지를 명한 경우에는 명령의 대상인 절차는 현재의 상태에서 동결되어 더 이상 진행할 수 없고, 한편 **금지**를 명한 경우에는 새롭게 장래에 행하여질 가능성이 있는 명령의 대상인 절차를 신청하거나 행위를 하는 것이 금지된다.

　　중지·금지명령이 효력을 가지는 것은 개인회생절차개시의 신청에 대한 결정이 있을 때까지이다. 개인회생절차개시결정이 있으면 강제집행 등의 절차는 당연히 중지 또는 금지된다(600조 1항 2호. ☞ 17-50). 한편, 개인회생절차개시의 신청이 기각되면 중지·금지명령은 당연히 실효되고, 중지된 절차는 속행된다(593조 3항).

표단속법을 존속시키는 상태에서 자동중지제도를 도입할 경우에 부정수표단속법에 의한 형사처벌을 유예받기 위하여 절차신청을 남용할 우려가 있다는 점이 도입을 부정하는 논거 가운데 하나이다.

40) 이후 자동중지제도를 도입하고자 하는 채무자 회생 및 파산에 관한 법률 일부개정안(2012. 9. 4. 의안번호<1901554>)이 국회에 제출되었으나, 2014. 4. 29. 폐기되었다.

41) 이에 대하여 개인회생절차에서의 담보권자에게 별제권이 인정되는 것(법 제586조는 파산절차상의 별제권을 준용)과 관련하여 담보권의 실행을 중지 또는 금지하는 것은 그 취지가 맞지 않는다고 지적으로는 우세나, 전게 "개인도산에 관한 연구－비교법적 고찰을 중심으로－", 173-174면. 그러나 일정기간 동안 절차의 중지를 인정함으로써 채무자에게 숨 쉴 틈을 주고, 채권자와의 협상의 여지를 줄 필요가 있다는 견해로는 임치용, 파산법연구(2004), 116면; 윤영신, 소비자도산법 입법시의 검토과제(1999), 13면.

속행을 저지하기 위해서는 개시신청을 기각하는 결정에 대하여 즉시항고를 하고, 다시 중지·금지명령을 받아야 한다(598조 2항).

3) 포괄적 금지명령

17-43

회생절차에서의 포괄적 금지명령 규정인 법 45조 내지 47조를(☞ 16-17) 개인회생절차에 관하여 준용하고 있다(593조 5항). 즉, 법원은 개인회생절차개시의 신청이 있는 경우에 위 중지·금지명령에 의하여는 개인회생절차의 목적을 충분히 달성하지 못할 우려가 있다고 인정할 만한 특별한 사정이 있는 때에는 이해관계인의 신청에 의하거나 직권으로 개인회생절차개시의 신청에 대한 결정이 있을 때까지 **모든** 개인회생채권자 및 개인회생담보권자에 대하여 개인회생채권 또는 개인회생담보권에 기한 강제집행 등의 금지를 명할 수 있다. 법원이 **하나의 결정**으로 모든 개인회생채권자 등에 대한 강제집행 등의 금지를 명할 수 있도록 함으로써 효율적인 개인회생절차의 진행을 도모하려는 것이다.

4) 전부명령에 대한 특칙

17-44

제616조(전부명령에 대한 특칙) ① 변제계획인가결정이 있는 때에는 채무자의 급료·연금·봉급·상여금, 그 밖에 이와 비슷한 성질을 가진 급여채권에 관하여 개인회생절차개시 전에 확정된 전부명령은 변제계획인가결정 후에 제공한 노무로 인한 부분에 대하여는 그 효력이 상실된다. ② 변제계획인가결정으로 인하여 전부채권자가 변제받지 못하게 되는 채권액은 개인회생채권으로 한다.

민사집행에서 장래채권에 대한 전부명령을 인정하고 있는 점에 비추어 볼 때,[42] 위 2)에서와 같은 법원의 중지명령이 있기 전에 채무자의 장래소득에 대하여 이미 유효한 전부명령이 발하여져 확정된 경우에는 그 전부채권자가 채무자의 장래 소득을 이전받음으로 인하여 개인회생절차의 진행에 곤란을 초래할 수 있다는 문제가 있게 된다. 가령, 채무자로서는 직장에서 열심히 일을 하더라도 급료 등의 상당 부분이 채권자에게 이전되므로(민사집행법 246조 1항의 압류금지채권 참조) 그 직장에서 퇴직하고 다른 직장을 구하려는 경향이 있을 수 있고,

---

42) 채권에 대한 압류 및 전부명령이 유효하기 위하여 채권압류 및 전부명령이 제3채무자에게 송달될 당시 반드시 피압류 및 전부채권이 현실적으로 존재하고 있어야 하는 것은 아니고, 장래의 채권이라도 채권 발생의 기초가 확정되어 있어 특정이 가능할 뿐 아니라 권면액이 있고, 가까운 장래에 채권이 발생할 것이 상당한 정도로 기대되는 경우에는 채권압류 및 전부명령의 대상이 될 수 있다(대법원 2002. 11. 8. 선고 2002다7527 판결).

그렇게 되면 채권자로서도 전부채권을 변제받지 못하게 된다. 그 전부명령의 효력이 제거되지 않는 한, 개인회생절차를 이용할 기회가 봉쇄될 가능성이 상당하므로43) 법 616조에서 변제계획인가결정이 있는 때에 전부명령의 효력이 상실되는 특칙을 마련하였다(자세히는 ☞ 17-90). 한편, 개인회생절차개시 전에 전부명령이 확정되지 않았다면, 위 2) 중지명령에 의하여 전부명령은 중지될 수 있다.44)

17-45　　(4) 신청의 취하

채무자는 개인회생절차의 개시결정이 있기 전에는 신청을 취하할 수 있으나, 채무자가 법 592조의 규정에 의한 보전처분, 법 593조의 규정에 의한 중지명령을 받은 후에는 법원의 허가를 받아야 신청을 취하할 수 있다(594조). 여기서 법원의 허가는 채무자가 일단 보전처분(특히 변제금지가처분)이나 중지명령을 받아 일시적으로 위기를 넘긴 다음 임의로 절차를 취하시키는 것과 같은 남용을 막기 위하여 둔 규정이라고 할 수 있다. 회생절차개시신청의 취하에 있어서도 마찬가지 취지의 규정이 있으나(48조 1항, 2항), 한편 파산절차의 신청의 취하에 있어서는 위 법원의 허가와 같은 제한이 없다(☞ 3-38, 16-13).

신청 취하의 시기로, 일단 개인회생절차의 개시결정이 있으면 절차에 대한 신뢰를 보호하기 위하여 더 이상 취하가 허용될 수 없다. 개시결정 뒤에 채무자가 절차를 진행할 의사가 없게 된 경우에는 개인회생절차의 폐지만이 문제가 될 수 있다.

신청취하를 위한 법원의 허가에 관한 재판에 대해서는 즉시항고를 할 수 없다(13조 1항 참조).

법원의 허가에 따라 신청 취하의 효력이 생기면 보전처분, 중지·금지명령, 포괄적 금지명령은 법률상 당연히 효력을 상실한다.

---

43) 이에 대한 자세한 논의는 정준영, "개인파산(회생)에 있어서 장래소득에 대한 전부명령·채권양도의 효력", 민사소송(2004. 11), 215면 이하 참조.

44) 채권자목록에 기재된 개인회생채권에 기하여 개인회생재단에 속하는 채권에 대하여 내려진 압류 및 전부명령이 아직 확정되지 않은 상태에서, 채무자에 대하여 개인회생절차가 개시되고 이를 이유로 위 압류 및 전부명령에 대하여 즉시항고가 제기되었다면, 항고법원은 다른 이유로 압류 및 전부명령을 취소하는 경우를 제외하고는 항고에 관한 재판을 정지하였다가 변제계획이 인가된 경우 압류 및 전부명령이 효력이 발생하지 않게 되었거나 그 효력이 상실되었음을 이유로 압류 및 전부명령을 취소하고 압류 및 전부명령신청을 기각하여야 한다(대법원 2009. 9. 24. 선고 2009마1300 판결).

4. 개시결정

법원은 신청일부터 1월 이내에 개인회생절차의 개시 여부를 결정하여야 한다(596조 1항).[45] 너무 오랫동안 개시결정이 내려지지 않는 사이에 채권자가 채무자의 유일한 재산이나 급여를 압류하는 등으로 인하여 채무자의 회생이 현저하게 곤란하게 될 위험이 있으므로 개시 여부의 결정을 신청일로부터 1월 이내로 정하고 있으나, 이는 훈시규정으로 이를 위반한 경우라도 개시 여부 결정의 무효를 주장할 수 없다고 할 것이다.

개시결정서에는 결정의 연·월·일뿐만 아니라, 시(時)도 기재하여야 한다(596조 4항). 이는 파산선고, 회생절차개시결정에서와 마찬가지로 그 결정 시점을 분명히 할 필요가 있기 때문이다. 위 개시결정은 신속한 절차의 진행을 위해 그 확정을 기다리지 않고 그 결정시부터 효력이 발생한다(동조 5항).

법원은 개인회생절차개시결정과 동시에 개인회생채권에 관한 이의기간(그 기간은 개인회생절차개시결정일로부터 2주 이상 2월 이하이어야 한다) 및 개인회생채권자집회의 기일(그 기일과 위 이의기간 말일 사이에는 2주 이상 1월 이하의 기간이 있어야 한다)을 정하여야 한다(596조 2항). 법원은 특별한 사정이 있는 때에는 위 각 기일을 늦추거나 기간을

〈개인회생절차개시 공고례〉

서 울 회 생 법 원
개인회생절차개시공고

사 건   2023개회61558   개인회생
채 무 자   신○○(1975. 6. 9.생)
          서울 성동구 동일로
          대리인 변호사 정○○

위 사건에 관하여 이 법원은 개인회생절차개시결정을 하였으므로 채무자 회생 및 파산에 관한 법률 제597조에 의하여 다음과 같이 공고합니다.

- 다 음 -

1. 개인회생절차개시결정의 주문
   채무자에 대하여 개인회생절차를 개시한다.
2. 개인회생절차개시 결정일시 : 2023. 4. 19. 17:00
3. 이의기간 : 2023. 5. 12.까지
4. 개인회생채권자집회의 기일 및 장소
   ① 개인회생채권자집회의 기일 : 2023. 6. 7.(화요일) 10:00
   ② 서울회생법원 4별관 2층 4호 법정
5. 개인회생채권자목록의 내용에 관하여 이의가 있는 개인회생채권자는 위 이의기간 내에 자신 또는 다른 개인회생채권자의 채권내용에 관하여 서면으로 개인회생채권조사 확정재판을 신청할 수 있다. 다만 개인회생절차개시 당시 이미 소송이 계속중인 권리에 대해 이의가 있는 경우에는 별도로 조사확정재판을 신청할 수 없고 이미 계속중인 소송의 내용을 개인회생채권확정의 소로 변경하여야 한다.

2023. 4. 19.
서 울 회 생 법 원
판 사 최 ○ ○

---

[45] 신청인이 파산의 원인인 사실이 있거나 그러한 사실이 생길 염려가 있는 등 법 579조 1호가 정한 요건을 갖춘 개인채무자에 해당하는지 여부, 가용소득의 액수(579조 4호), 부인권 행사의 대상인 행위의 유무(584조), 개인회생절차개시신청의 기각사유의 유무(595조), 변제계획안의 적정성 및 인가요건의 충족 여부(614조) 등을 판단하기 위하여 법원 또는 회생위원은 개인회생절차개시의 신청시부터 개인회생절차의 종료시까지 필요한 경우에는 언제든지 채무자에게 금전의 수입과 지출 그 밖에 채무자의 재산상의 업무에 관하여 보고를 요구할 수 있고, 필요하다고 인정하는 경우에는 재산상황의 조사, 시정의 요구 그 밖의 적절한 조치를 취할 수 있다(591조).

늘일 수 있다(동조 3항).

법원은 개인회생절차개시결정을 한 때에는 지체 없이 개인회생절차개시결정의 주문, 이의기간, 개인회생채권자가 이의기간 안에 자신 또는 다른 개인회생채권자의 채권내용에 관하여 개인회생채권조사확정재판을 신청할 수 있다는 뜻, 개인회생채권자집회의 기일을 공고하여야 하고(597조 1항), 위 사항을 기재한 서면과 개인회생채권자 목록 및 변제계획안을 채무자, 알고 있는 개인회생채권자, 개인회생절차가 개시된 채무자의 재산을 소지하고 있거나 그에게 채무를 부담하는 자에게 송달하여야 한다(동조 2항).

법원은 개인회생절차개시결정과 동시에 정한 사항을 그 결정 후에 예를 들어 개인회생채권자목록의 수정에 따라 이의기간 연장이 필요한 경우, 변제계획안의 수정명령에 따라 개인회생채권자집회 기일의 연기가 필요한 경우 등과 같은 특별한 사정이 있는 때에는 변경할 수 있다(596조 3항). 이 경우에는 변경된 사항을 공고하고 송달하여야 한다(597조 3항).

(1) 신청의 기각사유
17-47

법원은 ① 채무자가 신청권자의 자격을 갖추지 아니한 때(595조 1호), ② 채무자가 신청서의 첨부서류를 제출하지 아니하거나, 허위로 작성하여 제출하거나 또는 법원이 정한 제출기한을 준수하지 아니한 때(동조 2호), ③ 채무자가 절차의 비용을 납부하지 아니한 때(동조 3호), ④ 채무자가 변제계획안의 제출기한을 준수하지 아니한 때(동조 4호), ⑤ 채무자가 신청일 전 5년 이내에 면책(파산절차에 의한 면책을 포함한다)을 받은 사실이 있는 때(동조 5호),[46] ⑥ 개인회생절차에 의함이 채권자 일반의 이익에 적합하지 아니한 때(동조 6호), ⑦ 그 밖에 신청이 성실하지 아니하거나 상당한 이유 없이 절차를 지연시키는 때에 해당하는 경우에는 신청을 기각할 수 있다(동조 7호).[47]

---

[46] 종전 2004년 개인채무자회생법 55조(기각사유에 관한 현행법 595조에 해당) 6호에서는 재신청 금지기간이 10년이었다. 그런데 개인회생절차에 의하여 가용소득의 전부를 가지고 변제계획을 이행하여 면책을 받은 사람이 다시 개인회생절차를 신청하려면 10년을 기다리게 하는 것은 너무 장기간이어서 지나치게 엄격하다고 보아, 현행법에서는 위 10년을 5년으로 단축하였다.

[47] 종전 2004년 개인채무자회생법 55조(기각사유에 관한 현행법 595조에 해당) 5호에서는 채무자가 신청일 전 5년 이내에 개인회생절차의 개시신청이 기각되거나 개인회생절차의 폐지결정을 받은 사실이 있는 때도 개인회생절차의 신청을 기각할 수 있다는 규정을 두고 있었다. 그러나 가령 신청이 한 번 기각되면, 5년 이내에 다시 회생절차개시신청을 할 수 없는 것은 너무 엄격하여 절차를 이용하기 어렵게 만든다는 문제점이 제기되었다. 그리하여 현행법 595조에서는 기

◆ **제6호 개인회생절차에 의함이 채권자 일반의 이익에 적합하지 아니한 때** ◆ '개인회생절차에 의함이 채권자 일반의 이익에 적합하지 아니한 때'란 개인회생절차에 의하여 변제되는 채무액의 현재가치가 채무자 재산의 청산가치에 미치지 못하는 등과 같이 변제기, 변제율, 이행의 확보 등에서 개인회생절차에 의하는 것이 전체 채권자의 일반의 이익에 적합하지 아니한 것을 의미한다.[48] 채무자가 제출한 개인회생채권자목록에 기재되어 있는 전체 개인회생채무 351,854,785원 중 이 사건 신청일 전 약 1년 동안 새로 발생한 대출금채무는 281,023,527원으로서 약 80%에 해당하나, 그 대출금 중 상당 부분은 기존 채무의 상환에 사용되었고, 나머지도 채무자의 생활비, 범칙금 납부 등으로 사용되었다. 신청에 근접하여 발생한 채무액이 전체 채무액에서 차지하는 비중이 높다는 사정만으로는 개인회생절차에 의함이 채권자 일반의 이익에 적합하지 아니하거나 채무자가 개인회생절차 진행에 따른 효과만을 목적으로 하는 등의 부당한 목적으로 개인회생절차개시신청을 하였다고 단정하기 어렵다.[49] 채무자가 개인회생절차개시신청 전에 특정 채권자에 대한 편파적인 변제나 담보제공 행위를 하여 다른 채권자들을 해하는 결과를 초래하였다고 하더라도 다른 특별한 사정이 없는 한, 단지 그러한 사정만으로 개인회생절차에 의하는 것이 채권자 일반의 이익에 적합하지 않다고 단정할 수는 없다.[50]

◆ **제7호 그 밖에 신청이 성실하지 아니한 때** ◆ '그 밖에 신청이 성실하지 아니한 때'에 해당한다는 이유로 채무자의 개인회생절차개시신청을 기각하려면 채무자에게 같은 조 1호 내지 5호에 준하는 절차적인 잘못이 있거나, 채무자가 개인회생절차의 진행에 따른 효과만을 목적으로 하는 등 부당한 목적으로 개인회생절차개시신청을 하였다는 사정이 인정되어야 한다.[51] 채무자가 세 번에 걸쳐 개인회생절차개시신청을 하였으나 개인회생절차를 남용하여 채권자의 권리행사를 방해하였다는 등의 사유로 신청이 기각되었는데, 이후 특별한 사정변경이 없음에도 또다시 개인회생절차

각 사유 가운데 "채무자가 신청일 전 5년 이내에 개인회생절차의 개시신청이 기각되거나 개인회생절차의 폐지결정을 받은 사실이 있는 때"를 삭제하였다.

48) 대법원 2011. 7. 25.자 2011마976 결정; 대법원 2017. 2. 17.자, 2016마1324 결정(변제계획에서 일반의 우선권 있는 개인회생채권의 변제에 관한 사항 중 변제기간이 전체 변제기간 60개월의 2분의 1 이내가 되어야 전체 채권자 일반의 이익에 적합하다고 볼 수 있는지 여부에 대하여 소극적으로 보았다. 즉, 일반의 우선권 있는 개인회생채권을 변제하는 기간이 전체 변제기 60개월의 2분의 1 이상이 된다고 하더라도, 변제기, 변제율, 이행의 확보 등에서 개인회생절차에 의하는 것이 전체 채권자 일반의 이익에 적합한 경우가 얼마든지 있을 수 있다고 보았다).

49) 대법원 2013. 3. 15.자 2013마101 결정[미간행]; 대법원 2017. 2. 17.자, 2016마1324 결정.

50) 대법원 2010. 11. 30.자 2010마1179 결정[미간행]. 판례해설로는 김병진, "편파행위와 개인회생에 있어서의 청산가치 보장", 재판과 판례(2011. 12)), 331면 이하.

51) 대법원 2013. 3. 15.자 2013마101 결정[미간행]. 채무자가 법원의 보정 요구에 일단 응한 경우에는 그 내용이 법원의 요구사항을 충족시키지 못하였다 하더라도 특별한 사정이 없는 한 법원이 추가적인 보정 요구나 심문 등을 통하여 이를 시정할 기회를 제공하지 아니한 채 곧바로 개인회생절차개시신청이 성실하지 않은 때를 이유로 그 신청을 기각하는 것은 허용되지 않는다(대법원 2013. 7. 12.자 2013마668 결정[미간행]).

개시신청을 한 것 자체로 '신청이 성실하지 아니한 때'에 해당된다는 이유로 개인회
생절차개시신청을 기각한 사안에서, 통상 개인회생채무자는 개인회생절차개시신청
기각결정에 대한 항고로 다투기보다는 재신청을 택하는 경우가 많고 채무자 회생 및
파산에 관한 법률에 의하여 재신청이 명시적으로 금지되어 있지 않은 점, 위 법은
도산절차에 있어서 채권자의 이익과 채무자의 실질적 갱생을 위하여 청산형의 파산
절차보다는 갱생형의 개인회생절차를 우선에 두고 있는 점, 위 개인회생절차개시신
청에 사정변경이 있다고 볼 여지도 있는 점을 고려하면 위 개인회생절차개시신청이
성실하지 아니한 경우에 해당한다고 단정하기 어려움에도, 채무자가 부당한 목적으
로 개인회생제도를 이용하였다는 등 신청불성실사유가 있는지에 대하여 심리를 하지
않은 채 채무자의 과거 경력만을 문제 삼아 위 개인회생절차개시신청을 기각한 것은
위법하다.[52]

(2) 개시결정의 효과

17-48   ### 1) 채무자의 지위

개인회생절차의 개시결정이 있더라도 파산절차의 경우와 달리(파산절차에서
는 파산선고가 있으면 원칙적으로 채무자가 종전에 소유하고 있던 재산의 전부는 파산재단을
구성하고, 이에 관한 관리처분권은 파산관재인에게 속하게 된다. 384조 참조), 채무자는 인
가된 변제계획에서 다르게 정한 때를 제외하고 여전히 자신의 모든 재산 및 개
인회생절차진행 중 취득한 재산(즉, 개인회생재단)을 관리하고 처분할 권한을 가
진다(580조 2항).

17-49   ### 2) 회생절차 또는 파산절차의 중지·금지

회생절차, 파산절차, 개인회생절차는 각기 별도의 구별된 절차로 이루어져
있으므로 신청인이 이러한 도산처리절차 가운데 하나를 선택하여 절차를 신청
할 수 있는데, 그 경우에 **개인회생절차**가 가장 **우선**한다(다음으로 회생절차가 우선
한다). 즉, 개인회생절차개시의 결정이 있는 때에는 채무자에 대하여 이미 속행
중인 회생절차 또는 파산절차는 **중지**되고, 새로이 회생절차 또는 파산절차를 개
시하는 것도 금지된다(600조 1항 1호).

개인회생절차가 중도에 좌절된 경우에 회생절차 또는 파산절차를 속행할
필요가 있으므로 회생절차 또는 파산절차가 즉시 실효하지 않고, 이후 변제계획

---

52) 대법원 2011. 6. 10.자 2011마201 결정. 판례해설로는 호제훈, "과거에 개인회생신청을 하였
다가 폐지되었거나 기각당한 사실이 있다는 사정만으로 개인회생신청이 불성실한 신청에 해당
하는 것으로 볼 수 있는지 여부", 대법원판례해설(제87호, 2011. 12), 410면 이하 참조.

인가결정이 있는 때에는 위 중지한 회생절차 또는 파산절차는 그 **효력을 잃는다**. 다만, 변제계획 또는 변제계획인가결정에서 다르게 정한 때에는 그러하지 않다(615조 3항). 여기서 효력을 잃는다는 의미는 앞으로의 속행을 허용하지 않는다는 의미가 아니라, **소급하여 절차가 효력을 잃는다**는 것을 의미한다.

3) 강제집행·가압류·가처분의 중지·금지

17-50

개인회생절차개시결정이 있는 때에는 채권자목록에 기재된 개인회생채권에 기하여 개인회생재단에 속하는 재산에 대하여 이미 계속 중인 강제집행·가압류 또는 가처분은 당연히 **중지**되고(절차가 그 시점에서 동결되고, 그 속행이 허용되지 않는다), 새로이 강제집행·가압류 또는 가처분을 하는 것은 **금지**된다(600조 1항 2호). 개인회생재단에 속하는 재산에 대한 것에 한정되므로 보증인 등에 대한 재산에 대한 강제집행·가압류 또는 가처분은 중지·금지되지 않는다. 그리고 개인회생채권이 아닌, 개인회생재단채권(583조), 환취권(585조)에 기한 강제집행 등은 허용된다. 또한 채무자가 채권자목록에 기재하지 않은 개인회생채권자는 개시결정 후에도 자유롭게 강제집행 등을 행할 수 있다.

위 중지된 강제집행·가압류 또는 가처분은 그 뒤에 변제계획인가결정이 있는 때에는 더 이상 존속시킬 필요가 없게 되므로, 변제계획 또는 변제계획인가결정에서 다르게 정하지 않는 한, 그 효력을 잃는다(615조 3항).

한편, 변제계획불인가결정 및 폐지결정이 있는 때에는 위 중지된 강제집행·가압류 또는 가처분을 속행할 수 있다.

4) 변제의 금지

17-51

개인회생절차개시의 결정이 있는 때에는 소송행위를 제외하고 채권자목록에 기재된 개인회생채권을 변제받거나 변제를 요구하는 일체의 행위가 중지·금지된다(600조 1항 3호). 개인회생절차에서는 회생절차의 관리인이나 파산절차의 파산관재인과 같이 채무자가 아닌 관리처분권자이 별도로 없고 채무자가 개인회생재단의 관리처분권을 가지므로(580조 2항), 개인회생절차개시결정이 있더라도 채무자의 재산에 관하여 이미 계속중인 소송절차를 중단할 필요는 없다. 그러므로 소송행위를 중지의 대상에서 제외하고 있다(600조 1항 3호 단서).

변제금지의 대상이 되는 것은 채권자목록에 기재된 개인회생채권에 한하며(이는 법 593조 1항 4호의 법원에 의한 모든 개인회생채권의 변제 등 중지와 다르다.

☞ 17-42), 개인회생재단채권은 개인회생절차에 의하지 아니하고 수시로 변제한 다(583조 2항, 475조).

위와 같이 중지 또는 금지되는 행위에서 소송행위를 제외하고 있다고 하여 도 이는 개인회생절차개시의 결정 당시 채권자목록에 기재된 개인회생채권에 관한 소가 이미 제기되어 있는 경우에는 그에 관한 소송행위를 할 수 있다는 취지로 보아야 하고, 절차개시결정이 내려진 뒤에 **새로이 개인회생채권에 기하 여 이행의 소를 제기하는 것은 허용되지 않는다**.53)

한편, 개인회생절차개시 당시 이미 소송이 계속 중인 권리에 대하여 이의가 있는 경우에는 별도로 채권조사확정재판을 신청할 수 없고, 이미 계속 중인 **소송 의 내용을 개인회생채권확정의 소로 변경**하여야 한다(604조 2항). 즉, 기존 소송의 청구취지를 개인회생채권의 존부나 내용의 확정을 구하는 형태로 변경하여 그에 대한 판결을 받고 그 결과를 개인회생채권자표에 기재하면 된다(606조 3호).

17-52　　5) 체납처분 등의 중지·금지

개인회생절차개시의 결정이 있는 때에는 「국세징수법」 또는 「지방세징수 법」에 의한 체납처분, 국세징수의 예(국세 또는 지방세 체납처분의 예를 포함)에 의한 체납처분 또는 조세채무담보를 위하여 제공된 물건의 처분은 중지되고, 새로이 처분을 하는 것은 금지된다(600조 1항 4호). 중지·금지의 대상은 채권자목록에 기재된 개인회생채권에 기한 경우에 한정되므로 채권자목록에 기재되지 않은 조세 등이나 개인회생재단채권인 조세 등의 청구권에 기한 처분은 제외된다.

17-53　　6) 담보권의 설정 및 담보권의 실행 등을 위한 경매의 중지·금지

개인회생절차개시결정이 있는 때에는 변제계획의 인가결정일 또는 개인회 생절차 폐지결정의 확정일 중 먼저 도래하는 날까지 개인회생재단에 속하는 재 산에 대한 담보권의 설정 또는 담보권의 실행 등을 위한 경매는 중지 또는 금지 된다(600조 2항. 한편, 개인회생절차에서 담보권은 별제권으로 인정되므로 개인회생절차에 의하지 아니하고 행사할 수 있다. 586조, 412조).

---

53) 대법원 2013. 9. 12. 선고 2013다42878 판결. 한편, 채권자목록의 제출에 대하여 시효중단의 효력이 있다고 규정하고 있고(32조 3호), 그에 따른 시효중단의 효력은 특별한 사정이 없는 한 개인회생절차가 진행되는 동안에는 그대로 유지되므로 채권자목록에 기재된 개인회생채권에 대 하여는 소멸시효의 중단을 위한 소송행위를 허용하는 예외를 인정할 필요가 있다고 할 수도 없 다. 이러한 법리는 채권자목록에 기재된 개인회생채권에 관하여 개인회생절차개시의 결정 전에 이미 확정판결이 있는 경우에도 마찬가지로 적용된다(위 2013다4878 판결).

7) 중지된 절차 또는 처분의 속행 또는 취소

17-54

법원은 상당한 이유가 있는 때에는 이해관계인의 신청에 의하거나 직권으로 위 중지된 절차 또는 처분의 속행 또는 취소를 명할 수 있다. 다만, 처분의 취소의 경우에는 담보를 제공하게 할 수 있다(600조 3항).

8) 시 효

17-55

위 법 600조 1항 또는 2항의 규정에 의하여 처분을 할 수 없거나 중지된 기간 중에 시효는 진행되지 않는다(600조 4항). 가령 담보권 실행 등을 할 수 없는 기간 중에는 시효는 진행되지 않는다.

(3) 개시결정 등에 대한 불복

17-56

법에 따로 규정이 있는 때에 한하여 즉시항고를 할 수 있는데(13조 1항), 개인회생절차개시신청에 관한 재판에 대하여는 즉시항고를 할 수 있다고 규정하고 있다(598조 1항). 위 즉시항고에는 집행정지의 효력이 없다(동조 3항. 파산절차의 경우 ☞ 3-55, 회생절차의 경우 ☞ 16-23). 항고를 할 수 있는 사람은 개인회생절차개시결정의 경우에는 채권자목록에 기재된 개인회생채권자와 별제권자가 될 것이나, 개시신청기각결정의 경우에는 신청인만이 할 수 있다고 풀이한다.[54] 개인회생절차의 신청권자는 채무자에 한정되므로(588조) 개인회생채권자는 기각결정에 대하여 이해관계를 가진다고 볼 수 없기 때문이다.

개시결정에 대한 즉시항고기간은 공고가 있은 날의 다음 날부터 기산하여 14일이다(13조 2항 참조).[55] 기각결정의 경우에는 공고되지 아니하므로 민사소송법이 준용되어 즉시항고기간은 신청인에게 결정이 고지된 날부터 1주일이다(33조, 민사소송법 444조 1항).

원심법원이 즉시항고에 정당한 이유가 있다고 인정하는 때에는 그 재판을 경정하여야 한다(33조, 민사소송법 446조. 재도의 고안). 즉시항고를 이유 없다고 인정하면 사건을 항고법원에 송부한다.

개인회생절차개시의 요건을 충족하고 있는지 여부는 개시신청 당시를 기준으로 하여 판단하는 것이 원칙이나, 개시신청에 관한 재판에 대하여 즉시항고가

---

54) 전대규, 1703면도 마찬가지이다.
55) 즉시항고는 재판의 공고가 있는 때에는 그 공고가 있은 날부터 14일 이내에 하여야 하고(13조 2항), 공고는 관보게재일 또는 전자통신매체를 이용한 공고가 있은 날의 다음날에 그 효력이 발생하는바(9조 2항), 개인회생절차개시결정을 할 경우에는 공고를 하여야 한다(597 1항).

제기된 경우에는 항고심의 속심적 성격에 비추어 항고심 결정시를 기준으로 판단하여야 한다.56)

　　항고법원은 즉시항고가 이유 있다고 인정하는 때에는 원래의 결정을 취소하고 사건을 원심법원에 환송하여야 한다(598조 5항). 그런데 **개시신청기각결정**을 취소할 경우에는 항고법원이 개시결정을 한 후 후속절차를 진행하는 것은 적절하지 아니하므로 사건을 원심법원에 환송하여야 할 것이지만, **개시결정**을 취소할 경우에는 사건을 환송할 필요 없이 항고법원이 직접 개시신청을 기각하는 결정을 하여야 한다고 본다.57)

17-57   ## 5. 회생위원

　　개인회생절차개시결정이 있더라도 원칙적으로 채무자가 그대로 자신의 재산 및 소득을 관리하고 처분할 권한을 가진다(580조 2항). 따라서 채무자의 재산 및 소득을 관리하기 위한 목적 때문에 회생위원이 있을 필요는 없다. 그러나 상황에 따라 채무자의 재산 및 소득에 대한 조사, 개인회생채권자집회의 진행 등을 위하여 법원은 이해관계인의 신청에 의하거나 직권으로 관리위원회의 관리위원, 법원사무관등, 변호사·공인회계사 또는 법무사의 자격이 있는 사람, 법원주사보·검찰주사보 이상의 직에 근무한 경력이 있는 사람, 「은행법」에 의한 은행에서 근무한 경력이 있는 사람으로서 회생위원의 직무수행에 적합한 사람 등을 회생위원으로 선임할 수 있다(601조 1항).58) 회생위원은 법원의 감독을 받아 업무를 수행한다(602조 1항). 채무자는 회생위원의 요청이 있는 경우에는 재산 및 소득, 변제계획 그 밖의 필요한 사항에 관하여 설명을 하여야 한다(동조 2항).

Ⅳ. 채무자를 둘러싼 법률관계 및 채무자 재산의 법률적 변동

17-58   ### 1. 개인회생재단

　　개인회생절차개시결정 당시 채무자가 가진 모든 재산(채무자가 개인회생절

---

56) 대법원 2011. 6. 10.자 2011마201 결정.
57) 개인파산·회생실무[제4판], 455면. 개시결정을 취소하는 결정이 내려지는 경우는 원심법원이 재도의 고안으로 스스로 취소결정을 하는 경우와 항고법원이 취소결정을 하는 경우가 있다.
58) 개인회생사건 처리지침(재민 2004-4, 재판예규 제1103호) 10조 1항에 의하면 회생위원이 법원사무관등인 경우에는 보수를 지급하지 않는 것을 원칙으로 한다고 규정하고 있다.

차개시결정 전에 생긴 원인으로 장래에 행사할 청구권 포함)과 개인회생절차진행 중
에 채무자가 취득한 재산 및 소득은 개인회생재단에 속한다(580조 1항). 청산형
절차인 파산절차의 경우에는 파산선고시를 기준으로 하여 파산재단의 범위를
확정하고 그 관리처분권을 파산관재인에게 부여하여 환가할 필요가 있으므로
파산재단의 범위를 확정하는 것이 필수적이나, 회생형 절차에서는 채무자가
계속 존속하는 것을 전제로 하므로 채무자와 재단을 분리할 필요가 없다. 따라
서 회생절차에서는 별도로 회생재단이라는 개념을 두고 있지 않다. 하지만 회
생절차와 달리 개인회생절차에서는 개인회생재단이라는 개념을 두고 있으므
로 그 법적 성격이 문제가 된다. 하여튼 파산재단은 원칙적으로 파산선고 당시
채무자가 보유한 재산에 한정되는 것(고정주의)과는 달리 개인회생재단은 개시
결정 당시 채무자가 가진 모든 재산은 물론 개인회생절차진행 중에 채무자가
취득한 재산 및 소득도 개인회생재단에 속하게 된다. 같은 도산처리절차라도
파산절차와 달리 개인회생절차에 있어서는 절차개시 후에 채무자가 취득한 재
산 및 소득도 변제재원에 포함된다는 점에서 **팽창주의**에 가깝다고 할 수 있다
(☞ 5-11). 개시결정 이후 개인회생절차에 따른 변제기간 동안 채무자가 얻게
될 것으로 확실히 예정되어 있는 장래 수입이나 재산도 개인회생재단에 속하
게 되고, 이러한 장래 수입과 재산을 포함하여 변제의 기초로 삼게 된다. 압류
할 수 없는 재산 등과 같이 파산절차에 있어서의 법 383조 면제재산에 관한
규정은 개인회생재단에 준용한다(580조 3항). 이 규정에 의하여 면제되는 재산
에 대하여는 개인회생절차의 폐지결정 또는 면책결정이 확정될 때까지 개인회
생채권에 기한 강제집행·가압류 또는 가처분을 할 수 없다(동조 4항).

2. 개인회생채권   17-59

   개인회생채권은 채무자에 대하여 개인회생절차개시결정 전의 원인으로 생
긴 재산상의 청구권을 말한다(581조. 파산채권에 대하여도 법 423조에 마찬가지의 규정
이 있다). 파산채권에 관한 법 425조 내지 433조, 439조, 442조 및 446조의 규정
은 개인회생채권에 관하여 준용한다.
   개인회생채권자목록에 기재된 개인회생채권에 관하여는 변제계획에 의하
지 아니하고는 변제하거나 변제를 받는 등 이를 소멸하게 하는 행위(면제를 제외
한다)를 하지 못한다(582조).

한편, 개인회생절차에서는 채무자가 개인회생채권자목록을 작성하여 제출하여야 하고, 이와 별도로 채권자가 채권을 신고하는 절차가 없으므로(☞ 17-65) 개인회생채권자목록에 기재되지 않은 채권은 면책되지 않는다(625조 2항 1호).

17-60 3. 개인회생재단채권

개인회생재단채권이란 개인회생절차를 위한 공익적 성격에서 지출된 비용으로서 주로 개인회생절차개시 후의 원인에 기하여 생긴 청구권인데(파산절차에서의 재단채권, 회생절차에서의 공익채권 참조. ☞ 7-1, ☞ 16-18), 법 583조는 다음의 청구권을 개인회생재단채권으로 하고 있다. 즉, ① 회생위원의 보수 및 비용의 청구권, ② 국세징수법 또는 지방세징수법에 의하여 징수할 수 있는 아래의 청구권, 즉 원천징수하는 조세, 부가가치세·개별소비세 및 주세, 특별징수의무자가 징수하여 납부하여야 하는 지방세, 위 규정에 의한 조세의 부과·징수의 예에 따라 부과·징수하는 교육세 및 농어촌특별세가 그것이다. 다만, 개인회생절차개시 당시 아직 납부기한이 도래하지 아니한 것에 한한다. ③ 채무자의 근로자의 임금·퇴직금 및 재해보상금, ④ 개인회생절차개시결정 전의 원인으로 생긴 채무자의 근로자의 임치금 및 신원보증금의 반환청구권, ⑤ 채무자가 개인회생절차개시신청 후 개시결정 전에 법원의 허가를 받아 행한 자금의 차입, 자재의 구입 그 밖에 채무자의 사업을 계속하는 데 불가결한 행위로 인하여 생긴 청구권, ⑥ 위 규정된 것 외의 것으로서 채무자를 위하여 지출하여야 하는 부득이한 비용이 개인회생재단채권이다.

개인회생재단채권은 개인회생절차에 의하지 아니하고 수시로 변제하고, 개인회생채권보다 먼저 변제한다(583조 2항, 475조, 476조).

17-61 4. 법률행위에 관한 개인회생절차개시결정의 효력

앞에서 보았듯이, 회생절차개시결정 또는 파산선고가 있게 되면 쌍방미이행 쌍무계약에 대하여 적절한 실체적 변경이 가하여진다. 가령, 민법 등에서 규정한 계약해제(해지)사유가 없더라도 관리인 또는 파산관재인이 그 계약을 해제(해지)할 수도 있고, 채무자의 채무를 이행하고 상대방의 채무이행을 청구할 수도 있다(119조, 335조). 그런데 개인회생절차에서도 이를 인정할 것인가에 대하여 현행법 입법 과정에서 많은 논의가 있었는데, 이러한 계약해제(해지)권은 민법상의 계약해제(해지)에 관한 기본원칙을 변경하여 당사자의 합의를 일방적으로 파기할 수 있는 막강한 권한으로서 상대방으로서는 갑자기 불안정한 지위에 처하게 될 수 있기 때문에 결국 개인회생절차에서는 이를 인정하지 않았다.

5. 채권자취소소송의 중단   17-62

채권자취소소송(민법 406조)은 채권자가 수익자 또는 전득자를 상대방으로 하는 소송이고, 채무자는 채권자취소소송의 당사자가 아니지만 법 406조 1항은 채무자가 파산선고를 받으면 채권자취소소송은 중단된다고 규정하고 있고, 이러한 법리는 개인회생절차에서도 준용되고 있다(584조 1항에서 법 406조 1항을 준용). 즉, 개인회생채권자가 제기한 채권자취소소송이 개인회생절차개시결정 당시에 계속되어 있는 때에는 그 소송절차는 수계 또는 개인회생절차의 종료에 이르기까지 중단된다. 이 경우에 채무자 또는 채권자취소소송의 상대방의 수계신청에 의하여(406조 2항, 347조 1항) 채무자가 원고로서 중단된 채권자취소소송을 수계하는지 여부가 문제가 되는데, **판례**는 채무자가 채권자취소소송을 수계한다고 보고 있다(파산절차에서는 406조 2항, 347조 1항에 따라 파산관재인이 수계).59)

개인회생절차개시결정이 있은 뒤에는 채무자가 총채권자에 대한 평등변제를 목적으로 하는 부인권을 행사하여야 하고, 개인회생채권자가 개별적 강제집행을 전제로 하여 개개의 채권에 대한 책임재산의 보전을 목적으로 하는 채권자취소소송을 제기할 수 없다.60)

---

59) 채권자취소소송의 계속 중 채무자에 대하여 개인회생절차개시결정이 있었는데, 법원이 그 개인회생절차개시결정 사실을 알고도 채무자의 소송수계가 이루어지지 아니한 상태 그대로 소송절차를 진행하여 판결을 선고하였다면, 그 판결은 채무자의 개인회생절차개시결정으로 소송절차를 수계할 채무자가 법률상 소송행위를 할 수 없는 상태에서 심리되어 선고된 것이므로 여기에는 마치 대리인에 의하여 적법하게 대리되지 아니하였던 경우와 마찬가지의 위법이 있다(대법원 2013. 6. 13. 선고 2012다33976 판결). 김상철·장지용, "도산절차가 민사소송절차에 미치는 영향", 인권과 정의(2012. 2), 23면도 마찬가지 입장이다. 그런데 관련하여 채무자가 원고가 되는 것은 적절하지 못한 측면이 있다. 그렇다면 회생위원이 원고가 되는 것이 합리적이라는 입장도 있다.

60) 개인회생절차개시결정이 있은 뒤에는 채무자가 부인권을 행사하고, 법원은 채권자 또는 회생위원의 신청에 의하거나 직권으로 채무자에게 부인권의 행사를 명할 수 있으며, 개인회생채권자가 제기한 채권자취소소송이 개인회생절차개시결정 당시에 계속되어 있는 때에는 그 소송절차는 수계 또는 개인회생절차의 종료에 이르기까지 중단된다. 이러한 규정 취지와 집단적 채무처리절차인 개인회생절차의 성격, 부인권의 목적 등에 비추어 보면, 개인회생절차개시결정이 있은 후에는 채무자가 총채권자에 대한 평등변제를 목적으로 하는 부인권을 행사하여야 할 것이고, 개인회생채권을 변제받거나 변제를 요구하는 일체의 행위를 할 수 없는 개인회생채권자가

17-63

6. 부 인 권

개인회생절차에 있어서 부인권은 파산절차의 부인권 규정을 준용하고 있다(584조 1항). 그러나 부인권을 원칙적으로 채무자가 행사하고(동조 2항. 파산절차에서는 파산관재인이, 회생절차에서는 관리인이 행사), 부인권 행사의 기간을 개인회생절차개시결정이 있은 날부터 1년으로 제한하며(파산절차에서는 파산선고가 있은 날로부터 2년), 부인권 대상인 원인행위를 한 날로부터 5년을 경과한 경우에도 행사할 수 없는 것으로 규정하고 있다(동조 5항. 파산절차에서는 10년). 법원은 채권자 또는 회생위원의 신청에 의하거나 직권으로 채무자에게 부인권의 행사를 명할 수 있다(동조 3항). 회생위원은 부인권의 행사에 참가할 수 있다(동조 4항).

17-64

7. 환취권 · 별제권 · 상계권

파산절차에서의 환취권(☞ 10-1), 별제권(☞ 11-1), 상계권(☞ 12-1) 규정은 개인회생절차에 준용한다. 이 경우에 "파산재단"은 "개인회생재단"으로, "파산선고"는 "개인회생절차개시결정"으로, "파산신청"은 "개인회생절차개시신청"으로 본다(585조, 586조, 587조).

가령, 개인회생재단에 속하는 재산상에 존재하는 유치권 · 질권 · 저당권 · 「동산 · 채권 등의 담보에 관한 법률」에 따른 담보권 또는 전세권을 가진 사람은 그 목적인 재산에 관하여 **별제권**을 가지고(586조에서 411조 준용), 별제권은 개인회생절차에 의하지 아니하고 행사할 수 있으며(412조 준용), 별제권자는 그 별제권의 행사에 의하여 변제를 받을 수 없는 채권액에 관하여만 개인회생채권자로서 그 권리를 행사할 수 있다(413조 준용). 그리고 주택 및 상가건물의 임차인이 일정한 요건을 갖춘 경우에 보유하는 임차보증금 반환채권은 우선변제권이 인정되어 그 임차인은 별제권자와 마찬가지 지위를 가진다(415조 준용). 한편, 채무자 회생의 곤란함을 막기 위하여 법원은 필요하다고 인정하는 때에는 담보권의 설정 또는 담보권의 실행 등을 위한 경매절차를 중지 또는 금지할 수 있다(593조 1항).

◆ **주택담보채권에 대한 별제권 행사** ◆ 회생절차와 달리, 개인회생절차에서는 개인채무자의 재산에 대한 담보권을 별제권으로 인정하여 개인회생절차 외에서 집행할 수 있다. 그래서 개인채무자의 경제적 회생을 어렵게 하므로 회생에 성공할 가능성

개별적 강제집행을 전제로 하여 개개의 채권에 대한 책임재산의 보전을 목적으로 하는 사해행위취소의 소를 제기할 수는 없다(대법원 2010. 9. 9. 선고 2010다37141 판결).

이 있는 개인채무자가 주거의 안정을 유지하면서 채무를 변제할 수 있도록 변제계획에 주택담보채권의 변제에 관한 내용이 있는 경우에 별제권에 관한 규정의 준용을 배제하며, 개인회생절차개시의 결정이 있는 때에는 주택담보채권의 보증인등에 대한 집행 등의 행위가 중지 또는 금지되도록 하는 방안이 검토되고 있다.61) 참고로 보면 일본 민사재생법 제10장 196조 이하에서는 주택자금대부채권에 관한 특칙을 두고 있다.62)

V. 개인회생채권의 확정

1. 개인회생채권자목록의 제출

17-65

개인회생절차에서는 절차의 간편화를 위해 채권자 스스로 절차에 참가하기 위한 채권신고절차가 따로 없다. 절차개시 후에 채권자의 채권신고를 받아 채권의 인부 등 조사를 거치는 파산절차와 회생절차(회생채권 등의 신고, 관리인의 회생채권자 등의 목록의 작성·제출, 채권신고의 의제 등 채택. ☞ 16-59 이하)와 달리, 개인회생절차에서는 채권신고·조사절차를 두지 않고 **채무자** 스스로가 **개인회생채권자목록**을 작성하여 제출하고(589조 2항), 채권자목록의 내용에 관하여 채권자의 이의가 있으면, 채권조사확정재판 등을 거쳐(604조 등) 채권의 존부 및 내용을 확정짓는다. 개인회생절차와 파산절차, 회생절차에서의 채권확정절차가 서로 다르다는 것을 주의할 필요가 있다.63)

〈도산채권의 확정〉

	신고·조사절차	내 용
파산절차	○	파산채권의 신고 및 조사 필요
회생절차	○	신고의제−관리인이 회생채권자 등의 목록 제출
개인회생절차	×	채무자 스스로가 채권자목록 제출

채무자는 개인회생절차개시결정이 있을 때까지 채권자목록에 기재된 사항

---

61) 이에 대하여 개인회생절차를 회생절차와 통합하여 회생절차가 진행하는 동안 담보권의 행사를 제한하는 것이 타당하다는 입장으로는 양형우, "개인회생절차에서 주택담보채권에 대한 별제권 행사제한", 재산법연구(2013. 5), 211면 이하.

62) 이에 대하여는 임채웅, "일본 민사재생법상의 주택자금대부채권에 관한 특례제도의 연구", 저스티스(2009. 6), 98면 이하 참조.

63) 개인회생절차에도 회생절차·파산절차와 같이 채권신고제도를 도입하고, 채권조사확정절차도 회생절차·파산절차의 채권조사확정절차와 같게 하자는 입장으로는 박재완, "개인회생채권조사확정절차의 개선방안에 대한 연구", 법조(2019. 10), 214면 이하 참조.

을 수정할 수 있다(589조의2 1항). 그리고 회생절차개시 후라도 변제계획인가결정이 있은 경우가 아니라면, 채무자는 그가 책임을 질 수 없는 사유로 채권자목록에 누락하거나 잘못 기재한 사항을 발견한 경우에는 법원의 허가를 받아 채권자목록에 기재된 사항을 수정할 수 있다(동조 2항). 그리고 채권자목록에 기재된 채권을 취득한 사람은 채권자 명의변경을 신청할 수 있다(609조의2 1항).

개인회생채권자목록의 제출에는 시효중단의 효력이 있다(32조 3호).[64]

개인회생채권자목록에 기재된 채권은 변제계획에 의하지 아니하고는 변제 등 이를 소멸하게 하는 행위를 하지 못하며(582조), (채권자 스스로 절차에 참가하기 위한 채권신고라는 장치가 없어서 만약 채무자가 개인회생채권자목록에 그 채권을 기재하지 않는 경우에 그 누락된 채권자의 보호가 문제될 수 있는데) 면책결정이 확정되는 경우에도 개인회생채권자목록에 기재되지 아니한 개인회생채권에는 면책의 효력이 미치지 않는다(625조 2항 1호). 반면, 회생절차에서는 관리인의 목록제출제도는 채권신고를 보충하는 기능을 하는 것으로 관리인이 작성하여 제출한 목록에 기재되어 있지 않거나 정하여진 신고기한 내에 채권 등의 신고(추완신고 포함)가 없으면, 이후 회생계획인가결정으로 회생채권 등이 실권된다(251조).

17-66　　## 2. 채권자목록에 이의가 없는 경우

개인회생채권자목록에 기재된 채권에 대하여 법원이 개시결정과 동시에 정한 이의기간(그 기간은 개시결정일부터 2주 이상 2월 이하. 596조 2항 1호 참조. 채권신고제도를 가진 회생절차와 파산절차는 신고된 채권에 대한 채권조사절차를 거치도록 하고 있으므로, 개인회생절차와 달리 이의기간제도를 두고 있지 않다) 안에 개인회생채권조사확정재판을 신청하지 아니하면, 채권자목록의 기재대로 그대로 채권이 확정된다(603조 1항 1호). 신청이 각하된 경우도 마찬가지이다(동조 동항 2호). 법원사무관등은 채권이 확정된 경우에 개인회생채권자표를 작성하여야 한다(동조 2항). 개인회생채

---

64) 그에 따른 시효중단의 효력은 특별한 사정이 없는 한 개인회생절차가 진행되는 동안에는 그대로 유지된다(대법원 2013. 9. 12. 선고 2013다42878 판결 참조). 그리고 변제계획인가결정이 있더라도 변제계획에 따른 권리의 변경은 면책결정이 확정되기까지는 생기지 않으므로(615조 1항), 변제계획인가결정만으로는 시효중단의 효력에 영향이 없다(대법원 2019. 8. 30. 선고 2019다235528 판결). 한편, 개인회생채권자 목록을 제출할 당시에 피고의 채권에 대하여 소멸시효기간이 완성되었으므로, 소멸시효기간이 완성되기 전의 법적 효과인 도산법에 따른 시효중단의 효력 발생의 문제가 아니라 소멸시효기간 완성 후 시효이익을 포기하였다고 볼 수 있는지 여부가 쟁점이 된 대법원 2017. 7. 11. 선고 2014다32458 판결도 참조.

권자표의 기재는 개인회생채권자 모두에 대하여 확정판결과 동일한 효력이 있다(동조 3항). 여기서 확정판결과 동일한 효력이란 것은 확정된 채권의 내용은 개인회생채권자 전부와의 사이에서 개인회생절차 내에서 더 이상 다툴 수 없는(불가쟁) 효력을 갖는다는 의미로 해석된다.65)

개인회생채권자는 개인회생절차폐지결정이 확정된 때에는 채무자에 대하여 위 개인회생채권자표에 기하여 강제집행을 할 수 있다(603조 4항).

3. 채권조사확정재판 등

17-67

개인회생채권자목록의 내용에 관하여 이의가 있는 개인회생채권자는 법 589조의2 4항 또는 596조 2항 1호의 규정에 따른 이의기간 안에 서면으로 이의(개인회생채권조사확정재판)를 신청할 수 있다(604조 1항).66) 이 경우에 개인회생채권자가 **자신의 개인회생채권의 내용**에 관하여 개인회생채권조사확정재판을 신청하는 경우에는 채무자를 상대방으로 하고, **다른 개인회생채권자의 채권내용**에 관하여 개인회생채권조사확정재판을 신청하는 경우에는 채무자와 다른 개인회생채권자를 상대방으로 하여야 한다(동조 3항). 법원은 이해관계인을 심문한 후 개인회생채권조사확정재판을 하여야 하며, 이 결정에서 이의가 있는 회생채권의 존부 또는 그 내용을 정하고(동조 5항) 그 결정서를 당사자에게 송달하여야 한다(동조 6항).67)

그런데 개인회생절차개시 당시 이미 소송이 계속 중인 권리에 대하여 이의가 있는 경우에는 별도로 채권조사확정재판을 신청할 수 없고, 이미 계속 중인 소송의 내용을 개인회생채권조사확정의 **소로 변경**하여야 한다(법 604조 2항).68)

---

65) 여기에서 '확정판결과 동일한 효력'은 기판력이 아닌 확인적 효력을 가지고 개인회생절차 내부에 있어 불가쟁의 효력이 있다는 의미에 지나지 않는다. 따라서 애당초 존재하지 않는 채권이 확정되어 개인회생채권자표에 기재되어 있더라도 이로 인하여 채권이 있는 것으로 확정되는 것이 아니므로 채무자로서는 별개의 소송절차, 가령 청구이의의 소에서 채권의 존재를 다툴 수 있다(대법원 2017. 6. 19. 선고 2017다204131 판결).

66) 위 이의신청은 개인회생채권조사확정재판의 신청과는 구별되는 것으로, 개인회생채권조사확정재판신청을 포함한다고 해석하여야 한다(개인파산·회생실무[제4판], 525면).

67) 한편, 일본의 민사재생절차에서 소규모개인재생과 급여소득자재생의 경우에 무거운 절차가 아닌, 비용적 효과를 감안하여 채권의 의제신고 제도에 의하여(민사재생법 225조, 244조) 채권자의 부담을 줄이고, 다툼이 있는 재생채권에 대해서는 재생채권의 평가의 재판에 의해 절차 내에서만 확정한다는 간이한 조사절차를 행한다(동법 227조, 244조). 이와 비교하면, 우리 개인회생절차는 채권의 확정절차가 지나치게 복잡하여 많은 미확정채권의 문제가 생긴다는 어려움이 있다.

개인회생절차가 개시되더라도 채무자는 개인회생재단의 관리·처분권을 가지고 (580조 2항 참조), 이미 계속 중인 소송은 **중단되지 않으므로 소송수계나 청구취지의 변경은 필요하지 않다**고 할 것이다. 참고로 보면, 회생절차나 파산절차의 경우에는 이미 소송이 계속 중이라면 그 소송절차의 중단과 수계에 의하지만, 개인회생절차의 경우에는 회생절차의 관리인이나 파산절차의 파산관재인과 같이 별도의 관리처분권자를 두고 있지 않으므로 개인회생채권자목록에 기재된 개인회생채권자가 별도의 소송을 이미 진행하고 있는 경우에는 그 소송절차의 중단이나 수계절차가 따로 필요하지 않다고 본 것이다. 그리고 채권자에게 이미 집행권원이나 종국판결이 있는 경우에 회생절차나 파산절차에서는 이의자는 채무자가 할 수 있는 소송절차에 의하여만 이의를 주장할 수 있고, 채권자를 상대방으로 하는 소송절차를 수계하도록 규정하고 있는 반면에(174조 1항·2항, 466조 1항·2항), 개인회생절차에서는 아무런 규정을 두고 있지 않다. 조문이 규정하는 형식이나 실무상 필요로 볼 때 집행권원이나 종국판결이 있는 경우라도 개인회생채권조사확정재판을 신청할 수 있다고 보는 견해도 있으나, 채권자가 이미 집행권원이나 종국판결을 받았음에도 그 채권에 대하여 제3채권자나 채무자가 조사확정재판으로 다투도록 하는 것은 부당하므로 회생절차나 파산절차의 규정을 유추적용하여 집행권원이나 확정된 종국판결이 있는 경우에는 채무자가 다툴 수 있는 절차인 청구이의의 소나 재심의 소 등으로만 다툴 수 있다고 풀이하는 것이 민사소송절차와의 체계에 비추어 합리적이라고 한다.[69]

한편, 이의에 대하여 채무자가 그 내용을 인정하는 때에는 법원의 허가를 받아 개인회생채권자목록을 변경할 수 있다. 이 경우에 법원은 조사확정재판신청에 대한 결정을 하지 않을 수 있다(604조 1항).[70]

---

68) 개인회생채권자목록에 기재된 채권은 별개의 소송이 계속 중인 경우라 하더라도 이의기간의 도과에 의하여 확정되는 것인가. 이 경우에 기존 계속 중의 소송은 어떻게 처리되는가. 나아가 언제까지 소를 변경하여야 하는가 등의 문제가 생긴다.

69) 개인파산·회생실무[제4판], 528-529면.

70) 그런데 채무자가 채권자의 이의내용을 채권자목록에 반영하지 않거나 채권자의 이의내용을 부인하는 경우, 이의신청은 이의기간 내에 이루어졌지만 이의가 반영되지 않자 조사확정재판신청은 이의기간 이후에 비로소 제출된 때의 처리방법이 문제될 수 있는데, 실무상 문제점 및 입법적 개선방안에 관하여 자세히는 오세용, "개인회생절차에서 개인회생채권의 확정 문제", 민사소송(2017. 5), 425면 이하 참조.

4. 채권조사확정재판에 대한 이의의 소   17-68

개인회생채권조사확정재판에 불복하는 사람은 결정서를 송달 받은 날로부터 1월 이내에 개인회생법원(개인회생사건이 계속되어 있는 법원)에 이의의 소를 제기하여야 하고(605조 1항), 이의의 소를 제기하지 아니하면 개인회생조사확정재판의 결정은 그대로 확정된다.

개인회생채권자가 다른 개인회생채권자의 채권 내용에 관하여 이의가 있어서 채무자 및 이의채권 보유자를 상대로 개인회생채권조사확정재판을 신청하여 재판을 받은 경우에, 이의채권 보유자가 위 재판에 불복하여 이의의 소를 제기하는 때에는 채무자와 개인회생채권조사확정재판을 신청한 개인회생채권자 모두를 피고로 하여야 한다.71)

5. 채권의 확정에 관한 소송의 결과의 기재 등   17-69

법원사무관등은 채무자·회생위원 또는 개인회생채권자의 신청에 의하여 개인회생채권조사확정재판의 결과, 개인회생채권조사확정재판에 대한 이의의 소의 결과, 그 밖의 개인회생채권의 확정에 관한 소송의 결과를 기재한 개인회생채권자표를 작성하여야 한다(606조).

개인회생채권의 확정에 관한 소송에 대한 판결은 개인회생채권자 전원에 대하여 그 효력이 있다(607조 1항).72) 그리고 개인회생채권조사확정재판에 대한 이의의 소가 제기기간 안에 제기되지 않거나 각하된 때에는 그 재판은 확정재판과 동일한 효력이 있다(동조 2항).73)

---

71) 대법원 2009. 4. 9. 선고 2008다91586 판결.

72) 위 법 607조 1항 판결효 확장의 기초는 '개인회생채권의 확정에 관한 소송에 대한 판결'이기 때문에 당사자 사이에 기판력이 있다는 것은 당연하고, 그렇다면 당사자 이외의 개인회생채권자에게 확장된 효력도 기판력이라고 보는 것이 해석상 일관성이 있고, 또한 공권적 판단인 소송으로부터 얻은 결과는 법 603조 3항의 경우와 다르기 때문에 607조 1항의 판결효는 기판력으로 이해하는 것이 상당하다는 입장으로는 전대규, 1772면.

73) 개인회생채권 확정 전의 사유인 청구권의 불성립 등을 주장하면서 개인회생채권자표에 대하여 청구이의의 소를 제기한 사안에서 위 '확정판결과 동일한 효력'은 **기판력이 아닌 확인적 효력**을 가지고 개인회생절차 내부에 있어 불가쟁의 효력이 있다는 의미에 지나지 않으므로 채무자로서는 별개의 소송절차에서 그 채권의 존재를 다툴 수 있고, 개인회생채권 확정 이후에 발생한 사유뿐만 아니라 그 확정 전에 발생한 청구권의 불성립이나 소멸 등의 사유도 청구이의 이유로 주장할 수 있음에도 위 청구이의의 소의 이의이유는 개인회생채권이 확정된 뒤에 생긴 사유로 제한됨을 전제로 청구이의이유가 될 수 없다고 판단한 원심은 잘못이라고 보았다(대법원 2017. 6. 19. 선고 2017다204131 판결). 이 판례에 대하여 기판력이 없다고 판단한 것의 타당

채무자의 재산이 개인회생채권의 확정에 관한 소송으로 이익을 받은 때에는 소를 제기한 개인회생채권자는 얻은 이익의 한도 안에서 개인회생재단채권자로서 소송비용의 상환을 청구할 수 있다(608조).

17-70

VI. 변제계획

변제계획이란 개인회생절차를 신청한 채무자가 자신의 가용소득을 투입하여 얼마 동안 어떤 방법으로 채권자들에게 조정된 채무금액을 변제하여 나가겠다는 내용으로 계획을 세운 것을 말하고, 이에 대하여 법원은 인가 여부의 결정을 내리게 된다. 회생절차에서 이에 대응되는 개념은 회생계획이다(☞ 16-80).

1. 변제계획안의 작성

17-71

(1) 변제계획안의 제출

채무자는 개인회생절차개시의 신청일부터 14일 이내에 변제계획안을 제출하여야 한다. 다만, 법원은 상당한 이유가 있다고 인정하는 때에는 그 기간을 늘일 수 있다(610조 1항). 채무자가 변제계획안의 제출기한을 지키지 않으면 개인회생절차개시의 신청을 기각할 수 있다(595조 4호).

17-72

(2) 변제계획안의 수정

다급하게 변제계획안을 만들었기 때문에 미비한 부분이 있다면 일단 제출한 변제계획안이 인가되기 전에는 채무자는 변제계획안을 수정할 수 있다(610조 2항). 다만, 본래의 변제계획안과 본질적으로 다른 내용이 되는 수정은 인정되지 않을 것이다. 그리고 법원은 이해관계인의 신청에 의하거나 직권으로 채무자에 대하여 변제계획안을 수정할 것을 명할 수 있다(동조 3항). 수정명령이 있는 때에는 채무자는 법원이 정하는 기한 이내에 변제계획안을 수정하여야 한다(동조 4항). 가령 채무자가 위 수정명령에 불응한 경우에는 법원은 해당 변제계획안을 인가하지 아니한다(614조 1항 단서).

채무자는 그가 책임을 질 수 없는 사유로 개인회생채권자목록에 누락하거나 잘못 기재한 사항을 발견한 경우에는 개인회생절차개시결정 후라도 법원의

여부에 대한 지적으로는 전원열, "개인회생채권조사확정재판과 청구이의의 소 — 대법원 2017. 6. 19. 선고 2017다204131 판결—", 외대논집(2018. 2), 403면 이하 참조.

허가를 받아 개인회생채권자목록에 기재된 사항을 수정할 수 있는데, 이 경우 지체 없이 법원에 수정사항을 반영한 변제계획안을 제출하여야 한다(589조의2 3항).

(3) 변제계획안의 내용

1) 필수적 기재사항

변제계획에는 ① 채무변제에 제공되는 재산 및 소득에 관한 사항, ② 개인회생재단채권 및 일반의 우선권 있는 개인회생채권의 전액의 변제에 관한 사항, ③ 개인회생채권자목록에 기재된 개인회생채권의 전부 또는 일부의 변제에 관한 사항을 정하여야 한다(611조 1항).

17-73

2) 임의적 기재사항

변제계획에는 ① 개인회생채권의 조의 분류, ② 변제계획에서 예상한 액을 넘는 재산의 용도, ③ 변제계획인가 후의 개인회생재단에 속하는 재산의 관리 및 처분권의 제한에 관한 사항, ④ 그 밖에 채무자의 채무조정을 위하여 필요한 사항을 정할 수 있다(611조 2항). 특히, 변제계획에서 채권의 조를 분류하는 때에는 같은 조로 분류된 채권을 평등하게 취급하여야 한다. 다만, 불이익을 받는 개인회생채권자의 동의가 있거나 소액의 개인회생채권의 경우에는 그러하지 아니하다(611조 3항).

17-74

3) 변제개시일 및 변제기간

변제계획은 변제계획인가일로부터 1월 이내에 변제를 개시하여 정기적으로 변제하는 내용을 포함하여야 한다. 다만, 법원의 허가를 받은 경우에는 그러하지 아니하다(611조 4항). 가령, 농업소득자와 같이 소득이 매월 발생하기 어려운 채무자 등에 대하여는 법원이 개별적인 사정을 고려하여 예외적으로 변제계획인가일로부터 1월 이후에 변제개시일을 허가할 수 있을 것이다. 그리고 변제계획에서 정하는 변제기간은 변제개시일부터 원칙적으로 3년을 초과하여서는 안 된다(611조 5항 본문).[74] 다만, 변제계획의 인가결정일을 기준일로 하여 평가

17-75

---

74) 2004년 개인채무자회생법 71조(현행 도산법 611조에 해당) 5호에서는 최장 변제기간이 8년이었는데, 지나치게 가혹하다는 의견이 많아서, 도산법에서 5년으로 단축하였고, 다시 2017. 12. 12. 도산법을 일부 개정하여 변제기간을 5년 이내에서 원칙적으로 3년 이내로 단축하였는데(2018. 6. 13.부터 시행), 그 대상은 시행 후 최초로 신청하는 개인회생사건부터 적용하는 것으로 제한하였다. 한편, 위와 같이 변제기간의 상한을 단축한 취지는 회생 가능한 채무자들을 조속히 적극적인 생산활동에 복귀할 수 있도록 하기 위한 것인데, 위 개정법률 시행 후에 절차를

한 개인회생채권에 대한 총변제액이 채무자가 파산하는 때에 배당받을 총액보다 적지 않을 것이라는 법 614조 1항 4호의 요건을 충족하기 위하여 필요한 경우 등 특별한 사정이 있는 때에는 변제개시일부터 5년을 초과하지 않는 범위에서 변제기간을 정할 수 있다(동조 동항 단서). 반면 변제기간의 최단기간은 아무런 정함이 없다.

17-76
2. 개인회생채권자집회

개인회생채권자는 개인회생채권자집회에서 채무자가 제출한 변제계획안에 대하여 설명을 듣고 결의에 부치지 않은 채 그에 대한 이의를 진술할 수 있다(613조 2항, 5항). 개인회생절차에서의 개인회생채권자집회는 어떠한 결의를 하기 위한 집회가 아니어서 변제계획안을 가결하는 것까지는 아니다. 법원은 개인회생절차개시결정을 한 때에 채무자·개인회생채권자 등에게 개인회생채권자집회의 기일 등이 기재된 서면과 변제계획안 등을 송달하여야 하고, 통상 이와 같이 예정된 개인회생채권자집회기일에서 위 변제계획안에 대한 이의진술 등의 절차가 진행된다.

17-77
3. 변제계획의 인가

변제계획안에 대하여 채권자는 개인회생채권자집회에서 이의를 진술할 수는 있으나(613조 5항), 법원이 변제계획을 인가함에 있어서 채권자의 동의가 반드시 필요한 것은 아니다. 이에 대하여 가령 의결권 총액의 과반수 이상의 채권자의 동의가 있는 경우에만 변제계획안이 가결될 수 있도록 하는 것과 같이 변제계획에 대하여 채권자의 가결절차를 두어야 한다는 견해도 있으나,75) 다음과 같이 채권자의 이의가 법원의 변제계획의 인가에 절대적 요소로 작용하지 않도록 하였다(반면, 회생절차에서는 회생계획의 인가의 요건으로 의결권자의 관계인집회에서의

신청한 채무자와 시행 전에 절차를 신청하여 변제계획을 인가받은 채무자를 다르게 취급하는 것은 형평성 측면에서 문제가 있다는 의견이 있었지만, 그러나 단축의 적용대상을 소급하여 확대할 경우 채권자의 신뢰를 침해할 우려가 있으므로 2020. 3. 24. 법률 제17088호 일부개정에 의하여 위 개정법률 시행 전에 변제계획인가결정을 받은 채무자가 그 시행일에 이미 변제계획안에 따라 **3년 이상 변제계획을 수행한 경우**에는 당사자의 신청 또는 직권으로 이해관계인의 의견을 들은 후 **면책의 결정**을 할 수 있도록 하였다(2020. 3. 24. 시행).

75) 채권자의 가결절차를 두는 것에 긍정적인 입장으로는 김경욱, "개인회생절차의 도입과 그 문제점", 민사소송(2003. 8), 513면.

가결이나 서면결의가 있어야 한다. ☞ 16-89).

(1) 이의를 진술하지 않은 경우   17-78
법원은 변제계획안 수정명령에 불응한 경우를 제외하고, 채권자 또는 회생위원이 이의를 진술하지 아니하고, 다음 요건이 모두 충족된 때에는 변제계획인가결정을 하여야 한다(614조 1항).

1) 변제계획이 법률의 규정에 적합할 것(1호)   17-79
가령 변제계획에 필수적 기재사항(611조 1항)의 불비가 없어야 한다.

2) 변제계획이 공정하고 형평에 맞으며 수행 가능할 것(2호)
① 공정·형평   17-80
개인회생재단채권은 개인회생절차에 의하지 아니하고 수시로 변제할 뿐만 아니라 개인회생채권보다 먼저 변제하여야 한다(583조 2항, 475조, 476조). 따라서 채무자로서는 가용소득에서 먼저 개인회생재단채권을 변제하는 것을 우선적으로 고려하여 변제계획안을 작성하여야 할 것이다. 그리고 일반의 우선권 있는 개인회생채권은 다른 일반 개인회생채권보다 우선적으로 변제하여야 하고, 나아가 그 채권액 전액을 변제하여야 한다(611조 1항 2호). 또한 법 446조 1항에서 정한 법정 후순위 채권과 2항에서 정한 합의에 의한 후순위 채권은 일반 개인회생채권의 변제보다 후순위로 밀려난다. 따라서 일반 개인회생채권이 전부 변제를 받지 못하는 한, 후순위 개인회생채권을 일부라도 먼저 변제하는 내용의 변제계획안은 특별한 사정이 없는 한 공정·형평의 원칙에 어긋나게 된다.

② 수행 가능   17-81
변제계획안은 수행 가능하여야 한다.[76) 가령, 채무자가 자신의 가용소득을 특별한 근거 없이 높게 추정하거나 막연하게 미래에 재산을 증여받을 것을 전제로 하는 것과 같은 변제계획안은 이행 불가능성이 높기 때문에 인가될 수 없을 것이다.

---

76) 개인회생절차 개시결정을 받기 전, 채무자가 제3채무자에 가지는 급여에 채권압류 및 추심명령을 받았는데, 채무자가 변제계획이 인가되면 그간 받지 못한 급여를 일시에 제1회 변제금으로 투입하겠다는 내용의 변제계획안을 제출한 경우 채무자가 적립금을 납입하지 않고 있다는 사정만으로 위 변제계획안이 수행가능성이 없다고 볼 것은 아니다(대법원 2023. 9. 19.자 2023마6207 결정).

17-82   3) 변제계획인가 전에 납부되어야 할 비용·수수료 그 밖의 금액이 납부되었을 것
          (3호)
          채무자가 절차의 비용을 납부하지 않으면 개인회생신청을 기각할 수 있으
므로(595조 3호) 여기에서의 비용·수수료 등은 개시결정 이후 납부의 필요성이
생긴 비용 등이 대부분이다.

17-83   4) 변제계획의 인가결정일을 기준일로 하여 평가한 개인회생채권에 대한 총변제
          액이 채무자가 파산하는 때에 배당받을 총액보다 적지 아니할 것(4호)
          다만, 채권자가 동의한 경우에는 그러하지 아니하다(4호 단서).
          개인회생채권자가 갖고 있는 채권에 대하여 파산절차에서 배당받을 수 있
는 가치를 청산가치라고 하는데, 청산가치보장의 원칙은 채권자를 위한 것이므
로 채권자가 동의한 경우에는 위 원칙의 예외를 인정하고 있다(4호 단서).

17-84   **(2) 이의를 진술하는 경우**
          법원은 채권자 또는 회생위원이 이의를 진술하는 때에는 이미 위 (1)의 요
건 이외에 다음 요건을 추가로 구비하고 있는 때에 한하여 변제계획인가결정을
할 수 있다(614조 2항).

17-85   **1) 청산가치의 보장**
          변제계획의 인가결정일을 기준일로 하여 평가한 이의를 진술하는 개인회생
채권자에 대한 총변제액이 채무자가 파산하는 때에 배당받을 총액보다 적지 아
니하여야 한다(614조 2항 1호). 개인회생채권자가 갖고 있는 채권에 대하여 파산
절차에서 배당받을 수 있는 가치를 청산가치라고 하는데, 이의를 진술하는 경우
에는 개인회생절차에서 변제계획이 인가되기 위해서 최소한 채무자가 파산하는
때에 배당받을 수 있었던 **청산가치의 보장**을 요구하고 있다. 청산가치의 보장
여부를 판단함에 있어서는 개인회생채권이 변제기간 동안 분배되는 각 변제액
을 변제계획의 인가결정일 현재의 현재가치로 할인한 금액의 합계액과 채무자
파산시의 배당받을 수 있는 청산가치를 비교하여 판단하여야 할 것이다. 이렇게
채권자 등의 이의의 진술 유무에 따라 인가요건을 달리 규정하고 있으나, 실제
로는 이의를 진술할 경우에 미리 대비하여 채무자가 파산하는 때에 채권자 전체
에 대한 총 청산배당액보다 변제계획에 따른 채권자 전체에 대한 총 변제액의

현재가치가 적지 않도록 할 뿐만 아니라(614조 1항 4호), 개개의 채권자에 대한 변제액의 현재가치가 해당 채권자에 대한 청산배당액보다 적지 않도록(동조 2항 1호) 변제계획안을 작성하는 것이 바람직하다고 한다.[77]

2) 가용소득 전부의 제공

17-86

채무자가 최초의 변제일부터 변제계획에서 정한 변제기간 동안 수령할 수 있는 가용소득의 전부가 변제계획에 따른 변제에 제공되어야 한다(614조 2항 2호). 채권자 또는 회생위원으로부터 변제계획안에 대하여 아무런 이의가 없는 경우에는 가용소득이 변제기간 동안 전부 제공되지 않아도 인가요건을 충족할 수 있으나, 이의가 진술된 경우에는 변제기간 동안 수령할 수 있는 가용소득의 전부가 변제계획에 따른 채권의 변제에 모두 제공되어야만 인가요건이 충족된다(**가용소득투입의 원칙**이라고 한다).[78]

여기서 가용소득이라 함은 채무자가 수령하는 근로소득·연금소득·부동산임대소득·사업소득·농업소득·임업소득, 그 밖에 합리적으로 예상되는 모든 종류의 소득의 합계 금액(579조 4호 가목)에서 소득세·주민세 개인분·개인지방소득세·건강보험료, 그 밖에 이에 준하는 것으로서 대통령령이 정하는 금액(동조 동호 나목), 채무자 및 그 피부양자의 인간다운 생활을 유지하기 위하여 필요한 생계비로서, 국민기초생활보장법 6조의 규정에 따라 공표된 최저생계비, 채무자 및 그 피부양자의 연령, 피부양자의 수, 거주지역, 물가상황, 그 밖에 필요한 사항을 종합적으로 고려하여 법원이 정하는 금액(동조 동호 다목), 채무자가 영업에 종사하는 경우에 그 영업의 경영, 보존 및 계속을 위하여 필요한 비용(동조 동호 라목)을 공제한 나머지 금액을 말한다(579조 4호).

가용소득은 채권자의 동의가 없이 변제계획의 인가가 이루어지는 개인회생절차에 있어서 채권자의 채권만족이 최대한 보장되도록 하는 한편, 채무자가 정상적인 생활을 유지하여 나가면서 채무를 변제할 수 있도록 필요 생계비를 보장하여야 하는 두 가지 이념을 추구하고자 하는 중요한 핵심이다. 가용소득이 전액 제공되지 않으면 채권자 등으로부터 이의가 진술될 가능성이 많으므로 특별한 사정이 없는 한, 처음부터 가용소득 전부를 변제에 제공하는 내용의 변제계

---

77) 전원열, "개인채무자회생제도의 개관 및 실무현황", 인권과정의(2005. 2), 16-17면.
78) 박재완, "개인회생절차의 가용소득투입의 원칙과 최저변제액제공의 원칙에 대한 비교법적 검토", 비교사법(2017. 9), 1419면 이하 참조.

획안을 작성하는 것이 바람직하다고 한다.79)

17-87   **3) 최저변제액의 제공**

2004년 개인채무자회생법에서는 최소한 얼마를 변제하라는 변제금액에 대
한 요건을 내걸지는 않았다. 그런데 현행법 614조 2항 3호에서는 채무자의 도덕
적 해이를 방지하고자 **최저변제액 제공의 원칙**을 신설하였다. 즉, 채권자가 이의
를 진술하는 경우에 변제계획인가결정을 하기 위하여는, 변제계획의 인가결정
일을 기준일로 하여 평가한 채권에 대한 총변제액이 3천만 원을 초과하지 아니
하는 범위 안에서 채권의 총금액이 5천만 원 미만인 경우에는 위 총금액의 100
분의 5를 곱한 금액, 채권의 총금액이 5천만 원 이상인 경우에는 위 총금액에
100분의 3을 곱한 금액에 1백만 원을 더한 금액보다 적지 않아야 한다. 가령,
총채무금액(채권의 총금액)이 5억 원인 경우에는 5억 원×3%＋100만 원＝1,600
만 원으로, 최저변제액의 상한선인 3천만 원을 초과하지 않아서 1,600만 원이
최저변제액이 되고, 가령, 총채무금액(채권의 총금액)이 12억 원인 경우에는 12억
원×3%＋100만 원＝3,700만 원으로, 최저변제액의 상한선인 3천만 원과 비교
하여 적은 금액인 3천만 원이 최저변제액이 된다.

17-88   **(3) 변제계획의 인부 결정**

개인회생채권자집회가 개최되어 채무자가 변제계획에 관하여 필요한 설명
을 하고 이에 대하여 개인회생채권자가 이의를 진술한 뒤, 법원은 제출된 변제
계획의 인가 여부를 결정하여야 한다. 다만, 이미 보았듯이 가령 과반수의 채권
자가 이의진술을 하더라도 채권자의 결의가 변제계획인가의 요건은 아니고, 법
614조에 의한 인가요건이 갖추어진 변제계획안에 대한 법원의 인가는 재량이
아니라 의무적인 것이다.80)

17-89   **1) 즉시항고**

변제계획의 인부 결정에 대하여는 즉시항고를 할 수 있다(618조 1항). 여기서
인가결정에 대한 **즉시항고**는 변제계획의 수행에 영향을 미치지 아니하므로 이를
저지하기 위해서는 수행정지 등의 가처분을 신청하여야 한다(동조 2항, 247조 3항).
항고심의 판단에 대하여 다시 불복하여 재항고를 할 수 있다(동조 2항, 247조 7항).

---

79) 전원열, 상계 "개인채무자회생제도의 개관 및 실무현황", 17면.
80) 대법원 2009. 4. 9.자 2008마1311 결정.

2) 인가결정의 효력   17-90

① 변제계획은 인가의 결정이 있는 때부터(**확정시가 아니다**) 효력이 생긴다. 다만, 인가결정이 있더라도 변제계획에 따른 권리의 변경은 면책결정이 확정되기까지는 생기지 않는다는 것을(615조 1항) 주의하여야 한다.[81] 즉, 변제계획의 인가결정은 단지 변제계획에서 정한 변제기간 동안 정해진 변제율과 변제방법에 따라 변제를 완료하면 추후 면책결정을 받아 나머지 채무를 모두 면책 받을 수 있다는 효력에 그친다. 그런데 이와 달리 회생절차에서는 회생계획인가의 결정이 있는 때부터 회생채권자 등의 권리는 회생계획에 따라 변경되는 점에서(252조 1항. ☞ 16-115) 개인회생절차와 차이가 있다.

② 한편, 개인회생절차에서는 채무자가 작성한 개인회생채권자목록에 의하여 개인회생절차가 진행되고, 이와 별도로 **채권신고제도를 두고 있지 않으므로** 채무자가 개인회생채권을 개인회생채권자목록에 기재하지 않은데 대한 불이익은 채무자가 부담하도록 하고 있다(채권자의 입장에서 실권의 효력 불발생). 즉, 개인회생채권자목록에 기재되지 않은 채권은 변제계획에 의하지 않고서도 변제를 받고 나아가 강제집행 등을 할 수 있는 권리를 계속 보유할 뿐만 아니라(582조), 면책결정의 효력도 미치지 않는다(625조 2항 1호).

③ 변제계획인가결정이 있는 때에는 변제계획 또는 변제계획인가결정에서 다르게 정하지 않는 한, 개인회생재단에 속하는 모든 재산은 채무자에게 속하게 된다(615조 2항). 개인회생절차에서 원칙적으로 채무자는 개인회생재단을 관리하고 처분할 권한을 가지므로(580조 2항) 채무자에게 속한다는 위 규정은 특별한 의미를 가지는 것은 아니다.

④ 변제계획인가결정이 있는 때에는 법 600조의 규정에 의하여 중지된 회생절차 및 파산절차와 개인회생채권에 기한 **강제집행·가압류 또는 가처분**은 변제계획 또는 변제계획인가결정에서 다르게 정한 때를 제외하고[82] 그 효력을 잃는다(615조 3항).[83] 변제계획인가결정에 의하여 법률상 당연히 효력을 잃는데,

---

81) 따라서 변제계획인가결정만으로는 시효중단의 효력에 영향이 없다(대법원 2019. 8. 30. 선고 2019다235528 판결).

82) 가령, 채무자가 청산가치 보장의 원칙 때문에 재산을 처분하여 변제에 투입하고자 하는 경우에 강제집행이 실효되는 것을 기화로 채무자가 재산을 임의로 처분하고 변제에 투입하지 않는 것을 막기 위하여 그 재산의 처분에 대한 **법원의 허가가 있은 때** 강제집행이 실효하는 것으로 한다고 한다.

83) 따라서 채권자목록에 기재된 개인회생채권에 기하여 개인회생재단에 속하는 채권에 대하여

여기서 효력을 잃는다는 의미는 다만 앞으로의 속행을 허용하지 않는다는 의미가 아니라, 소급하여 그 절차가 효력을 잃는다는 것이다. 따라서 법원의 별도 재판이 없더라도 그 효력을 잃게 되나, 다만 강제집행, 가압류, 가처분 등의 기입등기 등 이미 진행되어 있는 절차의 외형을 제거하기 위한 집행취소절차가 필요할 것이다. 그런데 **담보권실행 등을 위한 경매절차**는 인가결정에 의하여 효력이 상실되는 것이 아니라, 오히려 변제계획인가의 효력에 의하여 속행할 수 있게 된다. 개인회생절차에서 담보권은 별제권으로 인정되기 때문에 담보권은 개인회생절차에 의하지 아니하고 행사할 수 있으나(586조, 411조), 개인회생절차 개시의 결정이 있는 때에는 담보권실행 등을 위한 경매절차는 변제계획의 인가 결정일 또는 개인회생절차 폐지결정일의 확정일 가운데 먼저 도래하는 날까지 중지되기 때문이다(600조 2항). 또한 국세징수법 또는 지방세징수법에 의한 체납처분, 국세징수의 예(국세 또는 지방세 체납처분의 예를 포함)에 의한 체납처분 또는 조세채무담보를 위하여 제공된 물건의 처분은 개인회생절차개시의 결정이 있으면 중지 또는 금지되나, 인가결정이 있더라도 실효되지 않고 그대로 유지된다(개인회생절차가 폐지된 뒤에 위 체납처분 등을 속행할 수 있다).

　　⑤ 변제계획인가의 결정이 있는 때에는 채무자의 급료, 연금, 봉급, 상여금 그 밖에 이와 비슷한 성질을 가진 급여채권에 관하여 개인회생절차개시 전에 확정된 전부명령은 변제계획인가결정 후에 제공한 노무로 인한 부분에 대하여는 전부명령의 효력이 상실되게 하고(1항), 전부채권자가 변제받지 못하게 되는 채권액은 개인회생채권으로 변제받도록 함으로써(2항), 가령, 채무자는 계속하여 같은 직장에서 근무할 수 있고, 채권자로서도 채권을 변제받을 수 있도록 하였다.

　　⑥ 인가결정이 취소되는 경우에 종전 실효된 절차가 다시 회복되는지 여부가 문제된다. 파산절차는 시간적 간격 없이 절차를 진행할 필요성이 있으므로 당연히 그 효력이 회복됨에 반하여, 다른 절차는 효력을 회복하기 위하여 다시

내려진 압류 및 전부명령이 아직 확정되지 않은 상태에서 채무자에 대하여 개인회생절차가 개시되고 이를 이유로 압류 및 전부명령에 대하여 즉시항고가 제기되었다면, 항고법원은 다른 이유로 압류 및 전부명령을 취소하는 경우를 제외하고는 항고에 관한 재판을 정지하였다가 변제계획이 인가되는 경우 압류 및 전부명령이 효력이 발생하지 않게 되었거나 그 효력이 상실되었음을 이유로 압류 및 전부명령을 취소하고 압류 및 전부명령신청을 기각하여야 한다(대법원 2008. 1. 31.자 2007마1679 결정; 대법원 2010. 12. 13.자 2010마428 결정; 대법원 2015. 5. 28. 자 2013마30 결정).

새로운 신청을 하여야 한다고 보는 것이 일반적 입장이라고 한다.84)

3) 불인가결정의 효력

17-91

변제계획이 인가요건을 갖추지 못하여 불인가결정 및 개인회생절차폐지결정이 확정되면 개인회생절차는 종료된다(620조 1항). 이 경우에 개인회생절차 중에 생긴 법률효과는 소급하여 무효가 되지 않고 원칙적으로 유효하다. 변제계획의 불인가결정 및 개인회생절차폐지결정이 확정되면, 개인회생채권자는 개인회생절차의 제약에서 벗어나 변제계획과 상관없이 채권을 추심하고 강제집행, 가압류, 가처분을 할 수 있게 된다.

4. 변제계획의 수행 및 변경

(1) 변제계획의 수행

17-92

만약 회생위원이 선임되지 아니한 경우 또는 변제계획이나 변제계획인가결정에서 다르게 정한 경우를 제외하고(617조 3항), 채무자는 인가된 변제계획에 따라 개인회생채권자에게 변제할 금원을 회생위원에게 임치하여야 한다(동조 1항). 개인회생채권자는 위 임치된 금원을 변제계획에 따라 회생위원으로부터 지급받아야 하는데, 만약 개인회생채권자가 지급받지 않는 경우에는 회생위원은 채권자를 위하여 공탁할 수 있다(동조 2항). 채권자가 불만 등 못마땅한 이유 등으로 변제금원을 수령하지 않는다면, 민법상 지참채무의 원칙과 관련하여 회생위원의 업무수행이 곤란하게 되므로 채권자가 임치된 금원을 회생위원으로부터 지급받아야 하는 것으로, 즉 추심채권으로 하였고 아울러 회생위원이 공탁할 수 있도록 한 것이다.

개인회생채권자목록에 기재된 개인회생채권에 관하여는 변제계획에 의하지 아니하고는 변제하거나 변제받는 등 이를 소멸하게 하는 행위(면제를 제외한다)를 하지 못한다(582조). 그리고 채무자가 자신 또는 제3자의 명의로 변제계획에 의하지 아니하고, 일부 채권자에게 특별한 이익을 주는 행위는 무효로 한다(612조).

법원은 채무자가 변제계획에 따른 변제를 완료한 때에는 당사자의 신청에 의하거나 직권으로 면책의 결정을 하여야 한다(624조 1항).

---

84) 주석 채무자회생법(Ⅵ), 518면[김범준 집필].

17-93   (2) 변제계획의 변경

변제계획이 그대로 이행되어야 한다는 것은 말할 필요도 없지만, 가령 '코로나 19'와 같은 예상 못한 사태에 의한 경제사정의 변화 등이 생겨서 계획의 수행이 곤란하게 된 경우라면 이미 인가된 변제계획을 변경할 필요가 있을 수 있다. 변제계획을 수행할 수 없게 되는 상황이라면 개인회생절차의 폐지까지도 될 수 있다(621조 1항). 그리하여 이미 인가된 변제계획이라도 채무자·회생위원 또는 채권자는 변제계획에 따른 변제가 완료되기 전에는 변제계획의 변경안을 제출할 수 있다(619조 1항). 채권자의 권리를 불이익하게 변경할 필요가 있는 경우 외에 채권자에게 유리한 변경이라도 변경할 필요가 인정되는 경우라면 채권자도 변경안을 제출할 수 있다. 변제계획안은 채무자만이 제출할 수 있는 것(610조 1항)과 다르다. 그런데 변경안을 제출할 수 있다고 규정할 뿐 변경을 할 수 있는 경우(요건)에 대하여는 특별한 규정이 없고(반면, 회생절차의 경우는 법 282조 1항에서 '부득이 한 사유로 회생계획에 정한 사항을 변경할 필요가 생긴 때'라고 규정하고 있다. ☞ 16-118), 즉 제출사유를 제한하고 있지 않다. 그렇더라도 위 규정이 변제계획인가 후에 채무자의 소득이나 재산의 변동 등 인가된 변제계획에서 정한 사항의 변경이 필요한 사유가 발생하지 않은 경우에도 아무런 제한 없이 변제계획을 변경할 수 있도록 허용하고 있는 것으로 볼 수는 없으므로 변제계획의 변경은 변제계획인가 후에 채무자의 소득이나 재산의 변동 등 인가된 변제계획의 **변경이 필요한 사유가 발생한 경우에 한하여** 할 수 있다고 할 것이다.[85] 가령, 채무자의 소득이나 재산이 줄어들어 애초에 인가된 변제계획의 수행이 어려운 경우가 변제계획을 변경할 수 있는 일반적 사유가 되겠지만, 한편 반대로 인가 당시에 통상적으로 예상할 수 없을 정도로 채무자의 **소득이나 재산이 급격하게**

---

85) 대법원 2019. 3. 19.자 2018마6364 결정(2017. 12. 12. 개정된 법 611조 5항의 개정규정 시행 전에 개인회생절차개시신청을 하여 변제기간을 60개월로 정한 변제계획에 대해 인가결정을 받은 채무자가 법개정 이후에 변제기간을 47개월로 단축하는 변제계획변경안을 제출하여 인가결정을 받은 사안에서, 개정법 부칙규정에 의하여 개정규정의 적용이 배제되는 위 사건에서 변제계획인가 후 변제기간의 상한을 단축하는 법개정이 있었다는 이유만으로 인가된 변제계획에서 정한 변제기간을 변경할 필요가 생겼다고 볼 수 없고, 또한 변제계획변경안이 인가되기 위해서는 그 인가 당시를 기준으로 법 614조에서 정한 인가요건을 충족해야 함에도, **변제계획인가 후에 채무자의 소득이나 재산 등의 변동으로 인가된 변제계획에서 정한 변제기간이 상당하지 아니하게 되는 등 변경사유가** 발생하였는지 여부 및 채무자가 제출한 변제계획변경안이 인가요건을 충족하는지 여부에 관하여 아무런 심리를 하지 아니한 채 변제계획변경안을 인가한 제1심결정 및 이를 정당하다고 판단한 원심결정은 잘못이다).

늘어난 경우에도 **채권자**에 의하여 변제계획의 변경안이 제출될 수 있다고 할 것이다. 변제계획변경안에 관하여는 최초 변제계획의 작성 및 인가에 관한 규정을 준용하고 있는데(619조 2항), 한편, 채무자가 변제계획의 인가 후 인가된 변제계획의 변경안을 제출하면, 법원은 개인회생채권자 등에게 변제계획 변경안을 송달하여야 하고, 채무자·개인회생채권자 및 회생위원에게 개인회생채권자집회의 기일과 변제계획 변경안의 요지를 통지하여야 하며, 개인회생채권자집회 등에서 개인회생채권자 등이 채무자가 제출한 변제계획 변경안에 관하여 이의를 진술하는지 여부를 확인하여야 한다(619조 2항, 597조 2항, 613조 1항, 5항).

　　나아가 법원은 채무자가 제출한 변제계획의 변경안에 대하여 개인회생채권자 또는 회생위원이 이의를 진술하지 아니하고 법 614조 1항 각 호의 요건이 모두 충족된 때에는 위 변제계획의 변경안에 대하여 인가결정을 하여야 하고, 개인회생채권자 또는 회생위원이 이의를 진술하는 때에는 법 614조 1항 각 호의 요건 외에 이른바 '가용소득 전부 제공의 원칙' 등과 같은 법 614조 2항 각 호의 요건을 구비하고 있는 때에 한하여 위 변제계획의 변경안에 대하여 인가결정을 할 수 있다(619조 2항, 614조 1항, 2항).

　　그리고 인가요건이 갖추어진 변제계획의 변경안에 대한 법원의 인가는 변제계획안에 대한 법원의 인가와 마찬가지로 재량이 아니라 **의무적**이다.[86]

　　변제계획의 변경안이 법 614조의 요건을 갖춘 경우에 법원은 인가결정을 하게 되고, 인가결정이 있으면 변제계획변경안은 효력이 발생한다(615조 1항). 그런데 변제계획의 변경계획에 대한 인부결정에 대하여는 법 619조 2항이 618조(변제계획에 대한 인부결정에 대한 즉시항고)를 준용대상에서 제외하고 있으므로 명문상 항고가 허용되지 않는 것으로 해석할 여지가 있으나, 불복을 허용하지 않아야 할 타당한 이유가 없으므로 법 618조의 유추해석에 따라 즉시항고가 허용된다고 보아야 할 것이다.[87] 한편, 회생계획변경의 결정 또는 변경회생계획인

---

86) 대법원 2015. 6. 26.자 2015마95 결정. 이에 대한 해설로는 김희중, "개인회생절차에 있어서 인가 후 변제계획변경의 절차 및 인가 요건", 대법원판례해설(제103호. 2015. 12), 430면 이하 참조.

87) 개인파산·회생실무[제4판], 2014., 608면 주석 채무자회생법(Ⅵ), 542~543면[김범준 집필]. **판례**도 **즉시항고의 대상이라는 전제**에서, 개인회생절차에서 변제계획 변경 인가결정에 대한 즉시항고나 재항고 절차가 계속 중이더라도 면책결정이 확정됨에 따라 개인회생절차가 종료되었다면, 항고인이나 재항고인으로서는 변제계획 변경 인가결정에 대하여 더 이상 즉시항고나 재항고로 불복할 이익이 없으므로 즉시항고나 재항고는 부적법하다고 보았다(대법원 2019. 7. 25. 자 2018마6313 결정).

가의 결정에 대하여는 즉시항고를 할 수 있다는 명문의 규정이 있다(282조 3항, 247조 1항).

VII. 개인회생절차의 폐지 및 면책

〈2022년 개인회생사건 처리 상황〉

접수	개시결정 전				개시 후 인가 전				인가 후				
	인용	기각	기타	계	인가	취소(폐지)	기타	계	폐지(미수행)	면책		기타	계
										특별	일반		
89,966	72,483	8,974	3,316	84,773	63,580	7,413	17	71,010	10,894	464	87,209	12	98,579

1. 절차의 폐지

(1) 변제계획인가 전 개인회생절차의 폐지

17-94   1) 필수적 폐지

법원은 개인회생절차의 개시결정 후에 ① 개인회생절차의 개시결정 당시 채무자가 신청권자의 자격을 갖추지 아니한 사실, 신청일 전 5년 이내에 면책(파산절차에 의한 면책을 포함)을 받은 사실이 명백히 밝혀진 때, ② 채무자가 제출한 변제계획안을 인가할 수 없는 때의 어느 하나에 해당하는 경우에는 이해관계인의 신청에 의하거나 직권으로 개인회생절차폐지의 결정을 하여야 한다(620조 1항).

17-95   2) 임의적 폐지

법원은 ① 채무자가 개인회생채권자목록 등 개인회생절차개시 신청서의 첨부서류를 제출하지 아니하거나 허위로 작성하여 제출하거나 또는 법원이 정한 제출기한을 준수하지 아니한 때, ② 채무자가 정당한 사유 없이 개인회생채권자집회에 출석하지 아니하거나 또는 변제계획에 관한 필요한 설명을 하지 아니하거나 허위의 설명을 한 때의 어느 하나에 해당하는 경우에는 직권으로 개인회생절차폐지의 결정을 할 수 있다(620조 2항).

(2) 변제계획인가 후 개인회생절차의 폐지

17-96

① 면책불허가결정이 확정된 때, ② 채무자가 인가된 변제계획을 이행할 수 없음이 명백한 때(다만, 채무자가 624조 2항의 규정에 의한 면책결정을 받은 때를 제외함),[88] ③ 채무자가 재산 및 소득의 은닉 그 밖의 부정한 방법으로 인가된 변제계획을 수행하지 아니하는 때의 어느 하나에 해당하는 경우에는 이해관계인의 신청에 의하거나 직권으로 개인회생절차폐지의 결정을 하여야 한다(621조 1항). 이 규정에 의한 개인회생절차의 폐지는 이미 행한 변제와 도산법의 규정에 의하여 생긴 효력에 영향을 미치지 아니한다(동조 2항).

(3) 공고 및 즉시항고

17-97

법원은 개인회생절차폐지의 결정을 한 때에는 그 주문과 이유의 요지를 공고하여야 한다. 이 경우에 송달은 하지 않을 수 있다(622조).

개인회생절차폐지의 결정에 대하여는 즉시항고를 할 수 있다(623조 1항). 즉시항고가 있는 경우에 법원은 기간을 정하여 항고인에게 보증으로 대법원규칙이 정하는 범위 안에서 금전 또는 법원이 인정하는 유가증권을 공탁하게 할 수 있고, 항고인이 그 기간 안에 보증을 제공하지 아니하는 때에는 법원은 결정으로 항고를 각하하여야 한다(동조 2항, 247조 4항, 5항). 항고의 당부를 판단하는 기준 시점은 항고심 결정시이고,

〈공고례〉

서 울 회 생 법 원
개인회생절차 폐지결정 공고

사   건   2023개회155333   개인회생

채 무 자   박○○(1981. 6. 23.생)
            서울 중랑구 ○○동
            대리인 법무법인 ○○ 담당변호사 김○○

이 법원은 2023. 4. 18. 위 사건에 관하여 개인회생절차 폐지결정을 하였으므로 다음과 같이 공고합니다.

- 다   음 -

1. 개인회생절차 폐지결정의 주문
   이 사건의 개인회생절차를 폐지한다.
2. 개인회생절차 폐지결정의 이유의 요지
   채무자 회생 및 파산에 관한 법률 제621조 제1항

2023. 4. 18.
서 울 회 생 법 원
판 사 김 ○ ○

---

88) 그 판단함에 있어서는 인가된 변제계획의 내용, 당시까지 변제계획이 이행된 정도, 채무자가 변제계획을 이행하지 못하게 된 이유, 변제계획의 이행에 대한 채무자의 성실성의 정도, 채무자의 재정상태나 수입 및 지출의 현황, 당초 개인회생절차개시 시점에서의 채무자의 재정상태 등과 비교하여 그 사이에 사정변경이 있었는지 여부 및 채권자들의 의사 등 여러 사정을 종합적으로 고려할 것이나, 단순히 변제계획에 따른 이행 가능성이 확고하지 못하다거나 다소 유동적이라는 정도의 사정만으로는 이행할 수 없음이 명백한 때에 해당한다고 할 것은 아니다(대법원 2014. 10. 1.자 2014마1255 결정[미간행]; 대법원 2017. 7. 25.자 2017마280 결정[미간행]).

필요한 경우에는 변론을 열거나 당사자와 이해관계인, 참고인을 심문한 다음 항고의 당부를 판단할 수 있다.[89]

2. 면   책

(1) 면책결정

17-98
1) 채무자가 변제계획에 따른 변제를 완료한 경우

법원은 채무자가 변제계획에 따른 변제를 완료한 때에는 당사자의 신청에 의하거나 직권으로 면책의 결정을 하여야 한다(624조 1항). 법원은 면책결정을 한 때에는 그 주문과 이유의 요지를 공고하여야 하는데, 이 경우에 송달은 하지 않을 수 있다(동조 4항). 반면, 면책불허가결정은 공고하지 않고 송달만 한다.

17-99
2) 채무자가 변제계획에 따른 변제를 완료하지 못한 경우

채무자가 인가된 변제계획을 이행할 수 없음이 명백한 때에는 개인회생절차폐지의 결정을 하여야 하는데, 다만 채무자가 다음과 같이 면책결정을 받은 때에는 그러하지 않다는 것(621조 1항 2호)을 이미 언급한 바 있다. 즉, 법원은 채무자가 변제계획에 따른 변제를 완료하지 못한 경우에도 ① 채무자가 책임질 수 없는 사유로 인하여 변제를 완료하지 못하였을 것, ② 개인회생채권자가 면책결정일까지 변제받은 금액이 채무자가 파산절차를 신청한 경우에 파산절차에서 배당받을 금액보다 적지 아니할 것, ③ 변제계획의 변경이 불가능할 것이라는 요건이 **모두 충족**되는 때에는 이해관계인의 의견을 들은 후 면책의 결정을 할 수 있다(624조 2항). 법원은 채무자에게 발생한 책임질 수 없는 사유, 변제계획 수행과정 및 총 변제액 등을 참작하여 면책 여부의 결정을 할 수 있을 것이다. 이른바 hardship discharge(곤경에 따른 면책. 실무상 특별면책이라고도 한다)을 규정한 것이다.[90] 이는 미국 연방파산법 제13장 절차에서의 hardship discharge (11 USC §1328(b))와 마찬가지 규정이다. 이 경우의 면책은 개인회생절차가 계속 진행하고 있음을 전제로 한 것으로 개인회생절차가 종료하기 전까지만 그 면책신청을 할 수 있다.[91]

---

89) 대법원 2014. 10. 1.자 2014마1255 결정[미간행]; 대법원 2017. 7. 25.자 2017마280 결정[미간행].
90) 자세히는 박재완, "하드쉽면책(Hardship Discharge)", 법학논총(2019. 12), 237면 이하 참조.
91) 법 624조 2항에 따른 면책은 개인회생절차가 계속 진행하고 있음을 전제로 한 것으로 다음과 같은 이유에서 개인회생절차가 종료하기 전까지만 그 면책신청이 가능하다고 봄이 타당하다.

(2) 면책불허가사유
17-100

위 규정에도 불구하고 법원은 ① 면책결정 당시까지 채무자에 의하여 악의로 개인회생채권자목록에 기재되지 아니한 개인회생채권이 있는 경우, ② 채무자가 법에 정한 채무자의 의무를 이행하지 아니한 경우의 어느 하나에 해당하는 때에는 면책을 불허하는 결정을 할 수 있다(624조 3항). 개인회생절차에서는 파산절차에서 면책불허가사유로 인정하고 있는 채무자가 과다한 낭비·도박 그 밖의 사행행위를 한 경우(☞ 14-27 참조) 등은 면책불허가사유가 아니다. 개인회생절차에서는 면책불허가사유를 파산절차에 비하여 제한적으로 규정하고 있다.

(3) 면책의 효과
1) 잔존채무의 소멸
17-101

면책을 받은 채무자는 변제계획에 따라 변제한 것을 제외하고 개인회생채권자에 대한 채무에 관하여 그 책임이 면제된다(625조 2항 본문). 여기서 책임이 면제된다는 의미의 해석으로서 채무 그 자체는 소멸되지 않고 단지 책임만이 소멸되는(이행을 강제할 수 없다는) 이른바 **자연채무**로 보는 입장이 **일반적**이다.[92] 따라서 채권자는 면책 후에 강제집행을 통한 채권의 실현을 할 수 없지만(통상의 채권이 가지는 소제기 권능을 상실), 채무 자체가 없어지는 것은 아니므로 채무자로부터 임의의 변제를 받을 권한은 인정된다고 한다. 그러나 자연채무로 보는 것에 그치지 말고, **채무 그 자체가 소멸**된다고 풀이하여 채무자에게 임의의 변제를 구할 수도 없고, 채무자로부터 수령한 변제는 부당이득이 된다고 보는 것이 면책제도의 목적에[93] 부합하는 것이 아닌가 생각한다(☞ 14-38 참조). 주목할 판

개인회생절차가 종료한 이후 채무자에게 파산원인이 있는 경우 채무자는 파산절차를 이용할 수 있는 점, 개인회생절차가 종료한 이후에도 채무자가 개인회생절차에 따른 면책신청을 할 수 있다면 개인회생절차로 말미암은 권리행사의 제한에서 벗어난 개인회생채권자의 지위가 불안정하게 되는 점, 면책결정이나 개인회생절차폐지결정이 확정되면 개인회생절차가 종료하는 점, 면책불허가결정이 확정된 때에는 개인회생절차를 폐지하여야 하는데(621조 1항 1호), 개인회생절차 폐지결정이 확정된 후에 채무자가 면책신청을 하여 법원이 면책결정 또는 면책불허가결정을 하여야 한다면, 이미 종료한 절차가 다시 종료하거나 폐지결정을 다시 하여야 하는 모순이 발생하여 법체계에 맞지 않는 점 등이 그 이유이다(대법원 2012. 7. 12.자 2012마811 결정).

92) 전대규, 1815면; 개인파산·회생실무[제4판], 622면. 대법원 2019. 7. 25.자 2018마6313 결정.

93) 도산법이 개인회생절차에서 채무자를 위한 면책제도를 둔 취지는 채권자들에 대하여 공평한 변제를 확보함과 아울러 지급불능 또는 그럴 염려가 있는 상황에 처한 채무자에 대하여 경제적 재기와 회생의 기회를 부여하고자 하는 데에 있다. 이를 통하여 채무자는 개인회생채무로 인한 압박을 받거나 의지가 꺾이지 않은 채 앞으로 경제적 회생을 위한 노력을 할 수 있게 된다(대법원 2021. 9. 9. 선고 2020다277184 판결).

레로, 앞의 면책제도를 둔 취지에 비추어 가령 '재승인채무'가 변제계획과 별도로 개인회생채무인 '원채무'의 일부 변제를 목적으로 한 것인 이상, 면책결정의 효력은 원채무뿐만 아니라 '재승인채무'에도 미친다고 볼 것이라고 한 것이 있다.94)

　면책된 사실을 알면서 면책된 채권에 기하여 강제집행·가압류 또는 가처분의 방법으로 추심행위를 한 사람에게 500만 원 이하의 과태료에 처한다(660조 3항).

17-102　　**2) 비면책채권**

아래의 청구권에 관하여는 책임이 면제되지 아니한다(625조 2항 단서).

① 개인회생채권자목록에 기재되지 아니한 청구권(625조 2항 1호)95)

파산절차에서는 비면책채권으로 하는 것은 채무자가 악의로(면책결정 이전에

---

94) 만일 채무자가 개인회생절차가 개시된 후 면책결정 확정 전에 개인회생채권자에게 '변제계획과 별도로 개인회생채무를 변제하겠다'는 취지의 의사를 표시한 경우에 면책결정이 확정된 이후에도 채무자에게 개인회생채무 전부나 일부를 이행할 책임이 존속한다고 보게 되면, 이는 면책제도의 취지에 반하므로 채무자가 면책결정 확정 전에 변제계획과 별도로 개인회생채무를 변제하겠다는 취지의 의사를 표시한 경우, 이로 인한 채무가 실질적으로 개인회생채무와 동일성이 없는 완전히 새로운 별개 채무라고 볼 만한 특별한 사정이 없는 한, 원래의 개인회생채무와 동일하게 면책결정의 효력이 미친다고 보아야 한다는 것이 있다(대법원 2021. 9. 9. 선고 2020다277184 판결).

95) 주택임차인은 우선변제권의 한도 내에서는 임대인에 대한 개인회생절차에 의하지 아니하고 자신의 임대차보증금반환채권의 만족을 받을 수 있으므로, 설혹 주택임차인의 임대차보증금반환채권 전액이 채무자인 임대인이 제출한 채권자목록에 기재되었더라도, 보증금반환채권 중 우선변제권이 인정되는 부분을 제외한 나머지 채권액만이 개인회생절차의 구속을 받아 변제계획의 변제대상이 되고 면책결정의 효력이 미치는 채권자목록에 기재된 개인회생채권에 해당한다. 그렇다면 임대인에 대한 개인회생절차의 진행 중에 임차주택의 환가가 이루어지지 않아 주택임차인이 환가대금에서 임대차보증금반환채권을 변제받지 못한 채 임대인에 대한 면책결정이 확정되어 개인회생절차가 종료되었더라도 특별한 사정이 없는 한 주택임차인의 임대차보증금반환채권 중 우선변제권의 한도 내에서는 면책이 되지 않는 '개인회생채권자목록에 기재되지 아니한 청구권'에 해당하여 면책결정의 효력이 미치지 않는다(대법원 2017. 1. 12. 선고 2014다32014 판결). 이에 대하여 임차보증금채권은 ① 비면책채권으로 규정되어 있지 않으므로, 전부 면책된다는 견해, ② 경매실행권한은 없고, 우선변제권만을 가질 뿐이므로 임차인이 임차보증금채권에 관한 집행권원을 가지고 있다고 하더라도 면책결정의 효력으로 그 집행력은 소멸한다는 견해 등이 있으나, 이러한 입장과 달리 위 판례는 ③ 임대인은 면책결정에도 불구하고 우선변제권의 한도 내에서 임차보증금반환책임을 부담하고, 대항요건과 확정일자를 갖춘 임차인은 임차목적물의 환가 시 우선변제권을 가질 뿐만 아니라, 집행권원이 있는 경우 그 한도 내에서 우선변제권 실현을 위한 강제경매신청이 가능하므로 임차보증금에 관한 집행권원 역시 그 한도 내에서 집행력이 소멸하지 않는다는 입장에서 실체법상 권리의 성질이 개인회생절차에서도 그대로 반영되어야 한다고 전제에서 임차보증금채권의 우선변제권 부분은 면책결정 이후에도 그대로 유지되고 보호되어야 한다는 입장을 취한 것이라고 할 수 있다(손흥수, "개인회생절차에서의 면책결정이 임차보증금채권에 미치는 영향-대법원 2017. 1. 12. 선고 2014다32014 판결-", 법률신문 2017. 6. 5.자).

채권의 존재 사실을 알면서도) 채권자목록에 기재하지 않은 경우에 한하지만, 개인
회생절차에서는 채무자의 악의 여부를 불문한다는 점이 다르다.[96)]

② 법 583조 1항 2호 개인회생재단채권의 규정에 의한 조세 등의 청구권
(625조 2항 2호)

③ 벌금, 과료, 형사소송비용, 추징금 및 과태료(625조 2항 3호)

④ 채무자가 고의로 가한 불법행위로 인한 손해배상(625조 2항 4호)

⑤ 채무자가 중대한 과실로 타인의 생명 또는 신체를 침해한 불법행위로
인하여 발생한 손해배상(625조 2항 5호)

⑥ 채무자의 근로자의 임금, 퇴직금 및 재해보상금(625조 2항 6호)

⑦ 채무자의 근로자의 임치금 및 신원보증금(625조 2항 7호)

⑧ 채무자가 양육자 또는 부양의무자로서 부담하여야 할 비용(625조 2항 8호)

위 ① 1호 채권자목록에 기재하지 않은 경우의 채무자의 악의 여부 이외에
개인회생절차에서의 비면책채권의 범위는 파산절차에서의 그 범위와 큰 차이가
없다(☞ 14-41 이하 참조).

〈개인회생절차와 파산절차에서의 비면책채권〉

	개인회생절차 (625조)	파산절차 (566조)	비 교
목록불기재	1호	7호	파산절차에서는 채무자의 악의를 요구하고, 채권자의 악의는 비면책채권에서 제외
조 세	2호	1호	개인회생절차에서는 개인회생재단채권에 한정[97)]
나머지 사유 동일	3호 4호 5호 6호 7호 8호	→ 2호 → 3호 → 4호 → 5호 → 6호 → 8호	

---

96) 채무자가 채무를 알고 있었지만 채권자의 주소와 채권액수를 정확히 알 수 없다는 이유로 개
　인회생채권자목록에서 누락하였다면 그 책임은 채권자목록을 제출하여야 할 의무가 있는 채무
　자에게 있고, 누락된 채권자는 변제계획에 의하지 않고 변제받을 수 있다(서울서부지방법원
　2014. 1. 6. 선고 2013가단29380 판결).

97) 그런데 파산절차에서 재단채권은 본래 면책의 효력이 미치지 않듯이, 개인회생절차에 있어서

참고로 보면, 미국 연방파산법 제13장 절차에서는 채무자가 변제계획을 완료하면 제7장 절차의 비면책채무로 열거된 채무 가운데 조세채무 등을 추가적으로 면책하여 제13장 절차에서는 제7장 절차에서의 면책에 비해 훨씬 많은 채무가 면책의 대상이 된다(이 때문에 super discharge라고 부른다는 것은 이미 언급한 바 있다).98) 이렇게 미국 연방파산법에서는 제13장 절차와 제7장 절차 사이에 비면책채권의 범위에 차이가 있는데, 우리는 개인회생절차와 파산절차에서의 비면책채권의 범위가 큰 차이가 없다는 점에서 앞으로 입법적 검토가 필요하다고 본다. 개인회생절차에서는 몇 년간 변제계획을 완료하였다는 점에서 즉시 면책을 받는 파산절차에서의 비면책채권의 범위와 비교하여 공평에 비추어 채무자에게 가혹한 면이 있기 때문이다.99)

17-103   **3) 보증인 등에 대한 면책의 효력**

한편, 면책은 개인회생채권자가 채무자의 보증인 그 밖에 채무자와 더불어 채무를 부담하는 사람에 대하여 가지는 권리와 개인회생채권자를 위하여 제공한 담보에 영향을 미치지 아니한다(625조 3항).100) 파산절차에서도 마찬가지 규정이 있다(☞ 14-52 참조). 한편, 기술보증기금법 37조의3, 신용보증기금법 30조의3,

---

도 개인회생재단채권은 면책의 효력이 미치지 않는다고 풀이할 것이므로 개인회생재단채권인 조세 등 청구권을 비면책채권으로 규정한 의미는 전혀 없게 된다. 조세에 관한 한, 표현상의 차이에 지나지 않고, 실질적으로는 같은 것이라고 생각한다. 이는 우리 법제가 이 점에 관한 한, 개인회생절차를 선택할 유인(誘引)[incentive]을 주지 않고 있는 것이라 볼 수 있다는 지적으로는 임채웅, "채무자 회생 및 파산에 관한 법률상의 비면책채권의 범위 및 면책 후 추심행위의 금지에 관한 연구", 저스티스(2006. 2), 44면.

98) 다만, 예외적으로 면책이 이루어지는 제13장 절차에서의 hardship discharge(곤경에 따른 면책)의 경우에는 제7장 절차에서와 같이 연방파산법 제523조 (a) 소정의 통상의 비면책채무에 관한 모든 규정이 그대로 적용된다.

99) 마찬가지의 지적으로는 임채웅, 전게, "채무자 회생 및 파산에 관한 법률상의 비면책채권의 범위 및 면책 후 추심행위의 금지에 관한 연구", 51면. 그러나 거의 유사하게 규정하고 있는 현행 도산법이 바람직하다는 입장으로는 주선아, "통합도산법에서 소비자파산제도의 내용과 개선방향", 법조(2006, 5), 157면.

100) 구 개인채무자회생법 제84조 3항(=법 제625조 제3항에 해당)은 개인회생절차상 면책제도의 목적, 변제계획인가의 성립형식상의 특성 및 개인회생절차에 있어서 이해관계인의 이해조정 등 모든 관점에서 그 목적의 정당성, 수단의 적정성, 피해의 최소성 및 법익의 균형성 등의 합리적인 근거를 가진 것이라 할 것이므로, 위 조항이 비록 면책결정의 효력을 보증인 등에게 미치지 않게 함으로써 채무자에 비하여 보증인 등을 차별하여 그들에게 불이익한 결과를 초래한다고 하여도 이는 합리적 이유가 있는 것으로, 헌법상의 평등의 원칙이나 재산권보장에 관한 헌법 조항에 위반된다고 볼 수 없다(헌법재판소 2008. 10. 30. 선고 2007헌마206 결정. 이후 헌법재판소 2012. 4. 24. 선고 2011헌바76 결정도 마찬가지).

중소기업진흥에 관한 법률 74조의2는 채권자가 위 기금, 중소기업진흥공단인 경우에는 중소기업의 회생계획인가결정을 받는 시점에 주채무가 감경 또는 면제될 경우 연대보증채무도 동일한 비율로 감경 또는 면제한다고 하여 위 625조 3항에 대한 예외를 규정하고 있다.[101]

(4) 면책의 취소

17-104

채무자가 면책을 받았다고 하더라도 채무자가 기망 그 밖의 부정한 방법으로 면책을 받은 때에는 법원은 이해관계인의 신청에 의하거나 직권으로 면책을 취소할 수 있다(626조 1항 전문. 파산절차에서는 ☞ 14-54). 예를 들어 채무자가 재산이나 수입을 은닉하여 개인회생채권자에게 청산가치 이하의 변제를 한 경우에 법에 정한 의무를 위반하거나 이에 준하는 정도로 성실의무를 위반하여 채무자에 대하여 면책의 효력을 유지시키는 것이 타당하지 않는 경우 등을 생각할 수 있다. 이해관계인이 면책의 취소를 신청한 경우에는(법원이 직권으로 면책을 취소하려 할 때는 제외) 법원은 반드시 이해관계인을 심문하여야 한다(동조 동항 후문).[102] 법원은 취소 여부를 결정함에 있어 이해관계인의 신청 내용과 함께 취소사유의 내용과 그 경중, 채무자가 개인회생신청에 이르게 된 경위, 채무자의 경제적 여건, 채무자의 경제적 회생 가능성 등 여러 사정을 고려하여 합목적적 재량에 따라 판단한다. 법원이 이해관계인의 신청에 의하여 면책취소 여부를 심리한 다음 면책취소결정을 하였다면 그 후 이해관계인이 면책취소의 신청을 취하하더라도 그 취하는 면책취소결정에 영향을 미치지 못한다.[103] 면책취소의 신청은 면책결정의 확정일부터 1년 이내에 하여야 한다(동조 2항). 만일 이해관계인이 1년이

---

101) 신용보증사고가 발생하여 신용보증기금이 이를 대위변제한 후 근저당권에 기하여 부동산임 의경매를 신청하였는데, 경매절차 진행 중 연대보증인이 신용보증기금에 대한 구상금채무를 감경하여 분할변제하는 내용의 개인회생 변제계획인가결정을 받은 사안에서 개인회생절차에서 **변제계획인가결정을 받았을 뿐** 변제계획에 의한 변제를 완료하지 않아 **아직 면책결정을 받지 않은 이상**, 연대보증인의 채무에 관하여는 신용보증기금법 30조의3에 따른 **감경 또는 면제의 효력이 발생하지 않는다**(대구고등법원 2017. 12. 27. 선고 2017나24336 판결[상고 → 2018. 4. 16. 심리불속행기각]).

102) 또한 법원은 면책취소 여부를 결정하는 경우에는 채무자를 심문하여야 한다(개인회생사건 처리지침 15조).

103) 개인회생에서 면책취소절차는 비송절차의 성질을 가지고 있는 점, 개인회생절차는 채무자와 그를 둘러싼 채권자 등 이해관계인의 법률관계를 한꺼번에 조정하여 채무자의 효율적인 회생을 도모하는 집단적 채무처리절차의 성격을 가지고 있으므로 어느 이해관계인의 의사에 따라 면책취소 결정의 효력이 좌우되는 것은 제도의 취지와 성격에 부합하지 아니한 점 등이 그 이유이다 (대법원 2015. 4. 24.자 2015마74 결정).

경과한 뒤에 신청을 하였다면 법원은 이를 이유로 신청을 각하할 수 있을 것이나, 채무자에 대하여 면책취소사유가 인정되는 경우에는 직권으로 면책취소결정을 할 수 있다. 면책을 취소할 수 있다고 규정하고 있으므로 취소사유가 인정되는 경우에도 법원은 반드시 면책을 취소하여야 하는 것은 아니고, 여러 가지 사정을 고려하여 면책결정을 그대로 유지하는 것이 타당하다고 판단되면 취소신청을 기각할 수 있다. 면책취소의 결정은 공고하여야 한다(채무자 회생 및 파산에 관한 규칙 95조).

17-105   **(5) 즉시항고**

재판에 대하여 법에 따로 규정이 있는 때에 한하여 즉시항고를 할 수 있는데(13조 1항), 법 627조는 면책 여부의 결정과 면책취소의 결정에 대하여 즉시항고를 할 수 있다고 하고 있다.104) 면책결정에 대하여는 개인회생채권자 등 이해관계인이 항고인이 될 것이고, 면책취소의 결정에 대하여는 채무자가 항고인이 될 것이다. 면책 여부의 결정의 공고가 있는 날 또는 면책취소의 결정의 공고가 있는 날부터 14일 이내에 즉시항고를 하여야 한다(13조 2항).105)

17-106   **Ⅷ. 벌   칙**

법 제6편 벌칙에서 가령 사기회생죄(643조 3항)로 채무자가 자기 또는 타인의 이익을 도모하거나 채권자를 해할 목적으로 ① 재산을 은닉 또는 손괴하거나 채권자에게 불이익하게 처분하는 행위나 ② 허위로 부담을 증가시키는 행위를 하고, 채무자에 대하여 개인회생절차개시의 결정이 확정된 때에는 5년 이하의 징역 또는 5천만 원 이하의 벌금에 처한다고 규정하고 있는 등 개인회생절차에 있어서의 범죄유형과 그 **형벌**에 대하여 규정하고 있는데,106) 이에 대하여는

---

104) 제1심의 면책불허가결정에 대한 채무자의 즉시항고를 심리하는 항고심에서의 새로운 사실과 증거의 제출은 항고심에서 심문을 연 때에는 그 심문종결시까지, 심문을 열지 아니한 때에는 결정의 고지시까지 할 수 있다 할 것이므로 항고심법원으로서는 그때까지 제출한 자료를 토대로 제1심 결정 혹은 항고이유의 당부를 판단하여야 한다(대법원 2009. 2. 26.자 2007마1652 결정 [미간행]).

105) 법 627조는 면책 여부의 결정과 면책취소의 결정에 대하여는 즉시항고를 할 수 있다고 규정할 뿐, 면책취소신청 기각결정에 대하여는 아무런 규정을 두고 있지 아니하므로, 이에 대하여는 즉시항고를 할 수 없고, 민사소송법 449조 1항의 특별항고만 허용될 뿐이다(대법원 2016. 4. 18.자 2015마2115 결정).

파산절차에서의 벌칙을 참조하고(☞ 15-1 이하), 여기에서는 따로 설명하지 않는다.

　　그리고 **과태료**에 관하여 법 660조 1항에서 재산조회불응 및 허위자료제출에 대한 과태료, 동조 3항에서 면책된 채권에 기한 추심행위에 대한 과태료에 관하여 규정하고 있다.

---

106) 채무자 회생 및 파산에 관한 법률 시행 전에는 구 개인채무자회생법 48조에서 정한 개인회생절차의 개시를 신청할 자격이 없던 개인채무자가 채무자 회생 및 파산에 관한 법률 시행 전후에 걸쳐서 각각 구 개인채무자회생법 87조 각 호의 사기개인회생죄 및 구 채무자 회생 및 파산에 관한 법률 643조 1항 각 호의 사기회생죄에서 정한 행위를 하고 구 채무자 회생 및 파산에 관한 법률 시행 후에 그 채무자에 대하여 회생절차개시의 결정이 확정된 경우, 그 시행 전의 행위는 행위 시의 법률인 구 개인채무자회생법에서 정한 사기개인회생죄의 주체가 될 수 없는 사람의 행위로서 범죄를 구성할 수 없으므로, 구 개인채무자회생법에서 정한 사기개인회생죄나 구 채무자회생법에서 정한 사기회생죄의 어느 것으로도 처벌할 수 없고, 그 행위가 범죄행위 자체에 해당하지 아니하는 이상 채무자회생법 시행 후의 행위와 포괄하여 일죄를 구성할 여지도 없다(대법원 2016. 10. 13. 선고 2016도8347 판결).

제 5 편

국제도산

제 5 편

국제도산

오늘날 기업활동도 개인활동도 국경을 넘지 않을 수 없는 경우가 빈번하다. 상품이나 자본시장은 국경 없이 무한적이고, 기술이나 노동력 등의 자원도 국제적으로 유동화되고 있다. 이러한 시대에 있어서는 채무자의 경제적 파탄도 국제성(섭외성)을 띤 형태로 나타나는 것이 불가피하지만, 종전에 도산처리가 국가의 사법권 범위 내에서 규율되어 왔기 때문에 국제도산에 대한 대응이 그다지 용이하지 않았다. 그리하여 2006년 시행 「채무자 회생 및 파산에 관한 법률」의 제5편에서 국제도산에 대하여 별도로 규율하면서 15개 조문을 두었다.

I. 국제도산의 신설

종전 우리의 도산 관련법은 우리나라의 재판권이 미치는 국내에 한하여 도산절차를 완결하고자 한 발상이었다. 즉 파산법, 화의법뿐만 아니라 회사정리법에서도, 철저한 속지주의를 표명하고 있었다(종전 파산법 3조, 종전 화의법 11조, 종전 회사정리법 4조). 가령, 종전 파산법 3조 1항에서 파산은 채무자의 한국 내에 있는 재산에 대하여서만 효력이 있다고 하고, 동조 2항에서 외국에서 선고한 파산은 한국 내에 있는 재산에 대하여는 그 효력이 미치지 않는다고 규정하여 양쪽 방향에서의 속지주의를 취하였다.[1] 전자는 내국파산의 대외적 효력, 후자는 외국

---

[1] 다만, 종전 판례는 파산법 3조 2항의 속지주의의 의미를 제한적으로 해석하였다. 즉 효력이 없다는 의미는 외국에서 선고된 파산은 한국 내에 있는 재산에 대하여 파산선고의 본래적 효력인 포괄집행적 효력이 미치지 않는다는 것을 선언함에 그치고, 나아가 외국에서 파산선고가 내려진 사실 자체를 무시한다거나, 그 선고의 결과 파산선고를 한 해당 국가에서 선임된 파산관재인이 그 국가의 법률에 따라 한국 내에 있는 파산자의 재산에 대한 관리처분권을 취득하는 것까지 부정하는 것은 아니라고 판시하였다(대법원 2003. 4. 25. 선고 2000다64359 판결). 위 판결

파산의 대내적 효력에 관한 규정인 바, 그 어느 쪽도 효력을 부정하여 따라서 파산을 어디까지나 국내에 한정한 속지적인 것으로 하였다.

이러한 속지주의는 보편주의(내지는 보급[普及]주의)와 대비된다. 보편주의는 도산의 효력이 절차개시국뿐만 아니라 외국에도 미치는 것으로 대외적 효력을 긍정하는 입장이다. 물론 절차개시국 이외의 다른 나라가 도산의 효력을 승인할 것인지 여부는 별도의 문제이지만, 보편주의는 도산의 효력을 국제적인 것으로 이해하여 도산절차를 세계 전체에서 통일적으로 처리하려는 의도를 포함하는 것이라고 할 수 있다.

국제도산이 늘어나고 있는 시점에서 종전의 엄격한 속지주의는 더 이상 정당성을 유지할 수 없고, 세계적 추세에 반하므로 2006년 시행 「채무자 회생 및 파산에 관한 법률」에서는 국내도산절차와 외국도산절차가 조화를 이룰 수 있도록 속지주의를 폐지하고 보편주의를 일부 수용하면서, 제5편 국제도산을 별도로 신설하였다. 규정을 신설함에는 유엔국제상거래위원회(UNCITRAL)가 마련한 모델법(Model Law on Cross-border Insolvency Law)을 참고하였다.2)

18-2   Ⅱ. 국제도산법의 여러 문제

국제도산이라 함은 도산재단 또는 도산채권자·도산채무자의 관계에서 국제적(섭외적) 요소를 포함하고 있는 도산사건을 의미한다. 이러한 국제도산의 법적 문제를 규율하는 규범의 총체를 국제도산법이라고 부른다. 국제도산법에서 전통적으로 아래와 같은 영역이 문제가 되지만, 법 제5편 국제도산에서는 이러한 영역 전부를 망라적으로 규율한 것은 아니다.

18-3   **1. 외국인(또는 외국법인)의 도산절차상 지위**

외국인(또는 외국법인)의 도산절차상 지위, 즉 외국인에게 도산능력을 인정할

은 실질적으로 외국 파산관재인의 관리처분권이 우리나라에 있는 재산에 대하여 미치는 것을 승인한 것으로, 국제협조(보편주의)로의 일보를 내딛은 것으로 평가받았다.

2) 속지주의로 말미암아 국제적 활동을 하는 기업의 도산사건이 자주 문제되자, 유엔국제상거래위원회(UNCITRAL)는 국제도산사건을 규율할 국제적인 규범을 창설하는 작업에 착수하여 1997년에 모델법(Model Law on Cross-border Insolvency Law)을 제정하여 총회에서 이를 채택하였다. 이 모델법은 그 후 각국의 입법에서 참고하여 그 접근 방법을 따르고 있다.

것인가에 대한 논의인데, 법은 외국인(또는 외국법인)은 우리 도산법의 적용에 있어서 우리나라 사람과 동일한 지위를 가진다고 규정하여(2조) **평등주의**를 취하고 있다. 종전 파산법 2조 본문에서 외국인(또는 외국법인)은 파산에 관하여 한국인(또는 한국법인)과 동일한 지위를 가진다고 하면서, 단서에서 본국법에 의하여 한국인(또는 한국법인)이 동일한 지위를 가지는 때에 한한다고 규정하여 상호주의를 조건으로 하는 평등주의를 취하였고, 반면 종전 회사정리법 3조에서는 무조건의 평등주의를 취하였는데, 이에 대응되는 현행 도산법 2조에서는 위 파산법 2조 단서를 삭제하여, 회생절차뿐만 아니라 파산절차에서도 평등주의를 취하였다(☞ 자세히는 3-3).

2. 국제도산관할   18-4

우리나라 법원에 국제적 요소를 가지는 도산사건이 신청된 경우에, 심리를 위해서는 우리나라 법원에 국제도산관할이 있어야 한다. 국제도산사건의 도산절차개시국의 문제(즉, 어느 국가의 법원이 도산절차를 담당하는가 하는 문제)인 국제도산관할은 일반민사재판에 있어서 국제재판관할에 유사한 성격을 가진다.

국제도산관할에 대하여 법에 직접적 규정은 없다. 물론 법 3조에 관할에 관한 규정은 존재하나, 이는 국내사건을 염두에 둔 관할에 관한 규정이다. 국제도산관할에 대하여 법 제5편 국제도산에서 분명히 규율하고 있지 않다. 다만, 법 631조는 간접관할(승인관할)에 대하여 외국도산절차를 국내 법원에서 승인하기 위해서는 해당 외국도산절차가 신청된 외국에 채무자의 영업소·사무소 또는 주소가 있어야 한다고 규정하고 있고, 한편 외국도산절차의 승인 및 지원에 관한 사건에 대하여 법 630조는 서울회생법원 합의부의 관할에 전속한다고 규정하고 있다.

결국 해당 국제도산사건의 사정에 비추어 최적의 도산절차개시국을 찾아야 할 것이다. 우리나라에 채무자의 주된 사무소 또는 영업소가 있는 경우에 우리나라의 법원이 국제도산관할을 가지는 것이 합리적이고, 가령 외국에 주된 사무소가 있는 채무자라도 우리나라에 채무자의 재산이 있다면 우리나라 법원의 국제도산관할이 긍정된다고 할 것이다(3조 1항 참조).

18-5   **3. 준 거 법**

　국제도산관할과 함께 도산절차에 있어서 적용할 준거법의 선택(법의 저촉)이 문제된다. 도산 그 자체는 보편적인 경제현상이라고 하더라도, 그 해결방법으로서의 각국 도산법의 규율은 천차만별이다. 조약에 따른 법통일이 어려운 현실에서 서로 다른 도산법 체제하의 이해관계인이 나타나는 것을 생각한다면 이 문제의 중요성은 분명하다.

　그런데 준거법의 선택기준이 되는 우리 국제사법을 살펴보면 국제도산에 관한 규정은 없다. 학설·판례에 맡겨져 있다고 볼 수 있다. 이 경우에 생각할 것은 도산법이 절차법의 측면과 실체법의 측면을 지니고 있는 것이 출발점이 될 것이다.

　도산절차법에 대하여는 「절차는 법정지법에 따른다(lex fori)」는 준거법에 관한 원칙이 국제도산에 있어서도 타당하다고 생각한다. 결국 도산처리의 절차사항은 절차개시국의 법률에 따르게 된다. 우리나라 법원이 국제도산관할을 가진다면, 우리 도산법의 절차규정에 의하여 절차가 진행한다. 절차개시국이 도산처리를 다른 나라의 절차규정에 준거하여 진행하는 것은 어려움이 예상되며 절차개시국법에 따르는 것이 간편하면서 현실적이라고 생각한다.

　반면, 도산실체법의 준거법의 선택은 그렇게 단순하지 않다. 도산법상의 실체적 규율이라고 하더라도 그것은 민법, 상법 등의 실체법을 무시할 수는 없고, 오히려 실체법 질서를 존중하여야만 성립한다. 따라서 그 기초의 상당 부분이 실체법에 맡겨져 있는 도산채권, 환취권, 별제권(내지는 회생담보권), 상계권 등에 대하여는 일반 국제사법의 접근 방법에 따라서 준거법을 살펴야 한다. 가령 그 실체권의 기초가 되는 물권관계는 목적물의 소재지법(국제사법 19조)에 의하여 준거법을 정한다.[3]

---

　3) 외국적 요소가 있는 계약을 체결한 당사자에 대한 회생절차가 개시된 경우, 계약이 쌍방미이행 쌍무계약에 해당하여 관리인이 이행 또는 해제·해지를 선택할 수 있는지, 그리고 계약의 해제·해지로 인하여 발생한 손해배상채권이 회생채권인지는 도산법정지법인 채무자 회생 및 파산에 관한 법률에 따라 판단되어야 하지만, 계약의 해제·해지로 인한 손해배상의 범위에 관한 문제는 계약 자체의 효력과 관련된 실체법적 사항으로서 도산전형적인 법률효과에 해당하지 아니하므로 국제사법에 따라 정해지는 계약의 준거법이 적용된다(대법원 2015. 5. 28. 선고 2012다104526 판결). 이에 대하여는 김진오, "외국적 요소가 있는 쌍방미이행 쌍무계약에서 도산법정지법 원칙의 적용 범위 및 영국법상 중간이자공제의 법리", 대법원판례해설(제103호, 2015. 12), 403면 이하 참조.

그런데 절차와 실체의 구별이 항상 명백한 것이 아니므로 무엇이 여기서 말하는 절차법 또는 실체법인가 문제이다. 가령, 실체권에 관계된다고 하더라도 도산절차에 있어서 채권의 우열(순위), 부인권 등의 문제는 도산법의 중심사항으로 오히려 절차개시국의 규율에 따르는 것이 바람직한 사항일 수 있다.

4. 도산절차의 국제적 효력

18-6

가령, 국내에서 선고한 파산의 효력은 외국에 있는 채무자(파산자)의 재산에 미치지 않고(종전 파산법 3조 1항 참조), 외국에서 선고한 파산의 효력은 국내에 있는 재산에 대하여 그 효력이 없다면(종전 파산법 3조 2항 참조), 즉, 속지주의에 따르면 도산사태가 각국에 걸쳐서 발생한 경우에 그 시점에서의 부채분포와 자산분포는 우연한 결과에 지나지 않는 것인데, 이것을 국가별로 처리하게 되어 각국의 채권자에게 현저한 불평등을 초래할 수 있어서 문제이다.4) 가령, 도산절차의 개시국에 있는 채무자의 자산이 부채액에 비하여 터무니없이 적은 경우에는 해당 국가의 도산처리의 공동화(空洞化)를 가져오게 된다. 그리하여 국외재산을 둘러싼 당사자의 다툼이 오히려 격화되고, 채권자 사이의 불평등을 초래하여 도산처리의 이념으로부터 멀어지게 된다.

마침내 현행 도산법에서는 종전 파산법 3조(및 종전 회사정리법 4조)의 규정을 삭제하여 더 이상 속지주의를 취하지 않고, 보편주의를 일부 수용하여 법 제5편 국제도산에서 이를 규율하고 있다.

도산법 제5편 국제도산의 적용범위는 다음과 같이 크게 세 가지로 나눌 수 있다(629조). ① 국내법원에서의 외국도산사건의 처리이다. 즉, 외국도산절차의 대표자가 외국도산절차와 관련하여 대한민국 법원에 승인이나 지원을 구하는 경우, 외국도산절차 대표자가 대한민국 법원에서 국내도산절차를 신청하거나 진행 중인 국내도산절차에 참가하는 경우 등이 그 예이다(1호, 2호). ② 외국법원의 절차에서 국내도산절차의 관리인·파산관재인 등의 활동이다. 즉, 국내도산절차와 관련하여 관리인·파산관재인·채무자 그 밖에 법원의 허가를 받은 자 등이 외국법원의 절차에 참가하거나 외국법원의 승인 및 지원을 구하는 등 외국

---

4) 예를 들어 1991년 여름에 파탄한 다국적 은행 BCCI의 사례가 대표적이다. 등기상의 본점이 룩셈부르크, 실질상의 본점이 영국, 소유주가 아부다비정부 및 그 관계자인 위 은행의 파탄은 세계 69개국을 휩쓸리게 한 사건이었다. 각국마다 자산과 부채의 불균형이 커서 속지적 처리가 상당히 불합리하여 전 세계의 관계자가 공동보조를 취하게 되었다.

에서 활동하는 경우가 그 예이다(3호). ③ 채무자를 공통으로 하는 국내도산절차 및 외국도산절차가 대한민국 법원과 외국법원에서 동시에 진행되어 관련절차 사이에 공조가 필요한 경우이다(4호).

Ⅲ. 국제도산의 규율

18-7

1. 외국도산절차의 승인 및 지원

외국도산절차의 대내적 효력에 관하여 이미 설명하였듯이 종전 파산법 3조 2항 및 종전 회사정리법 4조 2항은 외국에서 개시한 도산절차는 우리나라에 있는 재산에 대하여는 그 효력이 없다고 규정하여 속지주의를 취하였다. 이렇게 속지주의를 취하던 종전 파산법, 회사정리법과 달리 현행 도산법은 일정한 요건 하에 외국도산절차를 승인하는 방식을 도입하였다.[5]

18-8

(1) 사건의 관할

외국도산절차의 승인 및 지원에 관한 사건은 **서울회생법원 합의부**의 **전속관할**로 하되, 절차의 효율적인 진행이나 이해당사자의 권리보호를 위하여 필요한 때에는 서울회생법원은 당사자의 신청이나 직권으로 외국도산절차의 승인결정과 동시에 또는 그 결정 후에 채무자의 주된 사무소 또는 영업소나 채무자의 주소지 등을 관할하는 법원으로 **이송**할 수 있다(법 제630조). 사건 처리의 전문화를 위해서 필요한 경우에는 이송에 의하여 관할을 집중할 수 있도록 한 것이다.

18-9

(2) 외국도산절차의 승인

외국도산절차의 대표자는 외국도산절차가 신청된 국가에 채무자의 영업소·사무소 또는 주소가 있는 경우에 법원에 외국도산절차의 승인을 신청할 수 있다(631조). 외국도산절차의 승인이라 함은 외국도산절차에 대하여 대한민국 내에 지원처분을 할 수 있는 기초로서 승인하는 것을 말한다(628조 3호).

법원은 신청일로부터 1월 이내에 승인 여부를 결정하여야 하는데(632조 1항), ① 법원이 정한 비용을 미리 납부하지 아니한 경우, ② 법 631조 1항 각 호의 서면을 제출하지 아니하거나 그 성립 또는 내용의 진정을 인정하기에 부족한 경우, ③ 외국도산절차를 승인하는 것이 대한민국의 선량한 풍속 그 밖에 사

---

5) 관련하여, 이연주, 국제도산법, 288면 이하 참조.

회질서에 반하는 경우의 어느 하나에 해당하는 때에는 외국도산절차의 승인신청을 기각하여야 한다(동조 2항).

외국도산절차의 승인에는 외국판결의 승인(민사소송법 217조)과 같이 일정한 요건이 구비되면 별도의 절차 없이 승인하는 자동승인의 방식과 법원의 재판에 의하여 승인하는 결정승인의 방식이 있는데, 현행 도산법은 **결정승인**의 방식을 취하였다.

판례도 외국도산절차의 승인은 외국판결의 승인(민사소송법 217조)과는 달리 외국법원의 '재판'을 승인하는 것이 아니라 해당 '외국도산절차'를 승인하는 것으로서 그 법적 효과는 외국도산절차가 지원결정을 하기 위한 적격을 갖추고 있음을 확인하는 것에 그치는 것이고, 그 승인에 의하여 외국도산절차의 효력이 직접 대한민국 내에서 확장되거나 국내에서 개시된 도산절차와 동일한 효력을 갖게 되는 것은 아니라고 보고 있다. 이는 외국도산절차가 절차의 진행단계에 따라서 다양한 효과를 수반하고 그 효과가 다수의 이해관계인에 미치는데도 특정 당사자 사이의 권리관계를 다루는 외국판결의 승인의 방식에 따라 해당 외국도산절차의 효력을 국내에 자동적으로 미치게 하는 것은 적절하지 않다는 점을 고려한 것이다.6)

외국도산절차의 승인결정이 있더라도 우리 도산법에 의한 회생절차, 파산절차, 개인회생절차의 개시 또는 진행에 영향을 미치지 않는다(633조).

그리고 외국도산절차의 승인신청이 있더라도 해당 채무자의 업무 및 재산에 대한 강제집행 등의 정지나 채무자의 변제금지 등의 효력이 있는 것은 아니므로 법원은 외국도산절차의 대표자의 신청에 의하거나 직권으로 외국도산절차의 승인신청이 있은 후 그 결정이 있을 때까지 이를 중지 또는 금지하는 조치를 명할 수 있다(635조 1항).

외국도산절차가 승인된 때에는 외국도산절차의 대표자는 국내도산절차의 개시를 신청하거나 이미 진행 중인 국내도산절차에 참가할 수 있다(634조). 외국도산절차의 대표자가 이미 진행 중인 국내도산절차에 참가하기 위하여 외국도산절차의 승인이 필요한 것은(동조 후단) 별로 문제될 것이 없으나, 국내도산절차의 개시를 신청하기 위하여 외국도산절차의 승인이 전제되는 것은(동조 전단) 문제이다.

---

6) 대법원 2010. 3. 25.자 2009마1600 결정.

18-10

(3) 외국도산절차에 대한 지원

법원은 외국도산절차를 승인함과 동시에 또는 그 후, 이해관계인의 신청에 의하거나 직권으로 채무자의 업무 및 재산이나 채권자의 이익을 보호하기 위하여 채무자의 업무 및 재산에 대한 소송 또는 행정청에 계속하는 절차의 중지나 강제집행 등의 금지 또는 중지, 채무자의 변제금지 또는 재산처분금지, 국제도산관리인의 선임, 그 밖에 채무자의 업무 및 재산을 보전하거나 채권자의 이익을 보호하기 위하여 필요한 처분의 결정을 할 수 있다(636조). 이를 외국도산절차에 대한 지원이라고 한다. 위 2)에서의 법원의 승인결정과 별도로 다시 지원결정이 있어야 하는 것이 특색이다. 승인결정으로 외국도산절차의 효력이 우리나라에 그대로 확장되는 것이 아니라, 승인결정을 전제로 법원이 지원결정을 하는 체제이다.7)

여기서 법원이 선임한 국제도산관리인은 회생절차에서의 관리인 및 파산절차에서의 파산관재인에 관한 규정을 준용하는데, 국제도산관리인에게 채무자의 업무의 수행 및 재산에 대한 관리·처분권한이 전속한다(637조).

---

7) 채무자 회생 및 파산에 관한 법률상의 '지원결정'은 외국도산절차의 대표자가 외국도산절차에 필요한 배당·변제재원을 국내에서 보전·확보하고 이를 기초로 배당·변제계획을 수립하거나 그 계획을 수행할 수 있도록 절차적인 지원을 하는 것일 뿐, 외국법원이 외국도산절차에서 한 면책결정이나 회생계획의 인가결정 등과 같이 채무나 책임을 변경·소멸시키는 재판을 직접 한다거나 외국법원의 면책재판 등에 대하여 국내에서 동일한 효력을 부여하는 재판을 함으로써 채권자의 권리를 실체적으로 변경·소멸시키기 위한 절차는 아니다. 한편, 외국법원의 면책재판 등은 실체법상의 청구권 내지 집행력의 존부에 관한 것으로서 그에 의하여 발생하는 효과는 채무자와 개별 채권자 사이의 채무 혹은 책임의 감면이라고 하는 단순하고 일의적인 것이고, 그 면책재판 등의 승인 여부를 둘러싼 분쟁은 면책 등의 대상이 된 채권에 기하여 제기된 이행소송이나 강제집행절차 혹은 파산절차 등에서 당해 채무자와 채권자 상호 간의 공격방어를 통하여 개별적으로 해결함이 타당하므로, 이 점에서 외국법원의 면책재판 등의 승인은 그 면책재판 등이 비록 외국도산절차의 일환으로 이루어진 것이라 하더라도 민사소송법 제217조가 규정하는 일반적인 외국판결의 승인과 다를 바 없다고 할 것이다. 따라서 속지주의 원칙을 폐지한 채무자회생법 하에서 외국도산절차에서 이루어진 외국법원의 면책재판 등의 승인 여부는 그 면책재판 등이 민사소송법 제217조의 승인요건을 충족하고 있는지를 심리하여 개별적으로 판단함이 상당하고, 그 승인 여부를 채무자회생법의 승인절차나 지원절차에 의하여 결정할 것은 아니라고 할 것이다(대법원 2010. 3. 25.자 2009마1600 결정). 외국도산절차에서 이루어진 외국법원의 면책재판 등을 어떠한 방식으로 승인할 것인지 및 외국법원의 면책재판 등의 승인에 관하여 국내채권자 보호를 위하여 공서양속위반이라는 판단기준을 제시한 점에서 그 선례적 가치가 크다(이에 대하여는 오영준, "채무자 회생 및 파산에 관한 법률하에서 외국도산절차에서 이루어진 외국법원의 면책재판 등의 승인", 대법원판례해설(제83호), 604면 이하 참조).

2. 국내도산절차의 관리인 등이 외국에서 활동할 권한　　　　　18-11

국내도산절차의 대외적 효력에 관하여 종전 파산법 3조 1항 및 종전 회사정리법 4조 1항은 국내도산절차의 효력은 외국에 있는 채무자의 재산에는 미치지 않는다고 규정하여 속지주의를 취하였는데, 현행 도산법에서는 위 규정을 삭제하여 더 이상 속지주의를 취하지 않았으므로, 이제는 채무자의 외국에 있는 재산에 대하여도 국내도산절차의 효력이 미친다. 다만, 외국에서 우리 도산절차를 승인할 것인지 여부는 별도의 문제이고 이를 승인하지 않으면 의미가 없다.

나아가 국내도산절차의 관리인·파산관재인 그 밖에 법원의 허가를 받은 자 등은 외국법이 허용하는 바에 따라 국내도산절차를 위하여 외국에서 활동할 권한이 있다(640조). 가령 채무자의 국외재산에 대하여 외국에서 개별집행을 하고 있는 경우에 파산관재인은 국내도산절차의 효력을 주장하여 외국법원에 개별집행의 중지를 신청할 수 있다. 다만, 국내도산절차의 관리인 등이 외국에서 활동할 권한은 해당 외국법이 허용하는 바에 따라 결정된다.

3. 하나의 채무자에 대한 여럿의 도산절차　　　　　　　　　　18-12

여럿의 국가에 국제도산관할이 인정되는 경우에 해당 채무자에 대하여 외국에서 도산절차가 개시되었는데, 이 채무자에 대하여 국내에서도 도산절차가 개시된 것과 같이 하나의 채무자에 대하여 여럿의 국가에서 도산절차가 행하여지는 경우를 **병행도산**이라고 한다. 물론 하나의 채무자에 대한 여럿의 외국도산절차 사이의 병행도산도 있을 수 있다.

국제적 합의에 의하여 완전한 보편주의가 확립되지 않는 한, 병행도산은 피할 수 없다. 파산신청 당시 채무자에 대하여 이미 외국에서 파산선고가 있는 때에는 파산의 원인인 사실이 존재하는 것으로 추정한다는 법 301조도 이를 전제로 한 기술적 규정이다. 외국에서 파산절차가 선행하고 있는 것으로부터 우리나라에서 채권자가 개별적 권리행사를 하거나 채무자가 재산을 은닉하는 것을 방지하여 신속한 파산선고를 하고자 하는 것이 위 규정의 취지이다. 본래 파산원인의 취급방식, 그리고 파산원인과 파산선고의 연결도 국가에 따라서 다를 것이고, 외국의 파산선고의 요건이 우리나라의 파산선고의 요건과 마찬가지라고는 할 수 없다. 위 규정은 그러한 의미에서는 외국의 파산선고를 존중하였다고도 할 수 있으나, 현실문제로서는 외국의 파산절차와 별도로 우리나라에서 파산절차를 개시하는 것, 즉 내외 복수의 파산절차의 병행 상태를 긍정하고 있는 것이다.

　　종전 도산관련법에서는 병행도산에 있어서 여럿의 도산절차 사이의 조정에 관하여 특별한 규정을 두고 있지 않았는데, 현행 도산법에서는 다음과 같은 규정을 마련하였다.

18-13　　**(1) 국내도산절차와 외국도산절차의 동시진행**

　　채무자를 공통으로 하는 외국도산절차와 국내도산절차가 동시에 진행하는 경우, 법원은 국내도산절차를 중심으로 법 635조(승인 전 명령 등) 및 636조(외국도산절차에 대한 지원)의 규정에 의한 지원을 결정하거나 이를 변경 또는 취소할 수 있다(638조 1항).

18-14　　**(2) 복수의 외국도산절차**

　　채무자를 공통으로 하는 여러 개의 외국도산절차의 승인신청이 있는 때에는 법원은 이를 병합심리하여야 한다(639조 1항). 또한 여러 개의 외국도산절차가 승인된 때에는 법원은 승인 및 지원절차의 효율적 진행을 위하여 채무자의 주된 영업소 소재지 또는 채권자보호조치의 정도 등을 고려하여 주된 외국도산절차를 결정하고(동조 2항), 이를 중심으로 외국도산절차에 대한 지원을 결정하거나 변경할 수 있다(동조 3항).

18-15　　**(3) 공　조**

　　동일한 채무자 또는 상호 관련이 있는 채무자에 대하여 진행 중인 국내도산절차 및 외국도산절차나 복수의 외국도산절차 사이의 원활하고 공정한 진행을 위하여 외국법원 및 외국도산절차의 대표자와 의견교환, 채무자의 업무 및 재산에 관한 관리 및 감독, 절차의 진행에 관한 조정, 그 밖에 필요한 사항에 관하여 공조할 수 있다(641조 1항). 이러한 공조를 위하여 법원은 외국 법원 또는 외국도산절차의 대표자와 직접 정보 및 의견을 교환할 수 있고(동조 2항), 국내도산절차의 관리인 또는 파산관재인도 법원의 감독하에 직접 정보 및 의견을 교환할 수 있다(동조 3항).

(4) 배당의 준칙   18-16

　다른 채권자와 평등을 도모하기 위하여 공평한 배당의 원칙인 이른바 hotchpot rule을8) 받아 들여 법 642조는 외국도산절차 또는 채무자의 국외재산으로부터 변제받은 채권자는 국내도산절차에서 그와 같은 조나 순위에 속하는 다른 채권자가 동일한 비율의 변제를 받을 때까지 국내도산절차에서 배당 또는 변제를 받을 수 없다고 규정하고 있다. 외국도산절차에서 변제받은 것에 한정하지 않고, 채무자의 국외재산으로부터 변제받은 것도 포함하여 국내도산절차에서 공평한 배당을 받도록 하였다.

---

8) 영국 민사법상 이혼이나 상속에 있어서 재산을 배분하는 경우에 재산을 평등하게 배분하기 위한 전제로서 재산을 통합하는 것에서 유래하였다고 한다(이연주, 국제도산법, 95면).

판례색인

[고등법원]

사항색인